COUTUME

DE

NORMANDIE,

EXPLIQUÉE PAR M. PESNELLE,
Avocat au Parlement.

QUATRIEME ÉDITION,
AVEC

Les *Observations* de M. ROUPNEL DE CHENILLY, *Conseiller au Parlement.*

On y a joint un Recueil d'Edits, Déclarations, Arrêts & Réglemens, & les Ordonnances fur le fait des Mariages.

TOME PREMIER.

A ROUEN,

De l'Imprimerie de RICHARD LALLEMANT, Imprimeur ordinaire du Roi, proche la Rougemare.

M. DCC. LXXI.
AVEC PRIVILÈGE DU ROI.

A MONSEIGNEUR,
MONSEIGNEUR
DE LAMOIGNON,
CHANCELIER DE FRANCE.

Monseigneur,

Les Observations sur la Coutume de Normandie, que j'ai l'honneur d'offrir à Votre Grandeur, empruntent leur prix du sujet que je traite ; je n'entreprendrai point son apologie ; la domination de cette Coutume, portée bien au-delà de la Province, ne fait pas tant son éloge que celui du gouvernement public & de la valeur de nos peres ; quelque influence que puisse avoir le droit privé sur la fortune d'une Nation, la Coutume de Normandie doit principalement sa gloire à la sagesse & à la beauté de ses maximes : Toujours occupée utilement du soin de maintenir le lustre des familles, ou d'en entretenir l'harmonie, ses décisions prennent un empire sur tout Lecteur judicieux.

a 2

Je ne pouvois, MONSEIGNEUR, *choisir un genre d'ouvrage dont le riche fonds eût plus de rapport aux qualités rares que la France ne cesse d'admirer en vous ; si Elle considere les appanages qui décorent la Magistrature, vous faites revivre à ses yeux votre auguste Aïeul l'illustre Monsieur le premier Président de Lamoignon, dont les doctes Ecrits paroissent l'abrégé des pensées des plus grands hommes, ou sont en effet les oracles d'un seul homme qui renferme toute l'étendue de l'esprit humain. Eleve-t'elle ses regards sur le Chancelier ? Elle ne peut douter que le génie tutélaire de la Monarchie qui présida au choix des l'Hôpital, des Séguier, des le Tellier, des Pontchartrain, & des Daguesseau, ne vous ait destiné pour les remplacer ; même amour de la Patrie, même attachement au Souverain, même ressource dans les grands intérêts : de sorte qu'il est vrai de dire que vous réfléchissez autant d'éclat sur la premiere dignité du Royaume que vous en recevez.*

Que ne m'est-il possible, MONSEIGNEUR, *de retracer ces qualités sociales, ces agrémens que vous répandez dans l'exercice des vertus civiles ; cette aménité dans le commerce de la vie, qui semble reléguée dans la sphere ordinaire des hommes, & qui n'enleve rien à la dignité dont vous êtes revêtu ; mais le génie ne correspond pas à l'ordonnance & à la beauté du Tableau, & ma foiblesse ne me laisse en partage qu'un silence respectueux ; ressource unique ! Je trouve dans la modestie, dont vous êtes si jaloux, un devoir qui l'autorise.*

Je suis, avec un très-profond respect,

MONSEIGNEUR,

Votre très-humble & très-obéissant serviteur
ROUPNEL DE CHENILLY.

AVERTISSEMENT.

LEs deux premieres Editions de M. Pefnelle ont été reçues favorablement du Public. Cet Auteur réunit aux principes de notre Coutume ceux du Droit commun ; s'il rappelle la doctrine des Commentateurs qui l'ont précédé , il l'accompagne de réflexions fages ; les opinions qui lui appartiennent font puifées dans le Texte de nos Loix, dont elles paroiffent des conféquences néceffaires , & la plûpart ont été confacrées par des Arrêts célebres ; nous avons peu d'Auteurs auffi exacts dans la diftribution & dans l'économie des matieres : fes Préfaces fur les Chapitres forment comme un corps d'ouvrage qui annonce l'intérêt des Queftions qu'il difcute enfuite fous chaque Article de la Coutume ; c'est avec ces talens qu'il a fçu mériter & foutenir l'eftime de la Province.

Il faut cependant avouer qu'il a omis des Queftions importantes qui auroient dû trouver place dans un Commentaire, foit qu'il ait été gêné par le fyftême de précifion qu'il s'étoit formé, foit que dans la Jurifprudence , comme dans les autres fciences , il ne foit pas poffible de faifir les objets à fon gré dans la chaleur de la compofition : autre événement inféparable de la condition humaine, la progreffion des idées & du raifonnement en développant le fens des principes , produit de nouvelles applications.

Ce double motif a porté l'Editeur à joindre des Obfervations à l'Ouvrage de M. Pefnelle ; ces Obfervations ont été communiquées à des hommes verfés dans le Droit Normand : ils les ont jugées propres à remplir les efpeces de lacunes qui s'y rencontrent , & à indiquer les décifions furvenues depuis que M. Pefnelle a écrit , & la troifieme Edition a été bientôt épuifée.

Quelques augmentations qui ayent été faites à celle qui paroit aujourd'hui, quelques précautions que l'on ait pu prendre dans le deffein de la rendre plus utile, cet Auteur néanmoins, tel qu'il paroit, ne fuffit pas pour acquérir l'intelligence de notre Coutume, il faut confulter d'autres guides.

Il femble qu'il eft à propos de n'entrer dans cette carriere qu'après avoir férieufement médité l'Hiftoire de nos Ducs , foit qu'ils regnent en Normandie , foit qu'ils donnent des Loix à l'Angleterre , & y avoir joint celle des autres Pays qui leur ont appartenu en France.

Des Gentilshommes Normands fe font frayé, l'épée à la main, une route au Trône de Naples & de Sicile ; ils y ont dominé pendant plufieurs fiecles : cette révolution ne peut nous être indifférente.

La lifte des Hiftoriens , dont la lecture eft utile, eft affez connue ; on cite ordinairement Roger de Howden , Matthieu Paris, Matthieu de Wefminfter ; la Collection de Duchefne ; Mezerai : Maffeville peut fervir d'introduction ; le Monafticon *Anglicanum* , les Mémoires de la Maifon de Harcourt, la Diplomatique de Dom Mabillon avec des Obfervations , le *Gallia Chrifliana* de la derniere Edition , le *Neuftria Pia* malgré fon peu d'exactitude , peuvent fournir des fecours. On trouve très-facilement les Hiftoriens des Provinces poffédées en France par les Ducs de Normandie.

La fcience de l'Hiftoire conduit à la lecture de notre ancien Coutumier ; on penfe qu'il a été rédigé par écrit environ l'an 1270. Ce Livre contient les principales Maximes que nous fuivons encore aujourd'hui ; on a retranché dans la Coutume réformée la Police de la Monomachie, ou de ces Combats finguliers qui y font décrits avec beaucoup d'exactitude, & certaines Formules néceffaires dans des temps où les Actes les plus férieux fubfiftoient fur la foi des témoins. Si quelques termes embarraffent, il faut confulter Skinner, Spelman, Voffius, Mefnage, Ragueau, Lauriere, & principalement le Gloffaire de du Cange.

Les Jurifconfultes Anglois font néceffaires pour bien comprendre le fens de notre ancien Coutumier ; on confeille la lecture de Glanville, Britton, Littleton, avec le Commentaire d'Edouard Cook, Bracton, Stanfort, Fléta, Selden fur Fléta & Couvel ; il faut lire les Actes de Rymer, cette Collection renferme une dépôt fidele des ufages du temps ; les Conciles tenus fous le Gouvernement de nos Ducs font encore des fources où l'on peut quelquefois puifer. *Matthæus de Afflictis* ou *Afflicti*, Gentilhomme Napolitain, qui a recuilli les Conftitutions des Normands qui ont régné en Sicile, a donné un Traité des Fiefs *Jure Francorum*, & un Traité du Retrait qui ont du rapport à nos Loix.

Le Lecteur eft furpris de la conformité qu'il y a entre les Loix d'Ecoffe, & fur-tout la Loi *Regiam Majeftatem* avec nos principes, Malcolin ou Malcolme fecond qui en eft l'Auteur, régnoit, fuivant Lauriere, en l'an 1004, & Guillaume le Conquérant n'eft monté que long-temps après fur le Trône de l'Angleterre ; a-t-il emprunté ces Loix de l'Ecoffe, ou les rapports de légiflation ont-ils leur fondement dans la relation des mœurs ? Sujet d'une differtation qui ne feroit point ici dans fon lieu ; il fuffit d'obferver que Skénée a fait des Glofes fur les Loix d'Ecoffe, tirées du droit civil & canonique : la Collection de Skénée eft précieufe (*).

Si on veut confulter d'autres fources, les Commentaires de Céfar, Tacite *de Morib. Germ.* ; Procope, Marculfe avec les Notes de Bignon, précédé de la lecture de Grégoire de Tours & des Hiftoriens des deux fiecles fuivans, la Collection des Loix barbares de Lindenbrok, les Capitulaires par Sirmond & Baluze, le Recuil des anciennes Loix des Fiefs, les Affifes de Jérufalem, ré-

---

(*) L'auteur des Anciennes Loix des François, prenant pour une affertion ce que l'Avertiffement laiffe indécis, croit, d'après la Préface de Skénée, que les traits de conformité qui fe remarquent entre notre Droit & la Loi *Regiam Majeftatem*, dérivent uniquement de ce que Skénée a rempli les vuides de la Loi d'Ecoffe de Décifions Normandes ; mais elle préfente une fuite de maximes analogues aux nôtres fur le droit de fuccéder, les prérogatives des aînés, l'exclufion des filles, le douaire, les donations, les teftamens, &c. ; fi Skénée avoit extrait ces Décifions du Coutumier de Normandie, il en auroit impofé à fa Nation, en publiant des Loix Normandes fous le titre de Loix d'Ecoffe, & il fe feroit couvert d'opprobres : cependant fon Ouvrage eft confidéré chez fes Compatriotes. Il eft poffible que cet Auteur ait fait entrer dans fon Recueil quelques-uns de nos principes, parce qu'il y retrouvoit le génie de Malcolme : on ne juge pas d'une Loi par certaines interpolations, mais par fon efprit & fes vues générales.

digées par le Comte d'Afcalon, Beaumanoir, avec les Remarques de la Thaumaffiere, les Etabliffemens de Saint Louis, avec les Obfervations de Lauriere & les Auteurs qu'il indique, les Formules Angevines, publiées par le Pere Mabillon, les Coutumes notoires du Châtelet par Brodeau, celles de Dijon par Pérard, le grand Coutumier, la Somme Rurale de Bouteiller, & le Style du Parlement inféré dans le fecond volume de du Moulin avec fes notes, édition en cinq volumes *in-folio* ; l'Efprit des Loix de M. le Préfident de Montefquieu, & l'excellente Introduction à l'Hiftoire de Charles - Quint, par Robertfon, ces monumens facilitent les recherches fur le droit Coutumier.

Nous avons un bon Livre, & que nous négligeons trop, c'eft la Glofe fur l'ancien Coutumier ; le goût de raifon qui regne dans cet Ouvrage, l'efprit de difcuffion & d'analyfe, la fcrupuleufe attention à marquer les révolutions furvenues dans la Jurifprudence depuis la rédaction par écrit de nos Ufages, font bien propres à captiver l'attention ; fi on y remarque des erreurs, elles appartiennent au fiecle dans lequel l'Auteur vivoit ; on peut comparer la Glofe à une mine abondante qui donne prefque toujours de l'or, quoique mêlé de quelqu'alliage ; Rouillé y a fait de courtes Additions qui font eftimées : il ne faut pas féparer la Glofe de notre Style de Procéder ni des Ordonnances de l'Echiquier.

Terrien eft parmi nous dans l'ancien Coutumier, par rapport à la bonté de l'Ouvrage, ce que Bafnage eft dans la Coutume nouvelle ; ce grand homme a en quelque forte préparé la réformation de l'an 1583 ; il eût cependant été à fouhaiter qu'il eût embraffé un plan un peu moins étendu ; il traite non-feulement du droit Coutumier, mais de l'Ordre judiciaire, de la compétence & des regles des Jurifdictions qui étoient établies de fon temps : la généralité des matieres l'a forcé néceffairement de s'abréger.

On diftingue trois principaux Commentateurs fur la Coutume réformée, Bérault, Godefroy & Bafnage. Bretonnier, dans le Préliminaire de fes Queftions, dit qu'ils font tous bons.

Bérault, occupé du foin d'inftruire, femble s'oublier pour remplir fon Lecteur des fujets qu'il traite ; il repréfente avec une fcrupuleufe exactitude, la Jurifprudence de fon temps : il regne un goût de jufteffe qui lui eft propre dans l'efpece des Arrêts qu'il rapporte ; & comme il n'a rien négligé pour s'affurer des moyens de décifion, il fe préfente à découvert dans fon Ouvrage. Il n'eft point étonnant que les Editions du Commentaire de Bérault ayent été fi fort multipliées, pour peu qu'on foit inftruit du droit commun, on fait avec Bérault des progrès dans le droit Normand.

Godefroy joignoit à un génie étendu une étude profonde des Loix civiles & des Auteurs François ; & il eft parvenu à fe placer à côté de Bérault, quoiqu'il fût privé des fecours abondans que l'on puife dans la fréquentation du Tribunal fouverain de la Province ; la diftribution de fes matieres reffemble affez à celle de Bérault ; il raifonne les opinions de ce Commentateur, & on ne peut diffimuler qu'il les difcute quelquefois avec fupériorité ; il ne forme point de doute qu'il n'expofe un fondement folide de la difficulté qui le gêne ; on lui reproche d'avoir introduit dans fon Ouvrage certaines opinions étrangeres que la critique auroit dû lui faire retrancher. L'éloge le moins fufpeƈt qu'on puiffe faire de cet Auteur , c'eft que Bafnage ne s'en eſt pas moins ſervi que de Bérault.

Bafnage a écrit dans le fiecle des arts & des ſciences , & il avoit un génie capable d'en foutenir la gloire ; fon Commentaire ne renferme point précifément un enchaînement de principes nets & didaƈtiques ; les Auteurs qui l'ont précédé & fuivi pourroient lui difputer ce genre de gloire. Dirigé par le fil de la Chronologie & le flambeau de l'Hiſtoire , il interroge , il fonde la profondeur des fiecles , il arrache à l'antiquité le fombre voile qui dérobe à nos yeux les beautés qu'elle recelle ; on ceffe d'ignorer les fources où il faut puifer l'origine de nos Loix , tout étincelle de proche en proche de la plus grande clarté : Si M. Bafnage fe renferme dans les efpeces problématiques du Barreau, les objets femblent prendre une ame & une vie pour intéreffer le Leƈteur ; ce n'eſt point fa feule Jurifprudence Normande qu'il lui met fous les yeux , c'eſt celle des Parlemens du Royaume , & on diroit que M. Bafnage eſt l'habitant de tous les Pays dont il décrit les ufages. Son ſtyle eſt mâle , châtié, poli , l'expreffion n'y dégrade point la penſée , de même que la penſée n'éblouit point par le clinquant de l'expreffion ; fon Traité des hypotheques eſt excellent : & fi fon Commentaire fait l'éloge du Traité , le Traité ne fait pas moins l'éloge du Commentaire.

Le Mémoire de M. Froland , Avocat au Parlement de Paris , ſur les Statuts , mérite encore d'être lu : c'eſt fon ouvrage le plus confidérable ; l'Auteur y cite les Jurifconfultes anciens & modernes qui ont écrit fur le fujet qu'il traite ; il s'attache à rapprocher les Arrêts du Parlement de Normandie & les opinions de nos Commentateurs des autorités qui leur font oppofées : il peut fortir de la lumiere de cette efpece de choc ; cependant M. Froland, entraîné par fes Confreres , abandonne affez fouvent nos principes ; il n'y a pas affez de liaifon entre fes idées , fon ftyle eſt diffus & peu foutenu ; il marque enfin plus de defir d'inſtruire que de goût dans la maniere & dans le choix de l'inſtruƈtion.

C'eſt en comparant fans ceffe l'ancien Coutumier avec la Coutume réformée , & en confrontant les Commentateurs de la Province , que l'on acquerra certainement une connoiffance fuffifante de nos Loix. Les génies , capables de s'élever jufqu'à la perfeƈtion , peuvent faire des recherches ultérieures.

AVIS AU RELIEUR.

N. B. Pour relier cet Ouvrage en deux Volumes , on peut mettre la Table des Matieres au commencement du premier Volume , après la Table des Chapitres , afin de rendre les deux Volumes égaux.

TABLE

TABLE

DES CHAPITRES

De la Coutume de Normandie.

TOME PREMIER.

CHAP. I.   DE *Jurifdiction*,   Page 2
   II.   *De Haro*,   68
  III. *De Loi apparoiffant*,   72
  IV. *De Délivrance de Namps*,   76
   V. *De Patronage d'Eglife*,   81
  VI. *De Monnéage & Fouage*,   90
  VII. *De Banon & Défends*,   92
VIII. *De Bénéfice d'Inventaire*,   98
  IX. *Des Fiefs & Droits Féodaux*,   114
   X. *Des Gardes*,   222
  XI. *De Succeffion & ancien Patrimoine , tant en ligne directe
      que collatérale*,   235
  XII. *Des Succeffions en Caux*,   310
XIII. *Des Succeffions collatérales en Meubles , Acquéts & Con-
      quéts*,   332
XIV. *De Partage d'Héritage*,   365

TOME SECOND.

  XV.   DU *Douaire de la Femme & du Veuvage des Maris*, 405
  XVI.   *Des Teftamens*,   516
XVII. *Des Donations*,   548

b

XVIII. *Des Retraits ,* autrement dits , *Clameur de Bourse ,* Page 587

XIX. *Des choses censées Meubles , & quelles choses censées Im-*
      meubles ,   651

XX. *Des Prescriptions ,*   672

XXI. *De Bref de Mariage Encombré ,*   702

XXII. *Des Exécutions par Décret ,* où les Articles sont mis dans
      l'ordre , lors de la Réformation faite en 1600 ,   720

XXIII. *De Varech ,*   801

XXIV. *De Servitudes ,*   808

T A B L E

DES ARRÊTS ET RÉGLEMENS DE LA COUR,
& de ceux contenus en un Recueil étant ensuite, à la fin de cette Coutume.

Octobre 1587.   *USAGES Locaux de la Province de Normandie ,*
                                  Page 831

Novembre 1586.   *Procès-verbal concernant le Bailliage & Pays de Caux ,*
                                  841

Avril 1666.   *Réglement de la Cour de Parlement , sur plusieurs Articles de
  la Coutume , ci-devant résolus les Chambres assemblées,* 843

Mars 1673.   *Réglement sur le fait de l'Election des Tuteurs aux Enfans
  Mineurs , & administration de leurs Biens ,*   855

RECUEIL

D'ÉDITS, DÉCLARATIONS, ARRÊTS & Réglemens, tant du Conseil que de la Cour de Parlement, rendus sur les matieres contenues dans plusieurs Articles de cette Coutume, & sur d'autres qui y ont du rapport.

Août 1687. *ARRÊT du Conseil d'Etat du Roi & Lettres-Patentes, touchant le Douaire des Femmes en Normandie,* Page 1

Avril 1693. *Déclaration du Roi, touchant les Pensions & Dots des Religieuses,* 7

Avril 1694. *Edit du Roi, qui en confirmant l'hérédité, entr'autres aux Notaires Garde-Notes de la Province de Normandie, leur attribue le droit de faire la lecture des Contrats de vente, & tous autres qui sont sujets à retrait, à l'issue des Messes Paroissiales,* 10

Janvier 1698. *Déclaration du Roi, concernant le paiement des Droits Seigneuriaux, pour les Héritages cédés à Baux, à Fieffes ou à Rentes.,* 12

Juillet 1715. *Arrêt du Parlement, rendu en la Grand'Chambre, pour servir de Réglement au sujet des Biens situés en la Banlieue de la Ville de Rouen, prétendus à droit de conquêt par les Femmes ou leurs Héritiers,* 13

Août 1718. *Arrêt du Conseil d'Etat Privé du Roi, portant Réglement pour le Sceau des Lettres de Bénéfice d'âge des Filles dans la Province de Normandie,* 15

Août & Septembre 1719. *Arrêt du Conseil d'Etat Privé du Roi, & Lettres-Patentes, portant Réglement pour la fixation de l'âge où se peut faire l'expédition des Lettres de Bénéfice d'âge ou Émancipation, dans la Chancellerie près le Parlement de Normandie,* 16

Septembre 1720. *Déclaration du Roi, portant que tous ceux qui ont acquis des Biens sujets à retrait, dans la Province de Normandie, depuis l'Edit de 1694 jusqu'au jour de la publication de la présente Déclaration, ne puissent être troublés*

b 2

TABLE DES REGLEMENS, &c.

dans la poſſeſſion deſdits Biens,   Page **17**

Janvier 1721. *Arrêt du Parlement pour ſervir de Réglement au chef qui ordonne que la totalité des biens dont ſera compoſée la Dot des Femmes, la partie qui leur ſera provenue des Meubles à elles échus de la Succeſſion de leur Pere & Parens collatéraux, ſera cenſée Acquêt*,   **19**

Juin 1724. *Arrêt du Parlement, portant Réglement ſur les formalités qui ſeront obſervées pour recevoir les Capitaux des rentes hypotheques colloquées à l'ordre des Décrets au profit des Femmes mariées ou civilement ſéparées*,   **20**

Novembre 1724. *Déclaration du Roi, qui regle le Droit d'Indemnité dû à Sa Majeſté par les Eccléſiaſtiques & Gens de Main-Morte, pour les acquiſitions qu'ils font dans l'étendue des Seigneuries ou Juſtices royales.*   **21**

Janvier 1725. *Déclaration du Roi, qui déclare en quels cas le Rachat des Baux à Fieffes ou à Rentes, des biens ſitués en Normandie, donne ouverture au Retrait & aux Droits Seigneuriaux*,   **23**

Mai 1725. *Déclaration du Roi, en interprétation de celle du 10 Janvier dernier, au ſujet des Rachats de partie des Baux à Fieffes ou à Rentes en Normandie, leſquels ont été faits avant la date de ladite derniere Déclaration, pour l'ouverture qu'ils peuvent donner au Retrait & aux Droits Seigneuriaux*,   **24**

Août 1726. *Arrêt du Parlement, portant Réglement pour faire débouter les Femmes de leurs demandes en Remplacement de Propres, ſur la Succeſſion mobiliaire de leurs Maris, à cauſe de l'acceptation faite conjointement de Succeſſions collatérales à elles échues conſtant leur Mariage*,   **25**

Août 1726. *Arrêt du Parlement, portant Réglement pour une nouvelle conſtruction des Fours de Boulangerie dans la Ville & Fauxbourgs de Rouen*,   Idem.

Septembre 1514. *Arrêt du Parlement ſervant de Réglement, tant à l'égard des Marchands de Draps & autres ſortes d'Etoffes que des Cabaretiers, Hôtelliers & autres perſonnes, en ce qu'il leur défend tous prêts aux enfans de famille ſans le conſentement de leurs Parens, &c.*   **28**

Août 1729. *Autre Arrêt du Parlement, rendu en conformité de l'Arrêt de la Cour ci-deſſus, contre un Aubergiſte*,   **29**

Janvier 1731. *Arrêt du Parlement, portant entr'autres diſpoſitions Réglement pour les formalités à obſerver dans les ſignifica-*

TABLE DES REGLEMENS, &c.

tions des *Exploits de Clameur*, à peine de nullité d'i-
ceux, &c.   Page 30

Juin   *Déclaration du Roi*, portant *Réglement fur les aliénations*
1731.   *ou acquifitions faites par Actes feparés, de la propriété*
              des Fiefs & de leur Domaine non fieffé en Normandie,
              tant par rapport aux Droits de Sa Majefté, des Sei-
              gneurs particuliers, que du Retrait lignager & féodal,
                                                                    31

Février   *Arrêt du Parlement*, portant entr'autres chofes *Réglement*
1732.   *pour les formalités à obferver par les Débiteurs des rentes*
              foncieres & irracquittables, lors du Retrait qu'ils pourront
              en faire, dans le cas de vente d'icelles à un tiers,   33

Juillet   *Arrêt du Parlement*, qui adjuge à l'*Abbaye de Saint Ouen*
1732.   *de Rouen le treizieme d'un échange d'Héritage fitué en*
              la Paroiffe de Veulette, pour y avoir eu foute de deniers,
              au préjuice du Receveur des Domaines de Caudebec,
              chargé du recouvrement des Droits d'echange, &c.   34

Août   *Arrêt du Parlement*, portant entr'autres chofes *Réglement*
1735.   *au fujet de la preuve par Témoins, en cas de fraude pré-*
              tendue dans l'Action en Clameur, avec la faculté accor-
              dée en outre à l'Acquereur d'ufer des voies y mention-
              nées pour découvrir cette action frauduleufe,   35

Mars   *Arrêt du Parlement*, concernant les perfonnes qui peuvent
1736.   *être chargées des fonctions de Tréforiers des Paroiffes,*
              l'Adminiftration des Biens des Fabriques, & la reddi-
              tion des comptes de ceux qui ont été & feront nommés à
              l'avenir,   37

Mars   *Arrêt du Parlement*, portant entr'autres chofes *Réglement*
1738.   *pour la prétention du Don mobil par le Mari ou fes Hé-*
              ritiers, fur les immeubles de fa Femme, dans le cas qu'il
              n'en foit pas fait mention dans le Contrat de mariage,
                                                                    39

Juillet   *Arrêt du Parlement*, qui juge que l'*Arrêt de 1647*, rendu
1749.   *pour la Dixme d'herbage, ne fait point une Loi géné-*
              rale; celui qui poffede des terres en labour, peut en
              convertir en nature d'herbage la quantité qu'il lui plaît,
              même la totalité, fans affujettir au droit de Dixme les
              herbages qui en font exempts depuis quarante ans, à
              moins qu'il n'y ait un ufage contraire, mais il paie la
              Dixme des herbages fur lefquels le Décimateur a la pof-
              feffion, ou qui font convertis depuis quarante ans, quand

TABLE DES RÈGLEMENS, &c.

il laboureroit plus que le tiers de ses terres,   Page 48

Juillet 1749. Extrait d'une Lettre écrite par M. d'Ormesson, Intendant des Finances, à M. de la Bourdonnaye, Intendant de la Généralité de Rouen, concernant les réparations des Presbyteres,   51

Août 1749. Arrêt du Parlement, portant Réglement que l'Aïeul, même maternel, est Tuteur naturel de ses petits-enfans, encore que leur Pere soit vivant, & peut intenter l'action en Retrait en leur nom sans autorité de Parens,   53

Août 1749. Edit du Roi, concernant les établissemens & acquisitions des Gens de Main-morte, & qui renouvelle, en tant que de besoin, les défenses portées par les Ordonnances des Rois nos Prédécesseurs ; veut qu'il ne puisse être fait aucun nouvel établissement des Chapitres, Colléges, Séminaires, Maisons ou Communautés Religieuses, même sous prétexte d'Hospices, Congrégations, Confréries, Hôpitaux ou autres Corps & Communautés, soit Ecclésiastiques, Séculieres ou Régulieres, soit Laïques, de quelle qualité qu'elles soient ; ni pareillement aucune nouvelle érection de Chapelles ou autres Titres de Bénéfices dans toute l'étendue du Royaume, &c.   40

Juillet 1751. Arrêt du Parlement, portant Réglement pour les Trésors & Fabriques des Paroisses, tant des Villes que de la Campagne,   54

Août 1751. Arrêt du Parlement, portant Réglement sur les Plantations,   58

Juillet 1753. Arrêt du Parlement en forme de Réglement, l'Acquét devenu propre en la personne de l'Héritier, appartient au Roi, ou aux Seigneurs féodaux, au défaut de Parens du côté de la ligne dont il provient,   60

Avril 1758. Arrêt du Parlement, par lequel il est jugé que les deniers provenans de la Vente des Meubles des Mineurs ne sont point sujets aux droits de Consignation, quelque nombre d'Opposans qu'il y ait,   61

Août 1759. Déclaration du Roi, concernant les Dixmes Novales,   62

Juillet 1762. Déclaration du Roi, en interprétation de l'Edit du mois d'Août 1749, concernant les Etablissemens & Acquisitions des Gens de Main-morte,   63

Mai 1763. Déclaration du Roi, portant permission de faire circuler les Grains, Farines & Légumes dans toute l'étendue du Royaume, en exemption de tous Droits, même ceux de Péage,   67

TABLE DES RÉGLEMENS, &c.

Mars 1765. Déclaration du Roi, qui fixe les Droits à payer aux Receveurs des Consignations de la Généralité de Rouen, Page 68

Août 1765. Arrêt du Parlement, qui ordonne que la Déclaration du 21 Mars dernier, & notamment l'Article VI d'icelle, seront exécutés selon leur forme & teneur ; en conséquence fait défenses aux Receveurs des Consignations de prendre & exiger aucuns Droits de Consignation sur les Objets privilégiés payés avant la consignation, &c. 70

Juillet 1766. Arrêt du Parlement, qui ordonne que les Contrats de fieffe faits à charge de rente fonciere & à prix d'argent, ne seront sujets au Treizieme qu'à raison de l'argent qui sera payé, 71

Août 1766. Déclaration du Roi, qui accorde différens Priviléges & Exemptions à ceux qui défricheront les Landes & Terres incultes, 72

Mars 1768. Edit du Roi, concernant les Ordres Religieux, 75

Mai 1768. Edit du Roi, portant fixation des Portions Congrues, 80

Août 1771. Arrêt du Parlement, qui ordonne qu'à l'avenir tous Contrats de révalidation de Rentes foncieres ou hypotheques, dont le Créancier aura demandé la reconnoissance dans la trente-neuvieme année, seront passés aux frais du Débiteur incontinent après ladite demande, 84

Recueil d'Edits, Déclarations & Arrêts par extrait, rendus sur le fait des Mariages, 90

Fin de la Table des Réglemens.

APPROBATION
DE MONSIEUR ISSALY,
Ancien Avocat au Parlement.

J'AI lu, par ordre de Monseigneur le CHANCELIER, un Manuscrit intitulé *la Coutume de Normandie*, expliquée par *M. Pesnelle*, ci-devant *Procureur du Roi en la Vicomté de Rouen*. Bien qu'il y ait grand nombre d'Auteurs, tous excellens, qui ont écrit sur cette Coutume, comme Terrien, l'Inconnu, Bérault, Godefroy, Basnage & récemment l'Auteur du Livre qui a pour titre l'*Esprit de la Coutume de Normandie ;* celui-ci de Pesnelle a néanmoins son mérite particulier : Il s'exprime avec une grande netteté : Il fait voir qu'il a une connoissance particuliere du Droit Civil, d'où plusieurs Articles de cette sage Coutume ont été tirés ; il discerne très-judicieusement la diversité des sentimens des Commentateurs qui l'ont précédé. J'estime que l'impression de ce Livre sera très-utile au Public. FAIT à Paris ce vingt-deuxieme Octobre mil sept cent un. *Signé*, ISSALY.

APPROBATION DES OBSERVATIONS.

J'AI lu, par ordre de Monseigneur le VICE-CHANCELIER, *la nouvelle édition de M. Pesnelle sur la Coutume de Normandie, avec les Observations de M. de Chenilly, & les augmentations que M. de Chenilly a faites à ces mêmes Observations,* & je n'ai rien trouvé dans ces Additions qui ne concourût à la plus grande utilité de l'Ouvrage, & qui en dût empêcher l'impression. A Paris ce 20 Juillet 1766.

Signé, ROUSSELET.

COUTUME

DE

NORMANDIE.

E Livre, qu'on appelle l'*Ancienne Coutume*, fut composé quelque-temps après le regne de Saint Louis, par un Particulier, sans être autorisé par aucun ordre public ; comme il paroît par la Préface & par le Titre *de Justiciement* de ce Livre. Mais les Coutumes de Normandie n'ont été rédigées, par autorité publique, qu'en 1583, en l'Assemblée & par l'avis des trois Etats de la Province, convoqués, pour cet effet, en exécution des Lettres patentes du Roi Henri III, adressées aux Commissaires, par lui nommés, pour y présider. Mais quoique par cette nouvelle forme, ce qui étoit auparavant un Droit coutumier, ait été transformé en Droit écrit, ayant été autorisé par un consentement exprès du Prince & du Peuple ; il a retenu son ancien nom, ayant été publié sous le Titre de *Coutume de Normandie*, comme il est déclaré par le Procès-verbal : Ce que les Commissaires & Députés voulurent observer, tant pour se conformer à l'exemple des autres Provinces du Royaume, dont les Loix ont été composées sous le nom de Coutume, que pour se conserver la mémoire de la premiere origine du Droit François, qui, sans doute, avoit été établi plutôt par un consentement tacite, dont un long usage & une ancienne pratique faisoient la preuve, que par l'Ordonnance du Magistrat souverain ou du Peuple.

Tome I. A

CHAPITRE PREMIER.

DE JURISDICTION.

CE premier Chapitre ou Titre eſt de Juriſdiction , qu'on peut définir la puiſſance qu'ont les Juges établis par une autorité publique. Dans l'ancienne Coutume la Juriſdiction étoit diſtinguée en Baillée & en Fieffale : Par la Baillée on entendoit la Royale ; par la Fieffale , on ſignifioit celle qui dépend des Particuliers à cauſe de leurs Fiefs (1). La nouvelle Coutume a fait la même diſtinction , en reconnoiſſant deux Juſtices ordinaires , ſçavoir ; celle des Juges Royaux & celle des Seigneurs de Fief. La Royale eſt ſubdiviſée en la Juriſdiction du Bailli , & en la Juriſdiction du Vicomte : de la même maniere , que la Seigneuriale ſe ſubdiviſe en haute, moyenne & baſſe-Juſtice. La plûpart des Articles de ce premier Chapitre , établiſſent ces diſtinctions & ſubdiviſions , & la compétence des Juges ; car les quatre premiers Articles, le XLII & le LII , déclarent la compétence du Bailli. Les **V** , **VI** , **VII** , **VIII** , **IX** , **X** & **XI** , font connoître la compétence du Vicomte. Le **XIII** , avec les vingt-trois immmédiatement ſuivans , outre le **XLI** , le **XLII** & le **LIII** , ſont touchant la Juriſdiction qui eſt attribuée aux Seigneurs des Fiefs , & principalement de celle des Hauts-Juſticiers. Mais quant aux autres Articles, où ils expliquent quelques regles qui doivent être obſervées dans toutes ſortes de Juriſdictions , ſçavoir , les **XII** , **XXXVIII** , **XXXIX** , **XL** , **XLIII** & **LI** , où ils propoſent quelques actions , ſçavoir , celles des Treves , de nouvelle Deſſaiſine & de Surdemande. Reſte l'Article **XLIX** , qui eſt des Franchiſes ou Aſyles dont l'uſage eſt aboli. Voilà à quoi ſe rapportent toutes les diſpoſitions contenues en ce premier Chapitre.

Par le Droit Romain , les Particuliers pouvoient ſe ſoumettre à la Juriſdiction de tel Juge dont ils vouloient convenir , ſuivant les Loix 1 & 2. *ff. De Judiciis* ; & les Loix *Si quis in conſcribendo* , au Code , dans le Titre *De Epiſcop. & Clericis* , & celui *De pactis*. Mais par le Droit coutumier , la prorogation de Juriſdiction n'eſt point permiſe , parce qu'en France les Juſtices

---

(1) La Juriſdiction fieffa'e énonce dans l'ancien Coutumier la propriété du droit , & la Juriſdiction baillée y déſigne l'exercice qui en eſt confié par le Propriétaire. Dans ce ſens le Vaſſal , comme le Prince , jouiſſoit de l'avantage de l'une & l'autre Juriſdiction , & la Juriſdiction baillée ne devoit pas diſtinguer la Juſtice du Souverain de la Juſtice ſeigneuriale. L'opinion de Peſnelle eſt plus analogue à nos mœurs , qu'à celles de nos peres : ce qu'ils appelloient Fief étoit le *Fundus* , & non le *Feudum* , ou *Feodum* des modernes. *Voyez* Littleton ou l'ancien Cout. chap. 2. la gloſe *ibid.* Terrien , liv. 3. chap. 4.

font patrimoniales, comme l'enseignent Bacquet au Traité *des Droits de Justice*, chap. 8, & Loyseau en son Livre *des Seigneuries*, chap. 14. Basnage rapporte un Arrêt contraire à cette maxime, du 23 de Juillet 1676, par lequel il fut jugé que la clause d'un Contrat de vente, par laquelle le vendeur s'étoit soumis à la Jurisdiction du domicile de l'acheteur, pour les différends qui pourroient naître sur l'exécution de leur Contrat, seroit exécutée. De la prorogation de la Jurisdiction Laïque au préjudice de l'Ecclésiastique, ou de l'Ecclésiastique au préjudice de la Laïque, voyez Louet, D. 29, & le Commentaire (2).

---

(2) Basnage, dans le Préambule de ce Titre, débute par une Dissertation sur la législation des Francs & autres Peuples barbares, qui, après avoir défolé l'Empire Romain, s'y établirent enfin ; sur l'antiquité de notre Coutume, la maniere dont elle s'est formée, le temps où elle a été probablement rédigée par écrit, notre Echiquier & ce grand Sénéchal, dont les fonctions, abolies parmi nous, subsistent encore en Angleterre sous une autre Dénomination.

Voyez, sur l'origine du Droit Coutumier, Berroyer & Lauriere, Biblioth. du Droit Cout. Bretonnier, Préf. sur Hen. M. l'Abbé Fleury, Hist. du Droit François ; du Cange, sur les Etabliss. de Saint Louis ; Bignon, sur Marculfe ; les Formules Angevines, publiées par le Pere Mabillon ; Collection de Dom Bouquet ; M. le Présid. Bouhier, dans ses Observ. sur la Cout. de Bourgogne, Edition de 1742 ; Etablissement de la Monarche françoise de M. l'Abbé Dubos.

De-là, après avoir traité de la Prorogation de la Jurisdiction, cet Auteur retrace des Maximes qui ont pour objet les Récusations des Juges, & renvoie à l'Ordonnance de 1667, Titre 24. On observe, à cette occasion, que, contre le sentiment de Bérault, le Vassal, relevant noblement, peut connoître des différends de son Seigneur, s'il n'a point d'autres causes de Récusation : Arrêt rendu, les Chambres assemblées, le 2 Avril 1729.

La Déclaration du 27 Mai 1705, défend aux Parties de prendre des Cessions de Droit sur les Juges, pour les récuser sur ce fondement.

Voyez, sur les Evocations qui renferment une Récusation plus étendue, l'Ordonnance de 1669, Titre des Evocations, l'Edit du mois de Septembre 1683, la Déclaration du 18 du même mois 1728, & l'Ordonnance du 17 Août 1737.

Basnage passe ensuite à l'état des Avocats, Gens du Roi, & autres Officiers.

Les Déclarations des 17 Novembre 1690 & premier Avril 1710, reglent le temps d'étude des Avocats & leur réception.

Voyez les Articles que doivent jurer les Avocats de Normandie dans le Coutumier de la Province, imprimé en 1578, fol. 98.

Un Arrêt du 17 Août 1724, autorise les Avocats, qui auront prêté serment à la Cour, de plaider dans tous les Siéges du Ressort, sans nouveau serment & sans frais d'installation.

De deux Avocats installés dans un Bailliage le même jour, le plus ancien reçu au Parlement doit avoir la préference ; quoique son Compétiteur ait été enregistré le premier sur le Plumitif du Bailliage, & soit fils d'un Avocat du Siége : Arrêt du 10 Juillet 1750, Journal du Palais, tome premier, Plaidoyer de Puymisson.

Un Avocat dans un Siége, où il fait la fonction de Procureur, peut être forcé d'occuper, & le Juge a, sur son refus, le droit de l'interdire : Arrêt du 13 Août 1726 ; cet Avocat est aussi garant des Procédures, de même que le Procureur.

Un Edit du mois de Décembre 1704, porte établissement de peine contre les Officiers & autres personnes de Robe, qui commettent des voies de fait ou ouvrages défendus. Nous avons des décisions récentes de la Cour contre les Avocats, pour avoir prévariqué : Arrêts des 16 Mars 1736, 7 du même mois 1737, 11 Février 1738, & 13 Juillet 1742.

Voyez le Dialogue de Loysel, Pasquier, Husson *de Advocato*, Gillet ; Questions de Bretonnier ; Regles de l'Avocat ; les Harangues de Domat ; les Discours de M. d'Aguesseau. Il y a dans ces Auteurs les titres de la gloire des Avocats, & leur illustration, avec des plans systématiques de leurs devoirs.

A 2

ARTICLE PREMIER.

Le Bailli, ou fon Lieutenant, connoît de tous crimes en premiere inftance.

Bailli fignifie la même chofe que Gardien ; comme Baillie fignifie Garde & Protection. D'où vient que Bailliftre, dans les anciennes Ordonnances & quelques Coutumes, fignifie Tuteur ou Curateur. Le Bailli donc étoit comme le confervateur du Peuple & des Loix : mais ayant été remarqué, que les Baillis s'attachoient plus volontiers aux exercices des Armes qu'aux fonctions de Judicature, le Roi Louis XII ordonna que leurs Lieutenans feroient licenciés en l'Etude du Droit Romain, & leur attribua toute la Jurifdiction ; de forte qu'il ne refte aux Baillis pour marque de leur ancien pouvoir, que la préféance, la voix honoraire non délibérative, & leur nom mis dans le titre des Sentences (1) : les Ordonnances d'Orléans, de Moulins & de Blois ayant difpofé, que les Baillis fuffent des Officiers Militaires & de Robe-courte. Quand donc cet Article attribue au Bailli la connoiffance de tous crimes en premiere inftance, cela s'entend de fes Lieutenans : mais cette compétence eft limitée par plufieurs exceptions ; car il y a des Crimes prévôtaux & préfidiaux, dont la connoiffance en premiere inftance appartient aux Prévôts des Maréchaux de France, aux Vice-Baillis & aux Préfidiaux. Voyez l'Ordonnance criminelle, au Titre *de la compétence des Juges*, aux Articles XI, XII & XV. Le Vicomte de l'Eau, qui a la police fur la Riviere de Seine jufqu'à

Un Arrêt du Confeil du 10 Décembre 1744, fait Réglement entre les Avocats & Procureur du Roi des Jurifdictions ordinaires, Réglement utile pour affermir la paix entre ceux qui, par état, doivent veiller à la tranquillité publique : mais on fufcite journellement de nouvelles difficultés fur fon exécution. *Voyez* un Réglement de la Cour de 6 Juillet 1763, & le Réglement de Juftice du 18 Juin 1769.

La Séance & les fonctions des Officiers d'un même Siége dépendent ordinairement des Concordats & de la poffeffion qui n'eft point abufive.

(1) Le Bailli étoit autrefois un Officier très-important, il réuniffoit en lui les fonctions militaires & civiles ; il étoit établi pour veiller, dit l'ancien Coutumier, au maintien des Etats de nos Ducs, conferver les intérêts de la Patrie, & faire régner au-dedans la paix & la tranquillité, en réprimant les attentats, foit par la force, ou par la févérité des loix. Nous avons confervé la formule de fon ferment, qui nous retrace, avec le tableau de fes devoirs, les prérogatives de fa dignité. Comme le commandement des armes ne lui permettoit pas toujours de s'occuper de la diftribution de la juftice, il fe faifoit repréfenter par des Lieutenans qu'il créoit & deftituoit à fon gré, il les multiplioit fuivant la diftance des lieux & l'étendue de fon Bailliage : ces Officiers n'auroient pû fans doute l'empêcher de juger ; auffi dès que le Bailli ceffoit d'être Guerrier, il redevenoit Magiftrat, & & il jugeoit lui-même ; rarement fes jugemens étoient attaqués, on s'en plaignoit quelquefois. Les grands pouvoirs font affez près de l'abus, la carriere féduifante des armes porta peu à peu le Bailli à négliger les fonctions de la juftice ; dès qu'il commença de les méprifer, il en fit un honteux trafic ; il fallut, pour rétablir l'ordre, multiplier les Ordonnances. Dans les derniers temps, on ne lui a enfin confervé, dans les tribunaux, que des honneurs, & les révolutions ont amené les troupes réglées. Ainfi nos Loix anciennes nous ont appris ce que le Bailli a été, nous fçavons par nos ufages ce qu'il eft.

de certaines limites, connoît des crimes qui y font commis. Les Juges de
l'Amirauté ont la connoiffance des crimes commis dans les Navires. Les Juges
des Forêts connoiffent des crimes commis dans les Forêts, & même hors des
Forêts, quand le crime a été fait à l'occafion & lors de la Chaffe (2). De
plus, tous Juges, à l'exception des Juges-Confuls, & des bas & moyens Jufti-
ciers, peuvent connoître des crimes incidens, comme des infcriptions en faux
faites aux Procès pendans devant eux, & des rebellions commifes en l'exécution de leurs Jugemens, par l'Article XX dudit Titre *de la compétence* : &
en outre des crimes commis dans le lieu de leur Jurifdiction. C'eft par cette
raifon que Meffieurs des Requêtes du Palais connoiffent des crimes commis
dans les enclaves du Palais. (3)

I I.

Connoît auffi en premiere inftance de toutes matieres héréditaires
& perfonnelles entre Perfonnes nobles ; de Fiefs nobles, & leurs
appartenances entre toutes perfonnes, foient Nobles ou Roturiers.

Par matieres héréditaires, on doit entendre les actions immobiliaires &
réelles, & non-feulement les actions qui concernent les droits héréditaires ;
c'eft-à-dire, le partage d'une fucceffion (1). Et par les Nobles, on n'entend
pas feulement les Gentilshommes, mais ceux qui jouiffent des priviléges de Nobleffe, comme font les Eccléfiaftiques & les Officiers des Compagnies établies
avec le titre de fouveraines. On a néanmoins fait quelque différence entre
ces deux dernieres qualités, à l'égard de la confection de l'Inventaire des lettres & écritures, fait après le décès. Car on a jugé que le Vicomte devoit
faire cet Inventaire à l'égard des Eccléfiaftiques décédés, par un Arrêt donné
à l'Audience de la Grand'Chambre, le 16 Novembre 1645 ; & au contraire,
on a attribué au Bailli la compétence des Inventaires de ces Officiers, par un
Arrêt du 29 de Janvier 1672. Ces Arrêts font rapportés par Bafnage.

___

(2) Par Arrêt du 22 Février 1738, une Plainte rendue par le Propriétaire d'une haie,
pour vol de bois & en termes généraux, a été déclarée de la compétence du Juge ordinaire.
(3) Le fentiment de Bafnage, fur la compétence des Juges-Confuls, n'a point prévalu
fur l'utilité du Commerce ; il auroit defiré de voir leur Jurifdiction bornée au Bailliage de
leur établiffement ; mais les Juges-Confuls connoiffent des matieres de Commerce, non-feulement lorfque le Défendeur eft domicilié dans la Ville de leur établiffement, mais quand la
Marchandife y a été vendue ou livrée, ou le payement promis faire : Arrêt du 14 Mai 1750.
Les Confuls ne jugent fans appel que jufqu'à la concurrence de 250 livres ; & le Demandeur, pour empêcher le pourvoi contre leur Sentence, reftreint inutilement la demande formée par l'Exploit d'action : Arrêt du 24 Janvier 1749, modification de la Cour, fur l Edit
de création des Confuls. *Voyez* un Arrêt du Parlement de Paris du 7 Août 1698.
Voyez, de la compétence des Officiaux, Bafnage fous cet Article, Bérault fous l'Article II,
Routier, Pratiques Bénéficiales.
(1) Bérault obferve fur cet Article que le Bailli eft compétent de l'action intentée contre
un Noble, pour le faire condamner à paffer un Titre nouveau, & un Acte de reconnoiffance
d'une rente. Cet Auteur rapporte un Arrêt du 17 Juillet 1612, qui dans cette efpece, fur
un appel de déni de renvoi, caffa la Sentence du Vicomte, & renvoya devant le Bailli.

Par ces mots, entre Perfonnes nobles, on doit entendre le défendeur; car le titre de Nobleffe n'attribue aucun privilége au demandeur pour évoquer fes Caufes devant fon Juge naturel; il faut qu'il fuive la Jurifdiction du défendeur : l'Ordonnance de Crémieu, qui en l'Article V donnoit ce privilége aux Nobles, de plaider en demandant, devant leurs Juges, n'étant pas obfervée. Il fuffit que le défendeur foit en poffeffion du titre de Nobleffe; & la conteftation qu'on apporteroit à cette qualité, n'empêcheroit pas l'inftruction ni le jugement de l'Inftance. On a jugé par un Arrêt donné fur la requifition du Procureur-Général du Roi, le 18 de Janvier 1655, rapporté par Bafnage fur cet Article, que les actions qui feroient introduites en conféquence des faifies & arrêts, pour la difcuffion des meubles ou des fermages, même des terres roturieres appartenant à Perfonnes nobles', feroient intentées devant le Bailli, comme étant le Juge de toutes les actions perfonnelles des gens de cette qualité.

Par les appartenances des Fiefs nobles, on entend ce qui dépend de l'effence, propriétés & accidens des Fiefs, comme foi, hommage, aveux, dénombremens, treiziemes, reliefs, rentes feigneuriales, & généralement toutes les redevances & fujétions qui peuvent être dûes en conféquence de la qualité féodale. (2)

I I I.

Des Matieres Bénéficiales.	Des Priviléges Royaux.
Décimales.	De nouvelle Deffaifine.
De Patronage d'Eglife.	De Mariage encombré.
De Clameur de Loi apparente.	De Surdemande.
De Clameur révocatoire.	

Cet Article en contient plufieurs, dont la compétence appartient au Bailli, à l'exclufion du Vicomte; il les faut expliquer féparément, ou les différer aux lieux dans lefquels la Coutume en ordonne plus amplement.

Des Matieres Bénéficiales.

Les Juges des Seigneuries ne peuvent connoître de ces matieres; mais la connoiffance en eft attribuée au Juge Royal pour le poffeffoire, & au Juge Eccléfiaftique pour le pétitoire : finon des Bénéfices qui font à la nomination du Roi, ou comme Patron, ou en vertu du Droit de Régale, & de celui qui lui a été donné par le Concordat. Car le Droit de Patronage, qui appartient au Roi, étant réputé Laïque; la connoiffance du pétitoire & du poffeffoire des Bénéfices qui en dépendent, eft de la Jurifdiction Royale, auffi-bien que des Bénéfices qui dépendent du Patronage des Seigneurs de Fiefs.

---

(2) Quoique la Clameur à droit féodal doive être confidérée comme une appartenance de Fief noble; cependant quand l'héritage que le Seigneur veut ainfi retirer eft roturier, le retrait fe porte devant le Vicomte : Arrêt du 8 Mars 1611, Bérault.

A l'égard des Bénéfices Confiftoriaux, qui font ceux aufquels le Roi nomme en exécution du Concordat, la connoiffance en a été attribuée au Grand-Confeil, par une Déclaration de François I, du 6 de Septembre 1527. Le Grand-Confeil connoît de plus, des Bénéfices conférés par les Cardinaux, & de ceux qui font conférés en vertu de l'Indult accordé aux Officiers du Parlement de Paris, par les Bulles d'Eugene IV & de Paul III.

D'ailleurs, les Parlemens connoiffent des Bénéfices conférés par le Droit de Régale. Il y a un cas dans lequel le Juge Eccléfiaftique eft exclus de connoître du pétitoire de toutes fortes de Bénéfices, qui eft, quand le Parlement a donné Arrêt touchant le poffeffoire; parce qu'en jugeant le poffeffoire, la Cour eft préfumée avoir pris quelque connoiffance du principal de la Caufe, qui eft ce qu'on appelle pétitoire en Matieres Bénéficiales; ce qui ôte au Juge d'Eglife le pouvoir d'en connoître de-là en avant.; autrement il commettroit abus. (1)

Décimales.

La divifion générale des Dixmes eft en inféodées & en Eccléfiaftiques. Les inféodées font celles qui font poffédées de temps immémorial par les Laïques, qui, comme dit du Moulin, font réglées en ce Royaume en toutes chofes, comme tous les biens patrimoniaux & profanes (1) : c'eft pourquoi la connoif-

---

(1) L'autorité du Souverain eft très-étendue dans les matieres Bénéficiales, foit qu'on confidere le Souverain comme Magiftrat politique, ou comme Protecteur des Saints Canons; c'eft au premier Titre qu'il ordonne ou défend la publication des Conciles, des Bulles, des Brefs des Papes, limite le pouvoir de leurs Légats, permet ou diffout les affemblées de fon Clergé, fixe les objets de fes délibérations, adopte ou rejette les Conftitutions religieufes, marque à fes Sujets l'âge de la profeffion dans les Monafteres approuvés, & les formes qu'elle doit avoir pour être folennelle, &c.

Le fecond Titre donne au Souverain le droit de s'oppofer à toute innovation dangereufe dans l'Eglife de fon Royaume, de rappeller les anciennes Loix à leur ufage, & de rendre des Ordonnances portant établiffement de peine contre quiconque oferoit s'y fouftraire. Le Roi communique à fes Parlemens une portion de cette autorité dont il poffede la plénitude, & avec moins d'étendue aux Juges royaux de leur reffort. Voyez le Commentaire fur les Libertés gallicanes, le Traité de la Puiffance temporelle, Fevret de l'abus, Mémoires de Talon, Concordance du Sacerdoce & de l'Empire, Boffuet, Jouffe Commentaire fur l'Edit du mois d'Avril 1695, Dénifard, édition in-4°.

(1) Les comptes des Trefors & Fabriques doivent être rendus devant l'Archidiacre du Diocefe; mais les Inftances font portées devant le Juge féculier : Arrêt du Confeil des premier Avril 1600 & 12 Février 1627, cités par Bérault, Edit du mois d'Avril 1695, Art. XVII. Duperray, obferv. fur cet Edit.

Voyez, à l'égard de l'adminiftration des Fabriques, plufieurs difpofitions de l'Edit de Melun, de celui de 1606, un Arrêt au Confeil d'Etat du 2 Avril 1679, des Arrêts de ce Parlement des 20 Juillet 1735, 8 Mars 1736, & 19 Décembre 1739, un Réglement du 26 Juillet 1751, un Arrêt poftérieur, en interprétation de l'Article XVII du Réglement fur la diftribution des Fondations.

Quand les contrats de Fondation ne déterminent pas la part qui en doit revenir à la Fabrique, il n'y a pas d'inconvénient de lui en accorder le tiers : Arrêt au rapport de M. Guyot, du 30 Août 1761, dans le cas néanmoins d'une néceffité urgente, ou d'une évidente utilité; car hors ces cas on ne déroge pas aux intentions préfumées du Donateur : Edit de Melun.

On décidoit au Parlement de Paris, dès le commencement de ce fiecle, que les Tre-

fance en appartient indiftinctement au Juge lay ; c'eft-à-dire , tant au pétitoire
qu'au poffeffoire : même pour lier les mains au Juge Eccléfiaftique , il fuffit
d'alléguer l'inféodation , & fur cette allégation faite fans preuve , le Juge d'Eglife
eft obligé de renvoyer la Caufe ; autrement il commettroit abus. (2)

Les Dixmes Eccléfiaftiques font celles qui ne peuvent être poffédées qu'en
vertu d'un Titre Eccléfiaftique. On les divife en ordinaires & en infolites ;
dont la principale différence eft , que les ordinaires font dûes abfolument , &
fans que le Titulaire du Bénéfice foit obligé d'en alléguer aucune poffeffion ,
parce qu'elles font dûes par un droit univerfel & imprefcriptible , finon quant
à la quotité , laquelle eft prefcriptible ; mais la prefcription néanmoins ne s'en
peut acquérir par la poffeffion fur une chofe finguliere , mais feulement par
une poffeffion conforme fur la plus grande partie des héritages d'une même
Paroiffe. Les Dixmes infolites , au contraire , ne font dûes qu'en tant qu'on les
a poffédées , étant par conféquent prefcriptibles abfolument , auffi-bien qu'en
la quotité : de maniere qu'il eft néceffaire que le Titulaire qui les prétend ,
juftifie fa poffeffion à l'égard de l'héritage fur lequel il demande la Dixme ;
ne lui fuffifant pas de prouver cette poffeffion à l'égard du plus grand nombre
des héritages de la même Paroiffe. En cas de cette preuve , les Parties doivent
être réglées à faire preuve refpective. (3)   Entre

foriers & Fabriciens étoient tenus de faire la recette , tant des rentes dûes aux Trefors qu'aux
Obitiers : obferv. de Duperray , fur l'Edit de 1695. On fuit actuellement cette Jurifprudence en Normandie : Arrêts des 12 Juillet 1754 & 30 Août 1761. Les Treforiers , pour
plaider fur le fait du recouvrement des revenus des Fondations , n'ont point befoin de
l'autorifation du Commiffaire départi ; cet embarras anéantiroit le peu de zele & d'ac-
tivité qu'ils ont à fuivre les affaires de cette nature : Arrêts des 13 Décembre 1737 &
15 Février 1760.

On tente d'affujettir les fimples Gentilshommes aux fonctions de Marguillier comptable ,
ainfi que certains Officiers ; ces fonctions feroient peut-être mieux remplies par de notables
Bourgeois & de bons Propriétaires : C'eft le vœu du Concile de Vienne , pour l'adminiftration
des Hôpitaux , & la décifion de l'Art. I de l'Ordonnance de 1561 , & de l'Art. LXV de l'Ordonnance de Blois.

(2) La Dixme , dans fa définition véritable , eft une portion des fruits de la terre que
payent , fous ce Titre , les cultivateurs , mieux déterminée , à tous égards , par l'ufage que
par tout autre Réglement.

Les Canoniftes ont combattu , avec des armes affez foibles , les Dixmes inféodées ; ils
ont fuppofé que les Dixmes font dûes à l'Eglife de Droit divin ; & pour embraffer un
foible nuage , ils ont effayé de confondre les temps & les époques. Pafquier a fort bien
remarqué l'erreur commune qui impute à Charles Martel l'origine des Dixmes inféodées ;
aucuns des Auteurs contemporains , même de ceux qui ont le moins épargné ce Prince ,
n'ont rapporté ce fait ; ils n'auroient pu , fans pudeur , le placer dans un fiecle où dans tout
l'Occident la preftation de la Dixme n'étoit tout au plus que de Confeil. Cependant les
Jurifconfultes fe font laiffé ébranler , ils ont cru gagner des avantages en réfutant quelques
opinions accréditées par l'ignorance de nos peres. En vain Philippe IV revendiqua fon
autorité contre la décifion du Concile de Latran ; il faut encore aujourd'hui , pour s'éjouir
des Dixmes inféodées , joindre à la poffeffion un Titre déclaratif , ou prouver une poffeffion
centenaire. L'Edit du mois d'Avril 1695 , en les affujettiffant fubfidiairement à la portion
congrue des Curés , s'eft écarté de l'efprit de la Déclaration de Philippe IV. Trente ans
auparavant le Parlement de Normandie les en avoit affranchies , fon Arrêt étoit conforme
aux regles ; dès que , fuivant la Philippine , les Dixmes inféodées font des biens profanes ,
elles ne font pas plus affectées à la fubfiftance du Curé que les autres fonds de la Paroiffe.

(3) On a effayé plufieurs fois , & en différens temps , de contraindre les Habitans de
                                                                                            payer.

Entre les Dixmes infolites, font celles des Bois, fur lefquelles il y a plufieurs chofes à obferver. Il n'eft jamais dû de Dixme des Bois de haute-fûtaie ,
de quelque maniere qu'ils foient plantés , foit en avenues & en plufieurs rangs ,
foit fur des foffés ou en haies , foit qu'ils ayent été ébranchés , foit qu'ils
ne l'ayent point été. Ce qui a été jugé par plufieurs Arrêts ; parce que les
Bois de haute-fûtaie , c'eft-à-dire, qui ont une excroiffance de plus de quarante années , font réputés faire partie du fonds ; c'eft pourquoi on en doit le
treizieme en cas de vente. (4)

A l'égard des Bois taillis , la Dixme n'en eft pas dûe , quand le Propriétaire
les confume pour fon ufage , foit fur le lieu où ils font excrûs , foit ailleurs
où ils ayent été tranfportés : ce qui a été jugé par plufieurs Arrêts ; & on a
même rejetté l'offre faite par le Curé , de prouver qu'il avoit été payé de la
Dixme des Bois que le Propriétaire avoit confumés pour fon ufage. (5)

Quoique la Dixme des Pommes & des Poires femble être ordinaire & folite , on a néanmoins jugé qu'elle pouvoit avoir été prefcrite abfolument ,
& que les Habitans d'une Paroiffe étoient exempts de la payer , parce qu'ils
ne l'avoient jamais payée , par deux Arrêts , l'un du 8 de Mars 1629 , &
l'autre du 16 Juillet 1666 , rapportés par Bafnage. Par ce dernier Arrêt on
jugea de plus , qu'il n'étoit point dû de Dixme des Arbres des Pépinieres ,
tant de ceux que le Propriétaire avoit tranfplantés fur fon fonds , que de
ceux qu'il avoit vendus pour être plantés dans la Paroiffe du Curé , qui avoit
droit à la Dixme. (6)

Ce qui croît dans les Jardins , qui ne fert que pour le divertiffement & pour
l'ufage de la maifon , n'eft point décimable (7). Les terres labourables qu'on

---

payer la Dixme à la onzieme partie de la Récolte des gros fruits , s'ils n'entreprenoient la
preuve contraire ; mais pourquoi charger les Habitans feuls de l'embarras de la preuve ? Suivant l'efprit & la lettre de nos Loix , la Dixme doit être payée à la maniere accoutumée ;
l'Habitant eft donc auffi favorable que le Décimateur : Ordonnance de Blois , Art. L , Edit
de l'an 1579 , Art. XXIX.

(4) L'Edit du mois de Décembre 1606 , maintient les Eccléfiaftiques , qui ont Titre &
poffeffion , dans la perception de la Dixme du prix de la vente des Bois de haute-fûtaie :
le Chapitre de Mortain la perçoit fur les ventes de la Forêt de Lande-pourie , qui appartient
à M. le Duc d'Orléans; mais hors le cas d'exception porté par l'Edit , il eft toujours de
maxime que le Bois de haute-fûtaie ne doit pas de Dixme. Les Religieux de Jumieges ont ,
fur ce fujet , fait reparoître , avec beaucoup de chaleur , les anciennes Conteftations ; l'entreprife a été profcrite par Arrêt du 9 Mars 1729. Heureux échec ! s'il parvient à contenir
les gens de Main-morte.

(5) Des Décimateurs fe font imaginés être dans le droit de percevoir la Dixme du Cercle ,
au lieu du Gaulage , en contribuant à la main-d'œuvre ; cette idée a été profcrite par Arrêt
du 27 Juin 1749 ; la Dixme fe leve fur les productions de la nature , telles qu'elles fortent
de fes mains.

La Dixme des Joncs-marins eft dûe lorfque le Propriétaire les vend , ou les échange avec
de la Chaux , fi les terres ont été labourées par & depuis le temps de droit : Arrêts des
14 Juillet 1735 , & 17 Août 1745.

(6) Les Pépinieres ne font fujettes à la Dixme que quand elles font excrûes fur des
fonds qui ont payé Dixme par & depuis quarante ans , & fur les arbres vendus pour
être tranfplantés hors la Paroiffe ; ces conditions doivent concourir pour rendre les Pépinieres décimables : Arrêt en Réglement du 4 Mars 1763.

(7) La Dixme des Légumes fur les clofages , quand le Décimateur a la poffeffion , fe
paye par eftimation en deniers , foit de gré à gré ou par experts : Arrêts des 17 Juillet

convertit en herbages ou prairies, font fujettes à la Dixme. On a néanmoins jugé, par un Arrêt donné en forme de Réglement, le 28 de Février 1647, rapporté par Bafnage, que fi les Propriétaires laiffent en labourage le tiers des terres qui leur appartiennent, ils font exempts de payer Dixme de leurs autres terres qu'ils ont changées en herbages ou prairies. Les terres femées en Sain-foin ne font pas comprifes en ce Réglement, la Dixme du Sain-foin étant ordinaire & folite, comme il a été jugé par un Arrêt du 9 de Juillet 1675, rapporté par Bafnage. (8)

La Dixme de la Laine & des Agneaux, fe paye au Curé fur la Paroiffe duquel la Bergerie eft fituée; encore que la principale habitation du Proprié-taire, & que les terres fur lefquelles le troupeau pâture, foient dans l'étendue d'une autre Paroiffe; ce qui a été jugé par plufieurs Arrêts. (9)

Les Curés ont les Dixmes des Novales, des Verdages & des chofes domefti-ques, à l'exclufion des gros Décimateurs, comme il a été jugé par plufieurs Arrêts. Par un Arrêt donné en l'Audience de la Grand'Chambre, le 10 d'Août 1650, rapporté par Bafnage, les Dixmes inféodées ne doivent point contri-buer au payement de la Portion congrue des Curés, quand les Dixmes Ecclé-fiaftiques font fuffifantes pour la payer. Voyez fur cette queftion Louet, D. 8 & 60. (10)

1722 & 11 Mars 1757. Je trouve fingulier qu'on tolere l'ufage de lever cette Dixme dans les cantons où les autres fruits fujets à Dixme font confidérables.

(8) La Cour, par Arrêt du 16 Juillet 1749, a adopté la maxime générale propofée par Pefnelle; les Terres labourables, converties en Herbages depuis 40 ans, font décimables, quoique le Propriétaire laboure plus du tiers de fes héritages; l'utilité refpeԵtive du Déci-mateur & de l'Habitant, femble comporter qu'il foit permis à ce dernier de convertir quelque portion de fes Terres en Prairies, dans les Lieux où les Pâturages font rares. Si cependant dans un corps de ferme il ne fe trouvoit qu'une portion de terre labourable, fous une Paroiffe différente de celle de la principale habitation, on payeroit la Dixme de cette por-tion convertie en Herbage ou en Pré: Arrêt en 1758, au rapport de M. de Neuvillette.

Régulierement le Sain-foin n'eft confidéré comme Dixme folite, que quand il eft femé dans des terres précédemment labourées: coupé en verd, il n'eft point décimable, même en vertu de la poffeffion: Arrêt du 29 Mai 1727; & s'il eft coupé dans fa maturité, il faut une poffeffion de quarante ans pour y prétendre dixme fur des terres qui n'ont point auparavant porté de fruits décimables.

(9) La preftation en argent d'une redevance dûe en efpece, quelque longue qu'elle ait été, paroît conferver au Créancier la liberté de l'exiger, conformément au Titre, s'il n'y a d'autre dérogation particuliere: ainfi l'opinion qui tend à autorifer le Déci-mateur à percevoir en effence la Dixme des Laines & Agneaux, nonobftant l'ufage con-traire, a été long-temps accréditée; mais enfin on a reconnu l'erreur dans l'application du principe, & on a jugé le 21 Mars 1765, au rapport de M. d'Hattanville, que l'ufage d'une Paroiffe de payer cette efpece de Dixme en argent ne fait pas préfumer de Droit qu'elle a été autrefois payée en effence, le Décimateur doit juftifier du fait ou s arrêter à la preftation en argent. La tranquillité du Cultivateur exige que cette Jurifprudence ne varie pas; au refte cette forte de Dixme fe regle, par la poffeffion, fur le plus grand nombre des Habitans.

(10) Comme la qualité de groffe Dixme s'induit de la confommation de certaines efpeces de grains ou de fruits dans un Canton plurôt que dans un autre, la Dixme de Sarrafin fera groffe Dixme, fi ce grain fert à la nourriture de l'Habitant, & s'il y emploie une portion notable de fes terres; d'où l'on peut conclure que cette Dixme eft dûe, quoiqu'elle n'ait jamais été exigée, quand le produit de la Dixme eft beaucoup diminué par ce nouveau genre de culture. Bérault, panche vers l'exemption, fondé fur l'Ordonnance de

Les Chevaliers de Malte font exempts de payer Dixmes, à l'égard des terres qui font de l'ancien domaine de leurs Commanderies ; foit qu'ils les faffent
valoir par leurs mains, foit qu'ils les ayent baillées à ferme : leurs Fermiers

---

Philippe IV, de l'an 1303, fur l'Article L de l'Ordonnance de Blois & l'Arrêt de Sigy.

Quand les gros Décimateurs reclament cette Dixme, les Curés fe cantonnent dans leur
poffeffion quadragénaire ; mais ils doivent prendre garde de ne pas s'étayer d'une poffeffion
inutile ou vicieufe, comme d'une poffeffion précaire, ou évidemment contraire à leurs
Titres. L'Arrêt, en faveur du Chapelain de Prouffi, rapporté par Routier, Pratique
Bénéficiales, multiplie les queftions de fait. Il me femble que pour adjuger la Dixme de
Sarrafin au Curé on ne doit confidérer qu'une poffeffion valable ; on examine inutilement
fi le Sarrafin eft une récolte de conféquence dans une Paroiffe, fi la Dixme qu'on en
perçoit eft groffe ou verte Dixme. Je dirois, que tel eft l'efprit d'un Arrêt rendu en Grand'-
Chambre le 12 Juillet 1759, au rapport de M. d'Equaquelon, contre les Religieux de Belle-
Etoile, au profit du Curé de Flers ; mais on m'oppoferoit que les Religieux n'avoient
précifément articulé qu'en caufe d'appel, & prefqu'à la veille du jugement des faits
pour prouver que la récolte du Sarrafin étoit à Flers une récolte très confidérable. Quoiqu'il en foit, l'opinion que j'avance eft conforme à l'équité, & tend à maintenir la paix
entre le Curé & le Décimateur étranger.

Etendez, aux terres Novales, les fonds de terre qui n'ont point été cultivés depuis un
temps immémorial, quoique l'on y remarque des traces de fillons ; car cette impreffion ne
juftifie point qu'une terre ait été labourée, on defire des témoignages plus certains. Prat.
de Routier, Arrêt du 11 Janvier 1753.

Quand le Cultivateur ceffe, fous quarante ans, de cultiver une terre Novale, elle ceffe
auffi d'être décimable, en prouvant la qualité de la terre : Arrêt du 10 Mai 1742. Si une
terre, pour avoir labouré, étoit auffi-tôt affujettie, fans retour, à la Dixme, les progrès de l'amélioration souffriroient une atteinte. Le Cultivateur, craignant de grever fes fonds
d'une fervitude auffi onéreufe, ne tenteroit point fes effais avec les mêmes efpérances. Le
Roi, dans la même vue d'encourager l'Agriculture, a exempté, par fa Déclaration du 13
Août 1766, les terres, nouvellement défrichées, de la preftation de la Dixme pendant
le temps déterminé par cette Loi, en fe conformant aux formes qu'elle preferit.

Plufieurs ordres Religieux ont le privilége de percevoir, dans les lieux où ils font gros
Décimateurs, la Dixme des Novales que les Curés n'ont point perçue par quarante ans.
Une Déclaration du 28 Août 1759, a terminé, d'après ce principe, des Procès immor-
tels entre les gros Décimateurs & les Curés.

Régulierement le domaine des Cures eft exempt de la Dixme, & quand les Privilégiés
font des aliénations de leur fonds, la Dixme en appartient au Curé. Bérault.

Quand deux Décimateurs conteftent fur le fonds de la Dixme, on décide fur le mérite des
Titres, ou fur une poffeffion quadragénaire bien juftifiée : Arrêt du 17 Avril 1739.

Obfervés dans cette matiere l'art fi compliqué, & réduit depuis bien des fiecles en
principe, de s'agiter par des procès, a rendu fi obfcure quelques notions générales propres
à en arrêter le cours. Dans le doute, déterminez-vous en faveur du Cultivateur qui fupporte les charges publiques plutôt qu'en faveur du Curé ; décidez dans le doute pour
le Curé à caufe de la follicitude paftorale contre le Décimateur étranger ; comparez, dans
l'examen des Titres de ce dernier, les actes qu'il repréfente avec les actes autentiques du
même-temps ; renfermez-les dans leurs bornes ; difcutez les tranfactions dont la plûpart
font fimoniaques ou confidenciaires ; donnez à la poffeffion du Curé toute la force que
nos Loix peuvent lui accorder ; recevez, avec beaucoup de réferve, les demandes en
fubrogation, foit qu'elles foient formées par le Curé ou un autre Décimateur, cette
Jurifprudence fait naître la plûpart des conteftations : le *quod decimatum, femper deci-
mandum*, doit être entendu fainement. N'oublions jamais l'Ordonnance de 1303, que le
Clergé a toujours attaqué, qu'il attaque, & qu'il attaquera fans ceffe, parce que cette
Loi eft le bouclier du Cultivateur.

Sur les obligations d'avertir & réavertir le Décimateur, avant aucun enlevement ou pendant le cours de la récolte, la maniere de percevoir la Dixme des Fruits naturels, celle des

même font exempts de payer les Dixmes domeftiques, par un Arrêt du 5 de Juillet 1530. Tous ces priviléges font particuliers à cet Ordre ; car Cluny & Cîteaux, qui ont l'exemption de payer les Dixmes, ne l'ont que lorfqu'ils font valoir par leurs mains ; De plus, les Chevaliers de Malte peuvent bailler en emphitéofe, & retenir le droit de percevoir les Dixmes fur les héritages fieffés. Voyez Louet, D. *num.* 57. Le Haut-Juflicier ne connoît point des Dixmes : jugé par un Arrêt du 9 Janvier 1665. Tous ces Arrêts ci-deflus datés font rapportés par Bafnage fur cet Article.

De Patronage d'Eglife.

Il y en a un Chapitre, qui eft le cinquieme de la Coutume.

De Clameur de Loi apparente.

Il y en a un Chapitre qui eft le troifieme de la Coutume.

De Clameur révocatoire.

La clameur révocatoire eft une action pour faire refcinder un Contrat, à caufe de la léfion qui a été faite ; parce que la chofe valloit plus que la moitié qu'elle n'a été vendue ; c'eft pourquoi les Auteurs ont écrit, qu'elle étoit fondée fur un dol réel, qui confifte dans l'inégalité & difproportion du prix, *dolus reipfa* ; pour le diftinguer du dol perfonnel, qui procede du mauvais artifice d'un des contractans, par lequel artifice l'autre contractant a été furpris & déçu. Cette reftitution eft appuyée de l'autorité de la Loi 2 *C. De refcindenda venditione.* Elle doit être intentée devant le Juge du défendeur, parce qu'elle eft perfonnelle, ayant fon origine d'un Contrat ; & fa conclufion étant contre la perfonne, elle eft réputée être entre les biens du vendeur ; c'eft pourquoi elle peut être intentée par fes créanciers. Elle a lieu contre l'acheteur & non contre le vendeur, fur qui on ne peut répéter une partie du prix, quelqu'exceflif qu'il ait été. Elle n'a pas lieu dans les Baux à ferme ou emphitéotiques, *ob incertum fructuum proventum* ; jugé par un Arrêt du 26 de Juin 1667 : ni dans la vente des droits univerfels & fuccefsifs, *ob incertum*

Sarrafins, des Chanvres & Lins, le lieu où les Dixmes doivent être répoftées, le prix auquel il convient de vendre les pailles de froment & autres grains aux Paroifsiens, le partage des Dixmes entre les Décimateurs & le Curé de la Paroifse, les caracteres d'un abonnement légitime, lesc as où les Dixmes arréragent. *Voyez* Bafnage, Forget, Vanefpen, le Maire, de Hericour, du Perray, Joui, Routier.

Voyez, fur les Portions congrues, qui font une Charge des Dixmes, l'Edit de Charles IX, du mois d'Avril 1571, Art. IX ; l'Ordonnance du mois de Janvier 1629, Art. XIII; une Déclaratiou du 18 Décembre 1634 ; celles des 29 Janvier 1686, 30 Juin 1690, 30 Juillet 1710, & 15 Janvier 1731 ; & l'Edit du mois de Mai 1768, qui, prenant en confidération l'augmentation furvenue dans le prix des denrées de premiere néceflité, fixe la Portion congrue du Curé à 500 liv. & celle du Vicaire à 200. Remarquez que le vœu des Parlemens eft que la penfion des Vicaires foit portée à 250 liv. & les Vicaires l'exigent de fait, ce qui gêne beaucoup les Curés portionnaires. *Voyez* le Traité des Portions congrues.

nomen hæredis ; nec enim tam res quam spes & alea emitur, ideòque hæredis qualitas non est in pretio ; ni dans les ventes faites par décret, *ob authoritatem Judiciorum & solemnitatem venditionis ;* ni dans les Contrats d'échange, dans lesquels le supplément de prix ne peut être admis, un chacun des contractans n'ayant point voulu de prix, c'est-à-dire, de l'argent ; mais une autre chose subrogée en la place de celle qu'il met hors de ses mains ; ce qui a été jugé par plusieurs Arrêts. Voyez Cujas, *lib. 16 observationum cap. 18*, Louet, B. 14, 5, 7. & *l.* 10 & 11. (11).

Ce qu'il faut limiter aux échanges pures ; car à l'égard de celles qui sont faites avec un supplément d'argent, que la Coutume appelle *solde*, on peut objecter qu'on a abusé de la nécessité en laquelle se trouvoit réduit celui qui a reçu le supplément, qui n'a contracté sous la forme d'échange, que pour avoir de l'argent qui pût remédier à son besoin.

Le demandeur ne peut pas conclure à la restitution de la chose venduë, mais seulement au supplément du juste prix ; parce qu'il est à l'option du défendeur, de rendre ou retenir la chose en faisant le supplément. Quand on propose les moyens de la rescision d'un Contrat, cela s'appelle le rescindant ; & en tant qu'on demande l'effet de la rescision, comme le supplément du prix, ou d'être renvoyé en possession de la chose vendue, cela s'appelle le rescisoire. Il faut que la lésion soit plus de moitié du prix, dont le treizieme payé par l'acheteur est réputé faire partie. L'estimation qu'on doit faire de la chose, se doit faire par rapport au temps du Contrat, *l. 8. C. De rescindenda venditione.* Il faut intenter cette action dans les dix ans, à compter du jour de la vente, comme les autres qui tendent à la rescision des Contrats.

---

(11) Bérault, sous cet Article, estime que l'Action en clameur révocatoire, tendante à recouvrer un héritage, qui n'est point affecté aux dettes de l'Acquereur, dépossédé par le défaut de supplément de prix, est plus réelle que personnelle ; & que l'estimation, pour constater la vilité du prix, se fait convenablement devant le Juge de la situation du Fonds.

L'estimation se regle sur le fond de la valeur intrinseque de l'Héritage, les Bois & les autres accessoires entrent en considération ; la Cour a quelquefois porté le scrupule jusqu'à ordonner que les Experts seroient entendus en genre de témoins : Arrêt du 13 Avril 1617, cité par Bérault.

Bérault prétend qu'en matiere de Clameur révocatoire, les édifices, élevés sur l'Héritage, doivent être estimés séparément ; la question a dû être ainsi jugée par Arrêt du 3 Mars 1608. J'employerois cependant une distinction, s'il y a sur le fonds vendu des Bâtimens de conséquence, & destinés à l'usage d'un riche Propriétaire. J'appliquerois à ce cas la décision de l'Arrêt ; mais s'agit-il de simples Bâtimens de premiere nécessité, uniquement propres à l'exploitation de l'Héritage, trop de rigueur dans l'estimation seroit déplacée & injuste.

Le temps de la vente regle l'estimation ; on ne compte pour rien l'augmentation survenue, dans la valeur des Fonds, depuis le Contrat, car l'Acquereur auroit supporté la perte dans l'événement contraire ; il est donc juste qu'il profite du gain.

Après avoir balancé long-temps la question, la Clameur révocatoire a été enfin admise dans les Baux à fieffe, par Arrêts des 14 Mars 1749 & 13 Mars 1758 ; le contraire avoit été jugé par Arrêt du 26 Avril 1667, cité par Basnage. Quand il y a une disproportion d'outre moitié, entre la Rente de fieffe & les revenus des Fonds fieffés, on présume facilement qu'il est entré dans l'Acte du dol personnel, joint à la perte effective que souffre le Fieffant ; l'avantage de la sûreté, contre les cas fortuits, ne balance pas les torts causés par un pareil retranchement du produit des Héritages ; d'ailleurs, les Contrats de fieffe & de vente ont entr'eux beaucoup de rapport d'analogie. *Voyez* la Consultation 14 de Dupineau, sur la Rescision pour lezion dans les Fieffes.

Des Priviléges Royaux.

On les peut appeller Cas Royaux, parce qu'ils font réfervés à la Juftice Royale ; d'autant que le Roi y a intérêt pour la confervation de fes droits domaniaux ou fifcaux ; ou pour maintenir fon autorité dans la police générale, qui lui appartient dans toute l'étendue de fon Royaume : Voyez Loyfeau, *chap. 14. des Seigneuries.* Par une Ordonnance de Henri IV, le crime de Duel eft déclaré un Cas Royal ; & fur ce fondement, la compétence en a été attribué au Juge Royal, à l'exclufion du Haut-Jufticier, par un Arrêt du 17 de Juillet 1646, rapporté par Bafnage. Voyez ce qui eft remarqué fur l'Article XIII, à la fin.

De nouvelle Deffaifine.

Il en eft traité en l'Article L.

De Mariage encombré.

Il y en a un Chapitre qui eft le vingt-unieme de la Coutume.

De Surdemande.

Il en eft traité en l'Article LII.

I V.

A auffi la connoiffance des Lettres de Mixtion, quand les terres contentieufes font affifes en deux Vicomtés Royales, encore que l'une foit dans le Reffort d'un Haut-Jufticier.

Les Lettres de Mixtion ont été introduites pour éviter la diverfité des Jugemens, *Timor eft ne varié judicetur*, & la multiplication des frais ; & partant elles font fondées fur la raifon des Loix *Cognitio*, & la fuivante *ff. De liberali caufa.* Elles font requifes à l'égard du Bailli, quand les héritages contentieux, c'eft-à-dire, pour lefquels il y a procès, font fitués dans deux Vicomtés Royales, étant dans le reffort du même Bailliage, encore qu'un de ces héritages foit dans le reffort d'un Haut-Jufticier, c'eft-à-dire, dans le territoire. Ce qui reçoit une exception, qui eft quand les deux Vicomtés ont été démembrées, c'eft-à-dire, quand une ancienne a été divifée en deux ; car en ce cas le Vicomte de l'ancien Siége eft compétent pour faire le décret des héritages qui font fous fa Jurifdiction, & de ceux qui font fous la Jurifdiction du Siége qui a été nouvellement établi, ainfi qu'il eft porté par l'Article VIII du Réglement de 1666. Et partant il femble qu'il pourroit connoître en vertu de Lettres de Mixtion, de la propriété de deux héritages roturiers, dont l'un feroit dans fon diftrict, & l'autre fur le diftrict du nouveau Siége.

Que fi les Vicomtés reffortiffent en deux Bailliages Royaux, on ne peut faire le décret en vertu de Lettres de Mixtion, encore qu'un de ces Bailliages foit dans les enclaves de l'autre, qui eft un des fept Bailliages de Normandie, fuivant qu'il eft attefté par l'Article IX dudit Réglement ; parce que les Juges de ces Bailliages ont un pouvoir égal : mais en ce cas, il faut obtenir un

Arrêt du Parlement, qui attribue la connoiffance du décret à un de ces Juges ; ce qui fe fait réguliérement à l'avantage de celui dans le reffort duquel eft la meilleure partie des héritages. (1)

Mais quoique les rentes hypotheques foient réputées immeubles, & que la faifie & criées en doivent être faites en la Paroiffe où les débiteurs defdites rentes font domiciliés ; néanmoins quand on les décrete conjointement avec les héritages, cela ne donne point lieu aux Lettres de Mixtion, & on les décrete fans Lettres ou Arrêts d'attribution, devant le même Juge, dans le territoire duquel les héritages faifis font fitués ; encore que lefdits débiteurs foient domiciliés en d'autres Vicomtés, & même en d'autres Bailliages : ce qui a été jugé par plufieurs Arrêts.

V.

Jurifdiction du Vicomte.

Au Vicomte ou fon Lieutenant, appartient la connoiffance des Clameurs de Haro civilement intentées.

De Clameur de Gage-Plege pour chofe roturiere.

De Vente & dégagement de biens.

D'Interdits entre Roturiers.

D'Arrêts.

D'Exécutions.

De matiere de Namps, & des oppofitions qui fe mettent pour iceux Namps.

De Dations de Tutelles & Curatelles de Mineurs.

De faire faire les Inventaires de leurs biens.

D'ouïr les Comptes de leurs Tuteurs & Adminiftrateurs.

De Vendues de biens defdits Mineurs.

De Partage de fucceffion, & des autres Actions perfonnelles, réelles & mixtes en poffeffoire & en propriété : Enfemble de toutes matieres de fimple defrene entre Roturiers, & des chofes roturieres, encore qu'efdites matieres échée vue & enquête.

Par cet Article & les fix fuivans, la Jurifdiction du Vicomte eft expliquée :

---

(1) L'Office de Tréforier de France attire, en cas de Saifie réelle, les Rotures pour être décrétées devant le Bailli : Arrêt du 28 Novembre 1732. On avoit jugé, par Arrêt du 27 Février 1676, cité par Bafnage, fous l'Art. III, que le Patronage cédé avec une Roture & 9 liv. de rente feigneutiale, rendoit le Décret de la terre, dans lequel le Patronage avoit été aliéné, de la compétence du Bailli ; il eft vrai que dans le Contrat d'aliénation, il étoit ftipulé que la Roture feroit érigée en Fief à la diligence du nouveau Propriétaire ; & la Cour, par cet Arrêt, lui affigna un terme pour folliciter des Lettres d'Erection.

Le Bailli doit procéder au Dézret des terres roturieres de quinzaine en quinzaine : Arrêt du 6 Avril 1607. Bérault.

mais cet Article V ne peut être partagé en plusieurs (1). Car premierement*, la connoissance du Haro, pourvu que ce ne soit point pour crime, est attribuée au Vicomte. Il faut ajouter une autre condition, qui est, que le défendeur soit Roturier & non Noble ; car la principale différence de la Jurisdiction du Vicomte d'avec celle du Bailli, provient de la qualité des Parties ; le Bailli étant le Juge des Nobles, suivant qu'il a été dit, & le Vicomte étant le Juge des Roturiers à l'exception de certaines Causes, dont la compétence est attribuée absolument à l'un ou à l'autre de ces Juges. Il y a un Chapitre particulier Pour le Haro, qui est le second de la Coutume.

Secondement, le Vicomte connoît de la Clameur de Gage-Plege pour chose roturiere. Par Clameur, la Coutume entend une action qui est intentée avec quelqu'empressement. Celle de Gage-Plege est pour empêcher une entreprise faite au préjudice de la possession que le demandeur prétend avoir : C'est donc une action réelle & négatoire, par laquelle on conclut que le défendeur n'a pas droit de faire ce qu'il entreprend : elle n'a plus d'étendue que le *novi operis nuntiatio* du Droit Romain, qui n'avoit lieu que pour empêcher la structure ou la démolition d'un bâtiment, lesquelles en changeant la face du lieu, étoient nuisibles à un voisin, ou en le privant de son droit, ou en lui causant quelque dommage. Mais l'action de Gage-Plege ne s'intente pas seulement pour empêcher qu'on ne bâtisse ou qu'on ne démolisse ; mais pour empêcher tous les ouvrages & toutes les entreprises, qui sont contraires aux droits de possession & de propriété, reclamés par le demandeur ; même à l'égard des choses incorporelles, comme sont les servitudes & les Dixmes. Le nom de Gage-Plege signifie que cette action est garantie & gagée par les Pleges que le demandeur & le défendeur sont obligés de donner. La Coutume ajoute pour chose roturiere : car si le Gage-Plege étoit pour la conservation de droits féodaux la connoissance n'en appartiendroit pas au Vicomte, mais appartiendroit au Bailli, encore que le défendeur n'eût pas le privilége de Noblesse, parce que la connoissance de toutes les appartenances des Fiefs, appartient au Bailli par l'article II.

En

L'usage, pour obtenir un Arrêt d'attribution, en matiere de Décret, est d'attacher, sous une Requête, la Déclaration des Biens du Saisi, & des différentes Jurisdictions où ils sont situés ; un Créancier qui veut donner des Biens de ses débiteurs à décréter par augmentation, quand ces Biens dépendent d'une autre Jurisdiction, peut obtenir un semblable Arrêt ; mais observez qu'il ne suffit pas de signifier cet Arrêt, & de saisir le Siége d'attribution dans l'an de la date, il faut encore, dans le même-temps, saisir les Héritages qui y ont donné lieu ; car sans cette précaution, l'Arrêt d'attribution, de même que les Lettres de Mixtion, deviennent nuls par la surannation. Arrêt du 9 Février 1731.

(1) L'Edit de suppression des Vicomtés du mois d'Avril 1749, applanit bien des questions de compétence ; on lit cependant toujours avec plaisir ce qu'ont écrit nos Commentateurs sur ce premier Tribunal royal de la Province, & quelques Vicomtés subsistent encore. Je me borne à des observations sur les Tutelles, les partages d'Héritages & les Lettres de Chancellerie incidentes ; observés cependant que cet Article est presque textuellement extrait d'un Arrêt du Grand Conseil du 11 Mars 1548, cité par Terrien, liv. 3. chap. 5 ; & que la compétence du Bailli & du Vicomte, étant déterminée par la Coutume, le Vicomte, comme Juge royal, peut user de la voie de défense, pour revendiquer la connoissance d'une Cause qui lui appartient, sans être obligé de demander le renvoi au Bailli du Ressort par le Procureur du Roi de la Vicomté : Arrêt du 4 Août 1757.

(2)

En troifieme lieu, le Vicomte connoît entre Roturiers de la vente & dégagement de biens ; cela s'entend des meubles qui ont été baillés pour gages ;
c'eft-à-dire, de l'action *Pignoratitia* du Droit Romain, tant directe que contraire. Par la directe, le débiteur ayant payé ce qu'il devoit, répétoit le gage
qu'il avoit baillé pour la fûreté du créancier ; & c'eft ce que la Coutume appelle dégagement. Par la contraire, le créancier demande à être faifi du
gage qui lui a été promis, ou d'avoir permiffion de vendre celui qui a été
mis en fes mains, quand le débiteur eft défaillant de payer. (2)

En quatrieme lieu ; le Vicomte connoît des interdits ; c'eft-à-dire, des actions
qui s'intentent pour conferver la poffeffion ; car il paroît par l'Article III,
que la Coutume a attribué au Bailli le Bref de la nouvelle Deffaifine, qui tend
à recouvrer la poffeffion perdue depuis un an. (3)

En cinquieme lieu, le Vicomte connoît des arrêts, exécutions & matieres
de namps, & des oppofitions qui fe mettent pour iceux namps. Toutes ces
Caufes fe peuvent comprendre fous un mot général, qui eft celui d'Exécutions :
Car l'arrêt qui fe fait de la perfonne de l'obligé, ou de fes dettes actives, eft
une efpece d'exécution, & d'ailleurs les faifies des meubles & des namps font
des véritables exécutions. Afin que toutes ces exécutions foient valables, il
faut qu'elles foient faites en vertu de Lettres, qui, felon l'expreffion du Droit
coutumier, ayent une exécution parée ; c'eft-à-dire, qui fe puiffe faire fans
Ordonnance de Juge, *habeant executionem paratam*, comme font les Sentences ou Contrats munis de Sceaux authentiques. On excepte les meubles des débiteurs forains ; c'eft-à-dire, qui ont leur domicile éloigné de la Ville, lefquels on peut faire faifir fans aucunes Pieces exécutoires, quand ils font trouvés dans la Ville, par un privilége accordé à quelques Villes, qui par cette
raifon font appellés *Villes d'arrêts* ; au nombre defquelles font Paris & Rouen.
En ce cas, on peut donner affignation aux Parties devant le Juge ordinaire
de la Ville qui a ce privilége, lequel juge fommairement ; ou en cas de difficulté ordonne la délivrance des meubles faifis, en baillant, par le débiteur
forain, caution, & en élifant domicile. Voyez l'Article CLXXIII & CLXXIV
de la Coutume de Paris. Semblablement pour les deniers du Roi, pour les
rentes & les redevances féodales, pour loyers des maifons & fermages des
héritages de campagne, on peut faifir les meubles des obligés fans Pieces exécutoires ; mais on prend un Mandement du Juge. (4)

On n'obferve point au Pays coutumier l'ordre des exécutions, qui fe pra-
tiquoit par le Droit Romain, comme il eft expliqué dans la Loi *A divo pio*

---

(2) Remarquez que le privilége fur le Gage n'a lieu que quand les deniers prêtés,
& les Gages délivrés pour leur sûreté, font contenus dans un Acte paffé par devant Notaire :
Ordonnance de 1669, Tit. des Intérêts de Change, Art. VIII.

(3) On entend par interdits, les actions en complainte, quand le Demandeur fe plaint
d'avoir été troublé dans fa poffeffion : on a donné la compétenee de cette action au Vicomte,
malgré la reclamation du Bailli, par Arrêt rendu entre le Lieutenant-général-civil de Coutances, & le Vicomte du lieu.

(4) Le privilége des villes d'Arrêts ne s'étend point au préjudice des perfonnes qui y
paffent étant porteurs des ordres du Roi, parce qu'ils font réputés être fous fon fauf-con-
duit, ni ceux qui vont aux foires ou en reviennent. *Voyez* Bourbonnois, Art. CXXXIII,
Inftitutions de Coquille.

§. *in venditione ff. De re judicata*. Car par les Ordonnances , on peut non-feulement faifir les immeubles avant les meubles , mais on peut accumuler les exécutions , en faififfant les meubles , les dettes actives , la perfonne du débiteur & fes immeubles : Ordonnances de 1539 , Articles LXXIV. de Moulins Article XLVIII. & de 1667 , Article dernier du Titre *des Contraintes par corps*. Les Mineurs font exempts de la rigueur de ces Ordonnances ; car à leur égard , par la plûpart des Coutumes , il faut difcuter leurs meubles auparavant que de faifir leurs immeubles : mais en Normandie il fuffit de fommer le Tuteur de bailler un compte fommaire , que la Coutume appelle Compte en abregé ; ce qui eft déclaré par les Articles DXCI & DXCII , & fera expliqué fur le Titre *des Décrets*.

En fixieme lieu , le Vicomte connoît de la Tutelle & Curatelle des Mineurs , & de toutes les dépendances defdites Tutelles & Curatelles : fur quoi il faut d'abord remarquer , que la queftion , fi les Curatelles doivent être inftituées par le Bailli , à l'exclufion du Vicomte , n'a point été pleinement décidée ; mais que néanmoins on en a toujours attribué la connoiffance au Bailli par provifion. On foutient pour établir la compétence du Bailli , que quand il eft dit que le Vicomte connoît des Curatelles , cela ne fe doit entendre que lorfqu'il eft néceffaire de donner un Curateur aux Mineurs , aux cas expliqués dans le Paragraphe dernier du Titre *De authoritate Tutorum*, & du Paragraphe *interdum*, du Titre *De Curatoribus*, aux Inftitutes. Cette Curatelle eft pour les biens , & non pour la perfonne : il femble que la Coutume la diftingue affez , quand elle ajoûte , de Mineurs.

Il faut voir le Réglement pour les Tutelles , publié le 7 de Mars 1673 ; mais il eft à propos d'y ajoûter quelques décifions qui n'y font pas comprifes (5). Les Prêtres qui n'ont point de Bénéfices à charge d'ames , peuvent être inftitués Tuteurs , & le privilége de Cléricature ne les en exempte pas ; ce qui a été jugé par un Arrêt donné à l'Audience de la Grand'Chambre le 24

---

(5) Les Loix angloifes , & les anciennes Loix de la France , nous apprennent que l'on confioit le foin de la perfonne du Mineur aux parens maternels , quand la principale fortune provenoit du côté du pere , *& vice verfa ;* on exceptoit de la rigueur de la Loi les pere & mere *nam leges illæ dicunt*, je parle des Loix angloifes , *quod committere tutelam infantis illi qui eft ei proximè fucceffurus eft quafi agnum committere lupo ad devorandum*. M. le Préfident de Montefquieu remarque que dans le temps de la décadence de l'Empire Romain , la dépravation générale des mœurs obligea de porter une pareille Loi , & à déroger à la Loi des 12 Tables. *Voyez* le Code Frédéric , tome premier.

Comme les Nominateurs font , parmi nous , garants fubfidiaires du Tuteur inftitué , il fe commet deux abus dans les Elections de Tutelle : 1°. Les Parens les plus folvables nomment un autre Tuteur que celui qui a la pluralité des fuffrages : 2°. D'autres fe font pourvoir d'exemptions avant la nomination , & refufent de délibérer. L'Edit du mois de Décembre 1732 , portant Réglement pour les Tutelles en Bretagne , a pourvu à ces deux inconvéniens ; les Nominateurs , dont l'avis n'a point été fuivi , demeurent refponfables de la geftion du Tuteur nommé à la pluralité des voix , fi ce n'eft que par appel ils n'ayent fait infirmer la Sentence de Tutelle , & les Parens privilégiés fubiffent les mêmes charges que les Nominateurs non privilégiés , Art. VI & IX de ce Réglement. Il feroit au moins à propos en Normandie d'ordonner que les Parens les plus notables ouvriroient leur avis les premiers , à peine de nullité de l'inftitution de Tutelle : par Arrêt fans date , cité par Bafnage , on a jugé que le Privilége d'exemption de Tutelle devoit être acquis au temps du décès du Pere des Mineurs.

de Janvier 1662 , rapporté par Bafnage. Les Officiers du Parlement n'ont point de privilége qui les exempte de la charge des Tutelles. Les Officiers de la Chambre des Comptes ont ce privilége. La diftance du domicile eft une raifon valable, pour empêcher qu'un parent ne foit élu Tuteur ; & par conféquent peut fervir d'exception à l'action de condefcente, pourvu que cette diftance foit telle, qu'elle mît le Tuteur dans la néceffité de faire de grands frais dans fon adminiftration. Ces deux queftions ont été jugées par plufieurs Arrêts (6)

Celui qui eft demeuré chargé de la Tutelle , en conféquence de l'action de condefcente, (elle confifte au droit qu'a un Tuteur nommé par les parens , de fe décharger de la geftion de la Tutelle, fur un parent plus proche ou plus habile à fuccéder) eft le véritable Tuteur ; c'eft pourquoi le Mineur doit s'adreffer à lui pour demander le compte de fa Tutelle, & le doit difcuter avant que d'intenter l'action en garantie contre celui qui avoit été élu Tuteur par les parens : Ce qui a été jugé par un Arrêt donné à l'Audience de la Grande-Chambre , le 21 de Novembre 1671. Cette action de condefcente eft expliquée par les Articles XXIII, XXIV & XXXV dudit Réglement pour les Tutelles. Le privilége ou le droit commun , qui donne lieu à l'exemption de la Tutelle ou à l'Action de condefcente , doivent être acquis dans le temps de la nomination de la Tutelle; car une caufe qui furvient après l'inftitution & l'adminiftration qui a été commencée en conféquence, ne pourroit valoir pour la décharge du Tuteur élu : Ce qui a été jugé conformément aux loix fecondes, ff. De excufationibus , & C. fi Tutor falfis allegationibus : ce qui reçoit une exception déclarée dans l'Article XXXV dudit Réglement, par lequel le Tuteur, qui a géré, peut fe décharger fur un frere des Mineurs, devenu majeur depuis l'inftitution de la Tutelle.

Quand il eft dit , que le Vicomte doit faire faire l'inventaire des biens des Mineurs, cela fignifie qu'il doit ordonner que cet Inventaire foit fait ; mais il n'a pas

---

(6) La condefcente eft , en Normandie, un moyen de s'exempter de gérer une Tutelle ; qui libere bien de l'embarras des affaires pupillaires , mais foumet toujours le Tuteur élu par les parens au péril de la Tutelle ; le Tuteur qui veut exercer une action en condefcente , doit bien prendre garde de faire aucunes fonctions relatives à fon inftitution , car les Arrêts le déclarent en ce cas non recevable. Bafnage.
La diftance de dix lieues du domicile du Tuteur élu, à celui du pere du Mineur, n'offre point un moyen de condefcente , mais on ne confidere point la proximité de la fituation des Biens de l'un & de l'autre ; la pofition des domiciles regle la queftion : Arrêts des 1er Juin 1728 & 19 Mars 1745. Cette action a lieu fur un parent plus proche que le Tuteur élu , encore que l'un ni l'autre n'ait la qualité d'héritier préfomptif du Mineur ; la charge de la Tutelle regarde celui des parens qui a une expectative moins éloignée fur les Biens du Mineur : Arrêt du 23 Août 1741 ; mais dans le concours du parent d'une ligne qui n'eft point héritier préfomptif du Mineur , & du parent de l'autre ligne qui a cette qualité , ce dernier peut être forcé de gérer en vertu de la condefcente , quand même le Mineur n'auroit dans fa ligne aucune efpece de Biens : Arrêt du 8 Juillet 1757. Une conteftation qui compromet la meilleure portion de la fortune du Mineur, excufe valablement de la Tutelle ; elle donneroit à plus forte raifon ouverture à la condefcente ; cette précaution eft dûe à la foibleffe de l'âge : Novelle. 72. chap. 4. Auth. Minores fur la Loi 8. au Code qui dare tutores ; Arrêtés de Lamoignon , Art. XLIII des Tutelles ; Arrêt de ce Parlement du premier Avril 1745. L'héritier du Tuteur , qui a géré en vertu de la condefcente , eft tenu de faire élire un nouveau Tuteur au Mineur, quand même le Tuteur, choifi par les parens, vivroit encore : Arrêt du 9 Avril 1745.

C 2

droit d'être présent à la confection de l'inventaire, à moins qu'il n'en soit requis. L'inventaire doit être fait en la préfence du Tuteur, & des autres perfonnes qui ont droit ou intérêt d'y affifter. Voyez l'Article XXXVII dudit Réglement. (7)

La Coutume ajoûte, que le Vicomte doit ouir le compte des Tuteurs : ce qui fe doit entendre du Juge devant qui l'inftitution de la Tutelle a été faite ; car la reddition de compte fe doit faire devant le Juge de la Jurifdiction où la Tutelle a été établie, & ne fe peut évoquer. (8)

Si les oyans compte fe trouvent redevables au Tuteur, parce que la dépenfe a excédé la recette, la condamnation qu'en obtiendra le Tuteur, ne fera pas folidaire, mais fe divifera, eu égard à la dépenfe faite pour un chacun des oyans compte ; néanmoins fi la dépenfe faite en plus outre que n'étoit le revenu des Mineurs, provenoit d'une affaire commune de leur fucceffion, le Tuteur feroit bien fondé à en demander une condamnation folidaire, & ce feroit en ce cas, qu'on devroit juger, fuivant un Arrêt donné fur un partage de la Grand'Chambre, le 6 de Mai 1619, rapporté par Bafnage, par lequel les oyans compte furent condamnés folidairement envers leur Tuteur. Mais l'ufage a hors de ce cas dérogé à l'autorité de cet Arrêt. Le Tuteur a une hypotheque fur les biens de fes Pupilles, femblable à celle que les Pupilles ont fur fes biens, c'eft-à-dire, du jour de l'inftitution de la Tutelle. Le contraire a été jugé par le Parlement de Paris, comme il eft attefté par le Commentateur de Louet, H 23. Mais pour conferver cette hypotheque *à die inftitutionis*, tant les Pupilles que le Tuteur doivent agir dans les dix ans de la Tutelle finie ; autrement ils n'ont hypotheque que du jour de leur action, par les Articles LXXVI & LXXVII dudit Réglement. (9)

---

(7) La maxime générale propofée par Pefnelle, d'après les Arréts & le Réglement qu'il cite, s'applique auffi au Procureur du Roi ; il ne peut affifter aux Scellés ni aux Inventaires lorfqu'il fe préfente un requérant, foit que les héritiers préfomptifs foient Mineurs ou abfens : Arrêt du 24 Mai 1757.
Tout Tuteur, après la confection de l'inventaire, doit faire vendre les meubles du Mineur qu'il n'eft point autorifé de conferver ; mais les deniers de la Vente ne font point fujets aux droits de confignation, nonobftant le nombre des Créanciers oppofans : Arrêts des 18 Juin 1625, 17 Janvier 1746, 22 Avril 1758, Déclaration du Roi du 21 Mars 1765.
(8) Le Tuteur qui gere en vertu de la nomination des parens, ou de l'action en condefcente, ne peut être deftitué fans un jufte motif ; la deftitution eft par elle-même honteufe & déshonorante, elle implique un foupçon de mauvaife foi ou de négligence répréhenfible : Arrêt en faveur du Tuteur du 21 Mai 1748. On penfe encore que le Tuteur qui gere, conformément aux Réglemens de la Cour & aux claufes de fon inftitution, & dont la folvabilité eft conftante, n'eft point obligé de rendre compte, *ex intervallo*, fi ce n'eft dans le cas où les parens, en le nommant Tuteur, l'y auroient affujetti, ou dans le cas de Saifie réelle des Biens du Mineur.
(9) Après la difcuffion des meubles du Tuteur, qui a géré en vertu de la condefcente, le Mineur peut réfléchir fur le Tuteur élu par le fuffrage des parens : Arrêt du 13 Août 1741 ; car obliger le Mineur à difcuter les immeubles du Tuteur en charge, ce feroit fouvent le fatiguer d'une multitude de Décrets dans lefquelles il confommeroit ftérilement fes plus belles années. Quelquefois les parens choififfent, outre le Tuteur principal, un Tuteur qu'on appelle onéraire ; cette claufe, employée dans l'inftitution de Tutelle ne change rien aux difpofitions de ce Réglement ; il eft précifément cet homme d'affaire, mentionné dans l'Art. XL du Réglement de 1673. Le Mineur, devenu Majeur, ne

DE JURISDICTION. 21

Quand le Tuteur a fait une Transaction nulle & frauduleuse avec ceux à qui il devoit rendre compte, on a jugé qu'on en pouvoit demander la rescifion dans trente ans, par un Arrêt donné sur un partage de la Grand'Chambre, le 26 de Fevrier 1670. Mais si on a fait une seconde Transaction, touchant la rescifion demandée contre la premiere, on ne sera pas recevable à se relever de cette seconde Transaction après les dix ans passés depuis icelle, par un autre Arrêt du 15 de Mars 1672, ces deux Arrêts sont rapportés par Basnage. On a jugé au Parlement de Paris, qu'il falloit se pourvoir contre ces Transactions faites sur les comptes de Tutelle, dans les dix ans ; mais que quand les Tuteurs avoient pris des quittances qui les déchargeoient de la reddition de leur compte, ils pouvoient être poursuivis pour les faire condamner à rendre compte, dans les trente ans, Loüet, T. 3 : il faut voir les trois derniers Articles dudit Réglement des Tutelles, touchant ces Transactions. Il ne sera pas inutile d'ajoûter, que quand on se pourvoit contre la Transaction faite avec un Tuteur, on n'est pas obligé de restituer ce que le Tuteur a payé en vertu de la Transaction, parce qu'on ne doit pas présumer que le Tuteur eût payé quelque chose, s'il n'avoit scu qu'il la devoit. *Frustrà igitur Tutor peteret, quod mox redditurus esset, l. 8. in principio ff. De doli mali & metus exceptione :* ce qui est une limitation à la Loi unique, *C. De reputationibus quæ fiunt, &c.* & à la Loi 14. *C. De Transactionibus,* & à la Loi *Pupilli §. 1. ff. De solutionibus* (10)

Pour la vente des biens immeubles des Mineurs, voyez les Articles DXCI & DXCII de la Coutume, & l'Article LI, avec les cinq suivans dudit Réglement. (11)

---

dirige pas moins ses actions contre le Tuteur principal ; & si des Arrêts ont condamné le Tuteur onéraire à rendre compte, cette décision ne fait aucun préjudice aux intérêts du Mineur.

L'Article général des vacations du Tuteur, dont il est fait mention dans les Articles LXVII & LXVIII de notre Réglement, doit être levé d'année en année, du jour de la Tutelle jusqu'au temps de son expiration ; cette Jurisprudence tend à diminuer les intérêts demandés par le Mineur, & est conforme à la lettre de la Loi : Arrêt du mois d'Avril 1688, en faveur du Tuteur.

(10) Le Mineur, qui attaque une transaction faite avec son Tuteur, sera tenu de faire raison à son Tuteur de la somme qu'il aura reçue en vertu de cet Acte, si les Pieces du compte justifient qu'elle n'étoit pas dûe : car vice ou erreur de calcul se purge en tout temps. Pesnelle entend seulement exempter le Mineur de rembourser comme un préalable la somme reçue.

Comme le Mineur trouve dans la Loi une protection contre les artifices & les fraudes ménagées par son Tuteur, il est également juste que les Créanciers de ce Tuteur, même postérieurs en hypotheque à l'institution de Tutelle, ne soient pas trompés par sa collusion avec son Mineur ; aussi on a autorisé par Arrêt le Créancier du Tuteur, qui prétendoit que le reliquat du compte étoit exagéré, à en prendre communication, ainsi que des Pieces justificatives. Maximes du Palais.

(11) Quand le Mineur, après sa majorité, fait révoquer les Contrats d'aliénation de ses Héritages vendus pendant qu'il étoit dans les liens de la Tutelle, l'Acquereur, dépossédé sur sa poursuite, n'a aucun recours de garantie à exercer sur le Tuteur, ni sur les parens nominateurs de la Tutelle. *Voyez* Bérault. Arrêt du 19 Mai 1734.

Quoique l'aliénation des Héritages appartenans aux Mineurs soit nulle, si les formalités prescrites par les Articles LI, LII, LIII, LIV & LV du Réglement de 1673, n'ont point été observées ; on a cependant quelquefois confirmé parmi nous des Ventes de cette espece, où l'on avoit négligé les solennités ordinaires ; mais le péril de la Sai-

Cet Article V de la Coutume eſt conclu par une clauſe générale , par laquelle la compétence de toutes les actions perſonnelles , réelles & mixtes , tant pour la poſſeſſion que pour la propriété , eſt attribuée au Vicomte. Ce qu'il faut interpréter ſuivant les limitations ci-deſſus remarquées , & celle de l'Article LXI pour la Loi apparente. Quant à l'action du partage de ſucceſſion , elle ſe doit pourſuivre devant le Juge du domicile de celui dont la ſucceſſion eſt à partager ; parce que les Titres s'y trouvent ordinairement , & que d'ailleurs , *hæreditas in pleriſque perſonam defuncti repræſentat , non hæredis , l. hæreditas ff. De acquirendo rerum dominio.* (12)

Par matieres de ſimple Defrene , il faut entendre les Cauſes ſommaires qu'on peut pourſuivre ſans ſolemnité ; & dans leſquelles les preuves , quand elles y ſont requiſes , ſe font ſommairement , & ſans y obſerver les formalités néceſſaires dans les enquêtes des matieres plus importantes. Defrene ſignifie *Preuve* , comme il paroît par pluſieurs textes de l'ancien Coutumier , aux Titres *De délivrance de namps* & *De ſimple querelle perſonnelle.* (13)

V I.

Peut ledit Vicomte faire faire toutes Criées, Banniſſemens , Interpoſitions & Adjudications de Décret des Héritages roturiers & non nobles.

Cela eſt expliqué dans le Titre *des Exécutions par Décret* qui eſt le vingt-deuxieme de la Coutume. (1)

---

fie réelle étoit imminent ; le compte abrégé juſtifioit que le Mineur n'avoit aucune reſſource pour l'éviter ; l'état des Bâtimens auroit exigé des frais conſidérables de réparation ou de réconſtruction , la Vente avoit été portée à ſon juſte prix ; enfin la collocation des deniers & l'utilité de l'emploi étoient conſtantes : dans ces circonſtances on a jugé en faveur de l'Acquereur , par Arrêt , au rapport de M. l'Abbé de Motteville , du 16 Décembre 1724. D'Argentré dit auſſi , ſur l'Article CCCCLXXXI de la Coutume de Bretagne , que les proclamations , par exemple , ne ſont pas indiſpenſablement néceſſaires pour la validité de l'aliénation des biens des Mineurs , pourvû qu'elle ſoit faite de bonne foi , *modo dolus abſit , & bonâ fide fiat.*

(12) Des Héritages , dépendans d'une Succeſſion , étant ſitués dans différentes Provinces , ſe partagent ſuivant les loix de chaque Province ; le Domicile du Défunt ne regle que la diviſion des effets mobiliers. Bérault.

(13) Le Vicomte connoît de l'exécution des Lettres Royaux incidentes à la conteſtation dont il eſt ſaiſi , par la raiſon que l'acceſſoire , dans la theſe générale , ne ſe disjoint point du principal. Bérault.

Les Réformateurs ont fait paſſer , ſans aucune raiſon , dans le texte de la Coutume réformée , les matieres de ſimple defrene ; on ne connoiſſoit plus alors cette Procédure plus ſuperſtitieuſe que juſte ; il ſuffit de ſçavoir qu'elle conſiſtoit dans le Serment de la partie , & d'un certain nombre de perſonnes qui juroient avec elle pour certifier la vérité de ſon Serment ; la maniere même dont la Coutume eſt conçue feroit penſer qu'on y confond les matieres de ſimple defrene avec les matieres ſujettes à vue & enquêtes , ce qui n'eſt pas véritable.

(1) Cet Article , dit Bérault , renferme une exception à l'Art. II : car il attribue au Vicomte le Décret des Terres roturieres , ſoit que le Propriétaire ſoit noble ou roturier.

VII.

Connoît auffi des Oppofitions & Différends qui aviennent fur lefdites Saifies & Criées , entre Perfonnes nobles & entre Perfonnes
non nobles , pour dettes & autres chofes mobiliaires , arrérages de
rentes roturieres & hypotheques.

Dans les Décrets , la compétence du Vicomte n'eſt point limitée par la
qualité des Parties , les Nobles auffi-bien que les Roturiers , doivent plaider
devant lui , quand les diligences fe font faites en fa Jurifdiction ; ce qui arrive quand les Héritages font dans les enclaves de fa Vicomté , & qu'ils font
roturiers. Ce qui a été établi , afin que toutes les queſtions qui peuvent être
faites dans la fuite d'un Décret , foient jugées par un même Juge. C'eſt par
cette même raifon que les Hauts-Jufticiers connoiffent de tous les différends
qui arrivent à raifon des Décrets qui fe font devant eux , encore que les
Parties foient domiciliées hors de l'étendue de la Haute-Juftice , & dépendantes de la Juftice Royale. (1)

VIII.

Appartient auffi audit Vicomte la connoiffance des Lettres de
Mixtion pour les Héritages fitués dans le reffort de fa Vicomté , encore qu'ils foient de diverfes Sergenteries , ou affifes dans le reffort
d'un Haut-Jufticier , qui eſt dans les enclaves de fa Vicomté , pourvu
qu'il n'y ait rien de Noble.

Cet Article contient les cas les plus ordinaires , dans lefquels les Lettres de
Mixtion font néceffaires pour les Décrets qui fe font devant le Vicomte , aufquels il faut ajoûter celui des Vicomtés , démembrées , remarqué fur l'Article
IV. Or , il faut des Lettres de Mixtion , quand les héritages font dans différentes Sergenteries , dépendantes d'une même Vicomté , parce que les Actes les
plus importans des Décrets , fe font en fa Jurifdiction dans un même jour ,
qui eſt celui des Pleds d'Héritages , lefquels Pleds fe tiennent divifément &
fucceffivement à l'égard de chaque Sergenterie : pour exemple , dans la Vicomté de Rouen , les Pleds de la Sergenterie de la Ville & Banlieuë fe tiennent dans une femaine , & les Pleds des Sergenteries de la Campagne , fe tiennent divifément & fucceffivement aux jours de la femaine fuivante : ce qui
eſt caufe que les Lettres de Mixtion font néceffaires , afin que la certifica-
tion , l'interpofition & l'adjudication fe puiffent faire chacune en un feul &
même jour.

(1) Il fuit de la difpofition de l'Article VII , que s'il étoit incidemment queſtion au
Décret du fonds d'une rente feigneuriale , foit que l'on prétendît que la rente reclamée
par le Seigneur ne feroit pas dûe ou feroit prefcrite , ou que l'on conteſtât la qualité de
la rente , le Vicomte feroit tenu de renvoyer ces incidens au Bailli. Bérault.

Le mot de *Reſſort*, mis en cet Article, ne convient qu'improprement à la Jurifdiction du Vicomte ; parce qu'il n'y a que les Juges qui connoiſſent des appellations, qui ſoient Juges de Reſſort : ce qui eſt dit à la fin de ce même Article, des Lettres de Mixtion requiſes à l'égard des Héritages relevans d'une Haute-Juſtice, a lieu, encore que ces Héritages ne ſoient pas aſſis dans les limites du lieu où eſt le Siége de la Haute-Juſtice ; c'eſt-à-dire, qu'il ſuffit que les Héritages dépendans d'une Haute-Juſtice, ſoient dans les enclaves de la Vicomté où le Décret ſe doit faire, encore que le Siége de cette Haute-Juſtice ſoit hors des enclaves de cette Vicomté, & même hors du Bailliage où cette même Vicomté reſſortit : ce qui a été jugé par pluſieurs Arrêts.

Quand les Terres qu'on veut décreter ſont dépendantes de deux Hautes-Juſtices, qui ne ſont point dans le diſtrict d'une même Vicomté ni d'un même Bailliage, on n'attribue pas la connoiſſance du Décret à une des Hautes-Juſtices, dans l'étendue de laquelle eſt la meilleure & la plus grande partie des Héritages qu'il faut décreter : Cette pratique d'attribuer la compétence du Décret au Juge du lieu *ubi major pars*, ne ſe devant obſerver qu'à l'égard des Juges Royaux. La Raiſon en eſt manifeſte, qui eſt, que la Jurifdiction des Hauts-Juſticiers eſt tellement bornée, qu'elle ne peut recevoir d'extenſion ſur les choſes qui ne ſont pas compriſes dans leur territoire : mais le Juge Royal ayant ſon pouvoir du Roi, peut juger de toutes les perſonnes & de toutes les choſes qui dépendent du Roi, parce que le Roi peut lui en attribuer la connoiſſance. Au cas donc propoſé, qui eſt, quand les héritages ſaiſis dépendent de deux Hautes-Juſtices, il ſemble qu'on doit attribuer la connoiſſance du Décret au plus prochain Juge Royal. (1)

I X.

Doit ledit Vicomte faire paver les Rues, réparer les Chemins, Ponts, Paſſages, & faire tenir le cours des Eaux & Rivieres en leur ancien état.

Le devoir du Vicomte preſcrit par cet Article, dépend de la connoiſſance qu'il avoit de ce qui fait partie du Domaine. C'étoit devant lui que ſe devoit faire l'adjudication des Fermes du Domaine, même de celui qui eſt engagé ; & quand il n'y avoit point de Receveur établi, c'étoit le Vicomte qui devoit faire la recette. Le pavage des rues, la réparation des chemins & le curage des Rivieres, ſont charges publiques, qui doivent être faites aux dépens de ceux qui ont des Héritages adjacens, aucun d'eux ne s'en peut exempter ; & on les peut contraindre, même leurs Fermiers par ſaiſie de leurs biens, ſauf le recours du Fermier contre ſon Bailleur. On peut de plus condamner en amende ceux qui après le commandement qui leur a été fait de paver, de réparer, de curer & de remettre les Rivieres en leur ancien état, n'y ont pas ſatisfait. Les Rive-rains

---

(1) Les Hauts-Juſticiers ſe ſont long-temps élevés contre la Jurifprudence atteſtée par Peſnelle, & qui eſt encore ſuivie ; ceux qui poſſédoient au Droit du Roi, à Titre d'échange, ſoutenoient qu'on ne pouvoit les dépouiller de la connoiſſance des Décrets, ſans contrarier directement leur Titre. Bérault.

DE JURISDICTION. 25

rains doivent souffrir qu'on jette les vuidanges des Rivieres sur leurs terres adjacentes (1). Quant aux Ponts & Passages, c'est à ceux à qui le Droit de Péage appartient, à en faire les réparations, ils sont tenus d'afficher une Pancarte des Droits qu'ils perçoivent : Voyez les Ordonnances d'Orléans, Articles CVII & CXXXVIII, de Blois, Articles CCLXXXII & CCCLV. Ces Droits de Péage sont Royaux & n'appartiennent qu'au Roi, ou à ceux à qui il les a accordés ; c'est pourquoi ils ne peuvent être prescrits : il faut un Titre pour les percevoir. (2)

X.

Ledit Vicomte doit tenir ses Pleds de quinzaine en quinzaine, en tenant lesquels Pleds, il peut diligemment enquérir de tous crimes, & en informer ; pour l'information faite, être jugée par le Bailli.

Par Pleds, on entend les jours solemnels de Jurisdiction, pour les Causes réelles & plus importantes ; & ce sont ceux auxquels le Vicomte doit vâquer de quinzaine en quinzaine : mais pour les affaires ordinaires, il les juge dans des séances moins solemnelles & plus fréquentes. Le Vicomte de Rouen tient sa Jurisdiction tous les jours, excepté les non plaidables. Il y a d'autres Pleds appellés *Royaux*, que les Vicomtes tiennent tous les ans une fois, pour les redevances dûes au Domaine, auxquels les redevables doivent comparoître, pour faire leurs déclarations des Cens & Rentes qu'ils doivent, des Terres & Héritages qui y sont obligés, & des acquisitions ou aliénations qui ont été

---

(1) La glose, sur le chap. 5. de l'ancien Coutumier, décrit la forme de procéder des Vicomtes. Pour l'exécution de cet Article ils faisoient termer leurs chevauchées, ils parcouroient chaque Paroisse avec douze Habitans, & condamnoient dans une amende les Propriétaires qui avoient négligé de réparer les chemins. Les abus qui se glissent dans la police actuelle font regretter les anciens temps.

(2) On comprenoit autrefois, sous le nom de Péage, tous les impôts qu'on levoit sur les marchandises, à cause du transport fait d'un lieu à un autre ; mais on ne s'en sert aujourd'hui que pour signifier un Droit qu'on leve sur le bétail, les marchandises & denrées à certains passages, soit au profit du Roi ou des Seigneurs des terres auxquelles ce Droit est attaché. J'aime à recommander avec Jacquet, dans son Traité des Justices de Seigneur, &c. l'humanité dans la perception de ces Droits, si peu connue & si peu pratiquée.

Une Déclaration du 25 Mai 1763 défend à tous ceux qui jouissent des Droits de Péage, à titre de propriété, d'engagement, ou à quelqu'autre titre que ce soit, d'exiger aucuns Droits sur les grains, farines & légumes qui circuleront dans le Royaume.

Voyez l'Ordonnance de 1669, Titre du Droit de Péage, Travers & autres, & dans le Recueil des Edits les Lettres Patentes du dernier Novembre 1670, le Tarif de 1712 ; & la Déclaration du 12 Mars 1752, avec le Tarif y annexé.

On ne peut abandonner le Droit de Péage pour s'exempter des réparations des Ponts & Chaussées ; Arrêt du Parlement de Paris du 4 Mars 1562 ; Bacquet, des Droits de Justice, chap. 30 ; Loyseau, des Seigneuries ; Boyer, sur la Coutume de Tours, chap. des Droits de Péage & Coutume.

Dans les lieux où le Droit de Péage n'est point levé, les réparations d'un Pont, sur un chemin public, ne se font point aux frais des Riverains, cette charge tombe sur le général de la Paroisse dans lequel il est situé : Arrêt du 11 Avril 1750, Ordonnance du mois de Février 1552.

Tome I. D

faites ; afin que le Receveur du Domaine puiffe pourfuivre le payement de ces redevances. Ces Pleds Royaux font inftitués pour la même fin que le Gage-plege des Seigneurs de Fief , dont il eft traité aux Articles CLXXXV, CLXXXVI, CLXXXVII & CLXXXIX.

La Coutume difpofe que le Vicomte peut s'enquérir & informer de tous crimes ; cela fe doit entendre par rapport aux Ordonnances d'Orléans, Article LXIII , & de Blois , Article CLXXXIV , qui enjoignent à tous les Juges Royaux & Hauts-Jufticiers , d'informer en perfonne & diligemment de tous les crimes, fans attendre la plainte des Parties intéreffées ; c'eft-à-dire , qu'ils doivent faire ces informations dès qu'ils font avertis qu'un crime a été commis , *deferente famâ*. Les Pleds lors defquels les Vicomtes doivent informer , font les Pleds de la Campagne ; car aux Pleds qu'ils tiennent dans les Villes où il y a un Bailliage , ils ne peuvent informer : De plus , ils ne peuvent informer fur une plainte , ils la doivent envoyer au Bailli ; & quand ils ont informé au cas de cet Article , ils ne peuvent paffer outre pour faire l'inftruction du Procès-criminel : ils pourroient néanmoins faire arrêter l'Accufé pour empêcher fon évafion , & pour le faire conduire aux prifons du Bailli. (1)

X I.

Et incidemment , peut connoître & juger de tous Crimes.

Ce qu'on doit entendre par Crimes incidens, a été remarqué fur le premier Article. Les Vicomtes ne font pas Juges de l'action d'injure , quoique civilement intentée , qui eft ce qu'on appelle à Paris , le Petit Criminel : ce qui a été jugé par un Arrêt du 2 de Mai 1656 , entre le Vicomte & le Juge criminel de Caën. (1)

---

(1) Le Vicomte , en tenant fes Pleds , & auparavant de faire aucun Acte de Jurifdiction concernant les différends entre particuliers , prenoit le Serment de chaque des Sergens de la Vicomté , qui tous étoient obligés à comparoître aux Pleds d'Héritages ; il s'informoit des crimes & excès qui auroient pû être commis dans l'étendue des Sergenteries , & il dreffoit des Procès-verbaux réfultans des inftructions qu'il recevoit. On retire maintenant peu de fruit de cette difpofition de la Coutume ; mais auffi les Ordonnances furvenues depuis , en nous procurant de nouvelles lumieres , ont mis des entraves à l'impunité des délits.

Dès le mois de Décembre 1611 , M. l'Avocat-Général du Viquet avoit conclu que le Vicomte à le pouvoir de décréter un Malfaiteur forain ; par l'Ordonnance du 5 Février 1731 , fur les cas Prévôtaux ou Préfidiaux , Art. XXI , il lui eft enjoint de décréter , même quand il eft queftion des cas Prévôtaux ou Préfidiaux : Cette difpofition s'interprete fuivant notre Jurifprudence.

(1) J'ai beaucoup de déférence pour les opinions de Bérault , cependant je ne crois point que le cas d'une rebellion commife contre un Sergent , en mettant à exécution une Sentence interlocutoire du Vicomte , foit de la compétence de ce Juge , ce délit eft un délit extrajudiciaire ; & quoiqu'il ait été commis à l'occafion de cette Sentence , il n'a point un rapport effentiel avec l'affaire civile dont le Vicomte eft faifi. *Voyez Godefroy.*

XII.

Et font tous Juges, tant Royaux que Subalternes, fujets & tenus de juger par l'avis & opinion de l'Affiftance.

On peut d'abord remarquer qu'il paroît par cet Article, que les Juges fubalternes, à parler proprement, font oppofés aux Juges Royaux, & fignifient les Juges des Seigneurs de Fief. Cela fuppofé, le Juge, c'eft-à-dire, celui qui préfide, ne doit jamais juger contre l'avis de l'Affiftance, c'eft-à-dire, contre l'avis de ceux qui ont droit de délibérer avec lui : mais il peut juger fans affiftance en quelques matieres peu importantes, comme celles de liquidation & de taxes de dépens (1). Il a été ordonné par un Arrêt donné en forme de Réglement, le 25 Juin 1646, rapporté par Bérault fur l'Article V, que l'on ne pouvoit appeller plus d'un Commiffaire aux examens des comptes de Tutelle ; fauf, en cas que le Juge & le Commiffaire ne puffent s'accorder en leurs avis, à appeller un tiers. C'eft, fuivant cet Arrêt, qu'il faut entendre l'Article LXVI du Réglement des Tutelles, qui déclare qu'il ne doit pas affifter à l'examen des comptes plus de deux Commiffaires. Mais dans les matieres importantes, & principalement dans les criminelles, le Juge ne doit rien faire fans confeil. Dans le Jugement définitif des criminelles, il eft requis qu'il foit rendu par fept Juges au moins, qui feront nommés dans les Sentences, & qui en figneront les Minutes, à peine de nullité. Que fi dans la Jurifdiction il n'y a point d'Affiftans en nombre fuffifant, le Juge en doit faire venir aux dépens de qui il appartiendra ; il n'y a qu'à ces affiftans extraordinaires à qui le Juge puiffe faire taxe, & non à ceux de la Jurifdiction ; fi ce n'eft au Rapporteur, par l'Article XXXI de l'Ordonnance de Rouffillon. (2)

(1) On ne doit pas dépouiller une Jurifdiction fans des motifs preffans. Les Avocats, au défaut des Juges, ont toujours été confidérés dans cette Province comme propres à remplir leurs fonctions. On reconnoiffoit, dans les temps éloignés, des Avocats jugeurs, & ils fubiffoient un examen particulier ;. ainfi quand, dans un Siége, il y a un Procureur du Roi en chef, & un nombre fuffifant d'Avocats pour former le Tribunal, on n'eft pas recevable à évoquer dans un autre Siége, fous le prétexte qu'un Siége n'a point de Juge en chef : Arrêt du 28 Juillet 1761. Cet Arrêt eft fondé fur les anciennes Ordonnances.

Par Arrêts des 29 Novembre 1712, 25 Juin 1728, & fuivant un Réglement du Confeil du 20 Juillet 1731, homologué en la Cour, il eft fait défenfes aux Officiers du Siége de dépouiller le Juge en chef avant trois jours d'abfence pour les matieres ordinaires, & vingt-quatre heures pour les matieres fommaires.

(2) Comme la qualité du Décret eft importante dans une procédure criminelle, on ne peut, avant que de le prononcer, apporter trop de précautions. Quand il y a dans un Siége plufieurs Officiers établis, il eft de la prudence & du devoir du Juge en chef de les appeller au délibéré des informations ; quelques Arrêts du Confeil en ont difpenfé les Lieutenans criminels de la Province ; ils font d'une périlleufe exécution : nous avons befoin, fur cette queftion, d'un Réglement de la Cour.

Le Juge criminel en chef ne peut décerner des provifions au plaintif fans l'avis de l'affiftance : Arrêts des 3 Décembre 1695 & 11 Juin 1727.

Par l'Ordonnance de 1670, Titre XXV, Art. X & XI, aux Procès criminels qui feront jugés, à la charge de l'Appel, affifteront au moins trois Juges, & fept aux Jugemens qui fe donneront en dernier reffort. Si dans le Siége on ne trouve point une affiftance fuffifante,

Quand entre les Juges affiftans il y a un Pere, un Fils, un Gendre, deux Freres, un Oncle & un Neveu, les avis de ces Parens étant conformes, ne doivent être comptés que pour une voix : ce qui fe doit obferver dans la délibération, tant des affaires des particuliers, que des publiques & générales, fuivant qu'il a été ordonné par l'Arrêt du confeil d'Etat, donné pour décider la queftion qui y avoit été renvoyée par le Parlement, touchant le douaire & le tiers des Enfans, le 30 d'Août 1687. Voyez ce qui a été remarqué fur l'Article CCCCLXXI.

XIII.

Le Haut-Jufticier peut informer, connoître & juger de tous Cas & Crimes, hormis des Cas Royaux.

Dans cet Article & les vingt-trois fuivans, (comme il a été remarqué dans la divifion de ce Chapitre,) il eft traité de la Jurifdiction fieffale ou feigneuriale (1) ; on voit qu'elle y eft divifée en Haute, Moyenne & Baffe-Juftice : mais

---

le nombre fera fuppléé aux frais du Roi ou du Seigneur Haut-Jufticier. Bafnage.

Bérault, fous cet Article, rapporte des Réglemens fur les Droits des Juges, & le bon ordre des Jurifdictions. MM. du Parlement ont une Jurifdiction économique & correctionnelle fur leurs Membres, & il n'y a point de pourvoi contre leurs Jugemens : Arrêt du 2 Mai 1743.

Voyez les Edits de 1669 & de 1681, & la Déclaration du 30 Septembre 1728, concernant les parentés entre Officiers, par rapport aux voix délibératives. Bafnage, Routier, Principes gén. du Droit de Norm.

Quand une Sentence a été prononcée, rédigée & fignée fur le Plumitif, fans aucune réclamation des Affiftans, on ne peut faire recorder les Juges : ce record, fi utile d'ailleurs & d'un fi grand ufage, deviendroit contraire aux regles, & injurieux dans de pareilles circonftances : Arrêt du 31 Juillet 1744. On trouve une pareille décifion dans les Ordonnances de l'Echiquier.

Les Officiers du Reffort du Parlement ne peuvent ordonner l'exécution des Edits & Déclarations qui n'ont point été enregiftrés à la Cour : Arrêt du 17 Janvier 1746. Ils ont bien moins le Droit de les enregiftrer fans des ordres précis de la Cour, tunc turbatur ordo cum non fervatur unicuique fua Jurifdictio. C'eft par une fuite des mêmes regles qu'il eft étroitement défendu aux Juges inférieurs de donner à leurs Sentences la dénomination de Réglement, ce Droit eft réfervé aux Cours Souveraines : Arrêt de Grand'Chambre du 11 Février 1752.

Bafnage termine cet Article par une digreffion fur les Compromis. On trouve des décifions en cette matiere dans le premier volume du Journal des Audiences, liv. 1. chap. 73 & 76 ; dans le premier volume du Journal du Palais ; dans le Recueil de Bardet, liv. 3 & 7 ; M. le Prêtre, Centurie III, Art. XL ; Augeard, tome 3, Arrêt 32 de la 1ᵉʳᵉ éd. ; Ordonnance de 1560 ; Ordonnance de 1673, Titre des fociétés, Art. X ; les Maximes journalieres du Palais, imprimées en 1749. Obfervez que MM. du Parlement n'acceptent point de Compromis ; mais on obtient des Arrêts du Confeil qui devroient être revêtus de Lettres Patentes, par lefquels le Roi attribue le Droit de juger fouverainement aux Confeillers de la Cour, dont les Parties ont convenu.

(1) Bafnage expofe en cet endroit l'origine des Juftices des Seigneurs Laïques & Eccléfiaftiques, & leur progrès jufqu'à nous, pour venir au principe que la Jurifdiction fe prouve par titre ou par poffeffion, & qu'elle eft indépendante du Territoire ; que la poffeffion fe prouve à fon tour par des aveux & l'exercice continuel des fonctions qui en font inféparables ; il y a un grand goût de recherche dans ce morceau, qui cependant à befoin d'être difcuté fuivant les regles de la critique, & d'après les connoiffances que nous avons acquifes. Du Moulin, §. 1. Gl. 5, n. 12 ; de la Lande, fur Orléans 86 ; Coquille,

on n'y peut remarquer les caufes de cette divifion, ne paroiffant point que
fa Coutume ait marqué aucune différence qui diftingue la Moyenne d'avec la
Baffe-Juftice. Cette diftinction a paru fi difficile à Loyfeau, que dans le Chapitre 10 de fon Livre *des Seigneuries*, il dit, que c'eft un nœud gordien qu'on
ne peut dénouer; & que dans les Coutumes & dans les Livres des Auteurs qui
en ont écrit, on n'y peut trouver que diverfité & confufion, abfurdité &
répugnance. Il n'y a que les Articles qui furent arrêtés par les Commiffaires
députés pour la réformation de l'ancienne Coutume de Paris, qui déclarent
nettement la différence de ces Juftices : Bacquet les a rapportés dans fon Traité *des Droits de Juftice*, Chapitre 2, & ajoûte, que quoique ces Articles
n'ayent point été inférés dans la Coutume réformée, ils furent néanmoins autorifés par l'avis de ces Commiffaires; de forte qu'on les doit fuivre, tant dans
les Jugemens des Procès, que pour donner confeil aux Parties. Mais ces Articles ne peuvent pas s'appliquer à la Coutume de Normandie, d'autant que
la différence qu'ils établiffent entre toutes les Juftices Seigneuriales, fuppofe
qu'il n'y a aucune de ces Juftices, qui n'ait un exercice ordinaire de Jurifdiction entre les Vaffaux, pour juger des différends qu'ils peuvent avoir l'un contre l'autre : de forte que toute la différence qui eft entre ces mêmes Juftices,
dépend de la qualité & du plus ou du moins d'importance des controverfes
qui fe préfentent en Jugement. Mais en cette Province, les Moyennes & Baf-
fes Juftices n'ont aucun exercice ordinaire réglé de Jurifdiction, & toute leur
fonction ne confifte qu'en la confervation & perception des Droits Seigneuriaux, à l'exception de quelques Cas extraordinaires, déclarés dans les Articles XXIV, XXV, XXVI, XXVII, XXVIII, XXIX, XXX, XXXII,
XXXVI & XXXVII, & partant ces Juftices femblent être de la qualité de
celles que les Auteurs appellent foncieres & cenfieres : D'autant plus qu'il n'y
a point de Fiefs en Normandie, qui n'ayent cette Juftice qui eft inhérente; de
maniere que tout Seigneur de Fief peut commettre un Juge, un Greffier & un
Prévôt, pour tenir les Pleds & Gages-Pleges, aux fins de la manutention &
jouiffance de fes droits ordinaires & cafuels : Ce qui ne s'obferve pas dans la
plûpart des autres Coutumes, où l'on tient pour maxime, que la Jurifdiction
n'eft pas une dépendance des Fiefs; *Conceffo Feudo, non eft conceffa Jurifdictio.*
Voyez Bacquet & L'oyfeau, aux lieux allégués.

Quant à la compétence des Hautes-Juftices, il paroît qu'elle eft plus ample
que celle des Baillis & des Vicomtes, en ce qu'elle s'étend fur les Nobles
& les Roturiers, fur les matieres civiles & les criminelles. Elle eft expliquée

---

fur Nivernois, Tit. 1. Art. XVI; Mornac, fur la Loi *More. D. de Jurifd.* Loyfeau, des
Seigneuries; Hiftoire du Droit François; du Cange, fur Joinville; Jacquet, Traité des
Juftices de Seigneur, &c.

Le Préfident de Montefquieu, efprit des Loix tome 4, voit naître la Juftice des Seigneurs dans le *Fredum* ou amende que le Fifc exigeoit à caufe du Droit de protection,
& ce *Fredum* fe payoit par le coupable pour la paix & la fûreté que les excès qu'il
avoit commis lui avoient fait perdre : or il y avoit, dit-il, fous la premiere race de nos
Rois, de grands Territoires fur lefquels ils ne levoient rien; le *Fredum* y étoit donc au
profit des Seigneurs; ils y exerçoient donc la Juftice, puifqu'alors la Juftice n'étoit autre
chofe que de faire payer les compofitions & exiger les amendes de la Loi; cette opinion
paroît appuyée fur le Code des Loix anciennes, mais elle exigeroit une longue differtation. *Voyez* ma Note fous l'Art. CXXXVIII.

par termes affirmatifs, dans les Articles XIII, XXII, XLII, LIII, & par termes négatifs, en l'Article XX ; duquel on doit conclure que le Haut-Justicier peut connoître & juger de toutes Causes, qui ne font point comprises dans l'exclusion ; c'est-à-dire, dans les exceptions qui font proposées dans ledit Article XX, si vous y ajoutez celles que les Ordonnances & les Arrêts de la Cour de Parlement y ont de plus apportées. (2)

Donc les Juges des Hauts-Justiciers connoissent de toutes les Lettres de Chancellerie qui concernent les affaires de la Justice ordinaire, parce que ces Lettres ne font que pour la forme établie pour augmenter les émolumens du Sceau, & partant ne font point attributives de Jurisdiction ; autrement, les Justices des Seigneurs demeureroient fans exercice, la plûpart des actions ne fe pouvant intenter ni instruire fans ces Lettres de Justice, telles que font le Bénéfice d'Inventaire, le Mariage encombré, la féparation du Mari & de la Femme, la Loi apparente, les Débats de tenure, le Bref de Surdemande, les Relevemens, les péremptions d'Instance, & autres : Il n'y a que les Lettres de Grace ; dont la connoissance est réservée aux Juges Royaux. (3)

Ils font de plus compétens de la réparation des grands Chemins qui font dans leur territoire, parce qu'ils font Juges de Police, comme il a été jugé par plusieurs Arrêts : Ils ont aussi la connoissance des crimes qui font com-

---

(2) La Haute-Justice, annexée aux Duchés-Pairies, ne renferme point un Droit de Jurisdiction fur les Arrieres-Fiefs, s'il n'y a titre ou possession suffisante : Arrêt du 13 Juillet 1750, entre le Marquis de Renti & le Duc de Harcourt.
  Le Bailli de Longueville fut maintenu, par Arrêt du premier Février 1672, dans l'exercice de la Jurisdiction, fur des Paroisses enclavées dans la Sergenterie de fa Haute-Justice, quoique dans la mouvance du Roi, ou dans celle des Seigneurs particuliers ; il s'appuyoit fur une chartre d'échange de l'an 1347.
  Le Seigneur Haut-Justicier ne peut fe donner un Ressort ; il ne lui est pas permis d'augmenter le nombre de fes Officiers, d'établir, par exemple, un Avocat-Fiscal ou un Commissaire de Police : Arrêts des 6 Juillet 1643, 14 & 23 du même mois 1748. Depuis bien des années il régnoit un abus dans quelques Jurisdictions subalternes de la Basse-Normandie, les Seigneurs expédioient des Lettres à des Procureurs pour postuler dans leur Siége ; cet abus, fur le Requifitoire du Procureur-Général, a été réformé par Arrêt du 18 Juillet 1758. M. Talon portant la parole au Parlement de Paris, au mois de Juin 1652, difoit, dans une pareille efpece, que le Haut-Justicier s'arrogeroit plus d'autorité que le Roi même qui ne peut ériger aucun Office de fi petite conféquence, fans Edit ou Déclaration vérifiés en la Cour.
  La nomination aux Offices est un fruit civil : la Douairiere, le Mari viduataire, l'Acquereur à faculté de remere, le Titulaire d'un Bénéfice ont le droit de nommer aux Offices vacans de leur temps ; mais tous doivent nommer des Sujets capables de remplir les fonctions qui y font attachées ; & quand la Haute-Justice ressortit nuement à la Cour, le pourvû de l'Office de Bailli doit, avant fa réception, repréfenter fa matricule d'Avocat : Déclaration du 20 Janvier 1680.
  Le Bailli ne peut commettre pour remplir, en fon abfence, les fonctions de fon Office, il ne peut aussi commettre aux fonctions du Procureur-Fiscal en fon abfence : Arrêt en Réglement du Parlement de Paris du 31 Mars 1711 : Arrêt du Parlement de Rouen du 23 Juillet 1748 ; cet Arrêt décide encore que le Procureur-Fiscal peut, contre le Seigneur Haut-Justicier, s'oppofer à des entreprifes contraires au bien public, & qu'il n'est pas tenu de renfermer fon ministere dans les bornes de la dénonciation au Procureur-Général.
  (3) Cette décision est le réfultat des Arrêts obtenus par les Hauts-Justiciers d'Aumale, de Dieppe, de Longueville, de Hautot, de la Ferté en Brai, de Gournai & de Bloffeville. Voyez le tome 6 du Recueil des Edits.

mis dans les grands Chemins, comme il eſt atteſté par l'Article X du Réglement de 1666, les grands Chemins n'étant pas appellés Royaux, parce qu'ils
appartiennent au Roi plus que les autres ; mais parce qu'ils ſont plus grands
& plus importans au Public, comme conduiſans d'une Ville à une autre. Voyez
ce qui eſt dit ſur l'Article DCXXII.

Mais la Juriſdiction des Hauts-Juſticiers ne s'étend point ſur les crimes, dont
les Eccléſiaſtiques peuvent être accuſés : cela eſt réſervé aux Juges d'Egliſe
pour le délit commun, & aux Juges Royaux pour le cas privilégié : ce qui
a été jugé par pluſieurs Arrêts. Ils ne connoiſſent point non plus des actions
qui ſe paſſent dans les Egliſes, ſoit civiles ou criminelles ; parce que les Egliſes ne ſont point partie de leur territoire, & que la garde & protection des
Egliſes eſt réſervée au Roi & à ſes Officiers. (4)

---

(4) Les Juges & Officiers de la Haute-Juſtice de Dieppe ont été maintenus, par Arrêt
du 24 Mars 1721, dans la compétence de connoître des Cauſes civiles des Eccléſiaſtiques
& des Cauſes criminelles eſquelles les Eccléſiaſtiques ſont demandeurs & plaintifs ſeulement, tome 6 du Recueil des Edits ; mais quand les Eccléſiaſtiques ſont prévenus de
crime, la maxime propoſée par Peſnelle ſubſiſte toujours. Voyez, ſur l'inſtruction des
Cas privilégiés, dont cet Auteur fait mention, l'Art. XXXIX de l'Ordonnance de Moulins,
l'Art. XXII de l'Edit de Melun, l'Edit du mois de Février 1678, la Déclaration du mois
de Juillet 1684, l'Art. XXXVIII de l'Edit du mois d'Avril 1695, & la Déclaration du
4 Février 1711 ; il y a des Cas ſi énormes qu'ils font ceſſer tout privilége de cléricature
déja reſtreint par le Concile de Trente & les Ordonnances de nos Rois ; obſervez que
c'eſt la prétention des Parlemens de pouvoir juger les Evêques accuſés de crimes qui intéreſſent la tranquillité publique, mais le Clergé ne ceſſe de s'y oppoſer.
Les Juges Royaux ont prétendu connoître de toutes les queſtions qui réſultent des
Rentes dûes aux Egliſes, Presbyteres, Monaſteres & Maiſons Religieuſes, des Charités
& Confrairies ; mais les Hauts-Juſticiers ont été maintenus dans la juriſdiction des actions
concernant les biens appartenant aux Egliſes, Treſors, Fabriques & autres Corps de cette
eſpece : Arrêts des 24 Février 1652, en faveur du Haut-Juſticier de Longueville, 26
Mars 1683, premier Août 1684, en faveur du Haut-Juſticier de Hautot, & 24 Mars
1721, en faveur du Bailli de Dieppe, tome 6 du Recueil des Edits.
On a douté autrefois ſi le Haut-Juſticier étoit compétent de l'Inventaire & de la Saiſie
des meubles d'un Curé ſous l'étendue de ſa Juriſdiction, le Juge Royal argumentoit
de l'Art. LXXI 'de la Coutume & de la diſpoſition de l'Ordonnance de Blois, qui
réſerve aux Juges Royaux la faculté de ſaiſir le temporel des Bénéficiers par le défaut de
réſidence ; cependant, par Arrêt du 31 Août 1661, la Cour décida en faveur du Bailli
Haut-Juſticier de Tancarville. Quoique les réparations Presbytérales ſoient de la compétence du Juge royal, tout ce qui concerne la vente des meubles du Curé décédé ſous
une Haute-Juſtice, eſt de la Juriſdiction du Haut-Juſticier, le Procureur du Roi au Siége
royal n'a que la liberté d'uſer de ſaiſie pour le prix des réparations.
Le Bailli Haut-Juſticier connoît encore des groſſeſſes ſous promeſſes de Mariage, &
des intérêts pour le défaut d'accompliſſement de ces promeſſes, tome 6 du Recueil des Edits,
Arrêt du 24 Mars 1721 : on a encore jugé de même par Arrêt du 18 Février 1736 ; dans le fait,
la promeſſe, repréſentée par la fille, n'étoit pas ſignée d'elle, & elle ne concluoit qu'en
des intérêts.
On a jugé, il y a quelques années, qu'une Plainte formée, pour un ſoufflet donné dans
l'Egliſe pendant le Service divin, pouvoit être portée devant le Bailli Haut Juſticier ; on
ne regarda point cette inſulte comme un trouble fait au Service divin, d'autant que la célébration des Saints Myſteres ne fut point interrompue : cette déciſion ne ſemble pas conforme au ſentiment de Peſnelle ; elle eſt cependant réguliere.
Nous avons cependant toujours penſé que la Saiſie du temporel des Bénéfices ne pouvoit,
par le défaut de réparations, ſe faire que de l'autorité des Juges Royaux, ſuivant l'Article XVI de l'Ordonnance de Blois, & l'Article V de l'Ordonnance de Melun ; mais ces

Quoique Cas Royaux & Droits Royaux différent, parce que ceux-ci fignifient ce qui appartient au Roi à caufe de fa puiffance Royale, & que les cas Royaux n'ont rapport qu'à la Jurifdiction, de forte qu'ils ne font ainfi appellés que par abréviation : Néanmoins les Droits Royaux font fouvent confondus avec les Cas Royaux, parce que le Roi ne plaide que devant fes Juges, & conféquemment s'il a intérêt dans quelque Caufe que ce foit, il la faut renvoyer devant le Juge Royal : Donc on peut conclure, que tous les Droits ou Priviléges Royaux, font Cas Royaux ; mais que tous les Cas Royaux ne font pas Droits Royaux.

On traite fur cet Article les queftions touchant la deftitution des Officiers. On n'a point autorifé en Normandie la deftitution des Officiers des Juftices des Seigneurs, lorfque ces Officiers ont été pourvus à titre onéreux, ou pour récompenfe de fervicè : De maniere que la claufe employée dans leurs Provifions, d'en jouir tant qu'il plaira au Seigneur, ne réferve point au Collateur ni à fes Succeffeurs, foit à titre univerfel ou particulier, le pouvoir de deftituer *ad beneplacitum*, parce que cette claufe s'explique toujours civilement, par rapport à ce qui doit plaire fuivant la raifon & la juftice. Elle n'a donc pas plus d'effet dans les Provifions baillées pas les Seigneurs, que dans les Provifions baillées par le Roi, dans lefquelles cette claufe n'eft qu'un ancien ftyle, quoiqu'elle fe pût expliquer rigoureufement, par rapport à la puiffance abfolue, qui ne reçoit aucune limitation, ni par les Loix, ni par l'ufage ordinaire.

On a de plus jugé, que les Officiers pourvus par les Seigneurs commutables, tels que font les Acheteurs, à condition de rachat, les Maris jouiffant au droit de leurs Femmes, les Ufufruitiers & les Douairieres, ne pouvoient être deftitués par les fucceffeurs ; par la raifon qu'on a réputé que la Provifion des Offices eft un fruit civil, qui appartient aux Poffeffeurs légitimes, de la même maniere que la Préfentation aux Bénéfices.

Cette queftion de la deftitution des Offices, eft plus douteufe à l'égard des pourvus par les Seigneurs Eccléfiaftiques, parce quils ne peuvent faire aucune difpofition qui diminue le droit de leurs fucceffeurs, qui d'ailleurs ne font point tenus des faits de leurs prédéceffeurs. Ce font deux confidérations qu'on ne peut avoir en la caufe des Seigneurs Laïques, qui font propriétaires de leurs Juftices, & dont le fait de plus oblige leurs héritiers ou fucceffeurs à exécuter & à entretenir ce qu'ils ont fait & accordé. La diftinction que fait Loyfeau pour réfoudre cette queftion, en fon Traité des Offices, livre 5. nomb. 31 & 32. *des Offices de Judicature & des Domaniaux*, eft préfentement inutile ; vu que les uns & les autres font également vénaux : mais la raifon que cet Auteur apporte pour prouver que les Titulaires des Bénéfices peuvent vendre & donner les Offices vénaux dépendant de leurs Bénéfices, pour la vie de ceux à qui ils en accordent les Provifions, eft fort bonne pour la décifion, d'autant qu'elle fait remarquer que tous les Bénéficiers ont intérêt que ces Provifions ne foient pas révocables par le fucceffeur au Bénéfice ; parce qu'autrement les Offices dépendant

Juges ont oublié depuis long-temps leurs obligations & leurs prérogatives ; les bâtimens des Bénéficiers font la plûpart en ruine, & il faudroit ufer de toute la févérité pour contraindre d'y veiller, ceux qui par état & fous la religion du Serment devroient être civilement refponfables de leur négligence.

dant des Bénéficiers, feroient toujours vendus à vil prix, en confidération des changemens fréquens qui peuvent arriver par mort, par réfignation, par forfaiture & par incompatibilité. Il y a quelques Arrêts qui ont autorifé cette doctrine, & qui ont maintenu les Officiers des Juftices temporelles des Eccléfiaftiques, au préjudice des nouveaux pourvus par le fucceffeur au Bénéfice ; le Parlement ayant fait différence entre les Officiers exerçant la Juftice annéxée aux Fiefs appartenant aux Eccléfiaftiques, à caufe de leurs Bénéfices, & entre les Officiers de la Juftice Eccléfiaftique, tels que font les Officiaux, Promoteurs & Grands-Vicaires, eftimant que les Offices des premiers doivent être réglés, comme les Offices dépendant des Seigneuries Laïques, parce qu'ils font inftitués pour la même fin & pour les mêmes fonctions ; & que les Offices des feconds qui habi.itent à faire une partie du devoir des Seigneurs Eccléfiaftiques, ne font que miniftteres & commiffions révocables toutes fois & quantes qu'il plait à celui qui les a conférées, & qui partant ceffent par fa mort, fon abdication ou renonciation. Voyez Loüet, O 1 & 2. (5)

Les Chapitres des Eglifes Cathédrales, *Sede vacante*, ont le pouvoir qui eft néceffaire pour maintenir & empêcher que rien ne dépériffe, *funt velüti curatores bonis dati, ideoque confervare debent, & non deftruere nec immutare.* C'eft pourquoi il a été jugé par plufieurs Arrêts du Parlement de Paris, rapportés par le Commentateur de Loüet, O. 2, qu'ils ne pouvoient, pendant la vacance du Siége Epifcopal, deftituer les anciens Officiers, à moins qu'ils n'en fuffent en bonne & valable poffeffion. Les Officiers que le Chapitre a inftitués pendant cette vacance, font deftituables par le Prélat qui a rempli le Siége ; parce que les inftitutions faites par le Chapitre, ne font que par provifion, & jufqu'à ce qu'il y ait un fucceffeur à la Prélature : ce qui a été jugé en Normandie, par un Arrêt donné en l'Audience de la Grand'Chambre, le 31 de Mars 1634, rapporté par Bafnage. (6)

X I V.

Il doit faire les frais des Procès criminels, pour crimes, excès & délits commis au diftrict de fa Haute-Juftice, & même en Caufe d'Appel.

---

(5) Notre Jurifprudence, fur la deftitution des Officiers fubalternes, n'a aucun rapport avec la Jurifprudence de Paris ; les nouveaux Arrêts de ce Parlement, comme plufieurs des anciens, nous font connoître que les Seigneurs peuvent deftituer leurs Officiers pourvûs à titre onéreux, il fuffit qu'ils rembourfent aux uns la finance reçue & qu'ils récompenfent les fervices des autres. Jacquet, traité des Juftices de Seigneur, &c. Dénifard. On ne tolere point en Normandie la deftitution dans ces deux cas, nous allons plus loin, & le Seigneur ne peut parmi nous deftituer, fans caufe, les Juges, quoique pourvûs à titre gratuit, fi on excepte le Senéchal de Baffe-Juftice. Nous regardons la deftitution qui n'eft foutenue d'aucun motif légitime, comme un monument de la fervitude féodale, une flétriffure & une voie capable d'ébranler la fermeté d'un Juge par la crainte qu'elle infpire & de l'empêcher de faire fon devoir, & il fuffit à un Officier d'avoir été pourvû par celui qui en avoit alors le droit pour être à l'abri de la deftitution arbitraire ; cependant les Officiers des Juftices temporelles des Prélats font tenus, auffi-tôt que la régale eft ouverte, de prêter un nouveau ferment, de remplir fidelement, au nom du Roi, les devoirs de leurs charges : Lettres Patentes du 17 Novembre 1759.

(6) Une Déclaration du Roi du 17 Août 1700 a converti, en Loi générale, la Jurifprudence & l'opinion des Auteurs fur l'état des Officiers de la Jurifdiction Eccléfiaftique ; elle

Le Réglement de 1666, aux Articles XI & XII, sert d'explication à cet Article, en atteſtant premierement, que tous Juges, tant Royaux que Hauts-Juſticiers, ne doivent décerner aucune taxe pour l'inſtruction ni pour le jugement des Procès criminels, s'il n'y a Partie civile : Secondement, que le Roi & le Haut-Juſticier ſont tenus d'avancer les frais de la conduite des Priſonniers. Mais le Roi & le Haut-Juſticier, pour les indemniſer de ces charges, ont les amendes, les confiſcations, quand les Fiefs ſont dans leur Mouvance, les dépens ſur les Accuſés, & même un recours ſur la Partie civile. Anciennement les Hauts-Juſticiers rendoient eux-mêmes la Juſtice ; mais depuis ils ont commis des Juges pour l'exercice de leur Juriſdiction, des fautes & malverſations deſquels ils étoient reſponſables par les anciennes Ordonnances ; même par celle de Rouſſillon, Article XXVII, les Seigneurs étoient condamnables à l'amende du mal-jugé par leurs Officiers : mais cela ne ſe pratique plus, à moins qu'il n'y eût telle faute de la part du Seigneur, qu'on lui pût imputer un dol, comme d'avoir commis un infame condamné pour malverſation, comme enſeigne Loüet, O. 4.

On a jugé que c'eſt au Receveur du Domaine du lieu où le crime a été commis, & où le Procès criminel a été commencé, de fournir & payer les frais de la nourriture & des gîtes de l'Accuſé, quand le Procès en a été évoqué & renvoyé à un autre Siége, où il aura été jugé. Mais le Haut-Juſticier étant obligé de faire les frais, même en cauſe d'Appel, il peut demander ſes dépens à l'Accuſé, qui a été débouté de ſon Appel. La Partie civile n'en peut avoir de recours qu'après le Jugement de condamnation, comme il eſt atteſté par l'Article XII dudit Réglement. (1)

---

permet aux Archevêques & Evêques de deſtituer leurs Officiaux, Vice-Gérens, Promoteurs, de quelque maniere qu'ils ſoient pourvûs.

(1) Le Haut-Juſticier peut connoître d'un Délit qui a commencé ſous l'étendue de ſa Juriſdiction, dont partie de la ſuite s'eſt paſſée ſous le Territoire d'un Juge Royal étranger au Haut-Juſticier, quoique le Juge naturel de l'Accuſé : Arrêt du 24 Mars 1744, Procès-verbal de l'Ordonnance de 1670, Titre de la compétence des Juges.

Les Hauts-Juſticiers, pour éviter les frais de procédure, ne peuvent forcer les Plaignans de ſe rendre Parties civiles ; & ils ne ſont réputés Parties, s'ils ne le déclarent formellement dans la Plainte ou dans un Acte ſubſéquent, dont ils pourront ſe déſiſter dans les 24 heures : Ordonnance de Blois, Art. CLXXXIV ; Ordonnance de 1670, Tit. 3, Art. V.

Un Haut-Juſticier a été, conformément aux diſpoſitions de l'Art. XIV de la Coutume, condamné par Arrêt du 7 Décembre 1726, la Grand'Chambre aſſemblée, d'avancer les deniers néceſſaires pour faire la preuve des faits juſtificatifs auxquels avoit été admis l'Accuſé, dont l'inſtruction du Procès s'étoit faite dans ſa Haute-Juſtice.

Le Haut-Juſticier doit avoir des priſons ſûres & commodes : il eſt obligé d'y faire obſerver les Ordonnances & Réglemens ſur le fait de la Conciergerie. Par Arrêt du 18 Juillet 1664, le Procureur-Fiſcal d'Aumale ayant commis un Concierge, fut déclaré garant de l'évaſion des priſonniers arrivés par la négligence ou la connivence du Concierge : cet Arrêt eſt rigoureux, & ſuppoſe dans l'Officier une prévarication.

Les Engagiſtes ſupportent les charges impoſées aux Hauts-Juſticiers, & rien n'eſt plus équitable ; ils jouiſſent des Fonds du Roi débiteur de la Juſtice envers ſes peuples. Une Déclaration du 22 Février 1760 ordonne que les Engagiſtes des Domaines, en la Province de Normandie, ſeront tenus de payer les frais de Juſtice, en matiere criminelle, dans l'étendue du reſſort du Parlement, chacun en droit ſoi : elle annonce un Tarif, & il a été effectivement arrêté au Conſeil des Finances le 26 du même mois. On peut dire que cette Déclaration fait ceſſer beaucoup de doutes élevés ſur cette matiere ; mais le Parlement a remarqué que les Taxes portées dans le Tarif ſont trop modiques, & en enregiſtrant il s'eſt réſervé à ſupplier le Roi de les augmenter.

X V.

Les Hauts-Justiciers sont tenus demander aux Juges Royaux le renvoi des Causes dont ils prétendent la connoissance leur appartenir, sans qu'ils puissent user de défenses à l'encontre desdits Juges Royaux & des Sujets du Roi.

Cet Article ne se doit entendre, que quand la Haute-Justice est enclavée dans la Justice Royale, en laquelle la Cause a été introduite. Car si la Haute-Justice est dans l'étendue d'un autre Siége Royal, le Haut-Justicier n'est point obligé de faire demander le renvoi, comme l'a remarqué Basnage sur cet Article; il suffit que le renvoi soit demandé par un Procureur, & il n'est pas nécessaire que le Haut-Justicier en personne, ou le Procureur-Fiscal viennent reclamer leur Jurisdiction. Mais le justiciable de la Haute-Justice ne peut pas décliner la Justice Royale, en demandant son renvoi, à moins qu'il ne soit appuyé de la réclamation faite par son Juge, ou que la Haute-Justice ne soit hors les enclaves de la Justice Royale, en laquelle il a été traduit. Au contraire, le justiciable de la Justice Royale, qui est celui que la Coutume en cet Article distingue, en l'appellant Sujet du Roi, non-seulement peut demander son renvoi au Haut-Justicier, mais il peut même impunément ne comparoître pas sur l'Assignation qui lui a été donnée devant lui. Le fondement de toutes ces décisions est, que toutes les Justices appartiennent au Roi; les unes en pleine propriété, qui s'exercent en son nom; les autres s'exercent sous le nom des Seigneurs, par concession & privilége du Roi: de sorte que le Juge Royal par droit commun, doit avoir tout l'exercice de la Jurisdiction. Le renvoi étant demandé avec bon droit par le Haut-Justicier, ne lui peut être refusé, quand même les parties auroient consenti de plaider devant le Juge Royal; parce que les Justices des Seigneurs sont patrimoniales, dont les droits ne peuvent être diminués par le consentement des Vassaux. (1)

<hr/>

Le Roi, par ses Lettres Patentes du 21 Octobre 1765, se charge dans cette Province de tous les frais de Justice criminelle & de Police publique que le Duc de Penthievre pouvoit être tenu d'acquitter comme Engagiste; parce que le Roi, dans l'étendue des engagemens, réunit à ses Parties casuelles les Droits de nomination aux Offices des Siéges royaux, prêt annuel, résignation, & vacans. Quand on est instruit des principes du Droit public, on connoît tout l'intérêt de ces Lettres Patentes.

(1) Cet Article a lieu dans les matieres réelles, de même que dans les personnelles, dans les criminelles comme dans les civiles; ainsi, en Clameur lignagere d'un Fonds situé sous une Haute-Justice, on peut ajourner devant le Juge Royal du lieu; & une Plainte est bien présentée, par un justiciable de la Haute-Justice, au Juge Royal qui la renferme dans son Territoire : Arrêts des 9 Mars 1742 & 17 Juillet 1756.

Le Procureur-Fiscal du Siége, qui a droit de connoître du différend, peut en tout état de cause, même après la contestation, revendiquer son Justiciable, & la connoissance de l'affaire dont sa Jurisdiction est compétente.

Le Juge Royal est Juge du renvoi, il peut défendre de plaider ailleurs que devant lui; mais, sur un conflit de Jurisdiction entre deux Hauts-Justiciers, il doit les renvoyer à la Cour à jour certain : Arrêt du 20 Novembre 1664. Basnage.

La derniere partie de l'Art. XV de la Coutume est tirée des chapitres 2 & 53 de l'an

E 2

XVI.

Les Hauts-Justiciers, soit qu'ils soient ressortissans sans moyen en la Cour ou autre lieu, ne peuvent tenir leurs Pleds & Assises pendant le temps que les Juges Royaux tiennent leurs Pleds & Assises dans les Vicomtés & Sergenteries, aux enclaves desquelles lesdites Hautes-Justices sont assises; & se regleront sur le temps de la Mession, qui sera baillée & déclarée par les anciens Baillis Royaux.

Les Hauts-Justiciers ressortissans sans moyen à la Cour, sont ceux qui n'ont point d'autre Juge supérieur que le Parlement; mais il y a des Hauts-Justiciers, qui ont pour Juges supérieurs immédiatement, ou des Hauts-Justiciers, ou des Baillis Royaux; & c'est ce que cet Article distingue par ces termes, *ou autre lieu*. La Coutume attribue une supériorité sur tous les Hauts-Justiciers, en ordonnant dans ce même Article, qu'ils sont tenus de se régler pour le temps de la Mession, (c'est celui de la moisson, ou de la récolte des fruits, pendant lequel on ne plaide point, sinon pour les causes provisoires) suivant qu'il est arbitré & déclaré par les Baillis Royaux. Le Parlement a encore étendu cette supériorité par ses Arrêts, dont a été extrait l'Article XIV du Réglement de 1666, en ordonnant que les Rentes seigneuriales dûes aux Seigneurs Hauts-Justiciers, doivent être payées sur le prix des appréciations faites par le Bailli Royal, dans les enclaves duquel les Fiefs sont situés. Il faut en outre remarquer que les Appellations des Sentences rendues par les Hauts-Justiciers ressortissans sans moyen, suivant l'expression de cet Article, doivent toujours se relever en la Cour, quoique les Causes soient de qualité à être jugées présidialement. (1)

---

cien Coutumier, du style de la Cour, & d'un Arrêt du 7 Juillet 1547, que Terrien fit rendre étant Procureur du Roi au Bailliage de Caux, pour réprimer l'abus fréquent des défenses que prononçoient les Juges subalternes contre leurs Justiciables de plaider devant le Juge Royal. *Voyez* cet Auteur, liv. 3. chap. 12.

(1) Cet Article a son fondement dans la prééminence du Juge Royal, qui éclipse, dit Bérault, tous les Juges subalternes, & dans l'obligation indispensable où étoient autrefois les Avocats d'assister aux Audiences des Siéges Royaux. *Voyez* Bignon, sur Marculfe, Pithou, sur les Cap. de Charlemagne, Glossaire de Spelman.

Les Juges Royaux, même extraordinaires, ont la préséance sur les Baillis Hauts-Justiciers: Ordonnance de l'an 1584, Art. XII.

L'ouverture de la Mession, dont cet Article me rappelle le souvenir, étoit, dans les différens Bailliages Royaux de la Province, l'Acte le plus solennel; le Bailli paroissoit, sur son tribunal, accompagné du Clergé, des Barons, des Chevaliers & des Hommes de loi; il avoit prononcé, & chaque Baron faisoit exécuter, dans l'étendue de ses terres, l'Ordonnance du Bailli. Le Citoyen Agriculteur découvre encore quelque vestige de cet usage antique & respectable dans nos Réglemens.

La Mession doit avoir un terme, & le délai qu'il plaît de fixer au Lieutenant-général d'un ancien Bailliage, pour tenir ses Assises dans un Bailliage démembré, ne détermine point l'ouverture de la Plaidoirie dans ce Bailliage; dès que la Jurisdiction du Bailli a cessé d'être extraordinaire, cet ordre est devenu indispensable: Arrêt du 20 Juillet 1763.

XVII.

Les Sergens Royaux ne peuvent faire Exploits dans les Hautes-Juftices, fans avoir Mandement ou Commiffion du Roi ou des Juges Royaux, dont ils feront apparoir aux Hauts-Jufticiers, s'ils en font requis, fauf pour les dettes du Roi, ou pour cas de Souveraineté, pour, Crime, ou pour chofe où il y eût éminent péril.

Non-feulement les Sergens Royaux ne peuvent faire l'exercice de leurs Offices dans les Terres des Hauts-Jufticiers, finon aux conditions & aux cas énoncés en cet Article ; mais ils ne peuvent pas même y faire leur réfidence, à moins qu'ils n'y foient nés, ou qu'ils ne s'y foient mariés ; cela leur ayant été défendu par une Ordonnance de Philippe le Bel, laquelle contient la même défenfe à l'égard des Notaires Royaux. On a néanmoins jugé que les Notaires Royaux pouvoient avoir leur domicile & faire leur réfidence dans la Ville de Dieppe, quoique dépendante de la Haute-Juftice de l'Archevêque de Rouen ; mais ils n'y peuvent faire aucune fonction de leurs Charges, ni y avoir aucun Tableau pour marquer leur qualité ; ce qui a été ordonné par le même Arrêt, qui eft du 17 de Janvier 1676. Il faut de plus remarquer que les Juges Royaux ne peuvent donner de Commiffion d'exploiter dans le diftrict des Hautes-Juftices, finon pour les Caufes dont la connoiffance leur appartient ; autrement on pourroit appeller de leur Mandement (1)

(1) On jugea le 5 Mai 1611, qu'un Sergent Royal ne pouvoit faire Inventaire des meubles d'un Domicilié fur une Haute-Juftice. Bérault. Et par Arrêt du 24 Mai 1746, la Cour a maintenu un Sergent de Haute-Juftice, dans le Droit de faire une Vente volontaire de meubles dans fon diftrict, à l'exclufion du Prifeur-Vendeur Royal. *Idem* 29 Janvier 1706.

C'eft une regle générale que le Sergent ne peut demeurer dans une Sergenterie glébée, autre que la fienne, que lorfqu'il s'y eft marié ; qu'il réfide fur fes Héritages, & qu'il a renoncé dans les termes les plus précis à y faire aucune fonction de fon Office : Ordonnance de l'an 1302, Art. XVIII. Arrêt du 10 Juin 1749.

Par Arrêt du Confeil du 9 Juillet 1709, les Notaires Royaux font autorifés à faire Inventaire des meubles dans l'étendue des Hautes-Juftices ; on avoit accordé dans cette Province la Provifion aux Tabellions du lieu, contre les Notaires Royaux, par Arrêt du 31 Janvier 1736 ; par Arrêt du Grand-Confeil en 1724, la confection des Inventaires a été attribuée aux Officiers des Dames de Saint-Cyr, contre les Notaires Royaux, Remarques de M Cochin, tome 6. La queftion a été décidée en faveur des Notaires Royaux, par Arrêt de ce Parlement du 11 Mai 1754. *Voyez* l'Edit du mois de Mai 1686.

La Déclaration du 9 Mai 1751, défend à tous Notaires d'oppofer aucuns Scellés ni faire aucuns Inventaires des biens des Décrétés, abfens, faillis ou en banqueroute, s'ils n'en font requis par les Parties intéreffées ou par les Parties publiques, à peine d'interdiction. La Cour a ordonné l'exécution de cette Déclaration, par Arrêt du 14 Février 1765, envoyé dans les Bailliages du reffort.

Quand une Paroiffe fe trouve dans l'arrondiffement de deux Notaires, celui qui n'a point, dans fon arrondiffement, le lieu de la fituation de l'Eglife paroiffiale, peut cependant y lecturer les Contrats de vente qu'il a reçus dans les limites de fon Notariat.

Un Notaire ne peut être traduit pour fait de fon Office que devant le Juge qui l'a reçu, & auquel fes provifions ont été adreffées, quoique l'arrondiffement de fon Notariat dépende de différentes Jurifdictions : Arrêt du 22 Mars 1757 ; cet Arrêt eft fondé fur la Déclaration du 11 Décembre 1703, qui n'affujettit le Notaire, ayant fon diftrict fous différentes Jurifdictions, qu'à la comparence aux Affifes du Siege où il a été reçu.

XVIII.

Lefdits Hauts-Jufticiers ne peuvent ufer d'arrêt ou emprifonnement, fur aucuns Officiers ou Sergens Royaux & ordinaires, qui
exploiteront dans le diftrict de leurs Hautes Juftices, & ne peuvent
prendre connoiffance des fautes que lefdits Officiers & Sergens
Royaux pourroient commettre en faifant l'exercice de leurs Offices
en leurs Hautes-Juftices. Mais s'ils vouloient prétendre que lefdits
Officiers ou Sergens euffent failli en leurs Exploits, ils fe pourront
plaindre au prochain Bailli Royal qui en fera la juftice.

On peut dire que cet Article contient un Cas Royal, c'eft-à-dire, réfervé à
la Juftice Royale : Les Juges des Seigneurs ne pouvant connoître des fautes que
peuvent commettre les Officiers Royaux, en faifant les fonctions de leurs Offices, même dans l'étendue des Hautes-Juftices. (1)

XIX.

Les Juges des Hauts-Jufticiers reffortiffans par devant les Baillis
Royaux, doivent comparoir a deux Affifes des Bailliages où ils reffortiffent ; c'eft à fçavoir, à celles qui fe tiennent après la Meffion &
à Pâques, aufquelles les Ordonnances doivent être lues.

Anciennement tous Juges étoient refponfables de leur Jugé, & pouvoient
être condamnés aux dépens des Parties & à l'amende ; d'où eft procédé le ftyle
dans les Lettres d'Appel, d'intimer le Juge qui a donné la Sentence. C'eft par
cette même raifon, que par les Ordonnances de Philippe de Valois, de 1344,
de Charles VI, de 1388, les Baillis & Sénéchaux étoient obligés de comparoître au Parlement, aux jours que l'on plaidoit les Caufes de leurs Bailliages,
pour défendre leurs Sentences, auffi-bien que pour répondre aux plaintes que
les particuliers pouvoient faire contr'eux. Et c'eft fans doute fur ces mêmes
fondemens, que la Coutume en cet Article affujettit les Juges des Seigneurs, à
comparoître aux deux Affifes, qu'on appelle *Mercuriales*, & qui fe tiennent
après la Meffion & après Pâques ; dans lefquelles les Ordonnances doivent être
lues, pour avertir les Juges & les autres Officiers de leur devoir. Mais à préfent les Juges, quoiqu'obligés à ces comparences, ne font plus tenus de foutenir leurs Sentences, ni puniffables pour avoir mal jugé, finon lorfqu'ils ont
été intimés & pris à partie ; ce qu'on peut faire quand on les accufe de dol,
de concuffion, ou d'avoir erré manifeftement en fait & en droit, qui font

(1) Le Sergent d'une Haute-Juftice ne fignifie point les Lettres de Chancellerie, ni les
Commiffions émanées du grand Sceau, le Roi n'adreffe fes ordres qu'à fes Officiers, de même, dit Pérault, qu'autrefois nos Souverains n'adreffoient leurs Refcrits qu'aux perfonnes
conftituées en dignité.

les cas exprimés par les Ordonnances de Louis XII, de l'an 1498, & de François I, de l'an 1540. Voyez Loüet, I. 14, avec le Commentaire, & O. 3. (1)

(1) Rien de plus propre à faire respecter les oracles de la Justice, que la Séance de l'Echiquier ; elle étoit composée des personnes les plus considérables de la Province : ce Tribunal, dit l'ancien Coutumier, étoit l'œil du Prince, il étoit son Conseil, il présidoit à ses entreprises, prudent dans les délibérations, brave & intrépide dans l'exécution ; il n'étoit pas rare de voir les membres de ce Corps auguste faire valoir, l'épée à la main, des prétentions sagement discutées dans leurs Séances ; les décisions particulieres de ce Tribunal étoient aussi inviolables que si elles fussent émanées de la bourse du Souverain même ; les Ordonnances, citées par Pesnelle, nous représentent les Juges inférieurs, moins comme des Juges que comme des coupables ou des accusés obligés de rendre compte, en détail, de leurs jugemens. On trouve encore des Ordonnances postérieures, enregistrées dans l'Echiquier, qui y ont du rapport ; mais ces Loix n'ont été faites qu'après que les beaux jours du Bailli ont été passés, elles n'ont jamais été observées avec rigueur dans cette Province ; cependant pour marquer la distance qu'il y a entre la dignité du Sénat Souverain de la Province & les Juges du ressort, les Baillis & Vicomtes sont assujettis à comparoître à la Cour une fois chacun an, aux jours marqués, que nous appellons jours d'Appaux.

On ne peut pas intimer les Juges à la Cour sur un Appel simple, il faut un Mandement de Prise-à-partie. Suivant l'esprit des bonnes loix, ce Mandement ne doit être accordé que pour des causes importantes ; le bien qu'un homme public est à portée de faire, est souvent attaché à une certaine considération de ses Concitoyens, qui se perd facilement. Il ne faut cependant pas toujours borner les Causes de Prise-à-partie à celles qui sont exprimées dans les Ordonnances de Louis XII & de François I, elles sont quelquefois liées aux circonstances : par Arrêt du 22 Février 1748, on a déclaré valable un Mandement de cette espece contre un Juge, parce qu'on avoit remarqué dans la Sentence des caracteres de haine & d'animosité. Voyez Bretonnier, tome I, liv. 2, & un Arrêt du 4 Juin 1699, cité dans le Journal des Audiences.

Le Bailli ne peut prendre connoissance des Prises-à-partie des Juges Royaux qui relevent à son Siége : Arrêt du 9 Mars 1714, Recueil de Jurisprudence de la Combe. Il a été jugé par Arrêt du Parlement de Rouen du 16 Août 1762, que le Bailli connoît, sans Mandement de la Cour, des malversations que le Senéchal auroit pû faire dans la Taxe des dépens. On a jugé au Parlement de Paris le 16 Août 1722, que les Officiers des Justices seigneuriales peuvent être réprimés par les Baillis où ressortissent les appellations de leurs Sentences. Journal des Audiences.

Le cérémonial des Assises consiste maintenant dans l'Appel des Juges, Avocats & Officiers ministériels, qui doivent comparence. Le Lieutenant-Général d'un grand Bailliage, lors des Assises mercuriales dans un Bailliage particulier, peut y appeller le Lieutenant-Général de ce Bailliage, & il doit comparoître, s'il n'a une excuse légitime : Arrêt du 30 Juillet 1750. Le Droit du Lieutenant-Général paroît fondé sur un Arrêt du Conseil Privé du 7 Mars 1586.

L'Article XX de la Coutume est bien expliqué dans les Modifications de la Cour, sur les Lettres d'Erection du Duché de Longueville en 1505. *Dux de longâ villâ aut suus Ballivus, seu ejus locum tenens cognoscere non poterit de casibus & causis meræ superioritatis, videlicet de causis beneficialibus de monetâ, de brevio feodi laici & eleemosinæ, & patronatûs ecclesiæ, de exercitu & banno nobilium, prælatorum & aliorum dominî regis subditorum fidelitate, remissionibus criminum & aliis à regia autoritate procedentibus, & dependentibus quorum quidem cognitio & decisio ad Ballivos & Judices regios Ordinarios primò, & postmodùm immediatè ad ipsam curiam scacarii juxta dispositionem & patriæ consuetudinem pertinet.* Ces modifications sont belles, & elles renferment, avec précision, des maximes répandues dans plusieurs chapitres de l'ancien Coutumier. Voyez Terrien.

X X.

Lesdits Juges Hauts-Justiciers ne peuvent connoître des **Lettres** de Rémiffion, de Répy, ni des Lettres pour être reçu au bénéfice de Ceffion, ni pareillement des Caufes de Crimes de Leze-Majefté, Fauffe Monnoie & autres Cas Royaux.

Les Lettres de Rémiffion, de Répy & de Ceffion, étant accordées par grace, il n'y a que les Officiers du Roi, qui feul a droit de les accorder, qui en foient Juges compétens.

Les Rémiffions ne fe doivent donner que pour les Homicides involontaires, ou qui ont été commis dans la néceffité d'une légitime défenfe de la vie, par l'Ordonnance de 1539, Article LXVIII, & par l'Ordonnance 1670, Article II du Titre XVI ; on ne les doit accorder que dans les cas qui pourroient être punis de peine corporelle, par ladite Ordonnance de 1539, Article LXXII. Voyez ledit Titre XVI, depuis l'Article XI jufqu'au dernier, pour fçavoir à qui les Lettres de rémiffion doivent être adreffées, dans quel temps, & comment il les faut préfenter, fignifier, inftruire & juger. Les Seigneurs féodaux ne peuvent s'oppofer à l'entérinement de ces Lettres, fous le prétexte du droit de confifcation, qui leur appartiendroit au cas de condamnation ; il n'y a que le Procureur du Roi & la Partie civile qui puiffent s'y oppofer. (1)

Par l'Ordonnance d'Orléans, Article LXI, les Lettres de Répy avoient été abolies, mais cela n'a pas été obfervé. C'eft un délai qu'on accorde aux débiteurs, pour leur faciliter les moyens de payer leurs dettes. Les Créanciers doivent être appellés, & l'avis de la plus grande partie doit être fuivi : Mais cette plus grande partie eft eftimée, non par le nombre des Créanciers, mais par la quantité de ce qui eft dû ; *Pro modo debiti, non pro numero perfonarum, l. 8. ff. De paclis. Si unus Creditor aliis omnibus gravior, in fumma debiti inveniatur, illius Sententia obtineat : Si verò plures funt Creditores ex diverfis quantitatibus, etiam nunc amplior debiti cumulus minori fummæ præferatur; five par, five difcrepans eft numerus Creditorum : Pari autem quantitate debiti inventa, difpari verò Creditorum num ro, tunc amplior pars Creditorum obtineat, ita ut quod pluribus placet, hoc ftatuatur, l. ultima C. Qui bonis cedere poffunt.* Ce qu'il faut pratiquer dans les attermoyemens & compofitions faites avec les débiteurs, auffi-bien que dans les Répys. (2)

Les

---

(1) Des Chartres, depuis le commencement du quatorzieme fiecle, nous apprennent que plufieurs Hautes Juftices, reffortiffantes nuement à l'Echiquier, étoient, dans leur origine, des Juftices royales aliénées à titre de donation ou d'échange ; quand nos Rois donnoient des Lettres d'Erection d'une Haute-Juftice, ordinairement l'Echiquier réfervoit aux Juges Royaux le Reffort, tant en matiere civile que criminelle : Arrêt de modification de l'Echiquier, au terme de Saint Michel 1474.

Voyez, fur les Lettres de Rémiffion, &c. les Déclarations des 27 Février 1703, 9 Mars 1709, & 9 Août 1722.

(2) L'Ordonnance d'Orléans, Art. LXI, avoit abregé les Répys pour la forme, & les Parties avoient la liberté de fe pourvoir, par Requête, devant le Juge. Bérault.

Quand

Les Répys ne font admis contre les perfonnes pitoyables , aufquelles il faut proprement fubvenir , comme Veuves & Orphelins , ni pour dettes contrac- tées en Foires franches, ni pour celles qui font caufées de vente de Marchan- dife faite en public & en détail , principalement pour fervir aux néceffités du corps , ni fi la Marchandife a été prife à condition qu'elle feroit payée à l'inf- tant , ni pour vente ou fermages d'Héritages , ni pour Rentes feigneuriales & foncières , ni pour la dot , ni pour le douaire , ni pour caufe de nourriture & penfion , ni pour reddition de comptes de Tutelle , ni pour confignations ju- diciaires , ni pour les dépôts volontaires.

Les mêmes caufes qui excluent les Répys, excluent le bénéfice de Ceffion , par lequel les débiteurs en abandonnant & cédant tous leurs biens à leurs créan- ciers, font mis à couvert des pourfuites que lefdits créanciers peuvent faire pour être payés. Il eft appellé *miferabile legis auxilium* , dans la Loi derniere , *C. Qui bonis cedere poffunt.* Mais quoiqu'il foit fans infamie de droit parce qu'il eft autorifé par la Loi ; toutefois dans l'effet , *reipfa & opinione hominum, non effugit infamiæ notam.* D'autant plus , que quelques Ordonnances ont requis que celui qui demande à être reçu au bénéfice de Ceffion , comparoiffe en Juge- ment , les Pleds tenans , déceint & tête nue ; & que même par les Arrêts du Parlement de Paris , les Ceffionnaires ont été condamnés à porter le Bonnet verd , *five fuo , five fortunæ vitio decoxiffent* , Loüet , C. 56. Voyez le Com- mentaire. Néanmoins quand les Ceffionnaires ont fait des pertes par malheur , on n'exécute pas rigoureufement ces Ordonnances ni ces Arrêts ; & il fuffit que les Ceffions , comme les Séparations de Gens mariés , & les Interdictions des Prodigues , foient publiées en Jugement , & que les noms des Impétrans foient affichés au Tabellionnage , comme il eft prefcrit par l'Ordonnance de 1629 , Article CXLIII. (3)

Les exceptions que produifent les Lettres de Répy & de Ceffion étant per-

---

Quand le Débiteur préfente des Lettres de Répi ou de Ceffion , la plus petite partie de fes Créanciers , prétendant que l'impétrant eft coupable de fraude , fouftraction & recelé , & qu'il ne s'eft point conforme aux Réglemens , peut le pourfuivre extraordinairement : Arrêt du 5 Août 1740.

(3) On exclue , du bénéfice de ceffion , l'Etranger contre un François , le Facteur contre fon Commettant , le Débiteur pour dettes du Roi , les condamnés à une amende réfultante de crime , ou en des dommages & intérêts pour la même caufe , les Dépofitaires des de- niers publics , les Adminiftrateurs comptables des Hôpitaux , les Marchands en détail pour marchandifes achetées en gros , les Stellionnaires , les Tuteurs pour le reliquat de compte , les Maîtres pour les falaires de leurs domeftiques , les Fermiers pour le prix de leurs Baux , les Proxenetes qui ont reçu de l'argent pour payer , & qui l'ont détourné , ceux qui ont contracté aux Foires de Champagne , de Lyon , foit en deniers ou en grains , le principal Obligé contre la Caution.

Le Créancier eft tenu de nourrir fon Débiteur incarcéré ou recommandé à fa Requête ; & par le défaut de fourniture le Débiteur fera élargi , en obfervant les formalités prefcrites en pareil cas , Art. XXIII , du Titre 13 de l'Ordonnance de 1670 , Déclaration du 6 Janvier 1680 , & Arrêt du Parlement du 4 Août 1731.

Voyez , par rapport au Répy & Ceffion , l'Ordonnance de 1669 , Titre des Répys ; l'Or- donnance de 1673 , fur le Commerce , Titre 9 , 10 & 11 ; Déclarations du Roi des 18 No- vembre 1702 , 11 Janvier 1716 , & 13 Septembre 1739 ; & un Réglement du 4 Mai 1750. Loüet & Brodeau , Let. C. chap. 14 , 56 & 57 ; Journal du Palais , tome premier.

fonnelles, ne peuvent fervir aux Fidéjuffeurs des Impétrans, comme il eft expreffément décidé au §. dernier du Titre *De replicationibus*, dans les Inftitutes: *Exceptiones enim quæ perfonæ cohærent, non tranfeunt ad alios, rei autem cohærentes etiam Fidejufforibus competunt, l. 7. ff. De exceptionibus, l. 24. ff. De re judicata.* Mais les exceptions que produifent lefdites Lettres, ne fe peuvent oppofer contre les Pleges, qui concluent à leur garantie contre les impétrans principaux obligés, comme il a été jugé par plufieurs Arrêts.

Si celui qui a fait ceffion parvient à une meilleure fortune, il peut être pourfuivi par fes créanciers, pour le payement de leurs créances : parce que les Répys & la Ceffion n'éteignent pas l'obligation; elles en fufpendent l'exécution par une exception, qui n'a pour fondement que l'impuiffance du débiteur; laquelle ceffante, l'obligation eft exécutoire. *Non idem*, à l'égard des attermoyemens que les créanciers ont accordés, *ftandum conventis;* à moins qu'il n'y ait eu du dol & de la mauvaife foi de la part des débiteurs.

X X I.

Les Hauts-Jufticiers peuvent demander jufqu'à vingt-neuf années d'arrérages des Rentes feigneuriales qui leur font dûes.

La regle établie par la Loi 3. C. *De Apochis publicis*, où il n'eft parlé que des redevances dûes au Fifc, a été étendue aux autres redevances, tant foncieres, qu'hypothécaires & perfonnelles : de forte qu'un Rentier ou Fermier, qui montre les quittances de trois années confécutives de fa redevance, eft préfumé quitte des années précédentes: *Superiorum temporum apochas non cogitur oftendere*, à moins qu'il n'y ait une claufe de réfervation dans quelqu'une des quittances. (1)

Les Seigneurs ou leurs Receveurs ne baillant pas toujours des quittances des rentes qui leur font payées; mais enregiftrant feulement les payemens qui leur font faits, peuvent être condamnés à repréfenter leurs Regiftres ou Papiers de recette, qui font une preuve pleine contr'eux à cet égard : *Quia pecuniam accipiunt per partes, quarum probatio fcriptura, Codicibufque eorum maximè continetur, l. 9. §. nummularios, l. 10. ff. De edendo.* C'eft pourquoi on a jugé que ces Regiftres, portant le payement fait pendant plufieurs années, faifoient preuve contre les Vaffaux mêmes, des redevances prétendues par le Seigneur, quand cette préfomption eft appuyée de quelques autres circonftances, par un Arrêt du 7 de Mai 1552, rapporté par Bérault. Voyez l'Article CXVI.

_____

(1) Tous les Auteurs, foit François ou Etrangers, qui ont écrit fur la Loi *De Apochis publicis*, en ont rendu le fens obfcur; elle n'a pour objet que la perception des impôts, & la Loi ne permet pas au Receveur de pourfuivre le Porteur des quittances des trois dernieres années de fa contribution pour le payement des années précédentes; il eft affez difficile de faire de cette Loi une décifion générale en faveur des Débiteurs des rentes; quiconque fçait qu'il eft dans la liberté de celui qui doit, de faire ajouter dans fa quittance des expreffions libératoires du paffé, & eft inftruit de la négligence de bien des Créanciers, n'approuve qu'avec réferve l'application de cette Loi aux intérêts des particuliers. Je defirerois au moins que ces trois quittances euffent été expédiées féparément & par la même perfonne, & que le Créancier & le Débiteur n'euffent pas eû à traiter entr'eux fur d'autres objets. *Voyez* le Traité des Obligations de Potier.

Quoiqu'un Créancier ait reçu féparément, & divifément les arrérages d'une rente qui lui eft dûe folidairement par plufieurs, il n'a point fait de préjudice à fon indivis ; à moins qu'il n'y ait expreffément renoncé, ou qu'il n'apparoiffe clairement que fon intention a été de divifer. Du Moulin a excepté les Rentes feigneuriales, que le Seigneur a reçues divifément pendant plufieurs années ; parce qu'on préfume qu'il a confenti à les divifer, d'autant que le fonds qui y eft obligé, étant toujours de beaucoup plus grande valeur que la redevance, le Seigneur ne fait aucun tort à fon droit par la divifion. (2)

On a remarqué fur cet Article, que la compenfation fe fait de plein droit, nonobftant le tranfport fait par l'un des Débiteurs, nonobftant la faifie & arrêt faits par les Créanciers, avant la déclaration de vouloir compenfer : ce qui a été jugé par un Arrêt du 16 de Juillet 1665, rapporté par Bafnage, conformément au Droit Romain, par lequel *compenfatio folutioni æquiparatur, & tollit'ipfo jure actionem ex eo tempore ex quo ab utraque parte debetur, l. 4. C. De compenfationibus.* (3)

Au refte, la raifon pourquoi l'action du Haut-Jufticier pour le payement des Rentes Seigneuriales eft bornée à vingt-neuf années, à moins qu'il n'y ait des diligences valables, eft que toutes les actions mobiliaires fe prefcrivent par trente ans, par l'Article DXXII. Si donc on demandoit trente années, on en demanderoit une après trente ans, & qui partant feroit prefcrite. (4)

XXII.

Lefdits Hauts-Jufticiers peuvent faire donner Treves entre leurs Sujets.

Il le faut joindre à l'Article XLIV, & aux quatre fuivans, qui traitent des Treves. (1)

---

(2) L'Auteur du Traité des Obligations traite longuement la queftion décidée par Pefnelle, il donne diverfes explications de la Loi *fi creditores*. La briéveté que je me fuis propofée ne me permet pas d'en faire l'analyfe ; je pofe un principe : quand l'intention du Créancier n'eft pas claire, l'équité veut qu'on fe détermine contre lui en faveur du Débiteur.

On prefcrit, dit Bérault, contre la folidité d'une Rente en la payant divifément pendant quarante ans, puifque, par un pareil temps fans payer, on s'affranchit du Fonds de la Rente.

(3) Tout le monde fçait que la compenfation ne fe peut faire fans le concours de plufieurs chofes : les deux fommes que l'on veut compenfer doivent être certaines, liquides, c'eft-à-dire, telles qu'elles ne puiffent être conteftées légitimement ; il faut que l'une & l'autre foient dûes purement & fimplement & fans condition, & qu'elles foient exigibles dans le même temps.

Une dette mobiliaire qui porte intérêt eft bien compenfée contre une dette de pareille efpece qui n'en produit point ; mais une Rente hypotheque ne fe compenfe pas contre une fomme liquide, fi ce n'eft au gré du Débiteur de la Rente, d'autant que le principal de la Rente eft aliéné à perpétuité. Bafnage. Brodeau, fur l'Art. CVI de Paris ; Domat, liv. 4, titre 2, première partie ; Journal du Palais, tome 2.

(4) Dès que le Seigneur Haut-Jufticier peut exiger vingt-neuf années d'arrérages des Rentes qui lui font dûes, il eft conféquent que l'aîné ait un recours pour le même nombre d'années contre fes puînés : Arrêt „ au rapport de M. Roque, du 27 Juin 1605.

(1) Bérault dit que cette action étoit trop importante pour avoir pû être dévolue au

F 2

XXIII.

Les Juges Royaux connoiſſent par-tout les Poids & Meſures., &
même par prévention, aux Terres des Hauts-Juſticiers.

Les Poids & les Meſures étant des choſes & néceſſaires & importantes,
dans les commerces qui font ſubſiſter la vie civile, & d'ailleurs la Police apparᵗ
tenant au Roi ſeul par le droit commun ; c'eſt avec raiſon que cet Article attribue aux Juges Royaux la connoiſſance des Poids & Meſures , même par prévention , aux Terres des Hauts-Juſticiers. Il a été défendu aux Viſiteurs des
Poids & Meſures , d'entreprendre de faire leurs viſites dans les maiſons des
Particuliers qui ne vendent point en détail , par un Arrêt du 14 Mai 1610. (1)

Bas-Juſticier , & que donnant cette compétence au Haut-Juſticier la Coutume eſt cenſée
l'interdire au Seigneur qui n'a qu'une Baſſe-Juſtice ; il cite en preuve Chopin , ſur la Coutume d'Anjou , liv. 1 , chap. 1 , n. 3 , & un Commentateur ſur l'Art. CXXV de la Coutume de Troye.

(1) Bien des gens voudroient qu'il n'y eût qu'un Poids & une Meſure dans le Royaume ;
mais le Commerce ne ſeroit-il point affoibli en adoptant cette uniformité ? Combien de
familles ſubſiſtent par le tranſport des denrées qui ne ſe ſoutient qu'à la faveur de l'inégalité
des Meſures ? On y remarque en abregé l'économie de l'importation & de l'exportation des
marchandiſes.

Quoique la Police ſoit , à le bien prendre , un Droit régalien , nos Rois ont bien voulu
le communiquer aux Seigneurs Hauts-Juſticiers , leurs Baillis ſont Juges politiques d ns leur
diſtrict ; mais les Juges Royaux conſervent la prévention dans les queſtions de Poids & de
Meſures : Arrêts des 23 Avril 1655 & 8 Février 1658. Bacquet , des Droits de Juſtice ,
chap. 27. On a toujours réprimé les exactions des Jaugeurs ; le Réglement du 14 Mai 1610 ;
cité par nos Commentateurs , a été renouvellé par différens Arrêts , & notamment par celui
du 30 Avril 1749 , qui ne permet aux Jaugeurs que d'aller chez les perſonnes qui , par état ,
ſont autoriſées de vendre.

Bérault , ſous cet Article , rapporte un Réglement du 20 Mars 1603 , utile ſur le fait de
la Jauge.

Le Jaugeur royal du Bailliage de Caen , par Arrêt du premier Septembre 1677 , a été
maintenu dans le droit de faire faire deux viſites , par chacun an , de tous les Poids ,
Aunes & Meſures de ceux qui vendent & débitent , & de prendre pour chacune viſite
des Poids & Aunes vingt-ſix deniers , & pour chaque viſite de Meſures & Brancards cinq
ſo's , & cinq ſols pour droit de nouveau Bouchon & ouverture de Taverne ; de jauger ,
ajuſter , marquer les Poids , Aunes , Meſures & Vaiſſeaux , & de prendre pour chaque
marque pareille ſomme de vingt-ſix deniers , & pour droit de Salaire , Jauge , Meſure
& ajuſtement de chaque Boiſſeau vingt ſols , & des autres Meſures en proportion ; en outre
d'avoir & prendre à ſon profit les Poids , Aunes , Meſures & Vaiſſeaux vicieux qui ſeront
confiſqués à ſa diligence avec la moitié de l'amende ; & le Réformateur , au droit du Fief
de Lardinière , maintenu dans le droit de faire faire deux viſites par an des Poids , Aunes
& Meſures , & de prendre pareil droit que le Jaugeur.

Par Arrêt du 8 Juillet 1755 , le Jaugeur royal a été maintenu dans le droit de faire faire
deux viſites par an , à trois mois d'intervalle ; ſçavoir , le quartier d'Octobre & d'Avril ,
& le Réformateur dans le quartier de Janvier & Juillet ; mais l'un ne peut exercer dans
les mois de l'autre.

Un Arrêt du premier Septembre 1724 , fait défenſes aux Hauts-Juſticiers de troubler le
Jaugeur royal dans ſes fonctions & viſites , & de prendre aucune connoiſſance des Procès-
verbaux qu'il dreſſera , conteſtations & approchemens concernant les Jauges , tome 6 du
Recueil des Réglemens.

XXIV.

Les Bas-Justiciers qui ont droit de Foires & Marchés, peuvent prendre connoissance des Mesures de boire & de bled, s'ils les trouvent fausses en leur Fief, avant que la Justice Royale y mette la main.

Par cet Article & par le XXV, les Bas-Justiciers qui ont droit de Foire & Marché, ont Jurisdiction ès matieres de Crime & de Police; mais qui est limitée, & qui n'appartient pas aux autres basses & moyennes Justices. Le droit de Foire & Marché ne peut être octroyé que par le Roi, & les Lettres en doivent être adressées au Parlement, & non aux Juges inférieurs. Le pouvoir du Bas-Justicier, qui a Foire & Marché, à l'égard des Mesures du boire & du bled, se doit entendre précisément, & être restreint à la correction desdites Mesures, quand il les trouve fausses; mais il ne peut pas faire de changement à ces Mesures, parce qu'il n'est pas Juge Politique. Il peut condamner à une amende modique, même excédante celle de dix-huit sols un denier, en faisant cette correction; ce qu'il faut étendre au cas de l'Article suivant. Bérault rapporte sur cet Article un Arrêt de Réglement, du 11 de Mars 1603, touchant les Meûniers, qui leur ordonne d'avoir dans leurs Moulins des Mesures & des Poids jaugés & marqués, afin de rendre la farine par Poids & Mesure, & pour prendre ce qui leur appartient d'émoutage. Ce Réglement a été renouvellé par un Arrêt rendu en 1662, rapporté par Basnage sur l'Article CCX. (1)

Les Jaugeurs ne peuvent ni plaider ni instruire personnellement sur leurs Procès-verbaux, ils doivent les remettre au Ministere public, & il doit y être statué à l'Audience sans autres frais que ceux du Procès verbal & de la Sentence, ils ne peuvent faire aucun arrangement que du couvenrement de la Partie publique; les quittances doivent exprimer les sommes qu'ils ont reçues pour le Procès verbal & la Sentence : Arrêt du 16 Août 1763. Je me suis un peu appésanti sur cet Article, contre mon usage; mais il faut concilier l'intérêt du public qui ne doit pas être trompé dans les mesures, avec celui des Citoyens qui sont sujets à la visite du Jaugeur, & les Droits qu'il a le droit de percevoir.

(1) Bérault a remarqué cette différence entre le Roi & les Seigneurs particuliers, à l'égard de l'établissement des Foires & Marchés, que le Roi, dans l'étendue de ses Domaines, érige des Foires & Marchés, quoiqu'il puisse causer du préjudice aux Foires & Marchés des Seigneurs, & qu'au contraire on reçoit journellement les oppositions contre l'entérinement des Lettres de concession, que le Roi juge à propos d'en donner. Cette différence vient de ce qu'on ne présume jamais que le Roi accorde une grace contre lui-même.

Les causes d'opposition les plus ordinaires sont tirées de l'incommodité du lieu destiné aux Foires & Marchés, de son peu de renom, du voisinage des autres Foires & Marchés précédemment établis.

On prétend qu'il y a un temps limité pour s'éjouir de l'effet des Lettres de concession; mais lorsqu'on en peut prouver l'exécution par des vestiges de Halle ou autrement, on ne peut opposer la prescription à celui qui veut rétablir son Droit. Basnage. Arrêt de l'an 1661; Bacquet, Chopin, le Bret; Ordonnance de Moulins, Art. XXII, & de Blois, Art. CCLXXIV.

Bérault croyoit, contre le sentiment de Godefroy, que la compétence du Bas-Justicier se bornoit à la correction des Mesures des bleds & des boissons; maintenant le Bas-Justicier qui a une possession & des aveux, a la Police générale de son Marché : Arrêt du 28 Février 1737. Rien n'est plus propre à procurer l'impunité des contraventions, que les difficultés de recourir à un Juge supérieur souvent éloigné.

Le Senéchal, sur la preuve de la contravention, peut mulcter d'une amende arbitraire.

XXV.

Ont auſſi la connoiſſance du bruit de Marché ; c'eſt à ſçavoir, s'il intervient quelque bruit audit Marché, le Senéchal en peut connoî-tre, pourvû qu'il n'y ait ſang ni plaie, & en lever l'amende.

Par un Arrêt du 24 de Novembre 1547, le Bas ni le Moyen-Juſticier ne peuvent connoître des Crimes où il y a effuſion de ſang. L'amende n'étant acquiſe au Seigneur qu'en vertu de la Sentence qui en porte la condamnation ; c'eſt au Fermier qui jouit lors d'icelle Sentence, à qui l'amende appartient, & non au Fermier qui jouiſſoit lors du délit ; parce que ſuivant le dire de du Mou-lin, *Non debetur pœna ante Sententiam, ante quam nullum jus acquiritur :* Dont on peut conclure, que l'amende étant acquiſe au Seigneur ou à ſon Fermier, par la Sentence de condamnation, appartient au Fermier qui eſt lors de la Sentence, & non au Fermier qui ne l'eſt que depuis, & lorſque la Sentence a été confirmée par le Juge ſupérieur. (1)

XXVI.

Ont pareillement connoiſſance du Parc briſé, & des excès faits à leur Prévôt en faiſant les Exploits.

Le Parc eſt une eſpece de priſon pour détenir les Beſtiaux ſaiſis, ou pour le dommage par eux fait dans l'étendue de la Seigneurie, ou pour le payement des Droits féodaux. Les Seigneurs doivent avoir un Parc, par l'Article LXVI. C'eſt briſer le Parc que de reprendre & enlever les bêtes détenues, à l'inſçu & ſans la permiſſion du Seigneur, ou de ſes Prépoſés. Les Bas-Juſticiers, même ceux qui n'ont droit de Foire ni de Marché, peuvent juger une amende légere au cas de cet Article, mais ils ne peuvent inſtruire ni juger criminellement. (1)

---

(1) Dès que cet Article fonde la compétence du Bas-Juſticier ſans reſtriction, il n'eſt pas néceſſaire de déférer ſur l'heure le délit à ſon Juge ; il peut en connoître après le jour du Marché : Arrêt du 8 Juin 1632. Baſnage.

Par les Articles LXXXI de l'Ordonnance d'Orléans, & CXXXII de celle de Blois, il eſt défendu aux Officiers Royaux, & à ceux des Hauts-Juſticiers, d'être Fermiers des amendes.

(1) Le Vaſſal qui briſe le Parc eſt non-ſeulement amendable à cauſe du mépris de la Juriſdiction, mais contraint par corps de rétablir le Parc. Godefroy prétend que les excès commis contre le Prévôt étant en fonctions, peuvent quelquefois donner lieu à la commiſe ; il argumente des Ordonnances d'Orléans, Art. XCII. de Moulins, Art. XXXI. d'Amboiſe, Art. I. & de Blois, Art. XC, qui prononcent la peine de mort contre ceux qui excedent les Sergens exploitans acte de Juſtice. Je n'adopterois qu'avec beaucoup de réſerve l'opinion de Godefroy, des injures verbales, une recouſſe de namps enlevés par le Prévôt quoiqu'avec force, quelques mauvais traitemens légers, ne doi-vent attirer que des condamnations d'amende envers le Seigneur croiſſantes en propor-tion du délit, & des intérêts en faveur du Prévôt, qui doit alors pourſuivre de ſon chef une réparation.

Remarquez que dans les cas qui excedent la compétence du Bas-Juſticier, lorſqu'il s'agit d'un délit qui eſt une ſuite de ſa Juriſdiction, l'amende lui doit être adjugée par le Juge Supérieur, pourvû que le Bas-Juſticier la requiere.

XXVII.

Ont pouvoir auſſi de mettre prix aux Vins & autres boiſſons, & d'avoir les amendes de ceux qui y contreviennent.

Il ſe doit entendre des Bas-Juſticiers qui ont Foire & Marché, qui peuvent faire obſerver les Réglemens de Police pour les vivres qui y ſont fournis, & qui conſiſtent non-ſeulement aux Boiſſons, mais en toutes les autres Denrées ſervant à la nourriture. (1)

XXVIII.

Peuvent auſſi tenir les Pleds & Gages-Pleges, & ont la connoiſſance des rentes connues entre leurs Hommes, & de blâmes d'Aveux.

Par rentes connues, on entend celles qui ont été avouées par les déclarations baillées au Seigneur, & qui partant doivent être payées en exécution des Aveux ; ce qu'il faut étendre aux autres Droits ſeigneuriaux non débattus. Car ſi les Rentes & autres Droits ne ſont pas reconnus par les Vaſſaux, le Bas-Juſticier n'en peut connoître, non plus que de la propriété & poſſeſ-ſion des terres dépendantes du Fief ; quand même les Parties conſentiroient de procéder devant lui, la Juriſdiction qui eſt limitée par la Coutume, ne pou-vant être prorogée. Ces paroles, *entre leurs Hommes*, ſe doivent expliquer entre le Seigneur & les Vaſſaux, auſſi-bien qu'entre les Vaſſaux ſeulement, quand il s'agit de faire payer les Droits du Seigneur non débattus. (1)

Les Bas-Juſticiers peuvent connoître du Treizieme qui eſt dû au Seigneur, pourvu que la diverſité des tenures n'exige point de faire une liquidation du Treizieme : car en ce cas, ce ſeroit au Juge ſupérieur des Seigneuries à faire cette liquidation. Les Bas-Juſticiers peuvent faire un Papier Terrier, & obli-ger les Vaſſaux à le ſigner, pour reconnoître leurs tenures & leurs redevances. (2)

---

(1) L'ancien Coutumier, chap. 16, explique cet Article, le Prince où ſes Baillis taxoient chaque année un prix aux Boiſſons, quiconque excédoit les bornes de la taxe, devoit au Prince une amende, & elle s'appelloit Tavernage. Cependant pluſieurs Barons & Seigneurs de la Province étoient en poſſeſſion de percevoir l'amende dans l'étendue de leurs Fiefs, l'Article de la Coutume ne ſignifie rien autre choſe ; mais par l'Ordonnance des Aides, Titre 14, Art. 5, il eſt permis aux Cabaretiers de vendre leurs Boiſſons aux prix qu'ils jugeront à propos.

(1) Les Auteurs de la Gloſe ſur l'ancien Coutumier, avoient obſervé que les Bas-Juſticiers peuvent connoître des différends élevés entre les Aînés & les Puînés, au ſujet des Contributions des Rentes reconnues, & qui paſſoient par la main de l'aîné pour aller à la Seigneurie.

(2) Le Papier Terrier peut être rédigé par le Sénéchal, ſans commiſſion, & peut entrer dans les clauſes du Bail à ferme de la Seigneurie. Bérault ſous l'Article CLXXXV. *Voyez de Freminville*, derniere édition.

48 DE JURISDICTION.

XXIX.

Les Seigneurs peuvent faire prendre leurs Prévôts, Receveurs
& Meûniers, un mois après leur charge expirée, pour leur faire
rendre compte, & les retenir prifonniers jufqu'à ce qu'ils ayent rendu compte, ou baillé plege de compter. Toutefois s'ils n'ont que
Baffe-Juftice, ils ne les peuvent détenir en leurs Prifons que vingt-
quatre heures, & après font tenus de les renvoyer ès Prifons du Roi,
ou de la Haute-Juftice dont ils dépendent.

Il paroît par cet Article, que les Prevôts, Receveurs & Meûniers des Seigneurs de Fief, font obligés par corps à rendre compte de la recette qu'ils ont
faite, encore qu'ils ne s'y foient pas obligés expreffément par leurs Baux ou
Commiffions ; à quoi il n'eft pas dérogé par l'Ordonnance de 1667. Car quoiqu'elle annulle les autres obligations par corps, elle autorife celles qui font
faites pour Bail d'héritage. Mais les Receveurs qui ont rebaillé les héritages &
revenus dépendans de leurs Recettes, n'ont pas le même privilége à l'égard
de leurs Soûfermiers, à moins qu'ils ne l'ayent ftipulé. (1)
Rendre compte ne comprend pas feulement l'exhibition des mémoires & inftructions de la recette & de la dépenfe, mais de plus, le payement de ce qui
eft dû par le compte qui a été examiné (2). Les perfonnes défignées en cet Article, peuvent éviter la prifon en baillant caution ; mais ils ne peuvent pas
empêcher, au moyen de cette caution, que l'exécution ne foit faite, après la
condamnation de ce qu'ils doivent par l'exit du compte, fur leurs biens & même
fur leurs perfonnes, *l. 4. §. ait Prætor ff. De re judisata.* Les Cautions doivent
être de facile convention & difcuffion, *Locupletes non folum ex facultatibus,
fed conveniendi facilitate, l. 2. in principio ff. Si quis in jus vocatus non ierit, l.
2. ff. Qui fatifdare cogantur.* Par un Arrêt donné le 19 de Novembre 1597, il
fut défendu à Meffieurs du Parlement de fe rendre pleges fans la permiffion de
la Cour. Les Fidéjuffeurs d'un Contrat ne peuvent être exécutés qu'après la
difcuffion faite du principal obligé ; à moins qu'ils n'ayent renoncé à cette exception. *Nov. 4. cap. 2. & Authentica Præfente C. De Fidéjufforibus.* Mais les
Cautions judiciaires n'ont pas ce privilége, & peuvent être difcutées avant les
principaux obligés : ce qui n'a pas lieu à l'égard de leurs Certificateurs, qui ne
peuvent être pourfuivis qu'après les Pleges difcutés : Loüet, F. 23. Voyez fon
Commentaire. XXX.

(1) Quoique l'obligation par corps puiffe, en matiere de ferme d'héritage, être ftipulée
contre le fermier, elle n'a point lieu dans la réconduction, elle ne peut être exercée contre
l'héritier du fermier, on ne peut l'obliger de payer par avance ni de donner caution :
Arrêt du 28 Juillet 1722. Il réfulte encore qu'on n'étend point cet Article contre le fermier du Seigneur fans ftipulation. Godefroy.
(2) On prétend que le compte peut être demandé au Prévôt, quand le Seigneur a donné les charges en temps, un mois après l'année de fa geftion ; mais qu'il doit la demander dans les trois années de l'expiration de fa geftion, & qu'après ce délai paffé il n'eft
plus recevable. Arrêt du 23 Mai 1606. Godefroy. *Voyez* fur l'Art. CLXXXV le Réglement
pour la Prévôté receveufe de Pyrou.

(1)

X X X.

Ne peuvent justicier ou prendre Namps que sur le Fief, ne poursuivre personnes qui ne tiennent d'eux, s'ils ne les trouvent en leur Fief en présent méfait, comme au dommage de leurs biens, herbages ou autres fruits, ou s'ils n'emportent leur Panage ou autre chose desdits Seigneurs; car de ce, ils doivent payer & amender aux Us & Coutumes des Villes, des Marchés, des Foires & des Panages.

Justicier est un terme de l'ancienne Coutume, qui signifie faire exécution sur les biens ou sur la personne, selon la Glose au Titre *de Justiciement*. Ceux qui ne sont sujets à la Jurisdiction des Seigneurs, ne sont pas obligés d'y demander leur renvoi: *Secùs*, à l'égard des Juges Royaux à qui, quoique mal assigné, il faut demander le renvoi devant le Juge compétent. Le Jugement rendu par ces Juges féodaux est nul, quand il est rendu hors de l'étendue de la Seigneurie, quand même les Parties y auroient consenti.

Par *Panage*, la Coutume entend tout ce qui sert à la pâture des bestiaux; & quand elle a ajouté en cet Article, ou autre chose, il le faut entendre des fruits, & non des autres biens appartenans au Seigneur: car la connoissance du larcin qui en seroit fait, n'appartiendroit pas au Bas-Justicier, mais au Juge ordinaire. Les amendes sont arbitraires, quand elles ne sont pas taxées à une somme certaine par la Coutume, par l'Ordonnance ou par les Réglemens de Police; car quand elles sont taxées, elles ne dépendent pas de l'arbitration du Juge. (1)

X X X I.

Les Bas-Justiciers ne peuvent demander que trois années d'arrérages des Rentes Seigneuriales à eux dûes par leurs Sujets, s'il n'y a compte, obligation ou condamnation, ou qu'il apparoisse de la premiere Fieffe par générale hypotheque.

Le Chef d'une Ainesse ou Porteur en avant, qui a payé pour ses puinés ou soutenans, n'a point d'action solidaire pour répéter ce qu'il a payé plus que

---

(1) Terrien, liv. 3, chap. 13, interprete le terme Panage & ceux qui suivent dans l'ancien Coutumier, chap. de Délivrance de Namps: suivant l'opinion de cet Auteur, si quelque étranger sort du Fief sans avoir payé le droit dû pour le Panage, ou s'il refuse d'acquitter les droits de Coutume que le Seigneur peut exiger, à raison de ses foires & marchés, il l'amendera sous la disposition de cet Article.

Le droit de Panage est d'un usage ancien; il y avoit chez les Romains des pâturages publics où l'on conduisoit les bestiaux en payant une somme déterminée, ils s'appelloient *agri scripturarii publici*, parce que le Berger qui y vouloit conduire son troupeau faisoit inscrire son nom sur le registre de celui qui faisoit le recouvrement du taux de la taxe. Godefroy.

la part ; & d'ailleurs , il ne peut répéter que trois années , à moins qu'il n'ait fait des diligences valables ; jugé par un Arrêt du 16 Juillet 1654 , rapporté par Bafnage : ce qui eft conforme à l'Article CXXX , qui difpofe que les puînés paragers doivent être interpellés par les aînés : Ces termes d'*Aineſſe* , d'*Aîné* & de *Puînés* , font expliqués fur l'Article CXV.

La générale hypotheque , qui eft ftipulée par le Contrat d'inféodation , donne aux rentes féodales le privilége des rentes foncieres , dont on peut demander vingt-neuf années d'arrérages , fans avoir fait aucunes diligences contre les obligés.

On traite fur cet Article , des Corvées ; on convient qu'on ne les peut demander fans titre , comme étant des fervitudes , & qu'on n'en peut demander qu'une année , parce qu'elles ne tombent point en arrérages , fuivant l'expref-fion de Coquille , au Titre *des Servitudes* , Article IV. De forte que quand on a obmis à les demander , elles font réputées remifes : Ce qui a été jugé par un Arrêt du 21 de Février 1597 , référé par Bérault ; fur quoi on peut rappor-ter les paroles de la Loi 13. *ff. De operis libertorum. Judicium de operis tunc lo-cum habet , cum operæ præterierint , præterire autem non poſſunt antequam inci-piant cedere , & incipiunt poſtquam fuerint indiĉtæ.* Papon , Titre des Corvées , n. 3. a remarqué que ces paroles comprennent clairement & fuccinĉtement toute la ma-tiere des Corvées ; il les traduit ainfi : » Le Seigneur n'a aĉtion contre fon Su-» jet pour les Corvées , finon après qu'elles font échues ; & ne peuvent échoir » que le jour de les faire ne foit paſſé ; lequel jour ne peut paſſer avant qu'elles » foient commandées : » Ce qu'il confirme par la raifon qu'apporte la Loi 26 du même Titre , *Quia ex commodo Patroni libertus operas edere debet.* Enfuite de quoi il conclut , que fi le temps auquel les Corvées font échues eft paſſé , le Seigneur n'en peut demander autre chofe qu'une eftimation ; & que fi elles n'ont point été demandées , il n'en eft rien dû : car il n'y a eu ni refus ni de-meure. A quoi il ajoute un Arrêt , par lequel il a été jugé , que le Seigneur ne pouvoit céder fes Corvées à un autre : ce qu'il dit avoir été jugé contre la Loi 26. §. *Sed ſi delegatus ff. De condiĉtione indebiti.* Mais cette Loi n'eft point contraire audit Arrêt ; parce qu'elle dit que les Corvées qui font dûes précifé-ment à la perfonne du Patron (*officiales operæ* , ne fe peuvent céder : donc on doit conclure , que les Corvées dûes aux Seigneurs de Fief étant réelles & pré-diales , c'eft-à-dire , dûes précifément à l'héritage qui eft en la main du Seigneur , ne peuvent être cédées pour un autre ufage.

On demande fi le Vaſſal doit nourrir les hommes & les bêtes de voiture qui font les Corvées : Coquille , au lieu allégué , réfout qu'il le doit , par l'auto-rité de la Loi 18. *ff. De operis libertorum.* Mais il femble que cette Loi n'em-porte point de décifion , parce que le Jurifconfulte ne décide point cette queftion ; mais rapporte feulement l'opinion de Sabinùs , qui eft rejettée par trois Loix contraires de ce même Titre , fçavoir ; les vingt-unieme , trente-troifieme & cin-quantieme , qui déclarent , que c'eft celui à qui les Corvées font dûes , qui doit faire ces frais de nourriture. Au refte , toutes les Corvées doivent être exi-gées avec humanité , de forte que les hommes & les bêtes ayent un temps com-mode pour fe nourrir & repofer , fuivant les Loix 22. *in fine* , & 50. §. *1. ff.* de ce même Titre. (1)

_____

(1) Lauriere nous décrit l'origine des Corvées dans fes notes fur Loifel , tom. 2. Dans le temps du Gouvernement féodal , c'étoit une Regle que Dieu feul étoit Juge entre le Sei-

Quand une Communauté est obligée à quelques Corvées, & est refusante ou négligente de s'en acquitter, le Seigneur les peut faire faire par un Adjudicataire qui s'y oblige, moyennant un prix que la Communauté doit payer. Que si la Communauté ne fait pas la répartition de ce prix sur les contribuables, suivant la proportion des Terres sujettes aux Corvées, alors on peut autoriser le Seigneur de se faire payer du prix par un certain nombre des plus solvables; après toutefois quelques délais donnés à la Communauté, ou pour faire lesdites Corvées, ou pour faire ladite répartition : Ce qui a été jugé par un Arrêt du 6 de Mai 1659, pour un curage de fossés. Basnage a rapporté cet Arrêt : & un autre du 2 Août 1658, par lequel il fut jugé, que le droit de Champart ne consistoit pas seulement en grains, mais aux autres fruits, comme pommes & poires qui se recueillent sur les héritages sujets à ce droit.

XXXII.

Peuvent lesdits Bas-Justiciers connoître de la division des terres, quand il est question de la mesure entr'eux & leurs Vassaux, pour la vérification de leurs Aveux : Et pour le différend des mesures d'entre les Sujets, la connoissance en appartient au Juge Royal ou Haut-Justicier.

Le Bas-Justicier est Juge de la division des terres d'entre lui & ses Vassaux, & entre ses Vassaux seuls ; mais ce n'est qu'en tant qu'il s'agit de vérifier ses

---

gneur & le tenant postérieurement ; c'est en deux mots avoir défini le plus affreux des systèmes ; les Princes temporels, l'Eglise même tentèrent en vain dans le douzieme siecle, de modérer l'oppression, mais les remèdes furent long-temps impuissans. Comme il n'y avoit point encore d'ordre de Jurisdiction établi, la tyrannie n'avoit point de frein ; de là ces testamens d'un treizieme & quatorzieme, où les Seigneurs mourans exhortent leurs héritiers à réparer leurs torts, & à ménager leurs Vassaux.

Bérault & Basnage soutiennent que le Vassal est tenu de faire les Corvées à ses dépens, si les aveux n'obligent le Seigneur à le nourrir & les bêtes de voiture qui font les Corvées. Pesnelle a suivi l'opinion de Terrien, & voyant que cette opinion n'étoit soutenue d'aucune autorité, il a cru devoir citer trois Loix Romaines ; mais sans entrer dans le style de la dissertation, je pense que le parti le plus favorable au Vassal, seroit de statuer sur la possession qui auroit à cet égard régné dans la Seigneurie pendant un temps suffisant, par argument des Articles CXXXVIII, CLVIII, CLXXIV & CXCV de la Coutume.

La plûpart des Seigneurs abonnent leurs Corvées, avec la précaution de pouvoir les exiger en essence. Rien n'est plus comique que le détail des anciennes Corvées ; elles font aussi quelquefois gémir sur le malheur des temps ; on retranche absolument celles qui font contraires aux bonnes mœurs & à la droite raison. Voyez une Ordonnance de Charles VI, dans le style du Parlement, chap. 76. n. 9; Blois, Article CCLXXX, CCLXXXIII & CCCV; Brodeau, sur l'Art. LXXI de Paris, n. 17; Bretonnier, sur Henris, tome 1, liv. 3 ; Salvaing, du Plaid Seigneurial ; le Grand, sur Troyes, 64; & la Lande, sur Orléans 100; Cochin, tome 4, Plaidoyer 93.

Quand j'ai dit que le Seigneur peut abonner ses Corvées, j'ai supposé qu'elles étoient légitimement dûes, qu'il régnoit une proportion entre les frais des Corvées & le prix de l'abonnement, & que lorsqu'il a été fait sous une réserve, la réserve étoit utile aux Vassaux comme au Seigneur. Observez encore que quand les Corvées ne font pas limitées, comme si les Vassaux font obligés de voiturer indéfiniment le Bois de chauffage du Seigneur,

Aveux, pour reconnoître fi le Vaſſal poſſede plus de terres qu'il n'en a déclaré, ou s'il les a avouées du tenement dont elles ſont partie ; ce qu'il eſt néceſ-ſaire d'éclaircir, afin de ſçavoir les redevances qui ſont dûes ; les redevances des ténemens différens étant ſouvent beaucoup inégales : Mais le Bas-Juſticier ne peut jamais connoître de la propriété des terres poſſédées par ſes Vaſſaux, comme il a été dit ſur l'Article XXVIII. (1)

X X X I I I.

Les Bas-Juſticiers en tenant les Pleds, peuvent lever dix-huit ſols un denier d'amende où amende échet, & non plus, pour rente non payée, & ſelon la qualité d'icelle, ſans préjudice des Amendes Cu-riales, des Défauts, blâmes d'Aveux & autres Inſtances.

Non-ſeulement le Bas-Juſticier peut, en tenant les Pleds, condamner à l'amen-de pour rente non payée ; mais il le peut pour tous autres devoirs non faits & non payés : *Habent enim hæc jura honoris & reverentiæ exhibitionem*, com-me dit du Moulin, ce que ces termes, *où amende échet*, ſont entendre. Il ne doit pas toujours condamner à l'amende de dix-huit ſols un denier pour rente non payée, il ne le doit faire que quand la redevance eſt d'un prix conſidé-rable ; car quand la redevance eſt petite, l'amende doit être proportionnée ; ce qui eſt démontré par ces autres termes de cet Article, *& ſelon la qualité d'icelle*. Il n'eſt pas néceſſaire que cette condamnation d'amende ait été pré-cédée d'interpellation ; parce que le jour & le lieu auſquels les payemens ou les devoirs ſe doivent faire étant précis & certains, le Vaſſal eſt ſuffiſamment averti, & s'en doit ſouvenir, ſuivant la Loi 12, C. *De contrahenda & com-mittenda ſtipulatione.* Le Vaſſal ne peut être condamné qu'à une ſeule amende, encore qu'il ait été défaillant de payer pendant pluſieurs années, & encore qu'il ſoit poſſeſſeur de pluſieurs héritages obligés à diverſes rentes envers la même Seigneurie : mais il peut être exécuté pour le payement de pluſieurs amendes, quand il y en a eu des condamnations jugées contre lui en pluſieurs années : *Si ſingulis annis paſſus ſit manum injici aut fieri condemnationem*, ſui-vant l'avis de du Moulin, ſur l'Article LXII de la Coutume de Paris. Voyez Loüet, A. 8. Que ſi le Seigneur a reçu ſa redevance ſans ſe faire payer de l'amende qui lui avoit été adjugée, il ne ſera plus recevable à la demander, s'il ne s'y eſt expreſſément réſervé, *argumento l. 4. C. Depoſiti.* (1)

---

elles doivent être exigées avec modération, c'eſt le texte de la Loi 30. *D. De operis libert.* ou plutôt c'eſt la Loi de l'équité, quand la demande du Seigneur, quoique fondée en titre, eſt trop onéreuſe, & cette ſurcharge s'eſtime par la quantité & la nature des terres inféodés, & encore mieux par l'uſage du Pays : il eſt dans le pouvoir du Juge d'y mettre des bornes. *Voyez*, avec les Auteurs citez la Rocheflavin, traité des droits Sei-gneuriaux, chap. 3. Art. XX.

(1) Il ſuit de cet Article, que les Bas-Juſticiers peuvent, pour le maintien de l'ordre en leurs tenures, placer des bornes : c'étoit chez les Romains un crime d'arracher les bor-nes. Nos anciens Praticiens diſtinguoient des bornes jurées ; les bornes jurées étoient pla-cées ſolemnellement. Parmi nous, le ſimple arrachement des bornes eſt puni d'une amende & d'autres condamnations pécuniaires : mais le Bas-Juſticier ne connoît de ces queſtions qu'autant qu'elles intéreſſent les droits de ſon Fief.

(1) Il y a de bonnes raiſons pour refuſer au Haut-Juſticier le Droit de lever une amende dans

XXXIV.

Le Seigneur doit tenir fon Grenier ouvert pour recevoir les Rentes en Grain du jour qu'elles lui font dûes, & ne pourra lever l'amende, finon après le jour des Pleds, qu'il fera tenu faire termer un mois après le terme échu. Et fi le Seigneur refufe recevoir le Grain, le Vaffal fe pourra retirer à la Juftice ordinaire, pour prendre extrait de la valeur du Grain, du temps que l'offre de payer a été faite, pour affujettir ledit Seigneur à recevoir le prix de l'évaluation dudit Grain, & feront tenus les Seigneurs avoir chacun en leur Seigneurie un Etalon de leur Mefure, jaugé & marqué du Jaugeur Royal, dont les Seigneurs & leurs Vaffaux conviendront.

On doit conclure de cet Article, que les Rentes feigneuriales fe doivent payer au Manoir du Seigneur, *in domo à qua feudum dependet*, comme a dit du Moulin. Que fi toutefois une Seigneurie s'étendoit fur des terres fort éloignées de ce Manoir, il feroit jufte d'obliger le Seigneur d'avoir un Grenier proche de fes terres écartées, fuivant l'avis de Chaffanée. Si le fonds obligé a rapporté du grain qui eft dû pour la rente, le Seigneur ne le peut refufer, pourvu qu'il foit bien vanné : Que s'il n'en a pas rapporté, il fuffit que le grain qu'on préfente au Seigneur, foit de médiocre bonté. Mais afin que l'offre dont il eft parlé dans cet Article foit valable, il faut qu'elle foit réelle, la verbale ne fuffit pas. Quand cette offre a été valablement faite, le Vaffal ne doit qu'un prix, qui doit être réglé fuivant qu'il eft prefcrit par cet Article ; c'eft-à-dire, fuivant l'enregiftrement qui a été fait au Greffe de la Jurifdiction Royale, de la valeur des grains, conformément à l'Ordonnance de 1539, Articles CII, CIII & CIV, & à l'Ordonnance de 1667, Titre *de la liquidation des fruits*, Articles VI, VII & VIII.

On ne condamne plus le Vaffal qui a été en demeure de payer ce qu'il doit, au plus haut prix, *quanti plurimi* : cela ne fe pratique qu'à l'égard des Marchands, en faveur defquels cette condamnation eft jugée, pour leur tenir lieu de l'intérêt qui leur eft dû pour le retardement du payement de leurs Marchandifes. On a jugé par deux Arrêts qui fervent de Réglement, le premier, du 18 de Janvier 1665, & le fecond du 19 d'Avril 1667, que quand les Vaffaux n'ont point payé les rentes aux termes de l'échéance, ils les doivent payer au prix des appréciations faites par le Bailli Royal, dans les enclaves duquel les Fiefs font fitués, encore que ces Fiefs foient dépendans d'une Haute-Juftice, ou foient en la main des Engagiftes, ou dépendans de la

le cas de cet Article, la Coutume ne le lui accorde point ; il peut exiger 29 années d'arrérages de fes Rentes, & il a la liberté de pourfuivre fon Vaffal dans l'étendue de fa Haute-Juftice. Béraul, Brodeau & Ricart, fur l'Art. LXXXV de Paris ; du Moulin, ibid. §. 74. Gl. 1 ; le Grand, fur Troyes, 120. Gl. 2 ; Coquille, queft. 54, traitant des Amendes coutumieres, & pour retardations du payement des Droits Seigneuriaux.

Recette du Domaine du Roi. Or , ces appréciations font faites , *officio & opera Judicis* , qui , fuivant les rapports faits aux différentes faifons de l'année de la valeur des fruits , en compofe un prix ou évaluation , fuivant laquelle les rentes doivent être payées : c'eft ce que l'Article DLXXIX a fignifié par ces termes , *du prix arrêté en Juftice pour chacune année* : ce qui ne doit être pratiqué qu'à l'égard des arrérages qui n'ont pas été payés dans le temps de l'échéance , qui eft un cas bien différent de celui de cet Article XXXIV , auquel l'appréciation dudit Article DLXXIX , ne fe doit pas appliquer. Ces Arrêts font rapportés fur l'Article XXI , & font compris dans l'Article XIV du Réglement de 1666. La mefure des grains fe doit faire fuivant l'ufage des lieux , pourvu que cet ufage ne foit pas introduit de nouveau , & qu'il ne foit pas contraire aux Titres de la redevance. (1)

X X X V.

Le Seigneur contre le Vaffal , & le Vaffal contre le Seigneur , étant en Procès à la Cour dudit Seigneur , ne peuvent avoir aucuns dépens que les curiaux.

La Coutume qui déclare en l'Article CXXIII , qu'entre le Seigneur & le Vaffal la foi doit être gardée , c'eft-à-dire , que la bienveillance & la bonne intelligence doit être entr'eux , a pris foin que cette concorde ne fût point trop altérée par les Procès qui peuvent furvenir entre le Seigneur & les Vaffaux ,

---

(1) Le Seigneur peut faire faifir immédiatement après le Terme de fa Rente échu , mais il fe prive par-là de l'amende. Bérault.

Une Saifie faite fur les Vaffaux à l'iffue de la Meffe Paroiffiale , feroit nulle , on n'y peut faire que des avertiffemens généraux. Le Seigneur peut exiger le prix de fes Rentes & Redevances au temps de l'échéance , quand le Vaffal a été en retardement.

Comme le prix des Faifances ne varie pas moins que celui des Grains , il fe fait , au Greffe des Bailliages , un rappor d'eftimation des volailles , oifeaux & œufs , à l'exemple de celui des grains : Arrêt du 2 Juillet 1743.

Quoique le Seigneur ait exigé pendant plus de quarante ans fes Redevances fur une mefure plus grande que celles portées par les aveux , les Vaffaux font toujours en droit de reclamer contre cette ufurpation en juftifiant le titre. Bafnage. Bacquet , des Droits de Juftice , chap. 27 ; Chopin , fur Anjou , liv. 1 , tit. 2 , chap. 40 ; Baumanoir , la Thaumaffiere , fur les anciennes Cout. Locales de Berry , chap. 2 : Arrêts de ce Parlement de l'année 1678 , & du mois de Juillet 1680.

Plufieurs Seigneurs ont le droit de percevoir leurs Rentes à la mefure d'Arques , & fonvent la contenance de cette mefure n'eft point fpécifiée dans les aveux ; on rapporte trois Arrêts des 4 Août 1655 , 26 Janvier 1742 , & 27 Juillet 1750 ; pour établir que l'ancienne mefure d'Arques étoit de dix pots & demiart ; mais il eft juftifié affez bien que cette mefure a varié dans les différens cantons de la Province , j'avoue qu'après les recherches multipliées , je n'ai pû faire aucune découverte fur laquelle on puiffe fe repofer. J'ai lu un Arrêt rendu le 25 Février 1758 contre M. l'Evêque de Lifieux , qui réduit la contenance du boiffeau du Comté de Lifieux , pour la perception des Rentes feigneuriales , à fept pots & pinte mefure d'Arques , & le condamne à la reftitution de la fur-mefure : M. l'Evêque de Lifieux s'étant pourvu au Confeil contre cet Arrêt , a été débouté.

Il y auroit bien de l'équité à régler les mefures des Seigneurs fur celles du Bailliage de la fituation de leurs Fiefs.

en ordonnant que la condamnation des dépens, qui font adjugés aux uns & aux autres ne fût point rigoureufe, parce que le plus fouvent elle laiffe dans les efprits des fentimens de haine & de vengeance.

Par les dépens curiaux, on entend ce qui a été débourfé aux Actes & expéditions du Greffe, aux falaires du Juge, & des Avocats & Procureurs; mais on n'adjuge point de voyage ni de vacations, quand on plaide en la Jurifdiction des Seigneurs, foit que le Procès foit entre le Vaffal & le Seigneur, ou entre les Vaffaux l'un contre l'autre. On a jugé qu'un Seigneur ayant pourfuivi fon Vaffal fur un blâme d'Aveu devant le Juge Royal, au lieu de le pourfuivre en fa Juftice, ne pouvoit avoir que des dépens curiaux, encore que le Vaffal eût procédé volontairement devant le Juge Royal, & fans demander de renvoi, par Arrêt du 17 de Février 1661, rapporté par Bafnage. (1)

XXXVI.

En forfait de Bois, de Garennes, & d'Eaux défendues, dégâts de Bled ou de Prés, ou pour telles manieres de forfaits, peuvent être les Malfaiteurs tenus & arrêtés par les Seigneurs, aux Fiefs defquels ils font tels forfaits, pourtant qu'ils foient pris en préfent méfait, par le temps de vingt-quatre heures, jufqu'à ce qu'ils ayent bâillé plege ou namps de payer le dommage & amende : & ledit temps de vingt-quatre heures paffé, doivent renvoyer les Prifonniers ès Prifons Royales ou du Haut-Jufticier, comme en Prifon empruntée.

Par Eaux défendues, la Coutume fignifie celles dont on a la propriété, comme Etangs, Rivieres & Mares, ou fur lefquelles on a quelque droit à l'exclufion des autres Particuliers. (1)

_____

(1) C'eft une regle générale du droit François, que le Seigneur doit à fes Vaffaux la Juftice à fes dépens, le deni de Juftice a toujours été une faute grave qui a été différemment punie felon le degré d'opiniâtreté du Seigneur : quelquefois par la perte de fa Jurifdiction, de là dans quelque Province où la Juftice n'eft pas annexée à tout Fief, cette claufe de droit de *menée* a la Juftice fupérieure dans les Contrats d'inféodation. L'Art. LV de l'Ordonnance d'Orléans, impofe aux Seigneurs la néceffité de gager & falarier leurs Officiers : nous prenons un tempéramment, la Cour, par fes Réglemens, accorde des Taxes très-modiques aux Senéchaux & Greffiers, tout ce qu'ils exigent au-delà eft concuffion : fi la Taxe ne fuffit pas pour leur dépenfe, ils doivent recourir au Seigneur; l'Art. XXXVII du Réglement de 1678 permet au Senéchal & au Greffier de prendre chacun cinq fols pour la fignature d'un Aveu complet; s'ils exigeoient cinq fols par chaque Article de l'Aveu, ce feroit une concuffion répréhenfible. Par l'Art. XXXVIII du même Réglement, il eft défendu au Senéchal, Greffier & Prévôt de rien demander aux Vaffaux pour l'appel aux Plaids & Gages-Pleges, c'eft une regle qu'il faut fuivre; on a même condamné, par Arrêt du 21 Juillet 1742, un Seigneur à rapporter les Taxes que fon Senéchal avoit faites dans une affaire pendante entre le Seigneur & le Vaffal. *Voyez* le Réglement de Juftice du 18 Juin 1769.

(1) Bérault, fous cet Article, cite les anciennes Ordonnances fur la Police des Eaux & Forêts; celle de 1669 développe les grandes difficultés avec une netteté qui charme tout lecteur raifonnable.

Si les Malfaiteurs ne font point Vaffaux du Bas-Jufticier, & qu'il ne les furprenne point

X X X V I I.

Si un homme eſt pris en Juriſdiction baſſe ou moyenne du Seigneur, ou s'il eſt pourſuivi d'aucun cas criminel, & il le confeſſe : Si le Bas-Juſticier peut recouvrer aſſiſtans pour faire le Jugement, il le peut faire dans un jour naturel, qui ſont vingt-quatre heures ; autrement, le doit renvoyer par devant le Juge Royal ou du Haut-Juſticier.

Il n'y a que cet Article où il ſoit fait diſtinction de la Moyenne & Baſſe-Juſtice, ſans que la Coutume néanmoins y marque aucune différence qui puſſe établir cette diſtinction ; au contraire, elle égale le pouvoir du Moyen & du Bas-Juſticier, en les autoriſant de faire & parfaire un Procès à l'égard des coupables qui ſont ſurpris dans la Juriſdiction en préſent méfait, ou qui avouent leur crime, pourvu que cela ſe faſſe dans les vingt-quatre heures. Ce qui eſt abrogé par l'Ordonnance Criminelle, qui exclut les Bas & Moyens-Juſticiers, auſſi-bien que les Juges-Conſuls, de pouvoir inſtruire ni juger aucuns Procès criminels, comme il a été remarqué ſur l'Article I. (1)

X X X V I I I.

Les Eccléſiaſtiques & Nobles ont droit de ſéance près & à côté des Juges.

Quoique les Conſeillers Clercs de la Cour de Parlement ayent leurs ſéances aux Audiences à côté des Préſidens, comme en la place plus honorable ; néanmoins les Prélats, qui ont droit de ſéance aux Parlemens, ne l'y ont que du côté des Conſeillers Laïcs : pour faire connoître qu'ils n'ont pas ce droit en vertu de leur dignité Eccléſiaſtique, mais ſeulement par conceſſion & grace du Roi. (1)

XXXIX.

---

en flagrant délit, il a la liberté de les pourſuivre devant le Juge à qui la connoiſſance du délit appartient.

(1) La compétence de la Juſtice, que les Seigneurs qualifient moyenne dans leurs Aveux, eſt aſſujettie aux titres, aux aveux & à la poſſeſſion, de ſorte que, ſuivant la différence qui en réſulte, elle eſt plus ou moins étendue ; le Senéchal de Flers, par exemple, connoît des délits commis dans les Bois & Forêts de ſa Seigneurie : Arrêt du 9 Mars 1610, cité par Bérault.

Un Arrêt du Conſeil du 20 Juillet 1759, maintient l'Abbé de Jumiéges dans le droit & poſſeſſion de la Baſſe-Juſtice, dans les Baronnies de Jumiéges & de Ducler & dépendances. L'Abbé prétendoit la moyenne Juſtice ; mais un dénombrement de 1419, faiſoit connoître que les Baronnies de Ducler & de Jumiéges n'étoient tenues qu'à cour & uſage, & par conféquent que l'Abbé n'avoit que le droit d'avoir un Senéchal & un Greffier, & de faire nommer un Prévôt à ſes Vaſſaux : cet Abbé ne juſtifioit point d'Actes de poſſeſſion plus avantageux que l'Acte de dénombrement.

Un des objets de la détention de 24 heures, dont il eſt fait mention dans cet Article, eſt de faciliter la preuve du délit. L. cap. 50. D. ad Leg. Jul. de Adult.

(1) Il n'eſt pas étonnant que la Coutume réformée ait maintenu les Eccléſiaſtiques & Nobles dans le droit de Séance auprès des Juges, puiſque ſuivant l'ancien Coutumier, chap. de Jugement, les Eccléſiaſtiques conſtitués en dignité & les Chevaliers, concouroient à former les Jugemens.

XXXIX.

Nul n'eſt tenu de répondre de ſon Héritage en moindre temps que de quinzaine en quinzaine ; mais la premiere Aſſignation ſe peut donner aux prochains Pleds , encore qu'il n'y ait quinzaine.

Les Procès touchant les Héritages étant importans , doivent être inſtruits & traités avec maturité : c'eſt pourquoi le Juge en doit régler les délais de quinzaine en quinzaine, aux expéditions qui ſont de conſéquence pour le Jugement définitif. C'eſt par cette raiſon que la Coutume , en l'Article DXXVII, exclut la preuve par témoins en ces matieres. (1)

X L.

Nul n'eſt tenu attendre le quatrieme Garant ſans avoir Jugement , & le premier Garant ne peut appeller le ſecond ſans faillir de garantie , ou s'en charger ; & ainſi de Garant en Garant.

Le mot de *Garant* vient de garder, qui en vieil langage ſignifie mettre en ſûreté : c'eſt pourquoi Coquille, au Titre *des Eaux & Rivieres* , dit que Garenne eſt tout héritage qui eſt en garde & défenſe en tout temps ; ce que la Coutume de Normandie exprime par être en défends, au Chapitre *de Banon & Défends*. Garant donc , répond au Βεβαιωτης des Grecs , parce que par le Garant la créance eſt fortifiée & miſe en ſûreté. Il y a deux ſortes de Garants, les formels & les ſimples. Les formels ſont ceux qu'on appelle pour défendre aux actions réelles & hypothécaires, comme auteurs du droit que le garanti a en la choſe miſe en controverſe par le demandeur originaire : *Cùm quiſpiam poſſeſſor actione reali conventus, eum vocat à quo titulo oneroſo rem comparavit, aut cujus nomine rem poſſidet.* Ils ont été appellés formels , parce qu'ils ſont tenus de ſe mettre au lieu & en la place du garanti, pour défendre au Procès intenté , dùquel ils deviennent les parties formelles : *Quoniam eo nomine in jus vocantur, non ut liti dumtaxat aſſiſtant , ſed ut jus noſtrum ſuſtineant , & cauſam noſtram ſuſcipiant ;* Bourdin , ſur l'Article XVIII de l'Ordonnance de 1539. Les Garants ſimples ſont ceux qui ſont appellés pour défendre aux actions perſonnelles : ils ne peuvent pas ſe mettre en la place de ceux qui les appellent , parce que ceux-ci ſont auſſi perſonnellement obligés à la demande principale. (1)

---

(1) Dans les lieux où les Vicomtés ſont réunies au corps des Bailliages , les délais preſcrits par la Coutume , tant pour les Décrets que pour les Clameurs des terres roturieres , ſont les mêmes dans les Bailliages que ceux qui étoient obſervés dans les Vicomtés ; les Juges de Bailliages ſont tenus de faire afficher tous les trois mois , dans le lieu de l'Auditoire, un Tableau qui indique le jour des Pleds : Arrêt du 15 Juillet 1750. Ce Réglement s'étend à toutes les matieres réelles.

(1) Le Donateur n'eſt point garant de ce qu'il donne , s'il n'y a convention, fraude ou novation. Bérault rapporte , ſous l'Article CCCCXXXI , un Arrêt du 6 Mars 1608 , qui charge les Héritiers du Donateur de faire valoir au profit de l'Egliſe, une Rente à prendre ſur un

Tome I.   H

L'Ordonnance de 1667 , Article VIII du Titre *des Garants*, a décidé que ceux qui font affignés en garantie formelle ou fimple , font tenus de procéder en la Jurifdiction où la demande originaire fera pendante, encore qu'ils dénient être garants ; à moins que le Garant ne foit privilégié , & ne demande fon renvoi devant le Juge de fon Privilége , ou à moins qu'il n'apparoiffe par écrit ou par l'évidence du fait , que la demande originaire n'a été formée que pour avoir un prétexte de traduire le Garant hors de fa Jurifdiction naturelle ; auquel cas le Juge eft obligé d'y renvoyer la Caufe. (2)

L'Article XI de ce même Titre de l'Ordonnance , a de plus ftatué, que les Jugemens rendus contre les Garants , font exécutoires contre les garantis ; fauf pour les dépens, dommages & intérêts , dont la liquidation & exécution ne fe fera que contre les Garants. Ce qui femble devoir être interprété fuivant la limitation expliquée en l'Article XV du Réglement de 1666 , qui eft lorfque le demandeur originaire a protefté contre le garanti, qui s'eft fait diftraire du Procès , de le faire répondre defdits dépens , dommages & intérêts : Mais on peut dire pour l'explication de cette limitation ou exception , que la proteftation faite par le demandeur originaire , ne changeant point la nature de fon action qui eft réelle , quand il s'agit de garantie formelle , ne peut produire contre le garanti aucune condamnation perfonnelle de dépens, quand il n'a point voulu défendre au Procès qui a été uniquement entre ledit Demandeur & le garant.

On fait encore diftinction de la garantie de droit d'avec celle de fait. Celle de droit eft dûe par tous ceux qui aliénent à titre onéreux , même fans ftipulation expreffe : Elle renferme trois claufes ; que la chofe aliénée eft exiftante ; qu'elle appartient à celui qui l'aliéne , & qu'elle n'eft point engagée ni hypothéquée. La garantie de fait concerne les qualités de la chofe tranfportée ; c'eft-à-dire , qu'elle eft bonne fans vice & exigible : cette garantie s'appelle de fait , parce qu'elle naît de la convention des contractans , & qu'elle n'eft point dûe abfolument par la nature du Contrat d'aliénation , qui ne requiert autre chofe , finon que les contractans ayent donné leur confentement à l'égard de la chofe cédée : *Confenferint in corpore & fubftantia , five materiâ licet in qualitate & bonitate materiæ ceu corporis , erraverint.*

De cette diftinction eft procédé l'ufage qui s'obferve à Paris , à l'égard de la vente ou tranfport des rentes (3). Par cet ufage le vendeur ou cédant d'une ren-

---

tiers. Bafnage , au même endroit, oppofe un Arrêt contraire du 28 Janvier 1656 ; & on a jugé , en plus forts termes , par Arrêt du 11 Août 1736, qu'une Donatiou faite d'un corps certain à l'Eglife , n'étoit point fujette à la garantie dans le cas d'éviction , car le Donateur s'étoit reconnu garant.

Sur les queftions en intérêt d'éviction , *voyez* d'Argentré , Art. CCXIX de la Coutume de Bretagne ; Louet, Lettre A , Sommaire 13 ; Baffet , tome 2 , titre 17 , liv. 4 , chap. 1 , & liv. 17, titre 7 , chap. 2 ; Boniface , dans fes Arrêts de Provence , tome 1 ; Domat , liv. 1 , du Contrat de vente , titre 2 , Section 10 , Traité du Contrat de vente de Potier.

(2) La difpofition de l'Ordonnance de 1667 , citée par Pefnelle , ne peut fervir de prétexte à la prorogation de la compétence du Bas-Jufticier ; auffi il a été jugé par Arrêt du 22 Décembre 1752 , qu'un Garant ne peut être affigné devant le Senéchal d'un Seigneur dont ce Garant n'eft point Vaffal.

(3) Sur la garantie des rentes & la difcuffion , *voyez* le Journal du Palais, tome 2 ; Arrêtés de Lamoignon , des tranfports & de la difcuffion ; Loyfeau , de l'Action hypoth. & de la garantie des Rentes.

te ; qui s'eft obligé fimplement à la garantie, ne répond pas pour toujours & en tous cas, que cette rente fera bonne & exigible ; & il lui fuffit pour être déchargé de la garantie, que la rente ait été bonne & payable lors du tranfport : de forte que fi par quelqu'accident les biens de l'obligé dépériffent ou font diminués, c'eft au dommage du Ceffionnaire : *Res Domino perit poft perfectum contractum, l. neceffario, ff. De periculo & commodo rei venditæ.* Afin donc que le tranfportant d'une rente foit garant pour toujours de la folvabilité du Débiteur, il faut, fuivant l'ufage de Paris, qu'il s'y oblige par une claufe expreffe, qui eft de fournir & faire valoir la rente par fes mains : Ce qui l'oblige à garantir tous les cas fortuits, nonobftant lefquels il eft contraint de fe recharger de la rente, & de la continuer par fes mains ; difcuffion néanmoins préalablement faite des biens du débiteur, de laquelle cette claufe de fournir & faire valoir n'exempte point le Ceffionnaire, finon à l'égard du Fifc & du Roi, qui ne peuvent être difcutés. De forte qu'au cas du fait du Prince, le cédant d'une rente due par le Roi, devoit fe recharger de la rente pour la payer par fes mains, fans pouvoir prétendre qu'aucune difcuffion dût être faite auparavant ; ou bien il devoit déclarer qu'il confentoit la réfolution du tranfport qu'il en avoit fait, & qu'il offroit de rendre & reftituer ce qui lui avoit été baillé ou payé lors du Contrat ; & en ce faifant, il demeuroit déchargé de la continuation de la rente : c'eft ce qu'enfeigne Loüet, C. 41. F. 6. & 25. Mais par les Arrêts du Confeil Privé, on a ordonné que les tranfports des rentes dues par le Roi, à quelque titre qu'ils foient faits, ou de vente, ou de partage, ou de mariage, ne peuvent produire aucune garantie ni aucun recours au profit du Ceffionnaire, quand le Roi éteint ou retranche les rentes, nonobftant toutes les claufes de fournir, faire valoir, payer par fes mains, & continuer la rente employée dans le tranfport.

On a toujours pratiqué en Normandie, que le tranfport des rentes obligeoit le cédant à la garantie de fait & de droit ; & partant, qu'il étoit obligé de faire valoir & payer par fes mains, après la difcuffion faite par le Ceffionnaire des biens du Débiteur ; auparavant laquelle le Ceffionnaire ne peut exercer fon recours de garantie, à moins qu'il n'ait ftipulé par le tranfport, qu'il ne fera point obligé à cette difcuffion.

Or quand le Tranfportant eft contraint de faire valoir par fes mains, il ne continue pas la rente fuivant le Contrat de conftitution d'icelle ; mais il ne la paye que fuivant le prix auquel elle auroit pu être conftituée : fur quoi on peut demander, fi c'eft au temps que le tranfport a été fait, qu'on doit avoir égard pour régler ce prix, ou au temps que le tranfportant a été pourfuivi pour la garantie, & pour le faire condamner à payer la rente par fes mains. Cette queftion peut arriver pour les rentes conftituées au denier dix, & qui ont été tranfportées au temps que le prix ordinaire des conftitutions de rente étoit au denier quatorze : car il femble que le tranfportant ne peut être condamné à payer l'intérêt du prix du tranfport, que fuivant que cet intérêt fe doit régler au temps de la demande qui lui en eft faite, que l'on fuppofe être depuis l'année 1668, en laquelle le prix des conftitutions de rente a été augmenté & réglé au denier dix-huit. Mais le ceffionnaire objecte, que le tranfportant s'étant obligé de garantir la folvabilité du Débiteur de la rente par lui tranfportée, ne peut fe défendre de lui payer l'intérêt de l'éviction qui arrive par l'infolvabilité de ce Débiteur. Or cet intérêt fe doit eftimer fuivant la regle du Droit, par la

confidération de la perte que fouffre le Ceffionnaire ; finon à l'égard du profit
qu'il recevoit en fe faifant payer de la rente en vertu du tranfport, à raifon
du denier dix *lucri ceffantis*, au moins à l'égard de la perte qui lui furvient
damni emergentis ; en tant que lors dudit tranfport il auroit ftipulé l'intérêt de
fon argent, à raifon du denier quatorze, qui étoit lors le prix ordinaire des
conftitutions de rente, & fuivant lequel les intérêts devoient être lors réglés
au cas qu'il en falloit adjuger. Il paroît que la prétention du Ceffionnaire eft
jufte à l'égard des arrérages de la rente, échus avant fon action en garantie,
& qu'il en doit être payé à raifon du denier quatorze ; mais qu'à l'égard des
arrérages qui échéent depuis ladite condamnation, il n'en doit être payé qu'au
prix des nouvelles conftitutions, qui ne fe peuvent faire qu'au denier dix-huit :
La raifon eft, qu'il ne peut avoir l'intérêt de l'argent par lui payé pour le prix
du tranfport, qu'en vertu d'une nouvelle conftitution tacite & préfumée ; vu
que pouvant demander la reftitution de ce prix, comme un acheteur qui eft
dépoffédé de la chofe qui lui a été vendue, quand il opte de demander l'intérêt
de fon argent pour l'avenir, il ne le peut avoir qu'en fe foumettant aux regles
des conftitutions de rente, qui ne peuvent être faites fans l'aliénation du principal pour tout l'avenir, & à un moindre prix que celui qui a été prefcrit par
le nouvel Edit. (4)

Il faut, de plus, remarquer que les Ceffionnaires des rentes qui font tenus de
difcuter, font auffi obligés de s'oppofer aux décrets qui fe font des biens des
Débiteurs ; & fi, faute de s'être oppofé, la rente eft perdue, *res perit Domino*,
c'eft-à-dire, au dommage du Ceffionnaire, qui, par le tranfport, eft fait propriétaire de la rente ; étant vrai de dire, que faute de s'être oppofé, *idoneas
hypothecas fuâ culpâ deteriores fecit* : De la même maniere que fi, faute d'avoir
demandé un titre nouveau, la rente étoit prefcrite, fuivant la Loi 6. C. *De
remiffione pignoris*, en ces termes : *Si eo tempore quò prædium diftrahebatur pro-
grammate admoniti creditores jus fuum executi non funt, poffunt videri obligationem pignoris remififfe* ; & la Loi *Alienationis*, ff. *De verborum fignificatione* :
Qui patitur rem præfcribi, alienare vel remittere videtur. Les Ceffionnaires, de
plus, doivent appeller leurs cédans à la difcuffion qui fe fait des biens de l'obligé,
& les interpeller avant l'Adjudication, d'enchérir les héritages faifis, s'ils avi-

_____

(4) Le Copartageant, affujetti à la garantie d'une Rente, eft obligé, dans le cas de l'infolvabilité du Débiteur originaire, de faire valoir la Rente fur le pied de la conftitution primitive, il ne lui fuffit pas d'offrir le denier établi au temps de l'action en garantie : Arrêt du
29 Mai 1702 ; ainfi une Rente de cent livres au denier dix-huit, au temps de fa conftitution, ne fera pas réductible à quatre-vingt-dix livres, fi l'action en garantie a été formée depuis
l'établiffement du denier vingt.
　On avoit jugé le 16 Mai 1692, que le Ceffionnaire n'eft point obligé d'accepter une
rente fur fon Cédant, & que dans le cas de garantie le Cédant doit rendre le prix du
tranfport & payer les arrérages échus. *Voyez* Pefnelle fur l'Art. DXXX.
　Puifque le Créancier d'une Rente fonciere peut, par le défaut de payement, fe faire
envoyer en poffeffion des Fonds qu'elle repréfente, le Cédant n'eft point tenu de garantir la
folvabilité du Débiteur, s'il n'y a ftipulation de fournir & faire valoir.
　La fignification du tranfport faifit feule le Ceffionnaire ; & de deux Acquereurs d'une Rente
par titres authentiques, celui-là eft préférable qui le premier a fignifié fon Contrat : Arrêt
du 26 Mai 1702 ; Arrêtés de Lamoignon, des tranfports, Article IV ; Commentateur fur
Paris, Art. CVIII.

DE JURISDICTION. 61

fent que bien foit, pour la confervation de la rente ; & faute d'avoir fait ces diligences , on les pourroit évinvcer de la garantie contre leurs tranfportans. (5)

On a jugé par un Arrêt du 18 d'Août 1661 , rapporté par Bafnage , que les vendeur d'un héritage , qui avoit chargé l'acheteur d'en payer toutes les rentes & charges Seigneuriales , étoit condamnable à la garantie d'une fervitude d'aîneffe qu'il n'avoit point déclarée , comme étant cette charge très-importante & extraordinaire , & qui partant devoit être fpécifiée dans le Contrat , pour en charger valablement l'acheteur. On traite fur cet Article des Actions rédhibitoires , & quanti minoris. (6)

X L I.

Tous les Eccléfiaftiques , poffédant Fiefs Nobles par aumône , ont l'exercice de la Juftice, & tous autres Droits appartenans à leurs Fiefs , par les mains de leurs Juges & Senéchaux ou Baillis.

Toute la Jurifdiction pour chofes temporelles , étant laïque & féculiere , celle

---

(5) Quand le Créancier d'une Rente s'adreffe à celui que fon Débiteur a chargé de la payer, fi la Rente eft conteftée, & fi le Créancier eft forcé d'approcher en garanrie le Débiteur originaire , ce Débiteur eft fufceptible folidairement des arrérages : Arrêt, en Grand'Chambre , du 24 Août 1751.

Les Meubles vendus en Foire & Marché ne font point fujets à la garantie ; la fûreté du commerce fert de preuve à la maxime. L'Acheteur de bonne foi , d'un meuble qui a été volé, n'eft point tenu de défendre à celui qui le reclame , il lui fuffit de mettre fon Vendeur en caufe : Arrêt du 13 Avril 1742.

Le Réglement du 30 Janvier 1728 , réduit le délai de garantie de 40 jours à 30 jours pour les vices redhibitoires des chevaux ; les délais de neuf jours fubfiftent à l'égard de la redhibition des autres animaux , conformément à l'Arrêt du 19 Juillet 1713 : On doit , dans le Jugement de ces queftions , combiner la bonne ou la mauvaife foi des Parties avec les circonftances. Les vices redhibitoires font , à l'égard des chevaux , la pouffe , la morve & la courbature ; & par rapport aux bœufs , vaches , la rage , l'épilepfie ou mal-caduc , & l'adhérence du foie, appellée vulgairement la pommoliere : Arrêt du 28 Février 1721, quelquesuns y ajoutent une maladie nommée la folie.

Voyez , fur la Ceffion des Droits litigieux , les Loix per diverfas & ab Anaftafio ; les Ordonnances de 1356, 1535 , 1560, Article LIV ; 1560, Article XCIV ; le Prêtre , Centurie 1 , chap. 93 , Cent. 3 , chap. 96 ; la Peyrere , Lettre C. n. 6 & 7 ; Baffet , tome 2, liv. 4, titre 20, chap. 1 ; Augeard, tome 1 : Arrêt du Parlement de Paris du 14 Août 1740, contre un Praticien de Village , cité dans le Recueil de Jurifprudence de la Combe : Arrêt de ce Parlement du 4 des mêmes mois & an , contre un Tabellion. On cite encore en preuve trois Arrêts du Parlement de Rouen ; le premier du 21 Août 1699 , contre un Avocat à Coutances ; le fecond du 9 Août 1725 , qui , en annullant la Ceffion faite à un Avocat , le condamne en 500 liv. d'intérêts d'indue vexation ; & le troifieme du 15 Décembre 1730 , contre un Huiffier de Bayeux , qui caffe le tranfport & interdit cet Officier pour trois mois , fur les Conclufions de M. l'Avocat-général le Bailli.

(1) Si l'on vend un Fonds comme étant en Franc-aleu, & qu'il releve d'un Fief, l'Acquereur, qui ignoroit la mouvance au temps du Contrat, peut en demander la réfolution. Bérault. Il eft encore jufte de prononcer la réfolution du Contrat , fi le Vendeur a déclaré , par l'Acte de vente, que la Terre par lui vendue étoit noble , & qu'elle ne fe trouve cependant qu'une fimple Roture ; on ne doit pas pencher à faire valoir un femblable Contrat , parce qu'il eft naturel de préfumer que ce Contrat n'a pû être fait fans le dol perfonnel du Vendeur , joint à une léfion confidérable.

qui appartient aux Ecclésiastiques en vertu des Fiefs par eux possédés , comme dépendans de leurs Bénéfices , (la Coutume les appelle en cet Article , *par aumône* ,) n'est pas différente de la Jurisdiction qu'ont les Seigneurs Laïques ; & dès que les Ecclésiastiques ont été capables de posséder des Fiefs , ils ont pu s'éjouir de tous les droits qui en sont dépendans. Mais les Officiers qui sont préposés par les Ecclésiastiques pour l'administration de leurs Justices féodales , doivent être purs Laïcs , afin de pouvoir être corrigés & punis par les Juges supérieurs , par l'Ordonnance de Philippes le Bel. Ils doivent donc juger suivant les Loix civiles & du Prince , & non suivant les Ecclésiastiques & du Droit Canon. (1)

XLII.

La connoissance des Mandemens de Tenure appartient au Juge Royal ; néanmoins les Hauts-Justiciers en connoissent entre leurs Sujets , pourvu que la Tenure du Haut-Justicier ne soit point débattue.

Ou ceux qui prétendent la tenure ont leurs Fiefs sous la dépendance d'une Haute-Justice ; en ce cas , le Haut-Justicier peut connoître du débat de tenure entre ses Vassaux , pourvu qu'il ne prétende point lui-même être le Seigneur immédiat de l'héritage contentieux ; ou ils sont dépendans de deux Hautes-Justices , ou tous deux , ou l'un d'eux sont Hauts-Justiciers ou relevans du Roi ; & en ces cas , le Juge Royal est seul compétent de ce Mandement , parce que le Haut-Justicier ne peut être Juge en sa propre Cause , ni de ce qui n'est point de son district. Par l'Article LX de la Coutume de Paris , le Vassal , dont le Fief est prétendu par plusieurs Seigneurs , comme relevant de leurs Seigneuries , est reçu par main souveraine à jouir de son héritage pendant le Procès , en consignant en Justice les droits & devoirs par lui dûs ; mais il faut qu'il y ait eu saisie faite du Fief par un des contendans. En Normandie , il suffit qu'il y ait action entre les Seigneurs pour la tenure , pour donner lieu au Mandement proposé par cet Article.

---

(1) L'Ordonnance citée par Pesnelle avoit pour but d'ôter aux Seigneurs la faculté de juger eux-mêmes les Différends de leurs Justiciables , conjointement avec leurs Pairs , suivant l'ancien usage ; comme la législation étoit alors fondée sur des principes & des raisonnemens , les Seigneurs n'étoient plus en état de rendre la justice , la Loi portoit contre les Seigneurs Ecclésiastiques comme Laïques , mais les Seigneurs Ecclésiastiques y résistèrent plus long-temps , comme il paroît par un Arrêt de l'Echiquier de l'an 1426 ; on crut devoir inférer dans la Coutume la disposition de l'Article XLI , qui doit être considéré comme une disposition limitative. *Voyez* l'Abrégé Chronologique du Président Hénault.

Remarquez , avec Bérault , que l'Eglise n'a point , de droit , une Jurisdiction temporelle , & qu'elle doit la justifier quand elle est contestée ; remarquez , avec Basnage , que la plûpart des Baronnies & Hautes-Justices des Gens de main-morte , étoient , dans leur origine , de simples Rotures ou des Biens allodiaux. N'oublions donc pas le beau Texte de du Moulin : *Jurisdictio temporalis , & ejus exercitium non competit ecclesiæ naturaliter nec de jure communi , sed ex quodam jure speciali & accidentali , de quo docere debet ecclesia. Uno verbo intentio Prælatorum est solùm de jure communi fundata quoad spiritualia , sed non quoad temporalia , nisi quatenùs probarentur ecclesiæ donata à Principe , vel alio temporali Domino , aut per Prælatos legitimé præscripta.*

XLIII.

Le Corps de la Perfonne homicidée, ne doit être levé ni mis en terre , jufqu'à ce que la Juftice l'ait vu.

Un Corps trouvé mort , doit être vifité par les Chirurgiens , avant que de l'enlever & de l'inhumer, afin de découvrir fi la mort eft arrivée par une vio- lence criminelle , & que cela puiffe fervir à la découverte & à l'information du crime , quand il en a été commis. (1)

XLIV.

L'action de Treves enfreintes eft annale , & nul n'eft reçu à l'in- tenter après l'an.

XLV.

Tous Juges font compétens à donner Treves , fans que le Défen- deur puiffe décliner, quelque Privilége qu'il puiffe alléguer.

XLVI.

L'action de Treves enfreintes , doit être intentée devant le Juge ordinaire du Défendeur , ou devant celui qui a donné les Treves.

XLVII.

Nul autre que le Juge Lay , ne peut connoître de Treves enfreintes.

XLVIII.

En adjournement de Treves , il n'y a répy ni délai.

Ces cinq Articles , aufquels il faut joindre le XXII , font inutiles , & dépen- doient d'une ancienne Coutume pratiquée en France ; fuivant laquelle , quand un particulier avoit été outragé , fes parens & amis fe liguoient pour le ven- ger , non-feulement fur celui qui avoit commis l'injure , mais fur toute fa fa- mille & fes amis : de forte que pour empêcher ces violences , on avoit recours

----

(1) Terrien, liv. 12 , chap. 18 , expofe d'après l'ancien Coutumier , chap. de Vue , que fi les parens de l'Homicidé le font inhumer auparavant d'avoir rempli les difpofitions de la Loi , ils ne font plus recevables à faire aucune pourfuite ; il en feroit autrement, continue Terrien , fi l'Auteur du crime , pour fe fouftraire au glaive de la Juftice , avoit lui-même enfoui ou jetté dans la mer le cadavre , pourvu que d'ailleurs on pût acquérir des preuves fuffifantes de conviction.
Voyez la Déclaration du Roi du 9 Avril 1736 , concernant la forme de tenir les Regiftres de Baptême & Sépulture , Article XII.

à la Juftice du Roi pour obtenir des Treves, par lefquelles il étoit fait défenfes de rien attenter les uns contre les autres, & ceux qui violoient ces Treves,
étoient punis comme aflaffins. Il n'y avoit anciennement que le Juge Royal qui
pût connoître des Treves enfreintes, mais tout cela eft abrogé. Si toutefois
quelqu'un a été menacé de mauvais traitement, il peut obtenir des Lettres de
Sauve-garde, pour être mis en la protection du Roi & de fa Juftice, & pour
être autorifé de porter des armes pour fa défenfe. Voyez Bouteiller en fa Somme, livre 1, Chapitre 34, & fon Commentaire. (1)

X L I X.

Celui qui eft renvoyé en fa Franchife pour en jouir, doit forjurer
le Pays par-devant fon Juge; c'eft-à-dire, qu'il doit incontinent &
fans délai, partir par le chemin & dans le temps qui lui fera preferit,
pour s'en aller hors de Normandie, & jurer de n'y rentrer jamais;
& où puis après il y fera trouvé, il fera contre lui procédé par la
Juftice, & Jugement donné, fans qu'il puiffe de-là en avant plus
s'aider de ladite Franchife.

Cet Article s'interprete par l'ancienne Coutume au chapitre *d'Affife*. En ce
temps les franchifes ou afyles étoient autorifés; & lors celui qui s'étoit fauvé
dans ces lieux de fûreté, étoit interpellé de déclarer, s'il vouloit s'éjouir du
privilège que l'afile lui donnoit, ou s'il vouloit y renoncer, & fe remettre
au pouvoir de la Juftice ordinaire: & au cas qu'il ne voulût point renoncer
à l'immunité de l'afyle, il devoit forjurer le Pays; c'eft-à-dire, jurer qu'il demeureroit toujours hors d'icelui, fous les peines de déchoir de l'immunité que
la franchife lui avoit acquife, comme il eft expliqué par cet Article: ce qui eft
à

(1) Ces cinq Articles, ainfi que l'Art. XXII de la Coutume, nous rappellent le combat
judiciaire; quand on lit les Etabliffemens de S. Louis, Pierre de Fontaine, Beaumanoir,
& notre ancien Coutumier plus exact que tout ce qu'on a écrit ailleurs fur cette matiere,
on eft furpris, dit l'Auteur de l'Efprit des Loix, tome 4, de voir ce monftrueux ufage
réduit en principe; c'eft que les hommes, dans le fond raifonnables, avoient effayé de
mettre fous des regles leurs préjugés même. Je donnerois volontiers une exquiffe de
ce farouche & fanguinaire tableau; mais ceux qui me liront apprendront mieux ailleurs
l'Hiftoire de la bravoure & de la barbarie, de la grandeur & de la petiteffe de leurs peres.
Voyez, Terrien liv. 12.
L'action en Treves & Plainte doit être portée devant le Juge du délit: Arrêt du 11
Mars 1741. La plûpart des Criminaliftes avoient décidé, que le Juge du domicile de l'accufé étoit le véritable Juge du délit, parce que le Juge du Domicile eft le Juge des actions perfonnelles. Lauriere fur la Regle 19 de Loyfel, appuye cette doctrine de l'autorité de notre ancien Coutumier: d'Argentré fur l'Article IX de Bretagne, décide que
tout autre Juge eft imcompetent. On a enfin penfé que la preuve du délit eft plus
facile dans le lieu où il a été commis, & que le coupable a par fon crime contracté avec les habitans du pays l'obligation de le réparer; ainfi quelque déférence que l'on
doive aux Auteurs cités par Bornier, nous nous conformons, dans les Jugemens, au
principe que j'avance. *Voyez* l'Ordonnance de 1670, Tit. I, Art. 1. Il feroit à fouhaiter que les difpofitions de cette Loi fuffent encore plus précifes.

à préfent en non ufage, les lieux de franchife ou afyles ayant été comme abro-
gés par l'Ordonnance de 1539, Article CLXVI. Voyez Bourdin fur ledit Article. (1)

L.

Le Bref de nouvelle Deffaifine a été introduit pour recouvrer chofes entreprifes puis an & jour, & tient ledit Bref étant fignifié, l'Héritage en fequeftre, jufqu'à ce qu'il en foit ordonné par Juftice.

Le Bref de nouvelle Deffaifine, tend à recouvrer la poffeffion qu'on a perdue depuis un an : il faut donc qu'il foit obtenu & fignifié dans l'an de la
poffeffion perdue ; & cette poffeffion doit être fans vice, *nec vi , nec clam ,
nec precario.* L'action intentée en vertu de ce Bref, ne doit point être difcon-
tinuée par an & jour, autrement elle tomberoit en péremption, les actions
annales ne fe perpétuant point en Normandie par la conteftation. Le Sergent
ne peut faire le fequeftre ordonné par cet Article ; jugé par un Arrêt du 16
d'Août 1549, rapporté par Bérault : les Parties doivent convenir du fequeftre,
autrement il en fera nommé d'office. Voyez l'Ordonnance de 1539, Article
CV, CVI & CVII, & l'Ordonnance de 1667, Titre *des Sequeftres*, depuis
l'Article I. jufqu'au XII. (1)

----

(1) On conclut de l'Article de l'Ordonnance de François I, cité par Pefneile, que
les Décrets de prife-de-corps, peuvent être mis à exécution dans les lieux de franchife :
dès lors les Afyles deviennent inutiles aux coupables, & les priviléges que l'on y avoit
attachés font anéantis, comme fi le Souverain en avoit prononcé en termes exprès
l'abrogation. M. de Montefquieu, dans l'Efprit des Loix, differte fort au long fur les lieux
d'Afyle, il difcute à cet égard la politique des Juifs, & le détail dans lequel il entre,
me feroit feul penfer que cette nation, plus fréquemment que toute autre, étoit dans
le cas de faire ufage d'un pareil fecours.

· (1) Quoique le Bref de nouvelle Deffaifine doive être pris dans l'an & jour de l'entreprife, cependant dans tous les Cas où la nature de l'objet n'a pas permis de faire
chaque année un acte de poffeffion, il fuffit au demandeur de juftifier du dernier état
avant le trouble ; l'ancien Coutumier, chap. 93, emploie plufieurs exemples en preuve de
ce principe, qui eft de droit commun.

L'intérêt de cette action fe mefure fur les avantages de la poffeffion ; Bérault penfoit
qu'elle ne fe perpétuoit pas, par la conteftation, au-delà d'un an de la derniere Procédure :
la Cour a jugé le 9 Août 1736, qu'en matiere de complainte, l'action, quoique non conteftée, ne fe périme que par trois ans ; or la complainte a remplacé depuis long-temps le Bref
de nouvelle Deffaifine.

Il réfulte des Arrêts des 14 Mai 1745, & 7 Juillet 1753, que le Demandeur n'eft point
tenu de prouver fes faits de poffeffion articulés dans l'exploit d'ajournement, quand le
Défendeur ne comparoit point pour les méconnoître, cette Jurifprudence paroît équitable ; fi le Défendeur n'a pu comparoître, il a la voie de l'oppofition ; s'il a pu comparoître, c'eft qu'il n'a pas voulu, & il eft déchargé des frais d'une preuve que dans ce
cas il auroit vraifemblablement fupportée.

Voyez Britton. chap. 4. *Joannes Galli*, *queft.* 388 ; le grand Cout. liv. 2, chap. 21.

I

L I.

En action réelle, le Demandeur doit bailler déclaration, contenant les bouts & côtés de l'Héritage, pour en faire vue, si les Parties ne demeurent d'accord.

L'Ordonnance de 1667 a abrogé les exceptions de vues & montrées, pour quelque caufe que ce foit, au Titre IX. Voyez-en les Articles III, IV & V. Que fi les Héritages ne font pas aſſez démontrés par les tenans & aboutiſſans, (c'eſt ce que la Coutume en cet Article appelle *bouts & côtés*,) & les autres circonſtances que le demandeur doit particularifer dans fon libelle ; on pourra demander que Procès-verbal foit dreſſé, ou même la defcente fur les lieux. (1)

L I I.

Le Bailli doit connoître du Bref de Surdemande que le Vaſſal obtient, quand il prétend que le Seigneur lui demande plus grande rente ou redevance qu'il ne lui doit.

La furdemande eſt femblable à ce qui eſt appellé *fuperexactio*, dans la Loi 1. *C. In quibus caufis coloni cenfiti Dominos accufare poſſunt.* Quoique ces Fermiers (*coloni cenfiti*) fuſſent réputés comme efclaves des Propriétaires, par la Loi 2. de ce même Titre, ils pouvoient toutefois fe plaindre que ces Maîtres les obligeoient de payer plus qu'ils n'avoient accoutumé, & fur ces plaintes, on faifoit défenfes aux Maîtres de continuer ces exactions, & on les condamnoit à reſtituer ce qu'ils avoient trop pris par le paſſé. Cette action de furdemande eſt négatoire, & ne reconnoît pas le défendeur poſſeſſeur ; & partant c'eſt à lui à prouver & montrer fon droit, pour aſſujettir le Vaſſal à payer ce qu'il refufe comme une furdemande. (1)

---

(1) Les Vues fe faifoient en Normandie avec beaucoup de folemnité & à grands frais. Un Arrêt de l'Echiquier, défend d'employer plus de 20 hommes à chaque vue, on y procédoit en cette maniere : fur une femonce ou commandement, les Voyeurs s'ajournoient à la porte de l'Eglife voifine des lieux contentieux, ou à quelqu'autre endroit célebre ; tous de là fe tranfportoient fur l'Héritage mis en décord, le Demandeur en donnoit les abornemens, le Sergent fommoit le Défendeur d'en refaifir le Demandeur ; fi le Défendeur n'obéiſſoit pas fur le champ à la fommation, il ne pouvoit plus abandonner le fonds fans amende, & on procédoit à la vue : enfin les Voyeurs étoient aſſignés à l'Aſſife pour fe récorder. Cette Procédure eſt abrogée par la nouvelle Ordonnance, comme l'a remarqué Pefnelle ; mais j'en ai donné une idée, parce que la Procédure du temps fait connoître quelquefois la fauſſeté des anciens Titres. *Voyez* Rouillé & Terrien, & le chap. 196 de l'anc. Cout.

(1) Nous trouvons le vrai fens de cet Article dans l'ancien Coutumier, chap. 114 ; il prouve que ce Bref avoit lieu contre toutes les demandes injuſtes que le Seigneur auroit pu former contre fon Vaſſal, foit qu'il fût queſtion de preſtations de rentes ou de fervices, car plufieurs fervices, ajoute-t'il, font faits au Seigneur par amour ou par crainte, & ne doivent point affecter les Héritages. Des Aveux ou des Déclarations n'offrent point au Seigneur un moyen fuffifant pour aggraver la charge de fon Vaſſal. Quand une longue

LIII.

Les Hauts-Jufticiers connoiffent auffi dudit Bref de Surdemande entre leurs Vaffaux , & non quand le Bref eft obtenu contr'eux.

Il eft fondé fur la même raifon que l'Article XLII ; car quoique l'action de Surdemande foit de la compétence du. Haut-Jufticier, il n'en peut pas connoître quand elle eft intentée contre lui , parce qu'il feroit Juge en fa propre Caufe.

---

fuite d'Aveux anciens juftifient de la furprife , le Vaffal , nonobftant la derniere poffeffion , peut reclamer ; les Aveux ne font que des reconnoiffances , & n'équivalent à des Titres qu'au défaut du Titre primitif ou d'Aveux plus anciens : Bafnage , fur l'Art. 122 de la Coutume ; Salvaing , des Fiefs , Partie 2 , chap. 75.

On a prétendu qu'il a été dérogé à cet Article par l'Article XI du Titre 24 de l'Ordonnance de 1667 ; on en a induit de ce que le Roi n'entend point exclure les Juges des Seigneurs de connoître de tout ce qui concerne les Domaines , Droits & Revenus ordinaires ou cafuels , tant en Fief que Roture , &c. que le Bailli Haut-Jufticier peut connoître d'une rente conteftée par le Vaffal au Seigneur : mais il paroît que l'intention des Rédacteurs de l'Ordonnance n'a été , dans cet endroit , ni d'étendre ni de diminuer la compétence du Bailli Haut-Jufticier, mais de la lui conferver telle qu'il en jouiffoit, fuivant les différentes Coutumes du Royaume ; auffi on a jugé par Arrêt de ce Parlement du 17 Janvier 1687 , contre M. le Duc d'Elbeuf, que quand le Seigneur demande pour des blâmes d'Aveu ce que le Vaffal ne prétend pas devoir , la queftion eft de la compétence du Juge Royal , à l'exclufion du Bailli Haut-Jufticier : cet Arrêt eft conforme au texte de l'ancien Coutumier , chap. 7 ; fi le Seigneur fait tort à fon homme par la raifon de fon Fief, y eft-il dit , la Cour en appartient au Duc. Terrien regarde le Bref de Surdemande comme un préfervatif pour un Vaffal opprimé par un Seigneur puiffant, parce qu'il le fouftrait à fon Tribunal. *Voyez* cet Auteur, liv. 8, chap. 20.

CHAPITRE SECOND.

DE HARO.

LE Haro eſt un moyen particulier à la Province de Normandie, par lequel les perſonnes privées empêchent qu'il ne ſoit paſſé outre à l'exécution de quelque entrepriſe faite, ou pour leur faire, ſoit injure, ſoit dommage, ou pour les troubler en la poſſeſſion de ce qu'ils prétendent leur appartenir. Ce qui ſe fait en invocant la protection de la Juſtice, & en contraignant l'aggreſſeur de venir à l'inſtant devant le Juge, pour y voir ordonner ou la réparation de l'injure & du dommage qu'il a fait; ou que défenſes lui ſeront faites de paſſer outre à l'exécution de ce qu'il avoit entrepris contre l'intérêt du demandeur en Haro. (1)

(1) L'opinion la plus ſuivie ſur l'origine de la clameur de Haro, eſt que le terme de Haro eſt une invocation du nom de *Raoul*, ou *Rollo*, premier Duc de Normandie, qui ſe rendit reſpectable à ſon Peuple, tant par ſes conquêtes que par l'amour qu'il avoit pour la Juſtice. Comme on invoquoit de ſon vivant ſa protection par une clameur publique, en l'appellant & proférant ſon nom, & qu'après ſa mort, ſa mémoire fut en vénération à ſon peuple; on continua d'uſer de la même clameur, & du terme de *Haro* par corruption du, *Ha Raoul*. On a donné pluſieurs autres étymologies du terme de *Haro*, mais qui ne paroiſſent pas bien-fondées. Dict. raiſ. des Sciences.

Il y a des cantons dans la Normandie où vous ne feriez pas un pas ſans entendre le cri du Haro, comme un terme de ralliement; la pompe funebre d'un de nos Ducs & d'un Héros n'en a pas été à couvert. *Voyez* Monſtrelet, chap. 20; Ducheſne, liv. 7, chap. 12. On lit dans les Regiſtres du Parlement, qu'en 1639 un Maitre de Poſtes de Rouen interjetta clameur de Haro ſur le Frere du Landgrave de Heſſe, & que le jeune Seigneur, qui n'avoit pas tort, porta lui-même la parole au Parlement.

Le Haro eſt d'un uſage fort étendu, il a lieu dans les choſes mobiliaires, de même que dans les entrepriſes inopinées ſur les Fonds, dans les matieres bénéficiales, comme dans les matieres profanes & ſeculieres; on s'en ſert contre les Greffiers, les Sergens, les Huiſſiers & autres Officiers ſurpris en prévarication.

C'eſt un antidote prompt contre les recellés & ſouſtractions des Titres ou autres effets. Cette voie d'arrêter bien des inconvéniens mériteroit beaucoup plus d'éloges, ſi la Coutume étoit littéralement obſervée; mais le Haro eſt le plus ſouvent dans la Pratique une voie extra-ordinaire pour commencer une longue Inſtruction.

L'ancien Coutumier contient ſur le Haro, une diſpoſition très-ſevere, mais en même-temps fort importante à la ſûreté publique. Quand le Haro étoit crié pour cauſe criminelle, c'eſt-à-dire, ſuivant le langage du temps, ou le malfaiteur devoit perdre vie ou membre: tous ceux qui avoient entendu le cri du Haro étoient obligés d'arrêter le malfaiteur ſous peine de crier Haro après lui, à peine de l'amende, & s'ils étoient accuſés d'avoir contrevenu à la Coutume, ils devoient prouver qu'ils n'avoient pas entendu le cri du Haro. Il y a dans les Ordonnances d'Orléans & de Blois des diſpoſitions qui ont du rapport à cet uſage. Il eſt encore certain qu'on en remarque aujourd'hui des traits ſenſibles chez pluſieurs Puiſſances de l'Europe.

DE HARO.

LIV.

Le Haro peut être interjetté non-feulement pour maléfice de corps,
& pour chofe où il y auroit éminent péril : mais pour toute introduction de Procès poffeffoire, encore que ce foit en Matiere béné-
ficiale ou concernant le bien de l'Eglife.

Par l'ancienne Coutume, l'ufage du Haro n'étoit que pour les Caufes criminelles, comme pour feu, pour larcin & pour homicide, ou pour autre péril
évident ; comme fi quelqu'un court fus à un autre le couteau trait, fuivant
l'expreffion du Chapitre *du Haro* : Mais depuis on en a étendu la pratique,
pour retenir & conferver la poffeffion, tant des immeubles que des meubles. On
ne s'en doit pas fervir pour acquérir de nouveau, ou pour reprendre une
poffeffion ; & encore moins pour l'introduction d'une action touchant la propriété d'un héritage : car, en tous ces cas, n'y ayant rien qui demande de l'accélération, il ne faut pas avoir recours à un remede violent, tel qu'eft le Haro ;
par lequel le demandeur excite les affiftans à lui donner fecours & conforte-
main, pour mener fa Partie devant le Juge, ce que la Coutume fait entendre
par ce mot, *interjetter*, employé en cet Article ; mais il faut prendre la voie
ordinaire des actions, qui s'introduifent par un Mandement de Juftice, & par
une Affignation donnée avec les délais prefcrits par la Coutume ou par l'Ordonnance, pour y défendre. On peut interjetter le Haro fans le miniftere d'aucun Officier de Juftice ; & il fuffit, quand il ne fe préfente point de Sergent,
que celui qui fe prétend offenfé ou troublé en fa poffeffion, le reclame en
préfence de témoins, & qu'il fomme la Partie de venir devant le Juge, pour
y être réglé. Mais quoiqu'il n'y ait que le Juge Lay qui puiffe connoître du
Haro, on s'en fert néanmoins pour le poffeffoire de tous les Droits appartenans aux Eccléfiaftiques en vertu de leurs Bénéfices, & pour les Droits de
Patronnage, foit utiles, foit honoraires, quand même le trouble feroit fait
dans l'Eglife ; & la raifon eft, que ces Droits dépendans des Bénéfices font
chofes temporelles, à l'égard defquelles le Roi ne reconnoît aucun Supérieur ;
le Juge Eccléfiaftique n'ayant aucun territoire, parce que tout ce qui eft dans
l'étendue du Royaume appartient au Roi abfolument & indépendamment,
pleno jure, (1)

---

(1) Il réfulte de l'ancien Coutumier, que l'Eccléfiaftique fur lequel le Haro avoit
été crié, ne pouvoit reclamer fon Privilége Clérical ; auffi par Arrêt de l'Echiquier,
tenu en 1388, il fut jugé que les Eccléfiaftiques entrepris par cris de Haro, & qui
auront fuccombé, payeront l'amende au Roi.
Le Sergent qui reçoit le Haro doit conduire les Parties devant le Juge, fans pouvoir
prendre aucune connoiffance de Caufe, il doit au contraire attendre fur leur explication
fon ordonnance, & la mettre à exécution ; il lui eft défendu, à peine de tous dommages & intérêts, & même fous plus grande peine fi le cas y échet, de conftituer, fur
l'interjet du Haro quelqu'un en prifon fans mandement ou décret. Bérault.

DE HARO.

L V.

Clameur de Haro fe peut intenter, tant pour Meubles que pour Héritages.

Le Haro étant une voie injurieufe, parce qu'il ne fe fait point fans caufer quelque rumeur ou tumulte, on ne s'en doit pas fervir en toutes rencontres pour le recouvrement d'un meuble, car fi le meuble eft trouvé chez une perfonne connue, & qui a un domicile certain, de forte qu'il n'y ait pas fujet de craindre fa fuite, ou fon impuiffance de payer; la fimple action pour faire repréfenter le meuble, ou un arrêt fait du meuble, feroient des moyens plus convenables.

L V I.

Les Parties font tenues bailler refpectivement Plege & Caution, l'un de pourfuivre, l'autre de défendre le Haro.

Faute par les Parties de bailler caution, comme la Coutume le requiert en cet Article, le Juge les doit envoyer en prifon, ou les mettre en arrêt entre les mains d'un Sergent ou Huiffier. Cette caution, en matiere criminelle, que doit celui qui eft arrêté par la voie du Haro, n'eft que pour être repréfenté en Juftice toutes fois & quantes; mais dans tous les autres cas, la caution du Haro eft de payer ce qui fera jugé; ce qui ne fe doit pas entendre feulement de ce qui fera jugé en premiere Inftance, mais même ce qui pourra être jugé en cas d'appel, par le Juge fouverain; ce qui comprend non-feulement le principal, mais l'amende & les dépens : ce qui a été jugé par plufieurs Arrêts contre les cautions judiciaires. Mais par un Arrêt du 15 de Janvier 1548, rapporté par Bérault, une caution judiciaire fut déchargée des dépens fur une Inftance criminelle incidente au Procès, pour lequel la caution avoit été baillée. (1)

On demande fi le Plege peut fe pourvoir contre la condamnation jugée contre celui qu'il a cautionné, & on fait différence entre les Cautions contractuelles & les judiciaires : car à l'égard des Pleges d'un Contrat, on dit que n'étant obligés qu'en vertu de ce contrat, ils ne font pas exclus d'alléguer les défenfes qu'ils peuvent avoir contre l'obligation, à laquelle on les veut affujettir en vertu de la condamnation jugée contre le principal obligé, parce qu'elle peut n'être pas conforme à celle de leur Contrat : c'eft pourquoi quand il y a Procès à raifon du Contrat, les Pleges y doivent être appellés; autrement l'exception de chofe jugée ne leur pourroit nuire, après la condamnation du principal obligé. Il femble qu'il n'en eft pas ainfi des Cautions judiciaires; parce que s'étant obligées expreffément au payement de la chofe jugée, elles ne peuvent pas fe pourvoir contre la condamnation, qu'elles ne contreviennent

_____

(1) Lorfque la Coutume affujettit les Parties de donner caution, c'eft afin que le Haro ne refte pas indécis, & qu'il puiffe être pourfuivi & défendu; mais s'il peut être jugé fur le champ, il n'eft pas néceffaire de cautionner ou de pléger le Haro : Conclufions de M. l'Avocat-Général le Bailli.

manifeftement à leur obligation. La Loi 5. *ff. De Appellationibus*, n'eft pas contraire à cette décifion, parce que cette Loi parle évidemment des Cautions contraﬀuelles. Voyez Loüet, F. 23 ; où il fait cette diftinction, pour montrer que l'Authentique *Præfente*, *C. De Fidejuſſoribus*, n'a pas lieu aux Cautions judiciaires, qui peuvent être exécutées fans qu'on ait difcuté celui qui a été condamné, comme il a été remarqué fur l'Article XXIX. (1)

L V I I.

Après la Caution baillée, la chofe contentieufe eft fequeftrée par la nature du Haro, jufqu'à ce que par la Juftice en ait été ordonné de la provifion.

L V I I I.

·Le Sergént après la Clameur interjettée, doit mettre le Sequeftre en main fûre, autre que les deux Parties.

Le Haro rendant la poffeffion contentieufe, il étoit jufte de ftatuer que la chofe demeure fequeftrée pendant le Procès, pour empêcher les violences que les Parties pourroient attenter pous percevoir les fruits ; & d'ailleurs, afin que les fruits foient affurés au profit de celui qui aura bon droit. C'eft pourquoi les Parties ne peuvent être établies fequeftres, & fi quelqu'une d'elles trouble le fequeftre par violence, & s'ingere à percevoir les fruits de la chofe fequeftrée, il perdra le droit qu'il pouvoit prétendre aux fruits par lui perçus & enlevés ; & outre, fa Partie fera mife en poffeffion de la chofe contentieufe, & de plus, il fera condamné en trois cens livres d'amende envers le Roi, fans que cela préjudicie aux pourfuites criminelles qui pourront être faites contre lui ; par l'Article XVI, du Titre *des Sequeftres*, de l'Ordonnance de 1667. Voyez ledit Titre, & principalement ledit Article & le XVIII. (1)

L I X.

Le Juge ne peut vuider la Clameur de Haro, fans amende.

L'amende du Haro eft arbitraire, & néanmoins néceffaire, parce qu'il y a une faute de l'une ou de l'autre des Parties, ou du demandeur, pour s'être fervi fans néceffité d'un remede extraordinaire, en invoquant témérairement le fecours du Prince & de fa Juftice : ou du défendeur, par fon crime ou fon entreprife injufte. C'eft pourquoi les Parties ne peuvent tranfiger, il faut qu'ils fubiffent la peine, à raifon de quoi l'Article LVI ordonne, qu'ils baillent refpeﬀivement caution, l'une de pourfuivre, & l'autre de défendre le Haro.

(1) Le Juge en examinant la nature de la conteftation, doit juger fur le fond du Haro, comme fur une matiere ordinaire, & fi la detté qui occafionne le Haro n'eft point originairement une dette par corps, le jugement ne doit pas, fur le prétexte de la voie extraordinaire contenir une pareille contrainte. Arrêt du 22 Janvier 1761.

(1) La main de Juftice ne deffaifit aucune des Parties, & la préfomption pendant le fequeftre continue d'avoir fon cours contre un tiers.

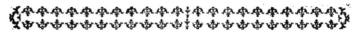

CHAPITRE TROISIEME.

DE LOI APPAROISSANT.

L'ACTION de Loi Apparoiſſant, eſt ce qu'on appelle dans le Droit Romain, *rei vindicatio*, par laquelle on conclut à être déclaré propriétaire d'une choſe poſſédée par un autre, à qui on en demande la reſtitution. On a donné à cette Action le nom de *Loi Apparoiſſant* dans l'ancienne Coutume, parce qu'il falloit que le demandeur fit apparoître au Juge, au moins par la dépoſition d'un Témoin, du droit qu'il avoit en la choſe, pour obtenir un Mandement pour faire appeller le poſſeſſeur. (1)

L X.

Chacun eſt reçu dans les quarante ans à demander par Action de Loi Apparoiſſant, être déclaré Propriétaire d'Héritage qui lui appartient, ou qui a appartenu à ſes Prédéceſſeurs, ou autres deſquels il a le droit, & dont lui & ſes Prédéceſſeurs ont perdu la poſſeſſion depuis leſdits quarante ans.

Il paroît par les dernieres paroles de cet Article, qu'il ne ſuffit pas d'avoir un titre tranſlatif de propriété, comme de vente, de permutation ou de donation; mais qu'il eſt de plus néceſſaire d'avoir eu une poſſeſſion en vertu de ce titre : ce qui a été jugé par un Arrêt du 2 de Mars 1645, rapporté par Baſnage. Or ce titre peut être établi non-ſeulement par un Contrat, mais par une poſſeſſion de quarante ans, laquelle vaut de titre en toute Juſtice, ſuivant l'expreſſion de l'Article DXXI de la Coutume : Mais quoiqu'il ſoit néceſſaire en cette action, que le demandeur juſtifie une poſſeſſion perdue depuis quarante ans, il peut, s'il a obtenu un Jugement à ſon profit, le mettre à exécution dans les trente ans, encore que pendant ce temps il n'ait fait aucunes pourſuites, pour ſe mettre

en

---

(1) Peſnelle auroit pû remonter plus loin, & il nous auroit donné la véritable origine de la Loi apparente. Dans les temps dont j'ai parlé ſous le Chapitre premier, on ne connoiſſoit point d'autre Juriſprudence, pour ſe maintenir dans le Droit de propriété, que le gagé de bataille; & pour ouvrir le champ aux Combattans, on vouloit que le Demandeur eût au moins, en ſa faveur, la dépoſition d'un Témoin : depuis qu'il fut libre aux parties de ſe battre ou de plaider, & même après l'abolition du gagé de bataille, on conſerva l'ancien uſage de ſe faire accompagner d'un Témoin chez le Juge à qui l'on demandoit un Mandement. L'uſage d'amener un Témoin n'a été abrogé que par un Arrêt du 30 Mars 1519. Terrien.

en poſſeſſion de la choſe dont la propriété lui avoit été adjugée : ce qui a
été jugé par un Arrêt du 12 de Juillet 1621, rapporté par Bérault. (1)

LXI.

La connoiſſance de Loi Apparoiſſant appartient au Bailli Royal & Haut-Juſticier.

Le Bailli Royal ou Haut-Juſticier qui doit connoître de l'action de Loi
Apparoiſſant, eſt celui dans le territoire duquel l'héritage demandé eſt ſitué,
parce que dans les actions réelles, la demande doit être faite devant le Juge
du lieu, ſuivant la Loi 1. & 3. C. *Ubi in rem actio exerceri debeat ; in locis
in quibus res propter quas contenditur, conſtitutæ ſunt.* C'eſt pourquoi, quand
le poſſeſſeur n'eſt pas domicilié dans ce même lieu, il ſuffit de donner l'Aſſignation au Fermier ou autre détenteur, qui eſt *in poſſeſſione cuſtodiæ cauſâ* ;
comme enſeigne Barthole ſur la Loi 9. *ff. de rei vindicatione* ; à quoi eſt conforme l'Article CCCCLXXXV de la Coutume. Voyez l'Article DLXXXVIII.
Ce nonobſtant, il eſt plus ſûr de donner cette Aſſignation au domicile du
poſſeſſeur, ſuivant la regle générale des Aſſignations, qui doivent être faites
à perſonne ou au domicile ; à laquelle regle la Coutume n'a fait que deux
exceptions ; ſçavoir, pour les actions en retrait, par ledit Article CCCCLXXXV ;
& à l'égard des défendeurs en action réelle, lorſqu'ils ſont domiciliés hors de
Normandie, par ledit Article DLXXXVIII, les exceptions faites au droit commun, ne recevant point d'extenſion hors des cas qui y ſont ſpécifiés. Cette
action, à cauſe de ſon importance, ne ſe pouvoit pourſuivre qu'aux jours

---

(1) Bérault dit que le Demandeur en Loi apparente doit, au défaut de Titre, juſtifier
d'une poſſeſſion par & depuis 40 ans, antérieure à celle du Défendeur. L'opinion de Bérault
a été ſuivie dans un Arrêt du 8 Mars 1743 ; de ſimples Aveux préſentés dans l'abſence du
Propriétaire, ne ſont point des Titres tranſlatifs des Fonds : Arrêt du 27 Juillet 1736.
Auſſi l'Auteur des Maximes du Palais a remarqué que les Aveux ne ſont de foi, & ne portent d'obligation que pour droit de féodalité entre le Vaſſal qui les rend & le Seigneur qui les
reçoit.
  Un envoi, en poſſeſſion pur & ſimple d'un Fonds, pour toute autre dette que le prix
de l'Héritage où la Rente de fieffe & réputée fonciere, ſans eſtimation, n'eſt point pour
le Créancier un titre de propriété, l'eſtimation ſeule peut former ce titre réſultant de
l'évaluation de l'objet donné en payement pour acquitter la dette ; & le Créancier, ceſ-
ſant cette formalité, n'eſt cenſé avoir joui que pour ſe remplir juſqu'à la concurrence de
ſon dû. On dit que par Arrêt du 14 Août 1749, on a reçu dans cette eſpece la Clameur
de Loi apparente formée par le Débiteur ; il obéiſſoit de payer la dette au Créancier, déduction faite de la perception des fruits.
  L'Héritier préſomptif d'un abſent fut déclaré recevable à prendre un Mandement de Loi
apparente au nom de l'abſent, par Arrêt du 4 Décembre 1609, cité par Bérault.
  On jugea le 30 Avril 1618, qu'il n'étoit pas juſte de conclure à la démolition d'un grand
Bâtiment pour un pied & demi de terre qui avoit été uſurpé au temps de la conſtruction.
Baſnage.
  Comme nos Contrats ſont tranſlatifs de propriété & de poſſeſſion, je crois que l'Arrêt
du 2 Mars 1645, cité par Peſnelle, d'après Baſnage, n'a été ainſi rendu que parce que
l'Acquereur n'avoit point payé le prix du Contrat & qu'il ne l'offroit pas, *res non fit
emptoris niſi ſoluto pretio.* Le Vendeur ſe défendoir par cette exception : car il eſt vrai
de dire qu'on n'a pas plutôt vendu la choſe qu'on n'y a plus rien.

d'Affifes ; de forte que quand on la vouloit pourfuivre hors de ces jours , on prenoit des Lettres de briefs intervalles , dont l'ufage eft aboli ; parce que la Jurifdiction du Bailli eft devenue ordinaire & de tous les jours. C'eft par cette même raifon , que le Vicomte eft exclus de la connoiffance de cette action ; mais le Haut-Jufticier, ayant la même compétence dans fon diftrict que le Bailli , à l'exception des Cas Royaux , eft compétent de l'Action qui s'intente en vertu des Lettres de Loi Apparente , comme il eft déclaré par cet Article. Ce qui partant fait connoître que les Juges Royaux ne peuvent pas s'attribuer la compétence de toutes les actions qui s'introduifent en vertu des Lettres de la Chancellerie , comme il a été remarqué fur l'Article XIII. A ce propos on doit fe fouvenir , que par une Déclaration de Louis XIII , du 11 de Juillet 1624 , il a été fait défenfes aux Juges de cette Province , d'accorder aux Parties aucunes Lettres dépendantes du Sceau de la Chancellerie , & aux Sergens de les mettre à exécution ; & qu'en cas de contravention , tant les Juges que les Sergens , pourront être affignés directement devant le Chancelier ou Garde-des Sceaux de France , pour être condamnés aux peines portées par ladite Déclaration.

L X I I.

Durant la fuite de Loi Apparoiffant , le Défendeur demeure faifi , fauf la queftion des Fruits , fi en fin de Caufe il déchet.

Le défendeur dans cette action étant reconnu poffeffeur , doit pendant le Procès jouir des effets de la poffeffion , qui confiftent principalement dans la perception des fruits , fauf la queftion fur la reftitution de ceux perçus depuis ou même avant la conteftation , fi en fin de Caufe il déchet , comme il eft déclaré par cet Article.

L'Ordonnance de 1539 , par les Articles XCIV , XCV & XCVI , avoit très-bien décidé , fuivant les maximes du Droit Romain , quelle reftitution de fruits étoit due , comment le condamné à quitter la poffeffion d'un héritage devoit exécuter ce Jugement , & quelles peines il encouroit s'il n'obéiffoit pas , ou s'il fe rendoit témérairement oppofant ou appellant. Voyez le Commentaire de Bourdin fur ces Articles , les Loix 3. *De condictione ex lege* , & 22. *De rei vindicatione* , C. L'Ordonnance de 1667 a apporté quelque changement dans le Titre *de l'Exécution des Jugemens* , Articles I , II , III & IV , par les délais qu'elle donne aux condamnés , par la maniere qu'il faut fignifier les Jugemens , & par les peines qu'elle décerne contre ceux qui n'obéiront pas aux commandemens qui leur auront été faits d'exécuter les Jugemens rendus contr'eux. Mais elle s'eft expliquée d'une maniere différente à l'égard des Jugemens , en requérant qu'ils foient paffés en force de chofe jugée ; au-lieu que l'Ordonnance de 1539 requiert feulement , qu'ils foient donnés en forme de chofe jugée : en quoi il y a une grande différence ; car les Jugemens donnés en forme de chofe jugée , font ceux qui font définitifs , encore qu'on en puiffe empêcher l'exécution par la voie d'appel. Mais les Jugemens qui ont force de chofe jugée , font ceux qui font rendus en dernier reffort , ou dont il n'y a point d'appel , ou dont l'appel n'eft pas recevable , foit que les Parties y ayent formellement acquiefcé , ou qu'elles n'en ayent interjetté appel dans le temps , ou que l'appel ait été déclaré péri , comme il eft bien fpécifié dans l'Article V dudit Titre de l'Ordonnance de 1667. De forte

DE LOI APPAROISSANT. 75

que cette Ordonnance ne ftatue aucune peine aux cas des appellations téméraires, ou des oppofitions frivoles des condamnés à quitter la poffeffion d'un héritage ; s'étant contentée de difpofer par l'Article VII du même Titre que le Procès fera extraordinairement fait & parfait à ceux qui par violence ou voie de fait, auront empêché directement ou indirectement l'exécution des Arrêts ou Jugemens. Mais l'Ordonnance de 1539, par l'Article XCVI, a ftatué généralement, que tous ceux qui empêcheront indûment, même par appellations ou oppofitions frivoles, l'exécution des Jugemens touchant la reftitution de quelqu'héritages, foient condamnés à foixante & quinze livres d'amende envers le Roi, & en groffe réparation envers la partie, à la difcrétion des Juges ; & qu'en outre, celui qui aura fait les empêchemens, fera condamné à faire exécuter le Jugement à fes propres coûts & dépens, dans un certain bref délai qui lui fera préfix, fur groffes peines qui lui feront dénoncées ; & en défaut de ce faire dans ledit délai, fera de plus contraint par l'emprifonnement de fa perfonne. La Loi *qui reftituere 68, ff. De Rei vendicatione*, donne un autre moyen contre ceux qui ne veulent point quitter la poffeffion, nonobftant les condamnations ou commandemens qui leur en ont été fignifiés ; car elle dit, qu'il leur faut ôter de force cette poffeffion : *Manu militari officio Judicis, poffeffio transferenda eft.* Touchant la liquidation des fruits, & les méliorations dont le poffeffeur doit être rembourfé, voyez ladite Ordonnance de 1539, Article XCVII & les quatre fuivans ; & l'Ordonnance de 1667, Article IX du Titre *de l'Exécution des Jugemens*, & tout le Titre *de la liquidation des Fruits.* (1)

---

(1) Cet Article eft tiré de notre ftyle de procéder : La Clameur de Loi apparente, y eft-il écrit « , eft feulement Propriétaire, vendant la partie défendreffe faifie de l'Héritage, dont le demandeur entend recouvrer la propriété ».

Si la poffeffion n'a point été ufurpée par violence, fi elle n'eft point fondée fur un Titre frauduleux, le Défendeur contre les fins du Mandement, ne reftitue les fruits que du jour de la fignification des Lettres ; d'où Bafnage conclut qu'un Acquereur qui n'eft point chargé d'une Rente dotale ou foncière, n'eft tenu, en déguerpiffant, de rapporter les fruits que du jour de l'Action : Arrêt du 29 Janvier 1664. Mais lorfque toutes les circonftances concourent à déceler la fraude & le dol du Poffeffeur, il alléguerait inutilement la bonne foi, *ibi bona fides effe non poteft ubi doli & fraudis probatio detegit improbitatem contrahentis.*

On a jugé par plufieurs Arrêts récens, que la fille ne peut ufer de Saifie pour le payement de fa Dot fur les Fermiers ou Fieffataires des Biens de fon Frere, elle n'a que la voie d'arrêt, on excepte le cas de collufion entre le Maître & le Fermier, le Fieffant & le Fieffataire quand elle eft bien juftifiée : Arrêt du 30 Avril 1722.

On a encore jugé par Arrêt du 5 Juillet 1731, que le Propriétaire ne pouvoit inquiéter un tiers Aquereur ni fes Fermiers, par la voie de Saifie mobiliaire, pour être payé d'une provifion obtenue contre celui qui avoit acquis fes Biens à *non domino.*, & les avoit enfuite revendus.

J'ai cité ces Arrêts, parce qu'ils ont du rapport avec les matieres traitées par Pefnelle fous cet Article.

K z

CHAPITRE QUATRIEME.

DE DÉLIVRANCE DE NAMPS.

IL est traité dans ce Chapitre, des biens saisis, principalement par le Seigneur féodal, ou pour se faire payer de ses rentes, & des autres droits dépendans de son Fief, ou pour s'indemniser des dommages faits sur ses terres par les bestiaux. Ils sont appellés *Namps*, parce qu'ils nantissent ; c'est-à-dire, saisissent & mettent en la main de l'Exécutant des gages, qui lui donnent assurance du payement de ce qui lui est dû. (1)

LXIII.

Si le Seigneur ayant saisi les Namps de son Vassal, est refusant les délivrer à Caution ou Plege, le Sergent de la Querelle les peut délivrer à Caution, & assigner les Parties aux prochains Pleds ou Assises.

La différence qui est entre caution & plege, est comme celle du genre & de l'espece : *Caution*, est un genre qui comprend toutes les assurances qu'on peut donner pour assurer l'effet d'une obligation : *Plege*, est une assurance spéciale, qui se donne par l'obligation personnelle d'un tiers, qui promet faire ou payer pour celui qui le fait intervenir : Par Sergent de la Querelle, il faut entendre le Sergent du lieu où l'action doit être poursuivie ; parce que *Querelle*, dans l'ancienne Coutume, signifie *Action*, comme il paroît par les Titres *de simple Querelle Personnel*, *de Querelle de Médit*, & autres. Il semble que le pouvoir qui est donné au Sergent, de délivrer les biens saisis à caution qu'il doit garantir, doit être limité au cas de la saisie faite par le Seigneur, des meubles de ses Vassaux, pour le payement de ses droits. Car en toute autre saisie, y ayant plus de sûreté en la chose qu'en la personne, le créancier qui

---

(1) Basnage, sur le Préambule de ce Titre, donne la définition du Forgage qui nous vient peut-être de la Coutume de Bretagne ; le Forgage est une faculté que l'on accorde au Débiteur de retirer ses meubles, vendus à l'encan, dans la huitaine après la vente ; en en payant le prix. On a jugé par Arrêt du 15 Juin 1690, que le jour de la vente n'est point compris dans la huitaine accordée au Débiteur pour forgager ; cette faculté est parmi nous en commerce, & cessible.

Par l'Article CCXXV de la Coutume de Bretagne, le Créancier doit faire signifier au Débiteur le Procès-verbal de la vente, qui contient le prix & le nom des Adjudicataires.

Frain rapporte, sous l'Art. CCXXIV de la même Coutume, un Arrêt qui a jugé que le Forgage cesse quand le Débiteur a consenti à la vente de ses biens sans recousse. La Coutume d'Anjou ajoute, que les Créanciers du Saisi peuvent s'opposer pendant la huitaine de recousse.

a requis la faifie , a intérêt qu'elle foit maintenue pendant le Procès commencé par l'oppofition du débiteur : c'eft pourquoi dans les Lettres qu'on prend en la Chancellerie , pour s'oppofer à une exécution , il eft du ftyle d'y employer la claufe , *les chofes faifies tenant état* : Mais dans les faifies qui fe font pour les droits féodaux , il femble qu'on n'y doit pas apporter tant de rigueur ni de précaution ; tant parce qu'entre le Seigneur & le Vaffal il y a des devoirs mutuels de bienveillance & de foi , comme il paroît par les Articles CXXIII , CXXV & CXXVI de la Coutume , que parce que les droits du Seigneur font bien affûrés par la valeur des héritages appartenans au Vaffal ; de forte que la caution que le Sergent eft obligé de prendre & de faire valoir , lorfqu'il met les biens faifis à délivrance , fuffit pour donner au Seigneur faififfant une entiere & pleine fûreté.

Au refte , les Sergens qui ont reçu & fignifié la Caution au cas de cet Article , ont non-feulement obligé tous leurs biens au payement de la chofe jugée : mais ils y ont même obligé , comme pour un fait d'office , la Sergenterie , dont ils ne font que Fermiers ; encore que par leur Bail ou Commiffion , le Propriétaire ait fpécialement ftipulé , que lefdits Fermiers ne pourroient recevoir aucune Caution. Ainfi cette claufe n'a point d'autre effet , finon que le Propriétaire , en cas de contravention faite par le Sergent à cette claufe , le peut faire évincer de fon Bail avec intérêts & dépens : mais elle n'empêche pas que la Sergenterie ne foit obligée à la Caution reçue par le Commis ; ce n'eft cependant que fubfidiairement , & fans que les autres biens du Propriétaire y foient engagés. Ce qui eft attefté par l'Article XVI du Réglement de 1666. (1)

---

(1) Le Chapitre de délivrance de Namps , étoit autrefois très-intéreffant ; le Seigneur qui avoit la force en main , pouvoit à chaque inftant accabler fon Vaffal , & le Vaffal à chaque inftant avoit befoin d'une protection pour fe foutenir : s'il prétendoit que fon Seigneur avoit faifi fes Namps mal-à-propos , il avoit recours au Sergent du Souverain , qui n'étoit pas ce que font nos Sergens actuels ; un Fief étoit très-fouvent attaché à fa Sergenterie. Si les Namps faifis n'étoient pas encore conduits au Parc , le Sergent les délivroit des mains du Sénéchal , Attourné ou Prévôt du Seigneur , ou il fe tranfportoit à fon domicile , & il lui faifoit commandement , de la part du Duc , de délivrer les Namps à Pleges ; dans le cas du refus du Seigneur , il faifoit fortir les Namps de l'étable , recevoit les Pleges du Vaffal , fi ce n'eft que le Seigneur ne contre-plégeât , & ajournoit les Parties devant le Juge Royal ; ainfi la Jurifdiction Seigneuriale étoit dépouillée ; mais le Vaffal qui fuccomboit payoit une amende confidérable : voilà le fens de l'Article 63 de la Coutume , dont on ne trouve l'intelligence que dans l'ancien Coutumier, chap. 3.

Aujourd'hui cet Article n'eft guere d'ufage , même à l'égard des Saifies pour Droits feigneuriaux ; les oppofitions à une Saifie n'operent point une main-levée , elle doit être prononcée par le Juge : de-là les Arrêts cités par Bérault , qui contiennent des condamnations rigoureufes contre les Huiffiers & Sergens , ont peu d'application ; les Propriétaires des Sergenteries ont moins de périls à effuyer ; il y a néanmoins des cas où la garantie fubfidiaire a lieu contr'eux ; mais il eft certain que les Sergenteries ne font point hypothéquées au crime de faux commis par les Prépofés à l'exercice : Arrêt du 9 Janvier 1609 , cité par Bérault , fous l'Article LXVI. Le Propriétaire d'une Sergenterie n'eft point auffi refponfable de fon Sergent , quand il inftrumente hors les bornes marquées par fon Bail : Arrêt du 29 Juillet 1700.

L-X I V.

Le Seigneur ne peut faire faifir ou faire exécution hors de fon Fief.

Il répete ce qui avoit été déclaré par l'Article XXX, dont la raifon eft rendue par du Moulin, au Titre *des Fiefs*, §. *2. gloff. 5. num. 2. Realia enim funt hujufmodi jura, quæ extra rem ipfam, nifi contractus invefiituræ univerfalem omnium bonorum contineat obligationem & hypothecam, executioni mandari non poffunt. Quia Dominus nullum jus reale, nullum fervitutem habet in Vaffallum, fed tantùm in rem quæ ab eo tenetur in feudum.* (1)

L X V.

Les Namps faifis doivent être mis en garde fur le Fief, & en lieu convenable qu'ils n'empirent, où celui à qui ils appartiennent puiffe aller une fois le jour pour leur donner à manger : ce qui aura lieu pour tous les autres Namps faifis par quelque Sergent, ou à quelque requête que ce foit.

L X V I.

Et auront les Seigneurs un Parc pour garder les Namps, quand il fera queftion des Droits de leur Seigneurie.

Non-feulement le Seigneur doit avoir un Parc, comme il a été remarqué fur l'Article XXVI, mais il en doit avoir un qui foit commode pour fes Vaffaux : & fi à raifon de l'incommodité du Parc, ou de l'empêchement donné aux faifis les bêtes empirent ou meurent, le Seigneur pourra être pourfuivi pour la réparation du dommage arrivé ; *Actione legis Aquiliæ, l. 29. §. municipales ff. Ad legem Aquiliam ; Nam cùm & aliquis pecûdes pignori cæpiffet, & fame eas necaffet, dum non patitur te eis cibaria afferre, in factum actio danda eft.* Ce qui a lieu à l'égard des autres faififfans, quand par leur faute ou par celle des Gardiens par eux prépofés, il eft arrivé de la perte ou de l'empirance aux chofes faifies. C'eft pourquoi il eft néceffaire que le faifi foit averti incontinent après la faifie, du lieu où fes meubles ont été dépofés & baillés en garde, par l'Article VIII du Titre *des Saifies & Exécutions*, de l'Ordonnance de 1667. (1).

L'hypotheque générale des Biens du Vaffal inférée dans le Contrat d'inféodation ou d'invefiiture, ne proroge point, dit Godefroy, la Jurifdiction du Seigneur au-delà des limites fixées par la Coutume, car l'hypotheque générale ne vient qu'en conféquence de la chofe fieffée par le Seigneur ; mais le Seigneur peut s'adreffer au Juge Royal pour fuivre les meubles de fon Vaffal hors de fon Fief.

Le Seigneur ne peut détenir fon Vaffal en prifon à raifon de fes Redevances, hors les cas de l'Article XXIX. Bérault. Par Arrêt du 10 Mars 1752, il a été jugé que le Prince d'Yvetot ne peut contraindre fes Vaffaux par corps au payement des Droits d'Aydes.

(1) L'ancien Coutumier avoit porté la prévoyance plus loin que la Coutume réformée : car il ajoutoit que le Parc devoit être fitué de façon que le Vaffal pût aller dans le

LXVII.

Le Seigneur peut faifir pour fa rente les bêtes pâturantes fur fon fonds , encore qu'elles n'appartiennent à fon Vaffal , ains à ceux qui tiennent l'Héritage à louage , ou qui ont alloué lefdites bêtes.

Il contient une difpofition contraire au droit commun , qui ne permet pas que le créancier puiffe faifir pour fa dette d'autres biens que ceux qui appartiennent à fon débiteur : néanmoins elle a auffi lieu en faveur du Propriétaire , qui pour le prix de fon Bail peut faire faifir les meubles des Souflocatifs , à qui fon Fermier aura loué une partie de fes héritages ou de fa maifon ; ce qu'il faut limiter par ces paroles de la Loi : *Solutum* §. *folutam ff. De pignoratitia actione* : *planè in eam dumtaxat fummam invecta mea & illata tenebuntur , in quam cœnaculum conduxi ; non enim credibile eft hoc conveniffe , ut ad univerfam penfionem infulæ frivola mea teneantur.* C'eft-à-dire , que les meubles du Souflocatif ne peuvent être faifis que pour le prix du fous-Bail , & non pour le prix du Bail entier. A quoi eft conforme l'Article CLXII de la Coutume de Paris , qui a été autorifé par les Réformateurs de l'ancienne , contre l'avis de du Moulin : Voyez Loüet , L. 16. Mais le pouvoir que le Seigneur féodal a de faifir les Meubles qui n'appartiennent point à fon Vaffal , n'eft que pour les meubles vivans , *fe moventia* , qui pâturent dans l'étendue de fon Fief ; car pour les meubles morts , il ne les peut faire faifir pour le payement de fes droits , que quand ils appartiennent propriétairement à fon débiteur. De plus , par les bêtes pâturantes fur le Fief , on ne doit entendre que celles qui font reffléantes fur le fonds obligé aux redevances feigneuriales ; car il paroît qu'il y auroit de l'iniquité à dire , que tous les beftiaux qui paîtroient en paffant , puffent être faifis & arrêtés pour le payement des Rentes & des autres droits dûs au Seigneur. Par ceux qui ont alloué les bêtes , la Coutume fignifie ceux qui en font propriétaires , & qui les ont baillées à louage à de certaines conditions , ou d'en partager les fruits , ou de payer un certain prix annuel. (1)

---

jour au lieu où les Namps avoient été faifis , & retourner à fon domicile.
Le Seigneur peut avoir plufieurs Parcs dans fa Seigneurie ; chaque Vaffal eft tenu de fouffrir le Parc fur fa terre , à l'exemple de la Prévôté tournoyante ; le Saifi doit les frais de nourriture , mais on les compenfe , dit Bérault , avec le profit que le Gardien en retire. Par Arrêt du 14 Juillet 1736 , le Gardien a été privé des frais de nourriture & de garde pour s'être fervi des chofes faifies.
Voyez l'Ordonnance de 1667 , Titres 19 & 33.
Les Sommations , réitérées dans le cours de chaque année , fuffifent pour empêcher la péremption annuelle de l'Article XVIII du Titre 19 de l'Ordonnance : Arrêt du 22 Mai 1731.
(1) Du Moulin étend ce Privilége au recouvrement des Droits naturels au Fief , tels font les Reliefs & Treiziemes dans les cas où ils font dûs : quoique notre Coutume n'ait-rien difpofé fur cet Article , la décifion de du Moulin paroît très-jufte & très-équitable. *Voyez* Godefroy.
Le Seigneur , pour le payement de fes Droits féodaux , ne peut pas faifir les Namps morts du Fermier de fon Vaffal , qui n'a point contracté avec lui. Il ne peut faifir que les animaux du Fermier qui pâturent fur fon Fief.
Le Propriétaire peut faire faifir & vendre tous les Beftiaux qu'il trouve fur fa Ferme ; il en emporte le prix en privilége , quoique ceux qui reclament les Beftiaux foient fondés

LXVIII.

Le Seigneur peut faifir toutes les bêtes faifant dommage fur fon Fief, encore qu'elles ne foient appartenantes à fes Vaffaux.

Ce qui eft permis au Seigneur de Fief par cet Article, eft permis à tous les poffeffeurs & détenteurs ; c'eft-à-dire, qu'ils peuvent prendre, fans le miniftere de Sergent, les bêtes faifant dommage fur leurs héritages : Ils peuvent même les faifir à la fortie de l'héritage endommagé, comme fi elles y étoient encore, pourvu que ce foit incontinent, comme l'enfeigne Chaffanée au Titre *des Juftices*, *ad verba* mefufage, *num 25*. Que fi on a omis, ou qu'on n'ait pu faifir les bêtes ayant fait le dommage, on peut pourfuivre celui à qui elles appartiennent, pour le faire condamner à la réparation du dommage, qui s'eftime par experts ; de forte qu'on n'en eft pas quitte en voulant abandonner les bêtes qui ont caufé la perte : *Non fufficit animalia noxæ reddere*, comme au Droit Romain : Mais cetre action fe prefcrit par un an, par l'Article DXXXI de la Coutume. (1)

en brevets & en cédules reconnus par le Fermier ; cette Jurifprudence met les Droits du Propriétaire à l'abri des artifices du Fermier, qui pourroit faire paffer tous fes Beftiaux fous des noms étrangers : Arrêt du 3 Juin 1683. Bafnage, Traité des Hypoth. chap. 6. On a confirmé, par Arrêt du 25 Octobre 1736, une Saifie, faite pour le prix du Bail par le Propriétaire d'une Ferme, de Beftiaux pâturans fur fon Fonds, quoique le maître des Beftiaux repréfentât un Bail paffé devant Notaire avec le Fermier de l'héritage, du Droit d'y faire pâturer ; mais l'Arrêt donne au Saifi la liberté de payer la vraie valeur des Beftiaux.

(1) Les Beftiaux, pris en dommage, doivent être parqués dans les 24 heures de la prife. Quand les Beftiaux d'un particulier font faifis par le Seigneur fur les Héritages du Vaffal pour le payement des Rentes féodales, il y a de l'équité à lui accorder un recours folidaire contre tous les tenans de l'Aîneffe en retardement ; mais Bafnage n'eftime pas qu'entre Coobligés ou Codétenteurs d'un Fonds hypothéqué, celui d'entr'eux qui rembourfe la dette, puiffe exercer la folidité contre les autres, de quelque maniere que le payement foit conçu. *Voyez* de Renuffon, Traité de la Subrogation, chap. 8 ; Gueret, fur le Prêtre, Cent. 1, chap. 69 ; Traité des Obligations par Potier.

CHAPITRE CINQUIEME.

DE PATRONAGE D'ÉGLISE.

LE Droit de Patronage d'Eglife a été accordé en reconnoiffance des bien-faits faits à l'Eglife, foit qu'on lui ait donné le fonds fur lequel le Temple a été bâti, foit qu'on ait fourni les frais de la conftruction du Temple, foit enfin qu'on l'ait doté en lui aumônant un revenu pour le faire deffervir : *Patronum faciunt dos, ædificatio, fundus.* Ce Droit paroît établi dans les Novelles de Juftinien 57, au chap. 2, & dans la 123, au chap. 18. Il étoit dans fon commencement perfonnel, Juftinien l'étendit aux enfans des bienfaiteurs; mais depuis il eft devenu patrimonial & fucceffif, comme dépendant du fonds ou Fief, auquel il eft réputé annexé. C'eft par cette raifon qu'il peut être aliéné par vente, échange ou donation; & il n'eft pas néceffaire que ces aliénations fe faffent avec l'aliénation de l'univerfité du Fief, il fuffit qu'elles foient faites avec quelque dépendance d'icelui, comme quelque partie de la rente Seigneuriale, à laquelle on voudra annexer le Patronage. De plus, quand le Patronage eft alternatif, un des Patrons peut difpofer de la portion qu'il a au Patronage, en faveur de l'autre Patron, fans y joindre aucune partie ou dépendance de fon Fief, parce que cette difpofition réuniffant le Patronage qui avoit été divifé, le rejoint au fonds de celui au bénéfice duquel il accroît : ce qui a été jugé par un Arrêt du 17 Février 1631. En outre, les Patrons peuvent donner & aumôner à l'Eglife leur droit de préfenter aux Bénéfices, fans y joindre aucun fonds ou dépendance d'un Fief; comme il s'induit de l'Article CXLII, qui réferve au donateur, à fes héritiers, ou ayans caufe au Fief ou Glebe aufquels foit annexé le Patronage, tous les droits honoraires dûs aux Patrons. C'eft en conféquence de ce principe, qu'il a été jugé que le Chapitre de Lifieux avoit pu échanger le Patronage de la Paroiffe de Fervaque qui lui appartenoit, contre les Patronages d'autres Eglifes appartenans au Seigneur de Fervaque, à caufe d'autres Fiefs, par un Arrêt du 30 de Juin 1636. On a de plus jugé que les Patrons, fans aliéner leur Droit de Patronage, pouvoient céder leur Droit de préfenter à la premiere vacance du Bénéfice dépendant de leur Patronage, (quoique cela foit réprouvé par le Droit Canon) par un Arrêt du 3 de Mars 1622. Ces trois Arrêts ci-deffus datés, font rapportés par Bafnage. (1)

---

(1) Comme le Privilége de la préfentation eft acquis de plein droit, fuivant les Canons, à celui qui eft bienfaiteur de l'Eglife aux trois Titres réunis par l'Auteur, nonobftant l'opinion de quelques Jurifconfultes, il ne lui eft pas néceffaire, pour en jouir, de le réferver par l'Acte de fondation ; Bafnage admet une exception en faveur des Eglifes Collégiales ou Conventuelles, car fans une réferve expreffe du Droit de nomination, le Fondateur, qui

L

LXIX.

Les Patrons, tant Laïques qu'Eccléfiaftiques, ont fix mois pour préfenter, à compter du jour que la mort du dernier poffeffeur eft fçue communément.

La différence du Patron Eccléfiaftique & du Laïque, ne dépend pas de la qualité des perfonnes, mais du Droit en vertu duquel ils font Patrons : car fi un Eccléfiaftique a le Patronage en vertu d'un Fief qui lui appartient propriétairement, il eft Patron Laïque, s'il a le Patronage dépendamment de fon Bénéfice, il eft Patron Eccléfiaftique. Or il y a quatre différences très remarquables entre ces deux fortes de Patrons, car bien que l'Eccléfiaftique, auffi-bien que le Laïque, puiffe préfenter dans les fix mois, il peut être prévenu pendant ce temps par le Pape, qui peut conférer le Bénéfice, en donnant fa Provifion auparavant que le Patron ait préfenté. Voyez Louet, p. 25 & 43. Ce qui a été autorifé par le Concordat, nonobftant le Concile de Latran, tenu fous Alexandre III, & les Ordonnances de Saint Louis, de 1228, de Louis Hutin, de 1315, du Roi Jean, de 1351, & la Pragmatique-Sanction faite fous Charles VII. La feconde différence eft que le Patron Eccléfiaftique peut être fruftré par la réfignation, que le Titulaire peut faire du Bénéfice dépendant du Patronage Eccléfiaftique. De ces deux différences il en réfulte une troifieme en ce que fi le Patronage eft alternatif entre un Patron Eccléfiaftique & un Laïque, la Provifion ou Collation du Pape, faite au tour du Patron Eccléfiaftique, lui tient lieu de tout, & le fruftre du droit qu'il avoit de préfenter ; foit que cette Provifion ou Collation foit faite par mort, ou par prévention, ou fur réfignation, ou permutation, ou autrement, en quelque maniere que ce foit,

ne feroit ni Souvérain ni Prince, fera préfumé l'avoir remis, d'autant que par état elles ont la prérogative de fe choifir un Chef.

Les Gens de main-morte, ont en vain tenté de faire envifager comme une efpece d'efclavage le droit de préfentation dont jouiffent les Laïques, il doit être regardé comme un tribut d'hommage dû aux bienfaiteurs. On fe trompe toutes les fois que l'on veut tourner contre les Patrons, les Ecrits volumineux des Canoniftes, pour établir que de droit divin l'Evêque doit feul pourvoir aux Bénéfices de fon Diocefe : ce principe ne peut exercer fa force que contre les Réferves, les Expectatives, les Mandats Apoftoliques & les Regles de Chancellerie Romaine dont quelques-unes fe font établies parmi nous.

Quand vous lirez les anciennes Chartes, ne confondez-pas ces termes, *altaré*, *Ecclefia*, *advocatia*, ces termes n'ont pas une force égale, pour conférer le Patronage : confultez, fur leur fignification, Voffius, Spelman, Skinner, du Cange & les autres Gloffaires.

Quand plufieurs Patrons ont également droit à la préfentation comme, étant de la famille du Fondateur, quoique les fuffrages ne fe comptent que par fouches, cette fage précaution ne fuffit point encore pour prevenir les diffenfions ; il feroit à propos d'établir une autre regle bien plus facile & auffi équitable en introduifant la Préfentation tournaire, à commencer par l'Aîné de la famille.

Si on attache la Préfentation d'un Bénéfice à une portion de la Glebe originelle du Patronage, cette portion doit être affez confidérable pour donner à penfer que la Préfentation n'entre point principalement dans les vues du Traité, & qu'on n'en fait point trafic.

comme il eſt expliqué par l'Article XVII du Réglement de 1666. Tout le contraire s'obſerve à l'égard du Patron Laïque, qui ne peut être prévenu par le
Pape, & dont le tour pour préſenter ne peut être fruſtré, ni par la mort, ni
par permutation ou réſignation faite par le Titulaire. La quatrieme différence eſt,
que ſi le Préſenté par le Patron Eccléſiaſtique eſt refuſé à cauſe de quelqu'incapacité, le Patron n'en peut plus préſenter un autre, quoique le temps de ſix
mois qu'il avoit pour préſenter, ne ſoit pas expiré; au contraire, le Laïque
peut varier, de ſorte qu'ayant préſenté un incapable à qui la Collation ait été
refuſée, il peut faire une nouvelle préſentation, pourvu que les ſix mois ne
ſoient pas paſſés. (1)

La Préſentation à un Bénéfice (en laquelle conſiſte le principal effet du
Droit de Patronage) étant réputée un fruit, appartient aux uſufruitiers, comme au Mari qui jouit des biens de ſa Femme; à la Veuve, à cauſe de ſon
douaire; au Seigneur de Fief, qui, en vertu d'une réunion, jouit des héritages

_____

(1) Le délai de ſix mois accordé aux Patrons par la Coutume, ne commence à courir
que du jour que la mort du dernier Poſſeſſeur eſt ſçue communément au lieu du Bénéfice. Sur ce principe on a admis, par Arrêt, le Préſenté à une Chapelle, après les ſix mois
depuis la mort du dernier Titulaire, à prouver que lors de la Préſentation qu'il avoit
obtenue, il n'y avoit pas ſix mois que la mort du Titulaire étoit ſçue au lieu du Bénéfice: le cas peut arriver fréquemment, par rapport aux Bénéfices qui n'exigent pas de
réſidence.
La prévention en Cour de Rome n'eſt pas favorable; ainſi quand, avant la derniere
vacance, on a préſenté à un Bénéfice comme Patron Laïc, ce dernier état de Bénéfice écarte
le Préventionnaire en Cour de Rome, quoiqu'il ſoit conſtant par les Titres que le Patronage eſt dans ſon origine Eccléſiaſtique: Arrêt du 11 Août 1746.
Le Droit que le Roi a de préſenter aux Bénéfices pendant le litige, étant attaché à la
Couronne depuis la réduction de la Normandie, le Pape ne peut pourvoir, par prévention, aux Bénéfices vacans en litige. Bérault.
Le Pape ne peut prévenir un Gradué par la clauſe aut alias quovis modo étant employée
dans une Supplique ſur une Réſignation en faveur: Arrêt du 31 Juillet 1732. Il a été décidé, par Arrêt du 6 Février 1755, qu'en vertu de cette clauſe le Pape ne peut prévenir l'Ordinaire; ainſi pour qu'il puiſſe conférer un Bénéfice à droit de Prévention, il
faut que la vacance ſoit aſſurée par la mort du dernier Titulaire, avant le départ du
Courrier chargé de la Supplique, pour obtenir le per Obitum; le vœu des Tribunaux
éclairés, ainſi que je l'ai fait ſentir, eſt de reſtreindre un abus contraire à l'ordre de la
Hiérarchie Eccléſiaſtique.
Le Patronage qui appartient aux Colléges & Univerſités eſt réputé Patronage Laïc, d'autant que ces corps ſont compoſés de perſonnes Laïques & Eccléſiaſtiques, & enſeignent,
par état, les ſciences qui conduiſent à des profeſſions Séculieres & Eccléſiaſtiques. Loi Ec-
cléſiaſt. tom. I, du Droit de Patronage. Le Titulaire d'un Bénéfice-Cure, pourvû par le
Collége de Cornouaille, a été maintenu, par Arrêt de Grand'Chambre de ce Parlement
le 18 Juillet 1749, au plein poſſeſſoire de ce Bénéfice au préjudice du Préventionnaire
pourvû en Cour de Rome, ſur le principe que le Collége de Cornouaille étant membre
de l'Univerſité, les Bénéfices qui lui appartiennent ſont en Patronage Laïque.
Les Canoniſtes François prétendent que, lorſque le Patron Laïc a aumôné à l'Egliſe le Patronage avec la Glebe, il ne change point de nature, d'autant qu'il eſt un acceſſoire d'un
bien profane & ſéculier, & clerici in hoc gerunt vices Patroni Laïci: Arrêt du mois de
Juin 1522, cité par Terrien, liv. 8, Titre du Patronage; cet Arrêt a été rendu en
faveur des Chanoines de Notre-Dame de Cléry, & il décide, de même que pluſieurs Arrêts
précédens, que ces Chanoines, en conſidération de la fondation de leur Egliſe faite par
Louis XI, confirmée par Charles VIII, Louis XII & François I, préſentent les Bénéfices
à leur nomination, au nom & de l'autorité du Roi.

L 2

de fon Vaffal : ce qu'il faut limiter à la vacance du Bénéfice arrivée depuis la réunion ; car à l'égard de la vacance arrivée auparavant , le Seigneur n'a pas droit de préfenter , encore que lors de la réunion , le Propriétaire n'eût point encore préfenté : ainfi cette forte de fruit n'eft point compris dans la regle des fruits naturels , qui appartiennent au Seigneur qui a réuni , quand ils n'ont point encore été perçus par le propriétaire ; & la raifon qu'on peut apporter de la différence , eft que la Préfentation à un Bénéfice ne confifte point en pro-fit ni en lucre , mais en honneur & en faculté de gratifier. C'eft pourquoi , encore que le propriétaire foit deffaifi de la poffeffion & de la jouiffance de fes héritages , par la faifie en decret , il n'eft pas privé de la Préfentation aux Bé-néfices , parce que cette dépoffeffion n'étant pas abfolue , mais feulement pour la confervation des droits des créanciers , en engageant pour le payement de leurs créances les fruits utiles de l'héritage faifi , elle ne doit pas priver le débi-teur de jouir des Droits purement honoraires , ou qui ne tendent qu'à l'amé-nagement ou augmentation de la chofe faifie : c'eft pourquoi le faifi peut faire tenir les Pleds & Gages-Pleges , recevoir les Hommages , Aveux & Déclara-tions : Ce qui a été jugé par un Arrêt d'Audience de la Grand'Chambre du 2 de Juin 1640, rapporté par Bafnage. Un Officier pourvu par un Seigneur faifi en decret , fut reçu en fon Office , nonobftant l'oppofition des créanciers , mais on le fit jurer qu'il n'avoit point baillé d'argent pour obtenir fa provifion. (2)

C'eft par cette même raifon que l'on a jugé que les Mineurs & Interdits peu-vent préfenter aux Bénéfices , préférablement à leurs Tuteurs ou Curateurs , pourvu qu'ils ayent la connoiffance de ce qu'ils font ; c'eft-à-dire , fi le Mineur a fept ans accomplis , & fi l'Interdit a l'ufage de la raifon ; car les Tuteurs & Curateurs n'ont l'adminiftration que de ce dont ils doivent rendre compte , & il eft jufte de conferver au Mineur & à l'Interdit la faculté de préfenter au Bénéfice , afin que la reconnoiffance & gratitude leur en foit due.

C'eft par ces mêmes confidérations , que le Roi donnant la Garde-Noble , qui lui appartient par la Coutume , eft toujours réputé s'être réfervé le droit de préfenter aux Bénéfices qui en dépendent ; de forte que la Préfentation faite par le donataire de la Garde-Royale , ne fert de rien au préjudice du Préfenté par le Roi , qui feroit préféré , encore qu'il n'eût pas pris fa Collation de l'Or-dinaire , ni poffeffion en vertu d'icelle , qu'après la Collation & poffeffion prife par le Préfenté , par le donataire ; & encore que le Roi eût confirmé & ap-prouvé cette Préfentation faite par ce donataire. Ce qui doit fembler d'autant plus extraordinaire , qu'il eft conftant que deux ayant été préfentés fucceffive-ment par un Patron , le fecond préfenté eft préféré au premier , quand il a pris fa Collation & poffeffion avant l'autre , parce qu'auparavant que la Pré-

---

(2) Le Propriétaire actuel de la Glebe , à laquelle eft annexé le Droit de Patronage , au temps de la vacance du Bénéfice , préfente valablement ; ainfi la nomination faite avant le retrait par l'Acquereur , aura fon effet , quoiqu'il foit évincé dans les fix mois de la vacance par un lignager : Arrêt du 15 Février 1651. Bafnage. On applique la même décifion à l'Hé-ritier pur & fimple du Patron , à qui la fucceffion eft enfuite enlevée par un Héritier plus habile à fuccéder.

Voyez l'Édit du mois de Janvier de 1682 , fur l'ufage de la Régale ; la Déclaration du 30 Août 1735 , fur la Collation des Bénéfices pendant la vacance des Abbayes , & Bafnage , fous cet Article. Rufée , Bengi Pinfon , Loix Eccléfiaftiques.

DE PATRONAGE D'EGLISE. 85

fentation ait été approuvée par le Collateur, elle n'eſt point pleinement conſommée; *Antequam præſentatio per Epiſcopum approbetur, ratum non eſt quod à Patrono fuit inchoatum :* Ce qui eſt conforme à ce qui eſt déclaré en la Loi 15. *C. De rei vindicatione ;* c'eſt à ſçavoir, que de deux acheteurs, celui-là eſt préféré & déclaré propriétaire, *cui res priùs legitimè tradita eſt, licet alius in titulo prævenerit.*

Quand le Droit de préſenter à un Bénéfice eſt un Droit de Famille, & non une dépendance de Fief, les Freres doivent nommer & préſenter enſemble : ce qui a lieu à l'égard des Sœurs héritieres des Droits d'un Fief par indivis.

Quoique le Patron Laïque ne puiſſe être prévenu, ſi néanmoins il ne ſe plaint point de la Proviſion accordée par le Pape ou par le Collateur ordinaire, cette Proviſion a ſon effet : *Non eſt nulla, ſed venit annullanda, conquerente Patrono intra legitimum tempus.* Ce qui a été jugé à l'égard de la prévention du Pape, par un Arrêt du 25 de Juin 1659, contre l'avis de du Moulin, *ad Regulam de infirmis reſign. n. 68.* & à l'égard de la Collation faite par un Evêque, par un Arrêt du 24 de Juillet 1671 : Ces deux Arrêts ſont rapportés par Baſnage (3). Par une raiſon ſemblable, on pourroit conclure que la Préſentation, faite par le propriétaire, ſeroit valable, ſi l'uſufruitier néglige le droit qu'il a de préſenter.

Quand la Coutume déclare que les Patrons ont ſix mois pour faire leur Préſentation, à compter du jour que la mort du dernier poſſeſſeur eſt ſçue communément, elle entend que cette mort doit être ſçue au lieu du Bénéfice vacant. Car la notoriété qui ſeroit ailleurs ſeulement, ne préjudicieroit point au droit du Patron, qu'on ne pourroit accuſer de négligence. La mort des Bénéficiers doit être publiée par leurs Domeſtiques, ſous peine d'amende ; & contre ceux qui celent leur mort par la garde des corps, il y a peine & confiſcation de corps & de biens à l'égard des Laïques, & de perte de tout droit ſur le Bénéfice à l'égard des Eccléſiaſtiques ; outre une amende arbitraire, par l'Ordonnance de 1539, Articles L, LIV, LV & LVI, & en faiſant regiſtre de leur ſépulture, on y doit faire mention du temps précis de leur mort. (4)

Après le temps de ſix mois, le Collateur ordinaire peut pourvoir & conférer *jure devoluto ;* ce qu'il faut entendre, ſi on ne lui a pas préſenté en effet : car il ne ſuffit pas au Patron d'avoir donné ſes Lettres de nomination ou préſentation, ſi elles n'ont été exhibées au Collateur. Que ſi on a préſenté un indigne ou incapable, c'eſt la même choſe que ſi on avoit manqué à préſenter : *Argumento l. 6. ff. Qui ſatiſdare cogantur, l. 2. ff. De authoritate Tutorum,* & *l. 3. ff. De Fidejuſſoribus.*

---

(3) Du Moulin, dans l'endroit cité par Peſnelle, dit effectivement que la Proviſion de l'Ordinaire faite dans les ſix mois, n'acquiert pas ſa validité par le conſentement préſumé du ſilence du Patron pendant le temps preſcrit pour l'exercice de ſon Droit, mais d'elle-même & de ſa force primitive, *Patrono negligente remanet valida, non in vim taciti conſenſus Patroni, nec quaſi ſuperveniente cauſâ confirmante, ſed ex primitivâ ſuâ, & ordinariâ virtute, & ſic propriè loquendo non reconvaleſcit, ſed non reſolvitur.*

(4) Un Dévolutaire a été admis, par Arrêt du 9 Juillet 1694, à prouver la concélation du corps du dernier Titulaire ; c'étoit un Neveu qui étoit accuſé d'avoir celé la mort de ſon Oncle : les faits poſés en preuve par le Dévolutaire étoient fort concluans.

L X X.

Le Patronage n'eſt tenu pour litigieux, s'il n'y a Brief de Patronage obtenu, ſignifié, Aſſignation donnée, & conteſtation entre les Parties.

L X X I.

De Patronage, l'on doit plaider devant le Juge Royal, & en l'Aſſiſe.

L X X I I.

Le Litige n'eſt fini, ſinon après qu'il y a Jugement définitlf, & l'Amende payée.

L X X I I I.

Le Roi, par privilége ſpécial, a la Préſentation du Bénéfice qui échet vacant pendant le litige, par la mort de l'un des Préſentés & Collitigans, à raiſon deſquels ledit Brief a été intenté, & y préſentera à chacune échéance, juſqu'à ce que le Brief ſoit vuidé.

L X X I V.

Le Brief de Patronage eſt introduit, non-ſeulement pour la poſſeſſion, mais pour la propriété dudit Patronage.

Ces cinq Articles tendent à déclarer le droit qu'a le Roi de préſenter aux Bénéfices, quand le Patronage en eſt litigieux (1). C'eſt pourquoi il a fallu expliquer quand le litige commence, quand il finit, quel en eſt le Juge compétent, & quel eſt le Droit du Roi pendant ledit litige. L'Article LXX déclare que le Patronage n'eſt litigieux, que quand il y a un Bref de Patronage obtenu ; dont on doit inférer que quand le Procès eſt ſeulement entre les Préſentés par pluſieurs ſe diſant Patrons, leurs conteſtations pour la préférence, ne rendent pas le Patronage litigieux, & ne donnent pas ouverture au Droit du

(1) L'origine du Droit de litige parcît très-ſimple. Comme le Bref de Patronage, avant la Coûtume réformée, n'étoit, dans la regle générale, pris que pour le poſſeſſoire des Bénéfices, & comme de Droit il ſequeſtroit le Patronage entre les mains du Duc ; il étoit conſéquent que ſi le Bénéfice, dont la préſentation étoit conteſtée, venoit à vaquer dans le temps de la diſcuſſion, le Souverain établi ſequeſtre par la Loi y nommât un ſujet.

Le Droit de Litige eſt un Droit de la Couronne, le Roi ne le tient par aucune conceſſion, il eſt incommunicable à ſes Sujets ; & par Arrêt que prononça, le 8 Octobre 1550, le Roi Henri II ſéant au Parlement à Rouen, M. le Duc de Montpenſier, à cauſe de ſon Comté de Mortain, ayant préſenté au Bénéfice de Heuſſey vacant par litige, le Préſenté par le Roi fut maintenu.

Roi, qui n'a lieu que quand la propriété ou la possession du Patronage sont en débat entre ceux qui prétendent que le Patronage leur appartient. C'est pourquoi la Coutume, par l'Article LXXIV, fait entendre que le Bref de Patronage est non-seulement pour la possession, mais pour la propriété du Patronage : il est donc du nombre des interdits, *quæ causam proprietatis & possessionis continent*, dont quelques exemples sont proposés dans la Loi seconde, §. *sed & illa ff. De interdictis*. Pour la possessoire, celui-là y est maintenu, qui a présenté la derniere fois à la vacance du Bénéfice : car la Présentation étant comme le fruit du Droit de Patronage, celui qui a présenté a fait un acte incontestable de possesseur. Pour la propriété, elle s'établit par titres ou par une possession immémoriale, qui se prouve par plusieurs Présentations faites dans les occurrences que le Bénéfice a vaqué. Une possession de quarante ans ne suffit pas, ayant été nommément exceptée par l'Article DXXI de la Coutume.

Il ne suffit pas que ce Bref soit obtenu & signifié : car par l'Article LXX, le litige ne commence que par la contestation, qui est, quand il y a un Réglement donné sur les demandes & défenses des Parties, suivant l'Article CIV de la Coutume de Paris, & l'Ordonnance de 1667, au Titre *des Contestations en Cause*, Article XIII. Ce qui est conforme à ce qu'enseigne Cujas, au 9. Livre de ses Observations, chap. 21. *Cùm ab utraque parte narratio facta est hoc enim genere res in judicium deducitur, & lis esse incipit.*

Il n'y a que le Bailli Royal qui soit le Juge ordinaire & compétent de ce litige, parce que le Patronage étant un Droit réel, dépendant d'un fonds auquel il est réputé annexé, est un bien temporel, dont le Juge d'Eglise ne peut connoître : par la même raison, qu'il ne peut être Juge ni du possessoire ni du pétitoire des Dixmes inféodées. Et quoique par une Déclaration de Henri II, de 1552, la connoissance de tous les Procès, mûs à raison des Bénéfices dont le Roi a la nomination, soit attribuée au Grand-Conseil ; néanmoins les Caûses touchant les Bénéfices, ausquels le Roi nomme à cause du litige, ou de la Garde-Royale, sont de la compétence des Juges ordinaires, par une autre Déclaration de 1554. (2)

Quant à la fin du litige, l'Article LXXII décide qu'il faut qu'il y ait eu un Jugement définitif, & même que ce Jugement soit exécuté par le payement de l'amende. De sorte qu'il ne suffit pas que les Parties ayent mis fin à leurs contestations par écrit, il faut que le Procès soit terminé avec tous ceux qui y ont intérêt ; c'est pourquoi l'intervention du Procureur du Roi y est nécessaire ; ce qui fut préjugé par un Arrêt du 13 d'Avril 1630, rapporté par Basnage : & ce qui fait connoître une des raisons pourquoi le Haut-Justicier n'est pas Juge compétent du Droit de Patronage.

_____

(2) Le Grand-Conseil ayant, malgré les termes précis de la Déclaration de 1554, voulû connoître de la question de litige entre les différens Contendans au Patronage de la Cure de Saint-Just, Diocese de Lisieux ; deux Arrêts du Conseil privé des 26 Août 1715 & 13 Février 1717, renvoyerent les Parties en Bailliage au Siége de Bernay, & par appel au Parlement de Rouen. Le Roi use du Droit de litige dans les vacances, de droit comme de fait, comme si le Présenté se marie, s'il fait profession en Religion ; il s'étend à toute espece de Bénéfice en litige, soit Bénéfice à charge de résidence ou à charge d'ames.

A l'égard du Droit qu'a le Roi pendant le litige, on peut dire que c'est un Droit de sa Couronne, qui l'oblige à la protection de toutes les Eglises de son Royaume, aufquelles il doit pourvoir de Pafteurs : *Ecclefiæ vacantis cuftodia competit Regi jure communi.* L'effet de ce Droit eft expliqué dans l'Article LXXIII', qui fe doit entendre auffi-bien du Patronage Eccléfiaftique que du Laïque, au préjudice defquels le Roi peut préfenter, tant que dure le litige, au Bénéfice vacant par la mort ou la deftitution de l'un des Préfentés par ceux qui prétendent au Patronage, avec tel privilége pour le nommé par le Roi, qu'il ne peut être dépofïédé : il faut qu'il jouiffe du Bénéfice pendant fa vie, à l'exclufion du Préfenté par celui à qui le Patronage a été adjugé définitivement, qui ne peut prétendre autre chofe qu'un dédommagement pendant la vie ou poffeffion du Préfenté par le Roi. Ce qui paroit n'être pas équitable. (3)

L X X V.

Les Préfentés & Pourvus doivent porter honneur & fidélité à leurs Patrons, fans toutefois leur faire Foi & Hommage.

Un Curé, pour injure atroce commife contre le Patron, peut être privé de fon Bénéfice ; ce qui a été jugé par un Arrêt de la Tournelle, du 20 de Mars 1638 (1). Le Patron eft obligé de contribuer à la réédification du Prefbytere,

comme

---

(3) La connoiffance du Droit de Patronage appartient au Bailli, qui a dans fon Reffort l'Eglife qu'il faut pourvoir d'un Pafteur, quoique la Glebe du Patronage foit fituée fous un autre Bailliage. Bérault.

Terrien, Bérault & Godefroy, penfoient que le Droit du Roi n'avoit point lieu lorfque la poffeffion du Patronage n'étoit point contefïée, & qu'il n'étoit queftion, entre les Contendans, que de la propriété ; par la raifon que dans ce fecond cas le poffeffeur faifant les fruits fiens, on ne pouvoit fuppofer de fequeftre.

La Requête civile contre un Arrêt ne proroge point le Droit de litige. Sur le Droit de Patronage. *Voyez* Forget, Ferriere, du Perray, Jurifpr. Can.

(1) Du Moulin explique très-clairement fur les Fiefs, n. 55, le motif de cet Article, qui eft à la fin du Chap. 109 de l'ancienne Coutume. Le Patronage, dit-il, repréfente l'ancien Domaine. Terrien, Liv. 8, Chap. 17, compare le Patron au Seigneur, & le Bénéficier au Vaffal. Bérault dit que l'Eglife eft tenue par aumône de fon Fondateur, de même que le Fief Laïc eft tenu par hommage ; & Godefroy cite un Arrêt de l'an 1622, par lequel un Curé fut privé de fon Bénéfice, pour révolte & calomnies dont ce Curé avoit tenté la preuve contre le Patron. Pefnelle cite un pareil Arrêt du 20 Mars 1638, rendu contre le Curé de S. Victor, & dont l'efpece intéreffe. Ce Curé avoit déclaré publiquement que fon Patron étoit excommunié pour lui avoir donné un foufflet, infulte qui n'étoit point avérée ; il avoit refufé de célébrer & de faire célébrer le Dimanche l'Office divin, fous le prétexte que fon Patron étoit dans l'Eglife, & il avoit conduit fes Paroiffiens à une Eglife voifine. La Cour, en le privant de fon Bénéfice qui étoit confidérable, exhorta le Patron à lui laiffer 300 livres de Penfion.

On n'accueille cependant point dans les Tribunaux la paffion fordidement intéreffée ou frivole d'un Patron : il n'eft pas recevable à intenter des accufations de crime contre fon Curé quand il n'y a point d'intérêt ; on préfume que l'efpérance de fe procurer une nouvelle nomination, ou le caprice, le font agir : Arrêt du 26 Mai 1628. Il ne peut auffi fe plaindre de ce que le Curé fe conforme aux ufages du Diocefe, à ceux de fon Eglife & aux Statuts Synodaux non abufifs, quoique cette pratique ne fe concilie pas avec fa vanité ou fes commodités particulieres.

comme les autres Propriétaires, par un Arrêt du 18 de Mai 1662. Par un autre Arrêt du 30 de Juillet 1669, les gros Décimateurs n'y font pas obligés, si ce n'est à raifon des terres qu'ils poffedent dans la Paroiffe, parce qu'ils ont les Dixmes au droit du Curé, qui n'eft point tenu de contribuer à la réédification de fon Presbytere : ces Arrêts font rapportés par Bafnage. Le Chœur des Eglifes doit être réparé aux dépens de ceux qui perçoivent les Dixmes ; c'eft-à-dire, tant des Curés que des gros Décimateurs ; & la Nef la doit être des deniers du Tréfor & de la Fabrique. Voyez Loüet, R. 50. (2)

---

(2) De gros Décimateurs ont prétendu que les Edits, Déclarations & Réglemens qui les affujettiffent aux réparations du Chœur & Chancel des Eglifes, ne devoient avoir lieu qu'en faveur des Eglifes de la Campagne, & que quand même il feroit poffible de les appliquer aux Eglifes des Villes, ils étoient en droit d'oppofer une poffeffion immémoriale d'exemption ; cette prétention a été condamnée par plufieurs Arrêts, & notamment par Arrêt rendu le 12 Août 1762, l'efpece en eft remarquable. De temps immémorial la Fabrique de S. Lo avoit entretenu le Chœur & Chancel de cette Eglife ; les gros Décimateurs inquiétés avoient obtenu contr'elle des Sentences en 1628, 1638 & 1657 : tranfactions en conféquence en 1660 & du 25 Mai 1708 ; la Fabrique reclamoit l'exécution de l'Art. XXI de l'Edit du mois d'Avril 1695, & foutenoit que la tranfaction poftérieure étoit le fruit de l'erreur. La Cour le décida de même par l'Arrêt.

D'autres Décimateurs fe font imaginés avoir acquis la libération de cette Charge, en échangeant leurs Dîmes avec le Curé ou en les lui fieffant.

La Cour n'a point envifagé de même œil ces concordats, elle y a remarqué une fubrogation repréfentative des Dîmes, & elle a mis de niveau ces Décimateurs avec ceux qui en jouiffent en effence. Arrêt du 20 Août 1760.

Quand les bas-côtés font fous le même comble, les gros Décimateurs doivent les réparations du tout.

Si le Clocher eft bâti fur le Chœur, les réparations & même les reconftructions font à la charge du gros Décimateur ; mais s'il eft conftruit fur la Nef, c'eft aux Habitans à l'entretenir, à le réparer & même à le reconftruire ; cette charge eft commune entre le gros Décimateur & les Habitans lorfque le Clocher porte fur l'un & fur l'autre. Voyez les Auteurs que j'ai cités fous l'Art. III de la Coutume.

Si le Curé jouit des Dîmes pour tenir lieu de portion congrue, les Paroiffiens doivent la réparation du Chœur & du Chancel. Arrêt du 15 Février 1760, c'eft qu'alors le Curé n'a que fa fubfiftance.

CHAPITRE SIXIEME.

DE MONNÉAGE.

LXXVI.

LE Roi, pour Droit de Monnéage, peut prendre douze deniers de trois ans en trois ans, fur chacun feu, pour fon Monnéage & Fouage, qui lui fut octroyé anciennement pour ne changer la Monnoie.

LXXVII.

Du payement de cet aide, font exempts tous Religieux, Clercs inftitués ès Saints Ordres, Sergens fieffés des Eglifes, Bénéficiers, Perfonnes nobles, leurs Femmes & Enfans, Femmes qui n'ont que vingt fols de rente, ou quarante fols de meubles hors leurs robes & uftenfiles, & toutes autres perfonnes ayant exemption & privilége, foit à caufe de leurs perfonnes, ou à caufe de leur demeure, ou qui font en poffeffion de ne rien payer dudit aide.

LXXVIII.

La Châtellenie de Saint Jacques & le Val de Mortaing, font exempts dudit Monnéage.

LXXIX.

Tous Barons ayant fept Sergens ou Officiers en leur Baronnie, font quittes dudit Monnéage.

LXXX.

Au Roi feul & à fes Juges, appartient la Jurifdiction dudit Monnéage.

Ce Chapitre qui contient cinq Articles, eft inutile, & ne fert qu'à faire connoître qu'il y a long-temps que le Peuple a tâché de fe rédimer de la perte qu'il fouffre par le changement des Monnoies. Mais les Contrats qu'il a faits pour cette fin, l'ont affujetti à payer un Droit de Monnéage, & ne l'ont pas affranchi du défordre & du dommage que caufe ce changement. On peut remarquer fur l'Article LXXIX, que la qualité de Baron étoit attribuée à tous les grands Seigneurs du Royaume ; & du Tillet rapporte, qu'elle étoit donnée aux Ducs, Marquis, Comtes & autres Nobles, même aux Princes du Sang, tenant leurs Seigneuries immédiatement de la Couronne en tous Droits, fors la Souveraineté & l'Hommage ; & il ajoute, que les vieilles Ordonnances, en parlant de Barons, comprennent fous cette qualité, toutes ces perfonnes. (1)

---

(1) Dans les premiers âges la monnoie publique étoit inconnue, le commerce fubfiftoit uniquement fur l'ufage de l'échange ; un chacun pour fe procurer les chofes dont il avoit befoin, fe donnoit mutuellement, & fuivant les conjonctures, celles qui lui étoient inutiles ou moins néceffaires ; ainfi.trafique-t'on encore dans le nouveau Monde : l'invention de la monnoie, fruit, fans doute, de bien des réflexions, fournit dans la fuite une voie bien plus facile d'acquérir une propriété exclufive ; comme la monnoie repréfente la valeur des biens dont on peut difpofer, on ne peut la changer fans déranger l'état & la fortune des hommes, parmi lefquels ce changement fe paffe : de-là l'Impôt volontaire dont nos peres, de même que plufieurs peuples, fe chargerent envers nos Ducs pour fixer la monnoie publique ; Impôt connu dans notre ancien Coutumier, fous le nom de Monnéage ou Fouage, & exprimé dans la Charte vulgairement appelle la Charte Normande ; mais il ne fert qu'à nous rappeller leur prudence, & Bafnage a obfervé que les difpofitions de la Coutume réformée, qui y ont du rapport, font très-inutiles.

CHAPITRE SEPTIEME.

DE BANON ET DÉFENDS.

BANON & Défends, font deux mots oppofés, le premier fignifie, ce qui eft commun & comme abandonné à l'ufage d'un chacun; & l'autre fignifie, ce qui eft préfervé & mis en défenfe pour le profit du Propriétaire, comme il a été remarqué fur l'Article XL.

LXXXI.

Toutes Terres cultivées & enfemencées, font en défends en tout temps, jufqu'à ce que les fruits foient recueillis.

Les Ordonnances qui défendent de chaffer fur les terres enfemencées, dépuis que le bled eft en tuyau, & dans les vignes, depuis le premier jour de Mars, jufqu'à ce que les fruits ayent été recueillis, fous peine d'intérêt & d'amende, ne font point contraires à la difpofition de cet Article, qui déclare que les terres cultivées & enfemencées font en tout temps en défends : car la chaffe qui femble être permife fur ces terres pendant quelques mois, n'empêche pas qu'elles ne foient en défends à l'égard de la pâture du bétail, qui peut caufer du dommage en tout ce temps ; par la même raifon que la vigne & les bois font en tout temps en défends, vu que le bétail y peut caufer de la perte & du dommage dans toutes les faifons de l'année. (1)

(1) La Chaffe anciennement étoit permife à tout le monde ; nos Rois ont faits plufieurs Réglemens fur cette matiere, comme une fuite de la Police générale qui leur appartient. *Voyez* les Ordonnances de 1346 & 1396 ; l'Edit de 1601, fur le fait des Chaffes ; les Déclarations des années 1602, 1603, 1604 ; l'Ordonnance des Eaux & Forêts de 1669 ; Bacquet, des Droits de Juftice, chap. 33 ; Traîté de la Souveraineté des Rois, liv. 3 ; Salvaing, de l'ufage des Fiefs ; l'Auteur de la Jurifprudence des Chaffes ; le Commentaire fur l'Art. III de la Coutume de la Rochelle.

L'Article CLXXI de l'Ordonnance d'Orléans étoit, dans le fiecle où elle fut arrêtée, & dans le fiecle fuivant, d'une continuelle application. Le Tiers-état gémiffoit fous le poids de l'oppreffion de la Nobleffe ; il femble qu'elle fe rappelloit encore avec mépris l'époque déja reculée, où il avoit commencé d'être compté dans le gouvernement : de nos jours on réprime avec févérité le Gentilhomme ou fes Domeftiques qui caufent du dommage fur les terres en chaffant ; la plainte du Cultivateur mérite toute la faveur du motif qui le fait agir : Arrêt du 14 Mars 1743, Le Seigneur ne peut oublier, à cet égard, qu'il doit fa protection à fon Vaffal.

Il a été jugé par Arrêt du Confeil d'Etat du 19 Juin 1750, que le Propriétaire d'une Haute-Juftice, du nombre de celles créées en 1702, n'ayant point acquis nommément le Droit de chaffe, n'a pas le Droit de chaffer dans les Forêts du Roi.

LXXXII.

Les Prés, Terres vuides & non cultivées, font en défends depuis la mi-Mars jufqu'à la Sainte-Croix en Septembre ; & en autre
temps, elles font communes, fi elles ne font clofes ou défendues
d'ancienneté.

La communauté qui eft établie par cet Article, eft bien limitée : car premierement, elle n'a fon effet que dans un certain temps de l'année ; c'eft à
fçavoir, depuis la mi-Septembre jufqu'à la mi-Mars, pendant lequel il croit
fi peu d'herbes fur les terres, que le profit qu'en pourroient avoir les Propriétaires, n'eft pas affez confidérable pour prévaloir à la commodité que le
public en reçoit, par la pâture du bétail : Secondement, cette communauté
ne fubfifte qu'en tant que le Propriétaire ne la veut pas empêcher, par la
clôture qu'il peut faire à fon héritage, & qui ne peut être empêchée, fuivant
l'Article LXXXIII. En troifieme lieu, cette communauté n'eft pas à l'égard
de certains animaux malfaifans, par l'Article LXXXIV. (1)

Mais ce qui eft plus remarquable, eft que cette communauté n'eft que pour
les Habitans d'une même Paroiffe ; car par un ufage de cette Province, les
Habitans d'une Paroiffe ne peuvent faire pâturer leur bétail fur les terres d'une

(1) La plûpart des Coutumes diftinguent, à l'égard des Prés, ceux qui ne portent qu'une
herbe, de ceux qui portent revivres ou regain ; les Prés de la premiere efpece ceffent d'être
défenfables, dès que l'herbe eft enlevée du Pré ; les Prés de la feconde efpece font en défends,
fuivant quelques Coutumes, jufqu'à la Saint Remi, fuivant d'autres, jufqu'à la Touffaint ;
& par la Coutume de Bourbonnois, Art. DXXV, jufqu'à la Saint Martin : il eft certain
qu'il y a des Cantons en Normandie où l'on fauche tard, & que beaucoup de nos Prairies
produifent un regain ; il eft encore vrai que dans beaucoup de Coutumes, les foins font
réputés meubles après la mi-Mai, & que dans notre Province ils n'ont cette qualité que
vers la fin de Juin. Nos Réformateurs n'ont point fait de diftinction ; ils ont penfé que
les poffeffeurs des Prés pouvoient veiller à leur intérêt, en ufant de la liberté que leur
donne l'Article fuivant ; qu'après le 14 de Septembre leur négligence leur étoit imputable, & qu'enfin ceux qui veulent avoir un regain doivent prendre les moyens de fe
le conferver.
Plufieurs Coutumes établiffent une différence entre ce qu'elles appellent vaines pâtures
& pâtures graffes ; elles entendent par vaines pâtures, les terres vaines & où il n'y a plus
de femences & de fruits, telles font celles dont les bleds de toute efpece ont été enlevés,
les Prés n'étant plus en défends, les grands chemins. Les graffes pâtures font les pâcages
& les bois dans le temps de la glandée ; elles admettent, par rapport aux vaines pâtures,
entre les Habitans des Villages voifins, un droit de parcours de clocher en clocher, ou
s'il n'y en a point, jufqu'au milieu du Village ; mais les graffes pâtures ne font que pour les
Habitans des Villages auxquels elles font communes.
Le Seigneur qui néglige de faire clorre fes héritages eft fujet, comme fes Vaffaux, de
fouffrir le Banon dans la faifon de l'année où la Coutume l'autorife ; il ne feroit d'aucune reffource au Seigneur de prouver que pour la liberté du pâturage fur fes Fonds,
il auroit reçu une redevance de fes Vaffaux, parce qu'il feroit poffible qu'elle eût été payée
pour faire pâturer leurs beftiaux dans le temps où les Fonds font en défends : Arrêt
contre le fieur d'Agon, au profit de fes Vaffaux, rendu le premier Juillet 1606. Bérault.
Mais l'ufage immémorial de faire pâturer les terres vuides, au temps du défends, eft un
ufage abufif : Arrêt rendu en l'Audience de Grand'Chambre le 26 Août 1734.

autre Paroiſſe, à moins qu'il n'y ait quelques terres communes entre ces Paroiſſes : ce qui a été confirmé par un Arrêt donné en l'Audience de la Grande-
Chambre, le 6 de Juin 1647. De plus, les particuliers habitans d'une même
Paroiſſe, ne ſe peuvent éjouir de ce droit de pâture commune, ſinon à proportion de la quantité des terres qu'ils poſſedent dans la Paroiſſe : ce qui a
été jugé par deux Arrêts, l'un de 20 de Novembre 1664, & l'autre de la
Chambre des Vacations, du 26 Octobre 1670, par lequel il fut de plus déclaré qu'on ne pouvoit avoir plus d'un mouton par arpent. Ces trois Arrêts
ſont rapportés par Baſnage. (2)

Quand les communes ont été cédées à une communauté d'Habitans, à condition de relever d'une Seigneurie, la propriété en eſt tellement acquiſe à cette
Communauté, que le Seigneur n'a pas droit de vouloir partager les Communes relevantes de ſon fief, pour en jouir d'une partie diviſément : ce qui a
été jugé par un Arrêt du 7 de Décembre 1634. Mais quand le Seigneur n'a
accordé qu'un uſage, il eſt demeuré propriétaire ; de ſorte qu'il peut prendre
une part ſéparée, en laiſſant aux uſagers l'autre part, qui ſoit ſuffiſante pour
leur uſage. Par une Déclaration du mois d'Avril 1667, il eſt permis aux Habitans des Paroiſſes & Communautés, de rentrer ſans aucune formalité de Juſtice, dans les Fonds, Prés, Pâturages, Bois, Terres, Uſages, Communes,
Communaux, Droits & autres Biens communs par eux vendus ou baillés à
baux, à cens ou emphitéotiques, depuis l'année 1620. Cette Déclaration eſt
rapportée par Baſnage ſur cet Article. (3)

_____

(2) Le Droit de Pâturage eſt inceſſible ; ainſi celui qui n'a point de troupeau dans une
Paroiſſe, n'a pas la liberté de céder ſon droit de Pâturage à ſon voiſin, ſous le prétexte même
qu'il lui nourrit quelques moutons dans ſon troupeau ; un autre voiſin dans le cantonnement
peut s'y oppoſer : Arrêt du 13 Mai 1754.

(3) Quoique cette belle Province, la plus fertile du Royaume, ait peu de Vignobles,
nous ne doutons point que les Vignes ne ſoient en défends en tout temps.

Les Habitans du Pays de Caux ſement dans les avoines des trefles ou tremaines, dans le
temps de la récolte des avoines, ces trefles ſortent à peine de la terre : de là l'ancien uſage
de les laiſſer en banon la premiere année ; mais cet uſage a été réformé par Arrêt du 27
Mars 1743.

Il y a encore un uſage particulier dans le Pays de Caux : car après la récolte faite, ſi les
Propriétaires des terres labourables n'ont point de troupeau, les voiſins qui en ont, ſe cantonnent entr'eux ; enſorte que les Bergers des uns & des autres ne peuvent outre-paſſer leur
canton, quoiqu'ils ne ſoient point Propriétaires des terres ſur leſquelles ils envoient pâturer leur troupeau, quand elles ne ſont point enſémencées.

L'Ordonnance de 1669, Titre des Bois, Prés & Marais, Landes, Pâtis, Pêcheries &
autres biens appartenans aux Communautés & Habitans des Paroiſſes, contient des diſpoſitions importantes. Cette Ordonnance, qui permet au Seigneur de demander à ſes Vaſſaux
le triage des Communes faiſant partie de leur Fief, quand ils en jouiſſent gratuitement,
défend aux mêmes Seigneurs le partage, ſi la jouiſſance de leurs Vaſſaux eſt à titre onéreux.
Le motif de la Loi eſt très-ſage ; des Habitans qui uſent d'un fonds à charge d'une redevance, ſouvent depuis la premiere inféodation, ſont cenſés, par le laps du temps, en avoir
payé le prix, & même en avoir acquis la propriété ; mais les Oppoſans au triage doivent
juſtifier de la preſtation, & prouver qu'elle n'a point eû d'autre cauſe que le maintien dans
l'uſage des Communes. Cochin.

Le partage du Marais d'une Paroiſſe ſe fait *pro latitudine cujuſque fundi* : Arrêt du 9 Mars 1747.

Il n'eſt point permis de mettre dans les pâturages des bêtes attaquées de maladies con-
tagieuſes ; les Habitans ont le droit de les faire expulſer, & de pourſuivre la réparation du
dommage qu'elles ont cauſé.

LXXXIII.

Il eſt loiſible à un chacun d'accommoder ſa Terre de Foſſés & de Haies, en gardant les Chemins Royaux de la largeur contenue en l'Ordonnance, & les Chemins & Sentes pour le voiſiné.

Il paroît par cet Article, que le mot d'ancienneté mis à la fin de l'Article précédent, ne ſe doit pas référer à la clôture, mais à ce qui eſt en défends ſeulement, puiſqu'il eſt permis à chacun de clorre ſon héritage de foſſés ou de haies (1). Pour juger quel eſt le Propriétaire d'un foſſé, il faut conſidérer où le jet du foſſé, c'eſt-à-dire, la terre tirée, a été poſée : car il eſt ſans doute que celui ſur l'héritage duquel ce jet a été fait, eſt le Propriétaire ; parce que celui qui a fait faire le foſſé, n'a pas eu droit de creuſer ni de jetter la terre que ſur ſon propre fonds. Que ſi le foſſé eſt double, & qu'il n'apparoiſſe point à qui le fonds qui eſt entre les deux foſſés appartient, ſoit par bornes, titres ou poſſeſſion, le foſſé ſera réputé commun. A l'égard de la haie qui eſt ſans foſſé, que l'on appelle à pied, quand il n'y a aucune preuve de propriété par titres, bornes ou poſſeſſion, on préſume que la propriété en appartient à celui qui a plus d'intérêt de clorre ; c'eſt-à-dire, à celui dont l'héritage a dû être plus ſoigneuſement conſervé, à cauſe de la valeur des fruits qu'il produit ; que ſi les héritages ſéparés ſont de la même qualité, & ſervent aux mêmes uſages, la haie doit être jugée commune. La différence que la Coutume fait en cet Article, entre Chemins Royaux, Chemins & Sentes, eſt remarquable, & eſt conforme à celle du Droit Romain ; *Baſilicæ ſivé Regiæ Prætoriæ & Conſulares, Vicinales, & Semitæ.* (2)

C'eſt une eſpece de ſuite du Banon que le Glanage, pratiqué en cette Province, après la récolte de la moiſſon ; la police en eſt réglée par un Arrêt du 20 Juillet 1741. Il eſt défendu à toutes les perſonnes qui ſont en état de travailler à la récolte, de glaner, ſous quelque prétexte que ce ſoit, à peine de priſon ; cette faculté eſt réſervée aux ſeuls infirmes, aux vieillards & aux enfans : ce glanage ne peut être fait que de jour & après l'enlevement des gerbes, à peine de punition exemplaire ; il eſt à propos que les Glaneurs ſoient munis d'un Certificat du Curé de leur Paroiſſe : mais les Laboureurs, Fermiers & Propriétaires ne peuvent glaner ni faire glaner par leurs Prépoſés lorſqu'ils auront enlevé leurs gerbes ; & ce n'eſt que vingt-quatre heures après l'enlevement qu'il eſt permis aux Bergers, Porchers, Vachers de conduire leurs beſtiaux dans les terres moiſſonnées ; une amende de 20 liv. applicable au profit des Pauvres, eſt la peine de ceux qui anticipent le délai : mais on punit parmi nous, avec beaucoup de ſévérité, même de peine de mort en certains cas, les vols des grains & fruits : Arrêt du 31 Juillet 1709.

(1) Quoique chacun ait la liberté de clorre ſes héritages de haies ou de foſſés, ſi une piece de terre appartient à pluſieurs par indivis, un des Copropriétaires ne la peut clorre ſans le conſentement des autres : Arrêt, en Grand'Chambre, du 3 Juillet 1761.

(2) Nous n'avons point de déciſion textuelle ſur les Plantations & la maniere de ſe clorre à la campagne ; le Réglement du 17 Août 1751, part de pluſieurs points de vue pour combiner les différens intérêts. Les Plantations élevées & à élever ſur les chemins, proche les terres labourables, les vignes, les fruitiers, les taillis, les rivieres & les terres vagues, les eſpeces de plantatious, les haies à pied, la maniere de les entretenir, les précautions pour les détruire ſur ſon fonds, les foſſés & leurs baliveaux ; chacun de ces objets entre dans le Réglement, & à ſa regle, avec cette attention de ne point répandre l'alarme au ſein des campagnes, par des changemens ſubits & inopinés. Je n'ai point voulu me livrer à une analyſe

LXXXIV.

Les Chevres & Porcs, & autres Bêtes malfaifantes, font en tout temps en défends.

Bafnage rapporte un Arrêt donné à l'Audience de la Grand'Chambre, par-lequel il femble qu'il a été jugé, qu'on pouvoit tuer les Pourceaux faifant dommage ; de la même maniere qu'il eft permis de tuer les volatiles faifant dommage, *propter difficultatem perfecutionis & probationis.* (1)

LXXXV.

Les Bois font toujours en défends, réfervé pour ceux qui ont droit de Coutume & Ufage, lefquels en uferont fuivant l'Ordonnance.

Entre ceux qui ont coutume & ufage dans les Bois, les uns font gros Ufagers, qui ont du Bois pour leur chauffage, quelques-uns pour la réparation de leurs bâtimens : les autres font dits menus Ufagers, qui ont droit de pâturage pour leurs vaches & chevaux, de panage pour leurs pourceaux, de prendre de certain bois pour leur clôture, & pour appuyer leurs lins, pois & autres grains. Et de ces deux fortes d'Ufagers, les uns font à titre onéreux, & d'autres à titre gracieux par bénéficence du Prince. Ceux-ci peuvent être plus facilement privés de leur droit, parce que tous les Succeffeurs au Royaume, peuvent révoquer les dons faits par leurs prédéceffeurs, qui n'ont pu aliéner ni impofer une fervitude importante fur le Domaine de la Couronne, qui ne leur appartient pas propriétairement, ni par droit héréditaire, mais de fucceffion feulement. Mais ceux qui ont ces droits à titres onéreux, les confervent avec plus de facilité, en repréfentant des Contrats valables, avec des Actes de poffeffion, par main-levées qui leur auront été accordées par les Officiers
des

---

plus détaillée de ce Réglement, d'autant qu'il a été imprimé à la fuite de ma premiere Édition ; j'obferve que ce Réglement a été fuivi d'un Arrêt du 13 Mars 1752, qui tend uniquement à fon exécution. Les Subftituts du Procureur-général, par Arrêt rendu, les Chambres affemblées, le 18 Janvier 1759, font autorifés, au fujet des Chemins vicinaux, à mettre des Ouvriers, aux frais des Propriétaires des héritages adjacens, pour la réparation des Chemins, l'élagation des arbres, & les abbatis de ceux qui les embarraffent.
Voyez l'Ordonnance des Eaux & Forêts, Titre de la Police & confervation des Forêts, Eaux & Rivieres, Art. IV, V & VI.
(1) Eft-il permis de tuer le porc en dommage ? Bien des Coutumes en donnent la liberté : pourquoi ne le pas anneler ? Pourquoi le laiffer divaguer, au préjudice du Réglement du 2 Décembre 1724, fur-tout dans les faifons où il caufe le plus de tort ? La décifion eft affujettie aux circonftances : les Baillis devroient connoître de cette matiere en dernier Reffort & fommairement, du moins quand on la porte à la Cour, elle eft bonne à terminer par expédient ou d'audience, quelque inftruction qu'elle ait reçue devant le premier Juge : Arrêt du 15 Mars 1743, Articles convenus entre MM. de la Grand'Chambre & MM. des Enquêtes le 3 Février 1752. *Voyez* Orléans, Art. CLXII, la Loi Gombette.

(I)

des Forêts. Une poffeffion de quarante ans ne fuffiroit pas, le Domaine étant exempt de la prefcription ordinaire : on foutient même préfentement, qu'aucune poffeffion, quoiqu'immémoriale, ne peut acquérir la prefcription des biens domaniaux. Voyez ce qui eft remarqué fur l'Article DXXI. (1)

---

(1) Ce n'eft point précifément les hauts Bois & Forêts qu'on entend mettre toujours en défends, quoiqu'on pût le conclure du Texte ; on ne doit pas penfer que la Coutume ait voulu négliger le Bois taillis d'un produit fi confidérable en la Province. Les Coutumes varient en cet endroit ; les unes mettent les Taillis en défends pendant cinq ans, d'autres pendant trois : il en eft qui laiffent le temps à l'arbitration du Juge ; pour moi je crois que nous devons fuivre l'Art. LXXIX de la Coutume de Troyes, qui déclare que les Bois taillis font toujours en défends.

Terrien, liv. 14, chap. 17, a rapporté les Ordonnances de fon temps, concernant les Ufagers dans les Bois & Forêts, on y lit la même diftinction que Pefnelle fait entre les gros & menus Ufagers ; mais les Loix les plus fages ne peuvent arrêter le cours des abus. L'Ordonnance du 19 Novembre 1669, fur le fait des Eaux & Forêts, des chauffages & autres ufages des bois, tant à bâtir qu'à réparer, pourvoit aux inconvéniens, en retranchant le Droit de chauffage & les bois d'ufage à bâtir & à réparer, fauf à amodier à prix d'argent ces Droits acquis à titre onéreux & à pourvoir à l'indemnité des Acquereurs avant l'année 1560 ; la Loi n'excepte que les chauffages accordés par nos Rois, Fondateurs & Bienfaiteurs, pour caufes de fondations & dotations aux Eglifes, Chapitres & Communautés Eccléfiaftiques, féculieres & régulieres, qu'elle leur conferve en efpece, eu égard à la poffibilité des Forêts du Roi, & fuivant les Etats arrêtés au Confeil ; & le Roi s'interdit à lui-même la faculté de faire à l'avenir aucun don de chauffage, pour quelque caufe que ce foit. Voyez la Conférence fur cette Ordonnance.

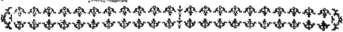

CHAPITRE HUITIEME.

DE BÉNÉFICE D'INVENTAIRE.

LA confection de l'Inventaire des biens d'une fucceffion, eft un moyen propofé & autorifé par Juftinien dans la Loi derniere, *C. De jure deliberandi*,
pour mettre les héritiers hors du péril de perdre leur bien propre, par l'addition d'une hérédité ; parce que l'Inventaire empêchant le mélange & la confufion des biens du défunt avec ceux de fon héritier, fait que l'héritier ne
s'oblige point au payement des dettes de la fucceffion, en plus outre que la
valeur des biens d'icelle. Ce moyen dont parle le Droit Romain, eft préparé
à tous héritiers, foit légitimes, foit teftamentaires, fans aucune formalité ni
autorifation de Juftice, pour éviter l'obligation perfonnelle de payer les det-
tet du défunt, finon en tant qu'ils ont amendé des biens trouvés dans la fucceffion. Et comme en ne s'en fervant pas, ils ne s'expofoient à aucune autre perte ni peine, finon de s'obliger abfolument & indéfiniment à payer toutes les
dettes de l'hérédité : de même en s'en fervant, ils ne s'excluoient aucunement
des droits qu'ils avoient de fuccéder, & ne pouvoient être préférés par d'autres qui euffent voulu, en prenant la qualité d'héritiers, s'obliger abfolument
au payement de toutes les dettes de la fucceffion.

Mais dans le Pays coutumier, on ne peut être héritier par bénéfice d'Inventaire, que par une Ordonnance de Juftice, qui fe rend en Normandie avec
beaucoup de folemnité ; parce qu'on n'eft point admis à cette maniere de fuccéder, tant qu'il fe peut préfenter d'autres héritiers qui veuillent accepter
abfolument la fucceffion, & s'obliger conféquemment à toutes les dettes &
charges d'icelle. C'eft pourquoi on a donné le nom de *bénéfice* à cette addition,
qui fe fait par Inventaire, en fuppofant qu'elle étoit contre le droit commun,
par lequel un héritier s'oblige à toutes les dettes de la fucceffion. De forte
que, fans avoir confidéré que cette obligation de payer les dettes, ne provient point d'une volonté expreffe de l'héritier, mais n'a point d'autre principe que le mélange & la confufion des biens, qui peut être empéché par un
bon & loyal Inventaire ; on a voulu avoir plus d'égard à la fûreté des Créanciers, qu'à l'intérêt du plus proche parent & plus habile à fuccéder, en pré-
férant l'héritier fimple (la Coutume l'appelle abfolu) à l'héritier bénéficiaire,
qui par l'ancien ufage de la France, étoit toujours exclus par l'héritier fimple,
même en la ligne directe. (1)

(1) Les Coutumes ont totalement défiguré le Bénéfice d'Inventaire, qui d'un privilége
particulier, paffa enfin chez les Romains en Droit commun ; elles l'ont embarraffé de tant
de formalités, & en ont tiré des conféquences fi abfurdes, que cette partie de notre Droit
a befoin d'une réformation. La Jurifprudence paroît un peu moins déraifonnable que les
Textes ; mais que nous fommes loin de la fource ! J'ai pitié de ceux qui argumentent de la
Loi, *fi is qui folvendo*. *ff. De hæred. inftit.* & de la Loi *fi pepercerit in fine. ff. de libert.*
& *pofthum.*

Mais on a changé cet ufage en la plûpart des Coutumes, & l'on a ftatué, que l'héritier en ligne directe ne pouvoit être exclus par un héritier abfolu, qui fût même en pareil degré ; Coutume de Paris, Article CCCXLII, dont la difpofition a été étendue aux autres Coutumes qui n'en ont point de contraire, par des Arrêts rapportés par Loüet, & fon Commentateur, H. 1. ce., qui s'obferve préfentement en Normandie, nonobftant les Articles LXXXVI, LXXXIX & XC, qui femblent exclure généralement tous les bénéficiaires, quand il fe préfente un héritier fimple.

Mais quant aux parens collatéraux, il eft certain qu'un héritier abfolu, quoiqu'en un degré plus éloigné, exclut le bénéficiaire, pourvu qu'il fe préfente avant l'adjudication du bénéfice d'Inventaire. A Paris, & aux autres Coutumes, il fuffit que l'héritier fimple fe préfente dans l'an & jour de la Sentence d'entérinement des Lettres de bénéfice d'Inventaire, autrement il n'y feroit plus recevable ; ce qui a été jugé par plufieurs Arrêts.

On a de plus requis que l'héritier fimple qui fe préfente pour exclure le bénéficiaire, foit majeur : car s'il eft mineur, d'autant que fon obligation de payer tous les Créanciers, n'eft pas abfolue, mais révocable, parce qu'il peut fe faire reftituer, & valablement renoncer à la fucceffion que fon Tuteur avoit acceptée en fon nom, il a été décidé, qu'un Mineur héritier fimple ne pouvoit exclure un héritier bénéficiaire qui eft en plus proche degré, par l'Article CCCCXLIII de la Coutume de Paris, auquel l'Article XVIII du Réglement de 1666 eft conforme.

Anciennement toutes fortes de perfonnes étoient capables du bénéfice d'Inventaire ; mais les abus que l'on a faits de ce moyen, ont été fi grands, qu'ils l'ont rendu fufpect & odieux, & ont obligé d'en reftreindre l'ufage ; ce qui a été fait par l'Ordonnance de Rouffillon, laquelle par l'Article XVI en a exclu les héritiers des Financiers & des Tréforiers des deniers Royaux : ce qui a été depuis étendu à leurs Commis, aux Receveurs & Téforiers des Maifons des grands Seigneurs, & aux Receveurs des Confignations. De forte que les héritiers de toutes les perfonnes de ces conditions, ne peuvent avoir l'effet des Lettres de bénéfice d'Inventaire ; mais font obligés d'appréhender la fucceffion purement & abfolument, ou de renoncer ; par Arrêts rapportés dans Loüet & fon Commentaire, H. 18. Les Mineurs ne font pas compris dans la rigueur de cette Ordonnance & de ces Arrêts, pourvu qu'ils ne foient point foupçonnés d'avoir diverti ou recelé les effets de la fucceffion. (1)

L'héritier bénéficiaire eft véritablement héritier ; d'où vient qu'il eft obligé aux faits & promeffes du défunt, qu'il peut appeller du décret de fes héritages, & que tous les droits, actions & biens de l'hérédité, font tranfmis en fa perfonne, en quoi confiftent tous les effets de la qualité d'héritier ; c'eft pourquoi l'héritier en ligne directe étant obligé de rapporter fon don, cela fe doit entendre auffi-bien de l'héritier bénéficiaire que de l'abfolu. Il a été jugé par la même raifon, que les enfans ne pouvoient avoir de douaire, c'eft-à-

___

(1) Les Héritiers des Financiers & autres, dont Pefnelle fait le détail, ne font exclus du Bénéfice d'Inventaire que contre le Roi, les maifons confidérables dont ils ont manié les deniers & à l'occafion des dettes pour fait d'Office ; mais ces mêmes Héritiers font recevables à en pourfuivre l'entérinement avec les autres Créanciers de la fucceffion. Bérault.

dire , de légitime , quand ils étoient héritiers par bénéfice d'inventaire ; les qualités d'héritier & de douairiere étant incompatibles en la même personne. Voyez Loüet & son commentaire , H. 13.

Ces deux décisions sont indubitables , tant que l'héritier bénéficiaire ne renonce point au bénéfice d'Inventaire ; mais quand après avoir reconnu les charges & dettes de la succession , il déclare renoncer à la qualité d'héritier ; (ce qu'il peut faire en rendant compte du passé) par ce moyen , tous les droits qu'il avoit sur les biens de la succession , sont rétablis ; de sorte qu'il peut demander la distraction de ce qui lui avoit été donné par le défunt , & le tiers légal , qui est une dette de la succession établie par la Coutume. Ce qui paroît conforme à l'esprit de ladite Loi derniere , *C. De jure deliberandi* , (qui a été le premier fondement du bénéfice d'Inventaire :) parce que par cette Loi on ne doit comprendre dans l'Inventaire que les biens qui sont dans la succession au temps de son échéance , ce qui exclut les choses données par le défunt : *Super his rebus quas defunctus tempore mortis habebat* , §. *fin autem* : Et parce que de plus , l'héritier ne perd pas les droits qu'il a sur les biens héréditaires : *Similem cum aliis creditoribus habet fortunam , temporum prærogativâ inter omnes creditores servandâ* , §. *in computatione.* Outre que par cette Loi , l'héritier doit être entierement indemnisé de son addition : *Ut undique veritate exquisitâ neque lucrum , neque damnum hæres ex hujusmodi hæreditate capiat* , §. *licentia.* Il est vrai que par le Droit Romain , l'héritier qui avoit accepté la succession , après avoir fait un bon Inventaire , demeuroit toujours héritier par la maxime , *Qui semel fuit hæres , nunquam desinit esse hæres.* Mais les Coutumes ayant fait différence entre l'héritier simple & le bénéficiaire , n'ont pas réputé celui-ci héritier pur & absolu , c'est-à-dire , sans condition ; de sorte qu'ils lui ont réservé la faculté de renoncer , quand la condition sous laquelle il avoit accepté la succession , est défaillante ; c'est-à-dire , quand les dettes & charges de la succession lui paroissent excéder la valeur des biens , *tanquam conditione deficiente.* (1)

Ce Titre se peut diviser en trois parties : dans la premiere , il est expliqué ce qu'il faut faire pour parvenir à l'adjudication du bénéfice d'Inventaire ; elle est comprise dans les Articles LXXXVI , LXXXVII & LXXXVIII. La seconde apprend quelle est l'obligation & le devoir de cette sorte d'héritier ; ce qui est prescrit par les Articles XCIII , XCVII & XCVIII. La troisieme partie déclare quels sont les avantages de ce même héritier , dans les Articles LXXXIX , XCI & XCV.

_____

(1) On a long-temps douté si l'héritier bénéficiaire pouvoit abdiquer cette qualité , surtout après l'adjudication du Bénéfice ; on avoit , à cet égard , introduit plusieurs distinctions ; on peut consulter Mornac , Bacquet des Droits de Justice , & l'Auteur du Journal du Palais : mais enfin la Jurisprudence actuelle est celle qui est attestée par Pesnelle ; & l'héritier bénéficiaire en abandonnant sa qualité , doit rendre un compte exact du produit de la succession,

Mais cette renonciation ne doit pas préjudicier les Créanciers. Et par Arrêt rapporté par Bardet , tome 2 , on a condamné l'héritier bénéficiaire après avoir renoncé à demeurer partie dans une instance en requête civile. Journal des Audiences , tome 7 , aux addit,

LXXXVI.

Celui qui fe veut porter Héritier par bénéfice d'Inventaire, doit obtenir des Lettres, & faire recherche au domicile de celui qui eft décédé, s'il y a aucun qui fe veuille porter fon Héritier abfolu ; Et où il ne s'en préfentera, il doit faire faire trois Criées à jour de Dimanche, iffue de la Grand'Meffe Paroiffiale du lieu où le défunt eft décédé ; faifant fçavoir, que s'il y a aucun du lignage dans le feptieme degré qui fe veuille porter Héritier abfolu, qu'il'fe compare à la prochaine Affife, & il y fera oui & reçu, finon on procédera à l'Adjudication dudit Bénéfice d'Inventaire.

LXXX.XVII.

Lefdites Criées doivent être faites à jour de Dimanche, iffue de la Meffe paroiffiale du lieu où étoit le domicile du Défunt, & doit y avoir une Affife entre chacune defdites Criées.

LXXXVIII.

A chacune des trois Affifes, défaut doit être pris fur les Lignagers & Parens du Défunt, qui ne fe portent Héritiers abfolus ; & après le dernier defdits trois défauts, fera encore fait une Criée d'abondant & Affignation aux autres Affifes enfuivant, avec déclaration que fi aucun ne fe préfente, le Bénéfice d'Inventaire fera adjugé.

Le domicile où le défunt eft réputé décédé, & auquel il faut faire la perquifition ordonnée par la Coutume, eft le lieu où le défunt faifoit fa principale réfidence, avec fes domeftiques, femme, enfans & ferviteurs : *Ubi negotia agit, ubi vendit, ubi contrahit, ubi dies feftos celebrat : Ibi magis domicilium habere cenfetur, quam ubi colendi caufâ diverfatur*, fuivant qu'il eft dit dans la Loi 27. §. 1.ff. *Ad municipalem* (1). Au refte, la précaution plus néceffaire

---

(1) Quand le Défunt avoit deux Domiciles où il faifoit un féjour égal, les diligences du Bénéfice font valablement folemnifées dans la Jurifdiction où il eft décédé.

Les Gloffateurs ont embarraffé les queftions fur le domicile d'une foule de diftinctions & de fubtilités ; le lieu où nous avons commencé de refpirer eft, fans doute, cher à nos cœurs, c'eft-là où font ordinairement les monumens des vertus de nos peres, où repofent leurs cendres, où vivent nos proches, nos amis, ceux avec qui nous avons partagé les amufemens de l'enfance ; mais des emplois, des acquifitions, le nœud d'un mariage dans une autre Contrée, peignent bien un Domicile dont les caracteres ne peuvent être détruits par des circonftances équivoques ; ce n'eft pas qu'un homme, hors le cas de célébration du mariage, n'ait la liberté, dans un feul jour, de faire la conquête d'un Domicile nouveau, pourvu que les preuves en foient inconteftables. *Voyez* les Obfervations de M. de la Bigotiere, fur l'Art. CCCCLXXV de Bretagne ; d'Argentré, *ibid.* Journal du Palais, fur un partage dans la maifon de Rohan ; Cochin, rome 2 ↑ 3 & 5. Voici le fommaire des notions générales que ces Auteurs donnent:

pour éviter les inconvéniens & les abus d'une acceptation d'hérédité par bénéfice d'Inventaire, étoit d'obliger le prétendant à ce bénéfice, de faire fceller
incontinent après le décès, de mettre les meubles, effets & écritures de la
fucceffion en fûre garde, & de faire enfuite un bon & loyal Inventaire en la
préfence de perfonnes publiques & intéreffées, tels que font les Notaires &
les Créanciers, fuivant qu'il avoit été prudemment difpofé par l'Article
CXXVIII de l'Ordonnance de 1629 : ce que la Coutume a omis d'ordonner, s'étant contentée de dire dans l'Article XCII, que l'héritier bénéficiaire
doit, dans les quarante jours du décès, faire faire un Inventaire : ce qui ne s'obferve pas à la rigueur, le bénéfice d'Inventaire s'accordant à celui qui le veut
requérir long-temps après l'échéance de la fucceffion, quand elle eft demeurée
abandonnée & jacente (2). Les quatre Criées que la Coutume prefcrit devoir
être faites à l'iffue des grandes Meffes paroiffiales, aux jours de Dimanche,
auffi-bien que les défauts qu'on prend aux Affifes, contre les parens du défunt
capables de fuccéder ; c'eft-à-dire, jufqu'au feptieme degré inclufivement, font
des formalités requifes néceffairement, mais inutilement, & qui fe font avec
des frais aux dépens des Créanciers. Il femble qu'il auroit été plus à propos
de donner un temps compétent, comme d'un an, aux parens pour fe déclarer
héritiers abfolus, après l'entérinement fait en Juftice des Lettres de Bénéfice
d'Inventaire : Ce qui fe pratique à Paris, en exécution de plufieurs Arrêts,
conformes à plufieurs Coutumes, qui ont exclu les héritiers abfolus après l'an,
comme il eft rapporté dans le Commentaire de Loüet, H. 1. Mais d'autant que
les enfans ou defcendans d'un défunt, ne peuvent être exclus de la fucceffion,
quoiqu'ils ne la veuillent accepter qu'en vertu des Lettres de Bénéfice d'Inventaire ; il paroît qu'il eft inutile de faire des recherches & des proclamations,
pour découvrir fi quelques parens veulent fe déclarer héritiers abfolus ; de forte
qu'en ce cas, fans obferver tant de formalités, le Juge devroit envoyer les
Impétrans des Lettres en poffeffion de l'hérédité, à la charge d'accomplir ce
qui eft prefcrit par la Coutume, aux héritiers bénéficiaires. (3)

---

ce Domicile fe conftitue par l'habitation réelle, & par la volonté de le fixer dans le
lieu qu'on habite ; la volonté fuffit pour le conferver, elle ne fuffit pas pour le perdre ; ceux
qui ne font pas maîtres de leur volonté, ne font pas maîtres de fe choifir un Domicile ;
on connoît le Domicile par des preuves de fait & des conjectures de la volonté ; quand
la volonté paroît évidemment contraire aux préfomptions, elles doivent être écartées.
On a introduit les Domiciles de fiction, par exemple, celui du Seigneur de fief au principal manoir de la Seigneurie, du Bénéficier au lieu de fon Bénéfice, du Titulaire d'un
Office dans la ville où il en exerce les fonctions ; mais ces Domiciles fictifs n'operent
feuls que pour le Fief, le Bénéfice ou les fonctions de l'Office ; il y a un Domicile con-
tractuel pour l'exécution d'un Acte, il ne change rien parmi nous dans l'ordre des Jurifdictions qui font patrimoniales ; on connoît enfin un Domicile d'élection chez un Procureur,
dans le lieu où fe fait une Saifie mobiliaire, dans la Ville de l'établiffement de la Jurifdiction où l'on pourfuit un Décret : cette derniere efpece de Domicile n'a été introduite
que pour faciliter l'abréviation des Procès.

　(2) Suivant l'ancien ftyle de procéder, cité par Hérault, il doit s'écouler 40 jours entiers
depuis la premiere Criée jufqu'au premier Défaut ; & on peut, dit-il, ajourner les Héritiers
à la feconde Affife, quoiqu'elle foit éloignée de plus de 40 jours, lorfque de la Criée à la
premiere Affife les 40 jours ne font pas complets.

　(3) Bérault a obfervé que lorfqu'une fucceffion eft peu confidérable, & qu'il eft vraifemblable qu'elle fera abforbée par les frais qu'exige l'entérinement du Bénéfice d'Inventaire,

Il faut remarquer, que celui à qui le Bénéfice d'Inventaire a été adjugé sur des diligences mal faites, peut bien être débouté de l'effet dudit Bénéfice ; mais il ne sera pas en conséquence réputé héritier absolu, pour être obligé à toutes les dettes, à moins qu'il n'eût commis de la fraude dans la confection de l'Inventaire, ou dans l'estimation, appréciation ou vente des biens de la succession.

LXXXIX.

A laquelle Assise, après lecture faite de toutes les diligences, si elles sont trouvées par l'Assistance bien faites, le Bénéfice d'Inventaire sera adjugé au préjudice de tous ceux du Lignage qui se voudront porter Héritiers absolus ; lesquels n'y pourront être reçus par après, pour quelque cause que ce soit.

Quoique cet Article porte une exclusion qui semble ne pouvoir recevoir aucune exception, on a néanmoins jugé en faveur des Mineurs, qu'un Tuteur ayant renoncé à l'hérédité d'un défunt, pouvoit se faire relever de cette renonciation, pour accepter la succession adjugée à un autre parent par Bénéfice d'Inventaire. On a jugé la même chose à l'égard d'une Femme mariée, qui avoit renoncé conjointement avec son Mari ; & elle fut envoyée en possession de la succession, nonobstant l'Adjudication bien faite du Bénéfice d'Inventaire. Les Arrêts en sont rapportés par Bérault & par Basnage sur cet Article. (1)

l'équité & la justice prescrivent que l'on retranche une partie des solemnités ordinaires ; il cite l'autorité de Barthole, & la décision de Pirrhus, sur la Coutume d'Orléans, Titre des Successions, chap. 18.

La Jurisprudence est maintenant d'accord avec le sentiment de Pesnelle : l'Impétrant des Lettres de Bénéfice d'Inventaire en ligne directe est dispensé de faire les perquisitions & les Criées prescrites par la Coutume ; la premiere trace que nous ayons de cette sage Jurisprudence, se remarque dans un Arrêt sur Requête du 6 Juillet 1729. On avoit fait un premier pas vers l'équité en adoptant l'Art. CCCXLII de la Coutume de Paris ; mais les plus grands hommes ont besoin de réflexion pour être conséquents.

(1) Bérault demande si les diligences du Bénéfice d'Inventaire doivent être jugées par sept Opinans ; il argumente des Articles DLVIII & DLXXI de la Coutume, & il met ainsi en parallele le Decret des héritages & le Bénéfice d'Inventaire : le Decret prive le Débiteur de son fonds ; par le Bénéfice d'Inventaire, le Parent, le Lignager est dépouillé du droit à une succession au profit de l'Héritier bénéficiaire : mais enfin la Coutume ne s'explique point ; si elle eût desiré sept Opinans pour prononcer sur la validité des diligences mentionnées dans ce Chapitre, la disposition y eût été exprimée, puisqu'on la lit deux fois dans le Chapitre des Décrets. Godefroy a cependant adopté, sans hésiter, comme décision, ce que Bérault propose sous la forme d'une simple question ; mais le Bénéfice d'Inventaire ne fait pas sortir de la famille les Héritages, il est au contraire un moyen de les y maintenir ; il n'est pas toujours comme le Décret irrévocable de sa nature, il ne purge point les hypotheques des Créanciers, &c. Godefroy lui-même indique des Causes de restitution contre l'adjudication du Bénéfice d'Inventaire.

Quand on attaque le Bénéfice d'Inventaire adjugé, soit par voie de restitution ou d'appel, c'est un préalable à la charge du Demandeur ou de l'Appellant d'offrir le remboursement des frais du Bénéfice.

Les motifs des Arrêts, cités par Bérault & par Basnage, en faveur du Mineur & de la Femme mariée, ne doivent point échapper à la pénétration. La négligence d'un Tuteur, des Parens mal-avisés, ou peu instruits des affaires d'une succession, auroient pu laisser dé-

X C.

Avant l'Adjudication, s'il fe préfente aucun du Lignage du Défunt qui fe veuille porter Héritier abfolu, il y fera reçu, encore qu'il foit plus éloigné que l'Héritier par Bénéfice d'Inventaire, en payant les frais faits par celui qui s'eft porté Héritier par Bénéfice d'Inventaire.

Deux raifons ont fait préférer l'héritier fimple au bénéficiaire : La principale eft en faveur des Créanciers, qui font plus affurés par l'héritier fimple, qui s'oblige abfolument & fans aucune reftriction, au payement de toutes les dettes. L'autre eft, que l'héritier bénéficiaire eft odieux, voulant profiter des biens de la fucceffion aux dépens & rifques des Créanciers, & en faifant des frais qui font préférables à leurs créances. Or quoique celui qui n'eft né ni conçu lors de l'échéance d'une fucceffion, ne foit pas capable d'y pouvoir rien prétendre ; néanmoins une fucceffion qui eft demeurée long-temps délaiffée, peut-être appréhendée par un parent, qui n'étoit point *in rerum natura*, au temps du décès ; & on a jugé par plufieurs Arrêts, qu'il pourroit être héritier fimple ou bénéficiaire, pourvu que ce fût avant l'addition d'un autre parent, ou avant l'Adjudication faite du Bénéfice d'Inventaire. (1)

XCI.

---

pouiller irrévocablement le Mineur de fon patrimoine ; il n'auroit eu, tout au plus, d'autre reffource que dans une demande en indemnité, qui peut facilement échouer. On peut, à bien des égards, appliquer le même raifonnement à la Femme mariée, elle n'a point la liberté d'agir, fa puiffance eft captivée par celle du Mari, & l'entérinement du Bénéfice d'Inventaire renferme une aliénation univerfelle, qui doit être interdite pendant le lien du mariage. D'ailleurs l'adjudication bénéficiaire a pour fondement une contumace odieufe, contre laquelle l'équité admet le pourvoi en payant les dépens. Bafnage obferve que cet Article ne devroit être fuivi que contre un Parent plus éloigné, qui voudroit prendre la qualité d'Héritier fimple après l'entérinement du Bénéfice. J'ai lu, avec le fuffrage qu'entraîne la force du raifonnement, une Confultation de M. Pigache, célebre Avocat, qui fe rapproche de l'opinion de Bafnage. Je vais tâcher de rendre fommairement les motifs de conviction dont il fait ufage. L'Héritier bénéficiaire, en vertu de l'adjudication du Bénéfice, n'a pas, dit-il, plus de droit que n'auroit l'Héritier abfolu. Le Bénéfice d'Inventaire n'a pas été introduit pour changer l'ordre & la difpofition de la Loi, il n'eft établi que comme une grace accordée au lignager pour l'exempter des charges qui excedent les forces de la fucceffion ; mais il ne doit pas dépouiller l'Héritier préfomptif qui pourra être abfent, & auquel le droit n'eft pas moins déféré par la difpofition de la Loi, *le mort faifit le vif*. Ces principes font vrais, mais ils ne font encore fuivis qu'en ligne directe, & dans les cas d'exception que je viens de pofer.

(1) On a fait une queftion qui a quelque rapport à cet Article : Des Créanciers d'une fucceffion ont contumacé les Héritiers en général ; on demande fi, fe préfentant un Héritier par Bénéfice d'Inventaire, les frais de contumace faits par les Créanciers, doivent être fupportés par la fucceffion ou par l'Héritier bénéficiaire ? On dit que la contumace équivaut à une Sommation en decret ; d'où l'on conclut qu'elle eft une charge de la fucceffion : mais on répond que l'Héritier bénéficiaire qui furvient la rend inutile par fon fait : on a prononcé contre l'Héritier bénéficiaire par Arrêt du 20 Août 1756.

[1]

X C I.

Celui qui s'eft porté Héritier par Bénéfice d'Inventaire, peut fe porter Héritier abfolu, & y fera reçu en fon rang de prochaineté.

L'option faite de la qualité d'héritier bénéficiaire, ne prive point celui qui l'a prife de fe déclarer héritier abfolu, pour conferver le droit qu'il a de fuccéder ; & c'eft-là un des avantages accordés par la Coutume, aux Impétrans de ce Bénéfice : mais en s'en fervant, ils ne feront pas rembourfés des frais par eux faits pour parvenir à l'Adjudication, parce que devenant héritiers abfolus, ils font obligés de payer ces frais, par l'Article XC. (1)

X C I I.

L'Héritier par Bénéfice d'Inventaire, doit dans quarante jours enfuivans le décès du Défunt, faire faire Inventaire bon & loyal de tous les Biens, Lettres, Titres & Enfeignemens de la Succeffion, & iceux mettre en fûre garde.

Il faut entendre ces mots : *L'héritier par bénéfice d'inventaire doit dans quarante jours enfuivans le décès, &c.* de la même maniere qu'on a interprété les paroles de l'Article CCXXXV, qui font : *Que le plus proche parent habile à fuccéder, doit déclarer en Juflice quarante jours après la fucceffion échue, s'il entend y renoncer.* Car comme on a jugé que l'Article CCXXXV ne preferit pas un temps dans lequel les parens doivent néceffairement accepter ou répudier une fucceffion, comme il fera remarqué fur ledit Article ; ainfi on doit dire, que cet Article XCII n'impofe pas la néceffité de faire l'Inventaire dans les quarante jours enfuivans le décès, parce que tant que l'hérédité eft jacente, les parens peuvent fe déclarer héritiers fimples ou bénéficiaires : dont on doit conclure, qu'il n'eft pas néceffaire que l'Inventaire ait été fait dans un certain temps, mais qu'il fuffit de le faire peu après qu'on a prétendu à la qualité d'héritier bénéficiaire ; car c'eft mal raifonner que de dire, qu'on ne peut faire l'Inventaire auparavant qu'on ait une qualité certaine d'héritier par l'adjudication du bénéfice d'Inventaire : car outre que la confection d'Inventaire eft une formalité, fans laquelle on ne peut prétendre au bénéfice d'Inventaire, il eft certain que la confection d'Inventaire doit régulièrement précéder la qualité

(1) Si deux Cohéritiers ont pourfuivi & fait entériner conjointement le Bénéfice d'Inventaire fur une fucceffion commune, l'un ne peut, dans la fuite, fe déclarer Héritier abfolu au préjudice de l'autre ; il y a dans un pareil procédé un caractere de mauvaife foi qui révolte : Arrêt du 26 Février 1740. Auffi Brodeau, fur Louet, H. 1, décide qu'un Héritier majeur, après avoir fait entériner fes Lettres de Bénéfice d'Inventaire, ne peut varier ni changer de volonté au préjudice de fon Cohéritier bénéficiaire. La Coutume de Bretagne eft, fans doute, bien fenfée, lorfque par l'Article DLXXII, elle décide que l'Héritier bénéficiaire ne pourra être exclus par l'Héritier pur & fimple, même en pareil degré. *Voyez* d'Argentré, fur cet Article ; le Brun, de la Communauté ; le même, des Succeffions : le Préfident Fabert, Décad. 2. Err. 5 ; Auzanet & le Camus, fur Paris 342.

Tome I. O

d'héritier ; parce qu'auparavant d'accepter ou de répudier une fucceffion , on en doit connoître la valeur , ce qu'on fait par l'Inventaire. C'eft pourquoi Juftinien , dans ladite Loi derniere , *De jure deliberandi* , §. *fin autem* , fans faire mention du temps de l'addition de l'héredité , a difpofé , qu'on doit faire l'Inventaire dans les trente jours enfuivans la connoiffance qu'on a du droit qu'on peut prétendre en la fucceffion ; foit par teftament , foit *ab inteftat : intra triginta dies , poftquam ei fuerit nota , apertura tabularum , vel ab inteftato delatam fibi hæreditatem cognoverit , numerandos.* La Coutume en l'Article CCCLI , s'eft conformée à cette doctrine , en ordonnant au Frere aîné de faire un Inventaire incontinent après le décès. L'Ordonnance de 1667 difpofe femblablement , que le temps qu'elle prefcrit pour faire l'Inventaire , commence précifément au temps de l'ouverture de la fucceffion ; & en outre , que le temps qu'elle donne pour délibérer fur l'acceptation de la fucceffion , ne commence que du jour que l'Inventaire aura été parachevé (1). On ne doit donc pas dire , que la Coutume a dû s'expliquer autrement en cet Article , & fignifier expreffément que l'Inventaire doit être fait quarante jours après l'adjudication du bénéfice d'Inventaire : car quand elle a difpofé que l'Inventaire doit être fait quarante jours après le décès , elle s'eft conformée au Droit Romain , non pas *limitativè aut reftrictivè , fed demonftrativè* , en défignant le temps le plus ordinaire & le plus régulier dans lequel l'Inventaire doit être fait. (2)

XCIII.

Après l'Adjudication faite du Bénéfice d'Inventaire , doit faire apprécier par la Juftice , les Meubles , Fruits & Levées de la Succeffion , & bailler caution au Sergent de la Querelle du prix de l'eftimation.

Il femble qu'il eft du devoir du Juge , d'ordonner incontinent après l'Adjudication du bénéfice d'Inventaire , que l'appréciation portée par cet Article , foit faite devant lui , dans un bref délai , par Experts dont les créanciers &

(1) L'Ordonnance de 1667 , citée par l'Auteur , n'a lieu que dans le cas où les Créanciers d'une fucceffion forcent l'Héritier préfomptif de prendre une qualité certaine , ou qu'un Héritier plus éloigné agit contre un Héritier plus proche ; mais hors ce cas il n'y a point de délai fatal pour faire Inventaire , pourvu que celui qui eft habile à fuccéder n'ait point fait acte d'Héritier.

(2) Comme les diligences du Bénéfice d'Inventaire rempliffent beaucoup de temps , & que dans l'intervalle les effets d'une fucceffion pourroient être fouftraits , il n'y a point d'inconvéniens à accorder aux Créanciers une action contre l'Impétrant des Lettres de Bénéfice , afin de l'aftreindre à faire faire Inventaire des Titres & Effets de la fucceffion , fans en attendre l'entérinement : Arrêt du 30 Août 1737. Mais pour prévenir la révélation des fecrets des Familles , il a été jugé le 16 Avril 1624 , par Arrêt rapporté par Bafnage , que les Créanciers ne doivent point affifter aux Inventaires. Quelque confidération que l'on veuille donner à cet Arrêt , il fouffre exception toutes les fois qu'en l'exécutant on pourroit mettre en péril les intérêts des Créanciers de la fucceffion acceptée fous le Bénéfice d'Inventaire. Auffi par Arrêt du 8 Juin 1731 , fur les Conclufions de M. l'Avocat-Général le Bailli , on a autorifé des Créanciers à affifter à l'Inventaire requis par l'Héritier bénéficiaire : je pourrois citer plufieurs Arrêts conformes à celui du 8 Juin 1731.

l'héritier conviendront, ou qui feront nommés d'office, parce qu'un Juge doit pourvoir à ce que toutes chofes qui fe font en exécution de fes Jugemens, foient faites dans un ordre convenable, pour conferver le bon droit à un chacun, & pour prévenir les abus qu'on peut commettre en conféquence. Cette appréciation ou eftimation, n'eft que des meubles, & des fruits & levées qui font encore fur les héritages dépendans de la fucceffion. Or, la caution qu'exige la Coutume, n'eft précifément que du prix de cette appréciation ; fauf aux créanciers à veiller pour leurs intérêts, comme il leur eft permis par l'Article XCVI. L'héritier ne-fe doit point faifir des meubles, qu'après lefdites appréciation & caution. C'eft pourquoi on peut propofer fur cet Article une queftion très-importante, qui eft, fi cet héritier peut vendre les meubles & immeubles de la fucceffion, fans folemnité ou fans le confentement des créanciers. Du Moulin & Loyfeau font d'avis qu'il le peut ; & fe font fondés, tant fur l'autorité de ladite Loi de Juftinien, au §. *fin verò*, qui déclare que ceux qui ont acheté de l'héritier qui a fait un bon Inventaire, ne peuvent être inquiétés par les créanciers de la fucceffion, que fur les propriétés de la qualité d'héritier, qui font de repréfenter la perfonne du défunt, d'avoir le même pouvoir que lui fur les biens héréditaires, & par conféquent d'en être propriétaire : ce qui a fait dire, que *pro hærede fe gerere, eft pro Domino fe gerere.* Or l'héritier bénéficiaire eft véritablement héritier ; la confection d'Inventaire ne conftituant point une efpece différente d'héritiers, mais ne devant produire d'autre effet, finon de décharger l'héritier du payement des dettes qui excedent la valeur des biens qui compofent la fucceffion. Mais ces grands Auteurs ont raifonné fur ce qui devroit être, mais non point fur ce qui eft : ils reconnoiffent que par le Droit Coutumier on a fort abufé de cette invention de Juftinien, en autorifant des différences effentielles & fpécifiques entre l'héritier bénéficiaire & le légitime : car l'héritier bénéficiaire n'eft point réputé dans le Pays coutumier, être héritier fimplement & abfolument, d'autant qu'il n'eft point obligé perfonnellement au payement des dettes héréditaires, qu'il eft tenu de rendre compte, & qu'il peut renoncer à la fucceffion, qui font trois conféquences qui ne peuvent convenir au véritable héritier ; c'eft pourquoi on l'appelle fimple & abfolu, pour le diftinguer du bénéficiaire : dont il s'eft enfuivi que les Auteurs qui ont écrit fur le Droit coutumier, & même la Coutume de Paris, en l'Article CCCXLIV, ont comparé l'héritier bénéficiaire à un Curateur des biens vacans, pour fignifier qu'il n'avoit que l'adminiftration, & non la propriété des biens héréditaires. Il femble donc qu'il faut décider la queftion propofée par le Droit qui eft en ufage, & qui bien qu'il ait été introduit par un abus manifefte, prévaut à celui qui eft fondé fur de bonnes maximes ; mais qui eft comme abrogé par une pratique contraire & univerfelle dans le Pays coutumier. Or il eft évident que dans ce Pays, l'héritier bénéficiaire ne repréfente qu'imparfaitement la perfonne du défunt, qu'il n'eft point obligé perfonnellement aux dettes, qu'il n'eft point propriétaire, & qu'il n'eft en poffeffion des biens que comme un Tuteur ou Curateur, à la charge d'en rendre compte. De forte que par la Coutume de Normandie, en cet Article XCIII, il doit après l'adjudication qui lui a été faite du bénéfice d'Inventaire, faire apprécier par la Juftice les meubles, fruits & levées de la fucceffion, & bailler caution du prix de l'eftimation. La Coutume de Paris audit Article CCCXLIV, eft encore plus formelle ; car cet

O 2

Article porte , que l'héritier bénéficiaire eſt comme un Curateur aux biens vacans , & qu'il ne peut vendre les meubles , ſans garder la ſolemnité qui eſt
preſcrite par le même Article. Si donc cet héritier vend de ſon autorité , il
fait ce qu'il ne peut faire ; ou au moins , ſuivant la Coutume de Normandie ,
il ne fait pas ce qu'il doit faire ; & partant il n'a pas un pouvoir légitime
pour aliéner les meubles , ni conſéquemment les immeubles , qui ſont beaucoup plus importans dans l'eſtimation qu'on fait des biens d'une ſucceſſion. C'eſt
ce que la Coutume d'Orléans a expliqué en l'Article CCCXLIII , en ces termes : *Et quant aux immeubles , ils n'en peuvent* (les héritiers bénéficiaires)
*faire vente , ſinon en gardant les formalités requiſes en matiere de criées d'hé-
tages.* En s'arrêtant donc conſtamment à ces principes du Droit coutumier ,
& aux expreſſions des Coutumes qui ont été référées , il faudroit conclure que
l'héritier bénéficiaire ne peut vendre ſans ſolemnité , ou ſans le conſentement
des créanciers , ni meubles ni immeubles , & partant que la vente qu'il en auroit faite de ſa ſeule autorité , ſeroit nulle , & n'attribueroit à l'acheteur aucun titre légitime , pour devenir poſſeſſeur & propriétaire. Mais parce qu'il
ſembleroit qu'il y auroit de l'abſurdité à ſoutenir que des meubles vendus par
un héritier bénéficiaire , puſſent être vendiqués comme une choſe furtive , ou
qu'ils euſſent ſuite par hypotheque ; & que d'ailleurs la vente des immeubles ne
peut préjudicier aux créanciers , qui peuvent faire ſaiſir réellement les immeubles qui leur ſont hypothéqués , auſſi-bien quand ils ſont paſſés en la main d'un
acquereur , que s'ils étoient demeurés dans la maſſe de la ſucceſſion : on peut
dire , ſuivant l'interprétation que donne Loyſeau audit Article CCCXLIV de
la Coutume de Paris , que ces termes , *ne peut* , ne ſignifient dans ledit Arti-
ticle qu'une excluſion de la puiſſance de droit ; c'eſt-a-dire , que l'héritier ne
peut vendre , ſans s'aſſujettir à rendre compte de la vente qu'il a faite , &
ſans s'obliger perſonnellement envers les créanciers de la ſucceſſion ; ou indéfiniment , comme ayant fait un acte , qu'on ne peut faire ſans le nom & la
qualité d'un véritable héritier , ſuivant l'expreſſion de l'Article CCXXXV de
la Coutume ; ou au moins pour le prix du Contrat , ou pour la juſte valeur
de la choſe vendue , comme étant obligé perſonnellement à rendre compte
de ſon adminiſtration (1). Il faut voir Loyſeau au 3 chapitre du 2 Livre *du*

(1) L'opinion de Peſnelle peut être combattue par de puiſſans moyens. L'Héritier bénéficiaire eſt un véritable Héritier : l'Héritier bénéficiaire , en alienant les fonds dépendans de
la ſucceſſion acceptée ſous cette forme , ne fait aucun préjudice aux Créanciers de la ſucceſſion,
qui ont tous indifféremment une Hypotheque ſur les immeubles du défunt du jour de
ſon décès , en faiſant reconnoître les obligations ſous ſignature privée : après la vente les
Créanciers ſont en droit de demander compte du prix , perſonnellement à l'Héritier bénéficiaire , ils peuvent même ſe plaindre de la modicité du prix de la vente , ils conſervent
toujours leurs Hypotheques ; & s'ils ſont remplis , ils retirent de la vente cet avantage
de ne point ſupporter les frais d'un Decret toujours très-onéreux. *Voyez* Ferriere ſur
Paris 342 , Ricard & Fortin , le Brun des Succeſſ.
    Peſnelle auroit encore pu ajouter une difficulté à la queſtion qu'il propoſe ; ſi la ſucceſ-
ſion bénéficiaire conſiſte , pour la meilleure partie , en rentes actives conſtituées , & ſi l'héritier peut en recevoir l'amortiſſement , les Créanciers ſont obligés , pour prévenir le danger
de ſon inſolvabilité , de faire ſignifier à chaque des débiteurs de la ſucceſſion , des défenſes d'a-
mortir , qui les conſtitueront formellement en mauvaiſe foi ; mais les frais de ces ſignifications
ſeront pris en privilége & à leur perte. Notre ſtyle de procéder exige que la Juſtice faſſe appré-

Déguerpiſſement, où il repréſente les injuſtices que commettent ordinairement les héritiers bénéficiaires, qui, quoiqu'ils ayent recueilli une ſucceſſion opu-lente, n'en veulent point payer les dettes ; de ſorte que le bénéfice d'Inventai-re, de la maniere qu'on en uſe ſouvent dans les Pays coutumiers, n'eſt qu'un moyen pour éluder la pourſuite des créanciers, qui pour éviter les artifices qui ſont mis en uſage pour les tromper, ſont obligés d'abandonner ce qui leur eſt dû, ou d'en perdre une bonne partie, pour ſauver le reſte des mains de l'hé-ritier, qui par ces moyens profite de ſa mauvaiſe foi & de ſa tromperie. Il ajoute, qu'il y a long-temps qu'on cherche un remede à toutes les abſurdités, & aux inconvéniens qui proviennent du bénéfice d'Inventaire, & qu'il ne peut y en avoir un meilleur, que de preſcrire un temps à l'héritier bénéficiaire, comme d'un an ou de deux, dans lequel il ſeroit tenu de faire diſcuter ou ap-précier les biens de la ſucceſſion, & de rendre ſon compte ; autrement, & ce temps paſſé, qu'il fût tenu de payer toutes les dettes comme héritier ſimple, aux nombres quatorzieme & dernier du chapitre ci-deſſus cité : liſez de plus ; le chapitre 6 du Livre 4 du même Traité, & du Moulin ſur l'Article XXX de la Coutume de Paris, *in verbo*, qui dénie le Fief, *num. 159*. (2)

XCIV.

Les frais des diligences du Bénéfice d'Inventaire, doivent être pris ſur le prix des Meubles & Levées avant toutes choſes.

Il eſt conforme au §. *in computatione*, de ladite Loi derniere *De jure deli-berandi*, qui a pour fondement, que l'héritier ſe rendant comme dépoſitaire des biens de la ſucceſſion, fait le profit de tous les créanciers.

C'eſt mal-à-propos qu'on a fait comparaiſon de l'adjudication du bénéfice d'Inventaire à l'adjudication par décret, pour conclure que puiſque les frais d'un décret ne ſont pas payés par préférence au treizieme, ni aux arrérages des rentes ſeigneuriales & foncieres, ſuivant l'Art. DLXXV, ainſi les frais du béné-fice d'Inventaire ne devroient pas être payés privilégiément & préférable-ment aux droits des Seigneurs de Fief, ou fonciers : car la diſparité eſt ma-nifeſte, parce que par l'adjudication d'un décret, les héritages paſſant en la main de l'Adjudicataire, ſans qu'il fût tenu de payer le treizieme, ni les ar-rérages échus des rentes ſeigneuriales ou foncieres, les Seigneurs féodaux ou fonciers pourroient perdre ces redevances, ſi elles ne leur étoient pas accor-

cier les biens de la ſucceſſion, & qu'avant aucune délivrance l'héritier bénéficiaire donne cau-tion du prix des biens contenus dans l'Inventaire & appréciation, l'Art. XII des Arrêtés de La-moignon, veut que cet héritier donne caution de tout : par-là les Créanciers ſont diſpenſés de beaucoup de frais, & ne ſe précipitent pas dans le labyrinthe d'un Décret. On pourroit prendre un tempérament en aſſujettiſſant l'héritier bénéficiaire à donner caution de la valeur des rentes conſtituées dûes à la ſucceſſion, & leſquelles ne ſont immeubles que par fiction.

(2) L'Ordonnance de 1629, citée par l'Auteur au même Article CXXVIII, veut que le compte du bénéfice d'Inventaire ſoit clos dans les dix ans, à peine d'être l'héritier bénéficiaire condamné au payement de toutes les dettes de la ſucceſſion, de même que l'héritier abſolu ; cette diſpoſition lui eſt plus favorable que l'opinion de Loyſeau, qui, ſuivant Peſnelle, tend à fixer un délai d'un ou de deux ans, pour faire vuider le bénéfice ; il y a des ſucceſſions ſi embarraſſées, qu'il ne ſeroit pas poſſible de les liquider dans un auſſi court intervalle.

dées en privilège avant les frais du décret : mais au contraire, en donnant à l'héritier bénéficiaire le privilège d'être payé de ses frais avant toutes choses, aux termes de cet Article XCIV, ce n'est qu'à l'égard du prix auquel les meubles, fruits & levées de la succession ont été estimés ; ce qui ne diminue pas la sûreté desdits Seigneurs, ausquels les héritages demeurent toujours obligés, comme ils étoient avant l'adjudication du bénéfice d'Inventaire. (1)

X C V.

L'Héritier par Bénéfice d'Inventaire n'est tenu que jusqu'à la concurrence de la vendue ou du prix de ladite estimation, s'il n'est trouvé qu'il ait commis quelque fraude audit Inventaire, ou concélé aucune chose de ladite Succession ; auquel cas il sera tenu comme Héritier absolu.

L'héritier par bénéfice d'Inventaire ne représente qu'imparfaitement la personne du défunt, & au moyen de la séparation de ses biens faite légitimement d'avec ceux de la succession, il n'est obligé aux dettes, que comme un dépositaire ou gardien, jusqu'à la concurrence de la valeur des biens dont il a amendé : c'est pourquoi les Auteurs l'ont comparé au Curateur donné aux biens vacans, conformément à l'Article CCCXLIV de la Coutume de Paris. Que s'il a commis quelque fraude, ayant soustrait ou recelé les biens de la succession, il est condamnable au payement de toutes les dettes, comme héritier absolu. Le §. *licentia*, de ladite Loi dernière, par lequel l'héritier qui avoit soustrait ou recelé, devoit être condamné au double de la valeur des choses soustraites, ou recelées, n'est point suivi dans le Droit coutumier ; mais l'héritier bénéficiaire en ces cas, est condamné à payer toutes les dettes, comme s'il étoit héritier simple, comme il est disposé par cet Article, qui s'observe même contre les Mineurs qui ont fait ces fraudes, parce que les Mineurs ne sont point restitués à l'égard du dol, non plus qu'à l'égard du crime par eux commis ; *Malitia supplet ætatem, & deceptis non decipientibus jura subveniunt*, suivant les Textes du Droit, rapportés par Loüet & son Commentateur, H. 24. (1)

---

(1) La différence qu'il y a entre cet Article & l'Art. DLXXV, vient peut-être de ce que le Titre des Décrets a été réformé en 1600 ; car avant cette réformation les frais du Décret se prenoient avant les Droits du Seigneur, qui conserve un Droit de suite sur l'Adjudicataire en vertu de son opposition.

(1) Par Arrêt de la Chambre de l'Edit du Parlement de Paris du dernier Août 1661, rapporté par Soëve, Cent. 2, chap. 50, il a été jugé qu'un Héritier s'étant contenté de faire faire un Inventaire des meubles de la succession de sa mere, sans avoir fait autre mention des Titres & Papiers trouvés après son décès que sous les termes : *Item, un ou plusieurs sacs ou liasse de papiers*, n'étoit pas dans la suite recevable, nonobstant l'entérinement du Bénéfice d'Inventaire, à se plaindre de ce qu'il avoit été condamné en qualité d'Héritier pur & simple.

Dans les cas où l'héritier, qui poursuit l'entérinement du bénéfice d'Inventaire, est nécessité d'agir & de toucher aux effets de la succession, il est à propos qu'il se fasse autoriser par le Juge saisi du bénéfice : mais il ne faut pas oublier que toutes les protestations contraires à la substance de l'Acte sont inutiles, *nisi in perituris* : du Moulin, sur Bourbonnois 325. Suivant l'Article DLXXV de la Coutume de Bretagne, les Baux des Héritages qui en dépendent doivent être judiciaires.

X C V I.

Où les Créditeurs voudront faire vendre les Meubles & Immeubles de la Succession, faire le pourront, nonobstant ladite estimation, les solemnités à ce requises, dûement observées & gardées.

Tout ce que fait l'héritier bénéficiaire ne lui étant permis que pour mettre en plus grande sûreté les biens de la succession, ne doit pas être contraire aux droits qu'ont les créanciers sur ces mêmes biens, puisque c'est pour leur conservation que la Coutume a apporté tant de précautions. C'est pourquoi les créanciers peuvent faire saisir & vendre lesdits biens meubles & immeubles, nonobstant les appréciations qui ont été faites en Justice, des meubles, fruits & levées (1). Les solemnités qui sont requises pour la vente des meubles, sont qu'il faut faire une proclamation en la Paroisse du domicile du défunt ; & pour la vente des fruits & levées, il faut faire la proclamation en la Paroisse où sont situés les héritages chargés desdits fruits & levées : ces proclamations doivent être faites à l'issue des grandes Messes des jours de Dimanches. Quant aux fruits & levées des années suivantes, il semble que l'héritier en doit faire faire une appréciation chaque année, parce que sans cette appréciation, l'héritier confond ses propres biens avec ceux de la succession, & partant s'oblige à payer les dettes ; & d'ailleurs, il semble que les créanciers pourroient obliger cet héritier à bailler caution de ladite appréciation ; & à son refus, faire saisir & vendre lesdites levées. (2)

X C V I I.

Les Deniers provenans de la Vendue ou de l'Estimation, comme dit est, seront distribués aux Créditeurs par Justice, selon l'ordre de priorité & postériorité : Et à cette fin, sera pris jour pour en tenir Etat, qui sera signifié à l'issue de la Messe Paroissiale du lieu, quinze jours au précédent.

On ne reconnoît point dans la Coutume de Normandie, le cas de déconfiture, expliqué par l'Article CLXXX de celle de Paris, en ces termes : *Le cas de déconfiture est quand les biens du débiteur, tant meubles qu'immeubles, ne suffisent aux créanciers apparens*. Dans ce cas, les créanciers viennent en contribution au sol la livre sur le prix des meubles, & de ce qui est réputé meuble, comme les Offices & rentes constituées à prix d'argent, par l'Article CLXXIX précédent : de telle sorte, ajoute ledit Article CLXXX, que s'il y a différend

---

(1) Quand l'Héritier bénéficiaire fait procéder à la vente des meubles de la succession, le Créancier n'a que la voie d'opposition : il ne peut pas saisir de son chef ; on n'admet point de saisie sur saisie, l'Inventaire est l'équivalant d'une saisie ; si le Créancier le croit frauduleux, il a la voie de récensement : la question a été ainsi jugée, par Arrêt rendu en Grand'Chambre, le 19 Janvier 1750.

(2) Le Décret des immeubles d'une succession acceptée sous bénéfice d'Inventaire, exige une Sommation préparatoire, qui est valablement faite à l'Héritier bénéficiaire.

entre les créanciers fur la fuffifance ou infuffifance des biens du débiteur, les premiers en diligences, qui font préférés fur les deniers par eux arrêtés, doivent bailler caution de les rapporter, pour être mis en contribution, en cas que lefdits biens ne fuffifent. Voyez ce qui a été dit de ladite contribution, fur l'Article DXCIII.

En Normandie tous les deniers provenans, tant de la vente des meubles que de l'adjudication des immeubles, fe diftribuent entre les créanciers de la même maniere ; c'eft à fçavoir, entre les privilégiés, fuivant la qualité de leur privilége, foit réel ou perfonnel & entre les hypothécaires, fuivant l'ordre de priorité ou de poftériorité du temps des obligations. De plus, le premier faififfant ou arrêtant les meubles, n'a aucune préférence, finon pour être payé des frais par lui faits pour les diligences, par l'Article DXCIII. Loüet, C. 44. (1)

Il ne fera pas inutile de remarquer, que quoique par la Coutume de Paris, les Offices qui font tous réputés meubles, ayent fuite par hypotheque, quand ils font faifis pour être décrétés ; toutefois le prix qui provient de l'adjudication devoit être diftribué aux créanciers, comme fe font les prix des autres meubles, par contribution & au marc la livre, fans avoir égard à l'hypotheque des créanciers, par l'Article XCV de ladite Coutume : Ce qui a été changé par un Edit fait & publié en l'année 1683, par lequel entr'autres chofes, il eft ordonné que le prix des Offices vendus par décret, fera payé aux créanciers, fuivant l'ordre hypothécaire, de la même maniere que le prix des véritables immeubles.

Après que l'état aura été tenu, fuivant qu'il eft porté par cet Article, s'il fe préfente d'autres créanciers, ils fe feront payer des deniers reftés aux mains de l'héritier, fuivant le même ordre obfervé en tenant l'état, & ils pourront obliger l'héritier à leur rendre compte ; à quoi il fera condamné perfonnellement : Et en cas que les créanciers veuillent faifir les immeubles de la fucceffion, ils le pourront après une fommation en decret faite audit héritier.

Il faut de plus remarquer, que fi les légataires fe font préfentés à l'état, & y ont été payés, & que depuis fe préfente d'autres créanciers après l'état tenu, les légataires pourront être pourfuivis, *condicïione indebiti*, pour la répétition de ce qu'ils auront reçu, parce qu'il ne leur étoit rien dû, n'étant pas créanciers du défunt, mais feulement de fa fucceffion, à laquelle ils ne peuvent rien prétendre qu'après les dettes du défunt payées, §. *fin verò creditores*, de ladite Loi derniere. Il feroit bien plus convenable de ne payer pas les légataires, finon à condition de rapporter, & d'en bailler caution. (2)

XCVIII.

---

(1) L'Héritier bénéficiaire, qui vend les meubles du Défunt, n'eft point fujet au Droit de confignation, s'il eft porté par les proclamations que les deniers feront mis aux mains de la Caution du Bénéfice : Arrêt du 10 Mars 1746.

Un Héritier, par bénéfice d'Inventaire, ayant reconnu une rente de la fucceffion purement & fimplement, y devient obligé, comme un Héritier fimple, fauf fon exception, par rapport aux autres demandes : Charondas, dern. queft. cité par Bérault.

L'Héritier bénéficiaire ne peut empêcher le Ceffionnaire d'une rente tranfportée par le Défunt d'être payé du capital & arrérages fur la fucceffion, s'il ne veut donner caution, que le Ceffionnaire fera colloqué utilement au Decret des biens du Débiteur : Arrêt du 17 Juin 1681. Bafnage.

(2) La remarque de Pefnelle, qui eft tirée de Terrien, liv. 6, Chap. 8, n'eft pas d'un grand

XCVIII.

L'Héritier, par Bénéfice d'Inventaire, eſt tenu de répondre aux actions & demandes des Créditeurs, ſur la connoiſſance des Faits & Obligations du défunt.

Il eſt limité à la reconnoiſſance des faits & des obligations du défunt, que l'héritier eſt obligé de reconnoître ou d'en attendre la vérification, même avant que l'adjudication du Bénéfice lui ait été faite. Mais pour les autres actions, il n'en peut être pourſuivi pendant qu'il fait ſes diligences, & avant ladite adjudication, n'ayant point encore de qualité conſtante, §. donec, de ladite Loi derhiere; qui décide de plus, que pendant ce temps, la preſcription ne court point contre les créanciers de la ſucceſſion : Ce qui s'obſerve dans tous les délais qui ſont donnés par la Loi, comme la Gloſe le remarque, & en rapporte les autorités ſur ce même Paragraphe. Il ne faut pas omettre, que l'héritier bénéficiaire eſt tenu en ſon nom indéfiniment de tous les dépens jugés contre lui, aux procès qu'il a pourſuivis ou défendus concernant la ſucceſſion, pourvu qu'ils ſoient faits de ſon temps, parce que ſi ces dépens ſe prenoient ſur les biens de l'hérédité, ce ſeroit les créanciers qui les payeroient en effet, bien qu'ils provinſſent de la témérité de l'héritier. Pour éviter donc cet inconvénient, il doit ſe faire autoriſer par les créanciers. (1)

_____

grand uſage ; il eſt difficile qu'un Héritier bénéficiaire acquitte les Legs auparavant de payer les dettes, les Créanciers ſont avertis de faire leur pourſuite par la publicité du bénéfice, les proclamations & les Actes judiciaires ; cependant ſi un Créancer abſent ne s'eſt point oppoſé lors de la diſtribution des deniers, il eſt juſte de préférer ſes intérêts à ceux d'un Légataire, qui ne cherche qu'à profiter d'un bienfait qui n'étoit pas dans la puiſſance du Teſtateur : mais il ſemble qu'il devroit d'abord agir directement contre le Légataire.

(1) Quoiqu'avant l'entérinement du Bénéfice celui qui le requiert ne ſoit point tenu de répondre aux Créanciers de la ſucceſſion, ſous la limitation de cet Article, il a le pouvoir d'en pourſuivre les Débiteurs, parce qu'il fait le bien des Créanciers. Bérault.

C'eſt une queſtion très-diſcutée par les Auteurs, ſi l'Héritier bénéficiaire eſt tenu perſonnellement des dépens des Procès qu'il a intentés en cette qualité ; on ne pourroit pas les lui faire ſupporter, s'il ſe bornoit à la reconnoiſſance des Faits & Obligations du défunt, à moins qu'il n'y eût donné lieu par une procédure vicieuſe, puiſque la Coutume l'oblige de répondre à cette ſorte de demande. L'uſage dans les Tribunaux le plus uniforme, eſt de ne condamner cet Héritier perſonnellement aux dépens, que quand il a ſoutenu, ſoit en demandant, ſoit en défendant, des Procès manifeſtement injuſtes ; on l'autoriſe hors ce cas à employer les frais, miſes & dépens dans ſon compte. Voyez Baſnage, la Peyrere, Lett. H. n. 10; Arrêt de M. Devolant, Partie 2; Baſſet, tome premier, liv. 2 ; Augeard, tome premier.

114

CHAPITRE NEUVIEME.

DES FIEFS ET DROITS FEODAUX.

FIEF eſt dérivé de Fé, qui, en vieux langage, ſignifioit Foi & Fidélité; de ſorte qu'au temps des derniers Rois de la ſeconde race, Fé, en langage François, & *Feuum* en latin, ſignifioient ce qu'on nomme préſentement *Fief*, vrai-ſemblablement parce que les Fiefs obligent, par leur définition, à la foi & fidélité envers le Seigneur. Les Fiefs, au temps de leur premiere inſtitution, étoient appellés *Bénéfices*, parce que c'étoient des récompenſes que les Princes donnoient aux Capitaines qui les avoient ſervis dans leurs conquêtes; à la char-ge de continuer leurs ſervices dans l'occaſion des guerres, & de payer quel-ques redevances : qui étoient plutôt des marques d'honneur & de reconnoiſ-ſance, qu'utiles au bienfaiteur : & d'autant que ces Bénéfices n'étoient donnés que comme des places de Capitaines, ils n'étoient accordés qu'à des perſon-nes nobles, & propres à la profeſſion des armes; c'eſt pourquoi ils n'étoient concédés que pour la vie de ceux qui en étoient récompenſés, & ne paſſoient point à leurs héritiers. Tout cela a été changé, les Fiefs ſont devenus patrimo-niaux & héréditaires, ils peuvent être poſſédés par des perſonnes de toutes ſor-tes d'états, & même par les femmes. (1)

(1) Baſnage, ſur le Préambule de ce Titre, recueille de toutes parts des autorités reſ-pectables pour répandre du jour ſur l'origine des Fiefs, & les époques où ils ont commencé d'acquérir conſiſtance; c'eſt un Auteur zélé qui doute avec ſon Lecteur, & apprend à marcher à la découverte des vérités obſcures & enveloppées dans la nuit des temps. Du Moulin, ſur le Préambule du Tit. des Fiefs, n. 12, croit découvrir dans les mœurs des anciens Francs, avant la conquête des Gaules, l'origine des Fiefs; j'ai remarqué dans ce peuple des hordes de barbares ſéparées par familles, & gouvernées par le droit de l'âge : le péril commun ou le deſir d'entreprendre les réuniſſoit, un chef étoit choiſi, il ſe con-cilioit les eſprits par ſa force, ſa valeur & ſes largeſſes; quiconque étoit parvenu à ſe procurer le commandement ne pouvoit douter de la fidélité de ceux qui partageoient ſes périls, elle alloit juſqu'à l'enthouſiaſme du dévouement. Mais du Moulin n'a pas dû appercevoir dans les marais de la Germanie, cette longue chaîne d'obligations introduite par le droit des Fiefs, où cet homme célebre a vu dans un gland un très-grand arbre. M. Salvaing, de l'uſage des Fiefs, chap. 2, a cru que l'établiſſement des Fiefs dérive des uſages des Goths, des Ven-dales, des Saxons & des Normands : je n'ai pas le loiſir de diſcuter ces opinions. Pocquet de Livoniere, dans ſa Préface ſur le Traité des Fiefs, s'explique avec un air de vraiſemblance qui frappe. Sous la premiere race de nos Rois, dit cet Auteur, les bénéfices, récompenſes mili-taires étoient accordés pour un an, deux ans, trois ans de jouiſſance & même à vie. Dans la ſeconde race de nos Rois il y eut des conceſſions à perpétuité, màis elles n'étoient pas de droit général : ce n'a été qu'au commencement de la troiſieme race que les Fiefs ont commencé d'être tels qu'ils ſont aujourd'hui. *Voyez* la Monarchie Françoiſe de M. l'Abbé Dubos; l'Auteur de l'Eſprit des Loix, tome 4, de l'ed. in-12; du Tillet; Chronologie de Ducheſne; Mémoires de la Maiſon d'Harcour.
Il y a eu de grands Vaſſaux qui, au milieu de l'anarchie féodale, ont été, dans le

C'eft fur le fondement du fervice militaire, auquel les poffeffeurs des Fiefs étoient obligés, que l'on a introduit depuis que les Fiefs font patrimoniaux, & que les non Nobles & les Roturiers font capables de les poff60er, le droit de Francs-Fiefs, pour indemnifer le Roi de l'avantage qu'il perd, lorfque des gens du tiers-état font propriétaires & poffeffeurs de Fiefs, parce qu'ils ne font pas réputés capables de rendre tant de fervice à la guerre, que les gens Nobles: Mais ce droit paroît n'être plus fondé en raifon ni en juftice, depuis que les Tailles ont été impofées; par lefquelles les gens du tiers-état payent ce qui eft néceffaire pour la fubfiftance des armées : qui ne font plus compofées (comme elles étoient auparavant) de ceux qui devoient accompagner & fervir les poffeffeurs des Fiefs dans les guerres; mais de Roturiers auffi-bien que de Nobles, qui doivent fervir femblablement & continuellement, parce qu'ils font foudoyés des deniers que le Roi leve fur le Peuple. Outre que bien que les poffeffeurs des Fiefs ayent été contraints de payer la taxe des Francs-Fiefs, on les oblige encore d'aller ou d'envoyer au fervice du Ban & Arriere-Ban toutes les fois qu'il eft convoqué ; qui eft néanmoins la feule occafion en laquelle les Gentils-hommes font tenus de fervir le Roi gratuitement dans fes Guerres.

Dans l'ancienne Coutume, le mot de *Fief* comprenoit, tant l'héritage Roturier que le Noble ; mais dans la nouvelle, il fignifie feulement le Noble. En cette fignification, il eft défini une terre ou une chofe réputée immeuble, pour laquelle le poffeffeur reconnoît un Seigneur direct, auquel il doit honneur, foi & fervice, & tels droits que l'ufage des lieux le requiert, ou que l'on a accordés dans le Contrat d'inféodation, ou du Bail de terre & d'héritage. La définition de du Moulin eft femblable : *Feudum eft res immobilis aut æquipollens, conceffa in perpetuum, cum tranflatione utilis Dominii, retentâ proprietate fub fidelitate & exhibitione fervitii.*

Dans ce Chapitre, la nature des Fiefs eft expliquée par leurs propriétés & par leurs droits, qu'on peut divifer en honoraires, de juftice & utiles : Les honoraires confiftent en la reconnoiffance qu'on doit faire du Seigneur, par la preftation de la foi & de l'hommage, par les Aveux & dénombremens, & par le refpect qu'on doit porter à fa Perfonne, à fa Femme & à fon Fils aîné. Ceux de Juftice confiftent dans les Pleds & Gages-Pleges, & dans les actes qu'on y peut exercer, comme la réception ou le blâme d'Aveux ; élection des Prévôts, réunion des héritages faute de devoirs & droits non faits & non payés, & les condamnations d'amende. Les utiles font ou ordinaires ou cafuels : Les ordinaires confiftent, ou en dépendances inhérentes au fonds qui eft en la main du Seigneur, comme colombiers, garennes, moulins ; ou en redevances annuelles, comme font les rentes Seigneuriales, & les corvées dûes par les Vaffaux. Les cafuels font les reliefs, aides de reliefs, treiziemes, retraits féodaux, gardes-nobles, réverfions par confifcation, par deshérence, par bâtardife & par félonie, le varech & chofes gaïves, & les trefors trouvés. Toutes ces particularités & fubdivifions font renfermées, mais fans ordre, dans ce Chapitre ; à l'exception de la Garde-noble & du Varech, dont la Coutume a fait deux Chapitres féparés.

Gouvernement intérieur des Princes fages, compatiffans & éclairés. Mezerai ; Marian ; Autiff. Chr. ; Jean de Salisberi, Ep. 89 ; Guillaume de Tyr, liv. 16, Chap. 2 ; Affifes du Royaume de Jérufalem, rédigées par le Comte d'Afcalon.

XCIX.

Par la Coutume générale de Normandie, tout Héritage eſt Noble, Roturier ou en Franc-Aleu.

La Coutume déclare les propriétés de l'Héritage Noble en l'Article C, & du Franc-Aleu en l'Article CII ; mais elle n'a point expliqué quel étoit le Roturier. On peut dire, que c'eſt le même que celui qui eſt tenu en Cenſive dans la Coutume de Paris, & on le peut définir un Héritage à cauſe duquel on eſt tenu de reconnoître un Seigneur direct, & de lui payer quelques redevances annuelles, outre quelques droits caſuels. C'eſt du mot de *Roture*, qu'eſt dérivé celui de Roturier, qui ſignifie un homme occupé aux aménagemens ruſtiques : Ces deux mots ayant pris leur origine, ou de *Rus*, ou de *Ruptura* ; de ce dernier, parce que ceux à qui on bailla des terres qui étoient incultes, ne les pouvoient défricher & rendre fructueuſes, qu'en ouvrant & rompant la terre. Pour confirmer cette étymologie, on ajoute, que les Rotures ſont appellées par quelques anciens Auteurs, Soccages, & les Roturiers Soccomans, du Soc de la charrue qui fend & rompt la terre. (1)

C.

L'Héritage Noble, eſt celui à cauſe duquel le Vaſſal tombe en Garde, & doit Foi & Hommage.

La Coutume n'eſt pas réguliere dans cette définition, qui ne peut convenir aux Héritages tenus en Parage ; qui, quoiqu'ils ſoient Nobles doivent la foi & non l'hommage, par l'Article CXXVIII, outre qu'à raiſon d'iceux on ne tombe point en Garde. Elle propoſe dans cet Article les deux principales propriétés de l'Héritage Noble, outre leſquelles il y en a pluſieurs, comme Cour & Uſage ; c'eſt-à-dire, Juſtice fonciere, droit d'avoir un Taureau & un Verrat pour l'uſage du voiſinage, ſujétion au Ban & Arriere-Ban, & autres. Tous les Fiefs ont leur origine de la conceſſion des Princes Souverains, & ne ſe peuvent établir que par leur autorité ; c'eſt pourquoi ils ne ſe peuvent acquérir par preſcription, comme on le peut inférer de la fin de l'Article CI. On préſume néanmoins de la poſſeſſion immémoriale (pourvu qu'il

---

(1) Terrien, Liv. 5, Chap. 2, appelle les Rotures des Fiefs vilains ; ces Fiefs, dit-il, ſont tenus par acres ou maſures ; ils ſont ſoumis aux Fiefs Nobles par vil ſervice, comme de Sommage, &c. ou par Rentes ſeigneuriales, Droits & devoirs ſeigneuriaux ; dans ce ſens il fait dériver le terme Fief du terme Latin *Fundus* : Pierre de Fontaine, cité par Baſnage, s'étoit expliqué, comme Terrien, pluſieurs ſiecles avant lui. Le Chapitre 222 de l'ancienne Coutume de Bretagne, dit que la différence des Tenues nobles & des roturieres, eſt que les premieres ne ſont point ſujettes à viles corvées ni aux taillées, fors aux aides coutumieres. Par les termes de notre ancien Coutumier, Chap. 18, en aucunes parties de Normandie ſont terres tenues par bordage, quand aucune borde (c'eſt-à-dire Meſnage) eſt baillée à aucun pour faire les vils ſervices de ſon Seigneur..... & de ce, n'eſt pas hommage fait.
Voyez Balde, Zazius, Cujas, du Moulin, d'Argentré, Salvaing, Ferriere, Guyot, Pocquet de Livoniere, Jacquet,

n'y ait point d'apparence d'une ufurpation) de leur établiffement ; de forte qu'il n'eft pas néceffaire de repréfenter le Titre primordial pour être maintenu. (1)

Or comme on ne peut acquérir la féodalité fans Lettres du Roi, on ne la peut faire perdre à un Héritage fans l'intervention de cette même autorité. Néan-moins fi un plein Fief, qu'on appelle *de Haubert*, eft divifé par partages faits entre des filles, en plus de huit parties, il s'anéantit : Et bien que ces parties fe réuniffent depuis, elles ne recouvreront les Droits féodaux, qui pendant l'extinction du Fief avoient été dévolus au Seigneur fupérieur ou au Roi, que par des lettres Royaux : Ce qui a été jugé par un Arrêt, rapporté par Bé-rault, du 26 Février 1610. (2)

C I.

Et combien qu'en plufieurs endroits, ceux qui tiennent roturiere-ment, déclarent en leurs Aveux tenir par Foi & par Hommage, ils ne font pourtant Foi & Hommage, & fuffit qu'ils le déclarent en leurs Aveux, fans que pour ce ils tombent en Garde, ou puiffent acquérir aucune qualité de Nobleffe en leur Héritage.

L'Hommage, qui eft une déclaration folemnellement faite, par laquelle on reconnoît être homme ; c'eft-à-dire, dépendant d'un Seigneur, ne fe fépare point de la Foi, parce que cette reconnoiffance renferme une promeffe de fidélité : C'eft pourquoi on dit toujours conjointement Foi & Hommage, Néan-moins la Foi fe diftingue & eft féparée de l'Hommage, d'autant que la Foi fe

---

(1) Quoique la qualité de Fief dans une terre puiffe être fuffifamment prouvée par une pof-feffion immémoriale, la poffeffion ne forme qu'une préfomption ; & quand le Titre fe mon-tre, la vérité prend un empire, rien ne couvre les défauts du Titre ; des aveux rendus au Roi par le propriétaire d'une terre & vérifiés, des aveux préfentés à ce propriétaire avec recon-noiffance de vaffalité, des regiftres de Gage-Plege, ces circonftances ne rectifient point un Titre impuiffant pour conftituer un Fief : Arrêt du 25 Mars 1555. Bérault. Arrêt du 11 Mai 1616. Bafnage. Ces Arrêts ont été fuivis d'une foule de Décifions refpectables, rendues en différens temps, contre les Gens de main-morte. Je me contenterai d'indiquer les plus ré-cens ; on cite communément les Arrêts du Grand-Confeil des 18 Juillet 1720, contre les Religieux de Longueville, & 9 Avril 1739, contre les Religieux de Belozane ; le Jugement fouverain rendu le premier Juillet 1736, par M. le Premier Préfident de cette Province, en faveur de M. Guenet, Confeiller en la Cour ; les Arrêts des 2 Avril 1727 & 19 Juillet 1741, l'un contre les Religieux du Bourg-Achard, & l'autre contre ceux de Lyons. J'ajoute un Arrêt célebre du 26 Mai 1762, rendu au rapport de M. de Grecourt, actuellement Premier Avocat-Général ; cet Arrêt déclare Roture une terre dépendante de l'Abbaye de Monte-bourg, poffédée comme Fief pendant près de 500 ans ; des traces de féodalité qui paroif-foient dès l'an 1202 ; des aveux de cette terre rendus comme Fief au Roi dès 1399 ; des aveux fournis à l'Abbaye par des Vaffaux depuis 1409 ; des Actes de Jurifdiction feodale, juftifiés par des rôles de Gage-Pleges, depuis 1585 : tous ces adminicules réunis n'ont pu couvrir le vice originel du Titre conftaté par une Copie d'une Chartre de 1163, extraite d'un Cartulaire qui eft à l'Abbaye.

(2) Nous ne penfons pas en Normandie, qu'en vertu de la poffeffion ou d'un titre par-ticulier, on puiffe convertir le Fief en Roture & la Roture en Fief ; la qualité des fonds y eft plus permanente, de même qu'il faut que l'autorité du Roi intervienne pour ériger une Roture en Fief, un Fief ne peut devenir Roture par une fimple convention. *Voyez* Guyot, Pocquet de Livoniere, Jacquet.

doit garder réciproquement entre le Seigneur & le Vaſſal, même par celui qui n'eſt point obligé de faire la Foi & l'Hommage, comme il eſt déclaré par les Articles CXXIII, CXXIV, CXXV & CXXVI. (1)

C I I.

Les Terres de Franc-Aleu, ſont celles qui ne reconnoiſſent Supérieur en Féodalité, & ne ſont ſujettes à faire ou payer aucuns Droits Seigneuriaux.

Cujas, en ſa Préface ſur les Livres *des Fiefs*, remarque, & prouve par pluſieurs autorités, que ceux, *qui rem à Domino jure feudi acceperunt, dicuntur Leudes, ſive Leodes; quod eſt Francorum lingua;* (comme ajoute cet Auteur) *Leaux* ou *Loyaux*; dont on peut inférer vraiſemblablement, que le mot d'*Aleu* eſt dérivé, qui ſignifie que les poſſeſſeurs d'icelui ne ſont point obligés à loyauté; c'eſt-à-dire, fidélité envers aucun Seigneur de Fief, ce qui convient avec la définition de cet Article. Cela n'empêche pas que l'héritage alodial ne puiſſe être obligé à quelques rentes & droits; pourvu que ces redevances ne ſoient pas dûes comme une dépendance de Fief. Il eſt donc évident, que dans les Coutumes qui reconnoiſſent & admettent le Franc-Aleu, comme celle de Normandie; il n'eſt pas vrai abſolument que nulle terre n'eſt ſans Seigneur, & on ne peut pas dire que tous les poſſeſſeurs d'héritages doivent reconnoître un Supérieur en féodalité, ſuivant l'expreſſion de ce même Article : Et conſéquemment cette maxime (pour être vraie indiſtinctement) ne ſe doit entendre que par rapport à la puiſſance de l'Etat politique, dont tout un territoire dépend, quant au gouvernement & à la Juriſdiction, ſuivant l'explication de du Moulin : *Nulla eſt terra quæ non ſubſit dominationi & juriſdictioni Regis, aut Domini ſubalterni ſub eo.* Or dans ces Coutumes qui admettent le Franc-Aleu, il n'eſt point néceſſaire de repréſenter de Titre qui en faſſe preuve, il ſuffit au poſſeſſeur de l'héritage de l'alléguer; la préſomption de la liberté naturelle, approuvée & reconnue par la diſpoſition préciſe de la Coutume, qui eſt la Loi, ſervant de Titre à tous les poſſeſſeurs, & obligeant le Seigneur qui pré-

---

(1) Vous rencontrerez fréquemment dans les Chartres le terme *Feodum* : ſuſpendez votre jugement avant de prononcer ſur la force du mot; ce terme iſolé ne ſignifioit point autrefois un Fief tel que nous le poſſédons aujourd'hui : le *Feodum*, ſans addition, n'exprimoit, avant la réformation de notre Coutume, qu'un Tenement roturier, une Aîneſſe, une Maſure; il en eſt encore de même de certains droits en uſage dans les temps éloignés du nôtre, que les Seigneurs percevoient dans l'étendue de leur mouvance, & dont, dans les terres aumônées, ils permettoient la perception aux Gens de main-morte; les Conceſſions, interprétées dans le ſens qu'elles pourroient préſenter aujourd'hui, font naître des conteſtations ſur la qualité des terres; en retournant ſur ſes pas on apperçoit l'illuſion, & toute idée de Fief s'évanouit. Cette obſervation rentre dans ma note précédente; mais les uſurpations injuſtes & ſcandaleuſes, dont j'ai vu tant d'exemples, m'ont forcé d'inſiſter ſur cet Article auſſi intéreſſant.

Au reſte, l'Article CI de la Coutume paroît avoir été particulierement rédigé pour certains Bailliages de la Province, où il eſt d'uſage que les tenans roturicrement, énoncent dans leurs Aveux la foi & hommage.

tend une fervitude , à la prouver (1). Il faut dire le contraire dans les Coutumes qui difpofent , que nulle terre n'eft fans Seigneur ni Alodiale ; car nonfeulement l'Aleu ne s'y préfume point , mais il a une préfomption contraire ,
qui eft celle de la Loi & de la Coutume, qui ne fe peut vaincre que par un
Titre , & jamais par aucune poffeffion , même celle de cent ans. Ce qui a été
jugé par les Arrêts rapportés par Loüet , C. 21 , contre l'opinion de tous les
Docteurs, qui n'ont réprouvé la poffeffion centenaire , qu'*in juribus fuperioritatis & obedientiæ , quæ nec conventione , nec præfcriptione tolli poffunt.* Mais
dans les biens des particuliers , tels que font les Fiefs & les Droits qui en dépendent, la prefcription y doit avoir lieu , puifqu'ils font dans le commerce ,
qu'ils fe peuvent aliéner , & changer par la paction des particuliers , *quæ autem cadunt in commercium , præfcribi poffunt ,* tout au moins par la poffeffion
centenaire , qui eft plutôt un titre qu'une prefcription ; *vim habet conftituti ,
l. 3. §. ductus aquæ , ff. De aqua quotidiana & eftiva.*

C I I I.

En Normandie il y a quatre fortes de Tenures, par Hommage ,
par Parage , par Aumône & par Bourgage.

La plupart des héritages qui dépendent des Fiefs , étant roturiers & tenus

___

(1) Il eft difficile de conclure de cet Article & du raifonnement de Pefnelle , que la Coutume de Normandie foit au rang des Coutumes de Franc-Aleu , il femble qu'elle fe contente de le définir , mais elle ne décide point fi le Propriétaire doit juftifier du Franc-Aleu ,
ou fi fur fa déclaration le Seigneur doit établir fa mouvance. Du Moulin, paragr. 8 , n. 4
& 5 , décide que quand le Seigneur a un Territoire univerfel & continu , le propriétaire
du Franc-Aleu doit produire fon Titre ; mais fuivant Bafnage , des Titres déclaratoires
fuffifent , comme d'anciens Contrats , des Jugemens , des partages énonciatifs du Franc-
Aleu & fuivis de poffeffion : le Seigneur eft alors chargé de la preuve de fa mouvance.
Voyez Beaumanoir , Chap. 24, n. 8 ; l'Auteur du Grand Coutumier , liv. 2 , Chap. 27 ;
du Cange , *Verbo Alaud.* du Moulin , parag. 68 ; Brodeau & Ricart , Art. LXVIII de
Paris ; Pallu fur Tours 145 ; Galland , du Franc-Aleu ; Pithou , fur Troyes , tit. 4 ,
Art. XXX. *Dominici de Prær. allod.* Cafeneuve , *ibid.*
Quand le Titre repréfenté par le Seigneur réfifte au Franc-Aleu , & juftifie la mouvance , le Vaffal allégueroit en vain une poffeffion de plufieurs fiecles du Franc-Aleu ,
elle ne feroit point écoutée , parce que le droit général de la Province s'oppofe à la
prefcription , le Vaffal n'y peut prefcrire la directe par quelque temps que ce foit : l'Auteur des Maximes du Palais , affure que la queftion a été ainfi décidée en faveur des Religieux de S. Jean de Falaife , quoique l'Héritage dont ils reclament la mouvance n'eût
fupporté aucuns Droits Féodaux depuis près de 200 ans.
Les Auteurs penfent que les Seigneurs ont le droit d'obliger ceux qui dans leur Territoire prétendent poffeder des Héritages en Franc-Aleu de leur en donner une déclaration que l'on appelle déclaration feche ; cette déclaration eft utile au Propriétaire
comme au Seigneur , parce qu'étant reçue fans contradiction elle eft un enfeignement du
Franc-Aleu.
Le Franc-Aleu étoit , dans fon principe , beaucoup plus important qu'il n'eft de nos jours ;
on appelloit , dit l'Auteur de l'Efprit des Loix, tome 4 , Liv. 30, Chap. 17, Hommes libres
ceux qui , d'un côté , n'avoient point de Bénéfices ou Fiefs , & qui , de l'autre , n'étoient
point foumis à la fervitude de la Glebe ; les tetres qu'ils poffédoient étoient ce qu'on appelloit
des terres allodiales : les Aleux devinrent dans la fuite moins fréquens ; on follicitoit , à caufe des troubles , le pouvoir de changer fon Aleu en Fief , & un de nos Rois l'accorda à tous
les hommes libres. *Voyez* le même Auteur , liv. 31 , Chap. 24.

en cenſive , on doit s'étonner que cette forte de tenure n'eſt point exprimée dans la diviſion générale rapportée dans cet Article. La tenure par parage eſt expliquée depuis le CXXVII juſqu'au CXXXVIIᵉ Article incluſivement. La tenure par Bourgage eſt compriſe dans l'Article CXXXVIII. Et la tenure par aumône eſt déclarée dans les Articles CXL & CXLI. Mais quant à la tenure par hommage & la roturiere , il en eſt traité en pluſieurs Articles diſperſés dans tout ce Chapitre. (1)

C I V.

Il y a deux ſortes de Foi & Hommage : l'un lige , dû au Roi ſeul ; à cauſe de ſa Souveraineté : l'autre , dû aux Seigneurs , qui tiennent de lui médiatement ou immédiatement , auquel doit être exprimée la réſervation de la Féauté au Roi.

La différence de l'hommage dû au Roi & de l'hommage dû aux Seigneurs de Fief , eſt ſi bien expliquée dans cet Article , qu'il eſt inutile de rechercher par l'étymologie la ſignification de l'hommage lige : mais quoique cette féauté ; c'eſt-à-dire , fidélité réſervée au Roi ſeul , lui ſoit dûe par tous ſes Sujéts , il n'y a que ceux qui poſſedent les Fiefs tenus immédiatement de lui , qui ſoient obligés d'en faire le ſerment (1). Tous les Evêques du Royaume doivent faire un

---

(1) Du Moulin , Tit. des Fiefs , §. 1 , Gl. 5 , n. 12 , explique bien l'eſſence de la tenure par hommage , *non eſt* , dit-il , *de naturâ & ratione feudi quod vaſſalus praſtet homagium Domino ſecundum quod verbum ejus ſonat , nec quod fiat ejus homo , ſed ſolum quod promittat & exhibeat fidelitatem ſecundum naturam & conditionem feudi* ; l'Acte d'hommage eſt , en effet , un Acte tranſitoire ; & la fidélité eſt tellement eſſentielle aux Fiefs , qu'ils ne peuvent ſubſiſter ſans elle. *Voyez* les Notes ſous les Articles CXXXVII , CXXXVIII , CXXXXI.

(1) Du Moulin , ſur le Titre premier de la Coutume de Paris , §. 1 , Gl. 5 , n. 11 , donne une déciſion pareille à notre Article , *in toto hoc regno Franciæ* , dit cet Auteur , *nulla ſunt feuda ligia niſi quæ immediatè recognoſcuntur à chriſtianiſſimo Rege noſtro ut ſolent eſſe feuda magnatum & regalium dignitatum , & ſic infero quod fidelitates illæ ligiæ & feuda ligia inferiorum Dominorum quorum fit mentio in conſuetudinibus Comitatûs Cœnomanenſis , Andenſis , & Pictavienſis non ſic dicuntur , nec ſunt verè ſed impropriè ligia & ut verbis Juriſconſulti Caii utar. in l. licet de verb. ſign.* (abuſivè) *ſolus verò ipſum rex noſter habet vaſſalos ligios , & illi ſoli debetur fidelitas in ſuo regno de homine ligio & feudo ligio. Voyez* Guy-Papé , queſt. 309 & 310.

Il y a des Coutumes où l'on donne moins d'étendue à la ſignification de l'hommage lige ; il ſeroit facile , ſuivant l'acception des termes , de le communiquer aux Seigneurs féodaux , ſans compromettre les devoirs du Sujet envers ſon Souverain.

Ainſi la Coutume du Maine , des profits de Fiefs , Art. L. & LI , excepte le Roi du ſerment du Vaſſal lige , & diſpoſe que l'homme de foi lige . . . . . doit jurer à Dieu . . . . . entre les mains de ſon Seigneur . . . . . de le ſervir contre tous , fors contre le Roi ; c'eſt rentrer dans l'opinion de du Moulin.

Notre ancien Coutumier , chapitre 14 , dit que tous ceux qui ſont reſſéans dans le Duché de Normandie doivent faire féauté au Duc & la garder ; de là dérive la réſervation exprimée dans l'Article CIV de la Coutume réformée. Rouillé a obſervé qu'il n'y avoit que les Vaſſaux immédiats du Duc qui fuſſent obligés de faire un acte de féauté particulier , mais que le devoir n'en étoit pas moins général pour tous les habitans de la Province , ni moins indiſpenſable : rien auſſi n'eſt plus digne de l'attention que le tableau retracé dans l'ancien Coutumier des obligations qui lioient le Souverain avec ſes Sujets.

J'obſerve

un ferment de fidélité au Roi , à caufe de leur dignité Epifcopale , quand même ils n'auroient aucun temporel ; & quand ils ont des Fiefs relevans du Roi , faifans partie du temporel de leur Evêché , ils doivent de plus l'hommage lige , encore que ce temporel ait été amorti , à moins que cet hommage n'ait été remis & quitté par l'amortiffement. C'eft ce qu'enfeigne le Maiftre en fon Traité *des Régales* , ch. 13 & 14. (2)

C V.

Le Seigneur n'eft tenu recevoir fon Vaffal à lui faire Foi & Hommage par Procureur , fans excufe légitime.

Les Communautés , tant Séculieres qu'Eccléfiaftiques , font la foi & hommage par un Procureur ; la Femme mariée la fait par fon Mari. Les excufes légitimes , qui peuvent difpenfer de faire les foi & hommage en perfonne , font les guerres , les peftilences , la maladie , la captivité , l'abfence néceffaire , les haines capitales , & l'occupation du Vaffal , pour le fervice de l'Etat ou du Public. On a jugé par Arrêts rapportés par Loüet , F. 8. que les Préfidens & Confeillers du Parlement étant obligés de réfider , pour faire la fonction de leurs Charges , devoient être reçus à faire les foi & hommage par Procureur , à moins que les Seigneurs de Fief n'aimaffent mieux leur donner furféance ou fouffrance jufqu'à ce que l'excufe ceffât , aux termes de la Coutume de Paris , Article LXVII. C'eft fur le même fondement que la Coutume , par les Articles CXCVII & CXCVIII , ordonne que les Seigneurs doivent donner fouffrance aux Tuteurs , jufqu'à ce que les Mineurs foient en âge de faire les foi & hommage , & de bailler Aveu. (1)

J'obferve que dans les vieux temps on diftinguoit en Normandie des Fiefs qui devoient nommément le fervice & des Fiefs qui ne le devoient pas ; le fervice étoit onéreux , car indépendamment du ban & arriere-ban , dont ailleurs je dirai un mot , fi le Seigneur étoit infirme ou dans un âge trop avancé , le Vaffal , dans le cas de bataille gagée , étoit obligé , au lieu du Seigneur , de defcendre en lice en qualité de champion : glofe , fur l'ancien Coutumier , chap. 29.

Voyez le Procès-verbal de la Coutume ; Chaffénée , Titre des Fiefs ; d'Argentré , fur Bretagne , Art. CCCXXXII ; Brodeau , fur Paris , Art. LXIII.

(1) La queftion que Pefnelle décide après Bérault , en faveur des Bénéficiers & Gens de main-morte , eft très délicate ; les Agens du Clergé n'ont obtenu jufqu'ici que des Arrêts de furféance : dès que les Bénéficiers font au Roi une reconnoiffance de la Seigneurie directe , bien des perfonnes penfent que nos Rois leur font une grace , quand on ne les pourfuit point pour faire les foi & hommage des terres qui relevent de la Couronne ; & fi le principal des redevances eft entré dans l'amortiffement , la déclaration qu'ils doivent eft toujours un monument de féodalité. L'Article CXLI de notre Coutume paroîtra , fans doute , favorable aux Gens de main-morte ; mais prévaudra-t'il fur les intérêts du Roi , au préjudice des Lettres Patentes du 7 Octobre 1585 , pour l'homologation de la Coutume ? Il faut avouer cependant que nous admettons des Fiefs d'aumône , qui font diftingués des Fiefs laïques. *Voyez* la Chronologie de Rigord ; Héricourt , Loix Eccléfiaftiques ; Jacquet , Traité des Fiefs , rapporte au furplus la Formule du Serment de fidelité des Evêques de France.

(1) La Loi dixieme , *C. de Decur.* décide que les devoirs d'honneur , de refpect , de dignité & autres perfonnels de leur nature , doivent être remplis par ceux à qui ils font impofés , hors le cas de néceffité. Du Moulin , fur la Coutume de Paris , §. 50 , conclut de cette Loi l'obligation du Vaffal de faire la foi & hommage en perfonne , s'il n'a une légitime excufe.

C V I.

Foi & Hommage ne font dûs que par la mort ou mutation du Vaſſal, & non par la mort ou mutation du Seigneur.

Il eſt contraire à la Coutume de Paris, qui par les Articles LXV & LXVI diſpoſe que les foi & hommage ſont dûs au nouveau Seigneur ; c'eſt-à-dire, à toutes les mutations qui arrivent par l'aliénation ou par la mort du Seigneur ou du Vaſſal : mais le nouveau Seigneur qui peut exiger les foi & hommage, ne peut demander un nouvel Aveu ou dénombrement, à moins qu'il n'en ait quelque juſte cauſe ; auquel cas il le devroit demander par action & non par ſaiſie, *viâ actionis non præhenſionis. Cæterum omnibus poſtulantibus & juranti-bus, non calumniæ cauſâ ſe petere, edi jubet (Prætor) l. 9. ff. De edendo.* (1)

Selon l'Article XXII des Arrêtés de Lamoignon, Tit. des Fiefs, la procuration du Vaſſal, pour s'excuſer, doit contenir les cauſes de l'excuſe & l'affirmation du Vaſſal qu'elles ſont véritables.

Les rangs, les dignités Eccléſiaſtiques ou Séculieres, ne peuvent diſpenſer le Vaſſal de faire, à ſon Seigneur les foi & hommage en perſonne ; mais le Seigneur lui doit ſouffrance, tandis qu'il eſt occupé pour le bien public. *Joannes Galli*, queſt. 301 ; Bodin, liv. 1, de ſa Rep. Chap. 10 ; Boiſſieu, Traité de l'uſage des Fiefs, Chap. 7 ; Baſſet, tome 1, liv. 3, Tit. 6, Chap. 1.

L'obligation du Seigneur n'eſt pas, à cet égard, auſſi étroite que celle du Vaſſal ; Bérault obſerve très-bien qu'il réſulte de ces termes (ou Procureur pour lui) employés dans l'Article CVIII, que le Seigneur n'eſt pas tenu de recevoir la foi & hommage en perſonne ; cet Acte peut être exereé par ſon Procureur ; mais du Moulin, §. 47, Gl. 1, n. 6, deſire qu'il ſoit fondé en procuration ſpéciale, *cum receptio ſacramenti fidelitatis tanquam concernens reverentiam & honorem perſonæ Patroni debitum, eſt quid majus quam ut veriſimile ſit in quovis generali mandato ſub intelligi vel concedi, ideo regulariter & in effectu requiritur mandatum ſpeciale ſecùs in receptione cenſus & laudimiorum ;* mais notre Coutume n'a point dé-cidé cette queſtion.

(1) Bérault cite un Reſcrit de Clément III conforme à cet Article. Ce Pape, bien éloigné du deſſein d'impoſer un fardeau trop peſant au Roi de Sicile, Feudataire du Siége de Rome, lui mande que les Héritiers de ce Prince lui ayant une fois fait hommage, ou à un de ſes Succeſſeurs, ne ſeront point forcés de le réitérer, en obſervant néanmoins, envers les Pa-pes, la même exactitude dans l'hommage & la fidélité, que s'ils avoient fait un nouveau ſerment à leur Exaltation. Cap. *Veritatis* 14, Tit. 24. *Extra de jurejurand.* Terrien, Liv. 4, Chap. 5, dit que le Vaſſal ne doit faire la foi & hommage qu'une fois dans ſa vie.

Les Coutumes qui exigent du Vaſſal, à la mutation du Seigneur, la réitération du ſerment de fidélité, ſuivant ce Brocard inſéré dans tous leurs Commentaires, *à tous Seigneurs tous honneurs*, diſpoſent que le Vaſſal qui a été reçu en foi, qui a fourni un Aveu à ſon Seigneur, n'en doit point un ſecond à ſon Succeſſeur. Le Vaſſal n'eſt aſſujetti qu'à la preſtation de l'hom-mage ſur une Sommation, c'eſt un cérémonial que nous n'admettons point, & rien de plus : nous ſuivons le ſens de la Décrétale *Amica veritatis*, & l'ancien Vaſſal eſt lié avec le nouveau Seigneur par les devoirs inſéparables de cette qualité, ou qui dépendent de l'inféodation.

Les termes de du Moulin, des Fiefs, §. 5, n. 3, ſont remarquables, *ſi enim ſit mutatio ſolum ex parte Patroni*, dit ce Juriſconſulte, *tunc antiquus Vaſſalus qui ſemel in fidem ad-miſſus fuit & Catalogum tradidit, non tenetur iterum tradere, ſed ſolum debet fidelitatis obſe-quium.* Voilà où ſe réduit la Coutume de Paris & pluſieurs autres.

Nous tenons, avec le même du Moulin ſur Orléans des Fiefs, Art. XII, que l'on ne peut ſubſtituer aux formalités de notre Coutume, des formes extraordinaires. *Vaſſalus non tene-tur ultra formam conſuetudinis, nec ad formas inſolitas.*

C V I I.

La forme de l'Hommage eft, que le Vaffal noblement tenant, doit étendre fes mains entre celles de fon Seigneur, & dire ces mots : Je deviens votre Homme, à vous porter Foi & Hommage contre tous, fauf la Féauté au Roi.

Etendre fes mains dans les mains du Seigneur, eft un figne de dépendance, mais qui n'eft pas fervile ; puifque les mains étendues fignifient une liberté d'agir confervée au Vaffal. Outre que le baifer que le Seigneur doit donner par la bouche, fuivant qu'il eft remarqué par la Glofe de l'ancienne Coutume, & qu'il fe doit inférer de l'Article LXVI de la Coutume de Paris, fait connoître que le Seigneur doit amitié au Vaffal, ce qui fuppofe quelqu'égalité. (1)

C V I I I.

Le Vaffal eft tenu faire les Foi & Hommage en la Maifon Seigneuriale du Fief dont il releve ; & fi le Seigneur n'y eft pour le recevoir, ou Procureur pour lui, en ce cas, le Vaffal après avoir frappé à la porte de ladite Maifon, & demandé fon Seigneur pour lui faire les Foi & Hommage, doit attacher fes offres à la porte, en la préfence d'un Tabellion ou autre Perfonne publique, pour lui en bailler Acte, & puis fe préfenter aux Pleds ou Gage-plege de ladite Seigneurie, pour y faire lefdites Foi & Hommage : Et où il n'y auroit Maifon Seigneuriale, il fera fes offres au Bailli, Senéchal, Vicomte ou Prévôt du Seigneur, s'il y en a fur les lieux ; finon, il fe pourra adreffer au Juge fupérieur du Fief, foit Royal ou autre, pour avoir fa main-levée.

La Foi & l'Hommage fe devant faire en la maifon Seigneuriale, il faut fui-

(1) Du Moulin, fur le Tit. des Fiefs, §. 1, Gl. 6, n. 12, rend ainfi raifon de cette claufe, fauf la Féauté au Roi. *Et tenentur Regi tam Vaffali quam Subvaffali fui fecundum conditionem feudi auxilium præftare contra omnes etiam contra eorum Dominum immediatum, fi illum infidelem aut perduellionem effe contingat pro defenfione Regni, utilitate, & neceffitaté Reipublicæ.*

Voici la forme de l'hommage tirée du Livre des Fiefs, liv. 2, Tit. 7 : *Ego Titius juro fuper hæc fancta Dei Evangelia quod ab hac horâ in ante ufque ad ultimum diem vitæ meæ ero fidelis tibi Caio Domino meo contra omnem hominem excepto Imperatore vel Rege.*

Bérault, contre l'opinion de Pefnelle, dit que le Vaffal fait un Acte de la plus entiere foumiffion, en donnant fes mains à fon Seigneur ; il le juftifie par un trait de l'Hiftoire ancienne. La Glofe, fur l'ancien Coutumier, avoit dit avant Bérault que par cette démonftration, le Vaffal dépofe fa puiffance entre les mains de fon Seigneur.

Voyez le Procès-verbal de la Coutume.

Bafnage décrit, en cet endroit, les anciennes formes de l'hommage d'après les Formules de Marculfe, Littleton & Glanville.

Q 2

vre la forme preſcrite par la Coutume du lieu où eſt ſitué le Fief dominant ,
Loüet , C. 49 ; mais à l'égard des droits utiles , comme reliefs, treiziemes &
rentes , ils ſe doivent acquitter ſuivant l'uſage du lieu où eſt ſitué le fonds ſervant : ce que du Moulin atteſte être une Coutume obſervée dans toute la France. Loüet , F. 19 (1). Ce que la Coutume ordonne de faire en cas que le
Seigneur ſoit abſent , ou n'ait point de Maiſon Seigneuriale , ſemble ne devoir
être obſervé que quand on a dénoncé au Vaſſal , le deſſein de réunir à faute
d'homme , ou qu'après que la réunion a été faite par cette même cauſe ; car
hors ces occaſions qui requierent de l'accélération , les offres faites ſuivant
que la Coutume le preſcrit , paroiſſent incivils & inſuffiſantes , pour dégager
le Vaſſal de l'obligation de faire les Foi & Hommage ès mains du Seigneur : il
doit attendre & prendre la commodité du Seigneur qui ne le pourſuit point.
Les Engagiſtes du Domaine du Roi ne peuvent exiger les foi & hommage ; ceux
qui en dependent noblement doivent faire les foi & hommage , & bailler leur
Aveu & dénombrement à la Chambre des Comptes; & quant à ceux qui relevent roturierement , ils doivent bailler leurs déclarations aux premiers Juges
du Domaine. Il faut excepter de cette regle les Appanages des Enfans de
France ; ceux qui en relevent , font les foi & hommage aux Appanagers. (2)

C I X.

A faute d'Homme , Aveu non baillé , Droits & Devoirs Seigneuriaux non faits , le Seigneur peut uſer de Priſes de Fief , quarante
jours après le décès du dernier Poſſeſſeur , ou mutation du Vaſſal
avenue.

Par l'ancien Droit des Fiefs , la réunion faite faute d'avoir pris l'inveſtiture
(c'eſt ce que la Coutume appelle , *à faute d'Homme & d'Aveu non baillé*)
dans le temps limité par la Loi , emportoit la perte de la propriété ; mais par
le Droit coutumier , elle n'emporte que la perte des fruits qui ſont encore ſur
le fonds ; c'eſt-à-dire , qui n'ont point encore été recueillis , quoique réputés

---

Si , au temps du décès du Seigneur , il y avoit des diligences faites pour réunir le Fief du
Vaſſal , & que ſes Héritiers différaſſent leur arrangement de famille , le Vaſſal fera valablement la foi & hommage à l'aîné de la cohérédité , par la raiſon qu'il eſt ſaiſi de la ſucceſſion
par la Cout. *Voyez* la Lande , ſur Orléans , Art. XLVIII ; Sainſon , ſur Tours , Art. VIII ,
Tit. des Succeſſ. Pirrhus , ſur Orléans des Fiefs , Art. X ; Dupont , ſur Blois , Art. XXXIX.
  (1) Le Vaſſal , au cas de cet Article , doit ſe pourvoir devant le Juge du Fief dominant ,
d'autant que la demande qu'il forme en délivrance de ſon héritage , eſt dirigée contre le Fief
dominant , plutôt que contre le Seigneur.
  (2) Le Prince appanager reçoit par ſon Chancelier ou chef de ſon Conſeil , à cauſe de
l'Appanage , la foi & hommage de tous ſes Vaſſaux qui ſont tenus de porter leurs Aveux
aux Bureaux des Receveurs généraux des Domaines & Bois de l'Appanage ; mais le Prince
appanager doit envoyer chaque année , à la Chambre des Comptes , les Doubles & Copies dûement ſignées des réceptions des foi & hommage à lui faites & à ſes Officiers : ceux
qui poſſedent , à titre d'engagement , des Domaines dans l'étendue de ſon Appanage , &
que le Prince appanager peu , quand il lui plaît , rembourſer des ſommes qu'ils ont
payées au Roi , ſont dans la catégorie de ſes autres Vaſſaux : Lettres Patentes du 12 Juin
1762 , regiſtrées au Parlement de Paris.

meubles au cas de l'Article DV de la Coutume : car pour ceux qui ont été engrangés, ils n'appartiennent point au Seigneur, non plus que les autres meubles qui font fur l'héritage réuni. Il y a néanmoins quelques Coutumes par lefquelles le Vaffal ne peut prendre poffeffion auparavant que d'avoir fait les foi & hommage, autrement il tomberoit en commife, à moins que le Fief ne provînt de la fucceffion des afcendans : c'eft pourquoi ces Fiefs s'appellent *Fiefs de danger* (1). L'Aveu que le Vaffal eft obligé de bailler, doit expliquer tous les Droits du Fief fervant, les héritages qui en relevent, le nombre des terres qui en compofent le domaine non fieffé, avec leurs abornemens ; de forte que le Seigneur puiffe avoir une connoiffance exacte des appartenances & dépendances du Fief, dont il reçoit l'Aveu, parce qu'il a intérêt d'être bien informé, aux cas de réunion, de garde & de réverfion. Cet Aveu doit être figné du Vaffal, reconnu devant le Juge de la Seigneurie ou devant Notaire, écrit en parchemin, par la Coutume de Paris, Article VIII, ce qui fe pratique en Normandie (2). Le Seigneur pour faire la faifie ou prife de Fief, fuivant l'expreffion de la Coutume, doit avoir un Mandement de fon Juge ou du Juge fupérieur : il doit déclarer dans la faifie, que c'eft faute d'homme, de devoirs & droits non faits & non payés, & exprimer quels droits & redevances il demande, afin que le Vaffal foit bien inftruit, pour requérir & obtenir la main-levée. Il n'eft pas néceffaire que le Seigneur baille copie de fes Titres lors de cette faifie : l'Ufufruitier peut faire cette faifie, ce qui s'in-

---

(1) Le délai de la Coutume fe compte du jour que la mort du Vaffal, qui a fait les devoirs, eft fçue communément fur le Fief fervant ; le Vaffal étant décédé dans le délai municipal, il eft jufte d'accorder à fon Succeffeur 40 jours entiers pour s'acquitter de la foi & hommage, d'autant qu'il eft dû au Seigneur un fecond relief. Bérault. *Voyez*, fur la Saifie féodale, les Etabliffemens de S. Louis, Chap. 65 ; *Joan. Galli*, queftion 162 ; du Moulin, Traité des Fiefs, §. 1, Gl. 2, n. 4 ; Commentateurs, fur Paris, Art. premier & II ; Arrêtés de Lamoignon, de la Saifie féodale.

L'abfence du Vaffal, qui a couvert le Fief, ne donne point au Seigneur la faculté de faifir féodalement & de réunir ; on fait valoir, contre le Seigneur, la préfomption de la durée de la vie la plus longue, fuivant la Doctrine de du Moulin, Traité des Fiefs, §. 1, Gl. 2, n. 4 ; Queftions de Bretonnier.

Le Seigneur doit attendre la révolution entiere du délai accordé par la Coutume au nouveau Vaffal pour commencer fes diligences ; la Contumace du Vaffal ne les valideroit pas fi elles avoient été anticipées, *quod ab initio nullum eft, tractu temporis convalefcere non poteft*. Dupont, fur Blois, Art. LIII & LIV ; du Moulin, fur Paris, Art. VII, Glof. 1, queft. 2, 3 & 4 ; d'Argentré, fur Bretagne, Art. CCCXXII.

(2) Du Moulin définit l'Aveu un titre nouveau & un renouvellement de l'ancienne obligation formée entre le Seigneur & le Vaffal, fes expreffions font remarquables : *Inftrumentum renovatæ inveftituræ, & contractûs feudalis, in quo inftrumento fpecificè declaratur, in quo confiftit res feudalis, ejus fructus & fingula pertinentia minutatim defcribuntur.* Bafnage rapporte un Arrêt de ce Parlement du 16 Décembre 1666, qui décide que le Vaffal noble doit employer dans fon Aveu, par le menu, les noms de fes tenants, la quantité de leurs héritages, & les redevances feigneuriales autant qu'il peut lui en être dû, & ce par bouts & côtés nouveaux, pour obvier aux entreprifes fur le Domaine fieffé & non fieffé : Bafnage fur l'Article CXXI. Cet Arrêt eft conforme aux difpofitions de l'Article XIX de la Coutume de Melun. Nos Auteurs ont remarqué qu'autrefois on ne donnoit point ou très-peu de dénombremens ; on a reconnu les fuites fâcheufes d'une femblable négligence. Cependant les dénombremens étoient en ufage dès le temps de Charlemagne ; le Capitulaire 10 du troifieme Livre porte : *Ut non folùm beneficia Epifcoporum vel Abbatum, Abbatiffarum atque Comitum five Vafforum noftrorum, fed etiam fifci noftri defcribantur in breve*, &c.

fere de l'Article CXCI, & eſt décidé par la Coutume de Paris, Article II. Mais l'Uſufruitier du fonds ſervant, ne peut empêcher cette ſaiſie faite faute d'homme; à moins que ce ne ſoit une Douairiere, dont la jouiſſance eſt réputée être une continuation de la jouiſſance du Mari ayant fait ſes devoirs.

Mais les Créanciers peuvent-ils empêcher l'effet de cette ſaiſie, & de la réunion qui a été faite en conſéquence, en payant les frais & les arrérages des rentes Seigneuriales, & les autres droits utiles, parce que les héritages ſervans ſont engagés aux dettes au préjudice du Seigneur? Cette queſtion paroît avoir été bien décidée par l'Article XXXIV de la Coutume de Paris, en ces termes: *Le Curateur ou Commiſſaire établi à la requête des Créanciers, peut faire la foi & hommage au Seigneur féodal, au refus du Vaſſal propriétaire du Fief ſaiſi.* Idem judicandum, à l'égard du Curateur d'une ſucceſſion vacante, qui tient lieu d'homme vivant, mourant & confiſcant, ſuivant un Arrêt rapporté par du Moulin, du mois de Décembre 1544. (3)

Il faut remarquer que des héritages peuvent être tenus d'une Seigneurie, ſans être obligés à aucunes rentes ni redevances; parce que l'eſſence d'un Fief conſiſte dans la foi qui eſt dûe au Seigneur, les autres droits ne ſont qu'accidentels & acceſſoires, ſans leſquels le Fief peut ſubſiſter: Mais *non ſine retentione directi dominii, id eſt fidelitatis; feudi enim ſubſtantia in ſola fidelitate, quæ eſt ejus forma ſubſtantialis, ſubſiſtit, cætera pendent ex pactis & tenore inveſtituræ*; du Moulin dans la fin de ſa Préface ſur le Titre des *Fiefs.* Le temps de quarante jours accordé au Vaſſal pour les devoirs, eſt le même que celui qui étoit accordé par les Coutumes pour délibérer de l'addition de l'hérédité; mais quand il eſt dit que le Seigneur peut uſer de priſe de Fief après ledit temps, il faut entendre qu'il peut commencer les diligences pour parvenir à la réunion.

C X.

Tant que le Seigneur dort, le Vaſſal veille; c'eſt-à-dire, tant que le Seigneur eſt négligent de faire la priſe de Fief, le Vaſſal jouit & fait les fruits ſiens, encore qu'il n'ait fait les Foi & Hommage.

Ce Proverbe eſt rapporté & expliqué de la même maniere dans la Coutume de Paris, aux Articles LXI & LXII. (1)

(3) Il eſt mal-aiſé de propoſer, ſur la difficulté objectée par Peſnelle, d'autres ſolutions que la ſienne; cependant, puiſque la réunion féodale n'empêche point l'affectation de l'hypotheque, nous pourrions, ce ſemble, en accordant au Seigneur ſes Droits utiles, donner moins à des préjugés puiſés hors la Province. L'Arrêt du mois de Mai 1693, cité par Baſnage, n'offre rien de déciſif, car on oppoſoit aux Créanciers du Vaſſal, qu'ils ne ſuivoient point leur Décret, & qu'ils s'étoient fait donner main-levée: *voyez* les Annotations attribuées au Préſident Groulart. Suivant un Arrêt du 8 Août 1727, le Créancier ſubrogé n'a pas le Droit de donner Aveu au Seigneur à la place de ſon Débiteur. Il ne paroît pas difficile d'appercevoir le motif de cet Arrêt: le Créancier ſubrogé n'acquiert pas la qualité de Propriétaire par la ſubrogation; il eſt vrai qu'il a un droit à la choſe; mais par le payement de ſes crédites, il peut à chaque inſtant être dépoſſédé, ſans cependant que ſa dépoſſeſſion occaſionne une mutation de Vaſſal.

(1) Cette regle, tant que le Seigneur dort le Vaſſal veille, eſt poſtérieure à l'établiſſement des Fiefs; on ne conſidéroit point comme Vaſſal quiconque n'avoit point été

C X I.

Toute prise de Fief est annale ; & doivent les diligences être re-
commencées par chacun an, s'il n'y a Sentence d'adjudication, ou
Procès formé pour lesdites diligences.

Ce qui est dit de la saisie féodale, est général pour toutes les autres saisies,
qui ne durent qu'un an en Normandie, & qui même ne se perpétuent point
par la contestation, au-delà de l'an depuis la contestation : mais quand il y a
eu adjudication faite au profit du Seigneur ; c'est-à-dire, qu'il y a eu Sentence
de réunion, le Seigneur jouira jusqu'à ce que le Vassal ait fait ou offert valablement ses devoirs. Ce qu'il faut entendre, pourvu que le Seigneur ait pris
une possession actuelle de l'héritage dont il a fait juger la réunion, & qu'il
se soit maintenu en cette possession ; car s'il a souffert que le Vassal ait joui,
ou par ses mains ou par celles d'un Fermier, la réunion ne lui profitera pas,
& il sera obligé de recommencer toutes ses diligences (1). Par la Coutume de
Paris, il ne se donne point de Sentence de réunion ; mais le Seigneur jouit
en vertu de la saisie qui est faite en ses mains, & non en celles du Roi ou de
Justice : c'est pourquoi la Coutume de Normandie, aux Articles CIX, CXII
& CXIV, appelle cette Saisie, *Prise de Fief* : *Quia*, comme dit du Moulin,
*injectione illâ manus Dominicæ, res ipsa in jus & potestatem Domini directi re-
ducitur, & utile dominium Vassali suspenditur, & quodammodo interrumpitur.*
Mais cette saisie ne dure que trois ans, après lesquels elle doit être renouvellée,
par les Articles XXXI & LXII, à moins qu'il n'y ait Procès sur icelle, auquel
cas elle subsiste tant que le Procès dure, Loüet, S. 14. En cette Province le
Seigneur n'est point mis en possession par une saisie ; il faut qu'il prenne cette

reçu en foi & n'avoit point eu l'investiture, son Fief sembloit être anéanti ; mais depuis l'introduction de cette maxime, le silence du Seigneur a passé pour souffrance & la souffrance
pour foi : *Vassalus*, dit du Moulin, sur l'Art. premier de la Cout. de Paris, *nondum
per Dominum in fidem admissus & investitus non est integrè & absolutè Vassalus ; mutatione
enim prioris Vassali, interim non videtur esse feudum, hoc saltem Domino vigilante & ut
verbis nostræ consuetudinis utar feudum ad suam manum revocante.*
Suivant la décision du Style du Parlement, Ouvrage publié environ l'an 1330, le Seigneur,
sans aucune Saisie, gagnoit les fruits des Héritages du Vassal, en proportion du temps que
le Vassal différoit de s'acquitter de ses devoirs. La Coutume d'Estampes, réformée en 1556,
contient, dans les Articles XVIII & XIX, des dispositions qui ont du rapport à la décision
du Style du Parlement.
Loysel, Instit. Coutum. des Fiefs, Liv. 4, Art. XXX. met ce proverbe au rang des pro-
verbes qu'il appelle ruraux ; il est ancien, on le trouve dans la Décision 345 de Jean
Desmares.
Il est, dit du Moulin, §. 61, n. 2, d'un usage général dans toute la France, & il doit y
être observé si la Coutume du lieu n'y est expressément contraire : *Et ita generaliter observatur
in toto hoc Regno & servandum est ni sicubi fortè clare probetur de contrariâ consuetudine.*
(1) La décision de Pesnelle est conforme à celle de Bérault ; cet Auteur avoit pensé avant
lui que la Sentence de réunion devoit être exécutée dans l'an de sa date.
Si le Seigneur ne peut demander à son Vassal la restitution des fruits dont il a souffert l'enlevement, le Vassal est obligé de lui en tenir compte, lorsque ce Seigneur a fait le plus
léger Acte de possession : Arrêt du 19 Juillet 1674.

poffeffion , en vertu d'une Sentence d'adjudication & de réunion , comme il s'infere de l'Article CXII.

Il faut remarquer , que l'Article XIX du Réglement de 1666 , attefte que fi le Seigneur , après avoir obtenu une Sentence de réunion , déclare au Fermier de l'héritage , qu'au lieu des fruits qu'il a droit de percevoir , il fe contente du prix du fermage , ce prix lui devra être payé par le Fermier , mais fous deux conditions : la premiere , que cette déclaration & fignification foit faite avant que le Fermier ait recueilli ou engrangé les fruits ; & la feconde , pourvu que le Vaffal ne fe foit pas préfenté pour faire & payer fes devoirs , avant ladite perception & récolte des fruits. Quand il a été obfervé que les faifies font annales , il le faut entendre précifément , & non pas quand elles ont été confirmées par le miniftere du Juge , qui a prononcé une défenfe de payer ; car alors cela a l'effet de chofe Jugée , qui dure autant que les autres Sentences.

C X I I.

Le Prévôt , Sergent ou autre faifant prife de Fief , doit déclarer par trois Dimanches confécutifs , à l'iffue de la Meffe Paroiffiale du lieu où les héritages font affis , que le Seigneur les entend mettre en fa main , à faute d'Homme , Droits & Devoirs feigneuriaux non faits ; & que s'il ne fe préfente aucun Homme pour les faire , dans les quarante jours enfuivans de la derniere Criée , ils feront adjugés au Seigneur aux prochains Pleds enfuivans ; & en ce faifant , doit déclarer le jour , lieu & heure defdits Pleds , par le même Exploit , qui fera certifié de Témoins.

C X I I I.

Si les Héritages font Roturiers , les bouts & côtés feront inférés dans la déclaration ; & s'ils font Nobles , il fuffit faifir le Corps du Fief.

Bérault rapporte fur l'Article CXII , un Arreft du 12 de Mars 1618 , par lequel il fut jugé , que les proclamations ordonnées par ledit Article , doivent être affichées à la porte de l'Eglife , ou fignifiées au propriétaire ou détenteur de l'héritage qu'on prétend reunir (1). Il feroit fort utile que cet Arrêt fût exécuté ,

(1) Comme l'Acte de réunion eft l'Acte le plus important de la Baffe-Juftice ou Juftice féodale , une Sentence qui déclare des Héritages réunis au profit du Seigneur , feroit nulle fi elle avoit été rendue pendant le temps de la Meffion : Arrêt du 10 Juillet 1714. La réunion doit être précédée du Mandement du Senéchal ; des diligences faites en vertu d'un fimple extrait de Gage-Pleges , portant Défaut , Saifie & Mandement , ne feroient pas valables , Arrêt du 10 Décembre 1699 ; le Mandement doit être fcellé , parce que le Sceau lui communique l'exécution. Je ne crois pas au furplus qu'on doive apporter dans les abornemens preferits par l'Article CXIII , le même fcrupule & la même exactitude que dans la Saifie par Decret ; il paroît qu'il fuffit de défigner , dans la déclaration , les Héritages dont la réunion eft pourfuivie , de maniere qu'ils ne puiffent être méconnus.

Ii

exécuté , pour éviter les fauſſetés qui ſe commettent par les Prévôts des Seigneuries , & afin que les propriétaires fuſſent infailliblement avertis , ſuivant l'intention de la Coutume bien exprimée audit Article , & de la Coutume de
Paris en l'Article XXX , qui diſpoſe que la ſaiſie doit être notifiée au Vaſſal ,
ou par une ſignification qui en ſoit faite à ſa perſonne ou à ſon Fermier ,
ou par une publication faite au Prône de l'Egliſe Paroiſſiale du lieu ſaiſi. L'Article CXIII eſt conforme à ce qui ſe doit obſerver en la ſaiſie réelle , par les
Articles DXLVII & DLXII.

C X I V.

Le Seigneur ayant joui en vertu de priſe de Fief, peut néanmoins
ſe faire payer des Reliefs & Treiziemes qui lui ſont dûs ; mais il ne
peut rien demander des arrérages des Rentes ſeigneuriales ou foncieres, ni même des Charges & Redevances, dûes à cauſe des Héritages deſquels il a joui, de tant qu'il en ſeroit échu depuis & durant la ſaiſie ; & néanmoins le Vaſſal payera les arrérages dûs auparavant icelle ſaiſie.

Le Seigneur qui jouit de l'héritage de ſon Vaſſal en conſéquence de la réunion qui lui en a été adjugée , eſt exclus du payement des rentes & redevances annuelles à lui dûes à cauſe dudit héritage , qui échéent pendant le temps
de cette jouiſſance , parce que ces rentes & redevances ne ſont dûes par le
Vaſſal, qu'en tant qu'il a le droit de percevoir les fruits : de ſorte que ce droit
étant interrompu & ſuſpendu faite au profit du Seigneur , il
s'enſuit que tant que cette réunion dure , l'obligation de payer leſdites rentes
& redevances ne ſubſiſte point. Il n'en eſt pas de même des reliefs & treiziemes , ni des arrérages deſdites rentes & redevances annuelles , échues avant
la réunion ; car toutes ces choſes ne ſont point acquittées par la jouiſſance
qu'a euë le Seigneur. La raiſon eſt , que la négligence ou contumace du

---

Il ne paroît au ſurplus d'aucune néceſſité au Seigneur qui a commiſſion de ſon Juge , de
faire autres diligences pour réunir que celles preſcrites par cet Article ; cette opinion eſt bien
facile à établir : 1°. Le nouvel Acquereur ne peut pas ſe plaindre , la Coutume auroit pû ſans
injuſtice lui donner un délai plus court : 2°. Le Vaſſal , qui a une excuſe légitime , peut , ſuivant l'Art. CV , faire la foi & hommage par Procureur , ou le Seigneur lui doit ſouffrance :
3°. L'Héritier préſomptif d'un abſent , ainſi qu'il a été obſervé ailleurs , peut couvrir le Fief:
4°. Le terme octroyé par la Coutume opere une interpellation ſuffiſante , & on ne peut
en alléguer l'ignorance : 5°. Un Aveu baillé , bon ou mauvais , ôte au Seigneur la faculté de
réunir , de même qu'il ſauve la levée : 6°. Trois Criées , à l'iſſue de la Meſſe Paroiſſiale , de
la ſituation des Héritages du Vaſſal , certifiées de témoins , ont , ſans comparaiſon , plus de
poids que la main-miſe du Seigneur autoriſée par la Coutume de Paris , Art. premier , & qui
doit être notifiée par le Vaſſal dans les termes de l'Art. XXX de cette Coutume , auſſi Baſnage conclut qu'il faut ſe renfermer dans les formalités de notre Loi municipale ; de ſorte
qu'on ne multiplie pas inutilement les frais.

Quand la Saiſie eſt déclarée nulle , le Vaſſal peut-il conclure contre le Seigneur en des
dommages & intérêts , à cauſe du préjudice qu'elle lui cauſe ? Du Moulin répond à cette
difficulté , par une diſtinction : Si la nullité dérive d'un défaut de forme , le Seigneur ne
doit à ſon Vaſſal que les dépens ; mais quand la nullité eſt fondée ſur un défaut de cauſe ,
la Saiſie eſt alors un Acte de vexation qui entraîne des dommages & intérêts.

Tome I.   R

Vassal ne le doit pas acquitter de ce qu'il doit au Seigneur , par une cause indépendante de la perception des fruits faite par le Seigneur , ou par une cause qui est antécédente à cette même perception. Il faut dire la même chose des dettes & charges ausquelles les héritages ont été obligés par le Vassal , comme sont les rentes hypotheques ou foncieres , que le Seigneur n'est point obligé d'acquitter pendant la jouissance , à moins qu'elles n'ayent été inféodées ; c'est-à-dire , inférées dans les Aveux agréés par le Seigneur , suivant la limitation apportée dans l'Article XXXVIII de la Coutume de Paris ; & c'est en quoi differe cette réunion jugée en conséquence de la saisie féodale faite faute d'Homme & d'Aveu , d'avec les réverfions qui arrivent par confiscation , batardise , deshérence & félonie , lesquelles ne se font qu'à la charge de payer par le Seigneur toutes les dettes ; même les mobiliaires ausquelles les héritages ont été engagés par le Vassal , *transeunt cum onere* , comme les autres biens patrimoniaux , à la forme & condition desquels les biens féodaux ont été réduits. Voyez ce qui est remarqué sur l'Article CCI.

Le Seigneur donc jouissant en exécution de l'adjudication qui lui a été faite des biens qu'il avoit saisis , n'est pas de pire condition qu'un acquéreur qui n'est point obligé de payer les dettes de son vendeur , ni même de quitter & délaisser les héritages qu'il a acquis , aux Créanciers hypothécaires , ne pouvant être dépossédé que par la saisie réelle , comme il est attesté par l'Article CXX du Réglement de 1666. Mais non-seulement la jouissance qu'a le Seigneur en conséquence de ladite adjudication , n'est pas à la charge de payer les dettes hypothécaires , elle n'est pas à la charge de payer les rentes foncieres créées par ses Vassaux ; parce que le droit du Seigneur procede de la premiere & originaire tradition du fonds , & partant est préférable à toutes les autres : ce qu'on ne peut pas dire du droit qu'a l'acquéreur , qui n'a pas pu par un nouveau Contrat préjudicier au droit d'un Créancier foncier , qui a fieffé ce même héritage , à la charge d'une redevance annuelle : de forte que l'acquéreur ne peut pas se maintenir en la possession de son acquêt , qu'en payant cette redevance au Bailleur à fieffe ou à ses représentans. Ce n'est pas que tant que l'acquéreur est en bonne foi , c'est-à-dire , tant qu'il n'a point connoissance de la redevance fonciere , il soit obligé de la payer ; mais dès-lors qu'il est poursuivi pour le payement de cette redevance , il faut qu'il s'y soumette , ou qu'il déclare qu'il abandonne l'héritage qui y est obligé : auquel cas de déguerpissement il se dégage de l'obligation de payer , tant pour le temps passé avant la contestation que pour l'avenir , comme il est décidé par les Articles CII & CIII de la Coutume de Paris. (1)

_____

(1) Le Seigneur , suivant l'expression de la plûpart des Coutumes & le Droit commun actuel des Fiefs , fait les fruits siens de l'Héritage réuni , en pure perte du Vassal , *huc est in purum & merum damnum Vassali qui interim purè & irrevocabiliter perdit omnem feudi sui commoditatem quæ cedit lucro & commodo Patroni* , du Moulin , §. I , Gl. 7. C'est une conséquence naturelle de ce principe que le Vassal , au temps de sa main-levée , n'est pas moins obligé de payer au Seigneur le relief dû par la mutation & les arrérages antérieurs à l'effet de la réunion , que si le Seigneur n'eût point joui. De la Lande , sur l'Art. LXXI d'Orléans , conforme au nôtre , dit que ce que le Créancier exige légitimement , par voie de coercion , sur son Débiteur , ne diminue point sa dette & n'affoiblit point l'obligation : *Idem* , Berry , Art. XXXIII des Fiefs.

Nos deux Commentateurs traitent , sous cet Article , du Déguerpissement.

DES FIEFS ET DROITS FEODAUX. 131

Sed quid ? Si les Créanciers ont fait faifir réellement l'héritage du Vaffal, le Seigneur pourra-t-il fe faire adjuger ce même héritage, faute d'Hommage & d'Aveu ? Il femble qu'il ne le peut ; parce qu'outre que faifie fur faifie ne vaut rien, l'héritage étant mis en la main du Roi & de la Juftice par la faifie réelle, le Seigneur ne peut pourfuivre fon Vaffal, parce qu'il eft dépoffédé de la chofe pour laquelle l'Hommage & l'Aveu font dûs ; & partant n'eft plus capable d'acquitter valablement ces devoirs. Quant à la queftion réfultante du cas contraire, qui eft, quand le Seigneur a prévenu les Créanciers ayant-fait la prife de l'héritage avant la faifie réelle ; fçavoir, fi les Créanciers peuvent empêcher l'effet de la réunion jugée au profit du Seigneur ? Il a été remarqué fur l'Article CIX, qu'on la doit réfoudre par ce qui eft ordonné par l'Article XXXIV de la Coutume de Paris.

C X V.

Si après la Saifie ou Adjudication d'une Aîneffe faite au Seigneur, l'Aîné eft négligent d'obtenir main-levée, les Puînés font reçus à la demander. Et en ce cas, il eft à l'option du Seigneur de la leur bailler chacun pour leur part, retenant pardevers lui la part de l'Aîné : ou bien la leur laiffer, en baillant par eux déclaration entiere de toute l'Aîneffe, & payant les arrérages des rentes qui en font dûes.

L'Article CLXXV, peut fervir à expliquer celui-ci : pour les entendre l'un & l'autre, il faut fçavoir qu'une aîneffe eft une certaine quantité de terre qui releve d'un Fief par indivis, & dont il y a une portion qui affujettit celui qui en eft propriétaire & poffeffeur à bailler déclaration & dénombrement, & à payer toutes les rentes & redevances annuelles au Seigneur, à l'acquit & décharge de toutes les autres portions. Ce propriétaire s'appelle aîné & porteur en avant, & les propriétaires des autres portions s'appellent puînés (1).

Bérault dit que le Vaffal qui déguerpit, doit payer les redevances échues de fon temps & de celui qu'il repréfente, ou rapporter les fruits depuis qu'il a joui ; cette queftion a été ainfi jugée par un des Chefs de l'Arrêt du 17 Juillet 1693, cité fous l'Art. CLXXXV de la Coutume.

Le Preneur à Fieffe par hypotheque générale, ne peut déguerpir ni fes héritiers, & ils font obligés folidairement à la continuation de la rente de Fief, quoique le fonds qui la doit foit en intégrité dans un des partages : Arrêt du 2 Mars 1671. Bafnage.

Lorfque le Preneur à Fieffe a promis par le Contrat de mettre amandement jufqu'à la concurrence d'une fomme, comme d'y élever un bâtiment, le déguerpiffement n'a point de lieu ; mais quelquefois la Cour modere la fomme, car l'équité exige qu'elle foit proportionnée au fonds qui en eft l'objet : Arrêt du 5 Août 1655. Bafnage.

Plufieurs Coutumes difpofent que l'Acquereur à charge-prife ne peut déguerpir ; nous ne fuivons point cette Jurifprudence, quand même l'Acquereur auroit payé au Créancier délégué, qui n'eft point intervenu au Contrat.

Voyez la Coutume de Paris, Art. CIX ; Ricard, fur cet Article ; Loyfeau, du Déguerpiffement ; Maximes de l'Hommeau, liv. 1 ; Louet & Brodeau, E. n. 10 ; Arrêtés de Lamoignon, du Déguerpiffement ; du Pineau, fur la Cout. d'Anjou, des Exponfes.

(1) M. Louet, cité par l'Auteur, rapporte un Arrêt du 6 Septembre 1604, dont on con-

R 2

Il est manifeste que le Seigneur peut faire la faisie ou réunion de toute l'aînesse, quand l'aîné est négligent de bailler une déclaration ou dénombrement
des terres qui composent l'aînesse. Mais parce qu'il seroit trop rigoureux que
les puînés souffrissent la perte du revenu de leurs héritages, à cause de la
négligence ou de la contumace de l'aîné, la Coutume les a secourus par un
moyen équitable, qui conserve au Seigneur ses droits, & indemnise les Vaffaux. Car si tous les puînés ou quelques-uns d'eux se présentent pour demander la main-levée de leurs héritages, le Seigneur ne la peut refuser ; mais il
a un droit d'option, qui consiste ou à demander aux puînés qui le poursuivent, une déclaration de toute l'aînesse qu'il leur abandonne, en lui payant
toutes les rentes & redevances qui en sont dûes, ou à retenir la portion de
l'aîné, & celles des puînés qui ne se présentent point, pour en jouir divisément : que s'il s'arrête à la premiere option, il doit délaisser toute l'aînesse
aux puînés, & par ce moyen ses droits ne sont aucunement diminués ; parce
que les puînés, qui sont ses Vassaux & propriétaires aussi-bien que l'aîné, lui
doivent donner une reconnoissance valable & suffisante, & d'ailleurs lui payer
par assemblement & par indivis, tout ce qui lui est dû. Les puînés en ce
même cas, évitent la perte, en obtenant la main-levée de leurs héritages, &
ayant un recours assuré contre l'aîné, pour l'assujettir à leur rendre ce qu'ils
payent & payeront pour lui : que si au contraire le Seigneur opte de
jouir de la portion de l'aîné, c'est qu'il juge qu'elle le récompensera suffi-
samment ; & d'ailleurs, la condition des puînés n'est point autre, que si l'aîné
s'étoit acquitté de son devoir ; parce que quand le Seigneur jouit de la portion de l'aîné, il le représente, & n'a pas plus de droit que l'aîné de les assujettir, ni à l'indivis, c'est-à-dire, à payer un seul pour tous les autres ; ce
qui a été jugé par un Arrêt du 28 de Février 1631, rapporté par Basnage ; ni
à lui bailler une déclaration de toute l'aînesse, suffisant qu'un chacun d'eux
lui baille une déclaration de sa portion divisément, comme il se doit inférer
de cet Article CXV, par ces termes, *de la leur bailler pour leur part*. Voyez

---

clut que de plusieurs cohéritiers possédant une terre par indivis, ceux qui se présentent pour
faire les devoirs ont main-levée de la Saisie féodale, sauf au Seigneur à se pourvoir contre les
Contumaces, à l'égard desquels la Saisie tient. Taisant (*sic*) la Bourgogne, Tit. 3, Art. premier, n. 18, tire cette conséquence de l'Arrêt de 1604. Le motif, exposé par M. Louet,
a beaucoup d'application à l'Art. CXV de notre Coutume, & il en fait observer toute la sagesse : le Seigneur & l'Aîné jouiroient, de concert & par collusion, de l'Aînesse en totalité ;
inutilement les Puînés se mettroient à leur devoir, dépourvus de remede, ils pourroient se
voir exposés à la perte des fruits de leurs Héritages sans leur fait, sans aucune faute imputable.
On a condamné sur ce principe, par Arrêt du 2 Août 1755, l'Aîné à faire donner main-
levée de la Saisie féodale. Quoique notre Coutume ait déterminé le pourvoi des Puînés,
& qu'elle semble leur avoir fait une Loi de s'adresser directement au Seigneur ; cependant
on peut penser que l'Art. CLXXV, imposant à l'Aîné la nécessité de donner déclaration ou
écroe entiere de l'Aînesse au Seigneur, la Coutume, pour avoir subvenu aux Puînés, par
l'Article CXV, n'a pas eu intention de leur interdire une voie qui paroît ouverte par
l'Article CLXXV.

Quand l'Aîné se présente pour obtenir main-levée, les Puînés, qui ont joui au lieu du
Seigneur, ne sont obligés à aucune restitution de fruits, quand même l'Aîné offriroit le payement de sa part des Droits dûs & payés au Seigneur. Il y a cependant des circonstances où les
offres de l'Aîné seroient raisonnables, comme si l'Aîné étoit dans une ignorance excusable,
& que les Puînés auroient pu faire cesser.

Loüet, F. 26. Il femble que le Seigneur peut renoncer toutes fois & quantes à l'option qu'il a faite de la part de l'aîné ; & qu'en la remettant, les puînés feront chargés d'acquitter toutes les redevances : ce qui fe peut inférer de l'Article XXII du Réglement de 1666. L'équité de cet Article CXV doit fe pratiquer à l'égard des Paragers, aux cas des Articles CXXVIII & CXXX. (1)

C X V I.

Le Vaffal ne peut prefcrire le droit de Foi & Hommage dû au Seigneur, par quelque-temps que ce foit.

Cet Article & le fuivant font répétés dans l'Article DXXVI, & leur difpofition eft conforme à l'Article XII de la Coutume de Paris. Ces termes, *par quelque temps que ce foit*, excluent toute poffeffion, même l'immémoriale, qui eft au-deffus de cent ans (1) : ce qui a lieu à l'égard de l'obligation de payer les reliefs & treiziemes, auffi-bien que pour la foi & l'hommage ; parce que ces droits font des propriétés de la Seigneurie directe, qui eft imprefcriptible contre le Seigneur féodal ; mais ce qui eft échu de ces droits fe prefcrit par trente ans, comme il eft déclaré par ledit Article XII de la Coutume de Paris ; les rentes même feigneuriales & les autres redevances annuelles, fe peuvent prefcrire, & par le Seigneur & contre le Seigneur, parce qu'ils ne font pas de l'effence des Fiefs. On peut dire que l'hommage eft prefcriptible, non par le Vaffal contre le Seigneur, mais par un autre Seigneur. (2)

---

(2) Il y a dans quelques cantons de cette Province des Tenemens appellés Mafures, les tenans y font chacun à leur tour la cueillette des rentes & redevances féodales : ce que nous appellons aîneffe y eft inconnu, ou n'y eft point pratiqué, & fi le Seigneur vouloit introduire une pareille charge, le fuccès de la tentative feroit douteux, parce qu'elle reffent trop la fervitude ; mais quand la charge d'aîneffe eft pofitivement exprimée par les aveux, elle n'eft pas moins difficile à prefcrire, car les Vaffaux ne doivent pas abufer de l'humanité avec laquelle le Seigneur exige fes Droits, felon différentes Confultations de M. Thouars ; on préfume que ces Mafures ont été originairement inféodées à plufieurs pour tenir en confortie. Bafnage penfe que le Seigneur peut forcer les tenans d'établir parmi eux un Aîné.

(1) Les Fiefs, dit Bérault, appartiennent à l'Etat ; de-là l'impoffibilité du Vaffal de prefcrire les devoirs de la foi & de l'hommage effentiels aux Fiefs ; car par une échelle de prefcriptions le Domaine de la Couronne feroit enfin altéré. Bafnage donne une raifon plus fenfible : De deux chofes relatives, dit-il, l'une ne peut fubfifter ou s'anéantir que l'autre ne fubiffe néceffairement le même fort. Du Moulin avoit auffi décidé la queftion, §. 1, Gl. 1, n. 16 & §. 7. *Item fuperioritatis, & dominii directi virtus honorifica & executiva fe habens per modum poteftatis dominantis, & in fidem admiffio, inveftituræ renovatio, manus injectio, quæ funt proprie & effentialiter jura dominicalia, non poffunt à fubdito præfcribi.*

Mais le Vaffal prefcrit en faveur d'un tiers, parce que le nouveau Seigneur poffede dans l'inftant qu'il eft reconnu pour tel, & que fa poffeffion n'eft ni contradictoire, ni oppofée au bien public. Coquille, fur Nivernois, Chap. 4, Art. XV ; Auzanet, fur Paris, 123 ; auffi du Moulin, fur Blois, Art. III, excepte de l'imprefcriptibilité de la mouvance, le cas où le Vaffal eft revendiqué par un autre Seigneur. Obfervez cependant avec Godefroy, que fi l'ancien Seigneur a toujours été fervi par fon Vaffal, s'il a continué de comparoître à fes Pleds, de payer les rentes, en un mot, de faire les devoirs dûs au Fief, des Aveux clandeftins rendus à un autre ne pourroient dépouiller l'ancien Seigneur.

(2) Il y a bien des opinions fur le crédit que l'on doit donner aux regiftres des Seigneurs

CXVII.

Le Seigneur ne peut prefcrire les Héritages faifis en fa main, ains-
eft tenu de les rendre au Vaffal ou fes Hoirs, toutes les fois qu'ils fe
préfenteront, en faifant leurs devoirs.

La jouiffance qu'a le Seigneur en vertu de la réunion, qui lui eft adjugée en
conféquence de fa faifie, ne lui attribuant pas une véritable & parfaite poffeffion : *Cùm fit potiùs in poffeffione, quam poffeffor;* il ne peut prefcrire par quelque temps que ce foit : car il ne peut jamais changer la caufe en vertu de
laquelle il a commencé à jouir : *Cùm nemo nullâ extrinfecus accedente causâ,*
poffeffionis caufam fibi mutare poffit, l. 5. C. De acquirenda poffeffione, l. 3.
§. 19. ff. eodem. Il a été jugé que le Seigneur pourfuivi pour la reftitution de
l'héritage prétendu avoir été réuni, étoit obligé de repréfenter le Regiftre de fes
Pleds & Gage-Pleges, par un Arrêt du 15 Mars 1661, rapporté par Bafnage.
Que fi le Seigneur a poffédé pendant quarante ans l'héritage de fon Vaffal,
par un autre principe que celui de la réunion, cette poffeffion lui peut valoir
de titre pour la propriété, aux termes de l'Article DXXI. Par une raifon
femblable, le Vaffal qui aura poffédé pendant quarante ans le Fief du Seigneur,
le pourra avoir acquis par prefcription, & conféquemment par ce moyen
indirect, il aura prefcrit l'obligation de la foi & hommage. (1)
Il faut remarquer que pour obtenir la main-levée de l'héritage réuni, il ne
fuffit pas de fe préfenter pour faire les foi & hommage, ou de bailler un Aveu ;
il faut de plus faire ceffer toutes les caufes qui ont donné lieu à la réunion ;
c'eft-à-dire, qu'il faut payer les reliefs & treiziemes, & les rentes, & même
les frais, comme il fe peut inférer de l'Article CXX ; ce qui a été jugé par
un Arrêt du 23 de Mars 1543, comme Bérault l'a remarqué.
Ce même Auteur rapporte deux Arrêts, par lefquels il a été jugé, que le.

---

contre les Vaffaux : Sont-ils anciens, continus, écrits d'une main non fufpecte, par un
homme décédé ? on tire peu d'éclairciffemens de ces obfervations. La décifion de du Moulin, citée par Bafnage, paroît bien lumineufe : Quand le regiftre du Seigneur n'eft point
figné du Vaffal, quand il n'eft revêtu d'aucune forme authentique, & qu'il n'eft point accompagné d'adminicules, il n'a aucun poids dans l'ordre des preuves, & on ne peut pas en
faire la bafe d'un Jugement ; il femble que cette Doctrine ait été fuivie dans un Arrêt par
Rapport du mois de Juillet 1738.
Il fut jugé par Arrêt rendu, au Rapport de M. d'Anfernel, le 17 Août 1618, que les
papiers des Seigneurs, les Gages-Pleges & les regiftres de leurs Receveurs, n'obligeoient
point leurs Vaffaux quand ils n'étoient pas fignés d'eux. Bafnage, fous l'Article CLXXXV.
(1) *Feudum prehenfum*, dit du Moulin, §. 22, n. 146, *remanet penes Vaffalum quan-*
tam ad utile dominium, & ejus difpofitionem, quantum autem ad fructus eft in manu Patroni,
qui non infiftit feudo tanquam fuo, fed tanquam alieno, ad inftar creditoris hypothecam pof-
fidentis donec folvatur qui præfcribere non poteft, fecùs fi mutaffet fibi caufam poffeffionis &
pro fuo poffediffet. Quoique le Seigneur ne puiffe prefcrire les héritages de fon Vaffal qu'il
tient à titre de réunion ; fi cependant un tiers en a joui par 40 ans à titre particulier, il
en a acquis la propriété, & il ne refte au Vaffal qu'une Action en dommages & intérêts
contre le Seigneur ; à moins qu'il ne juftifie que l'Acquereur, au temps du Contrat, n'i-
gnoroit pas le titre de la détention du Seigneur ; car fa poffeffion même, plus que quadragénaire, ne feroit d'aucune confidération.

Bailleur à fieffé avoit pu prendre la poffeffion de l'héritage fieffé, en exécution de la claufe par laquelle il avoit été ftipulé, qu'il pourroit le faire fans fommation précédente, ou autre formalité de Procès, au cas que le preneur eût été défaillant de payer pendant trois ans la rente du Bail d'héritage; quoique par un ufage du Droit coutumier, les claufes commiffoires ne s'exécutent point fans Ordonnance de Juge. Les Mineurs ni l'Eglife ne font point exceptés de cette rigueur : Voyez la Loi 38. *ff. De Minoribus*, & la Loi 135. §. *fcia*, *ff. De verborum obligationibus.* Si le Prélat ou Mari après le temps de la commife, reçoivent le payement des arrérages de la rente fonciere, bien qu'ils euffent un droit acquis pour rentrer en poffeffion de la fieffe, cette renonciation tacite à l'exécution de la claufe commiffoire, préjudicie au Succeffeur du Bénéficier & à la Femme, qui ne peuvent plus prétendre au droit & à la peine de la commife. (2)

---

(2) La Jurifprudence des Arrêts rapportés par Bérault, & dont Pefnelle fait mention, a ceffé depuis long-temps d'être en ufage. Les claufes commiffoires employées dans les Contrats de Fieffe n'ont point d'exécution fans formalités de Juftice; l'intérêt du Fieffataire feroit alors non-feulement compromis, mais fes Créanciers courroient un rifque contraire à la bonne foi; fouvent par les impenfes & foins du Fieffataire la valeur du Fonds fieffé s'accroît : cet accroiffement facilite les emprunts, & par le retard du payement des arrérages, dans un moment imprévu, les hypotheques s'évanouiroient : Arrêt du 13 Mars 1760.

Le Contrat de Fieffe eft fufceptible de toute ftipulation, de même que les autres Contrats commutatifs; on ftipule utilement que le Fieffataire ne pourra vendre ou rétrocéder tout ou partie des Fonds fieffés, fans le confentement du Fieffant : cette claufe doit être exécutée; & le tiers Acquereur, qui n'a pas pris la précaution de faire intervenir le Fieffant dans l'Acte de vente, peut être dépoffédé : Arrêt du 18 Mars 1757.

On ftipule utilement fur des rifques ou diminutions à venir; ainfi le dixieme denier ne fe déduit pas fur une Rente de Fieffe, ftipulée payable en exemption de toutes charges prévues & imprévues : Arrêt du 21 Mai 1744. On a jugé la même chofe par Arrêt au rapport de M. de S. Gervais, du 10 Juillet 1761; dans le fait de ce dernier Arrêt, le Fieffant avoit ftipulé en 1715, que la Rente lui feroit payée nette & quitte.

Quoique le temps de la commife, déterminé par le Contrat, ne foit pas encore échu, fi par le défaut des réparations le Bailleur à Fieffe voit fa Rente en péril, comme s'il eft queftion d'une Rente fur un Moulin, dont les réparations font négligées, il peut demander la réfolution de la Fieffe : Arrêt du 9 Juin 1750. On cite un pareil Arrêt rendu au rapport de M. de Breauté, le 20 Août 1757; dans le fait de cet Arrêt, le Fieffataire ne s'étoit pas borné à négliger les réparations fur les Bâtimens, il avoit encore détérioré les Fonds fieffés.

Lorfqu'en vertu d'une claufe de fon Contrat, le Fieffant eft rentré dans la poffeffion de fes fonds, la claufe, fuivant fes maximes, eft confommée; le Preneur à Fieffe ou fes Créanciers effayeroient en vain de purger fa contumace; il y a moins de problême lorfque le Créancier a été réintégré dans la poffeffion de fon fonds, par une Sentence qu'il a exécutée; car le débiteur eft combattu par deux fins de non recevoir, l'une tirée du Contrat qui fait la Loi des Parties, & l'autre de l'Ordonnance : Arrêt du 4 Avril 1748. On a même jugé, par Arrêt du 10 Mai 1764, qu'après une Sentence d'envoi en poffeffion obtenue par le Fieffant contre le Fieffataire, & un Procès-verbal de prife de poffeffion, le tiers Acquereur qui n'avoit été appellé ni à la Sentence ni au Procès-verbal, n'étoit pas recevable à s'oppofer à l'exécution de la prife de poffeffion du Fieffant, nonobftant le rembourfement & les fûretés qu'il avoit pu offrir. Il eft vrai qu'il y avoit, dans cette efpece, un intervalle affez confidérable entre la derniere procédure du Fieffant & l'oppofition formée par l'Acquereur, & que le Fieffant avoit déjà difpofé des fonds.

Cependant, hors ces cas, il eft généralement vrai que non-feulement l'Acquereur du Fieffataire, mais fes Créanciers, ont le droit de purger fa contumace : Et par Arrêt rendu le 21 Mai 1733, au rapport de M. l'Abbé de Canappeville, on a maintenu un Créancier

C X V I I I.

Les fruits adjugés au Seigneur ne lui font acquis, s'ils ne font engrangés avant que le Vaffal préfente fon Aveu, ou forme délivrance.

Le Seigneur jouiffant en vertu de l'adjudication qui lui a été faite, fait les fruits fiens, plutôt à la reffemblance de l'ufufruitier que du poffeffeur de bonne foi, dont la différence eft bien expliquée en la Loi 13. *ff. Quibus modis ufusfructus amittitur*; fçavoir, que les fruits ne font point acquis à l'ufufruitier que quand il les a recueillis lui-même, mais que le poffeffeur de bonne foi gagne les fruits auffi-tôt qu'ils ont été féparés du fonds, foit par fon ordre, foit par l'ordre d'un autre. La Coutume difpofe, qu'il faut que le Seigneur pour gagner les fruits de l'héritage réüni, les ait non-feulement fait féparer du fonds, mais les ait engrangés. C'eft fur ce fondement que l'Article XIX du Réglement de 1666 a attefté, que les fermages des héritages réunis font acquis au Seigneur, fi pendant que les fruits font encore fur le champ, il a fignifié au Fermier qu'il s'arrête au fermage, fi le Vaffal ne baille Aveu avant que les fruits foient engrangés par le Fermier : ce qui a été remarqué fur l'Article CXI. Au refte, le Seigneur doit ufer de cette jouiffance comme un bon Pere de Famille, ce qui lui eft enjoint par le premier Article de la Coutume de Paris ; c'eft pourquoi il ne doit enlever les fruits avant qu'ils foient mûrs, il ne peut couper les Bois de fûtaie, il doit repeupler l'Etang & le Colombier, & faire enfin tout ce qu'un bon ménager a de coutume de faire pour maintenir la valeur de fon héritage. *Vide Molineum in §. 1. glof. 8.* (1)

CXIX.

---

fubrogé du Fieffataire, dans la jouiffance des Fonds fieffés à fon débiteur, malgré l'oppofition formée par le Fieffant, qui, par le défaut de payement des arrérages, depuis un grand nombre d'années, & à caufe du mauvais état des Bâtimens, concluoit à l'envoi en poffeffion ; le Créancier avoit offert *à limine litis* les arrérages de la Rente, & des affurances fuffifantes pour la réfection des Bâtimens affis fur les fonds.

Quand le Créancier de la Rente de Fieffe rentre dans fon fonds par un Traité qui renferme une fomme de deniers ou une libération, qui eft une numération civile, le fonds refte hypothéqué aux Créanciers du Fieffataire, & eft clamable.

C'eft une maxime triviale que lorfque, par une force majeure, le Fieffataire eft dépouillé des fonds fieffés ou de la meilleure portion, le Contrat eft réfolu : Arrêt du 20 Juin 1755. Obfervez que dans cette efpece, le Fieffataire avoit obligé, pour la fûreté de la Rente, tous fes biens par générale hypothéque ; mais le fonds pris à Fieffe avoit été entierement abforbé pour faire un grand chemin.

(1) Par argument de la maxime, que les fruits adjugés au Seigneur ne lui font acquis que lorfqu'ils font engrangés avant la préfentation de l'aveu du Vaffal, on décide que dès que les grains ne font point enlevés lors de la fignification de la Sentence de réunion, quoique féparés du fol, ils appartiennent au Seigneur : Arrêt du 15 Juillet 1735.

Le Seigneur bénéficie de la coupe du Bois taillis qui tombe pendant la réunion ; mais il n'a aucune prétention fur la coupe d'après la main-levée.

Si le Vaffal préfente fon Aveu quand le Seigneur a fait engranger partie de fes grains, on appointe les Parties en preuve refpective fur la conteftation entre le Seigneur & le Vaffal, pour le nombre des grains qui ont été engrangés avant la préfentation de l'Aveu : Arrêt du 11 Août 1681, cité par Bafnage.

(1)

C X I X.

Si les Fruits demeurent au Seigneur, il doit payer les Airûres, Labours & Semences à celui qui les aura faites, autre que le Vassal; si mieux le Seigneur n'aime se contenter du Fermage, ou de la moitié des Fruits.

La Coutume donnant au Seigneur le droit de préférer le fermage ou la moitié des fruits, à la jouissance de l'héritage, semble lui permettre de déposséder le Fermier au cas de la réunion féodale; ce qui est suivant l'opinion de du Moulin, qu'il a appuyée sur cette maxime tirée de la Loi 31. *ff. De pignoribus; Resoluto jure dantis, resolvitur jus accipientis.* La Coutume de Paris paroît plus équitable & fondée en bonne raison, quand elle dispose par l'Article LVI, *Que le Seigneur se doit contenter du prix du fermage, lorsque le Bail a été fait sans fraude*: car puisque le Vassal peut vendre, hypothéquer & donner nonobstant les droits du Seigneur, ne semble-t'il pas qu'on doit juger qu'il peut bailler son héritage à ferme? Ce qui n'est point contraire à ladite maxime, parce que la saisie féodale n'a point d'effet résolutif, mais seulement suspensif. Voyez Loüet & son Commentaire, R. 34, où l'on apprend de plus, qu'il a été jugé, que dans les Coutumes qui permettent au Seigneur de déposséder le Fermier, cela ne se doit pratiquer que quand le Seigneur veut jouir par ses mains de l'héritage; mais qu'il ne le peut bailler à ferme, le Fermier du Vassal en ce cas devant être préféré. (1)
Quant à l'obligation de rendre les frais des airûres, labours & semences, elle est fondée sur la raison rapportée par la Loi 36. §. *ultimo*, *ff. De petitione hæreditatis*, qui est, que les fruits ne sont point estimés qu'après la déduction des dépenses faites à raison d'iceux; ce qui s'observe même contre les possesseurs de mauvaise foi, *etiam contra prædones*. De sorte qu'il est dit dans la Loi 51. *ff. Familiæ erciscundæ*, qu'il n'y a aucun cas qui puisse empêcher cette déduction: c'est pourquoi la Coutume de Paris, dans ledit Article LVI, oblige le Seigneur à rendre ces frais au Vassal qui faisoit valoir l'héritage par ses mains, à quoi cet Article CXIX est contraire. On peut demander quand le rembours des labours, airûres & semences doit être fait? Du Moulin, *in*

(1) Du Moulin s'éloigne des dispositions de cet Article: *Patronus*, dit-il, *prehendens ex defectu hominis debet lucrari fructus duntaxat, & nihil ultra ergo debet sumptus quoscumque factos in fructus restituere etiam Vassalo Contumaci.* Brodeau, sur l'Art. LVI de la Coutume de Paris, n. 19, dit que si le Vassal avoit fait labourer sa terre par ses Domestiques & avec ses chevaux, il commettroit une indécence en demandant les labours; c'est se rapprocher de nos principes; mais n'est-ce point s'éloigner des siens? *Idem*, Tronçon & Tournet.
Pour résoudre la question, de sçavoir si le Seigneur peut déposséder le Fermier du Vassal, on invoque une distinction assez ordinaire; quand le Fief retourne au Seigneur par la commise ou par la confiscation, le Droit du Seigneur, dit-on, n'a point d'effet rétroactif; mais si son Droit procede de la cause primitive de l'inféodation, comme du défaut de foi & hommage, on pense qu'il n'est pas obligé d'entretenir le Bail de son Vassal; quoiqu'il en soit, Bérault trouve dur que le Seigneur dépossède le Fermier incontinent après la réunion signifiée: C'est charger des intérêts de la résolution du Bail un Vassal qu'un court delai eût pu rappeller à ses devoirs. *Voyez* d'Argentré, Art. LXXVI, n. 9.

Tome I. S

Confuetud. Parif. §. 3. *glof.* 2. *num.* 1, 2 & 3, a été d'avis, que quoique par la Coutume de Paris il foit dit, que le Seigneur doit jouir en rembourfant ; néanmoins que ce gérondif ne fignifie point une condition néceflaire à accomplir préalablement ; mais feulement un moyen, & ce qui doit être fait enfuite, *modum & actum futurum, non conditionem* : De forte qu'il fuffit de faire ce rembourfement après la perception des fruits ; ce qui paroît fort raifonnable, d'autant que le Fermier dépoffedé par la faifie, peut jouir & recueillir les fruits ; fon Bailleur pouvant le remettre en poffeffion, & rétablir l'exécution du Bail interrompue par la faifie, en faifant fes devoirs, avant que le Seigneur ait perçu les fruits, auquel cas il eft évident qu'il ne feroit pas jufte que le Fermier eût été rembourfé.

C X X.

Aveu baillé, foit bon ou mauvais, fauve la Levée, doit néanmoins le Vaffal payer les frais de la Saifie, Adjudication, fi aucune y a, & de ce qui s'en eft enfuivi.

Il fe doit entendre, tant de l'héritage Noble que du Roturier ; & il a été jugé qu'un Vaffal tenant noblement, ayant préfenté fon Aveu, fauvoit les fruits qui étoient fur l'héritage réuni, quoiqu'il n'eût pas fait les foi & hommage, par un Arreft du dernier jour d'Avril 1574, rapporté par Bérault. *Idem dicendum*, encore que le Vaffal n'ait pas payé les Droits dûs au Seigneur, comme reliefs, treiziemes & rentes. Mais quoiqu'un Seigneur, à qui on a baillé un Aveu bon ou mauvais, ne gagne pas les fruits, (c'eft ce que la Coutume appelle *la Levée*) il n'eft pas obligé de donner main-levée de la faifie des héritages, auparavant qu'on ait fait les foi & hommage, & qu'on ait payé ce qui lui eft dû, même les frais, comme on le peut inférer de cet Article, & qu'il a été dit fur le CXVII. (1)

---

(1) Notre Coutume, pour fauver la Levée, impofe au Vaffal la néceffité de donner un Aveu ; il ne lui fuffit donc pas, afin d'avoir délivrance de fon Fief réuni féodalement, de déclarer même, fur le regiftre des Gages-pleges, que ce Fief peut relever du Seigneur faififfant : cette précaution a été jugée infuffifante par Arrêt du 14 Mai 1725.

Il fuffit que celui qui fe préfente pour faire les devoirs de Fief, juftifie de fa Parenté avec le Vaffal décédé en Contumace, quand il ne feroit pas le plus habile à fuccéder ; car le Seigneur n'eft pas tenu de faire une inquifition fcrupuleufe fur la généalogie & la defcendance d'une Famille. Bérault.

La main-levée fe donne par Sentence du Senéchal, parce que telle eft la voix de la réunion.

Le Vaffal, interpellé par le Seigneur, doit lui préfenter fes Aveux, fes Titres de partage, fes Contrats d'acquifition, ou affirmer par ferment qu'il n'en eft point faifi ; car la propriété de fes Héritages fe divife entre le Seigneur de la mouvance & lui, & ces Actes font utiles à tous les deux. Bérault.

Cependant on penfe que le Vaffal n'eft point obligé de repréfenter à fon Seigneur fes Titres de partage, le Seigneur peut les délivrer pour en tirer fes inductions ; il n'y a, à proprement parler, que les Actes conftitutifs de la féodalité qui foient communs entre le Seigneur & le Vaffal, & nonobftant la divifion le Seigneur conferve la folidité.

Si deux Seigneurs, dont l'un eft fuzerain de l'autre, reclament une Tenure, le Propriétaire du Fief fervant doit communiquer à celui du Fief dominant : Arrêt du 13 Juillet 1561. Bérault.

DES FIEFS ET DROITS FEODAUX. 139

On a jugé par un Arreſt donné à l'Audience de la Grand'Chambre le 7 Juin 1661 , rapporté par Baſnage , qu'un Aveu avoit pu être baillé par l'héritier préſomptif d'un abſent dont la mort n'étoit point certaine , & que cet Aveu avoit empêché l'effet de la réunion ; mais on condamna cet héritier à bailler caution de la reſtitution des fruits , en cas que l'abſent fît ſon retour. Il faut voir un Arrêt rapporté par Bérault ſur cet Article , touchant les formalités que les Juges doivent obſerver , pour vérifier les Aveux baillés à la Chambre des Comptes.

C X X I.

Si le Seigneur ne blâme l'Aveu dans les prochains Pleds enſuivant la préſentation d'icelui, le Vaſſal n'eſt plus tenu y comparoir, s'il n'y eſt aſſigné pour y recevoir blâmes, leſquels lui doivent être fournis au jour de la premiere Aſſignation.

On doit inférer de cet Article , que le Vaſſal ayant préſenté ſon Aveu doit comparoître aux prochains Pleds de la Seigneurie , encore qu'il n'en ait pas été interpellé. (1)

Mais le Seigneur du Fief principal n'a pas la même prérogative à l'égard du Propriétaire d'un moindre Fief qui ne releve point de lui : Arrêt du 9 Mars 1686. Baſnage. Les deux Seigneurs doivent ſe communiquer reſpectivement. Sur ce principe on a caſſé , par Arrêt du 6 Mars 1731 , rendu entre M. le Duc de Valentinois & Madame la Ducheſſe de la Force , une réunion que M. le Duc de Valentinois avoit fait faire de pluſieurs Fiefs que Madame la Ducheſſe de la Force ſoutenoit lui appartenir & relever du Roi. Par le refus de M. de Valentinois de communiquer on n'eut aucun égard à ſa réunion à droit de Clocher.

Un Aveu préſenté au Seigneur par ſon Vaſſal , & refuſé , doit être réputé reçu par la raiſon de droit propoſée par du Moulin , qui eſt que la condition pour former un engagement réciproque , eſt cenſée accomplie à l'égard de celui qui en a empêché l'accompliſſement ; mais la préſentation faite par le Vaſſal doit être réelle , conſtante & dans le lieu preſcrit par la Coutume.

Sed nonobſtantibus, dit cet Auteur , *oblationibus Vaſſali , vel etiam quod fortiùs eſt injuſtis recuſationibus Patroni poteſt Patronus interpellare clientem de fidelitate præſtandâ.*

Les termes d'Aveu & d'Avouer ſe liſent dans une Décrétale de Grégoire IX , dans l'acception que nous leur donnons.

(1) Le terme Blâmer tire ſon origine , dit Brodeau , ſur l'Article X de Paris , de l'expreſſion Latine *blaſphemare* ; il ſe trouve en ce ſens dans Grégoire de Tours & Frédegaire , ainſi que l'ont obſervé Pithou , Nicod , Spelman & Meſnage.

Du Moulin , §. 42 , Gl. 4 , n. 11 , propoſe ſept moyens de blâme contre un Aveu : 1°. Si le Vaſſal a employé dans ſon Aveu un Héritage comme faiſant partie de ſon Fief & qui n'en eſt pas : 2°. Si le Vaſſal prétend tenir en arriere-Fief un Héritage tenu en plain-Fief du Seigneur : 3°. Si le Vaſſal a pris dans ſon Aveu une qualité qui ne lui eſt point dûe , & qui préjudicie le Seigneur : 4°. Si le Vaſſal a omis de déclarer tout ce qui eſt de ſon Domaine , relevant du Seigneur féodal : 5°. S'il a omis de déclarer tout ce qui eſt tenu du Seigneur en arriere-Fief , en Rotures , & tous les Droits & Redevances de ſon Fief : 6°. Si le Vaſſal a omis de déclarer les ſervitudes & les charges de ſon Fief : 7°. S'il n'a point déclaré ſes abornemens & dépendances.

S 2

CXXII.

Peut néanmoins le Seigneur blâmer l'Aveu de son Vassal trente ans après qu'il est présenté, & cependant le Vassal jouit & fait les fruits siens.

Le Seigneur a trente ans pour blâmer l'Aveu de son Vassal, & quoiqu'il ait baillé des blâmes sur lesquels il a été donné Jugement, il semble qu'il ne doit pas être exclus de fournir de nouveaux blâmes avant que les trente ans soient expirés. Le Vassal de sa part peut réformer son Aveu dans le même temps de trente ans ; parce que le Seigneur, nonobstant la réception qu'il a faite de l'Aveu, étant réservé à la faculté de le blâmer, l'obligation entre le Vassal & le Seigneur n'est point parfaite ni consommée auparavant que ce temps soit passé, la condition du Vassal étant aussi favorable que celle du Seigneur. (1)
On demande si le Seigneur n'est pas recevable à demander quelques Droits réels & fonciers, qui ont été omis dans l'Aveu qu'il n'a pas blâmé dans les trente ans ? On soutient l'affirmative, par la raison que le Seigneur n'est pas de pire condition que les autres propriétaires, qui ne peuvent être privés de leurs Droits fonciers, par la prescription de trente ans. Mais on peut répondre, que l'Aveu reçu par le Seigneur, sans qu'il ait été blâmé ni réformé dans les trente ans, a l'effet d'une chose jugée entre le Seigneur & le Vassal ; ce qui établit une Loi irrévocable entre l'un & l'autre, après le délai donné par la Coutume pour s'en pourvoir : de sorte que quand ils ne s'en sont point servis, il n'y peut plus avoir entr'eux de question touchant la possession ou prescription, mais seulement de l'exécution d'une chose jugée, qui est un titre plus authentique que la prescription : que si on accordoit au Seigneur le temps de quarante ans, pour empêcher la prescription, il faudroit accorder le même-temps au Vassal pour sa libération. Basnage rapporte un Arrêt qui a jugé la question en faveur du Seigneur, du 2 Août 1668.

---

(1) Bien des Coutumes prescrivent au Seigneur un délai, comme de 30 ou 40 jours, pour blâmer l'Aveu présenté par son Vassal ; mais elles ne diffèrent guère de la nôtre dans la pratique. Duplessis, sur l'Article X de Paris, dit que, même entre Majeurs & toute cause cessante, si le Seigneur avoit blâme légitime & justifié par écrit, il seroit raisonnable de dire qu'il seroit reçu, l'approbation tacite ne pouvant avoir plus d'effet que l'expresse & l'erreur de fait, étant sujette à réformation ; c'est pourquoi, conclut cet Auteur, la disposition de la Coutume n'est que pour donner autorité aux anciens aveux ; tel est aussi l'usage en Normandie.

CXXIII.

Entre les Seigneurs & leurs Hommes, Foi doit être gardée; & ne doit l'un faire force à l'autre.

CXXIV.

Le Vaffal doit porter honneur à fon Seigneur, fa Femme & fon Fils aîné ; comme auffi, les Freres puînés doivent porter honneur à leur Frere aîné.

CXXV.

Si le Vaffal eft convaincu par Juftice avoir mis la main violemment fur fon Seigneur, il perd le Fief ; & toute la droiture qu'il y a revient au Seigneur.

CXXVI.

Pareillement, le Seigneur qui met la main fur fon Homme & Vaffal pour l'outrager, il perd l'Hommage & Tenure, Rentes & devoirs à lui dûs, à caufe du Fief de fon Vaffal, & font les Foi & Hommage dévolus & acquis au Seigneur fupérieur ; & ne paye le Vaffal outragé rente de fon Fief, fors ce qui en eft dû au Chef-Seigneur.

Ces quatre Articles font connoître, que le Seigneur & les Vaffaux font liés par des devoirs réciproques de bienveillance & de confiance les uns envers les autres ; de forte qu'ils doivent s'abftenir de toutes les actions de mauvaife foi & de violence : car comme le Vaffal doit honneur & refpect au Seigneur, ainfi le Seigneur doit amitié & protection au Vaffal. Que s'ils violent ces obligations mutuelles par injures atroces, ils en font puniffables ; le Vaffal, par la perte de fes héritages ; le Seigneur, par la privation de fes droits utiles & honoraires, par les Articles CXXV & CXXVI. (1)

---

(1) Il réfulte de la fidélité que doit le Seigneur à fon Vaffal, qu'il ne peut aliéner fes Vaffaux, en retenant la foi & hommage fur celui au profit de qui fe fait l'aliénation ; ainfi Artus, Duc de Bretagne, s'oppofa à la Ceffion que Philippe le Bel vouloit faire à Edouard, Roi d'Angleterre, de fes Droits fur ce Duché ; les Seigneurs de Bourgogne, à l'exécution du Traité de Madrid, qui auroit fait paffer la Souveraineté de cette Province au Roi d'Efpagne, & les Etats de la Gafcogne au Traité de Bretigni, qui en contenoit l'aliénation en faveur du Roi d'Angleterre. Voyez le Préfident Hainault.

L'Art. CXXIV eft une relique de nos vieilles Loix qui autorifoient le Parage entre freres ; fi le puîné offenfoit fon frere aîné, on le citoit pour répondre à la Cour de fon frere. L'ancien Coutumier, chap. 30, difoit que l'aîné peut faire juftice fur fes puînés pour les rentes & les fervices qui appartiennent aux Seigneurs (ce font les Chefs-Seigneurs de la Coutume réformée) & non pas pour autres chofes, fors en trois cas, fans plus, pour tort qui a été fait à fa perfonne, à fon aîné fils, ou à fa femme.

Mais il ne faut pas limiter ces injures à celle qui est spécifiée dans ces deux Articles : car il y en a plusieurs autres qui mériteroient la même peine ; comme d'avoir abusé de la Femme ou Fille de son Seigneur ; ou de la Femme ou Fille de son Vassal. Et du Moulin est d'avis, que non-seulement le Fief se perd pour toutes les causes pour lesquels un Fils peut être justement exhérédé ; mais même que les causes déclarées dans la Loi finale, *C. De revocandis donationibus*, peuvent être punies de cette peine, sçavoir ; pour des paroles outrageantes, les violences commises contre les personnes, les procès calomnieusement intentés, les attentats contre la vie, soit par accusation capitale, soit par assassinat ; & pour le mépris des conditions apposées au Contrat de donation. A l'égard des paroles outrageantes, on a condamné un Vassal qui avoit démenti son Seigneur en Jugement, à faire une réparation, & à la perte de l'usufruit de son héritage, par un Arrêt rapporté par Loüet, F. 9. Le désaveu fait par le Vassal, & par lequel il veut détruire l'obligation qu'il a de reconnoître le Seigneur, de lui rendre ses devoirs & de payer ses droits, se peut rapporter au mépris des conditions apposées au Contrat d'inféodation : c'est pourquoi il a été jugé par plusieurs Arrêts, que ce désaveu fait en Jugement, & avec obstination jusqu'à la Sentence de condamnation, devoit être puni de la perte de l'héritage, à raison duquel le désaveu avoit été fait ; mais il faut que le désaveu, pour mériter cette peine, ait été fait par un dessein de fraude & de mauvaise foi, & qu'il soit fait de la personne & de la chose, c'est-à-dire, que le Vassal ait dénié dépendre absolument du Seigneur & de son Fief. Car s'il n'a désavoué que la personne du Seigneur & non la tenure, en disant que ce n'est pas sa personne, mais son héritage qui dépend du Fief, ou que le Fief, dont son héritage releve, n'est point en la main du Seigneur ; ou s'il n'a désavoué que la tenure, en se reconnoissant néanmoins Vassal du Seigneur, mais que c'est à cause d'un autre Fief que de celui dont le Seigneur prétend qu'il releve, il ne tombe point dans la commise. Voyez l'Article XLIII de la Coutume de Paris, & du Moulin sur ledit Article, qui étoit le XXX de l'ancienne Coutume. (2)

---

(2) La Commise, dit l'Auteur des Maximes du Palais, est un des plus beaux Droits qui nous restent de l'antique puissance féodale : elle contient le Vassal par la crainte, elle le force de se rappeller le souvenir des bienfaits qu'il tient de la libéralité de son Seigneur ; & elle subjugue des cœurs farouches sur lesquels la reconnoissance, cette vertu précieuse à l'humanité, n'a aucun empire.

Les causes d'exhérédation, autorisées en faveur des peres pour punir l'ingratitude de leurs enfans, ne peuvent se rencontrer singulierement dans la personne du Seigneur : du Moulin, des Fiefs, parag. 5 , n. 135.

Une contestation d'état élevée par le Vassal contre son Seigneur dans la vue unique de le dégrader, peut donner lieu à la commise ; il en seroit autrement si, dans un Procès étranger au Fief, le Seigneur usurpoit la qualité de noble pour grossir ses dépens contre son Vassal ; mais dans ce dernier cas il seroit encore utile de prendre des précautions.

L'Héritier présomptif du Vassal ne tombe point en commise *nemo viventis hæres* ; mais il y tomberoit après le décès du Vassal, quoiqu'il n'eût point fait Acte d'Héritier, le mort saisit le vif ; il est vrai qu'il renoncera à la succession, s'il le juge à propos, nul n'est Héritier qui ne veut.

Godefroy observe que le crime de félonnie se prescrit par vingt ans Sur le terme de Félonnie, *voyez* Vossius *de Ritu Serm.* c. 6 ; Spelman ; Cujas, sur les Fiefs, liv. 7 , Titre 2. Mesnage. *Voyez*, sur la Félonnie, Etablissemens de S. Louis, Chap. 48 & 50; Assises de Jérusa-

DES FIEFS ET DROITS FEODAUX. 143

Mais toutes ces injures font cenfées remifes, quand on n'en a point pourfuivi la réparation, *Diffimulatione abolentur ; fi quis enim injuriam dereliquerit,
hoc eft, ftatim paffus ad animum fuum non revocaverit, pofteà ex pœnitentia,
non poterit remiffam injuriam recolere, l. 11, §. 1. ff. De injuriis.*

CXXVII.

La Tenure par Parage, eft quand un Fief Noble eft divifé entre
Filles, ou leurs Defcendans à leur repréfentation.

CXXVIII.

Les Aînés font les Hommages aux Chefs-Seigneurs, pour eux &
leurs Puînés Paragers, & les Puînés tiennent des Aînés par Parage
fans Hommage.

---

lem, Chap. 202 & fuivans ; Chantreau, de l'origine des Fiefs, Liv. 1, Chap. 14 ; Salvaing
de l'ufage des Fiefs, Chap. 18.

Les anciens Feudiftes ont compilé des écrits fans nombre fur la commife par défaveu, dé-
dale de formalités fuperftitieufes, diftinctions métaphyfiques fur la nature du défaveu,
autorifations pour défavouer vaines & frivoles, imploration du miniftere public pour
l'affocier à une fraude, art pointilleux d'éluder l'effet du défaveu par des Actes fimulés &
confidenciaires : Voilà les charmantes peintures que nous trouvons dans leurs livres, & qui
caractérifent les mœurs du temps.

Maintenant il n'y a qu'un entêtement démefuré qui donne lieu à la commife par défaveu :
le Vaffal en eft quitte pour réformer les Actes dans lefquels il s'eft trompé, & on le condamne à une amende quand la fraude fe laiffe appercevoir. *Voyez* Dupont, fur Blois, Art. CI ;
Brodeau, fur Paris, Art. XLIV. Nous avons cependant encore des exemples de la commife
déclarée par défaveu.

Quoique le Vaffal foit plus étroitement obligé que le Seigneur à maintenir ces rapports,
qui les lient à des devoirs réciproques ; il ne feroit pas raifonnable que le Seigneur pût
outrager fon Vaffal dans des momens d'humeur & de caprice : Arrêts des années 1345 &
1380, cités par Bérault ; Bacquet, des Droits de Juftice, Chap. 11, rapporte fur ce fujet
une conftitution de l'Empereur Lothaire III.

Terrien a eu la fimplicité de rapporter la fable du meurtre de Gautier, Seigneur d'Yvetot, prétendu commis par Clotaire, fils de Clovis, le jour du Vendredi-Saint ; & l'Arrêt
de l'Erection de la Terre d'Yvetot en Royaume, fous prétexte que le Roi craignoit l'ex-
communication, dont le Pape Agapet le menaçoit. Je ne fuis point furpris qu'un Seigneur d'Yvetot, pourfuivi par le Procureur-Général, au fujet de la Garde royale, ait,
comme dit Terrien, allégué une reconnoiffance d'exemption faite par le Roi Louis XI,
il n'en rend pas le motif. Bérault, fur l'Art. CXXVI de la Coutume, a très-férieufement
copié Terrien ; mais l'Abbé Salier, dans une Differtation fçavante, a prouvé que les droits
de la Terre d'Yvetot ne remontent point au-delà du Roi Jean.

La commife n'a pas moins lieu en faveur du Vaffal qui tient roturierement que du
Vaffal noble, on peut l'induire des Arrêts rapportés par Bérault : c'eft une erreur de Pocquet de Livoniere de prétendre que le Seigneur ne perd point, pour fa félonnie, les
rentes, devoirs & fervices qui ne font point de l'effence des Fiefs, & qu'il peut toujours
les reclamer comme des Droits fonciers ; il auroit dû fuivre l'opinion contraire de Dupineau, fur lequel il a fait de fort bonnes remarques.

Mais foit que cette chaîne de devoirs mutuels ait été rompue par le Seigneur ou par le
Vaffal, il faut un jugement en forme pour déclarer la commife. Bérault.

C X X I X.

En cette maniere, le Puîné & les Descendans de lui , tiennent de l'Aîné & de ses Hoirs , jusqu'à ce que le Parage vienne au sixieme dégré inclusivement.

C X X X.

Par les mains des Aînés , payent les Puînés les Reliefs , Aides, & toutes Redevances aux Chefs-Seigneurs , & doivent lesdits Puînés être interpellés par les Aînés , pour le payement de leur part desdits Droits.

C X X X I.

Les Aînés Paragers peuvent faire Justice sur les biens des Puînés , par les mains du Prévôt de leur Fief.

C X X X I I.

Quand le Lignage est hors le sixieme dégré , les Hoirs des Puînés sont tenus faire Foi & Hommage aux Hoirs de l'Aîné , ou autres Possesseurs du Fief qui échet à la part de l'Aîné.

C X X X I I I.

Le Fief sort de Parage , & doit Foi & Hommage , quand il tombe en main d'autres qui ne sont Paragers ou Descendans de Paragers , encore qu'ils soient Parens.

C X X X I V.

Treizieme n'est dû pour la premiere Vente que fait le Parager de son Fief, soit à un étrange , ou à celui à qui il pourroit échoir à droit de Succession.

C X X X V.

Et au cas que le Fief Parager, vendu à un étrange , soit retiré à droit de Lignage , par aucun des Descendans des Paragers étant dans le sixieme dégré , en ce cas ledit Fief vendu retombe en tenure par Parage.

C X X X V I.

Pareillement, si le Vendeur rentre en possession de son Héritage par Clameur révocatoire , ou par relevement ou condition de rachat , il tiendra son Héritage par Parage , comme il faisoit auparavant ; mais s'il le rachete, il le tiendra par Hommage. CXXXVII.

CXXXVII.

En cas de divifion de Fief, le Droit de Colombier doit demeurer à l'un des Héritiers, fans que les autres le puiffent avoir, encore que chacune part prenne titre & qualité de Fief, avec les autres Droits appartenant à Fief Noble par la Coutume : Néanmoins fi les Paragers ont bâti un Colombier en leur portion de Fief, & joui d'icelui par quarante ans paifiblement, ils ne pourront être contraints de le démolir.

Dans ces onze Articles, on déclare l'origine de la tenure par Parage, fes propriétes & les moyens qui la font finir. Quant à l'origine, elle eft expliquée en l'Article CXXVII, qui déclare qu'elle commence quand un Fief noble (qui de fa nature eft impartable & individu, fuivant l'Article CCCXXXVI) eft divifé entre les Filles & leurs defcendans à leur repréfentation. Elle eft appellée *par Parage*, parce que les Filles *pares funt in Feudo*, en tant qu'elles partagent tous les droits & appartenances du Fief, chaque lot prenant titre & qualité de Fief, avec les autres droits appartenant à Fief noble, fuivant l'expreffion de l'Article CXXXVII. Car fi tous les droits aufquels confifte l'effence de l'Héritage noble, étoient mis en un lot, & que dans les autres lots on eût compris les terres, rentes & autres chofes utiles, le Fief ne feroit pas divifé; & ainfi la tenure par Parage ne commenceroit pas, parce qu'elle fuppofe un Héritage noble, le roturier ne pouvant être tenu par Parage. (1)

A l'égard des propriétés de cette tenure, la Coutume en propofe cinq. La première eft, que l'aîné, ou ceux qui la repréfentent, jouiffent de cette tenure, qui ne peut être attribuée qu'au lot de l'aîné : (2) De forte que c'eft le poffeffeur de ce lot, qui doit faire les foi & hommage au Seigneur de

---

(1) Quand le Chef-Seigneur auroit reçu immédiatement la foi & hommage des puînés paragers, cette preftation qui auroit interverti l'ordre de la Coutume, ne changeroit cependant rien dans le Parage : Arrêt rendu en 1593, le Parlement féant à Caen. Cet Arrêt prouve que nous n'avons jamais obfervé parmi nous l'Ordonnance de Philippe Augufte, de l'an 1210, par laquelle il avoit été ftatué que les puînés ne tiendroient point de leur aîné leurs parts & portions, mais à foi & hommage de leur Seigneur féodal. Brodeau a rapporté cette Ordonnance fur l'Art. XIII de Paris. Nous rejettons encore l'opinion de ceux qui eftiment qu'il eft au choix des fœurs puînées de relever de leur aînée où du Seigneur féodal.

La fœur aînée ne peut pas forcer fes autres fœurs à recevoir leur part en argent ; & quoique l'intention de la Coutume foit de conferver les Fiefs en leur intégrité, on ne reçoit point ce tempérament, qui en empêcheroit la divifion. Maximes du Palais.

(2) Il eft vrai que la qualité d'aînée paragere ne peut être annexée au lot de la fœur cadette, mais le droit de Patronage dépendant du Fief divifé peut être attaché à fon partage. Si le Fief entier avoit paffé au lot de l'aînée, & que dans l'autre partage on eût compris les Terres, Rentes & autres chofes utiles, la puînée ne poffédant que des Rotures, réferveroit inutilement le droit de Chaffe fur le Fief ; car la Chaffe étant une fervitude fur le Public, ce droit n'eft permis qu'au Seigneur de Fief, on ne peut l'augmenter ou le divifer. Il n'en eft de même du droit de Pêche. Confultation de MM. Thouars & le Courtois. Ainfi la ftipulation de la faculté de chaffer fe réfoudroit en intérêts.

Fief divifé , & lui payer tous fes droits , comme reliefs & treiziemes , & toutes autres redevances , tant pour lui que pour les lots des puînées , qui doivent être interpellées de payer leur contribution defdites redevances , & qui
peuvent y être contraintes par le Prévôt de la portion de l'aînée , comme il
eft difpofé par les Articles CXXVIII , CXXX & CXXXI , ce qui ne préjudicie pas au droit d'invidis appartenant au Seigneur fupérieur : (la Coutume l'appelle *Chef-Seigneur* en l'Article CXXX , en ce qu'elle explique en l'Art. CLXVI ,
en déclarant que c'eft celui feulement qui poffede par foi & hommage ,) qui peut
faifir , tant la portion de l'aîné , que toutes les autres conjointement ou féparément ,
faute de devoirs non faits , & de droits non payés , fauf le recours des uns contre les
autres ; auquel cas néanmoins , ils peuvent fe fervir du remede expliqué en l'Article
CXV. La feconde propriété eft , que bien que les puînées , foient obligées à
la foi envers leur aînée , elles ne font pas tenues de lui faire hommage , &
partant ne tombent point en Garde , par les Articles CXXVIII & CCXIII.
La troifieme propriété eft , que le Tenant-Parager vendant fon Fief , ne doit
aucun treizieme pour la premiere vente : foit qu'elle foit faite à un étranger
ou à un Parent Parager , par l'Article CXXXIV (3). La quatrieme propriété eft ,
que quoique chaque portion ait les droits d'une Terre noble , elle ne peut
pas prétendre celui d'avoir un Colombier , qui doit néceffairement être attribué à un des partages à l'exclufion des autres , par l'Article CXXXVII , la
raifon eft , qu'un Colombier eft nuifible au Public , par le dommage que font
les Pigeons aux grains des héritages voifins ; c'eft pourquoi les Seigneurs de
Fief , ni le Roi même n'en peuvent donner le droit , finon lorfque n'ayant
point de Colombier fur les Fiefs qui leur appartiennent , ils en peuvent céder
le droit ; mais c'eft avec exclufion d'en pouvoir faire bâtir un fur leur Fief
delà en avant. Cette même raifon a fait juger , que le droit de Colombier eft
imprefcriptible ; néanmoins la Coutume difpofe audit Article CXXXVII , *Que
fi les Paragers ont bâti un Colombier fur leur portion de Fief , & qu'ils en ayent
joui paifiblement par quarante ans , ils ne pourront être contraints de le démolir.*
A quoi l'Article XX du Réglement de 1666 fe doit appliquer , d'autant qu'il
attefte , que le droit de Colombier bâti fur une Roture , ne peut être acquis
par prefcription (4). La cinquieme propriété eft , que cette tenure ne peut

---

(3) Quoique le Seigneur conferve la folidité fur le Fief tombé en Parage pour le payement de fes Droits , la part de l'Aînée tombe feule en garde , car le Parage eft une efpece
de jeu de Fief garanti par fon hommage. Le Poffeffeur de la portion aînée paragere a le
droit de chaffer fur la portion puînée , même pendant le Parage : Arrêt du premier Mars
1757. Cette opinion n'eft pas nouvelle : l'Auteur des Maximes du Palais qui écrivoit avant
Pefnelle , dit qu'on tient au Barreau que l'Aîné parager a droit de chaffer fur le Fief tenu
de lui par parage , à caufe de la fupériorité de fa Seigneurie.
(4) On met cette différence entre le Colombier échu en partage & celui qui eft établi fur
la portion du Parager en vertu de cet Article ; que le premier fe conferve , tandis que les
veftiges fubfiftent , & que l'on ne peut reconftruire celui qui eft acquis par prefcription ,
quand il eft démoli. D'Aviron.
On cite fur le droit de Colombier un Arrêt de l'Echiquier au terme de Pâques 1276 , rédigé en Latin , dont voici les termes : *De Columbariis factis extra feudum , membrum feudi
de lorica , concordatum eft ad conqueftionem communis patriæ quod omnia Columbaria facta
& conftructa extra loca prædicta à viginti annis & citra diruantur & in talibus locis à modo
non ædificentur.* Au refte , il eft fi vrai que le droit de Colombier ne peut s'acquérir fans titre
fur une Roture , que par Arrêt du 26 Février 1726 , on a condamné un Curé à faire bou-

ſubſiſter que pendant un temps, y ayant deux moyens qui la font finir. Le premier eſt, quand le Lignage ou le Parentage eſt venu juſqu'au ſixieme degré incluſivement, par les Articles CXXIX & CXXXII, car alors les hoirs des puînées, qui ſont hors ledit ſixieme degré ſont tenus de faire foi & hommage aux hoirs de l'aînée, ou au poſſeſſeur du Fief qui échet à ſa part. Le ſecond moyen eſt, quand le Fief de Parage eſt vendu à un étranger; c'eſt-à-dire, qui n'eſt pas Parager ou deſcendant d'un Parager, encore qu'il ſoit Parent de celui qui le met hors de ſes mains : Ce qui reçoit deux exceptions; ſçavoir, quand le Fief aliéné eſt retiré à droit de Lignage par un autre Parager, car en ce cas il retombe en la tenure par Parage, par l'Article CXXXV. L'autre exception eſt, quand le vendeur rentre en la poſſeſſion de ſon Fief, ou par clameur révocatoire, ou par relevement, ou en exécution de la faculté de rachat qu'il avoit retenue; car en tous ces cas, la cauſe de ſa poſſeſſion n'eſt pas changée; *videtur ex priore cauſa poſſidere.* Mais ſi après l'avoir aliéné, *quocumque titulo*, il le rachete depuis, alors ne poſſedant plus en vertu du Parage, mais d'une autre cauſe, il relevera par foi & hommage, & payera par conſéquent le treizieme, par l'Article CXXXVI. Bérault rapporte ſur l'Article CXXXVII, un Arrêt du ſixieme jour de Mai 1547, par lequel il eſt défendu de s'attribuer le nom d'un Fief, quand on n'en eſt pas propriétaire. (5)

ſher ou démolir un Colombier dans des circonſtances qui faiſoient préſumer un droit; le Curé avoit l'avantage de la poſſeſſion; le Colombier tenoit au Presbytere; l'Egliſe, le Presbytere & le Colombier paroiſſoient édifiés du même temps; un ancien Seigneur avoit reconnu que le Curé le poſſédoit en pure aumône; le Curé repréſentoit une déclaration du droit de Colombier, paſſée dans un gage-plege récent, & tenu au nom du Seigneur qui conteſtoit. Il paroît par cet Arrêt, que tant de préſomptions réunies ne peuvent ſuppléer au titre.

Le Seigneur ne peut céder le droit de Colombier qu'en s'en privant lui-même; s'il le donne à Rente, il s'interdit la faculté d'en avoir un pour lui, & le Vaſſal peut le contraindre à le faire jouir de ſa Fieffe. Bérault.

Le Roi ne peut donner des Lettres d'Erection de Colombier ſur une Roture, quand elle ſeroit dans la mouvance de ſon Domaine, s'il n'érige la Roture en Fief. Baſnage.

Les Vaſſaux du Seigneur, les Gens du Roi ont qualité pour s'oppoſer à l'uſurpation du Droit de Colombier ou Volieres. Bérault rapporte un Arrêt qui a reçu l'action d'un Seigneur qui concluoit à la démolition d'une Voliere ſituée hors de ſon Fief, & dans une diſtance aſſez conſidérable. *Voyez* Auzanet, ſur Paris 70; Dupleſſis, des Fiefs, Liv. 8, Ch. 3.

Les Garennes étant très-incommodes au Public, nul n'en peut établir, s'il n'en a le droit par ſes Aveux & Dénombremens, Poſſeſſions ou autres Titres ſuffiſans, à peine de cinq cens livres d'amende, & d'être la Garenne détruite à ſes dépens. Bérault. Ordonnance de 1669, Titre des Chaſſes, Art. XIX; Ordonnances de Philippe le Bel, & Charles VI, des années 1355 & 1366; Chopin, du Domaine, Liv. 3, Titre 22, n. 4; Salvaing, Chap. 62. Sur ce principe on juge que ſi les Titres du Seigneur qui a droit de Garenne n'expriment pas quelle eſt l'eſpece de Garenne qu'il peut avoir, il doit, s'il a une Garenne ouverte, indemniſer les Propriétaires des héritages voiſins du dommage que les Lapins y auront cauſé. Arrêt du Parlement de Paris, au rapport de M. l'Abbé le Boucher, du 4 Septembre 1759.

(5) Le Parage étant fini, la voie de Clameur lignagere eſt ouverte juſqu'au ſeptieme degré de parenté.

Si un Parager retire à droit lignager une portion du Parage, il ſera dû un treizieme de la ſeconde Vente.

L'Héritier du premier Acquereur, quoique le treizieme n'ait point eu lieu par la Vente, tombe en garde, parce qu'il doit la foi & hommage à l'Aîné parager, & que l'exemption du treizieme eſt en faveur du Parager Vendeur. *Contrà.* Baſnage.

T 2

CXXXVIII.

L'Héritage tenu en Bourgage, est exempt de payer Reliefs, Treiziemes & autres Droits seigneuriaux & coutumiers, & n'est tenu le Possesseur d'icelui que bailler simple déclaration, en laquelle il doit exprimer les rentes & redevances qui sont dûes, s'il n'y a Titre convenant, ou possession suffisante au contraire.

La plûpart des héritages qui sont dans les Villes & les Bourgs, sont de Franc-Aleu ; parce que suivant la définition de l'Article CII, ils n'ont aucun Supérieur en féodalité, & ne sont sujets à faire ou payer aucuns droits seigneuriaux : mais il y en a quelques-uns qui dépendent & relevent de Fiefs, & néanmoins sont exempts de payer les reliefs & treiziemes, & autres droits seigneuriaux & coutumiers, comme les aides de relief, les aides-chevels, & le service de Prévôté : de sorte que ces héritages ne doivent au Seigneur de Fief qu'une déclaration, dans laquelle les rentes & redevances doivent être exprimées : & ce sont les héritages de cette qualité, qui sont tenus en bourgage, & sont la troisieme partie de la division proposée en l'Article CIII. Il faut bien remarquer la limitation faite à la fin de cet Article CXXXVIII, qui est, *s'il n'y a Titre convenant* ; c'est-à-dire, Contrat ou transaction, ou possession suffisante au contraire : c'est-à-sçavoir, pour assujettir les tenans à payer tous ces droits, dont le plus souvent les Vassaux de bourgage sont exempts. (1)

Quand un Parager devient Propriétaire d'une portion du Parage, soit par acquêt, à titre de donation ou autrement, cette portion se consolide avec la sienne pour ne faire qu'un corps. Bérault.

(1) Les Bourgeois sont, selon Lauriere sur Loisel, Liv. 1, Tit. 1, Regl. 8, les Habitans des grosses Villes qui étoient anciennement en France toutes fortifiées, ils étoient presque tous Main-mortables & Serfs, comme les Habitans de la Campagne; ils formerent des Communes, & ils eurent des Juges qu'on appelloit Pairs-Bourgeois; on fixe l'époque de l'établissement des Communes au temps des Croisades : nos Rois donnerent l'exemple des affranchissemens aux Seigneurs particuliers qui les imiterent ; mais en permettant aux Communes de se soustraire au joug des Seigneurs, qui étoit tyrannique, les Souverains trouverent un grand moyen de relever l'Autorité royale. Skenée nous a transmis dans sa Compilation des Loix d'Ecosse, des monumens de l'ancien Droit Bourgeois, *Leges Burgenses.* Il y a peu de personnes versées dans le Droit Normand qui ne connoissent les Priviléges des Communes de Falaise, de Pont-Audemer & de quelques autres Villes de la Province. *Voyez* l'Histoire de la Maison de Harcour ; Duchesne ; la petite Histoire du Droit François de l'Abbé Fleury ; Coquille ; Philippe de Beaumanoir.

La présomption que bien des Villes se sont formées avec le privilége de Franc-Aleu, les preuves que l'Histoire nous fournit, que plusieurs ont racheté les Capitaux des Rentes & Redevances féodales, ne portent point à confondre dans cette Province le Franc-Aleu & le Bourgage, le système a été proposé sans succès, les deux termes ne sont point synonimes. *Voyez* Mesnage, du Cange, Ragueau, Brodeau sur Paris, Art. LXXXV.

Bérault observe que si l'on augmente la Banlieue, il ne seroit pas équitable d'étendre le Bourgage : car ce seroit une erreur de penser que ce que nous appellons la Banlieue identifie avec le Bourgage ; la Banlieue procure aux Habitans certaines exemptions : voilà les fruits qu'ils en doivent recueillir. Aussi par Arrêt du 20 Juillet 1743, il a été jugé que le Bourgage reçu à Ducler ne s'étend pas à une Campagne qui en dépend ; & par Arrêt rendu en

C X X X I X.

Par aumône ou bienfait que faffe le Vaffal de fon bien à l'Eglife, les Droits du Seigneur ne font en rien diminués, foit en Juftice, rentes ou autres devoirs.

C X L.

En ce cas, l'Eglife ou autre Corps de main-morte à qui eft le don ou aumône fait, doit en tout pourvoir à l'indemnité du Seigneur, & lui bailler Homme vivant, mourant & confifcant, pour faire & payer les Droits & Devoirs qui lui font dûs.

C X L I.

Néanmoins, fi l'Eglife a poffédé Fief ou Héritage par quarante ans, en exemption de bailler Homme vivant, mourant & confifcant, ou de pourvoir à l'indemnité du Seigneur, elle tiendra delà en avant le Fief ou Héritage en pure Aumône, & ne fera tenue que bailler fimple déclaration au Seigneur.

Bien qu'il foit dit en l'Article CXXXIX, que le Vaffal aumônant à l'Eglife l'héritage dépendant d'un Fief, ne peut diminuer les droits du Seigneur ; néanmoins par l'Article CXLI, il eft déclaré, que l'Eglife ayant poffédé par quarante ans fans avoir donné indemnité au Seigneur, a prefcrit contre lui & la foi & hommage, & les autres droits, aufquels elle ne peut plus être affujettie, & n'eft tenue que de bailler une fimple déclaration au Seigneur, ce qui eft une exception à l'Article CXVI, & d'ailleurs explique quelle eft la tenure que la Coutume appelle par aumône, en la divifion faite en l'Article CIII. Mais parce que l'Eglife eft une main-morte, c'eft-à-dire, n'a pas le pouvoir d'aliéner le bien qui lui appartient, & demeure toujours en un même état, n'arrivant aucun changement en la poffeffion des héritages qui lui appar-

---

1749, que les biens fitués hors l'enceinte de Fécamp, quoique dépendans des neuf Paroiffes de la Ville, tiennent nature de biens de Caux. On appuya, lors de ce dernier Arrêt, fur ce principe, que l'on ne peut alléguer d'autres ufages locaux que ceux qui ont été arrêtés au temps de la rédaction de la Coutume. Or il ne paroiffoit point par les ufages de Montivilliers, que les biens dont il s'agiffoit de regler l'état duffent être confidérés comme biens de Bourgage. Cependant le Bourgage fubfifte dans bien des endroits de la Province, quoiqu'il ne foit pas exprimé dans le Procès-verbal des ufages locaux du pays.

Les Arrêts que cite Bérault, juftifient qu'il y a bien des maifons dans les Villes affujetties, par les Aveux & la Poffeffion, aux Droits féodaux ordinaires & cafuels. Mais il n'eft pas moins vrai que les héritages tenus en Bourgage font de droit commun exempts de treizieme, & que les termes de droits & devoirs Seigneuriaux généralement employés dans les Aveux, n'affujettiffent pas les tenans par Bourgage à ce profit de Fief. Acte de notoriété du 22 Avril 1682.

Voyez les Obfervations fur l'Article CCLXX.

tiennent, ni par mort ni par confiscation, ni par aliénation volontaire ; la Coutume a pourvu à l'indemnité du Seigneur, qui souffre la perte de ses droits casuels ; sçavoir, reliefs, treiziemes & confiscations ; ce qu'elle fait par deux moyens : le premier, en obligeant l'Eglise & toutes les autres main-mortes, comme sont les Colléges, Maladreries, Hôpitaux, Corps de Ville, à nommer au Seigneur un Particulier laïque qui représente le Vassal ; qui par sa possession, par sa mort & par son crime, puisse donner ouverture aux droits casuels du Fief ; c'est ce qu'on appelle dans le Droit coutumier, homme vivant, mourant & confiscant. L'autre moyen d'indemnité est, que la main-morte, outre cet homme vivant, mourant & confiscant, est obligée de payer au Seigneur le tiers du prix de l'acquisition pour les Fiefs, & le quart pour les Rotures : ce qui n'ayant pas été assez expliqué dans l'Article CXLI, a été expressément distingué par l'Article XXI du Réglement de 1666 (1). Outre l'in-

(1) L'Eglise eut à peine la permission indéfinie d'acquérir, que les Souverains s'en repentirent. Saint Jérôme parle d'une Loi qui la rétracte, & il en reconnoît la justice : la chûte de l'Empire Romain ne diminua rien dans les Gaules de la fortune du Clergé : Charles Martel sentit l'abus, & en le corrigeant il alla peut-être plus loin qu'il ne vouloit : le démembrement de la Maison de Charlemagne enrichit de nouveau le Clergé, déja trop protégé par ce Prince : le siecle des Croisades, si fatal à la Noblesse, y concentra les richesses de la Nation : l'ignorance & le fanatisme furent les instrumens pour acquérir.

L'Edit du mois d'Août 1649 a rempli le vœu des bons Citoyens, en mettant un frein à des libéralités indiscretes ; le Roi ne se propose point par cet Edit de contrarier les pieuses intentions de ses Sujets ; mais tel qu'un pere tendre, il veut que les motifs qui portent à sévrer les familles d'un patrimoine que la Loi leur défere, soient pesés dans la balance de l'équité. Comme il décide plusieurs questions agitées sous ces deux Articles, voyez-le à la fin de la Coutume.

La faculté de recevoir une dot dans certains monasteres, pour admettre une fille à la Profession Religieuse, offroit un moyen pour tirer les fonds du Commerce ; la Déclaration du 28 Avril 1693, permettoit aux Communautés non dotées d'accepter pour l'entrée en Religion des fonds préalablement estimés ; l'article 7 de la Déclaration du 20 Juillet 1762, y a dérogé ; les Communautés Religieuses peuvent bien, suivant cette Loi, stipuler que la dot sera payable en un ou plusieurs termes, & que cependant l'intérêt en sera payé sur le pied fixé par les Ordonnances, elles peuvent même renouveller les obligations à l'échéance des termes, si mieux elles n'aiment convenir que pour tenir lieu de dot, il sera payé une rente viagere pendant la vie de celle qui sera reçue Religieuse ; mais le payement de la dot, tant en principal qu'intérêt, ainsi que les arrérages des rentes viageres constituées par dot, ne peuvent être faits qu'en deniers ou effets mobiliers, ou en rentes sur le Roi, le Clergé, les Diocéses, pays d'Etats, Villes, ou Communautés ; elles ne peuvent, sous prétexte de défaut de payement, acquérir la propriété, ou se faire envoyer, pour l'acquittement de ces dots, en possession d'aucun autre immeuble.

L'indemnité est dûe au Seigneur pour le transport de la propriété des fonds, situés sous son Fief, en faveur des Gens de main-morte, de quelque maniere qu'ils sortent du commerce ; elle est dûe aux Gens de main-morte par les Gens de main-morte, & à l'occasion des Contrats qu'ils passent entr'eux ; elle n'a point lieu dans la cession d'une Rente hypotheque, & pour les Rentes créées par assignat ; mais la rétention d'une Rente fonciere sur un fonds déguerpi par les Ecclésiastiques ou Communautés ne les soustrait point au Droit d'indemnité ; le Haut-Justicier qui n'est point Seigneur immédiat, n'a aucun prétexte en Normandie de l'exiger, ce droit est prescriptible parmi nous depuis la réformation de la Coutume ; mais comme elle renferme deux dispositions à cet égard, chaque disposition, selon Basnage, se prescrit séparément. Le Réglement de 1666, Art. XXI, fixe le Droit d'indemnité ; l'effet de la quittance d'indemnité est d'exempter les Gens de main-morte de la garde, du relief, des aides & autres casualités, car les Gens de main-morte demeurent assujettis aux Devoirs & Droits solides & ordinaires : Arrêt du 14 Août 1659, cité par Basnage.

DES FIEFS ET DROITS FEODAUX. 151

demnité que les main-mortes doivent aux Seigneurs de Fief, elles doivent de plus un droit d'Amortiffement au Roi, par la même raifon qui a fait accorder l'indemnité aux Seigneurs de Fief, qui eft que par leur acquifition elles diminuent les droits du Roi, parce qu'elles ne le peuvent fervir en fes Guerres, & que réguliérement elles devroient être exemptes de tailles & des fubfides. Ce droit d'Amortiffement eft beaucoup plus avantageux au Roi, que le droit d'indemnité ne l'eft aux Seigneurs de Fief : premierement, parce que le Roi peut refufer l'Amortiffement, & obliger les main-mortes à mettre hors de leurs mains leurs acquifitions, même après quarante ans de poffeffion, fuivant l'avis de quelques Auteurs. Secondement, parce que ce droit eft dû pour toutes fortes d'héritages, Nobles, Roturiers & en Franc-Aleu. En troifieme lieu, il ne fe peut prefcrire ; c'eft pourquoi tous les Succeffeurs au Royaume obligent les main-mortes à leur donner des déclarations de leurs biens, afin de leur faire payer les taxes, qui font le tiers de la valeur pour l'amortiffement des héritages qui n'ont été amortis. Tout le contraire s'obferve à l'égard de l'indemnité ; car le Seigneur ne la peut refufer quand l'amortiffement a été fait, elle fe peut prefcrire par le temps de quarante ans ; & d'ailleurs cette prefcription lui fait changer fa tenure, qui devient par aumône, & n'oblige l'Eglife qu'à bailler une fimple déclaration, par l'Article CXLI. (2)

Comme l'héritage tenu en Bourgage eft exempt de payer reliefs, treiziemes & autres Droits Seigneuriaux & Coutumiers, des Gens de main-morte ont prétendu qu'à l'égard de de cette efpece de biens, le taux fixé pour le Droit d'indemnité eft trop fort ; mais cette prétention a été rejettée par Arrêt du 11 Mai 1736, au profit du Marquis de Guitry.

Voyez Bafnage, Arrêté de Lamoignon, Titre du Droit d'indemnité dû par les Gens de main-morte ; M. de Cambolas, en fes décifions notables de Droit, Liv. 4, Chap. 33, n. 3; du Moulin, fur l'Art. LI de la Coutume de Paris.

Bien des Jurifconfultes rejettent le terme *d'Homme confifcant* mentionné dans cet article ; ils ne conçoivent pas que l'on puiffe donner lieu à la confifcation d'une chofe dont on n'a point la propriété ; cependant plufieurs Coutumes contiennent la même difpofition. Bourbonnois, Art. CCCXC; Monfort, Art. XLVII ; Laon, Art. CCIX; Bar, Art. X; Péronne, Art. LXXVI ; Bretagne, Art. CCCLXVIII. *Voyez* les Commentateurs de ces Coutumes.

(2) Nous avons des preuves du Droit d'amortiffement dès le commencement du treizieme fiecle ; la néceffité du confentement du Souverain pour l'établiffement des Gens de main-morte a toujours été regardée comme une Loi de l'Etat, & plus ce corps eft devenu confidérable, plus il a fallu redoubler les précautions ; on a diftingué l'amortiffement général pour un Diocefe, pour tout le Clergé; l'amortiffement particulier, relatif à un Traité, & l'amortiffement mixte pour toutes les poffeffions d'une Eglife ou Communauté ; l'amortiffement a été étendu aux immeubles fictifs; il fe regle fur le pied de la Déclaration du 2 Novembre 1724; ce Droit eft purement régalien, il eft imprefcriptible; mais la rigueur de cette derniere décifion eft modérée par la Déclaration du mois de Mars 1700 : l'effet de l'amortiffement eft d'affurer la propriété des Gens de main-morte.

Des Auteurs célebres ont penfé que le Droit d'amortiffement étoit dans fon origine un fimple Droit féodal ; nul ne peut, fuivant ce Droit, abreger ni diminuer fon Fief fans le confentement du Seigneur immédiat, & celui-là ne le peut que du gré du Seigneur dont il releve, fous peine de dévolution de Seigneur à Seigneur, jufqu'au Roi, fouverain fieffeur : c'eft de cette gradation qu'ils font dériver le Droit d'amortiffement.

Voyez le Maître & Bacquet, Traité du Droit d'amortiffement; Chopin, du omaine; Etabliffemens de S. Louis, Art. CXXIII ; Beaumanoir, Chap. 12, Art. 7 ; Salvaing, de de l'ufage des Fiefs.

Obfervez que les droits d'amortiffement & d'indemnité, dûs à caufe des difpofitions tef-

CXLII.

Celui qui a fait don à l'Eglife de fon Héritage , n'y peut reclamer autre chofe que ce qu'il a expreffément réfervé : néanmoins s'il
lui a fait don de Patronage fans réfervation , les Droits honoraires
dûs aux Patrons lui demeurent entiers & à fes Hoirs ou ayans caufe
au Fief ou Glebe , auquel étoit annexé ledit Patronage.

Les Patrons font fi favorables , que bien qu'ils ayent fait don à l'Eglife du
Patronage fans aucune réfervation ; néanmoins les Droits honoraires leur font
confervés : ce qu'on peut dire avoir été ordonné par une imitation du Droit
Romain , par lequel encore que le Patron eût renoncé aux Droits de Patronage en faveur de fon affranchi , il n'étoit pas réputé avoir renoncé au refpect
& à l'honneur qui lui étoient dûs pour reconnoiffance de fon bienfait : *Remiffa
non videbatur reverentia* ; de forte que l'affranchi manquant à ce refpect , il
pouvoit être pourfuivi & puni comme un ingrat, *l. 3. C. de bonis libertorum.*
Ces Droits honoraires dans les Eglifes , ne dépendent ni des Fiefs ni de la
qualité des perfonnes , & font dûs uniquement aux Fondateurs des Eglifes , ou

à

---

tamentaires , fe payent par les Héritiers du Teftateur; que cette charge tombe fur les Gens
de main-morte quand ils font donataires entre-vifs ; mais que généralement il n'eft point dû
de droit d'indemnité pour l'Héritage donné par le Seigneur. *Voyez* la note de du Moulin fur
la queft. 9 de *Joan. Galli. Voyez* fur la recherche des anciennes Chartes , des donations
faites aux Eglifes , le Gloffaire de du Cange ; la Diplomat. de Dom Mabillon ; l'Auteur du
Neuftria Pia ; MM. de Sainte Marthe, Edition des Bénédictins.
Sur l'adminiftration des Biens Eccléfiaftiques , la forme de leurs Baux , le temps de leur
durée , leur anticipation, leur réfolution, *voyez* la Clémentine *de Reb. Ecclef. non alienand.*
avec la Glofe ; le Concile de Trente, Seff. 25 , Ch. 11, *de reformat.* l'Ordonnance de 1558 ;
Louet , Let. F. Ch. 11 ; le Prêtre , Cent. 1 , Chap. 30 , & les dernieres Déclarations & Réglemens qui obligent les Gens de main-morte à paffer leurs Baux devant Notaires.
Pour la Police des Hôpitaux , confultez les Ordonnances de 1561 , de Blois , les Edits des
mois de Mars 1693 , & Avril 1695 , & la Déclaration du 12 Décembre 1698.
Je ne puis quitter cet article fans faire une obfervation fur les Confrairies, qui y ont quelque rapport. Les collectes qu'elles occafionnent , & qui font une forte d'impôt illégal fur
le peuple ; les feftins & banquets toujours accrédités , malgré la défenfe des Ordonnances
& des Réglemens ; les profufions ruineufes par émulation ; la perte du temps, dont l'emploi eft fi précieux à la fociété ; la fingularité des pratiques religieufes fi oppofée à l'efprit
des faints Canons, folliciteroient l'extinction des Confrairies fondées en Titres , la plûpart
furpris à la religion du Souverain. Quel jugement doit-on porter fur celles qui n'ont en
leur faveur que l'ancienneté d'une poffeffion abufive ? Je ne fuis en cet endroit que le copifte
de Terrien , Liv. 2, Chap. 11.; cependant je remarque dans toute la France, que la plûpart
des Ordres Religieux modernes ont des Chapelles fermées , ils y admettent des perfonnes
de l'un & de l'autre fexe, leur tracent des Statuts , & en vertu de Bulles abufives , les dif-
penfent à leur gré , contre la difpofition des Conciles ; d'entendre la voix de leur Pafteur ,
& d'affifter au Service Divin dans leur Paroiffe. *Voyez* les Ordonnances de 1319 , 1539 ,
1560 , 1566 , 1579 , & la Déclaration du 16 Juin 1656. Confultez Bugnon , Coquille , les
Preuves des Libertés de l'Eglife Gallicane , Bérault , vous concevrez les inconvéniens qui réfultent des Confrairies , & l'emploi que l'on doit faire de leurs revenus , quand on a affez de
zele pour les détruire.

(I)

à ceux qui les repréſentent, par préférence aux Seigneurs de Fief & aux Gen-
tilshommes : de ſorte qu'un Fondateur Vaſſal & non Noble , jouira de ces
Droits à l'excluſion de ſon Seigneur , & des perſonnes d'ancienne & illuſtre
Nobleſſe.

Ces honneurs conſiſtent dans la précédence dans les Proceſſions , & dans
toutes les autres cérémonies qui ſe font dans l'Egliſe , dans la ſéance & la ſépulture dans le Chœur , dans les Armoiries & Ceintures funebres que les
Patrons peuvent faire appoſer dans les Egliſes & au-dehors d'icelles. (1)

(1) Une déciſion de Roye *de Jurib. Honorif.* Liv. 2 , Chap. 3 , a beaucoup de rapport
à notre Article ; voici ſes termes, ils font précieux : *Quod ſi fundator loco Religioſo ſuam*
præſentationem donaverit attamen ei ſoli alios honores deberi : quia ſemper verum eſt eum eſſe
fundatorem & ſemper retinere nomen , qualitatem , & dignitatem fundatoris quam ſolam inſpi-
ciunt ſacri Canones , ut ex eâ cauſâ pietatis & munificentiæ honorem deferant & exhibeant.
Loyſeau , Chap. 1 , n. 49, dit que ces marques d'honneur ſont conſidérées comme des Droits
ſeigneuriaux , qui ſont partie du Fief & en ſont inſéparables ; la poſſeſſion du Fief auquel étoit
annexé le Patronage, ajoute Simon des Droits honorifiques , Titre 15 , fait préſumer qu'il a
été aumôné à l'Egliſe , & le poſſeſſeur demeure toujours Patron honoraire , *idem.* Maréchal ,
ibid , Chap. 1. La déciſion de Chaſſanée , Titre des Main-mortes , renferme le même ſens ,
licet locus Eccleſiæ ſit exemptus , dit cet Auteur , *tamen ſemper remanet de territorio.*

Quoique les Droits honorifiques ne ſoient point en commerce & ne s'acquierent point par
preſcription , on excepte la poſſeſſion immémoriale , ſoutenue de Titres déclaratifs avant
100 ans , comme de Jugemens , de Tranſactions & d'un Fief conſidérable dans la Paroiſſe :
Déclaration du 24 Septembre 1539. Sur ces principes on maintint , il y a quelques années ,
par Arrêt , dans les Droits honorifiques de la Paroiſſe de Fontenay , un ſieur Avenel , Seigneur du Fief de la Touche. Il eſt ordinairement impoſſible de repréſenter les Titres pri-
mordiaux des terres les plus conſidérables , & conſéquemment des honneurs qui y ſont attachés. Les Anglois ont brûlé la plûpart des anciennes Chartes ; on auroit encore une reſſource
dans la Chambre des Comptes de Paris , ſi ce précieux dépôt auroit été à l'abri des flammes.
Voyez , ſur le mérite de la poſſeſſion , une Conſtitution de Clotaire premier , rapportée par
Mabillon , avec le raiſonnement de ce ſçavant perſonnage ; & une Ordonnance de Philippe VI ,
que du Moulin a tranſcrite à la ſuite du Style du Parlement , Part. 3 , des Ordonnances
royaux , Titre 16 , Art. IX.

Cependant nous avons deux Maximes certaines qui modifient , en matiere de Droits
honorifiques , les effets de la poſſeſſion , 1°. Tous les Actes , même les plus ſolemnels ,
qui ne ſont point contradictoires avec le Patron , ne peuvent lui être oppoſés : 2°. Les
Droits honorifiques doivent être renfermés dans les limites de la poſſeſſion , ſans qu'on puiſſe
rien induire au-delà ; ainſi la poſſeſſion d'un Banc dans le Chœur , atteſtée par des tranſactions en vigueur , n'emporteroit pas la qualité de Copatron honoraire , à moins qu'elle
ne fût employée dans les Actes.

Je crois pouvoir placer ici un Arrêt célebre du Parlement de Paris, rendu le 14 Juillet
1714 , au Rapport de M. de Lorenchet , en faveur du Seigneur de Savie , contre le Seigneur
de Berlette en Artois ; Savie & Berlette n'ont qu'une même Egliſe ſous la mouvance du Village de Savie ; le Seigneur de Berlette ſoutenoit que ſa Terre étoit une ancienne Baronnie ,
il s'appuyoit ſur un Contrat de Vente de 1451 , & un Dénombrement de 1543 : dans les années 1559 & 1621 , les Seigneurs de Berlette s'étoient fait inſcrire ſur les Cloches de Savie ,
avec la qualité de Fondateurs de l'Egliſe ; la Terre de Berlette ayant été ſaiſie réellement en
1665 , on avoit inſéré cette clauſe dans l'expoſé en Vente du Conſeil d'Artois du 30 Juin
1683 ; *les Seigneurs de Berlette ſont Seigneurs de l'Egliſe de Savie , & comme tels , jouiſſent*
des Droits honorifiques. En 1690 l'Adjudicataire de la Terre de Berlette fit mettre un Banc
dans le Chœur , appoſer ſes Armoiries à la principale vître du Chœur , & ſe fit donner les
prieres nominales par le Curé ſur un Acte d'indemnité. Un Acquereur de la Terre de Savie
fit ôter , le 13 Mai 1702, le Banc du Seigneur de Berlette , placé dans le Chœur en l'an 1690;
le 4 Août le Seigneur de Berlette en obtint le rétabliſſement par proviſion ; dans la même

On a douté fi ces Droits honorifiques devoient être attribués dans les Eglifes Collégiales & Conventuelles, comme dans les Paroiffiales : on a jugé par plufieurs Arrêts, qu'il ne falloit point faire de différence à cet égard. (2)

Les Engagiftes du Domaine du Roi, auffi-bien que les Ufufruitiers & les Douairieres, jouiffent de ces Droits honoraires : mais quoique ces Droits ne fe puiffent céder & tranfporter, en retenant le Fief ou Glebe aufquels ils font réputés annexés ; il eft néanmoins certain, que le Roi peut attribuer ces Droits dans les Eglifes dont il demeure Patron. (3)

On a jugé, que lorfqu'il y a plufieurs Patrons, ils doivent tous jouir des Droits honoraires ; mais que néanmoins celui qui a la premiere portion du Patronage, doit avoir la préféance & le choix d'un des côtés du Chœur, pour y avoir fon banc & fa fépulture, par un Arrêt du 4 de Juin 1604. On a de plus jugé, que celui des Patrons qui avoit le Fief dominant, dont dépendoit une portion du Patronage, auroit ces mêmes avantages de préféance & de choix du côté du Chœur, pour fes banc & fépulture, par deux Arrêts, l'un du mois de Février 1629, & l'autre du 24 de Mars 1665 ; ces trois Arrêts font rapportés par Bafnage. Par le dernier de ces Arrêts, il paroit qu'on attribue aux Enfans des Patrons, les mêmes honneurs qu'à leurs Pere & Mere, tant que lefdits Pere & Mere font vivans. Or les Curés ne peuvent empêcher que les deux côtés du Chœur ne foient donnés pour la féance des Patrons ; & en ce cas, ils fe doivent placer avec le Clergé au milieu du Chœur : ce qui a été ordonné par un Arrêt du 4 de Février 1658, qui enjoignit de plus au

---

année Berlette étant en faifie réelle, on employa dans l'Expofé en vente du 17 Mai 1706, la claufe de celui du 30 Juin 1683, & il y eut Adjudication au Confeil d'Artois fur le même pied : de-là le Seigneur de Berlette concluoit que les Droits honorifiques lui étoient dûs dans l'Eglife de Savie. Le Seigneur de Savie repréfentoit qu'il avoit la Mouvance environnant l'Eglife & le Cimetiere de Savie ; que fes Auteurs & lui avoient toujours porté le nom de l'Eglife ; que les jours de Pâques & de Noël ils avoient, dans tous les temps, reçu publiquement des hommages dans l'Eglife de Savie ; que les tableaux funebres des anciens Seigneurs de Savie étoient attachés aux murailles du Sanctuaire du Chœur ; il prouvoit, de plus, que de tout temps les Seigneurs de Savie avoient été recommandés dans les prieres publiques par un Procès-verbal d'un Confeiller d'Artois du 2 Mai 1653; par des atteftations des anciens Habitans de Savie & de Berlette des années 1621 & 1664; par les Certificats de deux Curés de Savie, dont l'un étoit celui même qui avoit fait le changement en 1690, après un Acte d'indemnité ; le Seigneur de Savie juftifioit encore de deux Actes d'oppofition aux Expofés en vente des 30 Juin 1683, & 17 Mai 1706. L'Arrêt du 14 Juillet 1714 a maintenu le Seigneur du Fief de Savie dans les Droits honorifiques de l'Eglife du même nom, & a ordonné la radiation de la claufe de l'adjudication de la Terre de Berlette, qui portoit que *les Seigneurs de Berlette font Seigneurs de l'Eglife de Savie, & comme tels, jouiffent des Droits honorifiques;* & que les comptes de Fabriques feroient préfentés au Seigneur de Savie, conformément à un Placard du premier Juin 1587. *Voyez* la Coutume de Lille, Titre premier, Art. XXIX.

(2) On a adjugé, par Arrêt en 1757, les Droits honorifiques au Seigneur de Lingevre dans l'Eglife de l'Abbaye de Cordillon, quoique l'on prétendit que cette Abbaye avoit été fondée par le Duc Richard, dit Cœur-de-Lyon.

(3) Il a été jugé par Arrêt, contre le principe général, que le Patron d'une Chapelle dans les enclaves d'une Eglife paroiffiale, avoit pu céder fon droit à un tiers, à condition de réédifier la Chapelle ; le Ceffionnaire fut maintenu dans le droit d'y avoir Banc, Sépulture, & de mettre fes Armes dans une vître, à charge d'y faire conftruire une porte au-dehors de l'Eglife ; on n'écouta point l'oppofition du Patron de la Paroiffe.

Curé de recommander le Patron aux Prieres en le nommant, encore qu'il ne soit pas obligé à cela par le Manuel. (4)

Quand un Fief a été partagé entre des Filles, dont les repréfentans jouiffent de leurs portions par Parage, tous les Paragers ont les Droits honoraires, fuppofé que ces Droits fuffent annexés au Fief divifé ; mais les repréfentans l'aînée ont la préféance ; & d'ailleurs ces honneurs ne font dûs aux repréfentans des Paragers, que tant que le Parage dure ; car quand ils relevent par hommage, ces Droits ne font dûs qu'au Seigneur fupérieur ; c'eft-à-dire, au poffeffeur du Fief qui échet à la part de l'aîné, fuivant l'explication qu'en donne l'Article CXXXII.

Or comme les Droits de Patronage ont été accordés aux Fondateurs des Eglifes, il eft néceffaire de fçavoir quels font ceux qu'on peut appeler Fondateurs. On donne cette qualité à ceux qui ont donné le fonds fur lequel le Temple eft bâti, à ceux qui ont fourni la dépenfe de la conftruction du Temple, & à ceux qui ont doté ; c'eft-à-dire, qui ont donné le revenu pour l'entretien & le miniftere de l'Eglife, comme il a été remarqué au commencement du Chapitre de Patronage d'Eglife : mais le parfait Fondateur eft celui qui a donné le fonds, le bâtiment & le revenu, les autres ne font que Fondateurs imparfaits.

Cette différence du parfait Fondateur d'avec celui qui ne l'eft qu'en partie, peut fervir à décider la queftion ; fçavoir, fi le Droit de Patronage s'acquiert de droit, fans que le Fondateur l'ait ftipulé en faifant la fondation. Quelques Auteurs eftiment, que le Patronage eft acquis au parfait Fondateur, fans au-

(4) Lorfqu'il y a deux Copatrons d'une Paroiffe, on accorde, en rendant les Droits honorifiques, la préférence à l'aîné & fa femme, parce qu'il lui communique fon Droit ; dans l'abfence de l'aîné l'autre demeure feul Patron ; comme tel il préfere la femme de l'aîné ; s'il ne fe trouve dans l'Eglife que les deux femmes, on fuit entr'elles l'ordre que l'on fuivroit à l'égard des maris. Conclufions de M. l'Avocat-Général de Belbeuf, actuellement Procureur-Général.

De la plûpart des Droits honorifiques, les plus minucieux excitent les conteftations les plus vives ; la vanité les demande la vanité, qui les refufe ; ce ne font point les Droits en eux-mêmes qui font naître la fermentation, mais la maniere d'y fatisfaire, je parle de l'eaubénite & de l'encens. L'eau-bénite fera-t-elle donnée au Seigneur par préfentation ou par afperfion, avec décence & diftinction ? Combien de fois doit-on faire les encenfemens au Seigneur, combien de fois à fa femme ? Doit-on encenfer féparément les enfans ? Je ne connois point d'autre regle fur ces fameux débats que l'ufage du lieu, ou dans l'incertitude, celui du Diocefe. On eft tenté de gémir quand on voit le Clergé de France fe mettre en mouvement à l'occafion de la diftribution de l'eau-bénite. Voyez le cinquième Tome de fes Mémoires, page 1470. Journal des Audiences, Tome V.

Le côté droit du Chœur eft en Normandie le plus honorable, contre les Arrêtés de Lamoignon ; cependant fi les repréfentans la portion aînée du Patronage ont toujours occupé le côté gauche, fi les cendres de leurs peres y repofent, ils font cenfés par ce choix avoir dérogé au droit général, & un de leurs defcendans feroit non-recevable à reclamer le côté droit : la queftion a été ainfi décidée par Arrêt.

Le Patron a la liberté de choifir fa Sépulture dans tel lieu de fon Eglife qu'il juge à propos, mais il ne doit pas être inhumé à côté du Maître-Autel, on l'inhume au-deffous des marches : Arrêt du 4 Février 1616, rapporté par Bérault. Le Curé a, comme le Seigneur, droit de Sépulture dans le Chœur, mais les Prêtres Obitiers n'ont point le même avantage ; la poffeffion où ils feroient, feroit abufive, quelque longue qu'elle fût. La queftion a été ainfi jugée par un Arrêt récent contre les Obitiers de Granville fur mer, au profit des Seigneurs, M. le Duc de Penthievre partie intervenante.

cune convention ou réfervation , parce que le Droit Canon lui attribue le
Patronage , en reconnoiffance de fon bienfait , conformément-à la Glofe fur
le Canon *Si quis Bafilicam* , *De confecrationibus* , *diflinctione 1*. Ce qui eft
le fentiment de Loyfeau , au Chapitre XI *des Seigneuries* , nomb. 27 & 28.
Mais les Fondateurs imparfaits n'ont pas le Patronage , à moins qu'il ne leur
ait été expreffément accordé , ou qu'ils n'en foient dans une paifible & longue poffeffion. D'Argentré eft d'un avis contraire ; c'eft à fçavoir , que le
Droit de Patronage ne peut être acquis , à moins qu'il n'y ait une convention & réfervation expreffe ; ce qui femble être autorifé par la premiere partie de cet Article CXLII , par laquelle il eft déclaré , que celui qui a fait don
à l'Eglife , ne peut rien prétendre que ce qu'il a expreffément réfervé.

L'exception qui fait l'autre partie de cet Article , fe doit entendre en fuppofant que les Droits de Patronage font plus réels que perfonnels , puifqu'ils
appartiennent à ceux qui poffedent le Fief ou Glebe auquel le Patronage
étoit annexé , préférablement aux hoirs de celui qui a aumôné le Patronage :
car la particule , *ou* , employée dans la fin de l'Article , n'eft pas disjonctive ,
& ne fignifie pas que ceux qui ont caufe audit Fief ou Glebe ne jouiffent des
Droits honoraires dûs aux Patrons , que lorfqu'il n'y a point de defcendans
du Donateur : car au contraire , ces defcendans du Donateur ne jouiffent de
ces Droits honoraires , que lorfque ledit Fief ou Glebe ont été aumônés conjointement avec le Patronage ; de forte que la poffeffion & propriété en appartiennent à l'Eglife ; ce qui leur a été adjugé par un Arrêt du mois de Mars
1662 , rapporté par Bafnage. Car il faut fe fouvenir , que le droit de préfenter au Bénéfice peut être donné ou tranfporté à l'Eglife nuement , & fans
aucun fonds ou immeuble ; ce qu'on ne peut pas faire à l'égard d'un particulier , auquel on ne peut vendre ni donner le Patronage , fans quelque partie
ou dépendance de l'héritage auquel le Patronage eft cenfé annexé , comme il
a été remarqué fur le Titre de Patronage , au commencement. (5)

---

(5) Quand une Terre a été vendue avec le Droit de Patronage , il n'eft pas permis au
nouvel Acquereur de faire enlever les armes de la Famille du Fondateur pour y placer les
fiennes : Arrêt du Parlement de Paris du 22 Mai 1658 , rapporté dans le fecond Vol. du
Journal du Palais.

Si l'Eglife fieffe ou vend la Glebe du Patronage à un tiers avec rétention du Patronage ,
le Fieffataire & l'Acquereur n'ont point lieu de prétendre les Droits honorifiques : Arrêt du
10 de Juillet 1609 , cité par Bérault ; mais quand l'Eglife aliene la Glebe fans réfervation ,
les Droits honorifiques paffent avec la Glebe , *quafi jure pofliminii* : Arrêt du 6 Février 1662 ,
cité par Bafnage.

Il a été jugé par Arrêt du 16 Mai 1657 , cité par Bafnage , contre le Commandeur de
Renéville , qu'un Eccléfiaftique , Patron préfentateur à titre d'aumône , ne peut prétendre
aucune Litre , laquelle eft réfervée au Patron honoraire ; on accorde feulement la préféance
à fon état.

Quand le Roi a fait don d'une Terre échue par confifcation , avec réferve du Patronage
dont elle eft la Glebe , & qu'il aumôné enfuite le Patronage à des Gens de main-morte ,
le Donataire du fonds ou fes Repréfentans ont les Droits honorifiques , à l'exclufion du Préfentateur ; par argument d'un Arrêt du 11 Mars 1717 , en faveur d'un fieur de Prémagny ,
Seigneur de Vauville-Quenai , contre un Gentilhomme qui lui conteftoit les Droits honorifiques de la Paroiffe de Vauville , fous prétexte que le Roi , lors du don de la confifcation
de cette Terre , s'étoit réfervé le Patronage : Mᵉ. Néel plaidoit pour lui.

Les Tréforiers attaquant la qualité de Patron honoraire , fous le prétexte que l'Eglife n'eft

On a rapporté fur cet Article quelques Arrêts qui ont réglé les honneurs que doivent avoir dans les Eglifes les Officiers & les Gentilshommes non Patrons. La regle la plus générale eft, que le plus âgé doit précéder celui qui l'eft moins, entre perfonnes de même qualité, fans avoir aucun égard à la qualité des Terres qu'ils poffedent dans la Paroiffe. On a excepté de cette regle les defcendans des aînés, qui doivent précéder les defcendans des puinés, quoique plus âgés : on a même fait différence entre les Nobles d'ancienne race & les Annoblis, & on a donné la préférence aux premiers, quoique plus jeunes. A l'égard des Officiers, on a jugé que les Lieutenans-Généraux des Bailliages, devoient avoir la préférence aux Gentilshommes, quoique plus âgés, pourvu que les Eglifes foient dans l'étendue de leurs Bailliages ; mais les autres Officiers des Bailliages, même les Confeillers des Siéges Préfidiaux n'ont pas cet avantage.

On a de plus traité fur cet Article, des bancs qui font dans la Nef des Eglifes ; c'eft au Curé & aux Tréforiers à en difpofer, felon la qualité & le mérite des Paroiffiens, ou felon l'avantage qu'on offre faire à l'Eglife : mais on ne peut dépofféder ceux à qui ils ont été accordés par gratitude ou à titre onéreux : & ceux qui en ont joui, doivent toujours être préférés. Voyez Loüet, E. 9. & Loyfeau, *des Seigneuries*, chap. 11. nomb. 60 & fuiv. (6)

---

point fituée fous la mouvance du Fief de celui qui eft en poffeffion des honneurs, font chargés de la preuve du fait qu'ils avancent : Arrêt du premier Juillet 1616. Bérault. Mais la preuve tombe à la charge du Seigneur qui n'a point la poffeffion des Droits honorifiques, quand même il auroit des Tenures dans le contour du Cimetiere : Arrêt du 13 Mai 1644. Bafnage.

Le Patron peut intenter complainte pour la confervation des Droits honorifiques, & parmi nous le Haro ou le Mandement de Gage-Plege, fuivant les circonftances. Bérault. *Bened. in Cap. Raynutius, in verb. duas habens*, n. 21 ; Loyfeau, des Seigneuries, Chap. 12; Bacquet, des Droits de Juftice, Chap. 20; le Prêtre, Centurie 2, Chap. 55 ; Maréchal, Tome premier.

(6) Ceux qui n'ont point droit d'avoir un Banc dans le Chœur doivent s'adreffer au Curé & aux Tréforiers; ceux-ci, dans la diftribution des places, doivent avoir égard à la qualité des perfonnes, aux fervices rendus à l'Eglife, & au bien que chacun poffede dans la Paroiffe, la conceffion fe fait moyennant une fomme que l'on paye par an à la Fabrique, & n'eft que pour la vie; après la mort de chaque Habitant on proclame fon Banc, & fes Héritiers, qui réfident fur la Paroiffe, font préférés aux autres Enchériffeurs, en faifant la condition de la Fabrique égale, des encheres faites par émulation & évidemment exceffives ne font point recevables à leur préjudice ; on excepte de ces regles le Banc d'une Chapelle par rapport au Fondateur de la Chapelle, car après fon décès il paffe à fa famille, quand même elle demeureroit dans une autre Paroiffe. Il n'en eft pas ainfi des Fondations des Obits ou autres Services, auxquels on a annexé par le Contrat une place de Banc, l'Eglife perçoit la rétribution quand elle n'excede point le deffervice, & les defcendans du Donateur doivent, comme les autres, recourir aux Tréforiers pour une place de Banc. Cette derniere décifion eft extraite d'un Arrêt du 20 Février 1749, rendu fur les Conclufions de M. l'Avocat-Général de Belbeuf.

Voyez Loüet & Brodeau, Lettre E. Chap. 9; Maréchal, tome prem. & fecond ; Arrêtés de Lamoignon, des Droits honorifiques, depuis l'Art. XXVIII jufqu'à l'Art. XXXIV. Bafnage, Arrêts des 30 Janvier 1740, 5 Décembre 1741, 9 Août 1743.

Les Tréforiers n'ont point le Droit de déranger un Banc en vertu d'une délibération, & le Banc doit être rétabli dans fon état avant que les motifs de la délibération foient entendus : Arrêt du 4 Mai 1747. Mais quand, dans les formes, le déplacement a été eftimé néceffaire, ceux que les circonftances forcent de le fouffrir ne peuvent déplacer ni reculer les bancs qui font au-deffous. Arrêt du 5 Mai 1758.

CXLIII.

Tout homme condamné à mort par Juſtice, banni du Royaume ;
ou condamné aux Galeres à perpétuité, confiſque le Fief & ſon
Héritage au profit de ſon Seigneur, aux charges de droit, qui ſont,
payer les Rentes ſeigneuriales, foncieres & hypotheques, même les
Dettes mobiliaires, diſcuſſion faite préalablement des Meubles.

Cet Article eſt fondé ſur une maxime du Droit Coutumier ; ſçavoir, que
qui confiſque le corps, confiſque les biens. Or tous ceux qui perdent la liberté
ou le droit de Citoyens, comme ſont les condamnés aux Galeres ou aux Mé-
taux à perpétuité, *pœnæ ſervi*, ou ceux qui ſont bannis du Royaume pour tout
le temps de leur vie, *deportati*, ſont cenſés avoir confiſqué leurs corps, parce
qu'ils ſont morts civilement, & partant ils confiſquent leurs biens, tout de
même que ceux qui pour punition de leurs crimes ont été privés de la vie
naturelle. Ce qui eſt conforme à ce qui eſt dit en la Loi 1. *De bonis dam-
natorum : Damnatione bona publicantur, cùm aut vita adimitur, aut civitas,
aut ſervilis conditio irrogatur* (1). Mais quoique le Juge d'Egliſe ne puiſſe condamner ni à la mort, ni au banniſſement, ni aux Galeres, on a mis en doute

---

(1) Dans l'Age d'Or de la République Romaine, la confiſcation étoit inconnue: Cic. *pro
domo ſuâ*. Sous l'Empire les bons Princes ne s'en ſervoient guere, *Panégyrique de Trajan* ;
mais elle a été introduite en France pour réprimer le crime, en étendant la peine ſur la poſtérité des coupables. *Voyez* Brodeau ſur l'Art. CLXXXIII de Paris.
  Sous la premiere race de nos Rois, les crimes les plus énormes ſe rachetoient à prix d'argent, le Citoyen le plus riche pouvoit être le plus dangereux ; on introduiſit, du temps de
Charlemagne, la confiſcation des Acquêts. Les anciens Normands mettoient au rang des
cauſes criminelles le vol accompagné de violence, l'infraction des treves, la trahiſon envers le Prince, l'attentat prémédité, qu'ils appelloient aſſaut, pourvû que l'aſſailli eût été
en péril de ſa vie, le rapt de violence, & les incendies procurées à deſſein ; les autres injures,
même réelles, ſe pourſuivoient comme de ſimples actions perſonnelles, dont la taxe eſt exactement expliquée dans nos vieilles Loix, exceptés cependant les Chevaliers, & tous ceux
qui devoient le Service Militaire, car à leur égard la réparation ſe faiſoit par les mêmes Armes qu'ils portoient à la guerre pour acquitter leur Fief ; ainſi un Chevalier avoit le droit
d'exiger pour réparation le Cheval, le Haubert, l'Ecu, l'Epée & le Heaume. *Voyez* les Chap.
11, 70, 71, 72, 73, 75 & 85 de l'ancien Coutumier, & Terrien.
  Un Jugement emportant mort civile, prononcé en Normandie, étend la confiſcation ſur
les biens du condamné ſitués dans les Provinces de confiſcation ; il y a pluſieurs Coutumes
qui n'admettent pas la confiſcation des immeubles, à l'exception du crime de lèze-Majeſté,
comme Bretagne, Poitou, le Maine, Boullenois, Guienne, &c. On regle le cas de confiſcation des immeubles par la Coutume de leur ſituation. Jouſſe, Trait. de la Juſt. Crimin. de
France, Tome I. ſe trompe, lorſqu'il met notre Coutume réformée au nombre de celles qui
n'admettent que la confiſcation des meubles. Cet Auteur aura été induit en erreur par l'Article CXLIX, dont il n'a pas entendu le ſens. *Voyez* Ferriere ſur Paris, Tome II. Brodeau,
ibid. Traité de la mort civ. de Richer. Jouſſe, *loco citato*. Duparc-Poulin ſur d'Argentré.
  La confiſcation ne s'étend point d'un Royaume à l'autre, à cauſe de l'indépendance réciproque des territoires. Chopin ; le Bret, de la Souveraineté.
  Notre Coutume s'écarte du Droit général coutumier, lorſqu'elle accorde la confiſcation
des immeubles au ſimple Seigneur de Fiefs, & celle des meubles au Roi. *Voyez* la Conférence des Cout.

fi la condamnation qu'il peut juger à une prifon perpétuelle , doit caufer la confifcation des biens du condamné , *qui fit fervus pœnæ* , & perd fa liberté , & tout le droit de la fociété civile (2). Mais bien que la confifcation ne foit acquife qu'en conféquence d'un Jugement , elle eft néanmoins acquife au Roi ou au Seigneur de Fief , encore qu'elle ne foit pas exprimée dans la condamnation ; & il fuffit pour établir le droit du confifcataire , qu'il y ait Jugement du dernier fupplice , ou de Galeres , ou de banniffement à perpétuité ; ce qu'il faut entendre , pourvu que ce Jugement ait été exécuté. Car premierement , fi le condamné a appellé , & qu'il meure auparavant que fon appel ait été jugé , il eft réputé être mort fans perte de fa liberté , *integri flatús*, & partant ne confifque point. Secondement , les condamnations contradictoires qui n'ont point été exécutées , n'emportent point l'effet de la confifcation ; ayant été jugé par un Arrêt du 10 de Janvier 1632 , rapporté par Bafnage , que la mort arrivée par une maladie à un condamné au dernier fupplice , empêchoit les effets de l'Arrêt portant la condamnation , tant à l'égard du cadavre que de la confifcation (3). En troifieme lieu , les condamnations jugées par défauts & contumaces , qui n'ont point été exécutées , ou par effigie au cas que l'Ordonnance le requiert , ou autrement , étant comme des acceffoires des crimes , fe prefcrivent par vingt ans ; & par conféquent la confifcation & les intérêts civils font fujets à cette prefcription , qui n'eft point réputée interrompue par le décret de prife de corps , s'il n'a pas depuis été pourfuivi , comme il a été jugé par un Arrêt rapporté par ce même Auteur , du 28 de Juin 1660. De forte que , bien que les Loix nomment plufieurs crimes dont l'accufation eft dite perpétuelle , & n'être exclufe par aucun temps , cela ne fe doit pas entendre de la prefcription de vingt ans , qui eft générale pour tous les crimes : de la même maniere qu'en matiere civile , les actions que les Loix déclarent perpétuelles , *& nullâ præfcriptione finiri* , ne laiffent pas de fe prefcrire par trente ou quarante ans : Voyez Loüet , C. 47. Que fi les condamnations ont été exécutées , réellement ou par effigie , & autre formalité fuffifante , les dépendances , telles que font la confifcation & les intérêts civils , font acquis *tanquam ex caufa judicati* , & ne fe prefcrivent que par trente ans. (4)

---

(2) La confifcation a-t'elle lieu pour les délits Militaires ? Jouffe , Trait. de la Juft. Crim. Tom. I. traite cette queftion : il cite en faveur de la confifcation une Ordonnance de 1730 ; il cite un Arrêt du Parlement de Paris de 1712, qui y eft contraire ; il feroit à defirer qu'on eut une Loi fixe fur cet article enregiftrée dans les Parlemens.

(3) Dans l'efpece de l'Arrêt de 1632 , le Jugement de condamnation n'avoit point été prononcé ; on a fait depuis la queftion , fi l'accufé étant mort après la prononciation du jugement , la confifcation a lieu : il femble que le Texte n'exige que le Jugement , & que la prononciation équivaut à la fignification en matiere civile ; cependant on doit répondre que la confifcation eft attachée à l'entiere & parfaite exécution du Jugement de condamnation , & appliquer à ce cas la maxime de l'Empereur Antonin , que dans le doute l'équité veut qu'on fe détermine contre le fifc.

La prefcription de 20 ans eft fi favorable , qu'ayant été une fois acquife , une Procédure commencée fur une nouvelle Plainte , l'Interrogatoire même fubi par l'Accufé , ne pourroient faire revivre l'action éteinte par le laps du temps : Arrêt du 29 Mars 1599.

(4) Dans les Jugemens criminels rendus par contumace , la confifcation n'a pas lieu quand la Sentence n'a point été exécutée par effigie avant la mort du condamné : Arrêt rendu fur les Conclufions de M. l'Avocat-Général le Chapelain le 6 Novembre 1723, entre Marie Def-

Ce qui a été dit, que la confiscation est acquise de droit par une condamnation de mort naturelle ou civile, n'empêche pas que le Juge ne puisse diminuer le profit de la confiscation, par des intérêts & des amendes, qu'il ordonne être prises sur les biens du condamné. Bérault rapporte deux Arrêts, l'un du 23 de Mai 1613, & l'autre du 2 de Juillet 1621, par lesquels les biens de Femmes qui avoient été condamnées à mort, pour avoir fait tuer leurs Maris, furent adjugés à leurs enfans, & ne furent point confisqués. (5)

On propose plusieurs questions ; deux sur la grace obtenue du Roi par un confisqué, & une troisieme sur l'aliénation des biens faite par un criminel. Par la premiere, on demande si un Seigneur qui a réuni en vertu de la confiscation, est obligé de restituer l'héritage, quand le confisqué a obtenu des Lettres de rétablissement : sur quoi il faut user de distinction ; sçavoir, si la grace accordée par le Roi n'est que pour l'exemption de la peine seulement ; & en ce cas, le droit acquis au confiscataire n'est point révoqué, ou bien la grace est pleine, parce que le condamné est remis en son premier état, & renvoyé en la possession de tous ses biens ; & lors il y rentrera, nonobstant le droit qui étoit acquis au confiscataire, à moins que le Seigneur n'eût disposé avant la grace à titre onéreux, des choses confisquées. (6)

La seconde question est touchant la restitution des fruits perçus par le confiscataire, laquelle se doit résoudre par la même distinction : car s'il n'y a une clause expresse dans les Lettres de grace, par laquelle l'Impétrant doive recouvrer tous les fruits perçus, le Seigneur ayant possédé de bonne foi & en vertu d'un titre légitime, a fait siens les fruits qu'il a recueillis avant la présentation des Lettres : mais si ladite clause est employée dans la grace faite par le Roi, les fruits perçus par le confiscataire seront restitués au confisqué, comme ils sont rendus aux condamnés par contumace, qui se présentent dans l'an de la condamnation, après lequel ils perdent irrévocablement les fruits de leurs héritages par l'Ordonnance, laquelle de plus dispose, qu'après les cinq ans expirés depuis le Jugement rendu par contumace, les condamnés perdent la propriété, sans pouvoir être répétée ; mais cette rigueur peut être modérée
&

---

hayes, sœur de Louis Deshayes, condamné à mort par contumace, & la Dame Buffet. Autre Arrêt à peu près semblable, du 18 Mai 1698. Un sieur Joly avoit, en 1667, été condamné à mort par contumace, mais la condamnation n'avoit point été exécutée par effigie ; Joly se présenta 20 ans après, & il fut jugé par l'Arrêt que les créanciers du sieur Joly avoient pu se faire subroger à accepter les successions qui lui étoient échues pendant les 20 années.

(5) Quand le Fief est affermé avec tous les Droits seigneuriaux, on ne comprend pas dans la généralité de cette clause, les Immeubles venus par confiscation au nombre des profits de la Ferme, cette clause se restreint aux émolumens de Fiefs ordinaires ; & on ne présume pas que l'intention du Seigneur ait été d'abandonner une voie de réunir un héritage au corps de son Fief.

(6) Dans l'ancien Droit, les Lettres de Rémission, après la condamnation à une peine emportant mort civile, ne préjudicioient point au Droit particulier du Seigneur, elles ne rétablissoient le condamné que dans les Biens situés sous la mouvance du Roi : Arrêt de l'an 1311 : *Inter Guerardum de Longâ avenâ & Joannem d'Erqueville, Registro 4*, rapporté par Pithou, sur Troye, Art. CXX. Quoique la clause de la restitution des Héritages confisqués soit insérée dans les Lettres de Rémission, elle n'aura point lieu, dit Bacquet, des Droits de Justice, Chap. 16, si le Seigneur confiscataire a disposé, avant l'impétration des Lettres de Rémission, des Fonds à titre onéreux.

(7)

& remife par le Roi. Voyez l'Ordonnance de Rouffillon, Article XX, de Moulins, Article XXVIII, & de 1670, au Titre *des Défauts & Contumaces*, depuis l'Article XXVI jufqu'au XXXII.

Quant à la troifieme queftion, elle fe doit réfoudre par trois confidérations ; de la qualité du crime, de la nature des Contrats d'aliénation, & du temps dans lequel l'aliénation a été faite. Dans les crimes atroces, comme de leze-Majefté, de parricide & de péculat, le coupable eft rendu incapable d'aliéner fon bien dès le moment de la perpétration du crime : mais dans les autres crimes, le criminel n'eft inhabile de contracter, qu'après l'accufation fuivie d'information & de décret : ce qu'il faut entendre des aliénations faites à titre onéreux, comme de vente, d'échange & de fieffe, qui font jugés valables, pourvu que l'acquereur ne foit pas participant de la fraude que le coupable a voulu faire, en aliénant fon bien : car à l'égard des donations, elles font toujours préfumées faites frauduleufement, pour éviter la peine dûe au crime, le droit que le Donataire a acquis, n'étant pas confidérable pour empêcher l'effet d'une telle préfomption : *Cùm injuriâ non afficiatur cui lucrum extorquetur, non damnum infertur.* Ce qui fait connoître qu'il eft bien néceffaire de confidérer la nature & les circonftances des Contrats, & entr'autres celle du temps dans lequel ils ont été faits. Voyez la Loi *Poft contractum, ff. De Donationibus*, & les Auteurs qui l'ont commentée. Quant aux charges de droit énoncées dans la fin de cet Article, elles feront expliquées fur l'Article CCI, qui y oblige généralement en tous les cas de réverfion. (7)

---

(7) Le Pere de l'Accufé peut difpofer de fes Immeubles fans que le Confifcataire ait lieu de fe plaindre : Arrêt du 4 Mars 1608. Bérault.

Après le crime commis on hypotheque valablement fes biens, jufqu'à ce que l'Accufation foit notoire ; quoique l'intérêt civil femble dû par le feul fait du crime, il ne vient en ordre que du jour de la notoriété de l'Accufation ; car cet intérêt eft bien une dette auparavant, mais une dette qui n'eft pas authentique : Bafnage, Traité des Hypotheques, Chap. 13.

On excepte les crimes de leze-Majefté & de Duel. On prétend que ces crimes forment dans la perfonne de l'Accufé une incapacité de contracter, qui a lieu dès l'inftant de leur perpétration ; cependant, par un Arrêt du 18 Février 1759, la Cour a confirmé une vente d'Effets mobiliers faite par la femme d'un homme prévenu du crime de duel, en vertu de la procuration de fon mari, contre le Procureur-Général du Roi.

Les aliénations après le crime commis, quoiqu'à titre onéreux, font fufpectes quand elles font à vil prix, ou univerfelles en faveur d'un Parent ou d'un intime ami de l'Accufé ; la renonciation à une Succeffion échue ne paffe point pour une fraude : le Demandeur en intérêt civil pourra bien fe faire fubroger dans la Succeffion renoncée ; mais le Confifcataire n'a d'autre reffource, que la preuve à faire de la qualité d'Héritier dans la perfonne de l'Accufé : Bafnage. *Voyez* le Grand, fur Troyes, 120, Gl. 2.

La validité de la donation faite par celui qui eft coupable d'un crime capital, dépend de deux événemens : fi le coupable n'eft point pourfuivi, s'il eft abfous après l'accufation, la donation ne pourra être attaquée, puifque l'on ne peut affigner depuis la donation, dans la perfonne du Donateur, un inftant d'incapacité qui puiffe faire préfumer la fraude.

Le Confifcataire, avant d'entrer en poffeffion des Héritages de l'Accufé, doit faire faire Procès-verbal de leur Etat : Ordonnance de 1670, Titre 17, Art. XXXI.

C X L I V.

Au Roi seul appartient les Confiscations des Condamnés pour crime de leze-Majesté, encore que leurs Héritages ne soient immédiatement tenus de lui.

C'est une limitation de l'Article précédent, en tant qu'il attribue au Roi, à l'exclusion des Seigneurs de Fief, tous les biens des condamnés pour crime de leze-Majesté; qui sont poursuivis avec tant de rigueur, que ceux qui en sont coupables, sont jugés inhabiles de contracter, & de résigner leurs Offices ou Bénéfices, qui vaquent de plein droit dès le moment du crime commis. Plusieurs estiment que cet Article ne se doit entendre que des crimes de leze-Majesté au premier chef, qui sont spécifiés par une Ordonnance de François I, de l'an 1539; c'est-à-sçavoir, d'avoir entrepris ou conspiré quelque chose contre la personne du Roi, ou de ses Enfans, ou des Successeurs présomptifs de la Couronne, ou contre l'Etat du Royaume. Voyez Theveneau, au Titre *de Crime de leze-Majesté*, Articles VII & VIII. Les biens confisqués au profit du Roi ne sont domaniaux qu'après qu'on en a compté pendant dix ans, à la Chambre des Comptes; & s'ils relevent des Seigneurs de Fief, le Roi en doit vuider ses mains dans l'an & jour de la confiscation jugée, suivant l'Ordonnance de Philippes le Bel, de l'an 1304, & plusieurs Coutumes qui l'ont expressément déclaré. (1).

C X L V.

Les Fruits des Immeubles de celui qui est condamné par Justice Royale, appartiennent au Roi pour la premiere année, exempts de toutes dettes, autres que les Rentes seigneuriales & foncieres dûes pour ladite année; & outre, il a les Meubles du Condamné, les dettes préalablement payées.

Parce que les fruits des héritages sont immeubles avant qu'ils soient séparés

(1) La confiscation est, de sa nature, un Droit régalien; les plus belles Terres du Royaume ont été unies à ce Titre & incorporées à la Couronne; les Souverains ont jugé à propos de communiquer cet appanage aux Hauts-Justiciers, & dans notre Province aux simples Seigneurs de Fiefs; il étoit bien juste qu'ils exceptassent, de la concession générale, la confiscation pour réparation des attentats commis contre leurs personnes, & des ligues & conspirations contre l'Etat dont ils sont les Gardiens & les Administrateurs.

On a long-temps disputé sur la confiscation qui dérive des crimes de leze-Majesté divine; la plus commune opinion en défere le profit aux Seigneurs. *Voyez* Guy-Pape, quest. 76; Buridan, sur Rheims, Art. CCCXLVIII. Mais la confiscation, pour crime de fausse Monnoie, a été adjugée au Roi par Arrêt de ce Parlement du dernier Janvier 1518, contre l'Evêque d'Evreux, & cité par Bérault. *Voyez* Bacquet, des Droits de Justice, Chap. 11, depuis le n. 11; Loyseau, des Seigneuries, Chap. 11, n. 19.

On a aussi prétendu que le crime de Falsification, des Lettres du Sceau ou de la Chancellerie, attire la confiscation au profit de M. le Chancelier. *Voyez* Bacquet, des Droits de Justice, Chap. 11; & Brodeau, sur la Coutume de Paris, Art. CLXXXIII, n. 26 & 27.

du fonds, ou dans la faison de maturité, il y avoit raifon de douter s'ils appartiendroient au Roi au préjudice des Seigneurs de Fief, au profit defquels l'héritage eft confifqué : mais le doute eft ôté par la décifion de cet Article, qui les attribue au Roi, quand la condamnation eft rendue par fes Juges ; cette première année eft donnée au Roi, pour le récompenfer des frais qu'il eft obligé de faire dans les Procès criminels qui font jugés par fes Juges. Ce qui a fait juger que la Partie civile qui a été obligée de payer ces frais, eft préférée au Roi à raifon d'iceux, fur les fruits de cette première année, nonobftant que cet Article les adjuge au Roi en exemption de toutes dettes, autres que les rentes feigneuriales & foncieres. C'eft ce qui eft attefté par l'Article XXV du Réglement de 1666. Cette année fe commence du jour de la Sentence de condamnation, encore qu'y en ayant eu appel, elle ait été confirmée par un Arrêt rendu long-temps après. Ce qui eft fuivant l'interprétation faite de l'Article LIII de l'Ordonnance de Moulins, en conféquence des Remontrances du Parlement de Paris. Quant aux meubles du confifqué par la Sentence des Juges Royaux, le Roi n'y a aucun privilége, non-feulement parce qu'il ne préfere pas les créanciers, qui font payés fuivant l'ordre de leurs hypotheques, mais parce que les intérêts adjugés à la Partie civile font payés fur les meubles, par préférence à la confifcation & à l'amende, d'autant qu'ils font réputés une dette du condamné ; *Fifcalium autem pœnarum omnium petitio, creditoribus poftponitur, l. 11. & 17. ff. De jure Fifci.* Ceux donc qui ont obtenu du Roi le don de confifcation, doivent faire un bon Inventaire de tous les meubles & effets du confifqué ; autrement, ils feroient condamnables perfonnellement au payement de toutes fes dettes. (1)

(1) Bérault obferve, d'après Rebuffe, que par la Coutume générale de France, les meubles du Clerc condamné appartenoient à l'Evêque, d'autant que les meubles fuivent la perfonne, & que la perfonne dépend de l'Evêque ; mais il ajoute que nous ne fuivons point cette doctrine en Normandie ; le Clerc eft foumis à l'Evêque quant à la correction & à la difcipline eccléfiaftique feulement, il eft toujours fujet du Roi, & fes meubles comme fes immeubles font du reffort de la jurifdiction féculiere. Cette maxime erronée, que rapporte Rebuffe, a pris naiffance dans les Fauffes Décrétales, & elle a long-temps paffé pour vraie chez les plus habiles Canoniftes par le défaut de critique ; elle a fait écrire au Pape Innocent III, que quand S. Pierre impofoit à tous les Chrétiens l'obligation d'être foumis à la puiffance temporelle, c'étoit pour exciter les Fideles à l'humilité, & que le Prince n'a pas reçu la puiffance du glaive fur tous les méchans, mais feulement fur ceux qui ufant du glaive, font foumis à fa Jurifdiction. Quatrieme Difcours de M. Fleury fur l'Hiftoire Eccléfiaftique.

La Ducheffe de Longueville fit demander, lors de la réformation de la Coutume, les fruits de la première année des immeubles de ceux qui feroient condamnés par fes Juges ; Bérault ne défapprouve point fa prétention ; elle ne faifoit, en effet, aucun tort au Roi, puifque les fruits de cette première année ne lui appartiennent que quand en première inftance la condamnation a été prononcée par fes Juges ; elle étoit encore fondée fur la confidération des frais de Juftice, quand la confifcation ne cédoit point à fon bénéfice.

Les fruits de cette première année ont été adjugés au Roi par Arrêt du 8 Juin 1646, au préjudice de l'Engagifte, du Receveur des amendes, & des intérêts.

La queftion propofée fous cet Article par Bafnage, fçavoir s'il eft dû taxe aux Témoins dans les Procès criminels inftruits à la feule Requête du miniftere public, eft depuis long-temps décidée en faveur des Témoins ; le Témoin requiert fa taxe : le Juge en fait mention dans la minute des informations, récolemens & confrontations ; il tranfcrit enfuite fur l'Exploit la taxe inférée dans les Minutes ; le Témoin donne fon reçu au pied de la taxe, s'il fçait figner, & s'il ne fçait point figner il en eft fait mention. Il y a dans le nouveau Recueil des Edits & Déclarations pour cette Province, un Tarif qui regle les falaires des Témoins & autres perfonnes néceffaires dans l'inftruction des Procès où le Roi eft feul Partie.

X 2

C X L V I.

Aux Seigneurs Féodaux appartiennent les Héritages de leurs Vaſſaux après leur décès, à droit de deshérence & ligne éteinte, aux charges de droit, s'il ne s'y préſente Hoirs habiles à ſuccéder dans le ſeptieme degré incluſivement.

C X L V I I.

Pareillement les Héritages ayant appartenu aux Bâtards, reviennent aux Seigneurs en pure propriété après leur décès, aux charges de droit, comme dit eſt, ſi leſdits Bâtards n'ont été légitimés par Octroi du Prince entériné, appellés ceux qui y doivent être appellés, ou qu'ils n'ayent Enfans procrées en loyal Mariage.

Les droits qui appartiennent aux Seigneurs de Fief au cas de deshérence & de bâtardiſe, ſont déclarés dans ces deux Articles. Le Titre *Unde vir & uxor*, par lequel le mari ſuccede aux biens de ſa Femme, & la Femme aux biens de ſon Mari, aux mêmes cas de deshérence & de bâtardiſe, n'a point d'effet en Normandie, parce que ce Titre n'eſt point admis dans les Coutumes, par leſquelles les Parens d'une ligne ne peuvent ſuccéder aux biens de l'autre ligne, mais ſont exclus par les Seigneurs de Fief, comme il eſt diſpoſé par l'Article CCXLV. Voyez Loüet, F. 22. & V. 13. (1)

---

(1) Les Parens maternels de l'Acquereur ſont-ils habiles à ſuccéder au préjudice du Seigneur à l'Acquêt devenu propre dans la perſonne de ſon fils ? On oppoſe à l'Arrêt de Graverel trois Arrêts de ce Parlement des 22 Février 1695, 30 Juin 1699, & 13 Mars 1722. Plaidoyer de Cochin, Cauſe 71. Par Arrêt du 30 Juillet 1753, la prétention des Parens maternels a été condamnée.

Du Moulin combat la Juriſprudence atteſtée par cet Article dans toutes les occaſions ; mais il avoue qu'il ne peut être réformé que par les Etats généraux de la Province où il eſt en vigueur.

Les Coutumes varient ſur la délation des biens des Bâtards après leur décès ; il y en a qui diſpoſent que les Héritages des Bâtards appartiennent aux Hauts-Juſticiers chacun en droit ſoi, ſuivant leur ſituation, ainſi que leurs meubles, ſelon les lieux où ils ſe trouvent. La Coutume de Bretagne, Art. CCCCLXXIII, défere les Héritages des Bâtards aux moyens Juſticiers, & leurs meubles aux ſimples Seigneurs de Fief, ſous lequel les Bâtards ſont domiciliés, Art. CCCCLXXIV. Notre Coutume eſt claire, les Héritages ayant appartenu aux Bâtards reviennent aux Seigneurs en pure propriété après leur décès, & les meubles & rentes conſtituées qui n'ont point de ſituation, ſont, ſuivant la Juriſprudence, adjugés au Roi, à l'excluſion de tout autre.

Il n'eſt pas néceſſaire en Normandie que le Bâtard ſoit né & décédé dans la Seigneurie où les heéritages qu'il auroit acquis ſont ſitués pour exclure le Roi, chaque Seigneur réunit dans notre Province les fonds ſitués dans ſa mouvance qui ont appartenu au Bâtard.

Par l'Art XXVI de l'Edit du mois d'Août 1749, les Gens de main-morte ſont tenus de mettre hors de leurs mains les Héritages qui pourroient leur échoir, en vertu des Droits attachés à leur Seigneurie, dans un an, à compter du jour que leſdirs biens leur auront été dévolus, ſans qu'ils puiſſent les faire paſſer à d'autres Gens de main-morte, ou employer le prix des deniers à en acquérir d'autres de même qualité. Cet Article ſubjoint enſuite, que

Les donations entre-vifs ni testamentaires, ne peuvent priver entierement les Seigneurs de Fief de ces droits de deshérence & de bâtardise, comme il est attesté par l'Article XCIV du Réglement de 1666. Il a été jugé par un Arrêt du 12 de Janvier 1617, rapporté par Basnage, qu'il suffisoit à un parent, qui demandoit une succession prétendue par un Seigneur de Fief, à titre de deshérence, de prouver qu'il avoit été appellé à quelques actes solemnels, en qualité de proche parent du défunt, sans qu'il fût tenu de justifier le degré de parenté. Voyez Loüet, F. 21.

Il faut ajouter pour plus grand éclaircissement de ces deux Articles que le Roi, à l'exclusion de tous les Seigneurs de Fief, a tous les meubles, & même les immeubles qui ne relevent d'aucun Fief, comme sont les héritages de Franc-Aleu & les rentes hypotheques ; non les foncieres, qui ont une situation certaine, & qui appartiennent, aux cas de ces deux Articles, au Seigneur qui a dans la dépendance de son Fief les terres chargées des rentes foncieres ; par un argument qui se tire de l'Article CLXXXI, en tant qu'il permet au Seigneur d'user du retrait féodal, quand la rente fonciere est vendue. La raison pourquoi les Seigneurs ne peuvent, au cas de confiscation, de deshérence & de bâtardise, avoir les meubles de leurs Vassaux ni les rentes hypotheques, est parce que ces sortes de biens ne dépendent pas du Fief, & ces droits ne sont dûs aux Seigneurs qu'à cause de leurs Fiefs : mais les meubles appartiennent au Roi en conséquence de la dignité Royale, parce que les personnes des Sujets sont dépendantes de la Royauté, de sorte que ceux qui jouissent par engagement des terres du Domaine, avec tous les droits qui en dépendent, ne peuvent néanmoins prétendre les meubles ni les rentes hypotheques ausdits cas, mais seulement ce qui est dû *ratione Feudi. Regalia enim non sunt alienabilia per Principem, & si essent, non venirent sub universali clausula, sed specialis requireretur* ; du Moulin sur le Titre *des Fiefs.* Ce qui a été jugé par un Arrêt du 12 de Février 1609, rapporté par Bérault. Quant à la question, si ce qui échet par ces droits de deshérence & de bâtardise, doit être réputé un fruit, de sorte que le Prélat ou le Mari en puisse disposer sans solemnité, & sans le consentement de l'Eglise ou de la Femme, il faut voir les Auteurs cités sur ces Articles. On peut cependant remarquer qu'il a été jugé qu'un Seigneur Ecclésiastique pouvoit remettre les héritages qui lui étoient échus par confiscation, aux Enfans du confisqué, par un Arrêt du 15 de Décembre 1616, rapporté par Basnage ; dont on infére, qu'il peut disposer des choses qui sont échues aux cas de deshérence & de bâtardise : mais cette conséquence ne paroît pas bonne ; parce qu'en ces cas, la faveur des Enfans ne s'y rencontre pas. (2)

---

faute de satisfaire à cette disposition dans le temps limité, les biens échus seront réunis au Domaine, si la Seigneurie des Gens de main-morte est dans la mouvance du Roi ; & si elle releve des Seigneurs particuliers, ils pourront, dans l'an de l'expiration du délai accordé aux Gens de main-morte pour vuider leurs mains, en demander la réunion à leurs Fiefs ; autrement les fonds demeureront réunis au Domaine.

(2) Des que l'article XXVI de l'Edit de 1749 oblige les Gens de main-morte à vuider leurs mains dans l'an des héritages qui peuvent leur échoir à Droit féodal, il semble qu'ils peuvent remettre sans difficulté les héritages qui leur viennent à ce titre, sur-tout dans un cas comme de celui de confiscation en faveur des enfans du condamné ; il n'en est pas de même du mari par rapport aux héritages qui lui viennent à cause du Fief de sa femme. La

C X L V I I I.

Les Héritages & Biens, tant meubles qu'immeubles des Aubains
& Etrangers, appartiennent au Roi après leur mort, aux charges
de droit, comme dit est, encore qu'ils soient tenus d'autres Seigneurs,
s'ils n'ont été naturalisés, & qu'ils ayent des Héritiers légitimes
régnicoles.

Le droit d'Aubaine appartient au Roi, & nullement aux Seigneurs : il n'a
pas lieu quand l'Etranger laisse des Enfans légitimes & régnicoles, encore qu'il
n'ait pas été naturalisé ; en quoi il est semblable au droit de Bâtardise, qui est
exclus par les Enfans légitimes du Bâtard, Loüet, A. 16. Mais il y a grande
différence entre les Aubains & les Bâtards, & ceux qui n'ont point de parens ; car les Etrangers ne peuvent ni disposer par testament d'aucune partie
de leurs biens, ni être héritiers testamentaires ; parce que *Peregrini Juris Civilis
participes non sunt.* Or la puissance de tester, & la faculté d'hériter par testament, sont des dépendances du Droit Civil, *unius cujusque Civitatis, sive Reipublicæ.* Ce qu'on ne peut pas dire des Bâtards ni de ceux qui ne laissent point
de parens qui leur puissent succéder. Les Etrangers acquierent ce droit de
Bourgeoisie par les Lettres de naturalité, qui les font réputer nés dans le Pays,
mais qui néanmoins n'excluent pas absolument le droit d'Aubaine : car il faut
de plus, que l'Aubain ait des héritiers régnicoles, comme il est déclaré à la
fin de cet Article ; car s'il n'en a point, le Roi lui succede par le droit d'Aubaine ; de sorte que les Seigneurs de Fief ne peuvent prétendre aucune part
aux biens de sa succession, en vertu du droit de deshérence ; parce que les
Lettres de naturalité ne sont pas censées accordées au préjudice du Roi qui
les donne, & n'attribuent aucun droit sur les biens de l'Etranger à l'exclusion
du Roi ; sinon lorsqu'il se trouve des parens capables d'en hériter. Mais quoique les Etrangers non naturalisés ne puissent tester, ni acquérir par le testament d'autrui, il ne s'ensuit pas qu'ils ne puissent donner ni être donataires
entre-vifs, parce que les Contrats de donation sont autorisés par le droit des
gens, auquel les Etrangers participent, & auquel cas on ne peut déroger,
sans violer la correspondance & la société qui doit être entre toutes les
nations. (1)

confiscation & la deshérence sont des moyens de réunion ; le Domaine utile se consolide
ainsi au Domaine direct, dont il avoit été originairement éclipsé : la femme a toujours conservé ce Domaine direct, pour parler d'après du Moulin ; ainsi je pense qu'il n'est
pas au pouvoir du mari d'aliéner de pareils biens sans le consentement de la femme. Bérault.
(1) Le Droit d'Aubaine est tellement attaché à la Couronne, qu'il est incommunicable aux
Seigneurs particuliers par aucune convention ; il y a dans la Chambre du trésor de Paris des
monumens très-anciens du Droit d'Aubaine. *Voyez* l'Ordonnance de Philippe de Valois de
l'an 1311. *In generali concessione vel donatione à principe facta non intelligantur*, y est-il dit,
comprehensa jura peregrinalia quæ vulgo appellantur Foragia.
Du Moulin, sur l'Art. XLI d'Anjou, de moyenne Just. Part. prem. dit qu'il a vu d'anciennes Chartes qui justifioient, suivant l'ancien usage de France, que les Seigneurs Hauts-
Justiciers, & même de simples Châtelains, jouissoient du Droit d'Aubaine. Voici ses termes :
Albinatus non est mera incapacitas nec mera indignitas, sed potiùs impedimentum & occu-

Mais comme les Etrangers peuvent acquérir le droit des régnicoles par les Lettres du Prince, ainfi ceux qui font nés & élevés dans le Royaume, peuvent perdre ce droit par une longue abfence, à raifon de quoi on fait différence entre ces deux mots de *Peregrini* & *Peregrinantes*. Les premiers font ceux qui fe font abfentés du Royaume, pour s'établir en un Pays étranger, *perpetuæ moræ caufa*, pour y paffer le refte de leur vie. *Peregrinantes* font ceux qui étant partis de leur Pays, ont toujours eu deffein d'y retourner : *Hi jura civitatis nunquam amiferunt, ideòque quantocumque tempore abfuerint, femper cenfentur numero civium*, & partant capables de fuccéder à leurs parens. Mais quand on a douté qu'ils ne fe préfentoient après un long-temps d'abfence que pour recueillir une fucceffion, on leur a interdit l'aliénation des biens dépendans de cette fucceffion ; ou l'on les a obligés à bailler caution, qu'ils ne trans-

---

patio quæ fit per Regem deficientibus hæredibus in Regno fuo, quod eft intelligendum ubi Rex habet folus Jurifdiâionem .... quia fecundum antiquum ufum Francorum ut vidi in antiquis Chartis .... Domini locorum habentes merum imperium, quod altam juftitiam vocant etiam alioquin fimplices Caftellani habent jus occupandi bona vacantia five eorum qui non poffunt habere hæredes ut Spurii .... vel fi habeant, tamen funt exteri nec habiles ad fuccedendum in hoc Regno. Bacquet combat ces Chartes dans tout le Traité du Droit d'Aubaine. Lauriere fe rapproche de l'opinion de du Moulin, il cite l'ancienne Coutume de Champagne, Art. LIII ; celle de Vitry, Art. LXXII ; & Beaumanoir, Chap. 45, pour prouver que quand un Etranger venoit s'habituer dans la Terre d'un Seigneur, il devenoit fon Serf, & s'il ne le prenoit dans l'an & jour, & par le défaut de reclamation dans le temps, il étoit dévolu au Roi. Gloffaire du Droit François.

L'Etranger, demandeur contre un François, doit donner caution du Jugé ; il ne peut poffeder d'Office ni de Bénéfice en France, & quand il en obtient la permiffion, cette grace à bien moins d'étendue que les Lettres de naturalité. Bérault.

Le principal effet des Lettres de naturalité eft d'appeller à la Succeffion de l'Etranger fes parens régnicoles ; car la vocation à une Succeffion eft un appanage important du Droit civil.

Le Roi fuccede à l'Aubain décédé fans Heritiers ; mais le Seigneur fuccede par deshérence à fes enfans dans leurs Immeubles. Bafnage.

Le Roi ne fuccede point à l'Etranger qui laiffe des enfans nés dans le Royaume, ces enfans font même concourir dans la Succeffion de leur pere, leurs freres ou fœurs nés hors le Royaume, & qui viennent y fixer leur domicile.

Bien des perfonnes s'élevent contre le Droit d'Aubaine ; il paroît effeâivement contraire au commerce & à la bonne foi des Nations ; on le met au rang des intérêts de la France mal entendus ; mais chaque Pays traite-t'il les Etrangers de même que les Nationaux ? Bafnage rapporte les formalités qu'on obferve à cet égard en Angleterre. Refufons-nous d'ailleurs des Lettres de naturalité à un Etranger qui en eft digne.

Plufieurs Edits & Déclarations en faveur du Commerce, du travail aux Mines, du progrès de l'Agriculture, modifient le Droit d'Aubaine ; & nos Rois ont fait en différens temps des conventions entre les puiffances Etrangeres, pour l'exemption réciproque du Droit d'Aubaine, dont la Ratification eft enregiftrée dans les Parlemens. Diâion. de Bofquet ; Mém. fur les Mat. Doman. par le Fevre de la Planche, tome 2.

Les Lettres de naturalité font reçues favorablement, fur-tout quand les Parens plus éloignés veulent exclure de fuccéder au Parent naturalifé plus proche ; auffi par Arrêt du 12 Avril 1764, fur les Conclufions de M. de Grécour, il a été jugé au Parlement de Rouen qu'on ne pouvoit oppofer contre des Lettres de naturalité enregiftrées au Parlement, le défaut d'enregiftrement en la Chambre des Comptes. On avoit jugé au Parlement de Paris, fur les Conclufions de M. le Bret, le 18 Mars 1747, que le défaut d'infinuation des Lettres de naturalité, avant l'Arrêt d'enregiftrement, n'étoit pas contre l'Arrêt une caufe légitime d'oppofition.

Voyez Loyfel, Liv. 1, Tit. 1 ; Bacquet, du Droit d'Aubaine ; Chopin, du Domaine, Liv. 1, Tit. 11 ; Plaidoyer de Gillet ; le Bret, de la Souveraineté, Liv. 2, Chap. 11 ; Mornac, fur la Loi, *Exquib. Cauf. manum.*

féreroient pas leurs biens ni leur domicile hors du Royaume. Quant à ceux qu'on appelle *Peregrini* , on a dit que *jura civitatis & nomen civium amiferunt* , & on les a comparés aux Bannis & aux Transfuges , qui font incapables de tous droits de fuccéder , tant *ab inteſtato* que *jure teſtamenti*. Semblablement les Enfans *Peregrinorum* , nés depuis que le Pere s'eſt retiré hors du Royaume , n'ont point été réputés Citoyens , & par conféquent on les a jugés incapables de tous droits de fuccéder , *tanquam filii deportatorum , poſt deportationem nati*. Voyez Loüet , S. 14 , & les autorités que lui & fon Commentateur alleguent , pour confirmer cette doctrine. Il a néanmoins été jugé , que les Enfans d'un Etranger & d'une Françoise mariée en France , quoique nés & élevés hors du Royaume , pouvoient fuccéder à leurs parens en venant demeurer en France , à condition qu'ils ne pourroient aliéner les biens de la fucceffion pendant un certain temps , par un Arrêt du 19 de Juin 1652 , rapporté par Bafnage. Conférez ce qui eſt dit à ce propos fur l'Article CCXXXV pour montrer d'abondant qu'on n'a pas fuivi en Normandie ladite doctrine de Loüet. (2)

C X L I X.

Les Meubles de ceux qui fe font occis ou faits mourir d'eux-mêmes , appartiennent au Roi privativement aux Seigneurs , s'ils n'ont titre ou poffeffion valable au contraire : néanmoins fi par force de maladie , frénéfie ou autre accident , ils étoient caufe de leur mort , leurs meubles demeurent aux Héritiers auffi-bien que les Immeubles.

Bien que par la Loi 3. *ff. De bonis eorum qui ante Sententiam , &c.* les biens de ceux qui par impatience ou défefpoir fe font procurés la mort , ne foient pas acquis au Fifc , mais feulement les biens de ceux qui fe font fait mourir étant accufés d'un crime capital , dont la peine eſt la perte de la vie ou la déportation , qui emportent la confifcation ; & bien que d'ailleurs la Coutume en cet Article ne faffe mention que des meubles qu'elle attribue au Roi , il a été néanmoins jugé que celui qui s'eſt tué , encore qu'il ne fût ni accufé ni coupable , confifque fes biens au profit du Seigneur du Fief dont ils font tenus , pourvu que cela ne foit pas arrivé par un effet de frénéfie , de maladie ou par autre accident , fuivant l'expreffion de cet Article : la raifon eſt , que *moribus Chriſtianorum* , celui qui s'eſt tué , eſt réputé coupable d'un homicide , qui eſt un crime capital. C'eſt pourquoi on fait le Procès au cadavre , auquel on appelle les préfomptifs héritiers ; & iceux défaillans , on établit un Curateur pour la défenfe du mort : & partant la confifcation n'eſt acquife en ce cas , qu'après un Jugement de condamnation contre le défunt. Voyez le Titre XXII de l'Ordonnance criminelle , qui prefcrit ce qu'il faut obferver dans ces Procès. Ce qui eſt conforme à ce qui eſt déclaré au dernier Paragraphe de ladite

(2) La Poſtérité de ces François infortunés , que des affaires orageufes de la Religion forcerent il y a prefqu'un fiecle à s'expatrier , ne doit pas être mife dans la claffe des Aubains quand elle rentre dans le Royaume ; elle doit , au contraire , à fon retour jouir de tous les Droits de Citoyen , *quaſi jure poſtliminii*.

ladite Loi 3. *Si parati funt hæredes caufam fufcipere, & innocentem deffunctum oftendere, audiendi funt.* (1)

C L.

Les Parens doivent être foigneux de faire mettre en fûre garde ceux qui font troublés d'entendement, pour éviter qu'ils ne faffent dommage à aucun.

C L I.

Et où il n'y auroit Parens, les Voifins feront tenus de le dénoncer en Juftice, & cependant les garder : & à faute de ce faire, les uns & les autres feront tenus civilement aux dommages & intérêts qui en pourroient avenir.

Ces deux Articles obligent les parens de garder les frénétiques & les furieux, & obligent de plus les voifins d'avertir la Juftice de la fureur de leur voifin ; & cependant jufqu'à ce qu'elle y ait pourvu, de garder le furieux : Et à faute par les parens & voifins de s'acquitter de ces devoirs, ils feront tenus civilement des dommages & intérêts des perfonnes qui auront fouffert injure ou perte par les furieux. Ce qui eft dit des parens, étoit ftatué par la Loi des douze Tables, qui ordonnoit que les furieux auffi-bien que les mineurs fuffent avec leurs biens, fous la garde & tutelle de ceux qui devoient être leurs héritiers. Ces paroles de la Loi 14. *ff. De officio Præfidis,* font à ce propos, & font dignes de remarque : *Cuftodes furiofis non ad hoc folum adhibentur, ne quid perniciofius ipfi in fe moliantur, fed ne aliis quoque exitio fint ; quod fi omittatur, non immeritò culpæ eorum afcribendum eft, qui negligentes in officio fuo fuerint.* (1)

_____

(1) Loyfel dans fes Inftitutes coutumieres, Liv. 6, Tit. 2, nomb. 17, dit : » l'homme » qui fe met à mort par défefpoir confifque envers fon Seigneur, &, nomb. 18 » le corps du défefpéré eft traîné à la Juftice comme convaincu & condamné. *Voyez* Bacquet, des Droits de Juftice, Chap. 7, n. 16 & 17 ; le Can. *Placuit* 12., Cauf. 23, queft. 5.

L'Auteur de l'Efprit des Loix obferve en politique la différente façon de penfer des Grecs & des Romains fur le fuicide, &, peintre inimitable, il faifit d'un trait le génie des deux peuples ; le defintéreffement rendoit la Grece indulgente dans des circonftances où Rome devenue riche féviffoit par un efprit de rapine ou d'avarice ; la Grece puniffoit par amour du bien public, & Rome faifoit grace quand elle manquoit de prétexte pour la confifcation ; parmi les Chrétiens, le fuïcide eft, fans doute, un grand crime, le cri de la nature, le flambeau de la raifon en infpirent de l'horreur.

On ne punit point les fimples attentats contre foi-même, on fe borne à mettre le coupable hors d'état de fe nuire.

(1) Cet Article m'invite à placer quelques réflexions fur la Curatelle de ceux qui, par imbécillité ou par une autre maladie, ne peuvent eux-mêmes adminiftrer leurs biens ni veiller à la confervation de leur être ; leur caufe eft celle de l'humanité. Notre ufage, dans cette matiere, eft de tâcher de fubvenir aux véritables befoins, & de nous tenir en garde contre la cupidité qui pour envahir n'épargne pas les droits du fang. Les Parens préfentent parmi nous une Requête expofitive de l'état de l'infirme ; on prend en conféquence tous les moyens de découvrir la vérité ; on fait délibérer la famille ; le Juge interroge celui que l'on prétend faire interdire. Quand, après les éclairciffemens, il y a lieu de prononcer

C L I I.

Le Duché doit pour Relief trois cens trente-trois écus un tiers.

C L I I I.

Les Marquisats doivent pour Relief cent soixante-six écus deux tiers.

C L I V.

Les Comtez quatre-vingt-trois écus un tiers.

C L V.

Les Baronnies doivent de Relief trente-trois écus un tiers.

C L V I.

Le plein Fief de Haubert cinq écus ; & les membres d'icelui jus-qu'au huitieme à l'équipolent, s'il n'y a titre, possession ou convenant, par lequel il soit dû plus grand ou moindre Relief.

C L V I I.

Dignités ou Offices tenus en Fief sans fonds ou glebe, doivent Hommage & non Relief.

C L V I I I.

Les Terres Roturieres, & autres Tenemens au-dessous du huitie-me de Fief de Haubert, doivent de Relief douze deniers pour acre, s'il n'y a titre, possession suffisante ou convenant, par lequel soit dû plus grand ou moindre Relief.

---

l'interdiction, les Parens qui ont assisté à la délibération, & ont été d'avis de la Curatelle, doivent signer la Sentence ; on pourvoit ainsi aux fraudes qui pourroient donner des entraves à un Citoyen ; mais il n'importe pas moins que l'état de l'interdit soit connu dans la société : on publie pour cet effet la Sentence d'interdiction aux Assises de la Jurisdiction ; à l'issue de la Messe paroissiale, & aux prochains Marchés de la résidence de l'interdit : la Sentence doit encore être affichée aux portes de l'Eglise & aux principaux potaux du Marché, & on inscrit le nom de l'interdit dans un Tableau affiché au Tabellionnage de son domicile : Arrêt, en Réglement, du dernier Janvier 1587.

On a confirmé, par Arrêt du 9 Juillet 1762, une Sentence qui faisoit défense d'alié-ner, sans avis de Parens, à un Gentilhomme qui, par excès de dévotion, se promenoit d'Hôpital en Hôpital, & vouloit donner tout son bien aux pauvres. On sent les incon-véniens d'un zele aussi outré.

CLIX.

Le Manoir , Maifon , Mafure , avec la Cour & Jardin , doit de Relief trois fols , pourvu qu'il ne contienne plus d'une acre ; & s'il contient moins , il doit pareillement trois fols , & en ce cas il acquitte la premiere acre ; s'il n'y a titre , poffeffion fuffifante ou convenant , par lequel foit dû plus grand ou moindre Relief.

CLX.

Avec le corps des Fiefs Nobles , font relevés par même moyen toutes les dépendances d'iceux , comme font Garennes , Moulins , Colombiers & autres appartenances de Fief.

CLXI.

Néanmoins s'il y a Moulin tenu à part & fans Fief , il eft relevé par un écu.

CLXII.

Les Terres non-cultivées anciennement nommées gagnables , fauvages ou fauvées de la Mer , doivent de Relief fix deniers pour acre au Seigneur duquel elles font tenues.

CLXIII.

Par mort ou mutation du Vaffal , Relief eft dû , & Hommage nouveau.

CLXIV.

Tous les Fiefs qui doivent Relief , doivent Aide de Relief avenant la mort du Seigneur immédiat ; & cet Aide eft dû aux Hoirs des Seigneurs par les Vaffaux , pour leur aider à relever leurs Fiefs vers les Chefs-Seigneurs.

CLXV.

Les Héritiers de celui qui a fait profeffion de Religion , doivent Relief & Hommage au Seigneur duquel le Fief eft tenu , & leur eft dû Aide de Relief par leurs Vaffaux , laquelle Aide eft acquittée par demi Relief.

CLXVI.

Les Aides-Chevels ne font dûs qu'au Chef-Seigneur , & s'appelle

Y 2

Chef-Seigneur celui feulement qui poffede par Foi & par Homma-ge , & qui à caufe dudit Fief , tombe en Garde.

C L X V I I.

Les Vaffaux ne font tenus payer Aide de Relief , quand le Fief eft vendu , échangé ou donné , encore que ce foit par avancement de fucceffion fait au préfomptif Héritier du Donateur.

C L X V I I I.

Il y a de trois fortes d'Aides-Chevels , l'un quand l'aîné Fils du Seigneur eft fait Chevalier , & s'appelle Aide de Chevalerie.

C L X I X.

L'autre quand fon aînée Fille eft mariée , & s'appelle Aide de Mariage.

C L X X.

Le troifieme , pour racheter le corps de fon Seigneur de prifon , quand il eft pris en Guerre , faifant le Service qu'il doit au Roi à caufe de fon Fief , & eft appellé Aide de Rançon.

Il eft traité dans ces dix-neuf Articles du droit de Relief , qui eft fondé & a été établi fur ce que les Fiefs par leur premiere inftitution , obligeant le Vaffal à un fervice perfonnel , le Seigneur pouvoit n'agréer point l'héritier ou fucceffeur de celui à qui il avoit accordé la poffeffion du Fief : c'eft pour-quoi afin d'obtenir cet agrément du Seigneur , on lui a enfin attribué un Droit qu'on appelle *Relief* , pour fignifier que c'eft pour relever & continuer la pof-feffion qui étoit défaillante & comme déchue , par la mort ou par l'aliénation de l'ancien Vaffal. Ce Droit eft appellé *Rachat* dans quelques Coutumes , parce qu'on rachete du Seigneur cette Poffeffion. Il eft premierement défini ce qui eft dû pour ce droit ; il eft dit en fecond lieu en quels cas il eft dû ; & enfin , il eft expliqué quelles en font les fuites , c'eft-à-dire , quels autres droits font dûs en conféquence. (1)

(1) Il faut avouer que la taxe des Reliefs , arbitrée par notre Coutume , eft bien fage , & retranche un grand nombre de queftions traitées par les Auteurs étrangers. Combien d'embarras quand le Seigneur opte le revenu d'une année ? S'il s'arrête au dire des Pairs de Fiefs ou des Prud'hommes , quelle difficulté pour les accorder ! Donner au Seigneur le droit de prendre une fomme de deniers , c'eft fe livrer au vague & à l'arbitraire. Autre difficulté , quand il y a ouverture à plufieurs Reliefs dans une même année : parmi nous chaque mutation de Fief produit fon Relief fans embarras. J'annonce , d'après l'expérience , à tous ceux qui liront fur ces objets les graves réflexions de nos Docteurs , l'ennui le plus accablant.
Pithou , des Comtes de Champagne , a obfervé que les Fiefs de Haubert , proprement

Pour la premiere partie, il eſt certain que toutes terres non franches doi-vent ce droit de Relief, qui eſt eſtimé par rapport à la dignité & valeur de l'héritage ; de ſorte qu'on peut juger de la dignité & valeur des terres, par la taxe que la Coutume a réglée à un plus grand ou moindre prix, ſuivant ce rapport. On propoſe ſur ce ſujet la queſtion : *Si les Fiefs de grande dignité peuvent anoblir le Poſſeſſeur.* Elle eſt décidée par l'Article CCLVIII de l'Or-donnance de Blois, qui déclare, *que les Roturiers achetant Fiefs Nobles, ne ſeront pour ce anoblis, ni mis au rang des Nobles, de quelque valeur & revenu que ſoient les Fiefs par eux acqnis.* Or ce droit ſuppoſe un fonds ou glebe ; c'eſt pourquoi les franchiſes, exemptions & droitures privilégiées, qui ne ſont point attachées ni dépendantes d'aucun héritage, doivent bien l'Homma-ge, mais non le Relief, par l'Art. CLVII. (2)

its, étoient des Fiefs pleins, & qui avoient toute prééminence ; il les appelle, après l'Abbé Robert, *Feuda loricæ*, à la différence des *Feuda ſcutiferorum* ; il reconnoît cepen-dant qu'il y a en Normandie des Fiefs de Haubert de différente eſpece, il le prouve même par un trait d'Hiſtoire qu'il emprunte du même Abbé Robert : Henri, Roi d'Angleterre, voulant en 1170 faire la guerre à Raymond, Comte de S. Gilles, leva une taxe ſur chaque Fief de Haubert de diverſe condition ; & ne ſe ſervit, dans cette expédition, que de ſes Barons, avec une armée compoſée de gens à ſa ſolde, que l'Abbé Robert nomme *ſolidarii*.

Quand un Gentilhomme achete un Marquiſat ou toute autre Terre titrée, il doit, pour jouir des prérogatives attachées à ſa Terre, obtenir des Lettres du Roi & les faire vérifier. On a jugé en ce Parlement, ſur ce principe, que la veuve d'un Gentilhomme qui avoit acquis une Baronnie, ſans avoir pris enſuite cette précaution, ne pouvoit prétendre les vaca-tions de la veuve d'un Baron.

Il n'eſt point permis de prendre le nom d'un Fief dont on n'eſt point Propriétaire, & en-core moins au Vaſſal, qui poſſede le Domaine fieffé, de ſe qualifier du Titre de la Seigneurie : Arrêt du 6 Mai 1547. Bérault.

(2) Il n'eſt point juſtifié que les Fiefs ayent jamais anobli, mais ils ont été long-temps la preuve de la Nobleſſe méritée d'ailleurs ; tout le monde ſçait comment elle s'acquiert, les uſurpateurs d'une qualité auſſi précieuſe doivent être ſévérement punis. *Voyez* l'Art. CCLVII de l'Ordonnance de Blois. Nos Rois ont ordonné de temps en temps des recherches qui ſe ſont faites ſans beaucoup d'examen & de fruit ; mais l'animadverſion des Magiſtrats doit auſſi ſe déployer contre des hommes obſcurs & audacieux qui oſent attaquer un etat, le prix du ſang ou des veilles pour le bien public. La Cour a prononcé, au mois de Juillet 1757, une condamnation de 3000 liv. d'intérêts en faveur d'un Gentilhomme témérairement attaqué ; il y a des Ordonnances plus rigoureuſes, mais elles ne ſont pas enregiſtrées au Parlement.

Bérault eſt d'avis que la Nobleſſe doit être juſtifiée par trois degrés de poſſeſſion au-deſſus de l'inquiété ; ce ſentiment eſt adopté par de très-bons Auteurs ; il ſemble que l'on doit mettre une différence entre ceux qui ſont iſſus *ex Patre & Avo Conſulibus* ; c'eſt-à-dire, de Magiſtrats dans les Cours ſouveraines, & ceux qui ne s'étayent que de la nue poſſeſſion.

Cependant, par Arrêt du Conſeil d'Etat du 13 Avril 1641, rendu ſur les remontrances des Etats de la Province, le Roi déclara que tous les Gentilshommes de la Province, dont les Pere & Aïeul auroient vécu noblement & été en la poſſeſſion de Nobleſſe..... ſeroient exempts des taxes & impoſitions roturieres.

Il eſt néanmoins à propos que les Magiſtrats des Cours Souveraines, obtiennent des Lettres de Nobleſſe qui ſoient vérifiées à la Chambre des Comptes.

Voyez Tiraqueau, de la Roque, & quelques Déciſions dans le Mémorial alphabétique qu'il faut accommoder à nos uſages.

Je ne puis en cet endroit négliger une réflexion intéreſſante du Préſident Hénault ſur les anobliſſemens. » Cette introduction nouvelle par laquelle on rapprochoit les Roturiers » des Nobles, & qui fut appelée anobliſſement, ne faiſoit que rétablir les choſes dans » le premier état ; les Citoyens de France même depuis Clovis ſous la premiere race, &

Quant à la seconde partie, il faut diftinguer fi c'eft Roture ou héritage Noble : car fi c'eft un fonds Noble, il eft dû Relief pour toutes les mutations du Vaffal, foit par mort ou par alienation, par l'Article CLXIII. Si c'eft Rotu-re, il n'eft dû, fuivant l'Article CLXXIII, qu'en cas de fucceffion, qui arri-ve ou par la mort naturelle ou par la mort civile, qui eft l'entrée en Reli-gion, qui eft le cas exprimé dans l'Article CLXV.

A l'égard de la derniere partie, il faut fçavoir qu'il n'y a que celui de qui on releve par Foi & Hommage, à qui ces droits qui font appellés *Aides de Relief*, font dûs. Ils ne font pas dûs pour ceux qui relevent roturierement, ni par les Paragers, qui doivent feulement y contribuer par les mains de leur aîné, pour le payer au Seigneur dont le Fief étoit tenu auparavant que d'être divifé, par les Articles CXXX & CLXVI. Ces droits font dûs en quatre

---

» & long-temps fous la deuxieme race, étoient tous d'une condition égale, foit Franc, » foit Gaulois, & cette égalité qui dura tant que les Rois furent abfolus ne fut troublée » que par la violence & la révolte de ceux qui ufurperent les Seigneuries. M. dè Mon-tefquieu, Efprit des Loix, tome 4, prouve au contraire qu'indépendamment du Clergé & des grands Officiers de la Couronne, par les anciennes Loix des Peuples qui s'établi-rent dans les Gaules fous la premiere race de nos Rois, il y avoit des diftinctions atta-chées à la naiffance. *Voyez* Boulainvilliers & l'Abbé Dubos.

Un Edit du mois de Novembre 1750, porte établiffement d'une Nobleffe militaire qui peut s'acquérir de droit par les Armes, fans Lettres particulieres d'anobliffement ; cette Loi épargne, à des Officiers parvenus aux premiers grades de la guerre, la peine d'avouer un défaut de naiffance fouvent ignoré ; le Roi a cru qu'il étoit équitable que des Services de plufieurs générations, dans une Profeffion auffi noble que celle des Armes, puffent par eux-mêmes conférer la Nobleffe. Il y a une Déclaration du 6 Mars 1752, en interprétation de l'Edit du mois de Novembre 1750.

Les Officiers qui font dans quelqu'un des cas de l'Edit ou de la Déclaration, obtiennent des Lettres fcellées du grand Sceau, fous le titre de Lettres d'approbation de fervice, & ils peuvent les dépofer pour minutes, avec les autres titres de leurs grades, aux Greffes des Cours de Parlement, Chambres des Comptes & Cours des Aydes dans les lieux où ces deux derniers Tribunaux ne font point réunis comme ils le font en Normandie, & il leur en doit être délivré des expéditions fans frais. *Voyez* les Elémens de l'Art militaire, tome 3, Titre 29.

L'Edit du mois de Novembre 1750 rappelle l'ancien ufage de France : Le Roi, dit du Tillet, Chap. des Chevaliers, faifant un Roturier Chevalier, l'anoblit, plufieurs ne voulant prendre nobilitation à part . . . . . . fe font par le Roi faire Chevalier ; la Lettre de Chevalerie porte nobleffe fans confeffer de roture.

Ce feroit ici le lieu de placer quelques queftions fur la dérogeance : comme ce détail m'en-traîneroit trop loin, je n'en parle que pour relever le commerce, la prévention ne ceffe de l'at-taquer malgré l'efprit Philofophique qui éclaire la Nation ; le Commerce en gros ne déroge point, la Nobleffe peut le faire, Louis XIV l'avoit déclaré par fon Edit du mois de Décembre 1701 ; Louis XV, dans de plus beaux jours, vient de le renouveller par un Edit du mois d'Août 1765 ; il n'excepte dans l'Edit que ceux qui parmi la Nobleffe font décorés de Charges de Magiftrature, l'importante fonction de rendre la Juftice, exige toute l'application des plus grands Hommes.

Je cite cependant avec plaifir quelques difpofitions des Coutumes de Bretagne & d'Artois : il en réfulte que le Gentilhomme exerçant une Profeffion dérogeante, devient contribuable aux Tailles, Aides, Subfides & autres Impôts ; mais quitte-t'il cette maniere de vivre qui déro-ge, il n'a point befoin de réhabilitation, il jouit comme auparavant de toutes les prérogatives de la Nobleffe ; il a acquis dans l'obfcurité des reffources pour être utile à fa Patrie, & fa Patrie lui conferve le droit de la fervir. Bretagne 561. Quand même, difent les Auteurs Bretons, la dérogeance auroit eu lieu pendant plufieurs générations. Dévolant. Artois, 199 & 200.

cas : Le premier eft la mort naturelle ou civile du Seigneur , auquel cas eft dû Aide de Relief , (qui eft la moitié de ce qui eft dû pour le Relief) aux fucceffeurs dudit Seigneur, pour leur aider à relever leur Fief envers le Seigneur fupérieur , Articles CLXIV , CLXV & CLXVI. Cet Aide n'eft pas dû pour toute autre mutation du Seigneur , qui arriveroit par vente , échange ou donation , même celle qui feroit faite par avancement de fucceffion à l'héritier préfomptif du donateur, par l'Article CLXVII. Le fecond cas qui donne ouverture au premier des Aides-Chevels , eft quand le Fils aîné du Chef-Seigneur , aux termes de la Coutume , eft fait Chevalier. Le troifieme cas , qui renferme le fecond des Aides-Chevels , eft quand la Fille aînée du Seigneur eft mariée pour la premiere fois. Et enfin le quatrieme cas , eft quand le Seigneur a été pris prifonnier de Guerre , en faifant le fervice qu'il doit au Roi à caufe de fon Fief , & non autrement (3) , auquel cas fes Vaffaux doivent le troifieme Aides-Chevels , pour lui aider à payer fa rançon , par les Articles CLXVIII, CLXIX & CLXX.

C L X X I.

Si le Fief eft vendu à prix d'argent, le Treizieme du prix eft dû au Seigneur de qui il eft tenu, & eft dû Relief outre le Treizieme.

Dans cet Article & les trois fuivans , il eft traité du Treizieme , qui eft un droit dû aux Seigneurs de Fief , pour le changement qui arrive par la vente faite des héritages ou chofes immeubles dépendant de leur Seigneurie. C'eft ce qu'on appelle dans les Coutumes Lots & Vente : On l'appelle dans celle de Normandie *Treizieme* , parce que c'eft à peu près la treizieme partie du prix qui eft dûe au Seigneur. La difficulté qui fe rencontre en cette matiere , confifte dans le difcernement des Contrats pour lefquels le Treizieme eft dû : car étant dû non-feulement pour les Contrats de véritable vente & d'achat , mais pour quelques autres qui ont de la reffemblance avec ces premiers ; il y a plufieurs diftinctions à obferver.

Quand un héritage eft baillé pour fe délibérer de quelque dette , quoique ce Contrat ne foit pas une véritable vente , l'intention des contractans , (qui eft ce qui établit la nature des Contrats , *quod Gloffa propofitum vocat*) n'étant pas de vendre ni d'acheter , mais d'être libéré & d'être payé ; néanmoins parce que la dette qu'on acquitte eft confidérée comme le prix de l'héritage qui eft baillé au créancier , le Contrat eft réputé une vente à l'égard du Seigneur de Fief à qui il en eft dû le Treizieme : ce qui reçoit plufieurs exceptions. Car quand un héritage eft baillé par un Pere , par une Mere ou par un Frere , pour s'acquitter des promeffes de Mariage faites pour une Fille ou

---

(3) Bérault , fous l'Art. CLVI , fait mention du Service de ban & arriere-ban ; ce Service compofe la plûpart des anciennes Loix des Fiefs; Louis XIV convoqua la Nobleffe une fois fous fon Regne & fans fuccès , c'eft la derniere trace de notre ancienne Chevalerie ; le Service de ban eft imprefcriptible , & dès que le Roi l'exige, le Seigneur fuzerain peut exiger celui de l'arriere-ban.

La defcription de l'ancien Service , par pleines Armes , annonce dans un Cavalier un bufte de fer impénétrable aux coups.

pour une Sœur, il n'en est pas dû de Treizieme. Les anciens Arrêts avoient fait différence entre la dot & le don mobil ; mais par les derniers, le Treizieme n'est pas plus dû pour le don mobil que pour la dot ; parce que l'on a considéré que le don mobil faisoit part de la légitime, aussi-bien que la dot. (1)

Mais l'on a jugé qu'il étoit dû Treizieme de l'héritage baillé à une Fille, pour être reçue à faire Profession dans une Maison Religieuse, par un Arrêt d'Audience, du 12 de Juillet 1654. Basnage qui le rapporte, atteste d'ailleurs que c'est un usage, qu'il n'est point dû de Treizieme pour les héritages qu'une Femme prend en payement de son Mari ou de ses Héritiers, pour la récompenser de ses biens dotaux ; & pour confirmer cet usage, il allegue l'Article CXXI du Réglement de 1666, qui ne dit rien de l'exemption du Treizieme, non plus que l'Article CCCCXI de la Coutume, qui permet bien au Mari de transporter à sa Femme ses héritages, pour la récompenser des biens dotaux qu'il a aliénés ; mais qui ne dispose point que ce soit en exemption de Treizieme. Il sembleroit au contraire, que ces héritages baillés à la Femme en ces deux cas différens, doivent être sujets aux Retraits, & par conséquent au payement du Treizieme, parce que les parens & les Seigneurs de Fief sont aussi favorables que les Créanciers du Mari, qui ont la faculté de payer la dot, & d'empêcher par ce moyen qu'on ne baille à la Femme des héritages de son Mari, comme il est expressément déclaré par ce même Article CXXI. Mais ce nonobstant on doit dire, que cet usage attesté par cet Auteur, est fondé sur ce que le Treizieme n'est dû, par les termes de la Coutume, qu'au cas de vente ; c'est pourquoi, quand on baille des héritages pour le payement de dettes favorables (telles que sont la légitime des Filles & la dot des Femmes,) le Treizieme n'est pas dû. (2)

Par

---

(1) Comme le Fait du Juge est le Fait de la Partie, l'envoi en possession d'un fonds ordonné en Justice pour certaines dettes hypothécaires privilégiées, produit un Treizieme. Quand le Vendeur rentre en possession de son Héritage par le défaut de payement sans stipulation, le Seigneur a droit d'exiger un second Treizieme; mais si un Cohéritier, pour récompense d'une dette de cohérédité, se fait adjuger du fonds judiciairement, il y a lieu de penser que cette Adjudication ne donne point lieu au Treizieme ; car elle est une suite du partage & de la solidité entre les membres d'une Succession. En vente de Droits universels le Treizieme se paye sur le prix de l'acquêt & des charges hypothécaires prises par l'Acquereur.

Quand un Contrat débute par la Vente d'un fonds avec expression de prix, & que l'Acquereur par le même Acte cede en payement des Rentes foncieres, ce Traité n'est point dans la classe des Echanges ; il est considéré comme un Acte contenant deux Ventes qui, de chaque côté, produisent un Treizieme : Arrêt du 3 Février 1747.

La Cour, après bien des discussions, a jugé, par Arrêt du 14 Juin 1751, qu'un fonds ayant été vendu avec rétention d'usufruit, le Treizieme est dû tant du prix porté au Contrat, que de l'usufruit retenu. Cet Arrêt étant pris indéfiniment est difficile à soutenir ; la vente faite avec la réserve de l'usufruit, ne contient que le transport de la nue propriété ; l'usufruit étant considéré comme un immeuble, est un bien réel qui, restant dans les mains du vendeur, ne doit point augmenter le Treizieme dans le cas de l'aliénation de la propriété ; si l'Héritier du mari vend le fonds du douaire de la femme à charge par l'Acquereur de souffrir le douaire, on doit, ce semble, faire distraction de la jouissance de la veuve. Il en pourroit être autrement si le vendeur avoit d'abord aliéné la nue propriété, & l'usufruit ensuite à la même personne ; mais la vente à charge d'une rente viagere donne ouverture au Treizieme. Arrêt du Parlement de Paris du 8 Février 1744. Jacquet, des Fiefs.

(2) On a vivement discuté depuis quelques années, au Parlement de Paris & de Rouen,

la

Par une raison semblable, ce qui est payé pour retour ou licitation de partages faits entre cohéritiers ou propriétaires en commun, ne donne point d'ouverture au droit de Treizieme, suivant qu'il est attesté par l'Article XXVI du même Réglement. Il a même été jugé au Parlement de Paris, que ces licitations étant faites en Justice entre cohéritiers ou associés, pour partager les biens d'une succession ou d'une société, il n'en étoit point dû de lots & ventes, quoique des Etrangers eussent été reçus à enchérir, & que de plus les héritages eussent pû être partagés sans incommodité, pourvu que l'Adjudication en eût été faite à un des héritiers ou associés. Et la raison qu'on apporte de ces Jugemens, est que ce droit n'est dû qu'aux cas spécifiés par les Coutumes : *Ex venditione, non ex divisione debentur.* Loüet, L. 9. (3)

Néanmoins, bien que les Contrats d'échange soient différens du Contrat de vente, (*Propria species Contractûs à venditione separata, Titulo De emptione & venditione, apud Justinianum,* il en est dû Treizieme en de certains cas ; car quand il y a une récompense en argent, que la Coutume appelle *Soulde* dans les Articles CLXXII & CCCCLXIV, il est dû Treizieme au Seigneur de l'héritage, pour lequel cette récompense a été stipulée ; & ce Treizieme se paye non-seulement de l'argent baillé pour soulde, mais de la valeur entiere de l'héritage baillé avec l'argent, encore que cette soulde soit très-petite & non comparable à la valeur de l'héritage, qui en ce cas doit être estimé par Experts ; ce qui est très-étrange, & néanmoins décidé par l'Article CLXXII. Voyez ce qui a été remarqué sur l'Article CCCCLXIV.

De plus l'échange faite d'un héritage contre une rente hypotheque ou fonciere, n'est pas un Contrat de vente, parce que ces rentes sont des immeubles, & par conséquent ne sont pas un prix d'argent, sans lequel le Contrat

la question proposée par Pesnelle, & on a prétendu assujettir au Treizieme les fonds du mari cédés à la femme pour le remboursement de sa dot : tout semble parler en faveur du Seigneur, les Articles CLXXI, CLXXIII, CCCCLXII & CCCCLXIII de la Coutume, l'Article CXXI du Réglement, & la raison qui est le fondement de toutes les Loix ; il n'en est pas du remboursement d'une dot comme de la légitime d'une Fille : la légitime d'une Fille équivaut à un partage, c'est un droit de sang ; mais s'il est permis d'acquitter la dot de la femme en deniers, dès que la maniere de se libérer est analogue à l'obligation, ne remarque-t-on pas dans l'abandon fait des fonds du mari à la femme une véritable vente ? Par Arrêt du Parlement de Paris du 11 Janvier 1762, on a adjugé le Treizieme à M. le Duc de Luxembourg sur des Biens Normands cédés à la Marquise de Collande pour sa Dot, après des actes de notoriété du Barreau & du Parquet, qui ne dévelopent pas la question. Voyez Jacquet, des Fiefs. Il est vrai qu'on argumente contre le Seigneur des Art. CCCCXI & DXI de la Coutume, & des Articles XXVI & CXXI du Reglement de 1666 ; mais il n'est pas possible d'y saisir un rapport immédiat avec le point à décider : cependant dans cette espece le Seigneur a été évincé au Parlement de Rouen de sa demande en Treizieme, par Arrêt du 22 Décembre 1765.

(3) Il faut, afin que la licitation entre Associés ne produise pas de Treizieme, que tous ayent le même titre de possession *primario & ab initio,* car le Treizieme seroit dû de la licitation par l'Acquereur intermédiaire d'une des portions indivises, qui deviendroit ensuite Propriétaire du total par l'effet de la licitation. Guyot, des Licit. chap. 3, sect. 3, §. 5 ; mais si un des Associés demeure adjudicataire de la part des autres, qui auroit été depuis l'acquisition commune vendue à des étrangers, il ne devra pas de Treizieme de la licitation.

Tome I. Z

de vente ne peut fubfifter : & néanmoins il en eft dû Treizieme , pourvu que que la rente fonciere foit racquittable. (4)

Semblablement le Contrat de fieffe a une nature différente de celui de vente ; ce nonobftant , quand un héritage eft fieffé , à la charge de payer par le preneur une rente fonciere , le Treizieme eft dû , à moins que cette rente ne foit ftipulée irracquittable. Il a été jugé par deux Arrêts , l'un du premier de Juillet 1662 , & l'autre du 28 de Juillet 1673 , rapportés par Bafnage , qu'une fieffe étant faite à la charge d'une rente fonciere irracquittable ; & de plus , d'acquitter le bailleur d'une rente racquittable qu'il devoit à une tierce perfonne , ou de payer au bailleur un certain prix , il n'étoit dû Treizieme que de la valeur de cette rente racquittable ou de ce prix : ce qui femble répugnant audit Article CLXXII , par lequel on doit payer le Treizieme entier , quand il y a eu un prix (quoique petit) joint au contr'echange , comme il a été expliqué. (5)

Il y a en outre plufieurs queftions à réfoudre à l'égard des Contrats de vente , qui n'ont point eu une véritable & parfaite exécution. Tous les Auteurs conviennent , que quand les contractans fe font départis du Contrat , *rebus inte-*

---

(4) Les Edits de 1673 & 1674 ont affujetti le Contrat d'échange pur & fimple au Treizieme en faveur du Roi, ou des Seigneurs qui ont financé en conféquence de plufieurs Déclarations , & notamment de celles de l'an 1715.

Obfervez en effet que par Edit du 13 Mars 1696, le Roi ordonna l'aliénation des Droits d'échange avec faculté aux Seigneurs de les acquérir par préférence dans trois mois ; mais qu'après ce délai toutes perfonnes , foit nobles ou roturieres , pourroient les acquérir pour les tenir en Fiefs du Roi , avec les Droits honorifiques & prééminences y attachées ; les Seigneurs furent enfuite autorifés de rembourfer les Acquereurs. *Voyez* la Déclaration de l'an 1715 , dans le quatrieme tome des Réglemens.

La Déclaration de 1715 a été renouvellée par une autre Déclaration du 20 Mars 1748 ; le Parlement de Normandie referve dans fon enregiftrement l'exécution des Articles de la Coutume dans les cas où les Treiziemes appartiennent aux Seigneurs , notamment des Articles CLXXII , CCCCLII & DVII ; il prefcrit que la Déclaration ne pourra être entendue que des droits honorifiques dans l'Eglife feulement , tels qu'ils appartiennent aux Seigneurs de Fiefs , & que les Acquereurs des Droits d'échange ne pourront exiger du Seigneur autre communication que celle des Titres relatifs à ces Droits qui leur feroient conteftés , en le faifant ordonner avec les Seigneurs , & fans déplacer. Cette Déclaration eft dans le Recueil des Edits. Le Parlement de Paris a mis les mêmes modifications à fon enregiftrement fur les Droits honorifiques , & la communication des Titres ; mais il avoit maintenu par Arrêt du 17 Août 1737 , la Dame de Perthuis , qui avoit acquis les Droits d'échange dans la Paroiffe de Sceaux , dans le Droit d'être recommandée aux Prieres nominales , d'avoir l'Encens & l'Eau-bénite , & autres Droits honorifiques après les Seigneurs.

Le Roi a accordé , par Lettres-Patentes de l'an 1680 , à M. le Duc d'Orléans , les Droits d'échange dans l'étendue de la mouvance des Seigneuries de fon appanage , pour les percevoir , fuivant la Coutume des lieux , les Edits & Déclarations. Ces Lettres Patentes ne s'étendroient pas fur les Terres dont il jouiroit à un autre titre , elles n'auroient pas même lieu , dit Jacquet , Traité des Juftices de Seigneur , &c. par rapport aux Terres expreffément réunies à l'appanage depuis cette époque.

(5) On a fuivi les Arrêts cités par Bafnage dans un Arrêt en Reglement du 28 Juillet 1766 ; & il a été jugé que quand un Héritage eft fieffé en partie en rente irracquittable , & partie en rente racquittable ou en argent comptant , le Treizieme eft dû du prix de la rente racquittable ou de la fomme de deniers ; mais il n'eft point dû de la rente irracquittable , qui eft elle-même fujette à Treizieme en cas de vente : on a fait ainfi une différence de ce Contrat , entre le Contrat d'Echange d'un fonds donné avec foute , quoique ce fonds donne lieu au Treizieme en cas de vente.

gris ; & incontinent après qu'il a été fait, il n'en eft point dû de Treizieme :
Non videtur factum , quod non durat factum. Il faudroit juger le contraire, fi
ce départ fe faifoit après la demande faite par le Seigneur de fes droits , ou
après quelqu'intervalle de temps confidérable , *poft præventionem Patroni , aut
ex intervallo ;* car alors le Treizieme feroit dû. Loüet , R. 2. (6)

Cet Auteur & fon Commentateur en ce même lieu rapportent la doctrine
de du Moulin, approuvée par plufieurs Arrêts du Parlement de Paris , qui eft ,
que dans les ventes qui font nulles , ou qui font annullées ou réfolues par une
caufe ancienne & néceffaire , il n'eft point dû de lots & ventes ; encore que
cette nullité ou réfolution arrive ou foit jugée long-temps après le Contrat ;
& que de plus , le Seigneur doit reftituer ce qu'il a reçu pour ce droit ; parce qu'il paroît par l'événement, qu'il a reçu ce qui ne lui étoit pas dû. L'exemple des Contrats nuls , eft une vente faite par un Mineur, par un Tuteur ou
par un Bénéficier , fans néceffité ou fans folemnité , ou par un vendeur qui
avoit pouvoir , mais contre qui l'acheteur a ufé de dol ou de violence , qui
ont fait caffer le Contrat. Les exemples des Contrats qui font annullés ou ré-
folus , & qu'on dit être *retro nulli* , font ceux où il y a déception d'outre-
moitié de jufte prix ou faculté de rachat , ou de l'effet defquels l'acheteur n'a
pu jouir plus long-temps ; foit qu'ils ayent été décretés pour les dettes du vendeur , foit qu'un tiers en ait été envoyé en poffeffion , comme étant le véritable propriétaire. Outre ces cas d'éviction , il y en a un autre , dans lequel le
choix de l'acheteur intervient , qui eft , quand ayant acheté un héritage , il
en eft évincé d'une partie, ce qui lui fait demander & obtenir la réfolution
du Contrat d'achat ; parce que n'ayant point eu intention d'acquérir feulement la portion qui lui refte , & ayant un intérêt confidérable de ne la garder
point , après qu'elle a été féparée de l'autre portion dont il a été dépoffédé ,
faltem propter difcordias quas communio folet excitare , comme il eft dit en la
Loi 77. §. *Dulciffimis , ff. Delegatis* 2. Il eft vrai de dire , que la réfolution
qu'il a demandée du Contrat , eft jufte & involontaire, en tant qu'elle provient d'une caufe antécédente & néceffaire , qui eft le défaut qui fe rencontre dans le contrat. Dans tous ces exemples , on a jugé au Parlement de Paris
qu'il n'étoit point dû de lots & ventes : il y a même un Article dans la Coutume de Paris , (qui eft le LXXIX) par lequel un acheteur dépoffédé pour
les dettes de fon vendeur , doit rembourfé par le Seigneur , des lots &
ventes qu'il lui auroit payés ; ou fi le Seigneur les veut garder , (ce qui dépend de fon option) l'acheteur eft fubrogé au droit du Seigneur , pour fe
faire payer fur le prix de l'adjudication par décret , des lots & ventes qui font
dûes en conféquence d'icelle. (7)

(6) Puifque le Treizieme eft dû par la vente du fonds , il réfulte que le Contrat
n'eft pas plutôt parfait , que le Droit eft irrévocablement acquis au Seigneur : Arrêts
des 12 Janvier 1625 , & 17 Juillet 1742 ; les Contractans ne peuvent s'en départir impunément , & le réfiliement volontaire donneroit lieu à un double Treizieme : ainfi
le décide l'Art. LXXVII de la Coutume de Troyes , & cette décifion eft plus fage que
toutes les fubtilités des Auteurs. Guyot , des Lots & Ventes , chap. 4 , fect. 4 , n. 21 ,
22 & 23 ; Auroux , fur Bourbonnois , Art. CCCXCVII , n. 13 ; Pocquet , liv. 3 ,
chap. 6 , fect. 4 ; Ricard , fur Senlis , Art. CCXXXV.
(7) Bérault & Bafnage penfent que le Seigneur ne peut demander de Treizieme à caufe de

Z 2

En Normandie , on s'eft montré plus favorable pour le Treizieme ; car il eft dû au cas de la faculté de rachat ftipulée par le vendeur , comme il fe doit inférer de l'Article CXCIII , parce qu'on n'a pas confidéré ce Contrat comme conditionnel , mais feulement comme réfoluble fous condition , de forte que l'obligation n'en étant point fufpendue jufqu'au temps de l'événement , mais fubfiftante dès le temps que le Contrat a été fait , vu que l'acheteur a joui & eft devenu Vaffal ; on a jugé que les temps prefcrits par la Coutume & par l'Ordonnance , pour faire les retraits ou pour prendre le relevement , commençoient du jour du Contrat , & non du jour de la condition expirée. (8)

On a par ces mêmes principes , jugé que d'un Contrat de vente fait avec la claufe , que faute de payement du prix , le vendeur pourroit reprendre la poffeffion de la chofe vendue , (c'eft la paction que le Droit appelle *Commif-foire*) il en étoit dû Treizieme dès le jour du Contrat. On a jugé la même chofe à l'égard d'un Contrat , par lequel on avoit baillé un héritage à un Créancier pour en jouir ; mais avec la claufe d'*in diem addictionis* , qui eft , que faute par le Débiteur de retirer , & de payer la dette dans un certain temps , l'héritage demeureroit irrévocablement au Créancier , par un Arrêt du 5 Mars 1608 , rapporté par Bérault. Ce dernier cas étoit beaucoup plus dou-teux que celui de la claufe commiffoire , d'autant qu'au cas de la claufe com-miffoire la vente eft parfaite , encore qu'elle puiffe être réfolue par la faute de l'acquereur. Mais dans le cas d'*in diem addictionis* , il n'y a point de vente , finon fous condition , laquelle inconteftablement a toujours un effet fufpenfif : & partant l'acheteur ne jouit point comme Propriétaire & Vaffal ; mais comme Engagifte & par antichrefe , jufqu'à ce que le jour prefcrit par la condi-tion foit expiré , après lequel feulement , il commence à jouir comme pro-priétaire & Vaffal , en conféquence de ce que la condition , fous laquelle le Contrat avoit été fait , eft arrivée. (9)

Il eft d'ailleurs d'un ufage conftant , que lorfque l'acheteur eft dépoffédé par le décret fait pour les dettes de fon vendeur , ou de celui qu'il repréfentoit , que le Treizieme eft acquis , & ne fe repete point , & même que le Seigneur a un fecond Treizieme du prix de l'adjudication ; ce qui paroît fort rigou-

---

l'éviction d'un Héritage par clameur révocatoire , & que la faculté de fuppléer , accordée à l'Acquereur , ne change point la nature de l'action qui tend à recouvrer un fonds. D'Argen-tré , *de Lod.* Chap. 1 , §. 17 ; Salvaing , Chap. 89 ; de la Lande , Chap. 112. On a jugé au Parlement de Paris , par Arrêt prononcé à Noël 1587 , & cité par Montholon , que l'Acquereur , évincé par le véritable Propriétaire , de la meilleure portion du fonds , qui avoit fait réfoudre le Contrat , ne devoit point de lots & vente au Seigneur.

Mais le Treizieme eft dû d'une Vente d'héritage appartenant à la femme , faite par le mari & elle , quoique la femme rentre en poffeffion de fon fonds par le défaut de remplace-ment fur les biens de fon mari : Arrêt du 28 Mars 1681. Bafnage.

(8) On a jugé par Arrêt du 14 Juillet 1722 , qu'il étoit dû Treizieme d'un Contrat de vente à faculté de reméré , quoique le Vendeur fût rentré en poffeffion du fonds avant la demande du Treizieme ; cet Arrêt eft de droit commun dans cette Province.

(9) Le Contrat de vente affujetti à une condition purement éventuelle , ne donne lieu au Treizieme , que par l'accompliffement de la condition ; ainfi lorfqu'on vend un fonds , fi tel Navire arrive des Indes , il eft certain que par le défaut de la condition , fa vente n'a pas d'effet , & il n'eft pas dû de Treizieme ; mais le cas arrivant le Contrat eft pur & fimple. C'eft une troifieme efpece différente de celles citées par Pefnelle. *Voyez* Pocquet , d'Argentré & du Moulin.

reux. Il fembleroit qu'il ne feroit pas jufte d'accorder le Treizieme dans les genres de nullité abfolue ci-deffus déclarés ; mais le cas de la Clameur révocatoire pour la déception d'outre-moitié de jufte prix, femble en devoir être excepté, parce que le Contrat fubfifte, l'acheteur pouvant fe maintenir dans la propriété en payant le fupplément ; d'autant plus qu'il eft indubitable, que quand l'acheteur, au lieu de recevoir le rembourfement du prix qu'il a payé, opte d'en faire le fupplément, (ce qui lui eft permis) le Seigneur peut, outre le Treizieme du prix du Contrat, obtenir celui du fupplément. (10)

A ce qui a été dit, qu'il n'eft point dû de Treizieme pour la dot d'une Fille, acquittée par le tranfport ou ceffion d'un héritage, fait par un Pere, par une Mere ou par un Frere, il faut ajouter, qu'il n'en eft point dû pour tous les avancemens de fucceffion, quand même ils feroient faits à condition d'acquitter quelques dettes ; parce que les héritiers préfomptifs, foit en ligne directe ou collatérale, jouiffent de ces avancemens comme de biens qui leur font venus par fucceffion, pour lefquels on ne paye pas de Treizieme.

Bafnage propofe deux efpeces, dans lefquelles il a été jugé qu'il n'eft point dû de Treizieme : la premiere, lorfque le bien d'un Frere ayant été décreté pour fes propres dettes, fes Sœurs ont été payées de leurs légitimes du prix de l'adjudication, ayant été jugé qu'il n'étoit point dû de Treizieme des fommes pour lefquelles ces Sœurs avoient été colloquées à l'état du décret ; *Quod videretur malè judicatum*, d'autant que ces Sœurs en ce cas ne devoient avoir aucune part à l'héritage adjugé, & que d'ailleurs leur légitime ne feroit pas diminuée, encore que le Treizieme eût été payé.

L'autre efpece eft, quand un Seigneur ayant baillé à ferme les Droits cafuels de fon Fief, achete quelques héritages qui en relevent ; car on a jugé qu'il n'en étoit point dû de Treizieme au Fermier, parce que l'achat fait par le Seigneur ne peut pas donner d'ouverture au droit de Treizieme. L'Arrêt

---

(10) L'Héritier bénéficiaire ayant obtenu délivrance d'une Terre dépendante de la fucceffion, faifie réellement, à charge d'en payer le prix, ou s'en étant rendu Adjudicataire, ne doit pas de Treizieme, parce que l'enchere de cet Héritier eft comme un prix mis à la chofe, pour régler la fomme dont il fera comptable : Arrêts du Parlement de Paris des 22 Juillet 1645, 30 Juillet 1669, 22 Août 1685, 25 Mai 1696. *Voyez* le Journal du Palais, tome 2 ; Soefve, Cent. 4, chap. 39.

Le Décret volontaire ne donne point ouverture à un double Treizieme quand l'Acquereur demeure adjudicataire aux claufes de fon Contrat. Bérault. Mais des Auteurs penfent que fi l'Acquereur, fans aucune claufe de décreter employée dans le Contrat de vente, décrete fur lui pour purger les hypotheques, & ne fe rend point adjudicataire, il n'eft pas moins dû un double Treizieme au Seigneur, que fi un Créancier du Vendeur eût faifi réellement les Héritages acquis ; parce que l'Adjudication ne peut plus être confidérée comme l'exécution d'une claufe du Contrat volontaire. *Voyez* Ricard, fur l'Art. LXXXIV de Paris ; Brodeau, *ibid.* n. 16 & 17 ; Dupleffis & Ferriere, des Fiefs. Il n'eft dû aucun Treizieme d'un Décret annullé par Arrêt, ni de la folle enchere ; mais il fe perçoit fur l'enchere au profit particulier, dont le quart eft au rang des frais de Décret, & les trois quarts font payés par l'Adjudicataire, fauf fon recours contre le décreté : Bafnage. Arrêts des mois de Juillet 1638, 1644, 9 Février 1665, & 9 Juillet 1671.

On eftime communément que fi dans l'Acte de vente ou d'adjudication, l'Acquereur a déclaré qu'il agiffoit au nom d'un tiers, il n'eft point dû de double Treizieme quand la déclaration eft effectuée ; pourvu qu'il n'y ait pas eu un délai confidérable entre la déclaration & fon exécution, ou que l'Acquereur ne foit pas mis en poffeffion. Il eft d'ufage parmi nous, en matiere de Décret, que la déclaration fe faffe avant l'état.

qui a décidé la premiere queſtion, eſt du 30 Juin 1671. Voyez comment cet Arrêt ſe peut concilier avec un autre du premier Juin 1677, rapporté ſur l'Article DLXXV ; & celui qui a décidé l'autre, eſt du 21 de Février 1653, par lequel il fut de plus jugé, que ce même Seigneur ayant retiré quelques héritages qui avoient été vendus à un tiers, en devoit le Treizieme à ſon Fermier ; parce que le Treizieme étant dû en vertu du Contrat de vente, le Fermier à qui ce droit étoit acquis n'en pouvoit être fruſtré par ſon bailleur. (11)

Il reſte à expliquer par qui, & pour quelles choſes le Treizieme eſt dû. Quant au premier doute, le Treizieme eſt dû par le vendeur, à moins que l'acheteur ne ſe ſoit obligé de le payer, par quelque clauſe du Contrat. Le fondement eſt, que le Treizieme eſt dû pour la permiſſion que le Seigneur eſt réputé donner, de vendre l'héritage dépendant de ſon Fief ; ce que l'on ne pouvoit faire par l'ancien uſage des Fiefs, ſans le conſentement du Seigneur. Cela eſt prouvé par l'Article CLXXXII, qui fait connoître que l'acheteur ne paye le Treizieme que quand il s'en eſt chargé, & par l'Article DLXXV, qui déclare que le Treizieme eſt payé ſur le prix du décret ; ce qui fait entendre que c'eſt au vendeur à le payer, vu que c'eſt le décrété qui le paye, qui tient lieu de vendeur, comme l'Adjudicataire tient celui d'acheteur.

Or la clauſe ordinaire par laquelle l'acheteur s'oblige au payement du Treizieme, à la décharge du vendeur, eſt quand il eſt ſtipulé, que le prix convenu viendra franchement aux mains du vendeur. (12)

A l'égard des choſes, par la vente deſquelles le Treizieme eſt dû, non-ſeulement les héritages y ſont ſujets, mais beaucoup d'autres choſes réputées immeubles. Car les bois de fûtaie, c'eſt-à-dire, qui ont une excroiſſance de plus de quarante ans, étant vendus, le Treizieme du prix en eſt dû, encore que les arbres ſoient en haie : ce qui a été jugé par un Arrêt du 13 Mai 1667,

(11) Le Propriétaire paye le Treizieme des acquiſitions qu'il fait dans la mouvance de ſon Fief dont un autre jouit par Uſufruit : *Numquid fructuarius*, dit du Moulin, §. 20, Gl. 1, n. 46, *fruſtrabitur commodis feudalibus talis venditionis ? Dico quod non, ſed tenebitur Patronus quintum partem pretii cum ſubquintâ in caſu quo ſubquinto locus eſſet ſolvere fructuario.* Nos Auteurs rapportent un Arrêt du 10 Février 1610, qui paroît contraire à cette déciſion, mais il eſt dans une eſpece particuliere, & il ne doit point être tiré à conſéquence.

On juge au Parlement de Paris que le Seigneur doit non-ſeulement à ſon Fermier les lots & ventes des Héritages qu'il a retirés à droit féodal, mais qu'il les doit des Héritages qu'il a acquis ſous ſa directe, s'il n'y en a exception ou limitation dans le Bail : Arrêts des 5 Septembre 1704 & 7 Août 1745. Jacquet, des Fiefs.

(12) Dans les anciennes Inféodations & Actes d'inveſtiture, le Vaſſal recevoit nommément la permiſſion d'aliéner, en payant au Seigneur une partie du prix de la Vente. Je cite, d'après Pithou ſur Troyes article XXVII, un Acte de 1209 : *In Duplomati Odonis Ragot » De quibus omnibus Hugo eſt meus feodalis tali conditione, quod quotieſcunque voluerint ipſe, & Maltidis uxor, & eorum hæredes poſſunt liberè vendere illud feodum, hoc tamen mihi, & uxori meæ ſalvo quod nos habebimus quintum denarium illius venditionis.* Notre ancien Coutumier, chap. 29, dit que nul ne peut vendre ni engager, ſans le conſentement du Seigneur de la Terre qu'il tient de lui par Hommage; & la Gloſe, beaucoup plus moderne, ajoute, *s'entend ſans payer* Treizieme. Cependant on critique notre uſage d'aſſujettir le Vendeur au Treizieme, il eſt, dit-on, bizarre, ſingulier, & contraire à l'eſprit de l'introduction du Droit des lots & ventes, qui étant pour l'approbation du changement de Vaſſal, doit être une charge de l'Acquereur; ce reproche ne paroît pas juſte : le Treizieme eſt moins exigible pour la mutation du Vaſſal qu'à cauſe de la vente ; s'il en étoit autrement, le Treizieme ſeroit dû dans le cas des donations pures & ſimples, & des ſucceſſions. *Voyez* les Commentateurs ſur Bretagne, Art. LXIV.

rapporté par Basnage. Il n'a pas été jugé la même chose des bâtimens vendus à la charge de les enlever ; car quoiqu'ils soient des immeubles, il n'en est pas dû de Treizieme. (13)

De plus, le Treizieme est dû pour la vente d'une rente fonciere, parce qu'elle est réputée faire partie du fonds qui y est obligé : c'est pourquoi elle peut être retirée par les Retraits lignager & féodal, & même du propriétaire du fonds, par l'Article DI. Mais il n'est dû aucun Droit seigneurial pour les rentes hypotheques, encore que les héritages dépendans d'un Fief, y soient spécialement obligés, parce que ces rentes *situm non habent perpetuum, nec mansionem certam* ; c'est pourquoi elles sont appellées *volantes*. Loüet, L. 15.

Que si un héritage est fieffé par une rente fonciere, stipulée irracquittable, il n'est dû aucun Treizieme de ce Contrat, parce que c'est comme un échange d'immeuble contre un autre immeuble ; & partant il étoit nécessaire de juger que la rente fonciere étant vendue, le Treizieme en étoit dû. (14)

Ce qu'il faut entendre, quand la vente est faite à un autre qu'à celui qui en étoit débiteur ; car quand c'est au Débiteur, c'est un rachat, ou plutôt une extinction, dont il n'est dû aucun Treizieme. Ce qui reçoit néanmoins deux exceptions qu'on a faites pour obvier aux fraudes qu'il eût été aisé de pratiquer pour frustrer les Seigneurs du Treizieme ; car rien n'empêche que le vendeur & l'acheteur ne donnent à leur Contrat le nom & l'apparence d'une Fieffe ; & que cependant ils ne conviennent entr'eux verbalement, ou par une contre-lettre, que la rente de cette Fieffe simulée, sera racquittée dans un certain temps, par un prix, qui sera celui de la vente effective qu'ils auront voulu déguiser. C'est pourquoi on a jugé, que le rachat de la rente fonciere étant fait dans l'an & jour du prétendu Contrat de Fieffe, ce Contrat devoit être réputé une véritable vente, & qu'ainsi il en étoit dû Treizieme : ce qui est conforme à l'Article CCCCLXI. On a jugé la même chose, quand il apparoît que les contractans ont fait une paction secrete, de faire & recevoir le rachat & l'amortissement de la rente fonciere, quoiqu'elle eût été stipulée irracquittable lors du Contrat : Ces deux exceptions, qui se rapportent au cas de fraude, sont attestées par l'Article XXVII du Réglement de 1666.

---

(13) La Jurisprudence du Parlement de Paris est contraire à la nôtre ; on n'y paye point les lots & ventes des Bois de fûtaie ; on excepte néanmoins les cas de fraude, comme si l'on avoit d'abord vendu le Bois & ensuite le Fonds à la même personne : Arrêt du 5 Septembre 1738. Jacquet. La Coutume de Bretagne, Art. LIII, admet les lots & ventes dans le cas d'une vente de Bois frauduleuse à deux personnes différentes. D'Argentré s'exprime ainsi sur ces mots de sa Cout. *En fraude des Ventes dûes* » *addendum censui quia potest accidere, ne ludimiis locus sit etiam in terminis hujus articuli, si fortè venditâ silvâ, sine meditatione vendendi fundi, posteà fundus vendatur contingenter, & citrà consilium fraudandi.* J'avoue que cette réflexion est propre à occasionner des Procès ; au surplus, nous regardons les Bois comme la portion la plus considérable du lieu de leur assiette : de-là dérive l'usage constant où nous sommes d'en exiger le Treizieme de la vente.

(14) Si une Maison située en Ville est donnée à titre de Fieffe irracquittable, le Treizieme en est également dû ; parce qu'en vertu de l'Ordonnance, le Fieffataire peut racheter la Rente quand il le juge à propos. Jacquet, dans son Commentaire sur la Coutume de Touraine, sur l'Art. CLXVI, n. 6, rapporte deux Arrêts du Parlement de Paris des 22 Juin 1745 & 23 Février 1759, qui ont, dans cette espece, adjugé les lots & ventes au Seigneur.

Mais cet Article dudit Réglement a été abrogé par la Déclaration du 10 Janvier 1698, en ce qu'elle déclare les Fieffes fujettes au Treizieme, lorfque le rachat en a été fait dans les trente années du jour, du Contrat, laquelle on a jointe dans le Recueil d'Arrêts qui eft à la fin. (15)

CLXXII.

---

(15) Quand un fonds releve de plufieurs Seigneurs, ils ont droit d'exiger le Treizieme fur chaque partie du fonds qui releve d'eux : fouvent les Contractans fe contentent de déclarer dans l'acte de vente que les Héritages font dans la mouvance de tel & tel Seigneur, fans autre détail; il faut dans le cas d'incertitude, venir à une ventilation, qui du vendeur ou de l'acquereur en fupportera les frais qui pourront être confidérables : Si l'acte ne détermine pas cette charge, elle tombera fur celui qui doit le Treizieme dont elle eft une fuite néceffaire; mais les différens Seigneurs ne feront pas obligés de s'arrêter à cette ventilation, s'ils n'y ont été appellés, à caufe des fraudes qui s'y commettent le plus communément : prévoit-on qu'un Seigneur clamera, on furcharge la portion qui releve de lui, fur-tout fi l'autre portion releve du Roi ou des Gens de mainmorte; on facrifie un accroiffement dans le Treizieme pour éluder le retrait : c'eft ce que nous avons vû dans l'efpece d'un Arrêt du 7 Juillet 1747; on avoit furfait d'un dixieme la partie du fonds qu'un des Seigneurs clamoit à droit féodal; ainfi on permet aux Seigneurs de faire procéder à une nouvelle ventilation, mais ils en doivent les frais, lorfque la premiere ventilation fe trouve jufte : Arrêt du 10 Novembre 1626. Bafnage. Quand l'Acquereur eft chargé de ventiler, le Seigneur retrayant doit rembourfer les frais au *prorata* de ce qu'il clame, car l'Acquereur évincé par le retrait doit être indemne. Bretagne, Art. LXXX; Poitou, XXXIV; Orléans, IX; d'Argentré, Chap. 2, *de laudimiis*; le Let & la Lande.

Dans tous les Contrats fujets à Treizieme, quoique réfolubles *pro tempore futuro*, le Treizieme appartient à ceux qui étoient dans le droit de l'exiger au temps du Contrat : il n'en eft pas de même du Treizieme du Supplément dans le cas de clameur révocatoire : car ce Supplément, étant réputé une feconde Vente, donne lieu au Treizieme en faveur de celui qui jouit alors du Fief : Arrêt du 24 Juillet 1629; Bafnage fous l'Art. CLXXIII.

Le Seigneur ne peut faire ajourner le Vendeur devant fon Senéchal, parce que le fonds n'étant plus dans fa main, il a ceffé d'être fon Vaffal, quand même il feroit chargé du Treizieme; il a le choix de pourfuivre l'Acquereur devant fon Senéchal, ou le Vendeur devant le Juge de fon Domicile : Arrêt du 21 Janvier 1657, cité par Bafnage. Le Seigneur peut ufer d'Arrêt pour tous les Treiziemes qui lui font dûs; Troyes, Art. XXVII & XLII.

Lorfqu'il n'étoit dû aucun Treizieme du rachat d'une rente foncîere fait après la an & jour de la Fieffe, prefque tous les Contrats de vente empruntoient la forme du Contrat de Fieffe, le Seigneur ne pouvoit que rarement prouver la convention d'amortir au temps de la Fieffe, il éroit privé de fes Droits; cette fraude provoqua la Déclaration du mois de Janvier 1698, citée par Pefnelle, & les Déclarations des 10 Janvier & 26 Mai 1725.

Les Secrétaires du Roi, le Parlement de Paris, & plufieurs Compagnies érigées fous le titre de Souveraines, jouiffent de l'exemption du Treizieme, pour les acquifitions dans la mouvance de la Couronne : plufieurs des Parlemens diftribués dans les Provinces, ont en leur faveur des Edits & des Déclarations, & on ne pourroit leur oppofer que le non-ufage.

L'exemption s'étend fur les Domaines cédés en appanage ou à titre d'engagement, pourvû qu'elle ait été impétrée avant l'établiffement de l'appanage ou le Contrat d'engagement, & qu'il n'y ait point de Loi contraire. *Voyez* Jacquet, Traité des Juftices de Seigneur.

Obfervez que quand un Lignager clame fur un Privilégié, l'Appanagifte & l'Engagifte font en droit d'exiger le Treizieme du Retrayant : Arrêt célebre du 18 Décembre 1668, rapporté dans le Journal du Palais; ce n'eft pas que dans le cas de leur filence, le Privilégié n'ait le Droit de le demander au clamant, dit Brodeau; l'Arrêt cité fe rapporte à l'opinion de du Moulin, tit. 15, §. 15, gl. 1, n. 5. *Confuet. Paris. Retradus*, dit cet Auteur, *transfert emptionem in retrahentem perindè ac fi retrahens*

immediatè

CLXXII.

D'échange fait d'Héritage contre Héritage, n'eſt dû Treizieme, s'il n'y a eu argent baillé de part ou d'autre, auquel cas eſt dû Treizieme de l'argent & de l'eſtimation du Fief baillé avec l'argent, encore que l'Héritage ſoit de plus grande valeur que l'argent ; & ſera dû le Treizieme au Seigneur, dont eſt tenu le Fief baillé ſans ſolde.

Outre ce qui a été dit du Contrat d'échange ſur l'Article précédent, il eſt encore à propos de remarquer, qu'on a jugé par pluſieurs Arrêts, qu'on pouvoit aliéner le Fief par un Contrat d'échange, & enſuite vendre quelque temps après le domaine non fieffé à celui qui avoit acquis le Fief (dont dépendoit ce domaine non fieffé) par le premier Contrat, ſans qu'il ſoit dû aucun Treizieme ; parce qu'encore qu'il ſoit évident, que l'on n'a contracté de cette maniere, que pour s'exempter de payer le Treizieme, néanmoins le Seigneur ne s'en peut plaindre, pourvu qu'il n'y ait point de ſimulation dans ces deux Contrats, d'autant que la Loi n'a pas défendu aux contractans de ſe ſervir de telle maniere de contracter qu'ils jugent avantageuſe pour leurs intérêts ; & parce que d'ailleurs les Droits féodaux ne ſont acquis qu'en de certains cas exprimés par les Coutumes. *Vaſſalus*, dit du Moulin, *nullam fraudem facit Patrono, etiamſi de induſtria omittit viam ex qua Jura feudalia oriuntur, & elegit aliam ex qua nihil debetur, dummodò verè eligat ; quoniam per hujuſmodi Jura, nulla Lex, nulla reſtrictio impoſita eſt voluntati contrahentium ; ſed hæc Jura velut ſub eventu certæ conditionis, puta ſi contingat Feudum vendi, imponuntur ; quæ ſi non eveniat, nihil debetur.* Il faut appliquer cette doctrine aux droits des Retraits lignager & féodal. (1)

---

immediatè emiſſet ab ipſo venditione, & primus emptor non eſt ampliùs in conſideratione, & perindè habetur ac ſi non emerit, & ſic inſpectâ perſonâ detrahentis, jura ex venditione orientia debentur fiſco, non autem primo emptori, etiam ſecretario regio à quo retrahit qui ut emendo, & retinendo pro ſe debet immunis eſſe, ita non debet negotiari extra fines privilegii. Voyez Baſnage.

L'action du Seigneur pour être payé d'un Treizieme échu, ſe preſcrit par 30 ans, de même que toutes les actions mobiliaires & perſonnelles.

Comme le Treizieme n'eſt point de l'eſſence du Fief, il n'eſt pas extraordinaire de trouver en Normandie, où on ne paye point de Treizieme, ſoit en vertu d'une convention ou d'une poſſeſſion immémoriale.

(1) Cette diſpoſition eſt très-rigoureuſe & eſt contraire à la plûpart des Coutumes. Le Droit commun dicte que le Contrat d'échange, où il y a ſoute, renferme deux Actes d'une nature différente, un Acte d'échange juſqu'à la concurrence de l'égalité de valeur réſpective des deux Fonds échangés, & un Acte de vente en tant que l'un excede la valeur de l'autre ; ainſi quand on n'écoute que la raiſon, il eſt aiſé de décider que le Treizieme n'eſt dû que ſur la ſoute ; on ſuit cependant la Coutume à la lettre. *Voyez* Dupont, ſur l'Art. CLXXXI de la Cout. de Blois ; Coquille, ſur la Cout. de Nivernois, Art. L.

Quand il eſt juſtifié qu'il y a ſoute dans un échange, le Treizieme de l'Héritage donné ſans ſoute appartient au Seigneur de Fief, de même que dans le cas ordinaire de vente, à l'excluſion du Receveur du Domaine du Roi : Arrêt en faveur de l'Abbaye de S. Oüen du 23 Juillet 1732.

On a de plus jugé par plusieurs Arrêts , que la Loi 2. C. *De rescindenda venditione* , ne devoit point être observée à l'égard des Contrats d'échange , qui ne peuvent être rescindés pour la cause de la déception d'outre-moitié du juste prix , par deux raisons : la premiere , que les permutans contractent l'un avec l'autre sans necessité , (qui oblige souvent les vendeurs à faire des Contrats inégaux & désavantageux) mais plutôt par une mutuelle affection d'acquérir ce qui leur est commode. La seconde , parce que le remede de cette Loi , qui est le supplément du juste prix , ne se pourroit pratiquer , l'un & l'autre des permutans n'ayant eu la volonté de payer aucun argent , mais seulement d'acquérir un immeuble au lieu d'un autre.

CLXXIII.

Le Treizieme du prix de la Terre Roturiere vendue , est dû au Seigneur , & n'en est dû Relief , sinon en cas de Succession.

Il fait connoître , en le conférant avec le CLXXI , que sous le nom de Fief , la Coutume ne comprend pas la Roture , qui ne differe pas du Fief à l'égard de l'obligation de payer le Treizieme , mais seulement quant à celle de payer le Relief.

Les Retraits admis dans l'échange n'alterent point la substance du Contrat , & en cas d'éviction de l'héritage qui tient lieu de prix , on peut revendiquer le contr'échange. Bérault.

La Déclaration du 23 Juin 1731 a dérangé le systême de Pesnelle , proposé d'après Basnage , en conséquence d'une observation de du Moulin & d'un Arrêt de ce Parlement du 31 Mars 1631 ; car cette Déclaration assujettit au Treizieme , Relief & au Retrait féodal & lignager,pour le tout , le Fief & le Domaine non fieffé,dont la propriété a été transférée à la même personne dans l'espace de dix ans par Actes séparés ; elle excepte les cas où dans cet intervalle l'Acquereur d'une partie du Fief deviendroit Propriétaire de l'autre à titre de succession , de donation , par anticipation d'hérédité , de donation de sa femme par Contrat de mariage , d'échéance féodale ; au surplus cette Loi n'entend point gêner les Contrats , ses dispositions n'ont pour objet que de pourvoir aux intérêts des Seigneurs & des Lignagers.

Auparavant cette Déclaration , quoique le concours de la réunion du Fief & du Domaine non fieffé , dans la même personne & dans un court intervalle de l'acquisition d'un des objets à celles de l'autre , ne fît pas de droit présumer la fraude , cependant on adjugeoit au Seigneur suzerain le Treizieme des deux acquisitions , quand il paroissoit par l'évidence du fait ou la déclaration des Contractans qu'ils n'avoient ainsi traité que pour le frustrer de ses droits : je vais citer un exemple frappant de ce que j'avance. Le Comte de Harcourt avoit acquis en 1719 , par une Rente fonciere , un Fief dans la mouvance du Marquis d'Amfreville ; & en 1724 il étoit devenu Propriétaire du Domaine non fieffé par la voie de Clameur. Parce que le Comte de Harcourt avoit soutenu en une instance que le Contrat de 1724 avoit été convenu en 1719 : il a été condamné , par Arrêt du 5 Juillet 1753 , à payer au Marquis d'Amfreville le Treizieme des deux Contrats. Il est certain que cet Arrêt a été rendu conformément à l'ancienne Jurisprudence , puisque les Actes étoient antérieurs à la Déclaration de 1731.

CLXXIV.

Treizieme se paye au prix de vingt deniers pour livre, s'il n'y a Titre, possession suffisante, ou convenant au contraire.

Par la supputation exacte, faite par cet Article, le Treizieme se paye au douzieme denier; d'une livre, vingt deniers; & de trois livres, cinq sols. (1)

CLXXV.

En toutes Aînesses, les Puînés sont tenus bailler à l'Aîné, escroë ou déclaration signée d'eux, de ce qu'ils tiennent sous lui, afin que l'Aîné puisse bailler escroë entiere de l'Aînesse au Seigneur, laquelle tous les Puînés doivent avouer & signer chacun pour son regard.

CLXXVI.

Si l'un des Puînés renonce à sa part, elle revient à l'Aîné & non au Seigneur.

Parce que l'aîné est non-seulement obligé comme les puînés, à reconnoître le Seigneur, & à lui payer ses rentes; mais que de plus, il doit régulierement acquitter ces charges par lui-même, pour tous ses autres cotenans, en les faisant contribuer; il étoit juste d'assujettir les puînés de bailler à leur aîné, chacun en leur particulier, une déclaration des héritages qu'ils possedent dépendamment de l'aînesse, tant afin que l'aîné puisse bailler au Seigneur, une déclaration entiere de tout le tenement, qu'afin de pouvoir contraindre les puînez à payer leur contribution des charges, & à signer la déclaration qu'il baille en son nom, pour lui & les puînés. Il étoit, de plus, juste d'attribuer à l'aîné, la part des puînés qui renoncent, ou qui ne veulent pas satisfaire à leurs devoirs, parce que c'est de l'aîné que les puînés dépendent immédiatement; & que d'ailleurs étant obligé pour eux, il doit avoir le profit qui

_____

(1) Suivant le calcul de nos Auteurs, la taxe du Treizieme étant portée à 20 deniers par livre, ou cinq sols par écu, on paye le Treizieme du Treizieme; ce taux est un arrangement pour terminer la question qui auroit pu naître à l'exemple du Quint & Requint, lorsque l'Acquereur eut été chargé du Treizieme par le Contrat de vente. Bérault.

Les Habitans du Boisguillaume ne doivent le Treizieme que sur le pied d'un denier pour livre des terres tenues des Fiefs des Clémentins & du Chapitre de Rouen.

Dans le Comté de Mortain, & quelques Paroisses du Bailliage d'Avranches, les lots & ventes se payent sur le pied du huitieme denier du prix aux Seigneurs particuliers; mais les Acquereurs, dans le Domaine de M. le Duc d'Orléans, ne doivent que le Treizieme.

Les impenses & frais du Contrat, & le vin du Marché, n'entrent pas dans le prix pour augmenter le Treizieme, quand ce vin de Marché n'est pas excessif, ce qui se juge suivant l'importance des objets vendus; car si vous vendez un Fonds de valeur de 300 liv. le vin du Marché porté à 50 liv. seroit excessif; mais vendez-vous un Fonds de dix mille livres, quand on auroit employé cent livres pour le vin, le Seigneur n'auroit pas lieu d'en demander le Treizieme.

l'en peut indemnifer : C'eft ce qui eft déclaré par ces deux Articles. (1)

Ce qui fait connoître l'abus que commettent la plûpart des Juges des Seigneurs, qui, pour augmenter leurs Droits & ceux de leurs Greffiers, ne fe
contentent pas de la déclaration qu'ils font bailler à l'aîné, mais exigent des
déclarations particulieres de chaque puîné.

C L X X V I I.

Le Seigneur féodal peut retirer le Fief tenu & mouvant de lui,
s'il eft vendu par le Vaffal, en payant le prix & loyaux coûts,
& par ce moyen le Fief retiré eft uni au Fief duquel il étoit tenu.

C L X X V I I I.

Pareillement il peut retirer la Roture vendue en fon Fief, en
payant le prix & loyaux coûts ; & par ce moyen, ladite terre
eft réunie au Fief, & les rentes & charges dûes, à caufe d'icelle,
éteintes.

C L X X I X.

Et quant aux autres charges communes entre les Tenans, les autres en demeurent déchargés, à la raifon de ce qui en étoit dû pour
la terre réunie, excepté le fervice de Prévôté.

C L X X X.

Mais fi le Seigneur achete Terres de Roture tenues de lui, il eft
tenu faire faire le fervice de Prévôté dû par ladite Terre, jufqu'à
ce qu'elle foit réunie au Fief.

Dans ces quatre Articles & les quatre fuivans, il eft traité du Droit qu'a
le Seigneur de retirer, en cas de vente, l'immeuble dépendant de fon Fief,
qui eft un droit de préférence à l'acheteur. On peut joindre à ces Articles ce
qui eft ordonné dans le Titre *des Retraits & Clameurs*. Il eft décidé premierement, que le Seigneur a ce droit, tant à l'égard de l'héritage noble que du
roturier, par les Articles CLXXVII & CLXXVIII, avec cet avantage, que
l'héritage ainfi acquis eft réuni, par un effet du Retrait féodal, au Fief, pour
faire le même compofé tout noble (1). De forte qu'étant pris par préciput,

_____

(1) L'Aîneffe eft un tenement originairement inféodé à un feul ; les Droits du Seigneur ne
fouffrent aucune divifion du partage des Terres : de-là le retour à l'Aîné de la part que fon
Puîné abandonne. Bérault.

On peut conclure deux chofes de l'Art. CLXXVI : 1°. Que le Puîné peut déguerpir entre
les mains de l'Aîné les Héritages qu'il poffede dans l'aîneffe : Boulai, fur Tours, Art. CCI :
2°. Que par le défaut de déclaration du Puîné, en cas de bâtardife ou autre échéance, les fonds
du Puîné devroient retourner à l'Aîné ; mais cette derniere conféquence n'eft point adoptée.

(1) Du Moulin, §. 20, n. 2, dit que le Retrait féodal eft une condition tacite de l'in-

il appartient entierement à celui qui l'a opté, fans en faire aucune part à fes cohéritiers. C'eft donc un des moyens de réunion, outre ceux de confifcation, bâtardife & deshérence, aufquels il faut ajouter celui de l'Article CC pour mieux faire remarquer la différence qu'il faut faire entre les acquifitions faites par un Seigneur, par puiffance & droit de fon Fief, & celles qu'il fait en qualité d'acheteur. Car les acquifitions faites par le Seigneur, au moyen de la vente qui lui eft faite par fon Vaffal, demeurent toujours en leur même nature, font toujours acquêts tant qu'il les poffede, & font de plus partagées comme acquêts dans fa fucceffion; parce qu'elles ne font réunies au Fief que quand fon fucceffeur les a poffédées conjointement avec le Fief, pendant quarante ans, comme il eft déclaré par ledit Article CC (2). Il y a encore une autre différence expliquée dans les Articles CLXXIX & CLXXX, qui eft que, quand le Seigneur achete des rotures mouvantes de fon Fief, la fervitude de faire le fervice de Prévôté, dont étoit chargé l'héritage vendu, n'eft point éteinte; de forte que le Seigneur acquereur & fes repréfentans, font obligés de faire faire ce fervice à leur tour, jufqu'à ce que l'héritage acquis foit réuni au Fief. Mais quand le Seigneur retire une roture obligée à faire le fervice de Prévôté, cette fervitude eft éteinte à l'égard de l'héritage retiré; de forte que les autres tenans, qui y font cooligés, en demeurent d'autant plus chargés, parce qu'en ce cas la roture étant réunie au Fief, ne peut être fujette à cette fervitude, qui ne peut fubfifter que fur les rotures, ce qui eft fpécial pour ledit fervice de Prévôté; car pour toutes les autres charges communes, comme font les rentes & corvées, les co-

---

féodation & de l'inveftiture qui eft cenfée, convenue & arrêtée, fuivant la Coutume du lieu & la nature de l'Acte; il ajoute : *Retractus feudalis nullo modo exorbitat cum fit connaturalis ipfi feudo originaliter, illi exiftens à primis conftitutionibus feudorum. Voyez* les Coutumes de la Réole de l'an 977; la Charte de la Commune de Beauvais de l'an 1182; Defmares, Décifion 204; & concluez-en l'antiquité du Retrait féodal avec Lauriere.

Nous nous fommes éloignés du plus grand nombre des Coutumes en admettant le Seigneur à retirer les Rotures fituées dans fon Fief; & les Auteurs ont bien remarqué qu'il faut une difpofition expeffe de la Coutume pour autorifer le Retrait cenfuel. Jacquet, des Fiefs.

Le Retrait féodal a confervé parmi nous fa fin principale, il eft inceffible fuivant l'Art. CXVI du Réglement de 1666. Nous nous fommes conformés à ce beau Texte de du Moulin : *Jus redimendi vel prælationis non eft mera facultas, fed jus formatum, non eft jus evocandi feudum quacunque de causâ, fed folum causâ uniendi & conciliandi fuo principio,* §. 20, Gl. 1, n. 23, *in princip.* Quand un Seigneur a vendu une portion de fon Domaine non fieffé, cet Héritage ne peut être clamé à droit féodal, ni par le Vendeur ni par fes Héritiers : Arrêt du 30 Juin 1724.

La Clameur féodale appartient de droit à l'Ufufruitier du Fief; mais le Propriétaire peut clamer par le refus de l'Ufufruitier, en lui payant le Treizieme. Je crois même que l'Ufufruitier ne peut préjudicier irrévocablement le Propriétaire par les Actes contraires au Retrait que cet Ufufruitier pourroit faire.

(2) Si un Seigneur acquiert un Héritage avec une condition de rachat, & que cette condition foit vendue à un tiers, l'Héritage n'eft point cenfé réuni au Fief, quand même le Seigneur auroit clamé féodalement la vente de la faculté. L'Auteur des Maximes du Palais dit que la queftion a été ainfi jugée, en faveur des freres puînés, contre l'Aîné qui vouloit envelopper l'Héritage ainfi acquis dans fon préciput; c'eft qu'il n'y avoit eu que la condition retirée à droit féodal, continue l'Auteur, & que le titre de l'acquifition fubfiftoit toujours.

tenans en demeurent déchargés, comme ils étoient à l'égard de ce qui en
étoit dû pour la terre réunie, comme porte ledit Article CLXXIX, parce
qu'au moyen de la réunion, les rentes & charges demeurent éteintes par l'Article CLXXVIII, & que d'ailleurs il y auroit de l'injuftice, que les Vaffaux qui
n'ont point les fruits d'un héritage, fuffent obligés d'en acquitter les redevances. (3)

Ce qui donne l'occafion de propofer & de réfoudre la queftion, fçavoir ;
fi lorfqu'un Seigneur a acquis des héritages relevans de fon Fief, il fe fait
une extinction de toutes les charges & redevances aufquelles ils étoient obligés envers ledit Fief. On prouve cette extinction, qui eft déclarée par l'Article CLXXVIII au cas de Retrait, par deux Regles du Droit : La premiere,
que *res fua nemini fervit* ; & la feconde, qu'*idem non poteft effe debitor & creditor.* C'eft fur ces deux maximes qu'eft fondée la décifion de la Loi 30. *ff.
De fervitutibus urbanorum prædiorum : Si quis ædes, quæ ædibus fuis fervi-
rent, cùm emiffet, traditas fibi accepit, confufa fublataque fervitus eft ; & fi rur-
fus vendere vult, nominatim imponenda fervitus eft, alioquin liberæ veneunt.* Il
femble qu'il eft fort raifonnable de fuivre les deux réfolutions contenues dans cette Loi, & à l'égard de l'extinction de la fervitude, & quant à l'obligation qu'a
l'acquereur, lorfqu'il veut mettre hors de fes mains le même héritage, dont
les fervitudes & les charges avoient été éteintes & confondues par fon acquifition, d'impofer de nouveau ces fervitudes & ces charges, autrement que
cet héritage demeure libre en la poffeffion d'un nouvel acquereur. Conformément à ces principes, il a été jugé qu'une fervitude de franche-moute impofée fur un Moulin, avoit été éteinte, parce que le propriétaire de l'héritage auquel cette franche-moute étoit dûe, avoit acquis le Moulin ; de forte
que ce même Moulin ayant été mis en partage entre les enfans héritiers de
ce propriétaire acquereur, l'aîné de ces enfans qui avoit pris le Fief dont
dépendoit le Moulin, ne pouvoit prétendre le droit de franche-moute contre fon frere, qui avoit eu dans fon partage le Moulin : l'Arrêt fut donné
en la Grand'Chambre fur un partage, le 28 de Juin 1631, rapporté par Bafnage. Quand donc un Seigneur met hors de fes mains ce qui avoit été réuni
en fa main, il doit déclarer quelles redevances & fervitudes il veut fe réferver, autrement l'héritage par lui aliéné, demeureroit franc & déchargé, par
l'argument qui fe tire de l'Article DCXIX. (4)

_____

(3) Bérault rapporte un Arrêt fans date, qui dans l'efpece fuivante, charge le Seigneur
du fervice de Prévôté ; le Seigneur ayant acquis une vergée de terre fujette à ce fervice,
la Fieffe au vendeur par trente fols de rente Seigneuriale, le jour de Pâques un fol,
pour aller à l'Offrande, & à charge d'autres Droits & Devoirs Seigneuriaux : le
preneur à Fieffe eft élu Prévôt ; il appelle au Bailliage de la Sentence du Senéchal, & elle
eft confirmée : fur l'appel il foutient que l'acquifition du Seigneur, la droiture de Prévôté a été éteinte ; que n'ayant point pris la Terre à cette charge, il n'y eft point fujet ; les
Cotenans oppofent que fous cette expreffion, Droits & Devoirs Seigneuriaux, étoit
compris le fervice de Prévôté que tous les hommes devoient, que l'héritage n'avoit point
été réuni, & concluoient fubfidiairement contre le Seigneur intimé fur l'appel : le Seigneur
expofoit que le Fieffataire n'avoit pu ignorer que le fonds étoit fujet au fervice de Prévôté,
puifque lui-même, auparavant la vente, l'avoit fait, & qu'ainfi on devoit penfer que de
droit il étoit annexé à la Fieffe : les Gens du Roi conclurent contre le Seigneur, *qui debuif-
fet legem apertiùs dicere :* leurs Conclufions furent fuivies.
(4) De quelque maniere que le Seigneur acquiere dans fa mouvance, les charges font

, Il est à propos de remarquer sur les Articles CLXXVII & CLXXVIII, deux Articles du Réglement de 1666. Le premier, qui est le XCVI de ce Réglement, atteste que les Gens de main-morte & les Engagistes du Domaine du Roi, ne peuvent retirer à droit de Fief les héritages relevans de leurs Fiefs. Le second, qui est le CVIII, porte que l'héritage réuni par Retrait féodal au Fief, qui étoit un propre, est censé propre. (5)

Basnage rapporte, de plus, un Arrêt du 13 de Juillet 1628, par lequel un Seigneur ayant retiré un héritage dépendant de son Fief, fut autorisé à faire le rachat des rentes foncieres constituées sur cet héritage, quoiqu'elles fussent irracquittables, par la raison de similitude prise de l'Article CCI de la Coutume. (6)

---

tellement éteintes, qu'elles ne peuvent revivre sans une nouvelle stipulation, soit lors d'une seconde vente ou d'un partage : Arrêt du 12 Mai 1626, cité par Bérault : Arrêt du 31 Mai 1688.

Quand le Seigneur devient propriétaire du Chef-lieu d'une aînesse à quelques titres que ce soit, il semble que le Seigneur n'a plus au résidu l'indivis de ses rentes & devoirs sur les puînés : Arrêt du 19 Décembre 1625. Basnage.

(5) Les Acquereurs des Domaines du Roi, des Justices & autres Fiefs démembrés des grandes terres, ne peuvent compter sur un seul instant de propriété incommutable, le Roi peut toujours y rentrer quand l'état de ses Finances le permet. Ainsi un Acquereur d'un Fief dommial, quoiqu'à titre de perpétuité, ne peut clamer au Droit de ce Fief ; il est regardé comme Engagiste.

Bacquet, des Droits de Justice, Chap. 12, conseille à cet Acquereur d'obtenir des Lettres-Patentes du Roi qui l'autorisent à user du Retrait : de pareilles Lettres, si elles étoient présentées au Parlement de Normandie, n'y seroient point vérifiées, parce qu'elles donnent atteinte aux principes du Droit, sous lequel nous vivons.

On excepte le Possesseur d'un Fief domanial, à titre d'échange, parce que, par la force de ce Contrat, le fonds donné en contr'échange devient domanial, & le fonds domanial cesse de l'être.

L'Edit du mois d'Août 1749 a fait, dans l'Article XXV, une Loi générale du Royaume de l'Art. XCVI de notre Réglement de 1666, en défendant aux Gens de main-morte aucun Retrait seigneurial ou féodal, à peine de nullité, avec dérogation à toutes Loix, Coutumes & usages contraires.

(6) Auparavant le Réglement du 4 Juillet 1753, il étoit difficile de s'assurer une rente fonciere ; le Seigneur traitoit avec le Preneur à fieffe ; on introduisoit un fantôme d'Acquereur de l'Héritage cédé en fieffe ; aussi-tôt action en Retrait féodal & amortissement de la rente, rétrocession souvent du Seigneur au Bénéfice du Vendeur : voilà la scene jouée sous le masque. Le Réglement de 1753 a réprimé cet abus, en interdisant aux Seigneurs retrayans la liberté de s'affranchir des rentes foncieres. Le motif de cet Arrêt paroît avoir encore été le défaut d'un retour véritable à la Seigneurie ; car quelque faveur que l'on donne au retrait féodal, quoiqu'il soit une voie de réunion & réincorporation au Fief, on ne peut pas se décider par les principes contenus dans l'Art. CCI de la Coutume, lorsqu'il y a du fait du Seigneur, qu'il va chercher le Fief, & qu'il ne retourne pas naturellement à lui ; d'ailleurs l'objet essentiel du retrait est de mettre le Retrayant en la place de l'Acquereur : ainsi toutes les charges & servitudes imposées par le Vendeur ou ceux qu'il représente sur le Fief vendu, passent avec le retrait, de même que ses avantages. C'étoit donc faire violence au commerce des fonds en introduisant une exception bizarre en faveur du Seigneur.

CLXXXI.

Il peut auſſi retirer la rente fonciere dûe à cauſe du fonds tenu de ſon Fief, vendue par le Vaſſal, laquelle en ce faiſant ſera unie à ſon Fief, & néanmoins ſera toujours fonciere.

Cet Article ſe doit limiter par l'Article XXVIII du Réglement de 1666, qui atteſte que les Retraits lignager & féodal ſont exclus, quand la rente eſt vendue à celui qui en eſt débiteur ; car alors la rente eſt éteinte, & partant n'eſt pas retrayable ; dont il ne faut pas conclure, que ce débiteur, qui eſt le propriétaire du fonds obligé à la rente fonciere, ſoit préféré aux Retraits ; car le contraire ſe prouve par l'Article DI, qui n'admet le propriétaire à clamer la rente fonciere, que quand les parens ou le Seigneur n'uſent point du droit qu'ils ont de la retirer. Au reſte, cette rente, quoique réunie au Fief par le moyen du Retrait féodal, conſerve toujours ſa nature de fonciere : de ſorte qu'on en peut demander vingt-neuf années d'arrérages, nonobſtant que le Fief auquel elle eſt réunie, n'ait qu'une Baſſe-Juſtice. (1)

CLXXXII.

Le Seigneur ayant reçu le Treizieme de l'Héritage vendu par ſon Vaſſal, peut néanmoins le retirer en rendant le Treizieme : Mais s'il a reçu le Relief, ou la Foi & l'Hommage, il ne le peut plus retirer, d'autant qu'il l'a reconnu à Homme, & eu pour agréable. Toutefois ſi l'Acheteur s'eſt chargé du Treizieme, & le Seigneur l'a reçu de lui par ſa main, ou ſigné l'endos du Contrat de vendition, il n'eſt plus reçu à ſa Clameur.

On voit par cet Article, que le Seigneur s'exclut par une renonciation tacite de ce droit de retenue féodale, en faiſant un des trois Actes que la Coutume déclare incompatibles (1). Le premier eſt, quand le Seigneur a reçu l'acheteur

---

(1) Cet Article dans ſa premiere diſpoſition eſt très-ſimple, en voici le fondement : Une rente fonciere repréſente l'héritage qui la doit, le tranſport produit un treizieme ; il donne donc lieu au Retrait féodal. Mais il eût été peut-être plus difficile de penſer qu'étant retirée par un Seigneur Bas-Juſticier, il eût pu en exiger 29 années d'arrérages, d'autant que par le Retrait, cette rente fait corps avec le Fief ; il falloit une exception en faveur du Seigneur, & cette exception eſt contenue dans la ſeconde diſpoſition de cet Article, qui établit que cette rente ſera toujours fonciere.

Il ne ſuffit pas, pour que la clameur féodale ait lieu dans le tranſport d'une Rente, que cette Rente ſoit fonciere, il faut encore qu'elle ſoit irracquittable ; car on ne peut faire concourir la faculté de clamer le fonds établi par l'Art. CCCCLII de la Coutume, & la faculté de clamer la Rente due à cauſe de ce même fonds ; auſſi par Arrêt du 1 Juin 1764, la Cour a déclaré qu'une Rente fonciere racquittable étant vendue, ne peut être clamée, il en ſeroit autrement ſi la faculté d'amortir étoit preſcrite au temps de la vente.

(1) Je lis dans Jacquet, des Fiefs, que cet Article ne doit pas être étendu aux Coutumes qui, comme la nôtre, chargent le Vendeur des lots & ventes. Il paroît en effet ſingulier

l'acheteur à lui faire la foi & hommage. Le fecond, lorfqu'il a reçu le payement du Relief ; d'autant que par ces deux Actes il a non-feulement approuvé la vente, mais que même il a agréé l'acheteur, en le reconnoiffant pour Homme, c'eft-à-dire, pour fon Vaffal. Le troifieme Acte eft, quand le Seigneur a reçu le Treizieme de la vente, en quoi la Coutume ufe de diftinction ; car s'il n'a reçu le Treizieme que des mains du vendeur, ou s'il ne l'a pas reçu par fes mains, mais par celles d'un Receveur, à qui il n'en avoit pas donné un ordre exprès : en ces deux cas, il peut retirer l'héritage en rendant le Treizieme qui a été payé, parce qu'il n'a rien fait qui foit abfolument contraire à fon droit de Retrait, n'ayant pas agréé l'acheteur pour Vaffal : mais quand il a reçu le Treizieme des mains de l'acheteur, ou qu'il a figné fur le Contrat de vente, la quittance du Treizieme ; alors étant réputé avoir agréé la vente & l'acheteur, il a renoncé tacitement au Retrait, & partant n'y eft plus recevable. Il faut dire la même chofe, quand le Seigneur a fait demande du Treizieme à l'acheteur, par la raifon de la Loi 39. *ff. De minoribus : Pretium petendo receffiffe à fua lege videtur.* Toutes ces décifions fe doivent entendre, au cas qu'il n'y ait point de fraude dans le Contrat retrayable ; car s'il y en a, ceux qui ont droit de retirer, n'en font exclus que par trente ans. (2)

---

finguliér que le Vendeur reçoive le prix de fa Terre & un treizieme, auquel n'étant point Seigneur direct, il n'avoit pas lieu de s'attendre ; on conçoit bien que fi le Seigneur retire fur l'Acquereur qui a payé le treizieme à fon Fermier ou à fon Homme d'affaire, fans pouvoir fpécial, il eft jufte qu'en ufant du Retrait féodal il rembourfe le treizieme, qui fait partie du prix étant à la décharge du Vendeur ; tout ce qu'on peut dire pour fauver le vice de cette difpofition, c'eft que le treizieme payé par le Vendeur a été levé fur le prix de la chofe : on répond qu'il a mieux vendu. Mais on convient que le Seigneur, en retirant féodalement dans le cas du Decret forcé, peut encore exiger le treizieme : Arrêt célebre, au rapport de M. de Boifguilbert, du 30 Mai 1688. Dans cette efpece il y avoit même de violens foupçons que l'Adjudicataire étoit une perfonne interpofée par le Seigneur, dans l'idée de réunir ; mais on confidéra que le treizieme fe prenant fur le prix de l'adjudication, & les Enchériffeurs n'étant point expofés à le payer, ils porteroient les fonds à plus haut prix : raifon qui devroit avoir lieu toutes les fois que le Vendeur demeure chargé du treizieme, faute de la claufe *de francs deniers venans.*

(2) Bafnage eft d'avis que, quoique le Seigneur ait formé la demande de tous fes Droits contre l'Acquereur qui ait confenti de les payer, le Seigneur peut cependant ufer du Retrait féodal. La Coutume, dit-il, exige que les Actes de vaffalité foient confommés ; or ils ne le font par une demande à laquelle on n'acquiefce qu'après l'exécution : car un payement promis faire ne renferme point un payement effectif : du Moulin, Titre prem. §. 14, n. 2, 3, 4, 5, 6, 7, 8, 9 & 10. Jacquet, des Fiefs, eft de même avis, & rapporte, après notre Commentateur, un Arrêt de ce Parlement du 23 Juin 1684, qui a confirmé cette opinion.

Le confentement prêté par le Seigneur au Contrat de vente, le cautionnement qu'il auroit fait de fa validité, ces Actes n'excluent point le Retrait féodal, il n'y a de fin de nonrecevoir contre le Retrait que la renonciation expreffe ou préfumée par les difpofitions de cet Article.

Si le Seigneur a reconnu le nouvel Acquereur pour fon Vaffal, cette reconnoiffance ne s'applique pas au cas de fraude, il eft toujours excepté ; comme fi le Contrat de vente énonce un prix exceffif modéré par une contre-lettre, le Vaffal ne peut argumenter pour faire échouer le Retrait des Actes approbatifs de vaffalité.

Le Seigneur eft admis au Retrait, quoiqu'il ait reçu les Rentes & redevances annuelles. Loyfel, Liv. 3, Tit. 5, Art. XLV ; Auroux, Art. CCCCLXXX ; Lapeirere, R. n. 120 ; Pocquet, du Retr. féod. Chap. 10 ; la Thaumaffiere, Tome 13, Art. I.

Tome I.   B b

Mais il faut remarquer que la premiere partie de cet Article CLXXXII, ne s'étend pas au cas d'une vente faite par décret ; car quoique le Seigneur ait reçu le Treizieme, il peut retirer l'héritage sans être obligé de rendre le Treizieme, comme il est obligé au cas des ventes volontaires : ce qui ne paroît pas équitable, parce que le Seigneur ne doit pas avoir deux profits d'une même chose ; sçavoir, en profitant du bon marché, & étant en outre payé du Treizieme, comme s'il agréoit un nouveau Vassal. Ce qui est d'autant moins favorable au cas de décret, qui se fait au dommage d'un Débiteur & de ses Créanciers.

Ces paroles qui sont à la seconde partie du même Article, (quand l'acheteur s'est chargé du Treizieme) sont fort remarquables, parce qu'elles font connoître que l'acquereur ne doit le Treizieme que quand il s'y est obligé par une clause du Contrat, & que partant c'est le vendeur qui le doit, à moins qu'il n'en ait chargé l'acheteur, comme il a été dit sur l'Article CLXXI.

Quand le Seigneur a acheté un héritage relevant de sa Seigneurie, sous condition de remere, le vendeur rentrant en possession en exécution de cette faculté par lui stipulée, ne doit point de Treizieme, nonobstant ce qui est disposé par l'Article CXCIII, que l'acheteur est obligé de faire & payer tous les Droits seigneuriaux, encore que par le Contrat il y ait condition de rachat. Ce qui ne se doit entendre, que lorsque l'acheteur n'est pas le Seigneur de l'héritage vendu, comme il a été jugé par un Arrêt rapporté par Bérault sur l'Article CXCIII, & rendu en l'Audience, le 4 Juillet 1539. La raison de la différence est, que quand le Seigneur achete, il n'y a point de nouveau Vassal ; & qu'au contraire il y en a un en l'autre cas.

Quoique l'usufruitier, comme la Douairiere, en recevant le Treizieme, ne puisse préjudicier au droit qu'a le propriétaire, de retirer l'héritage vendu ; néanmoins le Mari, en recevant le Treizieme, peut exclure sa Femme propriétaire du Fief, du Retrait féodal, parce que le Mari n'est pas un simple Usufruitier, mais est *quasi dominus & legitimus administrator bonorum uxoris*, quand il n'est pas séparé de biens. Il faut dire la même chose du Tuteur & du Curateur, qui peuvent préjudicier au droit de Retrait appartenant à ceux qui sont sous leur conduite, sauf le recours pour les intérêts, en cas qu'il y ait eu du dol ou de la faute de la part des Tuteur & Curateur. Voyez l'Article CCCCLXXXI (3)

(3) Bérault observe, d'après du Moulin, un cas assez rare. Un mari, par collusion avec l'Acquereur, se reçoit à foi & hommage dans la vue de frustrer sa femme du Retrait d'une Terre à sa bienséance, & il décide que la femme peut se faire alors autoriser par Justice à user du Retrait, sauf le recours de l'Acquereur contre le mari qui aura reçu le treizieme : l'Arrêt rapporté en preuve par du Moulin est du 4 Avril 1515, & au profit de la Dame de Challon, femme de M. d'Aligre, contre M. de Prie, Acquereur du Fief de Sermoise. Cet Arrêt accorda recours à M. de Prie contre M. d'Aligre, qui avoit reçu la foi & hommage.

CLXXXIII.

Si le Seigneur achete l'Héritage de fon Vaffal, qui foit retiré par un Lignager, il doit être payé de fon Relief & Treizieme, outre le prix & loyaux coûts.

CLXXXIV.

Pareillement, fi l'ayant retiré par puiffance de Fief, il en eft évincé par le Lignager, le Retrayant eft tenu de lui payer les Droits de Relief & Treizieme.

Ces deux Articles font entendre, que foit que le Seigneur de Fief achete l'héritage relevant de fon Fief, foit qu'il le retire des mains d'un acheteur, il ne peut pas exclure les parens du vendeur du Retrait, parce qu'ils lui font préférés ; mais que lorfque les parens ufent de ce droit de préférence, ils ne font aucun préjudice aux droits qui font dûs au Seigneur ; foit en cette qualité, comme Relief & Treizieme ; foit en qualité d'acheteur ou de retrayant, comme le prix du Contrat & les loyaux coûts. (1)

CLXXXV.

Le Seigneur féodal, outre fes Pleds ordinaires, peut tenir en fon Fief un Gage-Plege par chacun an, auquel tous les Hommes & Tenans du Fief font tenus de comparoir en perfonne, ou par Procureur fpécialement fondé, pour faire élection de Prévôt, & pour reconnoître les rentes & redevances par eux dûes, & déclarer en particulier les Héritages pour raifon defquels elles font dûes ; enfemble, fi depuis les derniers Aveux baillés, ils ont acheté & vendu aucuns Héritages tenus de ladite Seigneurie, par quel prix, de qui ils les ont achetés, & à qui ils les ont vendus, & par-devant quels Tabellions le Contrat aura été paffé.

Dans cet Article & les huit fuivans, il eft traité du principal exercice de la Juftice qu'ont les Seigneurs de Fief pour la confervation de leurs Droits ;

___

(1) Si le Seigneur acquiert un Héritage étant dans fa mouvance, fous la condition de la faculté de remere à exercer par le Vendeur, ce Vendeur en exerçant le Retrait conventionnel ne devra aucun Treizieme : Arrêt du 4 Juillet 1539, rapporté fous cet Article par Bérault & Godefroy.

Le Lignager, qui exclue le Seigneur du Retrait qu'il a intenté, ne doit lui rembourfer que ce qu'il a réellement payé à l'Acquereur avec les Droits féodaux ; ainfi il ne rembourfe point les frais du Contrat de remife confenti au Seigneur par l'Acquereur : Féron, fur Bordeaux, Tit. du Retrait, Art. 7 ; l'Abbé, fur Berry, *ibid.* Art. 13 ; Grimaudet, *ibid.* Liv. 8, Chap. 6.

c'eſt-à-dire , du Gage-Plege , nom qui eſt compoſé de *Gage* & de *Plege ;* parce que dans ces Pleds les Vaſſaux non demeurans dans l'étendue de la Seigneurie , ſont tenus de gager ou de bailler des Pleges reſſéans du Fief ; c'eſt-à-dire , demeurans dans l'étendue du Fief , pour le payement des rentes & redevances de l'année , comme il eſt preſcrit par l'Article CLXXXVIII , d'autant que le Seigneur ne pouvant ſaiſir hors de ſon Fief , doit uſer de précaution pour empêcher que ſes Vaſſaux , qui n'y ont point de ménage ni d'habitation , n'enlevent les fruits qui ont excrú ſur leur fonds , & qui ſont ſpécialement affectés auſdites rentes & redevances. Le Gage-Plege donc eſt une ſorte de Pleds extraordinaires , que tout Seigneur de Fief peut faire tenir une fois l'an , avant le quinzieme du mois de Juillet , pour les cauſes bien expliquées dans cet Article CLXXXV , & auſquels tous les Vaſſaux ſont obligés de comparoître en perſonne , ou par un Procureur ſpécialement fondé , pour faire les déclarations & reconnoiſſances néceſſaires.

Entre ces cauſes , eſt remarquable l'élection du Prévôt , ſur laquelle on fait pluſieurs obſervations. La premiere , que le droit de ſervice de Prévôté n'eſt pas généralement dû à tous les Fiefs , parce qu'il n'eſt pas une propriété eſſentielle , mais ſeulement accidentelle , & que même il n'eſt pas compris ſous le mot général de *Droits ſeigneuriaux* , qui ne s'entendent que de ceux qui ſont preſque toujours dûs , *ut plurimùm.* Secondement , ce droit n'eſt pas dû par les Vaſſaux qui relevent noblement , qui par conſéquent ne ſont pas obligés d'intervenir dans l'élection qui ſe fait d'un Prévôt : car ce ſervice eſt un miniſtere vil , comme celui d'un Sergent ; c'eſt pourquoi ceux-mêmes qui relevent roturierement , ne peuvent être obligés de le faire en perſonne , & il ſuffit qu'ils le faſſent faire par quelqu'un qui ait domicile dans l'étendue de la Seigneurie , comme il a été jugé par un Artêt du 8 Février 1624 , rapporté par Baſnage. En troiſieme lieu , il n'eſt dû que par ceux qui ont des Maſures ; c'eſt-à-dire , des lieux où une Famille peut habiter , *Manſuræ ;* ce qui a été jugé par pluſieurs Arrêts. On a de plus jugé , qu'on ſe peut exempter de faire ce ſervice , en payant le dixieme denier des rentes dûes au Fief , ſoit que la Prévôté ſoit receveuſe ; c'eſt-à-dire , chargée de faire payer & de recevoir les rentes , ſoit qu'elle ne ſoit établie que pour faire les exploits & les diligences néceſſaires pour l'exercice de la Juſtice du Seigneur & contraindre les Tenans à faire leurs devoirs , & payer leurs redevances : ce qui a lieu même , encore qu'il y ait eu adjudication faite à un plus haut prix de ce ſervice de Prévôté. C'eſt néanmoins ce qui n'a pas été employé dans l'Article XXIX du Réglement de 1666 , qui porte ſeulement , que l'adjudication du ſervice de Prévôté receveuſe ne doit point excéder le dixieme denier du revenu annuel des rentes & redevances dont le Prévôt doit faire la recette. (1)

_____

(1) Il y a deux ſéances principales dans les Baſſes-Juſtices , les Pleds annuels & les Gages-Pleges ; mais ſi le Seigneur veut ſe faire payer de ſes Rentes , ou blâmer un Aveu préſenté par ſon Vaſſal ; en un mot, s'il s'agit d'un cas de Juriſdiction féodale , le Senéchal peut tenir des Pleds particuliers de quinzaine en quinzaine. Bérault.

L'Élection de Prévôt eſt ce qu'il y a de plus remarquable dans la ſéance du Gage-Plege ; nous diſtinguons trois ſortes de Prévôtés : la Prévôté tournoyante, qui conſiſte à faire dans le Fief la fonction & les diligences d'un Sergent ſur les charges du Seigneur : la Prévôté fieffée , qui ne differe de la premiere qu'en ce qu'elle eſt toujours exercée par le même Vaſſal

A l'égard des reconnoiffances que les Vaffaux doivent faire au Gage-Plege, il eft à propos de remarquer que ces reconnoiffances, auffi-bien que celles faites dans les Aveux, ne font pas des titres des droits d'une Seigneurie ; mais feulement des actes d'exécution, d'exercices & de poffeffion ; de forte que, comme ajoute du Moulin, *fiunt ad probationem confervandam, non autem ad aliquid novum conftituendum* : Et partant quand elles font contraires aux véritables titres, comme font les Contrats d'inféodation ou les anciens Aveux, elles ne les peuvent détruire, finon par un effet de la prefcription. De plus, ces reconnoiffances énoncées dans les Gages-Pleges, ou les Regiftres des Seigneurs, ne font point de preuves, fi elles ne font fignées par les Vaffaux qui les ont faites.

On a jugé par plufieurs Arrêts, que c'eft au Seigneur qui demande le payement des Rentes feigneuriales à un Vaffal, qui dénie d'être poffeffeur des héritages qui y font obligés, à les indiquer. Voyez l'Article III du Titre *des Exceptions dilatoires*, en l'Ordonnance de 1667.

Il faut voir de plus les Articles CLXXX & CLXXXI de l'Ordonnance de 1539, avec la Déclaration donnée fur iceux en 1549, qui ordonnent aux Notaires de faire déclarer par les contractans, en quels Fiefs ou Cenfives font les chofes cédées & tranfportées, & de quelles charges elles font chargées envers les Seigneurs féodaux ou cenfiers ; & aux contractans, de faire ces déclarations véritablement, fous peine de privation de leurs Offices quant aux Notaires, & de privation du prix des Contrats quant aux vendeurs, & de

---

qui a été invefti de certains Héritages fous cette condition ; enfin la Prévôté receveufe qui oblige le Prévôt, en outre les diligences & exploits, de faire la cueillette des Rentes.

La Prévôté confidérée généralement n'eft point une appartenance ordinaire de Fief; elle peut être prefcrite par la totalité des Vaffaux, mais non finguliérement : Arrêt du 6 Mai 1678. Bafnage. Dans les Bailliages de Caen & de Cotentin, lorfque les Aveux portent cette fujétion, les Vaffaux ne peuvent s'en exempter, quoiqu'ils ne foient point Mafuriers : Arrêts des premier Mars & 3 Avril 1681. Bafnage.

La Prévôté receveufe eft plus embarraffante que les autres. Voici les dernieres regles :

Le Prévôt receveur doit être élu par fes conforts chaque année ; le Seigneur après l'élection doit au Prévôt un rôle dans lequel il ne peut employer que les Rentes & Redevances non contredites fur les Vaffaux qui font affujettis à la Prévôté. Le Seigneur, en cas de conteftation, eft obligé de défendre fur la dénonciation du Prévôt qui demeure déchargé à cet égard jufqu'à la vuide de l'inftance ; le Prévôt doit rendre compte trois mois après l'expiration de fa charge; les Vaffaux & Électeurs font garans de la geftion du Prévôt, & tenus d'indiquer au Seigneur de fes biens-meubles jufqu'à la concurrence de fes demandes ; faute d'indication, il a recours fur douze des plus folvables qui en pourfuivent la récompenfe fur chacun des tenans en proportion des Rentes qu'il doit ; mais le Prévôt élu peut s'exempter en payant les deux fols pour livre du revenu des Rentes exigibles fur fes conforts & lui.

C'eft le Réglement, pour la Prévôté, de Pyrou du 17 Juillet 1693, qui permet de plus aux aînés & puînés de déguerpir l'intégrité de leur aîneffe, en payant les arrérages des Rentes dues jufqu'au déguerpiffement. Bafnage.

La Prévôté eft une charge réelle qui s'acquitte aux dépens des Mineurs, & plus encore la Prévôté fieffée.

Il femble que le Vaffal ne peut fe fouftraire à la Prévôté tournoyante en payant les deux fols pour livre des Rentes ; la Jurifdiction du Seigneur eft compofée d'un Senéchal, d'un Greffier & d'un Sergent pour appeller les Vaffaux en Cour, & le Prévôt eft ce Sergent; il faut donc que le Prévôt faffe fes fonctions ou fourniffe un homme de Fief en fa place. Confultat. de M. Thouars. L'Auteur des Maximes du Palais eft d'un avis contraire fur ce principe, que les obligations *in factum* fe réfoudent en intérêts.

peine arbitraire à l'égard des autres Contrats où il n'y aura point de prix. Ce que le Parlement de Paris modifia par son Arrêt du 4 de Mars 1549, en déclarant que ces peines auroient lieu, lorsque le vendeur aura sciemment & malicieusement omis de faire la déclaration en quel Fief ou Censive est la chose, & les charges foncieres ausquelles elle est sujette. (2)

CLXXXVI.

Le Gage-Plege doit être tenu par le Senéchal du Fief, en la présence du Greffier, Tabellion, Notaire, ou autre personne publique, avant le quinzieme jour de Juillet pour le plus tard : Et doivent tous les Aveux & Actes, tant des Pleds que Gage-Plege, être signés du Senéchal & du Greffier, ou autre personne publique ayant été commis à faire le Greffe.

---

(2) La seconde partie du Gage-Plege consiste à faire reconnoître aux Vassaux les Rentes & Redevances, & à les leur faire payer ainsi que les casuels.

Les reconnoissances n'ont de force qu'autant qu'elles sont conformes aux Titres dont elles font la preuve. *Si appareat originalis concessio*, dit du Moulin sur l'Art. VIII de la Coutume de Paris, *verbo* dénombrement, n. 94, *ad quam refertur hæc renovatio, debet renovatio omninò secundùm illam regulari & determinari, ex quo sequitur..... Si in renovatione specificantur plures certæ qualitates, conditiones & pactiones feudi, & per concessionem originalem appareat alias esse qualitates, conditiones & pactiones, stabitur originariæ concessioni.*

Si le Vassal peut, suivant les Arrêts cités par Basnage, réformer son Aveu dans trente ans, il semble qu'il a un pareil temps pour se pourvoir contre une reconnoissance erronée, & qui est bien moins solemnelle qu'un Aveu.

Une seule reconnoissance ancienne, qui a été suivie de possession pendant un temps suffisant, est capable d'établir une charge sur un Héritage, quand bien même le Titre constitutif ne seroit point représenté ; le laps du temps & les inconvéniens qu'il entraîne avec lui, peuvent avoir fait périr ou évanouir le Titre ; Guy-Pape, quest. 272 ; du Moulin, Art. VIII de la nouv. Cout. de Paris, n. 86 & 90 ; Coquille, sur Nivernois, Chap. 7, des Rentes, Art. VIII, & dans ses Questions, Chap. 53.

La reconnoissance du puîné oblige-t'elle chaque tenant de l'aînesse ? Le puîné est solidairement obligé, comme l'aîné, à toutes les rentes & charges ; & quand le Seigneur justifie d'un Titre, la prescription est d'autant plus odieuse que les Droits du Seigneur sont ordinairement peu proportionnés à la valeur du fonds ; mais si le puîné reconnoît précisément sa part de puîné, on en induiroit mal, ce semble, l'interruption pour toutes les Redevances. *Voyez*, sur l'état des Reconnoissances, Henris & Bretonnier, Tome prem. Liv. 3, quest. 42 ; du Moulin, §. 8, n. 84, 86, 94 & suivans ; du Pineau, sur Anjou, 439.

Quand le Vassal est chargé d'une Rente envers son Seigneur par des Partages, des Jugemens, des Etats de Décrets, & autres Titres, & sur-tout s'il a fait des payemens, il semble qu'il doit indiquer au Seigneur le fonds assujetti, quand il prétend qu'il ne le possede pas : Arrêt du 2 Mars 1601, rapporté par Bérault : Basnage rapporte au contraire plusieurs Arrêts sous cet Article, dont on pourroit induire que c'est au Seigneur à faire cette indication. L'Arrêt cité par Bérault paroît plus équitable : dans le fait de cet Arrêt, l'Appellant, après avoir payé, avoit méconnu être détenteur du fonds assujetti ; la Cour le condamna d'indiquer dans deux mois l'héritage prétendu sujet à la Rente demandée par le Seigneur.

On ne suit plus la rigueur de l'Ordonnance de 1539 ; quand il y auroit un peu d'affectation de la part des contractans, on ordonne la réformation du Contrat de Vente, & on condamne les Parties en une amende suivant les circonstances.

CLXXXVII.

Où les Hommes & Tenans seront défaillans de comparoir au Gage-Plege, ils feront mis en amende, qui ne pourra excéder la somme de cinq sols pour le défaut de chacune tête, laquelle amende sera taxée par le Senéchal, selon la qualité & quantité desdits Héritages tenus par le Vassal : & outre ladite amende, pourra le Senéchal saisir les fruits de l'Héritage, & iceux bannir pour le payement des rentes & redevances dûes, sans préjudice de l'amende des Pleds, qui sera de dix-huit sols un denier.

CLXXXVIII.

Où les Hommes & Tenans ne seront resséans du Fief, ils seront tenus de bailler Plege resséant dudit Fief, de payer lesdites rentes & redevances pour ladite année.

CLXXXIX.

La proclamation du Gage-Plege doit être faite publiquement à un jour de Dimanche, issue de la Messe Paroissiale, par le Prévôt de la Seigneurie, quinze jours avant le terme d'icelui, & doit contenir ladite proclamation le jour, lieu & heure de la séance.

CXC.

Le Senéchal & le Greffier doivent être personnes approuvées en Justice, & domiciliées sur le Fief, ou bien à trois lieues près d'icelui.

La raison pourquoi le Gage-Plege doit être tenu avant le quinzieme jour de Juillet, est que tous les Vassaux étant obligés d'y comparoître, il ne faut pas les empêcher de travailler à la récolte de leurs grains, qui ordinairement est instante dans le temps de la mi-Juillet. *Ne quis messium vindemiarumque tempore adversarium cogat ad judicium venire, oratione divi Marci exprimitur, l. 1. ff. De feriis.* Mais d'autant que le lieu & le temps du Gage-Plege ne sont pas ordinaires, puisqu'il peut être tenu en tout temps, pourvu que ce soit avant le quinzieme de Juillet ; & que de plus, on le peut tenir dans toutes les maisons qui sont dans l'étendue du Fief, n'y ayant point de lieu particulierement destiné pour l'exercice de ces Justices féodales : la Coutume a sagement ordonné, que la proclamation du Gage-Plege doit être faite solemnellement à jour de Dimanche, à l'issue de la Messe Paroissiale, quinze jours avant la séance, & contenir la déclaration du lieu, & du jour ; ce que le Prévôt, qui a fait la proclamation, doit recorder à l'ouverture du Gage-Plege, & signer sur le Registre.

Ce qui est dit par les Articles CLXXXVI & CXC du Juge, Senéchal &

du Greffier, eft commun à toutes les Jurifdictions, qui ne peuvent être exer-
cées que par le miniftere conjoint d'un Juge & d'un Officier, qui enregiftre
les Jugemens. Ils doivent être approuvés en Juftice ; c'eft-à-dire, avoir prêté
ferment en quelque Juftice fupérieure ; mais il n'eft pas néceffaire que le Senéchal ou Juge foit licencié, il fuffit qu'il fçache la pratique ; c'eft pourquoi
il a été jugé, qu'un Procureur pouvoit exercer cet Office, par un Arrêt de
l'11 de Mars 1522, rapporté par Bérault. Ce qu'il faut entendre des Juftices
purement féodales, & n'on des Hautes-Juftices qui ont une véritable Jurifdiction. A l'égard des amendes de ces Juftices, il faut voir ce qui en a été remarqué fur l'Article XXXIII. (1)

C X C I.

Les Pleds & Gage-Pleges doivent être proclamés & tenus, &
les Ecroës baillées fous le nom du Seigneur propriétaire & de l'Ufufruitier conjointement. Pourra auffi le Propriétaire avoir Homme en
fon nom aufdits Pleds & Gage-Pleges, pour la confervation de fes
Droits.

Le Propriétaire & l'Ufufruitier étant *quodammodo Domini*, parce que l'ufufruit fait en quelque façon partie de la propriété, *cùm totius fundi emolumentum contineat* ; c'eft avec raifon que la Coutume ordonne, que les Pleds &
Gages-Pleges foient tenus fous les noms de l'un & de l'autre ; & d'autant que
le

(1) Quoique l'Article CLXXXVII autorife le Seigneur à faifir les fruits des héritages de
fon Vaffal pour le payement de fes Rentes & Redevances dues, on doit excepter le cas de
la faifie-réelle, parce que le fonds étant faifi entre les mains du Roi, le Vaffal eft dépoffédé;
la voie du Seigneur eft de s'adreffer au Juge du Décret pour avoir un exécutoire fur le Commiffaire aux Saifies-réelles : Arrêt du 2 Décembre 1695.

Bafnage obferve, fous le même Article, que les amendes coutumieres étant acceffoires au
principal, appartiennent au Fermier du temps qu'elles font encourues, étant acquifes *ipfo
jure.*

Godefroi dit, fous l'Art. CLXXXVIII, que le Seigneur peut demander non-feulement
caution des Rentes & Redevances à échoir dans l'année, mais de toutes celles qui font précédemment échues, & que la Caution doit foufcrire fur le regiftre du Greffier l'Acte de
cautionnement.

On doit penfer, fous l'Art. CLXXXIX, que le motif qui fixe l'échéance de l'affignation
par proclamation à quinze jours, eft fondé fur ce que dans les féances des Pleds Seigneuriaux il ne fe traite que des caufes réelles ou dépendantes de réalité, dit Bérault. Le même
Auteur remarque que chaque Vaffal eft obligé de foufrir dans fa maifon la féance des Gages-
Pleges, de même que le parc, pourvu qu'il n'y ait point d'affectation de la part du Seigneur.

Il faut conclure de l'Art. CXC, que le Seigneur ne doit pas commettre pour Senéchal ou
Greffier une perfonne infame, ou un Officier interdit de fes fonctions.

Il ne feroit pas jufte d'affujettir les Officiers des Baffes-Juftices à une réfidence fur le lieu,
leur pouvoir eft trop borné, & les affaires de leur compétence font trop rares.

Mais cette réfidence eft prefcrite aux Officiers Royaux par les Ordonnances de 1487,
1540, & d'Orléans, Art. XLVIII. *Voyez* M. Bourdin, fur l'Art. CXXIX de l'Ordonnance
de 1539 ; la Rocheflavin, Liv. 8, des Parlemens de France, Chap. 5 ; Mornac, *ad leg. unic.
C. in quib. Cauf. milit. fori præfcrip. uti non pof.*

(5)

le Propriétaire peut appréhender que l'Ufufruitier , quoiqu'obligé à la confervation de la chofe , (*Cùm fit quafi procurator generalis proprietarii , quoad ea
quæ refpiciunt cuftodiam , deffenfionem & adminiftrationem rei & jurium ejus ,*
dit du Moulin) n'ufe de connivence ou de négligence ; il peut , s'il ne veut ou
ne peut pas être préfent, prépofer un homme pour affifter aux Pleds ou Gage-
Pleges. Sur quoi il faut obferver que l'Ufufruitier ne peut recevoir l'hommage , qui n'eft dû qu'au propriétaire , ni donner congé de Cour fur les Aveux ,
fans le confentement du propriétaire ; ce qui a été jugé par les Arrêts des 22
Février 1572 & 27 Juin 1536 , rapportés par Bérault. Le premier defquels
déclare , que c'eft à l'Ufufruitier à faire tenir les Pleds & Gage-Pleges , & à
commettre le Senéchal ; ce qu'on peut inférer de cet Article , en tant qu'il
permet au Propriétaire d'avoir un homme en fon nom pour affifter aux Pleds.

C X C I I.

Les Aveux & Dénombremens , Ecroës & Déclarations doivent
être préfentés aux Seigneurs par les Propriétaires , & en leur nom,
encore que l'ufufruit appartienne à autres perfonnes.

L'Ufufruitier n'ayant qu'un droit paffager en l'héritage , ne peut obliger par
fes déclarations le propriétaire ; c'eft pourquoi la Coutume requiert , que les
Aveux & Dénombremens foient préfentés & baillés au Seigneur par le propriétaire ; & en fon nom , afin que l'obligation en foit valable & permanente.
Que fi le propriétaire ne fait pas fon devoir , l'Ufufruitier pourra l'interpeller ,
& protefter de le faire répondre de fes intérêts , defquels il pourra conféquemment obtenir condamnation. On remarque fur cet Article , que c'eft l'Ufufruitier qui eft obligé de payer la taxe des Francs-Fiefs ; ce qui fe doit entendre à raifon du temps de fa jouiffance , & que c'eft lui de plus qui eft fujet
au Ban & Arriere-Ban. (1)

_____

(1) La Doctrine de du Moulin, §. 45 , Gl. 2 , n. 6 & fuiv. a beaucoup de rapport à cet
Article , de même que le Seigneur n'eft point tenu de recevoir fon Vaffal à lui faire foi &
hommage par un Porteur de procuration , même fpéciale , *nifi in cafu legit.mi impedimenti* ;
il ne peut auffi être forcé d'y admettre l Ufufruitier , quelque pouvoir général ou fpécial qu'il
ait du Propriétaire; *Quoniam præftationi fidelitatis ineft recognitio & fubjectio rei recognitæ
fub conditione feodali , quæ non poteft fieri nifi à vero domino , ficut alius non pote'? rem fub-
jicere & afficere , nec ejus ftatum mutare.* Du Moulin , des Fiefs , §. 37 , Gl. 3. Il eft vrai que fi
le Propriétaire à une excufe légitime , l'Ufufruitier la propofera valablement , de même que
tout Mandataire ; fi le Seigneur jouit en vertu d'une faifie nulle & défectueufe , l'Ufufruitier
pourra l attaquer , parce qu'il a un intérêt fenfible de fe pourvoir & *ad hoc eft admiffibilis ,*
dit du Moulin, *cum fud interfit.*
    Quand le nouvel Héritier eft en retardement de faire les devoirs feigneuriaux , le Seigneur
doit fouffrance à la Veuve pour fon douaire ; le douaire eft regardé comme une continuation
de la poffeffion du mari qui avoit couvert le Fief. *Voyez* du Moulin, §. 1 , Gl. 1 , le même ,
§. 37 , Gl. 3.
    La réflexion de Pefnelle , faite par Bérault avant lui porte à croire que nos Réformateurs
ont tâché principalement d'affurer, par cet Article , l'état des Aveux & Déclarations.
    Bafnage dit , fous cet Article , qu'il n'eft point néceffaire que le dénombrement des Fiefs
en contienne toutes les parties ; il eft cependant beaucoup plus régulier d'affujettir le Vaffal
de fpécifier , dans fon Aveu , chaque ainefle avec fes abornemens, & les Rentes, Rede-

Tome I.   C c

CXCIII.

Les Acheteurs font tenus faire Foi & Hommage, bailler Aveux, & faire payer tous Droits feigneuriaux ; encore que par le Contrat il y ait condition de rachat.

La Coutume répute l'acheteur à condition de rachat, comme un véritable propriétaire, quoique fon droit puiffe être réfolu, quand le vendeur fe fert de la faculté qu'il a retenue de reprendre la poffeffion de l'héritage vendu. C'eft pourquoi cet Article oblige cet acheteur à faire & payer tous les Droits dûs au Seigneur de Fief. Ce principe eft le fondement de ce qui eft expliqué par l'Article CX du Réglement de 1666. Voyez ce qui eft remarqué fur l'Article DIII. (1)

---

vances & Corvées qu'elle doit, fuivant les déclarations de l'aîné. Bafnage rapporte lui-même, fous l'Article CXX, un Arrêt du 16 Décembre 1666, par lequel il a été jugé que pour un Fief noble on devoit fpécifier par l'Aveu les efpeces des Rentes, fur quelles perfonnes elles font dûcs, & le nombre de fon Domaine, tant fieffé que non fieffé, avec les tenans & aboutiffans.

(1) La plûpart des Coutumes eftiment les Contrats de vente à faculté de rachat, par la durée de la faculté, pour décider s'ils donnent ouverture au treizieme ; fi elle n'excede pas neuf années, & que l'effectuation foit faite dans le temps prefcrit par l'Acte, le treizieme n'a point lieu. L'Article CXCIII de la Coutume rejette ces diftinctions pour prévenir les fraudes. Dès l'inftant du Contrat le treizieme eft acquis, & quoique le Vendeur en foit chargé, cet Article forme une obligation perfonnelle contre l'Acquereur de le payer ou faire payer. Auffi il a été jugé par Arrêt du 14 Juillet 1722, que dans le cas d'une vente à condition de rachat, le treizieme étoit exigible, quoique le Seigneur n'eût formé fa demande qu'après que le Vendeur avoit exercé la faculté retenue par le Contrat.

Nous rejettons l'Art. CCCLXIII de Poitou, qui permet de ftipuler le lendemain du Contrat la faculté de remere fans nouveaux droits, d'autant que dès l'inftant que le Contrat de vente eft parfait, le treizieme eft dû *poft impletam venditionem* ; il y auroit même lieu à double treizieme, fuivant Pithou, fur Troyes, Art. LXXVII. *Quia eo modo non tam hoc agitur, ut à prifco negotio difcedamus, quam ut novæ obligationes inter nos conftituantur.* Loi *Ab empt. de pact.*

Bérault obferve, fous cet Article, que l'Acquereur eft obligé de payer toutes les Rentes & Redevances féodales, & d'acquitter tous les devoirs attachés aux fonds dont il a traité, quand le Contrat de vente n'en contiendroit pas une énonciation jufte, dès qu'il en eft bien juftifié, fauf fon recours contre le Vendeur ; mais il excepte, avec raifon, le relief, qui eft une charge perfonnelle de l'Acquereur ; j'ai remarqué ailleurs qu'il a été jugé que l'omiffion du fervice d'aîneffe, dans un Contrat de vente, en avoit pu opérer la réfolution ; mais ordinairement les omiffions produifent des intérêts pour la liquidation defquels on doit eftimer les Rentes de Fief omifes au denier vingt-cinq & les Corvées par Experts.

Godefroi décide, au même endroit, que les déclarations fournies par l'Acquereur, à faculté de remere, n'obligent point irrévocablement le Vendeur qui exerce la condition retenue par fon Contrat. Comment l'Acquereur à grace, quelque longue que foit fa poffeffion, auroit-il pu imprimer une tache perpétuelle fur un fonds, lui qui n'en a jamais été propriétaire incommutable ?

C X C I V.

Tout Seigneur féodal a droit de Varech à cause de son Fief, tant qu'il s'étend sur la rive de la Mer ; comme semblablement des choses gaïves.

Il y a un Titre exprès dans la Coutume *de Varech & choses gaïves ,* où ces droits sont expliqués. (1)

C X C V.

Les Terres d'Alluvion accroissent aux Propriétaires des Héritages contigus , à la charge de les bailler par Aveu au Seigneur du Fief , & en payer les Droits seigneuriaux , comme des autres Héritages adjacens , s'il n'y a titre , possession ou convenant au contraire.

Les Terres d'alluvion sont celles que les Rivieres ou la Mer apportent ou découvrent joignant les Terres qui sont à leurs bords. Ces accroissemens sont attribués aux propriétaires des héritages contigus , par le droit des gens : c'est pourquoi le droit d'alluvion est mis au nombre des moyens naturels d'acqué-rir , §. *Prætereà , De rerum divisione , Institutionibus ;* non-seulement parce que l'alluvion est comme un accessoire , mais parce que par une équité qui doit s'observer chez toutes les Nations , ceux qui sont aux bords des Rivieres ou de la Mer , en souffrant de grandes incommodités & du dommage en leurs héritages , doivent être récompensés par les augmentations qui y peuvent ar-river ; & qui de plus, par une loi naturelle , doivent appartenir au premier occupant. Quand donc la Coutume en cet Article dispose de l'alluvion , ce n'est pas tant pour en donner l'accroissement aux propriétaires , que pour y établir le droit des Seigneurs de Fief , qui ne leur peut appartenir que par une Loi féodale , faite par la seule considération que l'alluvion est un acces-soire , qui doit suivre la condition du principal auquel il est joint. (1)

---

(1) *Voyez* le Procès-Verbal de la Coutume.
(1) Des Auteurs ont prétendu que les Terres réunies au fonds du Vassal par alluvion , ap-partenoient au Seigneur , d'autant que le Propriétaire possédant des objets fixes & détermi-nés , il n'y avoit pas lieu à l'accroissement. On cite ces Héritages limités que les Romains donnoient pour récompense militaire : ce raisonnement ne prévaut point sur l'équité naturelle. Du Moulin , Gl. 5 , n. 115 & 116 , a très-bien entendu le droit d'alluvion. *Incrementum al-luvionis* , dit cet Auteur , *nobis acquiritur eo jure quo ager augmentatus primùm ad nos perti-nebat , nec istud incrementum censetur novus ager , sed pars primi :* l'héritage ainsi réuni est une seule & même chose avec l'ancien héritage , il en prend les qualités de Fief ou de Ro-ture , de propre ou d'acquêt ; c'est enfin une augmentation du fonds qui le grossit imper-ceptiblement & s'y incorpore. Jacquet , des Just. de Seigneur.

C X C V I.

Quand le Frere aîné eſt âgé, la garde de tous les Fiefs de la Succeſſion finit, combien que les Puînés ſoient encore en bas-âge ; & fait ledit Aîné la Foi & Hommage de tous les Fiefs, & en paye les Reliefs pour tous : & néanmoins après les partages faits, les Puînés ſont tenus faire la Foi & Hommage chacun pour ſon regard, ſans qu'ils ſoient tenus payer autre Relief.

C X C V I I.

Si tous les Enfans auſquels appartient le Fief ſont Mineurs & en Tutelle, le Seigneur féodal eſt tenu donner ſouffrance à leurs Tuteurs, juſqu'à ce qu'ils, ou l'un d'eux ſoit en âge pour faire la Foi & Hommage, en baillant déclaration par le Tuteur, des Fiefs & charges d'iceux, enſemble les noms & âges deſdits Mineurs, & payant par chacun an les Rentes qui ſont dûes au Seigneur à cauſe deſdites Terres, ſinon au cas que le Seigneur tienne les Héritages en ſa main, & faſſe les fruits ſiens ; pour faire laquelle Foi & Hommage, le Fils eſt réputé âgé à vingt-un ans accomplis, s'il eſt à la Garde du Roi, & vingt ans accomplis, s'il eſt à la Garde des autres Seigneurs.

C X C V I I I.

Le Seigneur féodal doit auſſi donner ſouffrance au Tuteur pour les Terres roturieres appartenantes aux Mineurs, juſqu'à ce qu'ils, ou l'un d'eux ſoit en âge pour préſenter Aveu, en baillant par le Tuteur déclaration deſdits Héritages & charges d'iceux, avec les noms & âges des Mineurs, & payant les Rentes, pour lequel aveu bailler, le Fils aîné eſt réputé âgé à vingt ans accomplis.

C X C I X.

Homme épouſant Femme à qui appartient Fief noble, eſt tenu faire Foi & Hommage au Seigneur, & ne doit payer aucun Relief, pourvu que la Femme l'ait une fois payé.

La Foi & Hommage & l'Aveu, ſont dûs par des obligations qui ſont tellement perſonnelles, que le Tuteur n'en peut acquitter valablement ſes Mineurs, ni par conſéquent le Frere aîné ſes puînés, quoique celui-ci étant âgé faſſe finir la garde de tous les Fiefs de la ſucceſſion, & qu'il ſoit autoriſé de faire la Foi & Hommage, & de payer les Reliefs dûs à cauſe d'iceux. Mais les puînés ne ſont déchargés que pour un temps de ces obligations ; car après les partages faits, ils doivent faire la Foi & Hommage, & bailler leurs Aveux chacun pour ce qui lui appartient par son partage, sans qu'ils soient tenus néanmoins de payer un nouveau Relief, comme il est expliqué par l'Article CXCVI, qui auroit été mis plus convenablement sous le Titre *des Gardes*. Mais à l'égard du Tuteur, ne pouvant faire la Foi & Hommage, ni bailler Aveu pour ses Pupilles, par la raison de l'Article CV, le Seigneur est obligé de donner souffrance (c'est-à-dire, permission de jouir,) jusqu'à ce que les Mineurs ou l'un d'eux, soient parvenus à l'âge de majorité, pour rendre valablement ces devoirs; & cependant le Tuteur doit bailler les déclarations qui sont bien expliquées dans les Articles CXCVII & CXCVIII, autrement, le Seigneur pourra faire saisir & réunir les héritages des Mineurs; parce que les gérondifs (en baillant & payant) dont la Coutume s'est servie en ces deux Articles, signifient une condition, sans laquelle ce qui précede ne subsiste point; auquel cas de saisie & de réunion, les Mineurs ont recours contre leur Tuteur. Or la déclaration baillée par le Tuteur, oblige les Pupilles; car c'est un Procureur établi par la Loi, lequel a une puissance libre & générale pour tous les Actes qui concernent l'administration des biens de ses Mineurs; *Factum Tutoris, Factum Pupilli*: C'est pourquoi les Mineurs s'en doivent faire relever dans la trente-cinquieme année de leur vie. (1)

Ce qui a été dit du Tuteur, qu'il ne peut pas faire la Foi & Hommage, ni bailler Aveu pour ses Pupilles, ne doit pas être tiré à conséquence contre le Mari, qui n'est pas comme un Procureur à l'égard des biens de sa

(1) Cet Article a son application dans deux cas : 1°. Si le frere aîné est parvenu à l'âge de la majorité féodale, au temps de l'ouverture de la succession qui renferme les Fiefs, la garde n'a point lieu, & il suffit que l'aîné fasse la foi & hommage, & paye au Seigneur le Relief pour tous les Fiefs : 2°. Dès que le frere aîné mineur, au temps de l'impétration de la garde, devient majeur, la garde de tous les Fiefs finit par argument *à sensu contrario* de l'Article CCXXXIV.

Si le frere aîné qui, par sa majorité, empêche l'effet de la garde en remplissant les conditions prescrites par la Coutume, fait instituer un Tuteur à ses freres puînés encore mineurs, provoque un partage, opte un Fief par préciput, & qu'il reste aux puînés d'autres Fiefs dépendans de la succession, Godefroi demande si ces Fiefs tomberont en garde. Non, sans doute, ils n'y tomberont pas, car dès qu'une fois le frere aîné a satisfait aux devoirs de la Coutume, les Seigneurs, indépendamment des Actes de famille, sont tenus d'attendre la majorité des puînés pour exiger d'eux la foi & hommage : mais en cas que l'aîné néglige d'accomplir les obligations formées contre lui par la Loi, il sera responsable des dommages & intérêts de ses freres mineurs.

Du Moulin, §. 41, n. 2, des Fiefs, étoit d'avis que le texte de sa Coutume, qui oblige le Seigneur de donner souffrance aux Mineurs ou à leurs Tuteurs jusqu'à ce qu'ils, ou l'un d'eux soit en âge, n'étoit appuyé que sur un usage assez généralement suivi; mais il pensoit que le Seigneur n'étoit pas tenu de recevoir à la foi & hommage un Vassal, tant pour lui que pour ses consorts en minorité, pourvu qu'il donnât souffrance aux mineurs jusqu'à l'âge compétent; parmi nous la foi & hommage n'est que provisoire, & les puînes devenus majeurs les renouvellent à raison de leurs Fiefs.

Le même Auteur, n. 4, *ibid.* rend ainsi raison de la premiere disposition de l'Art. CXCVII : *Et ratio quia juramentum quod in fidelitatis præstatione intervenit est quid personalissimum & personam jurantis non egreditur ut notant canonistæ in C. veritatis de Jur. Jurand.*

Il explique aussi, n. 8, *ibid.* la disposition qui concerne le payement des Droits utiles : *Hæ induciæ non dantur*, dit-il, *nisi propter inhabilitatem Vassali ad faciendum juramentum fidelitatis, sed hoc nihil habet commune cum solutione jurium utilium in quo cessat hujusmodi inhabilitas.*

Femme, mais comme un légitime Administrateur, *in rem suam, sicut Pater in bonis adventitiis Filii, l. 1. C. De bonis Maternis.* C'eſt pourquoi c'eſt le Mari qui doit faire la Foi & Hommage, & bailler Aveu pour les biens de ſa Femme ; mais il ne doit pas payer de Relief, ſi la Femme l'a payé auparavant, parce qu'il ne s'eſt point fait de mutation de Vaſſal, la Femme ayant toujours eu la propriété & même la poſſeſſion de l'héritage, *cùm eadem res, & ab initio uxoris fuerit, & naturaliter in ejus permanſerit dominio,* ſuivant ce qui eſt dit en la Loi 30. C. *De jure dotium.* (2)

C C.

Les Acquiſitions que fait le Seigneur en ſon Fief Noble de Terres tenues de ſondit Fief, ſont toujours réputées acquêts de ſon vivant, s'il ne les a retirées à droit de ſa Seigneurie : Mais ſi ſon Succeſſeur les a poſſédées comme Domaine non fieffé par quarante ans, elles ſont cenſées réunies au corps du Fief, encore qu'il n'y ait point de réunion expreſſe.

Il s'entend tant des Terres nobles que des rotures, ſuivant qu'il eſt atteſté par l'Article XXX du Réglement de 1666, & a lieu pour les acquiſitions faites par échange, qui ne ſont réunies qu'après le temps porté par cet Article ; jugé par un Arrêt du 14 d'Août 1668, rapporté par Baſnage : Mais il ne ſe fait aucune réunion des terres provenues de diverſes ſouches, quelque poſ-ſeſſion qu'en ayent les ſucceſſeurs ; parce que le paternel ne ſe peut confondre avec le maternel : ce qui a été jugé par un Arrêt du 21 Juin 1605, rapporté par Bérault. Voyez ce qui a été remarqué ſur les Articles CLXXVII, CLXXIX & CLXXX. Par l'ancien uſage de Paris, la réunion des acquiſitions faites par un Seigneur dans la mouvance de ſon Fief, ne ſe faiſoient pas de plein droit ; mais il falloit une déclaration de l'acquereur qu'il vouloit réunir, ce qui ſuffiſoit pour établir la réunion. Tout le contraire eſt diſpoſé par l'Article LIII de la Coutume réformée, qui porte, que *les héritages acquis par un Seigneur en ſa cenſive, ſont réunis à ſon Fief, & ſont cenſés féodaux, ſi par exprès le Seigneur ne déclare qu'il veut que leſdits héritages demeurent en roture* Or cette déclaration ſe doit faire dans l'an & jour de l'acquiſition, autrement l'héritage eſt réuni, comme il a été jugé au Parlement de Paris. Voyez Loüet, F. 5. (1)

_____

(2) Jacquet, Chap. 19, des Fiefs, dit que les Rédacteurs de notre Coutume ne ſe ſont pas contentés de ne pas aſſujettir la femme par ſon mariage, au relief de ſon Fief, ils ont été juſqu'à l'en décharger, parce qu'ils ont craint qu'à l'exemple des autres Coutumes, on ne l'y aſſujettît dans la ſuite. D'Argentré, *Aith*, fait le même raiſonnement : *Hæc diſpoſitio ne-gative concepta eſt,* (Art. LXXI de Bretag) *ad excludenda argumenta quæ de vicinis conſuetudinibus duci poteſ ant quæ diverſ m ſatuunt.*

Bérault obſerve, ſous l'Art. CXCIX, que la veuve ne doit point un nouveau Relief de ſon Fief après le décès de ſon mari. Voici les termes de du Moulin ſur cette queſtion, §. 27, n. 10, des Fiefs : *Decendum quod vidua propriorum ſuorum non debeat relevium quia nullo modo feudum mutat manum non enim revertitur ad priorem Dominam, ſed remanet penes eam à cujus Dominio non receſſit.*

(1) La diſpoſition de l'Article CC eſt évidemment contraire à l'eſprit de nos Loix, &

C C I.

Le Fief retourne au Seigneur, à la charge tant des rentes foncieres & hypotheques, que dettes mobiles dûes par le Vassal, discussion
préalablement faite de ses meubles, lesquelles rentes foncieres il pourra racquitter au prix du denier vingt, excepté celles dûes à l'Eglise,
dont elle aura joui paisiblement par quarante ans, si elles ne sont
racquittables suivant l'Édit du Roi, ou qu'autre prix fût mis audit
Contrat.

Cet Article a deux parties. Par la premiere, il est déclaré, que la réversion des immeubles tenus d'un Fief, laquelle se fait au profit du Seigneur, se
fait à la charge, tant des rentes foncieres & hypotheques, que des dettes mo-

---

n'auroit pas dû passer dans la Coutume réformée. Une de nos maximes est de maintenir les
Fiefs dans leur lustre en proscrivant leur divisibilité. Rien n'étoit donc plus naturel que d'ordonner la réunion de plein droit de la Roture au Fief par la voie de l'acquisition faite par le
Seigneur ; la réunion ne fait que rétablir l'état ancien ; le Fief recouvre sa premiere nature,
*veluti cera quæ liquefacta est cum aliâ coit & confunditur. . . . . . per resumptionem prioris na-
turæ & originalis conditionis revivifcit.* D'Argentré est bien plus sage dans son Aithiologie :
l'héritage acquis par le Seigneur de Fief dans sa mouvance, étant une fois consolidé, ne
doit pas, dit-il, être mis au nombre des acquêts, il se partage comme propre, si le Fief est
propre ; mais l'Héritier aux meubles peut exiger la restitution des deniers employés à l'acquisition qui a operé la consolidation. Plusieurs Coutumes disposent que si le Seigneur a fait
un acquêt dans son Fief, les Héritiers de la ligne habiles à succéder au Fief peuvent exercer
le retrait de mi-denier contre l'autre ligne. Notre Coutume, au contraire, en desirant une
possession de 40 ans dans la personne du successeur de l'Acquereur, laisse une partie du Fief
dans un état violent, souvent pendant plusieurs degrés de succession, occasionne des manœuvres, ou force à obtenir des Lettres-Patentes dispendicuses ; cependant on suit à la lettre
sa disposition.
La possession quadragénaire doit être continuée dans la personne du successeur de l'Acquereur, de sorte qu'on ne puisse l'attaquer par aucune interruption. Ainsi s'il vend le fonds
acquis par celui qu'il représente, & que par le défaut de payement il en rentre dans la suite
en possession, cette vente, bien qu'anéantie par le manquement d'accomplissement d'une
condition essentielle, a la force d'interrompre la prescription, d'autant que cette vente étoit
parfaite par le consentement réciproque des contractans, & que jusqu'au moment de sa résolution la propriété du fonds vendu résidoit sur la tête de l'Acquereur : Arrêt rendu en l'Audience de la Grand'Chambre le 4 Mars 1749.
On a demandé si le Tenant roturierement ayant acheté le Fief, la Roture & le Fief sont réunis par l'effet de la possession que la Coutume desire ? La Coutume de Bretagne, Art. CCCLVI,
dit que si le Censitaire devient Seigneur du Fief dont la Censive étoit tenue, les Terres
demeurent roturieres comme auparavant ; mais d'Argentré remarque que cette décision n'a
été arrétée que par le peu de penchant de la Noblesse à soutenir les droits du Tiers-Etat. Voici
ses termes : *Hic casus conversus est prioris* (c'est la réunion de la Roture par l'acquisition du
Seigneur de Fief) *in quo jus itidem conversum statuendum erat, sed ordines adduci non potue-
runt ut id vellent, quanquam admoniti, alioqui non satis propensâ nobilitate in jura paganorum.* Basnage traite cette question sans prendre un parti décisif. Loüet, F. som. 5, rapporte
un Arrêt du 5 Février 1599, par lequel il a été jugé que des Rotures étoient réunies au
Fiefs dont elle relevoient, par l'acquisition que le Censitaire avoit faite du Fief, & comme
telles devoient se partager noblement ; ce qui favorise la réunion dans ce cas en cette Province, c'est que la Coutume n'a point de disposition contraire.

biles dûes par le Vaffal, difcuffion faite préalablement de fes meubles. Ce qui eft répété de l'Article CXLIII, qui contient le cas de confifcation, & qui appelle ces charges, *charges de droit*; de même que les Articles CXLVI, CXLVII & CXLVIII, en traitant des cas de Deshérence, de Bâtardife & d'Aubaine.

La réverfion qui fe fait pour les cas de félonnie, n'eft pas exempte de ces charges, par une raifon de fimilitude, prife de la Loi *His folis*, C. *De revocandis donationibus*, en ces termes: *Cæterum quæ ante cœptum jurgium vendita, donata cæterifque caufis legitimis alienata, minimè revocamus.* On doit donc conclure, que la maxime qui fe tire de la Loi 31. *ff. De pignoribus; refoluto jure dantis, refolvitur jus accipientis*, ne fe pratique point à l'égard des biens tenus des Fiefs, parce qu'étant devenus patrimoniaux, & faifant la plus grande partie des biens immeubles, l'utilité publique a exigé qu'ils retournaffent en la main du Seigneur, *cum onere*; de peur que le commerce, qui ne peut fubfifter fans les affurances que les hypothèques donnent aux Créanciers, ne fût ruiné; Loüet, C. 53. Cette maxime donc n'a lieu qu'aux Baux de fieffe & emphitcutiques, dans lefquels les preneurs & leurs repréfentans ne peuvent pas engager le fonds au préjudice du bailleur, qui en a la Seigneurie directe; de forte qu'étant déboutés de leur Bail, les hypothèques qu'ils avoient accordées à leurs créanciers font anéanties, *evanuerunt*, fuivant l'expreffion de cette Loi.

Le Seigneur qui jouit en vertu de ces réverfions, s'oblige perfonnellement à payer les arrérages des rentes, & autres redevances annuelles qui échéent pendant qu'il jouit, encore que ces charges excedent le revenu des héritages qui font retournés en fes mains, comme il eft attefté par l'Art. XXIII du Réglement de 1666. Il eft vrai que le Seigneur peut quitter quand il lui plait les héritages qu'il a en fes mains, par les droits de réverfion & de garde, & que de plus, il n'eft point tenu perfonnellement de payer les dettes mobiliaires, qui étoient dûes par fon Vaffal, lorfqu'il eft entré en jouiffance, fuivant qu'il eft attefté par les Articles XXII & XXIV dudit Réglement. Mais le Seigneur ne pourroit-il point, au cas de ces réverfions par confifcation, Deshérence, Bâtardife, Aubaine & Félonnie, fe fervir de la voie de réunion, qui fe fait faute d'Homme & d'Aveu, par le moyen de laquelle il feroit les fruits fiens, fans être obligé à payer aucunes dettes, tant qu'il ne feroit point pourfuivi par les créanciers? On répond que le Seigneur ne peut avoir recours à cette réunion, parce qu'elle ne fe fait que faute de devoirs non faits par le Vaffal: Or dans ces réverfions il n'y a plus de Vaffal, d'autant que par icelles, les héritages font paffés en la main du Seigneur.

On peut demander, fi le Seigneur à qui ces droits de réverfion font acquis, peut s'exempter du payement des dettes, en indiquant aux créanciers d'autres immeubles de leur débiteur, & en offrant de garantir que le prix qui proviendra de ces autres immeubles, fera fuffifant pour le payement de leurs dettes? Il eft certain qu'aux Provinces où il faut difcuter les biens de l'obligé auparavant que de pouvoir faifir ceux qui font paffés en la poffeffion d'un acquereur, on accorde aux Seigneurs de Fief le même privilège; c'eft-à-dire, qu'on ne peut décreter les biens qui leur appartiennent par les droits de réverfion, auparavant que d'avoir difcuté tous les autres biens de l'obligé: ce qui s'obferve femblablement, quand les créanciers par une générale hypothèque, font tenus de difcuter les autres biens, auparavant que de pouvoir décreter ceux qui font obligés à un créancier par une hypothèque fpéciale & privilégiée, parce

que

que le Seigneur eft par quelqu'égard plus favorable que le tiers-acquereur ;
& que de plus, il a un privilège fpécial & foncier fur les héritages dépendans
de fon Fief; Loüet, C. 53. Suivant ces principes, la queftion en Normandie
fe devroit réfoudre en faveur du Seigneur, parce que le tiers-acquereur peut
empêcher que les héritages qu'il a acquis ne foient décretés, en baillant déclaration par tenans & aboutiffans, des héritages poffédés par fon vendeur,
où même par les acquereurs qui lui font poftérieurs, pour être adjugés par décret à fes périls & fortunes, & en baillant caution de faire payer le créancier faififfant, en exemption des frais du décret & du Treizieme, comme il
eft attefté par l'Article CXXXI du Réglement de 1666. Mais la Coutume peut
paroître contraire à cette décifion, vu qu'elle n'a admis la difcuffion, finon à
l'égard des meubles : à quoi on peut répondre, que la difcuffion des meubles
eft requife abfolument par la Coutume ; mais que la difcuffion des immeubles
ne fe doit faire que quand le Seigneur indique & baille caution. (1)

Par la feconde partie de l'Article CCI, il eft difpofé, que le Seigneur jouiffant
par droit de réverfion, peut acquitter les rentes foncieres dües à caufe de l'héritage réuni, en payant au créancier le denier vingt, ou le prix porté par le
Contrat de conftitution, à moins que ces rentes ne foient dües à l'Eglife,
qui en ait joui paifiblement pendant quarante ans ; ce qui fait connoître que
le Seigneur & l'Eglife font favorables, le Seigneur pour libérer fon fonds, &
l'Eglife pour conferver fon revenu. Au refte, cette faveur accordée au Seigneur aux cas de réverfion, même quand la rente fonciere eft irracquittable,
a été étendue à celui de retrait féodal, comme il a été remarqué fur l'Article
CLXXVII. (2)

---

(1) Bafnage rapporte un Arrêt du 28 Février 1673, par lequel la Cour déclara des Héritages tombés en commife par félonnie, fujets & affectés aux dettes antérieures de la plainte
du Seigneur, après difcuffion des autres biens du Vaffal confifqués pour condamnation au
banniffement perpétuel ; c'étoit charger les Créanciers du confifqué d'un double Décret. Bérault penfe, contre l'opinion de Godefroy, que le Créancier du Vaffal peut faifir réellement
les Héritages retournés au Seigneur fans difcuffion des autres biens de l'obligé, quand les
Créances font finceres. Du Moulin eft de l'avis de Godefroy, & admet la difcuffion
en faveur du Seigneur ; cependant le Confifcataire n'eft pas fi favorable que le
Tiers-acquereur.
On obferve fi exactement l'Art. XXIV du Réglement de 1666, que le Demandeur en intérêts civils déclarés par le Jugement devoir être pris préalablement fur les biens confifqués,
n'a point d'action perfonnelle contre le Confifcataire ; il faut qu'il prenne la voie de faife
réelle : Arrêt du 13 Juin 1738.
(2) La peine du crime du Fieffataire s'étend ici fur le Fieffant ; on y remarque des veftiges du gouvernement féodal : Bérault cherche à juftifier la Coutume en argumentant de
l'Article DI. Cet Article permet au Fieffataire de s'affranchir par le Retrait de la Rente qu'il
doit, ayant été vendue à un tiers ; mais dans le cas de confifcation il n'y a rien du fait du
Créancier, qui reçoit malgré lui des deniers au lieu d'une Rente irracquittable de fa nature.
L'exception en faveur de l'Eglife a befoin d'interprétation : fi le Vaffal a aumôné une
Rente à l'Eglife dont elle ait joui 40 ans, le Confifcataire ne peut l'amortir ; quand la
Rente eft affectée fur une maifon en Ville elle eft racquittable, nonobftant la poffeffion, fuivant l'Edit de 1539 ; mais par la modification de la Cour en 1541, il fuffit pour exclure
la faculté d'amortir que l'Eglife juftifie un amortiffement vérifié ; fi au contraire l'Eglife
avoit acquis une Rente par conftitution, elle eft comme toute Rente conftituée rachetable à perpétuité.

C C I I.

Les Héritages , tant Nobles que Roturiers , retirés par l'Ufufruitier , font réunis au corps du Fief , & peut le Propriétaire , après l'ufufruit fini , en demander la jouiffance , en rembourfant les Héritiers de l'Ufufruitier , de ce qu'il en aura débourfé.

C C I I I.

Et quant aux chofes venues par confifcation & droit de ligne éteinte , ou autres droits de réverfions , l'Ufufruitier en jouira fa vie durant , & feront les Hoirs tenus en laiffer la jouiffance au Propriétaire , en rembourfant ce qui aura été payé pour l'acquit & décharge du fonds.

Ces deux Articles font connoître que l'Ufufruitier peut s'éjouir des droits , tant du retrait féodal que des réverfions qui fe font par confifcation , deshérence ou autres droits ; ce qui fans doute comprend le droit de la réunion qui fe fait faute d'Aveu , & de devoirs non faits & non payés : ce qui a pour fondement , que ce qui provient de ces droits , eft un acceffoire & une dépendance du Fief , & par conféquent appartient à l'Ufufruitier , parce que la Coutume autorife le droit d'accroiffement dans l'ufufruit , comme il fe voit par ces deux Articles , & par le CCCLXXXV , à l'égard du droit de viduité : mais cette jouiffance n'empêche pas la réunion qui fe fait aufdits cas de retrait & de réverfions ; c'eft pourquoi le propriétaire après l'ufufruit fini , eft en droit d'avoir la pleine propriété du fonds réuni , en rembourfant les héritiers de l'Ufufruitier de ce qui aura été payé , ou pour le prix , ou pour l'acquit & décharge du fonds réuni , comme il eft décidé par ces deux Articles CCII & CCIII. (1)

Dont on doit inférer : Premierement , que l'Ufufruitier eft préféré au Pro-

(1) Le Seigneur qui poffede un Fief à titre de réunion par défaut d'homme , peut exercer le Retrait d'un arriere Fief dans la mouvance du Fief réuni , *tanquam Dominus & tanquam de re fuâ ad fuam primordialem caufam reverfâ* ; nous ne fuivrions point du Moulin , qui penfe que le Seigneur , après avoir donné l'inveftiture au Vaffal qui a couvert le Fief & purgé fa contumace , ne peut retenir l'arriere-Fief , mais qu'il eft obligé de le mettre hors de fes mains , foit à titre de vente , de donation ou autrement ; car parmi nous le Vaffal a l'alternative , ou de l'incorporer pour toujours à fon Fief en rembourfant le Seigneur qui en a fait le Retrait , ou de lui en demander l'hommage , & il n'y a point d'incompatibilité entre la qualité de Seigneur & de Vaffal dans une même perfonne pour des objets différens : du Moulin , §. 20 , Gl. 4 , n. 2 & 3.

Le même Auteur , §. 1 , Gl. 1 , n. 30 & 38 , développe fort bien le fens de cet Article : *Ratio quia res reverfa tempore primæ conceffionis fuit pars fundi dominantis plenè , & omni refpectu , & poft conceffionem remanfit adhuc ejus pars refpectu directi dominii & tempore reverfionis , & commiffi , redintegratur folum refpectu dominii utilis quod ad fua initia , & primordialem caufam revertitur , & fic non dicitur de novo acquiri , fed in antiquam caufam reftitui & uniri ; quod fi res reverfa cenferetur in fructu , ufus fructus abforberet ipfam rei fubftantiam , & partem ipfius proprietatis auferret fructuarius.*

priétaire pour le retrait féodal, ce retrait étant réputé un fruit : Secondement, que l'Ufufruitier ne peut vendre ni engager valablement l'héritage réuni, fans le confentement du propriétaire : Et en troifieme lieu, que le propriétaire ne peut prendre la poffeffion des héritages dont l'Ufufruitier a joui par ces droits de réunion & de réverfion, qu'en rembourfant ; ce qui eft une condition laquelle doit être néceffairement exécutée par le propriétaire à qui elle eft impofée par la Coutume ; autrement, les héritiers ou ayans caufe de l'Ufufruitier, fe maintiendront dans la jouiffance de leur prédéceffeur, *jure retentionis.* Que fi le propriétaire leur abondonne la propriété, les héritages demeureront chargés des mêmes redevances & droits aufquels ils étoient fujets à l'égard du Fief, auparavant la réunion, laquelle audit cas ne fubfiftera plus. (2)

C C I V.

Le Vaffal fe peut éjouir des terres, rentes & autres appartenances de fon Fief, fans payer Treizieme à fon Seigneur féodal, jufqu'à dimiffion de Foi & Hommage exclufivement, pourvu qu'il demeure affez pour fatisfaire aux rentes & redevances dûes au Seigneur.

Il faut d'abord remarquer, que par le Vaffal, la Coutume en cet Article entend celui qui releve noblement comme poffeffeur d'un Fief : Or il y a grande différence entre démembrer fon Fief ou s'éjouir des terres, rentes & autres appartenances de fon Fief. Démembrer le Fief, eft divifer les chofes qui conftituent le droit incorporel du Fief, comme les Jurifdiction, Foi & Hommage ; ce qui ne fe peut fans le confentement du Seigneur dont le Fief eft tenu, & fans l'autorité du Roi : car comme pour l'union des Fiefs il faut des Lettres Patentes, & les faire entériner au Parlement & à la Chambre des Comptes, après l'information faite de la valeur & qualité du Fief, & de l'utilité ou incommodité de la réunion ; le même doit être obfervé pour le démembrement

(2) L'Ufufruitier ne peut forcer le Propriétaire de faire le rembourfement porté en cet Article ; mais fi le Propriétaire clame, l'Ufufruitier aura la liberté de le rembourfer, & jouira de l'Héritage clamé. Bérault.

Le Propriétaire doit faire entrer dans le rembourfement qu'il fait aux Héritiers de l'Ufufruitier, le prix du Treizieme dont il a été privé en clamant. Bafnage. On feroit d'abord porté à penfer, en lifant le texte de la Coutume, que le Propriétaire n'eft pas obligé de tenir compte aux Héritiers de l'Ufufruitier du Treizieme, puifqu'en ufant du Retrait, cet Ufufruitier ne l'a pas débourfé ; cependant feroit-il équitable que le Propriétaire profitât d'un marché qu'il eftime être avantageux, puifqu'il ufe de la liberté de la Loi, & qu'il bénéficiât d'un Treizieme que l'Ufufruitier auroit perçu s'il n'eût pas intenté de clameur ?

La Coutume ne limite point le temps que peut avoir le Propriétaire pour exercer cette efpece de Retrait ; il feroit dur de laiffer la propriété des Héritiers de l'Ufufruitier incertaine pendant un trop long délai ; il femble qu'ils font en droit de préfenter Aveu au Propriétaire dans le temps de la Coutume ; & en cas qu'il le refufe, de faire limiter la durée de fon action pour exercer le Retrait.

L'Acquereur à faculté de rachat, dit Bafnage, conferve la propriété des Héritages qui lui viennent en conféquence des Articles CCII & CCIII, & le Vendeur qui exerce le reméré ne peut le dépofféder en le rembourfant, parce que cet Acquereur étoit alors le véritable & unique Seigneur du Fief ; par la même raifon l'Acquereur à faculté de reméré ne pourroit forcer le Vendeur qui exerce la condition de le rembourfer.

D d 2

& défunion, Mais par s'ejouir des terres, rentes & autres appartenances, (c'eſt ce que la Coutume de Paris appelle *ſe jouer de ſon Fief*,) on entend en diſpoſer par vente, échange ou donation ; ce qui peut être fait ſans payer aucuns droits, pourvu qu'on ſe réſerve la Foi & Hommage, & les Aveux ſur ce qu'on met hors de ſes mains. (1)

---

(1) Trois objets, qui ont du rapport à cet Article, ſemblent mériter des obſervations ; l'érection des Fiefs en Terres titrées, l'union de pluſieurs Fiefs en un ſeul corps, & le démembrement d'un Fief en pluſieurs.

Par l'Ordonnance du 20 Août 1566, confirmée par l'Art. CCLXXIX de celle de Blois, les Terres érigées en Duché, Marquiſat, Comté, devoient être réunies à la Couronne après le décès des Propriétaires ſans hoirs mâles, encore qu'elles ne fuſſent point originairement dans la mouvance du Roi. Il eſt d'uſage que l'érection des Fiefs en Marquiſats, Comtés, Baronnies, ſe faſſe au profit des Hoirs, Succeſſeurs, tant mâles que femelles.

Une Seigneurie relevant d'un Seigneur particulier, dit le Préſident Henault, Ab. Ch. de l'Hiſt. de Fr. Tom. I, ou bien relevant du Roi à cauſe de tel ou tel Domaine particulier, eſt diſtraite de cette mouvance lorſqu'elle eſt érigée en Duché-Pairie, pour ne relever plus que de la Couronne, mais il faut pourvoir à l'indemnité du Seigneur.

Les érections en Duché-Pairie contiennent une ſubſtitution légale en faveur des mâles deſcendans de celui qui a fait l'érection : de-là dérive le Retrait ducal introduit par l'Article VII de l'Edit du mois de Mai 1711, qui permet à l'Aîné mâle, ou à ſon défaut à tout autre mâle, de degré en degré, de retirer le Duché qui ſe trouve en la main d'une fille, en rembourſant dans ſix mois le prix du Duché, ſur le pied du denier vingt-cinq du revenu actuel ; obſervez que la récompenſe doit être faite en autre corps de Terre de la plus grande qualité, autres que Duchés-Pairies, & eſtimés ſur le même pied.

Il y a des Duchés-Pairies femelles qui paſſent aux filles, à condition d'épouſer une perſonne agréable au Roi, & d'obtenir des Lettres-Patentes de confirmation des Duchés en faveur de leurs maris : Edit de 1711.

Quand deux Fiefs relevent d'un même Seigneur, on les unit facilement par des Lettres-Patentes dûment enregiſtrées : mais lorſque deux Fiefs relevent de deux Seigneurs, ou du Roi & d'un Seigneur particulier, c'eſt le point de difficulté. L'ancienne Juriſprudence approuvoit l'union dans ce cas, avec le concours des différens Seigneurs ; mais on a enfin fait reflexion que la diverſité d'aveux, de foi & hommage, préſente des objets diſtingués, & les derniers Arrêts ont reçu l'oppoſition à l'enregiſtrement des Lettres de Réunion : Arrêt rendu la Grand'Chambre aſſemblée le 8 Février 1753, au profit des freres Simon puînés : autre Arrêt du 18 Mars 1755, au profit du Chevalier de Hennot de Théville ; mais quand une union de cette eſpece a été exécutée par pluſieurs degrés de Succeſſion, qu'elle a été ſuivie de différens partages dont elle a été la baze, de liquidations de dot & d'autres arrangemens de famille, on n'eſt plus recevable à l'attaquer : Arrêt de Robe rouge du 26 Août 1756, en faveur du Marquis de Rabodange contre ſon oncle. M. l'Avocat-Général de Belbeuf remarqua qu'on ne pouvoit, après un ſi long-temps, irriter une ſemblable union ſans jetter le trouble & l'alarme dans les familles.

Le démembrement de Fief eſt la diviſion du titre de Fief ; les formalités, pour opérer le démembrement, conſiſtent dans l'intervention de l'autorité du Souverain, le conſentement du Seigneur ſupérieur, la publication des Lettres de démembrement dans les Paroiſſes où s'étend le Fief à diviſer & les Paroiſſes circonvoiſines, & ſur le vu de pieces des Arrêts d'enregiſtrement ; mais ſi le démembrement eſt nul, les choſes retournent à leur ancien état ; & le Seigneur immédiat du Fief que l'on vouloit démembrer, ne peut, ſur ce prétexte, exiger la commiſe. Bérault.

Le démembrement n'a pas lieu régulierement à l'égard des Terres titrées de Principauté, Duché, Marquiſat, &c. Cependant le Roi accorde quelquefois des Lettres de démembrement de Fief d'une Terre titrée, avec la conſervation du titre à la Terre qui ſouffre un retranchement. Bérault cite un Arrêt, ſans date, par lequel la Cour vérifia de pareilles Lettres en faveur de M. de Brezey, grand Senéchal de Normandie.

Quand une Baronnie a été démembrée d'un Comté ou autre Terre titrée, celui qui relevoit avant la réunion de la Baronnie, continue de relever de cette Baronnie, & ne peut

Il faut ajouter une autre condition requise par cet Article, qui est, pourvu qu'il demeure assez de revenu au Seigneur qui s'est éjoui, pour satisfaire au payement des rentes & charges dûes au Seigneur supérieur : *Quando enim Vassalus nullum dominium retinuit, commentitia fidei retentio non prodest*, dit du Moulin sur l'Article XLI de l'ancienne Coutume de Paris, *Gloss. 2. num. 3.* où il a été d'avis que l'aliénation ne doit point excéder les deux tiers de la valeur du Fief : & c'est suivant cet avis, que l'Article LI de la Coutume réformée de Paris a été rédigé. Voyez Loüet, R. 16 & 26.

On demande si un Seigneur peut valablement consentir que son Vassal relève d'un autre Seigneur que de lui, en retenant en sa main le Fief dont sont tenus les héritages de son Vassal ? On répond pour la négative, que les droits des Fiefs sont dûs *ratione Feudi, non personæ ; ubi Feudum, ibi Vassalus.* Et partant comme le Vassal *retento Feudo clientelari non potest alium Vassalum loco suo substituere, idem in Patrono statuentum est*, comme dit du Moulin sur le CCIe Article de la Coutume de la Marche, & sur le I. de la Coutume de Paris, *Glossa 3. num. 26 & seq.* Voyez-le, & Loüet, V. 10.

Il a été jugé, que le Roi ne pouvoit démembrer les Fiefs relevans de son Domaine, à l'égard des Vassaux qui en relevent noblement, pour les faire relever d'autres Seigneurs ; & l'opposition faite par les Vassaux aux Lettres du Roi, lesquelles contenoient le démembrement pour augmenter la tenure d'un Seigneur particulier, fut déclarée valable, par un Arrêt du 21 Août 1675, rapporté par Basnage. (2)

C C V.

Le Vassal doit pléger son Seigneur pour délivrer ses Namps, jusqu'à la concurrence d'une année de la rente qu'il lui doit.

C'est un usage de Normandie, que de toutes provisions adjugées au Seigneur de Fief, en matiere de rentes ou de droits & devoirs seigneuriaux, le Seigneur ou son Fermier ne sont point obligés de bailler caution. Le fondement de cette pratique est, que le Seigneur est toujours présumé solvable pour la ré-

---

pas soutenir qu'il relevera du Comté comme auparavant le démembrement : Arrêt du Parlement de Paris du 2 Avril 1727, rapporté par Jacquet, des Fiefs, Chap. 4.

Il a été jugé au Parlement de Normandie, par Arrêt du 27 Août 1743, que le Propriétaire d'une Baronnie peut céder un Droit de Patronage avec une portion du Domaine utile d'un des Fiefs qui la composent, sans déshonorer la Baronnie.

(2) Quand le Roi aliene, à titre d'échange, des Fiefs relevans de son Domaine, le Parlement de Rouen est dans l'usage de poser trois modifications principales dans l'enregistrement : 1o. Il réserve au Roi la garde noble de tous les Fiefs tenus & mouvans des Domaines qu'il cede en contr'échange pour en jouir de la même maniere qu'il en jouissoit avant le Contrat d'échange : 2o. Il interdit à l'Echangiste tout droit de mouvance & de jurisdiction sur les Marquisats & autres Terres érigées en titre de dignité auparavant le Contrat d'échange : 3o. Il défend de traduire ailleurs que devant leurs Juges naturels tous ceux qui auroient à cet égard des Droits à exercer, conserver ou défendre : Arrêt rendu, toutes les Chambres assemblées, le 6 Septembre 1754, au sujet de l'échange de la Principauté & Souveraineté de Dombes, appartenant au Comte d'Eu, contre différentes Terres, Fiefs & Jurisdictions du Domaine du Roi.

pétition de ce qui a été payé en ces occafions, parce qu'il poffede le Fief qui y demeure engagé. (1)

On remarque fur cet Article l'Ordonnance de 1629, en l'Article CCX, par lequel les Seigneurs de Fief ou les Gentilshommes, ne peuvent faire obliger pour eux ou avec eux les Payfans ou leurs Vaffaux, foit comme cautions, foit comme principaux preneurs, & par lequel de plus, ces obligations font déclarées nulles, finon lorfque les Payfans ou Vaffaux font Fermiers des Seigneurs ou Gentilshommes : car en ce cas il eft déclaré, qu'ils fe peuvent obliger pour le propriétaire, jufqu'à la concurrence du prix de leur fermage, & non plus avant ; ce qui eft d'une grande équité.

C C V I.

Le Seigneur peut détourner l'eau courante en fa Terre, pourvu que les deux rives foient affifes en fon Fief ; & qu'au fortir d'icelui, il les remette en leur cours ordinaire, & que le tout fe faffe fans dommage d'autrui.

C C V I I.

Ceux qui ont de nouveaux Etangs, Foffés ou Eclufes, ne peuvent détenir les eaux des Fleuves & Rivieres, qu'ils ne courent continuellement pour la commodité de ceux qui font au-deffous, à peine de répondre de tous dommages & intérêts.

C C V I I I.

Et ceux qui ont d'ancienneté Foffés ou Eclufes, ne peuvent retenir l'eau, finon depuis Soleil levant jufqu'au Soleil couchant.

---

(1) Innocent III s'eft fervi du terme de *Plagiarii* pour fignifier ces efpeces de fûretés que nous appellons *Pleges.*

Du Moulin, des Fiefs, §. 43, n. 61, décide en termes généraux, que le Vaffal n'eft point obligé de payer les dettes de fon Seigneur pour le tirer de prifon, *illud autem certum eft quod non tenetur Vaffalus folvere creditoribus Patroni nec eum pro debitis incarceratum liberare ;* il y a un tempérament d'humanité dans l'Art. CV de notre Coutume ; mais Bafnage a bien obfervé que le Seigneur en retire peu de fruit.

Du Moulin, au même endroit, dit que le Vaffal doit nourrir fon Seigneur dans l'indigence, lorfque la conceffion gratuite des fonds eft émanée de lui : cela eft de droit commun ; mais du Moulin ajoute, *item fefus in feudis antiquis quorum moderni Patroni non funt autores & à quibus Vaffali proprie non liberalitatem, fed debitum recipiunt.*

Quelques Coutumes, comme Chaumont, Art. III, des Eaux & Forêts, Anjou, Art. XXIX, forcent les Vaffaux à vendre aux Hauts-Jufticiers les Terres voifines & néceffaires à la décoration de leurs Châteaux.

CCIX.

Roteurs ne peuvent être faits en eau courante ; & fi aucun veut détourner eau pour en faire, il doit vuider l'eau dudit Roteur, en-forte que l'eau d'icelui Roteur ne puiffe retourner au cours de la Riviere.

Ces Articles ne fe doivent entendre que des petites Rivieres ; car les navigables font d'un droit public, & fur lefquelles les particuliers ne peuvent rien innover, non plus que fur les grands chemins. Mais quoiqu'il femble que la Coutume attribue la propriété des Rivieres au Seigneur, quand les deux rives font en fon Fief, en lui permettant d'en détourner l'eau tant qu'elle coule le long de fa Terre ; il ne peut pas néanmoins rien faire qui foit au dommage d'autrui, comme il eft dit dans l'Article CCVI, & qu'il eft prouvé par l'exemple des trois Articles fuivans. Le fondement de ces décifions eft, que l'ufage des eaux courantes eft d'un droit public & commun à tous les hommes : *Quid prohibetis aquas ? Ufus eft communis aquarum.* (1)

---

(1) Le Seigneur des deux Rives eft préfumé Propriétaire de la Riviere qui n'eft point navigable ; la propriété s'établit par la fituation de la fource de la Riviere qui eft fur nos Terres, la conceffion du Prince, d'anciens Aveux, ou une poffeffion immémoriale. Bafnage. Sur l'état des Fleuves & Rivieres, *voyez* Bouteiller, Boyer, Chopin, le Bret, Bacquet des Droits de Juftice, Chap. 30 ; Néron, tome 2.

Quoiqu'une fource faillifle fur le fonds du Vaffal, il n'en peut pas changer arbitrairement le cours à la fortie de fes fonds ; ces changemens pourroient faire naître de la confufion dans la perception des Droits féodaux ; l'inconvénient feroit plus notable, fi, par la nouvelle direction du Vaffal, l'eau, qui fe confondoit dans le bieu du Seigneur, venoit à fe perdre dans les Terres. Par Arrêt du 15 Juillet 1755, il a été jugé que le Seigneur Propriétaire des deux Rives d'une petite Riviere qui couloit dans fon Fief, pouvoit, au préjudice du Propriétaire des Moulins au-deffous, l'arrêter par un bâtard-d'eau depuis le Soleil couchant du Samedi jufqu'au lendemain à pareille heure.

La Chambre de Réformation a rendu un Arrêt intéreffant le 2 Juillet 1687, dont je vais rendre compte des principales difpofitions. Les Riverains de la Riviere d'Iton, qui coule du Becquet à Breteuil, y font condamnés de réparer les chauffées de cette Riviere, & de les tenir en tel état de hauteur & de largeur, que l'eau ne puiffe fe perdre : il leur eft ordonné de faire couper les bois, racines & herbes qui en peuvent retarder le cours, & boucher les rigoles qu'ils ont le long de la Riviere : ce Réglement leur tolere une rigole par quarante toifes de longueur, mais chacune ne doit prendre que fix pouces d'eau, tant en hauteur que largeur ; elles ne peuvent être ouvertes pour arrofer les Prairies, que depuis le quinze Mars jufqu'au jour S. Jean de chaque année, & feulement le Samedi depuis cinq heures du foir jufqu'au Dimanche fuivant à pareille heure. Il a été jugé à peu près dans les mêmes termes, par Arrêt rendu au rapport de M. de S. Juft, le 4 Juillet 1735, au fujet d'une Riviere près Argentan. L'objet de ces fages réglemens eft de donner un moyen aux Propriétaires des Prairies de les rendre fertiles, & de conferver le droit des Propriétaires des Moulins qui fouffriroient un dommage notable, occafionné par la multiplicité des rigoles, fur-tout dans la faifon de l'été. *Voyez* Mornac *de Molendinis.*

Le bieu ou bief d'un Moulin eft un canal qui, de droit, appartient au Propriétaire du Moulin ; ainfi nul n'y peut faire de faignée, ou détourner les eaux, pour arrofer fes héritages. Les Articles CCVII & CCVIII renferment avec affez de probabilité des appartenances de Fief ; car il pourroit arriver qu'un Vaffal tenant roturierement, par la connivence des gens d'affaires d'un Seigneur, dépréciât confidérablement fes Moulins, fes Etangs, par des Fof-

C C X.

Nul ne peut faire conftruire de nouveau Pêcherie ou Moulin, fi les deux rives de la Riviere ne font affifes en fon Fief.

Par l'Article CLX, les Moulins font mis entre les appartenances de Fief. Il faut donc avoir un Fief pour pouvoir avoir un Moulin, foit à eau, foit à vent : mais les Seigneurs de Fief ne peuvent pas être empêchés d'en bâtir, quelque préjudice & diminution qui arrive aux Moulins voifins ; ce qu'il faut entendre, avec la limitation de l'Article CCVI, pourvu que cela *fe faffe fans dommage d'autrui* : car fi les Moulins faifoient déborder la Riviere, & inonder les terres des voifins, ils pourroient être contraines de les démolir.

Or il y a des Moulins bannaux & d'autres qui ne le font pas ; ce qu'il faut auffi dire des Fours. Ce droit de bannalité ne fe peut prefcrire, parce que c'eft une fervitude ; il faut donc un titre valable pour l'établir, ou des Aveux & dénombremens anciens, comme porte la Coutume de Paris en l'Article LXXI. Pour fe maintenir en la jouiffance de ces droits, il faut que la poffeffion accompagne le titre ; car on peut prefcrire la liberté contre la fervitude, par l'Article DCVII. L'effet de ces droits eft, que le Seigneur peut obliger les Vaffaux de venir moudre & cuire dans fes Moulin & Four ; & faute par eux d'y venir, il peut faifir la farine & le pain dans l'étendue de fon Fief, & les confifquer ; & hors de fon Fief, il peut pourfuivre les fujets pour le payement de ce qui lui eft dû pour ces droits, & les faire condamner à l'amende & à fes dépens : que fi les Vaffaux étoient affujettis par des titres valables à ces fervitudes de bannalité, un petit nombre qui en prétendroit l'exemption feroit obligé de la prouver ; mais il ne fuffiroit pas que la plus grande partie des tenans y fût fujette pour établir ce droit fur les autres, dont le nombre feroit un peu confidérable. Voyez les Arrêts rapportés par Bérault. Ceux qui ont ce droit de bannalité, doivent tenir leur Moulin en bon état ; car s'il ceffe faute d'entretenement, ou même par manque d'eau, les obligés peuvent impunément aller moudre ailleurs ; Loüet, M. 17. C'eft pourquoi un Moulin à vent.

---

fés & Eclufes, ou le privât de ces cafcades, de ces napes & jets-d'eau, qui font une décoration dans une maifon de campagne : ce qui n'eft pas équirable. *Voyez* Duret, fur Orléans, Art. CLXX ; d'Argentré, fur Bretagne, 269 ; Gouffet, fur Chaumont, Art. CXI ; Coquille, fur Nivernois, Tit. des Eaux, Rivieres & Etangs, Art. IV. Mais fans adopter cette opinion, qui ne paroît pas fe rapprocher affez du Texte, on pourroit fixer le terme d'ancienneté à une poffeffion immémoriale ; cependant on s'arrête aux Articles X & XI de la Charta Normande, qui ne defirent qu'une poffeffion de 40 ans. On pourroit encore dire que la faculté portée dans l'Art. CCVIII, fe borne à faire un amas ou affemblage d'eau pour le ménage, ou pour abrever les beftiaux ; car l'Eclufe n'eft rien autre chofe, fuivant du Cange, *congregatio aquarum* : elle differe de l'Effeau conftruit pour tirer l'eau d'une Riviere & la coaduire dans une Prairie ; fous cet afpect, les Foffés ou Eclufes deviennent plus tolérables, ils font quelquefois de néceffité. Confultez l'ancien Coutumier, chap. 10.

Les Rotoirs dans les Rivieres font très-préjudiciables ; la Cour s'eleve de temps en temps contre cet abus, mais inutilement : les Meûniers font trafic des Rotoirs, ce qui fait périr la poiffon.

(1)

vent ne peut être bannal , par l'Article LXXII de la Coutume de Paris. (1)
Outre le droit de Bannalité des Moulins, il y en a un de Verte-moute , qui
eſt diſtinct & plus ample que le premier ; il faut un titre ſpécial pour l'éta-

---

(1) Quand le Seigneur n'a point aliéné ſon Moulin bannal , il peut fieffer à tels de ſes Vaſ-
faux qu'il juge à propos la faculté de conſtruire des Moulins , pourvu que les nouvelles conf-
tructions ne cauſent point un préjudice notable aux Terres voiſines.
La Bannalité du Moulin a bien plus d'étendue dans la Normandie que dans la plûpart des
autres Provinces : les Vaſſaux ſujets à cette charge ſont tenus de faire moudre les grains qu'ils
conſument , ou dont ils font commerce de la farine & du pain , ſoit qu'ils ſoient excrûs ſur
leurs fonds ou qu'ils les ayent achetés au marché , ſoit que le pain ſoit vendu dans l'étendue
ou hors la mouvance du Fief : Arrêt de l'Echiquier d'Alençon du 12 Octobre 1573. Bérault.
Arrêts de la Cour des 26 Avril 1663 , & premier Août 1747. On a jugé de même à l'Audience de Grand'Chambre du 26 Février 1762 , contre un Boulanger : dans le fait , il
n'occupoit , ſous la Bannalité , qu'une Maſure , ſon Logement , & ſon Four.
Voyez Vigier , ſur Angoumois , Art. XXXI ; Soëfve , tome 2 , Cent. 4 , Chap. 53 ; Brodeau , ſur Paris , Art. LXXI ; le Grand , ſur Troyes , Art. LXIV.
Le plus grand nombre des Vaſſaux étant obligé de ſuivre le ban du Moulin , les oppoſitions
du petit nombre , dont les Aveux ne renferment point cette ſujétion , ne ſont écoutés qu'autant qu'on peut raiſonnablement préſumer qu'ils n'ont point voulu accepter des Héritages
ſous cette condition. Bérault.
Quoique le Seigneur qui a droit de bannalité ait laiſſé ſon Moulin en ruine pendant plus de
40 ans , dès que ſon Moulin ſera en état , il pourra reclamer la bannalité. Obſervations de
M. de la Bigotiere , ſur l'Art. CCXCIV de la Coutume de Bretagne.
La Bannalité eſt un Droit réel , il s'étend ſur le Gentilhomme comme ſur le Roturier , ſur
le Curé de la Paroiſſe comme ſur l'Habitant. On a ainſi jugé , par Arrêt rendu au rapport
de M. de Pelletot , le 10 Mai 1761 , quoique le Curé tînt ſon Presbytere en ce que nous
appellons , ſans le bien comprendre , pure aumône.
Le Seigneur, qui a un Moulin bannal , peut empêcher ſes Vaſſaux banniers d'avoir des Moulins à meule , que l'on tourne à force de bras : Arrêt du 9 Mars 1743.
Lorſque les Aveux établiſſent le Droit de bannalité purement & ſimplement , le Propriétaire du Moulin peut exiger le Droit de moute en eſſence , nonobſtant la poſſeſſion
qu'oppoſeroient les Vaſſaux de l'avoir payé en argent , ſi la preſtation en deniers n'a pas
été uniforme entre les banniers ; il n'y a que ce moyen de donner au Droit de moute une
détermination certaine : Arrêt en Grand'Chambre , au rapport de M. d'Equaquelon , du
18 Mai 1763 , en faveur de M. le Duc de Luxembourg.
L'uſage général de cette Province a fixé le Droit de moute au ſeizieme du boiſſeau , s'il n'y
a un titre contraire ; & on a ſans doute condamné , ſur des titres particuliers , les Boulangers
de Liſieux , par Arrêt du 5 Mars 1758 , à payer , pour Droit de moute , la quatrieme partie
du boiſſeau.
On ne peut preſcrire contre la bannalité du Moulin , ſi ce n'eſt par une Communauté
d'Habitans : Arrêt du Parlement de Paris , au rapport de M. Paſquier , du 2 Mars 1758 ,
en faveur de M. le Duc de la Trémouille ; Jacquet , Traité des Juſtices de Seigneur , &c.
Mais la preſcription ne court que du jour qu'ils ont joui publiquement au vu & au ſçu du
Seigneur , d'une liberté contraire au titre d'aſſujettiſſement , ou plutôt au titre d'inféodation.
Un Arrêt du premier Septembre 1724 renouvelle les diſpoſitions des anciens Réglemens
ſur la néceſſité & la Police des Poids , Balances & Meſures dans les Moulins.
Par Arrêt du premier Octobre 1724 , il eſt défendu aux Meûniers d'avoir aucune porte ni
entrée de leur Chambre , Appartement , ni ouverture particuliere pour avoir communication
avec la Tremuie du Moulin ; il eſt auſſi de regle que l'aire du Moulin ſoit pavée , qu'il n'y
loge point de Chevaux , & qu'il n'y entre point de volatiles qui puiſſent faire tort aux Vaſſaux.
Le Cormier , dans ſon Code , Tit. des Fiefs , 4. Part. Art. CCCXX , dit que le grain du
Vaſſal doit ſe moudre dans les 24 heures de l'apport , ou que le Vaſſal a la liberté de faire
moudre ailleurs : La Déciſion de M. le Cormier ſe trouve dans l'Art. XXV de la Coutume
d'Anjou ; le grain doit être moulu dans l'ordre que chacun arrive au Moulin ; Chopin , ſur
Anjou , Art. XIX ; d'Argentré , ſur Bretagne , Art. CCCLXV.

Tome I.   E e

blir. Il confiste dans l'obligation qu'ont les Vaffaux de payer une partie des grains qu'ils recueillent fur les terres dépendantes du Fief, encore qu'ils n'y réfident point, par rapport à ce qu'ils pourroient confumer pour la nourriture de leurs familles, en cas qu'elles réfidafient fur le Fief. Quelques droits de Verte-moute renferment une obligation encore plus ample ; c'eft-à-fçavoir, de payer une partie de tous les grains recueillis fur le fonds fervant ; ordinairement c'eft la feizieme gerbe, comme la feizieme partie du boiffeau eft la redevance la plus commune des Moulins bannaux. (2)

Les Vaffaux ne font point, dans l'efprit des décifions, affujettis à la Bannalité, tandis que le Moulin du Seigneur n'eft point dans l'état prefcrit par les Réglemens ; mais ils ne peuvent fe rendre juftice à eux-mêmes, l'exception contre la Bannalité n'a lieu que du moment qu'elle eft propofée par les Vaffaux.

Si la farine des Banniers qui vont moudre en fraude eft faifie fur le Fief, elle doit être confifquée ; mais on ne comprend point dans la forfaiture les bêtes & le harnois. Le Meûnier peut arrêter ceux des Vaffaux qu'il trouve en contravention, fans le miniftere d'un Huiffier ou d'un Sergent : Arrêt du 24 Janvier 1765.

Quand le Meûnier vient par action, il obtient, la contravention étant prouvée, des intérêts proportionnés au droit de moute, au temps de la contumace, & au nombre des perfonnes qui réfident chez le Vaffal délinquant.

Mais plus la Bannalité eft rigoureufe en Normandie, plus on doit févir avec force contre le Meûnier qui malverfe ; il y a des circonftances où l'intérêt des Vaffaux, très-fouvent compliqué avec celui du public, exigent qu'on inflige des peines capitales aux Meûniers infideles. Ainfi jugé par Arrêt du 23 Août 1754, contre le Meûnier de Sainte Croix de Bernay.

Après la Bannalité, on traite de l'obligation au chariage des meules ; fouvent dans les Aveux il y a une alternative de lieu défignée pour l'achat des pierres de moulage, l'un eft plus proche du Fief, l'autre eft plus éloigné ; bien des motifs portent à décider que le Seigneur a le droit d'opter. Les Vaffaux tiennent leurs fonds de la conceffion du Seigneur ; les Redevances féodales font ordinairement très-modiques ; un Moulin bannal fur le Fief eft d'une grande commodité, & les Vaffaux font bien moins génés dans le chariage de la pierre que le Seigneur qui fournit le prix de la matiere. Ainfi jugé par Arrêt du mois de Juin 1758, au rapport de M. de Normanville.

L'obligation à la Bannalité & au chariage des meules, paroît emporter celle de charier les matériaux néceffaires à la cage du Moulin ; mais il n'en réfulte pas que les Tenans doivent voiturer ceux qui feront employés au lieu de la réfidence du Meûnier, il faut un titre exprès. Confultation de M. Thouars.

Le curage du bieu du Moulin eft bien moins une corvée que l'exécution même du Titre par lequel le Seigneur confent de conftruire un Moulin fon Fief, & les Vaffaux s'obligent d'y porter leurs grains. On a même affujetti, par Arrêt du 8 Avril 1701, le Propriétaire des deux Rives d'un petit Courant de le curer une fois par an pour l'ufage des deux Moulins bannaux en faveur du Propriétaire.

Il y a cependant bien des Droits qui femblent des dépendances de Fiefs, que l'on s'eft habitué à regarder comme des corvées odieufes ; les abus de quelques Seigneurs ont fait naître ces idées.

(2) Le Droit de Verte-moute n'eft point une fuite de la Bannalité du Moulin, il faut un Titre pour l'établir ; on n'argumente point du grand nombre contre le petit ; des Aveux rendus au Seigneur fuzerain, énonciatifs de ce Droit, n'ont de force qu'autant qu'ils font foutenus d'une poffeffion de 40 ans fans proteftation des Vaffaux ; cette poffeffion, étant toute de fait, fe renferme dans le cercle des hommes & tenans qui en ont fouffert l'exercice : Arrêt du 23 Juillet 1736. Quelques-uns ont cru cependant que la Verte-moute étoit un dédommagement qui appartenoit, de droit, au Seigneur fur les Vaffaux non reffeans, ils argumentoient de l'Article CLXXXVIII de la Coutume & d'anciens Arrêts ; mais fuivant cette opinion, le même Propriétaire payeroit la Verte-moute dans le lieu où il ne demeure pas, & la moute dans le lieu de fa réfidence : il en réfulteroit encore que la Verte-moute s'étendroit non-feulement fur les grains de confommation, mais fur ceux qu'il pourroit vendre :

C C X I.

Trefor trouvé aux Terres du Domaine du Roi, appartient au Roi ; & s'il eft trouvé ailleurs, il appartient au Seigneur du Fief, foit Lay ou Eccléfiaftique.

C C X I I.

Néanmoins s'il eft trouvé dans la Nef ou Cimetiere de l'Eglife, il appartient à la Fabrique ; & s'il eft trouvé dans le Chœur de l'Eglife, il appartient à celui qui doit entretenir le Chœur ou Chancel.

Les Trefors font des chofes qui, par leur définition, n'appartiennent à perfonne : *Vetus pecuniæ depofitio cujus memoria non extat, ita ut Dominum non habeat, l. 31. ff. De acquirendo rerum dominio* (1). C'eft pourquoi ils devroient appartenir à l'inventeur, qui en eft le premier occupant, par la raifon du droit naturel & des gens, que le Droit Romain avoit fuivie dans fa premiere inftitution ; *fic enim fit ejus qui invenerit, quod non alterius fit*, comme il eft dit enfuite dans ladite Loi : mais la Coutume s'eft départie de cette équité, que Juftinien a appellée naturelle, au paragraphe *Thefauris*, dans les Inftitutes, au même Titre, *De rerum divifione*, pour attribuer par ces deux Articles les Trefors ou aux Seigneurs, quand ils font trouvés fur leurs Fiefs, comme elle leur donne les chofes gaïves par les Articles CXCIV & DCV, ou au Roi, quand ils font trouvés fur les terres de fon Domaine. Si la queftion touchant les Trefors trouvés fus les terres de franc-Aleu, fe décidoit par des raifons de fimilitude, il la faudroit réfoudre en faveur des propriétaires, parce qu'ils ont une propriété complete, ayant le domaine direct & utile de

la demande eft donc exorbitante, elle doit donc être fondée en titre & en poffeffion.

Le Champart fe regle a peu près dans cette Province comme la Verte monte : le Seigneur doit établir fon droit fur la chofe même, & le plus grand nombre des Vaffaux n'oblige point en ce cas le plus petit ; mais fi les Aveux font prefcrits, le Seigneur peut juftifier par la preuve vocale fa poffeffion : Arrêt du 14 Juillet 1761, au rapport de M. d'Ambrun. Cependant il paroît fingulier qu'un Seigneur qui a une Jurifdiction pour maintenir fes Droits, & que la Coutume autorife à les faire reconnoître par l'Article CLXXXV, ait laiffé écouler un fi long temps fans former aucun Acte d'interruption.

On prétend que le Champart ne s'étend point fur le Sarrafin, quand le Seigneur n'eft point en poffeffion de le percevoir fur cette forte de grains ; & on allegue en preuve un Arrêt du 16 Mai 1722, rendu au rapport de M. Pigou. Quelque faveur que mérite la libération, on doit penfer que le droit du Seigneur eft fondé fur la tradition du fonds. Dans les cantons de la Province où le Sarrafin exige une façon de terre & fert de nourriture à l'homme, quel eft le prétexte de priver le Seigneur du Champart fur une piece de terre où il eft en poffeffion de le percevoir lorfqu'elle eft enfemencée d'autres grains ?

Le Seigneur de Fleury a été maintenu, par Arrêt du 8 Juillet 1724, au rapport de M. Hubert, dans la poffeffion d'exercer le droit de Champart fur les fruits des arbres plantés dans les terres de fes Vaffaux fujettes à ce droit, dans la proportion qu'il le percevoit en grain : cet Arrêt eft jufte, & il n'accorde au Seigneur qu'un défintéreffement. J'abandonne mille autres queftions fur le Champart.

(1) *Voyez* le grand Coutumier, Liv. 4, Chap. 5. *Joannes Galli*, queft. 193 ; d'Argentré, fur Bretagne, Art. LIII, n. 1 & 2 ; Mornac, fur la Loi *A tutore D. de rei vind.* le Bret, Liv. 6, D. 4.

leurs héritages. Les Tréfors ne font pas réputés être un fruit du fonds dans lequel ils étoient cachés ; c'eft pourquoi ils n'appartiennent ni à l'Ufufruitier , ni aux Engagiftes du Domaine du Roi , mais ils appartiennent au Mari , non comme fruits des héritages de fa Femme , mais comme meubles échus conftant le mariage , fuivant l'Article CCCXC. Quant aux Tréfors trouvés dans l'Eglife ou le Cimetiere , d'autant que ces fonds ne dépendent ni du Roi ni des Seigneurs de Fief , il a été néceffaire d'en faire une difpofition particuliere , qui eft expliquée dans l'Article CCXII (2). Il a été jugé , que les propriétaires & les locataires contribueroient à la réparation ou réédification du Prefbytere ; les propriétaires , des trois quarts , & les locataires , de l'autre quart de la taxe à laquelle les héritages de la Paroiffe auront été cotifés , par Arrêt du 7 de Juin 1652 , rapporté par Bafnage : ce qui fe doit entendre quand le Curé ou fes héritiers n'y peuvent être obligés. Voyez ce qui a été dit fur l'Article LXXV de la réparation de la Nef & Chœur des Eglifes , & de la réparation & réédification du Prefbytere. (3)

---

(2) Théodoric mettoit les tréfors au nombre des biens fifcaux , & il fe les attribuoit à l'exclufion de fes Sujets , *quifquis thefaurum reperiffet* , dit Caffiodore , *ad fifcum deferre debebat*.

Bacquet , Chap. 32 , des Droits de Juftice , fait mention d'une Ordonnance de S. Louis , & d'un ancien Arrêt de l'an 1252 , qui adjugeoient au Roi les trefors en efpeces d'or. *Voyez* Chopin , du Domaine , Liv. 2 , Chap. 5.

Les Mines d'Or & d'Argent appartiennent , en France , au Roi , en payant les fonds au Propriétaire , mais les autres Mines appartiennent aux propriétaires , qui peuvent fouiller dans leurs fonds comme il leur plaît , en payant au Roi le dixieme du revenu , fuivant les Ordonnances.

Plufieurs Coutumes de France adjugent les Tréfors trouvés aux Hauts-Jufticiers , au préjudice des fimples Seigneurs de Fiefs.

Par le Droit Romain , les Tréfors trouvés dans des lieux facrés ou religieux , fe partageoient par moitié entre l'Empereur & celui qui les avoit découverts ; mais , fuivant les Auteurs cités par Bacquet , on accorda dans la fuite aux Eglifes cette portion que le Fifc revendiquoit.

La queftion réfolue par Pefnelle eft ainfi décidée par du Moulin , §. 1 , Gl. 1 , n. 60 , §. 55 , Gl. 10 , n. 48 : *Thefaurus nullo modo eft fructus fundi , nec civilis , nec naturalis ac nec etiam pars vel portio aliqualis fundi ; fed res prorfus feparata nihil cum fundo habens commune & fic ufusfructus qui habetur in fundo non poteft extendi ad thefaurum in eo inventum.*

(3) Les Tréforiers commettent une efpece de fimonie , dit Bérault , lorfqu'aux Inhumations ils prennent de l'argent pour l'ouverture de la terre : Arrêt du 13 Août 1592. Nous fuivons les Réglemens des Evêques , homologués à la Cour , pour la rétribution à la Fabrique , quand on inhume dans les Eglifes.

Par Arrêt du 14 Mai 1708 , le Parlement fait défenfes à tous Prêtres , Curés & Vicaires prenant dixme , d'exiger ni percevoir aucune fomme , tant pour les Inhumations que les autres fonctions & adminiftrations des Sacremens , à peine de reftitution du quadruple.

Les Curés & Recteurs de la Province de Bretagne fe maintiennent dans un Droit de Neume , qui eft une portion de la Succeffion mobiliaire du défunt. Ce monument de la fuperftition s'eft formé dans le temps du fchifme d'Avignon : les Arrêts de ce Parlement lui ont porté des coups violens en différens temps ; il feroit à fouhaiter qu'il n'en reftât plus aucun veftige.

Les réparations des Presbyteres fatiguent les Habitans qui ne peuvent pas facilement s'émouvoir , les préliminaires font pénibles & difpendieux , le cours des opérations fouvent traverfé ; & quand elles font faites , nouvelles difficultés dans la répartition des deniers débourfés & dans le payement. C'eſt , ſans doute , dans ce point de vue réuni à un point d'équité, que la nouvelle Juriſprudence a fixé les objets de réparation qui intéreſſent le général des Paroiſſes ; il lui ſuffit de fournir au Curé un logement convenable , qui ne comprend pas les Granges , Preſſoirs , Etables ni autres lieux à Beſtiaux ; on excepte cependant une Ecurie , lorſque la Paroiſſe eſt d'une certaine étendue à obliger le Curé d'avoir un cheval pour viſiter ſes Paroiſſiens.

Cette Juriſprudence n'exclut point les moyens de droit que peut avoir le général d'une Paroiſſe contre les Héritiers du Curé , contre le Curé même , s'il néglige les réparations à ſa charge , & qui puiſſent conſtituer le général en perte , s'il a omis en entrant de dreſſer un Procès-verbal de l'état des lieux.

L'Ordonnance de Blois , Art. LII , l'Edit de Melun , Art. III , & la Déclaration du 18 Février 1661 , cités à la ſuite de l'Eſprit de la Coutume de Normandie , ordonnent de faire entretenir le logement du Curé : la Déclaration du mois de Février 1657 , & celle du mois de Mars 1666 , en chargent les Paroiſſiens ; il eſt défendu , par la Déclaration du 31 Janvier 1690 , aux Marguilliers des Fabriques & Paroiſſes d'entreprendre , ſans une autoriſation légitime , précédée de Devis eſtimatif , aucuns Bâtimens , ſoit pour conſtruire ou augmenter leurs Egliſes & Paroiſſes.

Il régnoit en Normandie un uſage ſingulier , & notamment dans l'étendue du Diocèſe de Rouen , par lequel les Doyens ruraux & Promoteurs , étoient reſponſables en leur nom par l'inſolvabilité des Curés , des réparations à faire aux Presbyſteres ; cet abus a été corrigé par une Déclaration du 27 Janvier 1716. Il en réſulte en outre des principes d'une grande étendue dans cette matiere , c'eſt q l'après que le logement du Curé aura été fourni & mis en bon état par les habitans , le Curé pendant ſa vie , & ſes héritiers après ſa mort , ſont tenus de toutes les réparations dont un Curé doit être chargé dans les maiſons Presbytérales ; qu'il peut être contraint , par la ſaiſie de ſon temporel , juſqu'à la concurrence du tiers de ſon revenu , & ſes effets ſaiſis après ſa mort , & vendus pour en être le prix employé aux réparations , ſuivant le Procès-verbal ; on trouve une ſemblable diſpoſition dans l'Edit de 1695 : ces réparations ſont les mêmes que celles que l on exige d'une douairiere ou de tout autre uſufruitier ; le Clergé , toujours empreſſé à ſurcharger les biens qui ſont en commerce , a tenté inutilement , en 1725 , de réduire l'obligation du Curé aux réparations locatives. Il réſulte encore des engagemens réciproques , entre le Curé & les Habitans , que le Curé ne peut édifier , même à ſes frais , ſans le conſentement du général de la Paroiſſe , une maiſon Presbytérale qui puiſſe , dans la ſuite , aggraver les charges de la Paroiſſe , pourvu que l'ancien bâtiment ſoit convenable. Je ſuis entré dans ce détail pour le développement de quelques regles générales que je propoſe ſous cet Article.

L'action en réparation du Presbytere eſt annale ; mais l'an ne ſe compte que du jour de la poſſeſſion actuelle du nouveau Curé , & non pas de celui de ſa priſe de poſſeſſion. En effet , la préſomption que celui qui ſe ſert des bâtimens pendant un an , ſans réclamer , les a trouvés en bon état , ſuppoſe une jouiſſance actuelle & effective : Arrêt du 27 Mars 1753 , à la petite Audience de Grand'Chambre , & telle eſt la Juriſprudence actuelle.

Voyez , ſur la maniere de procéder des Communautés , l'Edit du mois d'Avril 1683 , & les Déclarations des 2 Août 1687 & 1703.

CHAPITRE DIXIEME.

DES GARDES.

LA Garde est un Droit féodal, en quoi elle differe de la Garde Noble & Bourgeoise, qui est autorisée par la plûpart des Coutumes, & laquelle est purement personnelle, étant attribuée aux Pere, Mere, Aïeul & Aïeule des Mineurs, dont il y a un Titre exprès dans la Coutume de Paris. Par ce Droit féodal, l'héritage tenu par Foi & Hommage, est mis en la main du Seigneur supérieur, afin qu'il en jouisse & le conserve à son Vassal pendant sa minorité. Il y a deux sortes de Gardes, l'une Noble Royale, & l'autre Noble Seigneuriale, dont les effets sont fort différens : car par la Garde Royale, qui a lieu lorsque le propriétaire d'un Fief tenu immédiatement du Roi, est mineur ; le Roi jouit non-seulement du Fief mouvant de son Domaine, mais de tous les biens immeubles, soit Nobles, soit non Nobles, qui appartiennent au Mineur ; c'est-à-dire, qui composent la succession, par laquelle le Fief tenu immédiatement du Roi, est échu au Mineur : mais par la Garde Seigneuriale, le Seigneur ne jouit que de l'Héritage Noble tenu de son Fief, & non des autres biens du Mineur qui tombe en sa Garde. (1)

De cette premiere différence, il en naît une autre, qui est, que celui qui a eu don du Roi de la Garde Royale, (le Roi fait toujours ce don, & ordinairement à quelque proche parent des Mineurs) est obligé de nourrir les Mineurs selon leur qualité, âge, famille & facultés ; & de plus, de les ac-

---

(1) La Garde, telle qu'elle est en usage en Normandie, dérive certainement du Gouvernement féodal. Les Fiefs commencerent à se perpétuer dans les familles bien auparavant que l'obligation à un service militaire eût cessé de faire la baze des investitures. Un foible enfant au berceau étoit incapable de fonctions aussi pénibles ; le Seigneur perçut, par forme de dédommagement, les fruits de son Fief, jusqu'à ce que devenu robuste, il pût se revêtir de la pesante armure du temps & monter un cheval garni de chanfrin. Couvel. Inst. J. Ang. Glanville, Liv. 7, Chap. 9 & 12 ; Skinner, Liv. 2 ; Smith, Rep. Angl. Buchanan, Hist. d'Ecosse, Liv. 6 ; d'Argentré, sur Bretagne, 74 ; Chopin, sur Paris, Liv. 1, Tit. 1.

Fortescue, dans son éloge des Loix Angloises, a dévelopé l'origine de la Garde : *Si hæreditas teneatur per servitium militare, tunc per leges terræ illius infans ipse, & hæreditas ejus non per agnatos neque cognatos, sed per dominum feudi illius custodientur, quousque fuerit ætatis viginti & unius annorum, & quis infantem talem, in artibus bellicis quos facere ratione tenuræ suæ ipse astringitur domino feodi sui, melius instruere poterit aut volet, quàm dominus ille, cui ab eo servitium militare debetur, & qui majoris potentiæ & honoris estimatur, quàm sunt alii omnes propinqui tenentis sui ; ipse namque ut sibi ab eodem tenente melius serviatur, diligentem curam adhibebit, & melius in his eum erudire censetur, quàm reliqui amici juvenis rudes forsan & armorum inexperti, maximè si non fuerit magnum patrimonium ejus, & quid utilius est infanti, qui vitam & omnia sua periculis exponet in servitio domini sui ratione tenuræ suæ, quàm in militia, actibusque bellicis imbui, dùm minor est, cùm actus hujusmodi ipse in ætate declinare non poterit ?*

quitter de toutes rentes feigneuriales, foncieres & hypotheques ; c'eft-à-dire,
des arrérages qui échéent pendant le temps de la Garde : Au contraire, ceux
à qui la Garde Seigneuriale appartient, ne font pas obligés à la plûpart de
ces charges, finon au cas que les Mineurs n'ayant point d'autres biens, ou
en ayant peu, les Tuteurs miffent aux mains des Seigneurs, tous les immeubles appartenant à leurs Pupilles ; car en ce cas, le Seigneur gardien feroit
obligé aux charges déclarées dans l'Article CCXV : ce qui arrivera encore,
fi le Mineur, ayant plufieurs Fiefs, à caufe defquels il tombe en Garde, il ne
lui refte point de revenu qui foit fuffifant pour fa nourriture & fon entretien, & pour fatisfaire aux dettes & charges de fa fucceffion : car en cette
autre rencontre, les Seigneurs à qui la Garde appartiendra, feront obligés
de contribuer chacun par proportion de la valeur des Fiefs qui font tombés
en leur Garde, à toutes lefdites charges ; & partant les Seigneurs doivent auparavant délibérer, s'il leur eft expédient d'accepter la Garde ; & pour cette
fin, ils peuvent demander qu'on leur communique les Lettres & Ecritures,
& qu'on leur baille une déclaration des dettes & charges de la fucceffion des
Mineurs : ce qui a été jugé par un Arrêt de l'11 de Juillet 1614, rapporté par
Bérault ; parce qu'encore que le Seigneur puiffe en tout temps renoncer à
la Garde, il eft néanmoins obligé d'en acquiter toutes les charges pendant
qu'il en jouit, bien que les charges excedent le revenu, comme il a été remarqué fur l'Article CCI.

De plus, les Seigneurs gardiens ne font pas obligés à rendre compte, ni
à payer aucun reliquat, parce que les fruits leur font acquis abfolument, en
acquittant les charges. Il n'en eft pas de même pour ceux qui ont eu le don
de la Garde Royale, qui n'eft accordée qu'à la charge de rendre compte, &
de rapporter tout ce qui n'a pas été confumé à l'acquit des charges : de forte
que tout l'avantage qu'ont cés donataires, eft qu'ils ne font pas obligés de
remplacer les deniers des Pupilles ; mais s'en peuvent éjouir pendant la Garde, fans en payer aucuns intérêts ; il en faut excepter la Mere & le Tuteur ;
car fi le don de la Garde leur a été fait, il eft réputé fait aux Mineurs, aufquels la Mere & le Tuteur audit cas font comptables des intérêts pupillaires :
ce qu'il faut limiter à l'égard du Tuteur, quand le don lui a été fait depuis
qu'il a été inftitué Tuteur ; car fi le don lui a été fait avant fon inftitution,
il peut s'exempter des intérêts pupillaires, en fe réfervant lors de fon élection à jouir de l'effet de la Garde qui lui avoit été donnée : ce qui eft attefté par l'Article XXXVI du Réglement de 1666, auquel il faut joindre les
Articles XXXIV & XXXV du même Réglement, qui enfeignent que le donataire de la Garde Royale n'eft obligé aux charges de cette Garde, que jufqu'à la valeur des biens : & que de plus, parce qu'il eft exempt de payer les
intérêts pupillaires, il ne peut demander aucune chofe pour fes vacations ;
mais feulement fes voyages & féjours hors de fa maifon.

Il y a encore d'autres différences entre ces deux Gardes, dont la première
eft, que la Royale ne finit qu'après vingt-un ans accomplis ; de forte que
celui qui eft majeur, peut être fous la Garde Royale ; ce qui ne fe peut dire
de la Garde Seigneuriale ; car elle finit à vingt ans accomplis, qui eft l'âge de
majorité requis par la Coutume de Normandie.

L'autre différence eft, que pour fortir de la Garde Royale, il faut des Lettres Patentes de la Grande Chancellerie, qui foient entérinées en la Chambre

des Comptes, & que la main-levée foit faite avec la même folemnité que la prife de poffeffion de la Garde ; cette folemnité eft expliquée par Bérault fur l'Article CCXV. Mais les Gardes Seigneuriales finiffent par l'âge de vingt ans, de forte qu'il fuffit de faire fignifier aux Seigneurs le paffé-âgé. (C'eft un Acte par lequel le Juge certifie qu'on eft âgé, c'eft-à-dire, majeur.) Par l'Article CCXXIV même, ce qui a été fait par le Vaffal depuis fa majorité, eft valable, encore que cette fignification n'ait pas été faite ; comme il a été jugé à l'égard de la préfentation faite à un Bénéfice par le Vaffal devenu majeur, par un Arrêt du 14 de Février 1537, rapporté par Bérault.

Il faut remarquer, que celui qui jouit par engagement du Domaine du Roi, ne peut prétendre à la Garde Royale, qui eft entre les Droits Royaux inceffibles ; & en outre, que dans le don que fait le Roi de fa Garde, la préfentation aux Bénéfices eft ordinairement réfervée au Roi, qui a un tel droit pour les Patronages qui appartiennent au Mineur qui tombe en la Garde Royale, que la Douairiere qui a pour fon douaire un Fief dont dépend un Patronage, n'a pas le droit de préfenter au Bénéfice, à moins qu'il n'y ait dans quelqu'autre Fief qui foit compris dans la Garde Royale, un Patronage en vertu duquel le Roi puiffe préfenter à un Bénéfice : car s'il n'y a qu'un feul Patronage dans la fucceffion du Mineur, ou qu'il ait été fait quelque chofe à deffein de fruftrer le Roi du droit de préfentation, le Roi préfentera valablement. Voyez-en les Arrêts rapportés par Bérault, fur l'Article CCXV, de l'11 d'Avril 1510, du 4 de Mars 1556, du 3 d'Avril 1516 & du 6 de Juin 1522. Tout au contraire, celui qui eft l'ufufruitier d'un Fief qui eft en la Garde Seigneuriale, jouit du droit de la préfentation au Bénéfice, parce qu'elle eft réputée un fruit : ce qu'on peut obferver pour une différence qui eft en plus outre entre la Garde Royale & la Seigneuriale.

Après en avoir déclaré les différences, il eft à propos d'expliquer en quoi elles font femblables & leurs convenances. Premierement, fi le donataire de la Garde Royale & le Seigneur négligent de demander la Garde, ils n'en peuvent prétendre aucuns droits pendant cette négligence, parce que la jouiffance de ces Gardes ne commence que du jour que celui qui la prétend, en a fait la demande en Juftice, ou que le donataire a préfenté les Lettres du don qu'il en a obtenu, pour être enregiftrées ; lefquelles demeureront fans effet, fi l'Impétrant n'obtient un Arrêt d'enregiftrement fur icelles, comme il eft attefté par l'Article XXXII du Réglement de 1666.

De plus, le donataire & le Seigneur font obligés d'acquitter les charges dûes à raifon des héritages qui dépendent de leur Garde, & d'entretenir les chofes en bon état, & d'en ufer à l'exemple de l'Ufufruitier qui eft obligé à la confervation de la chofe, & de fe comporter comme un bon Pere de Famille : c'eft pourquoi ils ne doivent pas vendre ni arracher les bois, ni remuer les maifons ; & s'ils font le contraire, ils en doivent perdre la Garde & aménder le dommage, par l'Article CCXXI.

D'ailleurs il eft commun & égal entre les deux Gardes, que fi le Mineur a des Vaffaux qui tombent en fa Garde, cette Garde appartient au Roi ou au Seigneur : de forte néanmoins, que le Roi n'a pas plus d'avantage dans cette Garde (la Coutume l'appelle Arriere-Garde en l'Article CCXXII) que le Seigneur. Comme auffi, le Mineur fortant de Garde, a non-feulement la délivrance de fon Fief, mais auffi de celui qui étoit tombé en l'Arriere-Garde.

Une

Une autre convenance des deux Gardes eſt, qu'en l'une & en l'autre on donne des Tuteurs aux Mineurs, pour avoir ſoin de leurs perſonnes ; & non-ſeulement de leurs biens meubles, qui ne tombent jamais en Garde, com ne il eſt atteſté par l'Article XXXIII dudit Réglement, mais de leurs immeubles ; le Gardien n'étant pas partie capable de ſe préſenter en Jugement, pour la conſervation des biens des Mineurs, & n'y ayant qu'un Tuteur qui ait cette autorité, comme il eſt prouvé par Loüet, G. 6. outre que les Tuteurs ſont néceſſaires, pour obliger les Gardiens à faire leur devoir, & à exécuter ce qui leur eſt enjoint par la Coutume. Dont on doit conclure que c'eſt le Fief, à parler proprement, qui eſt en Garde, pour être conſervé en ſon entier, mais que les perſonnes des Mineurs ſont en tutelle.

De plus, ceux qui ſortent de l'une ou de l'autre Garde, ne doivent aucuns Reliefs des terres qui ont été compriſes dans la Garde ; ce qui eſt bien expli-qué dans l'Article CCXXV.

Enfin, ce qui eſt dit des Filles, eſt commun à l'une & à l'autre Garde ; car le Mariage les en exempte par l'Article CCXXVII, les y fait tomber, quand elles ſe marient à un Mineur de vingt ans, par l'Article CCXXX & les em-pêche d'y retomber, quand après la mort de leur Mari elles n'ont pas encore atteint l'âge de vingt ans, par l'Article CCXXXII.

C C X I I I.

Les Enfans mineurs d'ans, après la mort de leur Pere, Mere, ou autre leur Prédéceſſeur, tombent en la Garde du Seigneur duquel eſt tenu par Foi & par Hommage le Fief noble à eux échu, ſoit Fief de Haubert ou membre de Haubert, juſqu'à un huitieme.

Par Prédéceſſeur, on entend tant la ligne collaterale que directe, parce que tous les Fiefs appartenans à des Mineurs par droit de ſucceſſion, tombent en Garde. On conclut de cet Article, que les Paragers ne tombent point en Garde, parce qu'ils ne relevent point par Foi & Hommage ; & partant la définition qui eſt en l'Article C, n'eſt pas exacte, comme il a été remarqué ſus ledit Article. (1)

___

(1) Les Mineurs tombent en Garde à raiſon des Sergenteries glébées & des Vavaſſories Nobles.

Il y a ouverture à la Garde par un avancement de ſucceſſion en faveur du Mineur ; car le cas de mort exprimé par la Coutume, eſt le cas le plus ordinaire.

Quoique la jouiſſance de la Garde féodale ne commence, ſuivant l'Art. XXXI du Réglement de 1666, que du jour de la demande judiciaire, les parens du Mineur peuvent s'arranger à l'amiable avec le Seigneur ſur les fruits de la Garde ; & le Seigneur a la liberté de ſe retenir, par l'arrangement, la préſentation aux Bénéfices qui vaqueront pendant la Garde. Baſnage, ſous l'Art. CCXV. Mais ſi le Seigneur n'a point fait cette réſerve, il n'a point le droit de préſenter aux Bénéfices vacans depuis la remiſe ; Arrêts des 19 Juillet 1729 & 15 Mai 1759. Cependant il paroît dur qu'un Seigneur ayant gratifié de la Garde un enfant au berceau, ſon Tuteur ſouvent parent très-éloigné profite d'une nomination que le pu-pille ne peut faire, & qui auroit appartenu au Seigneur, s'il avoit été moins généreux. Mais quand, dans l'intervalle du décès du Pere du Mineur, à la demande de la Gar-de formée par le Seigneur, un Bénéfice dépendant du Fief vient à vaquer, il ſemble

CCXIV.

Il y a Garde-Noble Royale & Garde-Noble Seigneuriale.

CCXV.

La Garde Royale eſt quand elle échet pour raiſon de Fief Noble tenu nuement & immédiatement de lui ; & a le Roi par privilége ſpécial, que non-ſeulement, il fait les fruits ſiens des Fiefs Nobles immédiatement tenus de lui, & pour raiſon deſquels on tombe en ſa Garde : mais auſſi il a la Garde & fait les fruits ſiens de tous les autres Fiefs Nobles, rotures, rentes & revenus tenus d'autres Seigneurs que lui, médiatement ou immédiatement ; à la charge toutefois de tenir en état les Edifices, Manoirs, Bois, Prés, Jardins, Etangs & Pêcheries, payer les arrérages des Rentes ſeigneuriales, foncieres & hypotheques qui échéent pendant la Garde, & de nourrir & entretenir bien & dûement les Enfans ſelon leur qualité, âge, facultés & famille ; & ſont ceux auſquels le Roi fait don deſdites Gardes, ſujets auſdites charges, & d'en rendre compte au profit des Mineurs.

Ce qui eſt dit par cet Article CCXV, que *le Roi fait les fruits ſiens*, ſe doit interpréter par les dernieres paroles qui y ſont employées, qui ſont : *Que celui à qui le Roi a fait don de la Garde, eſt obligé de rendre compte au profit des Mineurs :* ce qui a été bien expliqué par le Réglement de 1666, dans les Articles XXXIV & XXXV, comme il a été dit. (1)

Il faut en outre remarquer, que la Garde qui peut appartenir au Roi à

que la nomination du Bénéfice appartient au Seigneur. Par l'Art. CCXIII de la Coutume, le Mineur tombe en Garde par le ſeul fait du décès du dernier poſſeſſeur du Fief, dont il eſt héritier ; & l'Art. XXXII du Réglement de 1666 ne paroît avoir d'autre objet que de ſauver au Mineur la reſtitution des fruits : cependant on penſe communément que le Seigneur n'a qu'un Droit à la Garde, qu'il eſt tenu de faire valoir, & que juſque-là, de-même que dans le cas de défaut d'Aveu, il n'eſt point préſumé ſaiſi ; il faut donc dire que dans cette eſpece, la préſentation appartient au Mineur ou à ſon Tuteur.

(1) La Garde Noble Royale, quoiqu'elle ſuppoſe un Fief dans la mouvance du Roi, eſt un Droit à cauſe de la ſouveraineté : il s'étend ſur tous les biens immeubles du Vaſſal en minorité, il eſt attractif des autres Fiefs qui relevent des Seigneurs particuliers. L'origine de ces prérogatives ſe puiſe dans l'hiſtoire de notre Gouvernement ; autrefois nos Ducs ſe chargeoient de l'éducation de leurs Vaſſaux pupilles : on n'auroit point vû dans ces ſiecles un Vaſſal immédiat du Duc paſſer ſes jeunes années dans la Cour d'un autre Baron, ſes Parens auroient refuſé au Souverain les iſſues de la Garde ; l'engagement étoit réciproque, il lioit le Prince comme le Vaſſal.

Bérault rapporte que le Roi a accordé aux Etats de Normandie, ſur leur requiſition, que dans le concours de pluſieurs parens qui auroient obtenu le don de la Garde Royale, la Chambre des Comptes, lors de la vérification, préférât le parent les plus proches, & ſuivît en cela l'ordre des Tutelles.

caufe des Fiefs qui font hors de Normandie, ne préjudicie pas au droit de la Garde Seigneuriale, qui appartient aux particuliers à caufe de leurs Fiefs ; & de plus, que la Garde Royale n'attribue pas la jouiffance des autres biens, foit Fiefs ou Rotures, qui font provenus d'une autre fucceffion que de celle dans laquelle eft compris le Fief, qui donne ouverture à la Garde Royale. Ces deux queftions ont été jugées : la première, par un Arrêt du 20 Février 1597, & la feconde, par un Arrêt du 18 de Juillet 1617. Ces deux Arrêts font rapportés par Bérault. (2)

CCXVI.

Le Seigneur féodal a feulement la Garde des Fiefs nobles qui font tenus de lui immédiatement, & non des autres Fiefs & biens appartenans aufdits Mineurs tenus d'autres Seigneurs, foit en Fief ou en Roture.

CCXVII.

Les biens appartenans à Sous-âges, foit en Fief ou en Roture ; lefquels ne tombent en Garde, font régis & gouvernés par leurs Tuteurs, à la charge de leur en rendre compte quand ils feront en âge.

L'Article CCXVII fait connoître que la Garde ne difpenfe pas les parens de l'obligation d'élire un Tuteur aux Mineurs. Par l'Article XXXVI du Réglement de 1666, on peut conclure que le Seigneur Gardien peut être nommé Tuteur.

Les Fiefs qui ne tombent point en Garde, & qui doivent être régis par les Tuteurs, font les Fiefs des Paragers ou ceux dont la Garde n'eft point en la main des Seigneurs a qui elle appartenoit de droit, foit qu'ils ayent négligé de la demander, foit que l'ayant acceptée ils y ayent depuis renoncé ; ce qu'ils peuvent faire en tout temps, fuivant l'Article XXII dudit Réglement. Cette explication ôte tout l'embarras que Bafnage propofe pour l'interprétation de cet Article. (1)

_____

(2) Dès que le Donataire de la Garde Royale eft paffible des arrérages courans des rentes hypotheques dûes par le Mineur, il femble qu'il doit jouir des rentes actives de cette efpece. Bafnage, Arrêt du 17 Décembre 1660.

Bérault, fous cet Article, rapporte les folemnités néceffaires pour jouir de la Garde Royale.

(1) L'Auteur des Maximes du Palais foutient que les Gens de main-morte ne doivent point jouir de la Garde Seigneuriale ; fon raifonnement eft précis, la Garde dérive du Service militaire du graduellement par les Fiefs aux Fiefs ; les Gens de main-morte ont été difpenfés de ce fervice dès le temps de Charlemagne, ils n'ont pas lieu d'exiger de leurs Vaffaux la Garde qui a été fubftituée au Service : c'eft le fentiment de Bafnage, qui croit même que ces Fiefs, qui ne tombent point en Garde, dont il eft fait mention dans l'Article CCXVII, font ceux qui relevent des Gens de main-morte. J'ajoute que les Fiefs poffédés par les Gens de main-morte, ne font point des Fiefs proprement dits, étant tenus par aumône. Manufcrit de la Bibliotheque des Avocats du Parlement.

CCXVIII.

Le Seigneur fait les fruits de la Garde fiens, & n'eſt tenu à la nourriture & entretenement des Perſonnes des Sous-âges, s'ils ont échéettes ou autres Biens roturiers : mais où les Tuteurs & Parens mettroient tous les héritages & biens deſdits Sous-âges entre les mains du Seigneur Gardain ; en ce cas, il eſt tenu les nourrir & entretenir ſelon leur qualité & la valeur de leurs biens, contribuer au Mariage des Filles, conſerver le Fief en ſon intégrité ; & outre, de payer les arrérages des rentes foncieres, hypothécaires, & autres charges réelles.

Par *échéettes*, la Coutume ſignifie les biens immeubles & non nobles, venus par ſucceſſion. (1)

CCXIX.

Et s'il y a pluſieurs Seigneurs ayant la Garde noble, à cauſe de divers Fiefs appartenans auſdits Mineurs, ils feront tenus contribuer à la nourriture, entretenement & inſtruction d'iceux, chacun pour ſa cotte-part de leurs Fiefs, & au marc la livre.

CCXX.

Et où leſdits Seigneurs ne feroient leur devoir, tant de la nourriture, entretenement, que de l'inſtruction deſdits Sous-âges, les Tuteurs ou Parens ſe pourront pourvoir en Juſtice pour les y contraindre.

Il faut entendre l'Article CCXX, auſſi-bien du donataire de la Garde Royale, que du Seigneur Gardien. Par un Arrêt du 16 Décembre 1667, rapporté par Baſnage, un Seigneur Gardien pourſuivi par un Tuteur, fut privé de la Garde, pour n'avoir pas ſatisfait aux devoirs auſquels il étoit obligé par cet Article & le CCXVIII, ce qui eſt conforme à l'Article ſuivant CCXXI. Il faut remarquer que le Seigneur avoit été ſommé & interpellé par le Tuteur, avant ſon action.

_____

(1) La Gloſe ſur l'ancien Coutumier ſemble pencher vers l'opinion de ceux qui eſtimoient le Seigneur quitte de l'obligation de nourrir & entretenir les Mineurs dont ils jouiſſoient du Fief en abandonnant le tiers du revenu ; cette opinion doit être rejet-tée, l'obligation de l'ancien Coutumier, comme de la Coutume réformée, étant indéfinie. D'ailleurs, le Seigneur a la liberté d'abandonner la Garde, quand elle lui eſt onéreuſe, en laiſſant le Fief en dû état.

CCXXI.

Le Seigneur ayant la Garde, est sujet de tenir en droit état ancien les Édifices, Manoirs, Bois, Prés, les Jardins, les Etangs, les Moulins & Pêcheries, & les autres choses, sans qu'il puisse vendre ou arracher les Bois, ni remuer les Maisons ; & s'il fait le contraire, il en doit perdre la Garde, & amender le dommage.

CCXXII.

Pendant que le Mineur d'ans est en Garde, si ceux qui tiennent Fief noble de lui tombent en sa Garde, la Garde en appartient au Seigneur Gardain dudit Mineur : & où ledit Mineur seroit à la Garde du Roi, il a pareil droit à l'Arriere-Garde que les autres Seigneurs, & non plus : Et toutes fois & quantes que le Mineur sortira de Garde, il aura délivrance non-seulement de son Fief, mais aussi du Fief qui est en sa Garde.

CCXXIII.

La Garde noble finit après que le Mineur a vingt ans accomplis : & s'il est en la Garde du Roi, après vingt-un ans accomplis.

On doit apporter sur cet Article CCXXIII, le XXXVIII du Réglement de 1666, par lequel il est attesté, que toute personne née en Normandie, soit mâle ou femelle, est censée majeure à vingt ans accomplis, & peut après cet âge vendre & hypothéquer ses biens meubles & immeubles, sans espérance de restitution, sinon pour les causes pour lesquelles les Majeurs peuvent être restitués. (1)

_____

(1) Fleta, Liv. 1. Chap. 9. §. 4. & Chap. 11. §. 7, décide, que l'âge pour sortir de Garde étoit indistinctement de 21 ans, *ante ætatem porrò viginti & unius annorum robusti & habiles ad arma suscipienda pro patriæ defensione non reputantur.....& ideò sub tutela dominorum interim remanebunt;* mais l'ancien Coutumier fait la même distinction que la Coutume réformée.

La Glose sur l'ancien Coutumier, qui dit que le Duc n'a pas les autres choses, c'est-à-dire, les autres biens du mineur en garde, quand la Garde lui vient par une autre raison que par son Duché, rend sensible par un exemple la partie de la disposition de l'article CCXXII, qui a le même objet. Plusieurs fiefs nobles sont tenus du Comté de Harcourt, ainsi est connue la Glose : le Comté de Harcourt est dans la mouvance immédiate du Duc, & il est tombé en Garde ; dans cet intervalle un vassal relevant noblement du Comté laisse un héritier mineur, le Duc en aura la garde, mais de la même maniere que l'eût exercée le Comte de Harcourt.

Quand, au temps de la Garde, les bâtimens sont en mauvais état, il est de la prudence du Seigneur de les faire visiter avant d'entrer en jouissance ; le Seigneur se fera autoriser, en cas de négligence du Tuteur, à faire faire les grosses réparations qui surviennent, & à abattre du bois sur les Héritages du Mineur, en observant de ménager celui qui avoisine le principal Manoir.

A quoi il eſt à propos d'ajouter , qu'il n'y a que le Roi qui puiſſe donner diſpenſe d'âge par ſes Lettres , qui ne s'expédioient qu'en la grande Chancelle-rie , & qui ne doivent être entérinées par le Juge de la Tutelle qu'après une information faite de la ſuffiſance & bonne conduite de l'Impétrant , & après l'avis & conſentement des parens. Or par ces Lettres , le droit de Garde ne reçoit point de préjudice , & elles ne ſont accordées que pour donner aux Mi-neurs l'adminiſtration & le régime de leurs biens , ſans qu'elles les autoriſent à aliéner ou hypothéquer leurs immeubles. De plus , ces Lettres ne ſe pouvoient obtenir que pour les mâles & non pour les filles , comme il eſt atteſté par l'Article XL dudit Réglement : laquelle diſpoſition dudit Article a été abrogée , à l'égard des Filles , par Arrêt du Conſeil & Lettres Patentes , des 14 Août & 3 Septembre 1719 , inſérés dans le Recueil d'Arrêts , à la fin de la Cou-tume. (2)

Mais bien que l'âge de vingt ans établiſſe la majorité ſans aucun miniſtere de Juſtice , & donne la faculté de contracter valablement ; néanmoins on a coutume de prendre du Juge un Acte de paſſé-âge , pour la notoriété de ſa majorité : mais cet Acte ne ſe doit accorder par le Juge qu'après qu'il lui eſt apparu par une preuve valable , de la naiſſance & de l'âge de vingt ans ac-compli , par un Arrêt donné en forme de Réglement le 28 de Janvier 1580 , rapporté par Bérault. Par ce même Arrêt , il eſt fait défenſes de contracter avec des Mineurs & avec des Enfans de Famille , ſans le conſentement de leurs Peres ou Tuteurs , ſur peine de la perte des droits & d'amendes arbitraires.

Il faut remarquer , qu'on peut appoſer de la reſtriction à l'Acte de paſſé-âge , par défenſes qu'on fait au Majeur d'aliéner ſes biens qu'après un certain

---

Outre les contraventions à cet Article , le Seigneur eſt responſable de tous les autres dégrademens qu'il auroit commis ſur le Fief tombé en Garde ; & ce ſeroit une dégrada-tion de couper les Bois taillis après le quinzieme d'Avril , Art. XL du Tit. de l'Aſſiette , Balivage , Martellage & vente des Bois dans l'Ordonnance de 1669. Ce ſeroit encore une dégradation de couper les Bois taillis avant neuf ans de recrûe. Arrêt ſur les Concluſions de M. l'Avocat-Général le Bailli du 2 Mai 1724.

Le Roi , par le don de la Garde Royale , ſe prive de la liberté de diſposer de l'arriere-Gar-de au préjudice du Donataire. Baſnage. Mais le Donataire ne peut pas régulierement faire une compoſition de cette arriere-Garde contre les intérêts du Mineur.

La Coutume du Domicile du père , lors de la naiſſance du fils , regle ſa majorité ; & une naiſſance accidentelle , ſous une Coutume étrangere , ne le ſoumet point à cette Coutume pour déterminer le temps de ſa majorité , l'enfant poſthume retient le domicile de ſon pere.

Auparavant François premier , il étoit difficile de juſtifier de l'âge par le défaut d'un regiſtre authentique & public ; on avoit recours aux papiers domeſtiques , & même à la preuve vocale : moyens que l'on eſt encore obligé d'employer quand les regiſtres de Pa-roiſſe ſe trouvent défectueux. Quelque précaution que l'on ait apportée depuis deux ſiecles à aſſurer la certitude d'un dépôt auſſi précieux à la ſociété , il s'y gliſſe journellement des abus ; pourquoi , ſi l'on fait mention du jour de la naiſſance d'un enfant , ne pas en inſérer l'heure ? Cela eſt de la plus grande conſéquence.

(2) J'obſerverai que , dans un ſiecle auſſi diſſipateur que le nôtre , on ne ſçauroit trop gêner le pouvoir du mineur émancipé ; mais au lieu de remédier au mal , des parens que je nom-merois preſque barbares , pour s'exempter d'une tutelle , anticipent journellement , par des Lettres du grand Sceau , les délais pour l'émancipation ſagement marqués par les Lettres-Pa-tentes de 1719. On ne peut cependant méconnoître ce principe du droit public , qu'il im-porte à un Etat que ceux qui l'habitent n'ayent pas la fatale liberté d'abuſer de leurs bien s.

temps, pourvu qu'il y ait caufe ou d'imbécillité d'efprit, ou de prodigalité & de mauvaife conduite, rapportée par les parens ; & en ce cas il faut que cette reftriction foit publiée en l'Affife de la Jurifdiction du domicile du Majeur interdit : (comme il eft requis pour les interdictions des Prodigues & Furieux ;) qu'elle foit de plus publiée à l'iffue de la Meffe Paroiffiale & aux prochains Marchés, où elle doit être affichée aux portes des Eglifes, & aux poteaux des Halles, outre que le nom de l'Interdit doit être écrit dans des tableaux qui font appofés au Tabellionnage du domicile : l'Arrêt de Réglement pour l'interdiction des Prodigues & Furieux, eft du dernier jour de Janvier 1597, & eft rapporté par Bérault.

CCXXIV.

Et néanmoins il demeure toujours en Garde jufqu'à ce qu'il ait obtenu du Roi Lettres-Patentes de main-levée, & icelles fait expédier : & pour les Gardes des autres Seigneurs, il fuffit de leur fignifier le Paffé-âgé.

CCXXV.

Celui qui fort de Garde ne doit aucun Relief de fon Fief à fon Seigneur Gardain, d'autant que les fruits iffus de la Garde lui doivent être comptés au lieu de Relief : Et fi la Garde étoit au Roi, il n'eft pareillement dû Relief des Fiefs qui font tenus des autres Seigneurs, encore qu'ils n'ayent eu la Garde defdits Fiefs.

CCXXVI.

Ceux qui fortent de Garde ont Relief de leurs Hommes, & tous autres Droits Seigneuriaux qui leur font dûs, tout ainfi que s'ils n'euffent point été en Garde.

CCXXVII.

La Garde d'une Fille finit après l'âge de vingt ans accomplis ; ou plutôt, fi elle eft mariée par le confeil & licence du Seigneur.

Il faut joindre l'Article CCXXVII au CCXXXI, & remarquer, que la Fille étant en la Garde du Roi, fait finir la Garde par fon Mariage, encore qu'elle n'ait pas vingt-un ans accomplis ; mais qu'elle doit demander le confeil & la permiffion de fe marier au Procureur du Roi, qui en cas de refus pourra être pourfuivi pour en dire les caufes, par argument tiré dudit Article CCXXXI. (1)

_____

(1) Le Roi ne peut exiger le Droit de Relief de fon Vaffal qui fort de fa garde, & on a jugé en 1713, en faveur du Comte de Maulévrier, que la Garde Royale lui ayant été remife pendant fa minorité, & les Lettres entérinées à la Chambre des Comptes, à la charge de

232

DES GARDES.

CCXXVIII.

La fille auffi doit être mariée par le confentement de fes Parens & Amis, felon ce que la noblefle de fon Lignage & valeur de fon Fief le requiert; & au Mariage lui doit être rendu le Fief qui a été en Garde.

Bérault rapporte fur cet Article deux Arrêts, qui doivent fervir de Régle-ment. Par le premier, qui eft du 25 de Janvier 1588, les Parens qui avoient ftipulé de l'argent, pour autorifer le Mariage d'une Mineure leur parente, fu-rent condamnés à de groffes amendes, & les cédules qu'ils avoient prifes au lieu de payement, furent déclarées nulles. Par le fecond, la Difpenfe des trois Bans de Mariage, accordée par l'Evêque Diocéfain, fut déclarée abu-five; & le Juge & le Procureur du Roi, qui avoient permis de fe marier, en levant les défenfes faites par le Parlement, furent décretés en comparence perfonnelle, par un Arrêt qui eft du 13 de Mars 1614. (1)

CCXXIX.

---

payer tous les ans au Domaine un écu d'or, il n'étoit dû après la Garde finie aucuns Droits de Relief, d'enfaifinement, ni autres Droits.

Si le Vaffal qui fort de la Garde Noble Royale ne doit aucun Relief aux Seigneurs particu-liers qui n'ont joui de rien, le motif de cette décifion fe conçoit aifément; le Droit de pré-vention que le Roi exerce fur eux ne doit pas caufer de préjudice au Mineur; la Garde fe regle comme le Service Militaire; le Souverain avoit un Droit fpécial de convoquer fon Vaffal pour le fervice de fes Armées; or dès que le Vaffal y étoit employé il ne pouvoit pas faire le fervice qu'il devoit, à raifon de fes autres Fiefs, aux Seigneurs particuliers: on applique à la Garde la même décifion. Glofe fur l'ancien Cout.

Il femble qu'il y a de la contradiction entre l'Art. CXCVI & l'Art. CCXXV; l'Art. CXCVI charge l'aîné de payer le Relief pour tous les Fiefs, parce que la Garde finir par fa majorité; mais on peut dire que l'Art. CXCVI introduit une exception très-favorable aux Mineurs, & contient une efpece de tranfaction.

Les Reliefs que le Mineur forti de Garde peut exiger de fes Vaffaux, fuivant l'Art. CCXXVI, font comme l'hommage des Droits qui font exceptés des fruits de la Garde. Nos Com.men-tateurs auroient entendu le fens de cet Article, s'ils avoient pris la peine de lire l'ancien Cout. Chap. 33. Voici le texte: » Car pour ce fe ils & leurs Terres furent en Garde, ils ne doivent pas perdre Reliefs de leurs hommes, quand ils leur auront fait hommage.

Bracton, Liv. 2, Chap. 37, appuie d'une raifon politique la néceffité du confentement du Souverain au mariage des filles dont le Fief étoit tombé en fa Garde: fi les filles fe fuf-fent mariées à leur volonté, elles auroient pu s'allier à des ennemis de l'Etat, & dont il n'auroit pas convenu de recevoir l'hommage; les Seigneurs particuliers avoient une autre raifon, c'eft que par le mariage de fa Vaffale avec un Roturier, le Seigneur auroit été privé d'un homme capable de fervir le Fief. Ancien. Loix Franç. tome 1.

(1) Henrys, tome 2, Liv. 4, Chap. 16, rapporte un Arrêt célebre du Parlement de Pa-ris, par lequel les obligations exigées par un Tuteur, pour le mariage de fes Pupilles, ont été déclarées nulles: c'eft la difpofition expreffe de l'Art DCLXXIX de la Coutume de Bre-tagne. On a reçu au Parlement de Rouen la preuve, tant par Témoins que par Cenfure Ec-clefiaftique, qu'une obligation avoit été faite pour le prix de l'achat, du fuffrage d'un pa-rent & de fon confentement au mariage de la Mineure que l'obligé avoit époufée. Maximes du Palais.

(I)

CCXXIX.

Fille étant âgée de vingt ans, encore qu'elle ne foit mariée, fort hors de Garde.

Il ne fe doit entendre qu'au cas de la Garde Scigneuriale, car il n'eft pas une exception à l'Article CCXXIII, qui difpofe que la Garde Royale né finit qu'à vingt-un ans accomplis. (1)

CCXXX.

Si Fille étant hors de Garde, fe marie à un qui ne foit âgé de vingt ans, fon Fief tombe en Garde tant que l'Homme foit âgé.

La raifon qu'on peut rendre de cet Article, eft que la Fille majeure en fe mariant, tombe fous la puiffance du Mari, quoiqu'il foit Mineur, & que partant elle n'a plus l'adminiftration & l'aménagement de fon bien. Si donc elle étoit féparée de biens par fon Contrat de Mariage, il y auroit raifon de dire que fon Fief ne tomberoit point en Garde. (1)

CCXXXI.

Si le Seigneur, étant requis, contredit le Mariage, ou refufe de donner fon confeil & licence, il peut être appellé en Juftice pour en dire les caufes ; & après la permiffion de Juftice, la Fille aura la délivrance de fon Fief : & fi le Seigneur n'eft préfent, il fuffira de demander congé à fon Senéchal ou Bailli.

On peut inférer de la fin de cet Article, que la demande que le Tuteur de la Fille eft obligé de faire, de la permiffion & du confentement du Seigneur, eft plus de bienféance qu'elle n'eft néceffaire pour autorifer la délibération des parens ; puifqu'il fuffit, en cas d'abfence du Seigneur, de faire cette demande à fon Juge, & que d'ailleurs s'il ne comparoit pas en Juftice, pour déclarer la caufe de fon refus, on paffe outre à la célébration du Mariage, & le Juge ordonne que la Mineure aura la délivrance de fon Fief.

On peut rapporter fur cet Article, l'Ordonnance d'Orléans en l'Article CXI, & celle de Blois en l'Article CCLXXXI, qui font défenfes aux Seigneurs & aux Gentilshommes, d'ufer ou plutôt d'abufer de la faveur du Roi, pour obtenir des Lettres de Cachet, pour faire marier des Filles contre la volonté

---

(1) Nos Auteurs n'admettent pas la diftinction propofée par Pefnelle. *Voyez* l'ancien Coutumier, Chap. 33. *de Garde d'Orphelins ;* Godefroy, Routier, Liv. 2, Chap. 7, Sect. 9.

(1) La Glofe fur l'ancien Cout. Chap. 33, s'étonne de cette difpofition. Quoi ! une femme âgée de 40 ou 50 ans tombera en Garde, parce qu'elle aura époufé un mari étant fous les liens de la Minorité ? Oui fans doute ; car la femme fuit la Loi & la condition de fon mari ; il y a cependant un moyen de précaution contre la Loi, fi la femme ftipule dans fon Contrat de mariage une féparation de biens, le Seigneur n'aura pas de prétexte pour réclamer la Garde.

de leurs parens ; ou de contraindre , par leur puiffance , les parens à confentir au Mariage de leurs parentes , fous peine d'être punis comme coupables du crime de Rapt , & d'être privés de leur Nobleffe. Voyez la Loi premiere , *C. Si nuptiæ ex refcripto petantur.*

CCXXXII.

Femme mariée ne retombe en Garde , encore que fon Mari meure avant qu'elle ait atteint l'âge de vingt ans , parce toutefois qu'elle ne peut contracter de fon immeuble fans décret de Juftice , & confentement de fes Parens.

Quoiqu'une Mineure ne retombe pas en Garde ni en Tutelle après la mort de fon Mari , elle ne peut néanmoins contracter un fecond Mariage fans l'avis de fes parens : ce qui a été jugé , par un Arrêt donné en l'Audience , le 13 de Décembre 1613 , par la même raifon que l'aliénation de fes immeubles lui eft interdite par cet Article. L'Arrêt eft rapporté par Bafnage. (1)

CCXXXIII.

La Fille n'étant en Garde , peut être mariée par fes Tuteur & Parens , fans qu'ils foient tenus de demander congé ou licence au Seigneur duquel fes Héritages font tenus.

CCXXXIV.

La Fille aînée mariée , ou ayant accompli l'âge de vingt ans , ne tire pas fes Sœurs puînées hors de Garde , jufqu'à ce qu'elles foient mariées ou parvenues a l'âge de vingt ans ; fauf toutefois à la Fille aînée à demander fon partage aux Tuteurs de fes Sœurs , qui lui fera baillée par l'avis des Parens , & en ce cas , elle aura délivrance du Fief & Héritage étant en fon lot.

On remarque fur l'Article CCXXXIV , la différence qui eft entre la Fille aînée & le Fils aîné , qui étant âgé , fait finir la Garde de tous les Fiefs , encore que fes puînés foient encore en bas-âge , par l'Article CXCVI ; ce qui fait connoître qu'il n'eft pas feulement confidéré comme Tuteur légitime de fes Freres , mais comme étant faifi de tous les biens de la fucceffion , par l'Article CCXXXVII. Ce qui ne peut convenir à la Sœur aînée.

_____

(1) La femme veuve étant mineure ne retombe point en tutelle : Arrêt du 19 Février 1729. La Veuve fortie de garde par le Mariage , en convolant en fecondes nôces avec un Mineur, retombe en garde , par argument de l'Article CCXXX, & telle eft l'opinion de Bérault. La durée de la Garde eft un Statut réel indépendant du temps prefcrit pour la majorité par les différentes Coutumes.

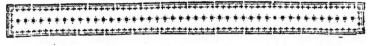

CHAPITRE ONZIEME.

DE SUCCESSION EN PROPRE,
ET ANCIEN PATRIMOINE,
TANT EN LIGNE DIRECTE QUE COLLATÉRALE.

LA Coutume a expliqué dans quatre Chapitres confécutifs, les droits de fuccéder, & la maniere de partager les Succeffions. Celui-ci qui eft le premier des quatre, eft intitulé *des Propres* ; c'eft-à-dire, des biens qui appartenoient au défunt par droit fucceffif ou de lignage, fuivant la diftinction faite par l'Article CCXLVII & par le CCCCLXXXIII. Il a été convenable de traiter féparément de cette Succeffion en Propre ; parce que dans le Pays coutumier, une hérédité eft compofée de plufieurs efpeces de biens, la différence defquels eft caufe qu'il y a plufieurs fortes d'héritiers : *Unius defuncti quafi plurium hominum, intelliguntur plures hæreditates,* comme il eft dit des biens du Soldat fils de famille, en la Loi 17. §. *Julianus, ff. De Teftamento Militis.* D'autant que les Propres fe partagent autrement que les Acquêts, & ne font pas déférés aux mêmes héritiers, dans la fucceffion de collatéraux : car dans la directe, ces biens vont enfemble, & fe partagent de la même maniere. (1)

Ce qui fait remarquer, que comme il y a deux fortes de Succeffions, par rapport à la différence des biens, il y en a deux auffi à l'égard des perfonnes à qui on fuccede : car ceux à qui on fuccede font afcendans ou defcendans, & c'eft la fucceffion directe ; ou ils font parens collatéraux, & lors c'eft la fucceffion collatérale. Mais d'autant que les Propres fe partagent de la même maniere en ligne directe & en la collatérale, il en eft traité conjointement fous un même Titre qui eft celui-ci.

---

(1) Ce n'eft point fur la Loi naturelle qu'il faut enter le Droit de fuccéder : un pere doit des alimens à fon fils pendant la foibleffe de l'âge ; le fils, par un jufte retour, doit foulager la vieilleffe & la caducité de fon pere ; voilà la voix de la nature : elle fe fait entendre beaucoup plus foiblement dans la ligne collatérale ; le Gouvernement civil a donc introduit l'ordre des fucceffions pour prévenir les déréglemens d'une volonté corrompue par les paffions : Bérault ; l'Auteur de l'Efprit des Loix.

Les difpofitions de notre Coutume fur la maniere de fuccéder, font en quelque forte facrées ; un pere de famille a, fans doute, la prérogative de régler la fortune de fes Héritiers en changeant la qualité de fes biens, en vendant des Rotures pour acquérir des Fiefs, ou en remplaçant des biens de la Coutume générale fous celle de Caux ; mais la Coutume ne lui confie point le pouvoir de gêner les difpofitions de fon Succeffeur par des défenfes d'aliéner ou des fubftitutions : fi un Héritier diffipe follement fes revenus, le Magiftrat lui donne des entraves en connoiffance de caufe ; mais jufqu'alors les biens hérités font l'objet de fes Créanciers. Dafnage.

Pour l'intelligence duquel il faut d'abord obferver , qu'en la fucceffion du Propre de repréfentation a lieu jufqu'au feptieme degré de parenté , qui eft le degré dans lequel inclufivement fe termine le droit de fuccéder dans la Province de Normandie , comme il eft attefté par les Articles XLI & XLII du Réglement de 1666. Or quand on fuccede par repréfentation , les biens fe partagent par fouche & non par tête , *per ftirpes , & non in capita ;* parce que tous ceux qui viennent à une fucceffion , au lieu d'un autre qu'ils repréfentent , ne doivent pas avoir une autre part que celle qu'auroit eu le repréfenté.

Il faut de plus remarquer , que puifque les fucceffions fe déferent , eu égard à la proximité de la parenté , qui eft diftinguée par ce qu'on appelle degrés ; le droit de repréfentation n'ayant été introduit , qu'afin que quelques parens plus éloignés fuffent réputés au même ordre & degré que d'autres , qui font plus proches parens du défunt : ces degrés de confanguinité ne fe comptent pas dans le Pays coutumier comme dans le Droit civil ; mais on y fuit la fupputation canonique , tant à l'égard des droits de fuccéder , qu'à l'égard des Mariages qui ne fe peuvent contracter entre proches parens. Cette fupputation canonique ne diffère pas de la civile en la ligne directe , mais feulement en la collatérale. Car la regle de la fupputation civile eft , que pour compter le degré auquel les collatéraux font parens , il faut d'abord monter des fils aux peres (en commençant par l'un ou l'autre de ceux dont on veut connoître le degré) jufqu'à la perfonne qui eft comme la premiere fource ou fouche de la parenté , & autant de perfonnes qu'on compte , en montant ainfi des fils aux peres , font autant de degrés : Enfuite dequoi il faut defcendre de cette commune fouche , jufqu'à l'autre parent qu'on veut comparer ; & autant de perfonnes qu'on compte en defcendant des peres aux fils , font encore autant de degrés qu'il faut compter : de forte que le nombre des parens qu'on compte en montant & defcendant , font le nombre des degrés , dont ceux qu'on compare l'un avec l'autre , font diftans l'un de l'autre.

La fupputation canonique ne fe fait pas ainfi ; car on monte feulement jufqu'à la fouche ; c'eft-à-dire , jufqu'à celui qui eft le commun principe de la parenté ; & le nombre des perfonnes , en commençant à compter par celle dont on recherche le degré , & qui eft la plus éloignée de la fouche , eft le nombre des degrés dont ces parens , defquels on veut connoître la diftance , font éloignés l'un de l'autre : dont il s'enfuit néceffairement , que dans cette fupputation il y a des degrés inégaux ; à fçavoir , ceux dans lefquels font placées des perfonnes qui ne font pas également diftantes de la fouche , comme l'oncle & le neveu , qui font dans le fecond degré ; quoique le neveu foit plus éloigné de fon aïeul , qui eft le principe de la parenté , que n'en eft l'oncle , puifque cet aïeul du neveu eft le pere de l'oncle. Ce qui ne fe rencontre pas dans la fupputation civile , vu que la plus grande diftance de la fouche fait toujours un degré plus éloigné ; ce qui produit une telle différence entre ces deux fupputations , que le feptieme degré de la canonique , dans lequel fe termine le droit de fuccéder , comme il a été dit , eft le quatorzieme degré de la civile ; comme d'ailleurs , le quatrieme degré de la canonique , dans lequel inclufivement il n'eft pas permis de contracter Mariage , eft le feptieme ou huitieme de la civile. (1)

_____

(1) La fupputation Canonique que l'Auteur diftingue clairement de la fupputation ci-

On explique dans ce Chapitre plusieurs maximes très-importantes pour le partage de toutes fortes de successions : que le mort saisit le vif, avec l'exception à l'égard des puînés, qu'ils ne sont saisis des successions de pere & mere, que par les mains des aînés, Articles CCXXXV, CCXXXVII & les trois suivans : que les ascendans ne peuvent succéder à leurs descendans, tant qu'ils ont d'autres descendans habiles à succéder, Article CCXLI. Que ceux qui ont promis de garder les biens de leur succession, ne les peuvent aliéner ni hypothéquer, Article CCXLIV. Que les biens ne peuvent passer par succession de la ligne paternelle à la maternelle, ni de la maternelle à la paternelle, Articles CCXLV & CCXLVI. Que les mâles & descendans des mâles excluent du droit de succéder les femelles & les descendans d'icelles, Article CCXLVIII. Que les sœurs ne peuvent concurrer avec leurs freres, au partage des successions de leurs pere & mere, que quand elles y ont été réservées, ou pour peine de la négligence & injustice de leurs freres, Article CCXLIX & quatre suivans, & les CCLVIII, CCLIX & CCLXIV. Que les pere & mere peuvent réserver leurs filles au partage de leurs successions, Articles CCLVIII & CCLIX. Que le Mariage avenant est la légitime des filles non héritieres, sur la succession de leurs ascendans, lequel doit être réglé & arbitré par les parens, Articles CCLXI & CCLXII. Que les pere & mere ne peuvent donner à leurs filles pour leurs mariages, plus que le tiers de leurs biens, Articles CCLIV & CCLV. Que le mariage des filles ne peut être arbitré à une plus grande valeur qu'à celle du partage d'un frere qui aura le moins dans les successions des pere & mere, Article CCLXIX. Que le fisc ou les créanciers au droit des freres ne peuvent exclure les sœurs du partage, ni les réduire au mariage avenant, Article CCLXIII. Que les filles n'ont pas la propriété, mais seulement l'usufruit de leur mariage avenant, à moins qu'elles n'ayent été mariées, Article CCLXVIII. Que les filles héritieres partagent entr'elles toutes sortes de biens également, Article CCLXXII. Que les meubles & biens de bourgage sont partagés également entre toutes sortes d'héritiers, Article CCLXX. Que les Religieux profès, les Bâtards, & ceux qui ont été condamnés à la mort naturelle ou civile, sont incapables de succéder, Articles CCLXXIV & CCLXXV. Que les enfans de ces condamnés peuvent succéder à leurs parens, Article CCLXXVII. Et qu'enfin les créanciers peuvent se faire subroger à appréhender les successions qui ont été répudiées par leurs débiteurs, Article CCLXXVIII.

---

vile, est d'un usage constant dans la succession des propres, mais hors le premier degré de représentation, elle n'a point lieu dans la succession collatérale aux meubles & acquêts; ainsi l'oncle du défunt exclut de cette succession le cousin germain du même défunt, quoique l'un & l'autre soient à son égard dans le second degré, suivant la supputation Canonique : cela se développera dans le Chapitre qui régit les Successions aux acquêts.

C C X X X V.

Le mort faifit le vif fans aucun miniftere de fait ; & doit le plus prochain habile à fuccéder, étant majeur, déclarer en Juftice dans les quarante jours après la fucceffion échue, s'il entend y renoncer ; autrement, s'il a recueilli aucune chofe, ou fait acte qu'il ne puiffe fans nom & qualité d'héritier, il fera tenu & obligé à toutes les dettes ; & où l'Héritier feroit Mineur, le Tuteur doit renoncer ou accepter dans ledit temps en la forme que deffus, par l'avis des Parens.

Cet Article eft commun à toutes fortes de fucceffions, tant de la ligne directe que de la collatérale. Pour le faire mieux entendre, on peut divifer fon interprétation en cinq parties : Par la premiere, on explique cette maxime du Droit coutumier, *le mort faifit le vif* : Par la feconde, on interprete le délai de *quarante jours*, qui femble être prefcrit par la Coutume : On traite dans la troifieme de *l'habilité à fuccéder* : Par la quatrieme, on fait le difcernement des Actes qui peuvent attribuer le *nom & la qualité d'héritier* : Et par la cinquieme, on confidere *l'acceptation* ou *renonciation faite par les Mineurs*. Pour commencer par la maxime, le mort faifit le vif, il eft certain que quoique le plus proche & le plus habile à fuccéder, foit faifi de la fucceffion de plein droit, fans aucun miniftere de fait : *Sine aliquo actu, ita ut nullo momento vacua remanfiffe videatur hæreditas, & continuata fit poffeffio à defuncto ad hæredem*, comme l'enfeigne Tiraqueau, dans le Livre qu'il a compofé fur cette maxime : néanmoins la fucceffion eft réputée jacente & abandonnée, fi aucun de ceux qui font habiles à fuccéder, ne l'a prife de fait ou par une déclaration expreffe. Donc l'héritier préfomptif n'eft pas cenfé héritier, encore qu'il n'ait pas renoncé dans le temps prefcrit par cet Article, s'il n'a fait acte ou pris la qualité d'héritier, comme il eft attefté par l'Article XLIII du Réglement de 1666. (1)

C'eft pourquoi on a jugé, que celui qui n'étoit né ni conçu lors de l'échéance d'une fucceffion, devoit être préféré à ceux qui étoient les plus habiles à fuccéder lors de cette échéance, mais qui avoient négligé leur droit, & laiffé la fucceffion jacente jufqu'au temps que ce pofthume étoit devenu plus habile qu'eux de fuccéder au défunt. L'efpece de l'Arrêt, qui eft du premier

---

(1) Le mort faifit le vif. L'utilité publique a fait naître cette regle. Autrefois dans prefque tous le pays coutumier, foit en ligne directe, foit en ligne collatérale, le Seigneur ou fes Juges, après l'ouverture de la fucceffion, y appofoient la main ; les Héritiers pour en obtenir la délivrance, étoient obligés de faire la foi & hommage, & payer les reliefs, s'il étoit queftion d'un fief, ou la faifine, s'il s'agiffoit de fonds roturiers. En Bretagne la Juftice eft encore faifie en ligne collatérale, & cette difpofition occafionne des exactions de la part des Officiers de Villages. Cette Jurifprudence eft inconnue en Normandie ; on y fuppofe généralement que le défunt a tranfmis, un inftant avant que de mourir, fes biens à l'héritier que la loi lui donne : car Dieu feul, comme dit Glanville, peut faire un héritier.

jour d'Août 1618 , rapporté par Bafnage , eft de plufieurs fœurs qui furent exclues de la fucceffion de leur frere qu'ils n'avoient point accepté , par un autre frere , né & conçu depuis la mort de celui de la fucceffion duquel il étoit queftion. Le contraire avoit été jugé dans une efpece femblable ; mais les fœurs avoient fait quelques actes , par lefquels elles avoient témoigné vouloir prendre la fucceffion, qui partant ne fut pas réputée jacente. L'Arrêt eft du 18 de Mai 1621 , & rapporté par Bérault. Voyez ce qui a été remarqué fur l'Article XC. (2)

On a de plus jugé , qu'un petit-fils avoit pu appeller du decret fait des biens de fon aïeul après fon décès , quoique fon pere n'en eût point accepté la fucceffion, & que lui-même fût né & conçu depuis ladite fucceffion échue. La raifon de l'Arrêt qui fut rendu le 4 de Mars ou le 22 d'Août 1608 , & eft rapporté par Bérault & Bafnage , eft que cette fucceffion n'avoit point été appréhendée : Par cette même raifon , on a jugé qu'un petit-fils qui n'étoit né ni conçu lors de l'échéance de la fucceffion de fon aïeul , excluoit un parent collatéral , qui s'en étoit déclaré héritier par bénéfice d'Inventaire , nonobftant que le pere de ce petit-fils eût renoncé à cette même fucceffion, & quoique ce petit-fils fût Mineur ; mais le bénéfice d'Inventaire n'ayant point encore été adjugé à ce parent collatéral, la fucceffion fut réputée jacente , & d'ailleurs la minorité du petit-fils ne fut d'aucune confidération , parce qu'il s'agiffoit d'une fucceffion en ligne directe , en laquelle l'héritier bénéficiaire qui eft defcendant , exclut les collatéraux, quoique prétendant être héritiers abfolus. L'Arrêt eft du 30 de Juillet 1610 , rapporté par Bafnage. (3)

(2) Si un homme marié renonce à une fucceffion collatérale qui lui eft échue , & la prend au nom de fes enfans , & qu'il contracte enfuite un fecond mariage , les enfans fortis de ce mariage ne pourront reclamer aucune part dans la fucceffion appréhendée auparavant les fecondes nôces du pere commun : Arrêt du 15 Mars 1762. Cet Arrêt a été rendu en Grand'Chambre, fur un partage à la feconde des Enquêtes , & fur un pourvoi au Confeil , il a été confirmé ; le pere pour prendre cette fucceffion, s'étoit auparavant fait autorifer par la famille. On cite un pareil Arrêt, rendu au rapport de M. de Ranville , le 15 Juin 1759. On n'obferveroit pas la même Jurifprudence, s'il étoit queftion d'une fucceffion en ligne directe ; parce que dans ce cas on ne regarde la renonciation du pere , que comme une précaution pour fe ménager des arrangemens avec les créanciers. Arrêt du 25 Février 1729.

(3) L'abfence de l'Héritier préfomptif fait naître fouvent des difficultés ; il peut à cet égard y avoir plufieurs ordres de Parties intéreffées , & on fait une diftinction entre les Héritiers les plus proches de cet abfent & fes Créanciers : on fait valoir en faveur des premiers la préfomption de mort , après un certain temps mieux déterminé par les circonftances que par toute autre regle ; on leur donne le gouvernement , même une efpece de faifine de la Succeffion , fur caution cependant du prix des meubles & des revenus des immeubles , pour , en cas de retour de l'abfent , affurer la reftitution des dépôt & féqueftre faits par la Juftice ; mais les Créanciers de l'abfent peuvent foutenir , au contraire , que leur Débiteur n'eft point mort, oppofer la préfomption de la vie la plus longue , & conclure à la fubrogation dans fes Droits , en donnant des fûretés pour le rapport , dans le cas où l'abfent feroit décédé avant l'échéance de la Succeffion : Decius , C. 575 , Aufrerius , Décifion 313.

Toutes les fois que l'abfent eft réputé mort , il eft réputé tel du jour qu'il n'a pas paru, dit le Préfident de Lamoignon dans fes Arrêtés, & de la derniere nouvelle qui a été reçue de lui. Voyez les Obfervations de Bretonnier fur Henrys, Tome 2 , Liv. 4 , queft. 46. Bafnage, fous cet Article , rapporte un Arrêt du 11 Août 1646 , conforme à l'opinion de M. de Lamoignon & à celle de Bretonnier. En partant de ce principe , par Arrêt de ce Parle-

A l'égard de ce que la Coutume ordonne à l'héritier préfomptif, de paffer fa déclaration dans quarante jours ; ce délai n'impofe aucune obligation à cet héritier, qui ne peut être exclus de fon droit par, aucun temps, *perpetuò adire poteft* ; pourvu qu'il n'ait point laiffé adjuger la fucceffion en vertu du bénéfice d'Inventaire, ou qu'il n'ait point été pourfuivi, foit par les autres parens habiles à fuccéder, foit par les créanciers ; car en ces cas, il feroit obligé de paffer fa déclaration dans les délais qui lui auroient été accordés ; autrement il feroit réputé avoir renoncé.

Quant à l'habilité au droit de fuccéder, elle fe fait mieux entendre par l'oppofition qu'elle a avec l'incapacité qui procede de plufieurs caufes ; de la naiffance, les Bâtards & les Etrangers étant incapables de fuccéder ; de la Religion, les Religieux profès étant exclus de toutes fucceffions ; de la condamnation, les condamnés à mort, tant civile que naturelle, n'étant plus capables de fuccéder en aucune ligne ; de l'indignité, lorfque le préfomptif héritier s'eft rendu indigne de fuccéder au défunt. On peut encore compter entre ces caufes celles du fexe, les Filles & les defcendans des Filles étant inhabiles à fuccéder avec les mâles & les afcendans des mâles en pareil degré.

Il faut ajouter, pour plus grand éclairciffement de quelques-unes de ces caufes en particulier, qu'il a été jugé par plufieurs Arrêts, que les François qui s'étoient mariés en Pays étranger, quelque longue qu'eût été la réfidence qu'ils y avoient faite depuis, pouvoient revenir en France, & y recueillir les fucceffions aufquelles ils avoient droit ; à moins qu'il ne fût prouvé contr'eux qu'ils euffent expreffément renoncé à leur Patrie, ou porté les armes contr'elle. On a jugé la même chofe à l'égard des Enfans dont les Peres s'étoient établis hors du Royaume : mais dans ces deux cas, on a obligé ceux à qui les fucceffions avoient été adjugées ; de demeurer dans le Royaume, & on leur a interdit l'aliénation des biens héréditaires ; & à cette fin, on a même ordonné que les meubles du défunt feroient remplacés en rentes ou en héritages. Ces Jugemens font contraires à ce qu'enfeigne Loüet, S. 15. comme il a été remarqué fur l'Article CXLVIII. (4)

A l'égard de l'inhabilité qui procede de bâtardife, on ne doit pas oublier qu'on met au nombre des Bâtards, tant ceux qui font nés de Mariages clandeftins, & qui n'ont été déclarés que dans l'extrémité de la vie, que ceux qu'on a voulu légitimer par un Mariage contracté avec une concubine, dans le temps d'une maladie mortelle, ou peu avant la mort ; ce qui eft conforme à l'Ordonnance de 1639. On a adjugé néanmoins aux Enfans nés de ces conjonctions

---

ment du 13 Août 1736, on a déchargé des neveux de faire preuve du temps de la mort de leur oncle, & on leur a accordé le tiers coutumier dans la fucceffion de leur pere fur les biens de cet oncle abfent avant le mariage de fon frere.

(4) La Jurifprudence propofée par l'Auteur en faveur des François mariés dans le pays étranger, & de leurs enfans qui reviennent en France, n'éprouve point de révolution ; elle a été confirmée par deux Arrêts, l'un du 12 Juin 1742, & l'autre du 3 Février 1752, avec les tempéramens qu'il y apporte. On a encore jugé le 24 Juillet 1760, que la fille d'un François prétendu proteftant, envoyé en Angleterre dès fa tendre jeuneffe, mariée depuis en Hollande avec un naturel Hollandois, fans le confentement de fes pere & mere, détenue en Hollande par fes infirmités actuelles, étoit habile à fuccéder à fon pere mort en France, fous la condition de retour, & avec les claufes précautionnelles ordinaires.

(5)

conjonctions à leurs Meres, des penfions & des fommes d'argent, à prendre fur les biens de la fucceffion, par deux Arrêts rendus, tant au Parlement de Paris qu'en celui de Rouen, rapportés par Bafnage. On peut voir dans ce Commentateur, les Plaidoyers & les Arrêts qu'il a inférés, tant à l'égard des Mariages contractés entre ceux qui avoient commis adultere l'un avec l'autre, que des Mariages contractés, foit dans les degrés prohibés de parenté, comme de l'oncle avec fa petite niece ; foit dans le fecond genre d'affinité entre un homme & les alliés de fa femme prédécédée ; *aut è converfo*, d'une femme avec les alliés de fon mari, comme entre un gendre & la veuve de fon beaupere, on entre une belle-fille avec le mari de fa belle-mere. (5)

---

(5) Les queftions de Mariage ont un rapport effentiel avec celles des Succeffions : le Mariage eft un Contrat légitime, auquel eft attachée la grace d'un Sacrement ; fa validité dépend de fa légitimité.

Les mariages clandeftins font enfin déclarés nuls par nos Ordonnances d'après le Concile de Trente ; on appelle mariage clandeftin celui qui n'a point été célébré fuivant les formalités prefcrites par les Loix du pays : Ordonnances de Blois, Art. XL, du mois de Janvier 1629, Art. XXXIX.

On a confirmé par un Arrêt célebre du 22 Mai 1749, un mariage célébré en Allemagne par un Officier François & majeur, avec une Allemande, fuivant la loi du Concile de Trente, qui eft la loi du pays ; l'opinion contraire donneroit la facilité à un étranger de déshonorer une famille, ou le forceroit à vivre loin de fa patrie pour conferver fon état.

Le fils de famille ne peut fe marier en France avant 30 ans, & les filles avant 25 ans, fans le confentement de leurs pere, mere, tuteurs ou curateurs : un mariage contracté fans cette précaution eft qualifié rapt de féduction, ou mariage clandeftin : Ordonnance de 1639, Art. II : Les Canoniftes François : Arrêt de ce Parlement du 7 Mars 1698. Dans le commencement du fiecle paffé, quand un fils de famille avoit, fans le confentement de fes parens, contracté une alliance inégale, la pratique conftante étoit de déclarer l'engagement nul, de défendre aux parties de fe fréquenter, de condamner la fille au fouet & au banniffement hors la Province, quelquefois à la mort, felon l'énormité de la violation des regles. *Voyez* Bérault, Godefroi & Bafnage.

Nous donnons la même force à la puiffance paternelle, lorfque les recherches & les engagemens d'un enfant de famille ont commencé dans la minorité, le temps ne doit pas enlever à un pere les moyens de fecourir un fils fur le penchant de l'abîme creufé de longue main par la féduction habile à profiter de la foibleffe de l'âge. Telle eft la décifion de Barthole fur la Loi 3. *D. de Min. fi dolo adverfarii negotium tractum eft*, dit il, *ut in majori ætate perficiatur, fi finis habet neceffariam confequentiam ad principium*. Les Auteurs font pleins des décifions des Cours Souveraines, en faveur de ces peres infortunés que la tendreffe a armé contre leurs enfans retenus dans les liens d'une folle paffion ; le Parlement de cette Province a toujours, dans de pareilles circonftances, veillé avec le plus grand zele à l'honneur des familles, & puni févérement la révolte.

La mere, après le décès de fon mari a, pour s'oppofer au mariage de fon enfant, un pouvoir égal à celui du pere ; mais il pourroit être d'une fâcheufe conféquence, qu'elle arrêtât feule le mariage de fes enfans, fur-tout lorfqu'elle a convolé en fecondes nôces. Bafnage. Arrêts des 9 Février 1742 & 4 Décembre 1744, qui jugent ainfi ces deux queftions.

Quand il y a de la malignité ou de l'injuftice dans l'oppofition des parens au mariage de leurs enfans, le Magiftrat modere en connoiffance de caufe une rigueur déplacée ; mais le cas eft très-rare : Arrêts des 14 Février 1645 & 12 Février 1670. Bafnage.

Le Tuteur doit un compte exact de fon pouvoir à la loi ; quand les motifs de fon oppofition ne font pas évidemment défintéreffés, les Tribunaux fuppléent le confentement du Tuteur fur la délibération des parens de fa tutelle ; mais le Tuteur & la famille ont qualité pour s'oppofer au mariage du pupille après la majorité de 20 ans : Arrêt du 6 Février 1671. *Ibid.*

Si dans les mariages des enfans de famille on relâche une partie des formalités, les difpen-

Tome I.   H h

Il faut remarquer , quand à l'incapacité qui provient de la condamnation à mort , soit naturelle, soit civile , que si les condamnés par contumace meurent avant le temps de cinq ans , qui leur est accordé par les Ordonnances pour

---

ses doivent être sollicitées par ceux qui ont un pouvoir sur le mariage ; autrement elles seront nulles & abusives : Ordonnance de Blois , Art. XL.

Les dispenses ne couvrent en aucun cas la fraude ni les démarches mystérieuses pour surprendre l'esprit de la Loi ; elles ne militent point contre l'honnêteté publique & les Canons reçus dans les lieux de la célébration du mariage.

C'est une Loi de l'Eglise & de l'Etat que le mariage soit célébré *à proprio Parocho*. Un Domicile pris en fraude des Loix de l'Eglise & de l'Etat , en présentant l'idée d'une soumission apparente aux deux puissances , est l'ouvrage ordinaire de la corruption du cœur & de la séduction, & décele une espece de révolte qui ne doit pas échapper au glaive vengeur de la Justice dépositaire de l'honneur des familles : Journal du Palais , tome 2 ; Conférences de Paris.

Les Canonistes modernes ont introduit la distinction des moyens d'abus absolus & relatifs ; il faut du bon sens pour placer cette distinction à propos ; on s'en sert dans le langage commun pour faire sentir la différence qu'il y a entre la puissance paternelle & l'intérêt des collatéraux.

Les enfans ne prescrivent par aucun temps le respect dû à leurs parens ; quelqu'âge qu'ils ayent atteints , ils doivent requérir leur consentement avant de se marier ; la peine du mépris est l'exhérédation, qui étant déclarée , s'étend sur leur postérité , si les ascendans avant de mourir n'ont donné des preuves d'une véritable réconciliation : Ordonnance de Henri II du mois de Février 1556 ; Arrêt du 24 Février 1736.

La population ou , ce qui signifie la même chose , la multiplication des Citoyens importe extrêmement à la gloire & à la conservation des Etats ; c'est par une conséquence de cet intérêt précieux qu'il est étroitement défendu, par nos Loix , aux naturels François de se marier dans les pays étrangers , & à leurs parens de consentir à leurs mariages ; c'est une autre conséquence que la sortie des peres , meres hors du Royaume, ne doit pas être un obstacle au mariage de leurs enfans , les plus proches parens remplacent alors leur autorité. *Voyez* les Déclarations des 16 Juin 1685 & 6 Août 1686.

Les mariages secrets different des mariages clandestins , en ce que ceux-là sont contractés suivant les regles de l'Eglise & de l'Etat ; mais les époux aussi-tôt abdiquent aux yeux du public la qualité dont ils viennent d'être décorés , & affichent leur premiere liaison ; un domicile séparé, des impositions distinctes sur les registres publics , la qualité prise par la femme dans des actes authentiques de fille usant de ses droits , le défaut de relation entre l'époux & la famille de l'épouse *& vice versâ* , ces traits caractérisent un mariage secret ; il faut cependant des monumens frapans pour enlever à des Citoyens des biens que la Loi leur défere , car les mariages secrets sont destitués en France des effets civils.

On les refuse encore , ces effets , aux mariages contractés *in extremis* , & précédés de concubinage ; nous avons étendu la Loi , tant à l'égard des femmes qu'à celui des hommes, son motif se tire de la foiblesse d'un moribond , investi des horreurs du tombeau , il ne conserve pas assez d'égalité d'ame pour contracter un engagement sérieux : Edit du mois de Mars 1697.

Sur les empêchemens dirimans , les formalités du Mariage , les questions de domicile , consultez les Auteurs cités sur cet Article.

La nécessité d'un mariage conforme au vœu des Ordonnances , pour compléter l'être civil des enfans , conduit aux questions d'état : il n'est pas toujours facile de prouver individuellement son état , mille nuages formés par l'ambition ou le dérangement des affaires des parens peuvent l'envelopper d'obscurité ; la preuve la plus solide de l'état se tire de la possession publique , puisqu'il n'est autre chose que le rang que chacun occupe dans la société civile des hommes , cette possession s'établit par les témoignages subsistans du pere & de la mere , les reconnoissances littérales d'une famille & celles des étrangers ; mais il seroit périlleux de faire toujours dépendre l'état d'un enfant des actes de célébration du pere & de la mere ; l'incertitude ne s'arrêteroit pas au premier degré de succession ; le petit-fils seroit obligé de rapporter les Titres de son aieul.

On a jugé par Arrêt du 26 Juin 1760, au rapport de M. du Fossé , que la possession d'état suffisoit pour constater la légitimité ; l'Arrêt dispense ce fils de justifier de l'acte de célé-

DE SUCCESSION EN PROPRE. 243

ôter à droit ; c'eft-à-dire , pour fe préfenter en Jugement , aux fins de réparer la contumace ; ils ne font pas incapables des fucceffions qui font échues depuis
leur condamnation , & avant leur mort , parce que les condamnations jugées
par contumace n'ont point d'effet préfent ; & ne femblent être que commi-
natoires , tant que le condamné fe peut juftifier : c'eft pourquoi les héritiers
peuvent empêcher l'exécution de ces condamnations , & juftifier la mémoire
du défunt avant que les cinq ans foient expirés. (6)

---

bration du mariage de fes pere & mere , il réuniffoit tous les autres monumens propres à affurer fon état. On a débouté fur le même principe , en Grand'Chambre, par Arrêt du
28 Mars 1765 , l'Héritier d'une femme de la demande en repréfentation de l'acte de
célébration de fon mariage , formée contre les Héritiers de fon mari , dans la vue de
les fruftrer , par le défaut de repréfentation de cet acte, des droits acquis au mari par fon
contrat de mariage : la poffeffion de l'état des époux étoit conftante.
    Comme chaque fiecle voit paroître fur la fcene des impofteurs, quand on fe préfente pour
faire la conquête d'un état nouveau , avec des faits circonftanciés dont on demande à informer à témoins , la prétention eft profcrite dans les Tribunaux inftruits ; on n'admet les
preuves teftimoniales que quand les titres & la poffeffion fe choquent, & pour former un
corps de lumiere des rayons qui commencent à partir de toutes parts.
    Cette queftion a été ainfi jugée dans les deux efpeces , par Arrêts des 26 Janvier & 25 Juin
1739.
    Voyez Bérault , fous les Articles CCLXXV & CCCLXIX; Bafnage , fous les Articles
CCXXXV & CCCLXIX; Traité des Difpenfes; Conférences de Paris; Journal des Audiences,
tome 1 & 3; Soëfve; Plaidoyers de Cochin, tome 1 , 2 , 3 , 4 & 5; Loix Eccléfiaftiques,
tome 2; Duperray , du Mariage; Traité de l'Abus , dern. Edit. Dict. de Brillon.
    (6) Les Annotateurs de Dupleffis pofent , comme un point de Jurifprudence inconteftable,
que c'eft du jour de l'exécution de la Sentence par contumace que courent les cinq ans accordés à l'accufé par l'Art. XXVIII de Moulins , & l'Art. XXIX du Tit. 17 de l'Ordonnance
de 1670. Si le condamné meurt fans s'être repréfenté dans les cinq ans après l'exécution de la
Sentence de contumace , il fera réputé mort civilement du jour de l'exécution : fi la peine
prononcée eft telle qu'elle emporte mort civile; l'exécution produit encore un autre effet,
c'eft que depuis ce temps le crime ne peut s'effacer par une prefcription moindre de 30 ans.
Cette décifion donne lieu à deux queftions : 1°. Si le condamné à une peine emportant mort
civile , décede dans les cinq ans , mourra-t'il integri ftatûs ? 2°. Ce condamné eft-il , après
trente ans , reftitué à l'être civil ? La Jurifprudence du Parlement de Paris paroît différente de
la nôtre fur la premiere queftion. Ricard, des Donat. part. 1 , chap. 3 , fect. 4 , n. 255 &
fuiv. eft d'avis que le condamné qui eft mort dans les cinq ans , a pu recueillir toutes les fucceffions qui lui font échues dans l'intervalle entre la Sentence de condamnation , recevoir
toutes donations & legs teftamentaires , & les tranfmettre. Le Brun , des Succeff. liv. 1 ,
chap. 1 , fect. 2 & 3 , adopte l'opinion de Ricard. Bafnage dit , fous cet Article , que nous
ne tenons pas cette maxime , que la condamnation par contumace foit tout-à-fait éteinte par
la feule mort du condamné , mais qu'on ne fait pas de difficulté de recevoir les parens & héritiers du défunt à purger fa mémoire. Richer, de la mort civile, chap. 3 , paroît s'éloigner
des Auteurs de Paris , & fon fentiment fe rapproche de celui de Bafnage. L'Article XXIX
du Tit. 17 de l'Ordonnance de 1670 , donne à la mort naturelle du condamné , arrivée dans
les cinq ans , le privilége de le faire déclarer mort integri ftatûs , quoiqu'il ait vécu depuis la
condamnation en état de mort civile , en forte que cet article ne fufpend pas entierement pendant les cinq ans : car le privilége n'eft point accordé au laps de cinq années , mais feulement
à la mort naturelle de l'accufé ; ce qu'il y a de certain , c'eft que l'Ordonnance de 1670, tit.
27 , contient des difpofitions pour purger la mémoire du condamné par contumace , qui rentrent dans les principes de Bafnage. La feconde queftion n'eft pas difficile : le condamné ayant
laiffé écouler trente ans depuis la Sentence de contumace & fon exécution , prefcrit bien contre la peine qui y étoit prononcée, mais la Sentence , par le laps de temps , prefcrit contre
lui l'action qu'il avoit pour fe repréfenter ; ainfi ne s'étant point repréfenté dans les cinq ans
de l'exécution du jugement , ni dans les trente ans , la mort civile eft irrévocable , le condam-

H h 2

Sed quid ? Si un condamné a appelé de la Sentence de condamnation , & que pendant que la caufe d'appel s'inftruit, il lui échet une fucceffion ; eft-il capable de l'accepter ? On répond , que fi la condamnation eft confirmée , elle eft réputée avoir fon effet du jour qu'elle a été jugée ; & partant que comme elle rendoit l'accufé incapable de fuccéder , cette incapacité étoit encourue dès le moment que le premier Jugement avoit été rendu. Il faut répondre autrement , quand l'appellant meurt avant qu'il y ait Jugement fur l'appel ; car étant réputé mort *integri ftatûs* , la condamnation ne l'a pas rendu incapable de fuccéder. (7)

Quant à l'indignité , par laquelle celui qui étoit habile à fuccéder, eft privé de la fucceffion , ou par le crime qu'il a commis contre le défunt , ou parce qu'il n'a pas pourfuivi la vengeance de fa mort ; il faut obferver , que quelquefois cette indignité étend fon effet fur les Enfans de l'indigne, comme dans les crimes de leze-Majefté , ou quand ces enfans ne font héritiers qu'en conféquence du crime commis par leur Pere. Ce cas arrive quand le défunt a été tué pour l'empêcher de fe marier ; car il ne feroit pas jufte que les Enfans profitaffent du crime de leur Pere : ce qui a été jugé par un Arrêt prononcé en l'Audience le 13 de Janvier 1661.

On peut ajouter , qu'on a jugé que les héritiers immobiliers devoient contribuer aux frais d'un Procès entrepris pour venger la mort du défunt , avec les héritiers aux meubles ; parce qu'ils étoient obligés les uns & les autres à faire ces pourfuites , pour n'encourir pas la peine de l'indignité , par un Arrêt du 8 d'Avril 1651. En ce cas il feroit jufte de donner part aux héritiers immobiliers , dans les dépens & intérêts qui feroient adjugés , à proportion de la contribution qu'ils auroient faite aux frais des pourfuites. (8)

---

né n'a plus d'être civil pour efter à droit. Arrêt du Parlement de Paris du 7 Septembre 1727. On a jugé , fur le même principe , au même Parlement, au rapport de M. Severt , par Arrêt du 6 Mars 1738 , que la prefcription de trente ans ne réhabilite pas le condamné à mort par contumace dans les effets civils , & qu'ainfi il eft incapable de recueillir les fucceffions échues depuis les trente ans. La Combe , Arrêts imp. en 1743.

(7) Bafnage rapporte un Arrêt du 6 Mars 1683 , qui appointe le Receveur du Domaine à prouver que le condamné avoit fait acte d'héritier dans une fucceffion qui lui étoit échue depuis le crime , mais auparavant le decret de prife de corps. Richer , de la mort civile , chap. I , fect. I , combat cet Arrêt par la maxime , le mort faifit le vif. Dans l'inftant du décès , dit cet Auteur , la propriété de tous les biens paffe fur la tête de l'hoir le plus proche habile à fuccéder ; cette faifine s'opere de droit, par la feule force de la Loi, fans aucune appréhenfion de fait : or cette faifine de droit forme la poffeffion la plus parfaite qu'on puiffe imaginer ; on ne peut mieux la caractérifer qu'en difant avec la plûpart des Coutumes , qu'elle donne droit de former complainte , ce qui eft le principal exercice de la poffeffion. Le motif qui a déterminé Bafnage, continue toujours M. Richer , ne paroît pas fuffifant pour détruire une regle généralement adoptée ; une loi ne fe détruit que par une loi poftérieure & précife : je réponds à ce raifonnement , qui ne laiffe pas de frapper , qu'il exifte une regle auffi formelle que la regle *le mort faifit le vif* , qui eft celle-ci , *il ne fe porte héritier qui ne veut.* Art. CCCXVI de la Coutume de Paris.

(8) Nous avons dans Bérault un exemple d'indignité que l'on ne lit point fans un frémiffement d'horreur : un pere avoit épuifé fa tendreffe & fes foins auprès de fon fils attaqué de la pefte , les affiduités , les traitemens paternels lui procurerent la guérifon : à peine ce fils a recouvré la fanté que la contagion fe communiquant, le pere éprouve la même maladie : ce fils ingrat prétexte le vœu d'un pélerinage & l'abandonne ; le pere meurt , le fils eft déclaré indigne de fuccéder par Arrêt du 10 Décembre 1610, le Comte de Soiffons

S'enfuit la confidération des Actes qui peuvent attribuer le nom & la qualité d'héritier : fur quoi il faut fe fouvenir de la regle propofée dans la Loi 20. *ff. De acquirenda vel omittenda hæreditate*, qui eft, que l'acceptation d'une fucceffion dépend plus de l'intention que du fait, *eft magis animi quam facti* : Dont on doit conclure qu'il n'y a que les feuls Actes qu'on ne peut faire fans avoir le deffein d'être héritier, qui en puiffent attribuer le nom & la qualité : *Quod citra nomen & jus hæredis fieri non poteft*, comme enfeigne Ulpien en cette Loi. C'eft pourquoi on infere, que tout ce qu'on peut faire fans avoir pris la réfolution d'être héritier, n'eft point un engagement néceffaire pour être héritier. Les exemples en font déclarés dans la même Loi : fi l'héritier préfomptif a fait les frais des funérailles ; s'il a pourfuivi la vengeance de la mort du défunt, *fi quid pietatis caufa fecit* ; s'il a fourni la nourriture & les alimens aux ferviteurs & aux beftiaux, *fi quid cuftodiæ caufa fecit* ; s'il avoit quelqu'intérêt de fon chef, *fi quid fecit quafi alio jure Dominus* (9) : Néanmoins dans tous les Actes douteux, il eft à propos de protefter qu'on ne les fait point comme héritier. Mais fi l'héritier préfomptif s'eft faifi des écritures, des meubles & effets de la fucceffion ; s'il a tranfigé fur les actions héréditaires, tant en demandant qu'en défendant ; s'il a payé les créanciers ; s'il a retiré les héritages vendus en exécution de la faculté retenue par le défunt : ce font tous Actes qu'il n'a pu faire fans le nom & la qualité d'héritier, fuivant l'expreffion de la Coutume en cet Article, & conféquemment il eft obligé à toutes les dettes. (10)

---

féant au Parlement. Il eft vrai que le pere avoit, avant de mourir, déshérité fon fils, mais le feul fait fuffifoit pour l'exclure de fa fucceffion.

Quoique notre Jurifprudence, conforme en cela aux Loix Romaines, puniffe, par la privation de l'hérédité, ceux qui ne pourfuivent pas la vengeance de la mort du défunt, on excepte les Mineurs & ceux que la pauvreté met dans l'impuiffance d'agir.

Les Loix qui déferent la pourfuite du crime font uniformes, parce qu'elles font dictées par la nature ; l'accufation appartient à la proximité du degré de parenté, les parens dans une diftance égale ont le droit d'y concourir.

Plufieurs parens étant admis à la même accufation contribuent aux frais par portion virile, & partagent de même les intérêts civils.

C'eft s'égarer que d'adopter l'ordre des fucceffions dans une matiere où l'on confidere les nœuds du fang avant la capacité de fuccéder, ces deux Commentateurs rapportent des Arrêts qui paroiffent oppofés à cet égard, la maxime que je propofe eft fans équivoque.

(9) On a fuivi l'opinion de Pefnelle dans un Arrêt rendu en l'Audience de Grand'Chambre le 14 Décembre 1758, dont je vais rapporter fommairement l'efpece. Un pere avoit cédé à fon fils en 1727, des fonds jufqu'à la concurrence d'une fomme de 1500 livres, dont il lui étoit redevable ; l'acte étoit dirigé fous la fignature du pere & de deux témoins, mais il n'étoit point figné du fils, il prédécéda fon pere ; après le décès de ce pere on prétendit que les petits-enfans étoient héritiers de leur aïeul, on attaqua l'acte de fraude, mais il avoit eu 22 ans d'exécution pendant la vie du cédant, lui-même en avoit reconnu l'exiftence dans un inventaire folemnel après le décès de fon fils, & on difoit en faveur des petits-enfans, que quand les Créanciers prendroient la voie hypothécaire, on leur établiroit la légitimité de la dette qui avoit lieu à la ceffion ; par cet Arrêt les Créanciers de l'aïeul furent déboutés de leur prétention.

(10) La renonciation des enfans aux fucceffions directes eft réputée frauduleufe, quand ils en jouiffent dans la fuite fans aucune liquidation de leurs Droits : Arrêt du 8 Août 1749. Une jouiffance toute de fait & fans autorifation de Juftice, fait préfumer la fraude quand rien ne s'oppofe à la préfomption. On ne doit en effet avoir aucun égard à une renonciation qui n'eft point férieufe & qui ne tend qu'à tromper des Créanciers ; on s'empare de tous les biens, des titres & papiers, on en difpofe comme maître abfolu : alors la Loi ne

Il reste à discourir de l'acceptation ou renonciation faite par les Mineurs : on peut dire d'abord, qu'étant manifeste qu'on ne peut être héritier sans s'obliger aux créanciers de la succession, encore que les biens d'icelle ne soient pas suffisans pour en acquitter les dettes ; il s'ensuit que le Mineur, qui ne peut s'obliger valablement sans l'autorité & consentement d'un Tuteur, ne peut accepter une succession par lui-même ; mais qu'il le peut étant assisté & autorisé par son Tuteur : c'est le texte de la Loi 8. du même Titre, *ff.* à quoi est conforme la fin de cet Article. Mais l'acceptation ou la renonciation, quoique faites par l'autorité d'un Tuteur n'obligent point le Mineur de telle sorte, qu'il n'en puisse être relevé, sans qu'il lui soit nécessaire de prouver, ni même d'alléguer aucune lésion (11). C'est pourquoi l'acceptation audit cas, n'exclut point l'héritier bénéficiaire plus proche parent que le Mineur, suivant l'Article XVIII du Réglement de 1666. Mais au cas de la renonciation, quand on s'en releve, il faut prendre la succession en l'état qu'elle se trouve lors de la restitution ; c'est-à-dire, qu'on ne peut révoquer les choses faites par l'héritier, qu'il faut de plus indemniser, en le remboursant des frais qu'il a faits ; par un Arrêt du 2 d'Avril 1633, rapporté par Basnage. (12)

On peut demander par une raison de connexité, comment une Femme qui est sous la puissance d'un Mari, doit accepter ou répudier une succession qui lui est échue ? on répond, qu'elle ne le peut sans être autorisée par son Mari, ou par Justice, quand son Mari est refusant de l'autoriser (13), ou quand elle

---

veut pas qu'on s'arrête aux paroles ; elle n'apperçoit point de renonciation où elle ne rencontre point un abandonnement effectif de l'hérédité, *lex rebus non verbis data est, veritas potiùs quàm scriptura perspici debet, & acta simulata substantiam rei mutare non possunt.*

(11) On ne peut opposer au mineur devenu majeur, qui veut renoncer à une succession acceptée par son Tuteur, les Actes d'administration qu'il auroit faits en majorité, comme une suite nécessaire d'une affaire commencée dans sa minorité : Journal du Palais, tome I.

La renonciation tacite, en s'abstenant de l'hérédité, a autant de force que la renonciation expresse, quand on ne veut point exiger le tiers coutumier. L'Héritier présomptif, qui a gardé le silence, peut se porter Héritier sans Lettres de Chancellerie, & son action n'est point bornée par le temps ordinaire pour les obtenir, quand même l'Héritier plus éloigné auroit joui de la succession.

(12) Quand un Héritier plus proche évince d'une succession un Héritier plus éloigné, il semble que pour décider la validité des Actes on fait attention à la bonne foi de toutes les Parties : Arrêt du 19 Juin 1739, en faveur des Actes passés par l'Héritier le plus éloigné, dans le cas où l'Héritier présomptif s'étoit abstenu, les circonstances entrent en considération.

L'Héritier évincé peut répéter la valeur de ses améliorations à la déduction des fruits.

Dans le concours d'Héritiers de diverse ligne, les Héritiers d'une ligne habiles à succéder aux meubles & acquêts, peuvent, afin d'éviter la charge de toutes les dettes contractées par le défunt, s'en abstenir ou les répudier, & accepter la succession des propres de leur ligne, d'autant que la succession des propres & celle des meubles & acquêts sont considérées généralement parlant comme deux successions distinctes & absolument indépendantes.

(13) Du Moulin, sur Bourgogne, des Droits & Appartenances à gens mariés, Art. XXIV, *verb.* actions personnelles, *potest tamen uxor intervenire etiam invito marito authorata à judice in propriis suis ne colludatur ut dixi in Consuetud. Parif.* §. 113. Mais la femme qui par imprudence accepte une succession, ne peut engager les biens de son mari, pourvû qu'il n'ait point autorisé l'acceptation & qu'il n'ait rien touché. Arrêt du 18 Mars 1718, entre le sieur de la Bunodiere, Auditeur des Comptes, & un sieur Abbé Longuet, plaidant le Chapelain pour le sieur de la Bunodiere.

eft féparée de biens. Mais un Mari ne peut fans l'intervention & confentement de fa Femme, appréhender ou répudier une telle fucceffion, parce que le Mari ne peut préjudicier aux droits héréditaires, ni aliéner ni hypothéquer les immeubles de fa Femme, fans qu'elle intervienne & y confente. Que fi le Mari & la Femme ont accepté une telle fucceffion, les biens de l'un & de l'autre y font obligés. On a jugé par un Arrêt du premier d'Avril 1569, rapporté par Bérault, qu'une Fille mineure ayant accepté une fucceffion par l'autorité de fon Tuteur, & depuis ayant été mariée à un majeur, lequel avoit aménagé les biens de cette fucceffion pendant quatre années, étoit bien fondée aux Lettres de relèvement qu'elle avoit obtenues de fon acceptation & de l'aménagement fait en conféquence; & fon Mari & elle furent déchargés des dettes de la fucceffion, en rendant compte, fuivant les offres qu'ils en avoient faites. Ce même Auteur rapporte un Arrêt du 22 de Juin 1582, par lequel il fut jugé, qu'un homme ayant pris une Femme en mariage pour telle part qui lui pouvoit appartenir aux fucceffions de fes prédéceffeurs, & ayant deux ans après reconnu beaucoup de dettes dont ces fucceffions étoient chargées, avoit pu demander la féparation de biens d'avec fa Femme: mais il étoit conftant au Procès, que le Mari lors de fon Mariage, n'avoit été faifi d'aucuns meubles ni effets dépendans de ces fucceffions, mais qu'il avoit feulement reçu quelque revenu dont il offroit rendre compte: ce qui fut ordonné par l'Arrêt.

Il faut enfin remarquer, qu'on reçoit très-rarement des Lettres de reftitution de l'acceptation des fucceffions; parce que la foi publique qui eft dûe à l'exécution des Contrats, fait prévaloir l'intérêt des créanciers à celui de l'héritier; mais qu'on peut être plus facilement relevé de la renonciation faite à une fucceffion, pourvu que ce foit dans les dix ans; parce que les droits de fuccéder font favorables, comme étant fondés fur la nature & le droit des gens: ce qui eft une raifon invincible, quand la fucceffion eft demeurée abandonnée.

C C X X X V I.

La fucceffion directe eft quand l'Héritage defcend en droite ligne; comme de Pere aux Enfans, & d'autres Afcendans en même ligne.

La Coutume ne diftingue point la fucceffion directe en afcendante & defcendante, quoique l'afcendante paroiffe dans les Articles CCXLI & CCXLII, par lefquels les afcendans, comme le Pere & l'Aïeul fuccedent à leurs Fils & Petits-fils, par préférence aux collatéraux qui ne font point defcendans defdits Pere ou Aïeul. (1)

---

(1) Il y a trois ordres de fucceffions légitimes, dit Domat, Préf. fur les Succef. n. 4, felon trois ordres de perfonnes que les Loix y appellent: Le premier, eft celui des enfans & autres defcendans: Le fecond, des peres & meres & autres afcendans: Et le troifieme, des freres & fœurs & des autres proches qu'on appelle collatéraux, parce qu'au lieu que les defcendans & les afcendans font dans une même ligne qui les lient fucceffivement de l'un à l'autre, les freres & tous les autres plus éloignés font entr'eux les uns à côté des autres, chacun dans fa ligne fous les afcendans qui leur font communs.

Heureufement nous n'avons point à difcuter les embarras qui naiffent de l'Edit de l'an 1567, appellé vulgairement l'Edit des Meres; la Loi eft égale parmi nous du côté du pere, com-

CCXXXVII.

Le Fils aîné, foit Noble ou Roturier, eft faifi de la fucceffion du Pere & de la Mere après leur décès, pour en faire part à fes puînés, & faire les fruits fiens jufqu'à ce que partage foit demandé par fes Freres, s'ils font Majeurs lors de la fucceffion échue ; & s'ils font Mineurs, l'Aîné eft tenu leur rendre compte des fruits depuis le jour de la fucceffion échue, encore que partage ne lui ait été demandé, parce que par la Coutume il eft Tuteur naturel & légitime de fes Freres & Sœurs.

Cet Article, qui eft répété par le CCCL, femble être une exception à l'Article CCXXXV, en tant que les puînés héritiers de leurs Pere ou Mere ne font point faifis de ces fucceffions fans aucun miniftere de fait ; puifqu'ils n'en ont la poffeffion qu'après la demande qu'ils en ont faite à leur Frere aîné ou à fes repréfentans. Or il fuffit de faire cette demande par une fimple fommation par une raifon femblable à celle de la douairiere, à qui une fimple fommation fuffit pour acquérir la jouiffance de fon douaire. La raifon de cette difpofition, qui eft fuivie en la Coutume de Bretagne par l'Article DXII, mais entre Nobles feulement, eft rendue par d'Argentré, qui dit, que cela a été établi pour éviter que les Freres ne vouluffent incontinent après la fucceffion échue, s'emparer de la part que chacun d'eux prétendroit lui appartenir : c'eft pourquoi la Loi, pour prévenir le défordre & les violences, a mis la poffeffion de toute la fucceffion entre les mains de l'aîné, afin que les puînés fuffent obligés de le reconnoître comme leur chef, & de lui demander partage. On peut ajouter, que l'aîné étant obligé de fupporter les charges de la fucceffion, parce qu'il eft le principal héritier, & que c'eft lui qui doit pourvoir à maintenir & faire fubfifter toute la Maifon dont il eft le chef, & que c'eft de plus contre lui que toutes les actions des créanciers font d'abord intentées ; il a été jufte de le récompenfer de tous fes foins, & de la dépenfe qu'il doit faire : mais les fruits qui font attribués à l'aîné, jufqu'à ce que le partage lui foit demandé, ne font pas ceux qui font pendans par les racines, & non encore perçus lors de l'échéance de la fucceffion ; parce que ce qui eft réputé meuble par la Coutume, comme les grains après la S. Jean, & les pommes & les poires après le premier de Septembre, n'appartiennent pas à l'aîné, non plus que les autres meubles ; mais feulement les fruits qui font ameublis depuis l'échéance de la fucceffion, & qu'il a fait recueillir & porter dans la grange ou le grenier, avant la demande ou fommation de partage. (1)

Au

---

me de celui de la mere & des autres afcendans : les propres ne remontent point au-delà de leur ligne ; le pere eft exclus des propres maternels de fon fils par les parens collatéraux de la mere, de même que les parens collatéraux du pere excluent la mere dans les propres paternels de fon fils ; & les afcendans, lorfqu'il y a des defcendans d'eux, ne fuccedent point à leurs enfans ou petits-enfans : Art. CCXLI & CCXLII de la Coutume.

(1) Cet Article eft fondé fur l'idée de la fubordination qui, dans une parfaite égalité, foumet

Au reste , quand il est dit que le Frere aîné est Tuteur naturel & légitime de ses Freres & Sœurs, cela se doit entendre provisoirement , & auparavant que les parens ayent élu un Tuteur ; toutes les Tutelles étant datives , & devant être autorisées par Ordonnance de Justice. C'est pourquoi la Mere & l'Aïeule , & après leur mort, le plus proche parent des Mineurs , sont obligés de convoquer les parens, pour procéder à la nomination d'un Tuteur , faute de quoi ils sont responsables de la perte que les Mineurs peuvent souffrir à cause du retardement ; comme il est attesté par les Articles II , V & VI du Réglement fait pour les Tutelles. (2)

CCXXXVIII.

Pareillement le Fils du Fils aîné est saisi de la succession de son Ayeul & de son Ayeule, à la représentation de son Pere , pour en faire part à ses Oncles, & fait les fruits siens , jusqu'à ce que ses Oncles lui demandent partage , & doivent les lots être faits par le dernier des Oncles, le choix demeurant audit Fils aîné.

CCXXXIX.

S'il n'y a Enfans de l'Aîné vivans lorsque la Succession échet , en ce cas le second Fils tient la place , & a les Droits d'Aîné , & ainsi subsécutivement des autres.

Ces deux Articles font connoître que le droit d'aînesse n'est pas attaché à une certaine personne, puisque non-seulement il est attribué au second fils , quand l'aîné n'est pas vivant lors de la succession échue , & ainsi subsécutivement aux autres fils, suivant l'expression de l'Article CCXXXIX ; mais qu'il est transmissible aux enfans de l'aîné, par l'Article CCXXXVIII. (1)

---

soumet le plus jeune au plus âgé, & il substitue un chef à la famille; dans cette vue les dispositions du pere, en faveur d'un de ses enfans puînés , ne changent point l'ordre qu'il établit , l'avancement par le décès du pere devient un bien commun , & le frere aîné est cependant saisi de la succession universelle : Arrêt du 30 Mai 1754.

L'absence du puîné n'empêche point le frere aîné de faire les fruits siens ; mais il est équitable d'examiner si l'absence du puîné a un motif nécessaire ou utile au bien public ; car le frere aîné ne doit pas profiter de l'ignorance & de l'inaction de son frere qui ont une cause légitime : Arrêt du 5 Mars 1676.

De deux freres jumeaux , celui qui le premier est sorti du ventre de sa mere a le droit d'aînesse , cette prérogative est importante ; ainsi quand il naît deux enfans d'un même accouchement , il est d'une particuliere attention de bien désigner sur les Registres de Baptêmes lequel des deux a la priorité de la naissance, ou bien on présumera que celui qui y est le premier inscrit, est le premier né. Voyez du Moulin & les autres Commentateurs sous l'Article XIII de Paris ; le Brun , des Successions, Liv. 2 , Chap. 2 , Sect. prem. Godefroy, sous cet Article de notre Coutume.

(2) Bérault , dit simplement que le frere n'est supposé tuteur de ses freres mineurs , qu'à l'effet de lui faire rendre compte des fruits de la succession, & que nous n'avons point en Normandie de tutelles légitimes. Voyez l'Art. I , du Reglement du 7 Mars 1673 , sur le fait des Tutelles.

(1) Nous avons des preuves certaines que la représentation étoit inconnue dans l'ancien

C C X L.

Encore qu'il n'y eût qu'une Fille de l'Aîné , elle a par repréſentation de ſon Pere en ligne directe , pareil droit de prérogative d'aîneſſe que ſon Pere eût eu ; & en ligne collatérale auſſi , pour le regard de la Succeſſion ancienne.

La diſpoſition de cet Article paroît contraire à la cauſe pour laquelle le
droit d'aîneſſe a été établi , qui eſt de conſerver les biens dans les Familles en
la perſonne des aînés ; partant il ſemble qu'il y auroit eu grande raiſon d'ordonner que la Fille ne pourroit pas repréſenter ſon Pere , quant aux droits qui
ſont expreſſément réſervés aux mâles. Mais ce qui doit ſembler plus étrange ,
eſt que cette repréſentation d'une Fille ait lieu dans les ſucceſſions collatérales,
quant aux biens propres , de la même maniere que dans les directes : vu que
la Coutume admettant la repréſentation au premier degré en la ligne collatérale à l'égard des meubles & acquêts , n'a pas ſouffert que les Enfans venant
à la repréſentation de leur Pere , puſſent exclure leurs Tantes , ſœurs du défunt , quoique leur Pere , frere dudit défunt , eût exclu ſes ſœurs par l'Article
CCCVI. De plus , la Coutume a bien fait connoître par l'Article CCCVIII ,
que l'effet naturel de la repréſentation n'étoit pas de donner aux repréſentans ,
tous les avantages qu'auroit eu le repréſenté , puiſque les enfans des Fils aînés
venant à la ſucceſſion des acquêts de leur Oncle ou Tante , ne pouvant prétendre aucun préciput ou droit d'aîneſſe , au préjudice de leur Oncle ou Tante leurs cohéritiers , comme auroit eu leur Pere par l'Article CCCXVIII. De
ſorte qu'il eſt évident , que la repréſentation en ce cas n'a point d'autre effet ,
que d'approcher d'un degré le repréſentant , pour le faire concurrer avec ceux
qui ſont plus proches parens du défunt. (1)

Droit François , ſoit dans la ligne directe , ſoit dans la ligne collatérale ; le fils excluoit le
petit-fils dans la ſucceſſion de ſon pere , aïeul du petit-fils ; l'oncle excluoit ſon neveu en
ſucceſſion collatérale. Cela eſt ainſi décidé dans la Loi Salique , Tit. 62 *de Alode* , & réſulte des
Formules de Marculfe , Liv. 2, Chap. 10. Je remarque cependant avec Pithou , ſur Troyes ,
Art. XCII , que Childebert avoit porté un decret ſur la loi Salique , qui appelloit les fils
du frere & de la ſœur à la ſucceſſion de leur aïeul avec leurs oncles & tantes , mais ce
decret ne fut point ſuivi. *In directâ tamen lineâ* , dit du Moulin ſur Boulenois , Art. LXXVII.
*omnes fere conſuetudines à Pariſiis trans Sequanam verſus Belgiam & Aquilonem pares olim
fuerunt , & habent rationem in hoc , ne filii audeant contrahere matrimonium & generare nepotes
ſine conſenſu parentumquipoſſunt eos habilitare ad ſuccedendum.* Cependant l'ancien Coutumier ,
Chap. 26, admet la repréſentation. *Voyez* les anciennes Coutumes de Dijon , publiées par Pérard;
les anciennes Coutumes notoires du Châtelet , Art. LXXXV. Bracton, Liv. 2 , Chap. 22,
n. 1. Paſquier , Recherches de la France , Chap. 18.
    Quand une fois le fils aîné eſt incapable de ſuccéder , ſoit pour crime ou pour vœux de re-
ligion , exhérédation ou indignité , le droit de Primogéniture paſſe au premier puîné. *Secundo
genitus* , dit du Moulin , §. 8 , Gl. 2 , n. 27, *ſive immediatè ſequens filius obtinebit ſolidum
& verum jus Primogenituræ quia conſuetudo loquens de primogenito intelligitur de habili ad
ſuccedendum.*
    Par la renonciation du fils aîné à la ſucceſſion , ſon droit paſſe auſſi au premier puîné , *non
accreſcit ſingulis , ſed ex ſucceſſorio edicto tranſmittitur ſolummodo in perſonam ſecundo
geniti de capite in caput , ac ſi primogenitus qui præcedebat in rerum natura non eſſet.*
    (1) Notre Coutume étend beaucoup plus la repréſentation que la plûpart des autres Cou-

C C X L I.

Pere & Mere, Ayeul & Ayeule, ou autre Afcendant, tant qu'il y
a aucun defcendu de lui vivant, ne peut fuccéder à l'un de fes Enfans.

C C X L I I.

Les Pere & Mere excluent les Oncles & Tantes de la fucceffion
de leurs Enfans : & les Oncles & Tantes excluent l'Ayeul & l'Ayeule
en la fucceffion de leurs Neveu & Nieces, ainfi des autres.

Ces deux Articles propofent & enfuite prouvent par exemples, que la fucceffion ne peut remonter à l'afcendant, au préjudice de ceux qui font defcendus de lui ; de forte que les Freres préferent en ces fucceffions le Pere & la
Mere, & tous les autres afcendans ; comme les Oncles & Tantes excluent
l'Aïeul & l'Aïeule en la fucceffion de leurs Neveu & Nieces, qui font les
Petits-fils defdits Aïeul & Aïeule. Mais ces Oncles & Tantes ne préferent pas
en cette même fucceffion, le Pere ou la Mere defdits Neveu & Nieces, parce
que les Pere & Mere font plus proches, & d'ailleurs ne font pas afcendans,
mais parens collatéraux defdits Oncle & Tante, qui font leurs Frere & Sœur.
Cette maxime ne s'étend pas tant des propres, qui, fuivant le proverbe de la
plûpart des Coutumes ne remontent point, que des acquêts & des meubles,
aufquels les defcendans fuccedent, à l'exclufion de tous leurs afcendans dans
lefdites fucceffions ; ce qui doit faire juger, que ces deux Articles & le fuivant CCXLIII, euffent été beaucoup mieux placés fous le Titre *des Succeffions*
des meubles & des acquêts. (1)

tumes du Royaume; la repréfentation parmi nous rapproche non-feulement le parent le plus
éloigné, mais elle donne fouvent l'exclufion au parent le plus proche en faveur du plus éloigné : nous la recevons en ligne collatérale dans les propres jufqu'au feptieme degré inclufivement ; elle attribue non-feulement des prérogatives à la branche aînée ; mais, par une fuite
de la même doctrine, l'aîné de cette branche peut dépouiller les membres qui la compofent,
en prenant dans la premiere divifion un Fief qui vient enfuite à fon fingulier profit. *Voyez*
Cujas, des Fiefs, Liv. prem. Chap. 11 ; du Moulin, §. 8, Gl. 3, n. 5.

(1) Propres ne remontent. On faifoit autrefois un étrange ufage de cette regle, il en ré-
fu'toit que les afcendans étoient non-feulement exclus du droit de fuccéder par ceux à qui
ils avoient donné le jour, mais par les collatéraux de ces afcendans : l'oncle du défunt excluoit
fon pere, *purceo que*, dit Littleton, *eft une maxime en le ley, que in hér tance poet lineaement*
difcender, mes nemy afcender. L'Auteur des anciennes Loix Françoifes dit que cet abus, qui
fubfiftoit en Neuftrie lorfque Raoul en prit poffeffion, fe perpétua en Angleterre, il ne fut
réformé chez nous que vers le regne de Philippe Augufte, & notre ancien Coutumier adopta
la réformation : le but de cette regle eft maintenant d'empêcher la confufion des héritages
procédans de diverfes lignes ; cette regle eft plus clairement pofée dans l'ancien Coutumier,
Chap. 25, que dans la Coutume réformée, on en jugera par comparaifon. Voici comme elle
eft conçue dans l'ancien Coutumier : » l'éritaige des enfans revient au pere quand il n'y a nul
» qui foit defcendu de lui, fe l'éritaige eft defcendu de lui, auffi doit l'en dire de la mere de
» l'ael, du befael, & du tiers-ael, & de l'aelle de la befaelle, & de la tierce-aelle. » On faifit
dans le texte la fin que fe propofe la loi du pays.
Bérault prouve que cet article eft bien placé fous la fucceffion des propres ; car les biens

Il a été jugé par un Arrêt rendu en l'Audience, le 17 de Décembre 1649 ; rapporté par Basnage, que les Freres utérins préferent le Pere du défunt, quoiqu'ils n'en soient pas descendans, parce que par les dispositions qui sont sous le Titre *des Successions des meubles & acquêts*, les Freres & les Sœurs, tant utérins que conjoints *ex utroque latere*, tiennent le premier ordre dans lesdites successions de meubles & d'acquêts. Il avoit été jugé auparavant, par un Arrêt du 15 de Mars 1543, rapporté par Bérault, qu'un Frere de Pere seulement, préféroit la Mere en la succession de sa Sœur, fille de cette Mere.

Sed quid ? Les ascendans ne succéderont-ils point aux choses par eux données, à l'exclusion de leurs descendans ? Cette question a été décidée par l'Article CCCXIII de la Coutume de Paris, qui dispose, que les ascendans succedent aux choses par eux données à leurs descendans morts sans enfans ou descendans d'eux : ce qui est mis comme une exception à la maxime, que le propre ne remonte point ; (quoique cette maxime n'ait été reçue que pour conserver les propres *in linea*, & comme une suite de la regle *paterna paternis, materna maternis*, suivant l'avis de du Moulin, cité par Loüet, P. 47.) Ce qui a paru si équitable au Parlement de Paris, qu'il a ordonné, que cette exception auroit lieu dans toutes les Coutumes qui ne l'ont pas expressément rejettée, comme il paroît par les Arrêts rapportés par Loüet, audit nombre. La raison de cette Jurisprudence est fondée sur l'équité, & sur une forte présomption de l'intention des donateurs, de n'avoir pas voulu se dépouiller de leurs biens, sinon en faveur de leurs enfans leurs donataires ; lesquels étant décédés sans enfans & descendans d'eux, la cause & la fin de la donation cessent : c'est pourquoi par un droit, qu'on doit plutôt appeller de réversion que de succession, les donateurs rentrent en la possession des choses par eux données, par l'effet d'une tacite stipulation suppléée par la Loi, comme étant une condition inhérente & naturelle à la donation. Néanmoins on a jugé en Normandie, qu'un Pere qui avoit promis la dot à une de ses Filles, étoit obligé de la payer à ses autres Gendres, après la mort de la donataire décédée sans enfans, par Arrêt du 14 d'Août 1657, rapporté par Basnage. Les donateurs donc feront prudemment de stipuler la réversion de la chose donnée à leurs enfans, au cas de la mort desdits enfans sans enfans & descendans d'eux. (2)

---

hérités de l'aïeul par les petits-enfans à cause de la renonciation du pere, les fonds qu'ils ont retirés à droit lignager, ceux leurs par avancement de succession, le tiers-coutumier délivré aux enfans à l'occasion du dérangement des affaires de leur pere : voilà des propres dans la succession des enfans qui n'ont point de descendans.

(2) Le droit de reversion en ligne directe est si favorable, que, suivant du Moulin sur l'Article LXXVIII de Valois, & LXXIV d'Artois, il a lieu dans toutes les Coutumes qui n'en parlent point, *hoc justum est & observandum*, dit cet Auteur, sur l'Art. IX de Montargis, *& quamvis in quibusdam consuetudinibus contrarium reperiatur, hoc errore irrepsit & corrigendum est*. Du Moulin attaque ainsi l'ancienne Coutume de Melun, qui depuis a été réformée. La Coutume d'Anjou, Article CCLXVIII & CCLXX, & celle du Maine, Article CCLXXXVIII. Notre Coutume n'a aucune disposition contraire à la reversion, & les Art. CCXLI & CCXLII n'ont d'autre but, comme je l'ai observé, que de conserver les propres dans chaque ligne ; cependant on oppose l'Arrêt du 14 Août 1657, cité par Pesnelle d'après Basnage. Trois puissans motifs déterminent contre cet Arrêt ; le premier, de consoler un pere qui a vu troubler l'ordre naturel dans le prédécès de sa fille : le second, d'encourager les peres à doter leurs filles, en les assurant que si elles venoient à mourir ils rentreroient en ce cas dans les biens qu'ils auroient donné : enfin le troisieme, qui consiste à dire, qu'en mariant sa fille, le pere

C C X L I I I.

Les Oncles & Tantes excluent les Cousins en la succession de leurs Neveux & Nieces.

L'Article XLIV du Réglement de 1666, a interprété celui-ci, qui eût été proposé plus nettement, ou en le rangeant sous le Titre *des Successions collatérales des meubles & acquêts*, ou en énonçant que les Oncles & Tantes préferent les Cousins en la succession des meubles & acquêts ; parce que cette succession est déférée aux plus proches parens, hors du premier degré de la ligne collatérale, auquel la représentation est admise : mais à l'égard des propres, de la succession desquels la représentation à lieu jusqu'au septieme degré, il n'est pas vrai que les Oncles préferent les Cousins, mais ils concurrent avec eux ; sinon lorsque les Cousins du défunt sont leurs enfans, qui est le seul cas qu'on peut inventer, pour vérifier ce que la Coutume a déclaré en cet Article CCXLIII, que les Oncles préferent les Cousins en la succession des propres.

C C X L I V.

Si le Pere ou Mere, Ayeul ou Ayeule ou autre Ascendant, reconnoît l'un de ses Enfans pour son Héritier en faveur de Mariage, & fait promesse de lui garder son Héritage, il ne pourra aliéner ni hypothéquer ledit Héritage en tout ou partie, ni les Bois de haute-fûtaie étant dessus, au préjudice de celui au profit duquel il aura fait ladite disposition, & de ses Enfans, pourvu que ladite promesse soit portée par écrit, & insinuée dans le temps de l'Ordonnance ; sinon, en cas de nécessité, de maladie ou de prison.

Cet Article, qui ôte aux Peres & Meres & autres ascendans, la puissance

---

est présumé avoir voulu pourvoir non-seulement à sa fille, mais à sa postérité ; en sorte que la fille mourant sans enfans, on doit lui restituer ce qu'il a donné dans cette vue, sur le fondement de la présomption de sa volonté. J'ajoute que l'Arrêt de 1657 a pu être rendu à cause d'une prédilection marquée par le pere en faveur d'un de ses enfans. On ne peut pas opposer que le pere, en dotant sa fille, acquitte une charge au nom de ses autres enfans, & pour eux ; car dans la vérité le pere ne préfere ici que sa fille à soi-même. Ainsi raisonne le Brun, des Successions, qui a épuisé cette matiere. *Voyez* Renusson, des Propres, Chap. 2, sect. 19. Ricard, des Donat. part. 3, Chap. 7, sect. 4, n. 757. Journal du Palais, tome 2.

Basnage conseille, pour prévenir cette difficulté, de stipuler le retour ; mais ce n'est qu'un demi-remede, c'est assujettir la reversion à un Tabellion plus ou moins éclairé ; une pareille question mérite d'autant plus qu'un Réglement, qu'elle concerne les Contrats les plus importans dans l'ordre de la société.

La clause de retour, stipulée par le donateur en ligne directe, ne prive pas à Paris le donataire du droit d'angager & de vendre les choses données, d'autant que le donateur pouvoit ne donner que l'usufruit & se retenir la propriété. Renuss. des propres, Chap. 2, sect. 19, n. 35. Ricard restraint cette décision aux Coutumes qui considerent le droit de retour, comme un droit qui tient a celui de succéder ; & il ajoûte que la clause de retour étant aussi ancienne que l'acte de donation, elle opere généralement une espece *de fidei commis* & qu'elle à un effet rétroactif au jour du Contrat. Ricard, part. 3, Chap. 7, n. 798, & 799.

d'aliéner les héritages qu'ils ont promis garder à leurs enfans ou descendans, est contraire au Droit Romain, par lequel on ne se pouvoit ôter la faculté de tester par aucun Contrat, *l. 15. C. De pactis.* Mais par le Droit coutumier on n'a pas réprouvé ces institutions d'héritier contractuelles, dont il est fait mention dans les Ordonnances d'Orléans, en l'Article LIX, & de Moulins, en l'Article LVII. (1)

Afin que ces promesses de garder sa succession soient valables, la Coutume y semble requérir quatre conditions : qu'elles soient faites par les Pere, Mere ou les autres ascendans ; qu'elles soient faites en faveur de mariage ; qu'elles soient portées par écrit ; & qu'elles soient insinuées dans les quatre mois. Quant aux deux dernieres conditions, elles doivent être nécessairement accomplies ; la troisieme, par l'Article DXXVII ; & la quatrieme, par les Ordonnances faites pour les Insinuations (2). Mais quant aux deux premieres, on ne s'est point attaché aux termes précis de la Coutume. Car il est d'un usage constant, que non-seulement les ascendans peuvent faire ces promesses ; mais même que les collatéraux les peuvent faire valablement en faveur de leurs présomptifs héritiers ; ce que l'on a pu inférer de l'Article CCCCXXXII. Il est d'ailleurs encore certain, que ces promesses se peuvent faire hors & indépendamment du cas de mariage.

Ces promesses ne privent pas ceux qui les ont faites, de la propriété de leurs biens, de sorte qu'il soit au pouvoir de ceux ausquels les promesses ont été faites, d'aliéner ou d'hypothéquer les biens des successions qu'on a promis leur garder : car s'ils décedent sans enfans avant les obligés, ces promesses deviennent caduques ; & les aliénations au contraire, qui auroient été faites par les obligés, au préjudice desdites promesses, seroient maintenues ; encore qu'elles n'eussent pas été faites aux trois cas exceptés, de nécessité, de maladie & de prison : ce qu'on peut conclure de cet Article, en tant qu'il n'interdit ces aliénations qu'à l'égard de celui au profit duquel la promesse a été faite, ou de ses enfans. (3)

---

(1) Tous nos Commentateurs ont observé que cet article est contraire à la Loi *Pactum quod Dotali C. de Pactis.* Les Romains n'admettoient pas les institutions contractuelles, & on rejette dans le pays coutumier l'institution testamentaire. *Voyez*, sur les Institutions contractuelles, Ricard, part. prem. Le Brun, des Success. Liv. 3 ; Henrys, tome 1 & 2 ; Boucheul ; Coquille, sur Nivernois, Titre des Donations ; Fernand, des Success. convent. Catelan, tome prem. avec les Observations de Vedel ; Domat, des Success. dans sa Préface ; Arnauld de la Rouviere.

(2) *Voyez* les Observations sous l'Article CCCCXLVIII.

(3) La promesse de garder sa succession est d'un usage ancien en Normandie. Terrien, Liv. 6, Chap. 2, cite un Arrêt du 14 Février 1503, qui prouve que de son temps elle avoit des regles certaines ; elle n'a reçu cependant sa perfection que depuis la réformation de notre Coutume, de même qu'on peut le comprendre aisément par la lecture de Basnage. Cette promesse ne change néanmoins pas la condition des fonds ; elle n'interrompt point le cours de la prescription qui est de droit public ; elle ne fait aucun préjudice à ceux qui avoient auparavant des droits acquis sur les immeubles promis garder ; mais il est à propos qu'ils appellent les enfans aux Contestations, Compromis & Sentences arbitrales pour les terminer, suivant l'avis de Godefroy ; ce même Auteur propose la question de sçavoir, si le fils par son consentement valide l'aliénation faite par son pere ; il semble que cette promesse, étant faite surtout en Contrat de mariage, embrasse une postérité à naître, & concerne les enfans qui sortiront de ceux qui sont gratifiés : dans de pareilles circonstances le consentement du fils n'est

DE SUCCESSION EN PROPRE.

C'eft en quoi cette réfervation de fucceffion differe de l'avancement qui en auroit été fait, lequel dépouille celui qui a avancé, de la propriété, qui eft transférée à celui à qui l'avancement a été fait : de forte qu'il peut vendre & engager au préjudice de fon donateur, quand même il y auroit claufe de reverfion dans l'avancement, en cas du prédécès du donataire, à moins que cette claufe ne fût appuyée d'une autre, qui ôtât au donataire la faculté d'aliéner.

Mais quoique celui qui a été avancé, puiffe aliéner les biens dont il a été avancé, il ne les peut confifquer au préjudice du donateur, qui eft préféré au fifc ; parce qu'on préfume toujours que le donateur n'a voulu faire cet avancement, que pour conferver les biens dans fa Famille, & pour en donner la jouiffance & libre difpofition à fes enfans ou proches parens ; de maniere qu'il y auroit de l'iniquité, de le déclarer privé de fes biens, par une caufe fi contraire à fon defir, & à la fin qu'il s'étoit propofée.

Bérault propofe une queftion qu'il ne réfoud point : fçavoir, fi un Pere peut engager au douaire d'une Femme qu'il a depuis époufée, les biens qu'il avoit promis de garder à un de fes enfans. Voyez les raifons qu'il allegue de part & d'autre. Mais la raifon qui paroît décifive pour le douaire, eft que la Coutume n'a pas interdit les aliénations, ou plutôt les engagemens qui viennent en conféquence des Actes qu'elle n'a pas voulu ni pu même interdire, comme font le mariage & la procréation des enfans. Comme donc la promeffe de garder fa fucceffion n'empêche pas celui qui l'a faite, de pouvoir engager fes biens à la part que les enfans nés depuis fa promeffe doivent avoir en fa fucceffion ; ainfi elle ne doit pas empêcher la conftitution du douaire établie par la Coutume : la caufe & l'effet, c'eft-à-dire, le mariage & la procréation

---

pas d'une grande confidération : *Etiam fi omnes viventes confentiant, poftea nafcituri revocabunt.* Godefroy.

L'inftitution contractuelle pratiquée dans plufieurs Coutumes, a beaucoup moins de force que la promeffe de garder fa fucceffion, elle n'ôte point la faculté de difpofer, foit à titre onéreux, foit à titre gratuit, de forte que les difpofitions teftamentaires qui fe font dans la fuite font feulement réductibles à la quotité difponible par derniere volonté. On ne conçoit pas comment le Brun peut, après cela, contredire Ricard, en affurant que l'inftitution contractuelle doit être confidérée comme un acte entre vifs, fous prétexte qu'il n'eft pas permis de faire une feconde inftitution qui déroge à la premiere, tandis que l'on a tous les moyens d'en éluder l'effet. *Voyez* Bourbonnois CCXX & CCXXII, Paris CCLXIX. Mais les Coutumes d'Anjou, du Maine, Touraine, & Lodanois donnent autant de force à la reconnoiffance d'héritier que fi on y avoit employé les termes de garder fucceffion. Notre Coutume paroît exiger dans le texte, que l'une & l'autre difpofition fe rencontrent cumulativement dans l'acte, afin qu'il ait l'effet qu'elle y attache. Cependant nous convenons que l'état des aliénations faites par le promettant eft attaché à la condition de prédécès ou de furvie de celui en faveur de qui la promeffe a été faite.

La promeffe de garder fucceffion faite par un pere en faveur d'un de fes enfans, n'eft point réduite à celui-là feul que le pere a principalement envifagé ; fi le pere aliénoit depuis la promeffe, l'enfant à qui elle auroit été faite ne pourroit pas s'y arrêter au préjudice des autres, par la regle que le pere ne peut avantager un de fes enfans plus que l'autre, la promeffe deviendroit donc inutile ; il a fallu, pour remédier à cet inconvénient, décider que cette promeffe faite à un des enfans opere autant que fi elle avoit été faite fingulierement à chacun d'eux. Art. XLV du Reglement de 1666.

Les enfans, pour profiter de la difpofition du pere, font dans l'obligation de renoncer à fa fucceffion, & d'en demander l'exécution; mais il dépend d'eux de fe déclarer fes héritiers, & de rétablir ainfi les chofes dans le droit commun.

des enfans devant être réglés par le même principe : c'est pourquoi il a été jugé, que les enfans pouvoient conflituer un douaire sur les biens sujets à restitution, & dont l'aliénation avoit été interdite par le Testament du Pere ; Loüet, D. 21. ce que cet Auteur rapporte avoir été jugé suivant l'Authentique *Res quæ*, C. *Communia De legatis*, laquelle permet d'obliger pour les droits d'une Femme les biens substitués, & qu'il n'étoit pas permis d'aliéner.

Il est à propos de remarquer que sous le nom d'héritage en cet Article, sont compris tous les immeubles qui peuvent être réputés faire partie d'un fonds, comme les rentes seigneuriales & fonciere, & les droits incorporels, comme les servitudes & les corvées : mais il y a une grande raison de douter pour les rentes hypotheques, parce qu'elles n'ont aucune certaine aliette, & ne sont censées être partie d'aucun fonds, & partant il sembleroit qu'on en pourroit faire le racquit aux mains de celui qui auroit fait lesdites promesses (4) ; comme nonobstant icelles, il peut non-seulement disposer de ses meubles, mais même des immeubles qu'il auroit acquis depuis.

On remarque en plus outre, qu'un préfomptif héritier ne peut vendre ni aliéner les biens d'une succession qui n'est pas encore échue, & que même il n'y peut pas renoncer valablement ; toutes ces pactions étant nulles, parce qu'elles sont réputées contraires aux bonnes mœurs, suivant les Loix 30. §. *donationem ff. De donationibus*, & la derniere, C. *de pactis*. L'exception même appofée dans cette Loi derniere, n'a pas été approuvée par le Parlement de Paris, qui a jugé que le Contrat par lequel un préfomptif héritier avoit vendu le bien de son parent vivant, étoit nul, bien que ce parent eût été préfent, & eût confenti au contrat, par un Arrêt rapporté par Loüet, H. 6.

Brodeau en ce lieu rapporte un autre Arrêt d'Audience, du 15 de Février 1601, par lequel l'obligation d'un fils de famille de payer, lorfque la succession de son pere ou de fa mere lui feroit échue, a été déclarée nulle, comme faite contre les bonnes mœurs. Voyez Loüet, P. 24, où il est montré, que les partages que les peres ou autres afcendans ont faits entre leurs enfans, des biens de leurs futures successions, ont été approuvés, tant par les Loix que par les Arrêts ; mais il est requis que ces partages ne foient pas contraires à ce qui est statué par la Coutume des lieux où les biens font situés. (5)

CCXLV.

---

(4) Il a été jugé que le pere peut recevoir les capitaux des rentes qui lui font dües en les remplaçant, ou en donnant des fûretés pour la restitution des deniers ; fi on n'admettoit pas en ce cas des précautions, un pere dont la fortune confifteroit en rentes conftituées, conferveroit le pouvoir d'anéantir fa promesse au préjudice des tierces perfonnes mêmes qui font intéreffées à fon exécution.

(5) Bafnage traite sur cet Article des démiffions ou avancemens de fuccession : il paroît réfulter des Arrêts que cet Auteur rapporte, que les démiffions font irrévocables, pourvu que le démettant ait réfervé ce qui lui eft néceffaire pour vivre felon fa condition, & qu'il ne furvienne pas quelques-unes de ces caufes fuffifantes pour opérer la révocation des donations ; cette opinion n'eft cependant pas fuivie dans la plûpart des Coutumes du Royaume : on y croit que la démiffion peut fe révoquer par la nature de l'acte ; & voici la raifon que l'on en donne : Comme il n'y a pas d'inclination plus naturelle que de donner fes biens à ceux qui en hériteront un jour, on a eftimé qu'il étoit jufte que dans une démarche fi naturelle, mais fi dangereufe, il y eût quelque lieu au repentir. On dit que la Jurifprudence, atteftée par Bafnage, fait plus d'honneur à l'homme, mais que la Jurifprudence contraire rend plus de

C C X L V.

Les Héritages venus du côté Paternel, retournent toujours par fuc-ceffion aux Parens Paternels ; comme auffi font ceux du côté Mater-nel aux Maternels, fans que les biens d'un côté puiffent fuccéder à l'autre, en quelque degré qu'ils foient Parens, ains plutôt les Sei-gneurs defquels lefdits biens font tenus & mouvans, y fuccedent.

C C X L V I.

Ce qui fe doit entendre, non-feulement des biens qui defcendent des Peres & Meres, mais auffi des autres Parens Paternels & Mater-nels, pourvu que les biens fuffent propres en la perfonne de la fuc-ceffion duquel eft queftion.

C C X L V I I.

Les biens font faits propres à la perfonne de celui qui premier les poffede à droit fucceffif.

La Regle du Droit Coutumier, par laquelle les biens paternels doivent appar-tenir par fucceffion aux parens paternels, comme les biens maternels doivent être déférés aux parens maternels, *paterna paternis*, *materna maternis*, eft ex-pliquée en ces Articles : Et parce qu'aucun bien ne peut être dit paternel ni maternel, qu'il ne foit propre, il eft néceffaire de définir ce que l'on doit ap-peller propre. La Coutume l'a bien voulu imprimer dans la mémoire, l'ayant répété dans deux Articles, CCXLVII & le CCCXXXIV, qui déclarent, que tous les biens font faits propres en la perfonne de celui qui premier les poffe-de à droit fucceffif ; c'eft-à-dire, à droit de parenté & de lignage comme il

---

de juftice à l'humanité. Quoiqu'il en foit, il eft conftant qu'après la démiffion en forme, le Démiffionnaire a le droit d'engager & hypothéquer les biens compris dans la démiffion ; mais le pere ne pourroit pas oppofer, aux Créanciers de fon fils, le défaut d'infinuation pour faire empêcher l'effet de l'acte d'avancement. Bérault. *Voyez*, fur les Démiffions de biens & avancemens, M. Boullenois.

L'avancement de fucceffion, fait aux enfans par un pere qui contracte dans la fuite un fecond mariage, ne peut préjudicier à ceux qui en naîtront, quand même il y auroit eu un degré de fucceffion par le décès d'un des enfans du premier lit avant la naiffance de ceux du fecond.

Le Démiffionnaire non-feulement ne confifque point les biens qui lui ont été donnés par avancement, mais il ne peut pas même les affecter aux intérêts civils réfultans du crime : Arrêt du 20 Juillet 1647, qui enterine dans cette efpece des Lettres de refcifion, obtenues par un pere contre l'avancement fait à fon fils.

Cependant la démiffion, même générale, du pere en faveur de fes enfans ne fait point de préjudice à fes Créanciers antérieurs ; on ne regarde point le fils revêtu des dépouilles du pere comme un tiers-détenteur ; & fes Créanciers font recevables à fe pourvoir par fimple faifie fur les biens compris dans la démiffion : Arrêt du 31 Juillet 1736.

Tome I.   K k

est ajouté par l'Article CCCCLXXXIII , qui porte , que *l'héritage retiré à droit de lignage , tient nature de propre & non d'acquêt.* (1)

---

(1) Des Auteurs François ont tenté de prouver que Justinien , a le premier introduit la distinction des propres : efforts assez inutiles. Dominici & du Moulin , ont cru que la loi des propres étoit aussi ancienne que la Monarchie , du Moulin a même voulu que Charlemagne , usant du Droit de Conquête , l'ait fait recevoir par les Saxons , & *prædicta consuetudo* , dit cet Auteur , Conseil 7. n. 68 , *quod heredia antiqua sint affecta lineæ seu gentilitati , & potissimum capiti , quæ fuit originalis Francorum , & Burgundiorum , per constitutionem Caroli Magni Principis Franciæ , & imperatoris prorogata fuit olim ad Saxones ;* d'autres Auteurs ont prétendu que la loi des propres ne remonte pas au de-là de la fin de la seconde race , ou du commencement de la troisieme , on introduisit alors selon leur opinion , une especе de substitution dans les Fiefs , de sorte que le possesseur des Fiefs décédant sans enfans , le Fief devoit retourner au plus proche parent du défunt du côté de la ligne du premier vassal. Nous avons des preuves plus anciennes de l'établissement des propres ; nous trouvons la distinction des propres & des acquêts dans Marculphe , Liv. 2 , Form. 7. *Tam de alode , quam de comparato* , & plus bas , *tam de hereditate parentum quam de comparato* , nous en trouvons encore un exemple dans du Cange , *hoc est villam nostram . . . . . . quæ mihi de parte genitoris mei nomine Adelhemi obvenit tam de alode quam de comparato ;* Chron. Laurisham. an. 764. On peut dire pour concilier ces opinions , que la différence entre le partage du propre & celui des acquêts , n'a été réglée qu'après l'établissement des propriété des Fiefs.

Nous mettons au rang des propres les fonds donnés à l'héritier présomptif en ligne directe ou collatérale , les immeubles confisqués & remis au profit des héritiers du condamné ; les acquêts provenus du prix du propre vendu dès l'instant du contrat d'acquisition, que suivent les améliorations , sans aucune récompense pour les héritiers aux acquêts ; les acquêts retirés à droit lignager , les fonds réunis à titre féodal au Fief qui est propre , les héritages licités entre cohéritiers , &c.

L'effet de la licitation a été contesté , il y a quelques années , dans une espece délicate. Une femme conjointement avec son mari , avoit acquis par licitation de son oncle , son cohéritier , le tiers d'une terre , & l'autre tiers de son cousin germain qui en étoit légataire, elle avoit hérité pour un tiers : le mari avoit payé la plupart des deniers ; après sa mort ses héritiers reclamoient les deux tiers de cette terre , comme une acquisition que le mari avoit faite ; le premier Juge avoit déclaré que le tiers appartenoit aux héritiers du mari , sur l'appel , les héritiers de la femme établissoient que les actes de licitation étoient valides , qu'il n'appartient de liciter qu'à celui qui a droit de partage , que la licitation peut avoir lieu entre mineurs , que le tuteur en fournissant les deniers , ne transmet pas moins aux mineurs , la propriété des fonds licités , & que si le nom du mari a été employé dans l'acte de licitation , ce n'a été que pour habiliter la femme à contracter. Par Arrêt du 2 Août 1758, rendu au rapport de M. du Boscguerard , les fonds licités furent déclarés de la ligne de la femme.

Les Offices font une sorte de biens qui a occasionné beaucoup de contestations ; mais nous avons maintenant des décisions sûres. Les Offices domaniaux , sans aucune distinction entre l'ancien & le nouveau Domaine , ne paroissent pas avoir en Normandie de regle particuliere , ils se gouvernent de même que les autres biens qui font en commerce ; les Offices de judicature & de finance faisant aujourd'hui une portion considérable du patrimoine des familles , ils sortissent la qualité de propres & d'acquêts ; ainsi si le Titulaire les résigne à son héritier présomptif , ou étant échus par succession , ils font propres de la ligne dont ils procedent ; bien plus , un Office retiré des parties casuelles dans le temps fatal par l'héritier présomptif , est réputé propre dans sa succession : Arrêt du 21 Janvier 1749. On a même , par Arrêt du 12 Janvier 1751 , jugé propre dans la succession d'un mineur le prix de la composition d'un Office , à charge de le relever des parties casuelles. *Voyez* le Brun de la Comm. les Arrêtés de Lamoignon , des Offices ; Renusson , des Propres , Chap. 5 , Sect. 4 , n. 72. Il sera fait mention ailleurs des Offices de la maison du Roi.

Mais quoiqu'on n'ait point voulu approuver en Normandie, la diftinction des propres anciens & naiffans, comme il eft attefté par l'Article XLVI du Réglement de 1666 ; il eft néanmoins néceffaire de reconnoître qu'il y a des propres, qui dans leur principe ne peuvent être dits ni paternels ni maternels, le droit d'y fuccéder n'étant pas réglé comme celui des autres propres. Par exemple, les acquêts des enfans, ne font proprement ni paternels ni maternels en la fucceffion des meres qui ont fuccédé : c'eft pourquoi on a jugé, que les parens du côté paternel de ces meres, devoient préférer les parens maternels, fuivant qu'il eft difpofé par l'Article CCCX pour la fucceffion des acquêts ; avec cette différence néanmoins, que même les plus éloignés paternels excluent les plus proches maternels, par Arrêt du 23 de Mai 1623, rapporté par Bafnage fur l'Article CCXLVII. On jugea la même chofe dans le cas auquel une fœur avoit fuccédé aux acquêts faits par fon frere utérin ; car quoique ces biens fuffent devenus propres par fa fucceffion, ils ne furent point réputés ni paternels ni maternels, parce qu'ils n'étoient point defcendus du pere ni de la mere, quoiqu'ils fuffent provenus du côté de la mere de l'acquereur ; c'eft pourquoi ils furent déférés aux parens paternels de cette fœur utérine décédée fans enfans, à l'exclufion de fes parens maternels, par un Arrêt, dit de Laftelle, du 23 Janvier 1606, rapporté par Bérault & par Bafnage, dont il fera parlé ci-après. Ce qui fait connoître que c'eft avec une fort bonne raifon, que les Commentateurs du Droit Coutumier ont diftingué les acquêts en nouveaux & en anciens ; entendant par les nouveaux, ceux qui ont été faits par le défunt auquel on fuccede ; & par les anciens, ceux aufquels on a fuccédé feulement en la ligne collatérale, parce qu'on eftime qu'ils ne peuvent pas être appellés propres, n'étant ni paternels ni maternels, jufqu'à ce qu'on ait fuccédé en la ligne directe. Or cette diftinction n'eft pas vaine, d'autant qu'il eft d'un ufage certain dans les autres Coutumes, que les nouveaux acquêts appartiennent, en cas de fucceffion, aux plus proches parens indiftinctement, foit qu'ils foient paternels ou maternels ; & qu'à l'oppofite, les anciens acquêts font déférés aux plus proches parens du côté de l'acquereur, par préférence à tous les autres parens du défunt. (2)

Pour plus grand éclairciffement du droit de fuccéder au propre, il faut obferver qu'il n'y a aucune controverfe à cet égard dans les fucceffions de la ligne directe ; parce qu'il eft évident que ce qui procede du côté du pere eft paternel, comme ce qui provient du côté de la mere eft maternel. Toute la difficulté donc eft à l'égard des fucceffions collatérales. Pour en faire un bon difcernement, il eft à propos de remarquer qu'il y a trois opinions fur cette matiere : La premiere eft, que quand il eft queftion de la fucceffion au propre, il fuffit de confidérer la parenté de celui de la fucceffion duquel il s'a-

(2) La diftinction des acquêts en nouveaux & anciens, dont quelques Auteurs fe fervent, ne convient pas dans les Coutumes qui difpofent que les biens font faits propres dans la perfonne qui les poffede à droit fucceffif, & il femble repugner que l'on appelle acquêt ce qui nous a été laiffé à titre d'héritier. Il n'en eft pas de même de la diftinction des propres en anciens & naiffans ; quoiqu'elle foit rejettée en Normandie, elle eft reçue dans beaucoup de Provinces du Royaume. On appelle propre naiffant celui qui pour la premiere fois eft échu à droit fucceffif, & bien des Coutumes le déferent au parent le plus proche du côté de l'acquereur, foit paternel ou maternel.

git, fans remonter plus haut qu'à fes pere & mere, & nullement aux autres' afcendans, comme aïeuls & byfaïeuls, les parens defquels fuccedent, fuivant qu'ils font plus proches du défunt, fans diftinction ni recherche de ce qui étoit paternel ou maternel, dans les biens de ces fucceffions d'aïeuls ou des autres afcendans plus éloignés. Cet ordre de fuccéder eft plus conforme au Droit Romain, par lequel, quand il s'agit du partage d'une fucceffion, on n'a égard qu'à l'hérédité du défunt, & non à l'hérédité qui lui étoit échue, parce qu'*hæreditas femel adita, non eft amplius hæreditas, fed proprium patrimonium adeuntis*, fuivant qu'on l'infere de la Loi 10. §. *filio, ff. De vulgari & pupillari fubftitutione :* & conféquemment les biens de l'aïeul échus au pere du défunt, *non funt amplius avita bona in nepote*, qui eft le défunt, *fed paterna, quia patris proprium patrimonium erant. Ideoque* (comme il eft dit dans la fin de la Loi derniere, *C. De in officiofo teftamento*) *nomen auctorum extinguitur & cum aliis rebus confunditur, & fimilem fortunam recipit, quemadmodum cæteræ res quæ in unum congregantur, ex omnibus patrimonium.* Cette opinion eft encore fondée fur des confidérations très-importantes, tant de la confervation des biens dans chaque famille, en empêchant que les biens d'un défunt ne foient féparés en petites pieces, *minutiores in partes fruftillatim fcindantur*, que de la paix des familles, qui font brouillées, quand la parenté du premier acquereur des héritages qui font dans une fucceffion, doit être recherchée : ce qui caufe une grande confufion.

La feconde opinion eft, que pour être habile à fuccéder au propre, foit paternel ou maternel, il faut être defcendu de celui qui a acquis les héritages, ou au moins de celui qui y a le premier fuccédé en la ligne directe ; & fuivant cette feconde opinion, un héritage n'eft point réputé propre, jufqu'à ce qu'il ait fait fouche ; c'eft-à-dire ; jufqu'à ce qu'on ait fuccédé en ligne directe defcendante, pour pouvoir être eftimé paternel ou maternel : de forte que plufieurs fucceffions en la collatérale ne rendent point un héritage propre ; mais il eft toujours réputé acquêt, tant qu'il n'a point fait fouche. Le fondement de cette opinion eft, qu'il n'y a point de propre qui ne foit paternel ou maternel : or ce qui n'eft point émané des afcendans, comme de pere, mere, aïeul ou aïeule, ne peut être dit paternel ou maternel. Cette opinion étoit fuivie en l'ancienne Coutume de Paris.

La troifieme opinion eft, qu'il faut être parent de l'acquereur de l'héritage, fans qu'il foit néceffaire d'en être defcendu ; *fufficit effe conjunctum à latere, non requiritur defcenfus à ftipite.* Mais cette opinion fe fubdivife en deux ; car quelques-uns eftiment qu'il fuffit d'être parent de cet acquereur, foit du côté du pere, foit du côté de la mere ; & c'eft ce qu'on a fuivi en la Coutume réformée de Paris, comme enfeigne Brodeau en fon Commentaire de Louet, P. 28. (3)

____

(3) La regle *paterna paternis, materna maternis*, eft différemment interprétée par les' Coutumes ; je ne dirai rien ici des Coutumes que l'on appelle fpécialement de reprefentation, ni des Coutume de tronc commun. Je renvois fur cette matiere au Traité des fucceffions de le Brun, Liv. 2, Chap. 1. Je rappelle la théorie de Péfnelle, j'obferve avec le Brun *ibid.* n. 9 & 10, que fuivant plufieurs Coutumes, & dans les Coutumes muetes, il fuffit pour fuccéder au propre, d'être le plus proche parent du côté de celui duquel il eft échu à celui de *cujus bonis agitur*, & le plus proche parent exclura le parent defcendu de l'acquereur qui fera en degré plus éloigné. On ne fuccède point en Coutume fouchere, comme héritier des propres que l'on ne foit defcendu de celui qui le premier les a mis dans la famille,

D'autres requierent qu'on foit de la famille de celui qui a acquis l'héritage ; & c'eft cette derniere opinion qu'on a fuivie en Normandie, où il eft nécef-faire d'être de la famille de l'acquereur : c'eft en conféquence de ce principe, que l'Arrêt de Graverel du 20 de Décembre 1655, rapporté amplement par Bafnage fur l'Article CCCCLXIX, fut donné au fujet du retrait lignager, qui fe juge par les mêmes regles·que le droit de fuccéder, fuivant qu'il eft dé-claré par les Articles CCCCLXIX & CCCCLXXVI. L'efpece de cet Arrêt eft, que le pere de Graverel, & l'acquereur de l'héritage dont il étoit queftion, étoient coufins germains fortis de deux fœurs : le fils de l'Acquereur ayant fuc-cédé à fon pere, vendit le même héritage, qui, fans doute, étoit devenu un propre paternel en fa perfonne. Il n'étoit pas moins évident que Graverel étoit non-feulement parent de l'acquereur, mais qu'il étoit même parent au troifieme degré du vendeur : ce nonobftant, ayant voulu retirer ledit héri-tage en cette qualité, il en fut jugé incapable, parce qu'il n'étoit pas de la famille ou agnation de l'acquereur, quoiqu'il fût fon parent, & par conféquent parent paternel & maternel du vendeur. Ce qui paroît abfurde, d'autant qu'un parent qui a droit de retirer comme lignager, & de fuccéder jufqu'au feptie-me degré, tant au propre qu'aux acquêts, peut être exclus de ces droits par un Seigneur de Fief, encore qu'il foit proche parent du pere du dernier pof-feffeur de l'héritage, & qu'il le foit même de ce poffeffeur : mais cette abfur-dité vient en conféquence d'une maxime établie par la Coutume en l'Article CCXLV, qui déclare, que ce qui eft devenu propre paternel, doit toujours retourner aux parens paternels, comme le propre maternel aux parens ma-ternels, fans que les biens d'un côté puiffent jamais appartenir par fucceffion aux parens de l'autre côté, en quelque degré qu'ils foient parens ; de forte que les Seigneurs de Fief y fuccéderoient plutôt par droit de deshérence ; laquelle maxime a été étendue par l'Article fuivant CCXLVI. aux biens qui échéent en la ligne collatérale, pourvu qu'ils fuffent propres de celui de la fucceffion duquel il eft queftion : Ce qui ne peut fignifier autre chofe, finon que les biens qu'un défunt a poffédés à droit fucceffif, doivent être déférés à fes pa-rens du côté dont font provenus lefdits biens, fans que les autres parens de l'autre côté y puiffent jamais fuccéder ; à moins que de faire diftinction entre les anciens propres & les propres naiffans. Ce que le Parlement a réprouvé par plufieurs Arrêts, defquels a été formé ledit Article XLVI dudit Réglement (4).

---

s'il ne s'en trouve point de cette forte, les anciens propres appartiennent à l'héritier des meubles & acquêts, c'eft-à-dire, au plus proche parent. Le Brun *ibid.* n. 13, à Paris & en diverfes Provinces du Royaume quoiqu'il foit néceffaire d'être parent du côté & ligne de l'Acquereur, il n'eft pas befoin d'en defcendre ; les defcendans de l'Acquereur font cepen-dant toujours préférés, mais il ne fuffit pas comme dans les Coutumes de la premiere efpece, d'être parent du défunt du côté du pere par la fucceffion de qui ce propre lui eft échu, mais il faut lui être parent du côté & ligne de celui qui a mis le premier l'héritage dans la famille, foit du côté du pere, foit du côté de la mere de cet Acquereur ; que s'il ne fe trou-ve point de parent de cette forte, l'héritage eft confidéré dans la fucceffion comme un acquêt & appartient au plus proche héritier.

(4) Quand on lit fans prévention l'Art. CCXLVI de notre Coutume, on conçoit qu'il n'eft pas néceffaire qu'un bien ait fouché pour devenir propre, & qu'il peut devenir tel par fucceffion collatérale, même propre paternel ou maternel, parce qu'il fera échu au défunt par des parens du côté de pere ou du côté de mere, mais il eft difficile de tirer les confé-

C'est pourquoi Basnage a fort bien remarqué que l'Arrêt de Lastelle cité ci-dessus, a été donné contre ladite maxime, d'autant que par cet Arrêt, les biens qui étoient provenus de la succeffion de Jacqueline de Lastelle, qui les avoit possédés au droit de la fucceffion aux acquêts de Pierre de Bellaire fon frere utérin, furent adjugés aux parens du côté & ligne de ladite Lastelle, à l'exclufion de fes autres parens du côté de Bellaire acquereur defdits héritages. L'interprétation que Bérault a donné audit Article CCXLVI pour foutenir cet Arrêt ne paroît pas bonne ; car les biens qui échéent dans les fucceffions collatérales à parler proprement, ne defcendent point, il n'y a que les biens qui échéent en la ligne directe defcendante, qu'on puiffe dire defcendre ; de forte que quand la Coutume, audit Article CCXLVI, s'eft fervie du mot de defcendre, ce n'eft précifément qu'à l'égard des biens des peres & meres, ou des autres afcendans ; mais cela ne fe doit pas rapporter aux biens des parens collatéraux, qui ne defcendent point, & qui néanmoins font déclarés être partables, fuivant la Regle des biens paternels & maternels, établie en l'Article précédent CCXLV, pourvu qu'ils foient propres de celui à qui on fuccede, qui eft l'unique condition que la Coutume requiert pour les attribuer au côté & à la ligne de celui dont ils font provenus, & pour en exclure les parens de l'autre côté.

Cette regle donc de *paterna paternis, materna maternis*, ayant été reçue pour conferver dans chaque famille les biens qui lui font propres ; il eft néceffaire d'obferver d'autres maximes, pour pouvoir bien difcerner les biens paternels d'avec les maternels : c'eft pourquoi d'autant que le plus fouvent les femmes ne font point héritieres en Normandie, & que leur bien confifte en mariage avenant ; c'eft-à-dire, en deniers payés au mari & remplacés fur fes biens, le Réglement de 1666, en l'Article CIII, expofe une regle certaine, par laquelle, quand il ne paroît point évidemment que les biens proviennent du côté des femmes, ils doivent être réputés paternels.

Il y a encore d'autres obfervations très-importantes à faire à l'égard des biens maternels : Car premierement, ils peuvent être un acquêt de la femme, quand

---

quences que nous avons déduites de cet Article. Le Brun, *ibid*, n'a pas fait de difficulté de mettre notre Coutume au rang de celles qui n'exigent, pour fuccéder au propre, que d'être parent du défunt du côté de celui qui le lui avoit tranfmis par fa mort. Notre Jurifprudence eft cependant bien différente, nous ne fuivons pas même celle de Paris. On tient à Paris pour maxime, d'après M. Talon, que quand les parens d'une ligne font capables de fuccéder à des héritages comme acquêts, les defcendans de cette même ligne peuvent fuccéder aux mêmes héritages comme propres. L'Arrêt de Graverel, cité par tous nos Commentateurs, eft directement oppofé à cette maxime, & l'Arrêt de Daireaux du 3 Juillet 1753, en forme de Reglement, confirme l'Arrêt de Graverel. Voici l'efpece : Thomas Daireaux eut deux enfans, Thomas & Scholaftique ; de Thomas fortit Pierre, de Pierre, Richard, Avocat à Coutances : Scholaftique époufa Adrien Colas ; de ce mariage nâquit Thomas, qui avoit acquis 75 liv. de rente fonciere dans la mouvance du Fief de Ver ; Gilles fon fils, lui fucceda, & mourut fans enfans. On voit par ce tableau que Pierre Daireaux & Thomas Colas acquereur, étoient coufins germains, & que Richard Daireaux & Gilles Colas étoient coufins iffus de germains. Pierre, ou en cas de prédécès, Richard Daireaux, auroient été habiles à fuccéder en Normandie, fuivant la proximité du degré, à la rente acquife par Thomas Colas, s'il fût mort fans enfans, Richard y auroit également pu fuccéder à Paris, quoiqu'elle fût devenue propre naiffant dans la perfonne de Gilles Colas ; cependant en vertu de ce Reglement, la rente a été adjugée au Seigneur de Fief comme un bien vacant par deshérence. *Voy ez* mes Notes fous l'Art. CXLVI de la Coutume.

elle les a acquis par fon induftrie & par fa bonne fortune ; mais ils font un propre, encore qu'ils ne confiftent qu'en deniers; quand ils proviennent de la
légitime que la femme avoit fur les biens de fes prédèceffeurs : mais quoique
ces biens foient propres ou acquêts, ce font des biens maternels à l'égard des
enfans qui y ont fuccédé ; car quoique réguliérement il fe faffe une extinction
d'une dette, quand le débiteur eft hériter du créancier, *aut è converfo*, quand
le créancier eft héritier du débiteur; néanmoins, quand un fils héritier de fon
pere le devient de fa mere, *aut è converfo*, quand un fils héritier de fa mere
le devient de fon pere, la dot de la mere remplacée ou confignée fur les biens
du pere, n'eft pas éteinte ; mais par une fiction de la Coutume, elle eft réputée un bien diftinct de la fuceffion du pere, & peut être demandée comme un
bien maternel, par les héritiers du fils décédé fans enfans : mais cette fixion
ne fubfifte pas toujours, elle prend fin quand on a fuccédé deux fois en la
ligne directe, à ces biens maternels. Par exemple, quand le petit-fils héritier
de fon pere, qui avoit hérité de fa mere, décede fans enfans, les héritiers de
ce petit-fils ne font plus obligés de repréfenter la dot de l'aïeule maternelle,
qui avoit été confignée fur les biens de fon mari aïeul paternel du défunt ;
parce qu'en ce cas, cette dot qui n'étoit qu'une dette, eft du tout éteinte par
la confufion : c'eft ce qui a fait dire, que les dots confignées n'étoient pas un
bien maternel, quand elles font hors du premier degré qui eft le fils. Ce qu'il
faut entendre, quand le fils a été héritier de fa mere prédécédée ; car fi la
mere avoit furvécu le fils fa dot ne feroit pas éteinte par l'addition faite de
fa fucceffion par fon petit-fils : car il faut deux fucceffions en la ligne directe,
pour faire cette extinction, comme il a été dit. (5)

En fecond lieu, il faut obferver, que les deniers dotaux d'une femme ayant
été employés par le mari en achat d'héritages ou en conftitution de rentes,
avec déclaration que le prix provient des deniers appartenans à la femme ;
ces héritages ou ces rentes, font des remplacemens fpéciaux des biens de la
femme, & doivent toujours retourner aux parens de la ligne defquels ils font
venus, comme il eft fignifié par l'Article CV dudit Réglement.

En troifieme lieu, les biens acquis par échange étant fubrogés, quant à la
qualité de propre paternel ou maternel, aux héritages qui ont été baillés en
contr'échange ; les biens de la femme échangés par le mari ou par les enfans

---

(5) Il faut, pour opérer la confufion de dot, non-feulement deux degrés de fucceffion ;
mais deux degrés de génération : ainfi fi une fœur a fuccedé à fon frere, la dot de la mere
commune n'eft pas confondue dans la fucceffion de cette fœur. Arrêt du 8 Août 1732. On
a même jugé par Arrêt du 26 Juin 1755, qu'il n'y a point de confufion quand la veuve a employé fes deniers dotaux à l'amortiffement d'une rente dûe par fon fils, & au payement des
arrérages, avec ftipulation de remplacement, & de fubrogation. Il femble que la mere
n'ayant point conftituée la fomme fur fon fils, elle n'avoit eu contre lui qu'une action mobiliaire, & que fi elle eût agi, on n'eût trouvé dans fa fucceffion que des deniers ; mais la
ftipulation du remplacement avec fubrogation, paroiffoit être l'équivalent d'une conftitution,
& il eût été injufte de priver les héritiers maternels de la répétition d'un bien dont l'emploi
avoit confervé les propres paternels. On a encore jugé par Arrêt du 8 Juillet 1755, en la feconde des Enquêtes, fur un partage de la premiere, qu'une femme ayant de fes deniers dotaux
amorti des rentes dûes fur la fucceffion de fon mari avec fubrogation, fa dot n'étoit point
confondue dans la fucceffion de fa fille, laquelle avoit recueilli la fucceffion de fon pere ; il eft
vrai que l'action avoit dormi pendant la vie de cette fille, qui réuniffant la double qualité de
débitrice & de créanciere, n'avoit pu l'exercer. Mais on en auroit mal conclu l'extinction.

héritiers de la femme , produifent un remplacement fpécial de biens maternels.

Mais cette fubrogation a fes effets limités , comme enfeigne Loüet , S. 10 ;
& ne s'étend point à faire partager cet échange , fuivant la qualité ou la fituation qu'avoit le contr'échange , parce qu'on partage les biens d'une fucceffion
en l'état qu'ils fe trouvent lors de l'échéance , & non felon la qualité & la
fituation des biens aufquels ils ont été fubrogés , comme il eft attefté par l'Article LXVII dudit Réglement. Quand donc on baille à un des héritiers un héritage maternel , au lieu du partage qu'il avoit droit d'avoir dans la fucceffion
de fon pere ; cet héritage eft réputé un propre paternel , *& fic è converfo*
tant en ligne directe qu'en ligne collatérale. Voyez Loüet , *dicto loco* (6)

Il ne faut pas omettre que les biens maternels qui confiftent dans la confignation faite fur les biens du mari , fuivent les mêmes regles que les autres propres ; c'eft-à-dire , que celui qui en eft héritier , doit payer les dettes créées
par la femme à qui la dot appartenoit ; comme auffi , il doit contribuer aux
dettes contractées par le fils & héritier de cette femme , à proportion de la
valeur des biens de l'une & de l'autre fouche paternelle & maternelle. (7)

De plus , quoiqu'un héritier puiffe aliéner tous les biens du côté paternel ,
fans que les héritiers de ce côté en puiffent prétendre un remplacement fur les
biens du côté maternel , *aut è converfo* ; néanmoins quand un fils a aliéné les
biens de fon pere , fur lefquels la dot de fa mere étoit confignée , cette dot
eft cenfée aliénée au préjudice des héritiers maternels , à proportion de la
valeur , tant des biens aliénés que de la dot confignée fur iceux , comme il
a été jugé par un Arrêt du 26 Mai 1659 , rapporté par Bafnage fur l'Article
CCXLV :

---

(6) La fubrogation n'a point lieu par les partages ou autres arrangemens de famille d'un
bien d'une ligne à celui d'une autre ligne , en forte que fi , dans un partage entre cohéritiers , il tombe dans un lot des biens paternels pour remplir ce cohéritier de fa part dans la fucceffion maternelle , ces biens ne deviennent pas pour cela des biens maternels , ils confervent toujours leur nature de biens paternels pour retourner à la ligne paternelle , *& vice verfâ;*
ainfi jugé par Arrêt du 21 Février 1759. La nature des biens ne doit point en effet dépendre
des conventions ; la Loi eft certaine , & il réfulteroit de fon infraction beaucoup d'inconvéniens , fur-tout dans notre Province , où par l'ufage & fuivant l'ancien Coutumier , quand
les fucceffions de pere & de mere font échues en même temps on n'en fait qu'un partage.
On trouve dans la nouvelle édition du Traité des Propres de Renuffon , un pareil Arrêt du
Parlement de Paris.

(7) Bafnage prouve , fous cet Article , par des efpeces délicates & nettement développées ,
qu'il eft quelquefois très-difficile de diftinguer le propre paternel du propre maternel. Quand
le Créancier d'une reverfion de dot achete un fonds de celui qui la doit , dont il paye partie
du prix , & tient quitte de la dot le débiteur pour le furplus , fi ce créancier vient à décéder
fans enfans , le débiteur qui lui fuccede dans le propre maternel peut demander le partage de
la terre jufqu'à la concurrence de la dot , & l'héritier du propre paternel n'eft pas recevable à
lui offrir le rembourfement de la dot en deniers : Arrêt du 30 Juin 1746. Mais un acquêt d'un
fonds du beau-pere fait par le mari , qui cede fa dot pour partie du prix , fans que la femme
accede au Contrat , n'eft point un propre de la femme ; après la diffolution du mariage , il
fuffit qu'il rende la dot : ainfi jugé au mois de Juillet 1756. Dans le fait de l'Arrêt le mari avoit
fourni une portion confidérable du prix , & avoit donné une quittance de la dot féparée.

Un fonds acquis par un fecond mari des deniers de fa femme , au nom des enfans du premier lit , en exécution du Contrat de mariage , eft un propre maternel dans leur fucceffion :
Arrêt du 30 Juillet 1746.

(I)

CCXLV : Il faut dire les mêmes chofes des meubles, que le mari eft obligé de remplacer par l'Article CCCXC, que de la confignation de la dot ; car ces meubles n'ayant point été remplacés, font un propre maternel en la perfonne du fils, lequel propre fubfifte & s'éteint par les mêmes moyens que la dot confignée : ce qui a été jugé par un Arrêt du mois de Janvier 1653, rapporté par ce même Auteur.

CCXLVIII.

En Succeffion de Propre, tant qu'il y a mâles ou defcendans de mâles, les femelles ou defcendans de femelles ne peuvent fuccéder, foit en ligne directe ou collatérale.

La maxime propofée par cet Article eft fort remarquable, pour régler la fucceffion du propre ; elle déclare que tant qu'il y a des mâles ou des defcendans d'eux, ils excluent les femelles & leurs defcendans, tant en ligne directe qu'en la collatérale : de forte que la repréfentation de fexe a lieu, comme par l'Article CCCXVII. Il ne faut donc faire à cet égard aucune diftinction entre le paternel & le maternel ; car quand on y fuccede, les mâles & leurs defcendans y font indiftinctement préférés : ce qui doit faire juger, qu'une fœur ayant fuccédé aux acquêts d'un frere avec fes neveux, enfans d'un autre frere prédécédé, en exécution de l'Article CCCVI, fi ces acquêts, qui font devenus propres, font à partager dans la fucceffion de cette fœur qui foit décédée fans enfans ; ces neveux qui n'avoient point eu de préférence en la fucceffion de leur oncle, l'auront en la fucceffion de cette tante, & excluront leurs autres tantes & leurs defcendans. De plus, fi une fœur qui a fuccédé à fon frere utérin, tant avec fes neveux, fils de fon frere de pere & de mere, qu'avec fa fœur de mere feulement (comme elle en eft capable par les Articles CCCVI, CCCVII & CCCXVI.) décede fans enfans, ces acquêts du frere utérin, qui font devenus propres en la perfonne de la fœur, appartiendront aux neveux iffus des freres, à l'exclufion des neveux fortis des autres fœurs, comme il a été jugé par un Arrêt d'Audience, du 24 de Mars 1604, rapporté par Bérault. Il ne faut pas oublier, que cette maxime fe doit entendre hors du cas de repréfentation, comme il eft déclaré par l'Article CCXL, fuivant lequel une fille vient à la repréfentation de fon pere, concurremment avec les mâles, au partage des propres, tant en ligne directe qu'en la collatérale. (1)

---

(1) Les filles ne fuccédoient, fuivant l'ancien droit François, qu'au défaut des mâles, *de terrâ verò falicâ nulla portio hæreditatis mulieri veniat, fed ad virilem fexum tota terræ hæreditas perveniat.* Lex Salica, Art. LXII, *fed dum virilis fexus extiterit, femina in hereditatem aviaticam non fuccedat.* Lex Ripuaria, Tit. 56, *pater aut mater defuncti filio non filiæ hæreditatem relinquant...... qui filium, aut filiam habuerit, & filius uxore ducta filium genuerit, & mortuus fuerit, hæreditas patris ad filium filii, id eft, ad nepotem non ad filiam pertinet.* Lex Saxon, Tit. 7, *hæreditatem defuncti filius non filia fufcipiat, fi filium non habuit qui defunctus eft, ad filiam pecunia, vel mancipia, terra verò ad proximium paternæ generationis confanguineum pertineat.* Lex Angliorum feu Werinorum, Tit. 6, *de Alodib.* Cod. Leg. Cent. ex Biblioth. Freder. Lindenbrog. *Si verò filium quis habuerit hæredem & prætereà*

CCXLIX.

Les Filles ne peuvent demander ni prétendre aucune partie en l'héritage de leur Pere & Mere contre leurs Freres, ne contre leurs Hoirs ; mais elles leur peuvent demander Mariage avenant.

La confervation des biens dans les familles, qui eſt une confidération du Droit civil ; c'eſt-à-dire, particulier à un Etat politique, ayant prévalu à l'équité naturelle, par laquelle les femmes doivent avoir une part égale aux hommes dans les fucceſſions : *Quia utraque perfona in hominum procreatione fimili naturæ officio fungitur*, comme dit Juſtinien au Titre *De exheredatione liberorum* ; la Coutume propoſe fous ce Titre *de Succeſſion au Propre*, vingt-quatre Articles, par lefquels le droit qu'ont les femmes dans les fucceſſions, tant en ligne directe qu'en la collatérale, eſt particulierement déclaré : *Commodiùs vifum eſt ita jura conſtitui, ut plerumque hæreditates ad mafculos confluerent ; apud Juſtinianum, De legitima agnatorum fucceſſione.* Sur quoi il eſt à propos de remarquer, que les cas dépendans des Loix qui reglent les droits des fucceſſions par une fin politique, & qui fuivant les paroles de Tacite, *habent aliquid ex iniquo, quod utilitate publicâ rependitur*, ne fe doivent pas juger par des confidérations d'équité ni d'égalité, parce que ces raiſons répugnent évidemment à la fin que les Legiflateurs fe font propoſée, & laquelle les Juges & les bons Interpré-tes doivent toujours avoir en vue, afin de conferver les Loix dans leur force, & afin de ne les abolir pas peu à peu, en contrevenant aux principes qui leur fervent de fondement. Il ne faut donc pas dans les queſtions, qui réfultent de ce que la Coutume a ordonné, tant touchant les droits que les femmes ont fur les fucceſſions, que touchant les biens fitués dans le Pays de Caux, & les avantages qui font attribués aux aînés par les préciputs, s'écarter de l'utilité publique, pour laquelle ces Réglemens ont été autoriſés ; autrement on ne les interprete pas, mais on les détruit.

Or pour expliquer les droits qu'ont les femmes dans les fucceſſions, on peut diſtinguer que ces droits leur appartiennent, ou comme une légitime, ou

---

filiam vel filias, in totum filius fuccedit, quia generaliter verum eſt quod mulier nunquam partem capit in hæreditate aliquâ. Lex Regiam majeſtatem, Lib. 2, Cap. 30; Skenée, *ibid.* Glanville, Lib. 7. Chap. 3. Notre ancien Coutumier, chapitre 25, difpofe que » les enfans qui » font de par les femmes, ne les femmes mefmes n'auront pas l'éritage tant comme il y ait » aucun qui foit defcendu des mâles. » Nous remarquons dans les autres Coutumes des traces de cet efprit différemment modifié : ici le pere peut doter fa fille fans qu'elle puiffe rien de-mander aux mâles ni à leurs defcendans ; & dans quelques endroits, elle ne peut demander de fupplément de légitime, à moins que les mâles n'ayent laiffé pour héritiers des perfon-nes de fon fexe ; là le pere ne peut rappeller au droit de fuccéder fa fille dotée, s'il ne s'eſt refervé cette faculté en la mariant ; ailleurs on obferve, dans la vue de foutenir les maifons, des difpofitions les plus rigoureufes contre les filles nobles ; un chapeau de rofes acquitte le pere envers fa fille qu'il marie. *Voyez* Nivernois des droits app. à gens mariés, XXIV ; Bourbonnois CCCV ; Bourgogne LXXII ; Auvergne, Chap. 12. Art. XXV ; Sens, CCLXVII ; Poitou, CCXX ; Touraine, CCLXXXIV ; Anjou, CCXLI ; Maine, CCLVIII ; Bretagne, DLVII. Je parlerai bientôt d'une Jurifprudence généralement établie en France, qui rentre dans le droit Normand.

DE SUCCESSION EN PROPRE. 267

comme un hérédité : ce qui fe fubdivife ; car la légitime, qui eft ce que la
Coutume appelle *Mariage avenant*, ou eft eftimée par le pere & la mere,
& les freres, en mariant leurs filles ou Sœurs ; & cela eft réglé par les Articles CCL, CCLI, CCLII, CCLIII, CCLIV, CCLV, CCLVI & CCCLXIII,
ou ce Mariage avenant eft arbitré par les parens : ce qui eft réglé par les Articles CCLXII, CCLXIII, CCLXIV, CCLXV, CCLXVI, CCLXVII &
CCLXVIII. Que fi les femmes font héritieres, elles le font, ou par les ré-
fervations faites par les peres & par les meres ; & il eft traité de ces réfer-
vations & de leurs effets, dans les Articles CCLVIII, CCLIX, CCLX,
CCLXIX, CCCLXI & CCCLXII, ou elles le font par la difpofition de la
Coutume ; & les cas & la maniere dont les partages fe doivent faire, font
propofés dans les Articles CCXL, CCLXIII, CCLXIV, CCLXIX, CCLXX,
CCLXXI, CCLXXII, CCCLX & CCCLXI.

De plus, cette légitime, quoique payable en deniers, eft réputée un droit
foncier : de forte que les sœurs peuvent faire faifir les fruits des héritages faifant partie des biens defdites fucceffions, quoiqu'ils ayent été aliénés par les
freres, pour être payées, tant du principal que des arrérages de leur Mariage avenant ; elles peuvent même demander que ces héritages leur foient baillés pour un prix arbitré par experts, (ce qu'on appelle à dûe eftimation)
fans qu'on les puiffe obliger à en faire le decret ; lequel droit elles tranfmet-
tent à leurs héritiers, comme il eft attefté par l'Article CXXII du Réglement
de 1666. Il a été jugé par plufieurs Arrêts, que l'intérêt de ces Mariages avenans, fe doit payer avant le Mariage des filles, à raifon du denier vingt ;
& depuis le Mariage, à raifon du prix ordinaire des conftitutions de rente. (1)

C C L.

Le Pere & la Mere peuvent marier leur Fille de meuble fans héritage, ou d'héritage fans meuble, & fi rien ne lui fut promis lors
de fon Mariage, rien n'aura.

Cet Article, qui femble égaler le pere & la mere, ne fe doit pas entendre

(1) Il eft de Jurifprudence, que l'intérêt du mariage avenant eft dû par les freres à leurs
sœurs : mais depuis quel temps ? Eft-ce du jour du décès du pere ? Nos Commentateurs
fe réuniffent à penfer que les freres ne doivent à leurs sœurs que les alimens & l'entretien
jufqu'à ce qu'elles ayent atteint l'âge de 25 ans ; c'eft donc de ce temps que les intérêts de
la dot commencent à courir ; tant qu'il n'eft point révolu, l'obligation des freres n'eft
qu'une fimple obligation de fait que les sœurs ou leurs tuteurs, peuvent, les forcer d'accomplir, quoique l'hypothéque du droit des sœurs remonte conftamment au décès du pere.

LI 2

fans diftinction ; car le pere qui a marié fes filles du vivant de leur mere ; ou après fa mort , les a exclufes de prétendre rien fur fa fucceffion & fur celle de leur mere ; finon , ce qu'il leur a promis en les mariant , au cas que les filles ayent des freres (1). Mais la mere qui marie fes filles , ne les peut pas exclure de demander leur mariage avenant fur la fucceffion de leur pere prédécédé ; parce que la femme n'a aucun pouvoir de difpofer des biens de la fucceffion de fon mari , ne pouvant réferver fes filles à partage fur lefdits biens ; quoique le mari puiffe réferver fes filles à partage , tant fur les biens de fa fucceffion que fur ceux de fa femme , par les Articles CCLVIII & CCLIX. Mais quoique le pere & la mere puiffent marier leurs filles fans leur rien donner , il ne s'enfuit pas qu'ils ne puiffent être condamnés à donner une dot à leurs filles , quand ils violent ou négligent trop la piété qui les oblige à les marier : c'eft ce qui eft déclaré par les loix 19. *ff. De ritu nuptiarum* , & 14. *C. De jure dotium.* Par un Arrêt rapporté par Bérault , du 18 de Juillet 1607 , un pere fut condamné à doter fa fille fuivant la valeur de fes biens ; ce qui feroit arbitré par les parens paternels & maternels. Mais quand les pere & mere ont marié leurs filles , ils font réputés s'être acquittés du devoir de piété ; & les filles ainfi mariées , n'ont rien à prétendre fur les fucceffions de leurs pere & mere , finon ce qui leur a été promis , par l'Article CCLII. Il faudroit juger la même chofe , fi les filles s'étoient mariées fans le confentement de leurs pere & mere. Mais on peut demander , fi une fille s'étant par fon induftrie ou par fa bonne fortune procuré un mariage , fans que fon pere ou fa mere y ayent contribué , autrement que par leur confentement , ou exprès , en fignant au Contrat , ou tacite , en ne s'étant point oppofés à la célébration du Mariage ; a droit de demander une légitime ou mariage avenant aux hoirs mâles , fuivant l'expreffion de l'Article CCLIII. Ce qui fait la raifon de douter , eft que la Coutume , pour exclure les filles du mariage avenant , femble requérir qu'elles ayent été mariées par leur pere ou par leur mere , fuivant les termes des Articles CCLII & CCCLXIII. Or dans le cas propofé , il femble qu'on ne peut pas dire que le pere ou la mere ayent marié leur fille , puifque ce n'eft point par leur bon office & leur recherche , que le mariage s'eft contracté , *conditionem filiæ non quæfiverunt* ; dont on conclut par l'argument *à contrario fenfu* , qu'une fille ainfi mariée , ne doit point être privée de fa légitime fur la fucceffion de fon pere ou de fa mere. Mais on dit au contraire , que la Coutume a défini abfolument en cet Article CCL , que quand une fille eft mariée , elle ne peut rien demander que ce qui lui fut promis lors de fon mariage : dont la raifon eft , que le mariage établiffant la condition & la fubfiftance d'une femme , l'exclut du mariage avenant , qui n'eft dû fur les fucceffions des afcendans , que quand une fille n'eft pas pourvue ; parce que la Coutume , par une fin générale & politique , a voulu pourvoir à ce que

---

(1) Bérault , fur cet Article , dit , qu'il femble d'abord que la Coutume fe feroit expliquée plus clairement , en ftatuant que la fille fe doit contenter de ce que fon pere ou fa mere lui ont donné en mariage ; & que s'ils ne lui ont rien donné , rien n'aura ; cette maniere de s'exprimer paroît effectivement plus fimple ; mais le même Commentateur a très-bien remarqué que l'intention de la Coutume eft de prévenir des conteftations entre le frere & la fœur ; le frere auroit peut-être prétendu retirer l'héritage donné en dot à fa fœur , en lui en rembourfant la valeur.

les maiſons demeurent autant qu'il eſt poſſible en leur entier, ſuivant qu'il eſt dit en l'Article CCLXII. Ce qui ne ſe peut faire qu'en conſervant les biens en la perſonne des mâles, qui ſeuls perpétuent les maiſons ; c'eſt-à-dire, les familles. Et quant à l'argument *à contrario ſenſu*, on répond, qu'il n'eſt valable, que quand il y a une grande différence entre le cas exprimé dans la Loi, & ceux qui ne ſont point exprimés ; & que de plus, le cas exprimé eſt une exception au Droit commun. Or la différence qui eſt entre le cas énoncé dans leſdits Articles CCLII & CCCLXIII, qui eſt quand une fille a été mariée par ſon pere ou par ſa mere, n'eſt pas grande d'avec le cas non exprimé, qui eſt quand une fille a été mariée par ſa propre induſtrie, par rapport à la fin politique de la Coutume, qui eſt la conſervation des biens dans les familles : & de plus, tant s'en faut que ce cas exprimé ſoit une exception au droit commun, qu'il en eſt une confirmation & un exemple ; puiſque les filles mariées par leur pere ou par leur mere, ne peuvent prétendre aucune légitime ſur leurs ſucceſſions, ſuivant le droit commun & général. Voyez ce qui a été remarqué ſur l'Article CCCCVIII, touchant l'argument *à contrario ſenſu*.(2)

Sur ce fondement, que les pere & mere ne ſont point obligés de doter leurs filles en les mariant, on établit deux concluſions : la premiere, que les pere & mere peuvent bailler tout ce qu'ils promettent pour le mariage de leur fille en don mobil : l'autre concluſion eſt, que les pere & mere ne ſont point garans de ce qu'ils ont donné en deniers ou meubles, pour le mariage de leur fille, c'eſt-à-dire, qu'ils ne ſont obligés à aucune garantie envers leur fille ou ſes enfans, quand les deniers ou meubles par eux donnés ont été mal remplacés par le mari, qui eſt en outre inſolvable. En quoi néanmoins il faut uſer de diſtinction ; car ſi le pere ou la mere ayant promis de l'argent, l'ont payé lors ou depuis le mariage de leur fille, ils ne ſont point garans du mauvais uſage qu'en a fait le mari ; ni de ſon inſolvabilité ; mais ſi les pere ou mere ſe ſont conſtitués en rente, pour les ſommes qu'ils avoient promiſes, & que depuis ils racquittent aux mains du mari, ils doivent garantie à leur fille & à ſes héritiers du mauvais remplacement qui en a été fait : ce qui a été jugé par pluſieurs Arrêts rapportés par Baſnage. Que ſi le pere, la mere & les freres veulent ſe libérer de ces rentes, auſquels ils ſe ſont obligés pour le

---

(2) La Cour ſe rapproche de l'opinion de Peſnelle, dans un Arrêt du 12 Juin 1750, une fille du vivant de ſon pere avoit été mariée de la libéralité de ſon oncle, le pere ne l'avoit pas dotée ; il n'avoit pas même ſigné au contrat de mariage ; il eſt vrai que l'oncle avoit fait employer dans le contrat la clauſe du conſentement du pere ; la fille, après la mort de ſon pere, demanda mariage avenant ſur ſa ſucceſſion ; par l'Arrêt elle en fut déboutée.

Quand la fille s'eſt mariée ſans le conſentement de ſon pere, la réconciliation ne lui acquiert point une action en légitime ſur ſa ſucceſſion, dit Baſnage : cependant, par Arrêt du 3 Décembre 1671, la Cour adjugea à une fille, qui s'étoit mariée après 25 ans ſans le conſentement de ſon pere réconcilié depuis, une ſomme égale à celle promiſe à ſa ſœur ; mais ſans la qualifier de mariage avenant. Une fille ayant atteint 25 ans pourroit faire faire des Réquiſitions & Sommations reſpectueuſes à ſon pere auparavant de ſe marier ; par cette démarche elle conſerveroit ſes prétentions.

Cependant comme les Sommations reſpectueuſes n'annoncent pas un ſecours préſent, elle peut implorer la juſtice qui l'autoriſe à ſe marier, & condamne les parens à lui aſſigner une dot proportionnée à leur fortune ; la queſtion a été ainſi jugée par Arrêt du 19 Décembre 1613, cité par Godefroy.

mariage de leur fille ou fœur, ils ne peuvent contraindre le mari à bailler caution ni remplacement, quand il ne s'y eft point obligé par le Contrat de conftitution defdites rentes. On a jugé la même chofe à l'égard de l'argent promis par le pere, la mere ou le frere, le mari ne peut pas être contraint de le remplacer ni de donner caution ; il peut exiger le payement de ce qui lui a été promis purement & fans condition, à moins que la promeffe n'ait été faite par le pere & la mere, & non payée par eux ; auquel cas leur fils ne pouvant acquitter leurs promeffes, fans s'obliger à la garantie envers fa fœur & fes enfans, pourroit demander caution ou remplacement, ou offrir de bailler au lieu de payement des biens de la fucceffion. (3)

On demande, fi le pere & la mere en mariant leur fille lui ont promis une certaine fomme, pour lui tenir lieu de légitime, cette fomme doit être payée fur les biens de l'un & de l'autre, à proportion de leur valeur ? On répond, que fi ces deniers ont été payés par le pere conftant fon mariage, il n'en peut prétendre aucune répétition fur les biens de fa femme, parce que ce paye-ment eft cenfé fait de l'aménagement commun de leurs biens : mais que fi ces promeffes n'ont pas été acquittées pendant ledit mariage, elles fe doivent payer à proportion de la valeur des biens du mari & de la femme. Mais quoique la femme fe foit obligée folidairement avec fon mari, elle n'en eft tenue que divifément, & fuivant la proportion fufdite, à moins qu'elle ne foit héritiere de fon mari, auquel cas elle feroit obligée folidairement, fauf fon recours contre fes cohéritiers, fuivant la maxime obfervée dans la Province de Nor-mandie. (4)

---

(3) Le pere, en s'obligeant à la garantie de la dot de fa fille, déroge, fans doute, à la Jurifprudence, mais cette dérogation n'a rien d'illicite.

Bafnage rapporte un Arrêt du 8 Août 1609, par lequel il a été jugé que le pere doit payer les dettes de fa fille contractées avant le mariage, quand il n'en eft point fait ex-preffion dans les claufes du Traité de Mariage.

Si le pere eft débiteur de fa fille, il eft donc à propos, pour prévenir toute difficulté, qu'en lui conftituant une dot, il énonce que la fomme qu'il paye ou promet payer, eft tant pour la dot de fa fille que pour la libération de la dette à fa charge. Bafnage.

Une fomme mobiliaire promife par le pere à fa fille en mariage faifant & en attendant fa fuc-ceffion, fans ftipuler que cette fomme tiendra nature de dot, appartient au mari en totalité : Arrêt du 26 Août 1751. Mais fi le pere céde à fa fille la propriété d'un fonds, le tiers ap-partiendra-t'il au mari pour don mobil fans ftipulation ? Bafnage tient l'affirmative. N'eft-il point naturel de préfumer que le pere a plus de penchant à vouloir du bien à fa fille qu'à fon gendre ? Cette préfomption ne doit-elle pas valoir fur-tout contre des parens collatéraux du mari ? C'eft une grande prudence de difpofer de la portion deftinée au don mobil en fa-veur des enfans à naître d'abord, & au défaut d'enfans, en faveur du mari ; car s'il naît des enfans du mariage, le don mobil fera affecté à la ligne maternelle, il ne pourra être aliéné, ni par le mari ni par la femme même devenue veuve. Il feroit bon dans le premier cas d'a-jouter encore la claufe d'ufufruit au bénéfice du furvivant des conjoints, les enfans n'auroient pas lieu de fe plaindre de cette difpofition.

(4) Godefroy, fur l'Article CCCXXX, penfe que le mari peut difpofer de fes conquêts en bourgage fans le confentement de fa femme, pour doter leur fille ; ce n'eft point précifé-ment par la raifon que le mari eft, pendant le mariage, le maître des conquêts, en quelque lieu qu'ils foient fitués, qu'il peut les aliéner & en diffiper le prix ; mais c'eft que le devoir de doter leur fille, en abandonnant les fubtilités du Droit Romain, eft un devoir commun à la mere avec le pere. Il y a plus de difficulté s'il eft queftion de doter une fille née d'un mariage précédent ; on remarque que le mari ne peut, fans injuftice, difpofer des conquêts

C'eſt une Juriſprudence conſtante dans le Pays coutumier , que les renonciations faites par les filles dans leur Contrat de mariage , aux ſucceſſions non
encore échues , tant directes que collatérales , ſont valables & non ſujettes à
reſtitution pour cauſe de minorité , de crainte ou de léſion énorme : de ſorte
que les filles mariées & dotées ne peuvent demander de ſupplément de légitime , comme enſeigne Loüet & ſon Commentateur , R. 17 (5). Mais quoiqu'en
Normandie ces renonciations ne ſoient pas néceſſaires pour exclure les filles
des droits de ſuccéder , & de légitime ſur les biens des aſcendans ; il eſt néanmoins certain , que les filles ne peuvent renoncer valablement aux ſucceſſions
qui leur ſont échues , & dont le droit leur eſt acquis. Il a même été jugé ,
qu'une fille qui avoit renoncé à la ſucceſſion de ſa mere vivante ſous la loi
d'un ſecond mari , pouvoit demander , nonobſtant ſa renonciation , mariage
avenant ſur les biens de ſa mere ; parce qu'on préſuma que la mere avoit
plutôt ſuivi les ſentimens & les intéréts de ſon mari , que voulu s'acquitter
du devoir de piété envers ſa fille ; *& ſic filia hujus conſuetudinis prætextu magis exhæredata , quàm honeſtè dotata fuerat* ; Loüet , *ibidem.* Ce qui eſt contraire aux Articles CCL, CCLII & CCCLXIII , ou en eſt une exception.

---

faits pendant un ſecond mariage , au préjudice de ſa ſeconde femme , en faveur d'une fille que
ſa belle-mere n'eſt pas tenue de doter. Le pere, dit la Coutume de Bretagne , Art. CCCCXXII ,
peut faire aſſiette du mariage des filles en ſes conquêts ſans le conſentement de ſa femme ,
& ſans qu'elle en puiſſe demander récompenſe , ſi les filles ſont du mariage d'eux & d'eux.
Ceux qui ſoutiennent que le pere peut diſpoſer de ſes conquêts en faveur d'une fille du premier mariage , argumentent du pouvoir indéfini que la Coutume lui donne ſur cette ſorte
de biens.

(5) La renonciation au droit de ſuccéder qu'il eſt d'uſage dans les Coutumes contraires à
la nôtre , de faire faire aux filles en les mariant , n'a été introduite que quand on les a ha-
bilitées à recueillir les ſucceſſions par concours avec les mâles ; on a prétendu qu'elle a ſon
fondement dans le Chapitre *Quamvis 2 de pactis in ſexto* qui autoriſe les filles , en ſe mariant , à renoncer aux ſucceſſions futures de leur pere & mere ; il eſt certain que cette conſtitution ne tire pas ſa force de ſon auteur , ni de la formule du ſerment ſuperſtitieux dont elle
fait mention ; il n'eſt point de matiere qui ait cauſé & cauſe journellement plus de ſyſtêmes
dans les opinions , & plus de contrariétés dans les Arrêts des Cours de Parlement : de la
renonciation ſont ſuivies les queſtions de rappel , queſtions le plus ſouvent interminables.
Voyez Morgues, ſur les Statuts de Provence ; du Moulin , ſur le Chapitre *Quamvis 2 de
pactis* , & ſur Bourbonnois , CCCV ; Bouguier , R. n. 2 ; Brodeau ſur Loüet , R. ſomm. 17 ;
Henrys, tome 1 & 2. Queſt. de Bretonnier. Renuſſon , des Propres. Le Brun, des Succeſſions.

Le pere qui a marié & payé ſa fille pendant la vie de ſa femme , ne peut employer aucune
repriſe dans le compte qu'il rend à ſon fils après avoir remarié , ſous prétexte de contribution à la dot du chef de ſa mere : Arrêt du 26 Mars, 1637.

Par le même principe, la fille mariée & payée par le pere pendant la vie de la mere , dont
elle eſt devenue héritiere , peut demander aux enfans du ſecond lit la dot de ſa mere ſans aucune récompenſe : Arrêt du 17 Juillet 1658, ſuite de Bérault.

Si , après un ſecond mariage , le pere marie ſa fille d'un premier lit pendant la minorité de
ſon fils du même lit , il doit faire régler par les parens maternels de ſon fils la part dont les
biens de ſa mere peuvent être ſuſceptibles ; il paroîtra juſte , après cette précaution, que le
fils contribue à la dot de ſa ſœur , car le pere a fait en ce cas la fonction de Tuteur ; mais
c'eſt le ſoin du pere de faire intervenir ſon fils s'il eſt majeur , il faut encore bien prendre
garde aux clauſes du Contrat : car quand le frere fait un don particulier à ſa ſœur , & qu'il
ne paroît pas qu'il ait eu intention de s'obliger en plus outre , le pere demeure chargé du
payement de la totalité de la dot.

Sed quid ſtatuendum ? Si une fille a été dotée pour lui tenir lieu de la part qu'elle pouvoit avoir ſur les biens de ſes pere & mere, mais ſans y avoir expreſſément renoncé ; pourra-t'elle prétendre part aux biens ſitués dans l'étendue des Coutumes, qui admettent les filles à ſuccéder concurremment avec les freres ? On a jugé que la fille étoit excluſe ; parce que la donation ayant été faite pour la part qu'elle pouvoit eſpérer, tous les biens auſquels elle pouvoit prétendre part, y étoient compris, & que partant elle devoit être réputée y avoir renoncé, par un Arrêt du 3 d'Avril 1672, rapporté par Baſnage. (6)

Si pluſieurs filles ont été mariées, & que le pere ou la mere, qui leur ont promis de l'argent ou des rentes pour leurs mariages, ſoient inſolvables ; comment ces promeſſes feront-elles acquittées, ou par l'ordre hypothécaire ou par concurrence ? On diſtingue, ſi les filles ne demandent préciſément que leur légitime ſur le tiers coutumier, non-ſeulement elles concurront, mais elles ne pourront prétendre qu'une égalité entr'elles. Que ſi elles demandent l'exécution des promeſſes qui leur ont été faites, on peut faire une ſeconde diſtinction : ſçavoir, ſi les dettes de tous les autres créanciers ſont antérieures à tous les mariages des filles ; & en ce cas, on a jugé la concurrence : mais s'il y avoit quelques créanciers poſtérieurs à quelques-uns des mariages, & antérieurs des autres, il y auroit plus de raiſon de douter, ſi les filles ne devroïent pas être colloquées à l'égard de ce qui leur auroit été promis, & qui excederoit leur légitime, ſuivant l'hypotheque de leurs Contrats de mariage ; parce qu'en ce cas, les dernieres mariées n'auroïent pas ſujet de ſe plaindre de cette préférence, qui ne diminueroit point leur légitime.

On a jugé que ce qui a été payé en diminution des promeſſes faites par un Contrat de mariage, eſt réputé avoir été payé pour le don mobil, & que ce qui n'a point été payé, eſt cenſé être la dot, par un Arrêt du 9 de Janvier 1659.

On a de plus jugé, que la promeſſe du don mobil faite dans le Contrat de mariage, ne pouvoit pas être changée ni convertie en dot, lors du payement fait depuis la célébration du Mariage, par un Arrêt du 3 de Février 1656 : ces deux Arrêts ſont rapportés par Baſnage. Voyez Loüet, M. 4. où il rapporte des Arrêts donnés ſur des cas ſemblables à celui du dernier Arrêt ; dont il allegue pour raiſon, que les Contrats de mariage ſont des loix des familles, par leſquelles les ſucceſſions & les partages des biens ſont reglés, & qui doivent demeurer fixes & irrévocables, pour ne donner pas ouverture à un moyen de troubler la concorde des mariages : *Sepè futurum eſſet, ut diſcuterentur matrimonia (id eſt divortii, & rixarum cauſam haberent,* comme explique

---

(6) Il faut conclure, *à contrario ſenſu,* de l'Arrêt du 3 Avril 1672, rapporté par Baſnage, que ſi le Contrat de mariage ne porte aucune excluſion expreſſe ni préſumée, la fille partagera les immeubles réels ſitués ſous des Coutumes qui admettent indifféremment à ſa ſucceſſion les perſonnes de l'un & l'autre ſexe ; mais elle ne ſuccédera pas aux rentes conſtituées ſur des débiteurs domiciliés dans une Province étrangere :.le motif de cette derniere déciſion eſt facile à ſaiſir ; ſi la fille veut ſuivre l'uſage de Normandie, il faut qu'elle s'y conforme pour la capacité de ſuccéder ; ſi elle veut obſerver la Coutume du Débiteur, les Coutumes paroiſſent décider généralement que les rentes ſe partagent ſuivant la Coutume du Créancier.

(7)

explique un Gloſſateur,) *ſi non daret is qui poſſet , & ſic venalia eſſent matrimonia , l. 2. in initio ff. De donationibus inter virum & uxorem.* (7)

C C L I.

Les Freres peuvent, comme leurs Pere & Mere , marier leurs
Sœurs de Meubles ſans Héritage , ou d'Héritage ſans Meubles , pourvu
qu'elles ne ſoient déparagées , & ce leur doit ſuffire.

Le frere eſt obligé de doter ſa Sœur , & d'ailleurs il n'a pas une liberté
ſi abſolue que le pere de diſpoſer de ſon mariage ; car il doit lui trouver un
parti convenable , tant pour le bien que pour la naiſſance ; le pere pouvant
marier ſa fille à qui bon lui ſemblera , & ne lui rien donner ; le frere à l'op-
poſite devant doter , & ne point déparager ſa ſœur : mais d'ailleurs il eſt
vrai , que comme la fille mariée par ſes pere & mere , ne peut rien demander à ſes freres , ſinon ce qui lui a été promis en la mariant ; ainſi la ſœur
mariée & dotée par ſes freres , ne leur peut plus rien demander , ſinon ce
qui lui a été accordé & promis par eux , lors de ſon mariage ; à moins qu'elle
n'ait été déparagée , ſuivant l'expreſſion de la Coutume ; c'eſt-à-dire , mariée
à quelqu'un qui ſoit d'une naiſſance & condition inégale ; car en ce cas , elle
ſeroit bien fondée à demander à ſes freres un mariage avenant ; c'eſt-à-dire ,
une dot convenable , qui ſeroit arbitrée par les parens , ſuivant qu'il eſt preſcrit par l'Article CCLXII (1). Il faudroit dire la même choſe , ſi le frere avoit
tranſigé du mariage avenant de ſa ſœur , ſans l'avoir mariée , car la ſœur
pourroit ſe faire relever de cette Tranſaction , ſi elle avoit été lézée : de ſorte
que les ſœurs ne ſont excluſes du ſupplément de leur légitime , que quand elles
ont été mariées convenablement par leurs freres.

Il faut remarquer , que l'obligation des freres pour payer le mariage de leurs
ſœurs , eſt ſolidaire , non-ſeulement quand ils acquittent les promeſſes faites
par les pere & mere , dont ils ſont héritiers , mais même quand les ſœurs
ſont mariées après le décès des pere & mere. La raiſon qu'on en apporte , eſt
que le mariage eſt une dette des ſucceſſions paternelles & maternelles , & laquelle partant les héritiers ſont obligés ſolidairement d'acquitter. Mais cette
raiſon ne devroit pas paroître ſuffiſante ; parce que le mariage avenant , quand

_____

(7) On a jugé, par Arrêt du 13 Mai 1729, que quand le pere a donné à ſa fille , par le
traité de mariage , une ſomme en dot , il ne peut , depuis le mariage , la convertir en don
mobil.

(1) Quoique l'ancien Coutumier , Chap. 26, permît aux filles de demander leurs mariages à leurs freres , la Juriſprudence étoit alors bien rigoureuſe. La Gloſe ſur ce Chapitre dit
» que l'en doit ſçavoir que ce texte doit être entendu que les freres doivent marier leurs ſœurs
» ſans déparagement à perſonne idoine , au regard de la ligne & à la puiſſance des perſon-
» nes...... & n'eſt pas à entendre qu'ils baillent a leurs ſœurs héritages ou meubles , car
» s'ils les pouvoient marier aveneaument , comme dit eſt , ſans rien leur donner , il ſuf-
» firoit , puiſque le mari en ſeroit content. » Terrien, Liv. 6 , Chap. 3 , atteſte que de ſon
temps les freres pouvoient marier leurs ſœurs ſans rien leur donner , en les mariant à un
homme idoine , ſelon ſon lignage & les poſſeſſions de la maiſon. Bérault a combattu ſo-
lidement ſur cet Article cette extrême rigueur , & il a cité un Arrêt conforme à ſon opinion adoptée par les Commentateurs.

il n'eft pas dû en vertu des promeffes du pere ou de la mere, qui fe font obligés de le payer en mariant leurs filles, eft plutôt une charge fonciere & une efpece de partage, qu'une dette des fucceffions, & auquel partant les freres ne devroient être obligés que divifément, & à proportion des parts qu'ils ont dans lefdites fucceffions.

Or ce qui a été donné à une fœur pour fa dot, quand ce ne feroit que de l'argent, qui même n'auroit pas été remplacé par le mari, eft toujours cenfé un propre, pour être déféré aux héritiers au propre : Et d'ailleurs la promeffe des freres pour le mariage de leur fœur, a fon hypotheque du jour du décès du pere, comme une portion de l'hérédité acquife à la fille dès le-dit jour. (2)

Il faut encore remarquer, que les freres ne font pas feulement garans du remplacement ou de la collocation des deniers qu'ils donnent à leurs fœurs, pour leur tenir lieu de dot, ils le font même pour les deniers qu'ils payent pour l'exécution des promeffes faites par leur pere ou mere en mariant leurs filles ; & partant, quoique le pere & la mere euffent pu acquitter leurs pro-meffes fans péril d'en être recherchés, ni eux ni leurs héritiers, les freres n'ont pas ce même avantage, mais font obligés de faire remplacer fûrement ce qu'ils payent pour acquitter les promeffes faites & non payées par les pere ou mere : ce qui a été jugé par plufieurs Arrêts ; defquels on ne doit pas néan-moins conclure, que les freres puiffent exiger caution ou remplacement de la dot qu'ils ont promife à leur fœur par fon Contrat de mariage, lorfqu'ils veulent s'en acquitter ; car par plufieurs Arrêts rapportés par Bafnage, les maris des fœurs ont été difpenfés de la néceffité de bailler caution ou un remplace-ment ; & on a condamné les freres à faire l'intérêt des fommes promifes, fi mieux ils n'aimoient bailler en payement des héritages ou rentes faifant partie des biens héréditaires, à dûe eftimation, qui feroit faite par les parens. Voyez ce qui a été remarqué fur l'Article CCL. (3)

L'Article XLVII du Réglement de 1666, a attefté de plus, une décifion fort remarquable, qui eft que les freres ne peuvent obliger leur fœur à prendre partage au lieu de mariage avenant. Voyez ce qui eft remarqué à cet égard fur les Articles CCCXL & CCCLXI.

On demande, fi les fœurs peuvent exercer cette garantie pour leurs dots, auparavant que d'avoir difcuté les biens de leurs maris ? On diftingue, ou la dot a été payée & confignée fur les biens du mari par le Contrat de ma-

---

(2) Je ne puis penfer que lorfque le frere fait une promeffe à fa fœur fans expreffion de don mobil, il appartienne de droit au mari ; car, fans examiner quelle doit être l'intention du frere en mariant fa fœur, pour tolérer la donation d'un bien qui, dans le vrai, ne lui appartient point, il faut au moins un Acte qui en faffe mention ; aucun texte de la Cou-tume ne donne au mari fans convention le tiers de la dot de fa femme.

(3) Bafnage rapporte deux Arrêts fous la fin de cet Article, qui font une fuite des principes propofés par Pefnelle : Par le premier du 11 Avril 1646, il fut jugé que quand le frere a cédé à fa fœur pour fa dot une rente à prendre fur un tiers, cette fœur n'eft obligée qu'à difcuter les meubles de celui qui la doit, & que le frere eft tenu de s'en recharger : Par l'autre du 23 Janvier 1683, il fut jugé dans une efpece où le pere avoit, en mariant fa fille au Perche, tranfporté en dot des rentes que les débiteurs vouloient amortir, que le frere recevroit le rachat, fi mieux il n'aimoit donner d'autres rentes, dont il demeureroit garant, ou continuer la rente, ou accepter la caution que fon beau-frere lui propofoit au Perche.

riage ; & en ce cas, la femme eft obligée à cette difcuffion, parce qu'elle a agréé le remplacement fait par la confignation de fa dot, ce qui eft convenable à la difpofition de l'Article DXL ; ou la dot qui étoit dûe, foit par le pere, foit par le frere, qui s'y étoient obligés par une conftitution de rente, fans avoir ftipulé la confignation de la dot par le Contrat de mariage, eft depuis racquittée ; & en ce cas, quoiqu'elle foit réputée confignée fur les biens du mari par l'Article CCCLXVI, la femme n'eft point obligée à difcuter les biens de fon mari, à moins qu'elle n'ait figné la quittance du racquit ; & elle peut s'adreffer directement à fon pere ou à fes freres, comme étant fes véritables débiteurs en vertu de leurs promeffes. Or quand la femme n'eft point obligée de difcuter, elle n'eft point obligée de fommer ou interpeller fes freres de fe préfenter au décret qui fe fait des biens de fon mari ; ce qui a été jugé par un Arrêt du 11 d'Août 1672, rapporté par Bafnage : de forte que cette fommation ou interpellation n'eft néceffaire, que quand la femme eft obligée à la difcuffion, auparavant que de pouvoir appeller fes pere ou frere à la garantie de fa dot. (4)

C C L I I.

La Fille mariée par fon Pere ou Mere, ne peut rien demander à fes Freres pour fon Mariage, outre ce qui lui fut par eux promis quand ils la marierent : Et fi d'ailleurs aucune chofe lui a été promife en Mariage, ceux qui l'ont promis ou leurs Hoirs, font tenus le payer, encore qu'ils ne fuffent tenus de la doter.

C C L I I I.

Fille mariée ne peut rien demander à l'Héritage de fes Antéceffeurs, fors ce que les Hoirs mâles lui donnerent & octroyerent à fon Mariage.

Remarquez qu'une fille n'eft exclufe de la légitime qu'elle peut prétendre fur les fucceffions de fes pere & mere, que quand elle a été mariée comme légitime ; car fi elle avoit été mariée comme bâtarde, & que depuis elle eût été légitimée par un Mariage fubféquent, elle pourroit demander un mariage avenant à fes freres, comme il a été jugé par un Arrêt du mois de Décembre 1625, rapporté par Bérault. Ce qui eft fondé fur la raifon, que les Bâtards légitimés *per fubfequens matrimonium*, font comme régénérés, pour participer aux biens & aux honneurs de la famille, dont ils font partie au moyen de

(4) On a demandé fi la fœur civilement féparée de fon mari pouvoit être forcée par fon frere de prendre en payement de partie de fa dot conftituée en rente par le pere commun & confignée fur les biens du mari, mais rachetée fans fa participation des fonds du mari à la garantie de fon frere, & il a été jugé par Arrêt daté par Bafnage, du 10 Décembre 1690, & à la fin de l'efprit de la Coutume du 10 du même mois 1686, que la prétention du frere n'étoit pas recevable ; dans le fait, la fortune du mari étoit tellement délabrée que la fœur avoit à craindre la dépoffeffion, & les bâtimens fitués fur le fonds étoient en une ruine totale.

la légitimation : ce qui a fait juger que les enfans ainfi légitimés, donnoient lieu à la révocation des donations faites *tanquam propter fupervenientiam liberorum*, conformément à la Loi *fi unquam*, C. *De revocandis donationibus* ; Loüet, D. 52. (1)

Il faut en outre remarquer plufieurs Arrêts, par lefquels on a jugé (ce qui paroît répugner à l'Article CCLII, c'eft-à-fçavoir, que les pere & mere peuvent donner à leurs filles après les avoir mariées, & même à leurs petits-enfans nés de leurs filles, parce que ces donations ont été confidérées comme un fupplément de légitime : c'eft pourquoi elles ne peuvent excéder ce qui peut appartenir pour la légitime, à laquelle elles feroient réductibles. D'ailleurs, ces donations font cenfées propres & non acquêts des donataires, & ne font point fujettes aux regles des donations, foit teftamentaires, foit entre vifs. Ces termes donc, *quand ils la marierent*, employés dans l'Art. CCLII, ne font pas limitatifs, mais démonftratifs du cas le plus ordinaire : ce que l'Article CCLIV fait entendre par ces termes, *fi le pere ou la mere ont donné à leur fille, foit en faveur de Mariage ou autrement*. (2)

---

(1) L'Article CCXLVIII décide indéfiniment que les filles & leurs defcendans, ne pouvent tant qu'il y a mâles ou defcendans des mâles, fuccéder, foit en ligne directe ou collatérale. On ne diftingue donc point les fucceffions des parens collatéraux des pere & mere, de celles des collatéraux des filles ; l'exclufion ne s'étend pas feulement fur les biens des pere & mere, des oncles & tantes, mais fur ceux des freres & fœurs, & de leurs defcendans quand ils font devenus propres ; cette diftinction fe remarque dars les pays où la renonciation des filles aux fucceffions des pere & mere, eft requife pour les exclure ; car la renonciation des Filles aux fucceffions directes ne les préjudicie pas régulierement au droit de recueillir les fucceffions de leurs oncles & tantes, & on a mis en queftion, fi la renonciation aux fucceffions tant directes que collatérales, excluoit la fœur renonçante de la fucceffion de fon frere même, de quelqu'efpece qu'elle fût. Iouet, R. Som. 17 ; Renuffon, des propres ; le Brun ; Bouguier ; le Prêtre ; Henrys ; Bretonnier, dans fes queftions, développent des queftions très-intéreffantes fur cette matiere, que notre Coutume rend inutiles.

L'objet de ces deux Articles n'eft pas tant de prononcer une feconde fois contre les filles l'interdiction du droit de fuccéder, que de leur impofer filence quand elles auront été mariées convenablement par leurs freres, & dotées de meubles ou d'héritages, j'excepte toujours le cas de fraude ; car quoiqu'il ne foit pas ici queftion d'un mariage avenant eftimé par les parens, on n'excufe point la conduite des freres qui, pour fe fouftraire à une obligation formée par la nature & par la loi, diminuent aux yeux de leur fœur les forces des fucceffions directes ou en exagerent les charges ; on ne peut pas dire que dans cet état d'ignorance la fœur ait valablement confenti à recevoir une dot modique, & qui n'a aucune proportion à la valeur des revenus ; ces queftions de fait occafionnent quelquefois dans les Arrêts une diverfité qui n'influe point fur les principes.

(2) La donation d'immeubles que l'aïeul maternel fait à fa petite fille par forme de fupplément de légitime, revient au profit commun de tous fes petits-enfans, parce que ce fupplément étant confidéré comme une portion de la dot de la mere, eft leur patrimoine commun.

Le pere & la mere ne peuvent donner de leurs immeubles à leurs filles, ou à leurs defcendans, au-delà de leur légitime, fous prétexte que ces perfonnes ne fuccedent point au donateur, qui a des héritiers mâles ou defcendans d'eux ; les filles & leurs héritiers étant dans la ligne directe, cela fuffit pour former une incapacité d'être donataires.

C C L I V.

Si Pere & Mere ont donné à leurs Filles, soit en faveur de Mariage ou autrement, Héritages excédans le tiers de leur bien, les Enfans mâles le peuvent révoquer dans l'an & jour du décès de leurdit Pere & Mere, ou dans l'an & jour de leur majorité ; & se doit faire l'estimation dudit tiers, eu égard aux biens que le Donateur possédoit lors de ladite Donation : Et où la Donation seroit faite du tiers des biens présens & avenir, l'estimation dudit tiers se fera, eu égard aux biens que le Donateur a laissés lors de son décès.

Dans cet Article & le suivant, où il est traité des donations excessives faites aux filles par les pere & mere, il y est fait différence entre les meubles & les immeubles ; car la donation d'immeubles excédante la valeur du tiers des biens que le donateur avoit lors de la donation, ou du tiers de ceux qu'il avoit lors de sa mort (s'il a donné le tiers de tous ses biens présens & à venir) se doit révoquer par les freres (1) dans l'an & jour de leur majorité, ou de la mort du pere ou de la mere, si lors d'icelle ils sont majeurs ; après lequel temps passé, ils ne peuvent plus la faire réduire ni la contester, comme il a été jugé par plusieurs Arrêts. Il n'en est pas ainsi de la donation des meubles, car quand ils excéderoient de beaucoup le tiers de tout le bien, s'ils ont été livrés avant la mort des peres ou mere, les freres n'en peuvent faire aucune répétition ; mais s'ils n'ont pas été livrés, les freres peuvent refuser de les donner, & faire réduire les promesses qui en ont été faites au tiers, qui est la légitime portion de toutes les sœurs (2), à quoi il est à propos d'ajouter deux circonstances : la premiere, que si on a donné aux filles des meubles & des immeubles, qui estimés ensemble soient excédans la valeur du tiers des biens du donateur, les freres pourront faire réduire cette donation :

(1) La Coutume prescrit par cet Article, que l'estimation du tiers donné par le pere à ses filles, se doit faire eu égard aux biens que le Donateur possédoit au temps de la donation, & où l'estimation seroit faite des biens présens & à venir, l'estimation sera faite eu égard aux biens que le Donateur a laissés au temps de son décès. On prétend qu'il peut naître un inconvénient de l'exécution de la Loi ; un pere, après avoir donné à sa fille le tiers de son bien, tombe dans la dissipation ; il a encore deux fils obligés de s'arrêter au tiers Coutumier ; ces deux freres seront, contre la Coutume, dans une condition plus désavantageuse que leurs sœurs : je réponds que l'inconvénient seroit beaucoup plus grand si la sœur pouvoit être privée d'un don qui n'étoit pas excessif au temps de l'acte, il aura été peut-être le motif d'un mariage, le gendre seroit la victime de la mauvaise économie de son beau pere, & sa postérité. On ne peut pas regarder le don fait par un pere à sa fille comme un avancement d'hoirie, puisque le concours des mâles la rend inhabile à succéder.

C'est une opinion reçue, que l'estimation des héritages sur une demande en réduction doit être renvoyée à faire par les parens communs, comme dans le cas de partage, ou de liquidation de mariage avenant.

(2) On lit dans la Glose sur l'ancien Coutumier, Chap. 26, que » se ladite sœur n'étoit » point saisie dudit don que on lui auroit fait, mais attendoit quatre ou cinq ans après la mort » du Donneur à le demander à ses freres, ils viendroient assez à temps à révoquer ou contre-» dire le don quand elle le demanderoit, en tant qu'il seroit excessif & contre Coutume.

de forte qu'en ce cas, la valeur des meubles donnés & livrés fera eftimée ; & rendra la donation des immeubles réduĉible. L'autre circonftance eft, que quand il y a un grand nombre de freres, le pere ni la mere ne peuvent pas toujours donner le tiers aux filles, parce que chacune d'elles auroit une plus grande part que n'auroit un des freres puînés, qui eft le cas de l'Article CCLXIX, auquel le pere ni la mere ne peuvent pas contrevenir par leurs donations ; autrement, elles feroient réduĉibles.

Que fi un pere n'ayant que des filles, leur avoit fait des donations, & que depuis il eût procréé des enfans mâles, ces donations faites aux filles feroient réduĉibles *ad legitimum modum*, après l'eftimation faite des biens du pere, & de ce que les filles ont eu en don, fans qu'on les puiffe condamner à rapporter leurs jouiffances, ce qui a été jugé par un Arrêt du 2 de Mars 1610, rapporté par Bérault fur l'Article CCLVIII.

Or les freres peuvent faire les révocations portées par ces deux Articles, fans que cela les engage à recevoir leurs fœurs à partage ; à moins qu'elles n'euffent été expreflément réfervées au cas de la révocation : c'eft pourquoi dans l'eftimation qui fe fait des biens de la fucceffion, pour connoître fi la donation eft exceffive, les meubles & les immeubles de bourgage ne font confidérés que comme les autres biens, parce qu'il ne s'agit lors que de l'arbitration d'un mariage avenant ; ce qui eft fuivant l'Article LI du Réglement de 1666.

Les Tuteurs des freres peuvent demander cette révocation, auffi-bien que les freres mêmes, qui ne font recevables à la faire qu'au cas qu'ils ayent fait un bon & loyal Inventaire des meubles & titres de la fucceffion de leurs pere & mere, ou autres afcendans, comme il eft attefté par l'Article XLVIII dudit Réglement : mais ils n'en font pas exclus, encore qu'ils ayent figné au Contrat de mariage, ou autre aĉte qui contient la donation exceffive, conjointement avec le pere & la mere qui ont fait cette donation. (3)

Les peres & meres qui ont fait ces promeffes exceffives, ne les peuvent révoquer ni faire réduire ; mais ils peuvent fe démettre de leurs biens fur leurs autres enfans, pourvu que ce foit fans fraude, c'eft-à-dire, fans feinte ou fimulation ; & en ce cas, on leur adjuge une penfion alimentaire, fans qu'on puiffe décreter leurs biens pour le payement des arrérages du paffé, dûs en vertu de leurs promeffes ; mais on peut feulement faifir pour cet effet les meu-

---

(3) Quand le pere & la mere ont promis conjointement mariage à leur fille qui n'eft point acquitté, il ne fuffit pas aux freres qui veulent agir en réduĉion de légitime de faire inventaire après le décès de leur pere, il faut qu'ils faffent encore faire inventaire après le décès de la mere, fi elle furvit à fon mari : Arrêt du 22 Avril 1722.

Ce n'eft pas affez, pour faire réuffir l'aĉtion en réduĉion, que les freres ayent fait des inventaires, & y ayent obfervé toutes les formalités d'ufage & de Jurifprudence, il eft encore néceffaire qu'ils fe foient préalablement abftenus de toucher aux chofes héréditaires ; car par Arrêt du 12 Décembre 1596, le frere qui s'étoit, auparavant l'inventaire, faifi des meubles & vendu des rentes de la fucceffion, fut déclaré non-recevable dans fa demande en réduĉion intentée contre fa fœur.

Le frere étant décédé en majorité & dans l'an de la mort de fon pere, l'an commencé pour intenter l'aĉtion en réduĉion court contre fes enfans mineurs, fauf l'aĉtion fubfidiaire contre leur Tuteur : Arrêt du 9 Mars 1656, fuite de Bérault. Cette décifion tend à affurer le repos & la tranquillité dans les familles.

bles & les fruits des immeubles : les donateurs *non poſſunt ultra id quod poſſunt, conveniri, & habenda eſt ratio ne egeant.*

C C L V.

Et s'ils ont promis au mariage de leurs Filles, or, argent ou autres meubles qui ſoient encore dûs lors de leurs décès, les Enfans
ne ſeront tenus les payer après la mort deſdits pere & mere, ſinon
juſqu'à la concurrence du tiers de la ſucceſſion, tant en meuble
qu'héritage.

Cet Article differe du précédent par trois manieres : La premiere, les meubles donnés & livrés ne ſe répetent point, & ne ſont point ſujets à réduction : La ſeconde, les freres peuvent ſe défendre du payement des meubles
après l'an, *nam quæ temporalia ſunt ad agendum, perpetua ſunt ad excipien-
dum* : La troiſieme eſt, que pour juger ſi les promeſſes des meubles exprimés
dans cet Article, ſont exceſſives, on eſtime les biens du donateur, eu égard au
temps de ſa ſucceſſion, & non au temps des promeſſes. (1)

Les freres qui ont fait des promeſſes en faveur du Mariage de leurs ſœurs,
ne les peuvent pas faire réduire ni conteſter, ſinon pour cauſe de minorité,
de dol ou de violence ; *ex quibus cauſis majores in integrum reſtituuntur.* (2)

C C L V I.

Les filles n'ayant été mariées du vivant de leurs Pere & Mere,
pourront demander part audit tiers.

Les ſœurs, quelque nombre qu'elles ſoient, ne pouvant demander à leurs
freres plus que la valeur du tiers des biens des ſucceſſions des pere ou mere,

---

(1) Obſervez que le fils, héritier de ſon pere, peut intenter l'action en révocation propoſée par ces deux Articles ; car la qualité d'héritier n'oblige que d'entretenir les engagemens
légitimement contractés par le défunt : le fils pourra même revendiquer contre un tiers acquereur la propriété des héritages compris dans une donation exceſſive, comme aliénés *à
non domino*, & la bonne foi de l'acquereur ne peut réparer le défaut de capacité du vendeur ;
telle eſt l'opinion de Baſnage.
Bérault rapporte deux Arrêts des 6 Avril 1607 & dernier Mars 1620, par leſquels il fut
jugé que l'avancement de ſucceſſion, & une démiſſion générale du pere en faveur de ſes fils,
ne donne point ouverture à la demande en réduction des donations que ce pere auroit faites
à ſes filles, parce qu'il ne peut pas venir contre ſon propre fait, qu'il feroit indirectement
ce qu'il ne peut faire directement, & qu'il peut acquerir juſqu'au temps de ſon décès ; cette
derniere raiſon eſt bonne, ſi la donation étoit faite des biens préſens & à venir.
♦ (2) On a jugé, conformément à l'opinion de Peſnelle, par Arrêt du 21 Juillet 1732, au
rapport de M. Mouchard, que ſi le frere majeur a fait, en faveur de mariage, une promeſſe particuliere à ſa ſœur ; il ne lui ſuffit pas, pour ſe dégager de ſon obligation, d'alléguer vaguement la contrainte, il faut qu'il juſtifie de faits circonſtanciés, & qui paroiſſent
capables d'avoir géné ſa liberté ; il ne peut pas même, en droit, demander la réduction
de ſes promeſſes, parce qu'il contreviendroit à l'Article CCLII de la Coutume : Arrêt du
8 Mars 1695 ; mais il paroîtroit juſte qu'en cas de l'inſolvabilité du mari, il ne fût garant
que de ce qui appartient véritablement à ſa ſœur pour ſa légitime.

tant en meubles qu'héritages, par les Articles CCLIV & CCLXIX, il a été
nécessaire d'ordonner, que si ce tiers a été donné à une des filles en la mariant, les autres filles, non mariées du vivant de leur pere ou mere, auront
part égale à ce même tiers : de sorte que si elles poursuivent leurs frerès pour
avoir leur mariage avenant, ils pourront appeller cette sœur donataire, pour
l'obliger à faire part à ses sœurs de ce qui lui a été donné : c'est ce qui est déclaré par cet Article CCLVI. (1)

C C L V I I.

Fille mariée, avenant que ses sœurs soient reçues à partage, fait
part au profit de ses Freres, pour autant qu'il lui en eût pu appartenir au tiers dû aux Filles pour leur mariage, encore qu'il ne lui fût
rien dû lors du décès de ses Pere & Mere.

Par les filles reçues à partage, on doit entendre, tant les cas des réservations faites par les peres & les meres, que ceux des Jugemens rendus contre
les freres, par lesquels en haine de leur injustice ou de leur négligence, on
les a condamnés à donner partage à leurs sœurs. En tous ces cas donc, que
les filles partagent, leurs sœurs qui ont été mariées auparavant, font part au
profit de leurs freres ; de sorte qu'elles sont comptées, & qu'on leur attribue
à chacune une portion du partage qui auroit appartenu à toutes les filles par
la Coutume ; laquelle portion ainsi séparée, est retenue par le frere pour en
faire son profit. (1)

Ce qu'il faut interpréter par l'Article L du Réglement de 1666, qui atteste,
que le frere doit rapporter à la masse de la succession, ce qui a été donné en
Mariage à sa sœur, quand elle fait part à son profit : mais on ne doit pas entendre cet Article L indistinctement ; car si ce qui a été donné à la sœur en la
mariant, excede la valeur de ce qu'elle pouvoit avoir dans le partage des
filles, le frere ne sera pas obligé de rapporter tout ce qui a été donné ; car
c'est une maxime certaine au Palais, que les freres qui prennent les parts de
leurs

---

(1) Quand la sœur aînée est en possession du tiers des biens de pere & de mere, & qu'il
consiste en maisons, les freres, si les autres sœurs sont mineures, doivent veiller à l'entretien & aux réparations de ces édifices ; car si par le mauvais ménage du mari & de la
sœur donataire, les bâtimens tombent en ruine, & que les mariés ne soient pas solvables,
les freres doivent fournir aux autres sœurs un mariage avenant, sauf leur recours contre les
mariés s'ils parviennent à une meilleure fortune. Godefroy.

(1) Plusieurs Coutumes disposent que la part de la fille mariée vient à l'aîné des nobles,
quelque modique qu'ait été sa dot, pourvu qu'elle ne soit point déparagée : Il en est de même
lorsqu'elle a fait profession solemnelle en religion ; mais l'aîné doit tenir compte de ce
que le pere a donné en dot à sa fille ou des frais de profession ; il doit, en outre, payer la
partie des dettes de la succession du pere, à quoi la fille eût été obligée si elle eût été héritiere
de son pere ; ce Droit a lieu au profit de l'aîné, soit que la sœur survive son pere ou qu'elle
le prédécede ; il a lieu au profit du premier puîné, quand le frere aîné vient à mourir après
son pere ; mais on prétend que si le pere survit à son fils aîné, cet avantage est confondu
dans la succession paternelle. Voyez Dupineau, sur Anjou, Art. CCXLVIII ; Louis, sur
Maine, Art. CCLXVI ; le Brun, des Successions ; Basnage.

leurs fœurs mariées & non réfervées, ne font obligés de rapporter que jufqu'à la concurrence de ce que ces fœurs mariées non réfervées auroient droit
de prétendre, fi elles avoient pris part égale avec leurs fœurs réfervées : ce
qui ne fe peut liquider qu'après avoir eftimé la valeur de la part que chacune
des filles réfervées a dans la fucceffion. Or pour faire cette eftimation, il
femble qu'il faut d'abord eftimer les biens de la fucceffion, fans y comprendre
ce qui a été donné aux filles, qui doivent faire part au profit des freres ; &
qu'après avoir fupputé la valeur de ces biens, il en faut lever le tiers pour
le mariage de toutes les filles, fuivant qu'il eft reglé par la Coutume, lequel
tiers il faut divifer en parties égales, pour en attribuer une à chacune des
filles : enfuite de quoi il convient faire une feconde eftimation des biens de
la fucceffion, en y ajoutant la valeur à laquelle les parts des filles, qui doivent être au profit de leurs freres, fe font trouvées monter, fuivant la premiere eftimation ; & fur tout ce compofé, il en faut prendre le tiers pour en
pouvoir faire une jufte fubdivifion, fuivant le nombre des filles, en parties
égales, d'autant que la valeur de chacune de ces parts, fera ce que les freres feront obligés de rapporter pour chacune de leurs fœurs, qui feront part à leur
profit. (2)

On a demandé, fi une fille non mariée étant décédée depuis la mort de
fes pere ou mere, fera part au profit de fes freres ? Il femble qu'il n'y a pas
lieu de douter, que cette fille qui avoit droit au tiers appartenant à elle & à
fes fœurs, l'a tranfmis à fes héritiers, qui font fes freres, qui par conféquent
ont droit de retenir la part qui eût appartenu à la défunte. On peut propofer la même queftion à l'égard de la fœur qui s'eft faite Religieufe depuis le décès de fes pere ou mere, & on la doit réfoudre par la même raifon, parce

(2) Le rapport que le frere doit faire à la fucceffion comme fondé dans le droit de fes
fœurs qui font part à fon profit, ne laiffe pas d'embarraffer dans la pratique ; les principes
pofés par Pefnelle font conftamment fuivis, la difficulté confifte à les appliquer. L'algebre
eft d'un grand fecours, mais elle n'eft pas encore connue de tout le monde : je vais rapporter la méthode de Bafnage, fur l'Art. CCCLXII, & on peut s'en fervir en attendant
qu'on en trouve une meilleure, elle ne s'éloigne pas exceffivement du but. Je fuppofe donc,
d'après cet Auteur, qu'un pere ait laiffé fix enfans, un garçon & cinq filles ; trois filles ont
été mariées & dotées par 5000 liv. chacune ; la valeur de la fucceffion monte à 45000 liv. on ne
fait pas rapporter au frere la totalité des dots reçues, mais je donne aux filles le tiers
de cette fomme ; je confidere les filles mariées comme fi elles ne l'étoient pas ; le réfultat
de la premiere opération eft qu'il appartient la fomme de 3000 liv. à chaque fille : je
rapporte donc 9000 liv. à la maffe qui donne 54000 liv. la dot de chaque fille devient
de 3600 liv. mais comme le frere bénéficie de 1800 liv. je rapporte encore le tiers qui
produit pour chaque fille 120 liv. le frere prenant encore au droit des fœurs mariées 360 liv.
je rapporte 120 liv. pour le tiers qui, divifé entre cinq, eft de 24 liv. pour chaque fœur ;
prenez encore 24 liv. pour le tiers de 72 liv. chaque fœur en emporte 4 liv. 16 fols ; cherchez
enfin le tiers de 14 liv. 8 fols, vous aurez 4 liv. 16 fols ; divifez-les en cinq, cela compofera
19 fols 2 den. ainfi la dot de chaque fœur à marier fera dans cette efpece de 3749 liv.
15 fols 2 den. & la dot de chaque fœur à marier eft augmentée de 749 liv. 15 fols, tandis
que le frere bénéficie au droit de fes fœurs de 7500 liv. 9 fols 8 den. On trouve à la fin du
premier volume de Bafnage, Edit de 1709, une méthode beaucoup plus facile fi elle étoit
toujours jufte ; prenez le frere pour le double des fœurs tant mariées qu'à marier, cela donnera dans notre efpece le nombre dix ; joignez à ce nombre une feconde fois les filles à
marier, & donnez à chaque des filles un douzieme de 45000 liv. vous aurez 3750 liv. ce qui
ne differe de l'autre calcul que de 4 fols 10 den.

Tome I.   N n

que la profession de Religion eſt une mort civile, qui donne pareil droit aux héritiers préſomptifs que la mort naturelle, par l'Article CCLXXIII.

Sed quid dicendum des filles qui ont été miſes en Religion par les pere ou mere, qui ont payé ce qui a été donné au Convent pour obtenir ſon agrément? On a jugé par pluſieurs Arrêts, que les filles Religieuſes ne faiſoient point de part au profit des freres, parce que la Coutume ne donnant part aux freres qu'au droit des ſœurs mariées par les pere & mere, ne doit pas être étendue aux Religieuſes, qui par leur Profeſſion ſont mortes civilement, & devenues incapables de ſuccéder à leurs pere & mere. (3)

C C L V I I I.

Le Pere peut en mariant ſes Filles, les réſerver à ſa ſucceſſion, & de leur Mere pareillement.

C C L I X.

La Mere auſſi après le décès de ſon Mari, peut en mariant ſa fille, la réſerver à ſa ſucceſſion; mais elle, ni pareillement le Tuteur, ne peuvent bailler part à ladite Fille, ni la réſerver à la ſucceſſion de feu ſon Pere, ains ſeulement lui peuvent bailler Mariage avenant par l'avis des Parens, à prendre ſur ladite ſucceſſion.

Quelques-uns ayant prétendu que la réſervation faite par le pere ou la mere, à leur ſucceſſion, en faveur de leurs filles, n'a pas le même effet que la réſervation à partage; il eſt à propos de faire voir, pour expliquer ces deux Articles & le ſuivant CLX, que la Coutume n'a point fait cette diſtinction, & que par la réſervation à la ſucceſſion, elle a entendue la réſervation à partage. Ce qui paroît évidemment prouvé par un de ces trois Articles CCLIX, qui contiendroit une fauſſe maxime, ſi la réſervation d'une fille à une ſucceſſion ne ſe devoit entendre que de la réſervation au droit de prendre un mariage avenant, comme le ſuppoſent ceux qui veulent autoriſer ce problême. Car il eſt décidé par cet Article CCLIX, qu'une mere en mariant ſa fille,

___

(3) Comme les filles qui ont fait des vœux ſolemnels de Religion avant la mort de leur pere, ne ſont pas comptées dans ſa ſucceſſion au nombre des enfans, ſi leur dot reſte à payer au temps de l'échéance, il paroît juſte de regarder cette dette comme une charge commune de la ſucceſſion à laquelle les Cohéritiers doivent contribuer entr'eux *pro modo emolumenti*; ainſi dans le temps qu'un pere avoit la liberté de conſtituer ſur ſes biens une rente à perpétuité pour l'admiſſion de ſa fille à la profeſſion, la ſœur réſervée devoit en ſupporter le tiers, & contribuer également aux compoſitions mobiliaires & viageres; tel paroît être l'eſprit d'un Arrêt du 30 Juin 1655, rapporté par Baſnage. On a cependant voulu ſubſtituer une autre Juriſprudence; on a dit que la fille réſervée profitoit de la part de ſa ſœur profeſſe, & qu'ainſi elle ſeule étoit tenue des frais de ſa dotation, *ubi emolumentum, ibi & onus;* la réflexion auroit fait appercevoir que la fille réſervée ne ſuccede pas, dans cette eſpece, au droit de ſa ſœur profeſſe qui n'a jamais rien eu dans la ſucceſſion, mais *jure ſuo*, & au défaut d'une perſonne habile à concourir avec elle. *Voyez* mes Notes, ſur l'Art. CCLXXIII.

ne la peut réserver à la succeffion de son pere prédécédé. Or il eft manifeste-
ment faux, qu'une mere ne peut pas réserver fa fille au mariage avenant qui
lui appartient fur les biens de fon pere : mais on ne peut douter que la réfervation à la fucceffion ou au partage, ne fignifie la même chofe, quand on
entend ce que fignifie le mot de *fuccefion*, à l'égard des biens d'un défunt.
On ne le peut expliquer, finon en difant que c'eft le droit de fucceder à fes
biens ; ce que les enfans ne peuvent avoir, fans avoir en même-temps le
droit de les partager entr'eux. Une fille réfervée au mariage avenant qui eft fa
légitime, ne fuccede point à fon pere qui l'a réfervée, elle n'en eft point héritiere ; car elle n'eft point obligée au payement des dettes, ni des charges
de la fucceffion. On ne peut donc pas dire fans abfurdité, qu'une fille ainfi
réfervée ait été réfervée à la fucceffion fur laquelle fon mariage avenant doit
être arbitré : Il faut donc conclure, que quand la Coutume a déclaré dans lefdits Articles, CCLVIII & CCLIX, que le pere & la mere pouvoient réferver leurs filles à leur fucceffion, elle n'a pas entendu que les filles fuffent feulement réfervées à une légitime, mais à fuccéder comme héritieres, & partant à partager avec les freres les biens de la fucceffion. Ajoutez à cela, qu'en
Normandie les filles qui ont des freres, n'étant point héritieres par le Droit
commun, & d'ailleurs l'inftitution d'héritier n'étant point reçue dans le Pays
coutumier ; il a été néceffaire qu'il y ait eu une Décifion formelle dans la Coutume de Normandie, qui autorifât les peres & les meres à pouvoir donner à
leurs filles le droit d'être héritieres, & de partager avec leurs freres. Or
cette Décifion ne fe trouve que dans lefdits Articles CCLVIII & CCLIX, où
ne fe rencontrent point les termes de *réfervation à partage*, mais précifémenc
ceux de *réfervation à la fucceffion*. (1)

---

(1) Cette réferve à partage eft bien exprimée dans une formule de Marculfe, liv. 2, chap.
12, que les Auteurs étrangers appliquent mal à-propos au rappel à partage des filles qui
ont renoncé par Contrat de mariage : *diuturna fed impia confuetudo inter nos tenetur ut de
terrâ paternâ forores cum fratribus portionem non habeant, fed ego perpendens hanc impieta-
tem, ficut mihi à Domino æqualiter donati eftis ita & fitis à me æqualiter diligendi & de rebus
meis poft difceffum meum gratulemini, ideóque per hanc epiftolam meam, dulciffima filia,
contra germanos tuos, filios meos illos, in omni hæreditate meâ æqualem & legitimam effe hæredem meam ut tam de Alode paterno quam comparato, vel mancipiis, vel præfidio noftro,
vel quodcumque morientes reliquerimus æquâ lance cum filiis meis dividere queas, &c.* Notre
Coutume exclufive de partage des filles, de même que la Loi Salique, dont parle, fans
doute, ce bon pere dans Marculfe, ne permet pas que le pere réferve fes filles à partager
également les biens de Coutume générale, & c'eft en cela qu'elle en differe. *Voyez M. Afflicti*, liv. 3, Rub. 22, n. 16; du Moulin, fur l'Art. CXXXIX de la Coutume de Blois,
& à la fin de fon Confeil, 55.
La réferve pure & fimple à la fucceffion du pere ou de la mere, renferme difertement une
réferve à partage ; on a cependant foutenu avec beaucoup de chaleur, dans ces derniers temps,
l'opinion contraire ; on tiroit des conféquences les moins vraifemblables des Articles CCLVII,
CCCLVIII & CCCLXII de la Coutume, pour établir une différence entre deux termes, dont
l'un pourroit être tout au plus confidéré comme la caufe, & l'autre comme l'effet : Comment
a-t'on pu imaginer que la réferve à fucceffion eft une fimple réferve à exercer des droits légitimaires ? La lecture de l'Article CCLIX de la Coutume fuffit pour démontrer la fauffeté de ce
fyftême : cet Article porte, Que la mere, après le décès de fon mari, peut, en mariant fa fille,
la réferver à fa fucceffion ; mais elle, ni pareillement le Tuteur, ne peuvent bailler part à
ladite fille, ni la réferver à la fucceffion de feu fon pere, ains feulement lui peuvent bailler
mariage avenant par l'avis des parens, à prendre fur ladite fucceffion. Cet Article renferme

C'est par cette raison, que ces deux Articles & le CCLX contiennent les cas ausquels les filles sont héritieres en vertu des réservations faites par leurs pere ou mere. Sur quoi il faut d'abord remarquer, que le gérondif dont la Coutume s'est servie *en les mariant*, n'est que démonstratif de l'occasion plus ordinaire en laquelle ces réservations se font, qui est le mariage des filles ; mais il n'est pas limitatif, ni exclusif des autres cas ou moyens que les peres & meres peuvent choisir ; parce que les peres & les meres peuvent en tout temps & par toutes sortes d'actes, réserver leurs filles au partage de leurs successions, pourvu que leurs filles n'ayent pas été mariées ; car si elles ont été mariées, on peut bien leur donner par augmentation ou supplément de dot, comme il a été remarqué sur les Articles CCLII & CCLIII ; mais on ne les peut plus réserver à partage, à cause de l'inconvénient qui s'en pourroit suivre, si une fille qu'on doit réputer excluse par son mariage, de la succession de ses pere & mere, pouvoit troubler ses freres, en leur demandant partage : ce qui a été jugé par un Arrêt donné en l'Audience de la Grand'Chambre, le 28 de Janvier 1655, rapporté par Basnage.

Or il y a cette différence entre le pere & la mere, quant au pouvoir de réserver leurs filles à leurs successions, que la mere ne les peut réserver qu'à sa succession, & non à la succession de leur pere, par l'Article CCLIX, ce qu'elle ne peut pas même faire pour sa propre succession, du vivant du pere son mari ; mais le pere peut réserver ses filles, tant à sa succession qu'à celle de la mere, soit qu'elle soit décédée, soit qu'elle soit vivante. Le cas de la mere prédécédée a été jugé par deux Arrêts rapportés par Bérault, l'un du 9 de Février 1513 & l'autre du 29 de Juin 1605 ; & quant au cas de la mere vivante, on peut douter que le mari puisse réserver ses filles à la succession de leur mere, sans l'intervention & le consentement de la mere ; parce que le mari ne peut pas disposer valablement des biens de sa femme, sans qu'elle intervienne & y consente : *Maritus de bonis uxoris suæ invitæ dotem dandi nullam habet facultatem, l. 14. C. De jure dotium.* C'est pourquoi il semble que la femme survivante pourroit contester la réservation à sa succession faite sans son consentement : de sorte qu'on pourroit dire, que quoique cette réservation faite par le pere, ne soit pas absolument nulle, elle le peut devenir, *est retro nulla, conquerente matre superstite.* (2)

---

trois dispositions relatives à la question : 1°. La mere ni le tuteur ne peuvent, en mariant la fille, lui donner partage sur les fonds paternels, & cela est répété dans l'Article CCLXVI. 2°. Ils ne peuvent pas la réserver à la succession paternelle. 3°. Ils ont la liberté de lui donner sur cette même succession un mariage avenant ; la réserve à succession & la réserve à exercer des droits légitimaires n'ont donc point une identité de force & de signification. La réserve à succession donne donc droit au partage, & le partage est la consommation de la réserve ; aussi cette nouveauté a été proscrite par Arrêt du 16 Décembre 1755.

Mais quand le pere ou la mere donne une somme à sa fille en la mariant, avec réserve à sa succession pour ce qui peut lui appartenir, ces derniers termes fixent le sens de la clause au droit général de la Province ; c'est-à-dire, à une demande en légitime, par la raison que la Coutume n'accorde point d'autres droits aux filles : Arrêt du 19 Janvier 1735. Basnage rapporte un Arrêt du 16 Juillet 1680, dans une espece à peu près semblable.

(2) La femme n'a pas lieu de se plaindre de la réserve à partage dans sa succession que le mari fait sans son consentement, parce que cet acte ne lui ôte point la disposition de ses biens pendant son veuvage ; on écouteroit bien moins la reclamation des enfans qui opposeroient à leurs sœurs le défaut d'intervention de la mere commune dans l'Acte de réserve.

Un beau-pere ne peut réserver sa fille à la succession de sa mere, au préjudice d'un fils

Il faut remarquer qu'il a été jugé, que les filles pouvoient contefter l'arbitration faite de leur mariage avenant, par le teftament du pere, ou par un autre acte équivalent ; & partant, que les pere & mere n'ont le pouvoir d'exclure leurs filles de ce qui leur appartient pour leur mariage avenant, qu'en
les ayant mariées, *folo actu maritationis*, par lequel acte ils font préfumés avoir
procuré à leurs filles des avantages qui leur tiennent lieu de leur légitime,
fçavoir ; un douaire, & la part qu'elles ont à la fortune de leurs maris : les
Arrêts en font rapportés par Bafnage. Ce qui eft contraire à quelques Arrêts
donnés précédemment, qui peuvent paroître plus conformes à l'intention de
la Coutume, tant à l'égard de l'autorité qu'elle avoit attribuée aux peres &
meres, de difpofer, fuivant ce qu'ils jugeroient à propos, de la légitime des
filles, qu'à l'égard de la confervation des biens des familles en la perfonne des
mâles. (3)

C C L X.

Fille réfervée à la fucceffion de fes Pere ou Mere, doit rapporter ce qui lui a été donné ou avancé par celui à la fucceffion duquel
elle prend part, ou moins prendre.

Quand les filles ont été mariées comme héritieres, au cas qu'elles n'ont point
de freres, elles font obligées de rapporter ce qui leur a été donné par leurs
pere ou mere qui les ont mariées ; parce que ce qui leur a été donné eft un
avancement de fucceffion, qui eft toujours fujet à rapport entre cohéritiers

qu'elle a eu d'un premier lit ; cette réferve ne paroît point defintéreffée ; mais il réfervera bien
une fille d'un premier lit au préjudice de fon propre fils, pourvu qu'il ne faffe point un trafic odieux de l'établiffement de celle à qui il paroît faire du bien. Bafnage.
Quoiqu'après un premier mariage on ne puiffe plus réferver les filles ; cependant fi la mere
n'a point figné dans le premier Contrat, elle peut, après le décès de fon mari, réferver fa
fille lors d'un fecond mariage, à fa fucceffion.
J'ai toujours confidéré l'Acte de réferve à partage, hors le cas où la fille fe marie, comme un Acte ambulatoire, & qui n'eft pas moins révocable qu'un Teftament : Arrêt du 22
Décembre 1730 ; mais la révocation doit être clairement établie, & on ne la fuppofe point
par induction.
Au furplus, comme la réferve eft fufceptible de conditions & de claufes, de même que les
autres Actes. Un pere peut, par exemple, réferver fa fille à partager fa fucceffion, en cas
qu'il decede fans héritiers mâles, & quoique, par l'Article CCXL de la Coutume, la fille
de l'aîné ait, par la repréfentation de fon pere, la prérogative d'aîneffe dans les fucceffions
au propre, fi le fils meurt avant fon pere, fa fille n'empêchera pas l'exécution de la réferve
conditionnée faite au profit de fa tante. Ainfi jugé par Arrêt du 14 Mars 1504, rapporté par
Terrien, liv. 6, chap. 3.
Un pere de famille peut encore prendre un autre tempérament que la réferve pour le bien
de la paix ; il peut arbitrer la légitime de fes filles, & en cas de refus des freres de s'y arrêter, les admettre à partage. Bafnage.
On réferve fans fondement une fille fur une fucceffion collatérale à échoir, car on ne difpofe point de la fucceffion d'un homme vivant ; mais fi ce parent intervient dans l'Acte, cet
Acte validera comme un arrangement de famille toujours favorablement interpreté.
(3) Ce n'eft qu'avec circonfpection que la Juftice reçoit les plaintes des enfans contre les
partages faits par leur pere ou les liquidations de dot ; on doit beaucoup de déférence à ce
premier Légiflateur, à ce Magiftrat domeftique, quand il ne paroît point que les motifs de
fa difpofition ont été injuftes, & le fruit des artifices infidieux de mauvais parens ou d'une
belle-mere. Cette déférence ne doit pas fermer les yeux fur la léfion : car fi elle eft confidérable, on doit en induire une prédilection que la Loi condamne.

en la ligne directe , entre lesquels l'égalité doit être gardée , par l'Article
CCCCXXXIV ; ce qui a fait juger que le pere qui a promis garder sa succeffion à l'un de ses enfans , s'est engagé à la garder à tous les autres , quoique
non compris dans la promesse , suivant qu'il est attesté par l'Article XLV du
Réglement de 1666 , comme il a été remarqué sur l'Article CCXLIV. Mais
quand les filles n'ont pas été mariées comme héritieres , parce qu'elles avoient
des freres qui les excluoient , elles peuvent se tenir à leur don , & renoncer
à la succession de leur pere ou mere , quand elles sont devenues habiles à succéder par la mort de leurs freres ; & en ce cas , on doit juger qu'elles ne
sont point obligées de rapporter , pour établir l'égalité entr'elles & leurs sœurs ;
sauf néanmoins la légitime des sœurs sur les immeubles donnés. (1)

C C L X I.

Après le décès du Pere , les Filles demeurent en la garde du Fils
aîné ; & si lors elles ont atteint l'âge de vingt ans , & demandent
mariage , les Freres les peuvent garder par an & jour , pour les
marier convenablement , & les pourvoir de mariage avenant.

C C L X I V.

Le Frere après l'an & jour ne peut plus différer le Mariage de
sa sœur , pourvu qu'il se présente personne idoine & convenable qui
la demande ; & s'il est refusant d'y entendre sans cause légitime ,
elle aura partage à la succession de ses Pere & Mere.

C C L X V.

Si la Sœur ne veut accommoder son consentement selon l'avis de
ses Freres & de ses Parens , sans cause raisonnable , quelqu'âge qu'elle
puisse par après atteindre , elle ne pourra demander partage , ains
mariage avenant seulement.

---

(1) La fille qui n'a point été mariée comme héritiere , peut , après le décès de ses freres ,
s'arrêter au don qui lui a été fait par son pere en la mariant , & partager avec ses sœurs la succession de sa mere qui échoira dans la suite.
Le rapport du mobilier donné par le Contrat de Mariage à la fille mariée par ses pere &
mere , se doit rapporter à la succession paternelle. Basnage. Le Brun , des Succeff. liv. 1 , chap.
6 , sect. 3 , adopte une opinion entierement opposée. Cet Auteur estime que la fille dotée
par ses pere & mere doit , comme héritiere de sa mere renonçante à la communauté , rapporter la moitié de sa dot prise sur la communauté; il s'appuye d'abord sur l'Arrêt du 6 Avril
1632 , d'entre Marie Doujat & Francoise Bourfin , & il ajoute que cessant cette considération , le pere & la mere ayant donné également , ils ont diminué leur communauté , dans
laquelle la mere avoit jus ad rem : donation qui a pu rendre la Communauté infructueuse , &
porter la mere à renoncer. Comme la communauté n'a point lieu parmi nous , & que les
meubles appartiennent au mari , il suffit que la fille réservée rapporte à la succession paternelle
les deniers qu'elle a reçus en se mariant.

CCLXVI.

Le mariage de la Fille ne doit être différé pour la minorité de ses Freres ; ains sera mariée par le conseil du Tuteur, & des plus prochains Parens & Amis, lesquels lui bailleront mariage avenant, sans qu'ils lui puissent bailler partage ; & au cas qu'ils l'eussent baillé, le Fils venant en âge le peut retirer, en baillant mariage avenant.

CCLXVII.

Si le Tuteur est négligent de marier la Sœur de son Pupille, étant parvenue en ses ans nubils, elle peut se marier par·l'avis & délibé-ration des autres Parens & Amis, encore que ce ne soit du consen-tement du Tuteur ; lesquels après avoir oui ledit Tuteur, peuvent arbitrer le mariage avenant.

On joint ces cinq Articles à cause de la convenance & connexité des cas qui y sont décidés. Depuis l'Article CCLXI jusqu'au CCLXX, il est traité des sœurs, qui n'ayant pas été mariées du vivant de leurs pere ou mere, ni réservées à partage, ne peuvent prétendre ordinairement qu'un mariage ave-nant (1). Il est d'abord déclaré par l'Article CCLXI, que les filles après la mort de leur pere sont en la garde de leur frere aîné ; ce qui est une consé-quence de la qualité de Tuteur naturel & légitime de ses freres & sœurs, que la Coutume lui donne par l'Article CCXXXVII.

Mais cette qualité a beaucoup plus d'étendue à l'égard des sœurs qu'à l'égard des freres, parce que les freres qui ont atteint l'âge de vingt ans, ne sont plus à la garde de laîné, & peuvent librement disposer de leurs personnes & de leurs biens : mais les sœurs, quoiqu'âgées de plus de vingt ans, de-meurent toujours en la garde & sous la tutelle de leur frere, & ne peuvent avoir la propriété de leur légitime qu'après qu'elles sont mariées ; à moins qu'elles n'ayent été admises à partage, comme il est signifié par l'Article CCLXVIII.

Or quand la Coutume donne la garde des filles au fils aîné ; ce n'est qu'au défaut de la mere, qui doit toujours être préférée pour cette garde, à moins qu'elle ne soit remariée ; car en ce cas, lorsque les parens appréhendent que la mere ne veuille abuser de la garde de ses filles, pour les marier suivant la volonté & les intérêts de son mari, on ordonne assez souvent que les filles seront élevées dans quelque Maison de Religieuses.

Le même Article CCLXI ajoute, que les filles ayant atteint l'âge de vingt

(1) La mort seule du pere, ou le decret de ses biens, donne ouverture à la demande en légitime des sœurs ; car par l'avancement de succession au bénéfice du frere, la sœur n'ac-quiert point contre lui une action en mariage avenant : Arrêt du 14 Août 1738.
Par Arrêt de l'an 1629, on avoit jugé que l'avancement de succession ne devoit point ré-gler la légitime des filles, à l'effet que les filles décédées ou mortes civilement depuis l'avan-cement, mais avant le décès du pere, fissent part au profit des freres. Basnage.

ans, peuvent demander mariage à leurs freres ; c'eſt-à-dire, qu'elles les peu-vent pourſuivre pour les obliger à les marier ; après laquelle demande, les freres peuvent encore garder leurs ſœurs par an & jour, qui eſt un temps que la Coutume accorde aux freres, pour chercher des partis convenables, pour le Mariage de leurs ſœurs. Que ſi après ce délai les freres refuſent ſans cauſe légitime d'entendre ; c'eſt-à-dire, d'agréer une perſonne qui ſe préſente, & qui ſoit jugée convenable pour le mariage de leur ſœur, alors la ſœur pourra être admiſe au partage de la ſucceſſion de ſes pere ou mere : c'eſt ce qui eſt ordonné par l'Article CCLXIV. (2).

Les ſœurs donc peuvent devenir héritieres, en haine & pour punition du refus injuſte de leurs freres. Mais comme les Mineurs ne ſont pas capables de commettre cette injuſtice, les refuites & le refus injuſte de leurs Tuteurs, ne peuvent jamais donner ouverture au partage des filles : c'eſt pourquoi les ſœurs, au cas de la minorité de leurs freres, peuvent bien pourſuivre les Tuteurs pour leur mariage, parce qu'il ne doit point être différé pour ce cas-là : mais quand les Tuteurs different ou refuſent de les pourvoir, elles ne peuvent pas con-clure d'être déclarées héritieres ; mais elles peuvent s'adreſſer à leurs autres parens & amis, par l'avis deſquels elles pourront ſe marier, nonobſtant la ré-pugnance & la contradiction du Tuteur ; & leur mariage avenant ſera arbi-tré, après avoir ouï le Tuteur ; c'eſt-à-dire, après que les parens auront en-tendu ſes raiſons, & l'inſtruction qu'il leur pourra donner des biens dépendans de ſa tutelle : cela eſt ordonné par les Articles CCLXVI & CCLXVII ; mais les Tuteurs ni les parens ne peuvent jamais bailler partage irrévocablement aux ſœurs ; car s'ils l'avoient baillé, les freres devenus majeurs le peuvent re-tirer, en donnant à leurs ſœurs un mariage avenant, par l'Article CCLXVI ; ce qu'ils peuvent juſqu'à trente-cinq ans accomplis, qui eſt le temps accordé
par

(2) Rien de plus fragile que le ſexe dans l'âge tendre : notre Coutume a prévu les écueils ; une fille ne peut ſe marier avant vingt-un ans accomplis contre le gré de ſon frere, encore faut il ſuppoſer qu'elle ait formé ſa demande en Juſtice à vingt ans, & que le frere ſoit dans le tort, ſuivant l'avis des proches parens revêtu de ſes formalités ; car un frere qui combat les caprices de ſa ſœur mérite des éloges, il peut même intenter action en rapt contre ſon ſuborneur. Baſnage, ſous l'Article CCXXXV. Par Arrêt du premier Décem-bre 1673, la Cour a reçu l'oppoſition du frere contre le mariage de ſa ſœur âgée de vingt-trois ans. Le même Auteur, ſous l'Article CCCLXIX.

Cependant cet Article entendu *ſecundum corticem verborum*, comme dit du Moulin, ne ſe-roit pas équitable, & contrarieroit les intérêts politiques ; une fille eſt nubile bien avant vingt-un ans, un parti convenable peut ſe préſenter avant cet âge, & peut être ſans retour ; ſi la cupidité du frere s'oppoſe au bonheur de la ſœur, la Juſtice peut abréger le délai de la Loi, & autoriſer un établiſſement au gré des parens ; c'eſt remplir l'eſprit & le vœu de la Cou-tume dans cet Article, dont les diſpoſitions ne ſont point faites au profit d'un frere avare, mais pour précautionner un jeune cœur contre un aveugle penchant.

Mais une fille qui ſe marie avant vingt-cinq ans après le décès de ſes pere & mere, ſans le conſentement de ſa famille, pourra-t'elle, dans la ſuite, demander mariage avenant ? Si cette fille n'a point flétri l'honneur de ſa famille par une alliance indigne de ſon ſang ; ſi ſes parens intéreſſés n'ont point formé d'oppoſition, on ne le lui refuſe point, quoique dans la rigueur des Ordonnances une fille n'acquiert la liberté de ſe marie ſans le conſentement du Tuteur & des plus proches parens, tant paternels que maternels, qu'après l'âge de vingt-cinq ans ac-complis.

(3)

par les Ordonnances , pour fe relever des Contrats & Actes faits pendant la minorité. (3)

Mais comme les freres refufant injuftement de marier leurs fœurs, font condamnés à leur donner partage ; de même les fœurs, qui fans raifon valable ne veulent pas donner leur confentement au parti qui leur eft préfenté , & qui eft jugé convenable par leurs freres & par les parens, font punies , parce qu'elles ne peuvent plus demander partage , quelqu'âge qu'elles puiffent avoir , comme il eft déclaré par l'Article CCLXV. (4)

C C L X I I.

Mariage avenant doit être eftimé par les Parens , eu égard aux biens & charges des fucceffions des Pere & Mere , Aïeul ou Aïeule, ou autres Afcendans en ligne directe tant feulement, & non des fucceffions échues d'ailleurs aux Freres ; & doivent ceux qui feront ladite eftimation, faire en forte que la maifon demeure en fon entier, tant qu'il fera poffible.

Il y a plufieurs maximes à obferver dans l'eftimation ou arbitration du mariage avenant : la premiere eft , que le mariage avenant de chaque fille ne doit point excéder la valeur du partage de celui des freres qui a eu le moins dans la fucceffion : ce qui a été jugé (fuivant ce qui eft difpofé par l'Article CCLXIX , & encore plus expreffément par l'Article CCXCVIII,) par deux Arrêts , l'un du 28 de Mars 1642, & l'autre du 30 de Juin 1668, rapportés par Bafnage.

Une autre maxime eft , que la liquidation du mariage avenant , doit être faite fur le pied du revenu des héritages, fans mettre en confidération les hauts bois & bâtimens , finon en tant qu'ils augmentent le revenu ; & ne font les terres nobles eftimées qu'au denier vingt ; de plus, les biens de bourgage & les meubles· ne font confidérés que comme les autres biens, dans cette arbitration : ce qui a été attefté par les Articles LI & LII du Réglement de 1666.

Une troifieme maxime eft , que le préciput de Caux appartenant à l'aîné , n'augmente point l'eftimation du mariage avenant ; quoique le fils aîné foit obligé de contribuer à raifon de la valeur de ce préciput , au payement du

(3) Quand le frere eft fous le lien de la minorité, le foin d'établir la fœur concerne le Tuteur & les Parens délibérans de la tutelle ; mais Bafnage borne mal-à-propos à dix ans du jour de fa majorité, l'action que le mineur a pour recouvrer les immeubles cédés par fes parens en mariage faifant; car étant queftion d'un Contrat onéreux, il a un pourvoi ouvert jufqu'à l'an 35e de fon âge : Bérault & Pefnelle. Bien plus , les parens délibérans ne font point garans de l'éviction des fonds revendiqués par le mineur, qu'ils ont abandonnés par le Traité de mariage. Bérault.

(4) L'ancien Coutumier , chap. 26, puniffoit bien plus féverement le refus injufte que la fœur avoit fait d'un mariage fortable propofé par fon frere : » Et fi elle ne veut tel mariage, » y eft il dit , foit laiffée fans confeil & fans aide, tant de terre que de meubles ». L'interprétation de la Glofe va jufqu'à priver, en ce cas, la fœur de tout efpoir de provifion alimentaire. Quand je réfléchis fur une Jurifprudence auffi dure , j'avoue que les anciens Normands avoient une confiance exceffive dans la vertu de leurs filles livrées fans pitié au défefpoir, ou qu'ils en faifoient peu de cas.

mariage avenant de fes fœurs, auffi-bien qu'à toutes les autres dettes & charges de la fucceffion, comme il eft attefté par les Articles LVI & LVII dudit
Réglement; en quoi ce préciput differe de celui qui eft attribué à l'aîné par l'Article
CCCLVI, qui entre en l'arbitration du mariage avenant, fuivant la regle
prefcrite par ledit Article CCCLVI. La raifon de cette différence eft, que
le préciput de Caux appartient à l'aîné, fans qu'il foit obligé d'en faire aucune récompenfe à fes freres par l'Article CCLXXIX ; mais le préciput roturier n'appartient à l'aîné qu'à charge de récompenfe : dont on doit conclure
que les fœurs n'ayant pas un droit plus avantageux que celui de freres puînés,
ne peuvent pas prétendre que le préciput de Caux doive augmenter leur mariage avenant, qui leur tient lieu de partage. Suivant ces mêmes principes, il
paroît qu'on doit obferver pour une quatrieme maxime, que quand il y a des
biens aufquels confiftent les partages des freres puînés, qui n'ont point de préciputs, les Fiefs qui font pris par préciput par les aînés, entrent bien dans l'eftimation du mariage avenant des filles ; mais ce n'eft qu'en tant qu'il faut régler & faire porter la contribution que doivent les aînés au mariage avenant,
proportionnément à la valeur des Fiefs qui font leurs partages, fuivant l'Article
CCCLXIV, qui ordonne que les freres doivent contribuer à la nourriture,
entretenement & mariage de leurs fœurs, fuivant qu'ils prennent plus ou moins
en la fucceffion de leurs afcendans. Or comme cette contribution des aînés
ayant pris des préciputs, eft caufe que la contribution que doivent les puînés,
eft beaucoup moindre, elle augmente l'eftimation du mariage avenant des
fœurs, comme il fera remarqué fur l'Article CCCLXI, en faifant voir que
le mariage avenant eft en quelque rencontre plus avantageux aux filles, que
la réfervation à partage : dont on peut conclure dans le cas propofé, que le
mariage avenant ne doit être eftimé, principalement que par rapport à la valeur des partages des puînés, d'autant que chaque fille ne doit avoir pour fa
légitime, que la valeur d'un des partages de fes freres puînés, déduction faite
des charges aufquelles ce partage doit contribuer, entre lefquelles eft le mariage des fœurs.

C'eft fuivant ces mêmes principes qu'ont été rendus les deux Arrêts ci-deffus
allégués, du 28 de Mars 1642, qui eft l'Arrêt du Vieux-pont, & du 30 de
Juin 1668.

Que fi dans la fucceffion il n'y a point d'autres immeubles qu'un ou plufieurs Fiefs pris par préciput, de forte que les puînés fe trouvent réduits à
prendre l'ufufruit du tiers pour leur part héréditaire : en ce cas, fuivant ces
mêmes principes ci-deffus expliqués ; c'eft-à-fçavoir, que les Fiefs pris par préciput n'entrent point dans l'eftimation du mariage avenant, & que néanmoins
ils obligent ceux qui les ont pris à contribuer au payement du mariage avenant, par rapport & proportion à la valeur defdits Fiefs ; & que d'ailleurs,
(ce qui eft la principale maxime) le mariage de chaque fille ne doit point
excéder la valeur de ce qu'un des freres puînés a pour fon partage : Il femble qu'alors pour arbitrer le mariage des filles, il faut eftimer la valeur de
l'ufufruit qui appartient à un des puînés, les charges déduites, & réduire fuivant cette valeur, le mariage de chacune des fœurs ; & en conféquence, juger que l'aîné ou les aînés ayant pris préciput, doivent contribuer au payement du mariage avenant, proportionnément à la valeur de leurs Fiefs.

Or ces Fiefs doivent étant eftimés valoir neuf fois plus que l'ufufruit attribué aux puînés, d'autant que les aînés ont les deux tiers de leurs Fiefs en pleine propriété, & qu'ils ont en outre la propiété de l'autre tiers, mais imparfaite, d'autant que l'ufufruit en eft féparé ; ils doivent donc être réputés avoir la valeur des deux tiers de cet autre tiers, parce que la valeur de l'ufufruit n'eft régulierement prifée que le tiers de la valeur de la pleine proprété.

Ce qui s'éclaircit par un exemple. Suppofez qu'il y ait deux freres puînés & deux fœurs, & que la valeur du Fief ou des Fiefs pris par préciput, foit de trente mille livres ; l'aîné ou les aînés qui ont pris ces préciputs, ont la valeur de vingt mille livres pour la pleine propriété qu'ils ont des deux tiers de leurs Fiefs ; & ils ont en outre la propriété de l'autre tiers, laquelle eft imparfaite, l'ufufruit en étant féparé : or cette propriété, *abftracto ufu fructu*, eft communément eftimée valoir deux fois plus que l'ufufruit féparé de cette propriété ; dont il s'enfuit que la valeur de l'ufufruit du tiers qu'ont les puînés, ne doit être régulierement eftimée que le tiers de la fomme de dix mille livres ; c'eft-à-dire, trois mille trois cens trente-trois livres fix fols huit deniers : ce qui eft la neuvieme partie de ladite fomme de trente mille livres. L'aîné donc ou les aînés ont, au moyen de leurs préciputs, la valeur de vingt-fix mille fix cens foixante-fix livres treize fols quatre deniers, ('qui font huit parts, les neuf faifant le tout de ladite fomme de trente mille livres) doivent contribuer de huit parties, & les puînés d'une neuvieme partie au mariage avenant des fœurs : il faut donc dans le cas propofé, divifer en deux parties égales ladite fomme de trois mille trois cens trente-trois livres fix fols huit deniers, à laquelle l'ufufruit des puînés a été évalué, pour en attribuer la moitié à chacune des deux fœurs pour leur mariage avenant, qui égale la valeur de la moitié de l'ufufruit, qui eft la légitime de chacun des deux freres puînés. Or la moitié de trois mille trois cens trente-trois livres fix fols huit deniers, eft feize cens foixante-fix livres treize fols quatre deniers, dont la moitié qui eft huit cens trente-trois livres fix fols huit deniers, eft la légitime de chacune des deux fœurs, & leur mariage avenant : dont il s'enfuit que les aînés ayant pris ledit préciput, doivent contribuer de huit parts, les neuf faifant le tout, au payement de ces deux mariages avenans, & que les puînés y doivent contribuer de la neuvieme partie. Or les huit parts, de feize cens foixante-fix livres treize fols quatre deniers, font quinze cens trente-neuf livres fix fols un denier ; & la neuvieme partie de la même fomme, eft cent vingt-fept livres fept fols trois deniers. Et partant les aînés, dans l'efpece fuppofée, payeront pour le mariage de leurs fœurs, ladite fomme de quinze cens trente-neuf livres fix fols un denier ; & les puînés, celle de cent vingt-fept livres fept fols trois deniers ; & à ce moyen, auront pour leur part de la fucceffion, l'ufufruit du tiers des Fiefs pris par préciput par leurs aînés.

Une cinquieme maxime eft, que quoique les puînés ne puiffent avoir qu'une provifion à vie, quand toute la fucceffion confifte en un Fief, que le frere aîné a pris par préciput ; ou quand ils préferent la provifion à vie à tous les autres biens qui pourroient leur appartenir, après l'option faite par l'aîné d'un préciput : néanmoins les filles doivent avoir leur mariage avenant en propriété, fuivant qu'il eft expliqué par l'Article CCCLXI.

Mais fçavoir fi cette propriété fe doit eftimer à raifon de la propriété du tiers du Fief, ou feulement à raifon de l'ufufruit de ce tiers qui appartient aux puînés; c'eft ce qui n'apparoît point par les termes dudit Article CCCLXI, lefquels ne font que généraux, & fignifient feulement que le Fief, à l'égard de la fille réfervée à partage, eft évalué en deniers pour ce qui lui en peut appartenir, pour en avoir une rente au denier vingt : ce qui femble devoir être interprété par ce qui vient d'être dit de la quatrieme maxime.

Il faut de plus remarquer, que l'arbitration du mariage avenant doit être faite par les parens, encore qu'elle fe faffe entre les fœurs, & les repréfentans les freres, comme les créanciers & acquereurs des freres : Que fi pour quelque caufe extraordinaire cette arbitration fe faifoit par des Juges, elle fe feroit aux dépens de celui qui auroit mal à propos contefté, où les freres & les fœurs contribueroient aux frais. (1)

----

(1) J'ai cru que les maximes, que l'on explique fous cet Article, étoient trop liées pour les détacher. Je ne dirai cependant rien de ce qui regarde la liquidation du mariage avenant des filles en la Coutume de Caux, afin d'éviter la confufion, l'ordre amenera les regles fous le chapitre 12 de la Coutume.

Le mariage avenant n'eft point cette promeffe que le frere fait à fa fœur de gré à gré ; un établiffement qui plaît, une alliance honorable peuvent mettre de l'inégalité dans la dot des fœurs fans bleffer la Juftice : le mariage avenant eft cette portion de biens dans les lignes directes, deftinée à la fubfiftance des filles & à les marier, qui tient lieu de partage, & qui, fi elle n'en a pas les agrémens, n'en a pas les incommodités ; le mariage avenant s'étend auffi fur les fucceffions collatérales aux acquêts en proportion que les filles font part au profit de leurs freres, conformément à l'Article CCCXX, qui eft de Coutume nouvelle. J'expliquerai en fon temps la difpofition que cet Article contient en faveur des filles.

Il faut, pour être inftruit des principes effentiels de la liquidation du mariage avenant, diftinguer les perfonnes que la Coutume appelle à cette opération, les forces & charges des fucceffions qui doivent le mariage, la nature des biens, leur fituation, la maniere d'en fixer le prix, l'état des partages entre mâles, de quel temps les filles prétendent avoir leur mariage, & de quel temps fe fait l'eftimation des fonds qui y font affujettis.

La Coutume fe propofe le maintien de l'union & de la paix dans les familles ; c'eft dans cette vue qu'elle charge les parens communs des freres & fœurs de la liquidation du mariage avenant. Comme comme, fuivant la même Loi, le mariage des fœurs doit être eftimé, eu égard aux forces & charges des fucceffions ; c'eft devant eux que le frere doit en fournir l'état ; & par Arrêt du 10 Décembre 1723, on a caffé une Sentence qui avoit ordonné au frere de donner judiciairement un état à fa fœur, & de produire les pieces juftificatives.

La nature des biens eft intéreffante à découvrir, parce qu'une fucceffion peut être compofée de biens meubles, de fonds nobles ou roturiers, de rentes foncieres ou conftituées, &c. Vous paffez de là à leur fituation : ils font fitués en Bourgage ou en Coutume générale, en Normandie ou hors la Province ; on ne diftingue point, dans les biens Normands, les meubles d'avec les immeubles, & les héritages roturiers, quoique fitués en Bourgage ; car l'Article LI du Reglement de 1666 porte, que les meubles & biens de Bourgage ne font confidérés que comme les autres biens fitués hors Bourgage dans la liquidation du mariage avenant, les héritages & les rentes foncieres qui en tiennent lieu étant hors la Province, n'entrent point dans la liquidation du mariage avenant que l'on arbitre en Normandie ; les filles y prennent part, fuivant la Coutume de leur fituation, les meubles fuivent le domicile du défunt, en quelque lieu qu'ils fe trouvent, & la Jurifprudence ne donne aux filles que mariage avenant dans les rentes conftituées fur des biens d'une Coutume étrangere. Arrêt des Houdebourg du 20 Février 1652. La maniere d'eftimer les biens devroit, ce femble, varier fuivant leur nature ; cependant dans la liquidation du mariage avenant, les Terres nobles ne font eftimées qu'au denier 20, & fur le pied du revenu, fans mettre en confidération les hauts bois & bâtimens, finon en tant qu'ils augmentent le revenu, Art. LII du Reglement de 1666. Mais fi un pere de famille a deftiné un bois de haute-fûtaie en coupe, & s'il l'a réduit à cet état depuis long-temps, ce bois entre dans l'eftimation du mariage avenant, il fait alors partie de l'utile plutôt que de l'agréable & de la décoration.

CCLXIII.

Le Fifc ou autre Créancier fubrogé au droit des Freres, ou l'un d'eux, doit bailler partage aux Filles, & n'eft reçu à leur bailler mariage avenant.

Les fœurs ayant été exclufes par la Coutume, des fucceffions de leurs pere

L'état des partages entre mâles fait varier le mariage avenant des filles, & cet état dépend de la nature des biens dont les fucceffions dépendent. Quand les freres partagent également entr'eux, il eft de regle générale que les fœurs ne peuvent jamais avoir plus que le tiers des fucceffions, quelque nombre qu'elles foient; mais elles ne l'ont pas toujours, ce tiers: car fi le nombre des freres excede celui des fœurs, on donne à chacune des fœurs autant qu'elles auroient fi elles étoient reçues à partage avec les freres, pourvû que le mariage avenant de toutes les fœurs n'excede pas le tiers des biens auquel il eft toujours réductible. Il y a beaucoup plus de difficulté lorfqu'il y a des fonds nobles pris par préciput; ce cas fe fubdivife: car il arrive qu'il n'y a qu'un Fief dans une fucceffion, ou qu'il y a un Fief & des Rotures. Au premier cas, on donne en propriété à chacune des fœurs autant que chaque puîné peut avoir en ufufruit, fa contribution au mariage levée, bien entendu qu'après le calcul tous les mariages des fœurs n'excedent pas le tiers de la fucceffion entiere. Au fecond cas, le mariage de chacune des fœurs ne peut être plus fort que la part de chaque frere puîné dans les Rotures, déduction faite de fa contribution, & la fœur eft tenue de s'y fixer, quoique les puînés ne fe foient arrêtés aux Rotures que par intelligence avec le frere aîné, pourvu que la détermination des puînés foit réelle & effective. On a même raifon de dire que dans cette efpece le fort de la fille légitimaire eft plus heureux que celui de la fille réfervée à partage, d'autant que fa contribution des puînés étant au fol la livre du préciput, le mariage des filles devient, fur les immeubles, plus confidérable que l'effet de la réferve. Voyez l'Art. XLVII du Reglement de 1666.

Il eft indifpenfable de fçavoir de quel temps les filles demandent leur mariage avenant. Elles peuvent en effet le demander comme du jour du décès de leur pere, & je les ai jufqu'ici confidérées fous cet afpect; mais elles ont auffi la liberté de le demander comme du jour de fon mariage, & leur légitime ne peut, en thefe générale, être portée au-delà du neuvieme des immeubles; mais on ne déduit que les dettes immobiliaires antérieures à cette époque, & on fuit les maximes du tiers Coutumier.

Quand la liquidation fe fait comme du jour du décès du pere, l'eftimation du mariage avenant s'opere comme du même temps; la fœur ne fouffre aucun préjudice des dégrademens occafionnés fur les fonds depuis la mort du pere, & elle ne profite point des augmentations: Arrêt du 11 Juillet 1738.

Quand il y a des conteftations qui retardent l'opération, le Juge accorde par intervalle des provifions, & quand elles font décidées, il renvoie devant les Arbitres; ils rendent leur Jugement, la partie qui veut l'exécuter en pourfuit l'homologation; mais il eft fufceptible de réforme & d'appel.

La liquidation du mariage avenant fe fait à frais communs, chaque partie porte les dépens des inftances qui la traverfent, & dans lefquelles elle fuccombe.

Régulierement on ne devroit tolérer dans la liquidation du mariage avenant, que la léfion caufée par une fimple erreur & l'embarras de la difcuffion des affaires d'une famille; mais l'abus a long-temps prévalu contre l'équité. Voyez nos Commentateurs. On prétend que le mariage avenant doit être fixé un peu au-deffous du taux de la Coutume, mais fans fondement. Auffi cette opinion a été rejettée par Arrêt du 28 Février 1761, les freres oppofoient à la fœur les frais de l'entretien & réparations des bâtimens de la fucceffion, & citoient les Commentateurs; la Cour n'y a point fait droit; l'augmentation qui peut furvenir dans la valeur des biens y balance les frais qui tombent à la charge des Propriétaires, & les charges fortuites de la fucceffion, comme la vocation aux tutelles, regardent les fœurs ou leurs maris, ainfi que les freres.

& mere, & autres afcendans, afin de conferver les biens dans les familles, lefquelles fe perpétuent par les mâles, quand cette raifon politique ceffe, ou parce que les freres ont confifqué par leur crime, ou parce qu'ils ont diffipé par leur mauvaife conduite, les biens de ces fucceffions, il n'eft pas jufte d'accorder au Fifc ni aux Créanciers fubrogés, les avantages qui appartenoient aux freres par un privilége perfonnel. C'eft pourquoi il eft ftatué par cet Article, que le fifc & les créanciers fubrogés doivent bailler partage aux filles, & ne les peuvent pas réduire au mariage avenant : ce qui eft conforme à la difpofition de l'Article CCCXLV, qui exclut le fifc & les créanciers fubrogés, des Fiefs que les aînés avoient droit de prendre par préciput.

Mais quoique par le créancier fubrogé, on entende régulierement celui qui par des Lettres de la Chancellerie, a demandé la fubrogation à tous les droits de fon débiteur ; néanmoins la difpofition de cet Article s'étend auffi au créancier qui fait décréter les biens du frere, même pour les dettes du pere ou de la mere ; & en qualité de décrétant, exerce les actions du décrété fon débiteur.

On a même jugé, que l'acquereur qui a acquis le droit fucceffif d'un frere en général, fur la fucceffion ou du pere ou de la mere, avec une claufe de fubrogation à tous les droits, ne pouvoit s'éjouir de la faculté qu'avoit fon vendeur de bailler mariage avenant ; mais qu'il étoit obligé de bailler partage aux fœurs de fondit vendeur, encore que le mariage avenant eût été arbitré, mais qui n'avoit point encore été payé.

Ce que l'on a néanmoins limité, au cas qu'un frere unique ou tous les freres euffent vendu leurs droits fucceffifs en général ; car quand il y a plufieurs freres, & que quelque-uns d'eux ont vendu leurs parts héréditaires en général, & que les autres freres font entrés en poffeffion de leurs parts, & veulent bailler mariage avenant à leurs fœurs, conformément à la Coutume, ces fœurs ne pourront pas prétendre contre les acquereurs des droits fucceffifs de quelques-uns de leurs freres, un partage en effence ; mais en ce cas, elles n'auront qu'un mariage avenant fur tous les biens de la fucceffion : ce qui a été jugé par un Arrêt du 23 Juillet 1643. (1)

Il a été de plus jugé, que la fœur partageant avec les créanciers de fon frere, n'étoit point obligée ni à prendre les dernieres aliénations, comme on eft obligé dans la délivrance du tiers coutumier, ni à faire les lots, par un Arrêt donné en la Grand'Chambre, le 7 d'Avril 1644. Ces deux Arrêts font rapportés par Bafnage.

---

(1) La Cour accorda partage aux fœurs, dans le cas de decret, par Arrêt du 2 Août 1542, & prononça pour elles contre le Roi par autre Arrêt de 1563, Charles IX féant au Parlement à Rouen.

Dans l'efpece d'une aliénation générale des biens qui font l'objet de la légitime des filles, quand elles s'arrêtent au mariage avenant, elles peuvent demander que l'arbitration en foit faite par leurs parens contre les Acquereurs ou Créanciers des freres.

Quand les filles cedent leurs droits à un tiers, les Créanciers ou Acquereurs des freres peuvent rembourfer le ceffionnaire, parce qu'il n'eft pas moins qu'eux étranger à la famille. La queftion a été ainfi décidée par Arrêt rapporté par Bérault.

C C L X V I I I.

Fille ayant atteint l'âge de vingt-cinq ans, aura provision sur ses Freres équipolente au Mariage avenant, dont elle jouira par usufruit attendant son Mariage ; & en se mariant, elle aura la propriété.

La fille qui n'est point réservée, ou qui n'a point été admise à partage, ayant atteint l'âge de vingt-cinq ans, ne peut rien demander à ses freres pour le temps passé, sinon ses alimens & son entretien, ausquels les freres sont obligés de contribuer à proportion de la valeur du bien de leur succession, & du bien que peut posséder leur sœur en vertu d'une autre succession ; encore que leur sœur ait d'ailleurs, ou par quelque bonne fortune ou par son industrie, des biens suffisans pour se nourrir & entretenir : ce qui a été jugé par un Arrêt du 2 d'Avril 1659, rapporté par Basnage.

Mais quand la sœur s'est fait adjuger la provision réglée par cet Article, elle ne peut disposer de son mariage avenant propriétairement, sinon en cas qu'elle se soit mariée ; car tant qu'elle est fille, elle n'en est qu'usufruitiere, sans pouvoir aliéner la propriété pour quelque cause que ce soit : c'est en quoi sa condition est bien différente d'une fille qui a été réservée ou admise à partage, laquelle encore qu'elle ne se marie point, peut librement disposer des biens qui composent son partage, de la même maniere que les mâles. (1)

---

(1) Ces termes, *fille ayant atteint l'âge de vingt-cinq ans*, ont embarrassé Godefroy ; il a pensé qu'il suffisoit que la fille eût plus de vingt-quatre ans pour s'aider de cet Article, car dans les choses favorables, comme cette provision, aussi-tôt qu'on est parvenu au premier jour de l'année fatale, on est réputé avoir l'âge requis, *annus inceptus habetur pro completo* ; mais Basnage dit qu'après vingt-cinq ans les filles ont une provision qui équipolle à l'intérêt de la somme qui leur appartient pour leur mariage avenant ; c'est bien décider que, pour en former la demande, l'âge de vingt-cinq ans doit être accompli. Il y a en effet une grande différence entre cette provision, qui exige l'opération d'une liquidation de mariage avenant, & une simple pension alimentaire, qui est susceptible de variations suivant les circonstances.

La fille n'acquiert la propriété de sa dot qu'en se mariant ; elle ne peut auparavant l'engager ni l'aliéner, soit pour crime ou par contrat civil ; le lien de l'interdiction est si puissant qu'il n'est pas possible de le relâcher par transaction, quelqu'en soit le motif : Arrêt du 26 Avril 1742. *Idem.* Basnage.

Il n'en est pas de même du partage en essence, la sœur peut en user ainsi qu'elle juge à propos ; mais si, après une réserve, elle s'arrange par une somme avec son frere, il faut examiner les clauses de l'acte ; car en renonçant purement à la grace qui lui a été faite, elle retomberoit dans le droit municipal.

La sœur devient encore, sans se marier, propriétaire de sa légitime, lorsqu'elle renonce à la succession de son frere, & que cette succession est acceptée par les enfans d'une autre sœur : l'Article CCLXVIII a été introduit en faveur des freres & de leurs descendans. La question a été ainsi décidée par Arrêt du 27 Mars 1760, au rapport de M. de Gouy, en la premiere des Enquêtes : il est vrai que la sœur non mariée s'étant fait envoyer en possession des fonds de la succession du consentement de ses neveux, l'on avoit inféré dans la Sentence la clause ordinaire, *pour par la demanderesse en jouir par forme d'usufruit* ; mais le cessionnaire étoit appellant de la Sentence du premier Juge dans ce chef, elle fut cassée, & le cessionnaire autorisé de jouir propriétairement.

CCLXIX.

Les Sœurs, quelque nombre qu'elles foient, ne peuvent demander à leurs Freres ne à leurs Hoirs, plus que le tiers de l'Héritage ; & néanmoins où il y aura plufieurs Freres puînés, & qu'il n'y aura qu'une Sœur ou plufieurs, lefdites Sœurs n'auront pas le tiers, mais partiront également avec leurs Freres puînés, & ne pourront contraindre les Freres de partager les Fiefs, ni leur bailler les principales pieces de la Maifon, ains fe contenteront des Rotures, fi aucune y en a, & des autres biens qu'ils leur pourront bailler, revenans à la valeur de ce qu'il leur pourroit appartenir.

Après que la Coutume a déclaré les cas aufquels les filles font reçues au partage des biens de leurs afcendans, il a été néceffaire d'expliquer les regles qu'on doit obferver dans leurs partages, en tant qu'elles different de celles qui fe pratiquent dans les partages qui fe font entre les freres. C'eft ce qui eft éclairci par cet Article & les trois fuivans : il eft dit, premierement, que les fœurs, quelque nombre qu'elles foient, ne peuvent avoir que le tiers de l'héritage ; c'eft-à-dire, des immeubles qui compofent la fucceffion ; & il eft dit enfuite, qu'elles ne peuvent pas toujours avoir ce tiers, quand le nombre des freres étant plus grand que celui des fœurs, ce tiers étant partagé entr'elles, leur attribueroit à chacune une part plus grande que celle qu'un de leurs freres pourroit avoir dans la fucceffion commune ; car c'eft une maxime, qu'aucune des fœurs ne doit avoir une part plus grande dans les fucceffions qu'elles partagent avec les freres, que celle qui peut appartenir à celui des freres qui a la moindre part dans lefdites fucceffions, comme il a été remarqué fur l'Article CCLXII, & qu'il étoit déclaré par les termes de l'ancienne Coutume, au Titre *de Mariage encombré.* C'eft pourquoi lorfque les freres font en plus grand nombre que les fœurs, les fœurs n'ont pas le tiers des immeubles, mais elles partagent par tête, & également avec les freres puînés ; cette qualité de puînés étant exprimée, pour faire entendre que ces partages ne peuvent diminuer les préciputs qui peuvent être pris par les aînés.

A quoi il faut ajouter, que les puînés ont l'avantage du choix, parce que les fœurs ne peuvent prendre leurs parts qu'après que tous les freres ont opté celles qui leur peuvent appartenir : de plus, les fœurs ont encore ce defavantage, qu'elles ne peuvent contraindre les freres à partager avec elles, ni les Fiefs ni les principales pieces; c'eft-à-dire, les héritages les plus confidérables de la maifon (fuivant une autre expreffion de cet Article ;) mais fe doivent contenter des rotures & des autres biens moins importans de la fucceffion ; pourvu que cela revienne, c'eft-à-dire, foit égal à la valeur de la portion qui leur appartient. (1)

CCLXX.

---

(1) L'Article CCLXII a été rédigé pour régler les droits des filles qui ne partagent point avec les freres ; cet Article CCLXIX & le fuivant traitent des partages & portions des fœurs, cependant

CCLXX.

Les Freres & les Sœurs partagent également les Héritages qui font en Bourgage par toute la Normandie, même au Bailliage de Caux, au cas que les Filles fuffent reçues à partage.

C'eft une exception à l'Article précédent, par lequel toutes les sœurs ne peuvent avoir qu'un tiers. Car fi tous les biens d'une fucceffion étoient en bourgage, même dans le Bailliage de Caux, les sœurs les partageroient par tête & également avec leurs freres, auffi-bien que les meubles; encore que les biens de bourgage & les meubles, ne foient pas diftingués des autres biens de la fucceffion, quand il s'agit de l'arbitration du mariage avenant, comme il a été remarqué fur l'Art. CCLXII.(1)

---

cependant l'Article CCLXIX peut avoir fon application dans la liquidation du mariage avenant, lorfqu'il y a plus de freres que de sœurs.

Bérault rapporte, en cet endroit, une finguliere opinion de fon temps; il y en a, dit-il, qui penfent que les freres puînés partagent avec les sœurs le tiers des rotures, & qu'enfuite ils font un fecond partage avec leur frere aîné pour rendre leur condition égale; cette opinion étoit fondée fur ces termes de la Coutume, *mais partageront également avec leurs freres puînés.* Bérault fait connoître que cette opinon eft fans fondement, & que cet Article fuppofe que le frere aîné a opté un préciput noble.

Bafnage obferve que la part de la fille ne peut jamais excéder celle d'un de fes freres puînés; mais fa condition eft meilleure dans un feul cas, quand il n'y a qu'un Fief, ajoute-t'il, dans la fucceffion directe, le partage de la fille n'eft pas plus fort que celui du puîné, mais la fille en a la propriété; il faut confulter cet Auteur fous les Articles CCLXII & CCCLXI. Ne peut-on pas conclure avec lui, que chaque sœur partageante a en propriété une part égale à celle que chaque puîné a en provifion ou en ufufruit? L'opinion de Pefnelle, qui tend à évaluer l'ufufruit des puînés en propriété, pour en faire la regle du partage des filles, femble trop dure. Bérault croit que le tiers du Fief appartient aux filles réfervées, (en évaluation fans doute) mais après que fous l'Article CCCXLVI de la Coutume, il ne les a chargées que du tiers de la provifion des puînés, comme d'une dette de la fucceffion, il la leur fait fupporter en intégrité fous l'Article CCCLXI. *Voyez* mes Obfervations fous l'Article CCCLXI.

De même qu'après l'option faite par le frere aîné d'un préciput noble, & quand les freres puînés s'arrêtoient aux Rotures, le mariage de la fille étoit, fuivant l'Arrêt de Saint Saën, liquidé fur le partage du puîné; on a jugé que la fille réfervée devoit, dans la même fuppofition, partager les Rotures par têtes avec lui. On cite cependant des Arrêts contraires des 16 Août 1725 & 19 Août 1746, par lefquels le partage des sœurs a été réduit au tiers des Rotures.

(1) Cet Article eft tiré du Chapitre 26 de l'ancienne Coutume; il femble que fa décifion a pris fa fource dans la Loi des Fiefs; les biens de bourgage, appellés *Bona Burgenfatica*, étoient originairement moins diftingués que les biens de la campagne; c'eft par cette raifon que les filles pouvoient facilement être admifes à les partager, elles qui étoient autrefois incapables de poffèder des Fiefs. Terrien, Liv. 6, Chap. 3, dit que quelques-uns ont été de cette opinion, que les filles, par le partage des biens de bourgage avec leurs freres, n'avoient rien à prétendre fur les biens de Coutume générale; mais il réfute cette opinion par un Arrêt du 18 Janvier 1521. Godefroy a traité la même queftion, & il l'a réfolue comme Terrien.

Par Arrêt du 20 Juillet 1715, il a été déclaré que les Paroiffes du Boifguillaume, de Saint Etienne, & celles de la Banlieue ne font point en bourgage, & que les héritages qui y font fitués, fe partagent fuivant la Coutume générale, à la réferve de ceux tenus en Franc-aleu. Pareil Arrêt du 16 Mars 1697, pour la Paroiffe de Belbeuf.

Voyez le Procès-verbal de la Coutume.

Tome I. Pp

C C L X X I.

Les Sœurs ne peuvent rien demander aux Manoirs & Masures lo-
gées aux Champs, que la Coutume appelloit anciennement Ménages,
s'il n'y a plus de Ménages que de Freres, pourront néanmoins prendre part ès Maisons assises ès Villes & Bourgages.

Il déclare un autre avantage qu'ont les freres dans le partage qu'ils font avec
les sœurs, outre ceux qui ont été remarqués sur l'Article CCLXIX. Car comme la Coutume a voulu donner un logement à l'aîné au préjudice des puînés,
par l'Article CCCLVI, ainsi elle a voulu donner un logement à tous les freres,
au préjudice des sœurs reçues à partage, par cet Article CCLXXI.
Mais avec deux avantages plus grands que celui qui est fait à l'aîné par ledit
Art. CCCLVI, par lequel l'aîné ne peut avoir ce préciput, quand il y a plusieurs
Manoirs ou logemens dans la succession; & par lequel d'ailleurs l'aîné prenant ce
préciput, est obligé d'en faire récompense à ses puînés. Mais tout le contraire s'observe aux logemens que la Coutume donne aux freres par préférence aux sœurs:
car ils n'en doivent aucune récompense à leurs sœurs, par les termes de cet Article
CCLXXI; & il a été de plus jugé, que quand il y a plus de logemens que de freres, les freres ne sont pas exclus de prendre par préciput chacun un logement, sans
en faire aucune récompense aux sœurs, qui de leur part ne prennent point les autres Manoirs ou logemens qui restent; mais sont obligées de les employer dans
les lots, pour être partagés comme les autres héritages, par un Arrêt de la
Grand'Chambre, du 28 de Juin 1670, rapporté par Basnage. (1)

Les héritages de Franc-aleu se gouvernent dans le partage, comme ceux tenus en bour-
gage.
Les places de Barbier-Perruquier sont immeubles de bourgage, & se partagent de même:
Arrêt rendu, les Chambres assemblées, le 23 Janvier 1730.
Le bourgage se justifie par des déclarations, des partages, des contrats de vente, des transactions, & des dépositions même de témoins de ce qu'ils ont ouï dire de l'état des fonds
comme d'une chose alors notoire: Arrêt du 20 Juillet 1684. Basnage, sous l'Art. CCCXXIX.
Le dernier genre de preuve éprouve de la difficulté. l'Arrêt de 1684 fut rendu en la seconde Chambre des Enquêtes, sur un partage en la premiere; l'avis du Rapporteur étoit
qu'il n'étoit point permis d'alléguer d'autres usages locaux que ceux qui avoient été re-
cus & approuvés lors de la réformation de la Coutume; il passa à l'avis du Compari-
teur. L'offre de la preuve de l'usage de temps immémorial étoit appuyée de partages égaux entre freres, quoique l'on prétendît que les fonds étoient situés
en Caux.
Les rentes dûes par le Roi, par le Clergé & les Provinces, ont toujours été regardées
comme ayant une assiette certaine; il a été cependant jugé par Arrêt du 4 Août 1661, rapporté par Basnage sous cet Article, que les rentes dûes par le Roi se partagent entre freres
& sœurs comme biens de notre Coutume générale: Arrêt singulier, qui par cela même mérite d'être observé. Il a été aussi jugé par Arrêt du 20 Juillet 1756, que les rentes nouvelles
dûes à un homme de cette Province par le Clergé, avec stipulation d'emploi, mais
sans aucune affectation spéciale, devoient se partager comme un héritage de Normandie, tenu
en censive & en roture, quoique le créancier de la rente fût domicilié en
Bourgage.
(1) La Jurisprudence du préciput roturier de l'Article CCCLVI, a lieu en faveur de cha-

CCLXXII.

Quand la fucceffion tombe aux Filles par faute d'Hoirs mâles, elles partagent également ; & les Fiefs nobles, qui par la Coutume font individus, font partis entre lefdites Filles & leurs repréfentans, encore qu'ils fuffent mâles.

Il eft général, & comprend les biens de Caux, qui fe partagent également entre les filles, comme les Fiefs, n'y ayant aucune difpofition particuliere à cet égard, dans le Titre *des Succeffions en Caux* : Quant à ce qui eft dit fpécialement des Fiefs en cet Article, il faut rapporter ce qui a été expliqué de la tenure par parage, fur l'Article CXXVII & les fuivans, jufqu'au CXXXVIII, outre l'Article CCCXXXVI. (1)

CCLXXIII.

Par Profeffion de Religion, l'Héritage du Religieux & Religieufe Profez, vient au plus prochain Parent habile à fuccéder ; & deflors en avant, ils font incapables de fuccéder, comme auffi eft le Monaftere à leur droit.

Il contient une maxime du Droit coutumier, ou plutôt une Loi du Royaume, par laquelle un Religieux, qui a fait profeffion dans un Ordre approuvé, après l'âge de feize ans accomplis, & après un an de probation ou de noviciat, eft incapable de continuer la jouiffance des biens qui lui appartenoient propriétairement, lefquels font transférés à fes parens proches & plus habiles

---

que frere contre les fœurs : Arrêt du 4 Juin 1704. Quoiqu'il y ait plus de manoirs que de freres, cette circonftance n'eft point un obftacle au droit que la Coutume défere aux mâles, quand les freres auroient donné à leur fœur une déclaration des biens à partager fans aucune réferve; il fuffit qu'ils reclament le préciput avant la choi ie des lots: Arrêt du 5 Décembre 1715.

(1) Godefroy remarque très-bien que l'exclufion des fucceffions des pere & mere, prononcée par la Coutume contre les filles en faveur des mâles, a pour objet unique la confervation des familles, puifque dès que les filles fuccedent au défaut des mâles *non extantibus mafculis*, la même Coutume les admet à des partages égaux, fans que l'une puiffe prétendre aucun avantage fur l'autre ; fi on excepte la prérogative du choix déférée à l'aînée, dit Bérault, & la faifine des lettres & écritures de la fucceffion à partager, fi on excepte encore la qualité d'aînée paragere.

Le préciput n'étant accordé qu'à l'aîné des mâles, il ne peut pas être étendu par interprétation à l'aînée des filles contre fes fœurs, *hoc verbum*, dit du Moulin, fur l'Article XIV de Tours, *non poteft concipere fæmininum nifi per interpretationem extenfivam quia cum confuetudo inducens inæqualitatem inter liberos fit exorbitans non patitur nunc interpretationem extenfivam.*

Les repréfentans d'une fille ayant partagé un Fief avec les repréfentans d'une autre fille, la portion échue à une branche ne peut être fub-livifée entre mâles, elle cede au profit de l'aîné de chaque branche : Arrêt du mois de Juin 1645, rapporté par Bafnage. *Voyez*, du Droit d'Aîneffe en fubdivifion, le Brun, des Succeffions, Liv. 2 ; Auzanet, fur Paris, Art. XIX.

P p 2

à lui succéder, & il devient de plus incapable de toutes successions, outre qu'il ne peut avoir d'autres héritiers que le Convent. (1)

C'est donc avec raison que les Religieux sont comparés aux fils de famille, ou plutôt aux esclaves, tant à l'égard de leurs biens, qui ne sont qu'un pécule, qu'à l'égard de la dépendance de leurs Supérieurs ; *Nihil sibi acquirere possunt, nec*

---

(1) Rien ne devroit être plus libre & plus réfléchi que l'engagement à la vie monastique, l'état de la jeunesse n'est pas plus à l'abri des écueils de la fausse dévotion que de ceux de la dissipation & des plaisirs ; les plus grands ressorts sont souvent mis en œuvre pour s'emparer de l'imagination si propre alors à s'enflammer, & pour enlever à la vie civile des membres précieux & des soutiens aux familles ; mais dès que le premier coup est porté à la victime, le joug s'adoucit, & on la conduit par une route facile à la consommation de son sacrifice. Si des parens réclament, on oppose à leur reclamation les conseils évangéliques, les dispositions des Conciles & de l'Ordonnance, comme si Dieu acceptoit un sacrifice qui est le fruit de l'obsession, comme si l'Ordonnance qui abrege le temps des vœux, ne supposoit pas pour baze le consentement des parens : le Parlement de Paris a donné dans tous les temps de grands exemples de sévérité pour réprimer cet abus toujours renaissant ; il seroit à souhaiter qu'on renouvellât l'Ordonnance d'Orléans, on obvieroit aux dangereux effets de la molle condescendance de certains parens, & on ne verroit pas par des vœux solemnels, émis à l'âge de 16 ans, naître des désordres causés par un engagement prématuré.

Il est vrai que nous avons des Ordres religieux qui suivent littéralement leur constitution, dont la sagesse en a autorité des parens & les intérêts des enfans en sûreté ; il est encore constant que quand le pere a conduit le nouvel Isaac au pied des Autels, il ne peut plus changer de résolution sans des motifs extraordinaires, & une surprise évidente qui auroit capté son consentement.

Voyez les Ordonnances d'Orléans, Art. X ; de Blois, Art. XXVIII ; de Moulins, Art. LV ; de 1667, Tit. 20, Art. XV ; du 9 Avril 1736, Art. XXV, XXVI, XXVII ; la Déclaration du 10 Mai 1744 ; un Arrêt du 20 Mars 1586, dans la Somme rurale ; Chopin, dans son Monasticon ; du Moulin, sur l'Edit des Petites Dates ; Bérault, sous cet Article ; Brodeau, sur M. Loüet, Lett. C. Som. 8 ; Loysel, Liv. 2, Tit. 5, Reg. 30 ; le Maître, Plaidoyer sixieme ; Journal des Audiences, tome 2, Liv. 1, Chap. 23 ; Plaidoyers d'Erard & de Gillet.

Par Edit du mois de Mars 1768, l'âge des vœux est fixé pour les mâles à 21 ans, & pour les filles à 18 ans ; le Roi se réserve, après 10 ans, à pourvoir de nouveau sur cette matiere, si intéressante pour l'ordre public.

Il y a plusieurs causes qui peuvent rendre nulle la Profession religieuse, les plus ordinaires sont que la Profession ait été faite avant le temps prescrit par la Loi, qu'elle n'ait point été précédée d'un Noviciat complet, que le Novice ait prononcé ses vœux par crainte, par violence ou dans un temps où il n'avoit pas son bon sens, pourvu qu'il ne les ait point ensuite ratifiés volontairement ; les vœux sont encore nuls s'ils n'ont point été reçus par un Supérieur légitime, ou faits dans un Ordre approuvé par l'Eglise & par les Loix de l'Etat ; en un mot, la Profession est un Traité synallagmatique assujetti aux regles des Contrats : Févret, Traité de l'abus.

Le temps de reclamer est de cinq ans : Ordonnance de Louis XIII, Art. IX. Mais la prescription est interrompue par des protestations, en temps de droit, & par une impossibilité d'agir, dans les cinq ans, bien justifiée : Loix Ecclésiastiques, tome 2, de la Translation d'Ordre & de la Reclamation contre les vœux de religion. On reçoit dans quelques Parlemens des Rescrits de grace émanés du Pape contre le laps de cinq ans ; d'Olive, Liv. 1, Chap. 5 ; Boniface, tome 1, Liv. 2, Tit. 31, Chap. 13 ; Dunod, Traité des Prescriptions, Part 2, Chap. 7 ; Causes célebres & intéressantes ; Mémoires du Clergé de le Merre.

Un Religieux qui prétend reclamer contre ses vœux, doit se pourvoir devant l'Official du lieu du Monastere où il a fait profession ; mais pour être restitué, il n'est point nécessaire, dans l'usage général, d'un Rescrit de Cour de Rome : Journal des Audiences, tome 5, Liv. 7, Chap. 28. Il résulte d'un Arrêt du 19 Avril 1763, qu'un Religieux qui reclame après les cinq ans de sa profession, n'a pas besoin, dans la forme, d'un Rescrit émané de la Cour de Rome, relevatoire du laps du temps ; il lui suffit, comme au Religieux qui reclame dans les cinq ans, de s'adresser à l'Official.

ſipulari. Néanmoins ceux qui ſont titulaires de Bénéfices, ont une libre adminiſ-tration de ce pécule ; c'eſt-à-dire, de leurs meubles & du revenu de leurs Bé-néfices : c'eſt pourquoi ils peuvent vendre & donner ; mais ils ne peuvent faire de Teſtament pour fruſtrer l'Abbé ou le Monaſtere de leurſdits biens.

On doutoit autrefois, ſi l'Abbé Commendataire pouvoit ſuccéder aux dé-pouilles des Religieux de ſon Abbaye : car quoique les Commendes ſoient des Titres perpétuels, & que les Commendataires de ce temps ne different en rien des vrais Titulaires, pour ce qui concerne le revenu du temporel des Bénéfices ; néanmoins ne laiſſant point leur ſucceſſion au Monaſtere, mais à leurs parens, il ſembleroit qu'ils devroient être exclus de la ſucceſſion des Religieux : *Quia reciproca debet eſſe hæreditatis delatio, l. penultima, §. ideo Sancimus, C. De adoptionibus.* Mais c'eſt à préſent un uſage conſtant, que les Commendataires ont la dépouille & les biens des Religieux dépendans de leurs Abbayes.

Les Religieux de l'Ordre de Saint Auguſtin, qu'on appelle *Chanoines Régu-liers*, ſont compris dans la regle de cet Article ; quoiqu'ils ayent rang, & puiſſent vivre entre les Séculiers, comme étant *in laxiori Regula.*

On en a excepté les Religieux faits Evêques, dont la ſucceſſion a été défé-rée à leurs proches parens ; ſur ce fondement, que la Dignité Epiſcopale les avoit émancipés, & délivrés de la ſervitude du Monaſtere ; ce qui a été jugé par un Arrêt rappporté par Loüet, E. 54. quoique ces Evêques ne puiſſent pas ſuccéder à leurs parens. (2)

Comme les Chevaliers de Malte ſont de véritables Religieux, parce qu'ils ſont les trois vœux ſolemnels, ils ne peuvent ſuccéder, ni même poſſéder les biens qu'ils avoient avant leur Profeſſion, nonobſtant toutes les diſpenſes qu'ils pourroient obtenir de leur Grand-Maître ou du Pape, qui n'ont aucun pou-voir en France pour les choſes temporelles. On leur a adjugé néanmoins quel-que penſion par forme d'alimens, tant qu'ils n'ont point de Commanderie ; parce que leur Ordre ne leur fournit rien pour leur ſubſiſtance, à moins qu'ils ne ſoient à Malte.

Il faut de plus remarquer, que les Religieux ne peuvent rien donner lors de leur Profeſſion, ni auparavant, directement ou indirectement, aux Convens où ils ſont reçus, par les Ordonnances d'Orléans, Article XIX, de Blois, en l'Article XXVIII, ce qui a été confirmé par pluſieurs Arrêts du Parlement de Paris. Voyez Loüet au lieu cité, & C. 8 & 18, & R. 42. Bérault rapporte

(2) Par Arrêt du 4 Février 1610, le Parlement de Paris adjugea la dépouille d'un Prieur-Curé aux Pauvres & à la Fabrique de ſa Paroiſſe : Chopin, de la Police Eccléſiaſtique, Liv. 3, Titre 1 ; Loüet, Lett. R. Chap. 42 ; Bardet, Liv. 4, Chap. 1 ; Soëfve ; Traité du Pécule des Religieux. Ceux qui ſoutiennent que les Religieux-Curés doit appartenir au Mo-naſtere, diſent que les Religieux-Bénéficiers ne laiſſent pas d'appartenir à leurs Convents ; le Convent eſt le Curé primitif, il doit ſuccéder au Religieux-Curé comme un pere ſuccede à ſon fils. Il paroît cependant plus vrai que depuis que les Congrégations régulieres ſont obli-gées de mettre des Curés en titre, on ne peut plus conſidérer la manſe du Curé comme une émanation de celle du Convent, elle lui eſt devenue totalement étrangere ; auſſi les Auteurs modernes penſent que l'Arrêt de 1710 doit faire le droit général de la France, quoique le Grand-Conſeil ait jugé autrement depuis. Cet Arrêt eſt bien rapporté dans les Inſtit. Cout. de Bretagne, par M. de Perchambault, il ſe trouve auſſi dans le Traité de la Mort civile. Nous aurions beſoin d'un Reglement ſur cette matiere.

quelques Arrêts femblables; & un , par lequel le Teftament fait par un Capu-
cin Novice fut caffé. (3)

C C L X X I V.

Celui qui eft jugé & féparé pour maladie de Lepre , ne peut fuccéder ; & néanmoins il retient l'Héritage qu'il avoit lorfqu'il fut rendu,
pour en jouir par ufufruit tant qu'il eft vivant, fans le pouvoir aliéner.

Il n'eft plus en ufage , parce qu'on ne juge , (c'eft ce que la Coutume fignifie par *être rendu*, en cet Article) ni on ne connoît plus de Lépreux ; mais
il fert à faire connoître, que la Coutume répute ceux qui font réduits dans la
néceffité de dépendre d'autrui , incapables d'aliéner leurs biens , leur volonté
étant affervie à ceux qui les affiftent. (1)

(3) La dot des Religieufes a donné lieu , dans tous les Parlemens , à nombre d'Arrêts qui
ont déclaré nulles & fimoniaques les conventions à prix d'argent pour l'admiffion aux vœux
de Religion ; la Déclaration du 28 Avril 1693 a mis des bornes à la cupidité des Maifons religieufes , en adoptant des tempéramens fages ; on y eft entré dans la diftinction entre les
Maifons dotées & celles qui , étant de fondation nouvelle , ne font pas cenfées l'être ; on
a même diftribué les Villes en différentes claffes pour étendre la dotation ou la refferrer dans
une jufte proportion. Comme cette Déclaration eft dans les mains de tout le monde, je ne
l'analiferai pas ; j'obferverai feulement qu'au lieu qu'elle permettoit de donner des immeubles
par eftimation, ou de conftituer des rentes à perpétuité , une Déclaration du 20 Juillet 1762,
Art. VII , fait défenfes aux Communautés Religieufes d'acquérir , fous prétexte de défaut de
payement de la dot ou fous aucun autre , la propriété , ou fe faire envoyer en poffeffion
d'aucun immeuble pour l'acquittement des dots , à l'exception des rentes de la nature de-
celles qu'il eft permis aux Gens de main-morte d'acquerir par l'Article XVIII de l'Edit du
mois d'Août 1749.
Les Religieux n'ont plus la liberté de s'écarter directement de la difpofition des Loix ,
mais on prépare le profélyte à vendre ou aliéner fes biens auparavant de commencer fon fa-
crifice ; cette pratique a lieu le plus fouvent dans les Monafteres de Filles : un tuteur y place
fa pupille, on redouble d'obfeffion en proportion que la tutelle eft proche d'expirer : la pupille devenue majeure aliene fon bien & en fait paffer le prix au Monaftere. Quand
les héritiers reclament contre ces manœuvres on condamne le Monaftere à reftituer les fommes reçues au-delà de celles qui font limitées par la Déclaration du mois d'Avril 1693 :
Arrêt rendu en Grand'Chambre le 17 Août 1751 , contre les Religieufes de la Vifitation de
Rouen. Le Parlement porte la prévoyance plus loin , il a égard à l'état des lieux ou la fituation du Monaftere ; & quoique , par la Déclaration que je viens de citer , il foit permis aux
Religieufes non-fondées de recevoir pour dot dans les Villes où il n'y a point d'établiffement
de Parlement , jufqu'à la concurrence de 6000 liv. ; cependant quand , dans la Ville où le
Monaftere eft placé , les denrées font à vil prix , fi modere , en connoiffance de caufe , la
donation ; auffi par Arrêt du 8 Mars 1699 , une donation qu'une fille avoit faite aux Urfu-
lines de Bayeux pour être admife à faire profeffion, fut limitée à une fomme de 4000 liv.
offerte par les parens , ou à une rente viagere de 200 liv. , qu'ils confentoient d'augmenter
de 100 liv. après la mort de la mere de la donatrice.
(1) Comme dans les temps d'ignorance la compétence de la Jurifdiction Eccléfiaftique
étoit fans bornes , il n'y avoit pas, dit M. Fleury , 7me Difcours fur l'Hiftoire Eccléfiaftique , jufqu'aux Lépreux qui ne fuffent du reffort de la Jurifdiction de l'Eglife, comme féparés du refte des hommes par fon autorité. Terrien , Liv. 6, attefte que telle étoit la pratique en Normandie ; il prétend de plus que fi le Lépreux eft dans l'incapacité de difpofer
de fon héritage, c'eft qu'étant attaqué d'une maladie incurable , il ne pourroit, par exemple , donner qu'en contemplation de la mort , & par ordonnance de derniere volonté.

C C L X X V.

Bâtard ne peut fuccéder à Pere, Mere ou aucun, s'il n'eſt légitimé par Lettres du Prince, appellés ceux qui pour ce ſeront à appeller.

Les Bâtards ſont ceux qui ont été engendrés, ſans qu'il y ait eu un légitime mariage entre leur pere & leur mere. Quand donc un mariage eſt déclaré nul, les enfans qui en ſont nés, ſont véritablement bâtards : mais quelquefois la bonne foi du pere ou de la mere, qui ont ignoré les empêchemens qui cauſent la nullité de leur prétendu mariage, eſt cauſe que les enfans procréés pendant cette bonne foi, ſont réputés légitimes, & jouiſſent des mêmes droits des perſonnes nées en légitime mariage. (1)

---

(1) Les Tribunaux doivent être en garde contre la ſurpriſe dans les accuſations formées par les filles, pour les décharger du fruit de leur incontinence & obtenir des intérêts. La déclaration d'une fille peut bien attirer de légeres condamnations par proviſion, une déclaration réitérée dans les douleurs de l'enfantement mérite quelque créance ; mais l'impoſture de ces déclarations tant de fois découverte, a montré qu'on ne leur doit point une pleine foi, il faut conſtater l'auteur du délit ; & comme l'incontinence ſe cache, on doit à la Juſtice, au défaut de preuves, des préſomptions qui puiſſent tenir lieu de la vérité : car propoſer à des Magiſtrats éclairés d'aſſeoir une condamnation ſur des fréquentations, ſur de ſimples aſſiduités, c'eſt vouloir que, contre leur état, ils encouragent le libertinage à la perte des mœurs : Arrêts des 15 Mars 1723 & 22 Décembre 1733.

Quand on croit avoir découvert l'auteur de la groſſeſſe, on ne le condamne pas toujours. Des filles célebres par leur déréglement, dans l'habitude de tendre des piéges à des enfans de famille : des filles dont les parens ont favoriſé les rendez-vous d'un jeune homme contre les défenſes de ſa famille bien connues, ſont-elles dignes des regards favorables de la Juſtice ? Dans l'ancienne Juriſprudence, lorſqu'elles oſoient conclure au mariage, la pratique de la Cour étoit de les condamner en des peines afflictives.

Si les circonſtances portent à adjuger des intérêts, on balance l'âge, l'expérience & les qualités perſonnelles des Parties ; la naiſſance & le rang viennent en ordre acceſſoire : ſixieme Plaidoyer d'Erard. Une fille, par exemple, qui a eu un enfant n'a point d'action en dommages & intérêts contre celui qu'elle prétend l'auteur d'une ſeconde groſſeſſe : Arrêt du 28 Février 1755. Mais dans le cas où il eſt juſte d'accorder des intérêts, ils emportent la contrainte par corps, quoique hors le cas de rapt ou de complicité d'autres crimes, la procédure doit être civilement intentée : Arrêts des 21 Janvier & 1er Août 1749.

Il y a des cas qui provoquent avec raiſon toute la ſévérité de la Juſtice ; ainſi ſi, malgré les défenſes formelles & réitérées du pere, un homme fréquente ſa fille, s'il la rend groſſe, ſi après lui avoir ravi ſon honneur il oſe faire un contrat de mariage avec elle, il peut être pourſuivi extraordinairement, & même décrété de priſe de corps : l'autorité paternelle a été vengée de cette maniere par Arrêt rendu en Grand'Chambre le 22 Février 1759. Le contrat de mariage ſouſcrit par la mere de la fille & cinq Gentilshommes de ſes parens, la qualité du parti qui paroiſſoit ſortable, la diſſipation notoire du pere, ces moyens furent conſidérés comme propres à recourir à la Juſtice pour obtenir le conſentement du pere, mais comme impuiſſans pour juſtifier le mépris de l'autorité paternelle.

Voyez la Déclaration concernant le rapt de ſéduction, adreſſée au Parlement de Bretagne le 30 Novembre 1730, & remarquez, avec les Auteurs, que ce crime n'eſt pas toujours facile à prouver.

On ne peut aſſez ſouvent rappeller l'Edit du mois de Février 1556, contre les femmes qui ont celé leur groſſeſſe & enfantement : cet Edit a eu pour motif de protéger la vie des enfans nés d'un commerce illégitime, attaquée par les cris parricides du faux honneur ; il n'étoit, dans le temps de l'Edit, comme de nos jours, que trop ordinaire de trouver des filles

La Coutume ne propofe qu'un moyen de légitimation, qui eft celui des Lettres du Prince, & a omis celui du mariage fubféquent ; quoique ce dernier ait le même effet que le premier, & qu'il foit plus confidérable ; parce qu'il s'accomplit par la feule volonté du pere & de la mere, qui fe peuvent marier fans le confentement ou l'intervention de leurs parens.

Mais la légitimation qui fe fait par les Lettres du Prince, requiert des for- malités ; c'eft-à-fçavoir, qu'il faut que ces Lettres foient homologuées & en- regiftrées du vivant du pere, ou après fa mort du confentement de fes héri- tiers, *appellés ceux qui pour ce font à appeller*, aux termes de cet Article c'eft-à-dire, les plus proches parens. De maniere que les Lettres de légitima- tion homologuées fans le confentement des parens, ne profitent aux Bâtards que pour les rendre capables des Offices, Bénéfices & Dignités, *quantum ad honores* ; mais non pour les rendre capables de fuccéder à leurs parens, qui n'ont point confenti à leur légitimation, *non quantum ad fucceffiones* ; Bacquet, au Traité *de Bâtardife*, chap. 11 & 14. Voyez Loüet, L. 7.

Or bien que les légitimations qui fe font par ces deux moyens, *fint reftitu- tiones naturæ, & antiquæ ingenuitati* ; & que conféquemment ceux qui ont été légitimés, *perinde haberi debeant, ac fi nunquam fuiffent illegitimi, verè & non fictè nihil à legitimis filiis differentes* ; *Authentica, Quibus modis naturales efficiun- tur legitimi*, §. *fi quis*, & §. *fit igitur* : La légitimation néanmoins n'attri- buera pas le droit d'aînclfe à celui qui étant né avant fes freres, procréés d'un mariage valablement contracté, a été depuis légitimé ; de forte que la lé- gitimation n'a pas un effet rétroactif au préjudice d'un tiers, & d'un droit qui eft réputé lui être acquis. (2)

On

---

qui, féduites d'abord & devenues meres, facrifioient enfuite leur fruit aux intérêts de leur réputation. L'Edit punit du dernier fupplice les femmes qui auront celé leur groffeffe & en- fantement, & dont les enfans auront été privés du Sacrement de Baptême & de fépulture publique & accoutumée ; elles font, fuivant l'Edit, dans le concours de ces circonftances tenues & réputées avoir homicidé leur fruit. Par un autre Edit de l'an 1586, il fut enjoint aux Curés de publier celui de 1556 aux Prônes de leurs Paroiffes de trois mois en trois mois ; le Parlement de Paris renouvella la néceffité de cette publication par Arrêt du 19 Mars 1698. Une Déclaration du Roi du 25 Février 1708, enregiftrée en ce Parlement le 15 Mars, donnée en interprétation de l'Art. XXXII de l'Edit du mois d'Avril 1695, & de la Déclaration du 16 Décembre 1698, en ordonne de nouveau la publication aux Prônes de trois mois en trois mois, à peine de faifie du temporel des Curés à la requête du miniftere public.

(2) Souvent un homme éloigné de fon domicile, fier de fecouer le joug d'un premier enga- gement qui fubfifte encore, fe fait un perfide jeu d'élever un fantôme de mariage. L'état de cette femme qu'il place fur les débris d'un premier nœud, & des enfans qu'elle lui donne, me paroît dépendre abfolument des circonftances de ce fecond engagement. A-t'il été en effet précédé des informations capables de faire préfumer la liberté de celui qui eft fur le point de le contracter ? A-t'il été accompli avec les formalités prefcrites dans le lieu de la célébration du mariage ? Enfin, remarque-t'on dans les démarches & dans l'exécution toutes les précautions que la prudence ordinaire confeille ? Il ne fembleroit pas alors jufte que cette femme & fes enfans fuffent les victimes infortunées d'un fuborneur adroit ; cependant quoi- que la maniere de décider foit en elle-même très-difficile, là difficulté s'accroît encore lorf- qu'il y a des enfans nés du premier & véritable mariage. Il me feroit inutile de citer des Ar- rêts, il en a été rendu en cette efpece dans tous les Tribunaux du Royaume ; mais la di- verfité qui regne fouvent à cet égard entre les décifions du même Parlement, répandroit peut-être par les citations un nuage encore plus épais fur la queftion.

Des

On a jugé en conféquence de ce principe, que les freres nés en légitime mariage ayant appréhendé une fucceſſion, ne devoient pas faire part de cette fucceſſion à leur frere depuis légitimé, par un Arrêt du 18 de Juillet 1614, rapporté par Bérault.

Mais quoique les Bâtards ne puiſſent fuccéder ni à leur pere, ni à leur mere, ni à aucun, fuivant l'expreſſion de cet Article, ils ne font pas exclus de la fucceſſion de leurs enfans procréés en légitime mariage, comme leurs enfans légitimes ne font pas incapables de leur fuccéder ; parce que le Droit de bâtardiſe n'appartient point aux Seigneurs de Fief, au préjudice des enfans légitimes, par l'Article CXLVII, & que d'ailleurs *reciproca debet eſſe hæreditatis delatio*, fuivant la Loi pénultieme, C. *De adoptionibus* citée fur l'Article CCLXXIII.

Il faut de plus remarquer, que les alimens ne peuvent être refuſés aux Bâtards, & qu'on condamne les peres, & les meres & leurs héritiers, à fournir aux Bâtards une penſion viagere ; à moins qu'ils ne leur ayent fait apprendre quelque métier, & ne leur en ayent fait avoir la Maîtriſe ; mais cette obligation ne paſſe point en la perſonne des autres parens, quoiqu'on ait jugé que les parens des pere & mere des Bâtards étoient recuſables, & ne pouvoient connoître des cauſes des Bâtards, par deux Arrêts, l'un du 9 d'Avril 1631, & l'autre de l'année 1624, rapportés par Baſnage. La veuve du pere du Bâtard, doit contribuer à la penſion alimentaire qui eſt adjugée aux Bâtards, à moins qu'il ne foit procréé pendant fon mariage ; car en ce cas elle en a été déchargée par un Arrêt du 11 de Février 1621, rapporté par Baſnage. (3)

Des parens aſſemblés, qui marient une fille comme légitime qui ne l'eſt pas, ne peuvent dans la fuite lui reprocher le vice de fa naiſſance & lui oppoſer fon incapacité, lorſqu'il lui écheoit une fucceſſion ; le mari feroit trompé par la mauvaiſe foi d'une famille convoquée pour la fureté du Traité le plus important & le plus folemnel : auſſi par Arrêt du 15 Mai 1631, rapporté par Baſnage fous l'Article CCXXXV, on adjugea dans cette eſpece, pour intérêts au mari & à la femme, le partage qui lui eût appartenu dans la fucceſſion ouverte, fi elle eût été légitime. Pareil Arrêt en faveur d'un fils bâtard marié comme légitime, prononcé en Robe rouge au Parlement de Paris, par M. le Préſident de Morſans, le 14 Juillet 1582 : Anne Robert, Liv. 2, Chap. 18.

Obſervez que le Prince peut bien habiliter le bâtard à poſſéder des Offices féculiers ; mais les Canoniſtes prétendent que les Lettres de légitimation qu'on obtient de lui, ne fuffiſent pas pour recevoir des Ordres ou tenir des Bénéfices, le bâtard doit être difpenfé par l'Evêque ou le Pape, fuivant le degré de l'Ordre ou la qualité du Bénéfice.

(3) L'état des bâtards eſt fouvent expoſé à l'incertitude ; on fuit à leur égard les principales maximes que j'ai obſervées fous l'Art. CCXXXV : on argumente de la cohabitation, de l'accouchement, de l'Extrait des Regiſtres de Baptême, quoique déguiſé, du *tractatus*, de la reconnoiſſance des pere & mere, & de la notoriété au lieu de leur domicile : troiſieme Plaidoyer d'Erard.

On peut dire que le pere eſt plus étroitement obligé de procurer la fubſiſtance à fon fils naturel qu'à celui qui eſt le fruit de l'union conjugale ; l'un en naiſſant trouve une feconde mere qui eſt la Loi, elle l'adopte, elle lui adminiſtre mille fecours ; l'autre, exclu des Offices, des Bénéfices, des Succeſſions de fes proches, n'a pour azile que la maiſon paternelle : Erard.

On donne ordinairement la premiere éducation du bâtard à la mere ; & l'Auteur des Maximes du Palais dit, qu'il a été jugé qu'un fils bâtard reſteroit chez fa mere juſqu'à l'âge de dix ans ; on condamna, par le même Arrêt, fon pere à lui payer penſion.

On a jugé au Parlement de Paris, fur les Conclufions de M. l'Avocat-Général Gilbert, le 28 Mai 1731, que les alimens étoient dûs aux enfans naturels juſqu'à l'âge de 20 ans, & qu'alors le pere étoit obligé de leur faire apprendre un métier, ou de leur donner un état convenable : je me perſuade auſſi que la mere n'eſt pas moins obligée de remplir ce de-

On remarque de plus fur cet Article, que les enfans expofés doivent être nourris & élevés par les Hôpitaux des lieux ; ou quand il n'y a point d'Hôpitaux, par les Tréfors des Eglifes, fuivant l'avis de Bafnage, qui eft fondé fur ce que les biens des Tréfors étant provenus d'aumônes, ne peuvent pas être mieux employés qu'à une aumône, les enfans expofés devant être réputés pauvres de la Paroiffe où ils ont été expofés ; que fi les Tréfors n'ont pas de biens fuffifans, les Seigneurs de Fief & les Paroiffiens doivent fournir la dépenfe, pour la nourriture & entretenement des enfans expofés : ce qui a été jugé par plufieurs Arrêts, cités par Bérault fur l'Article DCIV.

C C L X X V I.

Le Bâtard peut difpofer de fon Héritage comme perfonne libre.

On le doit interpréter par l'Article XCIV du Réglement de 1666, qui attefte que celui qui n'a point d'héritiers, ne peut donner, par Teftament, ni entre-vifs, au-delà de ce que pourroit donner celui qui auroit des héritiers. (1)

---

voir que le pere, fuivant fes facultés. De Freminville, dans fon Dictionnaire de la Police, verb. Groffeffe, rapporte un Arrêt du mois de Février 1726, qui a condamné le pere & la mere du bâtard à fa nourriture, entretien & éducation.

La légitimation par le mariage fubféquent a été long-temps inconnue en France ; on trouve le fondement de cet ufage dans une Loi de Conftantin ; mais comme nous n'avions jufqu'à la troifieme Race que le Code Théodofien, & que la décifion de Conftantin ne s'y trouve point, ce n'a été qu'en étudiant Juftinien & vers la fin de l'onzieme fiecle, que cette maniere de légitimer les bâtards s'eft établie ; quelques Auteurs ont prétendu qu'elle n'a d'effet que pour la promotion aux Ordres, mais qu'elle n'habilite point à fuccéder. *Voyez* Fleta, Chap. 39, §. 4. Notre ancien Coutumier rejette cette diftinction, il répute pour légitimes les enfans nés avant le mariage quand le pere époufe leur mere. *Voyez* l'ancienne Coutume, Chap. des empêchemens de Succeffion, & Terrien, Liv. 2, Chap. 3.

Quoique le bâtard légitimé par Lettres du Prince ne fuccede point aux parens qui n'y ont point confenti, les parens lui fuccedent néanmoins contre la regle *fi vis mihi fuccedere fac ut tibi fuccedam :* auffi dit-on que le fifc, en changeant l'état des bâtards, abandonne fon droit *& per legitimationem nothus cenfetur factus de familia, non ut fuccedat familiæ, fed ut familia ei fuccedat.* Bacquet, du Droit de Bâtardife, Chap. 14, n. 18. Le Brun, des Succeffions, Liv. 1, fect. 4, n. 3.

(1) On comparoit autrefois, dans plufieurs Provinces du Royaume, les bâtards aux ferfs ; ils n'avoient, ni les uns ni les autres, la liberté d'acquérir : comment auroient-ils pu difpofer ? Notre ancien Coutumier, en donnant aux bâtards le pouvoir de contracter comme les autres citoyens, s'éloigne de ces Loix, qui ne fembloient faites que pour groffir les émolumens du Prince ou des Seigneurs particuliers. Lifez la Somme rurale de Bouteiller, avec les Obfervations de Carondas, depuis la page 921 jufqu'à la page 939, édit. de 1622.

La Coutume du Maine eft conforme à la Jurifprudence atteftée par l'Article XCIV du Reglement de 1666, cité par Pefnelle : qui n'a qu'acquêt, y eft-il dit, Art. CCCLII & CCCLV, n'en peut donner que le tiers ; qui n'a que meubles, n'en peut donner que la moitié ; comme bâtards qui n'ont propres, mais s'ils ont immeubles, peuvent donner tous leurs meubles : Sommaire de Bodreau. Perchambault, fur l'Article CCCCLXXIX de Bretagne, demande combien le bâtard peut donner ; M. Loüet, D. 37, & Chopin, *répond-il*, croyent que cette liberté eft fans limite, & que les reftrictions portées par la Coutume, ne regardent que les héritiers du fang ; mais leur penfée n'eft pas raifonnable dans cette Coutume, qui veut conferver à chaque hérédité fa légitime ; ainfi le bâtard ne peut donner que le tiers de fes immeubles.

CCLXXVII.

Les Enfans des Condamnés & Confifqués, ne laifferont de fuccéder à leurs Parens, tant en ligne directe que collatérale, pourvu qu'ils foient conçus lors de la fucceffion échue.

Par l'ancienne Coutume, les enfans des condamnés & confifqués étoient incapables de fuccéder, tant en ligne directe qu'en la collatérale, quoique nés avant la condamnation ou le crime : c'eft ce qui eft changé par cet Article, qui ne fe doit entendre que des enfans nés ou conçus avant la condamnation ; car ceux qui font conçus depuis, font exclus de toutes fucceffions, comme nés d'efclaves, *ex fervis pœnæ*, qui font privés des droits civils. (1)

CCLXXVIII.

Avenant que le Débiteur renonce, ou ne veuille accepter la fucceffion qui lui eft échue, fes Créanciers pourront fe faire fubroger en fon lieu & droit pour l'accepter, & être payés fur ladite fucceffion jufqu'à la concurrence de leur dû, felon l'ordre de priorité & poftériorité ; & s'il refte aucune chofe, les dettes payées, il reviendra aux autres Héritiers plus prochains après celui qui a renoncé.

Cet Article s'obferve, tant dans les fucceffions directes que dans les collatérales : il eft en faveur des Créanciers, & contre la difpofition du Droit Romain. Mais la raifon de la différence de ce Droit d'avec la Coutume eft, que par le Droit Romain la poffeffion des biens du défunt n'étoit point acquife de plein droit au plus proche habile à fuccéder, *facto & additione opus erat* : le débiteur donc *repudians hæreditatem nolebat acquirere, fed patrimonium non diminuebat* ; & partant l'Edit *de revocandis quæ in fraudem creditorum alienata funt*, ne pouvoit pas avoir de lieu. C'eft tout le contraire dans le Droit coutumier, par lequel de plein droit, le plus proche parent eft préfumé faifi & poffeffeur de la fucceffion du défunt ; & conféquemment, en la répudiant imprudemment ou frauduleufement, *diminuit patrimonium* : de forte que fes Créanciers fe peuvent faire fubroger fon droit, pour être payés jufqu'à la concurrence de leur créance, fans qu'il leur foit néceffaire de prendre des Lettres Royaux de fubrogation ; parce que c'eft un remede préparé par la Loi, qu'il fuffit de demander au Juge. On voit dans Loüet, que les Créanciers qui fe plaignoient de la renonciation faite par leur débiteur, à une fucceffion qui lui

---

(1) L'Article VI de l'Ordonnance de 1639, prononce cette incapacité de fuccéder contre les enfans procréés par ceux qui fe marient après avoir été condamnés à mort ; mais il faut tenir, dit Bafnage, dans le Traité des Hypotéques, Chap. 13, que le crime commis avant le mariage, dont le mari n'étoit pas encore foupçonné, n'exclut point la femme, qui étoit en bonne foi, d'avoir un douaire fur fes biens, ni les enfans leur tiers coutumier. Le Texte même de l'Ordonnance de 1639 conduit à cette diftinction.

étoit échue, concluoient contre lui qu'il se devoit porter héritier à leurs périls, risques & fortunes ; au moyen qu'ils lui bailleroient bonne & suffisante
caution, qu'il ne souffriroit perte ni dommage de l'addition qu'il feroit de
l'hérédité : ce qui avoit été jugé par les Arrêts rapportés par cet Auteur,
R. 19, 20 & 21, à l'égard des successions, tant de la ligne directe que de la
collatérale : ensuite de quoi son Commentateur ajoute, que les Créanciers
pourroient se faire subroger au droit de leur débiteur, pour accepter la succession qui lui seroit échue : par la même raison, qu'un débiteur étant négligent d'exercer les actions qui lui appartiennent, le Créancier peut se faire
subroger pour les poursuivre *invito debitore, argumento legis penultimæ, C. De
non numerata pecunia.* Laquelle Loi déclare, que les exceptions *quæ debitori
competunt, competunt etiam ejus creditoribus, qui iisdem exceptionibus uti possunt
eo invito ;* à quoi est conforme cet Article de la Coutume ; sur lequel il est
à propos de remarquer, que les Créanciers qui se font fait subroger, s'obligent au payement des dettes de la succession qu'ils appréhendent, au refus &
sous le nom de leur débiteur, comme il se doit inférer des Arrêts rapportés
par Loüet, aux lieux cités : mais il faut en outre remarquer, que cette subrogation ne peut être demandée par le Créancier qui est postérieur à la renonciation faite par son débiteur, puisqu'elle n'a pu être faite pour le frustrer, &
que par la renonciation, le droit étoit acquis avant celui du Créancier ; ce
qui est entendu, dans le cas que la succession a été appréhendée par un
parent ; car quand elle est encore jacente, le Créancier, quoique postérieur à
l'échéance, trouvant le droit de succéder dans les biens de son débiteur, en
peut demander la subrogation ; qui ne seroit pas encore accordée ni au Seigneur du Fief, ni au Fisc, en conséquence d'une confiscation jugée à leur profit : car si la succession est échue après la condamnation, le condamné ayant
été rendu incapable de succéder par la condamnation, n'y avoit point de droit ;
que si elle est échue avant la condamnation, l'accusé y a pu renoncer valablement, au préjudice du Fisc ou Seigneur confiscataire, qui n'avoient point
de droit acquis : ce qui a été jugé par un Arrêt de la Tournelle, du 21 de
Juillet 1635, dont l'Article LIII du Reglement de 1666 a été formé.

Au reste, le Créancier subrogé n'a pas tous les mêmes droits que son débiteur avoit pu avoir dans la succession dont il s'agit ; car il ne peut bailler
mariage avenant aux sœurs, par l'Article CCLXIII, il ne peut prendre les
préciputs ni nobles ni roturiers, accordés aux freres par les Art. CCCXXXVII,
CCCXXXIX, CCCLVI & CCLXXI, mais il aura seulement part égale avec
les autres freres ou sœurs, suivant l'Article CCCXLV.

Il n'en est pas ainsi du préciput de Caux attribué à l'aîné par l'Article
CCLXXIX, qui est acquis à l'aîné *ipso jure*, sans aucun ministere de fait, de
la même maniere que les deux tiers de la succession de Caux : de sorte que
s'il confisque ou décede avant que d'avoir fait partage avec ses freres, ses
Créanciers subrogés ou le Fisc auront les mêmes avantages : ce qui a été jugé
par un Arrêt du 20 de Novembre 1624, rapporté par Bérault sur l'Article
CCCXLV.

Il a été jugé, qu'un aïeul ne pouvoit avancer son petit-fils des biens de sa
succession, pour frustrer les Créanciers de son fils vivant : mais ce fils faisant
Profession de Religion, ses enfans deviendront les plus prochains & les plus
habiles pour succéder à leur aïeul, & par ce moyen les Créanciers se trou-

veront fruſtrés. Ce qui été jugé par un Arrêt de la Grand'Chambre, du 6 de Février 1643, rapporté par Baſnage. (1)

---

(1) La ſubrogation eſt entierement oppoſée à la contumace des héritiers en général ; par la Contumace on tente de découvrir l'héritier de ſon débiteur, & dans la ſubrogation on ſoutient que le débiteur eſt habile à ſuccéder à une ſucceſſion ouverte, & le créancier conclut à être autoriſé d'uſer de ſon droit.

Du Moulin, ſur Paris, §. 1, Gl. 3, n. 15, a été de cette opinion, que quand un débiteur, en haine de ſes créanciers, renonce à une ſucceſſion opulente moyennant un prix modique, ſes créanciers n'ont que la faculté de ſaiſir ce qui lui a été promis. Le Brun, des Succeſſ. Liv. 3, Chap. 8, ſect. 2, n. 27, dit que l'uſage a réprouvé cette opinion. Ce même Auteur ajoute que, quoique les créanciers du débiteur renonçant puiſſent le contraindre de leur céder ſes actions, il eſt mieux qu'il les laiſſe ſubroger à ſes droits par défaut, & qu'il ne prête point de conſentement ; il cite l'Art. CCLXXVIII de notre Coutume.

Régulierement un créancier peut exercer tous les droits de ſon débiteur, & s'y faire ſubroger à cet effet, quand le débiteur refuſe de les exercer lui-même, parce que ce refus paſſe pour une fraude manifeſte, perſonne n'étant préſumé abandonner ſes droits à plaiſir : il y a cependant de certains droits tellement attachés à la perſonne, qu'un créancier ne pourroit pas les exercer ; ainſi un créancier ſubrogé n'a pas le droit, comme les freres, de réduire les filles au ſimple mariage avenant.

Si un pere renonce a une ſucceſſion qui lui eſt échue, & la prend ſous le nom de ſon fils mineur, le créancier peut demander la ſubrogation au lieu & droit du pere ſon débiteur, quand même cette demande auroit été précédée d'autres diligences ; & dans le cas même où cet enfant articuleroit des jouiſſances depuis pluſieurs années : Arrêt au rapport de M. d'Agis, du 20 Juillet 1732 ; c'eſt que le droit du créancier eſt ouvert par la renonciation de ſon débiteur, & qu'une poſſeſſion contraire, fût elle de vingt ans, ne peut pas lui être oppoſée.

Si l'aïeul vend ſes héritages & les retire au nom de ſes petits-enfans, les créanciers du pere ſeront privés de la voie de ſubrogation ſur les héritages clamés ; mais ils ſe feront ſubroger à ſa demande en tiers coutumier. Bérault.

CHAPITRE DOUZIEME.

DES SUCCESSIONS EN CAUX,

ET AUTRES LIEUX OU LA MEME COUTUME
s'étend en la Vicomté de Rouen.

LA Succession au propre, tant en la ligne directe qu'en la collatérale, se réglant par des maximes particulieres dans le Bailliage de Caux, & dans quelques autres lieux qui sont dans l'étendue de la Vicomté de Rouen ; il a été fort à propos d'en faire un Chapitre séparé, qui est celui-ci ; sur lequel il faut d'abord remarquer, qu'il ne fut pas autorisé, en même-temps que le furent les autres Chapitres de la Coutume, en l'année 1583, parce que les Députés de l'Assemblée des Etats ne s'étant pû accorder sur quatre questions importantes, touchant la succession des biens du Pays de Caux, on ordonna une surséance, comme il est déclaré dans le dernier des neuf Articles, qui furent lors employés sous le Titre *des Successions en Caux*, & lequel Article étoit le CCLXXXVII de la Coutume ; comme il paroît par l'Impression qui en fut faite par Martin le Megissier & Thomas Maillard, Libraires. Il est à propos d'inférer ici ces neuf Articles, afin de faire mieux entendre quel étoit l'ancien usage de Caux, le changement qui y fut fait, & quelles étoient les questions qui demeurerent irrésolues. (1)

(1) L'Auteur des anciennes Loix des François, tom. 1, sect. 716, aux Notes, prétend que les maximes du pays de Caux formoient la Loi générale des premiers Normands. » Si les usa-
» ges du pays de Caux, dit-il, different actuellement de ceux admis dans les autres parties
» de la Normandie, c'est parce que les habitans de ce canton ont conservé avec plus de soin
» les Coutumes primitives de cette Province ; & ceci ne doit pas surprendre : le pays de Caux
» étoit plus voisin de la Capitale, où les Ducs Normands faisoient leur résidence ordinaire,
» & administroient leur Justice souveraine. Ce pays fut comme le centre auquel l'Angleterre
» & la Normandie aboutirent, dès que le *Duc Guillaume* eût subjugué les Anglois : d'ailleurs
» durant les guerres des Ducs de Normandie avec nos Rois, les François ne purent péné-
» trer jusqu'à ce pays ; au contraire, ils occuperent successivement toutes les autres parties
» de la Province ; il ne fut donc pas possible à celles-ci de se garantir des changemens que
» les Coutumes Françoises éprouverent sous les premiers Rois de la troisieme race, & le
» Caux se maintint naturellement dans l'exécution stricte des Loix qui seules étoient connues
» de l'unique Nation avec laquelle il étoit dans une correspondance intime. Je suis bien con-
» vaincu par des monumens certains que les usages des Danois & Saxons ont dû être plus
» connus & plus développés en basse Normandie que par-tout ailleurs ; on y parloit leur
» langue dans sa pureté, nos Princes y étoient élevés ; cependant je serois tenté de croire
» que l'ancienne Coutume de Caux étoit la loi universelle de plusieurs Provinces du Royau-
» me. J'ai lu beaucoup de Coutumiers manuscrits fort anciens & de différens pays, qui con-
» tiennent à peu près les mêmes dispositions ; je me contente de citer les Coutumes réfor-
mées de Ponthieu & du Boulenois. L'Article I du Tit. 1er de la Coutume de Ponthieu porte, que quand aucunes personnes possedent & jouissent d'aucuns biens, meubles, ou immeubles, choses foncieres, réelles & propriétaires, situés en ladite Comté, soit qu'elles soient tenues

CHAPITRE DES SUCCESSIONS EN
Propre au Bailliage de Caux, & autres lieux où ladite Coutume s'étend en la Vicomté de Rouen, suivant qu'il fut rédigé en 1583.

ARTICLE CCLXXIX de la Coutume générale.

LE frere aîné a la succession de ses pere & mere, aïeul, aïeule & autres ascendans, & l'ancienne succession de ses parens collatéraux, sans en faire aucune part ou portion héréditaire à ses freres puînés.

Premier de ce Ch.

ARTICLE CCLXXX.

Les freres puînés ne peuvent demander partage à leur frere aîné, ains se doivent contenter de la provision à vie, qui n'est que la troisieme partie en l'usufruit des héritages délaissés après la mort du pere, mere, aïeul ou aïeule, & conséquemment de tous ascendans en ligne directe.

Second de ce Ch.

ARTICLE CCLXXXI.

Tous les puînés ensemble ne peuvent demander plus d'un tiers pour leur provision, laquelle après le décès de tous les puînés retourne à l'aîné, sans que leurs enfans y puissent prétendre aucune chose.

Troisieme de ce Ch.

ARTICLE CCLXXXII.

Les filles venant à partage, elles ont toutes un tiers pour leur part en propriété, à la charge de porter la provision de leurs freres puînés.

Quatrieme de ce Ch.

ARTICLE CCLXXXIII.

Ne peuvent les puînés pour leur provision, ni les filles prenant partage en Caux, contraindre leur frere aîné ou ses enfans à partager les Fiefs, ains se contenteront de rotures, & de tels autres biens qu'il leur pourra bailler, revenant néanmoins à la valeur de ce qui leur peut appartenir.

Cinquieme de ce Ch.

---

noblement & en Fief ou cottierement, & qu'elles soient de l'acquêt ou de l'héritage du trépassé, s'il décede *intestat*, & qu'il délaisse en ligne directe plusieurs de ses enfans, soient mâles ou femelles, à l'aîné mâle d'iceux appartient la succession, supposé qu'il eût femelle aînée dudit mâle ; & si la succession chet entre femelles sans qu'il y ait mâle aussi prochain qu'elles au défunt, à l'aînée des femelles appartient la succession, sauf que les autres enfans du trépassé y ont quint denier viager seulement. Boulenois, Tit. 20, Art. LXVIII, dit, qu'en ligne directe, en tous héritages patrimoniaux, cottiers, l'aîné fils succede au pere & à la mere, & n'y ont les autres enfans aucune part ou portion, &c.

ARTICLE CCLXXXIV.

Sixieme de ce Ch.

Quand il n'y a qu'un Fief feul en la fucceffion, les filles font tenues prendre leur part par eftimation, qui eft évaluée au denier vingt.

ARTICLE CCLXXXV.

Septem: de ce Ch.

Si en la fucceffion il y a héritages affis, partie en lieux où l'on ufe de la Coutume de Caux, & partie hors la difpofition d'icelle, l'aîné prend tout ce qui eft en Caux; & outre, il partage avec fes freres les biens qui font hors de Caux, & a le choix par préciput, fi bon lui femble, tout ainfi que s'il n'y avoit point de biens en Caux.

ARTICLE CCLXXXVI.

Huitieme de ce Ch.

En ce cas les puînés ont le choix de demander provifion aux biens fitués fous la Coutume de Caux, ou bien prendre partage aux biens fitués hors ladite Coutume, en l'un des fix autres Bailliages, & en prenant l'un, ils perdent l'autre, encore que le partage fut pris en bourgage.

ARTICLE CCLXXXVII.

Neuvieme & dernier de ce Ch.

Il eft paffé à la pluralité des voix même des Députés du Bailliage de Caux uniformément, horfmis deux du tiers-Etat, que le tiers que les puînés fouloient avoir à vie & par provifion, leur demeurera en propriété pour eux & leurs hoirs : demeurant néanmoins à l'aîné le Manoir & pourpris fans aucune eftimation ou récompenfe, & qu'il pourra retirer ledit tiers, s'il eft en roture au denier vingt, & en Fief noble au denier vingt-cinq. Mais fur la difficulté & diverfité d'avis pour la contribution du mariage des filles, tant par l'aîné que par les puînés, pour leur cotte-part, & pour le tiers que d'ancienneté la Coutume a donné en propriété aux filles; enfemble, fi les puînés ayant ledit tiers en propriété, prendront part aux biens fitués hors la Coutume de Caux; & fi le pere, outre ledit tiers, peut donner un autre tiers, ou bien fi lefdits puînés fe doivent contenter de la donation que le pere leur aura faite : Il a été ordonné, que les Commiffaires ou aucuns d'eux, fe tranfporteront audit Bailliage de Caux & lieux tenant ladite Coutume, pour affembler les Gens des trois Etats, foit au Siége principal dudit Bailliage, ou par les Vicomtés, ainfi qu'ils verront être plus expédient, prendre leur avis fur ce que deffus, & autres Requêtes préfentées par lefdits puînés, dont ils drefferont Procès-verbal, pour icelui vu, être ordonné de l'homologation, ainfi qu'il appartiendra; jufqu'à ce, l'ancien ufage ci-deffus déclaré tiendra.

LE

LA surféance ordonnée par ce dernier Article dura jufqu'à la fin de l'année 1586, en laquelle les nouveaux Commiffaires nommés par les Lettres Patentes du Roi Henri III, des 14 d'Octobre 1585, & 8 d'Août 1586, pour faire arrêter & rédiger par Articles plufieurs autres Ufages Locaux, qui étoient femblablement demeurés irréfolus en l'Affemblée de 1583, ayant fait affembler & conférer les Députés des trois Etats des Bailliages de Rouen & de Caux; il fut enfin réfolu par l'avis uniforme des Délibérans, que les vingt-cinq Articles qui compofent le préfent Chapitre, feroient inférés en la Coutume générale, fous le Titre *des Succeffions au Bailliage de Caux*, au lieu des neuf publiés fous le même Titre en l'année 1583, comme il eft certifié par le Procès-verbal qui fut fait en l'année 1586.

Or les quatre queftions qui n'avoient point été décidées en 1583, & qui font fommairement propofées dans ledit Article dernier, fe trouvent réfolues dans lefdits vingt-cinq Articles homologués en 1586.

Car la premiere, qui eft touchant le droit des filles, eft comprife dans trois de ces Articles, qui font les CCXCVII, CCXCVIII & CCXCIX, ce qui fera expliqué ci-après.

Pour la feconde queftion, qui étoit de fçavoir, fi les puînés ayant le tiers en propriété, au lieu de la provifion à vie qu'ils avoient par l'ancien Ufage, auroient part aux autres biens fitués hors du Pays de Caux; elle eft décidée par l'Article CCCI, abfolument en faveur des puînés, quand ils ont le tiers par la difpofition de la Coutume, & avec limitation par l'Article CCLXXX, qui déclare que les puînés qui ont ledit tiers en vertu de la donation qui leur en a été faite par les afcendans, ne font point exclus de prendre part aux autres biens, que quand le donateur l'a expreffément ordonné.

La troifieme queftion, qui eft du pouvoir qu'ont les peres & autres afcendans de donner, fe trouve réglée dans les Articles CCLXXIX, CCLXXXI & CCLXXXII, qui enfeignent que les afcendans peuvent difpofer du tiers de leurs biens en Caux, mais précifément en faveur de tous, ou de quelques-uns de leurs enfans puînés.

Refte la quatrieme queftion, qui eft réfolue par l'Article CCLXXXVIII, & les fix immédiatement fuivans, qui ont déclaré que les puînés peuvent renoncer au don qui leur a été fait; & de plus, quels font les effets & les conféquences de cette renonciation.

Après cette remarque, on peut divifer les matieres de ce Chapitre en deux parties: dans la premiere, qui eft la principale, il eft traité de la fucceffion directe: dans la feconde, il eft traité de la fucceffion collatérale, & elle ne contient que deux Articles, qui font le CCC & le CCCIIIᵉ. Tous les autres Articles de ce Chapitre concernent la premiere partie, qui fe peut fubdivifer au droit qu'ont les males, & en celui qu'ont les filles. Le droit des filles eft déclaré, comme il a été remarqué dans trois Articles, qui font le CCXCVII, CCXCVIII & CCXCIX. Quant au droit des mâles, il a requis une plus longue explication, parce qu'il y faut faire trois diftinctions: car ou les pere, mere, aïeul ou aïeule ont fait une donation du tiers de leurs biens de Caux, ou ils n'en ont point fait: s'ils n'en ont point fait, le partage de leurs fucceffions entre l'aîné & les puînés, eft réglé par les Articles CCXCV, CCXCVI,

Tome I.   R r

CCCI & CCCII. Mais fi les afcendans on fait quelque difpofition touchant ledit tiers, en faveur de tous ou de quelques-uns des puînés ; il eft premierement expliqué, par qui, en faveur de qui, & comment cette difpofition doit être faite ; & il eft enfuite enfeigné, quels en font les effets quand elle eft acceptée, (c'eft le cas de la feconde diftinction) dans l'Article CCLXXIX, & les neuf fuivans. Mais quand cette difpofition des afcendans eft répudiée par les puînés, (c'eft le cas de la troifieme diftinction) les effets & les fuites de cette renonciation font déclarés depuis l'Article CCLXXXVIII, jufques & y compris l'Article CCXCIV.

Pour fuivre l'ordre de la Coutume, il faut en commencer l'interprétation par le cas de la donation faite par les afcendans. Pour le mieux entendre, il faut fe fouvenir que par l'ancienne Coutume du Pays de Caux, tous les biens appartenoient en propriété aux aînés dans la fucceffion directe, fans que les puînés puffent y rien prétendre qu'une penfion à vie, que la Coutume appelle *provifion* ; & partant, les puînés étant réputés comme étrangers dans la fucceffion de leurs afcendans, rien n'empêchoit qu'ils ne fuffent capables de recevoir une donation, telle que celle qu'on peut faire à des étrangers : mais la rigueur de cette ancienne Coutume ayant été modérée, en ce que le tiers des biens immeubles a été attribué en propriété & par droit fucceffif aux puînés, on a voulu conferver aux afcendans la liberté de difpofer de ce tiers pour tous, ou pour quelques-uns des puînés, au préjudice des autres.

Cela fuppofé, il eft traité d'abord de ce pouvoir confervé aux afcendans, & des difpofitions faites en conféquence, jufqu'en l'Article CCLXXXVIII. Le même pouvoir donné au pere & à l'aïeul, eft auffi donné à la mere & à l'aïeule, qui peuvent, fans le confentement de leurs maris, & fans être autorifées par Juftice, difpofer du tiers de leurs héritages fitués en Caux, pour les puînés & leurs defcendans, par les Articles CCLXXIX & CCLXXXV.

Mais afin que ces difpofitions foient valables, il eft requis qu'elles foient faites aux puînés d'un même mariage : car quand le pere ou la mere fe font remariés, ils ne peuvent faire avantage aux enfans du premier ou du fecond lit, au préjudice de ceux qui font nés de l'autre mariage, par l'Art. CCLXXXI.

Or les perfonnes ci-deffus défignées ont un tel pouvoir de difpofer de ce tiers de Caux, qu'ils peuvent ordonner que la portion d'un des puînés donataire mourant fans enfans, accroîtra aux autres puînés, fans que l'aîné y prenne aucune part, par l'Article CCLXXXII, qui partant autorife une efpece de fubftitution.

Il eft de plus requis, afin que ces mêmes difpofitions fubfiftent, d'y obferver quelques folemnités : car fi elles font faites par Teftament, il faut que les formalités prefcrites pour la validité des Teftamens, y ayent été accomplies.

Il faut en outre diftinguer, fi cette difpofition du tiers eft faite pour tous les puînés : car en ce cas, en quelque-temps qu'elle ait été faite, un moment même avant la mort du donateur, elle fera valable ; que fi elle eft faite en faveur feulement de quelques-uns des puînés, alors il eft néceffaire, afin qu'elle foit maintenue, qu'elle ait été faite quarante jours avant la mort du donateur ; autrement, le profit en reviendra à tous les puînés en femble. Tout ceci eft ordonné par les Articles CCLXXXIII & CCLXXXIV.

De plus, foit qu'elle foit faite par un Teftament, ou par un Acte entrevifs, elle doit être infinuée, à peine de nullité ; mais il fuffit que l'infinuatïon en foit faite fix mois après la mort du donateur , & fert l'infinuation d'acceptation, par l'Article CCLXXXVI.

Il faut confidérer enfuite les effets de cette difpofition , quand elle eft acceptée par les donataires. Ils font obligés, en premier lieu, de fournir la penfion viagere aux autres puînés non compris dans la donation, lefquels n'ont aucune propriété des biens, mais feulement une provifion à vie ; ce qu'il faut entendre , quand la totalité du tiers a été donnée à quelques-uns des puînés : car s'il ne leur a été donné qu'une partie du tiers , alors la provifion a. vie dûe aux autres puînés , fera payée proportionnément par l'aîné , qui aura l'autre partie du tiers non comprife dans la donation ; fans que les donataires, après leur acceptation, puiffent avoir aucune part à ladite provifion ,. en tant qu'elle aura été payée par l'aîné , laquelle en ce même cas retournera à l'aîné ou à fes héritiers, après la mort des puînés qui en auront joui :. c'eft. l'efpece de l'Article CCLXXXVII.

En fecond lieu, ces donataires font obligés de contribuer aux dettes de la. fucceffion & au mariage des fœurs, comme étant héritiers , par Article. CCLXXIX.

Ces donataires toutefois ne peuvent avoir rien au Manoir ou Pourpris :. (ce font les termes dont la Coutume s'eft fervie pour fignifier ce qu'elle appelle *une mafure logée aux Champs*, en l'Article CCLXXI , & un *Manoir roturier*, dit anciennement *hebergement & chef d'héritage*, en l'Article CCCLVI ,) qui eft réfervé tout entier à l'aîné : ce qui fera expliqué plus particulierement fur ledit Article CCLXXIX.

Mais d'ailleurs, cette donation n'empêche pas les donataires, non plus que les autres puînés qui n'y font pas compris , de prendre part aux autres biens. de la fucceffion , foit de bourgage , ou fitués hors la Coutume de Caux ; à. moins que le contraire ne foit déclaré dans la difpofition , par l'Art. CCLXXX.

Que fi cette difpofition eft répudiée par ceux, en faveur defquels il femble qu'elle a été faite , elle ne laiffe pas d'avoir des effets fort différens, qui confiftent à attribuer à l'aîné tous les avantages qu'il avoit par l'ancienne Coutume de Caux : c'eft ce qui eft déclaré depuis l'Article CCLXXXVIII , jufques & compris l'Article CCXCIV ; car en ce cas de répudiation faite par les donataires, tous les biens de Caux appartiennent à l'aîné, fans qu'il foit obligé de donner à fes puînés autre chofe qu'une provifion à vie , qui n'excédera pas le tiers de l'ufufruit des immeubles de la fucceffion , lequel ufufruit ne pourra: être pris que fur les rotures, & tous les autres biens que l'aîné voudra bailler ,. & nullement fur les Fiefs ; de maniere qu'il doit fuffire aux puînés d'avoir la: valeur de ce qui leur peut appartenir pour leur ufufruit, qui s'éteint par leur mort au profit de l'aîné, fans que leurs héritiers y puiffent prétendre aucune: chofe , par les Articles CCLXXXIX , CCXC , CCXCI & CCXCII.

De plus , cette répudiation ne prive pas feulement ceux qui l'ont faite ; de la propriété du tiers de Caux ;. mais elle les exclut au cas qu'ils prennent la: provifion viagere , de prendre part aux autres biens de la fucceffion fitués hors. Caux : car ils ne peuvent avoir l'un & l'autre , mais feulement l'un des deux, à leur choix , encore que le partage fût pris en bourgage , par les Articles: CCXCIII & CCXCIV ,.ce qui ne va. pas ainfi aux cas des Articles CCLXXX & CCCI.

Après avoir remarqué les effets de la difpofition faite par les afcendans ,, foit qu'elle foit acceptée, foit qu'elle foit répudiée, l'ordre de la divifion ci-deffus propofée, requiert qu'on explique comment la fucceffion directe fe partage entre l'aîné & les puînés, quand les afcendans n'ont rien ordonné : en ce cas, les puînés ont pour eux le tiers en propriété de tous les biens, pour être partagé entr'eux également, réfervé néanmoins à l'aîné fon préciput roturier, de l'Article CCLXXIX. Mais l'aîné a la faculté de retirer ce tiers des mains des puînés, par le prix & dans le temps prefcrits par l'Article CCXCVI : ce qui y fera fpécialement expliqué.

D'ailleurs, la propriété attribuée aux puînés audit cas, ne les exclut pas de prendre leur part aux autres biens de la fucceffion, qui ne font point dépendans de cette Coutume de Caux, par l'Article CCCI. Tout le contraire s'obfervoit par l'ancienne Coutume ; car les aînés avoient la propriété de tous les héritages, & n'étoient obligés que de donner une penfion viagere aux puînés, laquelle confiftoit en l'ufufruit du tiers defdits héritages, & laquelle d'ailleurs excluoit les puînés de pouvoir rien prétendre aux autres immeubles de la fucceffion fituée hors Caux ; c'eft pourquoi elle étoit appellée *provifion*, comme n'étant donnée que pour pourvoir à la fubfiftance des puînés dénués de tous autres biens.

Que s'il n'y a point d'autres héritages en Caux qu'un Fief, les puînés n'y auront aucune part en propriété, mais ils auront feulement l'ufufruit du tiers ; ce qui ne les excluera pas de partager les autres biens dépendans de la Coutume générale, par l'Art. CCCII. Comme à l'oppofite, l'aîné en prenant ce Fief par préciput, non-feulement ne s'exclut pas de prendre part aux autres biens de ladite Coutume générale, mais même d'y prendre un autre préciput, foit noble ou roturier ; ce qui fera déclaré plus au long au Titre *du Partage d'héritage*.

Quant au droit qu'ont les filles, à l'égard des biens de Caux qui compofent les fucceffions de leurs afcendans, (ce qui fait une autre partie de la divifion propofée) il eft à propos de remarquer ; premierement, que quand la fucceffion tombe aux filles par faute d'hoirs mâles, fuivant l'expreffion de l'Article CCLXXII, elle fe partage également, tant à l'égard des biens de Caux que des Fiefs, parce que la raifon fur laquelle eft fondée uniquement l'inégalité des partages, qui eft la confervation des biens dans les familles, n'a pas de lieu à l'égard des filles, qui paffent de la famille de leurs peres dans celle de leurs maris. C'eft pourquoi il n'y a aucune difpofition particuliere fous ce Titre, pour regler la fucceffion des biens de Caux entre les filles feules héritieres, comme il été remarqué fur ledit Article CCLXXII.

Mais quand les filles ont des freres, qui les excluent defdites fucceffions, la difficulté de régler leurs droits parut fi grande aux Commiffaires & aux Députés, qui travaillerent à réduire la Coutume en l'année 1583, qu'ils ne la voulurent pas réfoudre : Mais, depuis ce Chapitre ayant été réformé par vingt-cinq Articles qui le compofent, comme il a été remarqué, il y a trois de ces Articles, fçavoir ; le CCXCVII, CCXCVIII & CCXCIX, qui renferment tout ce que la Coutume a ordonné touchant la légitime qu'ont les filles fur les biens de Caux.

Il paroît par ces trois Articles qu'on n'a point voulu attribuer aux filles en aucun cas, le droit de partager avec les freres les biens de Caux; car par l'Article CCXCVII les filles doivent être mariées fur les meubles délaiffés par les peres & meres & autres afcendans, s'ils le peuvent porter : Ce qui fignifie que la légitime des filles fe doit prendre & payer fur les meubles, quand ils font fuffifans pour acquitter cette charge du mariage des filles. De maniere qu'en ce cas, les puînés qui partagent également avec l'aîné les meubles, (la Coutume de Caux n'ordonnant rien de particulier, finon à l'égard des immeubles) contribuent également avec lui au mariage des fœurs ; nonobftant l'Article CCCLXIV, qui déclare, que les freres contribuent au mariage des fœurs, felon ce qu'ils prennent, plus ou moins, aux fucceffions directes, tant paternelles que maternelles. Il a même été jugé par un Arrêt du mois d'Avril 1651, rapporté par Bafnage, qu'y ayant trois fœurs, & les meubles ne pouvant porter que le mariage de l'aînée, ce mariage devoit être pris fur les meubles, & que le mariage des deux autres feroit pris fur les immeubles, fuivant la proportion prefcrite par ledit Article CCXCVII.

De plus, l'Article fuivant CCXCVIII fait connoître, que quoique les freres ayent été négligens de marier leurs fœurs, les fœurs ne peuvent point demander partage, mais feulement mariage avenant, quand elles ont atteint l'âge de vingt-cinq ans : ce qui contient deux différences fort remarquables de la Coutume générale, aux Articles CCLXI, CCLXIV & CCLXVII, par lefquels, premierement, les filles fe peuvent marier par l'avis de leurs parens, après l'âge de vingt-un ans ; & en fecond lieu, la négligence des freres peut être punie, en admettant leurs fœurs au partage : ce que la Coutume de Caux n'autorife en aucun cas, puifque les parens, au cas de cette négligence des freres, doivent feulement arbitrer le mariage ; mais avec cette reftriction, que le mariage de chacune des filles ne doit point être eftimé à plus grande valeur que celle de la portion d'un des puînés, fuivant les termes exprès de l'Article CCXCVIII.

Mais cette intention des Réformateurs d'exclure abfolument les filles de partager avec les freres les biens de Caux, eft encore prouvée plus évidemment, par ce qu'ils ordonnerent en ladite année 1586, en autorifant les vingt-cinq Articles qui furent inférés en la place des neuf qui avoient été employés fous le Titre *des Succeffions de Caux*, en l'année 1583 ; car il eft certifié par le Procès-verbal, qu'ils abrogerent en même-temps tous les Articles dans lefquels le partage des filles avec les freres, à l'égard des biens de Caux, étoit approuvé ; il y en avoit trois, dont les deux premiers avoient été rangés fous le Titre *des Succeffions en Caux*, & le dernier avoit été mis fous le Titre *de Partage d'héritage*. Voici ce qui eft énoncé en termes formels dans ledit Procès-verbal. L'Article CCLXXXII, contenant, *Les filles venant à partage, ont toutes enfemble un tiers pour leur part en propriété, à la charge de porter la provifion des freres puînés*, a été abrogé du tout : Le CCLXXXIV, contenant, *Quand il n'y a qu'un Fief feul en la fucceffion, les filles font tenues prendre leur part par eftimation, qui eft évaluée au denier vingt*, a été abrogé du tout : Le CCCXLVIIe Article, contenant, *Les filles non mariées peuvent demander pour leur partage, le tiers en propriété des héritages fitués au Bailliage de Caux, & autres lieux tenans nature d'icelui, à la charge de la provifion des freres puînés, & outre ce qui leur appartient en bourgage*, a été abrogé du tout.

Quant aux fucceffions collatérales des propres de Caux, elles font réglées, comme il a été remarqué, par les deux Articles CCC & CCCIII : ce qui fera expliqué particulierement fur ces deux Articles.

Après avoir proposé dans un ordre méthodique, les regles qui font particulieres au partage des biens de Caux, il eft à propos de reprendre tous les Articles contenus fous ce Titre, fuivant qu'ils y ont été placés, afin d'y faire les obfervations qui font en outre néceffaires pour les faire mieux entendre.

C C L X X I X.

Les Pere, Mere, Aïeul, Aïeule ou autres Afcendans, peuvent difpofer du tiers de leurs héritages & biens immeubles, ou de partie dudit tiers affis au Bailliage de Caux, & lieux tenans nature d'icelui, à leurs Enfans puînés, ou l'un d'eux, fortis d'un même Mariage; foit par Donation, Teftament ou autre difpofition folemnelle par écrit, entre-vifs ou à caufe de mort : à la charge de la provifion à vie des autres Puînés non compris en ladite difpofition; & de contribuer tant aux dettes que mariage des Filles, au prorata de ce qui leur reviendra de la totale fucceffion : demeurant néanmoins le Manoir & Pourpris en fon intégrité au profit de l'Aîné, fans qu'il en puiffe être difpofé à fon préjudice, ni qu'il foit tenu en faire récompenfe aufdits Puînés.

Quoiqu'il femble que les puînés, aufquels le pere ou la mere ont laiffé le tiers de Caux, ne poffedent ce tiers qu'à titre de donation; il eft portant certain, que par l'acceptation qu'ils font de la difpofition faite en leur faveur, ils fe rendent héritiers, vu qu'ils font obligés au payement des dettes & au mariage des filles, à proportion de ce qu'ils amendent de la fucceffion de celui qui a fait cette difpofition, comme il eft déclaré par cet Article.

C'eft une maxime certaine en Normandie, que les précipuniers qui font accordés aux aînés, les engagent à contribuer au payement des dettes, à proportion de leur valeur. La Coutume de Paris eft contraire en l'Art. CCCXXXIV. Voyez Loüet, D. 16. C'eft pourquoi, encore qu'il foit ftatué par cet Article CCLXXIX, que le Manoir & Pourpris appartient intégralement à l'aîné, fans qu'il en puiffe être difpofé à fon préjudice, ni qu'il foit obligé d'en faire aucune récompenfe aux puînés; il a néanmoins été jugé, que l'aîné étoit tenu de contribuer aux dettes & au mariage de fes fœurs, à proportion de ce précipu, comme il eft attefté par l'Article LVI dudit Réglement.

Et d'autant qu'il n'étoit pas convenable que les fœurs euffent plus de droit fur ce même précipu, que leurs freres puînés, qui font exclus d'y rien prétendre; on a de plus jugé, que la valeur de ce précipu n'entroit point dans l'eftimation qu'on fait pour régler le mariage avenant des filles, fuivant l'Article LVII dudit Réglement, comme il a été remarqué fur l'Article CCLXII; de forte qu'à cet égard, ce même précipu eft confidéré comme un bien qui eft hors de la fucceffion.

Mais fi toute la fucceffion confiftoit au précipu de Caux, les puînés & les fœurs n'auroient-ils aucune légitime ? On a jugé en ce cas la même chofe qu'au cas de l'Article CCCXLVI, qui eft, quand il n'y a qu'un Fief pour tous biens dans une fucceffion, les puînés ont une provifion à vie, les charges de la fucceffion déduites, entre lefquelles font les mariages des fœurs, qui en ce même cas ont l'avantage de faire évaluer leur légitime en deniers, fuivant l'Article CCCLXI. (1)

C C L X X X.

La difpofition dudit tiers faite aufdits Puînés, ne les exclut de prendre part & portion aux biens fitués tant en Bourgage, qu'autres lieux étant hors la Coutume de Caux, fi le contraire n'eft déclaré par ladite difpofition.

Cet Article fait voir, que les peres & meres ont le pouvoir de difpofer du tiers de Caux, autant pour favorifer l'aîné que les puînés; puifqu'ils peuvent ordonner, que les puînés donataires en acceptant, feront privés de prendre part aux autres biens de leur fucceffion. Cette intention de la Coutume paroît évidemment dans le cas qu'elle propofe dans l'Article CCLXXXVII, qui eft, quand l'afcendant a difpofé feulement d'une partie du tiers de Caux en faveur de quelques-uns des puînés; car en ce cas, l'aîné a l'autre partie du tiers de laquelle il n'a point été difpofé : de forte que les puînés qui n'ont point été compris dans la donation, n'ont aucune propriété ; mais feulement une penfion à vie, qui leur doit être fournie par l'aîné & par les donataires, à proportion de la part que les uns & les autres auront en la propriété du tiers; & conféquemment cet ufufruit s'éteignant par la mort des puînés aufquels il appartenoit, la propriété en appartient à l'aîné ou à fes repréfentans, par rapport à cette proportion, fuivant laquelle l'aîné a dû contribuer au payement de ladite penfion. (1)

---

(1) Il y a des extenfions de la Coutume de Caux dans la Vicomté de Rouen ; les partages & les droits de ceux qui y réfident & y ont des fonds, fe gouvernent par les principes de cette Coutume ; mais on ne préfume point que des héritages fitués fous la Vicomté de Rouen dépendent de la Coutume de Caux : Arrêt du 2 Avril 1745.

On obfervoit autrefois dans le Comté d'Eu l'ancienne Coutume de Caux ; on en a confervé plufieurs des maximes dans la réformation de 1580. Quoique cette Coutume foit défigurée par l'intrufion de quelques principes puifés dans des fources étrangeres, elle mérite d'être confultée. Voyez le Coutumier général, tome 4.

Il n'eft pas toujours aifé de bien limiter le préciput de Caux, il femble réduit, par la Coutume, au manoir & pourpris en fon intégrité ; cependant il feroit fouvent périlleux d'en détacher des objets qui, fans en être une dépendance effentielle, ne femble convenir qu'à lui ; une avenue, un bouquet de bois, une mafure acquife par le pere de famille, qui joint à la proximité du manoir, la deftination de l'union, tout cela n'eft il pas l'appanage du manoir? Si vous en privez l'aîné, vous l'expofez à une léfion dans le partage, ou à des difcuffions de longue durée, ou vous le forcez de fouffrir un voifin incommode ; vous lui enlevez enfin les avantages de la Loi : d'un autre côté, cette Loi eft déja trop onéreufe au puîné, & on ne peut, fans injuftice, rendre, pour l'agrément de l'aîné, fa condition plus mauvaife. L'équité, dans ce cas, confeille un tempérament ; on accorde à l'aîné ce qui peut lui procurer une habitation commode & agréable : mais on le condamne à rembourfer à fon puîné la vraie valeur de ce qui n'eft point le manoir & le pourpris que la Coutume lui défere : Arrêt du 22 Mars 1727. Voyez mon Obfervation fur l'Art. CCCLVI.

(1) Le pere, en défendant au puîné, par l'acte de difpofition d'un bien de Caux en fa faveur, de prendre part, tant aux biens de bourgage qu'à ceux fitués hors la Coutume de Caux, ne ftatue pas fur le fort des biens de Coutume générale ou de bourgage ; cette faculté lui

Mais cette même intention paroît encore par l'Article CCLXXXVIII , & les suivans, jusqu'au CCXCV , par lesquels il est déclaré, que les puînés donataires renonçans à leur don, sont privés de la propriété du tiers qui leur eût appartenu ; si leur pere ou mere n'avoit point disposé du tiers ou de partie d'icelui ; & qu'en ce cas de renonciation, ils ne peuvent demander qu'une provision à vie, qui ne consiste qu'en l'usufruit du tiers des biens situés en Caux ; laquelle d'ailleurs ils ne peuvent avoir , sans s'exclure de prendre part à tous les autres biens immeubles de la succession, comme il est disposé par l'Article CCXCIV , par où l'on voit, qu'un pere faisant une disposition désavantageuse à ses puînés, les engage à laisser la propriété du tiers à l'aîné , en renonçant à cette disposition ; & que s'ils l'acceptent , il les peut priver de prendre part à tous ses autres biens immeubles. Il paroît par l'Arrêt de Mr du Mesnil-Costé , du 3 Août 1641 , rapporté par Basnage sur l'Article CCXC , qu'un pere ayant disposé d'une petite portion du tiers de Caux , à l'égard de son fils puîné qui étoit seul : ce puîné n'ayant point voulu accepter cette disposition , l'aîné soutint contre lui , que s'il renonçoit , il ne pouvoit avoir aucune propriété au tiers de Caux , mais seulement un usufruit ; & qu'en ce même cas, il demeureroit exclus de prendre part à tous les autres biens immeubles de la succession , en prenant cet usufruit. Il fut jugé par cet Arrêt , que le Testament du pere , qui contenoit cette disposition , seroit exécuté.

C C L X X X I.

Et où ledit Donateur ou Testateur convoleroit en secondes Nôces , ou auroit Enfans de divers lits ; en ce cas , il ne pourra faire la condition des Enfans d'un lit meilleure que celle des autres lits.

Cet Article explique ces mots de l'Article CCLXXIX , (*Enfans puînés , ou l'un d'eux sortis d'un même Mariage.*) (1)

C C L X X X I I.

Le Donateur ou Testateur pourra , si bon lui semble , ordonner que la portion d'un Puîné mourant sans Enfans , accroîtra aux autres Puînés , sans que l'Aîné y prenne part.

Voilà une substitution autorisée par la Coutume en cet Article ; c'est pourquoi par l'Article LIV dudit Réglement , il est attesté , que quoiqu'en Normandie on ne puisse instituer un héritier , ni substituer à la part que la Coutume donne.

---

est interdite, mais il impose seulement une condition à la donation de Caux; de sorte que le puîné renonçant à la donation , peut prendre part aux biens qui ne sont pas gouvernés par la Coutume de Caux.

(1) L'intention de la Coutume est de prémunir un pere contre les dangers de la séduction d'une seconde ou troisieme femme ; il n'en est que trop qui n'auroient rien négligé pour persuader à leur mari de gratifier de la propriété du tiers des héritages les enfans sortis de leur mariage , & réduire à la provision les fruits d'un autre hymen.

(1)

donne aux héritiers, cela ne préjudicie pas aux difpofitions permifes dans le Titre des *Succeffions en Caux*. Cette fubftitution d'ailleurs dépend de la maxime exprimée par l'Article fuivant dudit Réglement, qui eft, que le donateur peut auffi entre-vifs & par Teftament, ordonner que les chofes par lui données, pafferont après la mort du donataire, à celui ou à ceux qu'il aura nommés par la donation ou Teftament.

Il faut remarquer qu'il n'y a que le cas de cet Article CCLXXXII qui foit ouvertement contraire à l'intérêt de l'aîné, en tant que par la fubftitution que les peres & meres peuvent faire l'aîné eft privé du droit de fuccéder aux puînés, qui ont été fubftitués réciproquement les uns aux autres.

Mais il faut de plus remarquer, que cette fubftitution eft limitée à la perfonne des puînés, qui peuvent fuccéder les uns aux autres, quand ils meurent fans enfans ; mais elle ne s'étend point hors du cas de la fucceffion au premier degré, qui eft des freres ; de forte que quand il s'agit de la fucceffion d'un oncle ou d'un neveu, cette fubftitution n'a pas fon effet. (1).

Il a d'ailleurs été jugé par un Arrêt du 30 de Juin 1638, rapporté par Bafnage, que cette fubftitution ne pouvoit être faite par les peres & meres à l'égard de la dot des filles, à la fucceffion de laquelle les puînés ne peuvent être fubftitués, à l'exclufion de l'aîné.

C C L X X X I I I.

La difpofition eft réputée folemnelle, en laquelle eft obfervé ce qui eft prefcrit par les premier & fecond Articles du Titre des Teftamens.

C C L X X X I V.

La difpofition & donation du tiers ou partie dudit tiers, faite à tous les Puînés eft bonne, en quelque-temps qu'elle foit faite ; mais fi tous les Puînés n'y font compris, elle ne fera eftimée valable au profit des Donataires, fi elle n'eft faite quarante jours auparavant la mort du Donateur, & en reviendra le profit à tous les Puînés enfemble.

---

(1) Obfervez que dans le cas de la fubftitution permife par cet Article, le frere puîné ayant fuccedé à fon frere aîné, ne peut concourir dans la fucceffion d'un autre puîné avec fon troifieme frere : Arrêt du 3 Mars 1643.

Puifque cet Article ne renferme point une fubftitution proprement dite, le puîné pourra difpofer de fa portion, quoique le pere ait ordonné que par fon décès elle accroîtra aux autres puînés furvivans à l'exclufion de l'aîné, d'autant que la difpofition du pere ne milite que contre le frere aîné, & n'affecte point la part du puîné pendant fa vie.

Si le puîné échange les biens de Caux contre des biens de Coutume générale, s'il les aliene & les remplace en héritages hors Caux, l'efpece de fubftitution du pere s'évanouit, le frere aîné entre en partage avec les puînés des fonds acquis fous une autre Coutume que celle de Caux, fans examiner la fource dont ils proviennent, par la regle que les héritages fe partagent fuivant la Coutume des lieux où ils font fitués, au temps de l'échéance de la fucceffion.

C C L X X X V.

La même liberté accordée aux Hommes, eſt pareillement concédée aux femmes, encore qu'elles ſoient en la puiſſance du Mari, & ne ſe ſoient réſervées permiſſion de teſter par leur Contrat de mariage, & en pourront diſpoſer ſans le conſentement de leur Mari.

C C L X X X V I.

La diſpoſition faite entre-vifs n'eſt ſujette à l'inſinuation du vivant du Donateur ; mais ſoit entre-vifs ou à cauſe de mort, il faut qu'elle ſoit inſinuée ſix mois après la mort, à peine de nullité, & ſert l'inſinuation d'acceptation.

C C L X X X V I I.

Le Puîné ou Puînés au profit deſquels aura été fait donation ou diſpoſition dudit tiers ou de partie d'icelui en acceptant icelle, ne pourra demander proviſion à vie ſur le ſurplus, laquelle proviſion appartiendra aux autres Puînés non compris en ladite diſpoſition, qui retournera après leur mort au Frere aîné ou ſes Héritiers.

Ces cinq Articles & les quatre précédens, déclarent par qui, en faveur de qui, & comment la donation du tiers de Caux doit être faite à tous les puînés, ou à quelques-uns d'eux ; & font de plus connoître quels ſont les effets de cette diſpoſition, lorſqu'elle eſt acceptée par les donataires, ſuivant ce qui a été remarqué dans le diſcours général. (1)

---

(1) Le délai de quarante jours eſt de-rigueur, & on ne diſtingue point ſi la donation a été faite en ſanté ou en maladie. Bérault, ſous l'Article CCLXXXIV.

On eſt forcé de reconnoître que cet Article n'eſt pas toujours fort avantageux au puîné, qui n'eſt point compris dans la donation. Suppoſez qu'il appartienne de droit a deux puînés, pour le tiers de la ſucceſſion, mille livres de revenu, & que quelques jours avant de mourir le pere ait donné à l'un d'eux un fonds du produit de 400 liv. ; en partageant ce fonds en deux, chacun aura 200 liv. de revenu, ce qui ne vaudra pas un uſufruit de 500 liv. La diſpoſition de la Coutume ne profite au puîné non donataire que lorſque la part qu'il peut reclamer en la donation eſt de plus grande valeur que ſa proviſion.

Les donations que la femme peut, ſuivant l'Article CCLXXXV, faire à ſes enfans en Caux ne préjudicient point le droit de viduité du mari.

Quoique Godefroy ait bien obſervé, ſous l'Article CCLXXXVII, que la diſpoſition de la Coutume eſt imparfaite, puiſque les peres ont la liberté de l'éluder, on peut dire qu'un pere ſe ſert de la Loi comme d'un aiguillon pour faire obſerver la vertu dans ſa maiſon, ou d'un frein pour retenir ſes enfans dans les bornes du devoir.

C C L X X X V I I I.

Mais fi les Puînés donataires veulent renoncer à leur don ou difpofition, ils auront leur provifion à vie avec les autres Puînés.

C C L X X X I X.

En ce cas, le Frere aîné a la fucceffion de fes Pere & Mere,
Aïeul, Aïeule & autres Afcendans, fans en faire aucune part ou
portion héréditaire à fes Freres puînés.

C C X C.

Les Freres puînés renonçans à ladite donation ou difpofition, ne
peuvent demander partage à leur Frere aîné ; ains fe doivent contenter de la provifion à vie, qui n'eft que la troifieme partie en
l'ufufruit des héritages délaiffés après la mort du Pere, Mere, Aïeul
ou Aïeule, & conféquemment de tous autres Afcendans en ligne
directe.

C C X C I.

Tous les Puînés enfemble ne peuvent audit cas, demander plus
d'un tiers pour leur provifion, laquelle après le décès de tous les
Puînés retourne à l'Aîné, fans que leurs Enfans y puiffent prétendre
aucune chofe.

C C X C I I.

Ne peuvent les Puînés pour leur provifion contraindre leur Frere
aîné ou fes Enfans, à partager les Fiefs ; mais fe contenteront de
Rotures, & de tous autres biens qu'il leur pourra bailler, revenans
néanmoins à la valeur qui leur peut appartenir.

C C X C I I I.

Si en ladite Succeffion y a Héritages affis, partie en lieux où l'on
ufe de la Coutume de Caux, & partie hors de la difpofition d'icelle,
l'Aîné prend tout ce qui eft en Caux ; & outre il partage avec fes
Freres les biens qui font hors Caux, & a le choix par préciput, fi
bon lui femble, tout ainfi que s'il n'y avoit point de biens en Caux.

C C X C I V.

Et en ce cas, les Puînés ont le choix de demander provifion aux

biens fitués fous la Coutume de Caux , ou bien prendre partage aux
biens fitués hors ladite Coutume , en l'un des fix autres Bailliages ; &
en prenant l'un , ils perdent l'autre , encore que le partage fût pris
en Bourgage.

Ces fept Articles expliquent les effets & les fuites de la répudiation que les
puînés donataires font de la donation ou difpofition faite par leurs afcendans ;
ce qui eft un membre de la fubdivifion qui a été faite & expliquée audit difcours général , à quoi il ne fe a pas inutile d'ajouter , que quand il eft dit en
l'Article CCXCI , que la provifion à vie retourne à l'aîné après le décès de
tous les puînés , on doit entendre , que toute cette provifion eft éteinte entierement par la mort de tous ceux qui y avoient part ; mais non pas qu'elle
ne fe peut éteindre divifément & en partie par la mort d'un chacun des puînés ; car la part qu'un prémourant avoit à la provifion , n'accroît pas aux
furvivans. (1)

(1) Terrien, *ibid*, dit que, felon l'ancien droit , il n'y avoit que les puînés des maifons
nobles qui puffent exiger une provifion fur leur frere aîné. En Caux , entre Roturiers , il fuffifoit que l'aîné entretînt fes freres puînés , qu'il leur fît apprendre un métier , ou qu'il leur
facilitât par toute autre voie les moyens de fe pourvoir ; cette rigueur s'adoucit enfin , & par
Arrêt du 24 Janvier 1521 , il fut arrêté que les puînés de Caux , fans diftinction de la naiffance , auroient en provifion à vie le tiers des héritages de la fucceffion de leur pere , rabattu ,
dit le même Auteur , la portion des filles. L'Auteur des Additions fur Terrien , dit que cette provifion avoit été préjugée en faveur des Roturiers comme des Nobles , par Arrêts des
14 Mars 1515 & trois Février 1518.
Bérault , fous l'Article CCXC , dit que l'aîné déduit fur la provifion des puînés leur part
contributive aux charges ; car fans cette déduction , ajoute-t'il , les puînés jouiroient des
biens de la fucceffion au-delà du tiers , contre la difpofition précife de la Coutume. Bafnage
déclare , fous l'Article CCCXLVI , que le puîné ayant le tiers du Fief à vie , doit payer le
tiers des charges & des rentes ; de forte que fi l'aîné en fait le rachat , il peut exiger l'intérêt
du puîné fur le taux fixé par l'Ordonnance dans le temps de l'amortiffement.
Terrien , Liv. 6 , Chap. 4 , dit que la provifion eft incompatible avec le partage des biens
de bourgage , fitués dans le pays de Caux ; mais il ajoute que fi les puînés partagent avec
leur aîné des fonds fitués hors la Province de Normandie , ils pourront cependant demander
une provifion fur les héritages de Caux , comme il fut , dit-il , jugé par Arrêt du 21 Juillet
1536 , entre les freres Marchis.
L'Article CCXCI peut donner matiere à une conteftation entre l'aîné & les puînés fur le
retour de la provifion ; & il a été jugé par un ancien Arrêt rendu en Grand'Chambre fur un
partage des Enquêtes , que la part d'un puîné décédé revient aux autres puînés. Bérault eft
de cet avis ; Bafnage le trouve équitable ; mais il obferve qu'il ne feroit pas fuivi dans la rigueur. Péronne , Art. CLXXV , dit que le quint viager ne revient à l'aîné que les puînés ne
foient décédés. Ponthieu , Tit. 1 , Art. I , difpofe au contraire , que fi aucun des puînés va
de vie à trépas , appréhenfion par lui faite du quint , fa part revient à l'héritier , & non en
rien aux enfans. Cette derniere opinion paroît véritable , puifqu'il n'eft queftion entre les
puînés que d'une provifion alimentaire.
L'Article CCXCII prouve que les puînés , quoique réduits à une provifion à vie , peuvent
demander partage des corps héréditaires , fous la limitation de la Coutume ; d'où il faut conclure , quand on ne veut point forcer le fens du texte , que l'aîné ne peut les contraindre de
recevoir une compofition annuelle en argent.

C C X C V.

Mais si lesdits Pere, Mere ou autres Ascendans décedent sans disposition ou testament, le tiers de toute la succession appartiendra propriétairement aux Puînés ; demeurant néanmoins à l'Aîné le Manoir & Pourpris, sans aucune estimation ou récompense.

C C X C V I.

L'Aîné pourra retirer ledit tiers un an après le décès de son Pere, s'il est Majeur, ou s'il est Mineur, un an après sa majorité, en payant le denier vingt pour les Terres Roturieres, & le denier vingt-cinq pour les Fiefs Nobles : ce que pareillement pourront faire les Tuteurs des Enfans de l'Aîné, s'il décede devant son Pere, ou auparavant que d'avoir fait ladite déclaration, sans pour ce payer Reliefs ni Treiziemes.

Ces deux Articles & le CCCII, reglent comment la succession des biens de Caux en ligne directe doit être partagée entre les freres, quand les ascendans n'ont fait aucun Acte de derniere volonté, touchant leurs biens immeubles situés au Pays de Caux ; car l'Article CCXCVI, ne se doit entendre que quand les puînés ont le tiers par la disposition de la Loi ; car quand ils l'ont par la volonté de leurs pere ou mere, l'aîné ne le peut retirer, suivant qu'il est attesté par l'Article LVIII dudit Réglement ; ce qui fait voir qu'il est quelquefois plus avantageux d'avoir le tiers de Caux par la volonté des ascendans, que par la disposition de la Loi. (1)

_____

(1) L'aîné peut, en Caux comme en Coutume générale, choisir un Fief par préciput Noble ; & s'il y a plusieurs Fiefs, le premier puîné d'après lui a la même liberté, & les Rotures demeurent aux autres puînés, sans aucune prérogative entr'eux ; mais ils ont cet avantage, que l'aîné n'est pas recevable à les rembourser des Rotures : Arrêt de ce Parlement, y présidant M. le Chancelier Séguier.

Quand on ne s'arrête qu'au texte de la Coutume, on est tenté de penser que si une succession de Caux est composée de Fiefs & de Rotures, les Fiefs se divisent entre l'aîné & les puînés, comme entre filles, à l'exception néanmoins que l'aîné seul en a les deux tiers. Les étrangers entraînés par leur Jurisprudence, doivent naturellement adopter cette idée ; cependant ce n'est pas l'intention de la Coutume, même de Caux. Quand les Auteurs disent que les Fiefs y sont mis en partage, ils veulent signifier qu'ils ne sont pas choisis comme préciput Noble, les puînés peuvent bien avoir, dans leur partage, un Fief noble s'il s'en trouve plusieurs, partie du Domaine non fieffé, & des Rotures ; mais quand il n'y a qu'un seul Fief & des Rotures, ils ne peuvent démembrer le Fief.

Des Coutumes qui, comme la nôtre, donnent à l'aîné le droit de rembourser les puînés de leur part héréditaire, ne font commencer le délai que du jour du partage : cette précaution est juste ; car des puînés peuvent, sur des incidens, tenir long-temps leur frere aîné dans les entraves d'un procès. Cependant les termes de notre Coutume sont précis, & il n'est pas permis de les étendre : on peut dire qu'il suffit, parmi nous, que l'aîné intente son action dans le délai de la Loi ; sur l'action on liquidera les sommes à rembourser, & en cas de refus la consignation aura lieu.

On a demandé , fi les Tuteurs des enfans de l'aîné peuvent retirer ce tiers après l'an & jour ; c'eſt-à-dire , fi les Mineurs auront encore la faculté de retirer dans l'an de leur majorité. Il y a grande raiſon pour répondre , que ce droit de retirer eſt de la même condition que les autres retraits , dont le temps court auſſi-bien cóntre les Mineurs que contre les Majeurs, ſans eſpérance de reſtitution , par l'Article CCCCLVII ; que fi la Coutume a accordé aux aînés Mineurs le droit de retirer dans l'an de leur majorité , c'eſt un cas particulier qui ne doit pas être tiré à conféquence ; parce que quand l'aîné eſt Mineur , il eſt néceſſaire que ſes puînés ſoient Mineurs : c'eſt pourquoi il n'y a point d'inconvénient à proroger le temps de ce retrait juſqu'après l'an de la majorité de l'aîné. Mais quand les enfans de l'aîné ſont Mineurs , il peut arriver que leurs oncles ſont Majeurs auparavant le décès de leur frere aîné , & partant fi on prorogeoit le temps du retrait juſqu'à la majorité de leurs neveux , ils demeureroient trop long-temps dans l'incertitude de leur partage. C'eſt pourquoi la Coutume , en l'Article CCXCVI , a expreſſément déclaré , que les Tuteurs des enfans de l'aîné peuvent faire ce retrait.

C C X C V I I.

Les Filles ſeront mariées ſur les meubles délaiſſés par les Pere , Mere & autres Aſcendans , s'ils le peuvent porter ; & où ils ne ſeroient ſuffiſans , le Mariage ſe payera à la proportion de toute la ſucceſſion , tant en Caux, Bourgeoiſie, que hors Caux , pour la part qui écherra tant à l'Aîné que Puînés.

Les baux du pere commun paroiſſent être d'un grand poids quand on ne peut les ſoupçonner d'avoir été concertés par quelque motif particulier ; ils ne ſuffiſent cependant pas pour fixer l'eſtimation des fonds. Un Auteur célebre a propoſé de s'arrêter aux trois derniers baux : méthode qui n'eſt point aſſez exacte ; la convention d'Experts dans le doute peut ſeule fixer l'incertitude , & il ſeroit à ſouhaiter qu'elle pût être déterminée par les parens. L'eſtimation doit ſe faire , dit Baſnage, ſur la véritable & ordinaire valeur des fonds. Et Ricard , ſur Amiens , ajoute que l'intention de la Coutume n'eſt pas de rien ôter aux puînés de leur portion , mais de les récompenſer de ce qu'ils quittent ſuivant ſa juſte valeur , en leur donnant moyen d'acheter un autre héritage de pareille qualité.

La plupart des Auteurs étrangers prorogent le délai de rembourſer les puînés , à cauſe de la minorité du fils de l'aîné mort, dans le temps de droit. Ricard, ſur les Art. LXXIII, LXXIV, LXXV d'Amiens ; la Villette, ſur l'Art. CLXXI de Péronne. Ils invoquent l'autorité du Moulin , ſur l'Art. CCXV de Bourbonnois : *Si non plenè & perfectè jus quæſitum , & medium inhabile interveniat , quod impediat extremorum conjunctionem , tunc extrema non conjungi* ; & ils diſent que le cours des délais ſtatutaires eſt interrompu quand il vient à tomber en la perſonne d'un mineur héritier de celui avec lequel la preſcription avoit commencé de courir. Notre Juriſprudence eſt plus équitable , en accordant un temps moins long pour enlever aux puînés une propriété qui leur eſt acquiſe en vertu de la Coutume.

Bérault remarque que le frere aîné ne peut céder & tranſporter le droit qu'il a de retirer le tiers des puînés : car la Coutume , en accordant à l'aîné cette faculté , n'a eu d'autre vue que celle de réunir ſur ſa tête la totalité des héritages de ſes pere & mere ; c'eſt encore l'opinion de cet Auteur, que la portion des puînés retirée par le frere aîné , eſt un propre dans ſa ſucceſſion, d'autant que le retrait dérive de la Coutume qui déféroit, avant la réformation , à l'aîné la propriété univerſelle des biens de ligne directe.

CCXCVIII.

Et où lesdits Freres seroient négligens de les marier, elles se pourront marier ayant atteint l'âge de vingt-cinq ans, par l'avis de leurs Parens & Amis, qui ne pourront estimer le mariage de chacune fille, à plus que l'une des portions des Puînés.

CCXCIX.

Le Fils aîné aura la garde de ses Sœurs jusqu'à ce qu'elles se marient, en contribuant par les Puînés à la nourriture & entretiennement, au prorata de ce qu'ils auront de la succession.

Il faut voir ce qui a été dit de la légitime des filles, dans le discours général, & remarquer l'Arrêt des Demoiselles Baillard; par lequel il fut jugé, qu'ayant été réservées à partage, elles ne pouvoient avoir aucune part aux biens de Caux; mais seulement sur les autres biens dépendans de la Coutume générale; & qu'en renonçant à la qualité d'héritieres qu'elles avoient prise, (à quoi elles furent autorisées par l'Arrest) elles auroient leur mariage avenant, eu égard à la valeur de tous les biens de la succession de leur pere qui les avoit réservées, tant en Caux que hors Caux. L'Arrêt & les raisons de part & d'autre, sont rapportés par Basnage sur l'Article CCLXXIX; mais il a omis la principale raison, qui peut prouver que les filles ne doivent pas être reçues au partage des biens de Caux, qui est, que par la Coutume réformée, tous les biens ont été partagés entre l'aîné & les puînés; l'aîné ayant les deux tiers & le préciput, & les puînés l'autre tiers: de sorte qu'il ne reste plus de part qui puisse être attribuée aux filles; ce qui n'étoit pas dans l'ancienne Coutume, par laquelle les puînés n'ayant aucune part ou propriété, les sœurs pouvoient avoir le tiers des biens de Caux en propriété pour leur partage, au cas qu'elles y fussent réservées: mais en ce cas, elles étoient obligées de porter l'usufruit qui appartenoit aux puînés; comme il a été remarqué dans le Discours général, où l'on a référé un Article, qui étoit le CCLXXXII de la Coutume, & qui fut du tout abrogé en 1586. (1)

(1) Lorsqu'il y a en Caux un ou plusieurs Fiefs nobles choisis par préciput, on liquide le mariage avenant des filles de même que dans la Coutume générale; mais si la succession consiste en effets mobiliers, biens roturiers ou Fiefs nobles mis en partage, on s'attache à connoître le nombre des freres & des sœurs pour faire un juste calcul des droits des sœurs Lorsqu'il y a plus de sœurs que de freres puînés, on donne aux filles le tiers entier de la succession, sans y comprendre le préciput de l'aîné; s'il y a plus de freres puînés que de sœurs, il faut faire à chacune des filles un mariage égal à la part de chacun puîné, sa contribution au mariage déduite; mais le nombre des freres puînés & des sœurs est-il égal, donnez à toutes les filles le quart de la succession, & n'y comprenez pas le préciput de l'aîné. Everard.

La différence qui regne entre la Coutume générale & la Coutume de Caux, exige deux observations. 1°. En Coutume générale le préciput noble pris par l'aîné, peut augmenter le mariage des filles en proportion qu'il diminue la contribution des puînés. En Caux, le manoir

C C C.

Si aucun des Puînés décede fans Enfans , l'Aîné aura les deux tiers aux biens de la fucceffion paternelle ; & les Puînés , l'autre tiers.

CCCIII.

& pourpris prélevé par l'aîné n'augmente point le mariage des filles , quoique l'aîné y contribue à caufe de ce même manoir : Art. LVI & LVII du Réglement de 1666 , & cette maxime ne me paroît pas difficile à entendre. Suppofez que le nombre des fœurs excede celui des freres, & qu'il y ait un préciput valant le quart de la fucceffion , le mariage des fœurs eft du tiers qui refte après le préciput levé , l'aîné y contribue feul d'un quart & des deux tiers ; comme la contribution du quart va uniquement à la décharge des puînés , fans augmenter le mariage des fœurs , la condition des freres puînés devient meilleure. 20. En Coutume générale , pour régler la contribution , on fait une maffe du mobilier qui fupporte la contribution au fol la livre du mariage des filles : en Caux, les meubles délaiffés par les pere & mere & autres afcendans , doivent être employés au mariage des filles , s'ils peuvent fuffire ; & lorfqu'ils font infuffifans, les mariages doivent être payés à proportion de toute la fucceffion, pour la part qui échoira , tant à l'aîné qu'aux puînés ; cela veut dire uniquement qu'après la liquidation du mariage avenant , il faut , pour le payer , épuifer d'abord le mobilier des fucceffions qui le doivent : pratique très préjudiciable aux puînés , dont la contribution peut être auffi forte que celle de l'aîné , dans le cas où les meubles font en état de fupporter le mariage avenant des filles ; mais on déduit auparavant toutes les dettes mobilieres paffives de la fucceffion, *non funt enim bona nifi deducto ære alieno.* D'ailleurs cela n'a pas lieu lorfque le pere décede domicilié en bourgage , quoique dans l'étendue de la Coutume de Caux : Arrêt du 2 Décembre 1701. Bafnage.

Pefnelle conclut de l'Arrêt des Demoifelles Baillard , très-difficile à combiner dans fes difpofitions , que la réferve à partage ne peut avoir lieu en faveur des filles fur les biens de Caux. Il a fort bien remarqué qu'en 1586 on a abrogé les Articles CCLXXXII , CCLXXXIV & CCCXLVII , qui l'autorifoient par des difpofitions relatives. On ne dira pas , en effet , après cette abrogation , que la Coutume de Caux ne renfermant aujourd'hui aucun Article qui foit en ce point contraire à la Coutume générale , rien n'empêche d'y obferver une Loi qui régit le refte de la Province : le Procès-verbal de l'an 1586 eft un monument qui neceffe de dépofer contre cette opinion. Si les habitans de Caux euffent voulu conferver une pareille liberté , ils n'auroient pas détruit , en 1586 , de la maniere la plus expreffe , ce qui avoit été projetté avec répugnance en 1583. Ils ne pouvoient mieux marquer leur intention de s'éloigner de la Coutume générale ; le pouvoir arbitraire des afcendans peut réduire les puînés mâles à un fimple viage ; ils auroient eu à combattre , en admettant la faculté de réferver, & le fils de la prédilection de la Loi , fondée fur les mœurs du peuple , & l'affiduité conftante des fœurs dans la maifon , toujours à portée de fe faire remarquer de leurs parens , & vanter leurs fervices ; on n'auroit vu que des puînés viagers. Auffi l'opinon de Pefnelle paroît être l'opinion dominante du Barreau ; les partifans de la réferve penfent qu'elle ne peut avoir lieu que dans le concours d'un frere & une fœur , ou lorfque les puînés ne la contestent pas formellement. Dans l'efpece du célebre Arrêt du 7 Juillet 1718, qui confirme la réferve en Caux , la Demoifelle de Brofville n'avoit point de frere aîné ; & dans l'efpece d'un pareil Arrêt en 1724, les freres ne la conteftoient pas. Si un frere reçoit en Caux fa fœur à partage , & que le partage ne puiffe être commodément & fans divifion affigné fur une terre noble , il fera pris fur les Terres roturieres de la même fucceffion ; & dans le cas d'infuffifance, il fuffira au frere de lui conftituer une rente au denier 20 : Arrêt du dernier Mai 1560. Sentence des Requêtes du Palais, du premier Août 1761.

(1)

C C C I I I.

Le Frere aîné a l'ancienne fucceffion de fes Parens collatéraux , fans
en faire part ou portion à fes Freres puînés.

Ces deux Articles fe doivent interpréter par ce qui eft attefté par les Articles LIX & LXI dudit Réglement , qui font connoître clairement que l'Article CCCIII , en attribuant l'ancienne fucceffion des parens collatéraux au frere
aîné , fans en faire aucune part à fes freres puînés , n'a pas compris les freres
fous la qualité de collatéraux , puifque le frere aîné n'a que les deux tiers en
la fucceffion de fes freres puînés , quant aux biens qui font de l'ancienne fucceffion , qui font indubitablement fes propres : ce qu'il faut néanmoins limiter aux propres qui font provenus du pere ou des autres afcendans ; car fi la
fucceffion d'un frere étoit compofée en partie de biens qui lui fuffent échus par
fucceffion collatérale , il paroit que l'aîné & fes defcendans devroient hériter
de tous fes biens , à l'exclufion des puînés & de leurs defcendans , fuivant la
reftriction bien exprimée en l'Article CCC , à l'égard des biens de la fucceffion paternelle (1).

Ce qui doit paroître plus étrange , eft ce qui eft attefté par l'Article LX
dudit Réglement , que le frere aîné étant décédé , toute la fucceffion de fes
propres appartient au fecond fils ; c'eft-à-dire , au plus âgé des puînés , à l'exclufion de fes autres freres : vu qu'à l'égard de l'aîné , que la Coutume de

(1) Brodeau , fur Loüet , Som. 13, n. 3 , dit , en parlant du quint hérédital en ufage dans
plufieurs Coutumes , & qu'on peut affimiler au tiers de Caux , que le quint hérédital eft une
légitime coutumiere qui appartient folidairement , & pour le tout , à chacun des puînés , lefquels font fubftitués les uns aux autres jufqu'au dernier , à l'exclufion perpétuelle de l'aîné ,
omnes unus funt & pro uno habentur. Les habitans du Comté d'Eu ont fait ajouter à l'Art.
CXIV de leur Coutume , Tit. des Succeffions , *fauf que* de biens patrimoniaux la part du puîné
décédé fans enfans , ou fans avoir difpofé par acte entre-vifs , doit retourner aux autres puînés , fans que l'aîné y puiffe prendre aucune chofe ; l'Article CCC de la Coutume de Caux
appelle au contraire l'aîné dans le cas de décès d'un puîné fans enfans , aux deux tiers de la
fucceffion paternelle. *Voyez* Amiens , CLXXXI , & les Commentateurs fur cet Article.
La Coutume n'a point décidé comment les deniers du rembourfement fait par l'aîné à un
puîné de fa part héréditaire en Caux , qui fe trouveront dans fa fucceffion , fe partageront entre l'aîné & les puînés furvivans. Réputera t'on ces deniers meubles ou immeubles , & même propre de Caux ? On peut dire que la part du puîné ayant paffé fur la tête de l'aîné par
le retrait , elle n'eft point fortie de la famille ; il y a de la différence entre l'effet du retrait de
l'aîné & celui d'une aliénation faire par le puîné de fa part à un étranger. Les Auteurs qui ont
écrit fur le Retrait du quint hérédital ufité dans plufieurs Coutumes , eftiment que le prix
doit tenir lieu de la chofe , & ils citent du Moulin , §. 20 , n. 61 de l'ancienne Coutume de
Paris : *Quantum ad hoc ne quis indebite lucretur ex aliená re , vel alteri debita pretium bene
fuccedit loco rei.* Si l'on peut réputer les deniers meubles , les puînés les partageront également ; fi on les répute propre de Caux , l'aîné y aura les deux tiers ; & les Auteurs étrangers , qui leur communiquent la nature du fonds , ont en vue l'intérêt des puînés , à caufe que
leurs Coutumes ont des difpofitions contraires à la nôtre. *Voyez* Dufrefne , fur Amiens , des
Succeffions. Ce qu'il y a de certain , c'eft que Bafnage répute propres les acquêts faits des deniers du rembourfement de Caux. Quelques-uns penfent qu'on doit réputer les deniers propres de Coutume générale ; mais fi le puîné eft décédé fous la Coutume de Caux , on ne peut
réputer ces deniers propres , fans les réputer propres de Caux.

Caux favorife en toutes rencontres , la fucceſſion d'un de ſes freres n'eſt point réputée une ancienne fucceſſion d'un collatéral , puiſqu'elle ne lui eſt point attribuée entiere , mais qu'il la doit partager avec ſes autres freres : & qu'au contraire ſa fucceſſion eſt attribuée au plus âgé de ſes puînés toute entiere , comme d'une ancienne fucceſſion collatérale.

Ce que l'on a jugé pour la fucceſſion des freres , a été jugé pour la fucceſſion des ſœurs , dont les dots ont été remplacées en biens de Caux , ou conſignées ſur les biens du mari ſitués en Caux ; car l'aîné n'y a que les deux tiers , & les puînés y ont l'autre tiers.

Quand tous les freres ſont décédés , & qu'il s'agit de partager la fucceſſion d'un oncle au propre , cette fucceſſion eſt ancienne , & les enfans de l'aîné l'ont toute entiere , à l'excluſion des enfans des puînés : mais quand il y a un frere ſurvivant , la fucceſſion d'un de ſes freres ſe partage avec lui & les enfans de ſes autres freres décédés , comme il eſt déclaré par ces deux Articles dudit Réglement ; parce qu'en ce cas il s'agit de la fucceſſion d'un frere , qui eſt le premier degré de la collatérale , dans lequel on a établi un ordre particulier de ſuccéder au propre pour le Pays de Caux (2).

Sed quid ? Si le pere ayant ſubſtitué les puînés les uns aux autres pour le tiers de Caux , à l'excluſion de l'aîné , ſuivant l'Article CCLXXXII , l'un des puînés vient à décéder ſans enfans , comment la part qu'il avoit eue audit tiers ſera-t'elle partagée entre les autres puînés également , ou le plus âgé d'iceux aura-t'il les deux tiers ? Il ſemble que non , parce que le droit d'aîneſſe , qui conſiſte dans l'inégalité du partage , n'appartient qu'à l'aîné , les puînés partageans entr'eux également ; en ſorte que l'aîné étant exclus du partage des biens ſubſtitués , ces biens ſe doivent partager entre les ſubſtitués , de la même maniere qu'ils l'avoient été en conſéquence de l'inſtitution ; c'eſt-à-dire , de la donation faite par les aſcendans.

C C C I.

Les Puînés ayant ledit tiers en propriété , pourront néanmoins prendre part aux biens ſitués hors la Coutume de Caux.

---

(2) On a jugé le 7 Août 1750 , que le fils ou la fille du premier puîné a l'entiere fucceſſion en Caux des propres de ſon oncle , frere aîné de ſon pere (tous les freres étoient décédés) c'eſt communiquer au fils les avantages que ſon pere auroit eu par l'Article LX du Reglement de 1666.

Dans la fucceſſion d'un puîné héritier aux acquêts de ſon oncle , ces acquêts devenus propres , ſont regardés comme une dépendance d'une fucceſſion ancienne. Baſnage.

Quand la veuve , par voie de décret ou d'envoi en poſſeſſion , prend des biens de ſon mari hors Caux pour lui valoir de remplacement de ſes fonds ſitués en Caux , quelques déclarations que la femme paſſe , ce remplacement ſe partagera ſuivant la Coutume générale. Bérault. Concluez de l'Article CCCIII que les puînés en Caux peuvent être donataires en ligne collatérale du tiers de l'ancien propre.

C C C I I.

S'il n'y a qu'un Fief noble en ladite fucceffion fans Rotures , les Puînés n'y auront que leur tiers à vie , fuivant la difpofition de la Coutume générale ; & outre , ont part ès autres lieux.

Ces deux Articles fe rapportent , au cas que les pere & mere & autres afcendans , n'ont fait aucune difpofition du tiers de Caux , comme il a été remarqué. (1)

---

(1) Puifque cet Article eft de Coutume générale , l'aîné n'a aucun prétexte pour diftraire le Manoir principal , & affoiblir ainfi la provifion des puînés. Bafnage agite une queftion inutile.

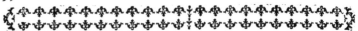

CHAPITRE TREIZIEME.

DES SUCCESSIONS

COLLATÉRALES,

EN MEUBLES, ACQUÉTS ET CONQUÉTS.

CE Chapitre fe peut divifer en quatre parties : La premiere contient la repréfentation qui eft admife en la fucceffion collatérale des meubles & acquêts : La feconde renferme les principales maximes qui s'obfervent dans le partage de cette même fucceffion, avec leurs exemples & leurs exceptions : La troifieme eft de ce qui doit être réputé acquêt ; & la quatrieme eft des conquêts, & des droits qu'y ont le mari & la femme après la mort de l'un ou de l'autre. La premiere partie eft expliquée dans les quatre premiers Articles de ce Chapitre. La feconde dans dix-neuf Articles ; fçavoir, depuis & y compris le CCCIX, jufques & compris le CCCXXII, & depuis le CCCXXV y compris, jufques & y compris le CCCXXVIII. La troifieme partie eft renfermée dans les Articles CCCXXIII, CCCXXIV & CCCXXXIV. Quant à la quatrieme, elle confifte en cinq Articles ; c'eft-à-dire, au CCCXXIX, & les quatre fuivans. (1)

---

(1) Nous appellons acquêts les biens qui n'ont point leur origine dans les droits de fuccéder ou de lignage, & qu'on ne peut confidérer comme une dépendance néceffaire des biens que nous poffedons à ces Titres.

Les conquêts font des immeubles provenus de la collaboration de deux époux pendant la durée du mariage.

Terrien, Liv. 6, Chap. 2, rapporte bien des maximes confacrées par une Jurifprudence conftante en cette matiere : on ne fuit point en la ligne directe, dans la fucceffion des acquêts, la proximité du degré, & une petite-fille iffue d'un frere, exclue de la fucceffion des acquêts de fon aïeul fa tante, fille du défunt : Arrêt de l'Echiquier de Pâques, tenu à Rouen en 1486. L'oncle maternel préfere le coufin germain du défunt du côté du pere : Arrêt du 23 Décembre 1519. Le frere de pere préfere la fœur de pere & de mere : Arrêt du 17 Janvier 1518. Le frere utérin préfere la fœur de pere & de mere : Arrêt du 24 Février 1520. Les enfans du frere utérin concourent avec les enfans du frere de pere & de mere : Arrêt du 23 Décembre 1516. Les acquêts en collatérale fe partagent au pays de Caux également entre freres : Arrêt du 23 Décembre 1516, rendu fur une Enquête par Turbes dans les Bailliages de la Province. La donation faite par le frere à fes puînés pour leur tenir lieu de leur provifion à vie eft propre dans leur fucceffion ; les acquêts, dans le fecond degré, font propres de ligne ; ainfi la moitié des conquêts de bourgage font propres maternels dans la fucceffion du fils.

C C C I V.

En fucceffion de Meubles , Acquêts & Conquêts immeubles en ligne collatérale , repréfentation a lieu entre les Oncles & Tantes , Neveux & Nieces au premier degré tant feulement.

C C C V.

Les Neveux & Nieces venans à la repréfentation de leur Pere ou Mere , fuccedent par fouches avec leurs Oncles & Tantes , & n'ont tous les repréfentans enfemble non plus que leur Pere ou Mere eût pu avoir.

C C C V I.

Et où il n'y aura qu'une ou plufieurs Sœurs du défunt furvivantes , les Enfans des Freres décédés ne les exclueront de la fucceffion , comme euffent fait leurs Peres s'ils étoient vivans ; mais fuccéderont par fouches avec leurfdites Tantes : auquel cas les Enfans des Sœurs décédées fuccederont à la repréfentation de leurs Meres par fouches , comme les Enfans des Freres.

C C C V I I.

Les Enfans des Sœurs décédées ne fuccedent à la repréfentation de leurs Meres avec leurs Oncles , Freres du défunt ; mais bien fuccedent avec leurs Tantes , s'il n'y a Frere du défunt vivant.

Pour reprendre l'ordre de cette divifion , lequel eft plutôt fuivant l'arrangement fait par la Coutume , que fuivant la méthode , qui requiert qu'on commence par la définition , auparavant que de divifer , & qu'on propofe les régles , auparavant que d'en déclarer les exceptions ; il faut expliquer la repréfentation , qui , à proprement parler , eft une exception de la maxime par laquelle le plus proche parent doit préférer dans les fucceffions le plus éloigné.

Il faut donc remarquer , que quoique ce foit une maxime reçue par tous les Interpretes du Droit coutumier , qu'on ne peut repréfenter une perfonne vivante ; c'eft-à-dire , qu'on ne peut être héritier par droit de repréfentation , fi la perfonne qu'on prétend repréfenter n'eft morte naturellement ou civilement , Loüet , R. 41. il eft néanmoins d'un ufage certain dans la Coutume de Normandie , que cette maxime ne s'y obferve point , & qu'il fuffit pour fuccéder par droit de repréfentation , d'être habile à repréfenter le plus proche parent , qui ne veut point accepter la fucceffion qui lui étoit échue ; & partant un frere répudiant la fucceffion de fon frere , fon fils peut par le droit de repréfentation appréhender cette fucceffion.

Or la repréfentation qui eft admife en la fucceffion des meubles & acquêts en ligne collatérale , differe de la repréfentation qui a lieu en la fucceffion

334 DES SUCCESSIONS COLLATÉRALES,

tant directe que collatérale des propres ; car celle-ci n'est point limitée , & est admise jusques dans le septieme degré de parenté , dans lequel le droit de succéder se termine , suivant qu'il est attesté par les Articles XLI & XLII du Réglement de 1666, (ce qui est contraire au Droit coutumier, aussi-bien qu'au Droit Romain , par lesquels la représentation n'est admise que dans les successions en ligne directe ,) mais la représentation particuliere à ce Chapitre, est bornée dans le premier degré ; c'est-à-dire , lorsqu'il s'agit de la succession d'un frere ou d'une sœur, qui est à partager entre un frere ou une sœur, & les enfans , soit d'un autre frere , soit d'une autre sœur. (1)

Pour mieux entendre cela , il faut sçavoir , que bien que les freres excluent les sœurs , & les descendans des freres excluent les descendans des sœurs , quand ces descendans sont en pareil degré à l'égard du défunt, par l'Article CCCIX , néanmoins au cas de représentation dans la succession collatérale des meubles & acquêts , il faut user de distinction : car quand la succession d'un frere ou d'une sœur est échue , ou il y a un frere survivant , ou il n'y en a point ; s'il n'y en a , il est certain que non-seulement il exclut les descendans de ses sœurs, mais ses sœurs mêmes, suivant l'Article CCCIX ; mais il n'exclut pas les enfans de ses autres freres, (qui sont au premier degré ; c'est-à-dire , fils des freres, & non pas les petits-fils des freres, ausquels la représentation ne s'étend point) parce qu'ils représentent leur pere, par l'Article CCCIV , de sorte qu'ils partagent la succession par souches & non par têtes , par l'Article CCCV.

Que s'il n'y a point de frere survivant, mais quelque sœur , elle n'exclut ni les neveux issus d'un frere , ni les neveux issus des sœurs, parce que tous ces neveux du défunt viennent à sa succession par représentation , par l'Article CCCVI , dont il s'ensuit évidemment que les enfans des freres venant par représentation à la succession de leur oncle , n'ont pas les mêmes droits qu'auroit eu leur pere qu'ils représentent. Car non-seulement ils n'excluent point leurs tantes , mais ils n'excluent pas même les enfans de leurs tantes, parce-

(1) La représentation en collatérale étoit autrefois inconnue parmi nous dans la succession aux acquêts , la tante , soit paternelle ou maternelle, excluoit ses neveux sortis du frere du défunt. L'ancien Coutumier , Chap. 25, porte en plusieurs endroits , que le conquêt vient au plus prochain du lignage , ou , comme disent d'autres Coutumes , au plus proche du ventre. La Coutume réformée admet la représentation , pourvu que le représenté soit au premier degré de parenté avec le défunt dont la succession est ouverte ; plusieurs Coutumes ont la même disposition : mais il y en a qui l'appliquent à la succession au propre , comme à celle des acquêts.

L'explication de cet Article fait naître une question importante : Une succession mobiliaire de 50000 livres est à partager entre le frere du défunt & son neveu ; ce frere, qui a quatre enfans , renonce à la succession : on demande si ce frere renonçant, ses enfans succederont par souche ou par tête. On dit que sa renonciation est frauduleuse, dans la vue de procurer à ses enfans 15000 liv. plus qu'il n'auroit eu en partageant avec son neveu ; que les enfans viennent au droit de leur pere en Normandie, où représentation a lieu , même d'une personne vivante. On répond qu'on ne peut forcer personne à se porter héritier ; que par la renonciation le pere n'a fait qu'écarter l'obstacle qui les éloignoit ; que les enfans deviennent alors habiles à succéder, *quasi persona patris subducta è medio* , qu'ils n'ont point besoin du secours de la représentation, étant en parité de degré avec le neveu du défunt de l'autre branche ; que le cas de représentation auroit lieu si le pere du neveu étoit vivant, & qu'ainsi ils doivent partager par têtes, *nemo tenetur de dolo cum suo jure utitur.*

DES SUCCESSIONS COLLATERALES. 335

que ces enfans, quand il n'y a point de frere du défunt qui lui ait furvécu, font admis à la fucceffion, comme repréfentans leur mere, pour partager par fouches, tant avec leurs tantes qu'avec les enfans des freres prédécédés ou répudians la fucceffion. Ce qui fait voir que la repréfentation a lieu pour les enfans des fœurs, quand quelqu'une de leurs tantes eft appellée à la fucceffion du défunt, qui n'a point laiffé des freres qui foient fes héritiers. De plus, les enfans des freres fuccédans par repréfentation à leur oncle, n'auront aucun préciput tel qu'eût pu avoir leur pere, s'il eût été héritier; ce qui eft général, foit qu'ils partagent avec leurs oncles ou avec leurs tantes, par l'Article CCCVIII. (2)

Il ne faut pas omettre, que pour la repréfentation *duplicitas vinculi non attenditur*: car tout ainfi que les freres de pere & de mere n'excluent pas les freres, qui ne le font que de pere ou de mere feulement, par les Articles CCCXI & CCCXII, ainfi les enfans de celui qui étoit frere de pere feulement, font admis à la fucceffion d'un de leurs oncles avec leurs oncles, quoique freres du défunt, par le double lien des lignes paternelle & maternelle; ce qu'il ne faut pas étendre par parité de raifon aux enfans des freres de mere feulement, qu'on appelle freres utérins, qui ne concurrent point par droit de repréfentation, comme il fera expliqué fur l'Article CCCXII. (3)

Il faut en outre remarquer, que l'Article LXIV dudit Réglement, a attefté une efpece de repréfentation, par la préférence qui eft donnée aux arriereneveux ou arriere-nieces du défunt, au préjudice des oncles & tantes de ce même défunt, en la fucceffion de fes meubles & acquêts, puifque ces arriereneveux & ces arriere-nieces font d'un degré plus éloigné.

Pour faire paroître cela évidemment, il eft à propos de faire une Généalogie, qui repréfente les degrés où font placés les oncles & les arriereneveux.

---

(2) La tante fuccédant avec fes neveux fortis de fon frere, fait les partages, & les enfans de l'aîné peuvent prendre un Fief lorfqu'il y en a un dans la fucceffion, en payant aux copartageans l'eftimation du Fief au denier vingt: Arrêt du 20 Mars 1587, cité par Bérault fous cet Article. La fille de la fille aînée a le choix fur fa tante, d'autant que le bénéfice de la repréfentation fubfifte à l'exclufion du préciput.

(3) Plufieurs Coutumes préferent le frere de pere & de mere au frere confanguin, ou utérin, & on les appelle Coutumes de double lien. *Voyez* Troyes, Art. XCIII; Chaumont, LXXX; Orléans, CCCXX; Tours, CCLXXXIX; Dreux, XC; Perche, CLIII; Xaintonge, LXXXVIII; la Rochelle, LI; Bar-le-Duc, CXXIX; Saint-Quentin, L; Péronne, CLXXXIX. Le double lien n'a plus lieu à Troyes, après le cas de repréfentation: Arrêt du 16 Avril 1622, rapporté par Pithou. Beaucoup d'autres Coutumes rejettent le double lien, comme Sens, LXXXIV; Châlons, LXXXIX; Melun, CCLIX; Etampes, CXXVI; Paris, CCCXL, &c. Notre Coutume eft évidemment de ce nombre; & on ne peut pas douter, comme l'a remarqué Pefnelle, que le fils d'un frere de pere ne fuccede par repréfentation avec fon oncle frere de pere & de mere du défunt. *Voyez* la Note fous l'Article CCCXII.

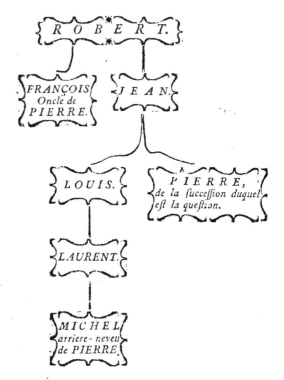

Il s'agit de la fucceffion de Pierre, qui a pour oncle paternel François, frere de Jean, pere dudit Pierre; il a d'ailleurs pour arriere-neveu Michel, petit-fils de Louis, frere dudit défunt : il eft évident que François oncle, eft au fecond degré à l'égard dudit défunt Pierre fon neveu ; & qu'à l'oppofite, Michel arriere-neveu dudit défunt, n'eft à fon égard qu'au troifieme degré. Si donc l'arriere-neveu préfere l'oncle en cette fucceffion de Pierre, c'eft une exception à la maxime, par laquelle les plus proches parens excluent les plus éloignés, hors le cas de repréfentation, qui n'a lieu qu'au premier degré, en la fucceffion collatérale des meubles & acquêts, par l'Article CCCIV. Or cette exception eft fondée fur ce que cet arriere-neveu eût préféré Jean fon bifaïeul, pere du défunt, en cette fucceffion, par un autre regle, qui eft, que les afcendans ne peuvent fuccéder à leurs defcendans, tant qu'il y a quelques autres defcendans d'eux, par l'Article CCXLI. Mais d'aillleurs ce pere du défunt eût exclu de cette même fucceffion François fon frere, oncle du défunt, parce que le pere & la mere excluent les oncles & tantes de la

fucceffion

fucceffion de leurs enfans, par l'Article CCXLII, dont on a conclu, que puif-que l'arriere-neveu préféroit le pere du défunt, il doit préférer l'oncle de ce même défunt, parce qu'il préfere celui qui indubitablement préfere l'oncle, fçavoir le pere du défunt, fuivant le Proverbe, *Si vinco vincentem te, multò magis te vinco.* (4)

Mais tout ce raifonnement eft plus fubril que folide ; car quant à la con-féquence, qui fe tire du Proverbe Latin, elle ne peut être valable en la queftion dont il s'agit, parce que ce Proverbe n'eft véritable que quand *in eodem ge-nere, & eodem jure vincitur,* Loüet, M. 5. & F. 22. Or fi les petits-fils, quoique plus éloignés, vainquent ; c'eft-à-dire, préferent leurs afcendans dans le droit de fuccéder, ce n'eft pas par la raifon de proximité, mais par une autre raifon, qui fe tire de la ligne directe ; la Coutume ayant difpofé, que la fucceffion ne peut remonter aux afcendans, tant qu'il y a des defcen-dans d'eux.

Or cette raifon ne pouvant avoir lieu, quand il s'agit des droits fucceffifs entre collatéraux, comme entre les oncles & les arriere-neveux ; la préférence qu'elle donne en ligne directe defcendante, ne doit pas avoir d'effet en la collatérale, en laquelle les droits de fuccéder ne fe difcernent que par la con-fidération du degré, ou de la repréfentation admife par la Coutume.

C C C V I I I.

Les Enfans des Freres aînés venans par repréfentation de leur pere, ne prendront aucun Préciput ou Droit d'aîneffe en ladite fucceffion de meubles, acquêts & conquêts en ligne collatérale, au préjudice de leurs Oncles ou Tantes.

C C C I X.

Les Freres excluent les Sœurs, & les defcendans des Freres ex-cluent les defcendans des Sœurs, étant en pareil degré.

C C C X.

Les Paternels préferent les Maternels en parité de degré.

---

(4) Il femble d'abord que l'on peut donner cette explication à l'Article LXIV du Regle-ment de 1666. Je laiffe un arriere-neveu, petit-fils de mon frere, & un oncle frere de mon pere ; nous defcendons, mon arriere neveu & moi, d'une fouche commune qui eft mon pere ; & mon oncle & moi nous defcendons l'un & l'autre de mon aïeul ; ainfi notre fouche com-mune eft plus éloignée ; d'où l'on pourroit conclure que mon arriere neveu doit me fuccéder de préférence fur mon oncle ; mais cela ne détruit pas la difficulté : car dans la fucceffion aux acquêts on fuccede régulierement, hors le cas de repréfentation, felon la proximité du de-gré. Pithou, fur l'Art. CIV de Troyes, a eu recours à la regle, *fi vinco vincentem te. Quid opus hoc adjicere* .... *Si quidem & hic illa regula obtinet, fi vinco vincentem te,* &c. & il n'eft point d'autre moyen de juftifier l'Article du Réglement.

C C C X I.

Le Frere de Pere fuccede également avec le Frere de Pere & de Mere.

C C C X I I.

Le Frere utérin fuccede également avec le Frere de Pere & de Mere.

C C C X I I I.

Les Enfans du Frere utérin en premier degré, fuccedent avec les Enfans du Frere de Pere & de Mere.

C C C X I V.

Le Frere de Pere ou de Mere feulement, préfere les Sœurs de Pere & de Mere.

C C C X V.

La Sœur de Pere fuccede également avec la Sœur de Pere & de Mere.

C C C X V I.

La Sœur utérine fuccede également avec la Sœur de Pere & de Mere.

C C C X V I I.

En ladite fucceffion il y a repréfentation de Sexe, & les defcendans des Freres, préféreront les defcendans des Sœurs, étant en pareil degré.

C C C X V I I I.

Les Freres partagent entr'eux également la fucceffion des meubles, acquêts & conquêts immeubles, encore qu'elle foit fituée en Caux, & lieux tenans nature d'icelui : fauf toutefois le Droit de préciput appartenant à l'Aîné, où il y auroit un ou plufieurs Fiefs Nobles.

C C C X I X.

Et fi en ladite fucceffion il y a propres, qui foient partables entre mêmes héritiers, l'Aîné ne pourra prendre qu'un préciput fur toute la maffe de la fucceffion.

C C C X X.

Les Neveux, Arriere-Neveux & autres étant en semblable degré, succedent à leurs Oncles & Tantes par tête, & non par souches, tellement que l'un ne prend non plus que l'autre, sans que les Descendans des Aînés puissent avoir Droit de préciput à la représentation de leurs Peres ; & font les Sœurs part au profit de leur Frere ou Freres, soient mariées ou non ; à la charge de les marier si elles ne le font.

C C C X X I.

Et si les partages ne peuvent être faits également à la raison des Fiefs, qui de leur nature font individus, estimation d'iceux doit être faite au denier vingt, & sera au choix des représentans l'Aîné, de prendre le Fief en payant aux autres leur part de l'estimation ; & où ils en seroient refusans, le Fief sera à celui qui fera la condition des autres meilleure ; & s'il n'y a que des Filles, elles partageront le Fief selon la Coutume.

C C C X X I I.

S'il n'y a qu'un Fief assis en Caux, l'Aîné, selon la Coutume générale, le peut prendre par préciput ; & s'il y a plusieurs Fiefs, les Freres partagent selon la Coutume générale.

C C C X X V.

Le Pere préfere la Mere en la succession des Meubles, Acquêts & Conquêts de leurs Fils ou Filles ; & la Mere préfere les Aieuls ou Aïeules paternelles & maternelles.

C C C X X V I.

L'Aïeul paternel préfere le maternel en ladite succession.

C C C X X V I I.

L'Aïeule paternelle préfere l'Aïeul & l'Aïeule maternelle.

C C C X X V I I I.

Les Sœurs utérines du Pere, font Tantes paternelles de leurs Neveux & Nieces, & en cette qualité, excluent les Oncles & Tantes maternels du Défunt, en la succession de Meubles, Acquêts & Conquêts immeubles.

Ces dix-neuf Articles contiennent, tant les maximes qui reglent les successions collatérales aux meubles & aux acquêts, que l'application & les exceptions de ces mêmes maximes, comme il a été dit dans la division des matieres de ce Chapitre.

Quant aux maximes, elles se réduisent à cinq ; dont la premiere est, que
les plus proches parens préferent les plus éloignés, sinon au cas de représentation, qui ont été expliqués.

La seconde est établie par l'Article CCCX ; sçavoir que les parens paternels préferent les maternels en parité de degré. Par l'application de cette maxime, 1°. Le pere préfere la mere en la succession des enfans, par l'Article
CCCXXV. 2°. L'aïeul paternel préfere le maternel, par l'Article CCCXXVI.
3°. L'aïeule paternelle préfere l'aïeul & l'aïeule maternels, par l'Article
CCCXXVII. Mais la mere préfere les aïeuls & les aïeules paternels ou maternels, par une application de la premiere maxime, parce qu'elle est plus proche du défunt, qui est son fils. 4°. Les sœurs utérines du pere de celui à qui
on succede, étant tantes paternelles de ce défunt, excluent les oncles & tantes maternels de ce même défunt, par l'Article CCCXXVIII. (1)

Mais cette seconde maxime a plusieurs exceptions : car 1°. Le frere utérin
succede également avec le frere de pere & de mere, par l'Article CCCXII.
2°. La sœur utérine succede également avec la sœur de pere & de mere, par
l'Article CCCXVI. 3°. Les enfans du frere utérin en premier degré, succedent avec les enfans du frere de pere & de mere, par l'Article CCCXIII.
Mais les enfans de la sœur utérine, ne succedent pas avec les enfans de la
sœur de pere, comme il est attesté par l'Article LXII dudit Réglement de
1666. (2)

---

(1) Notre Coutume ne fixe point l'ordre dans lequel les ascendans viennent à la succession
des meubles & acquêts ; il faut le puiser dans la regle générale, qui n'admet les ascendans à
succéder qu'au défaut de postérité descendue d'eux ; d'où il suit que les freres ou même les
sœurs du défunt excluent le pere & la mere : cet ordre n'est pas suivi
dans la plûpart des Coutumes ; le plus grand nombre admet les ascendans à succéder aux
meubles & acquêts de leurs descedans par préférence aux freres, sœurs & cousins germains
du défunt. Paris, CCCXI ; Troyes, CIII & CIV ; Senlis, CXLII ; Nivernois, des Succes.
Art. IV ; Auxerre, Art. CCXLI ; Reims, CCCXIII ; Blois, CXLIX, &c. Quelques-unes,
comme Bourbonnois, Art. CCCXIV, appellent suivant les Novelles CXVIII & CXXVII,
les freres germains & leurs enfans à la succession des meubles & acquêts avec les peres &
meres, & excluent tous autres ascendans. La Coutume d'Anjou, Art. CCLXX, défere les
meubles aux pere & mere, & l'usufruit des immeubles, mais les aïeux n'y ont rien. Je ne
parcourrai point les différentes dispositions des Coutumes ; j'observerai seulement qu'à Paris les meubles & acquêts se partagent par tête entre ascendans, de sorte que si le défunt a
laissé un aïeul paternel & un aïeul & aïeule du côté de sa mere, les meubles & acquêts se
partagent par tiers entr'eux ; mais il y a des Coutumes qui admettent entre les ascendans le
partage par souches, & elles donnent la moitié des acquêts aux plus proches parens du côté
paternel, & l'autre moitié aux plus proches parens du côté maternel. Voyez Bourbonnois,
CCCXV ; Bretagne, DXCIII ; Auxerre, CCXLII ; le Brun, des Succes. Liv. 1, Chap. 5,
sect. 1. Auzanet & Dupleffis. Parmi nous, les ascendans succedent suivant la proximité du
degré, & en parité de degré : nous avons égard à la dignité de la ligne, ou à la prérogative
du sexe.

(2) L'ordre de succéder aux acquêts établi par les Articles CCCXI CCCXII & suivans, paroît à l'Auteur des anciennes Loix des François, tom. 1, sect. 2, contraire à la législation
primitive des Normands ; il prétend que cette décision inférée dans l'ancien Coutumier,

Ce qui doit paroître avoir été jugé contre l'intention de la Coutume , qui ayant égalé les fœurs utérines aux freres utérins , en tant qu'elle les a admifes à fucceder concurremment avec les fœurs de pere & de mere , de la même maniere qu'elle a admis les freres utérins à fucceder concurremment avec les freres de pere & de mere, ne femble pas avoir voulu faire de différence entre les enfans de la fœur utérine d'avec les enfans du frere utérin. Si donc les enfans du frere utérin en premier degré fuccedent avec les enfans du frere de pere & de mere, par ledit Article CCCXIII ; on auroit dû juger , en fuivant la même comparaifon , que les enfans de la fœur utérine , en premier degré , devroient fucceder avec les enfans des fœurs de pere & de mere.

Mais la raifon qu'on apporte de cette diverfité eft , que la maxime par laquelle les parens paternels préferent les maternels en parité de degré , établiffant le droit général & commun , les exceptions qui y font apportées par lefdits Articles CCCXII , CCCXIII & CCCXVI , ne font pas réputées favorables : c'eft pourquoi on n'a point dû faire extenfion du cas compris précifément dans l'exception , à un autre cas qui n'y eft point compris , fous prétexte de fimilitude & de parité de raifon. C'eft par ce même principe , que quoiqu'il foit porté en termes généraux par l'Article CCCIV , que la repréfentation a lieu entre les oncles , tantes , neveux & nieces au premier degré ; on a néanmoins jugé par plufieurs Arrêts rapportés fur ledit Article CCCIV , que les enfans du frere utérin ne pouvoient venir par droit de repréfentation au partage de la fucceffion d'un de leurs oncles concurremment avec leurs autres oncles maternels , freres paternels du défunt ; & partant on doit juger , que les enfans de la fœur utérine ne doivent point fucceder à leur oncle frere maternel de leur

---

Chap. 25 : » Si aucuns enfans font procréés d'un même pere & de diverfes meres ; fe l'un » d'eux fe trépaffe , fa fucceffion retournera au frere aîné , qui en fera aux autres portion » comme il devra , » eft l'ouvrage de quelques copiftes ignorans ; & il cite Rouillé aux Notes fur ces mots : *Il eft à fçavoir , &c. Additio nova ab incerto & forté fufpecto auctore inferta , cùm in antiquiffimis verifimilibus exemplaribus , quorum magnam copiam ad hoc perquifivi , non inveniatur. Etenim prædicta verba non præfumuntur ex vero , & primo originali emanaffe , attenta eorum ineptitudine , ac tenebrofâ materia quæ etiam videtur contradicere antecedentibus ,* la préférence étoit accordée , chez les anciens Normands , fur tous autres parens , à ceux qui l'étoient au défunt au même temps par fon pere & par fa mere , & cette préférence avoit lieu chez les premiers François , *Saxonesgermani fratris pofteros omnes anteponunt defcendentibus ab uterinis vel confanguineis quibufcunque :* ce n'a donc été que par abus que l'on a , en Normandie , admis les confanguins & utérins avec les germains. C'eft ainfi que l'Auteur défend la caufe du double lien , dont j'ai fait obfervation fous les Articles précédens. Bérault rend fenfible le réfultat néceffaire de nos maximes actuelles : Un pere ayant un fils & une fille , laiffe en mourant un mobilier confidérable ; la mere fe remarie , de ce fecond mariage naît un fils ; l'enfant mâle du premier lit vient à décéder , le fils du fecond lit héritera au préjudice du défunt , de la fœur de pere & mere des meubles de fon frere utérin , quand même ils auroient été convertis en acquêts , & la fortune du pere des enfans du premier mariage paffera à un étranger , à un homme auquel il n'avoit jamais pu être attaché d'aucun lien de parenté ; c'eft ce qui a fans doute fait dire à Bafnage , fous l'Art. CCCXII , que le droit des utérins a toujours fort déplu aux Normands ; mais enfin la Coutume réformée avoit épuifé toutes les reffources pour conferver les propres dans les familles , il n'eft pas étonnant que fon attention fatiguée ait omis de prendre en confidération des biens dont fes voifins répétoient fans ceffe qu'ils n'avoient ni côté ni ligne : ces difpofitions ont cet avantage malgré leur bifarrerie d'avertir les peres de familles de ne pas différer à colloquer leurs deniers. *Voyez* la Note fous les Articles CCIV , CCV , CCVI & CCVII.

mere, concurremment avec leurs tantes, sœurs paternelles du défunt. (3)

La troifieme maxime eft, que les freres excluent toujours les sœurs en la fucceffion collatérale des meubles & acquêts, quoique les sœurs, au cas de l'Article CCCXX, faffent part au profit des freres. (4)

La quatrieme maxime eft, que les defcendans des freres excluent les defcendans des sœurs en parité de degré, de forte qu'il y a repréfentation de fexe, par les Articles CCCIX & CCCXVII. On ne diftingue pas même fi les defcendans des freres font mâles ou filles; car les filles auffi-bien que les mâles, defcendantes des freres préferent les defcendans des sœurs, comme il a été dit.

De plus, par un autre effet plus étrange de cette repréfentation de fexe, les filles defcendantes des freres partagent également avec les mâles defcendans d'autres freres, comme il a été jugé par un Arrêt du 12 Mai 1559, rapporté par Bérault. (5)

La cinquieme maxime eft, que la fucceffion collatérale des meubles & acquêts, fe partage également, encore que les biens foient en Caux; réfervé néanmoins aux aînés, le droit de prendre les terres nobles par préciput, par l'Article CCCXVIII.

Cette exception des préciputs, qui font contraires au partage égal des biens de toutes fortes de fucceffions, requiert de l'explication; car il faut confidérer quels font les héritiers qui peuvent prendre des préciputs dans ces fucceffions collatérales des acquêts, & quels font les effets que produit l'option faite de ces préciputs.

Quant à la premiere queftion, il eft certain que les enfans des freres aînés, fuccédans par repréfentation à leur oncle, n'ont aucun préciput, tel qu'eût pu avoir leur pere, s'il avoit été héritier: ce qui eft général, foit que ces enfans repréfentans leur pere, partagent avec leurs oncles ou avec leurs tantes, freres ou sœurs du défunt, par l'Article CCCVIII. Ce qui prouve d'abondant, que la repréfentation n'attribue pas toujours aux repréfentans tout le droit qu'auroit eu le repréfenté, comme il a été remarqué fur l'Article CCXL.

Il eft de plus certain, qu'au cas de l'Article CCCXX, il n'y a aucun pré-

(3) Une difficulté femblable à celles propofées & réfolues par Pefnelle, a été portée à la Cour il y a quelques années: Des enfans d'une sœur utérine reclamoient la fucceffion d'un oncle utérin par droit de repréfentation contre une sœur de pere & de mere du défunt, & une sœur utérine furvivante; ils s'appuyoient fur l'Article CCCVII de la Coutume, & difoient que la repréfentation n'avoit été interdite aux enfans des utérins qu'en faveur des mâles ou defcendans des mâles: par Arrêt, au rapport de M. d'Eftot, du 13 Mai 1754, la fucceffion a été adjugée par moitié à la sœur germaine du défunt, & à la sœur utérine.

(4) On peut citer, fur le droit des mâles, un Arrêt remarquable du 3 Février 1729. Un pere ayant des enfans iffus de deux mariages, un tiers donna 9000 liv. conftituées en 500 liv. de rente, aux enfans du fecond lit, pour être partagées entr'eux, à l'exclufion d'un fils du premier lit; le fils du fecond lit mourut & ne laiffa que des sœurs; le frere du premier lit reclama la part que fon frere avoit eue dans la donation; les sœurs argumentoient contre lui de l'exclufion contenue dans leur titre: par cet Arrêt on adjugea au frere du premier lit la part que celui du fecond avoit eue dans la donation.

(5) La repréfentation de fexe autorifée par l'Article CCCXVII, qui confere autant de droit à la fille du frere qu'à fon fils & un droit exclufif dans le concours des enfans mâles fortis des sœurs, defire abfolument la parité de degré: car le neveu forti d'une fille préfere l'arriere-neveu iffu d'un frere.

ciput , mais que les repréſentans l'aîné partagent également avec leurs cohéritiers ; de ſorte que tout l'avantage qu'ils ont , eſt , outre celui du choix , la faculté qui leur eſt donnée par l'Article CCCXXI , de prendre le Fief en payant l'eſtimation , qui eſt réglée au denier vingt du revenu du Fief : mais ils n'ont cette prérogative , que quand les lots & partages ne peuvent être faits également , à raiſon de l'individuité des Fiefs : ce qui a été jugé par un Arrêt , rapporté par Bérault , du 8 Juillet 1607 , conformément à ce qui eſt dit au commencement dudit Article CCCXXI , lequel déclare de plus , que quand les repréſentans l'aîné ne veulent point s'éjouir de ce privilége , alors le Fief doit être baillé à celui des cohéritiers qui offrira de faire la condition des autres meilleure ; c'eſt-à-dire , qui voudra faire valoir le Fief un plus grand prix. Il a été jugé par pluſieurs Arrêts , rapportés par Bérault , que cette eſtimation du Fief au denier vingt , doit être payée en argent ; & que les repréſentans l'aîné ne peuvent pas obliger leurs cohéritiers à prendre des terres de la ſucceſſion au lieu dudit prix. (6)

Il faut donc déclarer quel eſt le cas dudit Article CCCXX. Il paroît par ſon expreſſion , que c'eſt lorſque la ſucceſſion d'un collatéral eſt à partager entre pluſieurs neveux , arriere-neveux , ou autres parens étant en degré pareil : mais Baſnage eſt d'avis , qu'il faut en outre que ces parens en ſemblable degré , ſoient de diverſes ſouches ; & partant , que ſi une ſucceſſion écheoit à pluſieurs neveux ou couſins ſortis d'une même ſouche , l'aîné de ces freres cohéritiers n'eſt point exclu d'y prendre préciput ; vû que l'Article CCCXVIII ne

_____

(6) Une ſoute peu conſidérable ne donne point lieu à l'Article ; elle ne fournit point un moyen légitime de blâme ; la déciſion eſt ſoumiſe aux circonſtances : Arrêt du 18 Juillet 1607. Bérault. La queſtion a été ainſi jugée par un Arrêt récent.

L'eſtimation du Fief , lorſque l'aîné le prend à charge de rembourſement , ſe fait ſur le pied de la valeur intrinſeque ; c'eſt aſſez pour lui de pouvoir acquerir un Fief au denier vingt , ſans y joindre le bénéfice d'une évaluation ſur le taux du revenu : on débute donc par l'eſtimation pour trouver ce denier vingt qui , de lui-même , paroît relatif au produit. Baſnage , contre le ſentiment de Godefroy.

L'Article CCCXX n'a point été juſqu'ici véritablement interpreté par rapport au droit des filles : il eſt cependant poſſible d'en fixer le ſens. La raiſon pour laquelle les ſœurs ſuccedent , ainſi que leur frere , avec leur couſin d'une autre branche en parité de degré , c'eſt que , quand les ſœurs ſeroient ſeules , étant ſorties d'un mâle , leur couſin ne pourroit pas les exclure à cauſe de la repréſentation de ſexe ; mais comme leur propre frere les exclut , il eſt conſéquent qu'elles faſſent part à ſon profit ; il eſt vrai que la Coutume ajoute : *à charge de les marier ſi elles ne le ſont*. Cette charge a paru d'une diſcuſſion pénible , parce qu'on n'a pas voulu enviſager l'objet avec aſſez de réflexion. Le vœu de la Coutume eſt d'obliger les freres à marier les ſœurs ſur la part dont ils profitent à cauſe d'elles ; mais la Coutume ne déroge point aux regles générales du mariage avenant ; il faut donc trouver d'abord la part dont les ſœurs font bénéficier leurs freres , & fixer ſur cette part le mariage avenant des filles , comme ſur les biens de ligne directe , en obſervant qu'il ne leur eſt rien dû quand les freres ne profitent de rien à cauſe d'elles. Deux exemples rendront ſenſible une vérité qui eût dû être plutôt développée. Je ſuppoſe une ſucceſſion en meubles & acquêts de valeur de 12000 liv. ; d'un côté ſe préſentent pour héritiers un frere & quatre ſœurs non mariées , de l'autre un ſeul couſin : le frere , de ſon chef & de celui de ſes ſœurs , aura 10000 liv. , qui compoſent cinq ſixiemes , & le couſin un ſixieme ; les ſœurs bénéficient pour le frere de 4000 livres ; vous donnerez le tiers de cette ſomme à toutes les ſœurs pour leur mariage. Mais ſuppoſez que de chaque côté il y ait deux ſœurs , alors comme elles ne font profit à aucune des branches , il ne ſera point dû mariage ſur cette ſucceſſion.

faisant point de distinction de frere, oncle ou cousin, l'intention de la Coutume est, que toute succession collatérale échue à des freres, soit partagée également, sans préjudice néanmoins du préciput appartenant à l'aîné. Mais on peut objecter contre cet avis, que les préciputs étant contraires à l'équité, qui requiert que les égaux ayent un partage égal, les autres Coutumes ne les ont autorisés que dans les successions directes : que si la Coutume s'est éloignée à cet égard des autres, en accordant le préciput dans quelques successions collatérales, il ne faut pas présumer qu'elle l'ait voulut accorder dans tous les degrés de la ligne collatérale : ce qui paroît clairement par ce qu'elle a ordonné dans cet Article CCCXX, par lequel le préciput est exclu généralement, quand une succession de meubles & d'acquêts est à partager entre des neveux, arriere-neveux & cousins ; c'est-à-dire, entre parens qui sont hors du premier degré : de sorte qu'on doit inférer que l'Article CCCXVIII ne se doit entendre que quand une succession est échue dans le premier degré de la collatérale, qui est celle d'un frere, & qui doit être partagée entre plusieurs freres du défunt : car quand elle se partage par droit de la représentation, qui est restrainte à ce premier degré, par l'Article CCCIV, le représentant l'aîné est exclu du préciput qu'auroit eu son pere, tant à l'égard de ses tantes que de ses oncles, par l'Article CCCVIII, dont on ne peut apporter d'autre raison, sinon que la Coutume n'a point voulu admettre les préciputs en faveur des parens collatéraux, qui sont hors du premier degré, vû que dans ligne directe, les représentans l'aîné ont les mêmes préciputs qu'auroient eu ceux qu'ils représentent. (7)

Que si c'est la succession d'un frere qui soit à partager entre ses freres survivans, alors s'il n'y a qu'un Fief, le frere aîné le pourra prendre par préciput ; & s'il y a plusieurs Fiefs, les plus âgés des freres les pourront prendre semblablement par préciput, suivant l'ordre de leur âge, par l'Article CCCXXII, en tant qu'il déclare, qu'ils partagent selon la Coutume générale : ce qui se rapporte à ce qui est dit au Chapitre *de Partage d'Héritage*, touchant les préciputs que les aînés ont droit de prendre chacun en leur rang, par l'Article CCCXXXIX. (8)

Après

---

(7) L'opinion de Basnage doit être préférée à celle de Pesnelle, jusqu'à ce que l'on ait une décision certaine sur la question : Quand une succession aux meubles & acquêts tombe à plusieurs neveux ou arriere-neveux d'une seule & unique branche, il ne faut point considérer le degré de parenté qui les lioit avec le défunt, qu'ils ayent été avec lui au premier, au second, au troisieme degré, cela est indifférent ; il ne faut faire attention qu'à la qualité respective qui subsiste entr'eux : ils sont tous freres, voila leur titre commun ; voila le fondement de leurs droits ; l'un est aîné, les autres sont puînés : pourquoi le frere aîné n'auroit-il pas le droit de choisir un préciput ? La Coutume n'a pas voulu autoriser cette faculté dans le concours d'héritiers de différentes branches, afin que la branche aînée n'emportât pas seule la totalité de la succession ; mais cet Article est contraire à la Loi générale, & son exécution peut causer de grands embarras. Lorsqu'une exception n'a plus aucun motif raisonnable, pourquoi l'étendre hors de son cas ? Si on prive le frere aîné du préciput, on le force à une licitation dont l'événement le dépouillera peut-être d'une des plus belles prérogatives du droit d'aînesse.

(8) Les termes de l'Article CCCXIX prouvent que s'il y a un Fief dans les propres & un dans les acquêts, l'aîné peut indifféremment opter celui des deux qui sera de plus grand revenu, ou qui aura le plus d'attraits pour lui.

Basnage explique l'Arrêt du 20 Mars 1626, cité trop vaguement par Bérault sur l'Article CCCXVIII

Après avoir expliqué qui font les héritiers qui ont droit de préciput, il faut déclarér quelles font les conféquences de l'option faite des préciputs. Premierement, celui qui prend un préciput dans les acquêts, n'en peut prendre un autre dans les propres; à moins que deux Fiefs, l'un propre & l'autre acquêt, ne dépendiffent l'un de la Coutume générale, & l'autre de la Coutume de Caux : car c'eft une maxime certaine, que quand les propres & les acquêts font déférés aux mêmes héritiers, foit en ligne directe ou collatérale, un des héritiers ne peut prendre qu'un préciput dans la même Coutume, par l'Article CCCXIX, dont la raifon eft, que la fucceffion des propres & des acquêts audit cas, n'eft réputée qu'une feule fucceffion, & partant ne peut attribuer deux préciputs à une même perfonne, comme il femble être fuppofé au Chapitre de Partage d'Héritage, par l'Article CCCXLVII.

Un fecond effet de cette option de préciput, eft qu'elle exclut l'héritier qui l'a fait de prendre part aux autres biens de la même fucceffion, tout ainfi qu'il fe pratique dans les fucceffions directes; dans lefquelles, en prenant préciput, on s'exclut du partage de tous les autres biens, par l'Art. CCCXXXVIII.

Bafnage rapporte un Arrêt du 30 de Juillet 1670, par lequel cela a été jugé à l'égard d'un aîné qui avoit pris un préciput au propre, & qui fut exclu de prendre part aux acquêts. Cet Arrêt, qui paroît contraire à un autre du 20 de Mars 1626, rapporté par Bérault, ne l'eft pas en effet, parce que les efpeces étoient différentes : car au cas de ce dernier Arrêt du 20 de Mars, les héritiers étoient différens : les uns au propre & aux acquêts & les autres aux acquêts feulement, parce qu'ils étoient freres utérins, fuivant que Bafnage le remarque. Ce n'étoient donc pas des propres partables entre les mêmes héritiers, comme il eft exprimé par l'Article CCCXIX. C'eft pourquoi il ne paroît pas jufte, qu'un frere de pere fût exclu de prendre part aux acquêts, parce qu'il avoit pris un préciput au propre; vû qu'en ce cas il y avoit deux fortes d'héritiers, & que le préciput pris par l'aîné ne diminuoit point les biens de la fucceffion aux acquêts; & partant en jugeant l'exclufion du frere aîné, à caufe de fon préciput cela n'auroit pas feulement profité à fes cohéritiers au propre, mais auroit été auffi à l'avantage de fes freres utérins.

Il ne faut donc pas juger la même chofe, quand il s'agit d'une même fucceffion partable entre des héritiers d'une femblable qualité ; car alors l'option d'un préciput, foit qu'il foit pris dans le propre ou dans les acquêts, exclut celui qui l'a fait de prendre part aux autres biens & immeubles de cette fucceffion.

CCCXVIII ; il en réfulte que, dans le cas de l'ouverture de la fucceffion d'un frere ayant laiffé des freres de pere & de mere, & un frere utérin, le frere aîné qui a pris par préciput un Fief fur le propre paternel, peut prendre un fecond préciput ou un partage fur les acquêts, parce que l'exclufion du frere aîné de la fucceffion aux acquêts, profiteroit au frere utérin, qui n'a aucun droit fur les propres paternels, comme aux freres de pere & de mere. Nous fuivons cette Jurifprudence; cependant elle a quelquefois des conféquences dures. Je fuppofe en effet trois freres de pere & de mere & un frere utérin : l'un des freres germains meurt ; fa fucceffion eft compofée d'un Fief de propre paternel de 20000 liv., d'un Fief d'acquêt de 16000 liv., & de 8000 liv. en roture, auffi provenus d'acquifition : ne doit-il pas paroître fingulier que le fort du frere puîné de pere & de mere foit déterminé par celui du frere utérin, & que fon partage, comme celui de l'utérin, foit réduit à 4000 liv.; mais y ayant divers héritiers, continue Bafnage, les propres & les acquêts ne forment point une même fucceffion.

A ce propos fait la queftion propofée par Bafnage fur ledit Article CCCXIX. Pour l'entendre, il faut fe fouvenir qu'un aîné qui a pris un préciput dans la fucceffion des afcendans, eft exclu de prendre part aux biens qui faifoient partie de la fucceffion en laquelle il a pris ce préciput, quand un de ceux qui avoit parragé cette même fucceffion, vient à décéder fans enfans; mais les autres héritiers & leurs defcendans fuccedent à ces fortes de biens, qu'ils avoient partagés avec le défunt, à l'exclufion de l'aîné, comme il eft décidé par l'Article CCCXLI. Il y a une exception propofée par l'Article fuivant CCCXLII, qui déclare, que fi néanmoins dans la fucceffion il fe trouve un Fief qui eût été partagé, & fît partie du lot du défunt: en ce cas, le fils aîné ou fes repréfentans, nonobftant l'exclufion portée par ledit Article CCCXLI, peuvent prendre ce Fief par préciput. On demande donc, fi au cas de cet Article CCCXLII, y ayant un Fief noble dans les biens acquis par le défunt, le frere aîné pourra prendre deux préciputs, l'un en vertu dudit Article CCCXLII, & l'autre en vertu de l'Article CCCXVIII, ou bien fi cette efpece tombera dans la difpofition de l'Article CCCXIX, qui ftatue que quand il y a dans la fucceffion des propres partables entre mêmes héritiers, l'aîné ne peut prendre qu'un préciput fur toute la maffe de la fucceffion. Bafnage foutient que ce cas ne tombe point dans la décifion dudit Article CCCXIX, qui ne fe doit entendre que quand il y a des propres partables, & que ce font des héritiers de même qualité. Or dans l'efpece propofée, ce n'eft point un propre partable, parce que l'aîné ne peut pas partager le propre, qui faifoit partie d'une fucceffion dans laquelle il a pris un préciput: d'ailleurs cet aîné n'eft pas un héritier de la même qualité que les autres, puifqu'il ne peut être héritier que d'une certaine forte de bien, qui eft un Fief, qui avoit été partagé avec la fucceffion en laquelle il a pris préciput; dont il conclut que le frere aîné peut en ce cas prendre deux préciputs, un au propre, & l'autre aux acquêts, & qu'en prenant préciput au propre, il ne doit pas être exclu de prendre part aux acquêts, mais tout ce raifonnement n'eft qu'un raffinement trop éloigné du fens commun: car quand la Coutume dans cet Article CCCXIX a dit *des propres partables*, ce n'a pas été pour marquer de la différence entre les propres, ni pour en faire une diftinction; mais elle ne l'a dit que par rapport aux héritiers, & pour fignifier feulement que quand le propre eft partable avec les acquêts (ce qui arrive quand il n'y a point d'héritiers différens, les uns au propre & les aux acquêts) la fucceffion du défunt n'eft réputée qu'une fucceffion, en laquelle par conféquent l'aîné ne peut prendre qu'un préciput. (9)

_____

(9) Pefnelle réfute très-bien Bafnage. Le frere aîné prenant, aux termes de l'Article CCCXLII, dans la fucceffion d'un des puînés un Fief originairement partagé avec les autres biens de la fucceffion fur laquelle ce frere aîné avoit pris un préciput, contracte tous les engagemens inféparables de la qualité d'héritier, il devient folidairement obligé aux dettes de la fucceffion, & le fentiment de Bafnage ne peut fe concilier avec l'équité, que dans le cas où, par une difpofition de la loi, le Fief retourneroit à l'aîné, *citra nomen & qualitatem hæredis*, & comme la provifion à vie de fes puînés lui retourne après leur décès. .

CCCXXIII.

Donation faite par un Frere aîné à fes Puînés en récompenfe de la provifion à vie, qu'ils euffent pu demander fur la fucceffion dirèête affife en Caux, eft réputée propre & non acquêt.

CCCXXIV.

Donation faite par un Pere à fon Fils puîné d'Héritage affis en Caux, eft réputée propre & non acquêt.

Ces deux Articles fe rapportent à la troifieme partie de la divifion, dans laquelle on doit expliquer ce qui doit être cenfé acquêt. Il eft donc néceffaire d'apporter une définition des acquêts : on la peut repréfenter par l'oppofition que les acquêts ont au propre ; car comme le propre eft le bien qu'on poffede à droit fucceffif ou de lignage, par les Art. CCXLVII, CCCXXXIV & CCCCLXXXIII, comme il a été remarqué fur le Chapitre de *la Succeffion au Propre*, on peut dire que les acquêts font les biens acquis par travail, induftrie, ou par bonne fortune, & que partant l'on a poffédés autrement qu'à titre fucceffif ou de lignage. Cette définition a plus d'étendue que celle du Droit Romain : *Quæftus propriè dicitur, quod opera, folertia, vel induftria alicujus quæritur, & ejus appellatione non continetur hæreditas, vel legatum, l. Quæftus, & l. duo focietatem, §. duo colliberti, ff. Pro focio.* Car par cette définition légale, la donation n'eft point réputée un acquêt ; mais par l'autre définition, qui eft du Droit coutumier, la donation eft un acquêt.

C'eft pourquoi la Coutume a voulu diftinguer quelques aêtes qu'on appelle improprement donations, pour faire connoître qu'ils ne font point acquêts, mais propres. L'Article CCCXXIII déclare, que la donation faite par un frere aîné à fes puînés, en récompenfe de la provifion à vie qu'ils euffent pu demander fur la fucceffion direête affife en Caux, eft réputée propre & non acquêt. Il faut dire la même chofe de ce que le frere aîné donneroit à fes puînés au lieu de la provifion à vie, qu'il leur devroit à caufe du Fief qu'il auroit pris par préciput, au cas de l'Article CCCXLVI, parce qu'en ce dernier cas auffi-bien qu'au précédent, ce n'eft pas une véritable donation, mais plutôt une récompenfe, qui tient lieu de légitime, laquelle eft toujours un propre provenant *ex naturæ debito*, & nullement *ex liberalitate donantis*.

C'eft par une raifon femblable que l'Article CCCXXIV décide, que la donation faite par le pere à fes enfans puînés d'héritage en Caux, eft propre & non acquêt : car le pere ne pouvant difpofer du tiers de Caux qu'en faveur de tous ou de quelques-uns de fes enfans puînés, la donation qu'il en fait procede plutôt d'un devoir de nature, que d'une pure libéralité : il faut étendre cette décifion à toutes les donations que font les afcendans à leurs defcendans, qui font toutes réputées un avancement de fucceffion, par l'Article CCCCXXXIV. (1)

---

(1) Dans le temps que Terrien écrivoit, la donation faite par le pere à fon fils puîné d'h

Mais que doit-on dire des donations qui font faites aux parens collatéraux préfomptifs héritiers ? Quand le donateur n'a qu'un feul héritier (qui eft l'efpece de l'Article CCCCXXXII) il femble que la chofe donnée eft un propre du donataire, car c'eft comme une fucceffion anticipée : mais hors de ce cas, l'option de Chaffanée paroit fort équitable, qui eft, que la donation doit être réputée un propre, quand le donataire n'a par la donation que la part qu'il auroit eue en la fucceffion du donateur. Que fi le donataire n'eft point héritier préfomptif du donateur, ou fi la chofe donnée excede la valeur de la portion héréditaire que le donataire auroit eue en la fucceffion du donateur ; en ces cas la donation doit être cenfée un acquêt, ou en fon intégrité ou en partie, en tant que la donation excede la valeur de la part qui auroit appartenu par droit de fucceffion.

Loüet, A. 2. rapporte qu'il a été jugé, que les donations faites au préfomptif héritier collatéral, font des acquêts, *cùm non ex naturæ debito, fed. ex mera donantis liberalitate procedant ; in linea enim collaterali nullum naturæ debitum, ideòque in ea, nec falcidia, nec legitima locum habent.* Cet Auteur limite cette décifion, & dit qu'elle n'a pas lieu quand le donateur par l'Acte de la donation, a déclaré que fon intention eft, que la chofe par lui donnée foit propre du donataire, à l'exclufion de la communauté & des héritiers aux acquêts : il approuve de plus l'opinion de Chaffanée ci-deffus expliquée : mais Brodeau fon Commentateur attefte, que c'eft une maxime fuivie au Palais, qu'*un propre donné à un parent de la ligne dont ce propre provient, eft toujours cenfé propre en la perfonne du donataire, encore que cela ne foit point déclaré par la donation.* (2)

---

ritage affis en Caux, étoit réputée acquêt & non propre ; & nous trouvons le motif de cette décifion dans le ftyle de procéder de cette Province ; il y eft dit : » Item, les fuccef- » fions des héritages non nobles font de femblables ufages des lieux où l'ufage de Caux a » lieu, l'aîné a tout, & a la charge de marier fes fœurs, fi aucunes en a, & de la provifion » des freres puînés : » ainfi le tiers datif n'a été confidéré comme hérédital & venant de fuc- ceffion, que depuis la Coutume réformée.

Mais on a jugé, par Arrêt du 29 Avril 1693, en la feconde Chambre des Enquêtes, fur un partage de la premiere, qu'un fonds en Caux retiré par l'aîné après le délai de la Coutu- me, fur une prorogation accordée par fes puînés, étoit un acquêt dans fa fucceffion, parce que ce retrait n'avoit point été fait en vertu de l'Article CCXCVI de la Coutume.

Les deniers de la compofition, pour la provifion des puînés, ayant été colloqués en fonds ou en rente, cette rente ou ce fonds eft au rang des propres ; on les rapproche ainfi de la qualité de la légitime des filles dans le cas de l'Article DXI. *Voyez* nos Commentateurs.

(2) Nous avons une raifon particuliere de décider généralement que les héritages & im- meubles donnés en ligne collatérale à l'héritier préfomptif font propres, elle fe tire de l'Ar- ticle CCCCXXXIII de la Coutume, qui décide que, dans le concours de plufieurs héritiers le donateur peut donner à tous enfemble, mais qu'il ne peut avantager l'un plus que l'autre. Les fucceffions collatérales ne font pas moins déférées par le droit du fang & du de- gré que les fucceffions directes, dit d'Argentré fur Bretagne, Art. CCCCXVIII, Gl. 1, n. 11. Même néceffité de rapport, même loi, même autorité, même expectative, même dé- fenfe d'avantager. Je faifis avec peine le motif que nos Commentateurs ont eu de citer après M. Loüet. Chaffanée, Rub. 4, §. 2, *verb. & acquêts ;* cet Auteur dit fimplement que, fi de trois freres, l'un fait une donation de tous fes biens à l'autre, à l'exclufion du troifieme, la moitié des fonds donnés fera réputée acquêts. Comment pouvoir faire, dans nos mœurs, une application de la doctrine de Chaffanée ?

C C C X X I X.

La Femme après la mort du Mari, a la moitié en propriété des Conquêts faits en Bourgage conftant le Mariage ; & quant aux Conquêts faits hors Bourgage, la Femme a la moitié en propriété au Bailliage de Gifors, & en ufufruit au Bailliage de Caux ; & le tiers par ufufruit aux autres Bailliages & Vicomtés.

La quatrieme & derniere partie de ce Chapitre traite des conquêts, c'eft-à-dire, des acquifitions d'immeubles, qui font faites pendant que fubfifte la fociété du mari & de la femme : elle eft renfermée dans cet Article & les quatre fuivans, comme il a été remarqué dans la divifion. Par les CCCXXIX, CCCXXX & CCCXXXIII, le droit qu'a la femme dans les conquêts, eft fpécifié, limité & affuré ; car il eft déclaré par le CCCXXIX, quand, & quelle part elle doit avoir dans les conquêts : par le CCCXXX, il eft ftatué quelle ne peut avoir une plus grande part que celle qui lui eft attribuée par la Coutume, à laquelle on ne peut déroger à cet égard par aucune convention ; & enfin par le CCCXXXIII, ce droit lui eft confervé, nonobftant que le mari perde fa part par la confifcation de fes biens.

Ce droit de conquêt eft attribué à la femme, en conféquence de la fociété qui eft établie par le mariage, & qui fait préfumer que la femme a contribué par fes foins, par fon affiftance & par fon œconomie, à l'augmentation des biens du mari : car fi la Coutume rejette la communauté entre le mari & la femme, comme il paroît par l'Article CCCLXXXIX, ce n'eft que par rapport aux effets que cette communauté produit dans la plûpart du Pays coutumier, dans lequel la femme tranfmet à fes héritiers le droit de partager par moitié avec le mari furvivant, tous les meubles, effets & conquêts, dont il étoit le maître pendant le mariage, les pouvant engager, vendre & donner fans le confentement de fa femme : mais par la diffolution du mariage, le mari perd cette puiffance, & eft obligé de fouffrir le partage de tous les biens de la communauté, tant des meubles que des conquêts immeubles. Ce qui n'eft pas reçu en Normandie, parce que la femme prédécédée ne tranfmet à fes héritiers, non pas même à fes enfans, aucuns droits fur les meubles & effets qui fe trouvent en la main du mari qui furvit ; ce qui fait dire, fuivant l'expreffion dudit Article CCCLXXXIX, que les perfonnes conjointes par mariage ne font pas communes en biens, d'autant que la femme n'y a rien qu'après la mort du mari. (1)

***

(1) Il s'eft préfenté, en 1691, une queftion finguliere, qui a beaucoup de rapport avec cet Article. Un Bourgeois de Rouen avoit été condamné par Arrêt, comme fou, à être rétrudé dans une maifon de force le refte de fa vie ; fa femme fut établie par les parens fa curatrice, & tutrice de leurs enfans ; toute la fortune des conjoints, au temps de l'Arrêt, confiftoit en 2500 liv. ; la femme fit des acquifitions jufqu'à la concurrence de 18000 liv., maria deux filles, & donna à chacune d'elles 5000 liv. Le mari décéda après dix-neuf années de l'exécution de fon Arrêt. Ses héritiers demanderent à la veuve le partage des meubles & acquêts ; elle obéiffoit de rendre compte de la fomme de 2500 liv., & d'en payer les intérêts communs & pupillaires. Par Arrêt du 23 Mars 1691, la veuve fut condamnée à fouf-

Mais la femme furvivante ayant des droits fur les biens, tant meubles qu'immeubles de la fucceffion de fon mari, on peut dire que le douaire lui appartient, comme un droit de viduité, que les Coutumes donnent aux femmes: Et quant à la part qu'elle a aux meubles, la Coutume femble déclarer, que c'eft par un droit de fucceffion, & en qualité d'héritiere de fon mari; nonfeulement parce qu'elle eft obligée de renoncer, mais parce qu'en prenant les meubles, elle s'oblige folidairement à toutes les dettes de la fucceffion de fon mari, ce qui eft un effet propre de la qualité d'héritier. Mais quant aux conquêts, on ne peut pas dire qu'ils appartiennent à la femme par un droit d'hérédité, puifqu'elle prémourante, le mari n'eft plus le maître des conquêts faits en bourgage & au Bailliage de Gifors, dont la moitié appartient propriétairement aux héritiers de la femme, le mari n'en ayant que l'ufufruit par l'Article CCCXXXI. Il faut donc conclure que ce droit de conquêt eft attribué à la femme, en conféquence de la fociété conjugale, qui la rend participante des biens qui font acquis pendant que cette fociété fubfifte: ce qu'on doit même juger de la part qu'elle a aux meubles & aux effets de la fucceffion de fon mari, par rapport à la caufe qui lui donne le droit d'y fuccéder après la mort naturelle ou civile du mari.

Mais après que la Coutume a réglé ce qui appartient à la femme fur le conquêt, elle explique dans les Articles CCCXXXI & CCCXXXII, les droits qui font réfervés au mari & à fes héritiers, fur la part que la femme ou fes héritiers ont fur ledit conquêt.

Cela fuppofé, & venant à l'explication de l'Article CCCXXIX, il faut remarquer, que beaucoup d'acquêts faits par le mari pendant le mariage, font cenfés propres du mari à l'égard de la femme: car, comme enfeigne du Moulin, le mot de *propre* fe prend en deux manieres fort différentes: *Uno & principali modo pro obventis ex fucceffione prædecefforum, alio & incidenti modo pro omnibus quæ non cadunt in focietatem bonorum, quæ eft inter virum & uxorem.* Or par la Coutume de Normandie, il y a plufieurs fortes d'acquifitions, fur lefquelles les femmes n'ont pas droit de conquêt: car premierement, elles ne le peuvent prétendre fur les chofes données à leurs maris, par l'Article CCCXCVIII, lequel il faut entendre des immeubles & non des meubles; car non-feulement la femme auroit part aux meubles donnés à fon mari, mais elle auroit même part aux immeubles qui feroient acquis par fondit mari des deniers provenus de ces meubles; parce que la Coutume n'ayant point fait de différence entre les meubles qui viennent de fucceffion ou de donation, & ceux qui font amaffés par le bon ménage, les uns ni les autres n'obligeant à en faire aucun remplacement, comme il eft attefté par l'Article LXVI du Ré-

---

frir partage. Un Avocat célebre de ce Parlement difoit, en plaidant en Grand'Chambre en 1724, que la femme étant dans les liens du mariage, eft incapable de faire aucune acquifition qui lui foit propre; que tout ce qu'elle acquiert eft à fon mari, comme le fils de famille acquiert à fon pere, & l'efclave à fon maître. On trouve la même décifion dans l'ancien Coutumier, Chap. 100. » L'en doit fçavoir que tant comme le mari vit, la femme ne peut re- » tenir d'héritage par achat ne par fieffement, qu'il ne convienne ramener aux hoirs de fon » mari après fa mort: » il excepte l'héritage donné à la femme pendant le mariage, *fi qua verò hæreditas mulieri data fuerit poft contractum matrimonium, eam benè poterit poffidere.* Conf. Lat.

glement : la femme ne doit pas être privée du droit de conquêt que la Coutume lui accorde sur les acquisitions faites par son mari, sous prétexte que ces acquisitions auroient été faites des meubles provenus d'une succession ou d'une donation : ce qui a été jugé par deux Arrêts rapportés par Basnage sur cet Article CCCXXIX, l'un du 2 de Juin 1603, à l'égard de deniers donnés à un mari ; & l'autre du 24 de Novembre 1633, à l'égard d'une succession échue à un mari, qui avoit déclaré en faisant une acquisition au nom de ses enfans, que le prix provenoit des effets de sadite succession. (2)

Secondement, les femmes ne peuvent prendre aucun droit de conquêt, à raison du racquit & amortissement des rentes ou charges auxquelles les héritages de leurs maris étoient obligés ; encore que ces racquits & amortissemens ayent été faits pendant leur mariage, & conséquemment dussent être réputés provenir du bon ménage & collaboration des deux conjoints : ce qui est décidé par l'Article CCCXCVI, qui n'attribue à la femme qu'un douaire déchargé de ces

---

(2) L'Auteur traite la même question sous l'Article CCCCLXXXII. Le Brun, de la Commun. Liv. 2, Chap. 2, sect. 1, n. 13, dit, après du Moulin, que quand on défend au mari de donner pour s'enrichir, lui ou ses hoirs, la défense est réduite aux hoirs particuliers du mari, tels que seroient les enfans d'un premier lit, des bâtards, des collatéraux que le mari, n'ayant point d'enfans, auroit pour ainsi dire adoptés, mais qu'elle n'a point lieu à l'égard des hoirs communs du mari & de la femme. Cet Auteur rapporte un Arrêt du Parlement de Paris du 19 Mars 1708, qui l'a ainsi jugé. Mais quand nous nous conformerions à cette opinion, qui est fort raisonnable & concerte avec le bien public, il subsistera toujours une difficulté entre les enfans d'un premier lit & une seconde femme. Basnage rapporte un Arrêt du 28 Novembre 1652, favorable au fils du premier lit. Un pere, pendant un premier mariage, avoit acquis une maison située en bourgage, à charge d'une rente racquittable. Le pere, durant son second mariage, amortit la rente : après sa mort, sur une contestation entre la belle-mere & le beau-fils, le premier Juge avoit accordé à la veuve un douaire libre sur la moitié de cette maison, & avoit condamné le beau-fils à tenir compte à sa belle mere de la moitié des deniers employés à l'amortissement de la rente ; par l'Arrêt il en fut déchargé. Il est vrai que ce même Commentateur rapporte un autre Arrêt de l'année 1655, par lequel les enfans du premier lit furent condamnés envers leur belle-mere à lui rembourser moitié du prix d'un héritage clamé par le mari durant son premier mariage au nom de sa premiere femme : on considéra peut-être, lors du dernier Arrêt, qu'il étoit question d'une dette de la mere plutôt que des enfans. J'avoue qu'il est permis de douter si un pere peut, dans tous les cas, altérer les droits de sa femme en acquérant sous le nom de ses enfans. La maniere dont Basnage s'explique sous l'article CCCCLXXXII, semble autoriser le doute : » L'opinon la plus com-
» mune, dit-il, est que le mari peut faire ce préjudice à sa femme, parce qu'il est maître de
» ses meubles, & qu'il peut disposer de son bien à sa volonté. On replique que cela est vrai,
» quand le mari en a disposé de telle maniere que le bien ne se trouve plus en sa succession ;
» mais quand le bien a été employé en acquêts qui se trouvent en sa succession, la femme ne
» doit pas être exclue de son droit, par cette raison, que le mari s'est servi du nom de ses
» enfans ; » mais la faveur des enfans l'emporte sur ces raisons, quand il ne s'agit que de
l'intérêt d'une mere ou d'une seconde femme.

J'aurois encore un préjugé en faveur des enfans, de quelque mariage qu'ils fussent sortis, dans un Arrêt du 14 Février 1684, si cet Arrêt pouvoit leur être appliqué. Un oncle avoit donné à son neveu une somme modique, qui fut employée à l'acquisition, à Rouen, d'un terrein vuide : l'oncle éleva à grands frais, sur cet emplacement, une maison au profit de son neveu ; après le décès de l'oncle, le neveu fut inquiété par sa veuve, & l'Arrêt rejetta la prétention de la veuve. Blâmera-t-on, après cela, un pere qui, pour dédommager des enfans d'un premier lit des pertes que leur cause toujours un second mariage, fera quelques acquêts en leur nom ? Le cas est d'ailleurs très-rare, & les caresses insidieuses d'une belle-mere sçavent bien le prévenir.

rentes ou charges, avec la limitation toutefois de l'Article fuivant CCCXCVII. (3)

En troifieme lieu, les femmes n'ont aucun droit de conquêt fur les héritages retirés par leurs maris par droit de lignage, parce que ce qui eft ainfi acquis, eft réputé propre & non acquêt, par l'Article CCCCLXXXIII; mais cette raifon ne devroit pas paroître fuffifante, puifqu'elle devroit avoir le même effet à l'égard des héritages que le mari retire au nom de fa femme, parente du vendeur; & néanmoins, quoique les héritages ainfi retirés foient un propre de la femme & non un acquêt, le mari ou fes héritiers peuvent répéter la moitié des deniers débourfés pour parvenir au retrait, par l'Article CCCCXCV. Même fi le mari pour faire le retrait au nom de fa femme a vendu ou hypothéqué fon propre bien, la femme ni fes héritiers ne peuvent prétendre aucune chofe à l'héritage retiré, que le propre du mari ne foit remplacé ou dégagé, par l'Article fuivant CCCCXCVI. (4)

Par une raifon femblable, on conclut, que ce que le mari retire comme Seigneur de Fief, n'attribue aucun droit de conquêt à fa femme, parce que l'héritage ainfi retiré, eft cenfé propre du mari, quand le Fief auquel ce même héritage eft réuni par le retrait féodal, tenoit nature du propre du mari, comme il eft attefté par l'Article CVIII du Réglement de 1666. Ce qui fait dire indubitablement, que tout ce qui fe réunit aux Fiefs, qui font des propres, par confifcation, deshérence, bâtardife ou commife, ne doit pas être réputé conquêt, pour attribuer en conféquence de cette qualité aucun droit de propriété fur les héritages réunis par ces moyens, ni au mari ni à la femme.

Sed

---

(3) Les Coutumes de Communauté font contraires à notre Jurifprudence; les unes réputent le rachat ou amortiffement des rentes dues par le mari, un conquêt de Communauté, à l'effet que le mari, ou fes héritiers, font tenus de continuer la moitié de la rente à la femme ou à fes héritiers, & d'en payer les arrérages du jour de la diffolution de la communauté jufqu'à l'entier rachat : Paris, CCXLIV, CCXLV; Calais, Art. XLIV & XLV; les autres, en petit nombre, portent que la moitié de la fomme employée à la décharge du propre, fera rendue comme meuble par celui des conjoints ou fes hoirs dont l'héritage a été acquitté & déchargé : Bretagne, CCCCXLII. Il eft enfin des Coutumes qui donnent le choix du partage ou du rembourfement, & elles contiennent, a cet égard, le principe le plus général des pays de communauté. Melun, Chap. 13, CCXX; Anxerre, Tit. 9, Art. CXCIX; Châlons, Tit. 6, Art. XXXIV, &c. L'Article CCCXCVI de notre Coutume tranche la plupart de ces difficultés, en difpofant que les racquits faits par le mari, & décharges, ne font point réputés conquêts pour y prendre droit par fa femme ou fes héritiers.

(4) Pefnelle infinue que, comme le mari ou fes héritiers ont le droit de répéter la moitié des deniers employés à un retrait intenté au nom de la femme, la femme & fes héritiers devroient avoir un droit égal dans le cas d'un retrait exercé par le mari dans fon nom. Je ne fçaurois croire que Pefnelle ait puifé cette réflexion dans un Arrêt du 8 Mai 1516, rapporté par Terrien, Liv. 7, Chap. 7. Une femme fut envoyée, par cet Arrêt, en poffeffion de la moitié d'une maifon fituée en bourgage, que fon mari avoit clamée à droit lignager, les enfans réfervés à payer à leur mere, dans la huitaine de la fignification de l'Arrêt, la moitié du prix employé au retrait : cet Arrêt a été réfuté par Bérault. La réflexion contraire à celle de Pefnelle eft véritable : c'eft une grace finguliere que l'on fait, felon nos mœurs, à la femme, quand on limite fon rembourfement à la moitié des deniers du retrait, & dont fes héritiers profitent quand elle meurt avant fon mari. Comment pourroit-on donc la tourner contre le mari ou fes héritiers? Souvenons-nous que la femme n'a aucun droit fur les meubles de fon mari qu'après fa mort.

Sed quid ? Si le mari a été confiſqué pour ſon crime, & que le Roi lui ayant depuis accordé une abolition, l'ait rétabli en la poſſeſſion de tous ſes biens, la femme pourra-t-elle prétendre quelque droit de conquêt ſur ces biens, que ſon mari ne poſſede plus que par la grace & le bienfait du Prince, qui eſt un nouveau titre, & qui partant doit faire réputer ces biens un véritable acquêt ? *Incunđanter reſpondendum*, que ces biens ne peuvent être réputés conquêts, puiſqu'ils proviendroient de la grace du Prince, & ſeroient comme une donation ; outre que de même que l'abolition efface tellement le crime, que le condamné eſt remis au même état qu'il étoit auparavant le crime commis ; ainſi la confiſcation, qui n'étoit que la ſuite & la dépendance du crime, eſt tellement remiſe, que les biens ſemblent n'avoir jamais changé leur premiere qualité, ni la cauſe de leur ancienne poſſeſſion. La queſtion eſt plus douteuſe à l'égard des héritiers, quand le crime ayant été puni ; le Roi donne aux parens préſomptifs héritiers les biens du confiſqué : car alors les donataires ne poſſédant ces biens que par la libéralité du Roi, il ſembleroit que ces mêmes biens ne pourroient pas être réputés un propre, mais un pur acquêt, vu qu'ils avoient été ſéparés de la famille par la confiſcation exécutée, & nullement rétractée : Néanmoins la grace du Prince n'ayant autre fin que de conſerver ces biens dans la famille du confiſqué, il y a grande raiſon de les réputer propres & non acquêts.

Quatriemement, les femmes ne peuvent demander de conquêt ſur les héritages retirés par leurs maris à droit de lettre lûe, quand ces héritages appartenoient à leurs maris par un titre antécédent à leur mariage : mais il a été jugé par un Arrêt du 22 de Mars 1662, rapporté par Baſnage, que la femme auroit la moitié du prix, parce que l'héritage ainſi retiré étoit en bourgage. (5)

Quant aux héritages appartenans au mari par une cauſe antécédente, ſoit par ſucceſſion, donation, droit de reméré ou d'achat, & deſquels il a acquitté le prix, ou payé un ſupplément, ou tranſigé en baillant de l'argent pour ſe maintenir en ſa poſſeſſion ; il ſemble que tous ces cas doivent être compris dans la déciſion dudit Article CCCXCVI, & que les femmes ne peuvent prétendre autre choſe qu'un uſufruit ſur les héritages ainſi conſervés & acquittés, ſemblable au douaire, encore que les deniers payés ayent été amaſſés pendant leur mariage. (6)

Ce qu'on dit ici du bourgage, ſe doit rapporter à ce qui a été dit ſur l'Ar-

---

(5) Je ſuis tenté de croire que l'Arrêt du 22 Mars 1662 a été rendu ſur des circonſtances particulieres, & vraiſemblablement ſur les obéiſſances des héritiers du mari ; car ſi vous donnez au retrait à droit de lettre lue l'effet d'une nouvelle acquiſition, la femme avoit droit de reclamer en eſſence la moitié de l'héritage en bourgage : mais ſi le ritre du retrait à droit de lettre lue eſt un titre confirmatif d'une premiere acquiſition, ce que l'on doit d'autant plus penſer, que l'Article DLII de la Coutume défend de dépoſſéder, pendant le decret, le tiers acquéreur qui a joui par an & jour ; il n'y a pas plus lieu d'accorder la moitié des deniers employés au retrait à droit de lettre lue d'un héritage acquis avant le mariage, quand il ſeroit en bourgage, que dans le cas du retrait d'un héritage de pareille qualité vendu antérieurement à faculté de remere.

(6) Pluſieurs des déciſions de Peſnelle s'obſervent dans le pays de communauté ; ainſi les choſes acquiſes conſtant le mariage par retrait féodal, ou retrait cenſuel, &c. n'entrent point en communauté, & demeurent propres au conjoint au nom duquel l'héritage a été retiré ; mais ſous cette condition, qu'il rembourſera à l'autre conjoint la moitié du prix après la diſſolution de la communauté.

ticle CXXXVIII, fur lequel on doit en outre remarquer, que comme il y a des Villages où les femmes ont la moitié des conquêts ; de même, il y a des Bourgs & des Villes où les femmes n'ont pas cette moitié, & que pour faire ce difcernement, il faut avoir recours au Procès-verbal de la réformation de la Coutume, dont on a extrait des Ufages Locaux.

Mais comme il y a des biens qui ne font pas proprement immeubles, & qui par conféquent ne font pas contenus dans un certain lieu, on a douté s'ils devoient être eftimés comme biens de bourgage. Tels font les Offices & les Rentes conftituées à prix d'argent, qu'on appelle hypotheques.

Quant aux Offices, on faifoit autrefois diftinction entre les domaniaux & héréditaires, & entre ceux de judicature & non vénaux : mais à prefent la valeur de toutes fortes d'Offices les ayant fait réputer les principaux biens des fucceffions, on leur a donné la propriété des véritables immeubles, en les diftinguant en propres & en acquêts, & pour être partagés comme s'ils avoient réellement ces qualités. De forte que, comme on a attribué aux femmes un douaire fur les Offices dont les maris étoient pourvus lors de leur mariage, lequel douaire confifte au tiers de l'ufufruit du prix ou du revenu de l'Office ; ainfi on leur a attribué un droit de conquêt fur les Offices acquis par leurs maris depuis le mariage, & ce droit de conquêt eft réglé indiftinctement au tiers en ufufruit, comme le douaire, comme il eft certifié par l'Article LXXII dudit Réglement. Ce qui a lieu non-feulement à l'égard du titre des Offices, mais même à l'égard de tous les droits qui en dépendent, & qui y ont été attribués par des Edits & Déclarations poftérieurs à la création des Offices ; quoique même ces droits fe poffedent féparément par d'autres que les Titulaires : car en tous ces cas on a jugé que les veuves ne pouvoient avoir aucun droit de propriété, mais feulement un tiers en ufufruit, l'accefioire étant eftimé devoir avoir les mêmes qualités, conditions & effets, que le principal, fuivant plufieurs Arrêts rapportés fur cet Article CCCXXIX.

Quant aux rentes conftituées, on les répute en Normandie avoir comme leur fituation fur les biens des obligés & des débiteurs, de maniere que quand il s'agit de les partager entre des cohéritiers, ou de régler le conquêt des femmes, on regle ces partages & ce droit de conquêt, par rapport à la qualité & à la fituation des biens des débiteurs, & proportionnément à l'eftimation de tous & un chacun leurs biens immeubles, au nombre defquels entrent les Offices : & pour établir cette proportion fuivant la qualité & la nature des biens des obligés, on a recours à la déclaration ou certificat qu'ils en baillent ; contre lequel certificat on n'eft pas reçu à faire preuve du contraire, ces obligés ne pouvant être contraints de produire les titres & enfeignemens de leurs biens : ainfi il fuffit au débiteur de la rente de déclarer en général, par exemple, que la troifieme partie de fes biens eft en Caux ou en Bourgage, fans qu'il foit obligé de fpécifier ce qu'il y poffede, pourvu qu'il foit prêt de jurer & certifier que fa déclaration eft véritable. (7)

(7) Notre Jurifprudence, fur le partage des rentes conftituées, eft contraire au droit commun du Royaume. Le débiteur eft l'arbitre du partage des biens de fon créancier, fa déclaration fait loi ; cette déclaration eft relative au temps du partage, & non pas au temps de la conftitution : nous ignorons encore fi on doit y faire entrer les rentes dont le débiteur eft créancier ; fi cela eft il faudra remonter à la déclaration du fecond débiteur, & de fuite à

C'eft ce qui s'obferve à l'égard des rentes conftituées fur les particuliers ; mais à l'égard de celles qui font dûes par le Roi, on confidere le lieu où le Bureau eft établi, pour faire le payement des arrérages de ces rentes, qui par conféquent font réputées avoir leur fituation en ces Bureaux, où le fonds deftiné pour le payement eft dépofé. (8)

Il eft à propos de remarquer que les femmes ne peuvent prendre part aux conquêts, fans être réputées héritieres de leurs maris, & partant qu'en prenant cette part, elles s'obligent au payement des dettes de la fucceffion perfonnellement & folidairement ; mais les héritiers des femmes, qui ont prédécédé leurs maris, prenant part aufdits conquêts fans être cenfés héritiers du mari, ne s'obligent pas au payement de fes dettes, finon à proportion de la valeur de la part qu'ils ont eue aufdits conquêts, lefquels rapportant ou abandonnant, ils ne peuvent être pourfuivis en plus outre, comme il a été jugé par un Arrêt donné en Février 1607, rapporté par Bafnage (9). Il femble qu'il faudroit juger la même chofe à l'égard d'une femme à qui on auroit délivré fes droits fur les meubles & conquêts, après la féparation de corps & de biens

---

l'infini : fyftême abfurde, mais néceffaire, puifque ces rentes font affectées à la fûreté du premier créancier ; d'ailleurs, fi la rente conftituée fut autrefois, en Normandie, une efpece d'impignoration d'un fonds affimilée par l'eftimation à une vente, cette maniere de conftituer a depuis long-temps ceffé d'être en ufage ; auffi la Province demanda au Roi, dans fes cahiers de Remontrances aux Etats de 1643, que les rentes conftituées fe partageaffent fuivant la Coutume du domicile du créancier, pour ôter, difoit-elle, les occafions de difcordes réfultantes du partage relatif à la fituation des biens du débiteur : cet article important a été négligé. On ne peut tirer aucune induction, en faveur de notre Jurifprudence actuelle, de l'Article CXXXIX du Réglement de 1666 ; il n'a pour objet que le cas du decret des rentes conftituées, & il tend uniquement à faire connoître la fûreté de l'objet expofé en vente. Quoiqu'il en foit, la Cour a le pouvoir d'y déroger. M. l'Avocat-Général Gilbert, portant la parole au Parlement de Paris en 1733, ajoutoit à toutes ces réflexions, qu'il étoit poffible de donner des deniers en conftitution de rente à un homme qui n'auroit aucuns immeubles, ou de conftituer fous feing privé, ce qui ne pourroit affecter les héritages ; tout le monde apperçoit la conféquence d'une obfervation auffi judicieufe.

(8) Comment reglera-t'on les droits de la femme fur le conquêt d'un Fief fitué dans l'étendue du Bailliage de Gifors ? Bérault dit qu'il a vu un Arrêt par lequel la Cour avoit adjugé à la femme la moitié du prix de l'acquifition ; mais il eft d'avis que la femme peut demander la licitation du Fief : cette opinion me paroît très-équitable, car puifque la femme a un droit inconteftable de propriété fur la moitié du Fief, il n'y a point de motif de lui interdire la participation d'un bon marché que fon mari aura fait.

La femme ne peut prétendre que le tiers par ufufruit des rentes hypothequees dûes hors la Province à fon mari, qui réfide en Normandie.

(9) Quand il eft queftion de liquider le mariage avenant de la fille fur le bien paternel, il femble que la femme devroit y contribuer comme héritiere de fon mari, & à raifon des acquêts dont elle prend une part, puifque ce mariage eft une dette de la fucceffion paternelle. Cependant on penfe le contraire : la fille à marier n'a aucun droit fur les conquêts de fa mere tant qu'elle vit, non plus que fes freres ; & comme la mere n'a rien à efpérer fur la légitime paternelle de fa fille, il n'y a aucun motif d'y faire contribuer la part qu'elle a eue dans la fucceffion de fon mari. Il eft vrai que fi la mere étoit fort riche, le Juge en connoiffance de caufe pourroit la forcer d'aider de fon propre bien à marier fa fille ; mais ce n'eft plus l'état de la queftion.

L'obligation folidaire & indéfinie de la femme aux dettes de fon mari, quand elle a accepté fa fucceffion, ne doit point charger fes héritiers des arrérages des rentes dûes fur les biens du mari, & échus depuis le décès de fa veuve, quand elle n'a hérité de fes acquêts que par ufufruit : Arrêt du 21 Février 1750.

jugée à caufe des mauvais traitemens de fon mari ; & qu'en ce cas ne poffédant point ces biens comme héritiere , & de plus ne s'étant fait aucun mélange
ni confufion , elle ne pourroit pas être tenue de payer les dettes de fon mari , en plus avant que la valeur des chofes qui lui auroient été adjugées en conféquence du divorce.

Il faut encore remarquer , que quand il faut régler le droit de conquêt de
la femme , fur les meubles & les immeubles , qui fe partagent fuivant la Coutume du domicile , on ne le regle pas fuivant la Loi du domicile qu'avoit la
femme lors de la célébration du mariage , mais fuivant la Loi du domicile
qu'ont eu depuis les conjoints : car dès le temps que la femme eft paffée en la
maifon du mari , elle n'a plus d'autre domicile que celui de fon mari , & elle
eft foumife à en fuivre les Loix , comme dit Chaffanée au Titre *des droits ap-*
partenans à gens mariés , §. 2 : ce qui eft conforme à la Loi *Exigere* , *ff. De*
Judiciis , qui déclare , que la femme pour la répétition de fes droits , doit agir
au domicile de fon mari : *Nec enim id genus contractus eft* , *ut eum locum po-*
tiùs fpectari oporteat in quo inftrumentum factum eft , *quàm eum in cujus domi-*
cilium ipfa mulier per conditionem matrimonii erat reditura : ce qui a été jugé
contre une veuve née & mariée à Valenciennes , qui prétendoit tous les meubles
de la fucceffion de fon mari , en vertu d'une claufe de fon contrat de mariage
qui les lui attribuoit , & qui eft autorifée par la Coutume de Valenciennes :
l'Arrêt qui fut donné en l'Audience de la Grand'Chambre , le 14 d'Août 1646,
rapporté par Bafnage , fur l'Article CCCXXX , ordonna que les meubles
feroient partagés fuivant la Coutume de Normandie , où étoit le domicile des
mariés.

Il faut enfin obferver , que quand il eft difpofé par cet Article , de la part
qu'ont les femmes aux conquêts du Bailliage de Caux , il le faut entendre comme on l'entend , du droit de fuccéder à ces fortes de biens ; lequel droit n'eft
pas limité par le diftrict ou l'étendue précife du Bailliage de Caux , mais à fon
extenfion dans les lieux qui tiennent la nature des biens de ce Bailliage , fçavoir , en trois Sergenteries de la Vicomté de Rouen , comme il eft expliqué
dans l'Article CCCXVIII : ce qui a été jugé par un Arrêt donné en Juillet
1630 , rapporté par Bérault , & qui réfout la difficulté qui pouvoit naître
des dernieres paroles de cet Article CCCXXIX , qui font entendre que les
femmes n'ont que le tiers en ufufruit aux autres Bailliages ou Vicomtés , que
de Gifors & de Caux. (10)

_____

(10) On prétend que dans les lieux où la femme n'a , dans les conquêts , qu'une part
en ufufruit , elle ne peut pas forcer les héritiers de fon mari d'y faire des réparations ; il
n'en eft pas du conquêt comme du douaire : la femme prenant part aux conquêts par ufufruit , eft à cet égard comme la femme qui y prend part en propriété ; mais auparavant d'entrer en jouiffance elle doit faire conftater l'état des biens pour la fûreté de fes héritiers.

C C C X X X.

Quelqu'accord ou convenant qui ait été fait par Contrat de mariage, & en faveur d'icelui, les Femmes ne peuvent avoir plus grande part aux Conquêts faits par le Mari, que ce qui leur appartient par la Coutume, à laquelle les Contractans ne peuvent déroger.

Puisque par cet Article il n'est pas au pouvoir des contractans de déroger aux dispositions de la Coutume, on ne doit pas s'étonner qu'on n'ait eu aucun égard aux clauses dérogatoires employées dans les contrats de mariage, afin d'établir la communauté, & donner à la femme des droits de douaire & de conquêt prohibés par la Coutume.

Mais les Auteurs qui ont écrit sur le Droit coutumier, soutiennent que la Coutume de Normandie n'a pu imposer de loi qu'aux personnes qui sont domiciliées dans son district, & non à ceux qui habitent hors de l'étendue de la Province, à qui on ne peut ôter la liberté qu'ils ont de contracter suivant l'usage de leur Pays, à l'égard des choses qui ne sont pas purement réelles, mais qui doivent être réputées personnelles; comme sont les Sociétés qui s'établissent entre particuliers, avec les conditions dont ils sont convenus, entre lesquelles Sociétés, la plus fréquente & la plus importante est celle du Mariage. Comme donc le partage des biens d'une Société ne se regle pas par une Loi générale, ni par la Coutume des lieux où ces biens sont situés, mais se fait suivant la convention des Associés; ainsi le partage de la communauté qui est autorisée par la plûpart des Coutumes, doit être indépendant de la Loi qui est particuliere aux lieux dans lesquels sont les biens acquis par les mariés, parce que ce partage dépend d'un Contrat, & ne doit pas être réputé réel, comme celui d'une hérédité, qui est ordonnée par une regle générale, indépendamment de la volonté des particuliers (1). Or la part que la femme a en Normandie, sur les

_____

(1) Comme la disposition de notre Coutume est réelle, si un mari domicilié en pays de communauté, fait des acquisitions en Normandie, la femme ne peut, après la dissolution du mariage, y prendre plus grande part que celle que notre Coutume lui donne. Le Brun, de la Commun. dit au contraire, que la communauté doit s'étendre à tous les conquêts, en quelques endroits qu'ils soient situés, *ne illudatur alterutri conjugum*, un mari feroit tous ses conquêts en Normandie; ce même Auteur, Liv. I, Chap. 2, soutient que le mari ne peut, en transférant son domicile, faire que la communauté soit régie, pour sa dissolution, par la loi du nouveau domicile acquis où la communauté se rompt; la convention de la communauté a toujours le partage pour objet & pour fin; ceux qui la contractent le font dans la vue qu'elle doit être partagée un jour; par conséquent la clause qui a établi la maniere dont ce partage doit se faire ne peut varier, c'est un droit acquis & fixe dès l'instant du mariage. De là le Brun tire une conséquence, que si le mari domicilié à Lyon vient demeurer à Paris & y meurt, la femme ne pourra pas reclamer les dispositions de la Coutume de Paris. Nous pensons que les droits de la femme sur les meubles de son mari sont réglés par le domicile des conjoints au temps de la dissolution du mariage, & ses droits sur les conquêts par la Coutume de leur situation: aussi par Arrêt du 3 Avril 1739, au rapport de M. d'Ectot, une femme dont le mari étoit mort domicilié en Normandie, fut autorisée à partager ses meubles, & eut une portion dans ses conquêts faits en cette Province, quoique le mariage eût été célébré dans le pays de droit écrit, où la communauté n'est point reçue. Un Arrêt du 9 Août 1743, au rapport de M. l'Abbé Chevalier, répand un nouveau

acquêts faits pendant le Mariage ; est un droit d'hérédité , vu qu'elle ne la peut avoir que comme héritiere , & sans s'obliger solidairement à toutes les dettes de la succession , de la même maniere que les autres héritiers de son mari y sont obligés ; étant même obligée en cas qu'elle ne veuille pas accepter cette succession , d'y renoncer par un Acte solemnel fait en Justice , & dans les délais qui lui sont prescrits par l'Article CCCXCIV. Mais les Coutumes dans lesquelles la communauté est reçue, les femmes partagent les biens de la communauté , non comme héritieres , mais en vertu du Contrat de leur mariage , par lequel ce partage est réglé ; non suivant le plus commun usage du Pays , mais suivant la paction faite entre les futurs époux , qui ont pu stipuler valablement que leur part aux biens de la communauté seroit plus grande ou moindre que la moitié. Par la même raison que cela est permis dans les contrats des autres Sociétés , suivant la Loi *si non fuerint ff. Pro socio* , & qu'il est expliqué dans les Institutes au §. *De illa* du Titre *De societate*. Outre qu'ils ont pu convenir , qu'ils ne seroient tenus des dettes l'un de l'autre , contractées avant le Mariage , comme il se doit conclure de l'Article CCXXII de la Coutume de Paris : ce qui ne préjudicie point au partage des biens de la Communauté , qui partant se fait , sans attribuer la qualité d'héritier. Mais en Normandie la veuve ne pouvant prendre part aux conquêts que comme héritiere , ce partage est absolument réel ; & conséquemment doit être fait suivant qu'il est limité par la Coutume du lieu , comme se font tous les partages des successions entre les héritiers.

Ce n'est pas déroger à la Coutume , que de stipuler que la femme aura moins de part aux conquêts ou aux meubles de son mari , que la Coutume ne lui en attribue. De la même maniere qu'on peut stipuler utilement , que la femme n'aura point de douaire , ou l'aura moindre que le tiers , qui est le douaire coutumier ; parce qu'en tous ces cas , la Coutume n'a pas défendu le moins , mais seulement le plus ; & ainsi on ne peut pas dire qu'en stipulant le moins , on déroge à la Coutume : dont on infere , que les conventions des particuliers peuvent empêcher l'effet de la disposition ordinaire de la Loi , dans les choses qui dépendent du consentement des Contractans , pourvu que leurs stipulations ne soient point contraires aux loix de l'honnêteté , ou à celles qui sont faites par une cause publique , ou à ce qui est expressément défendu par la Loi municipale. (2)

___

jour sur nos maximes : voici l'espece. Un Normand s'étoit marié à une veuve à Ypres; les conjoints avoient stipulé , dans le contrat de mariage , une soumission à la Coutume de Paris , avec dérogation à toute autre; il y étoit convenu que , dans le cas où le mari feroit des acquisitions sous des Coutumes qui auroient des dispositions contraires , le mari ou ses héritiers seroient tenus de payer à la femme ou à ses héritiers , la moitié de leur juste valeur , ou de leur céder la moitié des acquisitions ; le mari avoir , pendant le mariage , fait des acquêts en Normandie ; & dix ans après le décès de sa femme , morte à Ypres , le mari étoit retourné dans notre Province : une fille de cette femme , issue du premier mariage , y forma la demande en exécution du second contrat de mariage de sa mere ; le mari lui offroit la restitution des deniers apportés par sa femme en communauté , avec les intérêts du jour de son décès : par l'Arrêt les offres du mari furent jugées valables.

(2) La femme peut se réserver , par le traité de mariage , la faculté de disposer d'une portion de ses immeubles, comme d'un tiers à titre gratuit ou à titre onéreux ; & cette réserve est licite , parce qu'elle ne diminue point le patrimoine du mari.

Une femme peut valablement ſtipuler, que les meubles qu'elle apporte à ſon mari, feront remplacés en une certaine qualité de biens, auſquels elle aura un droit de conquêt le plus avantageux, parce qu'elle peut impoſer telle condition qu'il lui plaît à la choſe par elle donnée. Mais la clauſe par laquelle une femme auroit ſtipulé généralement, que ſon mari ſeroit tenu de faire toutes ſes acquiſitions en bourgage, ou en un certain lieu, ſeroit réputée incivile, comme privant le mari de la liberté qu'il doit avoir de diſpoſer de ſon bien indépendamment de la volonté de ſa femme.

C C C X X X I.

Le Mari doit jouir par uſufruit ſa vie durant, de la part que ſa Femme a eue en propriété aux Conquêts par lui faits conſtant le Mariage, encore qu'il ſe remarie.

La femme peut ſtipuler que le mari employera une ſomme de deniers, qu'elle lui apporte, dans une acquiſition en bourgage; mais ſi le mari acquiert ſous la Coutume générale, la femme ne peut demander que la moitié des deniers de l'apport fait à ſon mari, avec les intéréts du jour de la diſſolution du mariage. Dans l'eſpece de l'Arrêt du 20 Mars 1620, cité par Béraulr, les héritiers de la femme y avoient limité leurs concluſions, & elles furent ſuivies.

Il eſt permis de ſtipuler en ſe mariant, que la femme ne prendra aucune part dans les meubles & acquêts de ſon mari; la clauſe eſt très-ſage quand le mari, qui convole en ſecondes nôces, a des enfans, mais elle doit être préciſe & expreſſe. Baſnage.

Le mari, par la même raiſon, peut ſtipuler que la femme aura, ſur les meubles & acquêts, des droits moins étendus que ceux que la Coutume lui défere; mais cette reſtriction n'aſſujettit pas la femme à des charges que la Coutume ne lui impoſe point; & ſi le mari a limité la part de ſa femme à celle d'un de ſes enfans mâles, on ne doit pas conclure, pour établir l'égalité, que la femme doive contribuer à la légitime des filles arbitrée ſur le bien paternel: Arrêt du 5 Août 1730, ſur un renvoi du Conſeil.

Il a encore été jugé, par Arrêt du 17 Janvier 1731, au rapport de M. de Saint Gervais, que la renonciation de la femme à prendre part aux meubles, après le décès de ſon mari, n'entraîne pas la privation de ſa part dans les conquêts. On oppoſera peut-être contre cet Arrêt, que la femme, en portant ſon mari à faire des conquêts en bourgage, rendra l'effet de la clauſe inutile, & que le mari, en ſtipulant l'excluſion du mobilier, a ſtipulé ſur l'objet le plus préſent & le plus ordinaire: *minùs dictum quam cogitatum*; mais on n'étend point, par induction, une clauſe dérogatoire à une autre. Le mari pouvoit, en ſe mariant, ne retrancher à ſa femme aucuns de ſes droits coutumiers; ſi la femme exclue des meubles, a une part dans les conquêts, c'eſt que le mari n'a pas voulu la lui ôter.

Au ſurplus, la reſtriction par contrat de mariage des droits coutumiers de la femme, ne nous eſt pas particuliere; il eſt permis, dans le pays de communauté, en contractant mariage, de réduire la femme à une certaine ſomme pour tout droit de communauté; un pere, en ſe mariant, peut à plus forte raiſon, réduire ſa ſeconde femme à une certaine part dans la communauté qui ſoit au-deſſous de la moitié. *Voyez* Anne Robert, Liv. 4, Chap. 1. Tronçon, ſur l'Art. CCLXVII de Paris; Dufreſne, Liv. 2. Chap. 40. Renuſſon, dern. édit. page 73.

C C C X X X I I.

Le Mari & ses héritiers peuvent retirer la part des Conquêts ayant
appartenu en propriété à sa Femme, en rendant le prix de ce qu'elle
a coûté, ensemble des augmentations, dans trois ans du jour du décès de ladite Femme.

Ces deux Articles font connoître, que la propriété que la femme a sur les conquêts,
n'est pas pleine ni irrévocable, puisqu'elle est sujette à l'usufruit du mari survivant, &
que d'ailleurs elle est retrayable, par le mari & ses héritiers. (1)

On a demandé si l'Article CCCXXXII, qui semble proposer le cas du prédécès de la femme, se doit étendre au cas contraire du prédécès du mari ? c'est-
à-dire, si la femme survivante peut être dépossédée du conquêt pendant sa vie,
par le retrait qu'en feroient les héritiers du mari, dans les trois ans ensuivans
la dissolution du mariage. Cette question peut être faite & en faveur de la femme & contre son intérêt, parce que la femme peut prétendre que son droit
de conquêt lui étant attribué comme un effet de la société conjugale, elle ne
doit pas être frustrée pendant sa vie de la jouissance de ce qui doit être présumé acquis par la contribution de son industrie & de son bon ménage : Par
la même raison que le mari a cette jouissance à titre d'usufruit, par l'Article
CCCXXXI, dont on concluroit, que les héritiers du mari ne pourroient
exercer la faculté qu'ils ont de retirer la part de la femme, qu'après son décès. Mais d'ailleurs, si l'on dit que ces héritiers peuvent absolument & sans
distinction user de ce droit de retrait, trois ans après le décès de la femme ;
il s'ensuit que pendant tout le temps de la vie de la femme (qui peut être
long) & même trois ans après ce temps, la propriété de la femme demeure
incertaine & en suspens : de sorte qu'elle ni ses héritiers ne pourront non-seulement vendre ni engager le fonds, mais même y faire tous les changemens
qu'ils pourroient désirer pour leur utilité, ou pour leur divertissement : ce qui
est fort répugnant au droit de propriété que la Coutume donne à la femme.
Pour concilier ces difficultés, il semble qu'on pourroit répondre que la femme ne doit point être dépossédée, contre sa volonté, des conquêts, & qu'elle
en doit jouir pendant sa vie ; mais que si elle veut s'assurer irrévocablement
la propriété, elle doit sommer les héritiers de son mari, & faire juger, que
faute par eux de mettre à exécution leur droit de retrait dans les trois ans
prochainement

(1) La Coutume semble se repentir d'avoir accordé à la femme un droit de propriété dans
les conquêts de bourgage, & en quelques autres endroits de la Province ; aussi rend-elle
cette propriété révocable à la volonté du mari & de ses héritiers, & elle proroge le temps de
la révoquer bien au-delà du délai prescrit à tout autre retrait légal : ce qui surprend davantage,
ce n'est pas que le mari retire la part des conquêts sur les héritiers de sa femme, c'est qu'il
domine encore étant au tombeau, & qu'il transmette à des héritiers collatéraux, & même
éloignés, le droit hétéroclite & singulier de déposséder sa femme d'un bien qu'elle tient
de la Coutume, en sorte qu'elle trouve dans la même loi un titre qui fonde & qui détruit,
pour ainsi dire, ses prétentions. On ne peut avoir une preuve plus certaine de l'étendue du
pouvoir du mari sur les conquêts.

prochainement venant, ils n'y feront plus recevables. Mais on peut dire, avec une raifon plus vraifemblable, que le retrait accordé aux héritiers du mari, de la part des conquêts appartenans à la femme, n'eft qu'au cas de prédécès de la femme; car quand elle furvit à fon mari, la propriété de fa part eft pleinnement confirmée; de forte qu'elle n'en peut être privée de la jouiffance, ni fes héritiers après fa mort. Ce qui paroît plus équitable, & plus conforme à l'Article de la Coutume, qui n'attribue ce retrait au mari & à fes héritiers, que dans le cas de la femme prédécédée. (2)

Au refte, le mari ou fes héritiers ufant de cette faculté, doivent retirer toute la part des conquêts échue à la femme ou à fes héritiers, & ne peuvent pas en retirer une partie & laiffer l'autre; ce qui a été jugé par un Arrêt du 19 de Juillet 1652.

Le mari retirant doit rendre tout le prix qu'a couté la part de l'héritage qu'il retire, fans pouvoir en faire aucune diminution, fous prétexte de l'ufufruit qui lui en appartient, comme il a été jugé par plufieurs A rêts: il doit même rendre ce prix dans le délai de trois ans, & il ne fuffit pas qu'il ait intenté fon action dans les trois ans, par un Arrêt du 26 de Février 1619. Tous ces Arrêts font rapportés par Bafnage. (3)

Il en rapporte un autre du 3 d'Avril 1635, par lequel il a été jugé que ce droit de retrait fe transféroit à tous les repréfentans les héritiers du mari, en quelque degré qu'ils foient parens, fans confidérer l'ordre de fuccéder qui s'obferve aux retraits lignagers: de forte que les defcendans de ces héritiers, quoique plus éloignés, & du fexe féminin, concurrent avec les héritiers mâles à faire ce retrait, qui n'eft pas accordé par le droit de lignage, mais par un droit particulier & propre des conquêts: car il ne fuffit pour faire le retrait, d'être parent du mari, il faut être fon héritier; de forte que les parens n'ont

---

(2) Le retrait demi-denier introduit par l'Article CLV de la Coutume de Paris, n'a aucun rapport avec les difpofitions de notre Coutume, que par le rembourfement néceffaire de la moitié du prix des acquêts & des frais & loyaux coûts: Loüet & Brodeau, Lett. R. Chap. 40; du Moulin, fur l'Art. CCCXL de la Coutume de Poitou; de L'hommeau, Liv. 3, Max. 241.

Ainfi nous n'admettons point, comme à Paris & dans plufieurs Coutumes, une faculté, en faveur de la femme, de pouvoir retirer les conquêts faits dans fa ligne ou dans la mouvance de fon Fief. Nous rejettons l'opinion de Terrien, Liv. 6, Chap. 2, qui confond avec la donation faite d'un immeuble à fon préfomptif heritier, l'acquifition qu'il en auroit pu faire à prix d'argent; fi la donation eft confidérée comme un avancement d'hoirie, le prix, qui eft l'image du fonds, écarte abfolument cette idée.

La femme, par des fommations, ne peut abréger le temps qui eft donné aux héritiers du mari pour faire le retrait de l'Article CCCXXXII; mais les héritiers du mari ne peuvent dépoffeder la femme pendant fa vie, fa jouiffance doit être égale en durée à celle que fon mari a de fa portion: Arrêts des 24 Janvier 1692 & 21 Août 1724.

Le texte de la Coutume nous fait comprendre qu'il ne fuffit pas d'intenter cette action dans les trois ans du jour du décès de la femme; mais que le rembourfement doit être fait dans le même temps. Bérault dit que la queftion a été ainfi jugée par Arrêt du 6 ou 26 Février 1619.

(3) On comprend, fous le nom des augmentations dont, au temps du retrait, on peut demander récompenfe, fuivant nos maximes, les décorations, les embelliffemens que le mari, pendant la durée de fon mariage, ou la femme après fa mort, auroit fait fur les fonds; de forte qu'ils en feroient plus précieux. Bérault. Le mari ou fes héritiers doivent, après le retrait, entretenir les Baux faits par la femme fans fraude.

Tome I. Zz

pas un droit femblable à celui qui leur eft attribué par l'Article CCCCLXXIII ;
pour le retrait de lettre-lue ; il faut qu'ils foient héritiers, & partant que la
fucceffion du mari leur foit échue : *Quod videri poteſt malè judicatum* ; parce
que ce que le mari retire à droit de conquêt, les héritiers ou leurs repréfentans, ne le retirent que comme une dépendance de fa fucceffion, en laquelle
conféquemment on doit obferver l'ordre établi par la Coutume, pour les
retraits lignagers & pour les fucceffions.

Sed quid ? S'il y a divers héritiers, les uns au propre, & les autres aux
accquêts, pourront-ils concurrer à ce retrait ? *Videtur quod non*, & que les
héritiers aux acquêts y doivent être préférés, parce que ce droit de conquêt
eft une dépendance de la fucceffion aux acquêts : car même quand le mari
ufe de ce retrait, l'héritage qu'il retire eft un acquêt à l'égard de fes héritiers,
non toutefois à l'égard de la femme qu'il auroit époufée en fecondes nôces,
parce que cette acquifition doit être confidérée comme faite *ex antecedente
caufa*, de ce fecond mariage ; & partant il fembleroit, que cette femme ne
pourroit avoir aucun droit propriétaire ou foncier fur l'héritage ainfi retiré,
mais feulement une action pour répéter la moitié du prix. Ce nonobftant,
Bafnage rapporte un Arrêt du 22 de Février 1674, qui adjugea à la femme,
droit de conquêt fur l'héritage.

Mais quand les héritiers du mari retirent la part du conquêt de la femme,
eft-ce un propre, comme cenfé faire une part de la fucceffion du mari, &
être déféré aux héritiers par un droit fucceffif ? Il y a raifon de douter, d'autant que ces héritiers, à parler proprement, ne pofféderoient pas ces conquêts
par droit fucceffif, aux termes de l'Article CCCXXXIV ; mais par droit de
l'acquifition qu'ils en auroient faite, fans y être engagés par l'addition de l'hérédité : mais on dit au contraire, que retirant comme héritiers, & par conféquent à droit de lignage, l'héritage retiré eft réputé un propre, par l'Article
CCCCLXXXIII. (4)

---

(4) Il paroît que Pefnelle critique mal-à-propos l'opinion de Bafnage, & l'Arrêt que ce Commentateur rapporte : rien de plus facile à comprendre. Le retrait que le mari fait de la part de fa
femme dans les conquêts, eft une nouvelle acquifition ; lorfque ce retrait eft exercé pendant
un fecond mariage, la femme y prend part ; fi le mari meurt fans l'avoir exercé, & dans les délais de la Coutume, la faculté s'unit à fa fucceffion aux acquêts, dont elle eft une portion &
une dépendance néceffaire ; quand, après un premier degré de fucceffion, le temps prefcrit
pour en faire ufage n'eft point encore épuifé, l'héritier de celui qui a partagé la fucceffion aux
acquêts du mari l'exercera par proportion avec la part dont fon auteur a hérité aux acquêts, &
on ne doit avoir aucun égard à la proximité du degré ; l'exemple qu'en donne Bafnage eft frappant : Une niece, fille d'un frere, avoit fuccédé aux acquêts du mari avec fes oncles, freres
du défunt ; après fa mort le fils de cette niece voulut intenter cette efpece de retrait concurremment avec fes coufins iffus des oncles ; ils foutenoient qu'il étoit plus éloigné qu'eux
du défunt d'un degré, & qu'il ne pouvoit venir au retrait ni de fon chef, ni par repréfentation ; il repliquoit qu'il avoit trouvé cette faculté dans la fucceffion de fa mere, & qu'elle
la lui avoit tranfmife : par Arrêt du 3 Avril 1635, il fut admis avec eux au retrait.
Cependant l'efpece de l'Arrêt du 22 Février 1674, cité par Pefnelle, mérite d'être remarqué. Une veuve ayant un fils de fon premier mariage, convola en fecondes nôces ; le fecond
mari acquit, étant marié, des biens de bourgage, où la femme eut part : après la mort de la
femme, les enfans du fecond lit partagerent cette part avec leur frere utérin, mais ils retirerent
ce qui lui en étoit échu. Un des freres de pere & de mere mourut, & le frere utérin prétendit fuccéder dans la portion des conquêts que ce frere avoit retiré : les freres de pere & de mere fur-

C C C X X X I I I.

Avenant que le Mari confifque, la Femme ne laiffe d'avoir fa part aux meubles & conquêts, telle que la Coutume lui donne, comme fi le Mari n'avoit confifqué.

La femme eft préférée au fifc pour fes droits de conquêt, comme les enfans le font pour leur légitime. Ce qui a été jugé en la Coutume de Paris, conformément à l'avis & aux raifons de du Moulin, qui fe donne la gloire d'avoir fait autorifer cette décifion: *Injuftum eft ut mulier perdat mediam partem mobilium & conqueftum, quam extraneus focius non perderet*, Loüet, C. 35 & 52; mais cela ne fe doit entendre, qu'au cas de la confifcation générale jugée pour crime, lorfque le mari eft devenu efclave de la peine, & eft privé des effets de la fociété civile & conjugale. Car fi les héritages du mari étoient réunis au Fief du Seigneur, pour commifé, en ce cas, la part qu'auroit pu prétendre la femme en ces héritages, feroit perdue pour elle; parce que le mari peut, par fa mauvaife conduite & fon imprudence, perdre tous fes meubles & toutes fes acquifitions: *cùm hoc procedat magis ex natura & conditione rei huic oneri affectæ quàm ex punitione delicti*; du Moulin fur l'Article XLIII de la Coutume de Paris, nomb. 88. (1)

---

vivans foutinrent que cette part étoit un bien paternel, & qu'elle avoit été retirée fur le frere utérin au droit du pere: par l'Arrêt le frere utérin fut admis à fuccéder feulement à la part des conquêts que le frere de pere & de mere avoit hérité du chef de fa mere.

(1) La Glofe, fur notre ancien Coutumier, qui préfente le tableau des ufages de nos peres, pofe, Chap. 23, comme une maxime reconnue, que la confifcation du mari fait décheoir la femme de fes droits coutumiers. » Item fur ce Chapitre on peut faire une telle quef- » tion, dit la Glofe, fçavoir, fe ceux qui font condamnés de condamnation capitale, forfont » tous leurs meubles, & fe leurs femmes & leurs enfans étant en leur pouvoir paternel, en » doivent avoir leur part, l'en doit répondre qu'ils forfont tout.» Pithou, fur l'Art. CXXXIII de la Coutume de Troyes, dit que cette Jurifprudence a été abolie chez les Parifiens par privilége fpécial accordé par le Roi Charles VII le 26 Décembre 1431, vérifié en Parlement le 23 Décembre 1434. » Si aulcun homme marié, ce font les termes du privilége, demeurant en » ladite Ville (de Paris), confifque pour crime aultre que leze-Majefté, dont la confifcation » appartienne au Roi, la moitié des meubles, debts & conquêts demeure à la femme avec fon » douaire. Reg. 7, fol. 25. » Le Brun, de la Comm. Liv. 2, Chap. 2, fect. 3, n. 2, dit que ce privilége a été accordé au Prevôt des Marchands, & aux Echevins de Paris par Henri VI, foi-difant Roi de France & d'Angleterre, & qu'il eft enregiftré au Regiftre du Parlement intitulé: *Barbines*. C'eft auffi ce que dit Lauriere fur Loifel. Quoiqu'il en foit, ce privilége n'avoit point été enregiftré en l'Echiquier, comme ne concernant que la ville de Paris, où il ne l'étoit pas au temps de la rédaction de la Glofe fur notre ancien Coutumier; il ne fut pas même pratiqué à Paris, parce qu'il ne paroiffoit porter que contre le Domaine du Roi, & non pas contre les Seigneurs particuliers, nous l'apprenons de du Moulin. Cet Auteur s'exprime ainfi fur Bourgogne, des Confifcations, Art. X, *verb*. ou par Coutume, *fcilicet etiam*, la moitié de la Communauté, & *quanvis aliter practicaretur Parifiis, tamen morem illum corrigi fecit & contra fifcales etiam per arreftum judicari, anno 1532.*

Bafnage rapporte un Arrêt du 21 Mars 1656, qui décharge la femme ayant pris part aux meubles & acquêts des intérêts jugés pour le crime de fon mari. Bérault penfe que la part de la femme héritiere n'eft pas fufceptible de l'amende, mais qu'elle l'eft de l'intérêt civil, qui prend hypotheque du jour de l'action, ou du moins du temps des Procédures, que l'on re-

C C C X X X I V.

Tous Acquêts font faits propres à la perfonne de l'Héritier qui premier les poffede à droit fucceffif.

C'eft une répétition de l'Article CCXLVII.

garde comme la conteftation en caufe en matiere criminelle ; il n'en eft pas de même des paraphernaux de la femme renonçante.

La femme qui confifque ne peut envelopper dans la confifcation la part qu'elle auroit eue en propriété dans les conquêts, parce que, de droit commun, les femmes n'ont rien aux conquêts qu'après le décès de leurs maris ; & que la tranfmiffion accordée aux héritiers de la femme, éft une faveur qui ne s'étend point au fifc.

CHAPITRE QUATORZIEME.

DE PARTAGE D'HÉRITAGE.

APRÈS que la Coutume a fait connoître dans les trois Chapitres immédiatement précédens, les différences des successions à l'égard des lignes directes & collatérales, à l'égard des personnes mâles ou femelles, à l'égard des biens, soit à raison de leur qualité, comme Fiefs ou Rotures, propres ou acquêts & conquêts, soit à raison de leur situation, comme dépendans de la Coutume générale, ou de la Coutume de Caux, ou étant en bourgage : elle fait un quatrieme Chapitre, qui est celui-ci, dans lequel elle propose des choses communes à toutes ces différentes matieres. (1)

On le peut diviser en quatre parties. La premiere, contient l'inégalité des partages, tant par l'option des préciputs, que par les autres avantages qu'ont les aînés : elle est comprise dans dix-neuf Articles ; sçavoir, dans les dix-sept premiers & les CCCLV & CCCLVI. La seconde, prescrit ce qu'on doit observer pour faire les partages ; elle se traite en trois Articles, qui sont le CCCLII & les deux suivans. La troisieme partie reprend ce qui est de particulier pour les filles, soit qu'elles soient seules héritiers, soit qu'elles soient reçues à partager avec leurs freres, soit qu'elles ayent un mariage avenant : cette partie est renfermée dans l'Article CCCLVII & les sept suivans. Quant à la quatrieme, elle est des dots des femmes, en tant qu'elles doivent être

---

(1) Il y a des Coutumes qui reglent le partage par la considération de la qualité des personnes & celle des biens réunies ; cette maniere de partager a de grands inconvéniens. *Voyez* d'Argentré, du Partage des Nobles ; Hévin, sur Frain ; du Pinau, sur Anjou, Art. CCLII.& CCLIII ; les Commentateurs, sur la Coutume du Maine, Art. CCLXX, CCLXXI & CCLXXII. Parmi nous les biens se divisent suivant leur qualité, sans distinction entre les Nobles & les Roturiers. Nous regardons les successions comme des choses réelles ; & il nous paroît, par exemple, bien singulier qu'en Bretagne deux enfans d'un premier lit partagent roturierement la succession de leur mere, & que deux autres enfans sortis d'un second mariage partagent entr'eux la même succession noblement, selon la qualité des mariés.

M. le Président de Montesquieu se rapproche de la Coutume de Bretagne ; il soutient, comme elle, que l'usage des préciputs n'est pas bon dans toutes les conditions ; qu'il tend, par exemple, à détruire le commerce en introduisant l'inégalité parmi les enfans d'un même pere. M. le Président Hainault s'explique encore plus clairement ; voici ses propres termes : » Un Gentilhomme veut perpétuer son nom, & doit, suivant le préjugé, transmettre sans » partage tous ses biens à son aîné ; un Commerçant, dont la passion est l'étendue du com- » merce & l'accroissement des biens dans sa famille, doit, au contraire, partager entre ses » enfans les richesses qu'il a acquises, pour que chacun soit en état de le représenter, & pour » pouvoir, par eux, multiplier ses talens & son crédit. La Coutume de Normandie est né- » cessaire dans les vues du premier, & la Loi & la Coutume doivent faire un partage égal » dans la famille du second ». Abregé chronologique ; Remarques particulieres sur la troi- sieme Race.

reprifes fur les biens propres des maris, fans diminution du droit qu'ont les femmes aux partages des acquêts & des meubles ; ce qui fe fait en vertu de la confignation qui en a été faite, & eft contenue dans les deux derniers Articles de ce Chapitre.

La premiere partie, qui eft fubdivifée par la confidération des préciputs, & par la déclaration des autres avantages qui font attribués aux aînés, peut être expliquée fuivant l'ordre de la Coutume ; c'eft-à-dire, en commençant par les préciputs. Ils ont été introduits pour maintenir les familles, principalement les Nobles, dans leur éclat & leur dignité : (*Dat cenfus honores, cenfus amicitias, pauper ubique jacet,*) en empêchant que les principaux biens ne foient diffipés par le partage des cohéritiers, & en les tenant toujours réunis en la perfonne des aînés. C'eft pourquoi les préciputs ne font pas des avantparts ou **hors-parts**, comme ils font par la notion qu'en donne le Droit civil, ou par les autres Coutumes, dans lefquelles les aînés qui ont un préciput, partagent les autres biens de la fucceffion avec leurs cohéritiers, fans être tenus de contribuer aux dettes à raifon de la valeur de leur préciput, qui eft comme une portion privilégiée par la Loi, exempte du partage & de la contribution des charges communes à tout le refte des biens de la fucceffion ; Coutume de Paris, Articles CCCXXXIV, Loüet, D. 16. C'eft pourquoi ce préciput étant attribué à l'aîné d'une maifon, il n'y en a qu'un feul dans toute une fucceffion, & il n'y en a point que dans les fucceffions directes; Loüet, E. 7. & fon Commentateur, Coutume de Paris, Articles CCCXXVII & CCCXXXI.

Mais tout le contraire fe remarque en Normandie, où les préciputs font toute la part héréditaire de ceux à qui ils font déférés par droit d'option : car ils excluent de prendre part aux autres biens immeubles de la fucceffion commune, par l'Article CCCXXXVIII, ils obligent au payement des dettes & aux charges de cette fucceffion, à proportion de leur valeur, & de l'avantage qu'ils donnent à ceux qui les ont optés, par l'Article CCCLXIV. Il y en peut avoir plufieurs dans une même fucceffion, tant en ligne directe qu'en la collatérale, par les Articles CCCXVIII & CCCXXII, & enfin ils font accordés non-feulement aux aînés ou à ceux qui les repréfentent, mais même aux plus âgés des puînés, fuivant leur aînefte; c'eft-à-dire, en leur rang, qui eft fuivant l'âge, par l'Article CCCXXXIX.

De plus, s'il n'y a qu'un Fief pour tout en une fucceffion fans autres biens, il appartient à l'aîné ; & tous les puînés ne peuvent en ce cas, avoir qu'un ufufruit du tiers du Fief, les charges de la fucceffion déduites, par l'Article CCCXLVI. Après ces obfervations générales faites fur les préciputs, il en faut confidérer les ufages & les exceptions, fuivant qu'elles fe rapportent aux Articles de ce Chapitre.

C C C X X X V.

En Normandie il y a Héritage partable, & Héritage non partable.

CCCXXXVI.

Tous Fiefs nobles font impartables & individus ; néanmoins quand il n'y a que des Filles héritieres, le Fief de Haubert peut être divifé jufqu'en huit parties, chacune defquelles huit parties peut avoir droit de Cour & Ufage, Jurifdiction & Gage-Plege.

Quand la Coutume déclare que les Fiefs font impartables, ce n'eſt qu'afin que les préciputs qu'elle attribue aux aînés des familles, foient de plus grande valeur, & les principaux biens des fucceffions ; car les Fiefs ne font pas impartables de leur nature, puifqu'ils fe peuvent partager entre les filles, lorfqu'elles font feules héritieres, & jufqu'en huit portions, dont chacune peut avoir Cour & Ufage, Jurifdiction & Gage-Plege, par les Article CCCXXXVI & CCCLX, ce qui eſt le fondement de la tenure par parage, par l'Art. CXXVII. De plus, les Fiefs fe peuvent partager entre les mâles cohéritiers, quand aucun d'eux ne les veut opter par préciput, comme il s'infere de l'Art. CCCXLII. Le fifc même, ou les créanciers n'ayant pas l'option des préciputs, à la repréfentation des confifqués ou des débiteurs, aux droits defquels ils font fubrogés, doivent partager également avec les héritiers, par l'Article CCCXLV. Ce qui fait conclure qu'en ce cas les Fiefs ne font pas abfolument impartables ; car quoique l'effentiel des Fiefs, qui confifte dans la Seigneurie & la Juftice, ne fe partage point, finon entre filles lorfqu'elles font feules héritieres ; néanmoins ce qui eſt le matériel & l'accident des Fiefs fe peut partager ; c'eſt-à-fçavoir, le domaine non-fieffé & les redevances annuelles, de la même maniere que le propriétaire du Fief le peut défunir & comme démembrer, par l'Article CCIV. Ce nonobftant, il faut tenir que fuivant l'intention de la Coutume, les Fiefs ne doivent pas être partagés, mais être maintenus dans leur intégrité, comme il paroît par les Articles DLXVII & DLXVIII, & les remarques qui y ont été faites ; & fur l'Article CCCXCIX, à l'égard du tiers légal, qui ne peut être prétendu en effence, quand toute la fucceffion ne confifte qu'en un Fief. (1)

_____

(1) Tant que les honneurs, les bénéfices ou les Fiefs demeurerent amovibles ou à vie, dit le célebre M. de Sozzi, ils furent réglés par les feules Loix politiques ; mais, fuivant l'obfervation de l'Auteur de l'Efprit des Loix, Liv. 31, Chap. 33, dès qu'ils devinrent une efpece de biens que l'on put mettre dans le commerce, que l'on eut la liberté de donner ou de vendre, ils furent réglés par les Loix politiques & les Loix civiles & féodales ; par celles-là en ce qui concerne le droit public, les obligations envers l'Etat, lefquelles appartiennent uniquement à la Souveraineté : par celles-ci, qui prirent alors naiffance, en ce qui concerne le droit privé, le droit refpectif du Seigneur au Vaffal, les conventions, les ufages, &c. M. Renaudon, Traité hiſt. & prat. des Droits Seign. Liv. 2, Chap. 1, rapproche encore cette idée d'une maniere plus analogue à nos ufages : » Lorfque les Fiefs furent devenus héréditaires & patrimoniaux, la Couronne, qui étoit le Fief principal, le devint également; » il fut donc néceffaire d'imaginer des Loix pour régler la fucceffion des Fiefs & de la Couronne : alors la Loi féodale, dit M. le Préfident de Montefquieu, força la loi politique & » la loi civile, il fallut, dans le partage des Fiefs, affurer le Service militaire, qui en dépendoit ; on en chargea l'aîné de la famille : de-là les grands avantages que donnent les » différentes Coutumes à l'aîné fur cette forte de biens ». J'ajoute à la réflexion de l'Auteur,

CCCXXXVII.

Le Fils aîné, au droit de fon aîneffe, peut prendre & choifir par préciput, tel Fief ou Terre noble que bon lui femble, en chacune des fucceffions, tant paternelle que maternelle.

Ce droit de prendre un préciput dans chacune des fucceffions, tant paternelle que maternelle, a été étendu au-delà de ce qu'on pourroit juger par les termes de cet Article : car il fembleroit qu'un aîné ne pourroit prendre qu'un préciput en chacune de ces fucceffions, d'autant plus que ce même droit fe trouve limité par l'Article CCCXLVII, qui établit une confufion des fucceffions paternelles & maternelles, dans un certain cas qui eft propofé, expreffément pour empêcher que l'aîné n'ait l'avantage de prendre deux préciputs; c'eft-à-fçavoir, un en chacune defdites fucceffions : ce qui fera plus amplement expliqué fur ledit Article. Mais il eft d'un ufage certain, qu'un aîné peut prendre deux préciputs dans une feule fucceffion, foit paternelle, foit maternelle, lorfque

---

fans vouloir difcuter les Loix qui concernent la fucceffion à la Couronne, que de-là s'eft établie parmi nous l'indivifibilité des Fiefs.

La divifion des Fiefs, dit l'Auteur du Journal du Palais, tome 1, diminue & affoiblit les familles nobles, & les fait tomber dans l'indigence; fans le fecours des richeffes il eft impoffible que la Nobleffe fe foutienne dans cet éclat qui la rend fi recommandable, ni qu'elle puiffe fervir utilement dans la profeffion des Armes, qui la fait confidérer comme une des plus fermes colonnes de l'Etat, & comme un rempart contre les entreprifes & violences des ennemis : or, pour prévenir cet inconvénient, les droits des aînés & des mâles qui confervent les familles ont été établies dans toutes les Coutumes de France; & comme il n'y a point de Province où la Nobleffe fe foit acquis plus de confidération qu'en celle de Normandie, c'eft auffi pour cela qu'on y a pris un foin particulier d'y étendre les droits d'aîneffe fur les Terres nobles & de dignité.

D'Argentré, fur l'Article DXLIII de fa Coutume, dit que l'indivifibilité des Fiefs des Chevaliers fut établie en Bretagne par une Affife tenue fous le Duc Geoffroi, *quo nomine intelligebant*, les Fiefs des Chevaliers, *ut hodiè quoque Normanni vocant, quibufcum multa de jure patrio conveniunt*, les Fiefs de Haubert, un plein Fief de Chevalier, un tiers, un quart, un feptieme, *additum ut folidum dominium talium in primogenitos veniret, neve in portionem ullam fecundò geniti vocarentur; nam fœminei fexûs prolem vifum fatis effe matrimonio elocari, de fecundo genitis id tantum cautum ut primogeniti confulerent, quod quantumque illis fatis effet, pro facultatibus modus arbitrio primogeniti relictus.*

La plupart des Coutumes admettent la divifibilité des Fiefs avec une part avantageufe pour l'aîné; on ne fçauroit croire combien il en réfulte d'inconvéniens. Dans le fecond degré de fucceffion, la part du cadet fe fubdivifera, & dans trois ou quatre générations un Fief de peu d'étendue formera une multitude de petits Fiefs indépendans les uns des autres : car tous releveront du Seigneur dont relevoit le Fief étant en fon intégrité; les tenures feront également divifées, de forte qu'il ne fera pas rare qu'une cenfive de quelque confidération foit dans la mouvance de trois ou quatre Seigneurs; ce qui en rend la poffeffion très défagréable. Ces principes s'écartent de la conftitution des Fiefs; on tâche d'y remédier par des fubftitutions.

Il y a des biens indivifibles par convention. On peut fieffer un fonds à condition qu'il paffera au fils aîné du fieffataire fans divifion; & on ne peut regarder cette difpofition comme un avantage indirect du preneur à fieffe en faveur de fon aîné, d'autant que la convention dépend de la volonté d'un tiers; on peut auffi donner fous la même condition.

(r)

lorfque cette fucceffion eft compofée de biens fitués hors Caux & en Caux : car ces biens qui font partie d'une même hérédité , font néanmoins réputés provenir comme de deux fucceffions , en tant qu'on en fait les partages féparément ; de maniere que les aînés peuvent prendre deux préciputs , l'un fur les biens hors Caux , & l'autre fur les biens de Caux , comme fi c'étoient deux fucceffions diftinctes & féparées : ce qui fe pratique tant en ligne directe qu'en la collatérale , & tant à l'avantage de l'aîné , que de quelques-uns des puînés qui ont un droit d'aîneffe , fuivant l'expreffion dudit Article CCCXXXIX.

Or ce droit d'opter des préciputs , appartient de telle maniere aux aînés , que quoique les peres & meres puiffent en quelque-temps que ce foit , changer la qualité & la fituation de leurs biens , à deffein de priver leurs enfans des préciputs qu'ils auroient droit de prendre , en vertu de cet Article CCCXXXVII , (parce que la caufe qui oblige les peres & meres à faire ces changemens , n'eft pas imputée à une haine injufte , mais plutôt à un amour égal envers tous leurs enfans , & à un defir de légalité qui convient à l'équité , que les particuliers , auffi-bien que les Légiflateurs doivent rechercher ;) ils ne peuvent néanmoins , par dons ou avancemens qu'ils faffent de leurs biens à quelques-uns de leurs enfans , priver leurs aînés de ce droit de préciput : ils ne peuvent pas même y faire renoncer valablement les aînés , parce que quelque renonciation ou ceffion qu'ils euffent faites , leur pere vivant , ils pourroient après la fucceffion échue , opter les préciputs qui leur font accordés par la Coutume. (1)

---

(1) Les Auteurs de Paris ne fe concilient pas facilement fur l'effet que l'on doit donner à la renonciation faite par l'aîné à fon droit d'aîneffe pendant la vie de fon pere. Le Brun , des Succeffions , Liv. 2, Chap. 2, fect. 1, n. 39, dit que l'on a toujours jugé que le confentement de l'aîné n'autorife pas la tranflation du droit d'aîneffe , à moins qu'il ne foit en pleine majorité , auquel cas il peut céder l'efpérance de fon droit d'aîneffe , ou plutôt prêter fon confentement à la difpofition du pere , comme il pourroit renoncer à la fucceffion entiere de fon pere , pourvu que fon pere y donnât encore fon confentement , fuivant la Loi dern. Cod. de Pad. fi ce n'eft que le pere ne difpofe du droit d'aîneffe , & ne le transfere par un teftament & fur le point de fa mort : car en ce cas , le confentement de l'héritier majeur paroît extorqué comme en matieres de donations faites à perfonnes prohibées. Sur ce fondement, le Brun ajoute, n. 41 , qu'il faut dire que le fils aîné majeur peut valablement transférer fon droit d'aîneffe du confentement de fon pere , non-feulement au frere qui le fuit immédiatement , mais au dernier de tous , au préjudice des autres qui font les aînés. Brodeau , fur M. Loüet, E. Som. 7, n. 13 , ne s'éloigne pas de le Brun ; mais il foutient , n. 14, que quand l'aîné auroit prêté fon confentement exprès , & renoncé volontairement à fon droit d'aîneffe non échu , & fans crainte & impreffion , même moyennant récompenfe , le pere ne peut y toucher ni faire un partage par lequel il diminue le droit de l'aîné dans les Fiefs. Comme la Loi imite la nature , les particuliers ne peuvent changer l'ordre établi par les Loix publiques & politiques , non plus que celui des caufes naturelles ; les droits naturels, politiques & publics fe reglent par les mêmes principes, & leurs mouvemens fe conduifent par les mêmes refforts. L'enfant qui le premier a impofé le titre augufte de la nature , c'eft-à-dire , le nom de pere à celui qui lui a donné l'être , reçoit en même-temps celui de fils aîné , qui eft fixe & immuable dans les familles & dans la maifon paternelle. Je n'examine pas , avec fcrupule , les motifs de l'opinion de Brodeau , mais elle eft au fonds conforme à notre Jurifprudence.

Je ne crois pas qu'un pere , en acquérant un Fief , puiffe faire promettre valablement à fon fils aîné qu'il le partagera avec fes puînés. Comment un pere peut-il établir un démembrement de fief que la Coutume défend par une difpofition qui , quoique conçue affirma-

Il a même été jugé, qu'un pere s'étant démis de ses biens sur ses enfans, qui ensuite en avoient fait partage de son vivant, l'aîné pouvoit, nonobstant ce partage, demander à en faire un nouveau après la mort du pere ; tout ce qui s'étoit fait auparavant, n'étant réputé que provisoire, & les droits successifs ne devant pas être réglés suivant l'état où les biens étoient lors de l'avancement, mais suivant leur condition lors de l'échéance incommutable de la succession. Le changement qui étoit arrivé dans l'espece de cet Arrêt, (qui est rapporté par Basnage sans l'avoir daté, mais lui étant l'Avocat de l'aîné,) est qu'il étoit mort des freres, de la succession desquels l'aîné se voyoit exclu par l'option qu'il avoit faite d'un préciput, en conséquence dudit avancement : La question étoit fort douteuse, vu la démission faite par le pere, parce qu'elle l'avoit dessaisi de tous ses biens, pour en revêtir ses enfans ; de sorte qu'ils avoient pu en faire des partages irrévocables. Ce qu'on ne peut pas dire au cas d'un simple avancement, qui n'étant qu'une anticipation de la future succession, n'est pas permanent ni immuable ; parce que ceux qui ont été avancés peuvent en rapportant leur don, demander le partage de la succession, lorsque la mort du donateur a changé leur qualité de donataires en celle d'héritiers.

Après l'échéance de la succession, il n'y a pas de doute que l'aîné peut valablement renoncer au préciput qu'il avoit droit d'opter ; mais on demande, si sa renonciation peut donner ouverture au droit de préciput, à l'avantage du frere qui est le plus âgé après lui. Pour résoudre cette question, on distingue trois cas : le premier, quand le frere aîné renonce absolument à la succession échue : le second, quand acceptant la succession, il ne veut point opter le préciput pour sa part héréditaire ; & cette espece se divise en deux autres ; c'est-à-sçavoir, si dans la succession il n'y a qu'un Fief, ou s'il y en a plusieurs. Au premier cas, il est indubitable, que le second frere devient par la renonciation absolue de son aîné, le plus âgé des cohéritiers, & qu'en cette qualité il a le droit de choisir un préciput, parce que ce droit n'est pas un privilége personnel, attaché uniquement & nécessairement à la personne de l'aîné, mais est communiqué aux autres freres, lorsqu'ils sont les plus âgés,

---

tivement, a toute la force d'une disposition négative ? La question se réduiroit donc à sçavoir si le pere pourroit obliger son fils, en vertu de son consentement, à établir entre lui & ses puînés une égalité dans le partage, en détachant, au défaut des rotures, des droits utiles du fief. Je suis d'avis que nonobstant ce consentement qui n'a pas même la force d'un partage provisionnel, l'aîné seroit en état, après avoir pris des Lettres de rescision, de reclamer ses droits sur le Fief acquis par son pere : il est vrai que le pere ayant éprouvé le refus de son fils aîné, auroit pu renoncer à l'acquisition du Fief pour acquérir des rotures, mais il ne l'a pas fait. Voyez Basnage ; la Lande, sur Orléans, Art. XCI ; Boullenois, quest. 21.

Cependant Auzanet, sur Paris, Art. XV, rapporte un Arrêt de son Parlement du 11 Décembre 1621, qui décide en faveur de la validité de la renonciation. Les conventions contraires au droit public, dit cet Auteur, ne peuvent subsister ni être exécutées ; & néanmoins un pere étant sur le point d'acquérir un Fief prend un acte de tous ses enfans, tant aînés que puînés, par lequel ils demeurent d'accord de partager également le Fief en cas qu'il soit acquis ; sur la difficulté de la validité ou invalidité de l'acte, il a été déclaré valable. Auparavant de donner à cet Arrêt la force du préjugé en cette Province, il faut bien faire attention à nos Loix féodales & à l'impuissance où est le pere de déroger directement à la Coutume, qui est une portion du droit public sous lequel nous vivons.

suivant l'Article CCCXXXIX, qui autorise les autres freres chacun en leur rang à prendre des préciputs, s'il y en a plusieurs dans la succession : mais au second cas, quand le fils aîné étant héritier, veut partager la succession sans vouloir prendre le préciput, il n'exclut pas le second frere de prendre préciput dans cette même succession, pourvu qu'en icelle il y ait plusieurs Fiefs, parce que le droit de ce second frere, ne dépend point de la volonté & de la résolution de son aîné, mais lui appartient par la disposition dudit Article CCCXXXIX & du CCCXL, qui attribuent aux freres le droit d'opter des préciputs, suivant leur aînesse & leur rang, quand il y a plusieurs Fiefs dans la succession : il faut donc dire qu'en ce cas, le Fief que le frere aîné auroit pu prendre par préciput, sera mis en partage, & que le second frere demeurera réservé à prendre tel autre Fief qu'il voudra choisir, pour lui tenir lieu de sa portion héréditaire. Dont résulte la résolution du troisieme cas', quand il n'y a qu'un seul Fief dans la succession, que le frere aîné n'a point voulu choisir ; parce que l'aîné en ce cas, peut vouloir efficacement, que ce seul Fief soit mis en partage, le second frere ne le pouvant empêcher ; parce qu'il ne peut forcer son frere à prendre un préciput, qui dépend absolument de son option, & que d'ailleurs il n'a aucun droit de prendre un préciput, sinon lorsqu'il y a plusieurs Fiefs, ou que son aîné a absolument renoncé à la succession. (2)

On a de plus demandé, si les Fiefs dépendans du Domaine du Roi, dont l'aliénation renferme une faculté perpétuelle de rachat, ayant été pris par préciput, & depuis retirés par le Roi, les freres aînés qui les auroient optés, seroient obligés de rapporter le prix, pour être partagé également entr'eux & leurs freres cohéritiers : on a jugé au Parlement de Paris, que les deniers de ce rachat devoient être rapportés comme prix d'un immeuble, dont le pere n'avoit jamais été propriétaire incommutable, le titre en vertu duquel il avoit possédé étant résolu par une cause nécessaire, inhérente au contrat d'engagement, comme Loüet & son Commentateur l'enseignent, D. 30. (3)

---

(2) L'Article CCCX de la nouvelle Coutume de Paris est absolument contraire à la nôtre ; il porte que la part du renonçant accroît aux autres enfans héritiers, sans aucune prérogative d'aînesse de la portion qui accroît. Cette disposition n'est pas claire : du Moulin, sur l'ancienne Coutume, §. 13, Gl. 1, n. 30, & Gl. 3, n. 27, dit que l'aîné peut, après la mort du pere, renoncer à son droit d'aînesse ; le droit d'aînesse passe-t'il alors au premier puîné ? Non, répond du Moulin, *sed deficit omninò & est locus juri communi*. Mais, §. 15, n. 1, 2 & 3, il décide que si, de plusieurs puînés, l'un renonce, l'aîné prend son droit d'aînesse comme si le puîné renonçant n'eût jamais existé. *Pone tres esse filios, secundo vel tertio genitus renunciat, primogenitus prætendit Bessem reliquorum feudalium concludendum est pro primogenito, nam portio repudiantis magis accrescit portioni quàm personæ.* Ainsi, dans le premier cas, l'accroissement se fait aux personnes, & dans le second cas à la masse de la succession. Le Brun accuse du Moulin, écrivant sur l'ancienne Coutume, de n'avoir pas été conséquent. Basnage rapporte l'opinion de Brodeau, qui a suivi la Coutume de Mantes. Brodeau distingue la renonciation gratuite, & celle faite *aliquo dato* Auzanet tranche la difficulté, en disant qu'il est croyable que l'aîné qui renonce a reçu d'ailleurs d'autres avantages pour le récompenser du droit d'aînesse. Ces questions ne peuvent naître dans notre Coutume, mais elles ne laissent pas d'y répandre, par comparaison, de certains traits de lumieres.

(3) Si un Fief qui eût appartenu au frere aîné est racheté après la mort du pere en vertu d'une clause du contrat de vente, les deniers du rachat se partagent-ils également entre les enfans du pere commun ? Bérault répond, qu'on doit examiner quel est le propriétaire du

Mais on oppofe à cette décifion une maxime qui y eft contraire ; fçavoir, que quand il s'agit de partager une fucceffion, on ne confidere les biens que felon l'état où ils fe trouvent au temps de l'addition de l'hérédité ; & que les changemens qui arrivent à ces mêmes biens après le partage quoique par une caufe, par quelque rapport & égard néceffaire, mais contingente d'ailleurs, ne doivent point changer le droit qui a été acquis aux héritiers par le partage. Ce qui fe développe & confirme par deux exemples : le premier, eft des rentes conftituées, qui quoique perpétuellement rachetables, fe partagent comme des propres, & qui étant amorties depuis le partage, n'obligent pas celui qui en eft devenu propriétaire à en rapporter le prix, comme étant un meuble également partable entre les cohéritiers : l'autre exemple eft des ventes faites avec condition de reméré ; car quoique ces Contrats fe puiffent réfoudre par une caufe néceffaire, inhérente au Contrat, c'eft-à-fçavoir, la condition de rachat qui y eft inférée ; néanmoins l'exécution de cette claufe dépendant de la volonté du vendeur, (ce qui eft une feconde caufe, mais contingente,) la vente fubfifte toujours & emporte fon effet, qui eft de rendre l'acheteur & fes héritiers propriétaires & poffeffeurs de la chofe vendue, tant qu'ils n'en font point dépoffédés, en exécution de la condition retenue par le vendeur. (4)

Fief au temps du rachat : or, par la regle *le mort faifit le vif*, le Fief a été déféré à l'aîné fous la condition du contrat d'acquêt ; l'aîné revend donc le Fief à celui qui exerce la faculté de reméré ; il doit conféquemment en avoir feul le prix. Il eft vrai que, comme le Fief étoit chargé d'une provifion en faveur des puînés, il eft jufte qu'ils ayent la même provifion fur les deniers du rembourfement.

Le Brun, des Succeff. Liv. 2, Chap. 2, feĉt. 1, n. 56 & fuiv. pofe comme principe, que fi le rachat fe fait depuis la mort, mais avant le partage, & à plus forte raifon s'il fe fait depuis le partage, l'aîné conferve fon droit d'aîneffe fur le prix, parce qu'il a été une fois faifi, & que l'exécution du reméré doit être confidérée comme une revente. Il en doit être de même du Domaine engagé ; il expofe que l'Arrêt du 15 Juillet 1589 eft rapporté d'une maniere différente dans Loüet, D. Somm. 30 ; & dans le Prêtre, Cent. 1, Chap. 37 ; il déplore le malheur de l'arrêtographie, qui devroit être une fource de lumiere, & il conclut qu'il faut s'attacher au témoignage de M. le Prêtre, comme étant plus conforme aux principes. Le même le Brun remarque qu'il faut excepter de la décifion le contrat pignoratif, & celui où il y a lézion d'outre moitié du jufte prix ; au premier cas la vente n'eft que fimulée, & elle dégénere dans une fimple obligation : au fecond cas, la refcifion du contrat provient du vice même qui l'a infecté dès le commencement ; & j'ajoute, en termes généraux, que l'exception propofée par le Brun a lieu toutes les fois que le contrat eft nul, comme une vente faite par un mineur, par un tuteur, par un bénéficier, fans néceffité & folemnité ; par un mari des biens de fa femme fans fon confentement, ou faite par un homme ayant pouvoir, mais annullée à caufe du dol, de la fraude ou violence de l'acheteur.

Quoique nous ayons adopté l'opinon de le Brun, je crois devoir avertir qu'Auzanet, fur l'Art. XIII de Paris, rapporte un Arrêt du 10 Mai 1608, conforme au fens que Loüet donne à l'Arrêt de 1589.

Mais quand le pere a vendu un Fief dont le prix eft dû, ce prix fe partagera également entre les freres.

Quoique le prix du Fief ait la force de le repréfenter, lorfqu'il s'agit du remplacement entre les héritiers aux propres & les héritiers aux acquêts, il feroit cependant abfurde de donner à de fimples deniers la qualité extrinfeque [de la nobilité ou de la roture.

(4) Le frere aîné qui a opté un préciput, & qui, par cet aĉte, a confommé fon droit, peut, ce femble, changer de volonté quand il a des motifs raifonnables, comme fi le puîné avoit fait juger roturieres des terres que l'aîné croyoit nobles & compofer une partie de fon préciput : Arrêt du 14 Mai 1691, en faveur de l'aîné : on ne doit cependant pas avoir égard

Bafnage a remarqué, fur cet Article , que, dans les fucceffions collatérales qui fe partagent par fouches , les puînés, d'une fouche, ne peuvent pas, empêcher que leur aîné ne choififfe un des lots, dans lequel il y aura un Fief, dans le deffein de le prendre par préciput , encore que ce lot confifte uniquement en ce Fief. De forte qu'en ce cas , quoique tous les freres ayent également la qualité d'héritiers , le choix d'un lot ne fe fait point à la pluralité des voix des co-héritiers , mais la volonté de l'aîné prévaut à celle de tous les puînés : ce qui a été jugé par un Arrêt du 15. de Juin 1595 , rapporté par ce même Auteur.

C C C X X X V I I I.

Et au cas que l'Aîné choififfe ledit Fief Noble par préciput , il laiffe le refte de toute la fucceffion à fes puînés.

Il ne s'entend que des immeubles ; car pour les meubles , ceux qui ont opté des préciputs , ne font pas exclus d'en prendre leur part : les rentes & les Offices font réputés immeubles à cet égard , ce qui a été long-temps douteux pour les Offices : mais enfin cela a été décidé par un Arrêt du 9 d'Août 1660 , donné fur un partage de la Grand'Chambre , rapporté par Bafnage. (1)

à une lézion peu confidérable ; car le préciput eft un avantage d'affection , d'honneur & de dignité.

Bafnage , fous cet Article , propofe plufieurs queftions fur l'effet de la légitimation par le mariage fubféquent , relatives au préciput : la queftion qui mérite le plus d'attention , eft de fcavoir fi le légitimé , après un mariage intermédiaire , préférera dans le préciput le fils aîné iffu de ce premier mariage. Le légitimé oppofe que la fucceffion du pere commun n'eft ouverte que par fon décès , & qu'alors on doit regarder comme aîné celui qui l'eft effectivement par fa naiffance ; puifque la légitimation fait ceffer toute différence entre les enfans du même pere ; l'enfant forti du premier mariage fe défend fur la bonne foi dans laquelle il eft né , avec l'efpérance de jouir des prérogatives attachées à une union légitime. Ne fait-on pas une grace à celui qui eft le fruit du concubinage en effaçant la tache de fon origine ? Cette derniere opinion paroît bien fondée ; mais il ne faut pas en argumenter au profit des filles du premier mariage , car le légitimé les exclura fans aucun doute ; du Moulin , fur Paris , §. 13 , Gl. 1 ; Auzanet , ibid , Art. XIII.

(1) Godefroy , fous cet Article , traite de la liquidation des Rotures entre le frere aîné & les puînés. Si le frere aîné , dit-il , a fait un Inventaire des Titres de la fucceffion dont il s'agit , la liquidation fe fera à communs frais fur la repréfentation des Titres ; & fi ce moyen ne fuffit pas pour éclaircir la vérité , il décide , conformément à la difpofition de l'Article DXLIX de la Coutume de Bretagne , que les héritages poffédés noblement pendant quarante ans , avant l'échéance de la fucceffion , font préfumés nobles. L'Article CIV du Réglement de 1666 , paroît d'un grand poids en cette matiere : les héritages relevans d'un Fief , y eft-il placité , font cenfés réunis audit Fief , fi le contraire n'eft juftifié ; mais fi la qualité de la terre que l'aîné prétend par préciput eft conteftée , il faut recourir aux maximes expofées fous l'Art. C de la Coutume.

CCCXXXIX.

Et fi en chacune defdites fucceffions il y a encore autres Fiefs nobles, les·autres Freres les peuvent choifir par préciput, felon leur
aîneffe, chacun en leur rang.

Il prouve qu'il peut y avoir plufieurs préciputs dans une feule fucceffion ;
& de plus, que non-feulement l'aîné d'une maifon ou fes repréfentans, mais
même les plus âgés des puînés, peuvent opter des préciputs en ce cas qu'il
y a plufieurs Fiefs, comme il a été remarqué en la Préface ou Difcours général. (1)

CCCXL.

Après le choix fait du Fief ou Fiefs nobles par l'aîné ou par les
aînés à droit de préciput, les puînés partageront entr'eux tout le
refte de la fucceffion.

C'eft au cas de cet Article, encore plus qu'en tout autre, qu'a lieu l'Article XLVII du Réglement de 1666, qui attefte que les freres ne peuvent obliger leurs fœurs de venir en partage au lieu de mariage avenant, & on a jugé
que l'offre des puînés de recevoir leurs fœurs à partager également avec eux
les biens qui leur avoient été laiffés par l'aîné ayant pris un préciput, n'étoit
pas valable, & ne pouvoit décharger l'aîné de la contribution au mariage avenant des fœurs : ce qu'il faut entendre, quand les filles n'ont pas été réfervées
à partage ; car quand elles font refervées, elles doivent s'arrêter à l'option
qui eft faite par leurs freres puînés, fuivant ce qui eft remarqué fur l'Article
CCCLXI.

CCCXLI.

L'Aîné, ou autre ayant pris préciput, avenant la mort de l'un
des puînés, ne lui peut fuccéder en chofe que ce foit de la fucceffion,
ains lui fuccederont les autres Freres puînés ayant partagé avec lui,
& leurs defcendans, au devant de l'Aîné.

Par cet Article, les aînés qui par l'option des préciputs ont laiffé tous les
autres biens immeubles de la fucceffion à leurs cohéritiers, fe font non-feule-

---

(1) Cet Article prouve que le préciput noble n'eft, en Normandie, que le droit de choifir
un Fief qui tient lieu de partage ; à Paris, le préciput eft un avant-part fur la fucceffion commune qui n'entre point dans la cotte héréditaire. Le frere aîné a, fuivant la Jurifprudence de
Paris, en outre le préciput qui a quelque rapport avec celui de Caux, les deux tiers ou la
moitié de tous les Fiefs en fucceffion directe, felon la diverfité du nombre des enfans. Notre ufage eft encore différent ; de forte que quand nos Commentateurs citent ceux de Paris,
il faut toujours être en garde contre les conféquences qu'ils en tirent : Coutume de Paris,
Articles XV & XVI ; Dupleffis, corps & compilation des Commentateurs fur Paris, par
de Ferrieres, tome I.

ment privés de prendre aucune part à tous ces autres immeubles, parce que
le préciput est toute leur part héréditaire, comme il a été dit : mais ce qui
est étrange, ils se font de plus exclus de succéder à tous ces biens par eux
abandonnés à leurs cohéritiers, que la Coutume semble substituer les uns aux
autres à cet égard, à l'exclusion des aînés. Ce qui fait naître une question ;
sçavoir, si cette exclusion a son effet, non-seulement à l'égard de l'aîné, mais
même de ses descendans, ou si elle se termine précisément à la personne de
l'aîné : il semble par les termes de cet Article, qu'elle n'a lieu qu'à l'égard
de la succession des puînés, qui ont partagé entr'eux, & non à l'égard des
successions dans les degrés plus éloignés ; & que même elle ne doit pas s'étendre hors de la personne de l'aîné, parce que la Coutume ne parle que de la
succession des puînés qui ont partagé entr'eux, & de la personne de l'aîné qui
a pris le préciput : de sorte que la substitution que la Coutume autorise à
l'égard des descendans des puînés, paroît ne devoir être entendue que lorsqu'il s'agit de la succession d'un puîné à qui l'aîné soit survivant, parce que
les substitutions étant contraires à l'ordre de succéder établi par la Loi, se
doivent restreindre uniquement au cas qui est exprimé dans la disposition qui
les autorise. On peut dire au contraire, que la représentation ayant lieu jusqu'au septieme degré à l'égard des propres, les puînés & leurs descendans jusqu'audit degré, ont droit d'exclure l'aîné & ses descendans, des biens faisant
partie de la succession, dans laquelle l'aîné a pris préciput ; parce qu'à l'égard
de ces biens, la Coutume a introduit un ordre particulier d'y succéder, non
par la voie de substitution, mais de représentation. Ce qui se doit inférer de
cet Article CCCXLI, par lequel non-seulement les puînés doivent succéder
les uns aux autres à l'exclusion de l'aîné, mais même leurs descendans, qui
est un terme indéfini, qui se doit entendre de tous les degrés de la ligne des-
cendante. Cela se peut confirmer par l'exception apportée par l'Article suivant, dans laquelle non-seulement l'aîné, mais ses descendans, sont expresse-
ment compris ; ce qui doit faire juger que par l'intention de la Coutume, ces
descendans étoient compris dans la même exclusion que leur prédécesseur. Mais
on peut proposer une troisieme opinion, qui semble plus probable ; sçavoir,
que tant qu'il s'agit de la succession d'un puîné, l'aîné qui a pris le préciput
& ses descendans, en sont exclus par les autres puînés copartageans, & par
leurs descendans ; mais que cette exclusion ou substitution ne subsiste pas hors
de ce cas, & quand il s'agit de la succession d'un descendant ou héritier d'un
des puînés. (1)

_____

(1) Il est de Jurisprudence que la substitution, introduite par la Loi en faveur des
puînés, cesse lorsque le frere aîné & les freres puînés sont morts, & que les droits de la
succession d'un cousin germain sont à discuter entre les descendans de l'aîné & des puînés :
Arrêt du 18 Avril 1732.
Si le fils d'un puîné decede & ne laisse, dans sa succession, que les Rotures héritées de son
pere, le frere aîné, qui a pris préciput, pourra-t'il reclamer, contre un autre puîné survivant,
le partage dans cette succession ? On peut dire que l'exclusion prononcée par la Coutume n'affecte que la succession du puîné ; qu'il s'agit ici de celle de son fils, & que l'on ne peut, sans
blesser l'équité, étendre une exception contraire au Droit commun ; mais le puîné oppose
que l'option du préciput exclut l'aîné, sans retour, du reste de la succession sur laquelle il
l'a exercé ; il est constant que la Coutume ne dispose que sur la succession d'un puîné ; cependant, tant que l'aîné vit, tant qu'il se présente des puînés pour succéder, il semble que l'exclusion doit avoir lieu.

CCCXLII.

Néanmoins, s'il y avoit aucun Fief partagé avec les autres biens de la fucceffion , fans avoir été choifi par préciput , avenant la mort fans enfans de celui au lot duquel il eft échu , l'aîné ou fes repré- fentans fuccedent en ce qui eft Noble , & peut prendre ledit Fief par préciput.

Cet Article eft une exception du précédent : on y propofe cette queftion ; fçavoir , fi l'un des puînés ayant changé la qualité des biens de fon partage , en les ayant remplacés , ou en d'autres lieux non fujets à la Coutume de Normandie , ou en Terres nobles , l'aîné & fes defcendans n'y pourront pas fuccéder , nonobftant l'exclufion portée par ledit Article précédent ? On ré- pond , que c'eft une Jurifprudence certaine , que les fucceffions , tant directes que collatérales , fe partagent fuivant l'état auquel elles fe trouvent lors de leur échéance : ce qui a été attefté par l'Article LXVII dudit Réglement , à l'égard de la fituation des biens ; & ce qui eft conforme au Droit Romain , par lequel la fucceffion fe confidere par le temps de la mort de celui à qui on fuccede : *Eft enim jus , in id quod defunctus habuit tempore mortis , l. fi alienam , §. in extraneis , ff. De hæredibus inftituendis , l. in quantitate , ff. Ad legem falcidiam*. Il faut donc dire fur la queftion propofée , que l'aîné ou fes repréfentans fuccéderont non en vertu de l'Article CCCXLII , mais par le droit commun , d'autant qu'ils ne font point dans l'exclufion déclarée par l'Ar- ticle CCCXLI , laquelle n'eft qu'à l'égard des biens faifant partie de la fuc- ceffion dans laquelle l'aîné a pris préciput. (1)

CCCXLIII.

---

(1) Si de trois freres les deux premiers ont opté chacun un Fief en leur rang , & qu'il foit refté au troifieme un Fief de très modique valeur & des Rotures confidérables , l'aîné dans la fucceffion du puîné , pourra demander partage avec le fecond frere , d'autant qu'ils n'ont partagé ni l'un ni l'autre avec le puîné. Godefroy.

Quand un des puînés a aliéné les Rotures qui lui étoient échues en ligne directe , & qu'il les a remplacées dans une Terre noble , le frere aîné ou fes defcendans , à l'exclufion des au- tres puînés ou de leurs defcendans , font en droit de reclamer la propriété du Fief acquis par le puîné , dont la fucceffion eft ouverte jufqu'à la concurrence du prix du propre vendu ; à la charge feulement , en cas que ce Fief fe trouvât furpaffer la valeur du propre , de rappor- ter l'excédent au profit des puînés : Arrêt du 28 Juin 1690.

Quoique la Coutume habilite l'aîné à fuccéder au noble dans la fucceffion du puîné , fon in- tention n'eft pas d'étendre cette faculté au-delà du droit commun ; ainfi , fi dans la fucceffion du puîné il fe trouve deux Fiefs du bien propre , l'aîné n'en pourra prétendre qu'un entre mêmes héritiers , foit que ces deux Fiefs procedent de la même ligne , foit que l'un foit venu du côté paternel , & l'autre du côté maternel. Godefroy , Bafnage.

(1)

CCCXLIII.

Avenant le décès du Fils aîné avant les partages faits de la succession qui leur est échue, le plus aîné des Freres survivans, peut choisir tel Fief qu'il lui plaît à la représentation, & comme héritier de son Frere aîné, sans préjudice du droit de préciput qu'il a de son chef, & n'y peuvent les autres Freres prétendre aucune part, légitime, provision ou récompense sur ledit Fief.

CCCXLIV.

Pareillement avenant la mort du second Fils avant les partages faits de la succession, l'aîné peut prendre par préciput, comme héritier de son Frere, le Fief qu'il eût pu choisir de son chef, & ainsi consécutivement des autres, tant qu'il y a Fief en la succession.

La raison de douter contre ce qui est décidé par ces deux Articles, est que la déclaration d'option paroissant nécessaire par les termes de l'Art. CCCXXXVII, ce qui est confirmé par les Articles CCCXLVII, CCCXLVIII & CCCXLIX, les freres semblent n'être pas recevables à demander un préciput au droit de leur frere décédé, sans avoir fait aucune déclaration, ni de l'addition de l'hérédité, ni d'option de préciput : mais la raison de décider est prise de la maxime, *le mort saisit le vif*, en vertu de laquelle les freres ont leur droit acquis sur les successions de leurs pere & mere, dès le moment de la mort desdits pere & mere ; & ainsi un des freres venant à mourir, sa succession n'est plus la succession de son pere ni de sa mere, mais une succession collatérale, qui doit être partagée comme telle, sans distinguer s'il y avoit des partages ou des options faites à l'égard des successions du pere ou de la mere, dans lesquelles la Coutume a bien admis une confusion dans le cas de l'Article CCCXLVII ; mais qui ne peut être reconnue dans toute autre succession, non seulement en ligne collatérale, mais même en la directe, comme il sera remarqué sur ledit Article CCCXLVII. (1)

_____

(1) D'Argentré, sur l'Article DLIX de Bretagne, qui a quelque rapport en cet endroit avec notre Coutume, dit, qu'anciennement la part des enfans qui mouroient après la délation de l'hérédité, accroissoit à la succession : *Ponantur sex liberi, ponantur item duo mortui ante acceptationem, divisio fiebat inter quatuor nullo respectu, vel mentione factâ mortuorum, per regulam, qui non admittitur ad partem, non facit partem.* Basnage est bien plus clair. Il n'est pas nécessaire que le frere ait, avant son décès, fait une option dans la succession paternelle, dès l'instant de la mort du pere *ipso jure fuit hæres, & saisitus, & portionem suam vel ignorans transmisit ad quoscunque hæredes.* Ainsi raisonne Basnage en faveur du puîné : Si le premier puîné décede avant aucune option, l'aîné a droit de reclamer la même regle.

Terrien, Liv. 6, Chap. 3, rapporte un Arrêt du 23 Juillet 1519, entre les Sieurs de Drozai freres, par lequel il fut jugé que les puînés qui étoient au nombre de trois, n'ayant point provoqué de partage à cause de leur minorité, & l'un d'eux étant décédé dans l'intervalle, le frere aîné auroit un Fief à cause de la succession de son pere, & un autre à cause

C C C X L V.

Le Fifc ou autre créancier fubrogé au droit de l'aîné avant le partage fait, n'a le privilége de prendre le préciput appartenant à l'aîné, à caufe de fa primogéniture ; mais aura feulement part égale avec fes autres Freres.

Il a pour fondement la même raifon fur laquelle eft appuyé l'Article CCLXIII, touchant le droit qu'ont les filles fur les fucceffions de leurs pere & mere. Quand il eft dit avant le partage fait, on a voulu fignifier que l'acte du partage doit être pleinement confommé ; ce qui ne peut être qu'après la choifie faite : il ne fuffit donc pas que le partage ait été gagé ; c'eft-à-dire demandé, ou les lots faits & préfentés comme au cas de l'Article CCCXLVII. Par créancier fubrogé, on entend tous les créanciers généralement, parce qu'ils font réputés fubrogés par une raifon générale qui les autorife d'exercer les actions de leurs débiteurs, fuivant ce qui a été remarqué fur ledit Art. CCLXIII. (1)

de la fucceffion de fon frere. Terrien, en explication de cet Arrêt, dit que quoique le puîné décédé ne fe fût point porté héritier de fon pere, toutefois la poffeffion de fa part lui auroit été tranfmife par la mort de fon pere, par la regle générale le mort faifit le vif ; de forte que fi ce puîné eût eu des créanciers, elle leur eût été valablement hypothéquée.

Lorfque dans une même fucceffion il y a un Fief fitué en Caux, un autre Fief & des Rotures en Coutume générale, & que le frere aîné vient à décéder avant le partage, le premier puîné peut prendre le Fief fitué en Caux, chargé de la provifion à vie des puînés, dont il confond fa part dans lui-même, & le Fief fitué fous la Coutume générale comme héritier de fon frere aîné ; & il peut en outre demander partage dans les Rotures comme héritier de fon pere ; quand il y auroit quelque équivoque dans fa déclaration, il pourra la rectifier : la queftion a été ainfi jugée par Arrêt de Rapport, cité par Bafnage.

(1) Le Brun, des Succeff. Liv. 2, Ch. 2, fect. 2, n. 4, dit qu'il y a une Coutume, qui eft celle de Normandie, laquelle difpofe, Article CCCXLV, que le fifc & autre créancier fubrogé au droit du fils aîné, ne peut pas prétendre de droit d'aîneffe, mais un partage égal feulement, quoique par l'Article CCLXXVIII, elle fubroge le créancier au droit du débiteur pour une fucceffion qu'il refufe d'accepter. Cette difpofition, continue le Brun, à bien examiner la chofe, eft finguliere : car quoiqu'un créancier ne puiffe pas fe faire fubroger aux prérogatives d'honneur qui font attachées à la perfonne de l'aîné, cependant je ne vois rien qui empêche qu'il ne puiffe avoir tout l'émolument du droit d'aîneffe. Le Brun n'a pas bien pénétré l'efprit de notre Coutume, elle fe propofe de maintenir le luftre & la dignité des familles, delà les avantages qu'elle donne à l'aîné ; lorfqu'un étranger vient le repréfenter en vertu de l'Article CCLXXVIII, le motif de la Loi ceffant, il y auroit de l'inhumanité, & ce feroit contrarier l'intention de la Loi, quand il ne fe trouve qu'un Fief dans la fucceffion, de réduire les puînés au fimple viage.

Bérault, qui a fi bien développé le fens de notre Droit municipal, a décidé que le partage devoit être pleinement confommé pour que le Fifc ou le Créancier fubrogé pût ufer du privilége de l'aîné. Bafnage a dit, après du Moulin, que fi l'aîné vend fon droit avec pouvoir d'opter le préciput, le titre validera en exécution d'un choix préfumé ; mais il rapporte, fur l'Article CCCLVI, un Arrêt du mois de Juin 1625, qui paroît contraire à cette opinion. Dans le fait de cet Arrêt il s'agiffoit du préciput roturier : le frere aîné avoit vendu tout & tel droit de partage qui lui pourroit appartenir, enfemble fon préciput, & lieu chevel, que l'acquereur déclara bien connoître : par l'Arrêt l'acquereur fut déclaré non-recevable à exercer le préciput au droit de fon vendeur.

Concluez de cet Article avec Godefroy, *argumento à contrariis*, que quand les partages font confommés par la choifie, ou quand l'aîné a fait une fois fa déclaration d'option d'un

CCCXLVI.

Quand il n'y a qu'un Fief pour tout en une succeffion fans autres biens, tous les Puînés enfemble ne peuvent prendre que provifion du tiers à vie fur ledit Fief, les rentes & charges de la fucceffion déduites.

Il faut juger la même chofe, quand toute une fucceffion confifte en plufieurs Fiefs, qui font pris par préciput par les aînés, fuivant le rang de leurs aîneffes en la ligne directe : car en ce cas, tous les puînés, qui n'ont rien eu aux immeubles de la fucceffion, doivent avoir leur provifion à vie, comme elle eft réglée par cet Article : mais on a demandé s'ils auront cette provifion ou ufufruit fur tous les Fiefs, ou feulement fur celui qui aura été opté par le puîné ? Il femble qu'ils la doivent avoir fur tous les préciputs, parce que cette provifion eft une charge de tous les biens de la fucceffion, dont les héritiers détenteurs doivent porter leur part *pro modo emolumenti.* (1).

CCCXLVII.

Les fucceffions paternelles & maternelles étant échues auparavant que l'Aîné ait judiciairement déclaré qu'il opte par préciput un Fief, ou gagé partage à fes Freres en celle qui premierement étoit échue, elles font confufes & réputées pour une feule fucceffion ; tellement que l'Aîné n'a qu'un préciput en toutes les deux.

Fief par préciput, les Droits de l'aîné paffent au créancier fubrogé, & même au fifc, s'il fe rend enfuite coupable d'un crime dont la punition emporte la mort civile.

Quoique la Coutume dife que le fifc ou le créancier fubrogé au droit de l'aîné n'aura que part égale avec les autres freres, il ne faut pas conclure de là que le titre du Fief fera divifé, car rien n'eft mieux établi par notre ancien Coutumier, comme par la Coutume réformée, que l'indivifibilité des Fiefs. Voici les termes de l'ancien Coutumier : » Tout héritage eft par- » table ou non partable ; l'en dit que l'héritage n'eft pas partable, en quoi nulle partie ne » peut être foufferte entre les freres par la Coutume du pays, fi comme le Fief de haubert, &c. Il y aura donc alors lieu à la licitation, ou du moins au jeu de Fief de l'Article CCIV, jeu qu'il faut encore éviter le plus qu'il eft poffible, à caufe que les objets détachés perdent beaucoup de leur prix.

(1) Quand il y a eu plufieurs Fiefs pris en préciput fucceffivement par les freres, la provifion des puînés eft portée au tiers de chaque Fief. Bafnage. Bérault étoit d'avis qu'il n'y avoit que le Fief opté en dernier rang qui fût fufceptible de la provifion des puînés.

Si une fœur mariée par le frere aîné décéde fans enfans, les puînés qui n'ont eu, dans la fucceffion directe, qu'une provifion à vie, partagent également fa dot comme une fucceffion collatérale : Arrêt du mois de Mars 1622. Il eft vrai que fi la fœur n'eût point marié, les puînés n'euffent rien à prétendre dans fa légitime ; mais en fe mariant elle en a acquis la propriété. Bafnage.

Godefroy, fous cet Article, prétend que le partage des biens fitués hors la Province, exclut les puînés de la provifion fur les Fiefs de Normandie, fous prétexte qu'après ce partage d'une même fucceffion, il ne leur eft pas dû d'alimens : cette opinion n'eft pas conforme à nos principes.

Les puînés, en obtenant la provifion de cet Article, font réputés héritiers, & ils en contractent les engagemens ; car ils ne peuvent renoncer aux meubles & prendre une provifion. Bérault.

CCCXLVIII.

Mais si l'Aîné a fait judiciairement déclaration du Fief qu'il prend par préciput, ou gagé partage à ses puînés avant l'échéance de la seconde succession, il aura préciput en chacune des deux, encore que le partage n'ait été actuellement fait ; & par le moyen de ladite déclaration judiciaire, les deux successions sont tenues pour distinctes & séparées pour le regard des Freres puînés.

Ces deux Articles représentent un cas, qui, au moyen de la confusion des successions paternelles & maternelles, peut donner une ouverture à une exception de l'Article CCCXXXVII, par lequel le fils aîné peut prendre un préciput en chacune de ces successions. Mais la confusion qui sert de fondement à cette exception, n'est précisément que pour empêcher que l'aîné ne prenne deux préciputs nobles, & n'est point à l'égard des autres appartenances de ces successions, comme sont les partages & le payement des dettes ; c'est pourquoi elle n'a lieu que quand il y a des Fiefs dans chacune des successions du pere & de la mere ; car si une de ces successions ne consiste qu'en rotures & biens partables, il n'y a aucune confusion, & l'aîné pourra prendre le Fief par préciput, & partager l'autre succession où il n'y aura point de Fiefs, avec ses freres, dans laquelle même il pourra prendre le préciput roturier de l'Article CCCLVI, comme il a été jugé par un Arrêt du 16 de Janvier 1649, rapporté par Basnage.

De plus, il n'y a point de confusion au préjudice du préciput de Caux, parce qu'il appartient à l'aîné *ipso jure*, sans qu'il soit requis aucune déclaration ou option de sa part : ce qui n'est pas à l'égard des préciputs nobles, ou du roturier de l'Article CCCLVI, qui ne sont acquis pleinement que par un choix fait par l'aîné. (1)

_____

(1) On lit dans l'ancien Cout. Chap. 26, » que se tout l'éritaige descent aux freres de pere » & de mere ensemble, les parties doivent être faites de tout ensemble ; d'où la Glose conclut que si le pere & la mere ont chacun un Fief, & meurent en même-temps, & qu'ils laissent deux enfans, chacun aura un Fief, comme si les deux Fiefs venoient d'un seul côté , soit de pere ou de mere ; mais s'il s'écoule un intervalle entre la mort du pere & celle de la mere, l'aîné aura les deux Fiefs s'il a donné une provision à son puîné sur le Fief premierement échu. Glos. sur le Chap. 26.

Bérault insiste sur le texte de la Coutume réformée, & il estime que la déclaration judiciaire de l'option du préciput est de forme substantielle, & que, pour empêcher l'effet de la confusion, il ne suffit pas que l'aîné fasse signifier extrajudiciairement sa déclaration par le ministere d'un Sergent ou d'un Huissier.

Le même Auteur pense que la confusion, expliquée dans cet Article & le suivant, a lieu dans les successions roturieres, que l'aîné n'y peut prendre deux préciputs de cette espece, s'il n'a pas satisfait aux termes de l'Article CCCXLVIII ; & que quand les successions sont réputées confuses, il n'a point la liberté de prendre préciput dans l'une & renoncer à l'autre, pour y exercer un second préciput sous le nom de son fils : Arrêt du 24 Juillet 1597.

Mais quand il n'y a des Fiefs que dans la succession du pere, l'aîné, sans craindre la confusion, y aura-t-il en tout temps un préciput & un partage dans les Rotures du côté de la mere ? L'Arrêt du mois de Janvier 1649, rapporté par Basnage, ne paroît pas décider la

Il faut en outre remarquer, que cette confusion n'est admise que dans la concurrence des successions du pere & de la mere, mais ne s'étend pas au cas de toutes les autres successions, même en la ligne directe, comme de celle du pere & de l'aïeul paternel, ou de la mere & de l'aïeule maternelle : car il a été jugé, qu'un petit-fils, à la représentation de son pere ou de sa mere, pouvoit prendre un préciput en la succession de son aïeul ou de son aïeule, échue depuis le décès de son pere ou de sa mere, & un autre préciput en la succession de son pere ou de sa mere, encore qu'il n'eût fait aucune déclaration d'opter un préciput sur la première succession, avant l'échéance de la seconde, par deux Arrêts, l'un du 15 de Janvier 1604, rapporté par Bérault, & l'autre du 26 d'Avril 1652, rapporté par Basnage. Mais la décision de ces Arrêts se doit limiter au cas que les deux Fiefs, qui se rencontrent dans ces successions distinctes, ne proviennent pas de la même personne ou souche, comme de l'aïeul ou de l'aïeule : car si l'aïeul ou l'aïeule avoient donné à un de leurs fils un Fief par avancement de leur succession, il n'y aura pas de raison à dire, que leur petit-fils forti de ce fils donataire, pourroit prendre par préciput cet avancement dans la succession de son pere prédécédé, & prendre encore un autre préciput en la succession depuis échue de l'aïeul ou de l'aïeule, qui seroient les donateurs.

CCCXLIX.

Si l'Aîné est mineur, son Tuteur doit faire ledit choix ; & à faute de le faire dans le temps dû, doit répondre de tous dommages & intérêts de son Pupille.

Il contient une décision remarquable, que le Tuteur peut préjudicier irrévocablement par sa négligence au droit de son mineur, qui n'a point d'autre recours que contre son Tuteur, pour le faire condamner à ses intérêts. Il en est statué de même, tant à l'égard des retraits, par l'Article CCCCLVII, qu'à l'égard des décrets qui se font des biens des mineurs, par les Articles DXCI & DCXCII, auxquels on peut ajouter les Articles DLIX & DLXXII (1).

---

question : car le pere, dans cette espece, étant tuteur de son fils aîné, sa succession étoit susceptible du dédommagement que le mineur auroit pu souffrir par sa négligence. On ne peut dissimuler qu'il est question de biens dont la qualité & le partage different.

Terrien, Liv. 6, Chap. 3, dit que l'effet de la confusion est tel, que si, dans la succession du pere, il y avoit un Fief noble, & en celle de la mere un autre Fief noble, le frere aîné n'auroit qu'un Fief, & le second frere auroit l'autre ; ce sentiment est, en quelque sorte, un préjugé contre la confusion, quand il n'y a qu'un Fief dans une succession & des Rotures dans l'autre.

Dans les circonstances où la confusion est recevable, il faut avoir égard au temps de l'échéance des successions ; car si elles tombent dans un court intervalle, comme dans le délai pour délibérer & faire inventaire, il ne seroit pas juste d'admettre la confusion, d'autant qu'on ne peut accuser l'aîné de négligence. Bérault.

(1) J'ai déja remarqué, sur l'Article précédent, que si le pere étoit tuteur de ses enfans, on ne pourroit, en ce cas, opposer la confusion à l'aîné ; il faut porter le même jugement, si la mere commune étoit tutrice : car le dédommagement de l'aîné doit être comme la valeur du Fief qu'il auroit eu par préciput, cessant la négligence à faire option.

On infere de cette décifion que l'abfent, pour quelque caufe que ce puiffe être , n'eft point reftituable contre l'omiffion fpécifiée en cet Article , parce que l'abfent eft beaucoup moins excufable que le mineur , qui eft dans une impuiffance d'agir ; mais un abfent peut ufer de prévoyance, & choifir un Procureur pour fuppléer à tout ce qu'il pourroit faire, s'il étoit préfent. On peut deman-der ce que la Coutume entend par *le temps dû* en cet Article ? On répond , que c'eft le temps dans lequel le Tuteur a accepté ou dû accepter la fucceffion au nom de fes mineurs. (2)

C C C L.

L'aîné Fils, par la mort de fes Pere & Mere , eft faifi de leur totale fucceffion , & doivent les Puînés lui en demander partage.

C C C L I.

Il doit auffi avoir la faifine des lettres , meubles & écritures , avant qu'en faire le partage aux autres Puînés, à la charge d'en faire bon & loyal Inventaire incontinent après le décès , appellés fes Freres ; & s'ils font mineurs ou abfens, deux des prochains Parens ou deux des Voifins, un Sergent , un Tabellion ou autre perfonne publique , qui feront tenus figner ledit Inventaire.

C C C L V.

Les lots & partages des Puînés, qui ne font préfens lors defdits partages , demeurent en la garde & faifine de l'Aîné, jufqu'à ce que les Puînés le requierent.

C C C L V I.

S'il n'y a qu'un Manoir roturier aux Champs , anciennement appellé Hébergement & Chef d'Héritage , en toute la fucceffion, l'Aîné peut avant faire lots & partages , déclarer en Juftice qu'il le retient avec la Cour, Clos & Jardin, en baillant récompenfe à fes Puînés des Héritages de la même fucceffion ; en quoi faifant , le furplus fera entr'eux également partagé : & où ils ne pourroient s'accorder , l'eftimation dudit Manoir, Cour & Jardin, fera faite fur la valeur du revenu de la terre & louage des Maifons.

On joint ces quatre Articles, parce qu'ils contiennent les autres avantages

(2) Les Auteurs étrangers penfent fur une matiere , affez femblable , que comme on ne peut oppofer la prefcription à celui qui ne peut agir , on ne doit pas imputer à l'aîné l'effet d'une abfence indifpenfable , comme fi l'aîné étoit prifonnier de l'ennemi , ou dans tout autre cas de néceffaire & invincible empêchement. Ricard, fur Picardie, LXXV. De Heu , *ibid*.

qu'ont les aînés dans les successions , outre les préciputs nobles. Le premier de ces avantages est , que l'aîné après le décès de celui à qui on succede , est saisi de la totale succession , jusqu'à ce que le partage lui en soit demandé par ses freres ; suivant l'Article CCCL , qui paroît être une répétition de l'Article CCXXXVII. Voyez ce qui est remarqué sur l'Article CCCLXXX. Mais il a reçu une interprétation plus étendue d'une part, & restreinte d'autre part ; en ce qu'on a jugé , que cet avantage de l'aîné avoit lieu , tant dans les successions directes que dans les collatérales , soit pour le propre , soit pour l'acquêt , par un Arrêt du 14 de Février 1503 , rapporté par Bérault. Mais il est d'autre part certain, que l'aîné ne fait les fruits siens que dans les successions directes , qui sont les cas desdits Articles CCXXXVII & CCXXXVIII.

Un autre avantage de l'aîné est, qu'il doit avoir la saisine (c'est le terme dont la Coutume s'est servie des lettres, meubles & écritures de la succession ; mais à la charge d'en faire un bon & loyal Inventaire suivant qu'il est prescrit par l'Article CCCLI ; que si l'aîné manque à faire cet Inventaire , comme il lui est ordonné, il sera condamnable aux dommages & intérêts de ses cohéritiers, suivant l'estimation qui en pourra être faite suivant la commune renommée, ou par le serment desdits cohéritiers , *jurejurando in litem* , suivant la Loi 7. *ff. De administratione & periculo Tutorum.* (1)

---

(1) La Coutume de Bretagne n'accorde qu'entre nobles la saisine à l'aîné , & le motif est de prévenir les différents , *periculum ne vi aut armis transfigi contingeret* ; elle n'y a point lieu parmi les gens du tiers état, *nam paganorum non idem jus , illi enim jure communi utuntur , & omnes dicunt se saisitos, cum nihil commune sit quod non cujusque sit pro eâ portione qua fundatus est in hæreditate.* Bretagne , Art. DLXIII ; & d'Argentré , sur l'Art. DXII de l'anc. Cout.

La Coutume de Normandie donne, sans distinction de naissance, la saisine à l'aîné ; mais il doit , incontinent après le décès de ses pere & mere , faire un bon & loyal inventaire des titres , meubles & écritures en présence de ses freres ou eux appellés , & s'ils sont mineurs ou absens , en présence de deux parens ou voisins , & par le Tabellion ou Notaire du lieu.

Je crois que l'on doit conclure, de la disposition de l'Art. CCCLI , que quand, au temps de l'ouverture de la succession tous les freres sont majeurs & présens, & que l'un d'eux demande un inventaire des lettres , meubles & écritures , cet inventaire doit être fait à l'amiable & par forme de mémoire ; cependant s'il veut étendre plus loin la précaution & desire un Officier public, il en doit seul porter les frais : car il seroit contre l'équité que la défiance d'un copartageant grévât la succession de frais sans aucune utilité : Arrêt d'audience du 9 Mars 1751.

On ne confie cependant pas toujours à l'aîné les titres de la succession ; quand il est dans un dérangement notoire de ses affaires, sa dissipation & son inconduite ne permettent pas de laisser à sa discrétion un dépôt aussi important ; & il a été , dans cette espece , ordonné par Arrêt du 2 Août 1650 , qu'il seroit fait une assemblée de créanciers pour convenir, au lieu de l'aîné , d'un dépositaire solvable, qui seroit saisi des titres de la succession.

Si l'aîné est d'une humeur violente , & qu'il y ait peu de sûreté d'aller à sa maison , il est encore de la prudence du Juge d'ordonner que l'aîné déposera les titres de la succession à partager au Greffe de la Jurisdiction : Arrêt des 19 Janvier & 24 Février 1652. Basnage ; Loix civiles, deuxieme part. Liv. 1 , des Success. à partager.

Quand le frere n'a que des sœurs , il semble qu'il n'est pas dispensé de faire un inventaire des meubles & titres d'une succession directe, car , sans cette précaution , il se rendra facilement maître des effets les plus précieux. L'usage est néanmoins contraire ; mais les sœurs , sur la déclaration des biens fournie par leur frere , & après la communication des titres , sont admises à prouver les soustractions & recellés qu'il auroit pu faire à leur préjudice.

L'aîné, de plus, a l'avantage de choifir, après que les lots ont été faits & préfentés dans toutes fortes de fucceffions : outre qu'il demeure faifi du partage de fes puinés, qui ne font pas préfens à la choifie des lots ; mais c'eft à la charge de les garder, par l'Article CCCLV.

Mais un autre avantage plus utile pour l'aîné, & qui mérite plus d'explication, eft celui du préciput roturier que l'aîné peut prendre, tant dans la fucceffion de fon pere, qu'en celle de fa mere. Il eft propofé dans l'Article CCCLVI, qu'on peut (pour l'expliquer plus nettement) divifer en trois parties, dont la premiere eft de la confiftance & dépendance de ce préciput ; la feconde fait connoître ce qui en exclut l'aîné, & la troifieme eft de la récompenfe qui en eft dûe aux puinés.

Quant à la premiere partie, la Coutume femble l'avoir affez éclaircie, en difant, qu'il faut que ce préciput foit un Manoir roturier, appellé anciennement Hebergement & Chef d'héritage : l'Article CCLXXI dit en outre, que la Coutume l'appelloit anciennement Ménage ; ce qui fait entendre que ce doit être un logement deftiné & propre pour l'habitation d'une famille ; on y ajoûte la cour, clos & jardin, comme des dépendances requifes pour rendre une habitation commode : & on a jugé par un Arrêt du 13 d'Avril 1612, rapporté par Bérault, que les b'timens contenus dans la cour & l'enclos, quoique manifeftement deftinés à un autre ufage que le domeftique, comme les moulins à bled, huile ou papier, faifoient partie de ce préciput ; pour éviter apparemment qu'il ne fût incommodé par les fervitudes qu'il y faudroit établir, fi des étrangers étoient propriétaires de ces moulins. La regle générale qu'on doit fuivre pour juger quelles doivent être les appartenances de ce préciput, eft la deftination & l'ufage qu'en a fait le pere de famille, pour rendre fon habitation plus utile, plus commode & plus agréable. (2)

La

(2) Le préciput roturier de cet Article eft d'un ufage très-ancien : la Loi Regiam majeftatem, Liv. 2, de Succeff. filiör. Chap. 27, n. 3 & 4, ne permet pas d'en douter. Si fuerit liber Socco-mannus dividitur hæreditas inter omnes filios...... Salvo tamen Capitali Meffuagio primogenito fuo pro dignitate primogenituræ fuæ, ita quod in aliis rebus fatisfaciat fratribus fuis ad valentiam. » Le chief de l'éritaige remaindra à l'aîné fi comme le hebergement, le clos » & le jardin, pourtant qu'il en face à fes freres loyal échange à la value. Anc. Cout.

D'Argentré, fur l'Article DLXVI de la Coutume de Bretagne, qui eft le DLXXXVIII de la nouvelle, prétend que le préciput ne devroit avoir lieu que fur les maifons fituées dans les Villes ou gros Bourgs. Quod hic de domibus in Urbibus intelligo aut vicis, nam in agrariis vix eft ut fit feparanda illa (domus) & apothecæ quæ fructuum caufâ habentur alioquin portiones multo infructuofiores fiunt cum fundus villam defiderat aut è contrâ, fed hoc illis tribuitur qui in Urbibus habitant ubi apothecas & tabernas ad merces diftrahendas pater communis habuit. Nous fuivons une Jurifprudence contraire ; & par Arrêt de ce Parlement du 20 Juin 1622, il fut ordonné, en caffant les Sentences du Bailli & du Vicomte, que les freres partageroient également, & fans préciput, un fonds fitué en bourgage ; mais d'Argentré a raifon de dire que la récompenfe doit fe faire par héritage, nec quifquam fuum vendere cogitur.

Terrien, Liv. 6, Chap. 3, a penfé que fi le manoir fe trouve dans un autre lot que celui que l'aîné a choifi, il peut, après la choifie, reclamer le manoir à droit de préeminence, en récompenfant fur fon lot celui auquel il feroit échu, & il appuie cette opinion d'un Arrêt fans date. Mais la Coutume réformée difpofe que l'aîné doit, avant le partage, déclarer judiciairement qu'il le retient.

L'Article IV, des Ufages Locaux de la Vicomté de Bayeux, répand beaucoup de jour fur l'étendue & les bornes du préciput roturier ; au refte, ces queftions étant toutes de fait, le

DE·PARTAGE D'HERITAGE.

La feconde partie de l'Article, laquelle défigne les caufes qui excluent l'aîné de ce préciput, s'examine par trois confidérations ; s'il y a un lieu propre
pour l'habitation d'un pere de famille ; s'il n'y en a qu'un dans la fucceffion ,
& s'il eft véritablement roturier & aux champs. Pour les deux premieres confidérations , elles dépendent d'un même principe , qui eft , qu'il eft néceffaire
que le Manoir ou Chef-d'héritage qui eft prétendu tel par l'aîné pour le pouvoir choifir, ou par les puînés pour empêcher que l'aîné n'ait un préciput roturier , puiffe fervir d'habitation & de logement à un pere de famille. Ce principe a été éclairci par plufieurs Arrêts, qui ont jugé qu'il fuffifoit pour exclure l'aîné de ce préciput , qu'il y eût quelque logement propre & fuffifant pour
l'habitation de ceux qui cultivent les terres.

Et quant à la troifieme confidération , non-feulement les maifons qui font
dans les Villes ne peuvent pas être un préciput ; mais on a même jugé , que
les logemens qui font dans l'étendue des bourgages , encore qu'éloignés des
Bourgs, & placés au milieu des terres de la Campagne, ne peuvent être prétendus par l'aîné comme un préciput , par un Arrêt du 22 de Juin 1622 ; rapporté par Bafnage. Les raifons fur lefquelles on a fondé cet Arrêt, font que le
partage des biens qui font en bourgage, fe fait par d'autres regles que celles
qui s'obfervent au partage des biens des champs ; ceux-ci fe partageant inégale-
ment entre les freres & les fœurs , & entre les freres mêmes , au moyen des
préciputs & de la fituation en Caux ; mais les biens de bourgage fe partagent
également, même entre les freres & les fœurs, ce qui exclut le préciput roturier, comme il paroît par l'Article CCLXXI, qui exclut les filles du préciput

---

le principe eft de ne point morceler des bâtimens qui fe tiennent & qui ont une mutuelle
dépendance. Brodeau, fur Paris , XV ; Bretagne , DLXXXVIII.

On a adjugé , fur le même fondement, à l'aîné , par Arrêt du 2 Août 1692, comme faifant partie du préciput roturier , un grand enclos attenant à la mafure où étoient fitués les
bâtimens , quoique cet enclos fervît à labourage , & fût entouré de haies ; mais il y avoit
une porte de communication entre l'enclos & la mafure. On a encore jugé de même par Arrêt du 20 Août 1697 : il s'agiffoit d'un herbage planté en pommiers , fermé de murs , &
qui régnoit autour de la maifon paternelle ; mais parce qu'il y avoit , comme dans la premiere efpece , une porte de communication dans la cour , on déclara que l'herbage devoit
faire partie du préciput. Je ne trouve rien de plus intéreffant en cette matiere , que ce que
dit du Moulin fur l'Art. XIII de Paris : *Deftinatione patris familias* , ce font fes termes ,
*fundi conftituuntur , dilatantur , & limitantur , & utra res cedat alteri & ejus fit acceffio judican-
dum ex vifu atque ufu rei & confuetudine patris familias , etiam fi aliter non expefferit.*

Cependant quand l'aîné reclame des fonds qui ne font pas dans la dépendance naturelle
de fon préciput , mais qui en forment l'ornement & la commodité , on les lui accorde en
rembourfant à fes puînés leur véritable valeur. *Voyez* Paris , Art. XIII ; Angoumois, Art.
LXVIII.

Remarquez que , dans l'efpece de l'Arrêt du 13 Avril 1612, rapporté par Bérault & dont
il eft fait mention dans Pefnelle , les deux moulins qui furent déclarés faire partie du préciput roturier n'avoient ni droiture , ni bannalité.

La Glofe fur l'ancien Coutumier donne à entendre que ce préciput n'a lieu que dans le cas
où il n'y a qu'un manoir en la fucceffion , c'eft auffi notre Jurifprudence ; mais s'il fe trouve
dans l'enceinte du manoir quelques bâtimens où il feroit abfolument poffible de réfider , fans
cependant aucune des commodités ordinaires ; cette circonftance ne fuffit pas pour exclure
le frere aîné du droit d'exercer le préciput de cet Article. On dit que la queftion a été ainfi
jugée par Arrêt en l'Audience de Grand'Chambre du 19 Mai 1744.

Tome I.   C c c

roturier , & les reserve néanmoins à prend e part aux maisons assises aux Villes & Bourgages.

Reste à expliquer la troisieme partie de cet Article CCCLVI, touchant la récompense que doit l'aîné à les frer.s : elle doit être baillée en héritage dépendant de la même succession ; sinon, en rentes tenantes nature de fonds, ausquelles le préciput & la part de l'aîné demeurent spécialement affectés : Mais pour estimer cette récompense , on a égard seulement au revenu que peut produire le préciput , tant par les fruits naturels que par les civils , comme sont l'usage ou le louage des bâtimens ; en quoi l'avantage de l'aîné est important , parce que dans l'estimation qui se fait de la valeur du préciput , pour liquider la récompense qui en est due , on n'a point d'égard à la valeur , qu'on appélle intrinseque ; c'est à-dire , qu'on n'estime point ce que les bâtimens & les bois de haute sûtaie peuvent valoir par leur propre substance.

Il ne faut pas omettre que l'aîné , pour avoir ce préciput , doit l'opter devant le partage fait ; c'est-à-dire , devant la choisie des lots , suivant cet Article CCCLVI , & que même il ne le peut vendre ni céder avant que de l'avoir opté : ce qui a été jugé par un Arrêt du mois de Juin 1625 , rapporté par Basnage , par lequel Arrêt , un aîné ayant cédé à un de ses freres son droit successif , nommément avec celui de pouvoir prendre le préciput roturier ; le cessionnaire fut déclaré non recevable à prendre ce préciput , & fut condamné à le mettre dans les partages. Il faut voir ce qui a été remarqué sur l'Article CCLXXI , touchant les Masures & Manoirs logés aux champs , que la Coutume attribue aux freres à l'exclusion des sœurs.

C C C L I I.

Les Lettres , Titres & Enseignemens de la Succession , doivent être mis par l'aîné entre les mains du dernier des Freres , pour en faire lots & partages.

C C C L I I I.

Le Puîné faisant les lots , doit avoir égard à la commodité de chacun desdits lots , sans démembrer ne diviser les Pieces d'Héritage , s'il n'est nécessaire , & qu'autrement les partages ne puissent être également faits , sans séparer aussi les Rentes seigneuriales & foncieres , & autres charges réelles , d'avec le fonds qui y est sujet , & faire ensorte que le fonds de chacun lot porte sa charge.

C C C L I V.

Après les lots faits & présentés par le Puîné , chacun des Freres en son rang , est reçu a les blâmer avant qu être contraint de choisir.

Après avoir discouru des avantages des aînés , il faut passer à déclarer ce qu'il faut observer dans les lots & partages : ce qui est la seconde partie de la division proposée des matieres de ce Chapitre , & qui est comprise dans ces trois Articles. Premierement, le frere aîné qui doit avoir été saisi des lettres, titres & enseignemens de la succession, par l'Article CCCLI, les doit remettre entre les mains du dernier des freres, que la Coutume appelle *le puîné*, afin qu'il puisse prendre connoissance des biens qui composent la succession ; parce que c'est lui qui les doit distinguer en portions, suivant le nombre de ses cohéritiers & la qualité & situation des immeubles : c'est ce qu'on appelle lots. En les faisant, le puîné doit avoir égard à la commodité de chacun d'iceux ; c'est-à-dire, qu'il ne doit point démembrer ni diviser les pieces d'héritages, s'il n'est nécessaire, pour rendre les partages égaux : il ne doit pas non plus séparer les rentes seigneuriales & foncières d'avec les héritages qui y sont sujets, de maniere que le fonds de chaque lot porte sa charge ; c'est ce qui est prescrit par l'Article CCCLII ; & faute d'avoir observé ce qui y est ordonné les lots faits & présentés par le puîné, peuvent être blâmés, & lui condamné à les réformer. (1)

_____

(1) C'est une regle certaine, que nul n'est tenu de rester en communauté contre son gré, & que l'engagement réciproque de ne jamais demander partage est inutile, quoiqu'il ait eu long-temps son exécution.

Il est encore une autre regle également sûre, que l'on ne doit point ordonner la licitation quand un des cohéritiers s'y oppose, & insiste à demander partage, à moins qu'il ne résulte une très grande incommodité, pour ne pas dire une impossibilité de la division des corps héréditaires : car les Loix & l'équité défendent de contraindre un cohéritier de recevoir sa part afférante en argent, quand elle peut lui être livrée en essence.

Il y a des Provinces où le cohéritier, avant que de faire les lots, est en droit d'exiger qu'il sera fait estimation des terres, des maisons, enfin des objets qui n'ont pas de prix déterminé, & où il ne peut être contraint de faire un partage conventionnel sans une estimation précédente ; cette précaution peut être utile, mais elle est dispendieuse depuis la création des Experts en titres : ainsi cette formalité préalable est parmi nous de conseil plutôt que de nécessité ; cependant si l'on ne pouvoit autrement procéder au partage, l'estimation se fera, suivant Godefroy, à frais communs. L'ancien Coutumier, Chap. 26, dit, » que si dans » les lots on apperçoit malice ou tricherie, les parties doivent être faites également par le » serment de douze hommes loyaux & créables. L'Ordonnance de 1560, Art. III ; celle de de 1567, Art. LXXXIII ; & la Coutume de Bretagne, Art. DI XVI, prescrivent de renvoyer les questions de partage entre freres à des parens arbitres pour amiablement les accorder, si faire se peut, sans forme de procès : il y en a cependant qui pensent que le procès est plutôt fini devant le Juge que devant les arbitres.

Le puîné est chargé de la confection des lots sur la représentation des Titres & Enseignemens de la succession. L'ancien Coutumier lui prescrit de très-bonnes maximes ; il ne doit point, en faisant les partages, départir les Fiefs de haubert ni les autres Fiefs où il y a garde ; il ne peut pas confondre les héritages & revenus d'une Ville avec ceux d'une autre Ville, ni retailler & corrompre les pieces de terre quand, sans les retailler, les partages peuvent être faits également ; il doit joindre les pieces les plus proches ; il ne peut morceler ni retailler les moindres ; mais à cette liberté sur les grandes, s'il est absolument nécessaire pour égaliser les partages entr'eux.

Les lots doivent être communiqués aux copartageans qui ont la liberté, dit Bérault, de les garder pendant quinze jours, ou une Assise suivant le Tribunal où ils plaident. *Voyez* le Chap. 26 de l'ancienne Coutume.

Quand un des cohéritiers pratique des délais pour éloigner la choisie, le Juge peut accorder à ceux qui ne sont point en retardement, une possession provisoire de certains corps de la succession, avec défenses de les aliéner & de les dégrader ; il peut encore, quand les choses sont disposées, ordonner que le choix des partages sera fait par le Procureur du Roi, à cause de la contumace de l'aîné des cohéritiers. Jugement de l'Echiquier de Pâques, tenu à Falaise l'an 1214 ; Terrien, Liv. 6, Chap. 3. Mais ce choix n'est pas définitif, si ce n'est

Il y a plufieurs remarques à faire fur cet Article CCCLIII. Premierement, l'égalité doit être gardée dans les lots ; car ce n'eft pas bien raifonner, que de comparer les héritiers partageans leur fucceffion, aux vendeurs & aux acheteurs, fous prétexte qu'il eit dit dans quelque Loi, que le partage tient lieu de vente & d'échange : car il eft requis une bonne foi beaucoup plus exacte entre les cohéritiers ; de maniere qu'une inégalité modique fuffit, pour faire juger la refcifion des partages : & d'ailleurs, celui qui a un lot trop avantageux, ne peut pas fe défendre en offrant un fupplément de prix, parce que chaque cohéritier doit avoir fa part en effence. Ce qu'on ne peut pas appliquer au vendeur, qui n'a pas droit de demander, à raifon de la déception d'outre-moitié du jufte prix dont il fe plaint, la chofe qu'il a vendue, parce qu'il a voulu & choifi d'avoir le prix au lieu de cette même chofe qu'il a aliénée.

Quand le demandeur en reftitution contre les partages a mis hors de fes mains une partie de fon lot, il femble qu'il en doit être évincé par une fin de non-recevoir, qui provient de fon fait, les chofes n'étant plus entieres, & ne pouvant être remifes au premier état, à caufe des aliénations qu'il a faites : ce qui eft néanmoins requis dans les reftitutions, *l. quod fi minor*, §. *reftitutio*, *ff. De minoribus*, & *l. unica*, *C. De reputationibus quæ fiunt*, &c.

Mais il faut diftinguer fi les aliénations qu'il a faites, font de la meilleure ou d'une plus grande partie de fon lot, auquel cas il feroit non-recevable ; mais fi les aliénations étoient peu importantes, il devroit être admis à les fuppléer des autres biens de fon partage. (2)

---

après un laps de temps qui en puiffe faire préfumer l'approbation : car le cohéritier negligent peut purger fa contumace, & alors il eft rétabli dans les droits que lui donne la Coutume : Godefroy. Le meilleur parti eft, en ce cas, d'accorder de fortes provifions en argent contre l'héritier qui occafionne le retard des lots par entêtement. C'eft ce que dit d'Argentré : *Sæpè compertum eft malignè hoc prætextu à primogenitis fpoliationis obtendi, & fummo jure fummas fieri injurias, fed tunc à judice celeriter occurri debet, & provifiones decerni.*

Lorfque les partages font confommés par la notification de l'acte de choifie figné, un cohéritier ne peut changer de volonté au préjudice de l'autre, quand le changement fe feroit le même jour ; il n'y a d'autre voie pour fe rétracter que celle de la refcifion, quand les moyens font décififs. La Juftice a cependant quelquefois égard aux offres confidérables de celui qui propofe le changement ; & réfere au cohéritier à qui elles font faites, l'alternative d'abandonner fon partage en acceptant les offres, ou de le conferver en en rembourfant le prix : Cette pratique a des inconvéniens, car un cohéritier peut fe ruiner par caprice.

Les blâmes ordinaires des lots s'induifent de l'inégalité de leur valeur, de la diftraction des charges d'avec les héritages affujettis, du démembrement incommode & fans néceffité des pieces de la fucceffion, & de l'omiffion de certaines ftipulations néceffaires au bien des lots.

(2) On ne peut appliquer avec fuccès à des cohéritiers, qui traitent enfemble, les maximes qui reglent la ceffion des Droits univerfels faite à un étranger ; tous actes faits entr'eux pour éviter un partage, font des actes équivalens au partage, fufceptibles de refcifion pour lézion du quart au quint ; la tranfaction même paffée fur un Procès pour parvenir au partage, eft fujette à reftitution : *etiam fi per modum tranfactionis facta fit divifio, quia reftringitur ad caufam, qualitatem, & titulum controverfum fuper quibus tranfactum fuit* : du Moulin, fur Paris, §. 25, n. 15. On oppoferoit même, fans fuccès, au puîné demandeur en reftitution contre les lots, que lui-même il les auroit faits après une communication des titres & enfeignemens de la fucceffion. Il fuffit qu'il fe rencontre, dans les partages, la lézion défignée par notre Jurifprudence, pour faire décider que la refcifion a un fondement légitime. On

L'inégalité qui suffit pour donner ouverture à la rescision des partages, est du quart au quint; (c'est-à-dire, un peu au-dessous de la cinquieme partie) par l'usage de Normandie. La bonne foi qu'on requiert entre les cohéritiers est telle, que l'erreur en droit, qui régulierement n'est pas excusable, peut servir de fondement au relevement pris contre les partages, comme si celui qui n'étoit héritier qu'au propre, avoit été admis au partage des meubles & acquêts avec les véritables héritiers de cette sorte de biens : ce qui a été jugé par un Arrêt du 28 de Juillet 1618, rapporté par Basnage. En second lieu, cette restitution contre les partages à raison de leur inégalité, se doit poursuivre dans les dix ans, comme toutes les autres rescisions des Contrats. En troisieme lieu, les partageans sont obligés à une garantie les uns envers les autres, à l'égard des biens qu'ils ont partagés, & cette garantie ne se prescrit que par quarante ans. (3)

Il ne faut pas omettre, que quand les lots ont été faits & présentés par le puîné, chacun des freres peut les blâmer en son rang, par l'Article CCCLIV; ce qui doit faire juger qu'un chacun des freres peut demander la communication des lettres & écritures mises par l'aîné aux mains du puîné. De plus, cet ordre établi par les l'Articles CCCLI & CCCLII, de mettre les titres & enseignemens de la succession aux mains de l'aîné, & consécutivement en celles du puîné, peut n'être pas exécuté, si cet aîné ou puîné étoient d'une mauvaise conduite, dissipateurs ou insolvables, comme étant séparés de biens d'avec leurs femmes, ou ayant été décrétés; ce qui dépend de l'arbitration & prudence du Juge, comme il a été jugé par plusieurs Arrêts rapportés par Basnage sur ledit Article CCCLII.

Quand les lots ont été communiqués à tous les cohéritiers, ils doivent être rebaillés au puîné qui les a faits, afin de les réformer en cas qu'ils ayent été blâmés; même pour y ajouter ou diminuer, en cas qu'il le juge convenable à ses intérêts : ce qu'il peut faire; mais il faut que ce soit avant qu'on ait procédé à la choisie : pour faire laquelle, le Juge ordonne un délai compétent : Que si l'aîné ou quelqu'un des cohéritiers font trop de refuites, il

---

cite vulgairement en preuve l'Arrêt rendu entre les sieurs de Theville & de Sainte-Croix.

Quand il y a lieu à la rescision, on ne doit procéder à de nouveaux partages que lorsqu'il n'est pas possible de prendre une autre voie pour établir l'égalité entre cohéritiers; il est bien plus simple de suppléer de son partage en essence; la Cour, dans certains cas, a admis des soutes en deniers. Bérault.

On ne peut pas contester la rescision d'un partage dans les dix ans, fondée sur une erreur de droit qui ait fait admettre à une succession une personne sans qualité; quelques-uns pensent même que ce défaut ne se couvre point par le laps de dix ans. Basnage rapporte, sous l'Article 312, un Arrêt qui, après dix-neuf ans, déclara non recevable le Demandeur en rescision sur un pareil fondement : c'étoit dans l'espece des enfants d'un frere utérin, qui avoient été admis à succéder aux meubles & acquêts avec un frere de pere & de mere du défunt.

(3) L'Hypotheque tacite, pour la garantie respective des lots, a lieu sur tous les immeubles de la succession, quand les lots seroient sous signature privée, pourvu que les dettes acquittées soient constantes; elle a même lieu sur les biens particuliers de chaque héritier du jour de l'addition de l'hérédité : Arrêt du 25 Juin 1686 : Journal du Palais; Basnage, Traité des Hypoth. Chap. 6.

peut ordonner que les freres pourfuivant la choifie, jouiront provifoirement un chacun d'un lot. Or bien qu'il y ait des freres abfens ou mineurs, cela n'empêchera pas qu'on ne faffe & qu'on ne choififfe des lots, par l'avis des parens de l'abfent, ou du mineur, qui pourront faire les lots & les choifir, fauf la reftitution en cas de léfion.

CCCLVII.

Les Sœurs ne peuvent demander partage ès fucceffions du Pere ou de la Mere, ains feulement demander mariage : & pourront les Freres les marier de meuble fans terre, ou de terre fans meuble, pourvu que ce foit fans les déparager.

Cet Article & les fept fuivans, font la troifieme partie de la divifion propofée, & font une répétition de la plupart des Articles mis fous le Chapitre *de la Succeffion au propre*, touchant les droits qu'ont les filles fur les fucceffions, principalement fur celles du pere ou de la mere : c'eft pourquoi on repaffera fur un chacun de ces huit Articles, pour y faire les obfervations qui n'ont point été faites fur ledit Chapitre *de la Succeffion au propre*. En commençant par le CCCLVII, on peut dire d'abord qu'il n'eft qu'une répétition de ce qui a été déclaré par les Articles CCXLIX, CCLI & CCLII ; mais on peut ajouter à tout ce qui a été dit fur tous ces Articles, deux maximes atteftées par l'Article XLVII du Réglement de 1666. Par la premiere defquelles, les freres ne peuvent obliger leurs fœurs à prendre partage au lieu de mariage avenant; par la feconde, les freres peuvent s'acquitter de tout ce qui a été arbitré pour le mariage avenant, en baillant des héritages ou rentes de la fucceffion, fans qu'on puiffe faire diftinction entre la dot & le don mobil accordé lors du mariage ; car le don mobil peut être acquitté en baillant des héritages, auffi-bien que la dot, comme il a été jugé par un Arrêt du 8 de Mars 1675, rapporté par Bafnage. (1)

Mais on a demandé de quel temps fe doit faire l'eftimation des biens que les freres baillent pour s'acquitter du mariage avenant ? Sçavoir, fi on doit s'arrêter au temps de l'échéance de la fucceffion, ou au temps de la demande ou action des fœurs. On jugea par ce même Arrêt, que puifque dans l'arbitration du mariage avenant on confidéroit le temps de l'échéance pour eftimer les biens héréditaires, on devoit confidérer ce même temps pour eftimer ceux qui étoient baillés pour le payement du mariage avenant.

Or cette feconde maxime n'a lieu que quand le mariage avenant a été ar-

_____

(1) Lorfque les freres prennent le parti de céder des fonds ou des rentes de la fucceffion à leurs fœurs, il naît affez fouvent des conteftations : les freres cherchent à fe libérer en fe détachant de ce qui leur convient le moins, des moulins à vent, des moulins à eau, des pieces de terres éloignées les unes des autres, mal aifées à faire valoir, fans bâtimens, des rentes fur des perfonnes infolvables, ou d'une difcuffion difficile : l'ufage du Parlement eft de renvoyer les parties devant leurs parens, ou devant MM. les Confeillers-Commiffaires pour examiner la nature, la qualité, la fituation, & la commodité ou incommodité des biens que les freres veulent donner à leur fœur, & faire en forte, comme dit Evrard, qu'en accommodant l'un, l'autre ne fouffre pas de dommage ni de préjudice.

bitré , foit par les pa ens , foit par le pere : car fi la fœur a été mariée par le pere , la mere ou le frere , & qu'il lui ait été promis de l'argent , ou une conftitution de rente au lieu de fa légitime ou mariage avenant , ou même fi le frere s'eft accommodé avec la fœur avant que de la marier , & qu'il ait promis d'l'argent ou de lui payer une rente ; en tous ces cas , le Réglement n'a point lieu , & les freres ne font pas recevables à bailler des héritages ; mais ils doivent payer en argent ou en rente , conformément aux promeffes ; ce qui a été jugé par plufieurs Arrêts. Voyez ce qui a été remarqué à cet égard fur les Articles CCL & CCLI. (2)

C C C L V I I I.

La Fille réfervée à partage , ne peut prétendre part qu'en la fucceffion de celui qui l'a réfervée.

Il renferme dans fa conception une exception de l'Article précédent , d'autant que la fille réfervée à partage peut demander fa part en la fucceffion du pere ou de la mere , au partage de laquelle elle a été réfervée ; mais comme le titre qui contient cette réfervation , eft fingulier & contraire au Droit commun , il ne peut pas étendre fon effet fur toutes fortes de fucceffions , mais il doit être limité fur les biens de la fucceffion de celui qui en eft l'auteur ; ce qu'il ne faut pas néanmoins entendre précifément : car il eft indubitable , qu'un pere ayant réfervé à partage , tant fur fes propres biens que fur ceux de fa femme (comme il le peut par l'Article CCLVIII) cet acte de derniere volonté du pere fera exécuté fur les biens de la mere , quoiqu'elle n'ait point eu de part à cette réfervation. Voyez ce qui a été remarqué fur ledit Article CCLVI.I. (1)

---

(2) La fille , pour le payement de fon mariage , & fes héritiers ont , par l'Article CXXII du Réglement de 1666 , le droit de demander que partie des héritages de fes pere & mere , ou autres afcendans , leur foient baillés à due eftimation , encore que les héritages ayent été aliénés : ainfi s'ils font faifis réellement pour les dettes du frere , la fille & fes héritiers en peuvent requérir la diftraction ; mais cette Jurifprudence ne leur ôte pas la faculté de décreter , qu'ils tiennent du droit général , quand même ils auroient conclu a un envoi en poffeffion , & que l'eftimation des héritages auroit été faite : la queftion a été ainfi jugée par Arrêt du 19 Juillet 1765 ; il en réfulte que la fille peut varier , & qu'après avoir demandé l'envoi en poffeffion & fait eftimer les biens , les créanciers ne la peuvent forcer de continuer fa demande en envoi en poffeffion ; qu'elle peut abandonner cette voie en payant les dépens qu'elle a occafionnés , & enfuite décreter ou fe préfenter à l'état , fi les biens font décretés à la requête d'un tiers. Cette Jurifprudence eft équitable , & il doit être libre a la fille de renoncer à un droit introduit en fa faveur. Voyez les Arrêts des 1 Février 1675 , & 13 Mars 1682 , rapportés par Bafnage : l'Arrêt de 1765 eft rendu dans le même efprit , & en eft une véritable application.

(1) On a traité en droit la queftion de fçavoir , fi le pere remarié peut réferver fa fille à partage fur la fucceffion de fa femme prédécédée , incidemment à une queftion appointée au mois de Juin 1758 , pour faire réglement.

On fait valoir , en faveur de la réferve , l'ancien pouvoir marital & le paternel , fi exactement obfervé parmi nous , une forte de retour dans la réferve à ce qu'on eft convenu d'appeller le droit commun ; l'obligation indifpenfable des freres de doter leurs fœurs ; la piété paternelle qui n'ufe de fes droits que pour le bien de fa famille , & en grande connoiffance

C C C L I X.

Fille mariée revenant à partage de fucceffion de fes Pere ou Mere, doit rapporter ce qu'elle a eu de meuble & héritage de celui qui l'a réfervée.

Il répete ce qui eft dit par l'Article CCLX, on y peut rapporter l'Article LXVIII dudit Réglement, par lequel on voit que la queftion ; fçavoir, fi les fœurs venant à fuccéder à leur frere, étoient obligées de rapporter ce qui leur avoit été donné pour leur mariage, a été décidée. Le Réglement a déclaré une diftinction qui avoit été faite par les Arréts ; c'eft-à-fçavoir, fi toutes les filles ont été mariées par les pere ou mere, & leur mariage acquitté ; en ce cas elles fuccedent à leur frere, fans être obligées de rapporter ce qui leur a été donné pour leur mariage ; parce que la fucceffion du frere en ce même cas eft une fucceffion collatérale, dans laquelle le rapport n'a point lieu. Mais quand il refte quelqu'une des filles à marier après la mort du frere, ou dont le mariage n'a point été réglé, alors le rapport a lieu ; parce que la fucceffion du frere en ce cas, eft réputée être la même que la fucceffion du pere. Cette décifion

---

de caufe ; l'Article CCLVIII de la Coutume, qui permet au pere de réferver fa fille à la fucceffion de fa mere, fans diftinguer fi la mere eft vivante au temps de la réferve, ou fi elle eft alors décédée ; l'Article CCLIX qui, après avoir accordé indiftinctement cette faculté au pere, défend, fous lés termes les plus prohibitifs, & à la mere & au tuteur, qu'il place dans la même claffe, de réferver la fille à la fucceffion du pere prédécédé, & enfin la Jurifprudence des Arréts & le fentiment unanime de nos Commentateurs. On oppofe contre la réferve que la puiffance maritale, de même que la puiffance paternelle, doivent avoir des bornes, qu'on n'apperçoit aucune trace de retour au droit commun dans la réferve, fi on confulte l'ancien droit Romain & l'ancien droit des Francs; que la propriété des biens de la mere eft acquife aux enfans mâles dès l'inftant de fon décès, le mari n'étant que le fimple Ufufruitier des biens de fa femme après fa mort ; qu'il eft contre toute équité que l'Ufufruitier ait le droit de dépouiller le propriétaire ; que l'injuftice éclate de plus en plus lorfque le pere, par un fecond mariage, a perdu les deux tiers du droit de viduité : que fi la réferve avoit lieu dans cette efpece, le pere pourroit priver fon fils, qui auroit plufieurs fœurs, de prefque toute fa fortune en bourgage, & tromper même la bonne foi d'une famille, en établiffant fon fils auparavant la réferve; que la qualité de pere n'eft point à l'abri des effets de la prédilection ou des reffentimens injuftes ; & que l'on ne doit s'attacher à la Jurifprudence & aux fentimens des Auteurs, qu'autant qu'ils font conformes aux véritables principes : maxime qui a fon fondement dans la conftitution même de l'homme. On peut repliquer qu'il n'y a point d'ufage dont on ne puiffe prétexter des abus, & qu'il eft fouvent périlleux de les examiner avec trop de curiofité; que fi les freres font faifis, par la mort de leur mere, de fa fucceffion, la réferve faifant ceffer l'inhabilité coutumiere de la fille, elle revient fur fes pas pour dire, comme eux, le mort faifit le vif, *proprietas mafculorum avocari poterat*, les biens de bourgage, qui fe reglent comme les meubles dans le partage, ne peuvent déterminer une décifion dans la Coutume générale, *jura conftitui in his quæ ut plurimum accidunt*. Le pere ne difpofe point en Ufufruitier, il difpofe en vertu d'un droit acquis par le mariage, droit dont il a une poffeffion immémoriale ; la Coutume le fait fentir en faifant deux difpofitions différentes, pour le diftinguer & de la mere & du tuteur de fes enfans : au refte, jufqu'au temps d'une décifion en droit fur cette queftion, cette maxime eft d'un grand poids, *non ambigitur jus fenatum facere poffe*.

(1)

décifion n'eft qu'à l'égard de la fucceffion d'un frere entre les fœurs ; car dans un degré plus éloigné, comme s'il s'agiffoit de la fucceffion des enfans d'un frere, qui fût à partager entre les tantes du défunt, il eft vrai fans diftinction, que le rapport n'y peut avoir lieu : ce qui a été jugé par un Arrêt du premier Août 1656, rapporté par Bafnage. (1)

CCCLX.

Les Sœurs, quand elles font héritieres, peuvent partager tous Fiefs de Haubert jufqu'à huit parties, fi autrement les partages ne peuvent être faits.

Il eft femblable aux Articles CCLXXII & CCCXXXVI, & il ne differe que par la fin, qui femble fignifier, que les Fiefs ne doivent être partagés entre filles, finon lorfque les partages ne peuvent pas être faits autrement ; c'eft-à-dire, utilement & commodément pour les partageans. (1)

---

(1) La fœur réfervée doit rapporter non-feulement ce que fon pere lui a donné en dot, mais encore le don mobil, quand même la fœur n'auroit point de récompenfe de fa dot fur les biens de fon mari : Arrêts des 8 Février 1667, & 2 Juillet 1680.

La petite-fille doit rapporter à la fucceffion de fon aïeul le don mobil fait à fon pere, quand elle vient à partage, quoiqu'elle n'en ait point profité : Arrêt du 20 Février 1614. Mais les fommes prêtées au mari ne fe rapportent point quand la femme a renoncé à fa fucceffion.

Toutes les fois que le rapport a lieu, les filles rapportent l'intérêt des capitaux depuis la fucceffion ouverte : Arrêt du 2 Mars 1657, Bafnage, fous l'Art. CCLX; mais elles ont l'alternative de rapporter ou moins prendre, fi les copartageans trouvent dans la fucceffion les moyens de s'égalifer, quand elles rapportent des fonds en effence, le bon fens dicte qu'on leur doit compte des améliorations, de même qu'elles doivent faire raifon des dégrademens & détériorations : Coutume de Paris, Art. CCCV ; Arrêtés de Lamoignon, des Rapports. On fait les mêmes attentions dans les cas d'eftimation.

Le rapport doit fe faire en effence ; toutes les fois qu'il y a de la fraude dans l'acte de donation ou dans fon exécution, c'eft la décifion de trois Loix : Romaines, fur ce Titre ; & de du Moulin fur la Coutume du Maine, Art. CCLXXVIII. Voyez les Arrêtés de Lamoignon, ibid.

La fille iffue d'un premier mariage, ayant fuccédé à fon frere avancé en fucceffion par le pere commun, doit rapporter au profit de fes fœurs nées d'un fecond mariage : Arrêt du 29 Novembre 1606. Bérault.

La fœur réfervée à partage par fon pere, & qui, pendant la vie de fon frere, a joui de l'effet de la réfervation, n'eft point obligée de rapporter à la fucceffion de ce frere au bénéfice de fes fœurs, qui ont été payées de leur mariage avenant : Arrêt rendu en Grand'Chambre, au rapport de M. de Villequier, le 27 Juillet 1722; le même Arrêt autorife la fœur réfervée à prendre une part égale dans cette fucceffion ; toutes les fœurs ayant été fatisfaites pendant la vie du frere, on ne pouvoit regarder fa fucceffion que comme une fucceffion collatérale.

(1) Rien ne femble mieux prouvé que cette maxime : les Fiefs de dignité, comme les Marquifats, Comtés, Baronies, font indivifibles : Affifes du Comte Geffroy 1185. Etabliffemens de S. Louis, Chap. 24. Enquête de 1340, rapportée au premier volume des Chartes. Loyfel, Tit. des Fiefs, Regl. 87. Loifeau, des Seigneuries, Chap. 6. Journal des Aud. Tome I, Liv. 8.

Mais les nouvelles érections devenues fréquentes en France, ne foutiennent guere le parallele avec les anciennes ; il y a peu de Marquifats qui fuffent capables de figurer contre une Baronnie des temps reculés ; de là les Auteurs Bretons fur l'Art. DXLII de leur Coutume, qui

CCCLXI.

La Fille réfervée à partage, aura fa part fur la Roture & autres biens, s'il y en a, finon fur le Fief, lequel pour le regard de ladite Fille, eft évalué en deniers pour ce qui lui peut appartenir, pour en avoir rente au denier vingt.

La réfervation des filles à partage ne leur pouvant donner d'autre avantage, que de les rétablir dans le droit naturel, qui eft de fuccéder également avec leurs freres; il s'enfuit que pour fçavoir quel doit être le partage des fœurs réfervées, il faut confidérer quel doit être le partage des freres qui n'ont point le droit d'aîneffe; c'eft-à-dire, de ceux qui partagent également les biens héré-

exceptent de la Loi générale du partage des Nobles les anciens Comtes & Barons, qui fe traiteront comme ils ont fait par le paffé, ajoutent que cet Article ne s'applique qu'aux Baronnies qui donnent le nom de Baron, & la préfidence de la Nobleffe fans élection à l'affemblée des Etats & aux anciens Comtés, du nombre defquels d'Argentré ne reconnoît que la Seigneurie de Penthievre.

Bafnage eft de même avis; il eft furpris que l'on déroge aux difpofitions des Coutumes en faveur de certains Fiefs qui n'ont d'autres prééminences réelles fur les autres, que des lettres de fceau.

Bérault attefte que, de fon temps, les Baronnies tomboient en parage entre filles, que la Jurifdiction & la dignité du Fief demeuroit cependant à l'aînée, enforte qu'elle recevoit la foi & hommage des arrieres-Fiefs, & partageoit avec fes puînées les droits utiles. Bafnage répete ce qu'avoit dit Bérault, que les Baronnies ont toujours été divifibles entre filles; que le titre feul ne fe divifoit point, & qu'on attachoit la dignité à une portion du Fief.

On ne diftingue, pas en cette Province, les nouvelles érections des anciennes, contre l'opinion de Bafnage, & les Terres titrées font indivifibles entre filles & leurs repréfentans; les Arrêts des 27 Août 1677, & 13 Août 1679, rapportés par le même Auteur, établiffent ces deux points de droit. Il s'agiffoit du Marquifat de Pyrou; ce Marquifat étoit de nouvelle érection: le fieur de Vaffy & la Comteffe de Créance l'avoient partagé; le fieur de Vaffy prit des Lettres de refcifion contre le partage, & foutint que ce Marquifat étoit indivifible: les Lettres de refcifion furent entérinées par le premier Arrêt; la Comteffe de Créance fe pourvut en Requête civile; &, par le fecond Arrêt, elle y fut déclarée non-recevable.

Il faut avouer que l'on trouve dans cet article le germe & le principe de cette décifion: car il n'admet les fœurs héritieres à partager les Fiefs de haubert entr'elles que dans le cas où les partages ne peuvent autrement faits. D'où il fuit que s'il y a des Rotures fuffifamment pour faire des lots fans divifer le Fief, l'intention de la Coutume n'eft pas qu'il foit partagé.

Mais fi la Terre titrée appartient à l'aînée feule, fes fœurs feront-elles tenues de fe contenter en les fucceffions directes d'un fimple viage? Non: il en fera de même comme dans le cas du Fief de haubert, que l'aînée ne peut avoir fans former le partage des autres fœurs; & il feroit ridicule d'admettre, en ce cas, une double dérogation à la Coutume. Je fuivrois Chopin, fur Anjou, Liv. 3, Chap. 1, Tit. 2, n. 6; il rapporte un Arrêt du Parlement de Paris du 7 Septembre 1571, pour la Baronnie de Montboiffier, par lequel il a été jugé qu'au lieu des portions que les puînés auroient par la Coutume dans la Baronnie, il leur feroit baillé récompenfe en autres Terres féodales de moindre qualité.

Mais fi l'aînée confent la divifibilité, les différens Fiefs réunis qui compofoient la Baronnie relevante du Roi, tomberont-ils en parage, ou continueront-ils de relever du Roi? Il faut répondre qu'avant le partage entre filles, la Baronnie ne formant qu'un feul tout, chaque partie qui en fera détachée relevera par parage de l'aînée, à moins que les puînées, de fon confentement, n'obtiennent des Lettres de démembrement de Fief, avec réferve de la mouvance au Roi: ce qui, étant contraire à notre Coutume, exige une claufe dérogatoire.

ditaires : car la condition des filles ne doit pas être meilleure que celle de ses puînés , suivant les Articles CCLXIX & CCXCVIII, & partant si la succession consiste en des Fiefs & des Rotures, ou autres biens partables, si les Fiefs sont pris pour préciput par les aînés, les filles réservées n'y peuvent rien demander, mais partagent avec les puînés les Rotures & les autres biens partables ; ce qui a été jugé par un Arrêt du 29 d'Avril 1623, rapporté par Basnage. Ce qui fait connoître évidemment que la réservation à partage est quelquefois ordonnée contre l'intérêt des filles , vu qu'elles ont moins d'avantage par la qualité d'héritieres, qu'elles n'en auroient par le mariage avenant , d'autant que le partage dans le cas proposé, se fait précisément sur une partie des biens, laquelle est divisée également entr'elles & leurs freres puînés ; & que le mariage avenant au contraire, est arbitré suivant l'estimation de tous les biens de la succession ; c'est-à-dire, tant des Fiefs pris par préciput , que des autres immeubles délaissés par les aînés. Car quoique le mariage de chaque fille ne puisse être arbitré qu'à une valeur égale au partage du puîné, qui a la plus petite portion de l'hérédité ; néanmoins étant pris proportionnément sur les préciputs des aînés, il est beaucoup plus ample , & conséquemment plus avantageux aux filles, que ne seroit le partage qui leur appartiendroit en vertu de leur réservation, qui diminueroit celui de leurs freres puînés. C'est pourquoi le Parlement a jugé (comme il est attesté par l'Article XLVII dudit Réglement ,) *que les freres ne pouvoient pas obliger leurs sœurs de prendre partage au lieu de mariage avenant , lorsqu'elles n'ont pas été réservées par le pere ou la mere* : ce qui a été remarqué sur l'Article CCCXL.

Il est vrai que si ces biens délaissés aux freres & aux sœurs , par les aînés qui ont pris des préciputs, consistent en partie en quelques Fiefs qui ayent été mis en partage , suivant qu'il est proposé par l'Article CCCXLII ; en ce cas les sœurs ne pourront pas obliger les freres de partager avec elles ces Fiefs non pris par préciput ; mais en ce cas il faudroit qu'elles prissent pour leurs partages, des Rotures ou d'autres biens , s'il y en avoit ; sinon, une rente au denier vingt , au lieu du Fief qui seroit évalué en deniers , suivant qu'il est déclaré par ledit Article CCLXIX , & par celui-ci encore plus expressément.

Mais en ces deux especes ci-dessus représentées, les sœurs ne peuvent pas faire une autre option , que celle que font les freres puînés ; c'est-à-dire, si les puînés ont accepté les Rotures & autres biens partables, au lieu de demander une provision à vie aux aînés , les sœurs ne peuvent pas renoncer à ces Rotures & autres biens abandonnés par les aînés , pour demander une rente sur l'évaluation des Fiefs pris par préciput, comme il a été jugé par l'Arrêt du Vieux-pont, du 28 de Mars 1642 , rapporté par Basnage sur l'Art. CCLXII, encore que les sœurs alléguassent, que l'option faite par les puînés n'avoit été faite que par collusion , pour favoriser l'aîné.

Reste le cas auquel il n'y a dans la succession que des Fiefs qui sont pris par préciput, sans d'autres biens, ou qui sont de si petite valeur, qu'il est plus avantageux aux puînés de demander une provision à vie. Sur cette espece on a proposé deux opinions : la premiere, que les filles réservées à partage ont le tiers du Fief en propriété , mais qu'elles demeurent chargées de payer toute la provision à vie dûe à leurs freres puînés ; ce qui est conforme à l'ancienne Coutume de Caux , par laquelle les filles réservées avoient le tiers en pro-

procé , mais étoient chargées de payer la provision des puînés, comme il a été remarqué fur les Articles CCXCVII, CCXCVIII & CCXCIX. L'autre opinion eft , que le tiers du Fief demeure en propriété aux filles réfervées, mais qu'elles ne font obligées de payer que le tiers de la provision ; de forte que les deux autres tiers doivent être payés par les aînés ayant pris préciput. Mais il peut y avoir une troifieme opinion plus convenable à l'efprit de la Coutume , qui ne fouffre point ni que les Fiefs foient divifés , finon entre filles , ni que les fœurs ayent plus d'avantage que les freres : fuivant cette troifieme opinion , les aînés ayant pris préciput , feroient quittes envers leurs freres & fœurs , en leur baillant une provision à vie du tiers de leurs Fiefs ; avec cette diftinction toutefois, que la part qu'auroient les filles à cette provision, feroit évaluée en deniers, qui feroient conftitués en rente au denier vingt , fuivant les termes de cet Article. (1)

_____

(1) Cet Article eft obfcur , la premiere partie a été interprétée par des Arrêts récens que j'ai cités fous l'Article CCLXIX; ces Arrêts , dans le cas de l'option de l'aîné par préciput , ont réduit le partage des filles au tiers des Rotures , quand les freres puînés ont déclaré s'en contenter. Comme ces Arrêts ne font point rendus en forme de Réglement, la queftion n'eft pas encore fans difficulté : car l'Article CCLXIX fuppofe évidemment l'option d'un préciput ; il femble donc que le partage égal entre les freres puînés & les fœurs n'y foit prefcrit que par forme d'accommodement, & pour dédommager les fœurs de ce qu'elles n'ont rien fur le Fief opté par l'aîné , pourvû cependant que le partage de toutes les filles n'excede pas le tiers de la totalité de la fucceffion. Prenez une fucceffion compofée d'un Fief de 30000 liv. opté par l'aîné, & de 12000 liv. de Rotures. Suppofez un puîné & trois filles : fera-t'il jufte de donner , fur une fucceffion de 42000 livres , 4000 liv. feulement aux trois filles , tandis qu'en partageant les Rotures avec leurs freres, elles n'auront pas , à beaucoup près, le tiers de la fucceffion ? Il ne faut pas , dans le vrai , confidérer , par rapport aux filles , une fucceffion compofée d'un Fief & de Rotures, comme deux fucceffions différentes ; elles ont un droit fur le Fief comme fur la Roture , pourvû que la part de chacune des filles ne foit pas plus forte que celle d'un puîné, ou que les filles n'emportent pas plus du tiers de la fucceffion : ainfi fi l'aîné a , par préciput , un Fief de 20000 liv. & qu'il y ait pour 20000 liv. de Rotures à partager entre un puîné & quatre filles , vous ne donnerez pas aux filles 16000 liv. , vous les réduirez au tiers de la totalité de la fucceffion : au furplus les Arrêts contraires forment un préjugé important.

Mais lorfqu'il n'y a , dans la fucceffion , qu'un feul Fief opté par préciput , quel fera le droit des fœurs ? C'eft ici l'objet de la feconde queftion. Terrien croyoit qu'il falloit donner aux fœurs un tiers à fin d'héritage , & un autre tiers aux puînés à vie ; que l'aîné devoit fupporter les deux tiers de la provision à vie , & les fœurs l'autre tiers. Bérault charge les fœurs de la totalité de la provision des puînés. Bafnage eftime que cette feconde opinion eft encore trop favorable aux fœurs ; il croit que le tiers fe divife en autant de portions qu'il y a de freres puînés & de fœurs ; il donne aux fœurs la propriété de leurs portions , & celles des puînés retournent à l'aîné.

Terrien paroît fuivre le Droit commun ; dès que le frere aîné & les fœurs , en vertu de la réferve , ont un droit de propriété , il eft jufte que la provision des puînés, qui en eft une charge , foit fupportée par les freres & les fœurs , *pro modo emolumenti.*

Le fentiment de Bérault eft plus avantageux à l'aîné , mais il n'eft appuyé que fur un Article de l'ancienne Coutume de Caux , totalement abrogé par la réformation de 1586.

Bafnage auroit pour lui l'Arrêt de 1692 , rendu fur une queftion de liquidation de mariage avenant ; mais , fans examiner la différence qui peut être entre la réferve & le mariage avenant , tout le monde fçait que les Juges flottoient dans la plus grande incertitude, & qu'ils ne fe déterminerent qu'avec peine. Si l'intention des Réformateurs avoit été de faire partager par tête le tiers du Fief entre les puînés & les fœurs , & d'accorder aux uns l ufufruit , & aux autres la propriété de leur part dans ce tiers , la Coutume en auroit fait une difpofition précife. L'ancienne Coutume de Bretagne, Art. DXLVII , a bien exprimé cet ufage : » En

Au reste, quand on estime les Fiefs, soit pour régler le mariage avenant, soit pour donner partage aux filles, ils ne sont estimés que sur le pied du revenu, & non suivant leur valeur intrinseque, dans laquelle on considere les bâtimens & les bois de haute fûtaie & les autres ornemens, & d'ailleurs ce revenu n'est estimé qu'au denier vingt, comme il est attesté par l'Article du dit Réglement.

C C C L X I I.

Filles mariées, encore qu'elles ne reviennent à partage, si elles n'y ont été expressément réservées, si est-ce qu'elles font part d'autant qu'il leur en appartiendroit au profit des héritiers, telle comme s'ils avoient eu partage au lieu de mariage.

Il répete, mais sous une autre figure de paroles, ce qui a été dit par l'Article CCLVII, & le terme d'*héritiers*, qui y est employé, ne se doit entendre que des freres & leurs représentans, qui sont héritiers par un droit commun & public, & non des filles qui ne sont héritieres que par accident, & par un titre particulier de la réservation à partage. (1)

» succession noble, qui anciennement a été gouvernée comme dessus, dit-elle, tous les ju-
» veigneurs (c'est-à-dire tous les puînés) auront seulement la tierce-partie des héritages
» nobles de ladite succession ; c'est-à-sçavoir, les mâles à viage, & les filles par hériage »
Ce conflit d'opinions fait de plus en plus désirer un Réglement. Basnage se plaint de ce
que les Réformateurs ont laissé la question indécise ; il faut espérer que les progrès que nous
avons faits dans la connoissance de nos Loix, procureront bientôt à la Province l'avantage
de la voir terminée d'une maniere juste & irrévocable. Je me suis rapproché de l'opinion de
Basnage, dans la liquidation du mariage avenant.

(1) Il a été jugé par Arrêt du 28 Juin 1730, au rapport de M. Desmarets de S. Aubin,
que si une des sœurs réservées renonce à l'effet de la réservation pour se réduire au droit
commun, la renonciation de la sœur tourne au profit du frere contre les autres sœurs qui
veulent user du droit de réserve.

J'ai omis de traiter sur l'Article CCLX, la maniere dont se fait le rapport que le frere
doit à la succession, à cause de la sœur qui fait part à son profit. Lorsque la succession
consiste en meubles & en biens de bourgage, & qu'il y a d'autres sœurs réservées à partage,
on considere les sœurs mariées comme autant de partageantes ; on divise la succession par
tête, & si la somme donnée par le pere n'excede pas la part que la sœur mariée auroit eu
dans la succession avant le rapport, le frere doit la rapporter : ainsi dans l'exemple que
j'ai cité sur l'Art. CCLX, d'une succession de 45 mille livres, d'un frere & de cinq sœurs,
dont trois avoient été mariées & avoient reçu 15 mille livres, il est clair que dans l'espece
proposée, le frere doit rapporter la somme à la masse de la succession totale, parce qu'il
bénéficie encore dans cette espece, sur les deux sœurs à marier, d'une somme de 10 mille
livres ; puisque si les sœurs mariées ne faisoient pas profit au frere, il appartiendroit 30 mille
livres aux sœurs à marier, qui n'en ont que chacune 10 mille.

CCCLXIII.

Les Filles mariées par le pere ou la Mere, ne peuvent rien demander en leur succeffion ; & fi elles ne font part au profit de l'Aîné, au
préjudice du tiers que les Puînés ont par provifion, ou en propriété
en Caux.

Il eft femblable en fon commencement au commencement de l'Article CCLII,
dont l'exception doit fuppléer ce qui manque à celui-ci ; mais la fin eft différente, en tant qu'il y eft déclaré, que les filles mariées par le pere ou la mere,
ne font point de part au profit de l'aîné, au préjudice du tiers que les puînés
ont par provifion ou en propriété én Caux. Il eft difficile de conjecturer quelle
eft la raifon de douter, qui a donné lieu à cette addition, vu que par la Coutume de Caux auffi-bien que par la générale, les freres doivent contribuer à
la nourriture & au mariage des fœurs, au prorata de ce qui leur vient de la
totale fucceffion, par l'Article CCLXXIX, & par le CCCLXIV. Mais néanmoins on peut découvrir cette raifon de douter, dans le cas que le pere ou la
mere auroient marié une ou plufieurs de leurs filles, en leur donnant pour leur
mariage quelques héritages faifant partie de leurs biens de Caux : car il pouvoit fembler en ce cas, que le fils aîné auroit pu prétendre que le mariage
des fœurs ayant été acquitté au moyen des héritages de Caux, lefquels lui auroient appartenu, ou entierement, ou au moins pour les deux tiers, devroit
diminuer la part que les puînés auroient pu demander ou en propriété ou par
provifion. Ce qui ne pourroit avoir effet, qu'en jugeant que les fœurs ainfi
mariées devroient faire part au profit de l'aîné, au préjudice & à la diminution du droit des puînés fur les biens de Caux : mais la Coutume a rejetté ce
prétexte, d'autant que les héritages donnés ne font plus partie des biens de
la fucceffion du donateur. (1)

CCCLXIV.

Les Freres contribuent à la nourriture, entretiennement & mariage de leurs fœurs, felon qu'ils prennent plus ou moins en la fucceffion de leur Pere & Mere, Aïeul ou Aïeule, en ligne directe,
& pareillement aux autres charges & dettes de la fucceffion.

Ce que cet Article ordonne, touchant la contribution que doivent les freres à l'entretien & mariage de leurs fœurs, auffi-bien qu'à toutes les charges
& dettes de la fucceffion, s'obferve à l'égard de toutes fortes d'héritiers, qui

---

(1) Cet Article fignifie que l'aîné de Caux ne peut demander à fes freres puînés des récom-
penfes de la dot de fes fœurs mariées par le pere ou la mere, fur les meubles qui font paffibles
du mariage des filles, ni fur ce qui leur revient dans les immeubles de ligne directe ; mais
il ne change rien, dans les regles de la contribution, à la dot des fœurs qui reftent à marier
au temps de l'échéance des fucceffions.

contribuent à l'acquit des dettes & charges à proportion de ce qu'ils amendent de la fucceſſion, *pro modo emolumenti.* (1)

Mais comme il y a des héritiers au propre, & des héritiers aux meubles & aux acquêts, on diſtingue auſſi les dettes immobiliaires d'avec les mobiliaires : celles-ci doivent être acquittées fur les meubles & acquêts, à proportion de la part qu'on y prend, & les immobiliaires fe prennent fur les immeubles ; ſçavoir, les anciennes dettes, fur les propres ; & les dettes contractées par le défunt, fur les acquêts ; & les héritiers contribuent au payement d'icelles ; à proportion du profit qu'ils ont fait de la fucceſſion immobiliaire ; de telle maniere toutefois, que ſi les dettes mobiliaires excédoient la valeur des meubles, l'excédant de ces dettes feroit payé fur les immeubles, & les héritiers y contribueroient à proportion de leur émolument : cela a été jugé par un Arrêt du 12 d'Avril 1618, rapporté par Baſnage. Ce qu'il faut entendre, quand il n'y a qu'une forte d'héritiers, qui fuccedent aux meubles & aux immeubles d'une fucceſſion ; car quand il y a diverſité d'héritiers, les uns aux meubles & acquêts, les autres aux propres, ou les uns au paternel & les autres au maternel, chaque forte d'héritiers font obligés d'acquitter les dettes qui font propres de l'eſpece de leur fucceſſion, encore qu'elles excedent ce qu'ils en auroient amendé, fans en pouvoir prétendre aucune récompenſe ou recours fur les héritiers d'une différente eſpece. Ce qui eſt contraire à ce qui fe pratique dans la plûpart des autres Coutumes, dans leſquelles la fucceſſion d'un défunt

---

(1) La premiere obſervation fur cet Article, concerne l'état du préciput de l'aîné, relativement aux dettes de la fucceſſion. Notre Juriſprudence eſt différente de celle de Paris : comme la Coutume de Paris donne à l'aîné un principal manoir, & un droit d'aîneſſe dans le reſte des Fiefs par forme de préciput, l'aîné ne paye que la portion héréditaire des dettes perſonnelles & hypothécaires ; il ne paye pas plus que les autres enfans, parce qu'il ne s'agit pas d'une plus grande portion dans tous les biens d'une fucceſſion, mais qu'il n'eſt queſtion que d'une plus grande portion dans les biens particuliers que la Coutume donne à l'aîné. Le Brun, des Succeſſ. Liv. 4, Chap. 2, ſect. 3, n. 3 & fuiv. Mais en Normandie le préciput de l'aîné étant ſa part héréditaire, il eſt aſſujetti, à raiſon de ce préciput, de contribuer aux dettes en proportion de l'émolument.

Cela a fait naître une queſtion. Un pere contracte une dette pour l'acquiſition d'un Fief que l'aîné a pris par préciput : il femble que cette dette foit en quelque maniere réelle, & qu'elle tombe à la charge de l'aîné feul ; cependant on décide, dans l'uſage, que les puînés y contribuent. Il en eſt de même d'une rente à laquelle le pere auroit obligé ſpécialement le Fief & *ipſum jus obligationis debet attendi cum ſit principale non autem hypotheca quæ eſt tantum acceſſorium, unde etiam ſi ſolum feudum fuiſſet hypothecatum, & reliqua bona nec ſpecialiter, nec generaliter fuiſſent hypothecata adhuc idem dicendum.* Du Moulin, §. 18, Gl. 1, n. 12 & 13. Baſnage. Mais les charges purement réelles, fuivent le fonds, *onera vero realia ratione rei ſive fundi fundum fequuntur, & à fundi poſſeſſoribus exolvenda funt pro modo detentionis.* Loi *Cum poſſeſſor. D. de centib.* Loi *Imperatores D. de publican. & vectigal.*

Mais les puînés ne peuvent forcer leur frere aîné, qui a opté un préciput, à contribuer au rachat d'une roture que le pere a cédée à ſa fille en la mariant fous cette faculté : Arrêt du 27 Mai 1625. Baſnage.

La contribution des freres à la penſion, proviſion & mariage de leurs ſœurs fe regle par proportion de la valeur des biens de chaque des copartageans ; de forte que rien n'eſt plus ordinaire que les freres puînés contribuent au capital d'une portion de la dot de leurs ſœurs, & à l'intérêt feulement d'une autre portion ; ſi on excepte le mariage des filles, dont le pere eſt mort domicilié en Caux, qui épuiſe préalablement les meubles, ainſi que nos Auteurs l'ont obſervé d'après le texte, & rentre enſuite dans la regle générale ; des calculs raiſonnés rendroient la vérité plus fenſible, mais cette partie n'eſt pas du reſſort de mes obſervations.

eſt bien réputée compoſée comme de pluſieurs hérédités, à l'égard des diverſes ſortes d'héritiers qui la partagent, mais eſt ſimple, & véritablement une à l'égard de l'obligation de payer les dettes : *Unum eſt patrimonium, & una ſucceſſio ;* parce que les dettes affectent généralement tous les biens d'une ſucceſſion : *Omnia bona deffunſti imminuunt non loci certi facultates, l. fideicommiſſum, §. tractatum, ff. De judiciis.* C'eſt ſur ce fondement que la Coutume de Paris, en l'Article CCCXXXIV, a ordonné que les dettes d'un défunt doivent être payées, tant par ſes héritiers, ſoit aux propres, ſoit aux acquêts & conquêts, que par les donataires ou légataires univerſels, par contribution qui ſe doit faire entr'eux proportionnément à ce qu'un chacun amende de la commune ſucceſſion : ce qui a été étendu par les Arrêts du Parlement de Paris, à toutes les Coutumes qui n'ont point de diſpoſition contraire. Voyez Loüet, D. 13, 14 & 15, & P. 13, où ſont référés pluſieurs cas auſquels la Juriſprudence déclarée dans ledit Article CCCXXXIV a été appliquée. (2)

C C C L X V.

Femme prenant part aux conquêts faits par ſon Mari, conſtant le mariage, demeure néanmoins entiere à demander ſon dot ſur les autres biens de ſon Mari, au cas qu'il y ait conſignation actuelle du dot fait ſur les biens du Mari ; & où il n'y aura point de conſignation, le dot ſera pris ſur les meubles de la ſucceſſion ; & s'ils ne ſont ſuffiſans, ſur les conquêts.

C C C L X V I.

Si le Mari reçoit, conſtant le mariage, le racquit des rentes qui lui ont été baillées pour le dot de ſa Femme, le dot eſt tenu pour conſigné, encore que par le Traité de Mariage, ladite conſignation n'eût été ſtipulée.

. Ces deux Articles ſont la quatrieme partie de la diviſion propoſée, & enſeignent comment les dots doivent être repriſes ſur les biens des maris, propres, acquêts & meubles. La Coutume fait cette diſtinction, ou il y a eu conſignation de la dot, ou il n'y en a point eu : Le terme de *conſignation* eſt particulier en Normandie, quant à la ſignification qu'on lui donne à l'égard de la dot ; car on entend par la conſignation de la dot, un remplacement d'icelle fait ſur les biens du mari, qui par ce moyen demeurent engagés nonſeulement à la reſtitution de la dot, mais au payement des intérêts ; comme
ſi

(2) Si la ſucceſſion eſt compoſée de biens ſitués dans cette Province, & ſous d'autres Coutumes : par exemple, ſous la Coutume de Paris, il eſt d'uſage, même en Normandie, quand la ſucceſſion y eſt ouverte, de répartir la maſſe des dettes immobiliaires paſſives ſur les biens des différentes Coutumes au marc la livre. La portion payable par les biens de Normandie ſera acquittée, ſuivant l'uſage qui s'y obſerve, & la portion payable par les biens de Paris, ſuivant l'uſage de Paris. Acte de notoriété des Avocats du Parlement de Normandie du mois de Juin 1729, qui a dû régler ainſi cette queſtion importante.

fi le mari, par la réception de la dot, avoit conftitué une rente à laquelle fes biens fuffent fpécialement & privilégiément hypothéqués ; de forte que l'effet de cette confignation eft, que la femme doit être payée de fa dot en principal & intérêts, fur les biens propres, c'eft-à-dire, appartenans au mari lors du mariage, fans aucune diminution des droits qui lui font attribués fur les conquêts & meubles du mari.

Cette confignation que la Coutume appelle actuelle dans l'Article CCCLXV, fe fait, ou par une claufe du contrat de mariage, par laquelle il eft ftipulé que la dot promife eft dèflors confignée, ou conftituée, ou remplacée, (ces trois termes font équivalens) fur les biens du futur époux ; ou par la quittance que baille le mari des deniers dotaux, par laquelle il déclare les configner, ou remplacer, ou conftituer fur fes biens. (1)

Il y a une confignation tacite, qui s'établit, quand le mari reçoit le racquit des rentes qui lui ont été baillées pour la dot : car par cette réception, la confignation eft réputée faite de droit, & fans aucune convention ftipulée lors du contrat de mariage, ou du racquit, par l'Article CCCLXVI, auquel il faut ajouter, que les biens échus à la femme pendant le mariage, par fucceffion directe de fes afcendans, font cenfés dotaux, & ont le même privilége que la dot, & font partant tacitement confignés, au même cas que la dot eft réputée confignée. Cela fuppofé, & reprenant la diftinction faite par la Coutume en l'Article CCCLXV, quand il y a confignation actuelle, la reprife de la dot fe fait fans aucune diminution des droits qui font attribués à la femme fur les meubles & les conquêts : de forte que la reftitution de la dot fe fait entierement fur ce qui revient aux héritiers du mari, tant defdits meubles & conquêts, que des autres biens propres du mari, même au-delà de la valeur : Mais quand il n'y a point de confignation de la dot, alors la reprife en doit être faite fur lefdits meubles & conquêts, dont partant la part qu'y auroit

(1) Bafnage ne pardonne pas aux Réformateurs d'avoir laiffé fubfifter, dans la Coutume réformée, les effets étranges de la confignation de dot ; ils avoient retranché d'autres abus, pourquoi n'ont ils pas détruit celui la ? Beaucoup de perfonnes cependant, même inftruites, parlent de la confignation Normande, fans en fçavoir ni le fondement, ni la valeur. La confignation eft une conftitution actuelle que le futur époux fait fur fes biens de la dot de la future époufe, qu'il reçoit ou qu'il recevra. Elle a cette force, que la femme prend part aux acquêts faits pendant le mariage, & aux meubles, & demande fa dot fur les autres biens du mari. Ainfi la femme héritiere de fon mari ne confond en fa perfonne aucune portion de fa dot confignée. D'où provient cette erreur ? De ce que la conftitution en dot, dit Bérault, eft antérieure au mariage, & de ce que la femme ne doit contribuer qu'au remplacement des aliénations que le mari aura faites depuis & pendant le mariage. Mais cela n'eft qu'un mauvais fophifme : car la dot eft une dépendance du mariage, & ce qui forme la dot n'en acquiert le nom que quand le mariage a été contracté. Peut-on confidérer comme un acquêt le fonds que le mari achete des deniers dotaux ? ce fonds provient-il de fon induftrie, de la collaboration des époux ou de la libéralité d'un tiers ? Il provient, au contraire, de deniers qui n'appartiennent pas au mari, & qu'il fera obligé, lui ou fes héritiers, de rendre Ecoutons encore Bafnage : la dot non confignée fe prend fur les meubles de la fucceffion du mari, ou s'ils ne font pas fuffifans, fur les conquêts ; mais le mari n'hypotheque pas moins fes biens à la fûreté de la dot, foit qu'elle foit confignée, foit qu'elle ne le foit pas ; la confignation eft donc un terme imaginaire. Pourquoi lui avoir donné le pouvoir de renverfer les principes les plus conftans de notre Jurifprudence, & d'enlever quelquefois les trois quarts de la fucceffion de fon mari ? Ce qui furprend, c'eft que la conftitution de dot ou confignation n'empêche pas la femme de ftipuler que la dot fera rembourfée après la diffolution du mariage.

eu la femme, est à proportion diminuée ; que si lesdits meubles & conquêts ne sont suffisans pour porter le remplacement de la dot, l'excédent est repris sur les biens propres du mari, au préjudice de ses héritiers.

Il y a une clause qui a les effets semblables à ceux de la consignation actuelle, qui est, quand il est stipulé par le contrat de mariage, qu'en cas que la dot n'ait pas été remplacée par le mari, elle sera reprise sans aucune diminution des droits que la Coutume attribue à la femme ; (2) car en vertu de cette clause, la part seule des héritiers sur les meubles & conquêts, sera chargée de la restitution de la dot, qui n'aura pas été remplacée. Mais on peut dire que les effets de cette consignation & de cette clause, répugnent à l'intention de la Coutume, & à la raison : la Coutume a privé les femmes des avantages qui viennent en conséquence de la communauté, & d'ailleurs elle a voulu conserver les propres dans les familles, ne voulant point qu'on puisse succéder aux meubles & acquêts, que les propres ne soient remplacés, ou libérés des dettes nouvellement contractées. Ces deux principes sont renversés par les effets de la consignation : car en conséquence d'icelle, la femme a plus d'avantages qu'elle n'en pourroit avoir par la communauté, vû qu'elle reprend sa dot sur les biens propres de son mari, & que ce nonobstant elle la reprend une seconde fois ; ou si elle trouve les deniers de sa dot dans les coffres de son mari, quand il ne les a point consumés, ou en prenant part aux acquisitions que son mari aura faites de ces mêmes deniers : D'ailleurs, la consignation qui se fait sur les biens propres du mari, les engageant & obligeant à la restitution de la dot, est une espece d'aliénation de ces mêmes biens, nonobstant laquelle, la femme prend part aux acquisitions & aux meubles, comme si les biens de son mari n'avoient point été chargés ni hypothéqués. Toutes ces conséquences sont contraires à la raison, qui ne veut pas que les femmes s'enrichissent des dépouilles de leurs maris, en se faisant payer deux fois d'une même chose ; & d'ailleurs, n'ont pour fondement que le mot de *consignation* ; plus propre à fournir la matiere d'une vaine imagination, que celle d'aucun raisonnement solide. La regle qui s'observe dans les Coutumes qui reconnoissent la communauté entre les mariés, est beaucoup plus équitable : car si le mari n'a point fait de remploi des deniers dotaux, ils sont repris sur les effets de la communauté, s'ils sont suffisans ; sinon, sur les biens propres du mari, c'est-à-dire, qui lui appartenoient avant le mariage.

Or la consignation renferme comme une constitution de rente, à l'égard des deniers reçus par le mari, comme il a été remarqué : c'est pourquoi incontinent après la dissolution du mariage, les arrérages commencent à courir, sans qu'il soit besoin de faire aucune interpellation au mari ou à ses héritiers ; même quelque changement qui arrive aux constitutions de rente, par l'augmentation ou diminution du prix, il ne peut apporter aucun changement aux arrérages de la dot qui a été consignée : De maniere qu'on a jugé, que les

---

(2) La clause par laquelle la femme stipule qu'elle répétera sa dot, sans diminution de ses autres droits coutumiers, n'a pas tant d'étendue que la consignation actuellement faite ; car si la femme, légataire universelle de son mari, emporte la totalité de ses meubles, dans le cas de la premiere clause, elle confondra sa dot ; & s'il y a consignation, les héritiers du mari ne sont exempts du payement de la dot, à l'égard de la femme légataire universelle, qu'en lui abandonnant les acquêts de la succession. Bérault, Basnage : Arrêt du 11 Mars 1677.

intérêts d'une dot confignée, dans le temps que les conftitutions de rente fe faifoient au denier dix, feroient toujours continués à raifon dudit denier, nonobftant la réduction depuis faite du prix des conftitutions au denier quatorze, par un Arrêt du 17 de Décembre 1665, rapporté par Bafnage.

Ce n'eft pas qu'on ne puiffe ftipuler utilement, qu'il fera en la liberté de la femme ou de fes héritiers, de pouvoir répéter la dot dans un certain temps après la diffolution du mariage, ou de laiffer continuer la rente, comme il a été jugé par un Arrêt du mois de Décembre 1623, rapporté par Banafge.

Mais comme cette confignation ou conftitution de la dot emporte l'engagement des biens du mari, il a été jugé, qu'un homme qui étoit en curatelle, n'avoit pu fans l'avis de fon Curateur, faire cette confignation par fon Contrat de mariage, par un Arrêt du 15 de Mai 1671, rapporté par Bafnage.

On demande, fi le mari s'étant obligé par la confignation au payement de la dot, ne pourra pas acquitter cette obligation, & décharger fon bien, en faifant un remplacement des deniers dotaux en quelqu'acquifition, & en déclarant lors d'icelle, que le prix provient defdits deniers par lui reçus? Il femble qu'il ne le peut, parce que ce remplacement étant fait par le contrat de mariage, ne peut être changé par le mari, qui ne peut pas faire un contrat, qui diminue les droits & les avantages de fa femme, établis par le contrat de mariage, la femme étant comme fous la tutelle du mari. On foutient le contraire, parce qu'il n'y a rien de fi naturel ni de fi équitable, qu'un obligé fe puiffe libérer; & parce que de plus la confignation de la dot ne doit être réputée faite, qu'au cas qu'il ne s'en faffe point un remplacement fuffifant, pour lequel il faudroit qu'il apparût que le prix de cette acquifition fût en effet provenu defdits deniers : Il eft vrai que ce remplacement pourroit être refufé par la femme, fi elle n'étoit pas intervenue dans le contrat d'acquifition; mais tout au moins, cela l'exclueroit de prendre part à cette acquifition, comme ayant été faite des deniers de fa dot, qui par conféquent ne fera pas réputée un conquêt. (3)

(3) Quand le mari déclare, dans un contrat d'acquifition de fonds, que le prix eft provenu de la dot confignée, & qu'il l'emploie en fon nom & aux fins de fubrogation, il femble que la femme devroit fe contenter de cet héritage, pourvu qu'il n'y ait point eu de fraude commife par le mari. C'eft cependant l'opinion commune, que non-feulement la femme n'eft point tenue de l'accepter au lieu de fa dot, mais qu'elle peut y prendre part comme à un conquêt. On a cru faire un retour vers l'équité, en décidant que la femme, qui eft intervenue au contrat de remplacement de fes deniers, & qui l'a agréé, ne pouvoit pas varier après la diffolution du mariage. J'ai dit qu'on a cru faire un retour vers l'équité; car les fectateurs de la lettre de la Loi eftimoient que la femme en puiffance de mari ne pouvoit, par fon confentement, déroger à un droit fondé fur la Coutume & fur les conventions de fon mariage. Je confeillerois au mari qui configne la dot, de ftipuler qu'il pourra s'acquitter en faifant des acquêts en fonds ou en rente de pareille valeur. Mais il y a bien des maris qui fe fervent de cette confignation, non-feulement pour avantager leur femme, mais pour tromper leurs créanciers poftérieurs au mariage, moyennant une féparation civile concertée.

Puifque la femme ne peut être contrainte de prendre, au lieu de fa dot confignée, les acquifitions faites, fans fa participation, par le mari, avec déclaration d'emploi, la loi doit être réciproque; les héritiers & les créanciers du mari font recevables à foutenir que ces acquifitions n'appartiennent point à la femme, & à lui rembourfer fa dot. La queftion a été jugée en faveur des créanciers par Arrêt du 21 Mars 1731, contre la Dame de Parmetot.

Il eſt à propos de remarquer, que l'Article LXV, dudit Réglement paꞏ roît contraire à l'effet de la conſignation tacite, qu'on croit égal à celui de l'actuelle par l'Article CCCLXVI, vû qu'il eſt déclaré par ledit Article LXV, que le remploi des immeubles que le mari ou la femme poſſédoient lors de leur mariage, doit être fait ſur les immeubles qu'ils ont acquis depuis; & que faute d'acquêts immeubles, il ſera fait ſur les meubles : & que de plus, la femme n'aura part auſdits meubles & acquêts, qu'après que ledit remploi aura été fait. De ſorte qu'il ſembleroit, que par ce Réglement on auroit voulu faire entendre, que la conſignation tacite, autoriſée par l'Article CCCLXVI de la Coutume, n'a pas l'effet qui paroît par l'Article précédent CCCLXV avoir été attribuée ſpécialement & uniquement à la conſignation actuelle ; ſçavoir, de reprendre par la femme ſa dot, ſans diminution de ſes droits, ſur les meubles & ſur les conquêts : D'autant qu'on peut conclure des termes de ce Réglement, que puiſque les rentes dotales, c'eſt-à-dire, baillées pour la dot, ſont évidemment partie des immeubles qui appartiennent à la femme lors de ſon mariage, elles doivent être remplacées & repriſes ſur les conquêts & ſur les meubles, auparavant que la femme y puiſſe prendre aucune part, lorſqu'elles ont été acquittées aux mains du mari ; ce qui paroît fort équitable. Et partant l'effet de la conſignation réputée faite, au cas & par la diſpoſition de l'Article CCCLXVI ſe trouveroit limité préciſément au remplacement ſur les biens du mari, qui au moyen de cette conſignation tacite, demeureroient engagés & obligés au payement des rentes dotales racquittées depuis le mariage aux mains du mari. Mais Baſnage rapporte ſur ledit Article CCCLXVI, un Arrêt du 2 de Juillet 1670, qui eſt contraire à cette interprétation, dont il conclut que par cet Article LXV du Réglement on ne doit point entendre la dot, ni les rentes auſquelles elle conſiſte, mais qu'on doit entendre ſeulement les ventes volontaires faites par le mari, des biens appartenans à ſa femme : Cependant cette interprétation répugne aux termes du Réglement, & à l'équité qui y ſert de fondement, & paroît n'avoir été propoſée que pour colorer l'Arrêt. On peut de plus remarquer, que cet Article LXV, ſemble contraire à l'Article CCCLXV de la Coutume, en ce qu'il déclare que le remploi des biens aliénés doit être fait ſur les immeubles, & qu'il n'eſt pris ſur les meubles, que lorſque les immeubles ne ſont pas ſuffiſans ; quoique par ledit Article CCCLXV, la repriſe de la dot non remplacée, doive être faite ſur les meubles, auparavant que d'être faite ſur les conquêts. (4)

Il faut en outre remarquer, que les rentes qui ſont dûes par le mari pour la dot, en vertu de la conſignation ou autrement, ſont de la même condition que les rentes conſtituées à prix d'argent, en tant qu'on n'en peut demander que cinq années d'arrérages, à moins qu'on n'ait fait des diligences valables, pour interrompre la preſcription, & en tant que la faculté de les racquitter eſt perpétuelle, & ne ſe peut preſcrire par aucun temps.

---

(4) N'étendez pas la conſignation tacite au tranſport fait par le mari à un tiers de la rente dotale de ſa femme ; le droit de la femme ſe regle, en ce cas, par les articles du titre du Bref de Mariage encombré.

Dès que l'Article CCCLXVI ne renferme que les rentes données au mari pour dot, il ne faut pas l'appliquer à l'amortiſſement d'une rente qui, conſtant le mariage, auroit échu à la femme en ligne collatérale.

Fin du premier Tome.

RECUEIL

D'ÉDITS, DÉCLARATIONS, ARRÉTS

& Réglemens, tant du Conseil que de la Cour de Parlement, rendus
sur les matieres contenues dans plusieurs Articles de cette Coutume,
& sur d'autres qui y ont rapport.

ARRÉT DU CONSEIL D'ÉTAT DU ROI, ET LETTRES PATENTES.

TOUCHANT le Douaire des Femmes en Normandie.

Du 30 Août 1687.

Extrait des Registres du Conseil d'Etat.

VU au Conseil d'Etat du Roi, Sa Majesté y étant, l'Arrêt de partage du Parlement de Rouen, rendu, les Chambres assemblées, les 6 Fevrier 1676, pour délibérer sur la question concernant le douaire de la veuve ou femme du fils, & le tiers coutumier des enfans du fils ; par lequel ladite Cour s'étant trouvée partagée en deux avis : l'un à dire, que la veuve ou femme d'un fils qui a survécu son pere, & qui s'est porté son-héritier, doit avoir seulement son douaire, qui est aussi le tiers des enfans, réduit au tiers de la part héréditaire de leur pere, considérée en l'état qu'elle est quand la succession de l'aïeul échet, suivant la nouvelle Jurisprudence : & l'autre à dire, que la veuve du fils qui a survécu son pere, & qui s'est porté héritier d'icelui, peut avoir douaire sur la succession de son beau-pere décédé avant son mari, suivant l'ancienne Jurisprudence ; il a été arrêté par ladite Cour, que Sa Majesté seroit très-humblement suppliée de donner Réglement sur cette question ; & si les voix des peres & fils, deux freres, beau-pere & gendre, oncle & neveu, étant du même avis en affaires générales & publiques, seront réduites à une. Requête présentée au Conseil par Etienne Vattier, de Rouen, à ce qu'il plût à Sa Majesté régler ladite question, conformément au premier avis, qui est le plus équitable, sans s'arrêter à ce qui pourroit être dit au contraire ; ladite Requête signée de Fallentin, Avocat audit Conseil. Autre Requête présentée audit Conseil, par Guillaume Scot, Conseiller-Secrétaire du Roi, Maison, Couronne de France & de ses Finances ; tendante aussi à ce que pour les moyens y contenus, il plût à Sa Majesté prescrire au Procureur-Général dudit Parlement de Rouen, de lui envoyer les motifs desdits deux avis ; & cependant surseoir au Jugement d'un procès particulier y mentionné, que ledit Scot avoit au Parlement de Paris ; ladite Requête signée dudit de Fallentin audit nom. Autre Requête préfentée au Confeil, par Dame Marie du Bourget, autorifée à la pourfuite de fes droits, par Pierre des Effarts, Ecuyer, Sieur de Monfiquet, fon mari, & Louis du Sauffay, Ecuyer, Sieur de Montfurvent, tant pour lui que pour fon frere; à ce que pour les caufes & moyens y contenus, il plût à Sa Majefté, attendu qu'il y avoit eu vingt-huit voix pour l'ancienne Jurifprudence, & quatorze feulement pour la nouvelle opinion, en les réduifant fuivant l'Ordonnance; il plût à Sa Majefté ordonner, que l'Arrêt feroit délivré conforme à la pluralité des voix, confirmatives de l'ancienne Jurifprudence; & que fuivant l'ancienne Coutume de Normandie, concernant le douaire des femmes & le tiers des enfans, & conformément aux Arrêts qui s'en font enfuivis, les femmes continueront d'avoir pour douaire en ufufruit, & les enfans en propriété, le tiers des biens du pere & de l'aïeul, & autres afcendans des maris, lorfqu'ils auront affifté ou confenti au mariage, ou l'auroient pourchaffé, encore bien que le mari fe fût porté héritier de fon pere ou de fon aïeul; & ce, eu égard à l'état des biens lors du mariage, & leur hypotheque du jour dudit mariage, à l'exclufion des créanciers poftérieurs au Contrat de mariage; enjoindre au Procureur-Général dudit Parlement, de tenir la main à l'obfervation de ladite Coutume, & de l'Arrêt qui interviendra. Autre Requête préfentée audit Confeil, par Dame Claude d'Efcayeul veuve, Maître Nicolas de Sirrefme, Sieur de Coulombierefe, faifant tant pour elle que pour Elizabeth, Suzanne & Gillonne d'Efcayeul fes fœurs; à ce qu'il plût à Sa Majefté ordonner, que la Suppliante rentreroit en la poffeffion d'un pré dont étoit queftion, duquel elle jouiroit jufqu'à ce qu'elle eût été actuellement payée de 12000 livres reftant de fa dot & intérêts; & pour terminer la queftion de la légitime que fes fœurs & elle prétendent leur devoir être payée en effence, renvoyer les Parties en tel autre Parlement que celui de Rouen; ladite Requête fignée Rouffin, Avocat ès Confeils de Sa Majefté. Autre Requête préfentée audit Confeil, par Charles d'Efcayeul, Ecuyer, Sieur de Grand-Pré, tant pour lui que pour Henry d'Efcayeul fon frere, & fes fœurs au nombre de fix; à ce qu'il plût à Sa-Majefté, en prononçant fur la Requête de la Dame de Monfiquet, conformément à l'ancienne Jurifprudence, à la Coutume de Normandie, & aux Arrêts dudit Parlement de Rouen, des 23 Décembre 1655 & 4 Mai 1661, maintenir & garder le Suppliant au tiers des biens poffédés par Henry d'Efcayeul fon aïeul; & par Dame Jeanne Dubois fon aïeule, au jour du Contrat de mariage d'Hervé d'Efcayeul fon Pere, pour fûreté duquel tiers, la Terre de la Ramée demeureroit fpécialement affectée & hypothéquée; & pour en faire la liquidation, renvoyer les Parties au Parlement de Paris, ou en tel autre Parlement qu'il plairoit à Sa Majefté, à l'exception de celui de Normandie; ladite Requête auffi fignée dudit Rouffin audit nom. Plufieurs Mémoires & Ecrits, contenans les motifs des avis du Partiteur & du Compartiteur. Les liftes des Juges qui ont opiné aux Affemblées des 5 & 6 Février 1676, envoyées au Confeil à la diligence du Procureur-Général audit Parlement, avec les pieces, pour foutenir l'avis de donner le tiers à douaire fur les biens de l'aïeul, en l'état qu'il les a laiffés à fon fils: Sçavoir, Cahier contenant extrait des difpofitions de l'ancienne Coutume de Normandie: Copie collationnée d'Arrêt dudit Parlement de Rouen, du 13 Février 1650, entre Nicolas Girard & Jeanne Dijon, femme féparée d'Adrien le Roi: Copie collationnée d'Arrêt du Grand-Confeil, donné entre

Jean Fortut, Ecuyer, Sieur de Coefnay, & François de Saint-Ouen, Pierre des Effars, Sieur de Montfiquet, ès noms, le 30 Septembre 1666. Copie collationnée d'autre Arrêt du Parlement de Rouen, entre Anne Marie veuve, Jeffé de Cauvigny & Pierre le Breton, du 10 Mars 1668. Copie collationnée d'autre Arrêt dudit Parlement, entre Rolland le Mauffel, Henry de Cavelande & autres, du 22 Mars 1668. Copie collationnée d'autre Arrêt dudit Parlement, entre Henry-Sébaftien de Morchefne & Maître George le Carpentier, du 21 Avril 1668. Confultations de plufieurs Avocats dudit Parlement, du 30 Janvier 1669. Copie collationnée d'une Sentence rendue au Bailliage de Rouen, entre Marie de Romé, femme féparée d'avec Charles du Caron, Mᵉ Jacques Scot, Confeiller audit Parlement, du 14 Décembre 1669. Copie collationnée d'autre Arrêt dudit Parlement, entre Nicolas de la Mothe, & Alexis, Jacques, François, Marie & Marguerite Blot, du 20 Novembre 1670. Autre Copie collationnée d'Arrêt, entre Guillaume Omont, Sieur Daubry, & Antoine Dubois, du 15 Décembre 1670. Copie collationnée de confultation des Sieurs Caftel & de Lefpinay, Avocats à Rouen, du 29 Mai 1671. Copie collationnée d'autre Arrêt dudit Parlement, entre Jean le Blais, Sieur du Quefnay, & Pierre le Sueur, Sieur de Colleville, du 17 Décembre audit an 1671. Copie collationnée de Sentence arbitrale, rendue le 4 Juillet 1672 par les Sieurs Drieux, Maury & le Danois, Arbitres nommés & convenus par les Sieurs Michel le Cochois, Gallien de Boutancourt & Adrien Boubert. Copie d'Arrêt de la Cour des Aydes de Normandie, rendu entre Guillaume Bucaille, René Guilmin & autres, le 7 Décembre 1672. Copie d'autre Arrêt dudit Parlement de Rouen, du 19 Décembre 1673, rendu entre Nicolas du Bourget, Sieur de Chaulieu, la veuve Jean du Bourget de Saint-Sauveur, Jean, Charles & Pierre du Bourget, ès noms. Copie d'autre Arrêt dudit Parlement, rendu entre Demoifelle Elizabeth le Vignier veuve, Jean-Baptifte Moiffon & Demoifelle Marguerite le Mafurier, le 22 Novembre 1674. Copie de Sentence de la Vicomté de Rouen, rendue entre Louis le Sonneur & Catherine Dufour, le 7 Mai 1675. Copie d'autre Arrêt dudit Parlement, donné entre Charles & Jacques le Roux, & le nommé de la Haye, le cinquieme jour de Décembre 1675. Copie collationnée de Sentence du Bailli de Rouen, du 19 dudit mois de Décembre, entre ladite Catherine Dufour & ledit le Sonneur. Copie collationnée d'une confultation d'anciens Avocats dudit Parlement de Rouen, fur la queftion du douaire, du 13 Août audit an 1675. Requête préfentée au Confeil, par le Sieur Procureur-Général de Sa Majefté audit Parlement de Rouen, à fin d'intervention; à ce qu'il lui fût donné acte de ce qu'il fe rapportoit à Sa Majefté d'ordonner fur cette queftion des douaires, ce qu'elle trouveroit plus convenable au bien & au repos de fes Sujets de ladite Province, felon fa juftice ordinaire, afin que l'Arrêt qui interviendroit ferve de Loi pour l'avenir, & foit publié à fa diligence dans toutes les Jurifdictions en dépendantes; ladite Requête fignée Martel, Avocat au Confeil : l'Ordonnance du Sieur Puffort, Confeiller d'Etat, fur ladite Requête, portant Soit reçu partie intervenante, Acte de l'emploi au furplus en jugeant, du 11 Mai 1678, fignifié le 18 dudit mois. Requête & Ordonnance de *Committitur* du Sieur Feydeau du Pleffis, Maître des Requêtes, pour le Rapport defdites Requêtes, du 28 Octobre 1684, fignifiées le 9 Novembre enfuivant. Requête de *Continuatur* dudit Sieur Feydeau, du 4

Décembre audit an, fignifiée le 9 dudit mois. Arrêt du Confeil à fon Rapport ; de Sommairement ouï fur les fins defdites Requêtes. Réglement donné en conféquence. Requête defdits du Bourget & du Sauffay, d'emploi pour écritures & productions, fignifiée le 30 Mars 1686. Pieces jointes à ladite Requête ; fçavoir, Arrêt du Parlement de Rouen, du 27 Mai 1547, rendu entre Jeanne Moreau veuve, Jean Baoul: & Pierre du Louvet, tant en fon nom, que comme tuteur des enfans mineurs dudit Jean Baoult. Autre Arrêt dudit Parlement du 16 Août 1600, entre Jacques Fontaine, Marion Bregis fa femme, de lui féparée, & les Créanciers dudit Fontaine. Autre Arrêt dudit Parlement du 18 Février 1612, entre Catherine Sadoc, femme féparée de biens de Nicolas Quefnel fon mari, & M. Claude Euldes, Sieur de Berengeville. Autre Arrêt dudit Parlement du 15 Avril 1614, entre Pierre le Breton & M. Alexandre des Obeaux. Autre Arrêt dudit Parlement du 19 Juillet 1624, entre Gilles Potier, Sieur de la Pommeraye, Chriftophe Michel, Sieur de Préfontaine, comme ayant époufé Demoifelle Jacqueline-Françoife Efcoulant, & Marie Efcoulant veuve, Guillaume Chaftel, d'une part; & les Sieurs de Haumanoir & du Dupalay, d'autre. Autre Arrêt dudit Parlement, du 12 Mai 1626, entre M. Pierre Beruelle & Jacques Cavelier. Autre Arrêt dudit Parlement, du 20 Août 1639, entre Demoifelle Genevieve le Goueflier, femme de Gabriël Omont, & Demoifelle Catherine de Lyeude veuve, Pierre Lambert tuteur de fes enfans. Autre Arrêt dudit Parlement, du 19 Février 1642, entre Pierre Decaux tuteur de fes enfans, Louis de la Balte créancier de Guillaume Decaux, & André Decaux ès noms. Autre Arrêt dudit Parlement, du premier Décembre 1643, entre Dame Antoinette d'Herbin veuve, Henry de Conflans, & Mre Euftache de Conflans, & autres. Autre Arrêt dudit Parlement, du 22 Mars 1652, entre Madeleine le Cauchois veuve, Guilbert Lambert, & Jean le Prevôt. Sentence du Bailliage de Coutances, entre Meffire Thomas Morant, Maître des Requêtes, & M. Jean le Grand, pourfuivant le decret de la Terre du Mefnil-Garnier, du 24 Octobre 1653. Autre Sentence dudit Bailliage de Coutances, entre Meffire Claude-Nicolas Morant, Seigneur de Courfeüilles, au nom & comme tuteur des enfans mineurs de Meffire Thomas Morant, Baron du Mefnil-Garnier, du 10 Février 1658. Arrêt dudit Parlement de Rouen, du 19 Décembre audit an 1658, confirmatif de ladite Sentence. Autre Arrêt dudit Parlement, du 20 Septembre 1661, entre Marguerite le Mercier, femme féparée d'avec Charles Lucas fon mari, & Jean Lucas fils. Autre Arrêt dudit Parlement, du 11 Janvier 1662, entre ladite le Mercier & Robert Lucas, & Conforts. Arrêt du Grand-Confeil, du 25 Juin audit an 1662, entre Dame Marguerite Collot, femme de Pierre Cavelier, & Meffire Nicolas de Bauquemare, Confeiller au Parlement de Paris, & autres créanciers dudit Cavelier. Autre Arrêt dudit Parlement de Rouen, du 23 Août 1666, entre Jacques de la Rue & Guillaume le Pelletier. Autre Arrêt dudit Parlement, donné fur la Requête dudit Sieur Morant, Maître des Requêtes, le premier Décembre 1667. Arrêt du Grand-Confeil, du 30 Septembre 1669, entre Meffire Charles-Thomas Morant, Seigneur de Rupierre, & lefdits Sieurs Morant, Maître des Requêtes & de Courfeuilles. Arrêt du Parlement de Dijon, du 15 Mars 1670, entre Henry-Sebaftien de Morchefne, & George le Carpentier, & autres. Autre Arrêt dudit Parlement de Rouen, donné fur la Requête de Dame Elizabeth Brafdefer & Charles le Bert, le 5 Août 1679. Arrêt du Parlement de Paris, du 23 Août 1680, rendu entre Jeanne de Laiftre, femme féparée de Vincent Cheron, Guillaume Morin, & autres. Réponfes de la Dame du Bourget & Conforts, à l'Ecrit contenant les raifons du Compartiteur, figni- fiées aux Avocats des Parties, le 24 Avril 1686. Sommation de fatisfaire par les Parties au Réglement, fignifiée le 27 Novembre audit an 1686. Requête préfentée au Confeil, par Françoife Freret veuve, François le Poupet Ecuyer Sieur du Buot; à ce qu'il plût à Sa Majefté lui donner acte, de ce qu'elle confent que l'Arrêt qui interviendra fur la queftion du douaire, fût déclaré commun avec la Suppliante, & de ce que pour moyens & fatisfaire au Ré- glement, elle employoit le contenu en fadite Requête, fignée le Noir, Avo- cat audit Confeil, & fignifiée le 24 Décembre 1686. Autre Requête préfen- tée au Confeil, par Jacques Michel Ecuyer, Sieur de Bellouze, Gouverneur de la Ville de Coutances, tendante à ce que pour les caufes y contenues, il plût à Sa Majefté lui donner acte, de ce qu'il fe joint pour défendre à la prétention des Sieurs du Sauffay, & de ce que pour fatisfaire de fa part au Réglement, il employe le contenu en fadite Requête, fignée Ricard, Avo- cat audit Confeil, & fignifiée le 17 dudit mois de Décembre 1686. Contre- dits de ladite Dame de Montfiquet, contre les Pieces rapportées pour foute- nir l'avis contraire à celui de l'ancienne Jurifprudence, fignifiés le 3 Mars 1687. Requête préfentée au Confeil, le même jour, par Antoine de Cuver- ville, Ecuyer, Seigneur de Sainte Colombe, à fin d'intervention, tendante à ce qu'acte lui fût accordé de ce qu'il adhéroit aux conclufions de ladite Dame de Montfiquet, & de l'emploi par lui fait de ce qu'elle avoit écrit & produit fur la queftion du douaire; & en conféquence, ordonné que l'Arrêt qui in- terviendroit, fût déclaré commun avec lui; ladite Requête fignée Farouard, Avocat audit Confeil, & fignifiée aux Avocats des Parties. Autre Requête préfentée au Confeil, par ladite Dame du Bourget & Conforts, à fin de pro- duction nouvelle des Pieces y mentionnées, tendante auffi à ce qu'il plût à Sa Majefté leur donner acte, de ce qu'en réduifant les conclufions par eux prifes en l'Inftance, & pour les caufes y contenues, il plût à Sa Majefté ordonner que l'Arrêt feroit rédigé & délivré fuivant la puralité des voix, confirmati- ves de l'ancienne Jurifprudence; ce faifant, pour ne plus laiffer de prétexte à procès, qu'il fût ordonné que l'ancienne Coutume de Normandie concernant le douaire des femmes & le tiers des enfans, & les Arrêts qui s'en font enfui- vis, fans s'arrêter aux Arrêts contraires, feront ponctuellement exécutés, gar- dés & obfervés; & conformément à iceux, les femmes continueront d'avoir pour douaire en ufufruit, & les enfans en propriété, le tiers des biens des peres, aïeuls & autres afcendans, encore bien qu'ils fe fuffent portés héri- tiers de leur pere & de leur aïeul; & ce, eu égard à l'état des biens lors du mariage, & leur hypotheque du jour du Contrat de mariage, à l'exclufion des créanciers poftérieurs; enjoindre au Procureur-Général de Sa Majefté au- dit Parlement, de tenir la main à l'exécution de ladite Coutume, & de l'Ar- rêt qui interviendra; ladite Requête fignée Patu, Avocat au Confeil, fur laquelle eft l'Ordonnance portant les Pieces reçues, & au furplus en jugeant, fignifiée ledit jour 3 Mars 1687. Les Pieces de ladite production nouvelle; & tout ce qui a été remis par-devers le Sieur Feydeau du Pleffis, Maître des Re- quêtes: ouï fon Rapport, après en avoir communiqué aux Sieurs Puffort, d'Aligre, de Pommereu & de la Reinie, Confeillers d'Etat ordinaires de Sa

Majefté, Commiffaires à ce députés par Ordonnance du Confeil, du 28 Janvier 1687, & tout confidéré : LE ROI ETANT EN SON CONSEIL, faifant droit fur le renvoi dudit Parlement de Rouen, a ordonné & ordonne, que la veuve du fils qui a furvécu fon pere, & qui s'eft porté héritier d'icelui, peut avoir douaire fur la fucceffion de fon beau-pere décédé avant fon mari, fuivant l'ancienne Jurifprudence ; & que les voix des peres & fils, deux freres, beau-pere & gendre, oncle & neveu, étant de même avis en affaires générales & publiques, feront réduites à une : Ordonne Sa Majefté qu'à la diligence de fon Procureur-Général audit Parlement, le préfent Arrêt fera regiftré au Greffe d'icelui, & dans tous les Siéges de la Province ; & que toutes Lettres à ce néceffaires feront expédiées. FAIT au Confeil d'Etat du Roi, Sa Majefté y étant, tenu à Verfailles le trentieme jour d'Août mil fix cent quatre-vingt-fept. *Signé*, PHELYPEAUX.

LETTRES PATENTES SUR L'ARREST du Confeil ci-deffus.

LOUIS, par la grace de Dieu, Roi de France & de Navarre : A nos amés & féaux les Gens tenans notre Cour de Parlement de Rouen, SALUT. Par l'Arrêt ci-attaché fous le Contrefcel de notre Chancellerie, cejourd'hui donné en notre Confeil d'Etat, Nous y étant, fur le partage intervenu en notredite Cour, & par elle à Nous renvoyé, afin de donner un Réglement au fujet du douaire des femmes dont les maris ont furvécu les peres ; & pour fçavoir, fi les voix des peres, fils, deux freres, beau-pere & gendre, oncle & neveu, étant de même avis en affaires générales & publiques, doivent être comptées pour plus d'une ; Nous aurions ordonné, que la veuve du fils qui a furvécu fon pere, & duquel il s'eft porté héritier, peut avoir douaire fur la fucceffion de fon beau-pere décédé avant fon mari, fuivant l'ancienne Jurifprudence ; & que les voix des peres & fils, deux freres, beau-pere & gendre, oncle & neveu, étant de même avis en affaires générales & publiques, feront réduites à une, & que pour cet effet, toutes Lettres feroient expédiées. A CES CAUSES, Nous vous mandons & ordonnons par ces Préfentes fignées de notre main, de faire enregiftrer ledit Arrêt & ces Préfentes, dans les Regiftres dudit Parlement ; enjoignant à notre Procureur-Général en icelui, de faire à cet effet toutes les pourfuites, requifitions & diligences néceffaires, & de le faire pareillement enregiftrer dans tous les Siéges de la Province, pour être le contenu audit Arrêt & defdites Préfentes, pontuellement obfervé, & exécuté felon leur forme & teneur, nonobftant Clameur de Haro, Chartre Normande, & Lettres à ce contraires : CAR tel eft notre plaifir. DONNÉ à Verfailles le trentieme jour d'Août, l'an de grace mil fix cent quatre-vingt-fept ; & de notre Regne le quarante-cinquieme. *Signé*, LOUIS : *Et plus bas*, Par le Roi, PHELYPEAUX. Et fcellées du grand Sceau de cire jaune.

Regiftrées ès Regiftres de la Cour, ouï & ce requérant le Procureur-Général du Roi, pour être exécutées felon leur forme & teneur ; & lues à l'Audience d'icelle féante. A Rouen, en Parlement, le 27 Janvier 1688. Signé. JACQUES.

DÉCLARATION DU ROI,

Touchant les Pensions & Dots des Religieuses.

Du mois d'Avril 1693.

LOUIS, par la grace de Dieu, Roi de France & de Navarre : A tous ceux qui ces présentes Lettres verront, SALUT. Le zele avec lequel Nous employons l'autorité qu'il a plû à Dieu de nous donner, pour maintenir en toutes choses la discipline Ecclésiastique, & les Ordres que nous donnâmes dans les années 1666 & 1667, touchant l'établissement des Monasteres & la réception des Personnes qui embrassent la Profession Religieuse, marquent assez le desir que Nous aurions de voir observer dans leur pureté, les Regles les plus étroites qui ont été faites sur ce sujet : mais comme quelques-uns des Monasteres que l'on a laissé établir dans notre Royaume, & particulierement depuis le commencement de ce siecle, n'ont eu aucuns biens assurés lors de leur établissement, & que plusieurs n'ont encore qu'une portion médiocre de ce qui est nécessaire pour leur subsistance, les Supérieurs de ces Maisons ont cherché des secours à leur nécessité, dans les Dots qu'elles ont reçues des Personnes qui y sont entrées ; & quelques Monasteres qui ne se trouvoient pas dans le même besoin, n'ont pas laissé d'augmenter encore par cette voie, les biens considérables qu'ils avoient, même par les Fondations qui en avoient été faites. Nos Parlemens ont réprimé ce désordre, dans des occasions où l'on avoit donné des sommes excessives pour l'entrée de quelques Personnes dans des Monasteres, & ils ont même tâché d'en empêcher la continuation par les Arrêts généraux qu'ils ont rendus : cependant comme ces Arrêts n'ont pas eu le succès que l'on doit attendre de la Justice de leurs dispositions, & que les voies dont on s'est servi pour en éluder l'exécution, se sont trouvées encore plus préjudiciables à nos Sujets, que ce qui avoit été pratiqué auparavant, Nous voyons la nécessité qu'il y a d'y apporter des remedes tels que l'ordre de l'Eglise & le bien de notre État peuvent desirer : & en attendant que la Paix que nous souhaitons avec tant d'ardeur, nous mette plus en état de procurer un si grand bien, Nous ne voulons pas différer plus long-temps à empêcher un abus que l'on ne sçauroit tolérer, & à pourvoir en même-temps par provision à la subsistance des Monasteres qui en ont un véritable besoin, par une voie qui a été approuvée & pratiquée par les plus saints Prélats, depuis & en exécution du dernier Concile, & qui ne sera pas onéreuse aux Familles de nos Sujets. A CES CAUSES, de l'avis de notre Conseil, & de notre certaine science, pleine puissance & autorité Royale, Nous avons statué & ordonné, statuons & ordonnons par ces Présentes signées de notre main, que les Saints Décrets & Ordonnances & Réglemens, concernant la réception des Personnes qui entrent dans les Monasteres pour y embrasser la Profession Religieuse, seront exécutés ; ce faisant, défendons à tous Supérieurs & Supérieures d'iceux, d'exiger aucune chose, directement ou indirectement, en vue & considération de la réception à la Prise de l'Habit ou de la Profession : Permettons néanmoins aux Monasteres des Carmélites , des Filles de Sainte-Marie , des Ursulines & autres qui ne font point fondés , & qui font établis dans notre Royaume depuis l'an 1600 , en vertu de Lettres Patentes bien & duement enregistrées en nos Cours de Parlement , de recevoir des Pensions viageres , pour la subsistance des personnes qui y prennent l'Habit & y font Profession : voulons qu'il en soit passé des Actes pardevant Notaires , avec leurs Peres , Meres , Tuteurs ou Curateurs , à la charge que lesdites Pensions ne pourront , pour quelque cause & sous quelque prétexte que ce puisse être , excéder la somme de cinq cens livres par chacun an , dans notre bonne Ville de Paris , & autres dans lesquelles nos Cours de Parlement font établies ; & celle de trois cens cinquante livres dans toutes les autres Villes & lieux de notre Royaume ; & que pour la sûreté desdites Pensions , l'on puisse assigner des fonds particuliers , dont les revenus ne puissent être saisis jusqu'à concurrence desdites Pensions , pour dettes créées depuis leur constitution ; faisant dès-à-présent main-levée de toutes les Saisies qui pourroient en être faites ; & ce nonobstant toutes surséances & Lettres d'Etat : enjoignons à nos Cours & Juges de leur ordonner , lorsqu'elles leur seront demandées. Permettons pareillement ausdits Monasteres , de recevoir pour les meubles , habits & autres choses absolument nécessaires pour l'entrée des Religieuses , jusqu'à la somme de deux mille livres une fois payer , dans les Villes où nosdites Cours de Parlement font établies , & jusqu'à celle de douze cens livres dans les autres Villes & lieux, dont il sera passé des Actes pardevant Notaires : & en cas que les parens & héritiers des personnes qui entreront dans lesdits Monasteres , ne soient pas en volonté ou en état d'assurer lesdites Pensions viageres , en tout ou en partie ; permettons ausdites Supérieures de recevoir des sommes d'argent , ou des biens immeubles qui tiennent lieu desdites Pensions , pourvu que lesdites sommes d'argent ou la valeur desdits biens immeubles n'excede pas la somme de huit mille livres dans les Villes où nos Cours de Parlement font établies , & ailleurs celle de six mille livres ; & qu'où l'on voudroit donner une patie en argent ou immeubles , & l'autre en Pensions moindres & au-dessous desdits cinq cens livres , & trois cens cinquante livres , lesdites sommes d'argent ou biens immeubles , que l'on pourra donner pour suppléer ausdites Pensions , soient réduites & réglées sur le même pied & suivant la même proportion : Voulons que les héritages que l'on pourra donner à cet effet , soient estimés préalablement , par des Experts qui seront nommés d'office par nos principaux Juges des lieux , lesquels donneront ensuite permission ausdits Monasteres , de les recevoir par forme d'alimens & au lieu de Pension viagere , & qu'il soit passé des Actes pardevant Notaires , de la délivrance desdites sommes d'argent ou des biens immeubles qui seront ainsi donnés : Voulons que les Dots & Pensions ci-devant promis & constitués , même pendant & depuis l'année 1667 , par les parens ou tuteurs d'aucunes Religieuses , ayent lieu , nonobstant tous Jugemens & Arrêts qui pourroient avoir été rendus au contraire ; à condition que si lesdits Dots ou Pensions se trouvent excéder les sommes réglées ci-dessus , elles demeureront réduites , suivant notre présente Déclaration , en cas que les peres , meres , freres & sœurs desdites Religieuses le demandent , dans six mois après l'enregistrement & la publication qui en sera faite dans nos Cours. Permettons aux autres Monasteres , même aux Abbayes & Prieurés , qui ont des revenus par leurs Fondations , & qui prétendront

tendront ne pouvoir entretenir le nombre des Religieuses qui y sont, de représenter aux Archevêques & Evêques, des états de leurs revenus & de leurs
charges, sur lesquels ils nous donneront les avis qu'ils trouveront à propos,
touchant les Monasteres de cette qualité, où ils estimeront que l'on pourra
permettre de recevoir des Pensions desdites sommes d'argent, ou des immeubles, de la valeur exprimée ci-dessus, & sur le nombre des Religieuses qui y
seront reçues à l'avenir, au-delà de celui qu'ils croyent que lesdits Monasteres
peuvent entretenir de leurs revenus, pour les avis desdits Archevêques & Evêques vus, y être pourvu, ainsi qu'il appartiendra. Défendons aux femmes
veuves & filles qui s'engagent dans les Communautés séculieres, dans lesquelles
l'on conserve sous l'autorité de la Supérieure, la jouissance & la propriété de
ses biens, d'y donner plus de trois mille livres en fonds, outre des Pensions
viageres, telles qu'elles sont marquées ci-dessus. Défendons pareillement aux
peres, & à toutes autres personnes, de donner directement ou indirectement
ausdits Monasteres & Communautés, aucunes choses autres que celles qui sont
expliquées par notre présente Déclaration, en considération des personnes qui
y sont Profession & qui s'y engagent, à peine de trois mille livres d'aumône
contre les donateurs, & de la perte par lesdits Monasteres & Communautés
qui les auront acceptés, des choses données, si elles sont en nature, ou du
payement de la valeur, si elles n'y sont pas; le tout applicable au profit des
Hôtels-Dieu & des Hôpitaux généraux des lieux. N'entendons néanmoins comprendre dans la présente disposition, les donations qui seroient faites aux Monasteres, pour une rétribution juste & proportionnée des Prieres qui y pourroient être fondées, quand même les Fondateurs y auroient des parentes à
quelque degré que ce puisse être. Voulons qu'à l'égard des Communautés des
Personnes séculieres & régulieres, qui ne sont point confirmées par nos Lettres-Patentes, notre Edit du mois de Décembre 1666, soit incessamment exécuté; & à l'égard de celles que l'on ne jugera pas nécessaire de confirmer ou
transférer, Nous déclarons dès-à-présent nulles toutes les acquisitions & donations d'héritages, rentes ou autres immeubles, faites par elles à leur profit :
Voulons que lesdits biens, pour ce qui est des Communautés de Personnes
régulieres, soient donnés aux Monasteres dans lesquelles les Archevêques ou
Evêques des lieux jugeront à propos d'envoyer des Religieuses qui se trouveront dans lesdites Communautés ; & pour ce qui est de celles des Personnes
séculieres, lesdits biens soient donnés aux Hôtels-Dieu & aux Hôpitaux généraux des lieux où lesdites Communautés étoient établies. Ordonnons au surplus, que notre Edit du mois de Décembre de l'an 1666, contenant les formalités qui doivent être observées pour l'établissement des Communautés séculieres & régulieres, soit ponctuellement exécuté, même à l'égard des transla-
tions des Monasteres & Communautés d'un lieu ou d'une maison à une autre,
lesquelles ne pourront être faites qu'après que toutes les formalités portées par
ledit Edit, pour les premiers établissemens desdits Monasteres, auront été observées : enjoignons aux Juges & Officiers d'y tenir ponctuellement la main,
& de prononcer contre les Communautés qui seront établies ou transférées,
sans avoir satisfait ausdites formalités, les peines portées par notredit Edit.
SI DONNONS EN MANDEMENT à nos amés & féaux les Gens tenans notre
Cour de Parlement de Rouen, que ces Présentes ils ayent à faire lire, publier & enregistrer, & le contenu en icelles garder & observer de point en
b.

point felon leur forme & teneur , fans y contrevenir ni fouffrir qu'il y foit
contrevenu , en quelque forte & maniere que ce foit : CAR tel eft notre plaifir. En témoin de quoi , Nous avons fait mettre notre Scel à cefdites Préfentes. DONNÉ à Verfailles , le vingt-huitieme jour d'Avril , l'an de grace mil fix
cent quatre-vingt-treize ; & de notre Regne le cinquantieme. *Signé*, LOUIS :
Et plus bas, Par le Roi , PHELYPEAUX. Et fcellée du grand Sceau de cire
jaune.

Regiftrée ès Regiftres de la Cour, ouï & ce requérant le Procureur-Général du
Roi , pour être exécutée felon fa forme & teneur ; & lue à l'Audience d'icelle
féante. A Rouen , en Parlement , le 19 Mai 1693. Signé , *JACQUES.*

ÉDIT DU ROI,

Qui en confirmant l'hérédité entr'autres aux Notaires Garde-Notes de
la Province de Normandie , leur attribue le droit de faire la lecture
des Contrats de vente , & tous autres qui font fujets à retrait , à
l'iffue des Meffes Paroiffiales.

Du mois d'Avril 1694.

LOUIS, par la grace de Dieu, Roi de France & de Navarre : A tous
préfens & à venir , SALUT. Par notre Edit du mois de Février 1689 ,
Nous avons réuni à notre Domaine les Offices de Receveurs des Confignations de toutes les Jurifdictions de notre Royaume , à l'exception de ceux de
notre Province de Normandie , créés par Edit du mois de Juin 1689. Par autre Edit du mois de Juillet 1689 , Nous avons fupprimé les Commiffaires aux
Saifies Réelles de toutes les Jurifdictions de notre Royaume , & créé en leur
lieu & place d'autres Commiffaires-Receveurs héréditaires & Domaniaux , auffi
à l'exception de ceux de Normandie , créés par Edit du mois de Juillet 1677.
Et par autre Edit du mois de Juillet 1690 , Nous avons accordé la confirmation de l'hérédité à tous les Notaires & Procureurs de notre Royaume , lequel Edit n'a pas été exécuté dans ladite Province , à l'égard des Notaires
Garde-Notes, qui y ont été établis en conféquence des Edits des mois de Juillet
1677, & Juin 1685. Mais comme la finance defdits Offices de Receveurs des
Confignations , de Commiffaires aux Saifies Réelles & de Notaires Garde-
Notes de ladite Province de Normandie , eft médiocre par rapport aux Droits
dont ils jouiffent , & à ceux que nous avons réfolu de leur attribuer , pour
les rendre égaux à ceux des autres lieux de notre Royaume , Nous pouvons
en tirer quelque fecours dans l'occafion préfente de la Guerre : D'ailleurs , lefdits Receveurs des Confignations ayant perçu le Droit de quatre deniers pour
livre du Contrôle des Confignations de ladite Province , en conféquence d'un
Arrêt de notre Confeil , du vingt-fixieme Novembre 1686 , & ce droit ne leur
ayant pas été attribué par l'Edit de leur création , ni par aucun autre Edit ou
Déclaration , il pourroit leur être contefté ; il eft néceffaire de leur en attribuer la perception par le préfent Edit. Et d'autant que les Offices de Rece-

veurs des Confignations & de Commiffaires aux Saifies réelles, créés par lefdits Edits, n'ont point encore été vendus ni établis dans les Villes de Pontle-
véque, Mortain & autres lieux des Bailliages & Vicomtés d'Auge & de Mortain, & qu'il eft néceffaire d'y en faire l'établiffement, comme dans les autres Jurifdictions de ladite Province, Nous avons jugé à propos d'y pourvoir.
A CES CAUSES, & autres à ce Nous mouvant, de l'avis de notre Confeil,
& de notre certaine fcience, pleine puiffance & autorité Royale, Nous avons
par le préfent Edit perpétuel & irrévocable, dit, ftatué & ordonné, difons,
ftatuons & ordonnons, Voulons & Nous plaît, que les Receveurs des Confignations, les Commiffaires aux Saifies réelles & les Notaires Garde-Notes de
notre Province de Normandie, créés par nos Edits des mois de Juillet 1677
& Juin 1685, demeurent confirmés comme Nous les confirmons dans l'hérédité de leurs Offices, en la jouiffance des Droits, Exemptions, Priviléges,
Fonctions & Emolumens à eux attribués par lefdits Edits des mois de Juillet
1677 & Juin 1685, & par notre Réglement du mois de Mai 1686 pour en
jouir par eux, leurs fucceffeurs & ayans-caufe à toujours & perpétuellement,
en faire & difpofer par Contrats de ventes volontaires, ainfi que de leurs
propres biens, fans que lefdits Offices puiffent être déclarés à l'avenir Domaniaux, ni fujets à aucune revente pour quelque caufe que ce foit. Jouiront
en outre lefdits Receveurs des Confignations du Droit de quatre deniers pour
livre, dont jouiffoient les Receveurs des Confignations de ladite Province,
avant ledit Edit du mois de Juin 1685, & de deux deniers que Nous leur
attribuons par ce Préfent, pour faire le même Droit d'un fol pour livre dont
jouiffent les autres Receveurs des Confignations de notre Royaume ; & per-
cevront ledit Droit fur le prix des Adjudications, tant au profit commun qu'au
profit particulier. & fur le prix des immeubles qui feront vendus & délaiffés
à un ou plufieurs Créanciers, ou par eux pris fur étant moins de leur dû, fi
la vente & délaiffement font faits en Jugement. Lefdits Commiffaires Receveurs des Saifies réelles de ladite Province jouiront de fix deniers pour livre,
outre & par-deffus le fol pour livre à eux attribué par ledit Edit du mois de
Juillet 1677, pour leur Droit de Recette fur le prix des Baux judiciaires des
biens faifis réellement : Et lefdits Notaires du Droit de faire la lecture à l'iffue des Meffes Paroiffiales, des Contrats de vente & de tous autres qui font
fujets à retrait, fuivant la Coutume de ladite Province, à l'exclufion des
Curés, Vicaires & Sergens, des Tabellons des Seigneurs Hauts-Jufticiers &
de tous autres, chacun dans l'étendue de fon Notariat ; de laquelle lecture
lefdits Notaires tiendront Regiftre, & feront figner le nombre de témoins prefcrit par ladite Coutume. Faifons à cet effet, défenfes aufdits Curés, Vicaires
& Sergens, aufdits Tabellions & tous autres, de faire à l'avenir lefdites lectures, aux Parties de les en requerir & de s'en fervir, à peine de nullité &
de cent livres d'amende, & aux Juges d'avoir égard à celles qui feront faites
à l'avenir par autres que par lefdits Notaires, à peine de nullité de leurs Jugemens, dérogeons quant à ce à l'Article CCCCLV de ladite Coutume : en
payant par lefdits Receveurs des Confignations, Commiffaires aux Saifies
réelles & Notaires Garde-Notes, les fommes aufquelles ils feront modérément
taxés en notre Confeil, fur les Quittances du Tréforier de nos Revenus Cafuels, & de deux fols pour livre d'icelles, fur les Quittances de celui qui fera
par Nous chargé de l'exécution du préfent Edit, lefquelles fommes leur tien-

dront lieu de fupplément & augmentation de finance ; & à faute par eux d'y fatisfaire , voulons qu'ils y foient contraints , & ainfi qu'il eft accoutumé pour nos
propres deniers & affaires. Permettons néanmoins à celui qui fera par Nous
chargé du recouvrement defdites fommes , de rembourfer à ceux des Pourvus
defdits Offices qu'il avifera bon être , la finance qui Nous a été par eux payée
pour les acquérir , fuivant les Quittances de finances qu'ils en rapporteront ,
à condition que lefdits Offices étant par lui revendus , ce qui fe trouvera excéder les anciennes finances , reviendra à notre profit , fuivant les Rôles qui
en feront arrêtés en notre Confeil ; lefquelles fommes rembourfées & celles
contenues aufdits Rôles , tiendront lieu de finance aux nouveaux acquéreurs ,
comme fi les Quittances defdites anciennes finances avoient été expédiées fous
leurs noms. Ordonnons que les Offices de Receveurs des Confignations &
de Commiffaires aux Saifies réelles des Bailliages & Vicomtés d'Auge & Mortain , & des autres lieux où ils n'ont pas été établis & vendus en conféquence de nofdits Edits , le feront inceffamment , aux droits , fonctions & priviléges à eux attribués par lefdits Edits & par le Préfent ; & qu'en attendant
la vente , il y fera établi des Commis , qui jouiront des mêmes droits , fonctions & priviléges. SI DONNONS EN MANDEMENT à nos amés & féaux Confeillers , les Gens tenans notre Cour de Parlement à Rouen , que notre préfent Edit ils ayent à faire lire , publier & regiftrer , & le contenu en icelui
garder & obferver de point en point , fans y contrevenir en quelque forte
& maniere que ce foit , nonobftant tous Edits , Déclarations & Arrêts , Clameur de Haro , Chartre Normande , Prife à Partie , & autres chofes à ce contraires , auxquels Nous avons dérogé & dérogeons par notredit préfent Edit :
CAR tel eft notre plaifir. Et afin que ce foit chofe ferme & ftable à tous jours ,
Nous y avons fait mettre notre Scel. DONNÉ à Verfailles au mois d'Avril ,
l'an de grace mil fix cent quatre-vingt-quatorze ; & de notre Regne le cin-
quante-unieme. Signé , LOUIS : Et plus bas , Par le Roi PHELYPEAUX : Vifa ,
BOUCHERAT. Et fcellé du grand Sceau de cire verte , en lacs de foie rouge & verte.

*Regiftré ès Regiftres de la Cour , ouï & ce requérant le Procureur-Général du
Roi , pour être exécuté felon fa forme & teneur ; & lu à l'Audience d'icelle
féante. A Rouen , en Parlement , le 22 Mai 1694. Signé , JACQUES.*

EXTRAIT DE LA DÉCLARATION DU ROI ,

*Concernant le payement des Droits Seigneuriaux , pour les Héritages
cédés à Baux , à Fieffes ou à Rentes.*

Du 14 Janvier 1698.

NOUS avons par ces Préfentes fignées de notre main , dit , déclaré & ordonné , difons , déclarons & ordonnons , voulons & Nous plaît , que
fans s'arrêter audit Article XXVII dudit Réglement de notre Cour de Parlement de Rouen , du 6 Avril 1666 , les Droits Seigneuriaux établis par la Coutume de notre Province de Normandie pour les Ventes fimples d'Héritages

& autres Biens, foient à l'avenir payés en notredite Province, pour les Baux
à Fieffes ou à Rentes, lorfque le rachat en fera fait avant trente années, à
compter du jour & date des Contrats. SI DONNONS EN MANDEMENT, &c.
DONNÉ à Verfailles le quatorzieme jour de Janvier, l'an de grace mil fix cent
quatre-vingt-dix-huit ; & de notre Regne le cinquante-cinquieme. *Signé*,
LOUIS : *Et fur le repli*, Par le Roi, PHELYPEAUX. Et fcellée du grand Sceau
de cire jaune.

*Regiftrée ès Regiftres de la Cour. A Rouen, en Parlement, l'Audience de
ladite Cour féante, le 6 Février 1698. Signé, BREANT.*

ARREST DU PARLEMENT,

RENDU EN LA GRAND'CHAMBRE,

*Pour fervir de Réglement au fujet des Biens fitués en la Banlieue de la
Ville de Rouen, prétendus à droit de conquét, par les Femmes ou
leurs Héritiers.*

Du 20 Juillet 1715.

LOUIS, par la grace de Dieu, Roi de France & de Navarre : A tous
ceux qui ces préfentes Lettres verront, SALUT. Sçavoir faifons, qu'en la
Caufe dévolue en notre Cour de Parlement : Entre Dame Marie Guillard,
Veuve & Héritiere du Sieur Euftache le Monnier, vivant Marchand & Ca-
pitaine des Bourgeois de la Ville de Rouen, à préfent femme civilement féparée, quant aux Biens de Meffire Michel-Gabriël de Boniface, Chevalier,
Sieur & Comte du Boffehard, de lui dûment autorifée à la pourfuite de fes
droits, Appellante de Sentence rendue au Bailliage à Rouen, le 13 Mars
1709, anticipée, ajournée vertu d'Arrêt & Mandement de notredite Cour,
des 7 Mars & 2 de Mai 1713. Et le Sieur Maître Jean-Euftache Nicolle,
Sieur des Fonteines, Confeiller en notre Cour, & Commiffaire aux Requêtes du Palais à Rouen, pareillement ajourné, vertu des fufdits Arrêt & Mandement de notredite Cour, ayant repris le Procès au lieu & place, & en
l'état que l'avoit laiffé le Sieur des Fonteines fon Pere, vivant auffi Appellant de ladite Sentence du 13 Mars 1709, & anticipé, d'une part : Et le Sieur
Jean-Baptifte Blambureau, auffi Marchand audit Rouen ; avec lui joint Maître
Euftache Capelet, Procureur au Bailliage dudit lieu, Intimés, Anticipans &
Demandeurs en ajournement, en vertu defdits Arrêt & Mandement de notredite Cour, defdits jours 7 Mars & 2 Mai audit an 1713, d'autre part. VU
par notre Cour l'Arrêt contradictoirement rendu en icelle, le 7 jour de Juin
1709, entre ladite Dame Guillard, le feu Sieur des Fonteines, & lefdits
Blambureau & Capelet ; par lequel, notredite Cour fur l'Appel appointe les
Parties au Confeil, pour le Procès communiqué à notre Procureur-Général,
être jugé en cette Chambre, & donné Réglement ; au bas duquel eft la Signification qui en a été faite. Vu auffi les Productions des Parties qui font,

&c. Vu ladite Sentence dont eſt appel , dudit jour 13 Mars 1709 , rendue
ſur les Concluſions de notre Procureur , par laquelle il eſt dit , que tous les
Héritages acquis par ledit Sieur le Monnier aux Paroiſſes de Boiſguillaume &
Saint-Etienne du Rouvray , conſtant ſon Mariage avec la Demoiſelle Druault,
ſont déclarés tenir nature de Bourgeoiſie , dont la moitié en propriété eſt adjugée
auſdits Sieurs Blambureau & Capelet , comme Héritiers de ladite Demoiſelle
Druault ; ainſi que deux parties de Rente , à prendre ſur l'Hôtellerie du Plat-
d'Etaim , & l'autre ſur le nommé Hareng , avec reſtitution des jouiſſances , du
jour du décès dudit Sieur le Monnier : A laquelle fin , leſdits Héritages & Rentes ſeront employés dans les Lots de conquêts en Bourgage , qui ſeront faits &
préſentés par leſdits Héritiers à ladite Dame Veuve dudit Sieur le Monnier , &
au Sieur des Fonteines , pour par eux en choiſir un , & l'autre reſter par non
choix auſdits Héritiers : dépens compenſés entre les Parties ; payera ladite Dame
le Monnier & le Sieur des Fonteines , le Rapport & le coût de ladite Sentence.
L'Acte d'Appel d'icelle , ſignifié à la requête de ladite Dame Guillard & du
Sieur des Fonteines , le treizieme dudit mois de Mars audit an 1709. Les Lettres d'Anticipation obtenues. Vu l'Arrêt de notredite Cour rendu au Rapport
du Sieur d'Herqueville , le 16 Mars 1697 , par lequel faiſant droit ſur l'Appel
de Jacques Raimboult de la Sentence du 10 Février 1694. Elle a mis & met
l'Aappellation au néant ; ce faiſant , ordonne que ledit Jean Raimboult aura ſon
Préciput ſur l'Héritage de la Paroiſſe de Belbeuf , ſituée dans le Bailliage de
Rouen , & que le préſent Arrêt ſervira de Réglement d'Héritages ſitués dans la
Banlieue , qui ſeront partagés comme en la Coutume , &c. Et généralement
tout ce que les Parties ont écrit , mis & produit pardevers notredite Cour.
Conclusions de notre Procureur-Général ; & ouï le Rapport du Sieur Dandaſne
de Tourville , Conſeiller en icelle : Tout conſidéré ; NÔTREDITE COUR , par
ſon Jugement & Arrêt , a mis l'Appellation & ce dont eſt appel au néant ; émendant , a ordonné l'exécution de l'Arrêt du 16 Mars 1697 , en tant qu'il porte
Réglement ; ce faiſant , a débouté leſdits Blambureau & Capelet de la moitié
par eux demandée à droit de conquêt , des Héritages ſitués aux Paroiſſes de
Boiſguillaume & S. Etienne , à la réſerve de ceux tenus en Franc-Aleu ; leſquelles Paroiſſes de Boiſguillaume & S. Etienne , & celles de la Banlieue , ſont déclarées n'être point en Bourgage ; & que le préſent Arrêt ſervira de Réglement ,
& ſera lû , publié & affiché : dépens compenſés entre les Parties ; payeront leſdits Blambureau & Capelet le Rapport & coût du préſent Arrêt. Sɪ DONNONS
EN MANDEMENT , &c. DONNÉ à Rouen , en notredite Cour de Parlement ,
le vingtieme jour de Juillet , l'an de grace mil ſept cent quinze ; & de notre
Regne le ſoixante-treizieme. Par la Cour , *Signé* , LE JAULNE. Et ſcellé.

*Sur le pourvoi au Conſeil contre cet Arrêt . il en eſt intervenu un autre qui
l'a confirmé.*

ARREST DU CONSEIL D'ÉTAT
PRIVÉ DU ROI,

Portant Réglement pour le Sceau des Lettres de Bénéfice d'âge des Filles, dans la Province de Normandie.

Du 20 Août 1718.

VU au Conseil d'Etat Privé du Roi, l'Arrêt rendu en icelui, le 27 Novembre 1717, &c. LE ROI EN SON CONSEIL, de l'Avis de Monsieur le Garde des Sceaux, sans s'arrêter à l'Article XL du Réglement fait par le Parlement de Rouen le 6 Avril 1666, ni à l'Arrêt dudit Parlement du 25 Juillet 1717, lesquels Sa Majesté a cassés & annullés, a ordonné, & ordonne, que les Lettres d'Emancipation seront deformais scellées en la Chamcellerie près ledit Parlement, tant au profit des Filles que des Mâles, sans aucune distinction, avec l'adresse pour l'intérinement, aux Juges qui en doivent connoître, sans qu'à l'avenir on puisse opposer à l'entérinement d'icelles ledit Article ; & pour faire droit sur l'appel de la Sentence d'entérinement de celles qui ont été scellées en ladite Chamcellerie de Rouen, au profit desdites Demoiselles de Franqueville, Sa Majesté a renvoyé les Parties au Parlement de Paris. Ordonne que le présent Arrêt sera lu & publié en ladite Chancellerie, & dans les Bailliages du Ressort dudit Parlement, à la diligence des Officiers de ladite Chancellerie, & des Procureurs de Sa Majesté dans lesdits Bailliages, qui seront tenus d'en certifier Monsieur la Garde des Sceaux dans la le mois. FAIT au Conseil d'Etat Privé du Roi, tenu à Paris, le vingtieme d'Août mil sept cent dix-huit. *Collationné Signé*, LE NORMANT.

    Lu en la Chancellerie de Rouen, & envoyé dans tous les Siéges des Bailliages de la Province.
    Lettres Patentes sur icelui, données le 20 Août 1718.

ARRET DU CONSEIL D'ETAT
PRIVÉ DU ROI,
ET LETTRES-PATENTES,

Portant Réglement pour la fixation de l'âge où se peut faire l'expédition des Lettres de Bénéfice d'âge ou Emancipation, dans la Chancellerie près le Parlement de Normandie.

Des 14 Août & 3 Septembre 1719.

EXTRAIT DES REGISTRES DU CONSEIL D'ETAT PRIVÉ DU ROI.

SUR la Requête présentée au Roi en son Conseil, par les Conseillers-Secrétaires de Sa Majesté, Audienciers & Contrôleurs en la Chancellerie près le Parlement de Rouen, contenant, que pour faire cesser les contestations qui arrivoient en Normandie, au sujet des Lettres de Bénéfice d'âge, ou d'Emancipation, en faveur des Filles ; Sa Majesté, de l'avis de Monsieur le Garde des Sceaux, auroit ordonné par Arrêt contradictoire du Conseil, du 20 Août 1718, que sans arrêter à l'Article XL du Réglement fait par le Parlement de Rouen, le 6 Avril 1666, ni à l'Arrêt dudit Parlement du 15 Juillet 1717, que Sa Majesté a cassés & annullés, que les Lettres d'Emancipation seroient dorénavant scellées en la Chancellerie près le Parlement, tant au profit des Filles que les Mâles, sans aucune distinction, avec l'adresse pour l'entérinement, aux Juges qui en doivent connoître, sans qu'à l'avenir on puisse opposer à l'entérinement d'icelles, ledit Article XL, & que ledit Arrêt feroit lu & publié en ladite Chancellerie, & dans les Bailliages du Ressort dudit Parlement ; à quoi il a été satisfait : Lors de cet Arrêt de Réglement il n'a pas été statué sur l'âge auquel il feroit accordé & scellé en Normandie, des Lettres de Bénéfice d'âge aux Garçons & aux Filles ; ce qui a donné lieu à plusieurs contestations, desquelles les Supplians ont informé Monsieur le Garde des Sceaux, qui leur a mandé de se conformer à l'usage de la Chancellerie près le Parlement de Paris, & d'accorder & signer les Lettres de Bénéfice d'âge à seize ans aux Garçons, & à quatorze ans aux Filles : Et pour rendre cette Décision publique, assurer l'état des Supplians & du Public, & enfin pour prévenir pour l'avenir, dans l'étendue de la Chancellerie du Parlement de Rouen, toutes contestations sur l'âge des Garçons & des Filles, pour obtenir des Lettres de Bénéfice d'âge ; les Supplians ont eu recours à Sa Majesté, pour leur être sur ce pourvu. A ces Causes, requeroient les Supplians qu'il plût à Sa Majesté ordonner, que dans l'étendue de la Chancellerie près le Parlement de Rouen, les Lettres des Bénéfice d'âge seront expédiées & scellées à seize ans aux Garçons, & à quatorze ans aux Filles : Et que pour l'exécution de l'Arrêt qui interviendra, toutes Lettres nécessaires
feront

feront expédiées & enregiftrées au Parlement de Rouen, & par-tout ailleurs où befoin fera. VU ladite Requête, fignée Moreau, Avocat des Supplians; enfemble l'Arrêt du Confeil, du 20 Août 1718, & les autres Pieces juftificatives du contenu en icelle : Ouï le Rapport du Sieur Maboul, Confeiller du Roi en fes Confeils, Maître des Requêtes ordinaire de fon Hôtel, Commiffaire à ce député, qui en a communiqué au Bureau de la Chancellerie ; Et tout confidéré, LE ROI EN SON CONSEIL, de l'Avis de Monfieur le Garde des Sceaux, ayant égard à ladite Requête, a ordonné & ordonne que l'Arrêt du Confeil, du vingtieme jour d'Août mil fept cent dix-huit, fera exécuté felon fa forme & teneur ; & en conféquence, que dans la Chancellerie près le Parlement de Rouen, les Lettres de Bénéfice d'âge ou Émancipation, feront expédiées & fcellées ; fçavoir, aux Garçons à l'âge de feize ans, & aux Filles à quatorze ans accomplis. Ordonne Sa Majefté, que pour l'exécution du préfent Arrêt toutes Lettres Patentes à ce néceffaires feront expédiées & enregiftrées au Parlement de Rouen, & par-tout ailleurs où befoin fera. Enjoint à fon Procureur-Général audit Parlement, de tenir la main à l'exécution du préfent Arrêt, & d'en certifier Monfieur le Garde des Sceaux, dans le mois. FAIT au Confeil d'Etat Privé du Roi, tenu à Paris le quatorzieme jour d'Août mil fept cent dix-neuf. *Collationné. Signé*, HATTE.

Les Lettres-Patentes fur l'Arrêt ci deffus, du 3 Septembre même année, regiftrées ès Regiftres de la Cour, pour être exécutées felon leur forme & teneur, & jouir par les Sieurs Impétrans de l'effet & contenu d'icelles, fuivant l'Arrêt de la Cour. Donne à Rouen, la Grand'Chambre affemblée, le 5 Décembre 1719. Signé, DE BOUTIGNY.

DÉCLARATION DU ROI,

Portant que tous ceux qui ont acquis des Biens fujets à Retrait, dans la Province de Normandie, depuis l'Edit de 1694, jufqu'au jour de la Publication de la préfente Déclaration, ne puiffent être troublés dans la poffeffion defdits Biens.

Du 14 Septembre 1720.

LOUIS, par la grace de Dieu, Roi de France & de Navarre : A tous ceux qui ces préfentes Lettres verront, SALUT. Le feu Roi notre très-honoré Seigneur & Bifaïeul avoit ordonné par fon Edit du mois d'Avril 1694, que les Notaires de la Province de Normandie, jouiroient du droit de faire la lecture à l'iffue des Meffes Paroiffiales, des Contrats de vente & de tous autres qui font fujets à retrait, fuivant la Coutume de Normandie, à l'exclufion des Curés, Vicaires & Sergens, des Tabellions des Seigneurs Hauts-Jufticiers, & de tous autres, chacun dans l'étendue de fon Notariat, de laquelle lecture lefdits Notaires tiendroient Regiftre, & y feroient figner le nombre de Témoins prefcrit dans ladite Coutume; avec défenfes aux Curés, Vicaires & Sergens, aux Tabellions & à tous autres, de faire à l'avenir lefdi-

tes lectures, aux Parties de les en requérir & de s'en servir, à peine de nullité & de cent livres d'amende ; & aux Juges d'avoir égard à celles qui seroient
faites à l'avenir par d'autres que par lesdits Notaires, à peine de nullité de
leurs Jugemens, dérogeant quant à ce à l'Article CCCCLV de la même Coutume : Mais quoique cet Edit ait été enregistré au Parlement de Rouen, le
21 Mai de la même année 1694. Nous avons été informé que sa disposition
à l'égard de la lecture des Contrats de vente & autres sujets à retrait, a été
si peu connue dans la Province de Normandie, que la plûpart des acquereurs
ont continué d'y suivre la disposition de l'Article CCCCLV de la Coutume,
& de faire faire cette lecture ou publication par les Curés, Vicaires, Sergens & Tabellions, comme avant l'Edit du mois d'Avril 1694 ; ce qui donne
lieu aujourd'hui à un grand nombre de demandes en retrait lignager, portées
en différens Tribunaux de cette Province, sur le fondement de la nullité des
lectures de Contrats qui n'ont pas été faites par les Notaires, conformément
à l'Edit de 1694. Et comme ces demandes tendent à dépouiller des Possesseurs de bonne foi, des fonds dont ils jouissent depuis plusieurs années, &
qui peuvent avoir passé en différentes mains, soit par voie de succession, soit
par des Ventes, des Partages ou autres Actes translatifs de propriété, à multiplier les Procès par des recours en garantie, & à jetter le trouble & la division dans un grand nombre de Familles ; Nous avons jugé à propos de préférer en cette occasion, les regles de l'équité à celles d'une justice rigoureu-
se, en maintenant les anciens Possesseurs contre les prétentions de ceux qui
veulent abuser d'une ignorance excusable, pour renverser & pour ébranler
un grand nombre de fortunes, qui ont pour elles la faveur de la bonne-foi,
& l'avantage de la possession. A CES CAUSES, & autres à ce Nous mouvant, de l'avis de notre très-cher & très-amé Oncle le Duc d'Orléans, Petit-Fils de France, Régent ; de notre très-cher & très-amé Oncle le Duc de
Chartres, premier Prince de notre Sang ; de notre très-cher & très-amé Cousin le Duc de Bourbon ; de notre très-cher & très-amé Cousin le Comte de
Charollois ; de notre très-cher & très-amé Cousin le Prince de Conty, Prince de notre Sang ; de notre très-cher & très-amé Oncle le Comte de Tou-
louse, Prince légitimé ; & autres Pairs de France, grands & notables Per-
sonnages de notre Royaume ; & de notre certaine science, pleine puissance &
autorité Royale, Nous avons dit, déclaré, & par ces Présentes, signées de
notre main, disons & déclarons, Voulons & Nous plaît, que tous ceux qui
ont acquis des Biens sujets à retrait, dans notre Province de Normandie,
depuis ledit Edit du mois d'Avril 1694, jusqu'au jour de la publication de
notre présente Déclaration, ne puissent être troublés & inquiétés dans la
possession desdits Biens, par des demandes en Retrait lignager, sous prétexte
dudit Edit, & faute par eux ou par leurs auteurs, d'avoir fait faire la lecture des Contrats d'acquisition desdits Biens, par les Notaires, conformément
audit Edit, lequel défaut ne pourra leur être imputé, ni être tiré à conséquence contr'eux, par les Demandeurs en retrait ; sans préjudice ausdits Demandeurs, de leurs autres moyens & prétencions tirées des Coutumes & usages des lieux, & non dudit Edit du mois d'Avril 1694, auquel Nous avons
dérogé & dérogeons par ces Présentes, en ce qui concerne la lecture des
Contrats par les Notaires ; & ce, pour le passé seulement. Voulons, au surplus, que ledit Edit soit exécuté à l'avenir selon sa forme & teneur ; ce

faifant, que les lectures ou publications des Contrats & Actes tranflatifs de la propriété des biens fujets à retrait, fuivant la Coutume de Normandie, ne puiffent être faites que par lefdits Notaires & en la maniere prefcrite par ledit Edit, aux peines qui y font portées. SI DONNONS EN MANDEMENT à nos amés & féaux les Gens tenant notre Cour de Parlement à Rouen, que ces Préfentes ils ayent à faire lire, publier & enregiftrer, & le contenu en icelles garder & obferver felon leur forme & teneur : CAR tel eft notre plaifir. En témoin de quoi, Nous avons fait mettre notre Scel à cefdites Préfentes. DONNÉ à Paris le quatorzieme jour de Septembre, l'an de grace mil fept cent vingt ; & de notre Regne le fixieme. Signé, LOUIS : Et plus bas, Par le Roi, le Duc d'Orléans Régent, préfent, PHELYPEAUX. Et fcellée en queue du grand Sceau de cire jaune.

Regiftrée ès Regiftres de la Chambre des Vacations, ouï & ce requérant le Procureur-Général du Roi, pour être exécutée felon fa forme & teneur ; & lue & publiée à l'Audience d'icelle féante. A Rouen, en Parlement, en Vacations, le 22 Octobre 1720. Signé, *BOUTIGNY.*

ARREST DU PARLEMENT,

Pour fervir de Réglement au chef qui ordonne que de la totalité des biens dont fera compofée la Dot des Femmes, la partie qui leur fera provenue des meubles à elles échus de la fucceffion de leurs Pere & Parens collatéraux, fera cenfée Acquêt.

Du 29 Janvier 1721.

EXTRAIT DES REGISTRES DU PARLEMENT.

ENTRE Pierre le Cointe, Marchand à Rouen, Appellant de Sentence rendue au Bailliage de Rouen, le 24 Mars 1719, & anticipé, d'une part : Et M. Louis le Canu, Prêtre, Curé de Villers fur Mer, Robert & Noël le Canu freres, & Demoifelle Génevieve Behotte, veuve & non héritiere de Nicolas le Canu, Tutrice de fes enfans, tous cohéritiers en la fucceffion de feue Demoifelle Anne le Canu, vivante époufe du fieur Romain le Gentil, intimés audit Appel, & anticipans, d'autre part.

VU par la Cour, les Chambres affemblées, l'Arrêt rendu en icelle le 15 Décembre 1719, par lequel fur l'Appel elle appointe les Parties au Confeil ; au bas eft la fignification qui en a été faite. Vu auffi les Productions defdites Parties, faites en exécution dudit Arrêt, compofées des Pieces fuivantes, qui font : un Extrait approuvé du Contrat de mariage fous feing privé, du 3 Juillet 1687, reconnu devant Notaires le 7 Août fuivant, entre le fieur Romain le Gentil & Demoifelle Anne le Canu, fille majeure ufant de fes droits, feule fille & héritiere du feu fieur Nicolas le Canu, vivant Marchand à Rouen, & de Demoifelle Anne le Cointe, fes pere & mere ; par lequel, entr'autres chofes, auroit été promis donner &

C 2

compter par ladite Demoifelle le Canu audit fieur le Gentil , trois jours avant la célébration de leur Mariage , la fomme de douze mille livres ; fçavoir , &c. de laquelle fomme de douze mille livres, il y en a eu celle de fix mille livres pour la Dot , & tenir le nom , côté & ligne de ladite Demoifelle le Canu , &c. Et généralement tout ce que les Parties ont écrit , mis & produit pardevers la Cour. Conclufions du Procureur-Général : Ouï le Rapport du fieur de Motteville , Confeiller en icelle , Rapporteur : Tout confidéré ;

LA COUR , toutes les Chambres affemblées , faifant droit fur l'Appel de la Sentence du 24 Mars 1719 , a mis & met l'appellation & ce dont eft appel au néant , en ce que par ladite Sentence , la totalité de la Dot de ladite le Canu , vivante femme dudit le Gentil , a été déclarée être un Propre paternel ; émendant quant à ce , l'a déclarée être un Acquêt, en tant qu'il y en a provenant des Meubles échus à ladite le Canu de la fucceffion de fon pere & de fa fœur ; ce faifant , a adjugé ladite Dot , quant aux Acquêts, audit le Cointe en fa qualité d'héritier aux Acquêts de ladite le Canu : Ordonne au furplus , que ladite Sentence au réfidu fortira effet , tous dépens compenfés ; payera néanmoins ledit le Cointe le rapport & coût du préfent Arrêt. Et faifant droit fur les plus amples Conclufions du Procureur-Général , ordonne que le préfent Arrêt , en ce qui touche la nature de la Dot de ladite le Canu , fervira de Réglement à l'avenir pour la Province : A l'effet de quoi , ordonne qu'il fera lu , publié & affiché par-tout où befoin fera; & qu'à la diligence du Procureur-Général , Copies ou Vidimus d'icelui feront envoyés dans tous les Siéges de ce Reffort , pour y être pareillement lus , publiés & affichés à la requête des Subftituts du Procureur-Général , qui feront tenus de certifier la Cour dans le mois des diligences qu'ils auront pour ce faites. FAIT à Rouen, en Parlement, le vingt-neuvieme jour de Janvier mil fept cent vingt-un. Par la Cour. *Signé* , AUZANET.

ARREST DU PARLEMENT,

Portant Réglement fur les formalités qui feront obfervées pour recevoir les Capitaux des Rentes hypotheques colloquées à l'ordre des Décrets , au profit des Femmes mariées ou civilement féparées.

Du 19 Juin 1724.

LOUIS , par la grace de Dieu , Roi de France & de Navarre : A tous ceux qui ces préfentes Lettres verront , SALUT. &c. VU par notre Cour, &c. Conclufions , de notre Procureur Général , & ouï le Rapport du Sieur Hubert ; Confeiller-Rapporteur : Tout confidéré ; NOTREDITE Cour a reçu & reçoit lefdits le Pigeon de Magneville oppofans à l'Arrêt de notre Cour , du 17 Mai 1691 ; faifant droit fur leur oppofition , ordonne que ledit Arrêt fera rapporté au chef de la Provifion ; & fur l'Appel a mis & met l'appellation & ce dont eft appel au néant : émendant , a déchargé lefdits le Pigeon de Magneville des condamnations portées par la Sentence dont eft appel , dépens compenfés entre les Parties ; payera néanmoins ledit Louvel le Rapport & coût du préfent Arrêt , auquel il eft condamné. Et faifant droit fur les plus amples Conclufions de notre Procureur-Général , ordonne qu'à l'avenir , lors des diftributions des deniers provenans des Adjudications par décret , où il y aura des oppofitions pour rentes hypotheques , appartenantes à des Femmes mariées ou civilement féparées , les Subftituts de notre Procureur-Général feront tenus de requerir , & les Juges d'ordonner que les maris ou les femmes civilement féparées , feront obligés pour recevoir , de fournir bon & valable remplacement , ou au défaut bonne & fuffifante caution des capitaux des rentes , dont il y aura collocation ; lefquelles cautions feront reçues par le Juge , en la préfence du Subftitut de notre Procureur-Général & des Parties intéreffées , ou icelles dûment appellées. Ordonne que le préfent Arrêt fera lu , publié & affiché , & Copies ou Vidimus d'icelui envoyés , à la diligence de notre Procureur-Général , dans tous les Siéges de ce Reffort , pour y être pareillement lus , publiés & affichés , regiftrés & exécutés felon leur forme & teneur , à la diligence des Subftituts de notre Procureur-Général , qui fera tenu de certifier notre Cour des diligences qui auront été pour ce faites. SI DONNONS EN MANDEMENT au premier des Huiffiers de notre Cour de Parlement de Rouen , ou autre , mettre le Préfent à exécution , de la part defdits fieurs de Magneville ; de ce faire te donnons pouvoir. DONNE à Rouen , en Parlement , le dix-neuvieme jour de Juin , l'an de grace mil fept cent vingt-quatre ; & de notre Regne le neuvieme. *Collationné.* Par la Cour. *Signé* , DE LA HOUSSE. Et fcellé.

DÉCLARATION DU ROI,

Qui regle le Droit d'Indemnité dû à Sa Majefté par les Eccléfiaftiques & Gens de Main-morte , pour les acquifitions qu'ils font dans l'étendue des Seigneuries ou Juftices Royales.

Du 21 Novembre 1724.

LOUIS , par la grace de Dieu , Roi de France & de Navarre : A tous ceux qui ces préfentes Lettres verront , SALUT. &c. A CES CAUSES & autres à ce Nous mouvant , de l'avis de notre Confeil , & de notre certaine fcience , pleine puiffance & autorité Royale , Nous avons par ces Préfentes , fignées de notre main , dit , déclaré & ordonné , difons , déclarons & ordonnons , voulons & Nous plaît ce qui fuit.

ARTICLE PREMIER.

Les Eccléfiaftiques & Gens de Main-morte , qui acquerront à l'avenir , par ventes , dons ou autrement , foit dans notre mouvance ou dans celle des Seigneurs particuliers , des biens en Fief ou en roture , ne feront tenus Nous payer pour le Droit d'amortiffement , que le cinquieme de la valeur des biens tenus en Fief , & le fixieme de ceux tenus en roture.

II. Lorfque les biens feront dans notre mouvance ou cenfive , il Nous fera payé par lefdits Eccléfiaftiques & Gens de Main-morte , outre l'amortiffement , le Droit d'indemnité , fur le pied fixé par les Coutumes ou ufages des lieux.

III. Si les biens acquis font feulement dans l'étendue de nos Hautes-Juftices, l'indemnité Nous fera payée au dixieme de la fomme qui Nous feroit dûe, fi lefdits biens étoient aufli dans notre mouvance.

IV. Le payement de l'amortiffement & de l'indemnité, ne difpenfera point lefdits Eccléfiaftiques & Gens de Main-morte, du payement des Droits Seigneuriaux de leurs acquifitions, & des cens ou autres redevances annuelles, dont les héritages acquis peuvent être chargés, non plus que de Nous fournir homme vivant & mourant aux effets qu'il appartiendra.

V. Comme le payement du Droit d'indemnité eft une véritable aliénation de la portion la plus précieufe de notre Domaine, puifqu'il Nous prive des Droits Seigneuriaux que Nous produiroient les mutations, fi les biens acquis par les Eccléfiaftiques & Gens de Main-morte étoient demeurés dans le commerce ; Voulons que pour Nous tenir lieu dudit Droit, il foit payé annuellement & à perpétuité à notre Domaine, des rentes foncieres & non rachetables, fur le pied du denier Trente, de la fomme à laquelle fe trouvera monter ledit Droit d'indemnité, fuivant lefdites Coutumes & ufages des lieux. Défendons aufdits Eccléfiaftiques & Gens de Main-morte, d'en faire à l'avenir le payement en argent, à peine de nullité, & fans qu'ils en puiffent acquerir aucune prefcription, par quelque-temps que ce foit. Défendons pareillement aux Fermiers ou Régiffeurs de nos Domaines, de recevoir ledit Droit en argent, à peine de mille livres d'amende envers Nous, outre la reftitution de ce qu'ils auront reçu.

VI. Seront lefdits Eccléfiaftiques & Gens de Main-morte tenus de repréfenter aux Receveurs généraux de nos Domaines en exercice, chacun dans leur Département, les Contrats des acquifitions qu'ils auront faites dans l'étendue de nos mouvances, cenfives & Juftices, & de leur en laiffer copie dans trois mois, à compter du jour de leurs dates, à peine de cent livres d'amende, qui ne pourra être remife ni modérée, & fera partagée entre nofdits Receveurs généraux, & les Fermiers ou Régiffeurs de nos Domaines, chacun par moitié.

VII. Lefdits Receveurs généraux donneront aufdits Eccléfiaftiques & Gens de Main-morte, leur reconnoiffance de la repréfentation qui leur fera faite defdits Contrats, dont ils tiendront Regiftre, & en envoyeront copie au Sieur Contrôleur général des Finances, avec leurs avis ; pour être à fon Rapport, procédé en notre Confeil, à la liquidation des rentes qui devront Nous être payées pour le Droit d'indemnité.

VIII. Les Arrêts de liquidation feront envoyés aux Bureaux de Finances de chaque Généralité, pour y être regiftrés fans frais, & il fera délivré des copies aux Fermiers ou Régiffeurs de nos Domaines, pour leur fervir à faire le recouvrement defdites rentes, dont les arrérages leur feront payés, à compter du jour des acquifitions, en quelque-temps que les Arrêts de liquidation ayent été rendus.

IX. Si les indemnités font dûes à caufe de quelques-uns de nos Domaines tenus à titre d'Appanage ou d'Engagement, les Appanagiftes ou Engagiftes jouiront defdites rentes pendant la durée de leurs Appanages ou Engagemens.

SI DONNONS EN MENDEMENT à nos amés & féaux les Gens tenant notre Cour de Parlement à Rouen, que ces Préfentes ils ayent à faire lire, publier & regiftrer, & le contenu en icelles garder & exécuter felon leur forme

& teneur : CAR tel eft notre plaifir. En témoin de quoi , Nous avons fait mettre notre Scel à cefdites Préfentes. DONNÉ à Fontainebleau le vingt-unieme jour de Novembre , l'an de grace mil fept cent vingt-quatre ; & de notre Regne le dixieme. *Signé* , LOUIS : *Et plus bas* , Par le Roi , PHELYPEAUX : Vu au Confeil , DODUN. Et fcellée du grand Sceau de cire jaune.

Regiftrée ès Regiftres de la Cour , ouï & ce requérant le Procureur-Général du Roi , pour étre exécutée felon fa forme & teneur ; & lue & publiée à l'Audience de ladite Cour féante. A Rouen , en Parlement , le premier Mars 1725.

Signé , *AUZANET*

DÉCLARATION DU ROI,

Qui déclare en quel cas le rachat des Baux à Fieffes ou à Rentes , des Biens fitués en Normandie , donne ouverture au Retrait & aux Droits Seigneuriaux.

Du 10 Janvier 1725.

LOUIS , par la grace de Dieu , Roi de France & de Navarre : A tous ceux qui ces préfentes Lettres verront , SALUT. Pour obvier aux fraudes qui fe pratiquoient journellement dans notre Province de Normandie , entre les Vendeurs & Acquereurs de Fonds d'héritages , foit nobles ou roturiers , pour fauver le payement des Droits Seigneuriaux , le feu Roi , notre très-hono- ré Seigneur & Bifaïeul , auroit par fa Déclaration du 14 Janvier 1698 , or- donné que les Droits Seigneuriaux établis par la Coutume de notre Province de Normandie , pour les rentes fimples d'héritages ou autres biens , feroient payés en notredite Province , pour les Baux à fieffes ou à rentes , lorfque le ra- chat en feroit fait avant trente années , à compter du jour & date des Con- trats. Il n'eft pas douteux que cette Déclaration n'ait dû avoir lieu & faire foi pour les Retraits ou Clameurs , également comme pour les Droits Seigneu- riaux , puifque la caufe de l'un & de l'autre eft la même : & quoiqu'il ne fut pas befoin d'une difpofition plus précife ; cependant étant informés qu'au pré- judice de ladite Déclaration il s'éleve journellement des conteftations au fujet des Retraits ou Clameurs , & voulant ôter toutes occafions de douter fur cette matiere , Nous avons eftimé néceffaire d'expliquer quelle étoit fur cela notre intention. A CES CAUSES & autres à ce nous mouvant , de l'avis de no- tre Confeil , & de notre certaine fcience , pleine puiffance & autorité Royale, Nous avons dit , déclaré & ordonné ; & par ces Préfentes fignées de notre main , difons , déclarons & ordonnons , voulons & Nous plaît , que ladite Déclaration du 14 Janvier 1698 foit exécutée felon fa forme & teneur ; & conformément à icelle , déclarons que notre intention a été , que les Baux à fieffes ou à rentes d'héritages & biens fitués en notre Province de Norman- die , dont le rachat auroit été fait avant trente années , du jour & date des Contrats , donne lieu à l'ouverture & à l'action en Retrait ou Clameur , ainfi qu'au payement des Droits Seigneuriaux ; ce qui n'aura lieu néanmoins à l'égard du Retrait ou Clameur , que pour les rachats defdites rentes qui feront faits à l'avenir , avant l'expiration defdites trente années. SI DONNONS EN MANDEMENT à nos ames & féaux les Gens tenant notre Cour de Parlement à Rouen , que ces Préfentes ils ayent à faire lire , publier & enregiftrer , & le contenu en icelles garder & obferver , fans y contrevenir ni fouffrir qu'il y foit contrevenu en quelque forte & maniere que ce foit : CAR tel eft notre plaifir. En témoin de quoi, Nous y avons fait mettre notre Scel. DONNE à Verfailles le dixieme jour de Janvier , l'an de grace mil fept cent vingt-cinq ; & de notre Regne le dixieme. *Signé* , LOUIS : *Et plus bas* , Par le Roi , PHELYPEAUX. Et fcellée du grand Sceau de cire jaune.

Regiftrée ès Regiftres de la Cour , oùï & ce requérant le Procureur-Général du Roi pour être exécutée felon fa forme & teneur ; & lue & publiée à l'Audience d'icelle féante A Rouen, en Parlement, le 26 Janvier 1725. figné, AUZANET.

DÉCLARATION DU ROI,

En interprétation de celle du dixieme Janvier dernier , au fujet des Rachats de partie des Baux à Fieffes ou à Rentes en Normandie, lefquels ont été faits avant la date de ladite derniere Déclaration , pour l'ouverture qu'ils peuvent donner au Retrait & aux Droits Seigneuriaux.

Du 26 Mai 1725.

LOUIS , par la grace de Dieu , Roi de France & de Navarre : A tous ceux qui ces préfentes Lettres verront , SALUT. Par notre Déclaration du dixieme Janvier dernier , Nous aurions ordonné que celle du quatorzieme Janvier 1698 , concernant les Baux à fieffes ou à rentes , feroit exécutée, &c. A CES CAUSES , &c. Voulons & Nous plaît , que notre Déclaration du dixieme Janvier dernier , foit exécutée felon fa forme & teneur ; & en conféquence , que dans le cas où partie de la rente ou fieffe aura été rembourfée avant noredite derniere Déclaration , & l'autre viendroit à être rembourfée dans le cours des trente années , à compter du jour & date defdits Baux à fieffes , l'action en Retrait ou Clameur féodale & lignagere ait lieu pour la totalité des biens cédés par lefdits Baux à fieffes , lors du rachat de la partie reftante à rembourfer ; & feront pareillement audit cas , les Droits Seigneuriaux payés pour le total defdits biens baillés à fieffes , encore que partie de la rente eût été rembourfée avant notredite Déclaration du dixieme Janvier dernier. SI DONNONS EN MANDEMENT , &c. DONNE à Verfailles le vingt-fixieme jour de Mai , l'an de grace mil fept cent vingt-cinq ; & de notre Regne le dixieme. *Signé* , LOUIS : *Et plus bas* , Par le Roi , PHELYPEAUX. Et fcellée fur double queue du grand Sceau de cire jaune.

Regiftrée ès Regiftres de la Cour, oùï & ce requérant le Procureur-Général du Roi, pour être exécutée felon fa forme & teneur ; & lue & publiée à l'Audience d'icelle féante. A Rouen, en Parlement, le 12 Juin 1725. Signé, AUZANET.
ARREST

ARREST DU PARLEMENT,

Portant Réglement pour faire débouter les Femmes de leurs demandes en remplacèment de Propres sur la Succeffion mobiliaire de leurs Maris, à caufe de l'acceptation faite conjointement, de Succeffions collatérales à elles échues conftant leur Mariage.

Du 22 Août 1726.

EXTRAIT DES REGISTRES DU PARLEMENT.

ENTRE Dame Marie-Madeleine Cavelier, veuve du Sieur le Foreftier, Ecuyer, Confeiller-Secrétaire du Roi, Appellante de Sentence rendue en la Cour des Requêtes du Palais à Rouen, le 16 Août 1725, d'une part; & Dame Catherine le Foreftier, veuve du fieur Brunel, Ecuyer, Confeiller & Procureur du Roi au Bailliage & Siége Préfidial de Rouen, Intimée, d'autre part.

Vu par la Cour l'Arrêt contradictoirement rendu en icelle, entre les Parties, le 5 Juin 1726, par lequel, fur l'Appel elles auroient été appointées au Confeil, pour être le Procès jugé en Grand'Chambre, & donné Réglement fur la queftion, &c. La Sentence dont eft appel rendue aufdites Requêtes le 16 dudit mois d'Août, par laquelle la Cour des Requêtes, faifant droit fur l'oppofition de ladite Dame Brunel, à la Sentence du 27 Juin lors dernier, a ordonné qu'elle feroit rapportée comme furprife; & en conféquence, a débouté la Dame le Foreftier de fa Requête du 23 dudit mois de Juin, aux fins de remplacement des propres aliénés par ledit de la Salle fon frere, avec dépens, &c. Les Conclufions du Procureur-Général; & ouï le Rapport du Sieur Guenet de Saint-Juft, Confeiller-Rapporteur: Tout confidéré;

LA COUR a mis & met l'appellation au néant, ordonne que ce dont eft appel fortira fon plein & entier effet; condamne l'Appellante en douze livres d'amende & aux dépens: Ordonne en outre, que le préfent Arrêt fervira de Réglement fur la queftion; à l'effet de quoi, il fera envoyé dans tous les Siéges de ce Reffort, à la diligence du Procureur-Général, pour être exécuté felon fa forme & teneur. DONNÉ à Rouen, en Parlement, le vingt-deuxieme jour d'Août mil fept cent vingt-fix. Par la Cour. *Signé*, AUZANET.

ARREST DU PARLEMENT,

Portant Réglement pour la nouvelle conftruction des Fours de Boulangerie, dans la Ville & Fauxbourgs de Rouen.

Du 28 Août 1726.

SUR la Remontrance faite à la Cour, par le Procureur-Général du Roi; expofitive, que la Coutume de Normandie, Article DCXIV, en impofant à ceux qui font faire Forge ou Fourneau contre le mur métoyen, la néceffité

d

de laisser un demi-pied d'intervalle entre deux murs du Four ou Forge, & de faire le mur de brique, pierre ou moilon; a réglé le droit & l'usage des copropriétaires sur le mur commun, sans rien prescrire pour la construction des Fours & de la cage qui doit les enfermer, qui est infiniment plus importante, particulierement dans les Villes bâties en bois, où l'imprudence & le peu d'attention des Boulangers, causent souvent des Incendies, qui consument plusieurs Maisons, forcent d'abattre les autres, & jettent la frayeur & l'alarme dans toute une Ville, & récemment dans celle de Rouen; ce qui est digne de l'attention des Magistrats, ausquels le Roi a donné le pouvoir de faire, pour la tranquillité & le repos public, ce que la Loi municipale & les Ordonnances n'ont pas prévu : Pourquoi requéroit, qu'il plaise à la Cour ordonner, qu'à l'avenir aucun Four destiné à la Boulangerie, ne pourra être construit dans la Ville & Fauxbourgs de Rouen, que dans une cage de neuf pieds de hauteur, dont les murs du contour seront de pierre de taille, bitte, carreau ou bloc, & faits avec mortier de chaux & de sable; que les murs de ladite cage étant de pierre de taille, auront aux deux bouts vingt pouces d'épaisseur, & trente pouces aux deux côtés; s'ils sont de carreau ou bloc, qu'ils auront aux deux bouts vingt-quatre pouces, & aux deux côtés trente-six pouces : Que la voûte de dessus sera de pierre de taille ou carreau, à mortier de chaux & de sable, fermée en plein cintre, ou un peu surbaissée, de dix-huit pouces d'épaisseur à l'entrée de la clef, dont le dessus ne pourra être pavé que de carreau, de pierre ou de pavé de terre cuite; & qu'à un des bouts de ladite cage, sera fait l'ouverture d'une porte, pour la commodité du travail, & donner du jour à la Boulangerie, autant que la disposition du lieu le permettra; Que la masse totale du Four qui sera bâtie dans ladite cage, aura six pieds six pouces de hauteur, dont le massif de la maçonnerie dans tout son contour, sera à mortier de chaux & de sable, & aura vingt-quatre pouces d'épaisseur au droit de celui du fond, & dix-huit pouces au droit des aînes du dôme du Four, le tout du nud du mur de la cage auquel ils seront joints, s'il n'y a métoyenneté du mur, qui oblige à laisser entre deux l'intervalle prescrit par l'Article DCXIV de la Coutume; Que le Four sera placé dans ladite masse, & construit avec tuile, tuilet, & maçonné sur pavé de terre cuite, & maçonné avec mortier de chaux, sable & argille; & que du dessous de la couronne ou sommet du dôme du Four, jusqu'au-dessus du pavé de la masse, il y aura au moins vingt-quatre pouces d'épaisseur, & entre le dessus du pavé de l'aire du Four, jusqu'au-dessous du cintre des arcades, qui seront faites dans le pied de la masse, pour retirer les braises, il y aura vingt pouces d'épaisseur; Que le tuyau de la cheminée qui formera le manteau, sur l'entrée & ouverture du Four, sera posé sur deux fortes barres de fer, quarrées & cintrées; Que l'embouchure dudit tuyau aura au moins par le bas trois pieds trois pouces de longueur, sur quinze pouces de largeur, & passera au travers de la voûte, au-dessous ou dessus de laquelle il pourra être dévoyé, & montera à deux pieds au moins au-dessus du comble de la Maison, dans laquelle sera le Four; lequel tuyau, dans toute sa hauteur, sera construit par les deux faces & par les deux côtés, de petite tuile de quatre à cinq pouces, & maçonné avec mortier de chaux & de sable; & si ledit tuyau se trouve adossé contre quelque paroi de charpente, le dossier contre ladite paroi sera de dix pouces d'épaisseur, au lieu de cinq, &c.

VU par la Cour ledit Requifitoire ; & ouï le Rapport du Sieur Baudouin du Baffet, Confeiller-Commiffaire : Tout confidéré ;

LA COUR, faifant droit fur le Requifitoire du Procureur-Général du Roi, a ordonné & ordonne, qu'à l'avenir aucun Four deftiné à la Boulangerie, ne pourra être conftruit dans la Ville & Fauxbourgs de cette Ville, que dans une cage de neuf pieds de hauteur, dont les murs du contour feront de pierre de taille, bitte, carreau ou bloc, & faits avec mortier de chaux & de fable ; que les murs de ladite cage étant de pierre de taille, auront aux deux bouts vingt pouces d'épaiffeur, & trente pouces aux deux côtés ; s'ils font de carreau ou bloc, qu'ils auront aux deux bouts vingt-quatre pouces, & aux deux côtés trente-fix pouces : Que la voûte de deffus fera de pierre de taille ou carreau, à mortier de chaux & de fable, fermée en plein cintre, ou un peu furbaiffée, de dix-huit pouces d'épaiffeur à l'endroit de la clef, dont le deffus ne pourra être pavé que de carreau, de pierre ou de pavé de terre cuite ; & qu'à un des bouts de ladite cage, fera fait l'ouverture d'une porte pour la commodité du travail, & donner du jour à la Boulangerie, autant que la difpofition du lieu le permettra : que la maffe totale du Four qui fera bâtie dans ladite cage, aura fix pieds fix pouces de hauteur, dont le maffif de maçonnerie dans tout fon contour, fera à mortier de chaux & de fable, & aura vingt-quatre pouces d'épaiffeur au droit de celui du Four, & dix-huit pouces au droit des aînes du dôme du Four, le tout du nud du mur de la cage aufquels ils feront joints, s'il n'y a une métoyenneté de mur, qui oblige à laiffer entre deux l'intervalle prefcrit par l'Article DCXIV de la Coutume : que le Four fera placé dans ladite maffe, & conftruit avec tuile, tuilet, brique ou pavé de terre cuite, & maçonné avec mortier de chaux, fable & argille ; & que du deffous de la couronne ou fommet du dôme du Four, jufqu'au-deffus du pavé de la maffe, il y aura au moins vingt-quatre pouces d'épaiffeur ; & entre le deffus du pavé de l'aire du Four, jufqu'au-deffous du cintre des arcades, qui feront faites dans le pied de la maffe, pour retirer les braifes, il y aura vingt pouces d'épaiffeur : Que le tuyau de la cheminée, qui formera le manteau fur l'entrée & ouverture du Four, fera pofé fur deux fortes barres de fer quarrées & cintrées : que l'embouchure dudit tuyau aura au moins par le bas trois pieds trois pouces de longueur fur quinze pouces de largeur, & paffera au travers de la voûte, au-deffous ou deffus de laquelle il pourra être dévoyé, & montera à deux pieds au moins, au-deffus du comble de la Maifon dans laquelle fera le Four, lequel tuyau dans toute fa hauteur, fera conftruit par les deux faces & par les deux côtés, de petite tuile de quatre à cinq pouces, & maçonné avec mortier de chaux & de fable ; & fi ledit tuyau fe trouve adoffé contre quelque paroi de charpente, le doffier contre ladite paroi fera de dix pouces d'épaiffeur au lieu de cinq. A fait défenfes à tous Propriétaires, Locataires, Architectes, Maçons & Ouvriers, de faire faire & conftruire dans ladite Ville & Fauxbourgs de Rouen, aucun Four deftiné à l'ufage de la Boulangerie, & de rééditier ou faire rééditier les Fours actuellement fubfiftans, lorfqu'ils feront hors d'état de fervir, que conformément au Réglement de la Cour, à peine de cinq cens ivres d'amende, dont le Propriétaire & Locataire occupant la Boulangerie, feront folidairement prenables, & aux Ouvriers, d'être leurs Ouvrages détruits & rééditiés à leurs frais : A pareillement fait défenfes aux Boulangers, de mettre les braifes ailleurs que fous les arcades du Four, & de les tranfporter en aucuns appartemens de leurs Maifons, fous quelque prétexte que ce foit, à peine de trois cens livres d'amende pour la premiere fois, & de privation de Maîtrife pour toujours, en cas de récidive, à laquelle fin, le préfent Arrêt fera imprimé, lu, publié & affiché dans tous les Carrefours & lieux publics de cette Ville, & envoyé au Juge de Police, auquel il eft enjoint de tenir la main à l'exécution d'icelui ; & qu'il fera enregiftré fur les Livres des Communautés des Boulangers, Maçons & Plâtriers de la Ville de Rouen, à ce qu'ils n'en puiffent ignorer. FAIT à Rouen, en Parlement, le vingt-huitieme jour d'Août mil fept cent vingt-fix. Par la Cour. *Signé*, AUZANET.

EXTRAIT D'ARREST DU PARLEMENT,

Servant de Réglement, tant à l'égard des Marchands de Draps, & autres fortes d'Etoffes, que des Cabaretiers, Hôteliers, & autres Perfonnes, en ce qu'il leur défend tous Prêts aux Enfans de Famille, fans le confentement de leurs Parens, &c.

Du premier Septembre 1514.

VU par la Cour la Requête à elle baillée & préfentée par écrit, de la part du Procureur-Général du Roi, narrative qu'il a été averti que plufieurs Marchands de cette Ville, par le moyen d'aucunes perfonnes interpofées, qu'on dénomme Courtiers, ont par ci-devant aftreint, induit & féduit, & corrompu plufieurs Fils de famille & Enfans mineurs d'ans, connoiffant qu'ils avoient de quoi, à faire plufieurs Contrats frauduleux, abufifs & ufuraires, & à les faire envers eux obliger en plufieurs grandes fommes de Rentes ou deniers ; & pour à ce parvenir, ont pratiqué par ce moyen defdits Courtiers, faire confeffer par lefdits fraudeurs Contrats, qu'ils leur ont vendu Denrées & Marchandifes, &c. Pour confidération du contenu en laquelle Requête, LA COUR, en intérinant icelle, a ordonné & ordonne qu'il fera & eft inhibé & défendu à tous Marchands, tant de Draps de Laine que de Soie, qu'autres, mêmement à tous Taverniers, Hôteliers, & autres perfonnes de quelque qualité qu'elles foient, de bailler ou prêter, ou faire bailler ou prêter, directement ou indirectement, aucuns Deniers, Denrées ou Marchandifes, aux Enfans étant fils de Famille, ou autres fous-âges mineurs d'ans, fans le confentement & autorité de leurs Parens & de leurs Tuteurs, Curateurs ou Gardains, fur peine de perdre les Deniers, Denrées ou Marchandifes qu'ils leur auront baillées & fait bailler en quelque maniere que ce foit, & d'être contr'eux autrement procédé, félon & ainfi que de droit, & par raifon : A enjoint la Cour au Bailli de Rouen & autres Baillis de ce Pays & Duché de Normandie, de faire publier & enregiftrer ce préfent Arrêt en leur Auditoire, & par les Carrefours & lieux accoutumés à faire cris & proclamations publiques, & de procéder contre ceux qui feront trouvés fauteurs, coupables, & contrevenir audit Arrêt, par & félon les peines que deffus, & autres peines & voies de droit, ainfi qu'ils verront être à faire de droit & par raifon. FAIT à Rouen, en Parlement, le premier jour de Septembre mil cinq cent quatorze. Par la Cour, &c.

EXTRAIT D'AUTRE ARREST
DU PARLEMENT,

Rendu en conformité de l'Arrêt de la Cour ci-dessus, contre un Aubergiste.

Du 19 Août 1729.

ENTRE Messire David Aubry, Chevalier, Seigneur de Cauverville, Vanecroq & autres lieux, appellant de Sentence rendue au Bailliage de Rouen, le 4 Février dernier ; sur l'action intentée par Jean-Baptiste Bichot, Aubergiste en cette Ville, aux fins d'avoir condamnation sur ledit Sieur de Cauverville, de trois mille & tant de livres, tant pour les Billets de feu son fils, que Mémoires de fournitures à lui faites par ledit Bichot, &c.

Ouïs Perchel, Avocat pour ledit sieur de Cauverville, lequel a dit que l'action de Bichot est la plus téméraire & la plus insoutenable qui ait jamais paru ; il prétend se faire payer par le sieur de Cauverville pere, de quatre Billets montans à 2360 liv. que le feu sieur de Cauverville fils a faits au bénéfice de lui Bichot, pour les prétendues nourritures qu'il dit lui avoir fournies dans son Auberge, en différens temps, depuis 1723 jusqu'en 1727 , &c. Le sieur de Cauverville espere que la Cour ne lui refusera pas ses Conclusions : elles sont, sous son bon plaisir, que ledit sieur de Cauverville sera reçu opposant contre l'exécution de l'Arrêt du 31 Mai dernier ; faisant droit sur son opposition, qu'il sera rapporté comme surpris ; faisant droit sur l'appel dudit sieur de Cauverville, mettre l'appellation & ce dont est appellé au néant, corrigeant & réformant, qu'il sera déchargé des condamnations contre lui prononcées ; faisant droit sur l'appel de Bichot, que l'appellation sera mise au néant, avec dépens.

Thouars, Avocat de Bichot, lequel a dit que le pere n'est point obligé aux dettes de ses enfans, ce principe est incontestable ; mais il leur doit la nourriture & l'entretien, selon son état & ses facultés, &c. Pourquoi conclut qu'il plaise à la Cour, en recevant la Partie opposante pour la forme, la débouter de son opposition, & ordonner que l'Arrêt de la Cour sera exécuté, avec dépens.

Et le Chevalier, Avocat-Général du Roi, lequel a dit que quelque favorable que soit l'action pour le payement des alimens, néanmoins cette faveur ne peut militer contre un pere, pour les alimens & pour la fourniture de vin faite à son fils majeur, sans son aveu & sans son agrément, par un Aubergiste informé de la pension annuelle que le pere payoit à son fils, ainsi que des sujets de mécontentement du pere contre le fils. Quand ces motifs particuliers ne se présenteroient pas tels qu'ils sont, dans l'espece de la Cause qui s'offre aujourd'hui à décider, le bien public s'opposeroit à l'introduction d'une action semblable de la part des Aubergistes contre les peres ; ce seroit donner ouverture aux fils de famille de se soustraire de l'obéissance & du respect qu'ils doivent à leurs Parens ; ce seroit leur faciliter la voie, & leur faire naître le defir de quitter la maifon paternelle, pour fe retirer dans une Auberge, afin d'y mener un genre de vie plus libre & plus licencieufe, comme auffi de fe livrer au libertinage ; & pour s'y foutenir, d'avoir recours à des emprunts ufu-raires, foit d'argent, foit d'étoffes & marchandifes, dont l'ufage n'eft que trop fréquent, malgré les prohibitions portées par les Ordonnances & par les Ré-glemens. Et comme en l'année 1514 la Cour fit un Réglement, qui a quel-qu'application à la queftion préfente, dont les fondemens fe trouvent dans le Sénatus-confulte Macédonien ; il eftime qu'il ne feroit pas inutile d'en renou-veller le fouvenir & l'exécution, afin de retenir ceux qui n'en ont pas l'idée préfente, dans la facilité qu'ils ont de prêter, de vendre, ou de faire crédit à des enfans de famille, par la jufte crainte d'être privés de l'action pour s'en faire payer, même après la mort des peres de famille : pourquoi il eftime qu'il y a lieu de recevoir la Partie de Me Perchel oppofante à l'exécution de l'Ar-rêt rendu par défaut, le 31 Mai dernier ; faifant droit fur fon oppofition, en ce qui touche l'appel interjetté par la Partie de Me Thouars, mettre l'appel-lation au néant ; en ce qui touche l'appel interjetté par la Partie de Me Per-chel, mettre l'appellation & ce dont eft appel au néant ; émendant, déchar-ger la Partie de Me Perchel de la condamnation de la fomme de mille livres portée par la Sentence dont eft appel : au furplus, faifant droit fur fon Requi-fitoire, ordonner que l'Arrêt de la Cour en forme de Réglement, du premier Septembre 1514, fera exécuté felon fa forme & teneur ; que lecture en fera faite au Bailliage de Rouen, l'Audience féante, & qu'il fera affiché où befoin fera.

LA COUR, Parties ouïes, & le Procureur-Général du Roi, a reçu celle de Perchel oppofante à l'Arrêt de la Cour, ayant égard à fon oppofition, fans s'arrêter audit Arrêt, faifant droit au principal, en ce qui touche l'appel de la Partie de Thouars, a mis & met l'appellation au néant ; & en ce qui touche l'appel de la Partie de Perchel, a mis & met l'appellation & ce dont eft appel au néant ; émendant, l'a déchargée de la condamnation de mille livres contr'elle.prononcée ; condamne ladite Partie de Thouars, en douze li-vres d'amende & aux dépens de la Caufe d'appel, les dépens de la Caufe principale compenfés ; & faifant droit fur le Requifitoire du Procureur-Géné-ral, ordonne que l'Arrêt de Réglement de 1514, fera imprimé, lu & publié l'Audience du Bailliage de Rouen féante, affiché en cette Ville, & par-tout ailleurs où befoin fera ; le tout à la requête du Procureur-Général. FAIT à Rouen, en Parlement, le dix-neuvieme jour d'Août mil fept cent vingt-neuf. Par la Cour. *Signé*, AUZANET.

EXTRAIT D'ARREST DU PARLEMENT,

Portant entr'autres difpofitions, Réglement pour les formalités à obfer-ver dans les fignifications des Exploits de Clameur, à peine de nullité d'iceux, &c.

Du 17 Janvier 1731.

ENTRE Marin Ledemé, appellant de Sentence rendue en Bailliage à Dom-front, le 30 Juillet 1725, d'une part : & Guillaume Renard, intimé en appel, d'autre. VU par la Cour, toutes les Chambres affemblées, l'Arrêt du

21 Juin 1726, par lequel les Parties auroient été sur l'appel appointées au Conseil, pour être le Procès jugé en la Grand'Chambre, & être donné Réglement, &c. Et généralement tout ce que les Parties ont écrit & produit pardevers la Cour : les Conclusions du Procureur-Général ; & ouï le Rapport du Sieur Carrey de Saint-Gervais : Tout considéré ;

LA COUR, toutes les Chambres assemblées, a mis & met l'appellation & ce dont est appel au néant ; émendant, ordonner que la Sentence rendue en la Vicomté de Passais, le 20 Février 1725, sera exécutée selon sa forme & teneur ; condamne ledit Renard aux dépens, tant des Causes principale que d'appel, & faisant droit sur les plus amples Conclusions du Procureur-Général, en donnant Réglement, ordonne qu'à l'avenir, tous Huissiers ou Sergens seront tenus de se faire assister de deux Témoins idoines & âgés de vingt ans, dans les Significations des Exploits de Clameur, à peine de nullité desdits Exploits, & de répondre en leur propre & privé nom, de tous dommages, intérêts & dépens des Parties : Et afin que le présent Arrêt soit notoire, & que personne n'en ignore, ordonne qu'il sera lu, publié & affiché par-tout où il appartiendra, & envoyé dans tous les Siéges de la Province, pour y être pareillement lu, publié & enregistré à la diligence des Substituts du Procureur-Général, chacun en droit soi, lesquels seront tenus de certifier la Cour dans le mois, des diligences qu'ils auront pour ce faites. FAIT à Rouen, en Parlement, le dix-septieme jour de Janvier mil sept cent trente-un. Par la Cour.
Signé, AUZANET.

EXTRAIT DE LA DÉCLARATION DU ROI,

Portant Réglement sur les Aliénations ou Acquisitions faites par Actes séparés, de la propriété des Fiefs & de leurs Domaines non fieffés en Normandie, tant par rapport aux Droits de Sa Majesté, des Seigneurs particuliers, que du Retrait lignager & féodal.

Du 23 Juin 1731.

LOUIS, par la grace de Dieu, Roi de France & de Navarre : A tous ceux qui ces présentes Lettres verront, SALUT. Depuis que pour l'avantage du Commerce, & pour l'intérêt des Familles, il a été permis de disposer des fiefs ainsi que des autres biens héréditaires & patrimoniaux ; l'esprit général des Loix & des Coutumes, a été d'empêcher qu'on n'abusât de cette liberté, contre les droits légitimes des Seigneurs féodaux, ou des parens lignagers du vendeur. C'est dans cette vue, que la Coutume de Normandie a décidé, par l'Article D, qu'en cas de fraude commise, au préjudice du droit de Retrait appartenant aux Lignagers ou aux Seigneurs féodaux, le terme ordinaire de leur action seroit prorogé jusqu'au temps de trente années. Et quoique cette Coutume n'ait pas assujetti les Baux à rente fonciere & non rachetable, au payement des Droits Seigneuriaux, notre Cour de Parlement de Normandie voulant prévenir la fraude que l'on pouvoit commettre, en convenant secretement, que la rente seroit rachetée dans un certain temps, a établi que ces sortes de

Baux donneroient lieu aux mêmes droits que les ventes, lorſque le rachat en feroit fait dans l'année même du Contrat, &c. A CES CAUSES, &c. Voulons & Nous plaît ce qui ſuit :

ARTICLE PREMIER.

Lorſque la propriété du Fief & celle du Domaine utile ou non fieffé de la même Terre, ayant été transférées par des actes ſéparés, auront paſſé de quelque maniere que ce ſoit, (à l'exception des cas ci-après marqués entre les mains du même Propriétaire, dans l'eſpace de dix années, à compter du jour de la premiere deſdites aliénations ſéparées ; il ſera au choix des Seigneurs, dont la Terre ſera mouvante, de la retirer féodalement en entier, ou d'exiger les droits de Treizieme & autres portés par la Coutume de Normandie, ſur le même pied qu'ils auroient été dûs, ſi le tout avoit été aliéné par un ſeul acte ; & en conféquence, la demande en Retrait féodal pourra être intentée dans le délai porté par la Coutume, à compter du jour de la lecture faite, en la forme prefcrite par ladite Coutume, du dernier acte, au moyen duquel la tranflation de la propriété deſdits Fief & Domaine utile, ſe trouvera confommée en la même perſonne : & pareillement la demande en payement des Droits Seigneuriaux, pourra être formée dans le temps réglé par la Coutume, à compter du jour de la derniere des aliénations.

II. La demande en Retrait lignager ſera pareillement ouverte audit cas, pour la totalité de la Terre ainfi aliénée, & ce, à compter du jour de la lecture du dernier acte, au moyen duquel la tranflation de la propriété deſdits Fief & Domaine utile, ſe trouvera confommée en la même perſonne.

III. Les Roturiers qui auront acquis ſéparément leſdits Fief & Domaine utile ou non fieffé, dans le même temps de dix années, à compter du jour de la premiere acquifition, feront fujets aux Droits de Francs-fiefs, ſur le même pied que s'ils avoient acquis le tout par un ſeul acte.

IV. N'entendons néanmoins que la difpofition des trois Articles précédens, ſoit exécutée lorſque la propriété du Fief & celle du Domaine utile concourront en la perſonne du même Propriétaire, comme héritier de celui qui avoit aliéné une partie de la Terre, ou de ſes héritiers, ou au moyen de la fucceſſion qui ſe défere au Seigneur, dans le cas de deshérence & ligne éteinte, bâtardife ou confifcation pour crime. Exceptons pareillement la voie de la donation de la portion retenue, dans le temps de l'aliénation de l'autre partie de la Terre, lorſque le donataire ſe trouvera héritier préfomptif du donateur au temps de la donation ; comme auffi, le cas de la donation faite par femme au mari en faveur de Mariage.

V. N'entendons auffi préjudicier à l'exécution des actes qui contiendroient les aliénations féparées deſdits Fief & Domaine utile, en tout ce qui ne concernera point les Droits de notre Domaine, les Droits Seigneuriaux, & le Retrait féodal ou lignager.

VI. La difpofition des Articles I, II & III ci-deffus, n'aura lieu que pour les Terres qui feront aliénées à l'avenir, ou par rapport à celles dont une partie auroit été aliénée avant notre préfente Déclaration : en cas feulement que, poftérieurement à icelle, le furplus de la même Terre paffe au même Propriétaire, dans le temps & ainfi qu'il a été ci-deffus réglé.

VII. Voulons, au furplus, que l'Article D de la Coutume de Normandie ſoit exécuté ſelon ſa forme & teneur, & en conféquence, qu'il puiffe être fait

preuve,

preuve , même après le temps de dix années ci-deſſus marqué , & juſqu'au terme de trente années , de la fraude qui auroit été commiſe dans les aliénations , au préjudice des Droits de notre Domaine , des Droits Seigneuriaux ou
du Retrait féodal ou lignager : Et au cas qu'il ſoit jugé qu'il y a eu de la fraude ,
voulons que le Retrait féodal ou lignager , puiſſe être exercé conformément
audit Article ; & qu'à l'égard des Droits Seigneuriaux & de Francs-fiefs , ceux
qui en auroient été tenus , ſoient condamnés au payement du double deſdits
Droits , ſans que ladite peine puiſſe êre remiſe ni modérée.

SI DONNONS EN MANDEMENT , &c. DONNÉ à Fontainebleau le vingt-
troiſieme jour de Juin , l'an de grace mil ſept cent trente-un , & de notre Regne
le ſeizieme. Signé , LOUIS : Et plus bas , Par le Roi , CHAUVELIN. Et
ſcellée du grand Sceau de cire jaune.

*Regiſtrée ès Regiſtres de la Cour. A Rouen , en Parlement , la grande Audien-
ce de ladite Cour ſéante , le 17 Juillet 1732. Signé , AUZANET.*

EXTRAIT D'ARREST DU PARLEMENT ,

*Portant entr'autres choſes Réglement pour les formalités à obſerver par
les Débiteurs des rentes foncieres & irracquittables , lors du Retrait
qu'ils pourront en faire , dans le cas de vente d'icelle à un tiers.*

Du 13 Février 1732.

ENTRE le ſieur Charles Vincent , Chirurgien à Saint-Saëns , ayant épouſé
Catherine Duboſc , veuve du ſieur George Thirel , & Tutrice de leurs
enfans , ayant repris le Procès en l'état que l'avoit laiſſé ledit Thirel lors de
ſon décès , lequel étoit appellant de Sentence rendue en Bailliage au Neufchâtel , le premier Août 1729 , d'une part : Et Jean Couſin , Laboureur , intimé , d'autre part. VU par la Cour l'Arrêt contradictoirement rendu en icelle,
le 6 Avril 1731 , ſur les Concluſions du Procureur-Général , par lequel ſur
l'appel , les Parties auroient été appointées au Conſeil , pour être donné Réglement , toutes les Chambres aſſemblées , &c. Vu auſſi les Productions des
Parties , &c. La Sentence définitive rendue en ladite Vicomté le 17 Juillet audit an 1728 , par laquelle il eſt dit que congé de Cour a été accordé audit
Thirel , ſur l'action en Clameur dudit Couſin , avec dépens , & c. Et généralement tout ce que les Parties ont mis , écrit & produit pardevers la Cour :
Les Concluſions du Procureur-Général du Roi ; & ouï le Rapport du ſieur de
Motteville , Conſeiller-Commiſſaire : Tout conſidéré ;

LA COUR , toutes les Chambres aſſemblées , a mis & met l'appellation
& ce dont eſt appel au néant ; émendant , ordonne que la Sentence du Vicomte du Neufchâtel , du 17 Juillet 1728 , ſera exécutée ſelon ſa forme &
teneur , tous dépens compenſés , payera néanmoins ledit Couſin le rapport &
coût du préſent Arrêt ; & a permis audit Vincent d'employer dans ſon compte
de Tutelle , les frais par lui faits dans la préſente Inſtance ; & faiſant droit ſur
les plus amples Concluſions du Procureur-Général , & donnant Réglement , or-

donne que les Débiteurs de rentes foncieres & irracquittables, feront tenus d'obferver dans les Retraits qu'ils en feront, en cas de ventes d'icelles à un tiers, toutes les formalités prefcrites, tant pour les Retraits lignagers que féodaux : Et afin que le préfent Arrêt foit notoire, & que perfonne n'en prétende caufe d'ignorance, ordonne qu'il fera lu, publié & affiché par-tout où il appartiendra ; & que Copies ou Vidimus d'icelui feront envoyés dans tous les Siéges de ce Reffort, pour y être pareillement lus, publiés & exécutés à la diligence des Subftituts du Procureur-Général, qui ferout tenus de certifier la Cour dans le mois, des diligences qu'ils auront pour ce faites. FAIT à Rouen, en Parlement, le treizieme jour du mois de Février mil fept cent trente-deux. Par la Cour. *Signé*, AUZANET.

EXTRAIT D'ARREST DU PARLEMENT,

Qui adjuge à l'Abbaye de Saint Ouen de Rouen, le Treizieme d'un Echange à Héritage fitué en la Paroiffe de Veulette, pour y avoir eu foute de deniers, au préjudice du Receveur des Domaines de Caudebec, chargé du recouvrement des Droïts d'Echange, &c.

Du 23 Juillet 1732.

LOUIS, par la grace de Dieu, Roi de France & de Navarre : A tous ceux qui ces préfentes Lettres verront, SALUT. Sçavoir faifons que cejourd'hui en la Caufe dévolue en notre Cour de Parlement : Entre les Sieurs Prieur & Religieux de l'Abbaye Royale de Saint Ouen de Rouen, appellans de Sentence rendue en la Chambre des Domaines du Bureau des Finances de ladite Ville, le 6 Mai 1729, d'une part ; & Me Jacques Delamare, Receveur des Domaines de Caudebec & Ponteaudemer, intimé, d'autre ; & Jean Eudes, Ecuyer, Sieur d'Eudeville, d'autre part : Et encore entre lefdits fieurs Prieur & Religieux de ladite Abbaye de Saint Ouen de Rouen, demandeurs en Lettres de Reftitution par eux obtenues le 14 Avril 1731, d'une autre part ; & lefdits fieurs Delamare audit nom & Eudes, défendeurs, d'autre. VU par notre Cour l'Arrêt rendu en icelle, le premier Février 1731, contradictoirement rendu entre les Parties, fur les Conclufions de notre Procureur-Général, par lequel, fur l'appel de ladite Sentence ci-deffus datée, elles auroient été appointées au Confeil, pour être le Procès jugé en la Grand'Chambre, &c. Ladite Sentence dont eft appel, rendue audit Bureau des Finances le 6 Mai 1729, entre ledit Delamare, Receveur du Domaine du Ponteaudemer, &c. Et ledit fieur d'Eudeville fur ce pourfuivi, ajourné, défendeur, & de fa part demandeur en vertu de Mandement par lui obtenu en ladite Chambre du Domaine fur Requête, le 11 Mars 1729, &c. Et lefdits fieurs Religieux de S. Ouen fur ce pourfuivis, ajournés, & défendeurs de l'action dudit fieur d'Eudeville ; par laquelle Sentence ledit fieur d'Eudeville eft condamné à payer audit Delamare, le Treizieme de l'Echange qu'il a fait avec le fieur de la Champagne de Villers, & des 950 liv. de foute de deniers, dont recours adjugé audit fieur d'Eudeville fur lefdits fieurs Religieux de Saint Ouen, lefquels font condamnés à reftituer audit fieur d'Eudeville fon Billet de 304 liv. enfemble les 150 liv. qu'ils ont reçues à compte avec dépens de fon chef, &c. Et généralement tout ce que les fuf-dites Parties ont mis, écrit & produit pardevers notre Cour ; les Conclufions de notre Procureur-Général ; & ouï le Rapport du fieur Hubert, Confeiller-Rapporteur : Tout confidéré ; NOTREDITE COUR, faifant droit fur l'appel, enfemble fur les Lettres de Refcifion, y ayant égard & icelles entérinant, a mis & met l'appellation & ce dont eft appellé au néant ; émendant & réformant, a débouté ledit Delamare de fon action ; en quoi faifant, permis aufdits Prieur & Religieux de fe faire payer fur ledit Eudes, du montant du Billet de 304 liv. ainfi qu'ils aviferont bien ; ledit Delamare condamné à rapporter audit Eudes les fommes qu'il a de lui reçues fur le Treizieme par lui prétendu, fi aucunes il a reçues ; ledit Delamare condamné aux dépens, tant des Caufes principale que d'appel, envers lefdits Prieur & Religieux ; ceux d'entre lefdits Delamare & Eudes compenfés. SI DONNONS EN MANDEMENT, &c. DONNÉ à Rouen, en Parlement, le vingt-troifieme jour de Juillet, l'an de grace mil fept cent trente-deux ; & de notre Regne le dix-feptieme. *Collationné.* Par la Cour. *Signé*, LE PAINTURIER, *avec paraphe*. Scellé d'un Sceau de cire jaune : Et archivé.

EXTRAIT D'ARREST DU PARLEMENT,

Portant entr'autres chofes Réglement au fujet de la preuve par Témoins, en cas de fraude prétendue dans l'action en Clameur : Avec la faculté accordée en outre à l'Acquereur, d'ufer des voies y mentionnées, pour découvrir cette action frauduleufe.

Du 8 Août 1735.

ENTRE noble Dame Marie-Michelle Damfernel, veuve de Jean-Baptifte de Collardin, Ecuyer, Seigneur de Rully, appellant de Sentence rendue en Bailliage à Tinchebray, le premier de Décembre 1732, d'une part : Et Demoifelle Anne-Jeannette-Aimée de la Bigne, fille de Pierre de la Bigne, Ecuyer, Sieur de Monfroux, & de Dame Françoife-Elifabeth de Méherenc, intimée en appel, d'autre part. VU par la Cour, toutes les Chambres affemblées, ladite Sentence dont eft appel à la Cour, ci-deffus datée, rendue entre ladite Demoifelle de la Bigne, demandereffe en Clameur, à l'encontre de ladite Damfernel, veuve dudit fieur de Collardin, pour faire condamner ladite Dame Damfernel à lui faire rendue & remife des Fiefs & Seigneuries de Saint-Chriftophe & du Petit-Trutemer, &c. Sur laquelle action la Caufe ayant été portée à l'Audience ledit jour premier Décembre, audit Siége de Tinchebray, Me Dodard, Avocat pour ladite Demoifelle de la Bigne, auroit dit, &c. Par laquelle Sentence il eft dit, Parties ouïes, de l'avis de l'Affiftance, vu la déclaration defdits Sieur & Dame de Saint-Vaft, d'accepter la caution propofée par ladite Demoifelle de la Bigne ; & laquelle eft reçue, en faifant fa foumiffion au Greffe ; en quoi faifant, à bonne caufe l'action en Clameur intentée par ladite Demoifelle de la Bigne, contre ladite Dame de Rully : fans avoir égard

e 2

aux faits articulés par ladite Dame de Rully , tant qu'à préfent, icelle condamnée de faire rendue & remife du Contrat clamé ; ce faifant , Nous les avons
renvoyés au Mardi prochain d'après la Signification de ladite Sentence , devant le Notaire du lieu , fous le diftrict duquel lefdits Fiefs font fitués , ou autre qui fera indiqué en fon abfence , qu'on y fera trouver en cas d'abfence ; faute
de quoi , vaudra ladite Sentence de remife , à la caution de Laurent Rouleaux ,
Sieur de la Vente , de la Paroiffe de Beauchefne , caution propofée & reçue ,
lequel préfent a figné pour fa foumiffion ; les Sieurs & Dame de Saint-Vaft
congédiés : les dépens de ladite Demoifelle de la Bigne , en tant que la délivrance de ladite Sentence , à elle adjugés fur ladite Dame de Rully , les autres
dépens compenfés entre toutes les Parties , &c. Vu auffi les Pieces refpectivement clofes par lefdites Parties ; fçavoir , &c. Et généralement tout ce que lefdites Parties ont clos , mis & produit pardevers la Cour : Conclufions du Procureur-Général du Roi ; & ouï le Rapport du Sieur de Tiremois de Sacy , Confeiller-Commiffaire : Tout confidéré ;

LA COUR , toutes les Chambres affemblées , faifant droit fur les Ecritures , Requêtes & Conclufions des Parties , a mis & met l'appellation au néant,
a ordonné & ordonne que ce dont eft appel fortira fon plein & entier effet :
a condamné & condamne ladite Damfernel de Rully , en l'amende de douze
livres envers le Roi , & aux dépens de la Caufe d'appel envers ladite de la
Bigne ; ainfi qu'au rapport & coût du préfent Arrêt : Et faifant droit fur le
Requifitoire du Procureur-Général du Roi , aux fins du Réglement ordonné
être fait par ladite Cour , a déclaré & déclare la preuve par Témoins inad-
miffible pour faits tendans à faire déclarer l'action en Retrait frauduleufe , avant
que la Clameur ait été gagée , & que le Lignager ait mis l'héritage hors de fa
main , en conféquence de pactions ou conventions qui ayent précédé l'action
en Retrait : a ordonné & ordonne qu'à l'avenir , tout Lignager clamant , s'il
en eft requis , fera tenu de jurer & affirmer avant fa Clameur gagée , qu'il
clame pour lui , qu'il ne prête fon nom à perfonne , directement ni indirectement , & qu'il eft dans la volonté actuelle de garder l'héritage clamé : A pareillement ordonné & ordonne que le préfent Arrêt fera lu l'Audience de la
Cour féante , publié & affiché par-tout où befoin fera , à ce que perfonne n'en
ignore ; & qu'à la requête du Procureur-Général du Roi , Copies collationnées
dudit préfent Arrêt feront envoyées dans les Bailliages de ce Reffort , pour y
être pareillement lues l'Audience féante , & y être exécuté felon fa forme &
teneur : Enjoint aux Subftituts du Procureur-Général aufdits Bailliages , chacun en droit foi , de tenir la main à l'exécution du préfent Arrêt , & d'en certifier la Cour dans le mois. FAIT à Rouen , en Parlement , le huitieme jour
d'Août mil fept cent trente-cinq. Par la Cour. *Signé* , AUZANET.

*Le préfent Arrêt a été lu & publié la grande Audience de la Cour féante , le
Vendredi 18 Novembre 1735. Signé , AUZANET.*

EXTRAIT D'ARREST DU PARLEMENT,

Concernant les Perfonnes qui peuvent être chargées des Fonctions de Tré-foriers des Paroiffes, l'adminiftration des Biens des Fabriques, & la Reddition des Comptes de ceux qui ont été & feront nommés à l'ave-nir, &c.

Du 8 Mars 1736.

SUR la remontrance faite à la Cour, toutes les Chambres affemblées, par le Procureur-Général du Roi ; expofitive qu'un des principaux objets de l'at-tention de fon miniftere, eft la confervation des Biens des Fabriques & Tré-fors des Eglifes : Qu'il auroit remarqué à cet égard quantité d'abus : que les uns s'ingerent à les adminiftrer, quoique par les Réglemens cela leur foit in-terdit, comme font les Curés & les Gentilshommes de la Campagne, qui fou-vent par ce moyen, s'emparent des Biens, des Revenus & des Titres des Fa-briques, dont il eft difficile enfuite de leur faire faire la reftitution, &c. VU par la Cour, toutes les Chambres affemblées, le Requifitoire du Procureur-Général ; & ouï le Rapport du Sieur le Pefant de Boifguillebert, Confeiller-Commiffaire : Tout confidéré ;

LA COUR, toutes les Chambres affemblées, ayant égard au Requifitoire du Procureur-Général du Roi, a fait défenfes aux Habitans des Paroiffes, de nommer à l'avenir pour Tréforiers, les Curés en quelqu'endroit que ce foit, ni les Seigneurs ni les Gentilshommes, dans les Paroiffes de la Campagne ; en-femble les Juges en chef, Avocats & Procureurs du Roi des Bailliages & Vi-comtés, dans les Paroiffes dépendantes de leur Jurifdiction : A fait auffi défen-fes à tous & un chacun de ceux ci-deffus dénommés, d'en accepter la charge, & de prendre à titre de fermage, fous leurs noms ou de leurs Domeftiques, aucuns des Biens & Revenus des Eglifes, d'avoir en leurs mains ni l'Argent ni les Titres appartenans aux Tréfors & Fabriques, fous prétexte de quelque Délibération que ce foit, à peine de trois cens livres d'amende ; à laquelle fin, enjoint à ceux defdits Curés, Seigneurs, Gentilshommes & autres, qui fe trouveront actuellement Tréforiers, de fe démettre de leur geftion, fans pouvoir à l'avenir s'entremettre aux affaires du Tréfor, fous la qualité d'an-ciens Tréforiers ; fauf toutefois le droit des Seigneurs, des Propriétaires & Habitans, & des Curés, de fe trouver aux Affemblées des Tréfors en leurf-dites qualités, aux termes des Arrêts & Réglemens, & ufages des lieux : A enjoint à tous & un chacun d'iceux, de rendre compte inceffamment de leur adminiftration, & d'en payer le Reliquat, fous les peines ci-après portées ; & aux Habitans de procéder dans le mois après la publication & enregiftrement du préfent Arrêt, au Bailliage dans le reffort duquel les Eglifes font fituées, à la nomination de nouveaux Tréforiers, ainfi qu'à l'adjudication des Biens & des Revenus des Tréfors, dont lefdits Curés, Gentilshommes, Seigneurs & autre fe trouveront en jouiffance à titre de fermage, defquels ils feront tenus d'abandonner auffi-tôt la poffeffion ; à quoi faire ils feront contraints par toutes voies dûes & raifonnables, même comme dépofitaires ; & feront pareillement tenus de remettre dans ledit temps d'un mois, les Deniers, Titres & Papiers dont ils font actuellement faifis, dans le Coffre du Tréfor, l'Inventaire préalablement fait : A pareillement enjoint à tous Tréforiers fortant d'exercice, de rendre leurs Comptes, & d'en payer le Reliquat inceffamment après leur geftion finie, & à tous Tréforiers étant en exercice, de faire en droit foi, contre leurs devanciers, un chacun fucceffivement, les diligences néceffaires pour les y contraindre ; parce que faute par les Tréforiers fortans d'avoir rendu leurs Comptes dans les fix mois depuis leur geftion finie, & d'en avoir payé le Reliquat, pendant les fix autres mois enfuivans, la fomme dont ils fe trouveront redevables, commencera alors à courir en intérêt au denier vingt, au profit du Tréfor ; & parce qu'auffi, faute par les Tréforiers en exercice d'avoir fait contre leurs devanciers, un chacun fucceffivement dans ledit temps, les diligences néceffaires pour les y contraindre, ils feront refponfables en leur propre & privé nom, un chacun pour fon fait & regard, en cas que lefdits Tréforiers fortans devinffent dans la fuite infolvables, non-feulement des fommes principales, dont ils feroient trouvés reliquataires, mais encore des intérêts qui en feront encourus : A pareillement enjoint à tous anciens Tréforiers, qui n'ont point rendu jufqu'à préfent leurs Comptes & payé leur Reliquat, d'y fatisfaire inceffamment, & à tous Tréforiers, chacun en droit foi, de faire fucceffivement à cet effet, toutes les diligences néceffaires pour y contraindre leurs devanciers, parce que faute par les uns d'avoir rendu leurs Comptes, dans les fix mois du jour de la publication & enregiftrement du préfent Arrêt, dans les Bailliages, & d'en avoir payé le Reliquat dans les fix mois fuivans ; & par les autres d'avoir fait fucceffivement, chacun en droit foi, contre leurs devanciers, lefdites diligences néceffaires, dans lefdits temps, les fommes dont les uns fe trouveront redevables courront pareillement en intérêt au denier vingt, & les autres en feront pareillement refponfables à l'avenir, en cas d'infolvabilité : Ordonne que le préfent Réglement fera déclaré commun pour toutes les Confréries, Charités & autres Sociétés établies dans les Eglifes, & dont les Biens font adminiftrés en la forme & maniere que les Biens des Tréfors, en tant qu'il n'y auroit rien de contraire aux Statuts defdites Confréries dûment autorifées ; le tout, fans préjudice des pourfuites qu'il eft enjoint par les Ordonnances, & particulierement par l'Article XVII de l'Edit de 1695, aux Subftituts du Procureur-Général, de faire à cet égard, lefquels feront tenus de les faire, toutes & quantes fois qu'il en fera néceffaire ; & notamment pour faire exécuter les Ordonnances que les Evêques & Archidiacres donneront à ce fujet, dans le cours de leurs Vifites ; à l'effet de quoi, le préfent Arrêt fera lu, publié & affiché par-tout où befoin fera, même iffue des Meffes Paroiffiales, & aux Portes des Eglifes, afin que perfonne n'en ignore : Ordonne que les Vidimus d'icelui feront envoyés dans les Bailliages de ce Reffort, pour être pareillement enregiftrés, lus, publiés & affichés à la diligence des Subftituts du Procureur-Général, lefquels feront tenus de certifier la Cour dans le mois des diligences qu'ils auront faites à cet effet. FAIT à Rouen, en Parlement, le huitieme jour de Mars mil fept cent trente-fix.

Par la Cour. *Signé*, AUZANET.

EXTRAIT D'ARREST DU PARLEMENT,

Portant entr'autres chofes Réglement pour la prétention de Don mobil par le Mari ou fes Héritiers, fur les Immeubles de fa Femme, dans le cas qu'il n'en foit point fait mention dans le Contrat de Mariage.

Du 26 Mars 1738.

ENTRE Gabriël Auvray, Ecuyer, Sieur des Monts, appellant de Sentences rendues en Bailliage à Bayeux, les 30 Octobre 1708 & 9 Novembre 1713, & demandeur en ajournement, en vertu de Mandement de la Cour, du 5 Août 1721, d'une part : Jacob-Gédéon Damours, Ecuyer, Sieur de Vaumanoir, ayant épousé Demoifelle Jeanne-Efther de Guilbert, & Curateur de Demoifelle Marguerite de Guilbert, fa belle-fœur, héritiere en une moitié au propré de feu Jacques-Louis du Boufquet, Ecuyer, Sieur de Vienne, lequel étoit intimé fur lefdites appellations, icelui Sieur Damours ajourné en vertu de Mandement de la Cour du 5 Août 1721, pour reprendre ou délaiffer le Procès en l'état que l'avoit laiffé ledit Sieur du Boufquet, vivant, intimé fur lefdites appellations : Et ledit Sieur Damours demandeur en ajournement, en vertu d'Arrêt & Mandement de la Cour, du 17 Juin 1729, & en Requête du 28 Juillet 1730, & encore demandeur en ajournement, en vertu de Mandement de la Cour, du 17 Septembre 1703, d'autre : Meffire Artus-Antoine le Trefor, Ecuyer, Sieur de Feugere, héritier pour une part au propre dudit Sieur de Vienne, ajourné en vertu dudit Mandement de la Cour, du 17 Juin 1729, & demandeur en ajournement, en vertu de Mandement de la Chancellerie, du 2 Juillet audit an, d'autre : Jacques le Trefor, Ecuyer, Seigneur de Champeau, frere dudit Sieur de Feugere, ajourné en vertu dudit Mandement de la Chancellerie, du 2 Juillet, d'autre ; Daniel Bafnage, Ecuyer, ajourné, tant pour lui que pour fes cohéritiers, en vertu dudit Mandement du 17 Septembre, ayant repris le Procès en l'état que l'a laiffé Pierre Bafnage, d'autre part. VU par la Cour, toutes les Chambres affemblées, Copie de l'Arrêt rendu le 28 Novembre 1709, fur l'appel de ladite Sentence du 30 Octobre, par lequel la Cour fur l'appel a appointé les Parties au Confeil, pour être le Procès jugé en la Grand'Chambre, & être donné Réglement, &c. Ladite Sentence dont eft appel en la Cour, du 30 Octobre 1708, rendue fur l'action intentée par lefdits Sieurs du Boufquet & de Vienne, héritiers de feu Henri du Boufquet, Ecuyer, Sieur d'Eflon fon frere, à l'encontre dudit Sieur Auvray des Monts, héritier de Meffire Paul de Vayric, vivant, Seigneur d'Aignerville, & auffi héritier de Dame Jeanne de la Vayrie, en fon vivant époufe dudit Sieur d'Eflon, aux fins de faire dire qu'il feroit délivré audit Sieur du Boufquet, la tierce partie de ladite Demoifelle Jeanne de la Vayrie, pour le Don mobil dudit feu Sieur d'Eflon fon mari, &c. Par laquelle Sentence il eft dit, de l'avis de l'Affiftance uniforme, adjugé audit Sieur du Boufquet la fomme de foixante-fix livres treize fols quatre deniers, faifant la tierce partie de deux cens livres de rente, à quoi la légitime & dot de la Dame époufe du Sieur d'Eflon a été arbitrée fur les biens de cette Province, &c. Et généralement tout ce que lefdites Parties ont clos, mis, écrit & produit pardevers la Cour : Conclufions du Procureur-Général du Roi; & ouï le Rapport du Sieur Abbé le Bas du Coudray, Confeiller-Commiffaire : Tout confidéré ;

LA COUR, toutes les Chambres affemblées, a mis & met les appellations & ce dont eft appel au néant; émendant, a débouté lefdits Jacob-Gédéon Damours, & cohéritiers en la fucceffion de Jacques-Louis du Boufquet, de l'action intentée par ledit défunt du Boufquet, contre ledit Auvray; ce faifant, a condamné lefdits héritiers du Boufquet, au payement des arrérages de la rente en queftion, échus depuis le décès de Jeanne de la Vayrie, & à la continuation d'icelle à l'avenir, avec dépens des Caufes principale & d'appel, rapport & coût du préfent Arrêt; & fur la demande en garantie defdits Jacob-Gédéon Damours, Artus-Antoine & Jacques le Trefor, contre Daniel Bafnage, a renvoyé les Parties fe pourvoir où & ainfi qu'il appartiendra : Et donnant Réglement, ordonne qu'il ne pourra être prétendu par le mari ou fes héritiers, fur les biens immeubles de fa femme, aucun Don mobil, s'il ne lui en a été fait donation par fon Contrat de mariage : Ordonné qu'à la requête du Procureur-Général, le préfent Arrêt fera lu, publié & affiché partout où il appartiendra; & Copies bien & dûment collationnées d'icelui, envoyées dans les Siéges de ce Reffort, pour y être pareillement publiées, affichées & exécutées à la diligence des Subftituts du Procureur-Général, chacun en droit foi, lefquels feront tenus de certifier la Cour dans le mois des diligences qu'ils auront pour ce faites. FAIT à Rouen, en Parlement, le vingtfixieme jour de Mars mil fept cent trente-huit. Par la Cour. *Signé*, AUZANET.

ÉDIT DU ROI,

Concernant les Etabliffemens & Acquifitions des Gens de Main-morte, & qui renouvelle, en tant que de befoin, les défenfes portées par les Ordonnances des Rois nos Prédéceffeurs, veut qu'il ne puiffe être fait aucun nouvel Etabliffement des Chapitres, Colléges, Séminaires, Maifons ou Communautés Religieufes, même fous prétexte d'Hofpices, Congrégations, Confréries, Hôpitaux, ou autres Corps & Communautés, foit Eccléfiaftiques, Séculieres ou Régulieres, foit Laïques de quelque qualité qu'elles foient, ni pareillement aucune nouvelle érection de Chapelles ou autres Titres de Bénéfices, dans toute l'étendue du Royaume, &c.

Donné à Verfailles au mois d'Août 1749.

LOUIS, par la grace de Dieu, Roi de France & de Navarre : A tous préfens & à venir, SALUT. Le defir que Nous avons de profiter du retour de la Paix, pour maintenir de plus en plus le bon ordre dans l'intérieur de notre Royaume, Nous fait regarder comme un des principaux objets de

notre

notre attention, les inconvéniens de la multiplication des Etabliſſemens de Gens de Main-morte, & de la facilité qu'ils trouvent à acquérir des Fonds naturellement deſtinés à la ſubſiſtance & à la conſervation des Familles. Elles ont ſouvent le déplaiſir de s'en voir privées, ſoit par la diſpoſition que les hommes ont à former des Etabliſſemens nouveaux qui leur ſoient propres, & faſſent paſſer leur nom à la poſtérité, avec le titre de Fondateur, ſoit par une trop grande affection pour des Etabliſſemens déjà autoriſés, dont pluſieurs Teſtateurs préferent l'intérêt à celui de leurs héritiers légitimes : indépendamment même de ces motifs, il arrive ſouvent que par les Ventes qui ſe font à des Gens de Main morte, les Biens-immeubles qui paſſent entre leurs mains, ceſſent pour toujours d'être dans le Commerce, en ſorte qu'une très-grande partie des fonds de notre Royaume ſe trouve actuellement poſſédée par ceux dont les Biens ne pouvant être diminués par des aliénations, s'augmentent au contraire continuellement par de nouvelles acquiſitions : Nous ſçavons que les Rois nos Prédéceſſeurs, en protégeant les établiſſemens qu'ils jugeoient utiles à leur Etat, ont ſouvent renouvellé les défenſes d'en former de nouveaux ſans leur autorité ; & le feu Roi notre très-honoré Seigneur & Biſaïeul y ajouta des peines ſéveres par ſes Lettres-Patentes en forme d'Edit du mois de Décembre 1666 ; il eſt d'ailleurs dans notre Royaume un genre de Biens, tels que les Fiefs & les Cenſives, dont les Etabliſſemens même les plus autoriſés pouvoient être contraints à vuider leurs mains, parce qu'en diminuant par l'acquiſition qu'ils en faiſoient, les Droits dûs à notre Domaine, ils diminuoient auſſi ceux des Seigneurs particuliers, lorſque les fonds acquis étoient dans leur mouvance, & ils ne pouvoient s'affranchir de cette obligation, qu'en obtenant des Lettres d'Amortiſſement, qui ne devoient leur être accordées qu'en connoiſſance de cauſe, & toujours relativement au bien de l'Etat ; mais ce qui ſembloit devoir arrêter le progrès de leurs acquiſitions, a ſervi au contraire à l'augmenter contre l'intention du Légiſlateur, par l'uſage qui s'eſt introduit de recevoir d'eux, ſans aucun examen, le Droit d'Amortiſſement, qu'ils ſe ſont portés ſans peine à payer dans l'eſpérance de faire mieux valoir les fonds qu'ils acquéroient, que les anciens Propriétaires. La multiplication des rentes conſtituées ſur des Particuliers, a contribué encore à l'accroiſſement des Biens poſſédés par les Gens de Main-morte, parce qu'il arrive ſouvent, ou par la négligence du Débiteur à acquitter les arrérages de ces rentes, ou par les changemens qui ſurviennent dans ſa fortune, qu'ils trouvent le moyen de devenir Propriétaires des fonds mêmes ſur leſquels elles étoient conſtituées. Ils ſe ſont ſervis enfin de la voie du Retrait féodal pour réunir à leur Domaine les Fiefs vendus dans leur mouvance. Pluſieurs Coutumes à la vérité, les ont déclarés incapables d'exercer ce Droit ; mais le ſilence des autres donne lieu de former un doute ſur ce ſujet, qui ne peut être entierement réſolu que par notre autorité. Le meilleur uſage que Nous puiſſions en faire dans une matiere ſi importante, eſt de concilier, autant qu'il eſt poſſible, l'intérêt des Familles avec la faveur des Etabliſſemens véritablement utiles au Public. C'eſt ce que nous nous propoſons de faire, ſoit en Nous réſervant d'autoriſer ceux qui pourroient être fondés ſur des motifs ſuffiſans de Religion & de Charité, ſoit en laiſſant aux Gens de Main-morte déjà établis, la faculté de Nous expoſer les raiſons qui peuvent Nous porter à leur permettre d'acquérir quelques fonds, & en leur conſervant une entiere liberté de poſſéder des rentes conſtituées ſur Nous, ou ſur

f

ceux qui font de la même condition qu'eux , dont la jouiffance leur fera fouvent plus avantageufe , & toujours plus convenable au bien public , que celle
des Domaines , ou des rentes hypothéquées fur les Biens des Particuliers : A
CES CAUSES & autres confidérations à ce Nous mouvant , de l'avis de
notre Confeil , & de notre certaine fcience , pleine puiffance & autorité
Royale , Nous avons , par notre préfent Edit perpétuel & irrévocable , dit ,
ftatué & ordonné , difons , ftatuons & ordonnons , Voulons & Nous plaît ce
qui fuit :

ARTICLE PREMIER.

Renouvellant , en tant que de befoin , les défenfes portées par les Ordonnances des Rois nos Prédéceffeurs , Voulons qu'il ne puiffe être fait aucun nouvel
Etabliffement de Chapitres , Colléges , Séminaires , Maifons ou Communautés
Religieufes , même fous prétexte d'Hofpices , Congrégations , Confrairies , Hôpitaux ou autres Corps & Communautés , foit Eccléfiaftiques , Séculieres ou
Régulieres , foit Laïques de quelque qualité qu'elles foient , ni pareillement aucune nouvelle érection de Chapelles ou autres Titres de Bénéfices , dans toute
l'étendue de notre Royaume , Terres & Pays de notre obéiffance , fi ce n'eft
en vertu de notre Permiffion expreffe portée par nos Lettres-Patentes enregiftrées
en nos Parlemens ou Confeils fupérieurs , chacun dans fon Reffort , en la forme
qui fera preferite ci-après.

II. Défendons de faire à l'avenir aucune difpofition par Acte de derniere volonté , pour fonder un nouvel Etabliffement de la qualité de ceux qui font mentionnés
dans l'Article précédent , ou au profit de perfonnes qui feroient chargées de former ledit Etabliffement ; le tout , à peine de nullité , ce qui fera obfervé , quand
même la difpofition feroit faite à la charge d'obtenir nos Lettres-Patentes.

III. N'entendons comprendre dans les deux Articles précédens , les Fondations particulieres qui ne tendroient à l'Etabliffement d'aucun nouveau Corps ,
Collége ou Communauté , ou à l'érection d'un nouveau Titre de Bénéfice , &
qui n'auroient pour objet que la célébration des Meffes ou Obits , la fubfiftance d'Etudians ou de pauvres Eccléfiaftiques ou Séculiers , des Mariages de
pauvres Filles , Ecoles de Charité , foulagement de Prifonniers ou Incendiés ,
ou autres Œuvres pieufes de même nature , & également utiles au Public ; à
l'égard defquelles Fondations il ne fera point néceffaire d'obtenir nos Lettres-
Patentes , & il fuffira de faire omologuer les Actes ou difpofitions qui les con-
tiendront , en nos Parlemens & Confeils fupérieurs , chacun dans fon Reffort ,
fur les Conclufions ou Requifitions de nos Procureurs-Généraux : Voulons qu'il
foit en même-temps pourvu par nofdits Parlemens ou Confeils Supérieurs , à
l'adminiftration des Biens deftinés à l'exécution defdites Fondations , & aux
comptes qui en feront rendus.

IV. Ceux qui voudront faire par des Actes entre-vifs un nouvel Etabliffement de la qualité mentionnée dans l'Article premier , feront tenus , avant
toute donation ou convention , de Nous faire préfenter le Projet de l'Acte , par
lequel ils auront intention de faire ledit Etabliffement , pour en obtenir la Permiffion par nos Lettres-Patentes , lefquelles ne pourront être expédiées , s'il
nous plaît de les accorder , qu'avec la claufe expreffe , que dans l'Acte qui fera
paffé pour confommer ledit Etabliffement , il ne pourra être fait aucune addition ni changement audit Projet qui fera attaché fous le Contre-fcel de nof-

dites Lettres-Patentes , & après l'enregistrement desdites Lettres , ledit Acte sera passé dans les formes requises pour la validité des Contrats ou des Donations entre vifs.

V. Déclarons que Nous n'accorderons aucunes Lettres-Patentes pour permettre un nouvel Etablissement , qu'après Nous être fait informer exactement de l'objet & de l'utilité dudit Etablissement , nature , valeur & qualité des Biens destinés à le doter , par ceux qui peuvent en avoir connoissance , notamment par les Archevêques ou Evêques Diocésains , par les Juges Royaux , par les Officiers Municipaux ou Syndics des Communautés , par les Administrateurs des Hôpitaux , par les Supérieurs des Communautés déjà établies dans les lieux où l'on proposera d'en fonder une nouvelle , pour , sur le compte qui Nous en sera par eux rendu , chacun en ce qui peut le concerner , suivant la différente nature des Etablissemens , y être par Nous pourvu ainsi qu'il appartiendra.

VI. Lorsqu'il y aura lieu de faire expédier nos Lettres-Patentes , pour autoriser l'Etablissement proposé , il sera fait mention expresse dans lesdites Lettres , ou dans un Etat qui sera annexé sous le Contre-scel d'icelles , des Biens destinés à la dotation dudit Etablissement , sans que dans la suite il puisse y en être ajouté aucuns autres de la qualité marquée par l'Article quatorzieme , qu'en se conformant à ce qui sera réglé ci-après sur acquisitions qui seroient faites par des Gens de Main-morte ; ce que Nous voulons être pareillement observé , même à l'égard des Etablissemens déjà faits en vertu de Lettres-Patentes dûment enregistrées ; & ce , nonobstant toutes clauses ou permissions générales , par lesquelles ceux qui auroient obtenu lesdites Lettres , auroient été autorisés à acquérir des Biens-fonds indirectement , ou jusqu'à concurrence d'une certaine somme.

VII. Lesdites Lettres-Patentes seront communiquées à notre Procureur-Général en notre Parlement ou Conseil supérieur ; dans le Ressort duquel ledit Etablissement devra être fait , pour être par lui fait telles Requisitions , ou pris telles Conclusions qu'il jugera à propos , & lesdites Lettres ne pourront être enregistrées qu'après qu'il aura été informé à sa requête de la commodité ou incommodité dudit Etablissement , & qu'il aura été donné communication desdites Lettres aux Personnes dénommées dans l'Article V ci-dessus , suivant la nature dudit Etablissement ; comme aussi aux Seigneurs dont les Biens seront mouvans immédiatement , en Fief ou en Roture , ou qui ont la Haute-Justice sur lesdits Biens , même aux autres Personnes dont nos Parlemens ou Conseils supérieurs jugeront à propos d'avoir l'avis ou le consentement , & seront lesdites formalités observées , à peine de nullité.

VIII. Les oppositions qui pourront être formées avant l'enregistrement desdites Lettres , comme aussi celles qui le seroient après ledit enregistrement , seront communiquées à notre Procureur-Général , pour y être sur ses Conclusions statué par nosdits Parlemens ou Conseils supérieurs , ainsi qu'il appartiendra.

IX. Desirant assurer pleinement l'exécution des dispositions du présent Edit , concernant les Etablissemens mentionnés dans l'Article premier , déclarons nuls tous ceux qui seroient faits à l'avenir , sans avoir obtenu nos Lettres-Patentes & les avoir fait enregistrer dans les formes ci-dessus prescrites : Voulons que tous les Actes & dispositions qui pourroient avoir été faits en leur faveur , di-

rectement ou indirectement , ou par lesquels ils auroient acquis des Biens de
quelque nature que ce soit , à titre gratuit ou onéreux , soient déclarés nuls ,
sans qu'il soit besoin d'obtenir des Lettres de Rescision contre lesdits Actes ,
& que ceux qui se seront ainsi établis , ou qui auroient été chargés de former ou administrer lesdits Etablissemens , soient déchus de tous les Droits ré-
sultans desdits Actes & dispositions , même de la répétition des sommes qu'ils
auroient payées pour lesdites acquisitions , ou employées en constitution de rente ; ce qui sera observé nonobstant toute prescription , & tous consentemens exprès ou tacites , qui pourroient avoir été donnés à l'exécution desdits Actes ou
dispositions.

X. Les enfans ou présomptifs héritiers seront admis , même du vivant de
ceux qui auront fait lesdits Actes ou dispositions, à reclamer les Biens par eux
donnés ou aliénés : Voulons qu'ils en soient envoyés en possession , pour en
jouir en toute propriété , avec restitution des fruits ou arrérages , à compter du
jour de la demande qu'ils en auront formée : Laissons à la prudence des Juges
d'ordonner ce qu'il appartiendra par rapport aux jouissances échues avant ladite demande , & le contenu au présent Article aura lieu pareillement , après
la mort de ceux qui auront fait lesdits Actes ou dispositions , en faveur de
leurs héritiers , successeurs ou ayans-cause ; le tout à la charge , qu'encore
que la faculté à eux accordée par le présent Article n'ait été exercée que par
l'un d'eux , elle profitera également à tous ses cohéritiers ou ayant le même
droit que lui , lesquels seront admis à partager avec lui , suivant les Loix &
Coutumes des lieux , les Biens reclamés , soit pendant la vie ou après la mort
de celui qui aura fait lesdits Actes ou dispositions.

XI. Les Seigneurs dont aucuns desdits Biens seront tenus immédiatement ,
soit en Fief ou en Roture , & qui ne seront pas eux-mêmes du nombre des
Gens de Main-morte , pourront aussi demander à en être mis en possession ,
avec restitution des jouissances , à compter du jour de la demande qu'ils en
formeront ; à la charge néanmoins qu'en cas que les personnes mentionnées en
l'Article précédent , forment leur demande même postérieurement à celle desdits Seigneurs , ils seront tenus de leur remettre lesdits Fonds , si lesdites Personnes en forment la demande dans l'an & jour , après le Jugement qui en aura
mis lesdits Seigneurs en possession , auquel cas les fruits échus depuis ledit Jugement jusqu'au jour de ladite demande , demeureront ausdits Seigneurs : Voulons que la propriété desdits Fonds leur soit acquise irrévocablement , s'il n'a
point été formé de demande dans ledit délai ; & lorsque lesdits Seigneurs seront du nombre des Gens de Main-morte , il y sera pourvu ainsi qu'il sera marqué par l'Article suivant.

XII. Enjoignons à nos Procureurs-Généraux dans chacun de nosdits Parlemens & Conseils supérieurs , de tenir la main à l'exécution du présent Edit ,
concernant lesdits Etablissemens ; & en cas de négligence de la part des Parties
ci-dessus mentionnées , il sera ordonné sur le Requisitoire de notre Procureur-
Général , que faute par les Personnes dénommées en l'Article X , & par les
Seigneurs qui ne seroient Gens de Main-morte , de former leurs demandes
dans le délai qui sera fixé à cet effet , & qui courra du jour de la publication & affiches faites aux lieux accoutumés , de l'Arrêt qui aura été rendu ,
lesdits Biens seront vendus au plus Offrant & dernier Enchérisseur , & que le
prix en sera confisqué à notre profit , pour être par Nous appliqué à tels Hô-

pitaux , ou employé au foulagement des Pauvres , ou à tels ouvrages publics que Nous jugerons à propos.

XIII. A l'égard des Établiſſemens de la qualité marquée par l'Article premier , qui feroient antérieurs à la publication du préfent Edit ; Voulons que tous ceux qui auront été faits depuis les Lettres-Patentes en forme d'Edit du mois de Décembre 1666 , ou dans les trente années précédentes , fans avoir été autorifés par des Lettres-Patentes bien & dûment enregiſtrées , foient déclarés nuls , comme auſſi tous Actes ou difpofitions faits en leur faveur ; ce qui aura lieu nonobſtant toutes claufes ou difpofitions générales par lefquelles il auroit été permis à des Ordres ou Communautés Régulieres d'établir de nouvelles Maifons dans les lieux qu'ils jugeroient à propos , Nous réfervant néanmoins à l'égard de ceux defdits Etabliſſemens qui fubfiftent paifiblement , & fans aucune demande en nullité formée avant la publication du préfent Edit , de nous faire rendre compte , tant de leur objet , que de la nature & quantité des Biens dont ils font en poffeſſion , pour y pourvoir ainfi qu'il appartiendra , foit en leur accordant nos Lettres-Patentes , s'il y échet , foit en réuniſſant lefdits Biens à des Hôpitaux ou autres Etabliſſemens déja autorifés , foit en ordonnant qu'ils feront vendus , & que le prix en fera appliqué , ainfi qu'il eſt porté par l'Article précédent.

XIV. Faifons défenfes à tous les Gens de Main-morte d'acquerir , recevoir , ni poſſéder à l'avenir aucuns Fonds de terres , Maifons , Droits réels , Rentes foncieres ou non rachetables , même des Rentes conftituées fur des Particuliers , fi ce n'eſt après avoir obtenu nos Lettres-Patentes pour parvenir à ladite acquiſition , & pour l'amortiſſement defdits Biens , & après que lefdites Lettres , s'il Nous plaît de les accorder , auront été enregiſtrées en nofdites Cours de Parlement ou Confeils fupérieurs , en la forme qui fera ci-après prefcrite ; ce qui fera obfervé nonobſtant toutes claufes ou difpofitions générales qui auroient pû être inférées dans les Lettres-Patentes ci-devant obtenues par les Gens de Main-morte , par lefquelles ils auroient été autorifés recevoir ou acquerir des Biens-fonds indiſtinctement ou jufqu'à concurrence d'une certaine fomme.

XV. La difpofition de l'Article précédent fera obfervée même à l'égard des Fonds , Maifons , Droits réels & Rentes qui feroient réputés Meubles , fuivant les Coutumes , Statuts & Ufages des lieux.

XVI. Voulons auſſi que la difpofition de l'Article XIV foit exécutée , à quelque Titre que lefdits Gens de Main-morte puiſſent acquerir les Biens y mentionnés , foit par Vente , Adjudication , Echange , Ceſſion ou Tranfport , même en payement de ce qui leur feroit dû , foit par Donations entre-vifs pures & fimples , ou faites à la charge de Service ou Fondations , & en général pour quelque caufe gratuite où onéreufe que ce puiſſe être.

XVII. Défendons de faire à l'avenir aucune difpofition de derniere volonté , pour donner aux Gens de Main-morte des Biens de la qualité marquée par l'Article XIV. Voulons que lefdites difpofitions foient déclarées nulles , quand même elles feroient faites à la charge d'obtenir nos Lettres-Patentes , ou qu'au lieu de donner directement lefdits Biens aufdits Gens de Main-morte , celui qui en auroit difpofé auroit ordonné qu'ils feroient vendus ou régis par d'autres perfonnes , pour leur en remettre le prix ou les revenus.

XVIII. Déclarons n'avoir entendu comprendre dans la difpofition des Articles XIV, XV, XVI & XVII ci-deſſus, les Rentes conſtituées ſur Nous, ou ſur le Clergé, Dioceſes, Pays d'Etats, Villes ou Communautés que leſdits Gens de Main-morte pourront acquerir & recevoir, ſans être obligés d'obtenir nos Lettres-Patentes ; Voulons qu'ils en ſoient diſpenſés, même pour celles qu'ils ont acquiſes par le paſſé.

XIX. Voulons qu'à l'avenir il ne puiſſe être donné ni acquis pour l'exécutions des Fondations mentionnées en l'Article III, que des Rentes de la qualité marquée par l'Article précédent, lorſque leſdites Fondations ſeront faites par des diſpoſitions de derniere volonté ; & ſi elles ſont faites par des Actes entrevifs, il ne pourra être donné ou acquis, pour l'exécution deſdites Fondations, aucuns des Biens énoncés dans l'Article XIV, qu'après avoir obtenu nos Lettres-Patentes, & les avoir faites enregiſtrer, ainſi qu'il eſt porté par ledit Article ; le tout, à peine de nullité.

XX. Dans tous les ces où il ſera néceſſaire d'obtenir nos Lettres-Patentes, ſuivant ce qui eſt porté par les Articles XIV & XIX, elles ne ſeront par Nous accordées qu'après Nous être fait rendre compte de la nature & valeur des Biens qui en ſeront l'objet, comme auſſi de l'utilité & des inconvéniens de l'acquiſition que leſdits Gens de Main-morte voudroient en faire, ou de la Fondation à laquelle ils ſeroient deſtinés.

XXI. Leſdites Lettres-Patentes, en cas que Nous jugions à propos de les accorder, ne pourront être enregiſtrées que ſur les Concluſions de nos Procureurs-Généraux, après qu'il aura été informé de la commodité ou incommodité de l'acquiſition ou de la Fondation, & qu'il aura été donné communication deſdites Lettres aux Seigneurs dont leſdits Biens ſeroient tenus immédiatement, ſoit en Fief ou en Roture, ou qui y auroient la Juſtice, même aux autres perſonnes dont noſdites Cours de Parlement, ou Conſeils ſupérieurs jugeroient à propos de prendre les avis ou le conſentement ; & s'il ſurvient des oppoſitions, ſoit avant ou après l'enregiſtrement deſdites Lettres, il y ſera ſtatué ſur les Concluſions de noſdits Procureurs-Généraux, ainſi qu'il appartiendra.

XXII. Défendons à tous Notaires, Tabellions ou autres Officiers, de paſſer aucun Contrat de Vente, Echange, Donation, Ceſſion ou Tranſport des Biens mentionnés dans l'Article XIV, ni aucun Bail à rente ou conſtitution de rente ſur des Particuliers au profit deſdits Gens de Main-morte, ou pour l'exécution deſdites Fondations, qu'après qu'il leur ſera apparu de nos Lettres-Patentes, & de l'Arrêt d'enregiſtrement d'icelles, deſquelles Lettres & Arrêt il ſera fait mention expreſſe dans leſdits Contrats ou autres Actes, à peine de nullité, d'interdiction contre leſdits Notaires, Tabellions ou autres Officiers, des dommages & intérêts des Parties, s'il y échet, & d'une Amende qui ſera arbitrée ſuivant l'exigence des cas ; laquelle ſera appliquée, ſçavoir, un tiers au Dénonciateur, un tiers à Nous, & un tiers au Seigneur dont les Biens ſeront tenus immédiatement ; & en cas qu'ils ſoient tenus directement de notre Domaine, ladite Amende ſera appliquée à notre profit pour les deux tiers.

XXIII. Il ne ſera expédié à l'avenir aucune quittance du Droit d'amortiſſement qui ſeroit dû pour les Biens de la qualité marquée par l'Article XIV, s'il n'a été juſtifié de noſdites Lettres-Patentes & Arrêt d'enregiſtrement d'icelles, deſquelles Lettres & Arrêt il ſera fait mention expreſſe dans leſdites quittances, ce qui ſera exécuté à peine de nullité, & en outre de confiſcation au profit de l'Hôpital général le plus prochain, des sommes qui auroient été payées pour l'amortissement desdits Biens avant lesdites Lettres & Arrêt. Voulons que ceux qui les auroient payées, ne puissent être admis à obtenir dans la suite des Lettres-Patentes pour raison des mêmes Biens, Nous réservant au surplus d'expliquer plus amplement nos intentions sur les cas où le Droit d'amortissement sera dû & sur la quotité dudit Droit.

XXIV. Défendons à toutes Personnes de prêter leurs noms à des Gens de Main-morte pour l'acquisition ou la jouissance des Biens de ladite qualité, à peine de trois mille livres d'amende, applicable ainsi qu'il est porté par l'Article XXII, même sous plus grande peine, suivant l'exigence des cas.

XXV. Les Gens de Main-morte ne pourront exercer à l'avenir aucune action en Retrait Féodal ou Seigneurial, à peine de nullité; à l'effet de quoi, Nous avons dérogé & dérogeons à toutes Loix, Coutumes ou Usages qui pourroient être à ce contraires, sauf ausdits Gens de Main-morte à se faire payer des Droits qui leur seront dûs suivant les Loix, Coutumes & Usages des Lieux.

XXVI. Dans tous les cas dans lesquels les Biens de la qualité marquée par l'Article XIV, pourroient échoir ausdits Gens de Main-morte en vertu des droits attachés aux Seigneuries à eux appartenantes, ils seront tenus de les mettre hors de leurs mains dans un an, à compter du jour que lesdits Biens leur auront été dévolus, sans qu'ils puissent les faire passer à d'autres Gens de Main-morte, ou employer le prix desdits Biens à en acquerir d'autres de la même qualité; & faute de satisfaire à la présente disposition dans ledit temps, lesdits Biens seront réunis à notre Domaine, si la Seigneurie appartenante ausdits Gens de Main-morte, est dans notre mouvance immédiate; & si elle releve des Seigneurs particuliers, il leur sera permis, dans le délai d'un an, après l'expiration dudit temps, d'en demander la réunion à leurs Seigneuries, faute de quoi ils demeureront réunis de plein droit à notre Domaine, & les Fermiers ou Receveurs de nos Domaines feront les diligences & poursuites nécessaires pour s'en mettre en possession.

XXVII. Pour assurer l'entiere exécution des dispositions portées par les Articles XIV, XV, XVI, XVII, XIX, XX, XXI & XXV ci-dessus, concernant les Biens de la qualité marquée ausdits Articles, Voulons que tout ce qui est contenu dans l'Article IX, au sujet des nouveaux Etablissemens non autorisés, soit observé par rapport aux dispositions ou actes par lesquels aucuns desdits Biens auroient été donnés ou aliénés contre ce qui est réglé par le présent Edit à des Gens de Main-morte, Corps ou Communautés, valablement établis, ou pour l'exécution des Fondations ci-dessus mentionnées. Voulons pareillement que les personnes dénommées aux Articles X & XI, puissent répéter lesdits Biens, ainsi qu'il est porté ausdits Articles; & qu'en cas de négligence de leur part, ils soient vendus sur la requisition de notre Procureur-Général, suivant ce qui est prescrit par l'Article XII.

XXVIII. N'entendons rien innover en ce qui concerne les dispositions ou actes ci-devant faits en faveur des Gens de Main-morte légitimement établis, ou pour l'exécution desdites Fondations, lorsque lesdites dispositions ou actes auront une date authentique avant la publication des Présentes, ou auront été faits par des personnes décédées avant ladite publication; & les contestations qui pourroient naître au sujet desdites dispositions ou actes, seront jugées par les Juges qui en doivent connoître suivant les Loix & la Jurisprudence qui avoient lieu avant le préſent Edit, dans chacun des Pays du Reſſort de noſdits Parlemens ou Conſeils ſupérieurs.

XXIX. Toutes les demandes qui ſeront formées en exécution des diſpoſitions du préſent Edit, ſeront portées directement en la Grand'Chambre ou premiere Chambre de noſdites Cours de Parlement ou Conſeils ſupérieurs, & ce, privativement à tous autres Juges, pour y être ſtatué, ſur les Concluſions de notre Procureur-Général, dérogeant à cet effet à toutes Evocations, Committimus ou autres Priviléges accordés par le paſſé, ou qui pourroient l'être dans la ſuite, à tous Ordres, même à l'Ordre de Malthe, & à celui de Fontevrault, ou à toutes Congrégations, Corps, Communautés ou Particuliers, leſquels n'auront aucun effet en cette matiere.

Si donnons en Mandement à nos amés & féaux Conſeillers les Gens tenant notre Cour de Parlement de Rouen, que notre préſent Edit ils ayent à faire lire, publier & enregiſtrer, & le contenu en icelui garder & obſerver de point en point, ſelon ſa forme & teneur, nonobſtant tous priviléges & autres choſes à ce contraires : CAR tel eſt notre plaiſir. Et afin que ce ſoit choſe ferme & ſtable à toujours, Nous y avons fait mettre notre Scel. Donné à Verſailles au mois d'Août, l'an de grace mil ſept cent quarante-neuf; & de notre Regne le trente-quatrieme. Signé, LOUIS : Et plus bas, Par le Roi, PHELYPEAUX : Viſa, DAGUESSEAU. Et ſcellé du grand Sceau de cire verte, en lacs de ſoie rouge & verte.

Regiſtré, lu, publié par proviſion, l'Audience de la Chambre ſéante, oüi & ce requérant le Procureur-Général, pour être exécuté ſelon ſa forme & teneur ; & les Vidimus d'icelui envoyés dans tous les Sieges de ce Reſſort, pour y être pareillement regiſtrés, lus, publiés & exécutés à la diligence des Subſtituts du Procureur-Général, chacun en droit ſoi, qui ſeront tenus de certifier la Cour dans quinzaine, des diligences qu'ils auront pour ce faites. A Rouen, en Vacations, le vingt-unieme jour d'Octobre mil ſept cent quarante-neuf. Signé, AUZANET.

EXTRAIT D'ARREST DU PARLEMENT,

L'Arrêt de 1647, rendu pour la Dixme d'Herbage, ne fait point une Loi générale ; celui qui poſſede des Terres en labour, peut en convertir en nature d'Herbage la quantité qu'il lui plaît, même la totalité, ſans aſſujettir au droit de Dixme les Herbages qui en ſont exempts depuis quarante ans, à moins qu'il n'y ait un uſage contraire ; mais il paie la Dixme des Herbages ſur leſquels le Décimateur a la poſſeſſion, ou qui ſont convertis depuis quarante ans, quand il laboureroit plus que le tiers de ſes Terres.

Du 16 Juillet 1749.

» DEPUIS quelques années pluſieurs Propriétaires d'héritages profitant plus » à les laiſſer en pâturage qu'à les labourer ; la Dixme leur en fut auſſi-» tôt demandée par les Curés, ce qui cauſa une infinité de Procès. Pour y
» donner

» donner quelque Réglement, la Cour, en la Cause de Me Jacques André, Curé
» de Fréville, contre Guillaume Doffier & plufieurs autres Habitans de Fréville,
» ordonna, par Arrêt du 28 Février 1647, que le Curé feroit payé de la Dixme
» des Terres labourées depuis quarante ans, fi mieux les Propriétaires n'ai-
» moient laiffer en labourage le tiers de toutes leurs terres, & payer les cho-
» fes naturellement décimables des beftiaux qui pâtureroient fur leurs terres.
Bafnage fur l'Article III de la Coutume.

Suivant cet Arrêt, celui qui labouroit le tiers de fes terres, affranchiffoit de
la Dixme les deux autres tiers qu'il convertiffoit en herbages.

Dans l'idée où l'on étoit que l'Arrêt faifoit Réglement, plufieurs Particuliers
qui avoient des terres propres à mettre en herbages, y en mettoient les deux
tiers, & labouroient le tiers, au moyen de quoi ils en étoient quittes pour payer
la Dixme feulement des terres qu'ils labouroient ; mais comme par fucceffion de
temps & par les divifions de Biens que les changemens qui arrivent dans les Familles occafionnent néceffairement, il arrivoit qu'il n'étoit pas poffible de reconnoître quels étoient les herbages qui fe trouvoient exempts de Dixmes à caufe du
labour du furplus, ou quels étoient ceux qui en étoient exempts de leur nature,
cela donna lieu par la fuite à béaucoup de conteftations.

Le Sieur de la Vieille & la Dame fa mere poffédoient viron trente acres
de terre en fept pieces, dans la Paroiffe d'Épiney-Teffon, dont cinq en
nature d'herbage & deux en nature de labour, & les deux dernieres qui compofoient un peu plus que le tiers, furent auffi converties en herbages en 1739
& 1740.

En 1741 le Sieur Chauvin, Curé de la même Paroiffe, intenta action contre
le Sieur de la Vieille, pour le faire condamner à lui payer à dûe eftimation la
Dixme des fept pieces de terre, prétendant que les cinq premieres n'en avoient
été affranchies que par le labour des deux dernieres; enforte que ces deux dernieres fe trouvant également converties en herbages, il étoit en droit de demander la Dixme de toutes les fept pieces.

Au pied de l'Exploit, le Sieur de la Vieille répondit qu'il obéiffoit payer
le tiers de la Dixme à lui demandée à dire d'Experts, & il foutint fes offres
fuffifantes, fur le fondement que les cinq premieres pieces étoient d'anciens
herbages exempts de Dixme.

Sur cette action intervint une Sentence au Bailliage de Bayeux, qui dit à
bonne caufe les obéiffances du Sieur de la Vieille.

Le Sieur Curé ayant appellé de cette Sentence, la Caufe plaidée contradictoirement, par Arrêt du 13 Juillet 1742, elle fut appointée pour faire
Réglement. Sur l'appointé le Sieur Chauvin concluoit l'appellation & ce dont
étoit appellé au néant ; réformant, condamner le Sieur de la Vieille & fa mere
au payement de la Dixme des fept pieces de terre de préfent en herbages, à
dûe eftimation, pour l'année 1740 & les années fuivantes, confirmer le même
payement de Dixme à l'avenir, avec dépens; fauf à M. le Procureur-Général à
requerir ce qu'il trouveroit convenable à l'avenir, pour être donné le Réglement
ordonné par la Cour.

Les Sieur & Dame de la Vieille concluoient l'appellation au néant, parce
que néanmoins de leur confentement, & fans que cela pût tirer à conféquence, il feroit au choix & option du Sieur Curé, de prendre le tiers de
la Dixme de tous fruits & herbages qui excroîtroient fur toutes leurs terres,

g

à dûe eſtimation, ou de prendre la Dixme de tout ce qui excroîtroit ſur celles qui avoient labouré depuis temps de droit.

La Cour ne jugea pas à propos de faire un Réglement général : voici le diſpoſitif de l'Arrêt.

LA COUR, toutes les Chambres aſſemblées, a mis & met l'appellation & ce dont eſt appel au néant; émendant & réformant, a condamné Jean de la Vieille & Catherine Bernard ſa mere, à payer à Jean Chauvin, Curé d'Epiney-Teſſon, la Dixme des pieces de terre qui ont été précédemment labourées & miſes en nature d'herbages depuis quarante ans, à dûe eſtimation; & ce pour les années 1740 & les années ſuivantes, ainſi qu'à la continuation à l'avenir; a évincé quant à préſent ledit Chauvin de ſa demande de la Dixme des autres pieces de terre en nature d'herbages, faute par lui de juſtifier ſa poſſeſſion ſur icelles depuis quarante ans.

Faiſant droit ſur les plus amples Concluſions du Procureur-Général, ordonne que conformément à l'Art. L de l'Ordonnance de Blois, à l'Art. XXVIII de celle de Melun, & aux termes de l'Art. CXVIII du Réglement de 1666, *

---

* ARTICLE L DE L'ORDONNANCE DE BLOIS.

Ne pourront les Propriétaires & Poſſeſſeurs des héritages ſujets à Dixme, dire, propoſer & alléguer en Jugement ledit droit de Dixme n'être dû qu'a la volonté, ni alléguer preſcription ou poſſeſſion autre que celle de droit, en laquelle ne ſera compris le temps qui aura couru pendant le trouble & hoſtilité de guerre; faiſant très-expreſſes inhibitions & défenſes à tous les redevables ſujets à Champarts, Dixmes & autres droits, d'exiger aucuns banquets, buvettes, frais & dépenſe de bouche des Eccléſiaſtiques, & auſdits Eccléſiaſtiques de les faire; déclarons auſſi que leſdites Dixmes ſe leveront ſelon la Coutume des lieux, & de la quote accoutumée en iceux.

ARTICLE XXVIII DE L'ORDONNANCE DE MELUN.

Nous voulons que les Articles XLIX & L contenus en notre Edit des Etats tenus à Blois, pour la perception des Dixmes, ſoient entiérement gardés & obſervés; & en ce faiſant, que toutes perſonnes de quelque qualité, état & condition qu'ils ſoient, tant Propriétaires que Poſſeſſeurs, Fermiers & autres Tenanciers de terres, vignes & autres héritages ſujets au droit de Dixme, prémices, quartes, boiſſeaux & autres droits, feront tenus de faire ſignifier & publier aux Prônes des Egliſes Paroiſſiales où ſont ſitués leſdits héritages, le jour qui aura été pris & déſigné, pour dépouiller & enlever les fruits & grains venus & crûs ſur iceux, & ce, le Dimanche & Fête prochaine, précédente icelui jour, afin que les Eccléſiaſtiques, leurs Receveurs, Fermiers ou Commis les puiſſent trouver; faiſant expreſſes inhibitions & défenſes à tous Détenteurs & Poſſeſſeurs deſdits héritages ſujets à Dixme, de mettre en gerbe, enlever ou emporter les fruits d'iceux, ſans avoir préalablement payé ou laiſſé ledit droit de Dixme, à la raiſon, nombre & quantité qu'il eſt accoutumé d'être payé, le tout ſur peine de confiſcation au profit deſdits Eccléſiaſtiques, de tous les fruits & grains ainſi dépouillés, & des chevaux & harnois de ceux qui auront retenu & recelé ladite Dixme, & de trente écus d'amende pour la premiere fois, laquelle doublera ou tiercera ſelon le refus & contumace deſdits refuſans & délayans; leſquels encore Nous voulons être punis extraordinairement, comme infracteurs de nos Ordonnances. Enjoignons très-expreſſément à tous nos Juges, Officiers & Procureurs ſur les lieux, ſans attendre la plainte deſdits Eccléſiaſtiques, qu'ils informent diligemment, & puniſſent ſuivant la rigueur de nos Edits, ceux qui auront contrevenu à la préſente Ordonnance, ſur peine de ſuſpenſion & privation de leurs

l'ufage obfervé fur chaque fonds dans chaque Paroiffe pour la Dixme, fera
fuivi, fans que l'Arrêt de la Cour du 28 Février 1647, rendu entre le Curé
de Fréville & les Particuliers y dénommés, puiffe être regardé comme Réglement, ni faire Loi, finon entre les Parties avec lefquelles ledit Arrêt a été
rendu, a compenfé les dépens, tant de la Caufe principale que d'appel entre
lefdits de la Vieille & Chauvin, lefquels payeront chacun par moitié le coût
du préfent Arrêt.

Ordonne en outre, que le préfent Arrêt fera envoyé dans tous les Siéges
du Reflort, pour y être regiftré, lu, publié & affiché aux lieux ordinaires.

EXTRAIT D'UNE LETTRE ÉCRITE
par M. D'ORMESSON, Intendant des Finances, à M.
DE LA BOURDONNAYE, Intendant de la Généralité
de Rouen, du 17 Juillet 1749, concernant les réparations des Presbyteres.

*Paroiffiens tenus feulement de fournir aux Curés un logement convena-
ble, fans y comprendre les Granges, Preffoirs, Étables ni autres
lieux à Befliaux, excepté une Écurie, quand la Paroiffe eft d'une
certaine étendue; à obliger le Curé d'avoir un Cheval pour vifiter fes
Paroiffiens.*

MONSIEUR, l'Ordonnance de Blois, Article LII, & celle de Melun,
Article III, ne prefcrivent aux Paroiffiens d'autres obligations envers
leurs Curés, que de leur fournir un logement convenable, auquel les Curés
font même déclarés contribuables, felon que les revenus de leurs Curés pourront le porter commodément; & l'Article XXII de l'Edit du mois d'Avril
1695, qui eft la Loi vivante fur cette matiere, n'affujettit les Habitans des
Paroiffes qu'à réparer la Nef des Eglifes & la clôture des Cimetieres, & fournir aux Curés un logement convenable; il n'y eft fait mention aucune de Pref-
foir, ni Grange, ni Etable qui ne font certainement point partie du logement
du Curé, il n'y a que la réparation du Four qui puiffe être réputée à la charge
des Habitans.

états, leur enjoignant, fur les mêmes peines, d'avertir nos Cours de Parlement des contraventions qui fe feront à la préfente Ordonnance, & du devoir qu'ils auront fait à l'exécution d'icelle.

ARTICLE CXVIII DU RÉGLEMENT DE 1666.

Et au regard des Dixmes des Bois, Prés & autres Dixmes infolites, elles fe peuvent
prefcrire par quarante ans, & font réglées par la poffeffion fur la chofe pour laquelle il
y a Procès, & non par la poffeffion fur le plus grand nombre des autres héritages de la
même Paroiffe.

Si le Curé veut avoir un Preſſoir, une Grange, c'eſt à lui, s'il eſt Décimateur, ou à ceux qui le font, à les conſtruire ou à les réparer, puiſque l'Edit de 1695 n'y aſſujettit pas les Habitans ; & s'il y avoit quelqu'exception à cette regle générale, ce ne pourroit être que par rapport à l'Ecurie, dans le cas où la Paroiſſe s'étendant au loin, mettroit le Curé dans la néceſſité d'avoir un Cheval pour aller viſiter ſes Paroiſſiens.

J'ai différé d'envoyer cette Lettre, parce que j'ai voulu approfondir les fondemens de cette déciſion, & j'ai trouvé qu'elle eſt conforme à la Juriſprudence des Arrêts, & au ſentiment des Auteurs.

Me Fuet, dans ſon Traité des Matieres Bénéficiales, Livre 3, Chap. 6, Page 331, Edition de 1721, s'explique ainſi :

Le logement du Curé conſiſte non-ſeulement dans un Presbytere convenable, c'eſt-à-dire, dans une Maiſon habitable, mais encore dans des Grange, Etable & autres commodités néceſſaires pour ramaſſer les Dixmes & les Boiſſons du Curé.

Ce Texte a continué de tromper ; mais Me Nouet, Cenſeur du Livre de Me Fuet, dans ſon approbation, renvoie aux Notes, & à l'éclairciſſement que l'Auteur a mis à la fin ; & en effet, ou trouve cette Note à la page 331, ligne quatrieme.

Les Paroiſſiens ne doivent à leur Curé que le logement ; & les Arrêts ont jugé que le logement ne comprend point les Granges, Ecuries, Etables, ni autres lieux à Beſtiaux.

La note a pris la place de l'ancien Texte, dans la nouvelle Edition de M. Fuet, par de la Combe, par ordre alphabétique, aux mots Curés, logement, page 188, deuxieme colonne, à la fin.

Réflexions de M. DE LA BOURDONNAYE.

Après avoir rappellé les Ordonnances & Edits cités par la Lettre de M. d'Ormeſſon.

Le logement ne comprend point les Granges, Ecuries, Etables, ni autres lieux à Beſtiaux, addition & correction au Traité des Matieres Bénéficiales de M. Fuet, ſuivant l'avis de Me Nouet.

On obſerve, il eſt vrai, que cela eſt contraire aux anciens Arrêts ; mais il eſt certain que c'eſt la Juriſprudence préſente, & ce n'eſt pas dans cette ſeule matiere qu'elle a varié, & qu'il eſt néceſſaire de ſe fixer à la derniere.

Je ſuis informé que le Grand-Conſeil a encore jugé la queſtion cette année, ſuivant ce principe ; ainſi il n'eſt point ſurprenant que le Conſeil prenne ce parti intéreſſant, conformément à la diſpoſition de l'Edit de 1695.

Je ne balancerai donc plus à m'y renfermer ; comme je ſçai que cette matiere, en cas de conteſtation, doit être naturellement portée devant les Juges ordinaires, & par appel au Parlement de cette Province. J'ai déjà prévenu Me Perchel mon Subdélégué, & je compte en conférer avec Monſieur le Procureur-Général, afin que la prévention qui pourroit reſter en faveur de l'ancienne Juriſprudence ceſſe entierement, & que tous ceux qui ont intérêt d'être inſtruits des intentions du Conſeil à cet égard, le ſoient ſans équivoque.

Au reſte, je vois déjà que le Parlement de Rouen avoit jugé anciennement que les Preſſoirs n'étoient point à la charge des Paroiſſiens & Propriétaires,

& je crois que la même raiſon doit faire juger la même choſe pour les Granges ; mais quand il ſe trouveroit des Curés qui ne voudroient pas s'y conformer , il eſt ſenſible que le Conſeil ne paſſera pas d'Arrêt contre la déciſion qu'il vient de rendre , & je ne crois pas d'ailleurs que cette matiere ſoit ſuſceptible d'une diverſité de Juriſprudence , puiſqu'elle eſt réglée par des Edits généraux.

Je joins encore ici l'Extrait d'une Lettre que je viens de recevoir de M. d'Ormeſſon , le 13 Octobre 1749.

Monſieur , par la Lettre que j'ai eu l'honneur de vous écrire le 17 Juillet dernier , je vous ai marqué qu'aux termes de l'Ordonnance de Blois , Article LII , de celle de Melun , Article III , & de l'Edit du mois d'Avril 1695 , Article XXII , les Habitans des Paroiſſes n'étoient aſſujettis qu'à réparer la Nef des Egliſes & à la clôture des Cimetieres , & à fournir un logement convenable à leurs Curés ; en ſorte que cette derniere charge ne pouvant s'appliquer qu'à l'uſage perſonnel du Curé , & n'étant fait aucune mention de Preſſoir & Grange , la conſtruction & réparation de ces Edifices , ne doit point être à la charge des Habitans , mais à celle des Décimateurs , qui profitant des Dixmes pour l'exploitation deſquelles ces Bâtimens doivent être naturellement obligés de les entretenir , indépendamment de ce que je vous ai marqué par ma Lettre du 17 Juillet dernier ſur cette queſtion , des réparations des Granges & Preſſoirs , comme elle s'eſt préſentée pluſieurs fois en la Province de Normandie.

M. Dagueſſeau en a parlé à M. le Chancelier , qui a répondu qu'on devoit ſe conformer à la diſpoſition de l'Edit de 1695 , en ne chargeant les Habitans que des Edifices qui y ſont énoncés ; & en conſéquence , que tous les Bâtimens deſtinés à renfermer les fruits décimables , comme les Granges , ou à les travailler comme Preſſoirs en Normandie , où la Dixme a lieu ſur les Cidres , doivent être à la charge des Décimateurs.

EXTRAIT D'ARREST DU PARLEMENT,

L'Aïeul même maternel eſt Tuteur naturel de ſes petits-enfans , encore que leur pere ſoit vivant , & peut intenter l'action en Retrait en leur nom , ſans autorité de parens.

Du 6 Août 1749.

LA COUR , en faiſant Réglement & en interprétant l'Article IV du Réglement des Tutelles de 1673 , a ordonné que l'aïeul , ſoit paternel , ſoit maternel , pourra intenter action en Retrait , au nom de ſes petits-enfans mineurs , encore bien que le pere deſdits mineurs ſoit vivant , & quand même leſdits mineurs auroient un autre Tuteur établi par Juſtice.

Joſeph Lihaut avoit vendu une Maiſon à Marie Bayeul , veuve de Jean-Jacques Jullien.

Lihaut intenta action en Clameur , au nom de Marie - Anne & Elizabeth Havard ſes petites-filles , ſorties d'Anne le Sueur ſa fille , & de Thomas Havard ; & dans l'Exploit , Lihaut avoit pris la qualité de Tuteur naturel & légitime de fes filles mineures ; on prétendoit la Clameur nulle , attendu que Thomas Havard leur pere étoit vivant , Lihaut n'avoit pû intenter cette Clameur qu'en vertu de la Procuration de fon gendre , ou d'une délibération de parens , furtout n'étant qu'aïeul maternel.

ARREST DU PARLEMENT,

Portant Réglement pour les Tréfors & Fabriques des Paroiffes , tant des Villes que de la Campagne.

Du 26 Juillet 1752.

EXTRAIT DES REGISTRES DU PARLEMENT.

VU par la Cour , toutes les Chambres affemblées, le Requifitoire apporté par le Procureur-Général le dix de ce mois , & depuis examiné par Meffieurs les Confeillers-Commiffaires, en exécution de la Délibération dudit jour dix-de ce mois : Expofitif, que les abus qui regnent dans l'adminiftration des biens des Eglifes , ayant été arrêtés par les fages précautions de l'Arrêt qu'elle a rendu en forme de Réglement, le 8 Mars 1736 , les Seigneurs & les Curés ont ceffé, au defir des anciens Réglemens , de gérer ni retenir les Revenus & les Titres des Tréfors & Fabriques : Mais la défenfe qui eft faite par cette Loi aux Curés , de s'immifcer dans les Affaires de la Fabrique , a été interprétée d'une façon captieufe & contraire aux vues de la Cour ; la plûpart des Tréforiers & Marguilliers en ont pris occafion de les méprifer & de s'attribuer, fans aucun Titre, une fupériorité dans l'Eglife , tant fur les Prêtres que fur la difpofition des Vafes facrés & fur l'ufage des Ornemens : il eft même arrivé que dans plufieurs Paroiffes, on a voulu exclure les Curés des Affemblées des Tréfors , quoique le même Arrêt leur ait confervé le droit de s'y trouver ; dans d'autres , on a voulu leur contefter le droit d'y opiner, même d'y faire des repréfentations , en leur impofant filence avec fierté, & fouvent avec les termes les plus durs : l'intention de la Cour, en leur confervant le droit dont ils ont toujours joui d'affifter aufdites Affemblées, ne peut avoir été de leur accorder un perfonnage muet & inutile ; il le deviendroit, fi toujours attentive à maintenir chacun dans fes prérogatives, elle ne réprimoit par fon autorité les entreprifes des Tréforiers, en les rappellant au refpect dû aux Miniftres du Seigneur : ces troubles ont particulierement éclaté dans la Ville où les exemptions de Gens en place , ont laiffé la direction des Fabriques aux mouvemens moins réfléchis & quelquefois paffionnés de Marguilliers choifis parmi les Artifans & le menu Peuple : Vu les Conclufions dudit Requifitoire , & oui le Rapport du Sieur le Boullenger , Confeiller-Commiffaire : Tout confidéré ;

ARTICLE PREMIER.

LA COUR, en donnant Réglement fur la matiere, ordonne qu'il pourra être choifi dans chaque Paroiffe des Villes, dans l'Affemblée du Tréfor, un premier Marguillier ou Marguillier d'Honneur, du nombre des Perfonnes les plus diftinguées de la Paroiffe, lequel préfidera à toutes les Affemblées où il fe trouvera; & en cas de partage d'opinions, y aura Voix prépondérante; parce qu'en cas de conteftation entre les Délibérans aufdites Affemblées, fur l'Election du Marguillier d'Honneur, ceux des Délibérans qui demanderont qu'il en foit élu un, pourront fe retirer vers le Procureur-Général, pour être par lui requis, & par la Cour ordonné ce qu'il appartiendra.

II. Nul ne pourra dorénavant être infcrit fur les Regiftres en qualité de Marguillier, & jouir des Droits & Priviléges qu'il eft d'ufage de leur accorder, s'il n'a réellement & de fait géré les Affaires du Tréfor, fans qu'il foit permis aux Marguilliers de recevoir aucune fomme, pour infcrire comme Marguillier, fur les Regiftres, ceux qui n'auront pas été élus pour gérer, & qui n'en auront pas fait les fonctions, à peine d'être perfonnellement & folidairement refponfables de ladite fomme, & obligés à la reftituer à celui qui l'aura donnée.

III. Il ne fera convoqué aucunes Affemblées concernant les Tréfors & Fabriques, que préalablement le Marguillier d'Honneur, s'il y en a un, & le Curé de la Paroiffe n'ayent été avertis par Billets, du fujet & de l'heure de l'Affemblée, au moins trois jours auparavant, s'ils font dans la Ville, & huit jours avant par Lettres, s'ils font abfens; fi ce n'eft lorfqu'il s'agira d'Affaires urgentes & provifoires, auquel cas le Marguillier en Charge, fera difpenfé d'avertir par Lettre le Marguillier d'Honneur, ou le Curé abfent.

IV. L'Affemblée fera tenue au lieu accoutumé ou autre lieu convenable, & à une heure commode, qui fera iffue de la Grand'Meffe ou des Vêpres; & en cas qu'il foit à propos de tenir des Affemblées extraordinaires dans le cours de la femaine, pour Affaires urgentes & provifoires, le Marguillier d'Honneur, & en fon abfence le Curé, fixera le jour & l'heure de ladite Affemblée.

V. Les Affemblées ordinaires dans les Villes, feront compofées du Marguillier d'Honneur, du Curé, des anciens & nouveaux Marguilliers; & en cas d'abfence, les Délibérations feront prifes au nombre de trois au moins, non compris le Curé, qui en toute Affemblée aura la premiere place en l'abfence du Marguillier d'Honneur; & même au-deffus de lui, quand l'Affemblée fera tenue dans le Chœur ou la Nef de l'Eglife feulement, & fans que le Curé y puiffe préfider.

VI. Le Curé aura voix délibérative dans toutes les Affemblées, y préfidera en l'abfence du Marguillier d'Honneur, recueillera les fuffrages; & après avoir donné fon avis le dernier, arrêtera la Délibération, fuivant l'avis du plus grand nombre.

VII. Les Affemblées ordinaires dans les Campagnes, feront compofées du Seigneur, tant Préfentateur qu'Honoraire, du Curé, qui auront voix délibérative, des anciens & nouveaux Marguilliers, dans lefquelles Affemblées le Seigneur préfidera, & en fon abfence le Curé; & les Délibérations feront fignées de celui qui préfidera, & de trois Délibérans au moins; & en cas d'abfence du Seigneur, le Gentilhomme le plus âgé, ou un des principaux Propriétaires, pourra s'y trouver, & y aura Voix délibérative fans pouvoir y préfider.

VIII. Les Affemblées générales, dans lefquelles feront appellés les principaux Paroiffiens, feront annoncées au Prône quinze jours d'avance, & par Billets envoyés chez tous les Propriétaires par le Marguillier en Charge; elles

feront compofées dans les Villes, de fix Marguilliers & de douze Propriétaires au moins; & dans les Campagnes, elles feront compofées de quatre Marguilliers & de quatre Propriétaires au moins.

IX. Les Délibérations ordinaires & générales feront écrites tout de fuite fur
un Regiftre qui fera fourni par la Fabrique, & coté dans toutes fes pages,
par le Tréforier en Charge, fans y laiffer aucuns blancs, & non fur des feuilles
volantes; & fera fait mention des noms de tous céux qui y auront affifté,
foit qu'ils ayent figné ou refufé de figner.

X. Dans chaque Compte & à chaque Article de Recette, foit de rente,
loyer, fermage ou autre revenu, il fera fait mention du nombre des Débiteurs de la même rente, Fermiers ou Locataires du même Bien, du nom &
fituation de la maifon ou héritage, de la qualité de la rente feigneuriale, fonciere ou conftituée, de la date du dernier Titre, & du Notaire devant lequel il aura été paffé; & Copie entiere des Chapitres de recette ainfi libellés,
fera remife par le Marguillier fortant d'Exercice, & de lui fignée, au Marguillier entrant, afin de lui fervir d'Etat ou Bordereau pour recevoir.

XI. Les Curés auront feuls le droit de régler le fon des Cloches, dont la
rétribution fera néanmoins fixée par les Marguilliers, & dont l'émolument reviendra à la Fabrique: difpoferont feuls lefdits Curés de l'ufage des Ornemens
& des Vafes facrés, mais feront les dépenfes néceffaires pour la décoration de
l'Eglife fixées & arrêtées dans les Affemblées ordinaires par les Marguilliers,
fuivant les néceffités de l'Eglife & revenu de la Fabrique; le tout, fans préjudice
des Ordonnances des Evêques, & conformément aux Rituels des Diocefes.

XII. Les Curés dans les Paroiffes des Villes, pourront feuls à l'exclufion
des Marguilliers, & fans préjudice des Droits de l'Evêque Diocéfain, recevoir
les Prêtres ou autres Eccléfiaftiques, & leur donner l'habitude dans leurs Paroiffes, difpofer des Places de Vicaire & de Confeffeur, en faveur des Perfonnes approuvées, & de celle de Clerc du Curé ou des Sacremens; lequel
Clerc du Curé pourra être deftitué de la Cléricature, par l'Evêque Diocéfain
ou le Curé.

XIII. Le Clerc des Sacremens pourra être chargé par le Curé, des Regiftres
des Baptêmes, Mariages & Inhumations, & des Bans de Mariages; affiftera
aux Baptêmes, Relevées & Mariages, & y percevra fes Droits d'Affiftance:
il réglera les Mémoires des Inhumations & le Pfeautier, fera faire les Semon-
ces & conduira le Deuil; & aura fon Droit d'Affiftance aux Inhumations, fi
l'ufage contraire n'eft établi par Ordonnance de l'Evêque Diocéfain.

XIV. Le Clerc du Tréfor, Diacre & Soudiacre d'office feront choifis par les
Marguilliers, dans une Affemblée convoquée en la forme ordinaire, du nombre
des Prêtres ou autres Eccléfiaftiques habitués en la Paroiffe, & à l'égard des
Chapiers, s'ils font aux Appointemens de la Fabrique, ils feront choifis par
les Marguilliers, autant que faire fe pourra, du nombre defdits Prêtres ou Eccléfiaftiques habitués; & au cas qu'au nombre defdits Prêtres ou Eccléfiaftiques
habitués, il ne fe trouvât pas de fujets capables de remplir lefdites Fonctions,
les Marguilliers en choifiront un fur le nombre de trois, qui leur feront préfentés par le Curé: Lefdits Marguilliers nommeront auffi l'Organifte, Bedeaux
& autres Officiers de l'Eglife; tous lefquels Officiers compris dans le préfent
Article, en tant qu'ils font aux Appointemens de la Fabrique, pourront être
deftitués de leurs Offices feulement, dans l'Affemblée du Tréfor.

XV.

XV. Les Curés auront la manutention fur les Eccléfiaftiques de leur Paroiffe, le Spirituel de leur Eglife, le Service Divin, & indiqueront aux Prêtres habitués, fuivant le Rit du Diocefe & les Rituels qui feront exactement obfervés, l'heure à laquelle ils diront leur Meffe chaque jour, tant pour les Meffes de dévotion, que pour celles de Fondation, qui ne feront pas fixées par la Fondation, ou par les perfonnes qui les feront dire ; aufquelles indications lefdits Prêtres feront tenus de fe conformer, fous peine de la privation de la rétribution : Seront auffi lefdits Eccléfiaftiques tenus, fous les mêmes peines, d'affifter aux Offices defdites Eglifes, fondés ou non fondés, & pourront lefdits Curés, dans le cas d'une négligence habituelle, faute grave, ou fcandale public, priver par provifion les Prêtres de leur Habitude, jufqu'à ce qu'il en ait été autrement ordonné par l'Evêque Diocefain.

XVI. Les Curés & enfuite les Vicaires, feront les premiers remplis des Meffes & autres Fondations, quand elles ne feront point attachées à l'entretien d'un Chapelain, ou d'une Confrérie particuliere.

XVII. Que les Titres des Tréfors & Fabriques feront dépofés dans un coffre fermant à trois clefs, dont une fera mife ès mains du Curé, une dans celles du Tréforier en Charge, & la troifieme en celles du Tréforier fortant, fans qu'aucun Gentilhomme ni aucun Eccléfiaftique puiffe en être faifi, dans les Paroiffes de Campagne ; ceux qui en font actuellement dépofitaires, feront tenus de les remettre, quinze jours après la publication du préfent Arrêt, pour être dépofés fous les clefs defdits Curés & Tréforiers, ainfi qu'il eft dit ci-deffus, fans qu'aucun autre que le Tréforier Comptable, puiffe recevoir les Deniers des Fondations faites à la Fabrique.

XVIII. Il fera donné aux Curés communication, fans déplacer, des Papiers, Titres & Délibérations, & autres Pieces de la Fabrique, toutes les fois qu'ils le requerront, foit pour l'exécution des Fondations, foit pour autres raifons particulieres.

XIX. Le prix des Chaifes fera réglé dans chaque Paroiffe, par Délibération de l'Affemblée du Tréfor, & infcrit fur un Tableau qui fera mis dans chaque Eglife, dans l'endroit le plus vifible, & au-deffus de chaque Porte en dedans de ladite Eglife.

XX. Sera au furplus l'Arrêt du 8 Mars 1736, exécuté en ce qui n'eft contraire au préfent Réglement, lequel fera lu & publié l'Audience de la Cour féante, imprimé, affiché & envoyé dans tous les Siéges de ce Reffort, pour y être pareillement lu & publié, à la diligence des Subftituts du Procureur-Général, qui feront tenus d'en certifier la Cour dans le mois. DONNÉ à Rouen, en Parlement, toutes les Chambres affemblées, le vingt-fixieme jour de Juillet mil fept cent cinquante-un. Par la Coür. *Signé*, AUZANET.

h

ARREST DU PARLEMENT,

Portant Réglement fur les Plantations.

Du 17 Août 1751.

EXTRAIT DES REGISTRES DU PARLEMENT.

VU par la Cour, toutes Chambres affemblées, ce qui réfulte des Infor-mations faites dans différens Bailliages de cette Province, en exécution de l'Arrêt du 18 Février 1737, au fujet des Plantations dans les Campagnes, & faifant droit fur les Requifitoires du Procureur-Général des 16 Février 1737, & 2 Juillet 1751 : Ouï le Rapport du Sieur Defmarefts de Saint-Aubin, Con-feiller-Commiffaire : Tout confidéré ;

ARTICLE PREMIER.

LA COUR, en donnant Réglement, ordonne que le long des Chemins vicinaux & des Chemins de traverfes, on ne pourra planter dans les Terres non clofes, aucuns arbres qu'à dix pieds de diftance du bord defdits Chemins.

II. A l'égard des arbres qui fe trouveront actuellement plantés plus près de dix pieds du bord defdits Chemins, les Propriétaires defdits arbres ou les Détenteurs des Fonds, feront tenus de couper inceffamment la partie des bran-ches qui s'extendra fur le Chemin & l'embarraffera.

III. Les haies étant fur le bord des Chemins, feront tondues & réduites fur les fouches ou veftiges de l'ancien alignement, & ce qui excédera l'ancien aligne-ment fera arraché.

IV. Ordonne pareillement que les arbres qui pencheront fur lefdits Che-mins, de façon à les embarraffer, feront abattus aux frais des Propriétaires ; & faute par eux d'y satisfaire, ainfi qu'au contenu aux deux Articles précédens, dans le temps de trois mois du jour de la publication du préfent Arrêt, qui fera faite dans le Bailliage où l'héritage fera fitué, enjoint aux Subftituts du Procureur-Général, de faire exécuter lefdits Articles II, III & IV, aux frais des Propriétaires.

V. Nul ne pourra planter aucuns Poiriers ou Pommiers, qu'à fept pieds de diftance du Fonds ; & en cas que les branches s'extendent fur le Terrain voi-fin, le Propriétaire defdits arbres fera contraint en outre d'en couper l'extré-mité des branches, autant qu'elles s'extendront fur le Terrain voifin.

VI. Les arbres de haute fûtaie ne pourront être plantés à peid dans les Ter-res non clofes, qu'à fept pieds de diftance du Fonds du Voifin, lequel pour-ra pareillement contraindre le Propriétaire defdits arbres, de les élaguer ou ébrancher jufqu'à la hauteur de quinze pieds ; & en outre, de faire couper la partie des branches qui s'extendroit fur fon Terrain.

VII. A l'égard des arbres aquatiques, lefquels feront plantés au bord des Ruiffeaux ou Rivieres, il en fera ufé comme par le paffé.

VIII. Si le Terrain voifin étoit occupé par un Vignoble, les Poiriers ou Pommiers ne pourront être plantés plus près de douze pieds du Vignoble, & les arbres de haute fûtaie plus près de vingt-quatre pieds.

IX. Le Jonc-marin fera planté à trois pieds du Fonds voifin, & le Bois taillis à fept pieds, lorfqu'il n'y aura pas de Foffé de féparation, & à cinq pieds lorfqu'il y aura un Foffé : Sera néanmoins permis de planter un Bois taillis jufqu'à l'extrémité de fon Terrain, proche le Bois taillis voifin.

X. Les haies à pied pourront être plantées à pied & demi du Voifin, & feront tondues au moins tous les fix ans du côté du Voifin, & feront réduites alors à la hauteur de cinq à fix pieds au plus, fans qu'il foit permis dans lefdites haies plantées à pied, de laiffer échapper aucuns Baliveaux ou grands arbres ; parce que néanmoins à l'égard des arbres dans les haies, lefquelles font la féparation des herbages & mafures, fans être le long des Terres labourables du Voifin, il en fera ufé comme par le paffé.

XI. Les Propriétaires d'héritages qui font actuellement clos de haies vives ou de foffés, feront tenus d'entretenir lefdites clôtures, fi mieux ils n'aiment détruire entierement la clôture le long de l'héritage voifin, ce qu'ils auront la liberté de faire, s'il n'y a Titre au contraire ; & néanmoins ceux qui voudront détruire leur clôture, ne pourront le faire que depuis la Touffaint jufqu'à Noël, après avoir averti le Voifin trois mois auparavant ; & jufqu'au temps de la deftruction de la clôture, ils feront obligés de l'entretenir.

XII. Les diftances ci-deffus marquées ne feront obfervées que pour les Plantations qui fe feront à l'avenir, parce qu'il fera permis à tout Voifin de contraindre le Propriétaire des arbres ou haies plantées d'ancienneté, à moindre diftance, de les faire élaguer fi befoin eft, de la maniere prefcrite aux Articles ci-deffus ; & les arbres ci-devant plantés, ne pourront être remplacés que conformément au préfent Réglement, aux exceptions néanmoins marquées dans les Articles précédens.

XIII. Celui qui fera conftruire un foffé fur fon Fonds, fera tenu de laiffer du côté du Terrain voifin & au-delà du creux dudit foffé, un pied & demi de réparation; & fi la Terre voifine eft en labour, il fera tenu de laiffer au moins deux pieds de réparation au-delà du creux : ordonne en outre que tout foffé fera fait en talut du côté du Voifin.

XIV. Ne pourront être plantés fur les foffés, d'arbres de haute fûtaie qu'à fept pieds de diftance du Fonds voifin, à l'exception des foffés étant entre les herbages & mafures ou terres vagues, pour lefquels il en fera ufé comme par le paffé ; & à l'égard des anciens foffés actuellement plantés de grands arbres, ils pourront être réparés & replantés dans les diftances où étoient les arbres abattus; fauf au Voifin à contraindre de les élaguer, en tant que les branches pourroient s'extendre fur fon Terrain.

XV. Sera le préfent Réglement lu & publié l'Audience de la Cour féante, imprimé, affiché & envoyé dans tous les Bailliages & Siéges de ce Reffort, pour y être pareillement lu, publié & enregiftré à la diligence des Subftituts du Procureur-Général, qui feront tenus d'en certifier la Cour dans le mois. DONNÉ à Rouen, en Parlement, toutes les Chambres affemblées, le dix-feptieme jour d'Août mil fept cent cinquante-un. Par la Cour. *Signé*, AUZANÉT.

EXTRAIT D'ARREST DU PARLEMENT,

Du 30 Juillet 1753.

QUESTION SUR LES ART. CCXLV ET CCXLVI DE LA COUTUME.

L'Acquêt devenu Propre en la personne de l'Héritier, appartient au Roi ou aux Seigneurs féodaux, au défaut de Parens du côté de la ligne dont il provient.

THOMAS DAIREAUX.

THOMAS.		SCOLASTIQUE.
		ADRIEN COLAS.
PIERRE.		
		THOMAS, Sieur de la Fosse.
RICHARD, Avocat à		GILLETTE BOUILLON.
Coûtances, reclamant		
dans la Succession de		GILLES, Sieur de Prémont,
Gilles Colas, les acquêts		*de cujus.*
faits par Thomas Colas		
son pere.		

THOMAS Colas, Sieur de la Fosse, avoit acquis plusieurs héritages, entr'autres une partie de 75 liv. de rente fonciere dans la mouvance du Fief de Ver; ces acquisitions devinrent propres sur la tête de Gilles Colas son fils. Gilles Colas étant décédé sans enfans, Richard Daireaux son Cousin maternel, paternel issu de germain, reclama dans sa succession les acquisitions faites par Thomas Colas, Sieur de la Fosse.

Ces acquisitions devenues propres, furent contestées par M. le Duc de Penthiévre, en sa qualité d'Engagiste du Domaine de Coûtances, qui prétendit les avoir à droit de déshérence.

Sur cette contestation intervint Sentence au Bureau des Finances de Caën le 28 Avril 1735, qui envoya le Sieur Daireaux en possession en sa qualité d'héritier.

M. le Duc de Penthiévre s'étoit porté pour appellant de cette Sentence, mais l'affaire examinée en son Conseil, il se désista, & intervint un Arrêt le 10 Mai 1737, qui accorda acte du désistement; ce faisant, mit l'appellation au néant, avec dépens.

En vertu de cet Arrêt, le Sieur Daireaux fit défense au débiteur de la rente de 75 liv. de payer en d'autres mains que dans les siennes, & le somma de payer les années échues; mais le Sieur de Gascoin, Seigneur du Fief de Ver, dans la mouvance duquel étoit cette rente, la prétendit avoir aussi à droit de déshérence, & s'opposa à la délivrance des deniers.

L'Instance portée en la Vicomté de Gavray, le Vicomte renvoya les Parties à la Cour, où le Sieur de Gascoin se rendit opposant à l'Arrêt obtenu par le Sieur Daireaux sur le désistement de M. le Duc de Penthiévre, & même en tant que besoin, il se porta pour appellant de la Sentence qui l'avoit confirmé.

La queftion plaidée contradictoirement , elle fut appointée pour faire Réglement.

Par Arrêt rendu les Chambres affemblées , LA COUR , faifant droit fur l'appel incident du Sieur de Gafcoin , de la Sentence du 28 Avril 1735 , l'op-pofition contre l'Arrêt du 10 Mai 1737 , enfemble fur la Sentence de renvoi du Vicomte de Gavray , & Mandement en la reprife du Procès ; en confé-quence , fans s'arrêter audit Arrêt , mit l'appellation & ce dont étoit appellé au néant ; en ce qui touchoit le Sieur de Gafcoin , réformant , le maintint , à droit de déshérence & ligne éteinte , en la poffeffion de la rente fonciere de 75 liv. avec dépens : Et donnant Réglement , ordonna que conformément aux Articles CXLVI , CCXLV & CCXLVI de la Coutume de Normandie , l'acquêt devenu propre en la perfonne de l'héritier , au défaut de parens du côté & de la ligne dont il provient , appartient au Roi ou aux Seigneurs féodaux.

EXTRAIT D'ARREST DU PARLEMENT ,

Les deniers provenans de la vente des meubles des Mineurs , ne font point fujets aux droits de Confignation, quelque nombre d'Oppofans qu'il y ait.

Du 22 Avril 1758.

SUIVANT les Edits & Déclarations du Roi , les deniers provenans de la vente des meubles , doivent être confignés quand il fe trouve deux oppofans.

L'Edit de 1685 , portant création des Receveurs des Confignations en Nor-mandie , pour jouir de ces Offices comme ceux créés en 1578 , n'excepte pas du droit de Confignation les deniers provenans de la vente des meubles des Mineurs ; mais ils en font exempts par un Edit de Février 1689 , qui crée de pareils Offices pour le refte du Royaume : Edit qui à la vérité n'eft pas enregiftré au Parlement de Rouen , parce que les Receveurs des Confignations de Norman-die , fe trouvoient alors créés par l'Edit de 1685 ; mais les difpofitions de cet Edit de 1689 fe trouvent rapportées dans une Déclaration du Roi du 26 Octo-bre 1706 , enregiftrée au Parlement de Normandie.

D'un autre côté , par un Arrêt du 19 Juin 1625 , rapporté par Bérault fur l'Article V de la Coutume , il avoit été dit que les deniers provenans de la ven-te des biens des Mineurs , n'étoient fujets à l'Edit des Confignations. (C'eft l'Edit de 1578.)

Jean de la Noë étant décédé & ayant laiffé des Mineurs , la vente de fes meu-bles fut faite requête de Jean Vaugrente leur Tuteur.

Le Sieur Davy , Receveur des Confignations d'Avranches , fe fit configner les deniers provenans de cette vente , fous prétexte d'oppofition entre les mains de l'Officier qui y avoit procédé.

Vaugrente ayant pourfuivi le Sieur Davy pour fe faire remettre ces deniers , inter-vint Sentence en Bailliage à Avranches , qui le condamna à les rendre , en exem-ption du droit de Confignation.

Sur l'appel interjetté par le Sieur Davy , LA COUR mit l'appellation au néant; & faifant droit fur les plus amples Conclufions du Procureur-Général , ordonna qu'à fa diligence , l'Arrêt feroit lu , publié & affiché par-tout où befoin feroit , & que Copies d'icelui dûment collationnées , feroient envoyées dans tous les Bailliages du Reffort , pour y être enregiftré , lu , publié , affiché & exécuté à la diligence de fes Subftituts.

DÉCLARATION DU ROI,

Concernant les Dixmes Novales.

Donnée à Verfailles le 28 Août 1759.

LOUIS, par la grace de Dieu, Roi de France & de Navarre : A tous ceux qui ces préfentes Lettres verront, SALUT. Les conteftations qui fe font élevées au fujet des Dixmes Novales entre plufieurs Curés & les Religieux des Ordres de Cluny, de Cîteaux & de Prémontré, qui prétendoient avoir droit de les percevoir à proportion du droit qu'ils ont dans les Groffes Dixmes, ont donné lieu à différens Jugemens qui ont produit une diverfité de Jurifprudence fur cette matiere ; & quelques-uns de nos Juges ont cru devoir fufpendre la décifion des Queftions agitées devant eux, en ordonnant que les Parties fe retireroient pardevers Nous, pour expliquer nos intentions. Nous avons cru que rien n'étoit plus conforme au defir que nous avons de faire ceffer une diverfité de Jugemens fur les mêmes Queftions, toujours contraire au bien de la Juftice, que d'établir pour l'avenir une regle uniforme fur ce qui a fait l'objet de ces conteftations, & d'éteindre toutes celles qui fe font élevées jufqu'à préfent, en laiffant la perception des Dixmes Novales à ceux qui en jouiffent actuellement, foit que la poffeffion fe trouve en faveur des Curés, ou qu'elle foit en faveur des Religieux de ces Ordres ; & Nous avons eu la fatisfaction de les voir difpofés à abandonner leurs prétentions pour entrer dans des vues fi propres à rétablir la paix entre ceux qui font confacrés à la vie Monaftique & les Miniftres de l'Eglife, qui font chargés du foin des Ames : A CES CAUSES & autres à ce nous mouvant, de l'avis de notre Confeil, & de notre certaine fcience, pleine puiffance & autorité Royale, Nous avons dit & ordonné, & par ces Préfentes fignées de notre main, difons & ordonnons, voulons & nous plaît ce qui fuit :

ARTICLE PREMIER.

Les Abbés, Prieurs & Religieux des Ordres de Cluny, Cîteaux & Prémontré continueront à l'avenir de percevoir la Dixme fur les Fonds fur lefquels ils fe trouveront en poffeffion de la percevoir à titre de Novale au jour de l'enregiftrement de la préfente Déclaration.

II. Les Curés, tant Vicaires perpétuels qu'autres, continueront pareillement de percevoir la Dixme fur les Fonds fur lefquels ils fe trouveront en poffeffion de la percevoir audit titre de Novale, au jour de l'enregiftrement des Préfentes.

III. A l'égard des Fonds nouvellement défrichés, dont la Dixme feroit en litige entre les Curés & les Abbés, Prieurs & Religieux defdits Ordres, au jour de l'enregiftrement des Préfentes, Voulons qu'elle demeure définitivement à la Partie qui s'en trouvera actuellement en jouiffance audit jour, au moyen de quoi tous Procès à ce fujet demeureront éteints & affoupis, & en cas de difficulté fur le fait de ladite jouiffance, il y fera ftatué ainfi qu'il appartiendra, par les Juges qui en doivent connoître.

IV. Et à l'égard de toutes Dixmes Novales qui feront à percevoir à l'avenir fur les Héritages défrichés depuis le jour de l'enregiftrement des Préfentes, Voulons qu'elles appartiennent auxdits Curés, tant Vicaires perpétuels qu'autres, à l'exclufion des Abbés, Prieurs & Religieux.

V. N'entendons rien innover par la Préfente Déclaration, ce qui concerne les Dixmes Novales, fur les Fonds de l'ancienne dotation defdits Ordres de Cîteaux & de Prémontré, par eux poffédés avant le Concile de Latran, de l'année mil deux cent quinze. Voulons que les conteftations formées & à former fur ce fujet, foient jugées ainfi qu'elles auroient pu ou dû l'être avant ces Préfentes : Voulons que notre préfente Déclaration foit exécutée, nonobftant toutes Ordonnances, Edits, Déclarations, Lettres-Patentes, Arrêts, Réglemens ou autres chofes à ce contraires. Si donnons en Mandement, &c.

LA COUR, toutes les Chambres affemblées a ordonné & ordonne que ladite Déclaration fera regiftrée ès Regiftres de la Cour, lue & publiée l'Audience d'icelle féante, pour être exécutée felon fa forme & teneur, *parce que les Poffeffions & Jouiffances expliquées dans les premier, fecond & troifieme Articles, ne pourront être entendues que d'une Poffeffion & Jouiffance quadragénaire de la part defdits Abbés, Prieurs & Religieux, conformément à la Coutume de cette Province, & fans qu'il puiffe être préjudicié au droit des Curés de reclamer la Dixme de toute Terre défrichée par & depuis quarante ans.* Ordonne que Copies dûment collationnées de ladite Déclaration, feront envoyées dans tous les Siéges de ce Reffort, &c.

Regiftrée ès Regiftres de la Cour de Parlement de Rouen, le 22 Décembre 1759. Signé, *AUZANET.*

DÉCLARATION DU ROI,

En interprétation de l'Edit du mois d'Août 1749, concernant les Etabliffemens & Acquifitions des Gens de Main-morte.

Donnée à Verfailles le 20 Juillet 1762.

LOUIS, par la grace de Dieu, Roi de France & de Navarre : A tous ceux qui ces préfentes Lettres verront, SALUT. En renouvellant par notre Edit du mois d'Août mil fept cent quarante-neuf les difpofitions des anciennes Loix de notre Royaume, nous avons prefcrit pour les Etabliffemens & les Acquifitions des Gens de Main-morte, les regles qui nous ont paru les plus propres à concilier la faveur que méritent des Etabliffemens faits par des motifs de Religion & de Charité avec l'intérêt des familles ; il ne nous reftoit plus qu'à régler différens points qu'il n'avoit pas été poffible de prévoir dans une Loi générale. Après nous être fait rendre un compte exaêt des doutes qui fe font élevés, & des différentes repréfentations qui nous ont été faites au fujet de notredit Edit, nous nous fommes déterminés à expliquer nos intentions par une Délibération qui en fera connoître de plus en plus le véritable efprit, & par laquelle nous donnerons une nouvelle marque de notre protection aux Etabliffemens deftinés à procurer des inftruêtions & des fecours

temporels à nos Sujets. A CES CAUSES, & autres confidérations à ce
nous mouvant, de l'avis de notre Confeil, & de notre certaine fcience, pleine puiffance & autorité royale, Nous avons par ces Préfentes, fignées de notre
main, dit, déclaré & ordonné, difons, déclarons & ordonnons, voulons &
nous plaît ce qui fuit :

ARTICLE PREMIER.

Interprétant, en tant que befoin, notre Edit du mois d'Août mil fept cent
quarante-neuf, déclarons n'avoir entendu comprendre dans la difpofition de
l'Article XIII, les fommes dont les Etabliffemens ont été faits avant ledit
Edit, qui demeureront autorifés & confirmés en vertu des Préfentes; & à l'é-
gard des Séminaires que les Archevêques & Evêques jugeroient à propos d'établir par la fuite dans notre Royaume, voulons que l'Article I. de notredit
Edit foit exécuté felon fa forme & teneur.

II. Confirmons pareillement par ces Préfentes telles Erections de Cures ou
Vicairies perpétuelles qui auroient été faites pour caufes légitimes avant l'enregiftrement dudit Edit ; voulons que ceux qui en font pourvus, & leurs Succeffeurs, continuent à jouir des Biens dépendans defdites Cures & Vicairies
perpétuelles qu'ils poffédoient paifiblement audit jour, fans qu'ils puiffent y
être troublés en vertu dudit Edit.

III. Déclarons avoir entendu comprendre au nombre des Fondations mentionnées en l'Article III. dudit Edit, celles des Vicaires ou des Secondaires
amovibles, des Chapelains qui ne font pas en titre de Bénéfice, des Services
& Prieres, des Lits ou Places dans les Hôpitaux, & autres établiffemens de
Charité bien & dûment autorifés, des Bouillons ou Tables des Pauvres des
Paroiffes, des Diftributions à des Pauvres, & autres Fondations, qui ayant
pour objet des œuvres de Religion & de Charité, ne tendroient pas à établir
un nouveau Corps ou Collége ou Communauté, ou un nouveau titre de Bénéfice. Voulons qu'il en foit ufé par rapport aux Fondations mentionnées au
préfent Article, ainfi qu'il eft prefcrit par l'Article V. de notredit Edit.

IV. N'entendons empêcher les Gens de Main-morte de donner à Baux emphitéotiques ou à longues années, les Biens à eux appartenans, en obfervant
les formalités en tel cas requifes & accoutumées ; & lorfque lefdits Gens
de Main-morte rentreront dans la jouiffance defdits Biens à l'expiration des
Baux ou faute de payement des Rentes & acquittement des charges y portées,
ils ne feront tenus d'obtenir nos Lettres-Patentes.

V. Pourront pareillement lefdits Gens de Main-morte, donner à Céns ou
à Rentes perpétuelles les Biens à eux appartenans; mais dans le cas où ils y
rentreroient faute de payement des Rentes ou acquittement des charges, ils
feront tenus d'en vuider leurs mains dans l'an & jour, à compter de celui
qu'ils en feront rentrés en poffeffion ; & ne pourront, en aliénant de nouveau
lefdits Biens, retenir fur iceux autres & plus grands Droits que ceux auxquels
lefdits Biens étoient affujettis envers eux avant qu'ils y entraffent; & fera la
difpofition du préfent Article obfervée dans tous les cas où il adviendra des
Biens-fonds aux Gens de Main-morte, en vertu des Droits attachés aux Fiefs,
Juftices & Seigneuries qui leur appartiennent, & de tous autres Droits généralement ; & faute par lefdits Gens de Main-morte de mettre lefdits Biens hors de
leurs mains dans l'an & jour, Voulons que la difpofition de l'Article XXVI de
notre Edit du mois d'Août mil fept cent quarante-neuf, foit exécutée à

ces

cet égard ; nous réfervant néanmoins de proroger ledit délai, s'il y a lieu : ce qui ne pourra être fait que par Lettres-Patentes enregiftrées dans nos Cours de Parlement & Confeils fupérieurs.

VI. N'entendons empêcher que les Gens de Main-morte ne puiffent céder le Retrait féodal ou cenfuel, ou Droit de Prélaction à eux appartenant dans les lieux où fuivant les Loix, Coutumes & Ufages cette faculté leur a appartenu jufqu'à préfent, fans néanmoins que ladite ceffion puiffe être faite à autres Gens de Main-morte, ni qu'ils puiffent recevoir pour prix de la ceffion autre chofe que des effets mobiliers ou des Rentes mobiliaires de la nature de celles qu'il leur eft permis d'acquerir, dérogeant à cet égard à la difpofition de l'Article XXV de l'Edit du mois d'Août mil fept cent quarante-neuf.

VII. Les Communautés Religieufes auxquelles il a été permis de recevoir des Dots par la Déclaration du vingt-huit Avril mil fix cent quatre-vingt-treize, pourront ftipuler que la Dot fera payable en un ou plufieurs termes, & que cependant l'intérêt en fera payé fur le pied fixé par nos Ordonnances. Pourront même renouveller lefdites Obligations à l'échéance des termes, fi mieux n'aiment convenir que pour tenir lieu de Dot, il fera payé une Rente viagere pendant la vie de celle qui fera reçue Religieufe. Voulons que le payement de la Dot, tant en principal qu'en intérêt, ainfi que les arrérages des Rentes viageres conftituées par Dot, ne puiffent être faits qu'en deniers ou effets mobiliers, ou en Rentes de la nature de celles qu'il eft permis aux Gens de Main-morte d'acquerir, fans que lefdites Communautés puiffent, fous prétexte de défaut de payement ni fous aucun autre, acquerir la propriété, ou fe faire envoyer en poffeffion d'aucun autre Immeuble pour l'acquittement defdites Dots, & ce nonobftant toutes Loix, Ufages & Coutumes à ce contraires, auxquels nous avons dérogé.

VIII. Et defirant pourvoir à ce que les deniers comptans appartenant aux Hôpitaux, & autres Etabliffemens de Charité, aux Eglifes Paroiffiales, Fabriques d'icelles, Ecoles de Charité, Tables ou Bouillons des Pauvres des Paroiffes, provenant des rembourfemens qu'ils auront reçus des dons & legs qui leur auront été faits, ou de leurs épargnes, ne demeurent pas inutiles entre les mains des Adminiftrateurs ; les autorifons à remettre lefdits fonds, pourvu qu'ils foient de deux cens cinquante livres & au-deffus, entre les mains des Receveurs des Tailles, ou autres Receveurs des deniers publics, dont les fonds font portés médiatement ou immédiatement au Tréfor royal, chacun dans l'étendue du Reffort dans lequel ils exercent leurs fonctions, lefquels les feront paffer fans retardement au Tréfor royal pour y demeurer en dépôt jufqu'à ce que lefdits Adminiftrateurs ayent trouvé un emploi convenable ; & cependant voulons qu'attendu la faveur que méritent lefdits Etabliffemens, il leur en foit par nous payé l'intérêt au denier vingt-cinq, & que lefdits intérêts foient employés dans les Etats des charges affignées fur lefdites Recettes, en vertu des Quittances de finance qui leur feront expédiées aux Tréfor royal, & ce fans aucuns frais pour l'expédition defdites Quittances, enregiftrement ou autres, généralement quelconques dont nous les avons difpenfé.

IX. En confidération de la faveur que méritent les Hôpitaux & autres Etabliffemens énoncés en l'Article précédent, voulons que les difpofitions de derniere volonté, par lefquelles il leur auroit été donné depuis l'Edit du mois d'Août mil fept cent quarante-neuf, ou leur feroit donné à l'avenir des Rentes,

i

& autres Immeubles de toute nature , foient exécutées, dérogeant à cet égard à la difpofition de l'Article XVII dudit Edit , fous les claufes, conditions & réferves énoncées dans les Articles fuivans.

X. Les Rentes ainfi données ou léguées auxdits Hôpitaux , & autres Etabliffe- mens mentionnés en l'Article VIII , pourront être remboursées par les Débi- teurs, quand même elles auroient été ftipulées non rachetables , & ce fur le pied du denier vingt , lorfqu'elles n'auront pas de principal déterminé ; Vou- lons pareillement qu'elles puiffent être retirées par les Héritiers & Repréfen- tans des Donateurs dans un an , à compter du jour de l'enregiftrement des Préfentes , pour les difpofitions de derniere volonté antérieures à la préfente Déclaration , & à compter du jour de l'ouverture des Succeffions pour celles qui feront poftérieures.

XI. Les Héritiers & Repréfentans de ceux qui auront donné , par difpofi- tion de derniere volonté , des Immeubles auxdits Hôpitaux & aux autres Eta- bliffemens ci-deffus énoncés , pourront auffi , dans les mêmes délais portés par l'Article précédent, retirer lefdits Immeubles , en payant la valeur d'iceux fui- vant l'évaluation qui en fera faite.

XII. Faute par lefdits Débiteurs , Héritiers & Repréfentans d'avoir fait le rembourfement des Rentes ou payé la valeur defdits Immeubles dans le délai ci-deffus , ordonnons que les Adminiftrateurs defdits Hôpitaux , Fabriques & autres Etabliffemens ci-deffus énoncés , feront tenus d'en vuider leurs mains dans l'an & jour , à compter de celui où le délai ci-deffus fera expiré, fous les peines portées par l'Article XXVI de l'Edit du mois d'Août mil fept cent quarante-neuf , defquelles peines lefdits Adminiftrateurs demeureront pareille- ment garans & refponfables , fi ce n'eft que nous jugeaffions à propos de pro- roger ledit délai dans la forme portée par l'Article V ci-deffus.

XIII. Les Débiteurs des Rentes , & les Héritiers & Repréfentans des Do- nateurs & Teftateurs , qui auroient donné ou légué lefdites Rentes ou des Biens-fonds & Immeubles de toute nature , feront admis à donner en paye- ment du rembourfement defdites Rentes ou pour le prix des Immeubles légués ou donnés , qu'ils font autorifés de rembourfer ou retirer par les Articles X & XI ci-deffus , des Rentes de la nature de celles dont il eft permis aux Gens de Main-morte de faire l'acquifition par l'Article XVIII de l'Edit du mois d'Août mil fept cent quarante-neuf , au moyen de quoi ils en demeureront libérés , comme s'ils avoient fait lefdits payemens en deniers comptans.

XIV. Voulons que les Biens-fonds non amortis qui feront poffédés par les Gens de Main-morte , même par les Hôpitaux & autres Etabliffemens énon- cés en l'Article VIII , & qu'ils font obligés de mettre hors de leurs mains , foit en vertu des Ordonnances , Loix & Coutumes du Royaume , foit en exécution de notre Edit du mois d'Août mil fept cent quarante-neuf , & de la préfente Déclaration, foient affujettis à toutes les charges publiques , même que lefdits Gens de Main-morte foient tenus de payer la Taille pour raifon de la propriété & de l'exploitation defdits Biens , les Vingtiemes & toutes autres im- pofitions généralement quelconques mifes ou à mettre , comme s'ils étoient pof- fédés par nos autres Sujets & non privilégiés , pendant le temps que lefdits Gens de Main-morte en jouiront , & jufqu'à ce qu'ils les ayent mis hors de leurs mains.

XV. Sera au furplus notre Edit du mois d'Août mil fept cent quarante-neuf, exécuté selon sa forme & teneur, dans toutes les dispositions auxquelles il n'a été apporté aucun changement par ces Présentes, enjoignons à nos Procureurs-Généraux, & à leurs Substituts, chacun dans leur ressort, de veiller à l'exécution, tant de notredit Edit du mois d'Août mil sept cent quarante-neuf, que de notre présente Déclaration, & en cas d'inexécution ou de fraude, de poursuivre les Contrevenans suivant la rigueur des Ordonnnances. Si donnons en mandement, &c.

LA COUR, les Chambres assemblées, a ordonné & ordonne que ladite Déclaration du Roi sera enregistrée ès Registres de la Cour, pour être exécutée selon sa forme & teneur, (parce que néanmoins les Administrateurs des deniers mentionnés en l'Article VIII de ladite Déclaration, ne pourront en disposer qu'en vertu d'une Délibération du Général, faite conformément aux Réglemens) lue, publiée l'Audience de la Cour séante, &c.

Registrée ès Registres de la Cour de Parlement de Rouen le 28 Janvier 1763. Signé, AUZANET.

DÉCLARATION DU ROI,

Portant permission de faire circuler les Grains, Farines & Légumes dans toute l'étendue du Royaume, en exemption de tous Droits, même ceux de Péage.

Donnée à Versailles le 25 Mai 1763.

LOUIS, par la grace de Dieu, Roi de France & de Navarre : A tous ceux qui ces présentes Lettres verront, SALUT. La culture & le commerce des Denrées nécessaires à la vie ayant toujours été regardés comme l'objet le plus important pour le bien des Peuples, les Rois nos Prédécesseurs, ont donné une attention particuliere aux moyens d'en procurer l'abondance, en ménageant également les intérêts des Cultivateurs & ceux des Consommateurs. Ils ont regardé la liberté de la circulation dans l'intérieur comme nécessaire à maintenir ; mais les précautions qu'ils ont cru devoir prendre pour empêcher les abus, ont souvent donné quelqu'atteinte à cette liberté. Animés du même esprit, & persuadés que rien n'est plus propre à arrêter les inconvéniens du monopole qu'une concurrence libre & entiere dans le commerce des Denrées, Nous avons cru devoir restreindre la rigueur des Réglemens précédemment rendus pour encourager les Cultivateurs dans leurs travaux, & donner à cette portion précieuse de nos Sujets des marques particulieres du soin que nous prenons de ses intérêts. A CES CAUSES, & autres à ce nous mouvant, de l'avis de notre Conseil & de notre certaine science, pleine puissance & autorité royale, nous avons, par ces Présentes signées de notre main, dit, déclaré & ordonné, disons, déclarons & ordonnons, voulons & nous plaît ce qui suit :

ARTICLE PREMIER.

Permettons à tous nos Sujets, de quelque qualité & condition qu'ils soient,

i 2

même les Nobles & Privilégiés, de faire, ainsi que bon leur semblera, dans l'intérieur du Royaume, le commerce des Grains, d'en vendre & d'en acheter, même d'en faire des Magasins, sans que pour raison de ce commerce ils puissent être inquiétés ni astreins à aucunes formalités.

II. Permettons pareillement à tous nos Sujets de transporter librement d'une Province du Royaume dans une autre, toutes especes de Grains & Denrées, sans être obligés de faire aucunes Déclarations, ni prendre aucun Congé ou Permission. Faisons très-expresses inhibitions & défenses à tous nos Officiers, & à ceux des Seigneurs, d'exiger aucunes formalités, sous quelque prétexte que ce puisse être.

III. Défendons pareillement à tous nos Sujets, qui jouissent des Droits de Péage, Passage, Pontonage ou Travers, à titre de propriété, engagement ou à quelqu'autre titre que ce soit, d'exiger aucuns desdits Droits sur les Grains, Farines & Légumes, qui circuleront dans le Royaume, sans préjudice néanmoins des Droits de Hallage, Minage & autres Droits de Marchés, qui continueront à être perçus en la maniere accoutumée.

IV. Dérogeons par ces Présentes à tous les précédens Edits & Réglemens, en ce qui pourroit y être contraire. Si donnons en Mandement, &c.

LA COUR, toutes les Chambres assemblées, a ordonné & ordonne que ladite Déclaration sera registrée ès Registres d'icelle pour être exécutée selon sa forme & teneur; & sera très-humblement supplié le Seigneur Roi de permettre encore la libre & générale exportation des Grains chez l'Etranger; ordonne en outre que ladite Déclaration & le présent Arrêt seront lûs & publiés l'Audience de la Cour séante, &c.

Regiſtrée ès Regiſtres de la Cour de Parlement de Rouen le 23 Mars 1764. Signé, AUZANET.

DÉCLARATION DU ROI,

Qui fixe les Droits à payer aux Receveurs des Conſignations de la Généralité de Rouen.

Donnée à Verſailles le 11 Mars 1765.

LOUIS, par la grace de Dieu, Roi de France & de Navarre: A tous ceux qui ces préſentes Lettres verront, SALUT. Les plaintes qui nous ont été portées ſur l'extenſion que les Receveurs des Conſignations de notre Province de Normandie donnent à la perception de leurs Droits, par les différentes interprétations qu'ils cherchent à donner aux Edits de Juin mil ſix cent quatre-vingt-cinq, Avril mil ſix cent quatre-vingt-quatorze & Septembre mil ſept cent quatre, encore que pluſieurs n'ayent payé aucunes finances pour la nouvelle attribution portée par ce nouvel Edit, nous ayant fait connoître la néceſſité qu'il y avoit de remédier à cet inconvénient, nous aurions jugé convenable d'expliquer à cet effet nos intentions. A CES CAUSES, & autres à ce nous mouvant, de l'avis de notre Conſeil, & de notre certaine ſcience, pleine puiſſance & autorité royale, Nous avons par ces Préſentes, ſignées de notre main, dit, déclaré & ordonné, difons, déclarons & ordonnons, voulons & nous plait ce qui fuit:

ARTICLE PREMIER.

Le Droit de dix-huit deniers pour livre dont jouiffent les Receveurs des Confignations de notre Province de Normandie, au moyen des différentes attributions qui leur ont été faites par les Edits de Juin mil fix cent quatre-vingt-cinq, Avril mil fix cent quatre-vingt-quatorze, & Septembre mil fept cent quatre ne pourra être perçu que fur le prix des immeubles vendus & délaiffés à un ou plufieurs Créanciers, dont la vente & délaiffement feront faits en Juftice; & fur le prix des immeubles adjugés par Décret fur toutes autres efpeces de deniers fujets aux droits de Confignations, il ne pourra être par eux perçu que neuf deniers.

II. A l'égard de ceux defdits Receveurs des Confignations qui ne juftifieroient pas avoir payé la finance ordonnée par l'Edit de Septembre mil fept cent quatre, pour jouir de l'attribution des Droits portés par icelui; entendons que leurs Droits demeurent reftreints, fçavoir, à douze deniers pour livre fur le prix defdits immeubles vendus & délaiffés en Juftice, & de ceux adjugés par Décret, à fix deniers feulement fur toutes autres efpeces de deniers fujets aux droits de Confignation.

III. Voulons en conféquence que dans un mois pour tout délai, à compter du jour de la publication des Préfentes, tous lefdits Receveurs des Confignations qui prétendent devoir jouir des Droits de dix-huit deniers foient tenus de faire enregiftrer au Greffe de la Jurifdiction du Reffort, (lequel enregiftrement fera fait fans frais) la Quittance de la finance payée par eux ou par leurs prédéceffeurs, en vertu dudit Edit de Septembre mil fept cent quatre, & qu'à défaut dudit enregiftrement leurs Droits demeurent réduits conformément au précédent Article.

IV. Faifons très-expreffes inhibitions & défenfes auxdits Receveurs des Confignations, de percevoir autres & plus forts Droits, fous quelque prétexte que ce foit, que ceux mentionnés aux précédens Articles, à peine de concuffion & de reftitution du triple.

V. Faifons auffi défenfe à tous Juges d'ordonner qu'aucune confignation de deniers fujets aux droits de Confignation, foient faites ailleurs qu'entre les mains defdits Receveurs, & à toutes perfonnes de donner ou recevoir en dépôt ou confignation volontaire, aucuns deniers fujets auxdits droits de Confignation, fauf cependant le cas où les Parties auroient caufe de fufpicion contre lefdits Receveurs, auquel cas elles pourront convenir d'un Dépofitaire, en payant toutefois les Droits defdits Receveurs.

VI. Défendons pareillement à tous Huiffiers & Sergens de garder en dépôt les deniers procédans des exécutions & ventes qu'ils auroient faites lorfqu'il y aura plus de deux Oppofans à la Saifie: Voulons en conféquence que l'Huiffier ou Sergent qui fera la vente foit tenu de faire une mention fommaire dans fon Procès-verbal de vente des oppofitions qui furviendront pendant le cours de ladite vente, & que dans huitaine, à compter du jour de la clôture de la vente, pourvu toutefois qu'à l'expiration dudit délai de huitaine, il y ait encore deux oppofitions fubfiftantes avec le Saififfant, ils foient tenus de dépofer lefdits deniers entre les mains des Receveurs des Confignations, auxquels nous défendons de percevoir leurs Droits, que ladite confignation ne leur ait été réellement faite.

VII. N'entendons comprendre dans les précédens Articles les deniers appartenans à des Mineurs & aux Hôpitaux , les sommes qui n'excéderont point trente livres , celles dues pour raison de loyers ou fermages aux Propriétaires des Maisons ou Fermes dont le Locataire ou Fermier seroit saisi ou vendu , ni les deniers des Marchands & Négocians tombés en faillite , lesquels ne seront sujets aux droits de Consignation ou à être consignés.

VIII. Ordonnons au surplus que les Edits , Déclarations , & Réglemens rendus sur le fait des Consignations , seront exécutés. Si donnons en Mandement , &c.

Regiſtrée ès Regiſtres de la Cour de Parlement de Rouen le 26 Avril 1765. Signé , MUSTEL.

ARREST DU PARLEMENT,

Qui ordonne que la Déclaration du 21 Mars dernier, & notamment l'Article VI d'icelle , seront exécutés selon leur forme & teneur; en conséquence fait défenses aux Receveurs des Consignations de prendre & exiger aucuns Droits de Consignation sur les Objets privilégiés payés avant la consignation , &c.

Du 16 Août 1765.

SUR la Remontrance faite à la Cour , les Chambres assemblées, par le Procureur-Général du Roi; expositive , que par l'Article premier de la Déclaration du 21 Mars dernier, enregiſtrée en la Cour le 26 Avril suivant , il eſt porté que les Droits des Receveurs des Consignations ne pourront être perçus que sur le prix des Immeubles vendus ou délaiſſés à un ou plusieurs Créanciers , dont la vente & délaiſſement seront faits en Juſtice , & sur le prix des Immeubles adjugés par Décret; que dans le prix de l'Immeuble délaiſſé par un Débiteur , l'on ne doit considérer que la valeur de l'objet délaiſſé , & non les droits que la mutation peut occasionner , les droits attribués au Receveur des Consignations n'ayant jamais eu pour objet que la récompense de la garde de ce qui lui a été confié , ou de ce qu'il eſt parvenu , par ses soins & diligences , à faire entrer dans la caiſſe des Consignations , de sorte qu'ils doivent être exclus de tous droits sur les sommes qui n'ont point entré réellement dans la caiſſe des Consignations; parce que où il n'y a point eu de dépôt , il ne doit point y avoir de droit pour la garde du dépôt : Que c'eſt cette extenſion de droits sur les sommes non dépoſées qui ont occasionné une partie des plaintes auxquelles le Roi a eu intention de remédier par la Déclaration du 21 Mars; l'intention du Légiſlateur étant annoncée par le Préambule de cette Déclaration & par les dernieres dispositions de l'Article VI , qui leur défend de percevoir leurs droits que la Consignation n'ait été réellement effeſtuée : Que cependant quelques Receveurs des Consignations n'ont pas laiſſé de s'attribuer des droits sur les capitaux des rentes dont étoient chargés les biens délaiſſés à des Créanciers ou décretés en Juſtice , quoique le capital de ces rentes, dont étoient chargés les biens délaiſſés à des Créanciers ou décrétés en Juſtice , n'ait jamais fait partie de la valeur de l'effet abandonné ou du bien réel du Créancier décreté , qui n'eſt réellement à lui que diſtraction faite des rentes foncieres & privilégiées aux-quelles il a été affecté : Qu'il y a encore moins de prétexte à l'extenſion que quelques Receveurs des Conſignations ont donné à leurs droits ſur le prix des Lots & Ventes ou Treiziemes auxquels les Délaiſſemens de biens ou Adjudications par Décret donne lieu ; parce que le produit du Treizieme n'entre point , dans ce cas , dans la caiſſe des Conſignations , il appartient au Seigneur ſouverain , & non au Dé-creté. Pourquoi requiert être ordonné que la Déclaration du 21 Mars dernier , & notamment l'Article VI de ladite Déclaration , ſeront exécutés ſelon leur for-me & teneur ; en conſéquence défenſes être faites à tous Receveurs des Con-ſignations du Reſſort de la Cour , de prendre & exiger aucuns droits de Con-ſignation ſur les objets privilégiés payés avant la conſignation ſur les capitaux des rentes dont les biens délaiſſés ou décretés en Juſtice étoient chargés , & qui n'ont pas fait partie de la valeur de l'effet abandonné ou du bien réel du Créancier décreté , & ſur le prix des Lots & Ventes ou Treiziemes , dans le cas où l'Acquereur en ſeroit chargé , & généralement de ne s'attribuer ni per-cevoir aucuns droits que les deniers & valeur des effets qui auront entré réelle-ment & de fait dans leur caiſſe ; & que l'Arrêt qui interviendra ſera lu , pu-bilé , affiché & envoyé dans tous les Siéges du Reſſort de la Cour , pour y être enregiſtré & publié à la diligence de ſes Subſtituts , qui ſeront tenus de l'en certifier dans le mois.

LA COUR , les Chambres aſſemblées , a ordonné & ordonne que la Dé-claration du 21 Mars dernier , & notamment l'Article VI de ladite Déclara-tion , ſeront exécutés ſelon leur forme & teneur ; en conſéquence fait défen-ſes à tous Receveurs des Conſignations du Reſſort de la Cour , de prendre & exiger aucuns droits de Conſignation ſur les objets privilégiés payés avant la conſignation ; ſur les capitaux des rentes dont les biens délaiſſés ou décretés en Juſtice étoient chargés , & qui n'ont pas fait partie de la valeur de l'effet abandonné ou du bien réel du Créancier décreté ; & ſur le prix des Lots & Ven-tes ou Treiziemes , dans le cas où l'Acquereur en ſeroit chargé , & générale-ment de ne s'attribuer ni percevoir aucuns droits que des deniers & valeur des effets quiauront entré réellement & de fait dans leur caiſſe.

ARREST DU PARLEMENT,

Qui ordonne que les Contrats de fieffe faits à charge de rente fonciere & à prix d'argent , ne ſeront ſûjets au Treizieme qu'à raiſon de l'argent qui ſera payé.

Du 28 Juillet 1766.

ENTRE le Sieur Charles de Houdetot , Chevalier , Seigneur , Patron & Châtelain de Fontaines , Saint Germain-des-Eſſours , les Authieux , Cate-nay en partie , & autres lieux , Appellant de Sentence rendue au Bailliage de Rouen , le trente Mars mil ſept cent cinquante-neuf , d'une part ; & Michel Brunel , Intimé en appel , d'autre part.

LA COUR, toutes les Chambres affemblées, faifant droit fur l'appel, a mis & met l'appellation au néant; ordonne que ce dont eft appel fortira effet; condamne l'Appellant en douze livres d'amende envers le Roi, & aux dépens envers l'Intimé : Et donnant Réglement, la Cour a ordonné & ordonne que les Contrats de fieffe faits à charge de rente fonciere & à prix d'argent, ne feront fujets au Treizieme qu'à raifon de l'argent qui fera payé; à laquelle fin le préfent Arrêt fera imprimé, publié, affiché & envoyé dans tous les Siéges du Reffort, pour y être enregiftré, à la requête des Subftituts du Procureur-Général du Roi auxdits Siéges, qui feront tenus de certifier la Cour, dans le mois, des diligences qu'ils auront pour ce faites. DONNÉ à Rouen, en Parlement, toutes les Chambres affemblées, le vingt-huit Juillet mil fept cent foixante-fix.

DÉCLARATION DU ROI,

Qui accorde différens Priviléges & Exemptions à ceux qui défricheront les Landes & Terres incultes.

Donnée à Compiegne le 13 Août 1766.

LOUIS, par la grace de Dieu, Roi de France & de Navarre : A tous ceux qui ces préfentes Lettres verront, SALUT. Par notre Déclaration du quatorze Juin mil fept cent foixante-quatre, Nous avons, à l'exemple des Rois nos Prédéceffeurs, donné des marques de notre protection à ceux qui ont entrepris ou entreprendront par la fuite le deffechement des Marais, Palus & Terres inondées dans notre Royaume, en leur accordant l'exemption des Dixmes & celle de la Taille & autres Impofitions pendant un certain nombre d'années. Nous croyons devoir la même Juftice à ceux qui entreprennent les défrichemens des Terres incultes, & nous nous y portons d'autant plus volontiers, que plufieurs Familles étrangeres defireroient pouvoir fe livrer à ces fortes de travaux, & fe fixer dans notre Royaume, fi nous voulions les faire participer aux avantages dont jouiffent nos propres Sujets. A CES CAUSES & autres à ce nous mouvant, de l'avis de notre Confeil & de notre certaine fcience, pleine puiffance & autorité royale, Nous avons dit, déclaré & ordonné; & par ces Préfentes, fignées de notre main, difons, déclarons & ordonnons, voulons & nous plaît ce qui fuit :

ARTICLE PREMIER.

Les Terres, de quelque qualité & efpece qu'elles foient, qui depuis quarante ans, fuivant la notoriété publique des lieux, n'auront donné aucune récolte, feront réputées Terres incultes.

II. Tous ceux qui voudront défricher ou faire défricher des Terres incultes, & les mettre en valeur, de quelque maniere que ce foit, feront tenus, pour jouir des Priviléges qui leur feront ci-après accordés, de déclarer au Greffe de la Juftice royale des Lieux, & à celui de l'Election, la quantité defdites Terres, avec leurs tenans & aboutiffans, il fera par eux payé dix fols à chacun des Greffiers, pour l'enregiftrement de leur déclaration; permettons auffi a ceux
qui

qui auront entrepris lefdits défrichemens , depuis le premier Janvier mil fept-
cent foixante-deux, de faire les mêmes déclarations dans le délai de trois mois ,
à compter de l'enregiftrement de notre préfente Déclaration , à l'effet de jouir
defdits Priviléges ci-après accordés.

III. Pour mettre les Décimateurs , Curés & Habitans à portée de vérifier
ladite Déclaration & fe pourvoir , s'il y a lieu , fçavoir , les Décimateurs &
Curés , pour raifon de la Dixme , devant les Juges ordinaires , & les Habitans ,
pour raifon de la Taille , en l'Election ; ceux qui voudront entreprendre lefdits
défrichemens , feront afficher une Copie de leur déclaration , à la principale
porte de l'Eglife paroiffiale , à l'iffue de la Meffe de Paroiffe , un jour de Dimanche ou de Fête , par un Huiffier , Sergent ou autres Officier public , requis
à cet effet , dont il fera dreffé Procès-verbal.

IV. Les Entrepreneurs des défrichemens , les Décimateurs , Curés & Habitans pourront fe faire délivrer , toutes les fois qu'ils le jugeront à propos , des
Copies de ces déclarations , en·payant à celui des Greffiers qui les délivrera ,
deux fols fix deniers par rôle ordinaire ; défendons auxdits Greffiers de percevoir autre & plus grands Droits , pour raifon de l'enregiftrement & expédition defdites Déclarations , fous quelque prétexte que ce puiffe être , à peine
de concuffion.

V. En obfervant les formalités prefcrites par les Articles II & III , ceux
qui défricheront lefdites Terres incultes , jouiront pour raifon de ces terrains
pendant l'efpace de quinze années , de l'exemption des Dixmes , Tailles & autres Impofitions généralement quelconques , même des Vingtiemes ; tant qu'ils
auront cours, & ce , à compter du mois d'Octobre qui fuivra la Déclaration
faite en exécution de l'Article II ; défendons en conféquence à tous Taxateurs,
Collecteurs & Afféeurs, de les augmenter à la Taille , Vingtiemes , tant qu'ils
auront cours , & autres Impofitions , pour raifon du produit & de l'exploitation defdits défrichemens pendant ledit efpace de temps ; le tout néanmoins à
la charge par eux de ne point abandonner la culture des Terres actuellement
en valeur , dont ils feroient Propriétaires , Ufufruitiers ou Fermiers , fous peine
de déchéance defdites exemptions ; Nous réfervant au furplus de proroger au-
delà dudit terme , lefdites exemptions , fi , après avoir entendu les Décimateurs , Curés & Habitans , la nature & l'importance de ces défrichemens paroiffent l'exiger.

VI. Ladite exemption des Dixmes ne pourra avoir lieu plus longt-temps que
celle de la Taille , Vingtiemes & autres Impofitions ; enforte qu'après l'expiration de quinze années , ou après celle du terme pendant lequel nous aurions
cru devoir proroger lefdites exemptions , Nous voulons & entendons que les
Terres nouvellement défrichées foient affujetties au payement , tant defdites Dixmes que de la Taille & autres Impofitions , fuivant le taux & en la maniere qui
fera par nous ordonnée.

VII. Les Propriétaires de ces Terrains , de même que de ceux à deffé-
cher , leurs Ceffionnaires ou Fermiers ne feront tenus de payer aucuns Droits
d'infinuation , Centieme ni demi-Centieme Denier pour les Baux par eux faits ,
relativement à l'exploitation de ces terrains , quoiqu'ils foient pour un terme
au-deffus de neuf années , jufqu'à vingt-fept & même vingt-neuf ans.

VIII. N'entendons néanmoins rien innover aux difpofitions de l'Ordonnance du mois d'Août mil fix cent foixante-neuf , ni déroger aux Arrêts & Ré-

k

glemens précédemment rendus fur les défrichemens des Montagnes , Landes & Bruyeres , Places vaines & vagues aux rives des Bois & Forêts , lefquels continueront d'être exécutés fuivant leur forme & teneur.

IX. Les Etrangers actuellement occupés auxdits défrichemens ou deſſéchemens , ou qui fe rendront en France pour fe livrer à ces travaux , foit qu'ils y foient employés comme Entrepreneurs , foit en qualité de Fermiers ou de fimples Journaliers , feront réputés Régnicoles , & comme tels jouiront de tous les avantages dont jouiſſent nos propres Sujets : voulons qu'ils puiſſent acquérir & difpofer de leurs Biens , tant par donation entre-vifs que par Teſtament , Codicille , & tous autres Actes de derniere volonté , en faveur de leurs Enfans , Parens & autres domiciliés en France , même à l'égard du mobilier feulement , en faveur de leurs Enfans , Parens & autres domiciliés aux Pays étrangers , en fe conformant cependant aux Loix & Coutumes des Lieux de leur domicile, ou à celles qui fe trouveront régir les Lieux où les Biens immeubles feront fitués , renonçant tant pour nous que pour nos Succeſſeurs , à tous Droits d'Aubaine , Déshérence & à tous autres à Nous appartenans fur la fucceſſion des Etrangers qui décedent dans notre Royaume.

X. Les Etrangers ne feront néanmoins tenus pour Régnicoles que lorfqu'ils auront élu leur domicile ordinaire fur les Lieux où il fera fait des défrichemens ou des deſſéchemens , & qu'ils auront déclaré devant les Juges royaux du Reſſort , qu'ils entendent y fixer leurdit domicile pour l'efpace au moins de fix années , & lorfqu'ils auront juſtifié après ledit temps auxdits Juges , par un Certificat en bonne forme , qui fera dépofé au Greffe , figné du Curé & de deux des Syndics ou Collecteurs , qu'ils ont été employés fans difcontinuation auxdits travaux , dont il leur fera donné Acte par lefdits Juges , fans frais , excepté ceux du Greffe que nous avons fixé à trois livres.

XI. Si quelques-uns defdits Etrangers venoient à décéder dans le cours defdites fix années , à compter du jour qu'ils auront fait leur déclaration devant lefdits Juges , les Enfans , Parens ou autres domiciliés en France , appellés à recueillir leur fucceſſion , & même à l'égard du mobilier feulement , ceux domiciliés en Pays étrangers , en auront délivrance , en juſtifiant par un Certificat , en la forme preſcrite par l'Article précédent , que lefdits Etrangers étoient employés auxdits défrichemens ou deſſéchemens. Si donnons en Mandement , &c.

LA COUR , les Chambres aſſemblées , a ordonné que ladite Déclaration fera définitivement regiſtrée ès Regiſtres de la Cour , pour être exécutée felon fa forme & teneur ; bien entendu que ladite Déclaration ne pourra , dans aucun temps ni dans aucun cas , préjudicier aux droits des Curés fur les Novales , ni à ceux des Cultivateurs , relativement aux fruits non Décimables , à la charge qu'il ne pourra être entrepris aucun défrichement que du gré , confentement ou conceſſion des Propriétaires des terrains incultes , ou des Seigneurs , à l'égard des Terres abandonnées , fans que de la qualification de Terres incultes donnée par l'Article premier à celles qui depuis quarante ans n'auroient produit aucune récolte , il puiſſe être tiré aucune conféquence , relativement aux conteſtations fur la nature & qualité des Dixmes qui pourroient s'élever après l'expiration de l'exemption des Dixmes ordonnée par ladite Déclaration , & fans qu'après l'expiration de ladite exemption , on puiſſe aſſujettir au payement de la Dixme les Terres incultes nouvellement défrichées qui feroient réduites en Bois ou en Herbages , & qui ne rapporteroient point de fruits décimables

par leur nature ; comme auſſi ſans que l'énonciation d'aucuns Arrêts ou Réglemens qui n'auroient point été revêtus de Lettres-patentes enregiſtrées en la Cour,
puiſſe être tirée à conſéquence ni ſuppléer au défaut d'enregiſtrement, &c.

*Regiſtrée ès Regiſtres de la Cour de Parlement de Rouen le 22 Novem-
bre 1766. Signé, AUZANET.*

ÉDIT DU ROI,

Concernant les Ordres Religieux.

Donné à Verſailles au mois de Mars 1768.

L OUIS, par la grace de Dieu, Roi de France & de Navarre : A tous préſens
& à venir, SALUT. Nous nous ſommes toujours fait un devoir, à l'exemple
des Rois nos Prédéceſſeurs, de faire éprouver les effets de notre protection à ceux de
nos Sujets qui, animés d'un deſir ſincere de la perfection, ſe conſacrent à Dieu par
des vœux ſolemnels de religion, & qui en renonçant ainſi aux emplois extérieurs de
la Société civile, ne ceſſent pas de lui rendre les ſervices les plus importans par l'e-
xemple de leurs vertus, la ferveur de leurs prieres, & les travaux du Miniſtere
auxquels l'Egliſe les a aſſociés. Mais plus la profeſſion religieuſe eſt ſainte & utile,
plus l'affection que nous portons à ceux qui l'embraſſent doit exciter notre vi-
gilance ſur tout ce qui peut affoiblir la Diſcipline Monaſtique, au maintien de
laquelle eſt attaché la conſervation des Ordres Religieux ; & quoique nous ayons
la ſatisfaction de voir dans notre Royaume un nombre conſidérable de Religieux
offrir le ſpectacle édifiant d'une vie réguliere & laborieuſe, il n'en eſt pas moins
de notre devoir d'écarter avec ſoin tout ce qui pourroit introduire dans les Cloîtres le regret & le repentir, y altérer l'eſprit primitif des regles qui y ont été
ſagement établies, & y amener avec le relâchement tous les malheurs qu'il entraîne. C'eſt dans cet eſprit que nous ſommes fait rendre compte de tout
ce qui eſt émané juſqu'ici de l'autorité Eccléſiaſtique & du pouvoir ſouverain
dans une matiere ſi importante ; & nous avons reconnu que l'une & l'autre
avoient eu principalement en vue d'aſſurer par des épreuves & des précautions
la vocation de ceux qui s'engagent ; l'obéiſſance qui eſt le nerf de la diſcipline, par des loix ſages & préciſes & l'exécution des regles, par la réunion
& l'impreſſion puiſſante des exemples. La fixation de l'âge auquel on pourroit
être admis à la Profeſſion Religieuſe, nous a donc paru devoir être le premier objet de notre attention, comme le moyen le plus propre de prévenir les dangers d'un engagement prématuré. Si cet âge a varié dans notre
Royaume ; ſi dans des temps éloignés l'enfant offert par ſes parens dès l'âge
le plus tendre, étoit cenſé irrévocablement engagé ; ſi dans d'autres temps
cet engagement n'a été jugé réel qu'après un conſentement formel donné dans
l'âge de la réflexion & de la maturité ; ſi dans la ſuite les Ordonnances d'Orléans & de Blois ont ſucceſſivement retardé & avancé l'époque de la Profeſſion Religieuſe ; ces divers changemens, dont nous avons peſé les cauſes & les effets, nous ont convaincu que cette époque variable, ſuivant les

k 2

temps & les circonſtances, avoit beſoin d'être de nouveau déterminée par notre autorité; & nous avons cru qu'il étoit de notre ſageſſe, en nous réſervant
d'expliquer encore nos intentions après dix ans, d'éprouver un terme mitoyen
entre ceux qui ont été ſucceſſivement preſcrits, & qui ne fût ni aſſez reculé
pour éloigner du Cloître ceux qui y ſeroient véritablement appellés, ni aſſez
avancé pour y admettre ceux qu'un engagement téméraire pourroit y conduire.
Nous avons donc choiſi pour les Hommes le même âge que celui qui a été
preſcrit par l'Egliſe pour leur entrée dans les Ordres ſacrés; & à l'égard des
Filles, nous avons préféré l'âge auquel il eſt le plus ordinaire de pourvoir
à leur établiſſement; & nous nous ſommes d'autant plus déterminés à déroger
ainſi aux Loix de nos Prédéceſſeurs, que ſi nous pouvons eſpérer de voir par
cette précaution les Monaſteres ſe remplir de Religieux fervens & fideles à
leurs engagemens, nous aurons en même temps la conſolation de rendre à l'E-
gliſe des Sujets utiles, dont des vœux faits avec légereté & précipitation auroient pu la priver, & de procurer ainſi aux premiers Paſteurs un ſecours que
la rareté des Miniſtres eſſentiels rend de jour en jour plus néceſſaire. Après
avoir ainſi fixé l'âge auquel il ſera permis dorénavant d'entrer en religion, nous
avons porté nos vues ſur les Loix & les Conſtitutions religieuſes, dont la
clarté, la préciſion, & ſur-tout l'autoriſation, ſont ſi néceſſaires pour tarir
dans les Cloîtres la ſource des diſſenſions, y maintenir la paix & la régulari-
té, & aſſurer à ceux qui les habitent la protection des deux Puiſſances. Nous
avons donc cru que le ſecond objet de notre attention devoit être d'obliger les
Ordres Religieux à ſe procurer eux-mêmes, conformément au vœu de l'E-
gliſe, & en ſuivant les formes Canoniques, un corps de Conſtitutions qui fût
à l'abri de toute incertitude, & de toute ambiguité, & qui, joint aux meſures différentes que nous avons priſes pour chaque eſpece de Monaſteres, pût
ranimer dans tous la ferveur de leur inſtitution primitive. Mais ces premieres
précautions ne ſeroient pas encore ſuffiſantes, ſi, en ſuivant la route tracée
par les Saints Canons & les Ordonnances du Royaume, nous ne faiſions pas
connoître nos intentions ſur le nombre des Religieux qui doit être dans chaque
Monaſtere. Une triſte expérience a fait connoître dans tous les temps que les
meilleures vocations s'affoibliſſent dans les Communautés peu nombreuſes; qu'il
eſt preſqu'impoſſible d'y ſoutenir l'obſervance de la regle & la décence du Service Divin, & d'y prévenir le relâchement des mœurs, ſuite néceſſaire de celui de la diſcipline. C'eſt par cette raiſon que les Papes, les Inſtituteurs & les
Réformateurs des Ordres Religieux, ont exigé dans différens temps qu'on ne
fondât aucun Monaſtere, ſans y placer le nombre de Religieux ſuffiſant pour
vaquer à tous les devoirs de la vie cénobitique. C'eſt auſſi par ce même principe que ce nombre de Religieux fait toujours un objet principal dans les Loix
des Rois nos Prédéceſſeurs, qui ont ordonné la réformation des Monaſteres,
& qu'en particulier le feu Roi notre très-honoré Seigneur & Biſaïeul, informé qu'il y avoit des Tribunaux dans ſon Royaume où la Conventualité étoit
regardée comme impreſcriptible, jugea à propos, par ſa Déclaration du
mois de Mai mil ſix cent quatre-vingt, de réduire l'effet d'une juriſprudence trop générale aux Abbayes & Prieurés où il y auroit des lieux réguliers &
des revenus ſuffiſans pour y entretenir dix à douze Religieux au moins. Si des
Loix ſi ſalutaires n'ont pas produit tout l'effet qu'on pouvoit s'en promettre,
il nous a paru indiſpenſable d'y ajouter tout ce qui pourroit en aſſurer l'exé-

cution, & de fixer d'une maniere plus précife, & relativement à l'inftitution de chaque Monaftere, le nombre de Religieux dont il doit être compofé. Ainfi, fans exiger rigoureufement, pour les Maifons réunies en Congrégations, le nombre de Religieux porté par les Loix d'un grand nombre de ces Congrégations, nous nous fommes bornés à celui qui nous a paru abfolument néceffaire pour fatisfaire aux devoirs de la vie commune, à l'acquit des fondations & la célébration du Service Divin. Nous avons exigé un plus grand nombre de Religieux dans les Monafteres non unis en Congrégations, qui étant tout à la fois Maifon de Noviciat, d'Etude & de réfidence, préfentent plus d'emplois & d'obfervances à remplir ; & en proportionnant ainfi aux befoins de chaque Monaftere le nombre de ceux qui doivent y réfider, nous avons pris en même temps les précautions les plus efficaces pour ne pas compromettre les intérêts des Ordres Religieux, ceux des Villes & des Diocefes, & les Droits des Fondateurs que nous voulons être inviolablement refpectés. C'eft par ces différens moyens qu'en éloignant des Cloîtres, l'imprudence, l'indifcipline & le relâchement, nous nous acquitterons des devoirs que nous impofe la double qualité de Souverain temporel & de Protecteur de l'Eglife ; & qu'en rempliffant ce que nous devons à la Religion & à nos Sujets, nous donnerons aux Ordres Religieux une nouvelle confiftance, & les rendront plus que jamais refpectablès aux yeux des Peuples, & utiles à l'Eglife & à l'Etat. A CES CAUSES, & autres à ce nous mouvant, de l'avis de notre Confeil, & de notre certaine fcience, pleine puiffance & autorité Royale, Nous avons par le préfent Edit, perpétuel & irrévocable, dit, ftatué & ordonné ; difons, ftatuons & ordonnons, voulons & nous plaît ce qui fuit :

ARTICLE PREMIER.

Aucun de nos Sujets ne pourra, à compter du premier Avril mil fept cent foixante-neuf, s'engager par la profeffion Monaftique ou Réguliere, s'il n'a atteint, à l'égard des Hommes, l'âge de vingt-un ans accomplis; & à l'égard des Filles, celui de dix-huit ans pareillement accompli ; nous réfervant, après le terme de dix années, d'expliquer de nouveau nos intentions à ce fujet.

II. Faifons en conféquence très-expreffes inhibitions & défenfes à tous Supérieurs & Supérieures de Monafteres, Ordres & Congrégations, Chapitres & Communautés Régulieres, de quelque qualité qu'elles puiffent être, & à tous autres, d'admettre, fous aucun prétexte, nofdits Sujets à ladite Profeffion avant l'âge ci-deffus prefcrit ; voulons que les Profeffions qui feront faites avant ledit âge foient déclarées nulles & de nul effet, par les Juges qui en doivent connoître, même déclarées par nos Cours de Parlement nullement & abufivement faites, fur les appels comme d'abus qui pourroient être interjettés en cette matiere par les parties intéreffées, ou par nos Procureurs-Généraux. Voulons que ceux & celles qui feroient lefdites Profeffions avant ledit âge, foient & demeurent capables de fucceffions, ainfi que de tous autres effets civils.

III. Défendons aux Supérieurs & Supérieures defdits Ordres, Congrégations & Communautés Régulieres, d'admettre à la Profeffion aucuns Etrangers non naturalifés ; comme auffi d'accorder une place monacale auxdits Etrangers, de les aggréger ou affilier à leur Ordre, Congrégation ou Communauté, le tout fans avoir préalablement obtenu des lettres de naturalité, dûment enregiftrées, dont il fera fait mention dans les Actes de Vêture, Profeffion, Réception ; Aggrégation ou Affiliation, à peine de nullité defdits Actes, & d'être lefdits

Supérieurs & Supérieures pourſuivis ſuivant l'exigence des cas ; défendons pareillement auxdits Supérieurs & Supérieures d'admettre dans leurs Maiſons ceux de
nos Sujets qui auroient fait Profeſſion dans des Monaſteres ſitués hors des Pays
de notre obéiſſance.

IV. Exhortons les Archevêques & Evêques de notre Royaume, & néanmoins leur enjoignons de procéder inceſſamment à la viſite & réformation des
Monaſteres qui ſont ſoumis à leur Juriſdiction, à l'effet d'y être maintenue ou ré-
tablie la diſcipline Monaſtique ſuivant leur premiere Inſtitution, Fondation & Regle ; comme auſſi d'examiner les Statuts & Réglemens particuliers de chacun
deſdits Monaſteres, pour être leſdits Statuts & Réglemens réformés & aug-
mentés, s'il y échoit, réunis en un ſeul & même Corps, & revêtus, ſi fait
n'a été, de nos Lettres-Patentes adreſſées à nos Cours de Parlement en la forme
ordinaire.

V. Seront pareillement tenus les Supérieurs généraux ou perſonnes déléguées
par eux en la forme de droit, & Supérieurs particuliers des Ordres ou Congrégations Régulieres, de procéder inceſſamment, chacun en ce qui les concerne,
à la viſite & réformation des Monaſteres dépendans deſdits Ordres ou Congrégations. Voulons en outre que par les Chapitres deſdits Ordres & Congrégations qui feront à cet effet aſſemblés, ſoient priſes telles meſures & délibérations
qu'il appartiendra, pour réunir en un ſeul Corps les Conſtitutions, Statuts &
Réglemens deſdits Ordres ou Congrégations, à l'effet d'être, s'il y échoit, approuvés par le Saint Siége, & munis, ſi fait n'a été, de notre autorité, ſuivant
les formes uſitées en notre Royaume, & ſans qu'autrement il puiſſe y être fait
aucun changement.

VI. L'Article XXVII de l'Ordonnance de Blois ſera exécuté ſelon ſa forme & teneur ; voulons en conſéquence que tous Monaſteres qui ne ſont ſous
Chapitres généraux, & qui ſe prétendent exempts de la Juriſdiction des Archevêques & Evêques Diocéſains, ſoient tenus, dans un an pour tout délai, de
demander à ſe réunir à quelques-unes des Congrégations légitimement établies
dans notre Royaume, à l'effet d'obtenir notre permiſſion, conformément à la
Déclaration du mois de Juin mil ſix cent ſoixante-onze ; paſſé lequel temps,
demeureront leſdits Monaſteres immédiatement ſoumis aux Archevêques & Evêques Diocéſains, nonobſtant toute réſerve, exemption ou privileges à ce contraires.

VII. Tous les Monaſteres d'Hommes, autres que les Hôpitaux, les Cures,
les Séminaires & Ecoles publiques, dûment antoriſés, ſeront compoſés du nombre de Religieux ci-après preſcrit ; ſçavoir, les Monaſteres non réunis en Congrégations, de quinze Religieux au moins, non compris le Supérieur ; & ceux
qui ſont réunis en Congrégations, de huit Religieux au moins, ſans compter
pareillement le Supérieur ; nous réſervant, après avoir pris les avis des Archevêques & Evêques Diocéſains, d'excepter par Lettres-Patentes adreſſées à
nos Cours en la forme ordinaire, ceux deſdits Monaſteres qui, par le titre de
leur fondation, par la nature de leur établiſſement, ou par les beſoins des
lieux où ils ſont ſitués, paroîtroient exiger de n'y établir qu'un moindre nombre de Religieux.

VIII. N'entendons au ſurplus comprendre dans le nombre de Religieux fixé
par l'Article précédent, les Freres Laïques ou autres qui ne s'engagent qu'en
cette qualité dans les Ordres ou Congrégations Religieuſes, & qui ne ſont point

appellés *Religieux de Chœur* ; laiſſons à la prudence des Supérieurs de régler le nombre deſdits Freres, eu égard aux revenus & aux beſoins de chaque Maiſon particuliere.

IX. Ne pourront les Supérieurs, Abbés ou Prieurs, ſoit Commendataires, ſoit Réguliers des Monaſteres non réunis en Congrégations, & qui ſe trouveront être compoſés de moins de quinze Religieux, y compris les Novices, ſans compter le Supérieur, au moment de l'enregiſtrement & publication de notre préſent Edit, recevoir aucuns de nos Sujets, paſſé ledit jour, à la Profeſſion dans leſdits Monaſteres, excepté ceux qui ſeroient dans le Noviciat au jour de la publication de notre préſent Edit, y aggréger ou affilier aucuns Religieux, quand même ils auroient obtenu des permiſſions ou bénévoles pour entrer dans leſdits Monaſteres, ou de leur donner aucune place Monachale ou Offices Clauſtraux, qu'autant que leſdits Monaſteres auront par Nous été exceptés, conformément à l'Article VII de notre préſent Edit ; aux Archevêques & Evêques Diocéſains à pourvoir au rétabliſſement dudit nombre de Religieux dans leſdits Monaſteres, par union d'autres du même Ordre & de la même Obſervance, ou à nous propoſer tel autre parti qui leur paroîtra le plus avantageux à la Religion & à l'Etat, pour être le tout par Nous autoriſé en la forme ordinaire.

X. Ne pourront les Ordres ou Congrégations Monaſtiques ou Régulieres de notre Royaume, conſerver plus de deux Monaſteres dans notre bonne Ville de Paris, & plus d'un ſeul dans les autres Villes, Bourgs ou lieux de noſdits Etats, à moins que le nombre de Religieux porté par l'Article VII de notre préſent Edit, ne ſe trouve rempli dans tous les autres Monaſteres dépendans deſdits Ordres ou Congrégations, ou qu'il n'en ait été obtenu de Nous une permiſſion expreſſe, par Lettres-Patentes adreſſées à nos Cours en la forme ordinaire, leſquelles ne ſeront accordées qu'après avoir pris l'avis des Archevêques & Evêques Diocéſains.

XI. Voulons que dans les premiers Chapitres deſdits Ordres ou Congrégations qui ſeront aſſemblés, il ſoit pris telles meſures & délibérations qu'il appartiendra pour l'exécution des Articles VII & X de notre préſent Edit, pour être, s'il y a lieu, leſdites délibérations autoriſées par nos Lettres-Patentes en la forme ordinaire, & n'être les Maiſons évacuées qu'après l'enregiſtrement deſdites Lettres ; ſauf aux Supérieurs généraux ou particuliers, après ledit enregiſtrement, de ſe pourvoir par-devant les Archevêques & Evêques Diocéſains, pour les unions & ſuppreſſions faites ſuivant les formes preſcrites par les ſaints Canons & les Ordonnances du Royaume, & les décrets rendus en conſéquence, revêtus de nos Lettres-Patentes, conformément à notre Edit du mois de Septembre mil ſept cent dix-huit.

XII. Toutes les diſpoſitions de notre préſent Edit ſeront exécutées ſelon leur forme & teneur, & ce nonobſtant tous Edits, Déclarations, Arrêts & Réglemens, auxquels nous avons dérogé & dérogeons par ces Préſentes, en tant que de beſoin, en ce qui pourroit y être contraire. Si donnons en Mandement, &c.

Regiſtré ès Regiſtres de la Cour de Parlement de Rouen le 22 Juin 1768.
Signé, *AUZANET.*

ÉDIT DU ROI,

Portant fixation des Portions congrues.

Donné à Verfailles au mois de Mai 1768.

LOUIS, par la grace de Dieu, Roi de France & de Navarre : A tous préfens & à venir, SALUT. Nous avons toujours envifagé comme un de nos premiers devoirs, le foin de procurer à nos Peuples des Pafteurs qui, débarraffés des follicitudes temporelles, n'euffent à s'occuper qu'à leur donner de bons exemples & de falutaires inftructions. Pour remplir des vues fi dignes de notre amour pour nos Sujets, & de notre refpect pour la Religion, nous avons penfé que le moyen le plus convenable que nous puiffions employer, étoit d'améliorer le fort des Curés & Vicaires perpétuels, dont la Portion congrue, portée par les Rois nos Prédéceffeurs, à des fommes proportionnées à la valeur des Denrées aux époques de ces fixations, étoit devenue infuffifante pour les mettre en état de remplir avec décence les fonctions importantes qui leur font confiées : Nous avons vu avec fatisfaction le Clergé de notre Royaume, dans les Affemblées de 1760 & 1765, nous propofer, comme un des principaux objets de fes Délibérations, les moyens de fubvenir aux befoins de fes Coopérateurs du fecond ordre, & nous fupplier de pourvoir par une loi générale, à l'augmentation des Portions congrues. Nous nous fommes empreffés de mettre la derniere main à un projet fi utile ; mais nous nous fommes déterminés en même temps à faire ceffer les conteftations ruineufes & multipliées, qu'excite la perception des Dixmes novales, entre les Curés & les Décimateurs, en réuniffant à l'avenir cette efpece de Dixme à la Dixme ordinaire, & cette réunion nous a même paru indifpenfablement néceffaire pour mettre les Décimateurs en état de fupporter les charges confidérables auxquelles ils vont être affujettis : c'eft en conféquence de cette difpofition, que nous avons porté à cinq cens livres les Portions congrues, qui, en fuivant la proportion des fixations précédentes, ne feroient pas montées à une fomme auffi forte ; & nous avons auffi penfé qu'en affujettiffant les Décimateurs laïques aux mêmes charges que les Décimateurs Eccléfiaftiques, il étoit de notre juftice de les faire participer aux mêmes fecours, en les appellant également à la poffeffion des novales futures. Mais nous n'aurions pas entiérement rempli l'objet important que nous nous fommes propofé, fi, dans une Loi générale qui doit à jamais maintenir la tranquillité entre les Décimateurs & les Curés, & rendre ces derniers en entier aux foins de leur troupeau, nous n'avions porté nos regards jufque fur les temps les plus reculés : Nous avons en conféquence déterminé la valeur de la Portion congrue, à une quantité de grains en nature, qui pût toujours fervir de bafe aux nouvelles fixations qui feroient occafionnées par les variations du prix des Denrées; & nous avons affujetti les abandons que les Décimateurs defireront rendre perpétuels, à une forme judiciaire, qui, en écartant tout foupçon de fraude, affure pour toujours l'état & la poffeffion de ceux qui s'y feront foumis. A CES CAUSES, & autres à ce nous mouvant, de

l'avis

l'avis de notre Conseil & de notre certaine science, pleine puissance & autorité royale, nous avons, par le présent Edit, perpétuel & irrévocable, dit, statué & ordonné, disons, statuons & ordonnons, voulons & nous plaît ce qui suit :

ARTICLE PREMIER.

La Portion congrue des Curés & Vicaires perpétuels, tant ceux qui sont établis à présent, que ceux qui pourroient l'être à l'avenir, sera fixée à perpétuité à la valeur, en argent, de vingt-cinq setiers de Bled froment, mesure de Paris.

II. La Portion congrue des Vicaires, tant ceux qui sont établis à présent, que ceux qui pourroient l'être à l'avenir, dans la forme prescrite par les Ordonnances, sera aussi fixé à perpétuité à la valeur, en argent, de dix setiers de Bled froment, mesure de Paris.

III. La valeur en argent desdites Portions congrues, sera & demeura fixée quant-à-présent ; sçavoir, celle desdite Curés & Vicaires perpétuels, à Cinq cens livres ; & celle desdits Vicaires à Deux cens livres : Nous réservant, dans le cas où il arrveroit un changement considérable dans le prix des Grains, de fixer de nouveau, en la forme ordinaire, les sommes auxquelles lesdites Portions congrues devront être portées, pour être toujours équivalentes aux quantités de Grains déterminées par les Articles I & II de notre présent Edit.

IV. Les Curés & Vicaires perpétuels jouiront, outre ladite Portion congrue, des Maisons & Bâtimens composant le Presbytere, Cours & Jardins en dépendans, si aucuns y a, ensemble des Oblations, Honoraires, Offrandes ou Casuel, en tout ou en partie, suivant l'usage des lieux ; comme aussi des Fonds & Rentes donnés aux Curés, pour acquitter des Obits & Fondations pour le Service Divin, à la charge par lesdits Curés & Vicaires perpétuels, de faire preuve par Titres consécutifs, que les Biens laissés à leurs Cures depuis 1686, & qu'ils voudront retenir, comme donnés pour Obits & Fondations, en sont effectivement chargés ; & à l'égard des Biens ou Rentes dont lesdits Curés & Vicaires perpétuels étoient en possession avant 1686, & dont ils ont continué de jouir depuis cette époque, ils pourront les retenir, en justifiant par des Baux ou autres Actes non suspects, qu'ils sont chargés d'Obits & Fondations qui s'acquittent encore actuellement.

V. Ne pourront les Décimateurs, sous aucun prétexte, même en cas d'insuffisance du revenu des Fabriques, être chargés du payement d'autres & plus grandes sommes que celles fixées par notre présent Edit, si ce n'est pour la fourniture des Livres, Ornemens, & Vases sacrés, ainsi que pour les réparations des Chœurs & Chancels, à l'effet de quoi nous avons dérogé & dérogeons par notre présent Edit, à toutes Loix, Usages, Arrêts & Réglemens à ce contraires.

VI. Les Portions congrues seront payées sur toutes les Dixmes Ecclésiastiques, grosses & menues, de quelqu'espece qu'elles soient ; & au défaut ou en cas d'insuffisance d'icelles, les Possesseurs des Dixmes inféodées seront tenus de payer lesdites Portions congrues, ou d'en fournir le supplément ; & après l'épuisement desdites Dixmes Ecclésiastiques & inféodées, les Corps & Communautés séculieres & régulieres qui se prétendent exemptes de Dixmes, même l'Ordre de Malte, seront tenus de fournir le supplément desdites Portions con-

L

grues, & ce, jufqu'à concurrence du montant de la Dixme que devroient fupporter les Héritages qui jouiffent defdites exemptions, fi mieux n'aiment les gros
Décimateurs abandonner à la Cure lefdites Dixmes, foit Eccléfiaftiques, foit
inféodées, ou lefdits exempts fe foumettre à payer la Dixme, auquel cas les
uns & les autres feront déchargés à perpétuité de toutes prétentions, pour raifon de ladite Portion congrue.

VII. Voulons en outre, conformément à nos Déclarations des 5 Octobre 1726 & 15 Janvier 1731, que le Curé primitif ne puiffe être déchargé
de la contribution à ladite Portion congrue, fous prétexte de l'abandon qu'il
auroit ci-devant fait ou pourroit faire auxdits Curés & Vicaires perpétuels,
des Dixmes par lui poffédées, mais qu'il foit tenu d'en fournir le fupplément, à moins qu'il n'abandonne tous les Biens, fans exception, qui compofoient l'ancien patrimoine de la Cure, enfemble le Titre & les Droits de Curé
primitif.

VIII. Ne feront réputés Curés primitifs, que ceux dont les Droits feront
établis, foit par des Titres canoniques, Actes ou Tranfactions valablement
autorifés, ou Arrêts contradictoires, foit par des Actes de poffeffion centenaire, conformément à l'Article de notre Déclaration du 15 Janvier 1731.

IX. Les Portions congrues feront payées de quartier en quartier & par
avance, franches & quittes de toutes impofitions & charges que fuppor-
tent ceux qui en font tenus, fans préjudice des Décimes que lefdits Curés
& Vicaires perpétuels continueront de payer, en proportion du revenu de leurs
Bénéfices.

X. Les Curés & Vicaires perpéuels, même ceux de l'Ordre de Malte, auront en tout temps la faculté d'opter la Portion congrue, réglée par notre
préfent Edit, en abandonnant par eux en même-temps, tous les fonds & Dixmes, groffes, menues, vertes, de lainages, charnages & autres de quelqu'efpece qu'elles foient, & fous quelque dénomination qu'elles fe perçoivent, même les novales, ainfi que les revenus & droits dont ils feront en poffeffion
au jour de ladite option, autres que ceux à eux réfervés par l'Article IV de
notre préfent Edit.

XI. Les abandons faits à la Cure par les Décimateurs exempts ou Curés
primitifs, en conféquence des Articles VI & VII ci-deffus, feront & demeureront à perpétuité irrévocables; voulons pareillement que l'option de la Portion congrue, qui fera faite en exécution de notre préfent Edit, foit & demeure
à perpétuité irrévocable, mais feulement lorfque les formalités prefcrites par
l'Article fuivant, auront été remplies.

XII. Lorfque les Curés ou Vicaires perpétuels opteront la Portion congrue,
ceux à qui ils remettront les Dixmes ou autres Fonds qu'ils doivent abandonner, feront tenus, pour que ladite option demeure irrévocable, de faire ho-
mologuer en nos Cours, fur les Conclufions de nos Procureurs-Généraux en
icelles, lefdits Actes d'option, lefquelles homologations feront faites fans frais;
voulons que pour y parvenir, il foit procédé à une eftimation par Experts
nommés d'Office par nofdites Cours, ou par les Juges des Lieux qu'elles voudront commettre, du revenu des Biens & Droits qui feront abandonnés par
les Curés qui feront l'option, les frais de laquelle eftimation feront à la charge
de ceux auxquels les Biens feront réunis; & feront lefdites eftimations faites
aux moindres frais que faire fe pourra, lefquels ne pourront néanmoins, en

aucun cas, excéder le tiers d'une année du revenu des Biens & Droits estimés.

XIII. Tout Curé & Vicaire perpétuel qui n'optera pas la Portion congrue réglée par notre présent Edit, continuera de joüir de tout ce qu'il se trouvera posséder au jour de l'enregistrement de notre présent Edit, de quelque nature que soient les Biens & Droits dont il se trouvera alors en possession, sans qu'il puisse lui être opposé par les gros Décimateurs, qu'il perçoit plus du montant de ladite Portion congrue, à raison des Fonds qui auroient été précédemment délaissés, ou des supplémens, tant en fonds qu'en argent, qui auroient été faits en exécution de notre Déclaration du 29 Janvier 1686.

XIV. Voulons qu'à l'avenir il ne soit fait aucune distinction entre les Dixmes anciennes & les Dixmes novales, dans toute l'étendue de notre Royaume, même dans les Paroisses dont les Curés n'auroient pas fait l'option de la Portion congrue ; en conséquence, les Dixmes de toutes les Terres qui seront défrichées dans la suite, lorsqu'elles auront lieu, suivant notre Déclaration du 13 Août 1766, comme aussi les Dixmes des Terres remises en valeur ou converties en fruits décimables, appartiendront aux gros Décimateurs de la Paroisse ou du Canton, soit Curés, soit autres, soit Laïques ou Ecclésiastiques : N'entendons néanmoins que les Curés qui n'opteront point la Portion congrue, soient troublés dans la joüissance des Novales dont ils seront en possession lors de la publication du présent Edit, sans que les Curés, qui en joüiront, puissent être assujettis à autres & plus grandes charges que celles qu'ils supportoient auparavant.

XV. Les honoraires des Prêtres commis par les Archevêques ou Evêques, à la desserte des Cures vacantes de droit & de fait, ou à celles des Cures sujettes au droit de Déport, ne pourront être fixés au-dessous des trois cinquiemes du montant de la Portion congrue ; pourront néanmoins les Archevêques ou Evêques, assigner aux Desservans des Cures qui ne sont pas à portions congrues, une rétribution plus forte, suivant l'exigence des cas, conformément aux Loix précédemment données sur cet objet.

XVI. A l'égard des Cures & Vicairies perpétuelles, dont les revenus se trouveroient au-dessous de la somme de Cinq cens livres, même dans le cas des abandons ci-dessus, nous exhortons les Archevêques & Evêques, & néanmoins leur enjoignons d'y pourvoir par union de Bénéfices-Cures ou non Cures, conformément à l'Article XXII de l'Ordonnance de Blois ; nous réservant au surplus, d'après le compte que nous nous ferons rendre du nombre desdits Curés, & du revenu de leurs Bénéfices, de prendre les mesures nécessaires, tant pour faciliter lesdites unions, que pour procurer auxdits Curés un revenu égal à celui des autres Curés à Portion congrue de notre Royaume.

XVII. L'augmentation des Portions congrues, ordonnée par notre présent Edit, aura lieu, à compter du premier Janvier 1769.

XVIII. Les Exploits ou Actes d'option & d'abandon, qui seront faits & passés en conséquence du présent Edit, ne pourront avoir leur exécution qu'après avoir été insinués au Greffe des Insinuations Ecclésiastiques du Diocese, & sera payé deux livres pour l'Insinuation desdits Exploits ou Actes : Sera aussi payé trois livres pour chaque Acte d'option ou d'abandon, pour tous Droits de Contrôle, Insinuation Laïque, Centieme Denier, Amortissement, Echanges, Indemnités ou autres quelconques, sans qu'il puisse être exigé autres ou plus.

I 2

forts Droits pour chacun defdits Actes d'option ou d'abandon , ou autres Actes qui feroient paffés en conféquence du préfent Edit.

XIX. Les conteftations qui pourront naître au fujet de l'exécution de notre préfent Edit feront portées , en premiere Inftance , devant nos Baillis & Senéchaux , & autres Juges des cas royaux reffortiffans nuement à nos Cours de Parlement , dans le territoire defquels les Cures fe trouveront fituées , fans que l'appel des Sentences & Jugemens par eux rendus en cette matiere , puiffe être relevé ailleurs qu'en nofdites Cours de Parlement , & ce nonobftant toutes évocations qui auroient été accordées par le paffé , ou qui pourroient l'être par la fuite , à tous Ordres , Congrégations , Corps , Communautés , ou Particuliers. Si donnons en Mandement , &c.

LA COUR , toutes les Chambres affemblées , a ordonné & ordonne que ledit Edit fera regiftré ès Regiftres de la Cour , lu , publié , l'Audience de la Cour féante , imprimé & affiché par-tout où il appartiendra , pour être exécuté felon fa forme & teneur , à charge que les Archevêques & Evêques uferont modérément du pouvoir à eux donné par l'Article XV dudit Edit ; & fera le Roi très-humblement fupplié de porter à Deux cens cinquante livres la Portion congrue des Vicaires.

Regiftré ès Regiftres de la Cour de Parlement de Rouen le 22 Juin 1768. Signé , *AUZANET.*

ARREST DU PARLEMENT,

QUI ordonne qu'à l'avenir tous Contrats de révalidation de Rentes foncieres ou hypotheques , dont le Créancier aura demandé la reconnoiffance dans la trente-neuvieme année , feront paffés aux frais du Débiteur incontinent après ladite demande.

Du 13 Août 1771.

SUR la remontrance faite à la Cour , les Chambres affemblées , par la Procureur-Général du Roi , expofitive qu'une des queftions en matiere de Coutume , qui fe préfente le plus fouvent , eft cependant encore problématique , c'eft celle de fçavoir lequel des deux ou du Créancier ou du Débiteur d'une rente , foit fonciere , foit conftituée à prix d'argent , doit fupporter les frais d'un titre nouveau : il peut paroître affez naturel de dire que celui qui a donné un titre obligatoire à fon Créancier , au premier jour de leur convention réciproque , n'en doit plus après quarante ans. Il a toujours payé exactement , fon ame eft guidée par la bonne foi , il paiera par la fuite comme il a commencé , pourquoi lui demander un nouvel engagement ? Si toute action réelle & immobiliaire n'étoit pas fujette à la prefcription par quarante ans par la difpofition précife de la Loi de la Province , il eft inconteftable que rien n'obligeroit le Creancier à demander la révalidation du titre premier à fon Débiteur ; mais la Loi ayant voulu , par des principes de fageffe , qu'il y eût un terme où toute obligation fût renouvellée pour être exécutoire , fi le Créancier néglige de demander un titre nouveau, la Loi ôte à son titre toute force & toute action après quarante ans, il n'y a point à raisonner par des convenances quand la Loi est impérative. Ainsi, est-ce au Créancier, est-ce au Débiteur à payer les frais de la révalidation? Après nombre de Plaidoiries la Cour a appointé, pour faire Réglement, toutes les contestations qui se sont élevées à cet égard. Les Jurisconsultes ont travaillé en conséquence; mais aucunes Parties n'ont voulu faire les frais du Jugement; on a suivi différens usages à raison des différentes opinions locales; on a fait payer les frais du titre nouvel au Créancier dans un Tribunal, & dans un autre on y a condamné le Débiteur; dans les cabinets des Notaires on a suivi une autre regle, le Créancier les a payés. Quant à l'expiration des quarante ans, il n'étoit point dû d'arrérages & *vice versâ*, on y a assujetti le Débiteur lorsqu'il avoit été morosif & négligent à s'acquitter; enfin, par transaction, ces frais ont été quelquefois payés par moitié. Une incertitude pareille sur un point de Droit si fréquemment agité, & toujours infructueusement, a paru au Procureur-Général du Roi, intéressante à lever. Le Créancier doit-il payer? Les raisons pour l'affirmative sont que ni la Loi naturelle ni la Loi civile n'exige que le Débiteur paye au Créancier au-delà de ce qu'il a promis par le contrat; le Débiteur a promis une rente fonciere ou constituée, il n'a point promis un titre nouvel tous les quarante ans dont la Loi naturelle ne l'oblige point d'en payer les frais. Quant à la Loi civile, elle a voulu, pour obvier aux fraudes, donner aux contrats une valeur légale qui les rendit exécutoires & certains dans leurs dates; d'abord il fut permis d'assurer les différens modes des conventions par la preuve testimoniale; bientôt on en vit les dangers. L'Ordonnance de Moulins simplifia la preuve de la vérité des Actes en ordonnant qu'ils seroient signés par le Débiteur en toute matiere grave & importante, & s'il ne sçavoit pas signer, que l'Acte seroit reçu à ses frais par un Notaire. Après cette signature le Débiteur a fait tout ce que la Loi civile a exigé de lui; il a joint à l'obligation naturelle un engagement littéral, & il en a payé les frais quand il n'a pu signer, parce que l'Acte n'a pu valoir par sa seule signature, & que personne n'est tenu payer pour l'ignorance d'autrui. L'effet de toutes les autres formes des Contrats ne tend donc qu'à donner au Créancier une hypotheque & une exécution parée en vertu de son titre contre tout autre Créancier du Débiteur. Ces formalités ne sont donc pas intrinseques à l'obligation naturelle & civile, le Débiteur n'en doit donc pas payer les frais; s'il en étoit autrement, auroit-on introduit l'usage chez les Notaires de terminer les Contrats par une condition sans laquelle ils ne seroient pas dûs, sçavoir, que le Débiteur paiera les frais & délivrera une grosse exécutoire au Créancier? Quand cette clause est omise, le Créancier est tenu de les avancer, & il ne peut les répéter sur le Débiteur que lorsque ce dernier amortit le capital par le remboursement. Si donc le titre premier ne peut être passé devant Notaire, aux frais du Débiteur, que par une condition expresse du Contrat de les payer, comment pourroit-on, quand ni la Loi ni le Contrat ne l'on pas dit, assujettir le Débiteur aux frais du titre nouvel que le Créancier ne demande tous les quarante ans que pour conserver son hypotheque & pour donner une exécution parée à son titre? On peut mettre en thèse, & tenir pour constant, que le Débiteur ne doit, suivant la Loi, les frais de son obligation que lorsque la nécessité de passer l'Acte devant Notaire procede de son fait; les raisons pour la négative méritent une égale attention.

S'il eſt certain que le Débiteur d'une rente doit ſelon la Loi naturelle ce à quoi il s'eſt volontairement obligé , il eſt d'une égale vérité qu'il doit à ſon Créancier un titre tel que la Loi a décidé qu'il falloit qu'il fût pour l'obliger. Or tout Acte qui , par la nature de ſa compoſition , eſt caduc à l'inſtant où les conditions preſcrites par la Loi pour qu'il ſoit exécutoire ne ſont pas remplies , n'eſt point un Acte obligatoire , ce n'eſt point un Contrat. La Loi naturelle & la Loi civile ne doivent point ſe détruire mutuellement ; la malice des hommes a donné lieu aux Loix civiles , on a ſenti qu'il falloit des Loix pour les forcer à ce qu'ils étoient obligés de faire par la Loix naturelle , & elles ont été établies pour arrêter la mauvaiſe foi. Il a ſuffi d'abord d'avoir des témoins pour certifier la vérité des Contrats ; la Loi a exigé depuis la ſignature , puis enfin, pour donner au Créancier une hypotheque , elle a établi des formes qui aſſurent la date des obligations. Dira-t-on que c'eſt s'écarter de la Loi naturelle que de ſoumettre un débiteur à ce qui ſeul peut aſſurer le paiement au Créancier de la dette , & empêcher les effets de la preſcription ; toutes les fois qu'un Débiteur peut uſer d'une diſpoſition des Loix civiles pour anéantir de mauvaiſe foi une obligation juſte , il eſt dans le vœu de la Loi naturelle qu'une autre Loi de droit poſitif arrête cette infidélité dans l'ordre des conventions ; il eſt donc de toute juſtice que ce Débiteur donne à ſon Créancier un titre ſinalagmatique , & qui le ſoit toujours , & ſi par la force de la Loi des preſcriptions il devient caduc , qu'il lui en donne un autre égal au premier , & reſpectivement exécutoire. S'il en étoit autrement , il s'enſuivroit , dès que le Créancier ne peut forcer le Débiteur d'une rente fonciere ou conſtituée à le rembourſer de ſon capital , que le Débiteur ſeroit le maître du ſort du capital du Créancier malgré lui , ſans aſſurer la preſtation du paiement au moment où la Loi fait perdre au premier Contrat ſon autorité par le laps de quarante ans ; de-là cette diſpoſition textuelle de la Loi , Article DXXXII de la Coutume , qui porte que : « Le Créancier peut contraindre le poſſeſſeur de l'héritage qui lui » eſt hypothéqué , ſoit à titre particulier ou à droit univerſel & ſucceſſif , à » lui paſſer un titre nouveau , faire reconnoiſſance de la dette , & que ſon hé-» ritage y eſt obligé ». Il eſt donc non-ſeulement dans l'équité naturelle , mais encore de Loi poſitive , que comme après quarante ans le Débiteur qui n'a point révalidé ſon obligation peut dire qu'il n'eſt point obligé , de même le Créancier peut forcer le Débiteur à lui donner un titre nouveau. Il eſt donc dans l'ordre de la raiſon & de l'équité que le Débiteur ſoit tenu de mettre à ſes frais aux mains du Créancier un titre nouveau. Si la Loi n'a point dit que ce ſeroit aux frais du Débiteur , c'eſt qu'elle n'a point prévu que celui qui tient l'argent ou le fonds d'un autre à charge de rente pourroit un jour ſe dire le maître de garder l'argent ou le fonds d'autrui , de ne pas le rembourſer , de ne pas révalider ſon obligation , & cependant de la preſcrire , ſi le Créancier ne payoit pas les frais du titre nouveau , quoiqu'il lui en dût un autre , le premier étant anéanti par la Loi , & non par le fait du Créancier. La Loi eſt juſte , elle eſt donc égale ; ſi elle anéantit l'obligation du Créancier ſans qu'il y ait rien de ſon fait , elle doit lui en faire rendre un autre ſans qu'il lui en coûte rien ; c'eſt avoir aſſez protégé le Débiteur contre le Créancier moroſif à ſe faire payer que d'avoir éteint toute obligation par quarante ans , ſans obliger encore celui qui a droit de contraindre l'autre , à payer les frais de la contrainte. Par la Loi naturelle l'obligation du Débiteur eſt impreſcriptible tant qu'elle n'eſt pas éteinte par l'acquit du capital. La Loi civile, par des confidérations fupérieu-res, toutes en faveur du Débiteur, anéantit le titre de la crédite après quarante ans s'il n'en eft révalidé : c'en eft affez ; elle n'a point dit, & elle n'auroit pas prononcé avec juftice que nonobftant l'obligation que le Débiteur auroit pris par le premier Contrat de remettre entre les mains de fon Créancier un titre exécu-toire à fes frais, & à cet effet de lui en délivrer une groffe, il pourroit, lorf-que cette obligation deviendroit nulle par la force de la Loi, fe dégager d'une condition fans laquelle il n'auroit pas eu le fonds ou l'argent, fçavoir, qu'à fes frais le Créancier feroit nanti d'un titre exécutoire. Par quelle faveur la Loi auroit-elle affranchi de cette obligation les révalidations des Actes de particulier à particu-lier, tandis que du Seigneur au Vaffal à chaque mutation d'héritage, foit par vente ou par échange, ou par donation, & même chaque tranfport de biens du pere au fils, foit par mort ou par avancement d'hoirie, il eft dû, aux frais du Vaffal, un aveu dans lequel ce Débiteur reconnoit & révalide les rentes fei-gneuriales & foncieres qu'il lui doit? Cependant l'Article CIX de la Coutume, qui établit cette obligation, ne charge point le Vaffal des frais de ce titre nouveau. Il en eft de même relativement à l'exécution de l'Article CLXXV : les puînés en toutes Aîneffes paient les frais de l'écroue ou de la déclaration qu'ils doivent à l'aîné de ce qu'ils tiennent fous lui, & l'aîné paie ceux de l'écroue entiere de l'Aîneffe qu'il donne au Seigneur, fignée de tous les puînés, pour la révalida-tion des rentes & preftations féodales. La Loi doit être égale ; s'il étoit in-jufte que le Débiteur de rentes foncieres ou hypotheques qui par le titre pre-mier ne s'eft pas foumis aux frais du titre nouveau fût tenu de les payer, il feroit également injufte que le Seigneur pût exiger de fon Vaffal les frais du titre, ceffant lequel fes rentes, comme dans le premier cas, pourroient fe pref-crire, il feroit injufte que le Seigneur pût les exiger de l'aîné en toutes Aî-neffes, & ce feroit une vexation de la part des aînés & du Seigneur de faire payer à chaque puîné les frais de chaque révalidation particuliere de la portion des rentes qu'il doit, tandis que l'aîné paie ceux de la déclaration & révalida-tion de la totalité à chaque mutation du tenant principal. Cependant il n'y a jamais eu de queftion à cet égard ; jamais, quoique le fils fuccede à tous les droits comme aux obligations du pere, quoique l'acquereur ou le donataire foit tenu de droit de la preftation des rentes foncieres, & que ces rentes-là fe pref-crivent par quarante ans comme les autres, on n'a point ofé dire que le pre-mier aveu fubfiftant toujours, il ne falloit point payer les frais du nouveau, parce que c'étoit un Acte qui n'étoit utile qu'au Seigneur créancier de fon Vaf-fal pour toutes les rentes dûes à fon Fief. A quel titre donc a-t-on fait dans différens Tribunaux une diftinction que la Loi n'a pas admife, & qu'elle a mê-me annoncé n'avoir pas voulu faire? Il y a toujours dans les Loix un principe d'équité qu'il convient de fuivre pour bien fe décider. Le Vaffal paie les frais du titre nouveau par lequel il révalide à chaque mutation le titre premier des rentes foncieres qu'il doit, parce que la Loi l'oblige de donner ce titre, fous peine de prife de Fief, quarante jours après, fi le Seigneur le veut ; il en eft de même des puînés vis-à-vis de l'aîné, parce que la Loi prononce qu'ils font tenus de donner à l'aîné la déclaration de ce qu'ils tiennent de lui. Or il eft de juftice, & dans le vœu des Loix, que tout homme qui doit une chofe par le commandement de la Loi, auffi-tôt qu'elle lui fera demandée, en paie les frais, par la raifon que s'il avoit droit de ne pas les payer, il s'enfuivroit qu'il pourroit refuſer d'obeir à la Loi tant qu'un autre ne payeroit pas les frais de l'Acte qu'il doit : il ne devroit donc que conditionnellement, & non pas poſiti-vement, il ne pourroit être contraint qu'accidentellement, & non pas de droit, toutes choſes qu'une Loi impérative n'admet point. Il paroît donc convenable de dire que comme le tenant féodalement par rente fonciere paie les frais du titre nouveau , parce que par la Loi il eſt tenu de donner à ſon Créancier un titre exécutoire, vu que le premier aveu en étoit un , de même le Débiteur de la rente fonciere ou hypotheque pouvant être contraint par la diſpoſition tex-tuelle de la Loi de paſſer à ſon Créancier titre nouveau, & de faire reconnoiſ-ſance de la rente, il doit en rendre à ſon Créancier un à ſes frais d'égale va-leur à celui que la Loi des preſcriptions lui a ôté, c'eſt-à-dire, un titre exécu-toire, quand par le Contrat originaire il s'eſt ſoumis de lui en donner un. Ces raiſons paroiſſent au Procureur-Général du Roi prépondérantes, conformes à l'équité naturelle, à la bonne foi qui doit être dans les Contrats & être d'ac-cord avec l'uſage le plus généralement ſuivi dans la Province, qui eſt premie-rement dans tous les Contrats de conſtitution d'employer que le Débiteur qui voudra amortir le capital paiera, outre le rembourſement du prix principal, les arrérages, prorata, frais & loyaux coûts, ſi aucuns ſont alors dûs & échus; 2°. que le Débiteur payera les frais du Contrat, & en donnera une groſſe exé-cutoire au Créancier. Lorſque la clauſe de payer les frais eſt omiſe, elles ſont encore conformes à l'uſage qui d'un côté veut que le Créancier les avance, mais qui de l'autre côté lui donne le droit de les répéter ſi-tôt que le Débiteur le rembourſe du capital ; enfin les frais des Contrats de fieffe d'héritages ſont toujours à la charge des fieffataires & non pas à celle des fieffans. Il eſt donc de maxime générale & d'uſage que le Créancier doit toujours avoir ſon capital en-tier, qu'il ne doit être morcelé ni diminué par aucuns frais, & qu'il doit même être un jour payé des frais, qu'on a omis de mettre à ſa charge en paſſant Con-trat. Or tout cela eſt l'effet & la conſéquence de la Loi, qui a voulu, 1°. que tout Acte fût ſigné, afin que la dette fût certaine; 2°. que pour régler les hypotheques entre les Créanciers du Débiteur, que tout Contrat eût une date ſûre; 3°. que pour empêcher le Débiteur de tromper le premier prêteur en le confondant par la ſuite dans une maſſe énorme de dettes on eût droit de l'o-bliger devant Notaire; 4°. que pour conſerver au fieffant l'hypotheque qui lui eſt promiſe par le Débiteur, du jour du Contrat, cet Acte fût revêtu de for-mes légales. Si donc toutes ces précautions ne ſont priſes par le Créancier, & dictées par la Loi que pour prévenir les fraudes ou les négligences des Débi-teurs, il eſt juſte que tout Acte qui tend à aſſurer le paiement de la dette ſoit paſſé à leurs frais comme étant la condition tacite ſans laquelle ils n'au-roient eu ni l'argent ni le fonds. Ainſi le ſilence qui a été gardé dans les Con-trats juſqu'à ce jour ſur la condition de la révalidation après quarante ans, aux frais du Débiteur, ne doit point plutôt tourner à perpétuité contre les Créan-ciers des rentes foncieres & perpétuelles, que n'eſt recevable vis-à-vis des Créanciers des rentes hypotheques lors du rembourſement l'omiſſion de la con-dition du paiement des frais du premier Contrat, & des révalidations qui ont pu arriver depuis, on ne peut pas les priver des frais & loyaux coûts dont par l'uſage établi ſur le vœu de la Loi ils ſont toujours payés ; par la même raiſon il paroît qu'on ne doit pas faire payer ceux de révalidation au Créan-cier qui par la Loi a droit de contraindre ſon Débiteur à lui paſſer titre

nouveau.

veau tous les quarante ans pour l'empêcher d'uſer de preſcription. Pourquoi requiert être ordonné qu'à l'avenir tous Contrats de révalidation de rentes foncieres ou hypotheques, dont le Créancier aura demandé la reconnoiſſance dans
la trente-neuvieme année, feront paſſés aux frais du Débiteur incontinent après
ladite demande, & qu'à l'égard de ceux dont la révalidation ou reconnoiſſance aura été demandée dans les cas prévus par les Articles DXXVIII de
la Coûtume & CXIX du Réglement de 1666, avant la trente-neuvieme année, elle ſera faite aux frais du Créancier; à laquelle fin l'Arrêt à intervenir
ſera imprimé, lu, publié & affiché par-tout où il appartiendra, & enregiſtré
dans les Bailliages & Siéges du Reſſort de la Cour à la diligence de ſes Subſtituts.

LA COUR, les Chambres aſſemblées, faiſant droit ſur le Requiſitoire
du Procureur-Général du Roi, a ordonné & ordonne qu'à l'avenir tous Contrats de révalidation de rentes foncieres ou hypotheque, dont le Créancier
aura demandé la reconnoiſſance dans la trente-neuvieme année, feront paſſés
aux frais du Débiteur incontinent après ladite demande, & qu'à l'égard de
ceux dont la révalidation ou reconnoiſſance aura été demandée dans les cas
prévus par les Articles DXXVIII de la Coutume, & CXIX du Réglement
de 1666, avant la trente-neuvieme année, elle ſera faite au frais du Créancier, &c.

Extraits d'Ordonnances sur le fait des Mariages.

ÉDIT DU ROI HENRI II.

Du mois de Février 1556.

NOUS difons, ftatuons & ordonnons par Edit, Loi, Statut & Ordonnance perpétuels & irrévocables, que les Enfans de famille ayant contracté, ou qui contracteront ci-après Mariages clandeftins, contre le gré, vouloir & confentement, & au déçu de leurs peres & meres; pour telle irrévérence & ingratitude, mépris & contemnement de leurfdits peres & meres, tranfgreffions de la Loi & Commandemens de Dieu, & offenfe contre le droit de l'honnêteté publique, inféparable d'avec l'utilité, puiffent être par leurfdits peres & meres & chacun d'eux, exhérédés & exclus de leurs fucceffions, fans efpérance de pouvoir quéreller l'exhérédation qui ainfi aura été faite.

Puiffent auffi lefdits peres & meres, pour les caufes que deffus, révoquer toutes & chacunes les donations & avantages qu'ils auroient fait à leurs enfans.

Voulons auffi & Nous plaît, que lefdits enfans qui feront ainfi illicitement conjoints par Mariage, foient déclarés audit cas d'exhérédation, & les déclarons incapables de tous avantages, profits & émolumens qu'ils pourroient prétendre par le moyen des conventions appofées ès Contrats de mariage, ou par le bénéfice des Coutumes & Loix de notre Royaume, du bénéfice defquelles les avons privés & déboutés, privons & déboutons par ces Préfentes, comme ne pouvant implorer le bénéfice des Loix & Coutumes, eux qui ont commis contre la Loi de Dieu & des hommes.

Et d'abondant avons ordonné & ordonnons que lefdits enfans conjoints par la maniere que deffus; & ceux qui auront traité tels Mariages avec eux, & donné confeil & aide pour la confommation d'iceux, foient fujets à telles peines, qui feront avifées, felon l'exigence des cas, par nos Juges, aufquels la connoiffance en appartiendra, dont Nous chargeons leur honneur & confcience.

Déclarons encore, que notre vouloir & intention eft, que cette préfente Ordonnance & Edit ait lieu, tant pour l'avenir que pour le paffé, d'autant qu'il y a en ce tranfgreffion de la Loi & Commandement de Dieu, dont on ne fe peut couvrir d'ignorance & de tolérance au contraire.

N'entendons comprendre les Mariages qui auront été & feront contractés par les fils excédans l'âge de trente ans, & les filles ayant vingt-cinq ans paffés & accomplis, pourvu qu'ils fe foient mis en devoir de requérir l'avis & confeil de leurfdits peres & meres. Ce que voulons auffi être gardé pour le regard des meres qui fe remarient, defquelles fuffira requérir leur confeil & avis, & ne feront lefdits enfans audit cas, tenus d'attendre leur confentement.

ORDONNANCE D'ORLÉANS SOUS CHARLES IX.

Du mois de Janvier 1560.

ARTICLE CLXI.

ET parce qu'aucuns abufant de la faveur de nos Prédéceffeurs par importunité ou plutôt fubrepticement, ont obtenu quelquefois Lettres de Cachet, Clofes ou Patentes, en vertu defquelles on a fait féqueftrer des filles, & icelles époufé ou fait époufer contre le gré des peres & meres, parens, tuteurs ou curateurs, chofe digne de punition exemplaire; enjoignons à tous Juges procéder extraordinairement, comme crime de rapt, contre les Impétrans, & ceux qui s'aideront de telles Lettres, fans avoir aucun égard à icelles.

ORDONNANCE DE BLOIS SOUS HENRI III.

Du mois de Mai 1579.

ARTICLE XL.

POUR obvier aux abus & inconvéniens qui aviennent des Mariages clandeftins, avons ordonné & ordonnons que nos fujets, de quelqu'état, qualité & condition qu'ils foient, ne pourront valablement contracter les Mariages, fans proclamations précédentes des Bans faites par

trois divers jours de Fêtes, avec intervalles compétens, dont on ne pourra obtenir dispense, sinon
après la premiere Proclamation faite; & ce, seulement pour quelqu'urgente ou légitime cause, à la
requisition des principaux & plus proches parens
communs des Parties contractantes. Après lesquels Bans seront épousés publiquement. Et pour
pouvoir témoigner de la forme qui aura été observée esdits Mariages, y assisteront quatre personnes dignes de foi, pour le moins, dont sera
fait Registre; le tout sur les peines portées par
les Conciles. Enjoignons aux Curés, Vicaires
& autres, de s'enquerir soigneusement de la
qualité de ceux qui voudront se marier: Et
s'ils sont enfans de famille, ou étant en la puissance d'autrui, Nous leur défendons très-étroi-
tement de passer outre à la célébration desdits
Mariages, s'il ne leur apparoît du consentement
des peres, meres, tuteurs ou curateurs, sur peine
d'être punis comme fauteurs du crime de rapt.

XLI. Nous voulons que les Ordonnances ci-
devant faites contre les enfans contractans Mariages sans le consentement de leurs peres,
meres, tuteurs & curateurs, soient gardées, mêmement celle qui permet en ce cas les exhéré-
dations.

XLII. Et néanmoins voulons que ceux qui se
trouveront avoir suborné fils ou filles mineurs
de vingt-cinq ans, sous prétexte de Mariage,
ou autre couleur, sans le gré, sçu, vouloir &
consentement exprès des peres & meres & des
tuteurs, soient punis de mort, sans espérance

de grace & de pardon, nonobstant tous consentemens que lesdits mineurs pourroient alléguer par après avoir donné audit rapt, lors d'i-
celui, ou auparavant. Et pareillement seront punis extraordinairement tous ceux qui auront par-
cipé au rapt, & qui auront prêté conseil, con-
fort & aide, en aucune maniere que ce soit.

XLIII. Défendons à tous tuteurs accorder ou
consentir le Mariage de leurs mineurs, sinon
avec l'avis & consentement des plus proches
d'iceux, tant paternels que maternels, sur peine de punition exemplaire.

XLIV. Défendons pareillement à tous Notaires, sur peine de punition corporelle, de passer
ou recevoir aucunes promesses de Mariage, par
paroles de présent.

CCLXXXI. Défendons à tous Gentilshommes
& Seigneurs, de contraindre leurs Sujets & autres, de bailler leurs filles, nieces ou pupilles,
en mariage à leurs serviteurs ou autres, contre la volonté & liberté qui doit être en tels contrats, sur peine d'être privés du droit de Noblesse, & punis comme coupables de rapt: Ce
que semblablement Nous voulons, aux mêmes
peines, être observé contre ceux, qui abusant
de notre faveur par importunité, ou plutôt su-
brepticement, ont obtenu ou obtiennent de Nous
Lettres de Cachet, closes ou patentes, en vertu desquelles ils font enlever ou séquestrer filles,
icelles épousent ou font épouser, contre le gré &
vouloir des peres, meres, parens, tuteurs ou curateurs.

ORDONNANCE DE MELUN SOUS HENRI III.

Du mois de Février 1579. ·

ARTICLE XXV.

NOUS défendons à nos Juges qu'ès Causes de
Mariages pendantes par-devant lesdits Ecclésiastiques, de faire défenses de passer outre au
jugement d'icelles, sous prétexte de rapt, sans
grande & apparente raison, dont Nous chargeons
leur conscience & honneur. Et néanmoins seront
tenus les délateurs, ou parties instigantes, faire
instruire, & mettre en état de juger ladite Instance de rapt, dans un an; autrement, & à

faute de ce faire, sera passé outre au jugement
desdits Mariages, par lesdits Juges Ecclésiastiques. Voulons néanmoins l'Art. XL dudit Edit
des Etats tenus à Blois, portant défenses aux
Curés & Vicaires d'épouser aucuns enfans de famille, ou ceux qui sont en puissance d'autrui,
s'il ne leur appert du consentement des peres,
meres, tuteurs ou curateurs, être inviolablement
gardé, sur les peines contenues en icelui Edit.

ORDONNANCE DU ROI HENRI IV.

Du mois de Décembre 1606.

ARTICLE XII.

NOUS voulons que les Causes concernant les
Mariages, soient & appartiennent à la connoissance & Jurisdiction des Juges d'Eglise; à
la charge qu'ils seront tenus de garder les Ordonnances, même celle de Blois en l'Art. XL,
suivant icelles, déclarer les Mariages qui n'auront
été faits & célébrés en l'Eglise, & avec la forme
& solemnité requises par ledit Article, nuls & non

valablement contractés, comme cette peine indic-
te par les Conciles. Et afin que les Evêques, chacun en leurs Diocéses, & les Curés en leurs Paroisses, en soient avertis, & qu'ils ne faillent ci-
apres contre ladite Ordonnance, elle sera renouvellée & publiée derechef, à ce que lesdits Evêques & Officiaux ayent dorénavant à juger conformément à icelle.

m 2.

ORDONNANCE DU ROI LOUIS XII.

Du mois de Janvier 1629.

ARTICLE XXIX.

NOUS enjoignons à tous Curés faire dorénavant par chacun an bons & fideles Registres des Baptêmes, Mariages, Mortuaires, & iceux porter dans le premier mois de l'année suivante aux Greffes de nos Justices ordinaires plus prochaines, à peine de cinquante livres d'amende. Défendons aux Greffiers d'exiger d'eux aucune chose, à peine de concussion.

XXXIX. L'Ordonnance de Blois touchant les Mariages clandestins, sera exactement observée; & y ajoutant, voulons que tous Mariages contractés contre la teneur de ladite Ordonnance soient déclarés non valablement contractés, faisant défenses à tous Curés, & autres Prêtres séculiers ou réguliers, sur peine d'amende arbitraire, de célébrer aucun Mariage de personnes qui ne soient de leurs Paroisses, sans la permission de leurs Curés ou de leur Evêque Diocésain, nonobstant tous Priviléges à ce contraires, & seront tenus les Juges d'Eglise juger les Causes desdits Mariages, conformément à cet Article.

XL. Nous défendons à tous Juges, même à ceux de Cour d'Eglise, de recevoir à l'avenir aucune preuve par témoins, & autre que par écrit, en fait de Mariage, hors & reservé entre personnes de village, basse & vile condition, à la charge néanmoins que la preuve n'en puisse être admise que des plus proches parens de l'une & l'autre des Parties, & au nombre de six pour le moins.

CXXX. Toute Quittance de Dot sera passée pardevant Notaires, à peine de nullité pour le regard des créanciers seulement. *Voyez Coutume Article CCCCXI.*

CLXIX. Desirant conserver l'autorité des peres sur leurs enfans, l'honneur & la liberté des Mariages, & la révérence dûe à un saint Sacrement, & empecher qu'à l'avenir plusieurs familles de qualité ne soient alliées de personnes indignes, & de mœurs dissemblables, avons renouvellé les Ordonnances pour la punition du crime de rapt. Et ajoutant à icelles, voulons que tous ceux qui commettront rapt & enlevement de veuves, fils & filles étant sous la puissance des peres, meres, tuteurs & parens ou entreprendront de les suborner pour se marier, & qui auront aidé & favorisé tels Mariages sans l'aveu & consentement de leurs parens, tuteurs & autres qui les auront en charge, soient punis comme infracteurs des Loix, & perturbateurs du repos public, & sera procédé contr'eux extraordinairement par punition de mort & confiscation de biens, sur iceux préalablement pris les réparations adjugées, sans qu'il soit loisible aux Juges de nos Cours Souveraines & autres de modérer la peine établie par notre présente Ordonnance. Enjoignons à cet effet à tous nos Juges d'informer promptement desdits crimes, si-tôt qu'ils auront été commis; & à nos Procureurs-Généraux & leurs Substituts d'en faire poursuite, encore qu'il n'y eût plainte ni Partie pour être procédé au jugement, nonobstant oppositions & appellations quelconques, sur peine d'en répondre en leur nom. Et outre défendons très-expressement à toutes personnes, de quelque qualité ou condition qu'elles soient, de favoriser, donner retraite ou recevoir en leurs maisons lesdits coupables, ni retenir les personnes enlevées, à peine du rasement d'icelles, & de répondre solidairement, & leurs héritiers, des réparations adjugées, même aux Capitaines & Gouverneurs qui commandent aux Places sur notre autorité de ne les y admettre ni recevoir sur les mêmes peines, & d'être privés de leurs Charges, lesquelles en ce cas avons déclarées vacantes & impétrables, pour y être par Nous pourvu, sans qu'ils y puissent être rétablis. Et afin de faire cesser telles entreprises, & qu'à l'avenir tels crimes ne puissent être excusés & couverts, voulons, suivant les saints Décrets & les Constitutions Canoniques, tels Mariages faits avec ceux qui auront enlevé lesdites veuves, fils & filles, être déclarés nuls, & de nul effet & valeur, comme non valablement ni légitimement contractés, sans que par le temps, consentement des personnes ravies, leurs parens & tuteurs, donné avant ou après lesdits prétendus Mariages, ils puissent être validés & confirmés, & que les enfans qui viendront desdits Mariages soient & demeurent bâtards & illégitimes, indignes de toutes successions directes & collatérales qui leur pourroient échoir, ensemble les parens qui auront assisté, donné conseil, aide & retraite ou prêté consentement auxdits prétendus Mariages, & leurs hoirs, à toujours incapables de pouvoir succéder, directement ou indirectement, auxdites veuves, fils ou filles, & desquelles audit cas Nous les avons privées & déclarées indignes, sans que lesdits enfans puissent être légitimés ni leurs parens réhabilités pour recueillir lesdits biens: & si aucunes Lettres étoient impétrées de Nous, par importunité ou autrement, défendons à nos Juges d'y avoir égard.

ORDONNANCE DU ROI LOUIS XIII.

Du 26 Novembre 1639.

ARTICLE PREMIER.

NOUs voulons que l'Art. XI. de l'Ordonnance de Blois touchant les Mariages clandestins, soit exactement gardé; & interprétant icelui, ordonnons que la Proclamation des Bans sera faite par le Curé de chacune des Parties contractantes, avec le consentement des pere, meres, tuteurs ou curateurs , s'ils font enfans de famille , ou en la puiſſance d'autrui. Et qu'à la célébration de Mariage aſſiſteront quatre Témoins dignes de foi , outre le Curé, qui recevra le conſentement des Parties , & conjoindra en Mariage , ſuivant la forme pratiquée en l'Egliſe. Faiſons tres-expreſſes défenſes à tous Prêtres , tant ſéculiers que réguliers , de célébrer aucun Mariage qu'entre leurs vrais & ordinaires Paroiſſiens , ſans la permiſſion par écrit des Curés des Parties , ou de l'Evêque Dioéſain nonobſtant les Coutumes immémoriales , & Priviléges que l'on pourroit alléguer au contraire. Et ordonnons qu'il ſera fait un bon & fidele Regiſtre , tant des Mariages que de la publication des Bans ou des Diſpenſes & des Permiſſions qui auront été accordées.

II. Le contenu en l'Edit de l'an 1556 , & aux Articles XLI, XLII, XLIII & XLIV de l'Ordonnance de Blois , ſera obſervé , & y ajoutant , Nous ordonnons que la peine de rapt demeure encourue , nonobſtant les conſentemens qui pourroient intervenir puis après , de la part des peres , meres , tuteurs & curateurs , dérogeant expreſſément aux Coutumes qui permettent aux enfans de ſe marier apres l'âge de vingt ans , ſans le conſentement des peres. Et avons déclaré & déclarons les veuves , fils & filles , moindres de vingt-cinq ans , qui auront contracté Mariage contre la teneur deſdites Ordonnances , privés & déchus par le ſeul fait , enſemble les enfans qui en naîtront , & leurs hoirs , indignes & incapables à jamais des ſucceſſions de leurs peres , meres & aïeuls , & de toutes autres directes & collatérales : comme auſſi des droits & avantages qui pourroient leur être acquis par Contrats de Mariages & Teſtamens , ou par les Coutumes & Loix de notre Royaume , même du droit de légitime , & les diſpoſitions qui ſeront faites au préjudice de cette notre Ordonnance , ſoit en faveur de perſonnes mariées , ou par elles au profit des enfans nés ce ce Mariage , nulles , & de nul effet & valeur. Voulons que les choſes ainſi données , léguées ou tranſportées , ſous quelque prétexte que ce ſoit , demeurent en ce cas acquiſes irrévocablement à notre Fiſc , ſans que Nous en puiſſions diſpoſer qu'en faveur des Hôpitaux ou autres œuvres pies. Enjoignons aux fils qui excedent l'âge de trente ans , & aux filles qui excedent celui de vingt-cinq , de requérir par écrit l'avis & conſeil de leurs peres & meres pour ſe marier , ſous peine d'être exhérédés par eux , ſuivant l'Edit de 1556.

III. Déclarons , conformément aux ſaints Décrets & Conſtitutions Canoniques , les Mariages faits avec ceux qui ont ravi & enlevé des veuves , fils & filles , de quelqu'âge & condition qu'ils ſoient , non valablement contractés , ſans que par le temps , ni par le conſentement des perſonnes raviés & de leurs peres , meres , tuteurs & curateurs , ils puiſſent être confirmés , tandis que la perſonne ravie eſt en la poſſeſſion du raviſſeur. Et néanmoins en cas que ſous prétexte de majorité elle donne un nouveau conſentement après être miſe en liberté , pour ſe marier avec le raviſſeur , Nous la déclarons , enſemble les enfans qui naîtront d'un tel Mariage , indignes & incapables de légitimes , & de toutes ſucceſſions directes & collatérales , qui leur pourront échoir,

ſous quelque titre que ce ſoit , conformément à ce que Nous ordonnons contre les perſonnes raviés par ſubornation : Et les parens qui auront aſſiſté , donné conſeil & favoriſé leſdits Mariages , & leurs hoirs , incapables de ſuccéder directement ou indirectement auſdites veuves , fils & filles. Enjoignons tres-expreſſément à nos Procureurs-Généraux & à leurs Subſtituts , de faire toutes les pourſuites néceſſaires contre les raviſſeurs & leurs complices , nonobſtant qu'il n'y eût plainte de Partie civile ; & à nos Juges de punir les coupables de peine de mort , & confiſcation de biens. ſur iceux préalablement priſes les réparations qui ſeront ordonnées , ſans que cette peine puiſſe être modérée. Faiſons défenſes à tous Sujets , de quelque qualité & condition qu'ils ſoient , de donner faveur ni retraite aux coupables , ni de retenir les perſonnes enlevées , à peine d'être punis comme complices , & de répondre ſolidairement & leurs héritiers des réparations adjugées , & d'être privés de leurs Offices & Gouvernemens , s'ils en ont , dont ils encourront la privation , par le ſeul acte de la contravention à cette défenſe.

IV. Et afin qu'un chacun reconnoiſſe combien Nous déteſtons toutes ſortes de rapts , Nous défendons tres-expreſſément aux Princes & Seigneurs de Nous faire inſtance pour accorder des Lettres , afin de réhabiliter ceux que Nous avons déclarés incapables de ſucceſſions , à nos Secrétaires d'Etat de les ſigner , & à notre très-cher & féal Chancelier de les ſceler , & à tous Juges d'y avoir aucun égard , en cas que par importunité ou autrement , on en eût impétré aucunes de Nous , voulant que nonobſtant telles dérogations ou diſpenſes , les peines contenues en nos Ordonnances ſoient exécutées.

V. Déſirant pourvoir à l'abus qui commence à s'introduire dans notre Royaume , par ceux qui tiennent leurs Mariages ſecrets & cachés pendant leur vie , contre le reſpect qui eſt dû à un ſi grand Sacrement ; Nous ordonnons que les majeurs contractent leurs Mariages publiquement , & en face de l'Egliſe , avec les ſolemnités preſcrites par l'Ordonnance de Blois ; & déclarons les enfans qui naîtront de ces Mariages , que les Parties ont tenus juſqu'ici , ou tiendront à l'avenir cachés pendant leur vie , qui reſſentent plûtôt la honte d'un concubinage , que la dignité d'un Mariage , incapables de toutes ſucceſſions , auſſi - bien que leur poſtérité.

VI. Nous voulons que la même peine ait lieu contre les enfans qui ſont nés des femmes que les peres ont entretenues , & qu'ils épouſent lorſqu'ils ſont à l'extrémité de la vie ; comme auſſi contre les enfans procréés par ceux qui ſe marient après avoir été condamnés à mort , même par les Sentences de nos Juges rendues par défaut , ſi avant leur décès ils n'ont été remis au premier état , ſuivant les Loix preſcrites par nos Ordonnances.

VII. Défendons à tous Juges , même à ceux d'Egliſe , de recevoir la preuve par Témoins des promeſſes de Mariages , ni autrement que par écrit qui ſoit arrêté en préſence de quatre proches parens de l'une & de l'autre des Parties , encore qu'elles ſoient de baſſe condition.

EXTRAIT D'ÉDIT DU ROI,

Pour les Priviléges accordés aux Taillables mariés dans les 20 & 21e année de leur âge.

Du mois de Novembre 1666.

NOUS ſtatuons & ordonnons, voulons & Nous plaît, que dorénavant tous nos Sujets Taillables qui auront été mariés avant ou dans la vingtieme année de leur âge, ſoient & demeurent exempts de toute contribution aux Tailles, Impoſitions, & autres charges publiques, ſans y pouvoir être compris ni employés qu'ils n'ayent vingt-cinq ans révolus & accomplis. Et à l'égard de ceux qui ſeront mariés dans la vingt-unieme année de leur âge, qu'ils joüiſſent de la même exemption juſqu'à la vingt-quatrieme année de leur âge accomplie.

EXTRAIT D'ARRÊT DU CONSEIL,

Touchant les Officiers & Soldats.

Du 13 Décembre 1681.

SA MAJESTÉ étant en ſon Conſeil a défendu & défend à tous Curés & Prêtres demeurans ès Terres de ſon obéiſſance, même à ceux dont les Paroiſſes qu'ils deſſervent ſont ſituées dans des Dioceſes étrangers, de célébrer aucuns Mariages, ſoit entre des Officiers & Soldats de ſes Troupes ou d'autres, de quelque qualité & condition qu'ils ſoient, avec des filles ou femmes domiciliées, ſi ce n'eſt en obſervant ce qui eſt preſcrit par les regles de l'Egliſe & les Ordonnances du Royaume, à peine d'être punis comme fauteurs.& complices du crime de rapt, ſuivant les Ordonnances. Défend auſſi Sa Majeſté à tous ſes Sujets de s'aller marier hors les Terres de ſon obéiſſance qu'après y avoir demeuré le temps qui eſt requis pour pouvoir être réputés Paroiſſiens, à peine contre les contrevenans d'amende arbitraire. Fait au Conſeil d'Etat du Roi, Sa Majeſté y étant, tenu à Saint-Germain-en-Laye le treizieme jour de Décembre mil ſix cent quatre-vingt-un.

Signé, LE TELLIER.

EXTRAIT DE LA DÉCLARATION DU ROI,

Contre les Mariages des Enfans de famille en Pays Etrangers.

Du 16 Juin 1685.

NOUS avons défendu & défendons très-expreſſément par ces Préſentes ſignées de notre main, à tous nos Sujets, de quelque qualité & condition qu'ils ſoient, de conſentir ou approuver à l'avenir que leurs enfans ou ceux dont ils feront tuteurs ou curateurs, ſe marient en Pays Etrangers, ſoit en ſignant les Contrats qui pourroient être faits pour leſdits Mariages, ſoit par Actes poſtérieurs, pour quelque cauſe & ſous quelque prétexte que ce ſoit, ſans notre permiſſion expreſſe, à peine des galeres à perpétuité à l'égard des hommes, & de banniſſement perpétuel pour les femmes, & de confiſcation de leurs biens; & où ladite confiſcation de biens n'auroit lieu, de vingt mille livres d'amende contre les peres, meres, tuteurs ou curateurs qui auront contrevenu à ces Préſentes, ladite amende payable par eux ſans déport. Voulons que pour cette fin ils ſoient pourſuivis en leurs perſonnes & biens, ſelon la rigueur des Ordonnances, par nos Officiers, à la requête de nos Procureurs-Généraux ou leurs Subſtituts, auſquels Nous enjoignons de ce faire auſſi-tôt qu'ils en auront connoiſſance.

EXTRAIT DE LA DÉCLARATION DU ROI,

Pour le Mariage des Enfans dont les Peres ſont ſortis du Royaume.

Du 6 Août 1686.

NOUS avons par ces Préſentes ſignées de notre main, dit, déclaré & ordonné, diſons, déclarons & ordonnons, voulons & Nous plaît que les enfans des peres & des meres qui ſont ſortis de notre Royaume, & ſe ſont retirés dans les Pays Etrangers, puiſſent en leur abſence valablement contracter Mariage ſans attendre ni demander le conſentement de leurs peres & meres, ou de leurs tuteurs & curateurs qui le font retirés dans les Pays Etrangers, à condition néanmoins de prendre le confentement ou avis de leurs autres parens ou alliés, s'ils en ont, ou à leur défaut, de leurs amis ou voifins; à cet effet voulons qu'avant de paffer outre au Contrat & célébration de leur Mariage, il foit fait devant le Juge royal des lieux, notre Procureur préfent, & s'il n'y a point de Juge royal, devant le Juge ordinaire des lieux, le Procureur-Fifcal de la Juftice préfent, une affemblée de fix des plus proches parens ou alliés, tant paternels que maternels, s'ils en ont, ou en défaut, de fix amis ou voifins, pour donner leur avis & confentement, s'il y échoit, dont Nous voulons

qu'il foit fait mention fommaire dans le Contrat de Mariage qui fera figné defdits parens, alliés, voifins ou amis; comme auffi, fur le Regiftre de la Paroiffe où fe fera la célébration dudit Mariage, lefquels Actes feront expédiés fans frais, dérogeant pour ce regard feulement par ces Préfentes à ce qui eft porté par les Ordonnances faites pour raifon defdits Mariages, & fans que lefdits enfans audit cas puiffent encourir les peines portées par icelles, fous quelque prétexte & en quelque maniere que ce foit. Voulons au furplus que toutes les formalités prefcrites par les Canons & par les Ordonnances foient ponctuellement obfervées, fous les peines y contenues.

EXTRAIT DE L'ÉDIT DE CRÉATION DES GREFFIERS
des Infinuations Eccléfiaftiques.
Du mois de Décembre 1691.
ARTICLE XIX.

ET d'autant qu'il paroît fouvent devant nos Juges des reclamations contre les Profeffions Religieufes fufpectes d'antidate, voulons que les actes de reclamation dans les cinq années contre la Profeffion Religieufe, enfemble les Difpenfes de la publication d'un ou de deux de fes Bans de Mariage, foient infinuées dans le mois de leur date, à peine de nullité. Et feront pareillement infinués les Actes de Véture, Noviciat & Profeffion, les Indults

de tranflation d'un Ordre à un autre, les Brefs déclaratoires de nullité d'une Profeffion Religieufe, les Sentences fur lefdits Brefs, les Difpenfes de Mariage & les Sentences de fulmination; autrement les Parties ne pourront s'en fervir devant nos Juges, & feront tenus les Greffiers d'infinuer fans frais les Actes concernant la Profeffion des Religieux & Religieufes des Ordres Mendians.

EXTRAIT DE LA DÉCLARATION DU ROI,
Du 16 Février 1691.

NOUS difons & déclarons, voulons & Nous plaît qu'à l'avenir, du jour de la publication des Préfentes, les Difpenfes de Mariage & les Publications de Bans, ou les Difpenfes qui en auront été obtenues, enfemble l'infinuation defdites Difpenfes, foient énoncées dans les Actes de célébration de Mariage, lorfqu'ils feront enregiftrés par les Curés ou Vicaires; leur défendons de mettre lefdits Actes de célébration fur leurs Regiftres, fi lefdites Difpenfes ne font infinuées, & fans y faire mention defdites Dif-

penfes de Mariage, & des Publications de Bans ou des Difpenfes qui en auront été obtenues, enfemble de l'Infinuation defdites Difpenfes, & de fa date, le tout à peine de cinquante livres d'amende pour chaque contravention, applicable aux Hôpitaux des lieux, au paiement de laquelle ils pourront être contraints par faifie de leur temporel, dérogeant pour cet effet à l'Article XIX de notredit Edit du mois de Décembre 1691, lequel Nous voulons au furplus être exécuté felon fa forme & teneur.

EXTRAIT DE LA DÉCLARATION DU ROI,
Du 21 Avril 1691.

NOUS avons par ces Préfentes fignées de notre main, dit & déclaré, difons & déclarons, voulons & Nous plaît que les Contrats de Mariage paffés en notre préfence, & reçus par nos amés & féaux Confeillers-Secrétaires d'Etat, & de nos Commandemens & Finances, foient exécutés; qu'ils portent hypotheque du jour de leur date, & qu'ils ayent en toutes chofes la même force & vertu que s'ils avoient été reçus

par des Notaires. Voulons que la Minute en demeure entre les mains de celui de nofdits Secrétaires d'Etat qui les aura reçus, qui pourra en délivrer des Expéditions. Et néanmoins pour la commodité des Parties, voulons qu'il en foit dépofé une Copie par collation chez un Notaire, qui en pourra délivrer des Expéditions, comme s'il en avoit reçu la Minute.

EXTRAIT DE L'ARTICLE VIII
DE LA DÉCLARATION DU ROI
Pour les Contrats & Quittances.
Du 19 Mars 1696.

VOULONS que tous les Contrats de Mariage, Quittances de Dot, & Décharges donnés en conséquence, soient passés par-devant Notaires, à peine de privation de privilèges & hypothèques. Faisons défenses à tous Juges, & à toutes personnes autres que les Notaires & Tabellions, d'en recevoir, à peine d'interdiction contre les Juges, & de deux cens livres d'amende contre les autres.

Registrée ès Registres de la Cour. A Rouen, en Parlement, le 13 Avril 1696. Signé, BRÉANT.

EXTRAIT DE L'ÉDIT DU ROI,
Du mois de Mars 1697.

NOUS avons par notre présent Edit statué & ordonné, statuons & ordonnons, voulons & Nous plaît que les dispositions des saints Canons, & les Ordonnances des Rois nos prédécesseurs concernant la célébration des Mariages, & notamment celles qui regardent la nécessité de la présence du propre Curé de ceux qui contractent, soient exactement observées; & en exécution d'iceux défendons à tous Curés & Prêtres, tant séculiers que réguliers, de conjoindre en Mariage autres personnes que ceux qui sont leurs vrais & ordinaires Paroissiens, demeurant actuellement & publiquement dans leurs Paroisses, au moins depuis six mois à l'égard de ceux qui demeuroient auparavant dans une autre Paroisse de la même Ville ou dans le même Diocèse, & depuis un an pour ceux qui demeuroient dans un autre Diocese, si ce n'est qu'ils en ayent une permission spéciale & par écrit du Curé des Parties qui contractent ou de l'Archevêque ou Evêque Diocésain.

Enjoignons à cet effet à tous Curés & autres Prêtres qui doivent célébrer des Mariages, de s'informer soigneusement avant d'en commencer les cérémonies, y en présence de ceux qui y assistent, par le témoignage de quatre témoins dignes de foi, domiciliés, & qui sçachent signer leurs noms, s'il s'en peut aisément trouver autant dans le lieu où l'on célébrera le Mariage, du domicile, aussi bien que de l'âge & de la qualité de ceux qui le contractent, & particulièrement s'ils sont enfans de famille, ou en la puissance d'autrui, afin d'avoir en ce cas les consentemens de leurs peres, meres, tuteurs ou curateurs, & d'avertir lesdits témoins des peines portées par notre présent Edit, contre ceux qui certifient en ce cas des faits qui ne sont pas véritables, & de leur en faire signer après la célébration du Mariage les Actes qui en seront écrits sur le Registre, lequel en sera tenu en la forme prescrite par les Articles VII, VIII, IX & X du Titre XX de notre Ordonnance du mois d'Avril 1667.

Voulons que si aucuns desdits Curés ou Prêtres, tant séculiers que réguliers, célebrent ci-après sciemment & avec connoissance de cause; des Mariages entre des personnes qui ne sont pas effectivement de leurs Paroisses, sans en avoir la permission par écrit des Curés de ceux qui les contractent ou de l'Archevêque ou Evêque Diocésain, il soit procédé contr'eux extraordinairement; & qu'outre les peines Canoniques que les Juges d'Eglise pourront prononcer contr'eux, lesdits Curés & autres Prêtres, tant séculiers que réguliers qui auront des Bénéfices, soient privés de la premiere fois de la jouissance de tous les revenus de leurs Cures & Bénéfices pendant trois ans, à la réserve de ce qui est absolument nécessaire pour leur subsistance, ce qui ne pourra excéder la somme de six cens livres dans les plus grandes Villes, & celle de trois cens livres par-tout ailleurs, & que le surplus desdits revenus soit saisi à la diligence de nos Procureurs, & distribué en œuvres pies par l'ordre de l'Archevéque ou Evêque Diocésain: Qu'en cas d'une seconde contravention, ils soient bannis pendant le temps de neuf ans des lieux que nos Juges estimeront à propos: Que les Prêtres séculiers qui n'auront point de Cures & de Bénéfices soient condamnés pour la premiere fois au bannissement pendant trois ans, & en cas de récidive, pendant neuf ans: Et qu'à l'égard des Prêtres réguliers, ils soient envoyés dans un Couvent de leur Ordre, tel que leur Supérieur leur assignera hors des Provinces qui seront marquées par les Arrêts de nos Cours ou les Sentences de nos Juges, pour y demeurer renfermés pendant le temps qui sera marqué par lesdits Jugemens, sans y avoir aucune charge, fonction ni voix active & passive; & que lesdits Curés & Prêtres puissent, en cas de rapt fait avec violence, être condamnés à plus grandes peines, lorsqu'ils prêteront leur ministere pour célébrer des Mariages en cet état.

Voulons pareillement que le Procès soit fait à tous ceux qui auront supposé être peres, meres, tuteurs ou curateurs des mineurs pour l'obtention des permissions de célébrer des Mariages, des Dispenses de Bans, & des main-levées des oppositions formées à la célébration desdits Mariages; comme aussi aux Témoins qui auront certifié des faits qui se trouveront faux

à

à l'égard de l'âge, qualité & domicile de ceux qui contractent, soit par-devant les Archevêques ou Evêques Diocésains, soit par-devant lesdits Curés & Prêtres lors de la célébration desdits Mariages, & que ceux qui seront trouvés coupables desdites suppositions & faux témoignages soient condamnés ; sçavoir, les hommes à faire amende honorable, & aux galeres pour le temps que nos Juges estimeront juste, & au bannissement, s'ils ne sont pas capables de subir ladite peine des galeres, & les femmes à faire pareillement amende honorable, & au bannissement qui ne pourra être moindre de neuf ans.

Déclarons que le domicile des fils & filles de famille mineurs de vingt-cinq ans, pour la célébration de leurs Mariages, est celui de leurs peres, meres ou de leurs tuteurs & curateurs, après la mort de leursdits peres & meres ; & en cas qu'ils ayent un autre domicile de fait, ordonnons que les Bans seront publiés dans les Paroisses où ils demeurent, & dans celles de leurs peres, meres, tuteurs & curateurs.

Ajoûtant à l'Ordonnance de l'an 1556, & à l'Article II de celle de l'an 1639, permettons aux peres & aux meres d'exhéréder leurs filles veuves, même majeures de vingt-cinq ans, lesquelles se marieront sans avoir requis par écrit leurs avis & conseils.

Déclarons lesdites veuves, & les fils & filles majeurs, même de vingt-cinq & de trente ans, lesquels demeurant actuellement avec leurs peres & meres, contractent à leur insçu des Mariages, comme Habitans d'une autre Paroisse, sous prétexte de quelque logement qu'ils y ont pris peu de temps auparavant leurs Mariages, privés & déchus par leur seul fait, ensemble les enfans qui en naîtront, des successions de leursdits peres, meres, aïeuls aïeules, & de tous autres avantages qui pourroient leur être acquis, en quelque maniere que ce puisse être, même du droit de légitime.

Voulons que l'Article VI de l'Ordonnance de 1639, au sujet des Mariages que l'on contracte à l'extrémité de la vie, ait lieu tant à l'égard des femmes que des hommes, & que les enfans qui sont nés de leurs débauches avant lesdits Mariages, ou qui pourront naître après lesdits Mariages contractés en cet état, soient, aussi-bien que leur postérité, déclarés incapables de toutes successions.

Registré ès Registres de la Cour. A Rouen en Parlement, en Vacations, le 10 Septembre 1697. Signé, BREANT.

EXTRAIT DE LA DÉCLARATION DU ROI,

Pour réhabiliter les Mariages.

Du 15 Juin 1697.

NOUS avons dit, déclaré & ordonné, disons, déclarons & ordonnons par ces Présentes signées de notre main, voulons & nous plaît que notre Edit du mois de Mars dernier sera exécuté selon sa forme & teneur : Enjoignons à nos Cours de Parlement, & autres nos Juges & Officiers, d'y tenir la main, & lorsqu'ils jugeront des Causes ou des Procès dans lesquels il s'agira de Mariages célébrés par-devant des Prêtres autres que les propres Curés des contractans, sans en avoir obtenu les Dispenses nécessaires, & même sur les poursuites que nos Procureurs en pourront faire d'Office, dans la premiere année de la célébration desdits prétendus Mariages, d'obliger ceux qui prétendent avoir contracté ces mariages de cette maniere de se retirer par-devers leur Archevêque ou Evêque pour les réhabiliter, suivant les formes prescrites par les saints Canons & par nos Ordonnances, après avoir accompli la pénitence salutaire qui leur sera par eux imposée, telle qu'ils l'estimeront à propos. Permettons aussi aux Promoteurs desdits Archevêques ou Evêques, lorsque nos Procureurs ou des Parties intéressées ne feront aucunes procédures par-devant nos Juges, de faire assigner devant lesdits Archevêques & Evêques, dans le terme ci-dessus, & après en avoir obtenu d'eux une permission expresse, les personnes qui demeurent & vivent ensemble, & qui n'ont point été mariés par les Curés des Paroisses dans lesquelles ils demeurent, & qui n'ont point obtenu Dispense pour être mariés par d'autres Prêtres, aux fins de représenter auxdits Prélats dans un temps convenable les Actes de célébration de leurs Mariages : Voulons qu'en cas que les Archevêques & Evêques trouvent que lesdits Mariages n'ayent pas été célébrés par les propres Curés des contractans, & qu'il n'y ait d'ailleurs aucun autre empêchement légitime, ils puissent leur enjoindre de les réhabiliter, dans les formes prescrites par les saints Canons & par nos Ordonnances, après avoir accompli la pénitence salutaire qui leur sera par eux imposée, & même de se séparer pendant un certain temps, s'ils jugent que cela puisse être fait sans un trop grand éclat, ce que Nous laissons à leur prudence ; & en cas que ceux qui auront été assignés ne rapportent pas les Actes de célébration de leurs Mariages auxdits Archevêques & Evêques dans le temps qui leur aura été marqué, enjoignons à nos Officiers dans le ressort desquels ils demeurent, sur l'avis que lesdits Archevêques ou Evêques leur en donneront, de les obliger de se séparer par des condamnations d'amende, & autres peines plus grandes, s'il est nécessaire, & sans préjudice aux Archevêques & Evêques de les exclure de la participation aux saints Sacremens de l'Eglise, après les monitions convenables, s'ils persistent dans leur désordre. Enjoignons à nos Cours de Parlement de tenir la main à ce que nosdits Officiers fassent ponctuellement exécuter les Ordonnances auxdits Archevêques & Evêques à cet égard, & de donner auxdits Prélats toute l'aide & le secours qui dépend de l'autorité que nous leur avons confiée : Déclarons que les conjonctions des personnes, lesquelles se prétendront mariées, & vivront ensemble en conséquence des Actes qu'ils auront obtenus de contentement réciproque, avec lesquels ils se seront pris pour maris & pour femmes,,

n

n'emporteront ni communauté ni douaire ni aucuns autres effets civils, de quelque nature qu'ils puissent être, en faveur des prétendus conjoints, & des enfans qui en peuvent naître, lesquels Nous voulons être privés de toutes successions, tant directes que collatérales. Défendons à tous Juges, à peine d'interdiction, & même de privation de leurs Charges, si nos Cours le trouvent ainsi à propos par les circonstances des faits, d'ordonner aux Notaires de délivrer des Actes de cette nature, & à tous Notaires de les expédier, sous quelque prétexte que ce puisse être, à peine de privation de leurs Charges, & d'être déclarés incapables d'en tenir aucunes autres de Justice dans la suite.

Registré ès Registres de la Cour. A Rouen en Parlement, en Vacations, le 16 Septembre 1697. Signé, BRÉANT.

EXTRAIT D'ARRÊT DU PARLEMENT,

Portant défenses aux Enfans de se marier sans le consentement de leurs Peres, &c.

Du 7 Mars 1698.

LOUIS, par la grace de Dieu, Roi de France & de Navarre, &c. Sçavoir faisons que NOTREDITE COUR, par son Jugement & Arrêt, a reçu & reçoit ladite Hubert Partie intervenante au Procès; sans s'arrêter à l'intervention a débouté ledit Hubert de son opposition : A ordonné & ordonne que ledit Arrêt de notre Cour sera exécuté selon sa forme & teneur; & faisant droit au principal, a fait & fait défenses audit le Machoix fils, & à ladite Hubert, de se hanter ni fréquenter, ni de contracter Mariage entr'eux, & à tous Curés ou Vicaires de le célébrer, sur les peines portées par nos Ordonnances, sans le consentement & la volonté dudit le Machoix pere; & a fait pareillement défenses audit Hubert pere de retirer ledit Machoix fils dans sa maison, ni hanter, fréquenter, sous les mêmes peines portées par nosdites Ordonnances : A condamné & condamne ledit Hubert pere aux dépens envers ledit le Machoix pere, dépens compensés entre les autres Parties. SI DONNONS EN MANDEMENT, &c. Donné à Rouen, en notredite Cour de Parlement, le septieme jour de Mars mil six cent quatre-vingt-dix-huit, & de notre regne le cinquante-cinquieme. *Collationné.* Par la Cour, *Signé*, LE JAULNE. Et scellé.

F I N.

PRIVILÉGE DU ROI.

LOUIS, par la grace de Dieu, Roi de France & de Navarre : A nos amés & féaux
Conseillers les Gens tenant nos Cours de Parlement , Maître des Requêtes ordinaires de
notre Hôtel, Grand-Conseil , Prévôt de Paris , Baillis , Senéchaux , leurs Lieutenans Civils &
autres nos Justiciers qu'il appartiendra, SALUT. Notre amé le Sieur LALLEMANT , ancien Juge-
Consul & ancien Conseiller-Echevin , & notre Imprimeur ordinaire en la Ville de Rouen ,
nous a fait exposer qu'il desiroit faire réimprimer & donner au Public *la Coutume de Nor-*
mandie , commentée par Basnage , Bérault , Godefroy , d'Aviron & Pesnelle ; le Texte de la
Coutume & les Réglemens en interprétation ; Traité des Hypotheques de Basnage ; Traité
du Mariage avenant des Filles dans ladite Coutume , par Everard , s'il Nous plaisoit lui accorder nos Lettres de renouvellement de Privilége pour ce nécessaires. A CES CAUSES ,
voulant favorablement traiter l'Exposant , Nous lui avons permis & permettons par ces Présentes de faire imprimer ledit Ouvrage autant de fois que bon lui semblera , & de le vendre ,
faire vendre & débiter par-tout notre Royaume pendant le temps de quinze années consécuti-
ves , à compter du jour de la date des Présentes. Faisons défenses à tous Imprimeurs ; Libraires
& autres personnes, de quelque qualité & condition qu'elles soient , d'en introduire d'impression étrangere dans aucun lieu de notre obéïssance ; comme aussi d'imprimer ou faire imprimer , vendre , faire vendre , débiter ni contrefaire ledit Ouvrage , ni d'en faire aucun Extrait ,
sous quelque prétexte que ce puisse être , sans la permission expresse & par écrit dudit Exposant ,
ou de ceux qui auront droit de lui , à peine de confiscation des Exemplaires contrefaits , de
trois mille livres d'amende contre chacun des contrevenans , dont un tiers à Nous , un tiers à
l'Hôtel - Dieu de Paris , & l'autre tiers audit Exposant ou à celui qui aura droit de lui , &
de tous dépens , dommages & intérêts : A la charge que ces Présentes seront enregistrées
tout au long sur le Registre de la Communauté des Imprimeurs & Libraires de Paris dans
trois mois de la date d'icelles ; que l'impression dudit Ouvrage sera faite dans notre Royaume
& non ailleurs , en beau papier & beaux caracteres , conformément aux Réglemens de la Li-
brairie , & notamment à celui du 10 Avril 1725 , à peine de déchéance du présent Privilége ;
qu'avant de l'exposer en vente , le Manuscrit qui aura servi de Copie à l'impression dudit
Ouvrage , sera remis, dans le même état où l'Approbation y aura été donnée , ès mains de
notre très - cher & féal Chevalier , Chancelier de France , le Sieur de Lamoignon , & qu'il en
sera ensuite remis deux Exemplaires dans notre Bibliotheque publique , un dans celle de notre
Château du Louvre , un dans celle de notredit Sieur de Lamoignon , & un dans celle de notre
très - cher & féal Chevalier , Vice - Chancelier & Garde des Sceaux de France , le Sieur de
Maupeou : le tout à peine de nullité des Présentes, du contenu desquelles vous mandons &
enjoignons de faire jouir ledit Exposant & ses ayant-causes , pleinement & paisiblement , sans
souffrir qu'il leur soit fait aucun trouble ou empêchement. Voulons que la Copie des Présentes , qui sera imprimée tout au long au commencement ou à la fin dudit Ouvrage , soit tenue
pour dûment signifiée , & qu'aux Copies collationnées par l'un de nos amés & féaux Conseillers-Secrétaires , foi soit ajoutée comme à l'Original. Commandons au premier notre Huissier
ou Sergent sur ce requis, de faire , pour l'exécution d'icelles , tous Actes requis & nécessaires ,
sans demander autre permission , & nonobstant Clameur de Haro , Chartre Normande & Lettres à ce contraires : CAR TEL EST NOTRE PLAISIR. Donné à Compiegne , le premier
jour du mois de Septembre , l'an de grace mil sept cent soixante-huit , & de notre regne le
cinquante - quatrieme. Par le Roi en son Conseil , LE BEGUE.

Registré le Privilége & ensemble la Cession sur le Registre XVII de la Chambre Royale &
Syndicale des Libraires & Imprimeurs de Paris , Num. 245, Fol. 526 , conformément aux Ré-
glemens de 1723. A Paris ce 30 Septembre 1768. Signé , BRIASSON , Syndic.

LIVRES concernant la Coutume, les Ordonnances, &c. qui se trouvent chez le Sieur LALLEMANT.

LA Coutume de Normandie commentée par Bérault, Godefroy & d'Aviron, nouvelle édition avec des augmentations considérables, en 2 vol. in-fol. sous presse.

—— Commentée par M. Pesnelle, quatrieme édition, augmentée des Observations de M. Roupnel de Chenilly, & des Arrêts de Réglement rendus sur le fait de la Coutume & de la Procédure, in-4°. 2 vol. 1771.

La Coutume de Normandie dans un ordre naturel, par M. le Conte, ancien Avocat au Parlement, in 12, 1771.

Le Texte de la même Coutume, auquel on a joint tous les Arrêts rendus sur le fait de la Coutume & de la Procédure, 1 vol in-24.

Nouveau Commentaire portatif de la Coutume de Normandie, avec les Usages Locaux observés dans les différens cantons de cette Province, par M. le Royer de la Tournerie, Procureur du Roi au Bailliage de Domfront, in-12, 2 vol. 1771.

Traité des Fiefs à l'usage de la Province de Normandie, conformément à la nouvelle Jurisprudence, nouvelle édition augmentée d'un Traité des Droits Honorifiques, in-12, 1771.

Traité des Décrets d'Immeubles suivant la Coutume & la Jurisprudence de Normandie, dans lequel on trouve des modeles de toutes les diligences en Décret, jusqu'à la tenue d'état inclusivement, par M. ***, Avocat au Parlement, in-12, 1771.

L'Esprit de la Coutume de Normandie, derniere édition, augmentée d'Arrêts intéressans, 1 vol. in-4°.

Méthode pour liquider le Mariage avenant des Filles en Normandie, par Everard, 1 vol. in-8°.

Les Principes du Droit Coutumier de Normandie, par M. Routier, 1 vol. in-4°.

Les Pratiques Bénéficiales par le même Auteur, nouvelle édition, augmentée d'un Traité des Résignations & Permutations, avec les nouveaux Arrêts jusqu'en 1758, 1 vol. in-4°.

Plaidoyers de M. le Noble, Substitut de M. le Procureur-Général, avec les Arrêts rendus en conséquence, 1 vol. in-8°.

Recueil de tous les Edits, Déclarations, Arrêts & Réglemens, tant du Conseil que du Parlement de Normandie, registrés audit Parlement depuis 1643 jusqu'en 1755, 8 vol. in-40.

Les volumes de se Recueil se vendent séparément.

Les Ordonnances de Louis XV, concernant les Donations, les Insinuations, Testamens, Substitutions & autres matieres, 1 vol. in-24, nouvelle édition augmentée.

Recueil de tous les Edits, Déclarations, Arrêts & Réglemens, tant de Sa Majesté que de la Cour des Comptes, Aides & Finances de Normandie, rendus sur le fait des Tailles & Personnes privilégiées, in-12, derniere édition.

Recueil de toutes les Ordonnances & Réglemens sur le fait des Gabelles, in-8°, derniere édition.

—— Idem. Sur les Aides, in-12. 2 vol.

—— Idem. Sur la Jurisdiction Ecclésiastique, concernant généralement toutes les affaires Ecclésiastiques, tant Dixmes que Droits, &c. in-12. 2 vol.

Le Tarif des Droits d'Entrée & de Sortie sur toutes les Marchandises dans le Royaume, avec les Mutations arrivées depuis le Tarif de 1664, & un Recueil d'Arrêts pour servir de preuve aux Citations, 2 vol. in-4°. 1758.

Le même Livre 2 vol. in-8°.

Le Tarif des Droits de Quatrieme sur les Vins & Boissons qui se vendent en détail dans toute la Province de Normandie, avec un Traité de la Jauge, par M. Leger, in-12, 1756.

Régie des Aides pour les Receveurs, Commis ou Employés dans cette Ferme, avec un Tarif de la Jauge, par Poulain, 1 vol. in-12.

Imprimé en France
FROC021346220120
23240FR00009B/125/P